DICIONÁRIO PORTUGUÊS-YORÙBÁ

Do autor:

ÓRUN-ÀIYÉ

JOGO DE BÚZIOS

AS ÁGUAS DE OXALÁ

MITOS YORÙBÁS

DICIONÁRIO YORÙBÁ-PORTUGUÊS

HISTÓRIA DOS CANDOMBLÉS DO RIO DE JANEIRO

José Beniste

DICIONÁRIO
PORTUGUÊS-YORÙBÁ

1ª edição

Rio de Janeiro | 2021

EDITORA-EXECUTIVA
Renata Pettengill

SUBGERENTE EDITORIAL
Marcelo Vieira

AUXILIARES EDITORIAIS
Georgia Kallenbach
Beatriz Araújo

COPIDESQUE
Fábio Martins

REVISÃO
Renato Carvalho

DIAGRAMAÇÃO
Mayara Kelly

CAPA
Leonardo Carvalho

CIP-BRASIL. CATALOGAÇÃO NA PUBLICAÇÃO
SINDICATO NACIONAL DOS EDITORES DE LIVROS, RJ

B415d

Beniste, José
    Dicionário português yorubá / José Beniste. – 1. ed. – Rio de Janeiro : Bertrand Brasil, 2021..

    ISBN 978-65-5838-053-5

    1. Língua iorubá - Dicionários - Português. I. Título.

21-71990
                                                     CDD: 496.333369
                                                     CDU: 811.432.561(038)=134.3

Meri Gleice Rodrigues de Souza - Bibliotecária - CRB-7/6439

Copyright © José Beniste, 2021

Texto revisado segundo o novo Acordo Ortográfico da Língua Portuguesa.

Todos os direitos reservados. Não é permitida a reprodução total ou parcial desta obra, por quaisquer meios, sem a prévia autorização por escrito da Editora.

Direitos exclusivos de publicação em língua portuguesa somente para o Brasil adquiridos pela:
EDITORA BERTRAND BRASIL LTDA.
Rua Argentina, 171 — 3º andar — São Cristóvão
20921-380 — Rio de Janeiro — RJ
Tel.: (21) 2585-2000 — Fax: (21) 2585-2084,
que se reserva a propriedade literária desta tradução.

Impresso no Brasil

Seja um leitor preferencial.
Cadastre-se no site www.record.com.br e
receba informações sobre nossos lançamentos
e nossas promoções.

Atendimento e venda direta ao leitor:
sac@record.com.br

SUMÁRIO

Apresentação — 7
Orientação básica sobre o idioma yorùbá — 9
Gramática — 9

    O Alfabeto — 9
    A Pronúncia — 9
    Sistema Tonal — 10
    Vogais Nasais — 12
    Vogais Alongadas — 13
    Elisão e Assimilação — 14
    Plural das palavras — 15
    Gênero Gramatical — 16
    Artigo — 16
    Frases Interrogativas — 17
    Substantivos — 18
    Prefixos Usados nas Palavras — 18
    Adjetivos — 19
    Verbos — 20
    Quadro Geral dos Pronomes — 24
    Advérbios — 24
    Preposições — 25
    Conjunções — 26
    Interjeições — 27
    Numerais — 27

Observações Gerais 28
Referências Bibliográficas 29
Sinais e Abreviaturas Utilizados 30

COMPLEMENTOS 863

APRESENTAÇÃO

Dicionário Português – Yorùbá dá sequência a um estudo detalhado do idioma yorùbá, iniciado com *Dicionário Yorùbá – Português* (2011), que poderá ser consultado para facilitar a organização de frases e textos.

Procuramos relacionar palavras que indicam os diferentes aspectos da cultura yorùbá, explicados nos verbetes com sinônimos ou antônimos, muitas delas reveladas por meio de composições e metáforas. Tais recursos de linguagem foram usados quando não existe uma palavra exata para definir o assunto. Em cada caso, contudo, há uma tradução literal a fim de manter a característica fundamental do yorùbá, que foi uma língua estritamente oral durante muitos séculos.

Certos verbos como levar, jogar, passar, abrir, caminhar etc. possuem formas diferentes para ser utilizados de acordo com as ações em si. Por esse motivo, todos são relacionados para facilitar o entendimento. Não há dificuldade nessa diferenciação, pois, ao contrário do nosso idioma, todo verbo yorùbá começa com uma consoante e não sofre alteração ao ser conjugado, permanecendo em sua forma infinitiva. Por esse motivo, é antecedido por um pronome pessoal e, em alguns casos, por partículas indicativas de tempo.

Deve-se observar que alguns verbos não são exemplificados em seu sentido habitual, e sim por meio de uma associação de ideias. No caso de adjetivos, eles podem ter as mesmas funções de um verbo, ou seja, embora citados como adjetivos nas frases, podem ser vistos como verbos posicionados depois de pronomes pessoais. Nesses casos, são denominados

DICIONÁRIO PORTUGUÊS-YORÙBÁ

Verbos Adjetivados. Sobre os advérbios, devemos lembrar que a maioria dos verbos tem um advérbio que melhor o identifica para expressar qualidade, preferência e intensidade.

O idioma yorùbá é repleto de prefixos e palavras que podem alterar os significados. Em razão disso, tivemos que delinear palavras sobre o comportamento pessoal além das atividades exercidas, em muitos casos, com exemplos de frases. Da mesma forma como foi feito na obra anterior, são utilizados o sinal > para revelar o resultado de contrações, palavras similares ao verbete, além de formação de frases; o sinal <, para indicar a origem das palavras; e o sinal +, para indicar como é feita a composição e facilitar o entendimento. Grande parte dos verbetes são seguidos de exemplos de frases, a fim de facilitar o entendimento para sua formação.

A seguir, em Orientações Básicas da Língua Yorùbá, procuramos instruir sobre as regras gramaticais referentes à pronúncia e às elisões – que ocorrem quando há o encontro entre duas vogais de palavras próximas e uma delas tende a desaparecer para dar forma à fala rápida e objetiva. Em alguns casos, evitamos ou elucidamos essas contrações para um melhor entendimento na formação de frases.

O contato cultural entre falantes das línguas inglesa e yorùbá possibilitou adaptações de palavras da primeira e que aqui são devidamente transcritas para a segunda, respeitando-se suas regras.

Ao final deste dicionário, há um Complemento que auxilia o estudo detalhado do uso dos numerais, do sistema de medidas, do sentido de ordem, de quantidade, tempo, dias, meses e anos, reunido a uma relação de folhas litúrgicas e medicinais.

Este dicionário é a nossa contribuição ao idioma falado pela população africana da Nigéria, do Togo, do Benin e de Serra Leoa, e por brasileiros que, de forma expressiva e bem respeitosa, conseguiram manter a herança cultural da língua yorùbá por meio da liturgia dos Candomblés e se tornaram um dos depositários mais fiéis dessas tradições.

ORIENTAÇÃO BÁSICA SOBRE O IDIOMA YORÙBÁ

GRAMÁTICA

O ALFABETO

É composto de 25 letras relacionadas na seguinte ordem:

A B D E Ẹ F G GB H I J K L M N O Ọ P R S Ṣ T U W Y

Destacamos as vogais simples em número de 7:

A E Ẹ I O Ọ U

As vogais nasais são formadas com o acréscimo da letra N:

AN ẸN IN ỌN UN

Não são usadas as letras C, Q, X, Z, V, embora sejam mantidos os sons das letras C, Q e X, através de letras com sons similares. As letras Z e V, quando usadas, são emprestadas de outros idiomas.

A PRONÚNCIA

Letras idênticas diferenciadas por um ponto embaixo:
Ọ – tem o som aberto como em *bola*.

DICIONÁRIO PORTUGUÊS-YORÙBÁ

O – tem o som fechado como em *bolo*.
Ẹ – tem o som aberto como em *dela*.
E – tem o som fechado como em *dele*.
Ṣ – tem o som de X e CH, como em *xadrez* e *chuva*.
S – tem o som de S como em *saúde*.

As outras letras têm a pronúncia idêntica ao português, exceto as seguintes:

H – não é muda, tem um som aproximado de RR.
G – tem um som gutural como em *gostar*, e nunca terá um som como em *gentil*.
J – tem o som de DJ como em *adjetivo, adjunto* e *adjacente*.
R – tem o som brando como em *arisco*.
W – tem o som de U.
N – tem um som normal como em português, porém, quando seguido de consoante para formar o tempo progressivo ou gerúndio dos verbos, tem um som gutural, aproximado de UN. Ao lado de vogais, terá condições de dar a elas um som nasal.
P – tem o som de KP lidas ao mesmo tempo, e não uma após a outra.
GB – as duas letras são pronunciadas ao mesmo tempo.

As sílabas NA e MỌ devem ser pronunciadas com um som nasal, equivalente ao nosso til (veja a regra a seguir).

Quando houver duas ou mais vogais iguais juntas, a pronúncia das vogais deverá ser alongada, em vez de serem pronunciadas separadamente.

SISTEMA TONAL

A língua yorùbá faz uso de sinais sobre as palavras para indicar o tom certo da pronúncia e facilitar o seu significado. Eles são representados por acentos superiores baseados na musicalidade natural da língua yorùbá. Além disso, são extremamente importantes por diferenciar palavras e justificar elisões. Sendo assim, cada sílaba admite três tons possíveis identificados com as três notas musicais, dó, ré, mi:

tom baixo	(dó)	acento grave	sàṣàrà, òṣùmàrè, àmàlà
tom médio	(ré)	sem acento	ẹranko, oore, Yemọja
tom alto	(mi)	acento agudo	ẹlẹ́mí, egúngún, elégédé

Obs.: No tom médio não é usado o acento, por indicar um tom de voz normal:

àmì ohùn ìsàlẹ̀ – acento grave   àmì ohún òkè – acento agudo

Os acentos tonais são colocados sobre as vogais, existindo, porém, aqueles que são colocados sobre as letras M e N, mas que não são considerados neste trabalho. Os acentos tonais das palavras podem vir a ser modificados segundo algumas regras:

a) Verbo com tom grave passa a ter um tom médio, ou seja, perde o acento grave, quando seguido de um substantivo:

rà – comprar   ra bàtà – comprar sapato

b) Pronomes objetos (oblíquos) precedidos de verbos com tom médio e grave, ganham um tom alto. Exceção para o pronome objeto da 2ª pessoa do plural yín, que permanece sempre com tom alto:

ó rí mi – ele me viu
ó nà mí – ele me bateu
ó ṣe mí – ele me fez

c) Os pronomes pessoais de uma sílaba, da 1ª e 2ª pessoa do sing. e pl. – mo, o, a, ẹ – antes da partícula N do gerúndio dos verbos, tomam um tom grave:

DICIONÁRIO PORTUGUÊS-YORÙBÁ

mo lọ – eu fui
o lọ – você foi

mò nlọ – eu estou indo
ò nlọ – você está indo

d) Os pronomes pessoais da 3ª pessoa do sing. e pl. permanecerão com o tom alto, ou seja, acento agudo:

ó lọ – ele, ela foi   wọ́n lọ – eles, elas foram

Obs.: Todas as palavras yorùbás são oxítonas, ou seja, possuem um som mais forte sempre na última sílaba, independente dos acentos tonais. Portanto, não devem ser confundidos os acentos tonais das palavras em yorùbá, com os acentos das palavras em português, por possuírem finalidades diferentes. Esta regra também se aplica às palavras de origem estrangeira, devidamente adaptadas à linguagem yorùbá.

VOGAIS NASAIS

São pronunciadas com o ar passando através da boca e do nariz. Elas são representadas pela letra N, que não deve ser entendida como uma consoante, mas sim como um símbolo nasal, colocado depois das vogais para dar o som nasal.

AN, ẸN, IN, ỌN, UN

As vogais nasais AN e ỌN possuem o mesmo som ÔN.

Diferenças:

a) ỌN – é usada com as consoantes B, F, GB, M, P, W:

Òṣàlúfọ́n – divindade   ẹ̀gbọ́n – irmã mais velha

b) AN – é usada com as demais consoantes, sendo que a consoante H é usada em ambos os casos:

Òṣàgiyán – divindade   ọ̀kànràn – signo de Ifà

c) As vogais nasais AN, IN, ỌN, UN antecedidas por M ou N perdem o símbolo nasal representado pela letra N, mas o som nasal é mantido na pronúncia:

ọ̀nà (leia ọ̀nọ̀n) caminho   ọmọ (leia ọmọn) filho
omi (leia omin) água   Yemọja (leia Yemọnja) divindade

VOGAIS ALONGADAS

Já foi observado que o idioma yorùbá possui um som melódico influenciado pelas notas musicais dó, ré mi, equivalentes aos tons baixo, médio e alto. O alongamento de vogais é um exemplo e ocorre numa frase mediante determinadas regras:

a) Substantivo seguido de um possessivo tem a vogal final alongada somente na fala:

Bàbá mi – meu pai; pronunciar bàbáà mi.

b) Dois substantivos juntos, a vogal do primeiro é estendida na fala e na escrita, se o substantivo seguinte começar com consoante:

Èdè – idioma Èdèe yorùbá – língua yorùbá.

c) A prep. Nínú – dentro, interior, terá a vogal final estendida quando o nome que lhe segue começar com consoante:

Nínúu yàrá – dentro do quarto.

DICIONÁRIO PORTUGUÊS-YORÙBÁ

d) Dois verbos de uma sílaba juntos, a vogal final do primeiro verbo é estendida, opcionalmente:

Fẹ́ – querer   mo fẹ́ẹ́ lọ jáde – eu quero ir embora

e) Sí – para, em direção a; quando posicionado antes de um verbo, a vogal é estendida com tom alto:

A bẹ̀rẹ̀ síí kàwé – Nós começamos a ler

f) Substantivo seguido de um verbo afirmativo, a vogal final do substantivo é estendida com tom alto:

Bósẹ̀ – um nome masculino   Bósẹ̀ẹ́ wẹ̀ – Bósẹ́ tomou banho

g) Verbo com partícula indicativa do tempo do verbo, tem a vogal alongada quando seguida de outro verbo:

Ó nrìn ín lọ – Ele está caminhando

ELISÃO E ASSIMILAÇÃO

São características fundamentais da língua yorùbá como formas de fala rápida e objetiva. Como toda palavra yorùbá termina com uma vogal simples ou nasal, se a próxima palavra iniciar com uma vogal, haverá uma contração opcional de vogais, tornando-as uma só palavra.

Neste dicionário, em alguns casos, evitamos contrações de vogais para um melhor entendimento na formação das frases. Porém, como são constantemente encontradas em textos diversos, é preciso conhecer alguns exemplos:

a) Verbo + substantivo:
já + ewé = jáwé – colher folhas

rà + ẹjá = rẹjá – comprar peixe
gbà + oògùn = gboògùn – receber medicamentos
kú + ọsán = káàsán – boa tarde

b) Ni – ser; Ní – ter, dizer, em, no, na; seguidos de uma palavra que não comece com a vogal I ou qualquer consoante, eles se transformam em L:
ní owó = lówó – ter dinheiro.
ní àpò = lápò – no bolso.
ní ilé = nílé – na casa, em casa.
Kíni o ṣe? = Kílo ṣe? – O que você fez?

c) Contrações com troca de vogais:
Ibi isùn = ibùsùn – cama
da ibú ilẹ̀ = dùbúlẹ̀ – deitar
dá ọpẹ́ = dúpẹ́ – agradecer

PLURAL DAS PALAVRAS

As palavras não se modificam para formar o plural. É usado o pronome Àwọn ou wọn antes da palavra:

ẹranko – o animal   àwọn ẹranko – os animais

Quando dois ou mais nomes são ligados por àti – e, àwọn é colocado somente antes do primeiro nome:

Àwọn màlúú àti ẹsin wúlò – Bois e cavalos são úteis

Existem outras maneiras de fazer o plural das palavras. Por exemplo, usando adjetivos ou advérbios que já sejam plurais no significado:

ènìà púpọ̀ – muitas pessoas   owó ẹyọ mẹ́rin – quatro búzios

DICIONÁRIO PORTUGUÊS-YORÙBÁ

Não há plural para as partes duplas naturais do corpo humano:

Ṣé o ti fọ ọwọ́ rẹ? – Você já lavou as mãos? (rẹ – seu, sua)

GÊNERO GRAMATICAL

Não existe o gênero gramatical da forma como conhecemos. Em alguns casos, as palavras já indicam os dois sexos:

ọkọ – marido   aya – esposa
àkùkọ – galo   adìẹ – galinha

Em outros casos são utilizadas palavras para indicar os dois sexos, ọkùnrin – homem, obìnrin – mulher, nesses casos são vistos como qualificativos, e usados depois do substantivo:

ọ̀rẹ́ ọkùnrin = ọ̀rẹ́'kùnrin – amigo
ọ̀rẹ́ obìnrin = ọ̀rẹ́'bìnrin – amiga
ẹ̀gbọ́n mi obìnrin – minha irmã mais velha

No caso de animais e plantas, ako – macho, abo – fêmea, usados antes do substantivo:

ako ajá – cão   abo ajá – cadela

ARTIGO

No idioma yorùbá não há o uso do Artigo. As palavras não se alteram para dar o gênero e o número. Na necessidade de uso, em concordância com o português e o inglês, que se utilizam do artigo, poderão ser usados o demonstrativo náà – o, a; e o numeral kan – um, uma. Nesses casos, são posicionados depois do substantivo:

Òun ra èso kan – Ela comprou uma fruta
Àwon omodé náà nṣíré – As crianças estão brincando

FRASES INTERROGATIVAS

Perguntas que exigem respostas de sim ou não são formadas pela inclusão no início da frase das partículas interrogativas Ṣé ou Njé (aférese – forma reduzida de Hun jé), ou Bí usado no final da frase.

O mo ònà – Você conhece o caminho
Ṣé o mo ònà? – Você conhece o caminho?

Se a resposta for positiva, Béèni ou Ẹ́n – sim; caso contrário, Béèkó, Rárá, Ẹ́n-ẹ́n – não. Neste caso, é feita também a negação do verbo, kò ou ò – não. V. kì

Béèni, èmi mò – Sim eu conheço
Rárá, èmi kò mò – Não, eu não conheço

Para outras formas de perguntas, são usadas palavras somente interrogativas, regidas pelo verbo Ni – ser:

Kíni – o que é?
Tani – quem é?
Titani – de quem é?
Èló ni – quanto é? (valores)
Níbo ni – onde? Aonde?
Síbo ni – para onde?

Nígbàwo ni – quando é?
Báwo ni – como é?
Wo ni – qual é?
Mélòó ni – quantos?
Nípa kíni – por meio de quê?
Láti ibo ni – de onde?

DICIONÁRIO PORTUGUÊS-YORÙBÁ

Verbos Interrogativos – são usados para responder questões:

dà?	onde está?
Owó dà?	Onde está o dinheiro?
nkọ́?	e acerca de?
Èyí nkọ́?	E isto? E este?
Ìwọ nkọ́?	E o de você?

SUBSTANTIVOS

Os substantivos contêm duas ou mais sílabas e geralmente começam com vogais, em razão de grande parte deles ser formada a partir do verbo pela prefixação de vogais:

dẹ – caçar	ọdẹ – caçador
mí – respirar	ẹmí – respiração

Dois substantivos juntos, a vogal do primeiro é estendida se o substantivo seguinte começar com consoante:

Òrìṣàa Ṣàngó   Èdèe yorùbá   Bàtàa bàbá

Um substantivo seguido de um pronome possessivo tem a sua vogal final alongada apenas na pronúncia:

bàbá(a) mi   ìwé(e) rẹ   ilé(é) wa

PREFIXOS USADOS NAS PALAVRAS

a) ONÍ – indica posse, comando, conhecimento

dájó – julgar   onídájó – juiz

ilé – casa   onílé – dono da casa
ìlera – saúde   onílera – pessoa saudável

b) Quando o nome começar com consoante ou vogal diferente de i, o prefixo oní se transforma em al, el, ẹl, ol, ọl, de acordo com a vogal seguinte, sendo mantido o acento tonal alto:

adé – coroa   aládé – linhagem real, príncipe
eké – mentira   eléké – mentiroso
ẹdá – criação   ẹlẹ́dá – criador
oko – fazenda   olóko – fazendeiro
ọ̀wọ̀ – respeito   ọlọ́wọ̀ – pessoa respeitável

c) OLÚ – prefixo que indica chefe, senhor, mestre

awo – mistério   olúwo – babalawo

d) OLÚ – prefixo que indica comando, atributos

kọ́ – ensinar   olùkọ́ – professor

ADJETIVOS

Normalmente, são posicionados depois dos substantivos dando-lhes qualidade. Há casos em que um substantivo qualifica outro. Os qualificativos começam com consoantes e podem ser derivados de substantivos e verbos. Costumam ser repetidos numa frase para intensificar o sentido. Quando utilizados como verbos, não são precedidos pelo verbo Ni, ser.

Ó dára fún wa – Ela é boa para nós.
Olóore ènìà ni Kẹ́hìndé – Kehinde é uma pessoa bondosa

DICIONÁRIO PORTUGUÊS-YORÙBÁ

VERBOS

Todos os verbos yorùbás começam com uma consoante e não flexionam nas conjugações. Por este motivo são sempre apresentados em sua forma infinitiva. Assim, não expressarão uma ação presente, passada ou futura, ou mesmo uma ação verbal. Para que isto ocorra são introduzidas palavras separadas para representar o tempo dos verbos, ou palavras para indicar o modo. Os pronomes pessoais indicam quem faz a ação:

Ti	–	ter (verbo auxiliar, seguido por um outro verbo)
ti	–	enfatiza uma ação realizada.
n	–	prefixado ao verbo, faz o tempo presente ou dá ideia de continuidade (gerúndio)
yíò	–	faz o tempo futuro (variantes ó, á, máa).
máa	–	indica uma ação habitual.
ibá	–	teria, auxiliar do condicional.
bí... bá	–	auxiliar do condicional.
kò, ò	–	faz a negativa dos verbos regulares.
kì ó	–	negativa do tempo futuro (variante kò níí, ò níí).
má	–	negativa da forma de comando.

Exemplos de conjugações:

Rí – ver
Mo ti rí – Eu tenho visto
Mi ò rí, Èmi kò rí – Eu não vi
Èmi yíò rí, èmi á rí – Eu verei
Mò nrí – Eu estou vendo
Èmi máa rí i – Eu costumo vê-lo
Mo ti máa rí i – Eu costumava vê-lo
Bí èmi kò bá rí i – Se eu não o vir

Mo rí – Eu vejo, eu vi
Mo ti rí i – Eu já o vi
N kòi rí i – Eu ainda não o vi
Èmi kì ó rí – Eu não o verei
Mo ti nrí – Eu estava vendo
Èmi ìbá ti rí – Eu teria visto
Bí èmi bà rí – Se eu visse
Má rí i – Não veja isto

Èmi kò tí ì rí – Eu ainda não vi   Èmi kò rí i – Eu não a vi
Mi ò níí rí – Eu não verei   Kò níí rí – Ela não verá

Forma enfática para o tempo futuro

Mà á lọ – Eu irei   À á lọ – Nós iremos
Wà á lọ – Você irá   Ẹ́ ẹ́ lọ – Vocês irão
Á á lọ – Ele, ela irá   Wọ́n á lọ – Eles, elas irão

A partícula ti – indica um tempo passado

Ó ti nsùn nígbàtí mo dé – Ele estava dormindo quando eu cheguei
Ó rí ẹnití ti nsọ̀rọ̀ – Ela viu a pessoa que estava conversando

Tempos dos verbos sem marcas indicativas de tempo

a) Verbos de Ação serão lidos sempre no Tempo Passado, a não ser que tenham alguma palavra indicativa de tempo:

lọ – ir	rin – andar	bọ̀ – retornar
tà – vender	pẹ́ – chamar	rí – ver
rà – comprar	wá – vir	jò – dançar

b) Verbos Neutros serão lidos no Presente ou Passado, de acordo com o contexto da frase:

| Ní – ter | dára – ser bom | mọ̀ – saber |
| Fẹ́ – querer | rò – pensar | tóbi – ser grande |

Verbos monossílabos – são os verbos típicos yorùbás:

bọ – adorar   dé – chegar   nù – limpar

DICIONÁRIO PORTUGUÊS-YORÙBÁ

VERBOS COMPOSTOS – são os verbos monossílabos combinados com substantivos, cujas combinações podem ser separadas:

fọwọ́ = fọ̀ + ọwọ́ – lavar as mãos
gẹ́run = gẹ́ + irun – cortar o cabelo

VERBOS COMPLEXOS – também chamados de duplos fixos, porque, com raras exceções, não podem ser separados os elementos que os compõem:

pàdé – reunir   bẹ̀rẹ̀ – começar   bùkún – abençoar

VERBOS COMBINADOS OU DIVIDIDOS – são formados por dois termos gramaticais diferentes, podendo ser dois verbos, que expressam uma só ideia de acordo com determinadas circunstâncias.

Quando forem usados com um objeto esses verbos serão separados, e entre eles, será colocado o objeto. Em alguns casos, os verbos combinados são apresentados neste dicionário separados por um traço para lembrar esta possibilidade:

dá_wò – consultar   *fi_hà* – mostrar   *gbá_mọ́* – abraçar

Para esse tipo de verbo, são dados diversos exemplos na formação de frases. Considerar as seguintes regras:

a) Não havendo um complemento como objeto, os elementos ficam juntos:

Tún_sè – *Ó tún ẹran sè* – Ela cozinhou a carne de novo
Ó túnsè – Ela cozinhou de novo.

b) Na combinação de verbo + verbo, somente o primeiro terá objeto:

Gbé_tà – *Ó gbé aṣọ tà* – Ela levou a roupa e vendeu.

c) Na combinação de verbo + verbo, em muitos casos, o segundo verbo intensifica ou expressa o resultado da ação do primeiro:

Fa_ya – Ó *fa aṣọ ya* – Ele rasgou a roupa (*fà* – puxar; *ya* – rasgar).

d) Em outros casos, os dois verbos podem expressar uma ideia que não pode ser explicada separadamente:

Bá_mu – Ẹ̀wù yìí bá mi mu – Esta roupa assentou bem em mim (*bá* e *mu* não têm nenhuma relação com este significado).

e) Quando o verbo tiver dois objetos, o segundo objeto, que será necessariamente um substantivo, será precedido por *ní*:

Yà_lẹ́nu – Ó *yà mí lẹ́nu* – Ele me surpreendeu (*ní* + ẹnu = *lẹ́nu*).

Ver as regras dos acentos tonais referentes aos verbos.

Obs.: Os adjetivos podem ser usados como verbos. Quando isto ocorre, são denominados Verbos Adjetivados. Neste caso, não se utilizam do verbo *ni* – ser:

igi tóbi – grande árvore
ó tóbi – Ela é grande

ẹni pàtàkì – pessoa importante
o pàtàkì fún mi – você é importante para mim

DICIONÁRIO PORTUGUÊS-YORÙBÁ

QUADRO GERAL DOS PRONOMES

	Pronome pessoal (ênfase)	Pronome pessoal	Pronome possessivo	Pronome possessivo (ênfase)	Pronome objeto (oblíquo)	Pronome reflexivo
1ª Pess. Sing.	Èmi eu	Mo, mi, n, ng eu	Mi meu, minha	Tèmi meu, minha	Mi me, mim comigo	Ara mi eu mesmo, eu mesma
2ª Pess. Sing.	Ìwọ você	O você	Rẹ de você	Tìrẹ de você	Ọ ou Ẹ você	Ara rẹ você mesmo, você mesma
3ª Pess. Sing.	Òun ele, ela	Ó ele, ela	Rẹ dele, dela	Tìrẹ dele, dela	Repetição da vogal final do verbo ele, ela	Ara rẹ ele mesmo, ela mesma
1ª Pess. Plural	Àwa nós	A nós	Wa nosso, nossa	Tiwa nosso, nossa	Wa nós, conosco	Ara wa nós mesmos
2ª Pess. Plural	Ẹ̀yin vocês	Ẹ vocês	Yín de vocês	Tiyín de vocês	Yín vocês	Ara yín vocês mesmos
3ª Pess. Plural	Àwọn Nwọ́n eles, elas	Wọ́n eles, elas	Wọn deles, delas	Tiwọn deles, delas	Wọn deles, delas	Ara wọn eles mesmos, elas mesmas

ADVÉRBIOS

Quase todos os adjetivos e verbos têm seus próprios advérbios para expressar sua qualidade, preferência ou seu grau, e que não podem ser usados senão com eles. Eles reforçam o verbo, dando-lhe cor, sabor e começam com consoante.

São muitas vezes derivados de palavras duplicadas, podendo ser separados por um traço de união. Geralmente, são posicionados no final da frase, outros, no início.

Ó ṣú biribiri – Está intensamente escuro
Ó kún bámú-bámú – Ele está muito cheio
Dandan ó níláti bò – Por certo ela deve vir

Outros advérbios são usados antes dos verbos e classificados como advérbios pré-verbais, porque se posicionam antes dos verbos:

Ó tètè dé – Ela chegou rapidamente
Bàbá tilẹ̀ rí wa – Papai de fato nos viu

Os advérbios que expressam tempo ou espaço são formados pela elisão de Ní com o respectivo nome:

| orí – cabeça | ní orí = lórí – sobre, em cima |
| òkè – montanha | ní òkè = lókè – acima, no alto |

PREPOSIÇÕES

A preposição é comumente usada antes de seu objeto:

bá, pẹ̀lú, fi – com   ti – de   fún, sí, lati – para

a) A preposição ní – em, no, na – é normalmente usada com palavras que denotam lugar, tempo, maneiras e circunstâncias:

Ìyá wà nílé – (ní + ilé) – Mamãe está em casa.

b) A preposição ti – de não é usada entre dois substantivos. É opcional.

Ilé Àṣẹ Ògún – Casa da Força de Ogum

c) A preposição sí – para, em direção a, é dinâmica e usada com verbos que indicam movimento e direção:

DICIONÁRIO PORTUGUÊS-YORÙBÁ

Bàbá dé sílé – (sí + ilé) – Papai chegou em casa.

Exceção: não é usada com os verbos rè – ir; bò – retornar.
Ó bo oko – Ela voltou da fazenda.

Preposições + substantivos – as preposições Ní e Sí são prefixadas aos substantivos para formar outras preposições:
ní inú = nínú – dentro
sí inú = sínú – para dentro
ní èhìn = léhìn – atrássí èhìn = sẹ́hìn – para trás

Quando um verbo tiver dois objetos, a preposição ní é usada antes do segundo objeto:
Ó fún mi ní ẹ̀bùn – Ela me deu um presente.
Ó bò mí ní àṣírí – Ele encobriu meus segredos.

CONJUNÇÕES

São usadas para relacionar entre si duas orações ou partes da oração:

ṣùgbọ́n, àmó	–	mas
àfí	–	somente
tàbí	–	ou
bíotijẹ́pẹ́	–	apesar de que
nítorípé	–	porque
àti	–	e, liga substantivos ou advérbios, mas não verbos: Ó mu iṣu àti ọbe – Ele pegou o inhame e a faca.
sì	–	e, liga sentenças e é posicionado imediatamente após o sujeito da segunda oração e antes do verbo: Ó wọlé, èmi sì jáde – Ele entrou em casa, e eu saí. Ó jẹun, ó sì sùn – Ele comeu e dormiu.

ORIENTAÇÃO BÁSICA SOBRE O IDIOMA YORÙBÁ

INTERJEIÇÕES

síọ̀ – ora essa!
káì, áà – ah! oh!
hà, hẹ́ẹ́ – medo ou surpresa!
eepà, yépà – medo ou surpresa!
Ẹ pẹ̀lẹ́ o – oi!
Ẹ jẹ́kalọ – vamos!
Wò – olhe!
o ma ṣe o – que pena!

Kínla(n) – o quê!
Yéè – ui! Ai!
Dákẹ, simi – silêncio!
Kiyesi – atenção!
O ṣé o – obrigado!
òótọ́ ni – verdade!
irọ́ ni – mentira!
ẹ gbà mi o – socorro!

NUMERAIS

Os numerais yorùbás são formados por meio de uma operação matemática, composta de soma e subtração até o número 184, e seguindo com multiplicação e divisão.

Aago mọ̀kánlá alẹ́   São onze horas da noite
Oní Iójó kẹ́wá oṣù   Hoje é o décimo dia do mês
Fún mi ní méjèèjì   Dê-me todos os dois
Wọlé Iọ́kọ̀ọ̀kan   Entre um de cada vez
Ò ní ọdún ìbí méjìlá   Ela tem 12 anos de idade
Mo sinmi ni wákàtí kan   Eu descansei por uma hora

(Ver em COMPLEMENTO os numerais yorubá apresentados de diferentes formas de acordo com a maneira de ser usados. A partir dos números básicos, são utilizados prefixos e partículas diversas transformando-os em cardinais, ordinais, adverbiais, sistema de medidas diversas, tempo e hora.)

DICIONÁRIO PORTUGUÊS-YORÙBÁ

OBSERVAÇÕES GERAIS

1. Todas as palavras yorùbás terminam com uma vogal simples ou vogal nasal;
2. Não existem letras mudas, todas elas devem ser pronunciadas sempre com o tom na última sílaba (oxítonas);
3. Os acentos superiores referem-se aos tons das palavras: alto e baixo. Não devem ser confundidos com os acentos do nosso idioma;
4. Não há dois sons para uma mesma letra. Todas têm um som único e devem ser lidas da forma como estão escritas. Exceção: letra *n* na formação do gerúndio dos verbos e na formação da vogal nasal;
5. Todas as palavras terminadas com *na* e *mọ* devem ser lidas com um som nasal. Duas vogais iguais e juntas devem ser lidas com um som alongado e não separado;
6. Todos os verbos começam com uma consoante e quase todos os substantivos começam com uma vogal e têm duas ou mais sílabas;
7. Como os verbos não se alteram nas conjugações, não há desinências verbais para indicar a pessoa ou o número gramatical. Assim, todos os verbos yorùbás devem ser antecedidos pelo pron. pessoal, sujeito da oração;
8. Os verbos que revelam ação, sem indicação de tempo, devem ser lidos no tempo passado, e os verbos neutros, no presente ou passado, de acordo com o assunto. Para dar ênfase a uma ação realizada, é usada a partícula *ti*, antes do verbo;
9. A maneira como uma ação foi ou é realizada, pode ser revelada por algumas palavras que sempre se posicionam antes dos verbos. Isto é lembrado em alguns verbetes com a abreviatura *pré-v.* (pré-verbo);
10. Não são usadas as formas tu e vós, em yorùbá; são substituídas pelos pronomes de tratamento você e vocês;
11. Nas frases negativas não são usados os pronomes pessoais da 3ª pess. do sing. *òun, ó* – ele, ela;
12. O apóstrofo indica que uma vogal foi suprimida no encontro de duas vogais em palavras próximas. É opcional;

ORIENTAÇÃO BÁSICA SOBRE O IDIOMA YORÙBÁ

13. As palavras ligadas por um traço de união significam que elas têm um só significado, principalmente as palavras novas que o idioma yorùbá procura inserir em sua linguagem;
14. As observações sobre os verbetes estão explicadas entre parênteses;
15. As palavras oriundas de outros idiomas estão devidamente destacadas. As espécies de plantas nativas citadas, quando possível, são seguidas do nome científico. Ver relação de folhas em COMPLEMENTOS;
16. O artigo yorùbá não costuma ser usado; quando necessário ele é definido como náà – o, a / kan – um, uma. Posicionados depois do subst. não determinando o gênero;
17. Não há nenhum ditongo em yorùbá, embora sejam apresentadas duas vogais diferentes nos prefixos negativos: àìtù – bravo, àìtètè – lentidão, àìfẹ́ – antipatia.

REFERÊNCIAS BIBLIOGRÁFICAS

Abimbola, Wande. *Sixteen Great Poems of Ifá*. Londres: Unesco, 1975.

Abraham R.C.; M. A, D. *Dictionary of Modern Yoruba*. Londres: Litt. Hodder and Stodgboton, 1981.

A Dictionary of the Yoruba Language. Ibadan / Nova York: Oxford University Press, 1978.

Aremu, Ọlaleye; Stevick, Earl W. *Yoruba Basic Course*. Washington: Audio-Forum, 1963.

Awobuluyi, Ọladele. *Essentials of Yoruba Grammar*. Ibadan: Ibadan University Press, 1979.

Awoniyi, Timothy A. *The Fundamental Basic of Yoruba Education in Yoruba Oral Tradition*. Ife: Obafemi Awolowo University, 1975.

Bamgbose, Ayọ. *A Short Yoruba Grammar*. Ibadan: Ibadan University Press, 1973.

BARBER, Karin. *Yoruba Dùn ún Sọ*. Londres: Yale University Press, 1984.

Beniste, José. *Dicionário Yorùbá-Português*. Rio de Janeiro: Bertrand Brasil, 2009.

DICIONÁRIO PORTUGUÊS-YORÙBÁ

Buckley, Anthoni D. *Yoruba Medicine*. Oxônia: Clarendon Press Oxford, 1985.

Dicionário Inglês-Português Collins. São Paulo: Siciliano, 1994.

Fadipe, N. A. *The Sociology of the Yoruba*. Ibadan: Ibadan University Press, 1970.

Fagborun, J. *Gbenga Yorùbá Verbs and their Usage*. Grã-Bretanha: Virgo Press, 1994.

Fakinlede, Kayode J. *Modern Practical Dictionary Yoruba*. Nova York: Hippocrene Books, Inc., 2003.

Ferreira, Aurélio B. Holanda. *Dicionário Brasileiro da Língua Portuguesa*. Rio de Janeiro: RRP Editorial, 1978.

Idowu, E. Bọlaji. *Olódùmarè, God in Yoruba Belief*. Londres: Longman, 1962.

Ogunbowale, P.O. *The Essentials of the Yoruba Language*. Londres: David McKay Co., 1970.

S. O. Biobaku. *A Origem dos Yorùbás*. Lagos: Serv. de Difusão Nigeriana, 1955.

SINAIS E ABREVIATURAS UTILIZADOS

adj.	– adjetivo	*pron. pess.*	– pronome pessoal
adv.	– advérbio	*pron. poss.*	– pronome possessivo
art.	– artigo	*resp.*	– resposta
compos.	– composição	*s.*	– substantivo
comp.	– comparativo	*sic.*	– escrito da forma original
conj.	– conjunção		
contr.	– contração	*sing.*	– singular
dem.	– demonstrativo	*V.*	– veja
enf.	– ênfase, enfática	*v.*	– verbo
exp.	– expressão	*v. aux*	– verbo auxiliar
f.	– feminino	*v. lig*	– verbo de ligação
f. redu.	– forma reduzida	<	– a palavra deriva de
fig. ling.	– figura de linguagem	>	– a palavra dá origem a

ORIENTAÇÃO BÁSICA SOBRE O IDIOMA *YORÙBÁ*

gen.   – gênero
gír.   – gíria
interj.   – interjeição
lit.   – literalmente
m.   – masculino
neg.   – negativo
num.   – numeral
obs.   – observe
part.   – partícula
pref.   – prefixo
prep.   – preposição
pré-v.   – pré-verbo, pré-verbal
pron.   – pronome
pron. obj. – pronome objeto

\-   – hífen, usado quando duas ou mais palavras querem dizer uma coisa só
=   – o mesmo que, igual a
+   – revela como foi feita a composição da palavra
...   – reticência, indica um complemento para a formação da frase
–   – traço, entre duas palavras, indica um verbo dividido

A, vogal a, a primeira letra do alfabeto yorùbá.

A, E, Ẹ, I, O, Ọ, *pref.* usados na formação de substantivos a partir de um verbo. > lá – sonhar, àlá – sonho; kọ́ – ensinar, ẹ̀kọ́ – aula; dá – criar, ìdá – criação; jò – gotejar, òjò – chuva, dẹ – caçar, ọdẹ – caçador.

A, O, *art.* náà (usado opcionalmente depois de substantivo sem indicar o gênero). > Igi náà wó lulẹ̀ = Igi wó lulẹ̀ – A árvore caiu no chão.

À DISTÂNCIA, LÁ LONGE, *adv.* fírí > Ó ta fírí – Ele arremessou lá longe; > Ó ta fírí lágbègbè ibẹ̀ – Ela voltou ao passado naquela região.

A FIM DE QUE NÃO, PARA QUE NÃO, *adv.* kì...má bá.

À FRENTE, *adv.* síwájú > Ó lọ síwájú – Ela foi em frente.

A BORDO, *adv.* nínú ọkọ̀ > Ó wà nínú ọkọ̀ – Ele está a bordo.

A MENOS QUE, A NÃO SER QUE, *conj.* àyámọ̀bí, àyàmọ̀pé, ànbí > Òun yíò lọ àyàmọ̀pé òjò nrọ̀ – Ela irá, a não ser que chova.

A NÃO SER QUE, EXCETO, SALVO SE, *conj.* àmọ̀pé, àmọ̀bí, àyàfi, àfibi, àyáṣebí > Àmọ̀bí ó ti wá – A não ser que ela venha.

A NOITE PASSADA, *adv.* òru-àná.

À NOITINHA, *adv.* nírọ́lẹ́ > Ó dé nírọ́lẹ́ – Ele chegou à noitinha.

À PARTE, DE UM LADO, *adv.* lápákan, sápákan > Fún mi ni lápá kan – Dê-me uma porção.

A QUALQUER HORA, TODO TEMPO, *adv.* ìgbàkúgbà < ìgbà + kú + ìgbà.

A SI MESMO, *pron. reflex.* Ẹnitíkaláàrẹ.

A TERRA E O CÉU – ABARROTADO, REPLETO

A TERRA E O CÉU, *s.* àtayé àtọ̀run < àti + ayé + àti + ọ̀run.
À TOA, SEM OBJETIVO, *adj.* pẹ̀lú ọ̀lẹ, tọ̀lẹtọ̀lẹ > Ò wà pẹ̀lú ọ̀lẹ – Ele está à toa, com preguiça.
ABA, ASA, *s.* apá (fig. ling – parte saliente pela qual se seguram certos objetos) > O fọ́ apá kóbódú – Você quebrou a asa da xícara.
ABACATE, *s.* èso igi iyeyè.
ABACAXI, *s.* ọ̀pẹ òyìnbó.
ABAFADO, *adj.* Àìláfẹ́ẹ́fẹ́.
ABAFAR, SUFOCAR, *v.* fín_pa > Ó fín èkuté pa – Ele sufocou o rato.
ABAINHAR, *v.* ṣẹ́lẹ́tí, ṣẹtí < ṣẹ́ + etí > Ó ṣẹtí ní aṣọ rẹ̀ – Ela fez bainha na roupa dela.
ABAIXAR A CABEÇA, *v.* soríkọ (estar desanimado).
ABAIXAR, CURVAR-SE, *v.* bẹrẹ́ > Ajá yẹn rọra lọ bẹ̀rẹ̀ mọ́lẹ̀ – Aquele cachorro se agachou cuidadosamente.
ABAIXAR-SE, HUMILHAR, *v.* rẹlẹ̀ < rẹ̀ + ilẹ̀ > Ọkùnrin yìí rẹ̀lẹ̀ – Este homem se comportou humildemente; > tẹrígbà – receber a bênção.
ABAIXO, *adv.* lélẹ̀ (sobre o chão) > Fi ìwé rẹ lélà – Ponha seu livro no chão.
ABAJUR, *s.* ṣẹ̀ẹ̀di àtùpà.
ABALAR, *v.* mì, gbọ̀n.
ABANADOR DE FOGO, *s.* ìwaná, ìwọná (atiçador de fogo).
ABANAR, *v.* fẹ́ > Ó nfẹ́ iná – Ela está abanando o fogo; > fẹ́ra < fẹ́ + ara – abanar-se.
ABANAR AS MÃOS, *v.* ṣán > Ó nṣán ọwọ́ dorodoro – Ele está abanando as mãos.
ABANDONADO, *adj.* Kíkọ̀sílẹ̀.
ABANDONAR, DESERTAR, *v.* dá, patì > Ilé náà dá nígbàtí àwọn àlèjò ti lọ́ tán – A casa ficou deserta quando as visitas foram embora.
ABANDONAR, SEPARAR, *v.* kọ̀sílẹ̀.
ABANDONO, RESIGNAÇÃO, *s.* ìfisílẹ̀.
ABANO, VENTAROLA, *s.* abẹ̀bẹ̀ > Abẹ̀bẹ̀ àyà – Barbatana do peito do peixe.
ABARROTADO, REPLETO, *adj.* fọ́fọ́, pítípítí > Ò kún fọ́fọ́ – Ele está bastante cheio.

ABARROTAR, ENCHER, s. kì > Ó máa ki àpò – Ela costuma encher o saco.
ABASTECEDOR, PROVEDOR, s. olùpèsè onję.
ABASTECER, v. pèsè onję, gbọ́ onje.
ABATER, REDUZIR, v. fà > Ó fa owó rè tí ó ní sigbè – Ele reduziu o dinheiro que tinha guardado para uso.
ABATER-SE, v. fòṣánlè > Ó fòṣánlè – Ele abateu-se, caiu por terra.
ABATIDO, TRISTE, adj. kíjò, réwèsì > Ó dàgbà, ojú rè kíjò – Ele está envelhecido, desanimado.
ABATIMENTO, s. ìbùkù (deficiência).
ABATIMENTO, DEPRESSÃO, s. ìrèwèsí.
ABDICAR, ABANDONAR, v. fi_sílè > Ó fi mí sílè nmú òsì – Ele me abandonou na pobreza; > Alákóso ko oyè sílè – O diretor abandonou o título.
ABDÔMEN, s. àpòlúkù, inú ẹran.
ABDOMINAL, s. àrùn inú.
ABELHA, s. èbì.
ABENÇOADO, adj. Níbùkún.
ABENÇOAR, v. súre < sú + ire, bùkún, bùsí > Olórun súre fún o – Deus abençoe; Kí òrìṣà rẹ bùkún fún ẹ – Que o seu orixá aumente.
ABEOKUTA, s. Abèòkúta (capital do estado de Ogun, na Nigéria).
ABERRAÇÃO, s. ìdáyàtò.
ABERTAMENTE, adv. gedegbe, abóya, kedere, ní gbàngba.
ABERTO, adj. sísí (livro, porta) > Ìlèkùn ilé mi wà sísí gbogbo yín – A porta da minha casa está aberta para todos vocês.
ABERTO, EXTENSO, adj. Téjú.
ABERTO, DESCOBERTO, adj. Láìbò.
ABERTURA, BURACO, s. ojú iho.
ABERTURA DE UMA PORTA, s. ẹnu-ìlèkùn.
ABERTURA VAGINAL, VULVA, s. ojú òbò.
ABERTURA, ESPAÇO, s. àfo, ihò, àlàfo > Àfo yìí mi ni – Esta vaga é minha.
ABERTURA, FISSURA, s. ìlanu < là + ẹnu.
ABERTURA, s. ìsísílè > ìsí ọtí – garrafa aberta.
ABIÃ, s. abíyán (aguardando uma iniciação) > Orò yìí ọ́ gba ìlèkè funfun – Neste ritual ela recebe um fio de contas branco.

ABISMO, ESPAÇO VAZIO – ABORRECIMENTO

ABISMO, ESPAÇO VAZIO, s. òfèèrèfé, ògbun > àìnísàlè – cova sem fundo.
ABJETO, SEM VALOR, adj. Àìníláárí.
ABJURAR, v. búra èké > Ó búra èké – Ele jurou em falso.
ABNEGAÇÃO, DESINTERESSE, s. ìséra-ẹni.
ABNEGAR, v. sẹ́ > Ó sẹ́ pé òun sọ bẹ́ẹ̀ – Ela negou que ele disse assim.
ABÓBADA, FIRMAMENTO, s. ìsálú ọ̀run.
ABÓBORA, s. elégédé (gbọ̀rọ̀ – broto de abóbora) > Àwa kò lè jẹ elégéde àti akàn – Nós não podemos comer abóbora e caranguejo.
ABOLIR, ELIMINAR, v. pa_rẹ́, sọ_dòfo > Ó fi ojú pa mí rẹ́ – Ela me ignorou (lit. Ela usou com o rosto, um gesto de desprezo); > Ó sọ òfin yìí dòfo – Ele revogou esta lei.
ABOLIÇÃO, s. ìsọdòfo > ìsọdasán – aniquilação.
ABOMINAÇÃO, AVERSÃO, s. ìríra.
ABOMINAR, ODIAR, v. kéérí.
ABOMINÁVEL, adj. rìnníláralégbin.
ABONADOR, FIADOR, s. onígbọ̀wọ́.
ABORDAGEM, APROXIMAÇÃO, s. ìsúnmọ́.
ABORDAR, v. súnmọ́ > Ó súnmọ́ ọ̀dọ̀ mi – Ele se aproximou de mim; > dá_sílẹ̀ > Ó dá ọ̀rọ̀ sílẹ̀ – Ela abordou um assunto.
ABORÍGINE, NATIVO, s. onílẹ̀, ìbílẹ̀.
ABORRECER, ATRAPALHAR, v. tọ́ > Ò ntọ̀ mí – Você está me atrapalhando.
ABORRECER, FICAR NERVOSO, v. bínú < bí+ inú > Ẹ má bínu, ẹ̀bí mi ni – Não se aborreça, é minha culpa.
ABORRECER, PREOCUPAR-SE, v. wàhálà (do idioma hausá) > Ó wàhálà mi púpọ̀ – Ela me aborreceu muito. Também usado como substantivo > Mo bá wàhálà – Eu encontrei um problema; > Ó yé wàhálà mi – Ela cessou o aborrecimento.
ABORRECER, TRANSTORNAR-SE, v. banújẹ́ < bà + inú + jẹ́ > Má banújẹ – Não se aborreça.
ABORRECIDO, PESAROSO, adj. láìdùnmọ́.
ABORRECIMENTO, s. inú bàjẹ́, ọ̀ràn, adábá (depressão, problema) > Ó bí mi léèrè ọ̀ràn náá – Ela me perguntou acerca daquele problema.

ABORTADO, s. àsému.
ABORTAR, v. ṣéyún < ṣẹ́ + yún > Ó ṣẹ́yún – Ela abortou.
ABORTIVO, adj. kuru.
ABORTO, FALHA, s. ìṣẹ́nú, ìṣẹ́yún > oyún ṣíṣẹ́ – rompimento da gravidez.
ABRAÇAR, v. kó_móra > Ó kó mi móra – Ela me abraçou.
ABRAÇAR, ADERIR, v. dìmọ́ > Ó dìmọ́ mi tipẹ̀ – Ela me abraçou fortemente, com muito prazer.
ABRAÇAR FIRMEMENTE, v. gbá_mọ́, gbá_mọ́ra > Fi ọwọ́ gbá a mọ́ra – Use as mãos e o abrace.
ABRAÇAR, APERTAR, v. wà, wàmọ́, wàmáyà (wà + mọ́ + àyà – puxar para junto de si) > Ó wà mí máyà – Ela me puxou e me abraçou.
ABRAÇAR, DOBRAR, v. tẹ́ > Ó tẹ́ aṣọ yẹn – Ela dobrou aquela roupa.
ABRAÇAR, SEDUZIR, v. fàmọ́ra < fà + mọ́ + ara > Ó fà mí mọ́ra – Ele me abraçou.
ABRAÇO, s. àdìmọ́, àgbámọ́ra, àkómọ́ra > Ó fún mi àdìmọ́ – Ele me deu um abraço; > Ó gbá mi mọ́ra – Ela me abraçou.
ABRANDAMENTO, s. ìdẹ̀wọ́ < dẹ̀ + ọwọ́.
ABRANDAR, ACALMAR, v. mú_tujú, mọ́wọ́dúró > Ó mọ́wọ́ dúró – Ele parou o que estava fazendo.
ABRASADORAMENTE, adv. gúrúgúrú > Ó sun igi gúrúgúrú – Ele queimou a madeira abrasadoramente.
ABRASAR, v. jóná.
ABRASIVO, s. adánilágara (pessoa inoportuna) > Ó dé pẹ̀lú ẹni adánilágara – Ela chegou com uma pessoa inconveniente.
ABREVIAÇÃO, RESUMO, s. ìgékúrú, àkékúrú, àkọmọ̀nà.
ABREVIAR, ENCURTAR, v. kékù, kékùrù > Alágbàro kékù ìkórè iṣu – O lavrador reduziu a colheita de inhame.
ABRIGO DE CHUVA, s. apeji > agbeji – cobertura para a cabeça < a + gbè + eji – aquele que protege da chuva.
ABRIL, s. Oṣù Ìgbé, Oṣù kẹ́rin ọdún, Oṣù Epírííli (do inglês *april*).
ABRIR A BOCA, v. lanu < là + ẹnu, yanu < yà + ẹnu.
ABRIR A PORTA, v. ṣílẹ̀kùn > Kò ṣílẹ̀kùn fún mi. Èmi kò mọ̀ ohun tí mo ṣe – Ela não abriu a porta para mim. Eu não sei o que eu fiz.

ABRIR ALGO, *v.* gà (sob pressão).
ABRIR AS MÃOS, v. lawọ́ < là + ọwọ́ (ser generoso) > túwọ́ká – franco, liberal.
ABRIR CAMINHO, *v.* lànà < là + ọnà > Wọ́n lànà titun – Eles abriram uma nova estrada.
ABRIR ESPAÇO, *v.* fàyèsílẹ̀.
ABRIR O CHÃO, *v.* lalẹ̀hù < là + ilẹ̀ + hù (para germinar, brotar).
ABRIR OS OLHOS DE ALGUÉM, *v.* lajú < là + ojú (mostrando como agir) > Ò là mí lójú – Ela abriu meus olhos, me mostrou como agir.
ABRIR OS OLHOS, *v.* ṣíjú < ṣí + ojú.
ABRIR UM ABSCESSO, *v.* ta (sair para fora) > Èjẹ̀ ta sọ̀ọ̀rọ̀ – O sangue respingou copiosamente.
ABSCESSO, ÍNGUA, *s.* báàlọ.
ABSCESSO, TUMOR, *s.* àlefọ́.
ABRIR UMA TRILHA, *v.* lapa < là + ipa.
ABRIR, CAVAR, *v.* sú > Ó sú ògòdò – Ele abriu um buraco pantanoso.
ABRIR, DESTAMPAR, *v.* ṣí > ṣílẹ̀kùn – abrir a porta.
ABRIR, ESCAPAR, *v.* yọfótí, yọfókí (desarrolhar uma garrafa).
ABRUPTAMENTE, *adv.* Lójijì.
ABRUPTO, INESPERADO, *adj.* láìròtẹ́lẹ̀ (sem precaução).
ABSCESSO, FURÚNCULO, *s.* oówo, éwo > Ó tá oówo mi – Ele perfurou meu furúnculo.
ABSOLUTAMENTE, *adv.* páfe, pátápátá, ògédé.
ABSOLVER, *v.* lá, fi_jì > Ó fi ẹ̀ṣẹ̀ jì – Ele perdoou o erro.
ABSOLVIÇÃO, *s.* ìdáríjì, idáláre.
ABSOLVIDO, *adj.* àìdẹ́bifún.
ABSORVER, *v.* yẹ, fafọn, fà_mu > Fa omi mu – Absorver a água.
ABSTENÇÃO, *s.* ààwẹ̀, ìgbààwẹ̀ > àìjẹ – jejum.
ABSTER-SE, PRIVAR-SE, *v.* takété, fàsẹ̀hìn, gbààwẹ̀.
ABSTINÊNCIA, *s.* ìrọ́nú, ìtakété > Ó ya ìtakété fún mi – Ele é indiferente para mim.
ABSTRAR, SEPARAR, *v.* fàjáde > Ó fàjáde ehín – Ele extraiu o dente.
ABSTRATO, *s.* àìrí.

ABSURDO – ACALMAR, TRANQUILIZAR

ABSURDO, *adj*. èèmọ̀, láìsílójúọ̀nà < láì + sí + lójú + ọ̀nà (fora de propósito) > Ó fojú mi rí èèmọ̀ – Ela viu aborrecimento em mim.
ABUJÁ, *s*. Àbúja (capital do Níger, na África).
ABUNDÂNCIA, *s*. àníléké, ayọ́, ẹ̀kún, iwọ́pọ̀.
ABUNDANTE, REPLETO, *adj*. àìkere, gbógàn, ọ̀pọ̀kúyọkú, tìàn-tìàn.
ABUNDANTE, EXCESSIVO, *adj*. rẹ̀pẹ̀tẹ̀, jẹ̀ngbẹ̀nnẹ̀ > Yẹra fún gbèsè rẹ̀pẹ̀tẹ̀ – Evite dívidas demais; > Onjẹ rẹ̀pẹ̀tẹ̀ – Uma comida excessiva.
ABUNDANTEMENTE, *adv*. fálafàla, jàánrẹrẹ, yálayàla, yóyọ̀yọ́, pípọ̀pípọ̀, púpọ̀púpọ̀, pótopòto (com excesso).
ABUSADO, *s*. abúni > Òun ni abúni – Ele é abusado.
ABUSAR, INSULTAR, *v*. láálí.
ABUSAR, *v*. sìlo > bú – insultar – Mi o bú ọ – Eu não insultei você.
ABUSIVO, *s*. ọbayéjé (pessoa fingida).
ABUSO DE PRIVILÉGIO, *s*. ìbaiyéjé.
ABUSO, INSULTO, *s*. èébú > Ó bú mi ní èébú ara – Ele me ofendeu citando um defeito em mim.
ABUTRE, FALCÃO, *s*. àṣá.
ABUTRE, *s*. igún, gúrugú, gúnnugún, ìwò.
ACABAMENTO, CONCLUSÃO, *s*. àṣetán, àṣeparí.
ACABAR, *v*. rọ́pá, yorí, parí > Òun parí sọ̀rọ̀ – Ele acabou de falar.
ACABAR DE, *adv*. *pré*. *v*. sẹ̀sẹ̀ > Mo sẹ̀sẹ̀ rí i – Eu acabei de vê-lo.
ACÁCIA, *s*. ìgbà, bòbó (acácia ou alfarroba) > Ìyàwó mi sè igbá mọ́ ọbẹ̀ – Minha esposa cozinhou acácia.
ACADEMIA, *s*. ilé ẹ̀kọ́ gíga.
ACADÊMICO, *s*. ọmọ-ẹgbẹ́ ọlómọ̀wé.
ACALENTAR, *v*. kùn_lóòrun, sìkẹ́> Iṣẹ́ yìí kùn mí lóòrun – Este trabalho me deu sono.
ACAMADO, DOENTE, *s*. dùbúlẹ̀, àìsàn.
ACALMAR, *v*. bọ̀rọ́ (maneira compreensiva), múdáké (silenciar, ficar quieto).
ACALMAR-SE, *v*. rọlẹ̀ (diminuir), dẹ̀hun (baixar a voz).
ACALMAR, TRANQUILIZAR, *v*. rọ̀, mú_rọlẹ̀, tù > Ó tù mí nínú – Ele me confortou; > Omi tù mí lára – A água me refrescou; > ìtura – calma.

ACAMPAMENTO DE CARAVANA, *s.* sọ́ngo (do hausá *zángò*).
ACAMPAMENTO, *s.* bùdó, ibùdó, àgọ́.
ACAMPAR, FUNDAR, *v.* dó, sàgatì, pagọ́ > Ṣe ibùdó – Fazer acampamento.
ACANHADO, *adj.* nítìjú (envergonhado).
ACANHAMENTO, *s.* ìsúnrakì.
AÇÃO, ATO, *s.* bẹbẹ, ìṣe > Ó ṣe bẹbẹ ìwúre – Ele fez um ato religioso.
AÇÃO BENEVOLENTE, *s.* oore-ṣíṣe.
AÇÃO CONDICIONAL, *pré-v.* bí...bá > Bí o bá pẹ́, wọkọ̀ – Se você estiver atrasado, pegue um carro.
AÇÃO DE CONTINUIDADE, *prefixo-v.* n > Ó n kẹ́ ọmọ rẹ̀ – Ela está acariciando o filho dela; > Ó kẹ́ ọmọ rẹ̀ – Ela acariciou o filho dela (a letra *n* prefixada ao verbo indica o tempo progressivo contínuo e tem o som de *un*).
AÇÃO DE CURA, *s.* ìjinnà < jín + iná.
AÇÃO DE GRAÇAS, *s.* ọlọ́pẹ́, ìṣopẹ́ oore.
AÇÃO DE REMEDIAR, *s.* bíbúlẹ̀ (remendo, conserto).
AÇÃO ERRÔNEA, *s.* ìṣìṣe.
AÇÃO FINAL, *s.* àṣemọ́ > Àṣemọ́ ni ó ṣe – Foi uma ação final que ele fez.
AÇÃO FUTURA, *pré-v.* yíò, yóò > Àwa yíò ra ilé yẹn – Nós compraremos aquela casa (*yíò, yóò, ó* posicionados antes do verbo, fazem o tempo futuro dos verbos).
AÇÃO HABITUAL, *pré-v.* máa < Ó máa jẹran púpọ̀ – Ele costuma comer muita carne.
AÇÃO IRREGULAR, MÁ CONDUTA, *s.* ìṣekúṣe.
AÇÃO JUDICIAL, CASO, *s.* ẹ̀jọ́ > Kì íṣe ẹjọ́ mi – Não é meu problema.
AÇÃO REALIZADA, *pré-v.* ti > Àwa ti ṣe iṣẹ́ – Nós já fizemos o serviço.
AÇÃO REFLEXIVA, *s.* ìṣelógan.
AÇÃO, COSTUME, *s.* ìṣe > Ìgbéyàwó jẹ́ iṣe tò mímọ́ ní ojú Ọlọ́run – O Casamento é um costume sagrado aos olhos de Deus.
AÇÃO, PROCESSO, *s.* sarè (do hausá *záure*).
ACASO, BOA SORTE, *s.* àbáfú > Àbáfú ni o bá mi – O sucesso ocorreu comigo.

ACAREAÇÃO, *s.* ìfojúkojú (ficar cara a cara).
ACAREAR, CONFRONTAR, *v.* fojúkojú < fi + ojú + kò + ojú.
ACARICIAR, ACALENTAR, *v.* ké̩, s̩iké̩, s̩è̩ké̩ > ìké̩ – carinho.
ACARICIAR, ALISAR, *v.* fà_mó̩ra, fo̩wó̩_fa > Ó fo̩wó̩ rè̩ fa ìfàkúfà – Ele mesmo se envolveu em confusão.
ACARICIAR, ESFREGAR, *v.* fira < fi + ara (esfregar).
ACARICIAR, MIMAR, *v.* wé̩, gè.
ACARINHAR, *v.* túlójú > Ó tù mí lójú – Ele me tranquilizou.
ACASO, *s.* àbáfú, alábápàdé.
ACAUTELAR, PRECAVER, *v.* s̩ó̩ra.
ACESSÍVEL, PRÓXIMO, *adj.* ro̩rùn, mo̩níwò̩n, nítòsí.
ACEITAÇÃO, RECEPÇÃO, *s.* ìté̩wó̩gbà < té̩ + o̩wó̩ + gbà.
ACEITAR COMIDA, *v.* gbàje̩ < gbà + ìje̩.
ACEITAR DINHEIRO, *v.* gbowó < gbà + owó > Mo gbowó mi ló̩wó̩ rè̩ – Eu recebi o dinheiro das mãos dele.
ACEITAR NOVAMENTE, *v.* túnmúra (reconhecendo o esforço de alguém).
ACEITAR SUBORNO, *v.* jowó < je̩ + owó > àwo̩n às̩èlú máa jowó – Os políticos costumam aceitar propina.
ACEITAR, ACOLHER, *v.* gbè̩bè̩ < gbà + è̩bè̩ > Ó gbè̩gbè̩ mi – Ele me acolheu.
ACEITAR, APROVAR, *v.* té̩wó̩gbà, títè̩wó̩gbà.
ACEITAR, CONCORDAR, *v.* gbà.
ACEITAR DE NOVO, *v.* túnmúra.
ACEITÁVEL, *adj.* àté̩wó̩gbà, títè̩wó̩gbà.
ACEITÁVEL, TOLERÁVEL, *adj.* gbígbà.
ACELERAÇÃO, *s.* ìperédàsíwájú.
ACELERAR, APRESSAR, *v.* kóró, mú_s̩ekánkán, mú_yára.
ACENAR, *v.* fo̩wó̩pè̩ < fi + o̩wó̩ + pè̩, juwó̩ < jù + o̩wó̩ > Ó juwó̩ sí mi – Ele acenou para mim.
ACENDER A LÂMPADA, *v.* tàn, tanná < tàn + iná > Ó tanná sílé – Ele acendeu a luz; > tànmó̩lè̩ – emitir luz.
ACENDER O FOGO, *v.* s̩áná < s̩á + iná, tanná < tàn + iná.

ACENDER, COLOCAR NO FOGO – ACIDEZ

ACENDER, COLOCAR NO FOGO, *v.* tinábọ̀, tináràn.
ACENO, CHAMAMENTO, *s.* ìfọwọ́pè, àfọwọ́kọ́, ìjuwọ́ sí < jù + ọwọ́ + sí > Mo juwọ́ sí í kí ó dáké – Eu fiz um sinal para ele ficar calado; > Òun ṣe ìfọwọ́pè fún mi – Ele me acenou.
ACENO COM A CABEÇA, *s.* ìmirisí < mì + orí + sí (concordando).
ACENTO, *s.* àmì ohùn (marca de alguma coisa).
ACENTO AGUDO, *s.* àmì ohùn òkè (lit. marca do tom de voz alta).
ACENTO GRAVE, *s.* àmì ohùn ìsàlẹ̀ > Ọ̀rọ̀ èdèe yorùbá òṣùmàrè fi ohùn ìsàlẹ̀ – A palavra arco-íris, em língua yorùbá, possui tom de voz grave.
ACENTUAR, *v.* títẹnumọ́.
ACERCA DE QUÊ, *adv.* nípa kíni? > Nípakíni ẹ nsọrọ̀? – Acerca do que você está falando?
ACERCA DE QUEM, *adv.* nípa tani? > Nípa tani ẹ̀yin nsọrọ̀ – Acerca de quem vocês estão falando?
ACERVO, PROPRIEDADE, *s.* ìní > níní – acessível.
ACESSÍVEL, *adj.* níní > ọlọ́yàyà – uma pessoa alegre.
ACESSO, *s.* ìgbàsílé, ìwọlé, àyè > Àyè mi ní yìí – Este é o meu lugar.
ACESSORIA, *s.* ọ̀rẹ́ nínú ibi ṣíṣe (ajuda possível de ser feita por um amigo).
ACETINADO, *adj.* múlọ́múlọ́.
ACHADO, *adj.* àìsọ́nù (algo não perdido).
ACHAR, APANHAR, *v.* he > Rí owó he é wéré – Encontrei o dinheiro e o apanhei rapidamente.
ACHAR, SUPOR, *v.* ṣebí > Mo ṣebí ti rí ọ – Eu acho que já o vi.
ACHATADO, PLANO, *adj.* gbẹrẹṣẹ, pẹrẹṣẹ.
ACHATAR, NIVELAR, *v.* tẹ́bẹẹrẹ > Ilẹ̀ yìí tẹ́nẹẹrẹ – Esta terra é extensa, nivelada.
ACIDENTADO, DESIGUAL, *adj.* yángyàngi.
ACIDENTAL, EVENTUAL, *adj.* láìròtẹ́lẹ̀.
ACIDENTALMENTE, *adv.* e *adj.* ṣagbákò (situação inoportuna).
ACIDENTE, CONTRATEMPO, *s.* ìjàbá < ìjà + mọ́ +bá > Wá ibi tí ó bàjẹ́ nítorí ìjàbá ọkọ̀ – Verifiquei sinais de batida do acidente do carro.
ACIDENTE, FALTA DE SORTE, *s.* àjálù, àgbákò.
ACIDEZ, *s.* ìpẹ̀kan, ìkorò > pẹ̀kan – ser ácido, azedo.

ÁCIDO CÍTRICO, s. èkan osàn-wéwé.
ÁCIDO, AZEDO, s. kíkan.
ACIMA DE TUDO, adv. láborí > Ó wà láborí gbogbo won – Ele está acima de todos eles.
ACIMA, adv. té (usado com verbos que indicam pôr, colocar, deixar).
ACIMA, NO ALTO DE, prep. lókè < ní + òkè, kojá.
ACIONISTA, s. onípín.
ACIRRAR ÂNIMOS, v. fà_ru > Ó fa òràn náà ru – Ele incentivou aquela discussão.
ACIZENTADO, adj. yériyéri.
ACLAMAÇÃO, APREÇO, s. ìyìn, yínyìn> Ó fi ìyìn fún mi – Ele fez um louvor para mim.
ACLAMAR, v. pàtéwó Ó pàtéwó púpò – Ele aplaudiu ruidosamente.
ACLIMATAR, v. fi_kóra > Fi àsà kan kóra – Adaptar-se a um costume.
ACLIMATIZAÇÃO, HARMONIZAÇÃO, s. ìbáláramu.
ACNE, ESPINHAS, s. iroré.
AÇO, s. otarin.
ACOCORAR-SE, AGACHAR-SE, v. lósó > Ó lósó – Ele se agachou.
AÇOGUEIRO, s. alápatà.
AÇOITAR, v. yánlóré < yán + ní + oré.
AÇOITE DE CAVALO, s. lagbà, ìlagbà.
AÇOITE, CASTIGO, s. ìnà.
AÇOITE, CHICOTE, s. patiye.
ACOLÁ, adv. níbèyen, lóhún, lóhúnyí > Ó wà lóhún – Ela está lá.
ACOLCHOADO CIRCULAR, s. òsùká (usado na cabeça para carregar).
ACOLHER, ADOTAR, v. gbà_se.
ACOLHER, v. kómo < kí + omo (saudar uma criança).
ACOMODAR, v. fún_láyè, gbà_láyè.
ACOMODAÇÃO, s. igbúgbé > àyè-ibùgbe – acomodação espaçosa.
ACOMPANHANTE, s. ìbálo (ato de ir com alguém).
ACOMPANHAMENTO, s. òwó, àjorìnpò.
ACOMPANHAR, ESCOLTAR, v. sìn, sèkéjì > Sèkéjì mi sílé – Acompanhe-me até a casa.

ACOMPANHAR, IR JUNTO, v. bá_kẹ́gbé, bá_lọ > Bá mi lọ – Acompanhe-me.
ACONSELHAR, PLANEJAR, v. kọ́, dámọ̀ràn > ò dámọ̀ràn pé àwa bẹ̀ ẹ́ wò – Ela sugeriu que nós o visitássemos.
ACONSELHAR, v. bá_rò, gbà_níyànjú > Ó bá mi rò jáde lọ – Ela me aconselhou a sair.
ACONSELHAR-SE, TOMAR MEDIDAS, v. pìmọ̀ < pa + ìmọ̀
ACONSELHAR-SE, v. ṣìmọ̀ràn (discutir um assunto).
ACONTECER, RESULTAR, v. débá (referente a pouca sorte) > Ibí débá mi- O infortúnio aconteceu em mim.
ACONTECER, OCORRER, v. dé, désí, fọwọ́rọ̀ (de forma natural).
ACONTECER, v. ṣe alábápàdé, ṣẹlẹ̀ > Kíl'ó nṣẹlẹ̀? – O que está acontecendo?
ACORDADO, DESPERTO, adj. alaìsùn.
ACORDAR REPENTINAMENTE, v. sájí, tají.
ACORDAR, DESPERTAR, v. jí, jí_dìde > Ó ti njí – Ela já está acordando.
ACORDE! interj. àsùnjí o! (saudação a uma pessoa adormecida).
ACORDO COMERCIAL, s. ìpànpá.
ACORDO DE CASAMENTO, s. àdéhùn ìgbéyàwó.
ACORDO MÚTUO, s. ìfọwọ́sọwọ́.
ACORDO, COMPREENSÃO, s. ìjọmọ̀, ìṣọ̀kan, ìbáṛẹ́ > A lè gbábùn ìbáṛẹ́ pípẹ́ títí – Nós podemos ter amizade duradoura.
ACORDO, PACTO, s. ìpínhùn, májẹ̀mú > Wọ́n dá májẹ̀mú – Eles fizeram um acordo.
ACORDO, PROMESSA, s. àdéhun, àjọmọ̀ (unanimidade) > Ó ṣe àdéhún pẹ̀lú mi – Ela fez um acordo comigo.
ACORDO, s. ìbádé, ìfohùnṣọ̀kan, ìfinúṣọ̀kan.
ACORRENTAMENTO, s. dídè.
ACORRENTAR, v. dẹwọ̀n < dì + ẹ̀wọ̀n, múdè > Mo dẹwọ̀n mọ́ lọ́wọ́ – Ele acorrentou as mãos dele.
ACOSTUMAR, v. kùṛẹ́ (ter o costume), máa (verbo auxiliar) > Bàbá ti máa wí – Papai costumava dizer.

ACOSTUMAR-SE, *s.* mọ́_lára > dàṣà – acostumado.
AÇOUGUE, *s.* ìṣò ẹran, ilé alápatà.
AÇOUGUEIRO, *s.* ẹléran.
ACREDITAR, CONFIAR, *v.* gbẹ́kẹ̀lé > Tani ó lè gbẹ́kẹ̀lé? Èmi kò mọ̀ – Em quem se pode confiar? Eu não sei.
ACREDITAR, TER FÉ, *v.* gbàgbọ́ > Ẹnití o gbàgbọ́ mi kì yíò kú – Aquele que crer em mim, não morrerá; ìgbàgbọ́ – crença.
ACRESCENTADO, *adj.* àṣekún, níbúkún.
ACRESCENTAR, AUMENTAR, *v.* bùkún.
ACRESCENTAR, *v.* rò_mọ́ > Rò iyọ̀ mọ́ ní onjẹ – Acrescente sal na comida.
ACRÉSCIMO, AUMENTO, *s.* ìgbọnwọ́sí.
ACROBATA, *s.* ajìjàkádi.
ACROFOBIA, *s.* ìbẹ̀rù òkè (medo de altura).
AÇÚCAR, *s.* iyọ̀ òyìnbó, ṣúgà (do inglês *sugar*).
ACUMULAÇÃO, AJUNTAMENTO, *s.* ìkójọpọ̀, àkójọpọ̀, àdálé > dá_lé – fazer algo extra – Mo dá owó lé orò mi – Ele contribuiu com dinheiro para minha obrigação.
ACUMULAR, AUMENTAR, *v.* pelemọ > Ó ga pelemọ – Ele empilhou.
ACUMULAR, JUNTAR, *v.* kó_jọ, kó_jọpọ̀, fiṣúra > Mo kó wọn jọ sílé – Eu os reuni em casa; > Ó fi èyí ṣe iṣúra – Ele acumulou este tesouro.
ACUSAÇÃO INJUSTA, CALÚNIA, *s.* àfimọ́, àfọ̀ránmọ́.
ACUSAÇÃO, ALVO, *s.* ìfisùn, ẹ̀sun.
ACUSAÇÃO, *s.* àkàsílọ́rùn, ìkàsílọ́rùn.
ACUSADOR, QUEIXOSO, *s.* asunni, olùfisùn, apenilẹ́jọ́, olùfisùn.
ACUSAR DE ADULTÉRIO, *v.* fojìsùn.
ACUSAR DE FALSIDADE, *v.* dúnrunmọ́.
ACUSAR DE MENTIROSO, *v.* mú_léké > Ó mú mi léké – Ele me acusou de mentir.
ACUSAR FALSAMENTE, *v.* fọnrànmọ́.
ACUSAR INDEVIDAMENTE, *v.* dá_mọ́ > Ó dá mi mọ́ – Ele me acusou.
ACUSAR, INDICIAR, *v.* sùn, fi_sùn > Ó fi mí sùn – Ela me fez uma reclamação; asunni – acusador, queixoso.

ADAGA, s. agbándán, ọ̀bẹ́tẹ́.
ADAGA DE DOIS GUMES, s. ọ̀bẹ olójú méjì (punhal).
ADÃO, s. Ádámọ̀ (do inglês Adam).
ADAMASCADO, s. dàmasì (do inglês damask).
ADAPTAÇÃO, s. ìbáramu, ìmọ́ra, ìmúyẹ.
ADAPTAR, COMBINAR, v. ṣẹgẹ́, múyẹ́.
ADEPTO, s. ọmọṣẹ́, àṣàmú > ọlọ́gbọ́n – sensato, sabido.
ADEQUAÇÃO, s. ìtẹ́rùn.
ADEQUADO, adj. àgbékà, tító < yẹ – ser apropriado, adequado, correto > Ó yẹ kí o lọ – É adequado que você vá.
ADEQUADO, CONVENIENTE, adj. báláwòjẹ́.
ADEQUADO, DIGNO, adj. yẹni > Iṣẹ́ yìí yẹni fún mi – Este trabalho é adequado para mim.
ADERÊNCIA, s. lílẹ̀mọ́, ìsomọ́, ìfaramọ́.
ADERENTE, s. aláfaramọ́.
ADERIR, ABRAÇAR, v. dìmọ́ (segurar partes do corpo).
ADERIR, AJUSTAR-SE, v. fà_mọ́ > Ó fa ẹ̀wù mọ́ ara rẹ̀ – Ela ajustou a roupa firmemente no próprio corpo.
ADERIR, ESTAR APEGADO, v. somọ́ra > Ó so mọ́ra – Ela está apegada ao corpo.
ADERIR, GRUDAR, v. lẹ̀mọ́ > Égbọn lẹ̀mọ́ ajá náà – As pulgas grudaram naquele cachorro.
ADESÃO, DEDICAÇÃO, s. àwàmu.
ADESIVO, s. òòlẹ̀.
ADEUS, exp. ó dìgbóṣe = Ó dìgbà o! – Adeus, até uma outra vez
ADIAMENTO, s. àfara (morosidade).
ADIANTAMENTO, s. ìlélọ, ílé lùgbẹ́ (ato de seguir em frente) > Òun lélọ – Ela seguiu em frente, se afastou; > Ó lé mi lọ – Ele me perseguiu; > Nwọ́n lé jọ lọ – Eles podem seguir juntos; > jọ – junto, ao mesmo tempo.
ADIANTAR DINHEIRO, v. dá_lókòwò (para fazer negócio).
ADIANTE, EM FRENTE, prep. níwájú > Ó wà níwájú mi – Ela está na minha frente; > Ó nlọ síwájú – Ela está indo à frente.

ADIAR, *v.* dá_dúró, yẹ̀_sẹ́hìn > Mo yẹ lílọ mi sẹ́hìn – Eu adiei minha ida.
ADIAR, *v.* sún síwájú (empurrar para a frente).
ADIÇÃO, AUMENTO, *s.* ìgbọnwọ́sí, ìbùkún (visto como bênção).
ADIÇÃO, INCLUSÃO, *s.* ìkàkún, ìfikún.
ADIÇÃO, *s.* àkakún, ìfikún, èjọ́, àbumọ́.
ADIÇÃO, SOMA, *s.* ìròpọ̀, àròpọ̀ > èjì àti ẹta jẹ́ àrún – 2 + 3 = 5.
ADICIONAR, AUMENTAR, *v.* bùsí, fikún, kàkún.
ADICIONAR, COLOCAR, *v.* fisí.
ADICIONAR, EXAGERAR, *v.* bùmọ́.
ADICIONAR, INCLUIR, *v.* fi_pẹ̀lú > Ó fi mí pẹ̀lú – Ele me incluiu.
ADITIVO, *s.* àdàmọ́.
ADIVINHAÇÃO, *s.* àfọ̀sẹ̀.
ADIVINHAR, *v.* dá_wò > Ó ndá òrìṣà wò – Ele está consultando a divindade.
ADIVINHO, *s.* afonilẹ́iyẹ, aláfọ̀sẹ > alásọtẹ́lẹ̀ – aquele que prevê os fatos, profeta.
ADJACENTE, *s.* nítòsí, lágbègbè.
ADJETIVO, *s.* ẹ̀pón > èka-ọ̀rọ̀ ẹ̀pón – parte do idioma que expressa qualidade ou estado de ser; ajíbẹ́wàjí.
ADJUNTO, *s.* olùrànlọ́wọ́, aránnilọ́wọ́.
ADMINISTRAÇÃO DOMÉSTICA, *s.* itọ́jú ilé.
ADMINISTRAÇÃO, SUPERVISÃO, *s.* àbójútó.
ADMINISTRADOR, *s.* ahágún > olórí ílú – administrador de uma cidade.
ADMINISTRADOR, SUPERVISOR, *s.* olùkóso, olùdarí, alábojútó – inspetor, gerente – aláṣẹ – diretor.
ADMINISTRADORA, *s.* aya olórí ìlú.
ADMINISTRAR, GERENCIAR, *v.* ṣàkóso > Ṣe alábojútó – Fazer inspeção.
ADMINISTRAR NEGÓCIOS, *v.* ṣàìyé.
ADMINISTRAR, PREPARAR, *v.* pínfúnní.
ADMIRAÇÃO, *s.* rírannìyè.
ADMIRAÇÃO, SURPRESA, *interj.* áà! a! > Áà! Mo rí i – Ah! Eu o vi.

ADMIRAÇÃO, SURPRESA, s. ìyanu > Ìyanu ìṣẹ̀dá – Milagre da criação.
ADMIRADOR, s. ayinni, olùfẹ́ni.
ADMIRAR, v. yìn (aclamar, estimar), jọ_lójú.
ADMIRAR-SE, v. yàlẹ́nu > Ó yà lẹ́nu – Ela ficou surpresa (lit. ela abriu a boca).
ADMIRÁVEL, MARAVILHOSO, adj. ṣèranwò, tayọ.
ADMISSÃO, s. ìgbàsílé – para dentro de uma casa.
ADMISSÍVEL, ACEITÁVEL, adj. gbígbà, bíbun > Ìwọ jẹ́ ènìà bíbun – Você é uma pessoa aceitável.
ADMITIDO, RECONHECIDO, adj. gbígbà, jíjẹ́wọ́.
ADMITIR, ACOLHER, v. gbà > Mo gba èrò rẹ – Eu aceito sua opinião.
ADMITIR, v. gbàsímọ̀ (diante de uma consulta ou discussão).
ADMITIR, RECONHECER, v. fọ̀nrànmọ̀, jẹ́wọ́ > Ó jẹ́wọ́ ẹ̀ṣẹ̀ fún mi – Ela confessou o crime para mim.
ADMOESTADOR, s. akìlọ̀, abániwí (aquele que avisa).
ADMOESTAR, ACUSAR, v. bá_wíjọ́ > Ó bá mi wíjọ́ – Ela o acusou.
ADOÇÃO, s. ìṣọdọmọ.
ADOÇAR, DAR SABOR, v. fún_ládùn > fún onje ládùn – dar sabor à comida.
ADOCICADO, s. aládùn.
ADOECER, v. mú_ṣàìṣàn.
ADOLESCÊNCIA, s. igbà ọ̀dọ́, àkókkò ọ̀dọ́.
ADOLESCENTE, JOVEM, s. ọ̀dọ́, ọ̀sọọrọ > Ìgbà ọ̀dọ́ – Tempo de juventude; ọ̀dókùnrin – rapaz; também usado para animais: ọ̀dọ́ àgùtàn – cordeiro.
ADORAÇÃO, CULTO À DIVINDADE, s. ìbọrìṣà.
ADORAÇÃO, CULTO INDISCRIMINADO, s. ìsìnkúsìn.
ADORAÇÃO, REVERÊNCIA, s. sísìn > sìn – cultuar; ẹ̀sìn – culto, religião.
ADORADOR, CULTUADOR, s. olùjọ́sìn > Àwọ́n olùjọ́sìn tòótọ́ ti Òrìṣà kò ní ipa kankan iṣẹ́ – òwò oníwọra – Os verdadeiros cultuadores de Orixá não tomam parte no mercantilismo ganancioso.
ADORADOR, SERVIDOR, s. olùsìn.

ADORAR, CULTUAR, *v.* sìn, jọsìn, bọ > ilé ìbọ – local de culto; bọrí < bọ – cultuar, orí – cabeça.

ADORMECIDO, *s.* tòògbé.

ADORNAR, *v.* fikógun (usando restos de guerra).

ADORNAR, EMBELEZAR, *v.* ṣe_léwà, ṣe_lọ́ṣọ́ > Wọ́n nṣe Ilé Òrìṣà lọ́ṣọ́ – Eles estão enfeitando a Casa do Orixá (Candomblé).

ADORNAR, ORNAMENTAR, *v.* ṣọ́ > ọ̀ṣọ́ – ornamento.

ADORNAR-SE COM JOIAS, *v.* ṣọṣọ́ > Ó ṣọṣọ́ – Ela se enfeitou.

ADORNO DE CONCHAS, *s.* àkún.

ADORNO PESSOAL, *s.* ẹ̀ṣọ́, ọ̀ṣọ́.

ADORNO, DECORAÇÃO, *s.* ìṣọṣọ́.

ADORNO EMPRESTADO, *s.* àgbàró, ìgbàró > Àgbàró aṣọ – Roupa de aluguel.

ADOTANTE, *s.* àgbàṣọmọ̀.

ADOTAR ALGO, *v.* sọ_dàṣá.

ADOTAR NOVA MODA, *v.* káṣà < kó + àṣà.

ADOTAR UMA CRIANÇA, *v.* gbà_ṣọmọ, sọ_dọmọ > Ó gbà mí ṣe ọmọ rẹ̀ – Ela me acolheu como seu filho.

ADOTAR, *v.* gbà_bọ́ > Mo gba ọmọ yìí bọ́ – Eu adotei esta criança.

ADQUIRIDO EM TROCA, *s.* àkọ́ṣèbá.

ADQUIRIDO SEM ESFORÇO, *s.* ánjọ̀fẹ́, ìfà.

ADQUIRIR TÍTULO, *v.* gboyè < gbà + oyè.

ADQUIRIR, TIRAR VANTAGEM, *v.* jèrè, gbèrè > Ó jèrè nípa rẹ̀ – Ele se aproveitou dela < je + èrè, gbà + èrè.

ADUBAR, *v.* kólẹ̀dúsí < kó + ilẹ̀dú + sí.

ADUBO, ESTERCO, *s.* ilẹ̀dú (terra preta), ilẹ̀dú-àtìtàn.

ADULAÇÃO, LISONJA, *s.* ìpọ́nni, pipọ́nnu.

ADULAR, LISONJEAR, *v.* pọ́n > Ó pọ́n mi – Ele me lisonjeou.

ADÚLTERA, *s.* alágbèrè.

ADULTERAÇÃO, FALSIFICAÇÃO, *s.* àbùlà > Ọ̀rẹ́ wa kò ní àbùlà – Nossa amizade é sincera (lit. Nossa amizade não tem alteração).

ADULTERAR, *v.* ṣàbùlà, ṣàdàlù > Ó ṣàbùlà wọn – Ele os misturou, adulterou.

ADULTÉRIO, FORNICAÇÃO, s. ìṣepanṣágà.
ADULTÉRIO, s. àgbèrè > Nígbàkan a fẹ́rẹ̀ ṣe àgbèrè – Certa vez, nós quase transamos; < à + gbà + èrè.
ADULTO JOVEM, s. àgùnbánirọ.
ADVÉRBIO, s. àṣelé > ẹka-ọ̀rọ̀ àṣelé > Parte do idioma que indica circunstâncias.
ADVERSÁRIO, OPONENTE, s. adùnà, aṣòdò, ọṣòdì > Adùnà ni àwa níṣẹ́ yìí – Nós somos adversários nesta tarefa.
ADVERSIDADE, FALTA DE SORTE, s. àgbákò, àgbálù > Mo rí àgbákò – Parece que estou sem sorte.
ADVERSIDADE, s. ìpọ́njú, wàhálà > Mo bá wàhálà – Eu encontrei um problema.
ADVERSO, CONTRÁRIO, adj. lòdì > Èyí lòdì sí ìfẹ́ mi – Isto é contrário ao meu desejo; < ni + òdì.
ADVERTÊNCIA, AVISO, s. ìṣílétí.
ADVERTÊNCIA, PROTESTO, s. ìlọ̀, ìkìlọ̀ > Ó ṣe mí nílọ̀ – Ela me fez uma advertência.
ADVERTIR, ALERTAR, v. kìlọ̀ < kì + ìlọ̀, sílétí > Ó kìlọ̀ fún mi – Ele me advertiu.
ADVOGACIA, s. ìgbàwí, àgbàwí < gbà + wí.
ADVOGADO, INTERCESSOR, s. ẹlẹ́bẹ̀.
ADVOGADO, PROCURADOR, s. lóyà (do inglês *lawyer*).
ADVOGADO, s. alágbàwí < gbà – ajudar, wí – dizer; > agbejọ́rọ̀ < gbà – ajudar, ejọ́ – problema, rò – relatar; > amòfin – jurista, aquele que respeita a lei.
ADVOGAR, INTERCEDER, v. ṣàgbàwí, ṣàgbàsọ > Ó gba ọ̀rọ̀ náà sọ fún mi – Ele falou em meu nome, defendeu minha causa.
AÉREO, ESPAÇOSO, adj. léfúùfù.
AERONAUTA, s. awakọ̀-òfúrufú.
AEROPLANO, s. ọkọ̀ òfuurufú.
AEROPORTO, s. ilé ọkọ̀-òfurufú.
AFAGO NA CABEÇA, CARINHO, s. ìfọwọ́lórí, ìfọwọ́palórí – Ìfọwọ́palórí tí ó nṣe fún un pọ̀ – O carinho que ela está fazendo nele é muito grande.

AFANAR, *v.* jálè > Ò jálè – Ele cometeu um roubo, afanou.
AFASTADO, *adj.* fììfìì, mẹ́hìn.
AFASTAMENTO, REPULSA, *s.* ìlé kúrò, ìkólọ.
AFASTAR ALGUÉM, *v.* dà_jáde> Ò dà á jáde – Ele afastou-a.
AFASTAR, EVITAR, *v.* takété > Ó ta kété sí mi – Ele me evitou.
AFASTAR, LEVAR PARA LONGE, *v.* yà_sílẹ̀, yẹra < yẹ̀ + ara.
AFASTAR, REMOVER, *v.* rọ́_kúrò > Ó ti rọ́ pàntí kúrò – Ele já removeu o lixo.
AFASTAR-SE, *v.* kúrò, wọ́sí (distanciar-se) > Kùrò síbẹ̀ – Vá para lá.
AFAZERES, *s.* isẹ́, ọ̀ràn.
AFÁVEL, *adj.* kíkóso, oníwà-pẹ̀lẹ́.
AFEIÇÃO, DESEJO, *s.* ọkàn-ìfà, ìfẹ́ > Mo fẹ́ ìfẹ́ pẹlú ẹ – Eu quero fazer amor com você; > Ìfẹ́ há ni bí? – Será que é amor?
AFERROADO, *adj.* títani.
AFETADO PELO TEMPO, *adj.* aramimọ́sẹ́.
AFETADO POR REVESES, *s.* ológòdò.
AFETAR, ATINGIR, *v.* wọlára > Ìróhìn yìí wọ̀ mí lára – Esta notícia me afetou profundamente.
AFETO, *s.* ìkẹ́, ìfẹ́.
AFETUOSAMENTE, *adv.* tìfẹ́-tìfẹ́.
AFETUOSO, *adj.* nífẹ́ > Ó nífẹ́ fún mi – Ela tem afeição por mim.
AFIADAMENTE, *adv.* bérébéré > Ó mú lẹ́nu bérébéré – Ela tem a língua afiada.
AFIADO, AGUDO, *adj.* múlẹ́nu.
AFIADO, INTELIGENTE, *adj.* omú.
AFIADOR, *s.* òkúta-ìpọ́nrin (pedra de afiar).
AFIAR, AMOLAR, *v.* gbẹ́, lọ̀, lọrin < lọ̀ + irin (amolar metal).
AFILHADO, *adj.* gbìgbátọ́ (aquele que é conduzido com cuidado).
A FIM DE QUE NÃO, *adv.* kì_má bá > Mo dífá kì wọn má bá bínù – Eu consultei Ifá a fim de que eles não fiquem nervosos.
AFINAL, *adv.* níkẹ́hìn, lákótán.
AFINAL DE CONTAS, *adv.* jàjà > Ó jájà lọ – Ele foi finalmente.
AFINIDADE, *s.* ìbáratan, àjọbí (afinidade consanguínea).
AFIRMAÇÃO, INSISTÊNCIA, *s.* ìtẹnumọ́, àtẹnumọ́.

AFIRMAR, ASSEGURAR, *v.* tẹ̀_mọ́, tènu_mọ́, sọ_yékè > Ó ntẹnu mọ́ pé kí n wá – Ela está insistindo para que eu vá.
AFLIÇÃO, PREOCUPAÇÃO, *s.* èèmọ̀, ẹ̀gbé > Ẹni ẹ̀gbé – Pessoa aflita.
AFLIÇÃO, PUNIÇÃO, *s.* ìyà.
AFLIÇÃO, SOFRIMENTO, *s.* ìbanújẹ́, pípọnlójú.
AFLIGIDOR, OPRESSOR, *s.* adánilóró.
AFLIGIR, ATORMENTAR, *v.* pọ́nlójú.
AFLIGIR, CASTIGAR, *v.* jẹ_níyà > Ó jẹ mí níyà – Ele me castigou.
AFLIGIR, INCOMODAR, *v.* pa > Ó pa mí nígbè – Ele me bateu. Obs.: pa – é um verbo que possui diferentes interpretações: relatar, cortar, matar, vencer, curar, afligir, esfregar, extinguir, chocar...
AFLITAMENTE, TRISTEMENTE, *adv.* Peẹlẹ.
AFLUÊNCIA, *s.* ìṣànsí > ìfikún – ajuntamento.
AFOBAÇÃO, *s.* ìkánjú, yára.
AFOGAR-SE, *v.* rì sínú omi > Ó nrì sínú omi – Ele está se afogando, afundando.
AFOITO, *adj.* gbóyà.
AFORTUNADAMENTE, *adv.* pẹ̀lú orí rere (lit. com boa sorte).
AFORTUNADO, FAMOSO, *adj.* lásìkí, alásìkí.
ÁFRICA, *s.* Áfíríkà > ọmọ Áfíríkà – africano.
ÁFRICA CENTRAL, *s.* Ibi Ààrìn Áfíríkà > Gúúsù Áfíríkà – África do Sul.
AFRONTA, GROSSERIA, *s.* ìṣafojúdisí.
AFROUXAMENTO, DISTENSÃO, *s.* wíwusókè.
AFROUXAR, *v.* mú_dẹwọ́, mú_dẹra.
AFTA, ESTOMATITE, *s.* èfù > Èfù ni àrùn ti ẹnu àti ọ̀fun – Afta é doença da boca e garganta.
AFUGENTAR, BANIR, *v.* lù_gbẹ́ > Ó lè mí lùgbẹ́ – Ele me expulsou.
AFUGENTAR, *v.* kẹ́rù (dissipar o medo).
AFUNDAR, MERGULHAR, *v.* mù > Ó mòòkùn lódò – Ela mergulhou no rio (mòòkùn – ocultar-se < mù + òòkùn).
AFUNDAR, SUBMERGIR, *v.* rì > Ọkọ̀ wọn rì – O barco deles afundou; > tẹ̀rì – esconder, dissimular.
AGACHAR-SE, ACOCORAR-SE, *v.* lósọ́, lúgọ > Ẹ̀gbọ́n mi lósọ́ – Minha irmã se agachou.

AGARRAR, ABRAÇAR, *v.* rọ̀mọ́, lẹ̀mọ́ (grudar firmemente).
AGARRAR, APANHAR, *v.* já_gbà > Ó já igbá náà fún mi – Ela apanhou aquela cabaça para mim.
AGARRAR, APREENDER, *v.* gbá_mú > gbá agá mú – pegar a cadeira.
AGARRAR, PEGAR, *v.* gán, wọ́n, dìmú.
AGASALHAR, COBRIR, *v.* bò_mọ́ra > Mo bo otútù mọ́ra – Eu me agasalhei do frio (sentido de suportar). *Obs.:* verbo com tom baixo, seguido de subst., ganha um tom médio, ou seja, perde o acento tonal.
AGASALHO (TIPO), *s.* tòro.
AGÊNCIA DOS CORREIOS, *s.* onílẹ́tà, ọfíìsì (do inglês *post office*).
AGÊNCIA POSTAL, *s.* posọ́fíìsì (do inglês *post office*).
AGENDA, *s.* onísọ̀nà ìwé, aràn ìwé.
AGENTE, ATUANTE, *s.* aṣelédeni.
AGENTE, INTERMEDIÁRIO, *s.* alárinà, alárokọ́.
AGENTE DO CORREIO, *s.* ọ̀gá posọ́fíìsì (do inglês *post office*).
ÁGIL, HÁBIL, *adj.* yàsẹ́, gbérakán, yára, yáwọ́ > Ó nyásẹ̀ – Ela está andando rápido; < yá + ẹsẹ̀.
AGILIDADE, *s.* akán.
AGIOTA, *s.* ìwọ̀fà (pessoa que empresta dinheiro com garantia; ọfà – penhor, fiança).
AGIR COM AUDÁCIA, *v.* fijàgudaṣe.
AGIR COM MALDADE, *v.* hùwàkíwà.
AGIR COMO ASSISTENTE, *v.* ṣàgbàṣọ́ (observador).
AGIR COMO DIURÉTICO, *v.* mútọ̀ < mú + ìtọ̀ (endireitar) > Onísẹ̀gùn mú u tọ́ – O médico o endireitou.
AGIR COMO GUARDIÃO, *v.* gbà_tọ́ > Ọ̀rẹ́ mi ngbà mí tọ́ – Meu amigo está agindo como meu guardião.
AGIR COMO PARTEIRA, *v.* gbẹ̀bí < gbà + ẹ̀bí (assistência na hora do parto).
AGIR EM CONJUNTO, *v.* jọpawọ́pọ̀.
AGIR, *v.* fokunṣe (fazer algo com muita força) > Ó fokun ṣe é – Ela fez isto com muita força.
AGIR, *v.* ṣọlá (em virtude de sua posição).
AGITAÇÃO, CONFUSÃO, *s.* ìdálámú.

AGITADAMENTE – AGOURO, PRESSÁGIO

AGITADAMENTE, *adv.* yèrí, yèrì-yèrì > Èwù wọnyẹn egbá yèrì-yèrì – Aquelas roupas tremularam agitadamente.

AGITADOR, **INTRIGANTE**, *s.* adísì-sílẹ̀.

AGITADOR, **REVOLUCIONÁRIO**, *s.* rúlúrúlú, atúlú, dàlúrú-dàlúrú.

AGITAR O PUNHO, *v.* kansáárá, kansáárasí (forma africana de aprovação).

AGITAR, **ANIMAR**, *v.* mú_diyíyè. V. estar agitado.

AGITAR, **MOVER-SE**, *v.* gbéra < gbé + ara.

AGITAR, **SACUDIR**, *v.* mì > Àgbẹ̀ náà mi igi – O agricultor sacudiu a árvore.

AGLOMERAÇÃO, **APERTO**, *s.* ìtẹ̀rẹ́.

AGLOMERAR, **AGRUPAR**, *v.* ṣùjọ, ṣùmọ́ > Wọ́n ṣùmọ́ mi – Eles ficaram em volta de mim; > kópọ̀ – reunir, recolher.

AGLOMERAR, **APINHAR**, *v.* dòṣìrì > Wọ́n dòṣìrì bò mí – Eles estão apinhados à minha volta.

AGLUTINAÇÃO, *s.* ìdàpọ̀ (ato de juntar partes separadas).

AGLUTINAR, **JUNTAR**, *v.* dàpọ̀, dàpọ̀mọ́ > Mo da ṣúgà pòmọ́ iyọ̀ – Eu misturei açúcar com sal; > Wọ́n darapọ̀mọ́ mi – Eles se uniram a mim.

AGNÓSTICO, *s.* aláìgbàgbó.

AGONIA, **CONTENDA**, *s.* ìwàyàjà.

AGONIA DE MORTE, *s.* ọ̀kà-ikú > Ó npọ̀kà ikú – Ele está em agonia de morte.

AGONIZAR, *v.* jẹ̀rora > Ó jẹ́rora – Ela sofre dores.

AGORA, *adv.* arúwá, nísisìyí > Níbo ló wà nísisìyí? Èmi kò mọ̀ – Onde ela está agora? Eu não sei.

AGORA, **NESTA HORA**, *adj.* nídáyí, nígbàyí.

AGORA OU NUNCA, *adv.* lẹ́ẹ̀kanṣoṣo > Ó bọ̀ lẹ́ẹ̀kanṣoṣo – Ele retornou somente agora.

AGORA, **NO TEMPO ATUAL**, *adv.* nígbà nísisìyí.

AGOSTO, *s.* Oṣù Ògún, Oṣù kéjọ odun, Oṣù Ọ́góósìtì (do inglês *august*).

AGOURENTO, *adj.* lépè, ìṣẹ̀lẹ̀ búburú.

AGOURO, **PRESSÁGIO**, *s.* àmì ohun tí mbọ̀ (lit. sinal de que algo está acontecendo).

AGRADAR, ATRAIR, v. wù, wuni < wù + ẹni > Ó wù mí púpọ̀ – Ela me dá muito prazer.

AGRADAR, TER PRAZER, v. gbádùn < gbọ́ + adùn > Mo fẹ́ gbádùn pẹ̀lú ẹ – Eu quero ter prazer com você.

AGRADÁVEL, VALER A PENA, adj. fuyì.

AGRADÁVEL, GENTIL, adj. oníwà pẹ̀lẹ́, onísùùrù.

AGRADAVELMENTE, adv. fẹ̀rẹ̀, rágéjá, rékété, sékéséké.

AGRADECER, v. dúpẹ́ < dá + ọpẹ́ > Mo dúpẹ́ – Eu agradeco; > Kò tọpẹ́ (lit. Não há de quê, não tem que agradecer); > Ọpẹ́ ni ó yẹ Elédùmarè – O agradecimento é apropriado a Deus; > Mo dúpẹ́ lórúkọ Ọlọ́run – Eu agradeço em nome de Deus.

AGRADECIMENTO, GRATIDÃO, s. ìṣọpẹ́, dídúpẹ́, ìdúpẹ́.

AGRADECIMENTO, OBRIGADO, exp. ẹ ṣe é, ẹ ṣe é o. Obs.: a vogal o enfatiza o agradecimento, equivalente a um ponto de exclamação.

AGRÁRIO, s. aroko.

AGRAVAMENTO, s. àpakún.

AGRAVAR, IRRITAR, v. ṣọnínú (fazer alguém ficar nervoso).

AGRAVAR, EXACERBAR, v. fẹdí. súnná < sún + iná > Ó súnná sí ọ̀rọ̀ náà – Ele exacerbou aquela disputa (lit. ele botou fogo naquela discussão).

AGREDIR, EMPURRAR, v. gbún (voltar-se contra).

AGREDIR, v. dá_nígi (bater com pedaço de pau) > Ó dá mi nígi – Ele me deu uma paulada.

AGREGAR, REUNIR, v. ṣe àkópọ̀, kó_jọpọ̀ > Mo kó wọn jọpọ̀ sílé – Eu os reuni em casa.

AGRESSÃO, PROVOCAÇÃO, s. iwájà, ìfínràn.

AGRESSIVO, s. ofínràn, oní wàhálá > Ó fín mi níràn – Ele me provocou para uma briga; < oníjà – brigão.

AGRESSOR, s. ofínràn < fínràn – Ó fín mi níràn – Ele me provocou para uma briga; > ọ̀ràn – aborrecimento, problema.

AGRICULTOR, s. àgbẹ̀.

AGRICULTURA, PLANTAÇÃO, s. okorírò, okoṣíṣe.

AGRICULTURA, s. ìróko, ìrolẹ̀ (trabalho na terra).

AGRIMENSOR, s. sòfiyọ̀ (medidor de terra, do inglês *surveyor*).
AGRUPADO, ORDENADAMENTE, adv. Lọ́wọ̀ọ̀wọ́.
AGRUPAR, CONGREGAR, v. rọ́ > Ẹ rọ́ dúkíá yín pọ̀ – Agrupe junto seus recursos.
AGRUPAR, v. pòṣùṣù (formar um grupo) > Wọ́n pòṣùṣù lé mi – Eles se agruparam ao redor de mim.
ÁGUA DA TORNEIRA, s. omi ẹ̀rọ.
ÁGUA DAS ÁRVORES, s. tòtò (ato de gotejar como o orvalho).
ÁGUA DE SABOR ÁCIDO, s. omikíkan, omikan.
ÁGUA DESTILADA, PURIFICADA, s. omi afẹ́ṣẹ́ > àsọdàmu – purificada.
ÁGUA DO MAR, s. omiró (água salgada).
ÁGUA FERVENDO, s. omi nhó.
ÁGUA FILTRADA, s. omi ẹ̀ṣẹ́.
ÁGUA FRIA, s. omi tútù > Omi náà tútù púpọ̀ – A água está muito fria.
ÁGUA GELADA, s. omi dídì > Mo fẹ́ràn mu omi dídì – Eu gosto de beber água gelada.
ÁGUA GASOSA, s. sọ́dà wọ́tà.
ÁGUA QUENTE, s. omi gbígbóná > Mo wẹ omi gbígbóná – Eu tomei um banho de água quente.
ÁGUA SALGADA, s. omi iyọ̀.
ÁGUA, s. omi > Omitoro ọbẹ̀ – Caldo de sopa.
AGUACEIRO, s. ọ̀wààrà (chuvarada).
AGUADO, adj. olómi.
AGUARDAR POR ALGO, v. fojúsọ́nà < fi + ojú + sí + ọ̀nà > Ó fojúsí ọ̀nà fún mi – Ele está me esperando (lit. ele está de olho no caminho).
ÁGUAS PROFUNDAS, s. ibú (alto-mar).
ÁGUAS PROFUNDAS, s. ominíbú > Ìyá ominíbú – Mãe das águas profundas (Yemanjá).
AGUENTAR, PERSEVERAR, v. forítì > Wọ́n forítì ìpalébi náà – Eles suportaram a fome.
AGUENTAR, SUPORTAR, v. faradà > Àwa kò faradà ìjìyà náà – Nós não aguentamos o castigo.

ÁGUIA, s. idì.
AGULHA, s. abẹ́rẹ́ (do árabe íbar, íbere).
AH! OH! interj. káì!, áà > Áà! Kò sí ẹ̀kọ́ lóní – Ah! Não há aula hoje.
AI! UI!, interj. yéé! Ó yéè púpọ̀ – Ai! Está doendo muito.
AIDS, s. àìsàn àìgbéṣẹ́ okíara.
AINDA ASSIM, TODAVIA, adv. síbẹ̀síbẹ̀, síbẹ̀ > Mo jẹun púpọ̀ síbẹ̀síbẹ̀ èmi kò yó – Comi muito, ainda assim não fiquei satisfeito; > Àjẹkì ni – É guloso.
AINDA ASSIM, DESTA MANEIRA, adv. conj. Àní.
AINDA NÃO, adv. pré-v. kòì, kòì tíì, kò tíì, ò tíì.ì tìì > Olúkọ́ kò ti ì lọ sílé ìwé – O professor ainda não foi à escola; > Èmi kò tíì sọrọ̀ – Eu ainda não falei; > Óun ti lọọ rà. Kòì lọọ rà > Ela já foi comprar. Ela ainda não foi comprar.
AINDA QUE, EMBORA, adv. àbáà, bíẹnípé.
AINDA, adv. nígínnígín, mọ́ > Òkún dákẹ́ nígínnígín – O mar está calmo ainda.
AINDA, adv. pré-v. dẹ̀, tí ì > Ó tí ì wà nílẹ́ – Ela ainda está em casa; > Àwa kò tí ì ṣe orò – Nós ainda não fizemos a obrigação.
AINDA, ENTÃO, ALÉM DISSO, adv. pré.-v. sì, sìì, sì, ì > Má sì lọ – Não vá ainda; > Èmi ì ní – Eu ainda tenho; > Nwọn ó sì tún tẹ̀ ẹ́ – Eles ainda o seguirão de novo. *Obs.*: em frases negativas, a partícula negativa kò ou ò é usada antes de sí > Àwọn kò sì yíó lọ – Elas ainda não irão.
AINDA MESMO, adv. pré-v. tíẹ̀ > Ó tíẹ̀ ndá Ifá – Ela ainda está consultando Ifá.
AINDA, NO ENTANTO, adv. ná.
AJEITAR O CORPO, v. dákàkà (para fazer algo) > Ó dákàkà lé àga yìí – Ele se agachou na cadeira (se apoiando nela para sentar).
AJEITAR, ACOMODAR, v. ra_mọ́rí > Mo ra fìlà mọ́rí – Eu ajeitei o chapéu.
AJOELHAR, v. kúnlẹ̀ < kún + ilẹ̀ > Wọ́n kúnlẹ̀ – Eles se ajoelharam; ékún, orúnkún – joelho.
AJUDA, ASSISTÊNCIA, s. rírànlọ́wọ́, àrànṣe.
AJUDA, AUXÍLIO, s. àgbàtán, àtìlẹ́hìn, ibùnláyè.

AJUDANTE – AJUNTAR

AJUDANTE, *s.* agbáwo, àránnilọ́wọ̀, olùrànlọ́wọ́.
AJUDAR, *v.* bá, ràn, sèrànwọ́, ràn_lọ́wọ́ > Wọ́n ràn mí lẹ́rù – Eles me ajudaram com a carga; Èmi kò bá a – Eu não a ajudei; > Ṣé o lè rán mi lọ́wọ́? – Você pode me ajudar?
AJUDAR A ABRIR, *v.* bá_ṣí > Ó bá mi ṣí i – Ele me ajudou a abri-la.
AJUDAR A CARREGAR, *s.* bá_rù, bá_gbé, rán_lẹ́rù.
AJUDAR A CHAMAR ALGUÉM, *v.* gbà_pè, bá_pè > Ó gba bàbá ọkọ mi pè – Ele ajudou a atender o meu sogro.
AJUDAR A COLOCAR, *v.* gbé_rù (uma carga na cabeça) > Ó gbé náà rù mí – Ele ajudou a colocar a carga na minha cabeça. *Obs.*: os yorùbá transportam uma carga na cabeça, os ibo carregam nas mãos.
AJUDAR A CONSTRUIR, *v.* bá_kọ́ > Bá ilé kọ́ – Ajudar a construir a casa.
AJUDAR A CONTAR, *v.* bá_kà (ou ajudar a ler) > Bá owó kà – Ajudar a contar o dinheiro.
AJUDAR A COZINHAR, *v.* bá_sè > Ìyá mi bá mi sè onjẹ òrìṣà – Minha mãe me ajudou a cozinhar a comida do orixá; > ìyábásè – ajudante de cozinha.
AJUDAR A FAZER, *v.* bá_ṣe > Àwa bá arawa ṣe é – Nós mesmos fizemos isto (fazer junto).
AJUDAR A MOER, TRITURAR, *v.* bá_lọ̀ > Ó bá mi lọ̀ – Ela me ajudou a moer.
AJUDAR A REDUZIR UMA TENSÃO, *v.* bá_dẹ.
AJUDAR, ASSISTIR, *v.* kún_lọ́wọ́ > Ó kún mi lọ́wọ́ púpọ̀ – Ela me ajudou muito.
AJUDAR, FAVORECER, *v.* tù.
AJUDAR, SOCORRER, *v.* ràn_lọ́wọ́ > Ó ràn mí lọ́wọ́ láti gbàgbé sọkún – Ela me ajudou a esquecer e lamentar; > ọwọ́ – mãos, é usada como fig. de ling. para indicar segurança ou algo principal, bem como as demais partes do corpo humano.
AJUDA, AMPARO, *s.* àtìlẹ́hìn, ẹgbè > Ó ṣe ẹgbè fún mi – Ele me favoreceu, me amparou.
AJUNTAR, *v.* kópọ̀, somọ́.

AJUNTAMENTO, ACUMULAÇÃO, s. ìkójọ, ìkójọpọ̀, àkójọpọ̀.
AJUNTAMENTO, REUNIÃO, s. kíkójọ, kíkójọpọ̀.
AJUSTAR, SER COMPATÍVEL, v. báramu, múbádé.
AJUSTAR-SE, v. kúmọ́, túnṣe.
AJUSTAMENTO, ADAPTAÇÃO, s. ìtúnṣe.
ALADO, EMPLUMADO, s. abìyẹ́, oníyẹ́ (que possui asas) > Ẹiyẹ abìyẹ́ bí ẹ̀gà – Um pássaro que tem as penas como o pássaro-tecelão.
ALAGADO, ÚMIDO, adj. aláìyan.
ALARGAR, DILATAR, v. fẹ̀ > Ó fẹ̀ ihò yìí – Ele alargou este buraco; Ó ti fẹ̀ ọ̀rọ̀ yìí – Ela ampliou este assunto; > gbòòrò > Ìlú yìí gbòòrò – Esta cidade é extensa.
ALAGAR, INUNDAR, v. ṣànbọ̀ > Odò ṣàn bo ilé mi – O rio inundou minha casa.
ALAMEDA, s. ojú-àgbàrá.
ALARDEADOR, s. afúnnu (fanfarrão, gabola).
ALARDEAR, OSTENTAR, v. ṣèèfarí > Wọ́n nfi aṣọ dúdú ṣèèfarí – Eles estão usando roupa preta para se exibir.
ALARGAR, AUMENTAR, v. mú_tóbi.
ALARGAR, ENGRANDECER, v. sọdi nlá > Ọ̀ṣèlú náà sọ ọ́ dilẹ́kọ́ nlá – O político a transformou em uma grande escola.
ALARGAR, EXPANDIR, v. fẹ̀, fẹníbú < fẹ̀ + ní + ibú (estender na largura).
ALARMAR, v. fita > Ó fi igbe ta – Ele levantou a voz em tom de alarme.
ALARME, MEDO, s. ìdánìjì, ìdẹ̀rùbá.
ALARME, s. ìdágìrì > Ó dá mi ní ìdágìrì – Ele me causou um alarme.
ALARMISTA, s. adáninìjí.
ALASCA, s. Àlásíkà.
ALASTRAR COMO DOENÇA, v. gbèèràn < gbà + èèràn > Àfòmọ́n yìí gbèèràn – O parasita da planta se espalhou.
ALASTRAR, ESTENDER, v. ràn, múràn > Igi yìí ràn – Esta madeira pegou fogo.
ALBERGUE, s. ilé èrò (peregrino).
ALBINO, s. àfín.

ÁLBUM DE FOTOGRAFIAS, s. ìwée fọ́tọ̀ > Àwa nrí ìwée fọ́tọ̀ – Nós estamos vendo o álbum de fotos.

ALÇA, s. ojóbó.

ALCANÇAR O FUNDO, v. kanlẹ̀ (ficar imobilizado, encalhado) > Ó wò mí kanlẹ̀ – Ela me olhou fundo, me encarou.

ALCANÇAR, LOCALIZAR, v. kàndé > Ìròin yìí kàndé àárin wa – Estas notícias nos localizaram.

ALCANÇAR, ULTRAPASSAR, v. bá > Ó bá sáré lọ́jà – Ela persegue e corre no mercado.

ALCANCE DAS MÃOS, adv. lárọ́wọ́tọ́.

ALÇAPÃO, ARMADILHA, s. èbìtì > ewuru – casulo.

ALÇAR, v. nògàwò (espichar-se).

ALCOVA, s. ìyẹ̀wù (quarto de dormir), àkùnrùn.

ALCOVITEIRA, s. rànlọ́wọ́ nípa ohun búburú (lit. ajuda nas coisas erradas, escusas).

ALCOÓLATRA, s. ọlọ́tí (bêbado) > Ó lọ sùn ọlọ́tí – Ele foi dormir bêbado.

ALCOOLISMO, s. àmupara.

ALDEÃO, s. ará-abúlé, aráalétò.

ALEATORIAMENTE, adv. gádagàda, kàtàkàtà (aqui e ali) > Ó gbìn wọ́n kàtàkàtà – Ele plantou em pequenos intervalos, espaçadamente.

ALEGAÇÃO, s. àwáwí (desculpa, pretexto).

ALEGAR, s. sùn lẹ́sún.

ALEGORIA, s. ìfọranweràn, ṣíṣàkàwé (exemplo ilustrativo).

ALEGRAR, ADOCICAR, v. múdùn.

ALEGRAR, DIVERTIR, v. mú_yọ̀ > Ó mú mi yọ̀ – Ela me faz feliz.

ALEGRAR, v. mú_núdùn < nínú + dùn.

ALEGRE, adj. aláìdoríkodò.

ALEGRE, ANIMADO, adj. tújúká, ọlọ́yàyà.

ALEGRE, DIVERTIDO, s. ayọ̀ > Owó kò lè ra ayọ̀ – Dinheiro. não compra felicidade; > Ó láyọ̀ nínú ẹgbẹ́ yìí – Ela tem alegria nesta sociedade; > dárayá – estar alegre.

ALEGREMENTE, adv. gbàkò, tayọ̀tayọ̀, tẹ̀rín-tẹ̀rín, sẹ̀sẹ̀ > Nwọ́n gba wá tayọ̀tayọ̀ – Eles nos receberam alegremente.

ALEGRIA EXAGERADA, *s.* ayọ̀jù.
ALEGRIA, BOM HUMOR, *s.* títujúká.
ALEGRIA, CONTENTAMENTO, *s.* inúdídùn, ìdárayá < dá + ara + yá.
ALEGRIA, FELICIDADE, *s.* ayọ̀, ìmúnínúdùn > ẹ̀fẹ́ – brincadeira.
ALEIJADO, MANCO, *s.* arọ > Ọ̀rẹ́ mi ó ya arọ – Meu amigo é manco.
  Obs.: yà – ser ou estar, precedido por um subst., denota qualidade física, mental ou algo incomum > Wọ́n ya ọ̀lẹ – Eles estão com preguiça.
ALEIJADO, *s.* ayarọ, amókun, amúkun (coxo, manco).
ALELUIA, LOUVOR, *s.* ìyìn > Ìyìn Olúwa – louvor, glória a Deus.
ALÉM DA MEDIDA, *adj.* rékọjá, láìmọníwọ̀n (sem moderação).
ALÉM DE, SOBRE, *prep.* kọjá > Ó kọjá lórí afará – Ele atravessou sobre a ponte; > Ọkọ̀ wa gba Èkó kọjá – Nosso navio foi além de lagos.
ALÉM DISSO, *adv.* jùbẹ́ẹ̀lọ > Jù bẹ́ẹ̀ lọ, mo ti ṣíṣẹ́ púpọ̀ – De mais a mais, eu tenho trabalhado muito.
ALÉM DISSO, ALÉM DO MAIS, *adv.* sìtún, pẹ̀lúpẹ̀lú > Eléyìí sìún jẹ́ nkan pàtàkì – Esta é, além disso, uma questão importante.
ALEMÃO, *s.* jámáànì.
ALERGIA, *s.* ẹ̀hun > Mo ní ẹ̀hun onjẹ yìí – Eu tenho alergia a esta comida.
ALÉRGICO, *adj.* aláhun, afahun.
ALERTAR ALGUÉM, *v.* ṣinúpayáfún (ser franco).
ALFABETIZAÇÃO, *s.* mọ̀ọ́kọmọ̀ọ́kà (ato de saber ler e escrever).
ALFABETO, *s.* ábídí, alífábítì, álífábẹ́ẹ̀tì (do inglês *alphabet*) > Álífábẹ́ẹ̀tì ní Èdèe Yorùbá – Alfabeto na Língua Yorùbá. Obs.: dois substantivos juntos, a vogal do primeiro é estendida, na fala e na escrita, se o substantivo seguinte começar com consoante.
ALFABETO ROMANO, *s.* ábídí róòmù.
ALFAIATE, *s.* agúnà, alágbàrán < oní àgbà –pessoa + velha, ran – costurar, aránṣọ, télọ̀ (do inglês *tailor*).
ALFÂNDEGA, *s.* ojúbodè.
ALFANJE, SABRE, *s.* idà, àdá, èlè > Ògún gbé idà lọ́wọ́ ọ̀tún – Ogum carrega o sabre na mão direita.
ALFINETADA, *s.* ìgúnbẹ́rẹ́ (aquilo que pica, injeção).
ALFINETE DE ALFAIATE, *s.* àmúran.
ALFINETE DE CABELO, *s.* ìkótí.

ALFINETE, *s.* abẹ́rẹ́-àlugbe.
ALGARISMO, *s.* iye, èèkà (v. números) > nọ́nbà (do inglês *number*).
ÁLGEBRA, *s.* ọljíbìrà (do inglês *algebra*).*
ALGEMAR, *v.* padẹmọ́lọ́wọ́ (amarrar as mãos de uma pessoa).
ALGEMAS, ARMADILHA, *s.* pawọ́pẹ́ > Fi pawọ́pẹ́ lọ́wọ́ – Usar algemas nas mãos.
ALGEMAS, *s.* panpẹ́, pawọ́pẹ́, pakuté, ṣẹ́kẹ́-ṣẹ̀kẹ̀.
ALGO, ALGUMA COISA, *pron. ind.* nkan > Mò nlọ sí ọ̀nà láti ra nkan – Estou indo a caminho para comprar algo; > ohun – coisa, algo > Èyí ni ohun míràn – Isto é outra coisa.
ALGO COMESTÍVEL, *s.* onjíjẹ.
ALGO CONSEGUIDO, *s.* àwúfù (de maneira fácil) > Owó àwúfù – Dinheiro ganho por sorte.
ALGO ENORME, IMENSO, *adv.* bàtàkùn-batakun.
ALGO FEITO POR ÚLTIMO, *s* àṣekẹ́hìn (com perfeição).
ALGO FIXADO NO CHÃO, *s.* ọgbágbá (usando um martelo).
ALGO LANÇADO E ESPALHADO, *s.* ọ̀wààrà (chuvarada).
ALGO LANÇADO, *s.* òkò > Ó ju òkò sí mi – Ele lançou um projétil em mim.
ALGO MARAVILHOSO, *s.* màdàrà.
ALGO QUE TENHA BELEZA, *s.* ẹlẹ́wà > Obìnrin ẹlẹ́wà – Uma linda mulher; > Aṣọ ẹlẹ́wà – Uma bela roupa.
ALGO SEM IMPORTÂNCIA, *s.* aláìníláárí.
ALGO ÚTIL, *s.* àmúlò.
ALGO VALIOSO, *s.* oníyelórí (aquilo que tem valor).
ALGO VENDIDO A VAREJO, *s.* àbùtà.
ALGO VERDADEIRO, GENUÍNO, *s.* ojulówó.
ALGODÃO, *s.* òwú > àkèṣẹ – tipo de algodão.
ALGODÃO, *s.* ẹ̀fẹ́ òwú (finamente descaroçado), ẹkẹ̀ṣẹ (com fibras lustrosas).

---

* (N. do A.): Embora se saiba que a origem da palavra "álgebra" é árabe, os yorubanos a conheceram com os ingleses, que por sua vez se apropriaram da palavra árabe.

ALGODÃO CARDADO, *s.* òwú àburan, ẹ̀gbọ̀n òwú (usado para fiação).
ALGODÃO COM A CASCA, *s.* òwú-akẹ̣sẹ̣ (casca pequena) òwú-ògodo (casca grande).
ALGOZ, *s.* aláje.
ALGUÉM, PESSOA, *s.* ẹni, ènìà, ẹnìkan > Kò só ẹni tí kò fẹ́ràn owó – Não há pessoa que não goste de dinheiro; > ẹnikẹ́ni – qualquer pessoa.
ALGUIDAR, TIGELA, *s.* ọpọ́n > Ọpọ́n àkàrà – Tigela de amassar alimentos.
ALGUM, UNS, *pron. indef.* àwọn... kan > Àwọn ènìà kan – Algumas pessoas.
ALGUMA COISA, ALGO, *s.* ohun-kan > Ro ohun kan – Pense em algo.
ALGUMAS VEZES, *adv.* nígbàmíràn, nígbàni > Mo rí i nígbàmíràn – Eu a vejo algumas vezes.
ALGUM DIA, *adv.* lójọ́kan > Èmi yíò rí i lójọ́kan – Eu o verei algum dia.
ALGUM LUGAR, *adv.* níbìkan > Ó wà níbì kan – Ele está em algum lugar.
ALGUM TEMPO ATRÁS, *adv.* ìjéló > Níjéló tí mo rí ọ – Foi recentemente que eu vi você.
ALGUNS, POUCOS, *adj.* mélókan > Ènìà mélókan ní owó – Algumas poucas pessoas têm dinheiro.
ALHO, *s.* aayù.
ALHO-PORÓ, *s.* bààká (cuja semente é usada como remédio).
ALI, ACOLÁ, *adv.* níbẹ̀, ọ̀hún, lọ́hún < ní + ọ̀hún, lọ́húnyí > Ènìà mélòó ni ó wà níbẹ̀ – Quantas pessoas estavam lá?; > Ó wà lọ́hún – Ela estava lá.
ALI, NAQUELE LUGAR, *adv.* níbẹ̀náà.
ALIADO, *s.* onígbèjà.
ALIANÇA DE CASAMENTO, *s.* òrùka ìgbéyàwó.
ALIANÇA, AMIZADE, *s.* ìbásọ̀rẹ́, àdàpọ̀ > Àdàpọ̀ ẹgbẹ́ yìí pẹ̀lú ẹgbé yẹn – União desta sociedade com aquela sociedade.
ALICATE, *s.* ẹ̀mú kékeré.
ALICERCE, BASE, *s.* ìsàlẹ̀.
ALIENAÇÃO, *s.* ìtakété > Ó ya ìtakété fún mi – Ele é indiferente para mim.
ALIENAR, AFASTAR, *v.* kúrò lódò ẹni (lit. afastar-se da pessoa).

ALIENAR, DESENCORAJAR, *v.* ṣíláìyà.
ALIENÍGENA, *s.* àléjò (forasteiro, visitante).
ALIMENTAÇÃO ANIMAL, *adj.* àbópa, àbọ́tà (engorda para venda).
ALIMENTAÇÃO COLETIVA, *s.* àbọ́lù.
ALIMENTAÇÃO, NUTRIÇÃO, *s.* bíbọ́ > okùn ìjẹ – cadeia alimentar.
ALIMENTADO, *adj.* jíjẹyó (satisfeito em relação a uma comida) > yó – estar cheio, estar satisfeito > Mo yó púpọ̀ – Estou muito satisfeito.
ALIMENTAR, NUTRIR, *v.* rè, bọ́, fúnlónjẹ < fún + ní + onjẹ (dar de comer).
ALIMENTO BRANCO, *s.* ẹ̀kọ, àkàsà (preparado com farinha de milho.
ALIMENTO FEITO DE INHAME, *s.* ìkókọrẹ́.
ALIMENTO PARA VENDA, *s.* àsètà.
ALINHAR, FICAR NA FILA, *v.* tò > O tò fún mi – Ela organizou para mim; > ètò – ordem.
ALINHAVAR ROUPA, *v.* gánṣọ < gán + aṣọ, gán (costurar grosseiramente).
ALISTAR, RECRUTAR, *v.* fi orúkọ sílẹ̀ fún iṣẹ́ (lit. relacionar o nome para uma tarefa).
ALIVIAR, *v.* wò_sàn, pẹ̀tùsì > Ó wò ó sàn – Ela o curou.
ALIVIAR, ACALMAR, *v.* dẹ̀lára, yọkúrò, ràn_lọ́wọ́, tì_lẹ́hìn > Ó yọ kúrò lọ́wọ́ ewu – Ele escapou do perigo; > Ó ràn mí lọ́wọ́ láti gbàgbé sọkun – Ela me ajudou a esquecer as dificuldades.
ALMA, *s.* ọkàn, ẹ̀mí > Ó pàdánù ẹ̀mí rẹ̀ – Ele perdeu a própria vida (ẹ̀mí – vida repreentada pela respiração).
ALMANAQUE, *s.* ìwé kíkà ojọ́ oṣù àti ọdún (lit. leitura dos meses e anos).
ALMEJAR, AMBICIONAR, *v.* nàgà, nàgàsí, nògà, nògàsí > Ó nègà sí àti lówó lọ́wọ́ – Ele ambiciona ter dinheiro nas mãos.
ALMEJAR, DESEJAR, *v.* dá_lọ́rùn, wọn > Mo wọn sùn – Eu pretendo dormir.
ALMÍSCAR, *s.* ìsẹtà.
ALMOÇAR, *v.* jẹun ọ̀sán > Njẹ́ o ti jẹun ọ̀sán? – Você já almoçou?
ALMOÇO, *s.* onjẹ-ọ̀sán.
ALMOFADA DE SELA, *s.* ìtẹ́hìn.

ALMOFADA, *s.* fùkù, òṣùká (acolchoado), ìrọrí < rọ̀ + orí (apoio de cabeça).
ALMOFADA, TRAVESSEIRO, *s.* tìntìn.
ALMOFADINHA, JANOTA, *s.* onífaàrí, ológe, oge (que gosta de roupas finas).
ALOJAMENTO, APOSENTO, *s.* ilé àgbàwọ̀.
ALOJAMENTO, HOTEL, *s.* ilé àgbàwọ̀.
ALOJAMENTO, MORADA, *s.* àwọ̀sùn.
ALOJAR, HOSPEDAR, *v.* ṣàgbàwọ̀ > Ó gba ilé rẹ̀ wọ̀ – Ele cedeu a casa dele.
ALONGADO, ESTICADO, *adj.* fífàgùn.
ALONGAMENTO, *s.* ìfàgùn.
ALONGAR, ESTICAR, *v.* nàlọ, fà_gùn > fa okùn gùn – encompridar a corda.
ALOURADO, FULVO, *adj.* pupa láwọ̀ (de cor amarelo tostado).
ALTA-ESTIMA, *s.* olówó nlá (por ser muito rico).
ALTAMENTE, *adv.* saan (em alto grau).
ALTAR, PRATELEIRA, *s.* pẹpẹlé < pẹpẹ + ilé.
ALTAR, *s.* ojúbọ < ojú + ìbọ > pẹpẹ ojúbọ – prateleira do altar; > Mo ní ojúbọ òrìṣà mi nílé mi – Eu tenho o assentamento de meu orixá na minha casa.
ALTERAÇÃO, *s.* àyípadà, àtúnṣe.
ALTERAR A VOZ, *v.* pahùndà > Ó pa ohùn dà – Ela alterou o tom de voz.
ALTERAR, TROCAR, *v.* pa_dà (converter) > Ó pa mí lára dà – Ela me converteu. *Obs.*: verbo que tem seus elementos separados para inserir o objeto entre eles; quando o verbo tiver dois objetos, o segundo objeto, que será necessariamente um substantivo, será precedido por *ní – lára* < *ní* + *ara*.
ALTERCAÇÃO, *s.* ibínú, ijà (disputa) > Ọgbọ́n ó sàn jù ohun ijà lọ – Sabedoria, ela é melhor do que as armas de luta.
ALTERNADO, MUTÁVEL, *adj.* pípadà.
ALTERNATIVA, *s.* òmíràn, yíyàn.
ALTITUDE, *s.* gíga (elevação).

ALTIVEZ, ORGULHO, s. ìrera.
ALTO DA ÁRVORE, s. orí igi.
ALTO DA MONTANHA, s. orí òkè.
ALTO E FORTE, adj. sígbònlè > ìwọ sígbònlè jù èmi lọ – Você é alto e mais forte do que eu; > jù...lọ – adj. comp. mais do que.
ALTO-FALANTE, s. gboùngboùn.
ALTO FUNCIONÁRIO, s. ojúgbọn.
ALTO, adj. gíga > Igi gíga – Árvore alta; > ga – ser alto.
ALTO, COMPRIDO, adj. gàgàrà, gagara (não usado para pessoas).
ALTO-MAR, s. ibú-odò, erémi.
ALTRUÍSMO, adj. ilawọ́, lílawọ́.
ALTURA, s. ìnọ̀ró, ìnọ̀nró.
ALUCINAÇÃO, s. ìtànjẹ, títànjẹ.
ALUDIR, FAZER MENÇÃO, v. dá_sọ > Ó ndá nípa ìsín sọ – Ela está falando sobre religião.
ALUGAR, v. gbàlọ́yà, háyà, rẹ́ntì (do inglês *rent*) > Ó háyà kẹ̀kẹ́ – Ela alugou a bicicleta.
ALUGAR, EMPRESTAR MORADIA, v. yá ilé gbé.
ALUGAR, HOSPEDAR-SE, v. ṣàgbàwò (ser inquilino) > gbàwò – emprestar.
ALUGUEL, s. rẹ́ntì (do inglês *rent*); > owó-ilé – pagamento de aluguel > Ó ti ṣe owó ilé láìbuwólé – Ela já fez o pagamento do aluguel sem multa.
ALUGUEL DA CASA, s. owó-ilé, owóolé (imposto sobre a casa).
ALUGUEL, CONTRATO, s. híháyà > ìwé ilé – aluguel de casa, contrato.
ALUMÍNIO, ZINCO, s. pọ̀npọ̀dọ́, alúmọ́ni (do inglês *aluminium*).
ALUNO, ESTUDANTE, s. ọmọ iléwé, akẹ́kọ́ < a + kọ́ + ẹ̀kọ́ > Ẹ̀yin ni akékọ́ ti mo fẹ́ràn jù – Vocês são os alunos que eu mais gosto.
ALUSÃO, s. ìmẹ́nukàn, ìfẹ́nulé.
ALVÉOLO, CAVIDADES, s. ihò-afẹ́ẹ́fẹ́.
ALVO, ACUSAÇÃO, s. ìfisùn.
ALVORADA, AMANHECER, s. ojúmọ́.
ALVORADA, s. àjírí, fẹ̀ẹ̀rẹ̀ (de manhã cedo).
AMA, AIA, s. alágbàtọ́.

AMABILIDADE, PRAZER, *s.* ẹwù, ìwù > Ó wù mí ní ẹwù – Ela me agradou na amabilidade.
AMACIAR, AFROUXAR, *v.* mú_dẹra, túmúyẹ́-múyẹ́ > Ewùrà yíí tú múyẹ́-múyẹ́ – Esse inhame foi amassado facilmente.
AMACIAR, *v.* joro, mú_rọ̀.
AMADA, ACARICIADA, *s.* àyànfẹ́, àdùkẹ́ (nome próprio feminino).
AMADO, QUERIDO, *s.* àyàfẹ́, olùfẹ́ > Olùfẹ́ mi – Meu amor.
AMADO AO EXTREMO, *adv.* láfẹ́tán.
AMADOR, *s.* òpè.
AMADURECER A FRUTA, *v.* sin, mú_pọ́n > mú èso pọ́n – amadurecer a fruta.
AMADURECER COMO O MILHO, *v.* pọ́nsọ.
AMADURECER DEMAIS, *v.* pọ́njú > Èso pọ́n jú – A fruta amadureceu demais.
AMADURECER PRIMEIRO, *v.* kọ́gbó.
AMADURECER, AMOLECER, *v.* múdẹ̀ (fruta).
AMADURECER, DESENVOLVER, *v.* gbó, pọ́n, pọ́nlójú, dàgbà tán.
AMADURECER, *v.* làbú, bálágà (ganhar maturidade) > Ó làbú – Ele se tornou adulto.
AMALDIÇOAR, PRAGUEJAR, *v.* gbé_ré > Ó gbé mi ré – Ele me xingou.
AMALDIÇOAR, XINGAR, *v.* fi_gégún.
AMÁLGAMA, MISTURA, *s.* àdàlù.
AMALGAMAÇÃO, ADULTERAÇÃO, *s.* idàlura.
AMALGAMAR, JUNTAR, *v.* pa_pọ̀, dà_lùra, dà_lù > Ohun wa papọ̀ – Nossas opiniões coincidem; > Ó dà wọn lù – Ela os misturou.
AMAMENTAR, *v.* mu ọmú, fún_lómú > Fún ọmọ lómu – Dar amamentação à criança.
AMANHÃ, *adv.* lọ́la; *s.* ọ̀la > Ng ó ló sí Bahia ní ọlá – Eu irei à Bahia amanhã; Ki Ọlọ́run bá ẹ lọ – Que Deus o acompanhe; > Mo máa rí ọ ní ọ̀la – Eu a verei amanhã. *Obs.*: má a – uma forma de indicar o tempo futuro dos verbos e sempre com pron. de 1 sílaba; > ọ̀túnla – depois de amanhã.

AMANHECER – AMARRAR JUNTO

AMANHECER, s. àárọ̀, òwúrọ̀, ojúmọ́ > Ẹ kú ojúmọ́ – Um bom amanhecer.
AMANSAR, ACARINHAR, v. tù_lójú > Ó tù mí lójú – Ele me acariciou.
AMANTE APAIXONADO, s. onífẹ́ àìníjánu.
AMANTE, s. àlè, olúfẹ́, onífẹ́ (pessoa amada).
AMAR INTENSAMENTE, v. fẹ́_tán > Aya mi fẹ́ mi tán – Minha esposa me ama demais.
AMAR VÁRIAS PESSOAS, v. fẹ́pọ̀.
AMAR, GOSTAR, v. fẹ́, fẹ́ràn < fẹ́ + òràn > Mo ní fẹ́ ẹ – Eu te amo; > Mi ò ní fẹ́ ẹ – Eu não te amo.
AMAR, TER GRANDE PRAZER, v. fẹ́ni < fẹ́ + ẹni.
AMARELO, s. yẹ́lọ̀ (do inglês *yellow*), iyèyè.
AMARGAR, v. mú_korò (tornar amargo).
AMARGO, adj. kíkó.
AMARGO, AZEDO, adj. kan > wàràkàṣì – leite azedo, queijo, coalhada.
AMARGOR, s. ìkorò.
AMARGURA, s. èdun.
AMARGURAR, ENTRISTECER, v. mú_kàánú.
AMARRAÇÃO, s. ìso, dídì > Ó ṣe dídì ènìà – Ela fez o encantamento de uma pessoa; > Ẹ fi okùn dì í – Amarre-o com a corda.
AMARRADO, s. síso Ó wa síso – Ele está amarrado.
AMARRAR, v. dì_lọ́kùn > Mo di igi lókùn – Eu amarrei a madeira com corda.
AMARRAR A CARA, v. fífàro, fajúro (franzir as sobrancelhas) > Má fajúro mọ́ mi – Não faça essa carranca para mim; > Ó fajúro – Ele parece chateado < fà + ojú + ro.
AMARRAR AS MÃOS, v. dè_lọ́wọ́, padẹmọ́lọ́wọ́ > Ó dè mí lọ́wọ́ – Ele amarrou minhas mãos.
AMARRAR COM CORRENTES, v. dè_lẹ́wọ́n.
AMARRAR COM TECIDO, v. dìjámọ́ra (usando tecido em volta do corpo).
AMARRAR JUNTO, v. solù, sopọ̀, somọ́, dì_pọ̀ (ligar, fazer as pazes) > Ó dì wón pọ̀ – Ela os amarrou juntos; Ó so ó mọ́ ara – Ela o amarrou junto ao corpo; > dàpọ̀ – congelado.

AMARRAR O PESCOÇO, *v.* somọ́rùn.
AMARRAR OS BRAÇOS, *v.* dè_lápá (ou as penas do pássaro).
AMARRAR OS PÉS, *v.* dè_lẹ́sẹ̀ > Ó dè é lẹ́sẹ̀ – Ele amarrou os pés dela.
AMARRAR, APERTAR, *v.* dì.
AMARRAR, JUNTAR, *v.* so > ìso – amarração.
AMARRAR COM CORDA, *v.* sán_lókùn > Ó sán mi lókùn – Ele me amarrou com corda.
AMARRAR, PRENDER, *v.* so_mọ́lẹ̀ > Ó so ewúrẹ́ mọ́lẹ̀ – Ele amarrou a cabra.
AMARROTADO, AMASSADO, *adj.* kótì.
AMASSADO, ACHATADO, *adj.* ṣúru-sùru, wọ́gọ-wọ̀gọ > Aṣọ yìí rí ṣúru-sùru – Esta roupa parece amassada.
AMASSAR E BEBER, *v.* gbo_mu > Mo gbo ewé mu – Eu fiz infusão de folhas e bebi.
AMASSAR E JUNTAR, *v.* fọ́_pọ̀ > Mo fọ́ pótétò àti àlubọ́sa pọ̀ – Eu amassei e juntei batata e cebola.
AMASSAR LEGUMES, *v.* ṣàgbàgún (como forma de trabalho).
AMASSAR, BATER JUNTO, *v.* gún_pọ̀ > Ó gún wọn pọ̀ – Ela os amassou.
AMASSAR, MISTURAR, *v.* pò.
AMASSAR, SUBJUGAR, *v.* sìbáta.
AMAZONA, *s.* ajagun obìnrin (soldada).
AMAZONAS, RIO, *s.* Odò Amesíìni.
AMBAS AS CRIANÇAS, *adj.* tọmọtọmọ.
AMBIÇÃO, AVAREZA, *s.* ọ̀kánjúwà.
AMBICIONAR, *v.* ṣojúkòkòrò.
AMBICIOSO, AVARENTO, *adj.* lọ́kànjúwà.
AMBIDESTRO, *s.* alọ̀túnlòsì.
AMBIENTE, LUGAR, *s.* àgbègbè > Ibòmíràn ni àgbègbè ibẹ́ – É em outro lugar de lá.
AMBÍGUO, DÚBIO, *s.* ìṣiyèméjì, àìdánilójú > Mo ní ìṣiyèméjì – Eu tenho dúvidas.
AMBOS, *adv.* tègbọ́n tàbúrò (o mais velho e o mais novo).

AMBOS OS LADOS, adj. tòtúntòsi < ti + òtún + ti + òsi (direita e esquerda).

AMBOS, DE DIA E DE NOITE, adj. tòsán tòru > A sisé tòsán tòru – Nós trabalhamos a noite toda.

AMBOS, EU E VOCÊ, exp. tèmi tìre > Tèmi tìre wà níbè – Eu e você estávamos lá; > ti – forma abreviada de àti – e.

AMBOS, TODOS OS DOIS, adj. méjèèjì > Ó fún mi ní méjèèjì – Ela me deu todos os dois; > owó méjèèjì – ambas as mãos. Obs.: para os números 15, 25 e os numerais que não começam com m, é usado gbogbo – todos, todas. > Wón fún mi ní gbogbo ogún – Eles me deram todos os vinte.

AMBOS... E, adj. ti, ti...ti > Ti èmi ti òun – Ambos eu e ela; > Ti èmi ti ìyàwó mi a lọ sí Ilé Ọlọ́run – Ambos, eu e minha esposa fomos à Igreja.

AMBULÂNCIA, s. ọkọ̀ abìrùn < abi + àrùn.

AMBULATÓRIO, s. leè rin kiri.

AMEAÇA, s. àkùfi, ẹkùfi, ìfejú, ìpáyá > ìyọlẹ́nu – amolação, aborrecimento.

AMEAÇAR, v. halẹ̀mó, kusa > Ó kusa sí mi – Ele fez ameaças a mim.

AMEAÇAR, TUMULTUAR, v. halẹ̀ mọ́ > Ó halẹ̀ mọ́ mi – Ele fez ameaças contra mim.

AMEAÇAR, VANGLORIAR, v. halè < há + ilè > Ó halè – Ele preferiu ameaçar.

AMEDRONTAR, DESDENHAR, v. wò mọ́lẹ̀ > Ó wò mí mọ́lẹ̀ – Ela me olhou de cima abaixo, desdenhosamente.

AMEDRONTAR, ATERRORIZAR, v. jálaíyà, fojúlẹ̀.

AMEDRONTAR, INTIMIDAR, v. tẹnilóríbà, dẹ̀rùbà, pá_láyà

AMEIXA, s. èso gbọ̀rọ̀.

AMENDOIM, s. èpà (Arachis hypogaea L, Leguminosae-Papilionoided).

AMÉM, ASSIM SEJA, s. àṣe, àmí, àmín (do inglês amen).

AMÉRICA, s. Amẹ́ríkà > Ilẹ̀ Àríwá Amẹ́ríkà – América do Norte.

AMÉRICA DO SUL, s. Ilẹ̀ẹ Gúúsù Amẹ́ríkà > N kì íṣe ọmọ ilú Amẹ́ríkà – Eu não sou americano. Obs. – N – pron. pess. eu, usado em frases negativas.

AMIDO DE MILHO, s. ẹyin-ògi.

AMIGAR, v. yàn_lọ́rẹ́ < yàn + ní + ọ̀rẹ́ (escolher como amigo) > Ó yàn mí lọ́rẹ̀ – Ela me escolheu como amante.

AMIGÁVEL, s. ẹní kéjì > àwé mi – meu amigo (forma gentil para uma pessoa desconhecida).
AMIGAVELMENTE, adv. pẹ̀lẹ́tù.
AMIGDALA, s. ẹsẹ́ ọ̀nà ọ̀fun.
AMIGO, s. ọ̀rẹ́ > Āwa jé ọ̀rẹ́ dáadáa – Somos bons amigos.
AMIGO FALSO, s. ojúlafẹ́ni.
AMIGO FAMILIAR, s. òrẹ́ àtinúwá, ọ̀rẹ́ ìyọ́rẹ́.
AMIGO FIEL, s. abánikú-ọ̀rẹ́ (que morre pela amizade).
AMIGO ÍNTIMO, s. kòríkòsun, ọ̀rẹ́ níníkùnrin.
AMIGO VERDADEIRO, s. ọ̀rẹ́ tóótọ́.
AMIGO, NAMORADO, s. ọ̀rẹ́kùnrin.
AMISTOSO, PACÍFICO, adj. nílàjà.
AMIZADE, DEDICAÇÃO, s. ìbárẹ́, abánirẹ́ > A lé gbádùn ìbárẹ́ pípẹ́ títí – Nós podemos ter amizades duradouras; > ọlóyàyà – pessoa alegre.
AMNÉSIA, ESQUECIMENTO, s. igbàgbé.
AMOLAÇÃO, ABORRECIMENTO, s. ìyọlẹ́nu.
AMOLADO, AFIADO, s. mímú.
AMOLADOR DE FERRAMENTAS, s. apọ́nrin > òkùta ìpọ́nrín – pedra de amolar.
AMOLAR, AFIAR, v. lọ, pọ́n > Ó lọ ọbẹ mi – Ele amolou minha faca.
AMOLECER, DISSOLVER, v. mú_diyíyọ̀.
AMÔNIA, s. àmónía.
AMONTOADO, adj. kíkó, ìhágágá, ìfúnpọ̀.
AMONTOAR, JUNTAR, v. sù, gbárapọ̀ > Àmọ̀kòkò su amọ̀ – O oleiro amontoou o barro. Obs.: verbo com tom grave, seguido de subst. perde o acento tonal grave, sendo substituído pelo tom médio, ou seja, sem acento tonal.
AMONTOAR, EMPILHAR, v. kọbè < kọ + ebè.
AMONTOAR, JUNTAR, v. gbá > Ó gbá ewé nílẹ̀ – Ele juntou as folhas no chão; > gbámọ́ – abraçar > Ó gbá mi mọ́ ara – Ela me abraçou (lit. ela me juntou contra o corpo).
AMOR, s. ìfẹ́, ìfẹ́ràn > Ifẹ́ mi pọ̀ fún ẹ – Meu amor é muito por você; > Ȋfẹ́ ha ni bí? – Será que é amor?; > Mi ò nífẹ́ rẹ – Eu não te quero; > Mo ní ìfẹ́ ẹ – Eu te amo.

AMOR DEMAIS – ANÁLISE

AMOR DEMAIS, *adv.* àféjù > Ó fẹ́ mi ní àféjù – Ela me ama demais.
AMOR EXCESSIVO, *s.* ìfẹ́-àféjù > Mo nífẹ́ rẹ púpọ̀ – Eu te quero muito; > Ṣé o nífẹ́ mi? – Você me ama?
AMOR FRATERNAL, *s.* ìfẹ́mọnìkéjì.
AMOR PRÓPRIO, *s.* ìfẹ́rani, fífẹ́ra ẹni.
AMORDAÇAR, *v.* dí_lẹ́nu.
AMOREIRA, *s.* igi ẹlégún.
AMORFO, *s.* àìnírísí (não tem aparência).
AMOSTRA, DESCRIÇÃO, *s.* àpèjúwe.
AMOSTRA DE ROUPA, *s.* apẹrẹ aṣọ rírán – amostra de roupa para costurar.
AMPARO, PATROCÍNIO, *s.* ìfẹ̀hìntì.
AMPÉRE, *s.* ámpù (do inglês *amp*).
AMPLAMENTE, *adv.* gbáà, gbagada, gbàràgàdà.
AMPLAMENTE, *adv.* gbèrègèdè, rákaràka, yanpọntan.
AMPLIAR, EXPANDIR, *v.* nà > Ó nà ọ̀ràn – Ela ampliou o assunto.
AMPLIFICADOR, *s.* èrọ ifẹ̀-àmì.
AMPLO, GRANDE, *adj.* ṣọọrọ, láfẹ́ẹ́fẹ́ > Ó lẹ́nu ṣọọrọ – Ela tem uma boca grande.
AMPLO, LARGO, *adj.* fẹ̀gẹfẹ̀gẹ, gbígbòòrò.
AMPLO, VASTO, *adj.* gbalasa (usado com relação a água).
AMPUTAÇÃO, ABSTRAÇÃO, *s.* ìkékúrò.
AMPUTAÇÃO DA PERNA, *s.* agélẹ́sẹ̀.
AMPUTAR, *v.* gé_kúrò > Ó gé apá kúrò – Ele amputou o braço.
AMULETO, *s.* ìgbàdí, ondé > tírà – amuleto muçulmano.
ANÁGUA CURTA, *s.* pọnpọdọ́ (roupa curta de baixo).
ANÁGUA, *s.* yẹ̀rì, ìyẹ̀rí (tipo de saia feminina).
ANAIS, *s.* ìwé irántí, ìtàn ìrandíran (crônicas).
ANAL, *s.* fùrọ̀, ihò-ìdí.
ANALFABETO, *s.* àìmọ̀wé, aláìmọ̀ ìwé, aláikọ́wé.
ANALGESIA, *s.* àìníyè (sem sensibilidade à dor).
ANALGÉSICO, *s.* apẹ́ta, oògùn aporó.
ANALISAR, *v.* ṣe ìyanjú, dánkunwò (descobrir erros e acertos).
ANÁLISE, *s.* ìyanjú, àtúpalẹ̀.

ANÁLISE DE QUANTIDADE, s. ìyanjú ìwọn ye.
ANALISTA, s. olùyanjú.
ANALOGIA, s. àkàwé, ìkàwé, àfiwé.
ANÁLOGO, COMPARÁVEL, adj. dàbí > Ó dàbí ọmọ arakùnrin ní ìrí rẹ̀ – Ele aparenta ser parecido com o sobrinho dele; > Ó dàbí rẹ̀ – Você parece com ela.
ANÃO, PIGMEU, s. rárá, arárá, kòtónkan.
ANÃO, s. àrúpẹ̀ (usado para árvores ou aves).
A NÃO SER QUE, A MENOS QUE, conj. àyámọ̀bí, àyàmọ̀pé, ànbí > Òum yíó lọ àyàmọ̀pé òjò nrọ̀ – Ela irá, a não ser que chova; > àdàmọ̀, àdàmọ̀bí – exceto que.
ANARQUIA, SEM COMANDO, s. àìlọ́ba, ròbgòdìyàn, àìsíjọba.
ANARQUISTA, s. adárágúdù.
ANASALAR, FALAR PELO NARIZ, v. fimúsọ, fimúsọ̀rọ̀ < fi + imú + sọ̀rọ̀.
ANATOMIA, s. ẹ̀kọ́ ẹ̀yà-ara (lit. estudo sobre o corpo).
ANCA, NÁDEGAS, s. bẹ̀bẹ̀-ìdí.
ANCA, QUADRIL, s. ìgbáròkó, ìbàdí.
ANCAS, QUADRIL, s. ìkún.
ANCESTRAIS, s. òkú ọ̀run, àgbagbà, ésà > Àwọn òkú ọ̀run mi jẹ́ ọmọ Àfiríkà – Meus ancestrais são africanos.
ANCESTRALIDADE, s. ìrandíran.
ANCIÃO, s. alàgbà.
ANCIÃO, s. atóókúmáàkú (ainda muito forte).
ANCINHO, s. irin ìkéwéjọ (ferramenta) > Àwa nkó ewé jọ – Nós estamos reunindo, juntando folhas.
ANCORADOURO, s. ibi-ìdákọ̀ró.
ANCORAGEM, s. ìdákọ̀dúró, ìdákọ̀ró (ato de parar o barco).
ANCORAR, APORTAR, s. fidímúlẹ̀ (segurar com firmeza).
ANDAIME, PALANQUE, s. àtẹ̀gùn, àkàsọ̀, àkàbà.
ANDAR, v. rìn (para tipo de caminhada, usar advérbio) > Ó rìn ṣíṣẹ́ fàà – Ela caminhou para o trabalho despreocupadamente; > Àwọ́n nrìn kákiri – Eles estão andando sem destino.
ANDAR CAMBALEANDO, v. tàsérìn.

ANDAR COM APOIO, *v.* tẹ̀pá < tẹ̀ + ọ̀pá.
ANDAR DESAJEITADAMENTE, *v.* rìn bàlù-bàlù.
ANDAR DESPREOCUPADAMENTE, *v.* rìn fàà.
ANDAR FURTIVAMENTE, *v.* rìn kẹ́lẹ́kẹ́lẹ́.
ANDAR NA PONTA DOS PÉS, *v.* rín ní oríka ẹsẹ̀
ANDAR PELOS CANTOS, *v.* pẹ́kọ̀rọ̀, pákọ̀rọ̀.
ANDAR RAPIDAMENTE, *v.* rìn kẹmókẹmó.
ANDAR SEM RUMO, VAGAR, *v.* paraúnraún.
ANDAR TÉRREO, *s.* ìsàlẹ̀ ilé.
ANDAR VAGANDO, SEM DESTINO, *v.* rìnká, rìn kákiri.
ANDAR VAGAROSAMENTE, *v.* rìn gbẹ̀rẹ̀.
ANDAR, FICAR NA PONTA DOS PÉS, *v.* tiro > Òun ntiro – Ele está andando na ponta dos pés.
ANDAR, VAGAR, *v.* kiri, kirikákiri.
ANDARILHO, *s.* àṣíká, àṣíkiri.
ANEDOTA, *s.* ìtàn kúkúrú.
ANEL DO PÉ, *s.* òrùka-ẹsẹ̀.
ANEL, *s.* òòkà, òrùka > òrùka ìka – anel do dedo; > òòka-etí òrùka – brinco.
ANEMIA, *s.* àìsàn àìléjẹ̀tó.
ANÊMICO, PÁLIDO, *s.* àìlẹ́jẹ̀.
ANESTESIA, *s.* gba iyè-ara (lit. receber saúde).
ANESTESIADO, *s.* akunnilóorun > ẹ̀là akunnilóorun – anestesia geral.
ANEXAÇÃO, ADIÇÃO, *s.* ìfikún.
ANEXAR, JUNTAR, *v.* fi_mọ́ > ó fi ọ̀rọ̀ mọ́ – ela anexou o texto.
ANEXO, *s.* àfikún.
ANFÍBIO, *s.* jomijòkẹ̀, ẹranko gbé lómi (lit. animal que vive nas águas).
ANFITRIÃ, *s.* agbàlejò.
ANGIOLOGISTA, *s.* akẹ́kọ́ ìsàn-ara.
ANGOLA, *s.* Àngólà.
ÂNGULO RETO, *s.* igun ọ̀tún (90°).
ANGÚSTIA, AFLIÇÃO, *s.* ìpọ̀njú, ìṣẹ́ > Ó wà ní ìpọ̀njú – Ele se sente um miserável.
ANIMOSIDADE, *s.* ìbìbú. Ìríra.

ANISTIA, ABSOLVIÇÃO, *s.* idáríjì > dáríjì – perdoar.
ANIVERSÁRIO, *s.* àjọ̀dún < à + jọ̀ + ọdún (festa anual) > Inú mi dùn láti pè yín sí àjọ̀dún mi – Estou feliz por convidar vocês para a minha festa; > ìbí ọdún – ano de nascimento > Ìbí ọdún mélòó ni iwọ ní; > Quantos anos você tem?
ANFITRIÃ, HOTELEIRA, *s.* ìyálérò.
ANFITRIÃO DE JANTAR, *s.* asàse.
ANFITRIÃO, DONO DA CASA, *s.* bálé > agbàlejò – aquele que recebe os convidados.
ANFITRIÃO, *s.* abọ́gun-bọ́lú, alápèjẹ.
ÂNGULO, CANTO, *s.* igun.
ÂNGULO AGUDO, *s.* igun mímú.
ÂNGULO OBTUSO, *s.* igun fífẹ̀.
ÂNGULO RETO, *s.* igun ọ̀tún.
ANGULOSO, *adj.* nígun (pernas compridas).
ANGÚSTIA, ANSIEDADE, *s.* àròkàn.
ANIL, *s.* ẹ̀lú (tintura de índigo).
ANIMAÇÃO, ALEGRIA, *s.* ìmúnínúdùn, ìdáráyá > – O mú mi dárayá – Ela me animou < dá + ara + yá.
ANIMADAMENTE, *adv.* fẹrẹgẹgẹ, lẹ́sọ̀lẹ́sọ̀.
ANIMADO, JOVIAL, *adj.* aláìdoríkodò, dáráyá, tújúká.
ANIMAIS DANINHOS, *s.* kòkòrò, aràn (insetos, vermes).
ANIMAL, *s.* ẹranko, ẹran < ẹran + oko > Wọ́n di ẹranko ní okùn – Eles estão amarrando o animal com a corda; > ẹranko ẹlẹ́sẹ̀mẹ́rin – animal de quatro patas.
ANIMAL ANFÍBIO, *s.* agbómigbélé.
ANIMAL AQUÁTICO, *s.* ẹran omi.
ANIMAL CARNÍVORO, *s.* agà, ẹranko ajẹran > aga, ọ̀fàfà – um tipo de animal carnívoro que escala árvore.
ANIMAL CASTRADO, *s.* ọ̀dá ẹranko.
ANIMAL COM CHIFRES, *s.* abìwo.
ANIMAL COM GARRAS, *s.* ẹran-abẹ̀ẹ́kánná.
ANIMAL DE DUAS PATAS, *s.* ẹranko ẹlẹ́sẹ̀ méjì.

ANIMAL DE QUATRO PATAS, *s.* ẹranko ẹlẹ́sẹ̀ mẹ́rin.
ANIMAL DOMÉSTICO, *s.* ẹran ọ̀sìn, ẹran ilé, ohun-ọ̀sìn > Ajá ni ẹran ilé – O cachorro é um animal doméstico.
ANIMAL NOVO, *s.* ẹgbọ̀rọ̀, ọdọ́.
ANIMAL PARA SACRIFÍCIO, *s.* ẹran-ẹbọ.
ANIMAL QUALQUER, *s.* ẹrankẹran (qualquer tipo).
ANIMAL ROEDOR, *s.* ọ̀yà > ewújù – tipo de roedor noturno africano.
ANIMAR, ALEGRAR, *v.* dá_láráyá > Ò dá àjọdún mi láráyá – Ele se alegrou no dia do meu aniversário.
ANIMAR, RECUPERAR-SE, *v.* sọjí > Ìwáàsù rẹ̀ sọ wá jí – O sermão dele me regenerou.
ANIMAR, ESTIMULAR, *v.* gbàníyànjú.
ANIMISTA, *s.* abọmọlẹ̀.
ÂNIMO, VIGOR, *s.* èkò > poder de resistência; agbára ìwà-láàyè (lit. vitalidade, poder de conduta).
ANIMOSAMENTE, *adv.* níbínú.
ANIMOSIDADE, DESPEITO, *s.* kéta, ọ̀tá > inimigo, adversário.
ANIMOSO, HOSTIL, *adj.* láìrẹ́.
ANIQUILAÇÃO, *s.* ìsọdasán, ìparun (destruição completa).
ANIQUILAR, *v.* run > Ó run ìlú – Ele destruiu a cidade.
ANIVERSÁRIO, *s.* àjọdún, àyájọ́, ọjọ́ ìbí > Mo ṣe ọjọ́ ìbí mi ní àná – Eu fiz o meu aniversário ontem; > Ẹ kú ìyẹdún, ẹ kúu ìyẹdún – Saudação; > O kú ọ̀jọ́ ìbí – Feliz aniversário; > Ọ̀la ní ọjọ́ ìbí mi – Amanhã é dia do meu aniversário; > Ní ọdún yíí èmi kò fẹ́ ṣayeye ọjọ́ ìbí mi – Neste ano eu não quero celebrar o meu aniversário.
ANIVERSÁRIO DE FALECIMENTO, *s.* ìpapósídà.
ANIVERSÁRIO PÓS-MORTE, *s.* pẹ̀gbẹ́dà < pa + ẹgbẹ́ + dà.
ANJO, *s.* ángẹ̀lí (do inglês *angel*), màlékà (do hauṣá màláíkà).
ANO BISSEXTO, *s.* akọ-ọdún, ọdún mẹ́rinmẹ́rin.
ANO PASSADO, *adv.* lẹ́ṣí.
ANO PASSADO, *s.* èṣín > ọdún tó kojá – ano que passou.
ANO QUE VEM, *s.* ọdún tó nbọ̀ > Èmi yíò rí i ọdún tó nbọ̀ – Eu a verei no próximo ano.

ANO, *s.* ọdún > Ọmọ odún mélòó ni ìwọ ní? – Quantos anos você tem? (ọmọ ọdún - para pergunta sobre a idade); > Ọdún méjì ni mo ló ní aṣọ funfun – São dois anos que eu uso roupa branca; > Ọmọ ọdún márundílógun ní mi – Tenho 25 anos; > Ẹ kú ọdún tuntun – Feliz Ano-Novo.

ANOITECER, *v.* lẹ́ > aṣálẹ́ – dito após as 18h; > Ẹ káalẹ́ – Boa-noite; resposta Ẹ wolẹ o! (lit. olhe o chão, não tropece no escuro).

ANOITECEU, *exp.* ilẹ̀ ti ṣú (lit. o chão tornou-se escuro).

ANOMALIA, *s.* èèmọ̀ > Ó fojú mi rí èèmọ̀ – Ela viu aflição em mim.

ANOMALIA CONGÊNITA, *s.* àbàwọ́n àbíníbí.

ANÔNIMO, SEM NOME, *adj.* láìlórúkọ, àìlórúkọ.

ANORMAL, *adj.* ṣàjèjì, ṣàjòjì > èèmọ̀ – algo estranho.

ANOS ATRÁS, *adv.* àtọ́dúnmọ́dún.

ANOS DE IDADE, *s.* ọlọ́dún > Ọmọ ọdún mélòó ni? – Quantos anos você tem?; > ọlọ́dún-méjìlélógun – vinte e dois anos de idade.

ANOTAÇÃO, *s.* àsọyé, ìtúmọ̀.

ANOTADOR, *s.* alásọyé.

ANOTAR, DEFINIR, *v.* sọ àsọyé.

ÂNSIA, *s.* ìyánhànhàn (para satisfazer o apetite).

ANSIAR, *v.* dá_lọ́rùn > Ẹran ewúrẹ́ dá mi lọ́rùn – Eu tenho desejo por carne de cabra.

ANSIEDADE, APREENSÃO, *s.* onnú, omínú.

ANSIEDADE, IMPACIÊNCIA, *s.* kikánjú.

ANSIEDADE, INQUIETUDE, *s.* àníyàn, àìbalẹ̀-ọkàn, àìfọkànbalẹ̀, ájọ̀.

ANSIEDADE, PREOCUPAÇÃO, *s.* kìlàkilo, hiláhilo, ominú, onnú, pápà.

ANSIOSAMENTE, *adv.* fẹ̀tọ̀fẹ̀tọ̀, fòfò, fòfòfò, pàsàpàsà, wìrì, wìrìwìrì.

ANSIOSO, IMPACIENTE, *adj.* kikánjú.

ANTAGONISMO, *s.* ìṣòdìsí.

ANTAGONISTA, *s.* alátakò.

ANTE, DIANTE DE, *prep.* tòsí > Àwa ti wà ní tòsí ilé rẹ̀ – Nós já estamos diante da casa dela.

ANTEBRAÇO, *s.* ìsàlẹ̀-apá.

ANTECEDENTE, s. ṣíṣáájú.
ANTECEDER, v. ṣáájú, wà_t ẹ́lẹ̀ > Ó ṣáájú mi- Ele me antecedeu.
ANTECESSOR, PRECURSOR, s. aráwájú, iṣájú < ṣí + iwájú.
ANTECIPAÇÃO, s. ìfojúsọ́nà > retí – esperar por, > Mò nretí rẹ – Estou esperando-o.
ANTECIPADAMENTE, adv. tẹ́lẹ̀ > Tẹ́lẹ̀ ló máa nwá – É antecipadamente que ele está vindo.
ANTECIPAR, v. fojúsọ́nà, ṣèrèti > Mo ṣèrèti láti lọ pẹ̀lú ẹ – Eu esperei para ir com você.
ANTEGOSTO, EXPERIMENTAR, s. ìtọ́wòtẹ́lẹ̀.
ANTENA, s. ọ̀pó.
ANTENA DE INSETO, s. mọ̀gálà.
ANTEPARO, ESCUDO, s. apata.
ANTEPASSADO, s. òkú ọ̀run.
ANTERIOR, adj. ìṣájú, tiṣáájú, ṣáájú > Ó ṣáájú mi – Ela me precedeu.
ANTERIORMENTE, ANTES DE, adv. sin, koja, ìgbà ìṣájú > Ó ṣe iṣẹ́ sin ọ́ – Ele fez o trabalho antes de você; > Ọjọ́ méta kójá tó wá sọ́dọ̀ mi – Foram três dias atrás que ele veio me ver; > ìjọ́sí – recentemente.
ANTES DE ONTEM, adv. níjẹ́ta < ní + ìjẹ́ta (três dias atrás) > Mo ṣe ọjọ́ ìbí níjẹ́ta – Eu aniversariei antes de ontem.
ANTES DE TUDO, ANTES DISSO, adv. tẹ́lẹ̀tẹ́lẹ̀.
ANTES DE, adv. kí...tó > Ó ti njẹun kí a tó dé – Ela estava comendo antes de nós chegarmos; > Kí èmi tó dé – Antes de eu chegar.
ANTES, ANTECIPADAMENTE, adv. tẹ́lẹ̀.
ANTES, PRIMEIRO, v. e adv. kọ́, kọ́kọ́ > Mo fẹ́ẹ́ kọ́ rí yìí – Eu quero ser o primeiro a ver isto; > Èmi kọ́kọ́ lọ sí ọjà – Eu primeiro fui ao mercado.
ANTES, PRIMEIRAMENTE, adv. níṣáájú.
ANTIBIÓTICO, s. oògùn ẹ̀yàwuuru.
ANTICONFORMISTA, s. ẹnití kò gbà òfin ṣọ́ọ̀ṣì – aquele que não aceita a lei da igreja.
ANTICORPO, s. òjẹ̀-ara apẹ̀yáwuuru.
ANTICRISTO, adj. lódì sí ọ̀rọ̀ kristi (lit. contrário às palavras de Cristo).
ANTIDILUVIANO, adj. ṣáájú kíkún omi.

ANTÍDOTO, s. ìjẹ̀rá, àjẹ̀rá, apẹ̀ta.
ANTÍDOTO, **CALMA**, s. ẹ̀rọ̀ > Ó sọ ayé dẹ̀rọ̀ – Ele falou de um mundo pacífico.
ANTICOAGULANTE, s. oògùn ẹ̀jẹ̀-dídi.
ANTIGAMENTE, **VELHOS TEMPOS**, adv. látijọ́, nígbà-àtijọ́.
ANTIGAMENTE, **ANTES**, adv. látẹ̀hìnwá, àtẹ̀hìnwá > Òun tó ti nsọ̀rọ̀ rẹ̀ látẹ̀hìnwá – Ele estava falando dela antes.
ANTÍGENO, s. ọ̀tá-ara, ọ̀táwuuru.
ANTIGO, s. àtijọ́ > Aṣọ mi àtijọ́ ni – Minha roupa é antiquada, antigo; > ìgbà àtijọ́ – tempo antigo.
ANTIGUIDADE, s. ìgbàanì, ìgbà àtijọ́.
ANTI-HORÁRIO, adj. ayílódì sí aago.
ANTI-INFLAMATÓRIO, s. oògùn ara-wíwú.
ANTÍLOPE, s. agbárígba (com chifres longos).
ANTÍLOPE, **VEADO**, s. egbin, ẹ̀tù, máṣegbin, ìgalà, àgbọ̀nrín, àgbàlàngbó.
ANTIMÔNIO, s. tìróò.
ANTIPATIA, **AVERSÃO**, s. ìríra, àìlájò, ìdájú, àìfẹ́.
ANTIPÁTICO, adj. aláìlájọ̀.
ANTIBIÓTICO, s. ẹ̀yà wuuru.
ANTICORPO, s. ọ̀jẹ̀-ara apẹ̀yà wuuru.
ANTIQUADO, adj. àtijọ́ > Òun ni àtijọ́ púpọ̀ – Ele é muito antiquado.
ANTISSÉPTICO, s. egbòg.
ANTÍTESE, s. àdàkéjì (oposição entre ideia e palavras).
ANTITOSSE, s. oògùn ikọ́.
ANTITÓXICO, s. apẹ̀ta, aporó.
ANTIVÍRUS, s. oògùn ọlójẹ̀ > ọ̀jẹ̀ – proteína.
ANTOLOGIA, s. àṣàyọ̀n ìtan.
ANTÔNIMO, s. àdàkéjì ẹka-ọ̀rọ̀ (lit. inversão da palavra).
ANTROPOLOGIA, s. ẹ̀kọ́nípa ẹ̀dá-aráyé.
ANUAL, adj. ọdọọdún > Ìpàdé ọdọọdún – Reunião anual.
ANUALMENTE, adv. lọ́dọọdún (todo ano).
ANUÁRIO, s. ìwé ìrántí ọdọọdún.
ANULAÇÃO, s. yíyẹ̀sílẹ̀ (cancelamento).

ANULAR, EVITAR, *v.* sáfún, sọ_dasán > O sáfún mi – Ela me evitou; > Òun máa sọ ohun dasán – Ele costuma falar de coisas inúteis.
ANULAR UMA AFLIÇÃO, *v.* gbọnranù.
ANUNCIANTE DE VENDAS, *s.* apolówó-ọjà.
ANUNCIANTE, DIVULGADOR, *s.* ìpolówó-ọjà.
ANUNCIAR MORTE, LAMENTAR, *v.* túfọ̀ < tú + ọ̀fọ̀.
ANUNCIAR, PROCLAMAR, *v.* filọ̀, múhìnwá, kéde.
ANUNCIAÇÃO, *s.* ìmúhìnwá, ìkéde.
ÂNUS, *s.* fùrọ̀, ẹnu fùrọ̀.
ANZOL, GANCHO, *s.* ìkó, ìwọ̀, oríkó, ògìgì.
AO ALCANCE DA MÃO, *adv.* níkáwọ́ > Ó wà níkáwọ́ mi – Ela está ao meu alcance (maleável).
AO AMANHECER, CEDO, *adv.* níkùtùkùtù > Lóní níkùtùkù ó bá mi rìn – Hoje, cedo, ela caminhou comigo.
AO COMPRIDO, *adv.* lóòró (longitudinalmente) > Ó géran lóòró – Ela cortou a carne ao comprido (gé + ẹran).
AO INVÉS DE, NO LUGAR DE, *adv.* kàkà > Kàkà ò nsọ̀rọ̀, o ti lè nkọ́ – Ao invés de estar conversando, você devia estar estudando.
AO LADO DE, JUNTO DE, *adv.* légbẹ́ < ní + ẹ̀gbẹ́ > Òun njó légbẹ́ òrìṣà rẹ̀ – Ela está dançando ao lado da divindade dele.
AO LADO DE, PERTO DE, *adv.* lẹ́bá > Ó wá lẹ́bá ilé wa – Ele está perto de nossa casa.
AO LONGE, À DISTÂNCIA, *adv.* lókèèrè, lókè réré > Òṣùmàrè lókèèrè lọ́run – O arco-íris distante no céu.
AO MEIO-DIA, *adv.* lọ́sángangan > Èmi yíò rí ọ, lọ́sángangan – Eu verei você ao meio-dia.
AO MESMO TEMPO, *adv.* lèṣẹ̀kannáà, lẹ́rìnkanáà.
AO REDOR DE, *adv.* káàdí, yíká, láyìíká > Ó sà yíká wa – Ele nos cercou.
AOS MONTES, *adv.* lókìtí, lókìtìlókìtì > Ìyá mi ra àwọn èso lókìtí – Minha mãe comprou frutas em quantidade.
AOS POUCOS, *adv.* pépèpé (pedaço por pedaço).
AOS PULINHOS, *adv.* pìrí, pìrípìrí > Ó nrìn pìrípìrí – Ele está andando aos pulinhos.

AOS SOLAVANCOS, *adv.* dìgbàdìgbà > Ó fa tábìlì dìgbàdìgbà – Ele arrastou a mesa aos solavancos.

AORTA, ARTÉRIA, *s.* òpó iṣan-àlọ.

APADRINHAR, APOIAR, *v.* gbè_lẹ́sẹ̀ > Ó gbè mí lẹ́sẹ̀ – Ele me apadrinhou.

APAGAR COMPLETAMENTE, *v.* parẹ́lúúlú – Ó parẹ́ lúúlú – Ele apagou completamente.

APAGAR A LUZ, *v.* paná < pa + iná > Ó ti paná – Ela já apagou a luz.

APAGAR O FOGO, *v.* paná < pa + iná > Ré òwú fitílá – Apagar o pavio da vela.

APAGAR, FRICCIONAR, *v.* wọ́n > Àwọ̀ yìí wọ́n – Esta cor foi apagada.

APAIXONADO, *s.* onítara (pessoa zelosa e ardente).

APANHAR, AGARRAR, *v.* he, já_gbà > Ó já owó gbà – Ele apanhou o dinheiro.

APARAR UMA ÁRVORE, *v.* rẹ_lórí > Ó rẹ́ igi lórí – Ele podou aquela árvore.

APARAS, *s.* ẹ̀ha.

APARATO, EQUIPAMENTO, *s.* ohun-èlò (destinado a uma função específica).

APARECER, MOSTRAR-SE, *v.* farahàn, yọjú (fazer uma aparição) > Ó yọjú sí wa – Ele apareceu para nós; > Ó farahàm mi – Ele se tornou visível para mim.

APARECER NOVAMENTE, *v.* padà yọ.

APARECER, REVELAR, *v.* hàn > fi_hàn – mostrar > Ọ̀rẹ́ mi fi òye hàn – Minha amiga revelou inteligência.

APARECER, SURGIR, *v.* yíyọ.

APARECIMENTO, VISÃO, *s.* ìfarahàn.

APARELHO DE PRESSÃO, *s.* awọ̀ntì èjè.

APARÊNCIA OFENSIVA, *s.* ìríkúrì.

APARÊNCIA SAUDÁVEL, *s.* géndé > Òun jẹ́ okùnrin géndé – Ele é um homem saudável.

APARÊNCIA, ASPECTO, *s.* ìrí, ìrísí, iwo > Ìrísí rẹ dára púpọ̀ – Sua aparência é muito boa.

APARENTAR, PARECER – APELIDO

APARENTAR, PARECER, *v.* rísí > Ó rísí mi bí ẹní pé ó ára – Ela parece para mim uma boa pessoa.
APARENTAR EMBARAÇO, *v.* ṣojúsùù > Ó ṣojúsùù – Ele está desnorteado.
APARENTEMENTE, *adv.* kẹlẹ-kẹlẹ.
APARIÇÃO, PAVOR, *s.* àwòdíjì, àrídíjì > Àwa ri àwòdíjì – Nós vimos uma assombração.
APARIÇÃO, GÊNIUS, *s.* ànjọnú, ìfarahàn.
APARTAMENTO, *s.* àpátíméntì (do inglês *apartment*), fúláàtì (do inglês *flat*).
APARTAR, *v.* yà_kúrò.
À PARTE, *adv.* lápákan, lọ́tọ̀, sọ́tọ̀.
APARTEAR, INTERFERIR, *v.* fẹnusí > Ó fẹnu sí wí pé yío ṣe – Ele aparteou para dizer que fará.
APATIA, INDIFERENÇA, *s.* àìṣètara, àìtara.
APATICAMENTE, *adv.* láìfojúsí < làì + fi + ojú + sí.
APÁTICO, DESCUIDADO, *adj.* láìkàsí, láìbíkútà.
APAZIGUAR, ABRANDAR, *v.* tù_nínú > ̃O tù mí níní – Ela me confortou; > páàṣù – impedir uma luta.
APEDREJAMENTO, *s.* ìsọ̀kọ̀.
APEDREJAR, *v.* sọ_lọ́kúta > Wọ́n sọ lọ́kúta nínú ilé ìsìn – Eles jogaram pedras na casa de culto; > Nítorí kíni wọ́n ṣe yìí? – Por que eles fizeram isto?
APEGO A ALGO, *s.* ìfaramọ́ni.
APELAR, CONVOCAR, *v.* fiọlápè.
APELIDAR, *v.* dà_pè (chamar por um apelido) > Ó dà mí pè – Ele me chamou pelo apelido.
APELIDO DADO A SI PRÓPRIO, *s.* àlàjé, àníjé (dado a si próprio).
APELIDO RIDÍCULO, *s.* orúkọ ẹléyà.
APELIDO, *s.* àbísọ, àdàpè, àtẹpe (é dado a uma criança ao nascer, acrescentados outros que poderão fazer parte de seu nome completo indicando condição social, ligação religiosa, circunstâncias do nascimento, ancestralidade etc. formando um resumo de sua biografia).

APELO, s. ìképè.
APENAS, SOMENTE, adv. káká, nìkan > Àwa ni nìkan ṣoṣo òrẹ́ dáadáa – Nós somos apenas bons amigos.
APÊNDICE, ANEXAÇÃO, s. ìfikún, àfikún.
APENDICITE, s. ìka ìyẹ̀wù-ìfun wíwú (lit. inflamação, intestino).
APERFEIÇOAMENTO, s. ìtúnṣe.
APERFEIÇOAR, v. múpé (fazer perfeitamente).
APERITIVO, ANTEPASTO, s. adébipani, afebipani < a + dé + ebi + pa + ẹni.
APERTADAMENTE, adv. pinpin, gìrì.
APERTAR, v. hálàyè (por falta de espaço) > Ó há mi láyè – Ele diminuiu meu espaço < họ́ – estar apertado.
APERTAR A CORDA, v. fúnkùn < fún + okùn.
APERTAR A MÃO, v. gbà_lọ́wọ́, gbọwọ́ < gbà_ọwọ́ > Ọ̀gá gba mí lọ́wọ́ – O mestre me cumprimentou.
APERTAR AS MÃOS, v. bọwọ́, bọ̀_lọ́wọ́ > Ó bọ mí lọ́wọ́ – Ele apertou a minha mão.
APERTAR O CORPO, v. fún_mọ́ra > Dọ́kítà nfún mi mọ́ra – O doutor está apertando meu corpo, me examinando.
APERTAR O NARIZ, v. sémú < sé + imú.
APERTAR O PUNHO, v. díwọ́ > Mo díwọ́ mi – Eu fechei o meu punho.
APERTAR, AGARRAR, v. wàmú.
APERTAR, PRESSIONAR, v. tẹ̀ > atẹ̀wé – impressor.
APERTO DE MÃO, s. bíbọ́lọ́wọ́, ìbọ̀lọ́wọ́ (ato de apertar a mão de alguém).
APESAR DE QUE, AINDA QUE, conj. bíótijẹ́pé > Bíótijẹ́pé ojò nrọ̀, èmi yíò lọ – Apesar de estar chovendo, eu irei; > bótilẹ̀ṣepé – apesar de.
APETITE INSACIÁVEL, s. àjẹjù, ìkúdùn.
APETRECHOS, s. ohun-ẹbọ.
APIÁRIO, COLMEIA, s. afárá oyin.
ÁPICE, CUME, s. òté > Ọmọdé wà lóté igi – A criança está no alto da árvore.
ÁPICE, PINÁCULO, s. tente, ṣónṣó (ponto alto).

APLACAR, ACALMAR, *v.* pẹ̀tùsì, ṣìpẹ̀ > Aya mi ṣìpẹ̀ fún mi – Minha esposa me acalmou.
APLAINAR A MADEIRA, *v.* fági.
APLAUDIR, *v.* lùmọ́, patẹ́wọ́ (bater palmas) > Wọ́n npatẹ́wọ́ – Eles estão aplaudindo < pa – juntar, bater + tẹ́ – estender + ọwọ́ – mãos.
APLAUSO, *s.* atẹ́, apẹ́, ìṣápẹ́, ìpatẹ́wọ́ < pa + atẹ́ + ọwọ́.
APLICAÇÃO DE REMÉDIO, *s.* àsèpa.
APLICAÇÃO, *s.* aplikéṣọ̀n (do inglês *application*), ìwé-ìbẹ̀wẹ̀.
APLICADO, *adj.* aláápọn.
APOCALIPSE, ESPETÁCULO, *s.* ìfihàn.
APODRECER, DETERIORAR, *v.* rà > irà – lama, pântano.
APODRECER, MOFAR, *v.* bu, jẹra > Búrẹ́dì ti bu – O pão já está mofado; Gbé búrẹ́dì sọnù – Jogue fora o pão.
APOIAR, *v.* bàtì, fẹnu, fẹṣẹ̀rọ̀, kéjì < kó + èji.
APOIAR, *v.* fi_gbè (tomar partido de alguém) > Ó fi inú gbè mí – Ela tomou o meu partido.
APOIAR A CABEÇA, *v.* rọrí > Ó rọrí ní ìgbèrí – Ela apoiou a cabeça na almofada, travesseiro.
APOIAR COM A MÃO, *v.* rọwọ́ < rọ̀ + ọwọ́.
APOIAR, ESCORAR, *v.* tilé < tì + ilé.
APOIAR, FIRMAR, *v.* tì > Ó bá tì mí – Ela encontrou apoio em mim.
APOIAR-SE EM, *v.* rògún.
APOIO, DESCANSO, *s.* ìfararọ̀.
APOIO PARA OS PÉS, *s.* ibi ìfẹsẹ̀tẹ̀.
APOIO, *s.* ìrògún, ìrògbàyíká.
APOLOGIA, *s.* ẹ̀bẹ̀, ìtọrọ ìdáríjì.
APONTAMENTO, *s.* ìtọ́kasí.
APONTAR ARMA, MIRAR, *v.* sùn > Mo fibọn sùn um – Eu apontei a arma para ele.
APONTAR O DEDO, *v.* nàka sí < nà + ìka + sí (indicar, mostrar) > Ó nàka sí fọ̀nàhàn – Ele apontou o dedo para mostrar o caminho (na cultura yorùbá não é permitido apontar o dedo para uma pessoa).
APONTAR, DIRECIONAR, *v.* sà, sajú < sà + ojú > Ó sajú fún mi – Ele me deu atenção (lit. direcionou os olhos para mim).

APONTAR, MIRAR, *v.* nà, fojúsùn < fi + ojú + sùn, léwọ́ < lé + ọwọ́.
APORTAR, TRAZER À PRAIA, *v.* mú_gunlẹ̀.
APÓS, DEPOIS DE, *prep.* lẹ́hìn, lẹ́yìn, lé.
APOSENTO, *s.* àkòdì.
APOSENTO PRIVATIVO, *s.* àkùnrùn.
APOSTA, JOGO, *s.* atatẹ́tẹ́.
APOSTADOR, JOGADOR, *s.* onítẹ́tẹ́.
APOSTAR, JOGAR, *v.* kóyàn, dílè, ta_tẹ́tẹ́, fowólé > Ó bá mi kóyàn – Ele apostou comigo; > iyàn – disputa.
APOSTAR, ARRISCAR, *v.* kílè.
APÓSTOLO, *s.* àbọnsùlù, òjíṣẹ́ Kristi, aposteli (do inglês *apostle*).
APÓSTROFO, *s.* àmì ìfúnpọ̀ (sinal gráfico em forma de vírgula que serve para indicar supressão de letra).
APRECIAÇÃO, *s.* ìkúnlójú.
APRECIAR, *v.* kúnlójú (ato de satisfazer).
APREENDER, *v.* gbámú (agarrar, pegar).
APREENSÃO, EMOÇÃO, *s.* ìkálára, àkálára, ìkára, àkára, àmúyà.
APREENSÃO, PRISÃO, *s.* ìdìmú, dìmú ṣinṣin.
APREENSÃO, RECEIO, *s.* ìṣiyèméjì > Mo ní ìṣiyèméjì – Eu tenho dúvidas.
APREENSIVO, CUIDADOSO, *adj.* ká_lára > Ọ̀rọ̀ rẹ̀ ká mi lára – As palavras dela me deixaram apreensivo.
APREGOAR, DIVULGAR, *v.* polówó < pè + lówó, polówó-ojà.
APRENDER, *v.* kọ́,kíkọ́ > Ẹnití kò kọ́ èdèe yorùbá kò mọ̀ òrìṣà dájúdájú – Aquele que não aprender a língua yorùbá não conhece seu orixá com segurança.
APRENDER A CAÇAR, *v.* kọ́dẹṣe < kọ́ + ọdẹ + ṣe.
APRENDER DE COR, *v.* kọ́sórí > Mo níláti kọ́ àwọn gbólóhun ọ̀rọ̀ yìí sórí fún ọ̀la – Eu tenho que decorar estas frases até amanhã.
APRENDER, INSTRUIR-SE, *v.* kẹ́kọ́ < kọ́ + èkọ́.
APRENDIZ DO TRABALHO, *s.* ọmọṣẹ́ < ọmọ iṣẹ́ (servente).
APRENDIZADO, TREINO, *s.* ìkọ́ṣẹ́.
APRESENTAR, *v.* máhàn.
APRESENTÁVEL, BOA APARÊNCIA, *adj.* jíjọjú, wíwuyì.

APRESSADAMENTE, adv. fẹẹfẹẹ, fẹẹ, gbọngbọn, kánkánṣì, wàdù--wàdù, wọdù-wọdù, kíàkíà > Àwa kò nfi wàdúwàdú ṣe nkan – Nós não devemos fazer as coisas apressadamente.
APRESSADO, DILIGENTE, s. ìyájú.
APRESSAR ALGUÉM, v. kánlójú (deixar alguém impaciente).
APRESSAR, ACELERAR, v. kù gìrì, léníré, léléré, kánjú > Àwa kánjú jadé lọ – Nós estamos com pressa de ir embora; > yàra – ser rápido, ativo.
APRESSAR, PRECIPITAR, v. kó, kù.
APRESSAR-SE A UM ABRAÇO, v. fòromọ́ < fi + oro + mọ́.
APRESSAR-SE, LANÇAR-SE CONTRA, v. rọ́lù.
APRISIONAMENTO, s. dídè.
APRISIONAR, CAPTURAR, v. kẹrú, < kó + ẹrú, mẹ́rú.
APRONTAR, v. gbaradì.
APRÓPRIADO, ADEQUADO, adj. yíyẹ, àgbékà.
APROPRIADO, OPORTUNO, v. kòngé.
APROPRIAR-SE, FURTAR, v. kó_ná, pàtì (indevidamente) > Ó já mọ́ mi lọ́wọ́ pàtì – Ele arrancou isto de minha mão indevidamente.
APROVAÇÃO, ADESÃO, s. ìfohùnsí, ọhen, ìjẹ́rígbè > ìjẹ́rí – evidência.
APROVAÇÃO, AUTORIZAÇÃO, s. ìyọ̀ọ̀da > Àwa bẹ̀bẹ̀ ìyọ̀ọ̀da láti sọ̀rọ̀ – Nós pedimos permissão para falar.
APROVAR, RATIFICAR, v. fohùnsí > Ó fohùn sí i – Ela o aprovou.
APROVAR, v. kansáárá (forma africana de elogio, agitando o punho).
APROVEITAR, v. jìfà.
APROVEITÁVEL, ÚTIL, adj. ṣànfànì, lérè (vantajoso), oníláárí > wúlò – útil.
APROXIMAÇÃO, s. ìsúnmọ́, àsúnmọ́.
APROXIMADAMENTE, adv. lọ́pọnpọ̀-ọ́n.
APROXIMAR, CHEGAR PERTO, v. súnmọ́, súnmọ́dọ̀ < súnmọ́ + ọ̀dọ̀.
APROXIMAR-SE, v. bá_tán > Ó bá mi tán – Ela se aproximou de mim.
APRUMADAMENTE, adv. nídúrọ́ṣanṣan, nídúrọ́ṣinṣin (firmemente).
APTIDÃO, CONVENIÊNCIA, s. ìbámu, agbára, yíyẹ > Ó wà ní ìbámu pẹ̀lú ẹ – Ela está de conveniência com você.

APUNHALAR, TRESPASSAR – AQUELE QUE CAUSA UMA GUERRA

APUNHALAR, TRESPASSAR, *v.* gún.
APUNHALAR, *v.* gúnlóbẹ < gún + ní + ọbẹ > Ó gún un lóbe – Ele apunhalou-a.
APURADAMENTE, *adv.* fínnífínní, fíní-fíní.
APURAR, AVERIGUAR, *v.* wádí, ṣe ìwádí > Mò nwádí ọ̀rọ̀ yìí – Estou pesquisando este assunto.
AQUADUTO, *s.* ojú ìṣàn tí ènìà là fún omi (lit. local principal que a pessoa abre a corrente de água).
AQUÁRIO, *s.* ìkòkò eja.
AQUÁTICO, *adj.* agbómi > Ẹja wíwà nínú omi – O peixe existe dentro da água.
AQUECEDOR, *s.* ìgbómikaná.
AQUECER, *v.* gbégbóná.
AQUECER, *v.* fi_lóná (expor ao calor do fogo).
AQUECER AO FOGO, *v.* fi_gbóná, fi _lóná > Aláṣè nfi onjẹ lóná – A cozinheira está aquecendo a comida.
AQUELA PESSOA, *s.* lágbájá (usado para evitar citar o nome) > Lágbájá sọ fún mi pé Òjó kò sí nkankan – Certa pessoa disse para mim que Ojô não está com nada.
AQUELE ALI, *adj.* tọ̀hún > Ilé Òrìṣà mi tọ̀hún ni – Minha Casa de Orixá é aquela ali.
AQUELE OUTRO, *s.* onítọ̀hún.
AQUELE QUE ABENÇOA, *s.* olùbùkún (um dos atributos de Deus).
AQUELE QUE ADOTA CRIANÇA, *s.* olùsọ́dọ̀mọ.
AQUELE QUE AJUDA, *s.* olùgbani < olù + gbà + ẹni (um dos atributos de Deus) < olù – prefixo que indica alguém que faz algo.
AQUELE QUE APAVORA, *s.* adáníníjì < dáníjì – alarmar, aterrorizar.
Obs.: a vogal *a* ao verbo o transforma em substantivo.
AQUELE QUE APONTA, *s.* olùpinnu (aquele que mostra e decide).
AQUELE QUE ARRANCA OS CABELOS, *s.* afaníníruntu < tu – tirar.
AQUELE QUE CAUSA A MORTE, *s.* afakú < fà + ikú.
AQUELE QUE CAUSA UMA GUERRA, *s.* adógunsílẹ̀ (distúrbios, revolução).

AQUELE QUE CHORA, CHORÃO – AQUELE QUE ESTRAGA, DESFIGURA

AQUELE QUE CHORA, CHORÃO, *s.* olómijé.
AQUELE QUE COBRE O MUNDO, *s.* atẹ́rẹkáiye (um dos atributos de Deus).
AQUELE QUE COMANDA, *s.* onípín (um dos atributos de Deus).
AQUELE QUE COMPARTILHA, *s.* ojùwá, olùpín > pín – dividir, compartilhar.
AQUELE QUE CONSAGRA, *s.* atòrórosínilórí.
AQUELE QUE CUIDA, *s.* olùkìlọ̀ (que previne) > Ó kìlọ̀ fún mi – Ela me advertiu.
AQUELE QUE CUNHA MOEDAS, *s.* aṣówó < ṣe + owó – fazer moedas.
AQUELE QUE DECIDE, *s.* olùpinnu < pinnu – decidir, resolver.
AQUELE QUE DESPREZA, *s.* ẹlégàn.
AQUELE QUE DISCUTE, *s.* oníyàn.
AQUELE QUE DIVIDE SUA COMIDA, *s.* abánijẹun. *Obs.: bá – prep. pré-v.* com, em companhia de.
AQUELE QUE DIVIDE, *s.* olùbápin, alábápin (qualquer coisa com outro).
AQUELE QUE DORME CEDO, *s.* àtètèsùn > Àtètèsùn ni àtètèjí – Aquele que dorme e levanta cedo.
AQUELE QUE DORME MUITO, *s.* olóorun (dorminhoco).
AQUELE QUE DUVIDA, *s.* oníyèméjì.
AQUELE QUE É AMADO, *s.* àyànfẹ́.
AQUELE QUE É CIVIL, *s.* olúmẹ̀yẹ.
AQUELE QUE É CUIDADOSO, *s.* onílòkúlọ̀ (usando materiais com cuidado).
AQUELE QUE É FIEL, *s.* abánikú – ọ̀rẹ́.
AQUELE QUE É INDULGENTE, *s.* afẹ̀ṣẹ̀jini (um dos atributos de Deus).
AQUELE QUE É NEGRO, *s.* adú, adúláwọ̀ < a + dú + ní + àwọ̀ – aquele que é escuro no matiz.
AQUELE QUE ENCORAJA, *s.* oníṣiri.
AQUELE QUE É SAUDÁVEL, *s.* abarapára.
AQUELE QUE ESTÁ À FRENTE, *s.* asíwájú.
AQUELE QUE ESTRAGA, DESFIGURA, *s.* oníbàjẹ́, olùbàjẹ́ < olù + ìbàjẹ́.

AQUELE QUE FALA DEMAIS – AQUELE QUE OFERECE UM PREÇO

AQUELE QUE FALA DEMAIS, s. ẹlẹ́nu > Ẹlẹ́nu dídùn – Pessoa eloquente, um bom orador; > Ẹlẹ́nu búburú – Pessoa que ofende.

AQUELE QUE FALA EM CÓDIGO, s. ẹlẹ́nà (para ocultar conhecimento).

AQUELE QUE FAZ CERVEJA, s. oníṣẹ̀kẹ̀tẹ́ (usando milho da Índia, cervejeiro)

AQUELE QUE FAZ CÓPIAS ESCRITAS, s. adàwé (copista).

AQUELE QUE FAZ SEM PERMISSÃO, s. àdáṣe > Má dá a ṣe – Não faça sem permissão.

AQUELE QUE FAZ ALGO, s. olù (usado como prefixo para indicar atributos) > olùkọ́ – professor, olùra – comprador; > olú – usado como prefixo para indicar um senhor, mestre, alto chefe > olúwo – sacerdote de Ifá, olúwa – senhor, soberano.

AQUELE QUE FAZ CONVENÇÃO, s. onímájẹ̀mú.

AQUELE QUE FERE COM FACA, s. agúnbẹ̣ > gún – ferir > Ẹ̀gún gún mi – o espinho me feriu.

AQUELE QUE GANHA COM LUCRO, s. eléré.

AQUELE QUE GOSTA DE DOCES, s. òkúndùn, ọ̀kúndùn.

AQUELE QUE GUARDA DINHEIRO, s. àdápamọ́, àdásin > pamọ́ – economizar.

AQUELE QUE IMITA OS OUTROS, s. àfarawéni < à + fi + ara + wé + ẹni < Ó nfarawé mi – Ela está me imitando.

AQUELE QUE IMPEDE O PROGRESSO, s. adánilọ́wọ́kọ́ (obstruidor).

AQUELE QUE INCENTIVA A GUERRA, s. agbágunjọ.

AQUELE QUE INDICA UMA OFERENDA, s. adẹ́bọ < ẹbọ – oferenda.

AQUELE QUE LAMENTA, s. ẹlẹ́kún < ẹkún – choro, lamento.

AQUELE QUE MORDE, s. àjájẹ (que faz uma boquinha).

AQUELE QUE MUDA DE LUGAR, s. aṣígbò (como caçador, pescador).

AQUELE QUE NÃO PREJUDICA, s. àdásí, ìdásín.

AQUELE QUE NÃO SE POSICIONA, s. kòṣeku kòṣeiyẹ (que não está aqui nem lá) > Ọ̀rẹ́ mi kòṣeku kòṣeite – Meu amigo não está nem cá nem lá.

AQUELE QUE OFERECE UM PREÇO, s. àdáwólé, ìdáwólé.

AQUELE QUE PARTE, QUE RASGA – AQUELE QUE SUPORTA FALHAS

AQUELE QUE PARTE, QUE RASGA, s. àfàya, ìfàya.
AQUELE QUE PEDE CONSELHOS, s. afọranlọ > Ò fọràn mi lọ – Ela me pediu conselho.
AQUELE QUE PERGUNTA, s. bèèrèbèèrè, olùbèèrè > Bèèrèbèreè kì í sì – Aquele que pergunta antes não erra.
AQUELE QUE POSSUI ASAS, s. abìyẹ́ > Ẹiyẹ abìyẹ́ bí ègà – Um pássaro que tem penas como o pássaro-tecelão.
AQUELE QUE POSSUI GARRAS, s. abèékánná > Abèékánná sọbọlọ-sọbọlọ – Que unhas longas.
AQUELE QUE POSSUI MARCAS, s. abilà (mutilado, marcado).
AQUELE QUE PRATICA MALDADE, s. olùṣebúburú.
AQUELE QUE PREVINE, s. olùkìlọ̀, > Ó kìlọ̀ fún mi – Ela me preveniu.
AQUELE QUE PROÍBE, CENSOR, s. adánilẹ́kun.
AQUELE QUE PROTEGE, s. olùbùsí olù + ìbùsí (um dos títulos de Deus).
AQUELE QUE PROVA A COMIDA, s. adáha (como proteção da comida oferecida a um rei).
AQUELE QUE PURIFICA, s. aláwẹ̀mọ́.
AQUELE QUE RASPOU A CABEÇA, s. adánrí (ficou lisa, calvo, careca).
AQUELE QUE RECORDA, s. onísìtí (que faz lembrar).
AQUELE QUE REPREENDE, s. abániwí (ou faz uma censura).
AQUELE QUE RESGATA, s. olùràpadà (um dos atributos de Deus).
AQUELE QUE RI DAS PESSOAS, s. abẹ̀rín (quando elas são chamadas à atenção).
AQUELE QUE RI SEMPRE, s. ẹlẹ́rín.
AQUELE QUE SAÚDA, APLAUDE, s. adánilárayá > Ó dá mi lára yá – Ela me animou.
AQUELE QUE SE EMPENHA, s. afarasọfà.
AQUELE QUE SE INICIA, s. olùbẹ̀rẹ̀.
AQUELE QUE SE RESPONSABILIZA, s. adúrófúnmi (um pelo outro).
AQUELE QUE SEMEIA DISCÓRDIA, s. abayéjẹ́, ọbayéjẹ́.
AQUELE QUE SUGERE, s. adámọ̀ràn (dar uma opinião).
AQUELE QUE SUPORTA FALHAS, s. onínú (tolera bobagens dos outros).

AQUELE QUE TEM CABEÇA, *s.* aborí.
AQUELE QUE TEM REUMATISMO, *s.* onílàkúrègbé.
AQUELE QUE TEM UM CORPO, *s.* abara.
AQUELE QUE TENTA O IMPOSSÍVEL, *s.* ọdágbá.
AQUELE QUE TRATA DE PENHOR, *s.* ọlọ́fà (caução, fiança).
AQUELE QUE TUDO VÊ, *s.* aríwárẹ́hìn (um dos atributos de Deus).
AQUELE QUE USA O MACETE, *s.* olóòlù < oní + oòlù.
AQUELE QUE USA PRENSA DE VINHO, *s.* afúntí.
AQUELE QUE USA SAPATOS, *s.* oníbàtàlẹ́sẹ̀.
AQUELE QUE UTILIZA AS MÃOS, *s.* àfọwọ́ > à + fi + owọ́ (para composição de palavras).
AQUELE QUE VENDE FOLHAS, *s.* adáwétà (para embalagem).
AQUELE QUE VENDE ROUPAS, *s.* ẹlẹ́wù > oní + ẹ̀wù (ou produz as roupas).
AQUELE QUE VIVE SOZINHO, *s.* àdágbé, ìdágbé (ermitão, recluso).
AQUELE QUE, A PESSOA QUE, *pron.* ẹnití (lit. a pessoa que) > Mo mọ ẹnití o rí – Eu conheço a pessoa que você viu.
AQUELE SUJEITO, FULANO DE TAL, *s.* lágbájá > Lágbájá kò sí nkankan – Aquele sujeito não está com nada.
AQUELE, AQUELA, *dem.* náà, nì, un, nẹn > Mo rí obìnrin náà láná – Eu vi aquela moça ontem; > Ó nlo bàtà nì titun – Ela está usando aquele sapato novo; Ènìà nẹn – Aquela pessoa. *Obs.*: **1.** a vogal final da palavra que antecede nì é alongada na fala; > Ní ọjọ́ un – Naquele dia; **2.** forma plural – wọnun, ìwọ̀nun – aqueles, aquelas.
AQUELE, AQUELA, AQUILO, *dem.* ìyẹn, yẹn > forma reduzida de ìyẹn > Ilé yẹn ga – Aquela casa é alta; > oníyen – mais usado para ênfase.
AQUELES, AQUELAS, *dem.* wọ̀nyẹn, wọ̀nnì > É jọwọ́, fọ àwo wọniyẹn – Por favor, lave aqueles pratos.
AQUIESCÊNCIA, ACEITAÇÃO, *s.* gbígbà.
AQUIESCER, *v.* gbà, dákẹ.
AQUIETAR, *v.* múdákẹ́.
AQUI E ALI, *adv.* fòfòfó (em todas as direções).
AQUI E ALI, *adv.* kàtàkàtà (intervalos espaçados) > Ó gbìn wọ́n kàtàkàtà – Ele as plantou em pequenos intervalos.

AQUI E LÁ – ÁRBITRO

AQUI E LÁ, *adv.* ṣàṣàṣà (em vários pontos).
AQUI, CÁ, *adv.* ibí, níbí < ní + ibí > Ibí dára púpọ̀ – Aqui é muito bom; > Ẹ wá níbí! = Ẹ wá n bí – Venha cá!; > Lọ síbẹ̀ – Vá para lá.
AQUI, NESTE LUGAR, *adv.* níbiyí, níhín, níhínyí > Bàbá wà níhín – Papai está aqui.
AQUI, PARA AQUI, *adv.* síhín < sí + ìhín (indicando direção), ìhín – lugar, aqui > Wà síhín – Venha para cá.
AQUILO QUE É PARA SER BATIDO, *s.* bíbùṣán.
AQUILO QUE É CARREGADO, *adj.* gbígbé (carregado e levado).
AQUILO QUE FICOU VELHO, *s.* àbujẹkú (roto, acabado).
AQUILO QUE SALVA, SALVADOR, *s.* òòlà > Òòlà mi ni yìí – Isto foi o que me salvou (lit. meu salvador foi isto)
AQUILO QUE TEM CASCA, *s.* eléèpo > Èèpo igi – Casca de árvore
AQUISIÇÃO, *s.* èrè, ohun-ìní.
AR CONDICIONADO, *s.* èrọ-amúlétutu.
AR DE SUPERIORIDADE, *adv.* gánkú-gánkú (cheio de si).
AR LIVRE, *s.* gbaguda
AR, FIRMAMENTO, *s.* òfuurufú > Ó fẹ́ láti wà nínú òfuurufú – Ele quer estar fora, no ar.
ÁRABE, *s.* lárúbáwá.
ARÁBIA SAUDITA, *s.* Sáudi Arèbíà (localizada na Ásia e Península Arábica).
ARADO, *s.* ọkọ̀-ìtúlẹ̀.
ARMADILHA PARA RATOS, *s.* pakuté.
ARAMADO, REDE, *s.* ojú-aláwọ̀n.
ARAME, FIO, *s.* wáyà, kọkọrọgún > wáyà kọ́pà – fio de cobre.
ARANHA, *s.* alántakùn, ẹlẹ́nà.
ARAR A TERRA, *v.* milẹ.
ARAR, REVOLVER A TERRA, *v.* túlẹ̀ < tú + ilẹ̀.
ARAUTO, MENSAGEIRO, *s.* ìlàrí, akéde.
ARBITRAGEM, MEDIAÇÃO, *s.* ìlàjà, ìlànìjà (reconciliação).
ARBITRÁRIO, *s.* aláìnídí.
ÁRBITRO, *s.* adúbu-ọ̀ran > onídájọ́ – magistrado.

ÁRBITRO DE COMPETIÇÃO, s. olùdarí eré-ìje.
ARBUSTO ESPINHOSO, s. òṣùṣu.
ARBUSTO PEQUENO, s. réré, Cassia occidentalis (Legominosae).
ARCA DA ALIANÇA, s. àpótí-ẹ́rí.
ARCANJO, s. olórí ángèlí.
ARCHOTE FEITO DE TIÇÃO, s. ọ̀fọ̀ràn, ìtùfù > Igi iná – Archote de madeira.
ARCO, s. ìwọ́-ẹ̀ká.
ARCO, CURVATURA, s. bìrìkìtì, ìsálú.
ARCO DE CARDAR ALGODÃO, s. ọrun ìgbọ̀nwú.
ARCO DE FLECHAS, s. ọrun.
ARCO-ÍRIS, s. òṣùmàrè (símbolo de uma divindade).
ARDENTE, FOGOSO, adj. níná.
ARDENTEMENTE, adv. fòfò, fòfòfò.
ARDER, ABRASAR, v. jò, fináràn.
ARDOR, v. ìgbókègbódò < gbé + oke + gbé + odò (atividade constante), ìtara, ìgbóná ara, aàpọn.
ARDOR, FERVOR, s. ìgbóná-ara.
ARDOROSAMENTE, adv. koko.
ÁRDUO, DIFÍCIL, adj. kára, nira > Ó ṣiṣẹ́ kára – Ele fez um trabalho difícil.
ÁREA, ESPAÇO DE UMA CIDADE, s. àgbálú.
AREIA, s. iyanrìn, yanrìn, iyẹ̀pẹ̀.
AREIA GROSSA, CASCALHO, s. òkúta-wẹ́wẹ́.
AREIA MOVEDIÇA, s. iyarìndídè, yanrìndídè, yanrìnyíyanrìn.
AREJAR, SECAR AO SOL, v. sá > Lọ sá aṣọ rẹ – Vá e seque a roupa.
ARENA, s. pápá-iṣeré.
ARENITO, s. yangí.
ARENOSO, s. pàkúta, oníyanrìn.
ARGENTINA, s. Ajẹntínà.
ARGILA, BARRO, s. amọ̀ > Èlò amọ̀ – Vaso de barro; > Ilé àmọ̀ ni yìí – Esta casa é de barro.
ARGILOSO, adj. lámọ̀.

ARGUMENTAR – ARMAR UMA BARRACA

ARGUMENTAR, *v.* jiyàn < já + iyàn.
ARGUMENTO, **DEBATE**, *s.* iyàn, iyànjíjà, ìjiyàn > Ó já iyàn ọ̀rọ̀ náà – Ele questionou aquela declaração.
ARGUMENTO, *s.* aríyànjiyàn.
ARIDEZ, *s.* ọ̀dá > àìléso – aridez, infrutífero.
ÁRIDO, **ESTÉRIL**, *s.* àgàn > ìyàgàn – mulher estéril.
ARISTOCRACIA, *s.* ìjoba ọlọ́lá.
ARISTOCRATA, **CAVALHEIRO**, *s.* gbajúmọ̀, ènìà pàtàkì.
ARITMÉTICA, **CÁLCULO**, *s.* ìṣírò, ẹ̀kọ́ èèkà > Ìfà ìṣírò – função matemática.
ARMA, **PISTOLA**, *s.* ìbọn > Ó da ojú ìbọn kọ mi – Ele apontou a arma em direção a mim.
ARMAÇÃO DE MADEIRA, *s.* àtàn (onde o peixe é aquecido e seco).
ARMAÇÃO DE TELHADO, *s.* ìbolé.
ARMAÇÃO PARA CARREGAR FARDOS, *s.* àgbakú, àgbala.
ARMADILHA, *s.* ìhò, ọ̀fìn, ìsọkà (pegar passarinho).
ARMADILHA DE METAL, *s.* tàkúté, pakuté (para pegar roedores)
ARMADILHA FEITA DE CORDA, *s.* ẹkù.
ARMADILHA PARA ANIMAIS, *s.* ẹ̀bìtì.
ARMADILHA PARA PEIXE, *s.* igere.
ARMADILHA, **CILADA**, *s.* ẹgẹ́, ìdẹkùn, okùn-dídẹ̀.
ARMADO, *s.* agbébọn > oníkùmọ̀ – usando um bastão.
ARMADO COM FACA, *s.* asánbẹ.
ARMADURA DE DEFESA, *s.* àmùré > Ó dì mí lámùrè – Ele me preparou para o que der e vier.
ARMAMENTO, *s.* ohun-ìjagun.
ARMAR ALGUÉM, **EQUIPAR**, *v.* dira < dì + ara.
ARMAR ARMADILHA, *v.* dẹkùn < dẹ + okùn, kẹ́, rọ > Mo kẹ́ kòtò síbẹ̀ – Eu cavei um buraco como armadilha.
ARMAR CILADA, **ATOCAIAR**, *v.* dènà < dè + ọ̀nà, rẹgẹ́.
ARMARINHO, *s.* ilé aṣọ.
ARMÁRIO, *s.* kọ́bọ́ọ̀dù (do inglês *cupboard*).
ARMAR UMA BARRACA, *v.* pàgó.

ARMÁRIO, *s.* kóbódù (do inglês *cupboard*).
ARMAS E BAGAGENS, *adj.* tòkétòké.
ARMAZÉM, PAIOL, *s.* àró, abà.
ARMISTÍCIO, *s.* ìdáwó ogun dúró.
ARO FÉRREO, *s.* òjá-àgbá.
AROMA, *s.* òórùn-aládùn > Mo gbó òórùn dídùn – Eu senti um cheiro agradável.
AROMÁTICO, *adj.* tafírí, jáfírí.
ARPÃO, *s.* akasì.
ARPOADOR, LANCEIRO, *s.* olókò < oní + òkò.
ARQUEADO, *adj.* kórokòro, kólokòlo.
ARQUEAR, ENCURVAR, *v.* tè, gbun > Ìlà yengbun sí òtún – A linha encurvou para a direita.
ARQUEIRO, *s.* olófà, tafàtafà, atàfà, alákàtànpó, kanrunkanrun.
ARQUEJAR, OFEGAR, *v.* mí hele, mí fúkéfúké > Ó mí hele-hele – Ele está ofegante.
ARQUEOLOGIA, *s.* èkó ìgbà-àtíjó (lit. estudo sobre o período antigo).
ARQUEOLOGISTA, *s.* akékó ìgbà àtíjó.
ARQUÉTIPO, *s.* àpeere nkan tí a nwòko (lit. exemplo de algo que nós copiamos).
ARQUIPÉLAGO, *s.* àgbájo-erékùsù.
ARQUITETO, *s.* ògá ilé kíkó < ògá – mestre, ilé – casa, kí kó – que constrói.
ARQUIVO, *s.* ìwé ìràntí, ìwé ìlú, ayùn.
ARRANCAR, *v.* dá > Ìyá mi ìdásu – Minha mãe arrancou o inhame.
ARRANCAR À FORÇA, ARRASTAR, *v.* ta_pá > Mo ti ta òrò òré mi pá – Eu usei de influência em benefício de meu amigo (lit. Eu arranquei uma palavra para o meu amigo).
ARRANCAR COMPLETAMENTE, *v.* wú tegbò-tegbò.
ARRANCAR DO CHÃO, *v.* hú (cavar, extirpar) > Èro nhú igi – A máquina está arrancando a árvore.
ARRANCAR OS DENTES, *v.* pahín (os dois dentes centrais superiores) < pa + ehín.

ARRANCAR PELA RAIZ – ARREGAÇAR, ENROLAR

ARRANCAR PELA RAIZ, *v.* tu, húsọnù > Ó ntu koríko – Ele está arrancando ervas daninhas.
ARRANCAR, TIRAR, *v.* fà_yọ > Ó fà á yọ – Ela o revelou.
ARRANCAR, TIRAR PARA FORA, *v.* wú_jáde > Ó wú u jáde – Ele tirou isso para fora.
ARRANHA-CÉU, *s.* ilé alájàpúpọ̀, ilé àwọ́sífìlà.
ARRANHAR O CORPO, *v.* họra < họ + ara.
ARRANHAR, *v.* họ, ti > Wọ́n fi ehín họ eegun jẹ – Eles usaram os dentes e roeram os ossos.
ARRANHAR, *v.* yalékánná, halékánná (puxar com unhas ou garras).
ARRANJO, ORGANIZAÇÃO, *s.* ètò > A ṣe ètò – Nós fizemos um acordo; > tún tò – rearranjar.
ARRASTADAMENTE, *adv.* kùjọ́kùjọ́.
ARRASTADO PELO CHÃO, *adj.* àfàpa.
ARRASTAR, *v.* wọ́_lọ > Girì-gìrì ni ẹsẹ̀ wọ́lọ sílé rẹ̀ – Foi rispidamente que ele me arrastou para a casa dele.
ARRASTAR AO REDOR DE, *v.* wọ́káakiri.
ARRASTAR NO CHÃO, *v.* wọ́lẹ̀ < wọ́ + ilẹ̀ > Ṣòkòtò mi wọ́lẹ̀ – Minhas calças compridas estão arrastando no chão.
ARRASTAR OS PÉS, *v.* ẹsẹ̀ palẹ̀ > wọ́sẹ̀nlẹ̀ – mancar.
ARRASTAR, EMBARALHAR, *v.* rú.
ARRASTAR, ESPARRAMAR, *v.* fà.
ARRASTAR, PUXAR AO LONGO, *v.* wọ́.
ARRASTAR, SER LENTO, *v.* fà_gbẹ̀rẹ̀ > Ó fà lọ síbi tí mo rá – Ele demorou a ir ao lugar que eu mandei.
ARRASTAR-SE, AFASTAR-SE, *v.* wọ́sí.
ARRASTAR-SE, *v.* wọ́tọ̀ > Ó wọ́tọ̀ mi – Ele se arrastou até mim.
ARREAR, ATRELAR, *v.* fàso.
ARREBATAR, *v.* hán.
ARREDORES DA CIDADE, *s.* àgbègbè ìlú.
ARREDORES, CERCANIAS, *s.* àdúgbò, àyíká.
ARREGALAR OS OLHOS, *v.* ranjú.
ARREGAÇAR, ENROLAR, *v.* ká_sókè > Ekedi bọ́ bàtà rẹ̀ lẹ́hìn ó ká ṣọkótó sókè – A ekedi tirou o sapato dele e depois ela arregaçou a calça.

ARREIOS, s. ìgbàìyà, asá.
ARREMESSAR LONGE, v. jùnù.
ARREMESSAR, ATIRAR, v. ṣán, takéré.
ARREMESSAR, LANÇAR, v. bì, sọ, jù > Ó ju igi bá mi – Ela atirou a madeira contra mim.
ARREMESSO DE DARDO, s. ọ̀kọ̀-jíjù.
ARREMETER-SE, v. sọ_nígbò (um contra o outro).
ARRENDAMENTO, s. gbagba.
ARREPENDER-SE, v. kábámọ̀, ìronúpìwàdà > Ó kábámọ̀ nínú rẹ̀ – Ele se arrependeu intimamente; > exp. Inú mi kò dùn sí rárá – Eu me sinto muito arrependido sobre isto.
ARREPENDER-SE, TER REMORSO, v. ronú pìwàdà.
ARREPENDIMENTO, s. ìròbinújẹ́.
ARRISCAR A VIDA, v. wu_léwu > Mo wu ẹ̀mí mi léwu – Eu coloquei minha vida em perigo.
ARRISCAR, OUSAR, v. gbọ́dọ́.
ARRISCAR-SE, v. wu, fi_wewu > Mo fi mí wewu – Ele me expôs ao perigo.
ARROGÂNCIA, ALTIVEZ, s. ìrera, ìgbéraga.
ARROGANTE, s. agbéraga.
ARROJADO, adj. aláìfòià.
ARROMBAR, ASSALTAR, v. fọ́lé < fọ́ + ilé (roubar uma casa) > Wọ́n fọ́lé mi – Eles assaltaram minha casa.
ARROTAR, PEIDAR, v. só > Ó nsó púpọ̀ – Ele está arrotando muito.
ARROTAR, v. gùnfẹ̀ < gùn + ìfẹ̀.
ARROTO, VÔMITO, s. ìgùnfẹ̀, gígùnfẹ̀ > ìfẹ̀ – vômito, distorção.
ARROZ, s. ìrẹ́sì (do inglês *rice*).
ARRUINAR, ESTRAGAR, v. sọ.
ARRUINAR, HUMILHAR, v. dawọ́_délẹ̀ > Ó dawọ́ mi délẹ̀, ó sálọ – Ele me humilhou e me abandonou; > dọwọ́_délè (causar danos).
ARRUMAÇÃO, ORDEM, s. ìtò, ètò > A ṣe ètò – Nós fizemos um acordo.
ARRUMAÇÃO, ORGANIZAÇÃO, s. ìtólẹ́sẹ, ìtólẹ́sẹẹsẹ, lílé.
ARRUMAR, ENDIREITAR, v. fà_gún, tò_lẹ́sẹsẹ.
ARROMBAR, v. fọ́lé < fọ́ + ilé > fọ́léfọ́lé – ladrão, assaltante.

ARSENAL, s. ohun ìjà.
ARTE, **OBRA DE ARTE**, s. ọnà.
ARTE MODERNA, s. ọnà títun (recente).
ARTÉRIA CORONÁRIA, s. ìṣàn ọkàn.
ARTÉRIA TEMPORAL, s. ìṣàn-àlọ ẹbátí.
ARTÉRIA, **VEIA**, s. ìṣàn-ẹ̀jẹ̀ > ẹ̀jẹ̀-àlọ – sangue arterial.
ARTESANAL, adj. fífọwóṣe.
ARTESÃO, s. ọlọ́nà, oníṣọ̀nà, oníṣẹ́-ọwọ́ > oníṣọ̀nà igi – artesão em madeira.
ARTICULAR, **DIZER**, v. sọ̀rọ̀ kedere (lit. falar claramente).
ARTICULAÇÃO, **JUNTA**, s. oríké.
ARTICULAR UM ARDIL, v. dẹ_lẹ́kẹ (para pegar uma mentira) > Mo dẹ ẹ lẹ́kẹ – Eu preparei uma armadilha para ele.
ARTÍFICE, **ARTESÃO**, s. oníṣọ̀nà. Ogbón-àrékeréké.
ARTIFICIAL, **SINTÉTICO**, s. àtọwọ́dá < àti + ọwọ́ + dá > ẹ̀jẹ̀ àtọwọ́dá – sangue artificial; > ìsògbè àtọwọ́dá – satélite artificial.
ARTIFÍCIO, **DISSIMULAÇÃO**, s. ogbónkógbọn.
ARTIGO, s. ẹyọ kan.
ARTIGO DE VENDA DIFÍCIL, s. òkùtà.
ARTIGO EM VENDA, s. ohun-títà, àdità.
ARTILHARIA, s. àgbá > ìbọn nlá fún ogun – armamento para guerra.
ARTISTA, s. adárà, ayàwòrán (aquele que exercita um tipo de arte).
ARTÍSTICO, adj. ti adárà.
ARTRITE, s. àgì, àrìnká.
ÁRVORE, s. igi > igi osùn – árvore de madeira vermelha (*Baphia nitida – Papilonaceae*).
ÁRVORES ALTAS, s. àbò, ayìnrẹ́, igi alóre (usada para observação), àsòféyeje (árvore cujos frutos alimentam os pássaros), idí (a raiz usada para mastigar) *Microdesmis Puberuba (Euphorbiaceae)*.
ÁRVORE FLAMBOIANT, s. ṣekẹṣekẹ (*Ponciania Regia*).
ÁRVORE PARA FAZER CARVÃO, s. ẹrún, òbò (*Erythrophleum Guineense-Caesalpinaceae*).
ASA, s. ìyẹ́ apá (órgão de voo).

ASCENDER A UM TÍTULO, *v.* Ò jẹ́ Ògá – Ele se tornou um líder.
ASCENDER, SUBIR, *v.* gókè, pọ̀n òkè > Àwa gun òkè ọkọ̀ lọ – Nós subimos direto no navio.
ASCENSÃO, SUBIDA, *s.* ìgòkè > Ìgòkè lọ sí ọ̀run ti Jésù Kristi Olùgbàlà – Ascensão para o céu de Jesus Cristo, o Salvador.
ASCÉTICO, DEVOTO, *s.* asẹ́ra > ìsẹ́ra-ẹni – ascetismo, doutrina moral dos ascetas.
ASFIXIAR, SUFOCAR, *v.* fín_pa > Ó fín èkúté pa – Ele sufocou o rato para matá-lo.
ÁSIA, *s.* Ésíà (Continente Asiático).
ASILO, *s.* ibi ìyàsọ́tọ̀.
ASMA, *s.* féé, fére > àìsàn ikọ́ àti mímí – enfermidade de tosse e respiração.
ASPECTO, APARÊNCIA, *s.* ìrí, ìwo.
ASPERAMENTE, *adv.* ṣápaṣàpa, ṣákisàki.
ASPEREZA, *s.* àìtéjú (o que não é liso).
ÁSPERO, DESGRENHADO, *adj.* gànù-gànù > Irun gbọ̀n rẹ̀ rí gànù--gànù – A barba dele parece áspera.
ÁSPERO, DESIGUAL, *adj.* yángiyàngi.
ÁSPERO, RUGOSO, *adj.* gàngàn.
ASPERSÃO, BORRIFAMENTO, *s.* ìbùwọ̀.
ASPIRAÇÃO, DESEJO, *s.* ìfẹ́-ọkàn.
ASPIRAÇÃO DO AR, *s.* àmísí, ìmísí.
ASPIRAR, *v.* mí > Ó mí hẹlẹhẹlẹ – Ela está ofegante.
ASPIRAR, TENTAR, *v.* dá_wọ́le.
ASSADO EM BRASAS, *s.* bíbu, sísun > A fẹ́ràn jẹran sísun – Nós gostamos de comer carne assada.
ASSADO, TOSTADO, *adj.* àyangbẹ́.
ASSALARIADO, *s.* alágbàṣe.
ASSALTANTE, LADRÃO, *s.* kólékólé, akólé.
ASSALTANTE, *s.* akótini (pessoa que segue outra) > Ènìà náà nkóti bàbá – Aquela pessoa está seguindo papai.
ASSALTAR A CASA, *v.* kólé < kó + ilé > Ó kólé mi láná – Ele assaltou minha casa ontem.

ASSALTAR, ATACAR, *v.* gbéjákò < gbé + ìjà, kó_tì.
ASSALTO, ROUBO, *s.* ìfọ́lé (violação de domicílio).
ASSALTO À CASA, *s.* ìkólé.
ASSALTO À FAZENDA, *s.* ìjáko.
ASSALTO, ATAQUE, *s.* ìkojújàsí, àkọlù, ìkọlù.
ASSALTO, PILHAGEM, *s.* sùnmọ̀mí.
ASSAR NO FOGO, *v.* bu > Ó bu ẹran – Ela assou a carne.
ASSAR, GRELHAR, *v.* sun > Ẹran sísun ni mo fẹ́ràn jẹ jù – É carne assada que eu gosto mais de comer.
ASSAR, TOSTAR, *v.* dín.
ASSASSINATO, *s.* ìpakú, ìpànìà.
ASSASSINO, MATADOR, *s.* apànìà < pa – matar, ènìà – pessoa; apani, olùpani, pani-pani.
ASSEADO, *adj.* fínjú > Ó fínjú – Ele é extremamente limpo.
ASSÉDIO, CERCO, *s.* ìsàgatì, arọni > Ò máà ṣe arọni pẹ̀lú ènìà – Ele costuma fazer assédio com as pessoas; > ṣàgatì – cercar.
ASSEADAMENTE, *adv.* tónítóní.
ASSEGURAR, *v.* tẹnumọ́ > Mo tẹnu mọ́ lílọ rẹ – Eu insisti na sua; > damú_dájú – pôr no seguro.
ASSEIO, HIGIENE, *s.* ìmọ́tótó, ìnura < nù + ara > Aṣọ ìnura – Toalha de banho.
ASSEMBLEIA, REUNIÃO, *s.* ìjọ, àjọ > àpèjọ – reunião, encontro.
ASSEMBLEIA, *s.* ìwọ́jọ, ìwọ́jọpọ̀ (pessoas numa reunião).
ASSEMELHAR, PARECER, *v.* jọra > ìjọra – semelhança.
ASSEMELHAR-SE, *s.* farajọ < fi + ara + jọ > A farajọ ara wa – Nós nos assemelhamos um ao outro.
ASSENTAMENTO DE ORIXÁ, *s.* ìdí òrìṣà > ìdí – base, raiz.
ASSENTAR, ESTABELECER, *v.* fìkalẹ̀ > Ó fi òfin kalẹ̀ – Ela estabeleceu uma regra; > tòrò – dar solução > Ilé yìí tòrò – Essa casa se aquietou.
ASSENTAR-SE, *v.* fìdíbalẹ̀, fìdíkalẹ̀.
ASSENTIMENTO, *s.* ìmirísí (ato de acenar com a cabeça) < mi + orí + sí.
ASSENTIR, *v.* mirí < mì + orí (lit. balançar a cabeça dizendo sim).
ASSENTO, *s.* iján, ìjókó, ìpèkù > àga – cadeira > Ó didé lórí àga rẹ̀ – Ela sentou na cadeira dele.

ASSERTIVO, DETERMINADO, s. ìsọ.
ASSESSORIA PESSOAL, s. àtìléhìn ènìà.
ASSEXUAL, adj. ògbo (sem sexo).
ASSIDUAMENTE, adv. pẹ́lẹ́pùtú > Wọ́n ṣiṣẹ́ pẹ̀lẹ́ pùtú – Eles estão trabalhando assiduamente.
ASSIDUIDADE, s. ṣíṣáyan.
ASSIDUIDADE, ZELO, s. apọn > àìsimi – sem descanso.
ASSÍDUO, adj. ṣe iṣẹ́ láìsimi (lit. trabalhar sem descanso).
ASSIM ASSIM, adv. baibai, ànperí – mais ou menos, bẹ́ẹ̀ bẹ́ẹ̀ – assim assim > Áti bẹ́ẹ̀ bẹ́ẹ̀ lọ – etc. (et cetera).
ASSIM COMO, ASSIM QUANDO, adv. tàì < ti + àì > Ó lọ tàìlọ ni mo dé – Ele partiu assim que eu cheguei; Ilẹ̀ mọ́ tàìmọ́ ní mo máa ndìde – Foi assim que amanheceu que eu me levantei. Obs.: verifique a composição da palavra.
ASSIM... ASSIM, ASSIM... COMO, adv. bí...bẹ́ẹ̀ni > Bí bàbá ṣe rí, bẹ̀ẹ̀ni ọmọ rí – Assim como é o pai, é o filho (rí – no final de frase enfatiza, realça); > Bí o ṣe rí mi, bẹ́ẹ̀ni mo mo – Eu sou assim como você me vê.
ASSIM POR DIANTE, adv. títulọ.
ASSIM QUE, IMEDIATAMENTE, adv. lẹ́sẹ̀kannáà, lẹ́rìnkannáà.
ASSIM SEJA, AMÉM, adv. kóríbẹ́ẹ̀, kóṣe, àṣe.
ASSIM, DA MESMA MANEIRA, adv. bẹ́ẹ̀gẹ́gẹ́.
ASSIM, DESTA MANEIRA, adv. bẹ́ẹ̀ > bẹ́ẹ̀ni – sim (un-huun – som vocálico de afirmação).
ASSIM, DESTE MODO, adv. báun, báyìí, nítoríbẹ́ẹ̀ > Ó kọ ìwé báyìí – Ela escreveu desta maneira.
ASSIM, ENTÃO, adv. bái (desse modo).
ASSIMÉTRICO, s. aláìgún.
ASSIMILAR, v. fi_kọ́ra, gbá_mọ́ra > Akẹ́kòọ́ gbá ọ̀rọ̀ mọ́ra – O estudante assimilou o assunto (lit. abraçou o assunto).
ASSINALAR, v. fi àmìhàn.
ASSINAR, v. fọwọ́tẹ̀wé, fọwọ́sí > Àwa ti fọwọ́sí ìwé yìí – Nós já assinamos este documento.
ASSINATURA, s. ìfọwọ́ sí (lit. pôr a mão em...).
ASSISTÊNCIA, s. iránlọ́wọ́ (ato de ajuda) > ìfojúsí – atenção, observação.

ASSISTENTE, ADJUNTO, *s.* àránnnilọ́wọ́, igbákéjì.
ASSISTIR, AJUDAR, *v.* rànlọ́wọ́ > Ó ràn mí lọ́wọ́ láti gbàgbé sọkun – Ela me ajudou a esquecer as dificuldades.
ASSISTIR, PRESTAR ATENÇÃO, *v.* fojúlẹ̀ > Ó fojúlẹ̀ sí iṣẹ́ rẹ̀ – Ele prestou atenção ao trabalho dela.
ASSOAR O NARIZ, *v.* fọn, fimúfà.
ASSOBIAR, SILVAR, *v.* tu > Ejò tu sí ajá – A cobra silvou para o cachorro.
ASSOBIAR, *v.* sú, súfé < sú + ìfé > Ó súfé fún mi – Ele assobiou para mim; > asúfé – assobio.
ASSOBIO, *s.* ìfé, òfé > Ó fi ìfépè mí – Ele usou o assobio e me chamou.
ASSOBIO, SILVO, *s.* sùti, sùti.
ASSOCIAÇÃO MASCULINA, *s.* ẹgbẹ́ àwọn okùnrin.
ASSOCIAÇÃO, COABITAÇÃO, *s.* ibádàpọ̀.
ASSOCIAÇÃO, SOCIEDADE, *s.* ẹgbẹ́.
ASSOCIAR-SE, *v.* bá_kégbẹ́, bá_lò.
ASSOCIAR-SE, COABITAR COM, *v.* bá_dàpọ̀.
ASSOCIAR-SE, TRANSAR, *v.* lòpọ̀.
ASSOMBRO, *s.* sáàfúlà.
ASSOVIAR, *v.* fifépè > òfé – assobio.
ASSUMIR, *v.* gùntẹ́ (posição importante) > gbapò – ocupar o lugar de alguém > Ọ̀ré mi gbapò mi – Meu amigo me sucedeu.
ASSUMIR DIFICULDADE, *v.* janpata.
ASSUMIR POSIÇÃO, *v.* dépò < dé + ipo (ter um status de vida).
ASSUMIR UM TÍTULO, *v.* goróyè < gorí + oyè.
ASSUMIR, HERDAR, *v.* jẹ_lógún > ajógun – heredeiro.
ASSUNTO, *s.* sọ́bujẹ́ẹ̀tì (do inglês *subject*), ọ̀rọ̀, àṣàyàn-ẹ̀kọ́.
ASSUNTO CONTROVERTIDO, *s.* ọ̀ràn-iyàn.
ASSUNTO PRIVADO, *s.* àṣírí, ọ̀rọ̀ àṣírí > Ó bò mí ní àṣírí – Ela encobriu meus segredos.
ASSUNTO, CASO, *s.* ọ̀ràn > Gbàgbé ọ̀ràn náà – Esqueça aquele assunto.
ASSUNTO, MATÉRIA, *s.* àṣàyàn-ẹ̀kọ́.
ASSUNTO, QUESTÃO, *s.* àlámọ̀rí.

ASSUSTADOR, MEDROSO, s. abanilẹ́rú.
ASSUSTAR, APAVORAR, v. dẹ̀rùbà > Ó ndẹ̀rùbà mi – Ele está me assustando < dá – causar, ẹ̀rù – medo, bà – atingir.
ASSUSTAR, INTIMIDAR, v. fòláyà, fòyà > Ó fò mí láya – Ele me assustou (fò – pular, yà – separar, afastar).
ASSUSTAR-SE, v. tagìrì (ser surpreendido).
ASTERÍSTICO, s. ámì ìràwọ̀.
ASTEROIDE, s. ìsọgbẹ̀-wuuru.
ASTRAL, s. ti ìràwọ̀.
ASTRO, s. ìràwọ̀ > ìràwọ̀-onírù – cometa.
ASTROFÍSICA, s. ẹ̀kọ́ nípa ìràwọ̀.
ASTROLOGIA, s. ìwòràwọ̀.
ASTRONAUTA, s. arèdùmàrè.
ASTRONÁUTICA, s. ẹ̀kọ́ èdùmàrè.
ASTRONOMIA, s. ẹ̀kọ́ nípa ìràwọ̀.
ASTRÔNOMO, s. olóye nípa ìrawọ ọ̀run (lit. estudioso sobre o universo).
ASTÚCIA, s. àlùmọ̀kọ́róyí, àré kérekè, àrékenda.
ASTÚCIA, PERSPICÁCIA, s. mímú.
ASTÚCIA, SAGACIDADE, s. mọ̀dàró (desonestidade).
ASTUCIOSAMENTE, adv. nífọgbọ́nṣe.
ASTUTAMENTE, AFIADAMENTE, adv. bérébéré.
ASTUTO, ESPERTO, adj. lárékéreké, ọlógbọ́n-ẹ̀wẹ́, s. awòye.
ATABAQUE DOS CAÇADORES, s. àgẹ̀rẹ̀.
ATABAQUE NATIVO, s. gán-gan.
ATABAQUE, s. bàtá (encourado dos dois lados), bàtáa-koto (usado na Sociedade Gẹ̀lẹ̀dẹ́).
ATABAQUE, TAMBOR, s. ìlù > Àyàn – divindade dos atabaques.
ATACAR, v. já, tilẹ̀ < tì + ilẹ̀, kọlù.
ATACAR DE NOVO, v. sọwò (como uma doença) > Wọ́n sọ wà wó – Eles nos atacaram de surpresa.
ATACAR REPENTINAMENTE, v. jálù.
ATACAR, ASSALTAR, v. sọlú.
ATALHO, CORTA CAMINHO, s. àbùjá, ọ̀nà àbùjà.

ATALHO, CAMINHO CURTO – ATENDENTE SOCIAL

ATALHO, CAMINHO CURTO, s. èbùrú > Èbùrú ni mo fẹ́ gbà lọ – É pelo atalho que eu quero ir.
ATAQUE, OPOSIÇÃO, s. ìtaláya.
ATAQUE, ASSALTO, s. ìkọlù.
ATÉ, prep. títí, títí dé – indicando local ou espaço > Mo lọ títí dé ilé rẹ – Eu fui até sua casa; títí di – indicando período de tempo > Mo gbà títí di àkókò – Eu aceito até um certo tempo.
ATÉ A VOLTA, TCHAU, exp. ó dàbọ̀ < di + àbọ̀; ó dìgbà.
ATÉ AGORA, adv. dìsisìyí.
ATÉ AMANHÃ, exp. ó dààrọ̀ < di + ààrọ̀.
ATÉ DEPOIS, prep. dẹ̀hìn, dìgbànáà > Ó dẹ̀hìn ọ̀la – Até depois de amanhã.
ATÉ O FIM, adj. àsọtán.
ATÉ O ÚLTIMO, adv. kalẹ̀ < kàn + alẹ́ > Inú dídùn rẹ̀ kò kalẹ́ – A felicidade dele não terá longa duração.
ATÉ QUE, ATÉ ENTÃO, adv. dàgbàtí.
ATEAMENTO DE FOGO, s. ìtinabọ̀.
ATEAR FOGO, INFLAMAR, v. finásí < fi + iná + sí.
ATEAR FOGO, v. gbiná, gbaná < gbà + iná.
ATEÍSMO, s. àìgbàwíwà-ọlọ́rungbọ́ > ìgbàgbọ́ pé ọlórun kò sí – crença de que Deus não existe.
ATEMORIZAR, v. fòláyà.
ATENÇÃO EXTREMA, s. ìbojúwòfín.
ATENÇÃO, APLICAÇÃO, s. ìfọkànsí.
ATENÇÃO, CUIDADO, s. afiyèsí, àkíyèsí > Ọ̀pọ̀ ènìàn nfẹ́ àfiyèsí – A maioria das pessoas deseja atenção.
ATENÇÃO, OBSERVAÇÃO, s. ìfojúlẹ̀, ìfojúsílẹ̀, ìfojúsí.
ATENÇÃO, OPOSIÇÃO, s. ìkojúsí > Ó kojú sí iṣẹ́ – Ela deu atenção ao trabalho; Ó kojújà sí mi – Ela se opôs a mim.
ATENCIOSAMENTE, adv. níkíyèsí.
ATENCIOSO, CONSIDERADO, adj. níkíyèsí.
ATENDER, DAR ATENÇÃO, v. gbọ́ > Ó gbọ́ aya rẹ̀ – Ele deu atenção à esposa dele.
ATENDENTE SOCIAL, s. ará-òde.

ATENTAMENTE, *adv.* fín > Dọ́kítà wò mí fín – O doutor me olhou atentamente.
ATENTO, CUIDADOSO, *adj.* kíyèsí > Òun jẹ́ ènìà kíyèsí – Ela é uma pessoa cuidadosa.
ATERRADOR, *s.* adániníjì.
ATERRAGEM, *v.* ìgúnlẹ̀.
ATERRISSAR, TOCAR O CHÃO, *v.* délẹ̀.
ATERRORIZAR, ALARMAR, *v.* dáníjì.
ATERRORIZAR, CAUSAR MEDO, *v.* bàlẹ̀rù, páláyà > Èyí bà mí lẹ́rù – Isto me causou medo.
ATESTADO, TESTEMUNHO, *s.* ìjẹ́rí, ìjẹ́rísí, ìwé ẹrí.
ATESTAR, CERTIFICAR, *v.* jẹ́rísí > Èyí jẹ́rí sí òtítọ́ rẹ̀ – Esta é uma prova da verdade dela.
ATIÇADOR, PROVOCADOR, *v.* afòòró-ẹni.
ATIÇADOR DE BRASAS, *s.* ìwaná, ìwọná.
ATIÇAR, *v.* kò > Ó ko iná – Ela atiçou o fogo.
ATINGIR A MAIORIDADE, *v.* bàlàgà > Àwa bàlàgà – Nós atingimos a maioridade.
ATINGIR A MARCA, *v.* bá ojú-àmì.
ATINGIR O FUNDO, *v.* kanlẹ̀.
ATINGIR PONTO CRÍTICO, *v.* kangi, kànkúta < kán + òkúta.
ATINGIR, ACERTAR, *v.* dá > Ìwọ dá mi ní igi yìí – Você me acertou com aquele pau.
ATINGIR, ALCANÇAR, *v.* débẹ̀ (chegar ao ponto).
ATINGIR, TOCAR, *v.* kàn > Mo ti fọwọ́ kàn ọ́ – Eu toquei com a mão em você (lit. eu usei a mão e toquei em você).
ATINGÍVEL, ACESSÍVEL, *adj.* níní > Irin yìí tútù níní – Este metal frio está acessível ao toque.
ATIRADO, ATREVIDO, *adj.* láìnítìjú.
ATIRADOR, *s.* ọta > ọta ibọn – atirador de arma.
ATIRAR, *v.* rú > Ó rú òkúta – Ele atirou a pedra.
ATIRAR, ARREMESSAR A BOLA, *v.* jù bọ́ọ̀lù > Ó ju bọ́ọ̀lù fún mi – Ela atirou a bola para mim. *Obs.*: verbo monossílabo com acento

ATIRAR COM ARMA DE FOGO – ATO DE ABENÇOAR

tonal grave, antes de substantivo, perde o acento, ou seja, ganha um tom médio.
ATIRAR COM ARMA DE FOGO, *v.* yìnníbọn.
ATIRAR COM BODOQUE, *v.* gbọnkànnàkànnà.
ATIRAR LONGE, ARREMESSAR, *v.* wọ́_jùnù > Ó wọ́ eyin jùnù – Ele colheu o coquinho e atirou longe.
ATIRAR PARA MATAR, *v.* ta_pa.
ATIRAR PARA O ALTO, *v.* sọ_sókè > Ó sọ okùn sókè – Ele atirou a corda para o alto; sókè < sí + òkè.
ATIRAR PEDRAS, *v.* jàkúta < jà + òkúta.
ATIRAR UMA FLECHA, *v.* tafà.
ATIRAR UMA PEDRA, *v.* ṣánkúta, fiṣánkúta < ṣán + òkúta.
ATIRAR, ARREMESSAR, *v.* jù, ta > ìtafà – flechada.
ATIRAR, JOGAR FORA, *v.* tasí.
ATIRAR, LANÇAR, *v.* fi_kànnàkànnà.
ATITUDE ERRADA, *s.* ìṣìṣe.
ATITUDE, CONDUTA, *s.* ìwà > Ènìà níláti tójú ìwà rè – A pessoa precisa tomar cuidado com sua conduta, com sua maneira de ser.
ATIVAMENTE, *adv.* geregere, lójúméjèjì > Wọ́n nṣíṣẹ́ lójúméjèjì – Elas estão trabalhando ativamente.
ATIVAR, FIRMAR, *v.* kẹ́mọ́.
ATIVIDADE, *s.* àìṣèmẹ̀lẹ́.
ATIVIDADE CONSTANTE, *s.* ìgbókègbódò < gbé + òkè + gbé + odò.
ATIVIDADE RECREATIVA, *s.* eré ìdárayá.
ATIVIDADE TEMPORÁRIA, *s.* àyàbá.
ATIVO, VIGOROSO, *adj.* ògírí, yára > múra – ser ativo.
ATLÂNTICO, *s.* àtìlántíkò.
ATLAS, *s.* ìwé àwòrán àiyé – livro de imagens do mundo.
ATLETA CORREDOR, *s.* asáré, asúré.
ATLETA, LUTADOR, *s.* oníjàkádì.
ATLETISMO, *s.* erè ìje, ìjàkádì.
ATMOSFERA, *s.* òfuurufú.
ATO DE ABENÇOAR, *s.* sísúre.

ATO DE ABRIR, s. ìtú (botão de flor, erupção de pele, milho de pipoca).
ATO DE AGARRAR, s. ìdìmú (apreensão).
ATO DE AJOELHAR, s. ìkúnlẹ̀ > kúnlẹ̀ – ajoelhar.
ATO DE AMALDIÇOAR, s. ìgbéré.
ATO DE AMASSAR, s. àgbàgun.
ATO DE APOIAR, CONSOLAR, s. rírọ̀.
ATO DE APONTAR, s. ìnàka < nà + ìka.
ATO DE ARRANCAR PELA RAIZ, s. ìfàtu.
ATO DE ASSAR, s. sísun > Àwa fẹ́ràn jẹran sísun – Nós gostamos de comer carne assada.
ATO DE BAIXAR A VOZ, s. ìdẹ̀hùn.
ATO DE BAIXAR OS PÉS, s. ìfẹsẹ̀balẹ̀.
ATO DE BATER, s. bíbọ́ (aquilo que é batido num chão de barro).
ATO DE BRINCAR, s. sịṣeré > ibi ìṣeré – local de recreação, playground.
ATO DE CAIR EM CILADA, s. ìbaníbúba.
ATO DE CAIR SOBRE ALGO, s. àdálù, ìdálù.
ATO DE CARREGAR, s. rírù.
ATO DE CASTRAÇÃO ANIMAL, s. ọdá.
ATO DE CAVAR, s. ríro > Ilẹ̀yìí yá ní ríro – Esta terra é fácil de cavar, de cultivar.
ATO DE CERCAR UM LOCAL, s. àbuká > Bí a bá bu àbuká ìgbé, àwọn yíò sálọ – Se nós cercarmos a floresta, eles não escaparão.
ATO DE CHAMAR ACENANDO, s. àfọwọ́pè.
ATO DE COMER ALGO, s. ìjẹun.
ATO DE COMER JUNTO, s. ìbájẹ, àbájẹ.
ATO DE COMER TUDO, s. ìjẹtán, àjẹtán.
ATO DE COMPARTILHAR, s. àjọpín, ìjọpín.
ATO DE CORRER, s. sísá.
ATO DE COSTURAR JUNTO, s. ìránpọ̀.
ATO DE COSTURAR, s. rírán; rán – costurar > Ẹ jọ́wọ̀, bá mi rán an – Por favor, costure isto para mim.
ATO DE COZINHAR, s. ìdáná > Kó èédú sí ibi ìdáná – Coloque o carvão no fogareiro.

ATO DE DAR AS MÃOS, s. ìdáwọ́pọ̀ (união).
ATO DE DAR CRESCIMENTO, s. àbùkún, àbùsí (abençoando).
ATO DE DEITAR, s. ibúlẹ̀, dùbúlẹ̀, ìdùbúlẹ̀.
ATO DE DEIXAR DE LADO, s. ìpatì, àpatì.
ATO DE DEIXAR RASGADO, s. ìfàya.
ATO DE DESAMARRAR, s. ìtú.
ATO DE DESCASCAR, s. híhó.
ATO DE ECONOMIZAR, s. ìdásí (poupar).
ATO DE DESRESPEITO, s. afiréṣe.
ATO DE DIVIDIR ALGO, s. àbupín.
ATO DE ENFATIZAR, ACENTUAR, s. títẹnumọ́.
ATO DE ESPARRAMAR, s. fífúnká (espalhar).
ATO DE ESPERAR, s. ìrosẹ.
ATO DE ESPIRRAR, ESPIRRO, s. sísín > Mo gbọ́ sísín — Eu ouvi um espirro.
ATO DE ESTAR SENTADO, s. jíjókó > Ó wa jíjókó — Ela está sentada.
ATO DE ESTENDER OS BRAÇOS, s. ìnapá < nà + apá.
ATO DE ESVAZIAR ALGO, s. àbútán.
ATO DE EVITAR, ABSTINÊNCIA, s. títakété, ìtakété.
ATO DE FABRICAR, MANUFATURAR, s. ríro, ìrọ.
ATO DE FALAR JUNTO, s. àdùsọ-ọ̀rọ̀, àsọlù, asopọ̀ (falar em coro).
ATO DE FALAR PELAS MÃOS, s. àfọwọ́sọ̀rọ̀ (para surdo-mudo).
ATO DE FECHAR A BOCA, s. ìdinu < dì + ẹnu (calar-se).
ATO DE FECHAR OS OLHOS, s. ìdijú < dì + ojú.
ATO DE FICAR DE PÉ, s. ìdìgbárò < di + ìgbà + ró, ríró.
ATO DE FICAR MACIO, s. ìdẹ̀.
ATO DE FLUIR, ESCOAR, s. sísun > Akókò ẹkún ni okún yẹni sísun — Há um tempo e um lugar adequado para tudo fluir.
ATO DE GIRAR, s. ríran (para fiar ou tecer) — tecer, enroscar > Ó ran ewú — Ela enroscou os cabelos; > Ó ran ẹ̀wù — Ele teceu uma camisa.
ATO DE IMPULSIONAR CANOA, s. títukọ̀.
ATO DE JUNTAR, ANEXAR, s. ìdàpọ̀.
ATO DE LAVAR ROUPA BRANCA, s. àfọ̀fun > Ó fọ̀ ọ́ ní àfọ̀fun — Ela lavou a roupa extremamente branca.

ATO DE LAVRAR A TERRA, s. títulẹ̀.
ATO DE LEVAR, CARREGAR, s. rírù.
ATO DE MANCAR, s. mímọ́kún.
ATO DE OSCILAR, s. òdìrò-diro (de um lado para outro).
ATO DE OUVIR ALGO, s. fífetísí.
ATO DE PASSAR ÓLEO, s. ìforóróyàn.
ATO DE PERAMBULAR, s. rírínkiri.
ATO DE PISAR EM CIMA, s. ìtẹ̀mọ́lẹ̀ (ter a pessoa debaixo dos pés).
ATO DE PISAR EM PEDRAS, s. ìfẹsẹ̀tẹ̀ (para não molhar os pés).
ATO DE PÔR EM DIFICULDADE, s. ẹ̀fẹ́.
ATO DE PÔR EMBAIXO, s. ìfilélẹ̀.
ATO DE PRATICAR PREDIÇÃO, s. àfọ̀ṣẹ.
ATO DE RACHAR, s. bíbẹ.
ATO DE REAFIRMAR, TRANQUILIZAR, s. ìmúlé.
ATO DE REMAR EMBARCAÇÃO, s. àwagún.
ATO DE ROSQUEAR, s. bíbọ̀.
ATO DE RUMINAR, s. àpọ̀jẹ > Màlúù yìí njẹ àpọ̀jẹ – Este boi está ruminando.
ATO DE SAFAR-SE, s. gbígbéfò (escapar do perigo).
ATO DE SE VESTIR, s. ìwọṣọ.
ATO DE SEGUIR SEM PARAR, s. àtapọ̀.
ATO DE SENTAR-SE COMO UM REI, s. ìgúnwá.
ATO DE SER BEM-SUCEDIDO, s. yíyege, yíyeje.
ATO DE TECER, s. wíwun, híhun.
ATO DE TERMINAR O JEJUM, s. ìṣínu (ritual do Ramadã).
ATO DE TOCAR FLAUTA, s. ìfunpè.
ATO DE TOMAR CONTA, s. ìdáwọ́lé (encarregar-se).
ATO DE TORCER O CORPO, s. ìrúnra.
ATO DE UNIR PESSOAS, s. àdàpọ̀ > Àdàpọ̀ ẹgbẹ́ yìí pẹ̀lú ẹgbé yẹn – União desta sociedade com aquela sociedade.
ATO DE URINAR, s. títọ̀.
ATO DE VAGAR, PERAMBULAR, s. ìrìnkiri.
ATO DE VERTER, JORRAR, s. rírọ.
ATO DE VIR, DE CHEGAR, s. wíwá.

ATO DE VOAR E NÃO RETORNAR, *s.* àfòlọ.
ATO DE VOAR EM VOLTA, *s.* ìfòkiri.
ATO DE VOAR, *s.* àfòká, àfòkiri (de um lado para o outro).
ATO INCOMPLETO, *s.* àṣekù (coisa que precisa ser feita).
ATO INOPORTUNO, *s.* ìdánílágara.
ATO SEXUAL, COPULAÇÃO, *s.* ìbádàpọ̀ < ìbá + dàpọ̀.
ATO SEXUAL PRECOCE, *s.* ìparuku.
ATO VERGONHOSO, *s.* àṣetẹ́.
ATOCAIAR, *v.* dálọ́nà (armar uma cilada).
ATOLEIRO, *s.* irà (pântano, brejo).
ÁTOMO, *s.* fínrín, ọta.
ATOR, *s.* òṣiré < ṣe – fazer, iré – diversão; eléré orí ìtàgé.
ATORDOADO, CONFUSO, *adj.* lóyì.
ATORMENTADOR, *s.* adánílóró, adanílóró > Adánílóró fi agbára kọ́ni – Aquele que usa a força tirana para ensinar; dálóró – torturar; ayọlẹ́nu – encrenqueiro.
ATORMENTAR ALGUÉM, *v.* dùn, dan, dá_lóró > dá_lágara – importunar > Ó dá mi lágara – Ele encheu a minha paciência.
ATRAÇÃO, *s.* ìsún, onfà (trazer para junto).
ATRAÇÃO, ENGODO, *s.* ẹ̀tàn (atrair para enganar).
ATRAÇÃO, MAGNETISMO, *s.* òòfà (pessoa ou algo que atrai).
ATRACAR, FUNDEAR, *v.* dákọ̀dúró < dá + ọkọ̀ + dúró.
ATRAENTE, *adj.* gbáladùn, ẹlẹ́wà, arẹwà.
ATRAIR E REPELIR, *v.* gbò (gostar e ferir, o mesmo que fazer gato-
 -sapato).
ATRAENTE, SEDUTOR, *adj.* fanimọ́ra, nífàyà.
ATRAIR, SEDUZIR, *v.* fijẹdẹ < fi + ìjẹ + dẹ (através de uma comida).
ATRAIR, SEDUZIR, *v.* rélọ, dánwò, tàn, fà, fàmóra > Ó fà mí móra – Ele me abraçou.
ATRAIR, SER ATRAENTE, *v.* yánlójú, wọlójú.
ATRAPALHADO, *adj.* nípọ́njú, aláìnírònú.
ATRAPALHAR, *v.* fitínà, tò.
ATRÁS, *adv.* lẹ́hìn, léyìn > Ó wà lẹ́hìn wọn – Ele está atrás deles (ní + ẹ̀hìn).

ATRÁS, ANTERIORMENTE, *adv.* kojá.
ATRÁS, DEPOIS, *prep. adv.* ẹ̀hìn, ẹ̀yìn, lẹ́hìn, léyìn > O wà lẹ́hìn ẹ̀kọ́ rẹ – Você está atrasado em sua aula.
ATRASADO, *adj.* olóògbé.
ATRASAR, DEMORAR, *v.* fàlẹ̀ (ser lento na ação).
ATRASAR-SE, *v.* dáró, dá_dúró (deixar alguém esperando).
ATRASAR-SE, TARDAR, *v.* pé.
ATRASO, DEMORA, *s.* apélẹ́hìn, apéléyìn.
ATRASO, NEGLIGÊNCIA, *s.* ìfilalẹ̀. V. estar atrasado.
ATRASO NO PAGAMENTO, *s.* àṣẹ́kúgbèsè.
ATRAVÉS DE, *adv.* páapáa, níbú.
ATRAVESSADO, *s.* ìdábú > Ejò yìí wà ní ìdábú – Esta cobra está atravessada.
ATRAVESSAR, PROSSEGUIR, *v.* tàtapò < ta + àtapò.
ATRAVESSAR, *v.* là_já, lu_já, sọ_dá > Mo sọ ọ̀nà dá a – Eu cruzei o caminho dele.
ATRELAR, *v.* múso.
ATREVER-SE, SER ARROJADO, *v.* kùgbùù > Ó kùgbùù – Ele é atrevido.
ATREVIDAMENTE, *adv.* láìfarabalẹ̀.
ATREVIDO, CONVENCIDO, *s.* aláfojúdi, ọ́yájú.
ATREVIMENTO, *s.* àìnítìjú (sem vergonha).
ATRIBUIR, DECIDIR, *v.* pínnu, fi_fún (dar algo para).
ATRIBULAÇÃO, *s.* lásìgbò, wàhálà > Mo bá wàhálà – Eu encontrei um problema.
ATRIBULADO, *adj.* níyọnu.
ATRIBUTO, DETERMINAÇÃO, *s.* ìpinnu.
ATRITO, ZANGA, *s.* ọ̀ràn > Ó bí mi léèrè ọ̀ràn náà – Ela me perguntou sobre aquele aborrecimento.
ATRIZ, *s.* ọṣiré'bìnrin < ṣe – realizar, iré – diversão.
ATROCIDADE, *s.* ìwà ìkà, ìwà burúkú.
ATROFIA, MAGREZA, *s.* rírù (especialmente após uma doença).
ATRÓS, CRUEL, *adj.* burú.

ATUAL, ORIGINAL, *adj.* àtọwódá (V. artificial).
ATUALMENTE, *adv.* ọjọ́-ìsisíyí.
ATUALIZAR, PÔR EM DIA, *v.* mú_tékò > mú_se – compelir a fazer > Wọ́n múmi nípá láti ṣe é – Eles me forçaram a fazer isto.
ATUAR COMO LAVADEIRA, *v.* ṣalágbàfọ́.
ATURAR, SUPORTAR, *v.* tèmọ́ra.
AUDÁCIA, ABUSO, *s.* ìṣàfojúdisí (afronta).
AUDÁCIA, CORAGEM, *s.* àìfòyà, àìdíjì, ìmójúkuku, ìgbóyà > ìláyà – bravura.
AUDACIOSAMENTE, *adv.* láìfòyà < láì + fò + àyà.
AUDAZ, *adj.* láìbàlẹ́ru.
AUDIÇÃO, *s.* gbígbọ́ (ato de ouvir).
AUDIÊNCIA, ESPECTADORES, *s.* àpèjọ, agbo-èníà > Ó pè mí fún àpèjọ – Ela me chamou para um encontro.
AUDITOR, *s.* aṣàyèwò ìwé-ajé (lit. aquele que examina as contas).
AUDITORIA, *s.* àyèwò ìwé-ajé.
AUDITÓRIO, *s.* ilé ìpàdé.
AUDÍVEL, *adj.* gèè > dún_sókè – soar alto.
AUDIVELMENTE, *adv.* ketekete, tantan.
AUGÚRIO, PRESSÁGIO, *s.* àfọ̀ṣe (tipo de culto a Ifá, predição).
AULA, *s.* ẹ̀kọ́ > Iṣẹ́ ẹ̀kọ́ parí. O ma ṣé o! – Terminou a aula. Que pena!
AULA DE ÁLGEBRA, *s.* ẹ̀kọ́ ìṣírò.
AULA DE BIOLOGIA, *s.* ẹ̀kọ́ ẹ̀dá-oníyè.
AULA DE CARDIOLOGIA, *s.* ẹ̀kọ́ ọkàn.
AULA DE CIÊNCIAS POLÍTICAS, *s.* ẹ̀kọ́ nípa ìṣẹ̀lú.
AULA DE CONTABILIDADE, *s.* ẹ̀kọ́ ìṣírò-owó.
AULA DE ECONOMIA, *s.* ẹ̀kọ́ ètò-ọrọ̀.
AULA DE ESTUDOS COMERCIAIS, *s.* ẹ̀kọ́ ìṣòwọ́.
AULA DE FÍSICA, *s.* ẹ̀kọ́ ẹ̀dá.
AULA DE GEOGRAFIA, *s.* ẹ̀kọ́ ilẹ̀-ayé.
AULA DE GEOLOGIA, *s.* ẹ̀kọ́ ilẹ̀.
AULA DE GEOMETRIA, *s.* ẹ̀kọ́ ilẹ̀-wíwọ̀n.
AULA DE HISTÓRIA, *s.* ẹ̀kọ́ itàn-àkọ́lé.

AULA DE JORNALISMO, *s.* ẹ̀kọ́ nípa ìròhìn.
AULA DE NOÇÃO BÁSICA, *s.* ẹ̀kọ́ àìkọ́tán.
AULA DE QUÍMICA, *s.* ẹ̀kọ́ ẹ̀là.
AULA DE ZOOLOGIA, *s.* ẹ̀kọ́ ẹranko.
AULA QUALQUER, *s.* ẹ̀kọ́kẹ́kọ́ > Olùkọ́ wa máa kọ́ ẹ̀kọ́kẹ́kọ́ – O nosso professor costuma ensinar qualquer aula.
AULA SOBRE NEGÓCIOS, *s.* ẹ̀kọ́ nípa òwò.
AULA SOBRE RELIGIÃO, *s.* ẹ̀kọ́ nípa ìgbàgbọ́.
AUMENTADO, SOMADO, *s.* àpèlé.
AUMENTAR, *v.* bísí, rẹ̀ > Wọ́n nrẹ̀ iṣẹ́ – Eles estão aumentando o serviço.
AUMENTAR, *v.* gbépẹ (em estatura ou em valor).
AUMENTAR, *v.* pele, peleke (crescer em quantidade).
AUMENTAR O FOGO, *v.* finámọ́ < fi + iná + mọ́.
AUMENTAR O PREÇO, *v.* buwókún < bù + owó + kún.
AUMENTAR, ACRESCENTAR, *v.* gbọnwọ́, wùsì, fikún > Àwa fikún owó wa – Nós aumentamos nosso dinheiro.
AUMENTAR, EXPANDIR, *v.* fẹ̀, mútóbi > Ó fẹ́ ihò yìí – Ele alargou este buraco.
AUMENTAR, INCHAR, *v.* lé, ru, wú > Owó mi wú – Meu dinheiro aumentou.
AUMENTAR, MULTIPLICAR, *v.* mú_wusíi.
AUMENTAR, PROGREDIR, *v.* pọ̀sí > Ó pọ̀sí lọ́wọ́ – Ele aumentou em riqueza.
AUMENTO, *s.* ìpọ̀sí, íbísí > dídàgbà – crescimento, envelhecimento.
AUMENTO EXAGERADO, *s.* àbumọ́ (acrescentar algo).
AUMENTO, ALONGAMENTO, *s.* ìfàgùn.
AUMENTO, CRESCIMENTO, *s.* ìmúbísí, ìwúsí, ìbísí.
AUMENTO, SUPLEMENTO, *s.* àfikún, ìfikún.
ÁUREO, DE OURO, *adj.* onígóòlù, oníwúrà.
AURORA, ALVORADA, *v.* àjírí.
AUSÊNCIA DE ALGO, *s.* àìsí > Àìsí àlàáfíà – Ausência de paz.
AUSÊNCIA, *s.* ìdélé (ação como adjunto de uma pessoa).
AUSENTE, *adj.* láìwá (não esperado).

AUSENTE, s. àìdélé, ṣíṣì.
AUSPICIOSO, AFORTUNADO, adj. láàsìkí, lójú rere.
AUSTERO, IMPERTINENTE, adj. kan, kanra, rorò, ṣónú > Ó kanra mọ́ mi – Ela está irritada comigo < kàn + ara; > òkúroró – temperamento forte.
AUSTRÁLIA, s. Ọstrélíà.
ÁUSTRIA, s. Ostíríà.
AUTENTICAR, CERTIFICAR, v. jẹ́rí (testemunhar) > Ó jẹ́rí pa mí – Ela testemunhou contra mim.
AUTENTICIDADE, s. àkó.
AUTÊNTICO, adj. òtító, òótọ́, òdodo > gidi – de fato, certamente.
AUTOBIOGRAFIA, s. ìtàn ìgbésí-ayé ènìà (lit. relato da vida de uma pessoa).
AUTOCONTROLE, s. ìbaralẹ̀, àìrékojá.
AUTOCONFIANÇA, s. ìdágbèrò, ìgbẹ́kẹ̀lé-ara-ẹni.
AUTODIDATISMO, s. fífòemọ̀.
AUTOEQUIPAR-SE, s. ìdìmọ́ra.
AUTOESTRADA, s. ọ̀nà ọpópó.
AUTÓGRAFO, s. àdáko > nkan tí ènìà fi ọwọ́ ara rẹ kọsílẹ̀ – algo que a pessoa usa na mão para subscrever; > kọsílẹ̀ – subscrever > Ó kọ orúkọ rẹ sílẹ̀ – Ele escreveu o nome dele abaixo.
AUTOINDUZIDO, s. àtọwọ́wá.
AUTÔMATO, s. lágbára àdáṣe.
AUTOMÁTICO, s. àdáṣe (um ato espontâneo).
AUTOMÓVEL, VEÍCULO, s. kẹkẹ́ > Kẹ́kẹ́ ọmọdé – Carrinho de bebê.
AUTÓPSIA, s. àyẹ̀wò òkú.
AUTOR LITERÁRIO, s. aṣèwé, olùpilèṣẹ̀.
AUTOSSUFICIÊNCIA, AMOR-PRÓPRIO, s. fífẹ́raẹni.
AUTORIDADE, s. alágbára, aláṣe, olófin.
AUTORIDADE ALFANDEGÁRIA, s. oníbodè.
AUTORITÁRIO, adj. fífàṣẹfún.
AUTORIZAR, v. palaṣẹ́ > fún_láṣẹ, fún_lágbára – dar força e poder.
AUTOSSUFICIENTE, s. atóópalọ́tọ̀.

AUXILIADOR, *s.* onífararọ̀.
AUXILIAR, AJUDAR, *v.* ránlẹ́rù > Ó rán mi lẹ́rù – Ele me ajudou com a carga.
AUXILIAR DE COZINHA, *s.* ìyábásè > onísè – cozinheira.
AUXILIAR, RESERVA, *s.* olùrànlọ́wọ́.
AUXILIAR DE SERVIÇOS, *s.* ìríjú (camareiro).
AUXÍLIO FINANCEIRO, *s.* ìrànlọ́wọ́ owó.
AUXÍLIO, SOCORRO, *s.* ìrànlọ́wọ́, ìtìlẹ́hìn.
AVALIAÇÃO, APRECIAÇÃO, *s.* ìdíyelé.
AVALIAR, COLOCAR PREÇO, *v.* dáyelé, díyelé – Ọ̀rẹ́ tòótọ́ kò ṣe díyelé – Um amigo verdadeiro não tem preço.
AVALIAR QUANTIDADE, *v.* ìyásí > òṣúnwọ̀n > medida para cálculo.
AVALIAÇÃO DE VELOCIDADE, *s.* ìyásí eré (corrida) > ìyásaí – taxa de avaliação.
AVARENTO, *s.* akónìjẹ > láhun, ṣahun – ser avarento > Ó láhun – Ele é mão fechada, avarento.
AVARENTO, SOVINA, *s.* arojú-owó.
AVARENTO, MISERÁVEL, *adj.* játìjàti, lọ́kánjúwà.
AVARO, MESQUINHO, *adj.* ṣawun, ṣahun.
AVAREZA, AMBIÇÃO, *s.* ọ̀kánjúà, ọ̀kánjúwà.
AVAREZA, MESQUINHEZ, *s.* awun, ìláwun, ahun, ìláhun (pão-duro).
AVE AFRICANA, *s.* àkàlà, àdàbà (culto a Oxum).
AVE DA GUINÉ, *s.* awó (conhecida como galinha-d'angola – ẹtù).
AVE DE RAPINA, *s.* jòkújòkú < jẹ + òkú (abutre).
AVE DOMÉSTICA, *s.* adìẹ sísìn.
AVE QUE COME OVOS, *s.* ẹiyẹ-ìgbò (de outros pássaros).
AVE OFERECIDA AO ORIXÁ, *s.* adìẹ ìrànà (em razão da morte de uma pessoa). *Obs.*: ìrànà = ìrànàn: vogal nasal antecedida por *m* ou *n* perde o *n*, mas o som nasal permanece.
AVE SÍMBOLO DA PAZ, *s.* lékeléke (pássaro de penas brancas).
AVE SÍMBOLO DE BOAS-NOVAS, *s.* àlùkò (penas vermelhas nas asas).
AVE SÍMBOLO DE INICIAÇÃO AO ORIXÁ, *s.* ìkódídẹ́ (penas vermelhas na cauda).

AVE SÍMBOLO DE BONDADE E SORTE, s. agbè (penas azuis na cauda).
AVE, **PÁSSARO**, s. ẹiyẹ > Ẹiyẹ fò ká ilé – O pássaro voou em volta da casa; ẹiyẹlé – pombo.
AVENIDA, **RUA**, s. òpópó > Òpópó yìí, yà sí osí – Nesta rua vire para a esquerda.
AVENTAL, s. tòbí (do hausá *thaub*), bàntẹ́, ìbàntẹ́.
AVENTAL, **TOGA**, s. ìyẹ̀rì.
AVENTURA, **RISCO**, s. ìdáṣe, àdáṣe, ìdáwọ́lé.
AVENTURAR, **TENTAR**, v. dábà, dá_láṣà, dá_wọ́lé > Òṣìṣẹ́ dáwọ́lé iṣẹ́ yìí – O operário se incumbiu deste serviço.
AVENTUREIRO, **OUSADO**, adj. nídáwọ́lé.
AVERMELHADO, adj. dòdò.
AVERMELHADAMENTE, adv. bẹ́lẹ́jẹ́.
AVERMELHAR, v. sọdí pupa.
AVERSÃO, **OJERIZA**, s. ìyẹra, ìyẹra fún, ìkóríra.
AVESSO, s. òdì (lado contrário de qualquer coisa) > Mo wọ òdì aṣọ – Eu vesti a roupa pelo avesso; > Ó hùwà òdì – Ela se comportou mal.
AVESTRUZ, s. ẹiyẹ ògòngò.
AVIÃO, s. ọkọ̀ òfuurufú.
AVIÁRIO, s. ilé ẹiyẹ.
AVIDAMENTE, adv. kẹ́lukẹ́lu > Ó nwò ó kẹ́lúkẹ́lú – Ela o está olhando melancolicamente.
AVIDEZ, **IMPACIÊNCIA**, s. ìwára > ojú kòkòrò – olho grande.
ÁVIDO, **ANSIOSO**, s. onítara.
AVISO, **ADVERTÊNCIA**, s. ìṣílétí.
AVISO PARTICULAR, s. ìtẹ̀lẹ́ṣẹ̀ (gesto pessoal, aceno, piscar etc.).
AVISTAR, **TER VISÃO GERAL**, v. wòran < wò + ìran.
AVIVAR, v. múdiyíyẹ.
AVÔ, s. bàbá nlá, bàbá-bàbá.
AVÓ, **MATRIARCA**, s. ìyá àgbà, ìyánlá, ìyá-ìyá.
AXILAS, **SOVACO**, s. abíyá, ihò-abíyá.
AXIOMA, **ESTATUTO**, s. òfin > Iṣẹ́ yìí kẹ̀hìn sí òfin – Este regulamento é contra a lei; > Ó ṣe òfin ẹgbẹ́ – Ele fez os estatutos da sociedade.

AZAR, FALTA DE SORTE, s. àgbákò, àgbálù > Mo rí àgbákò – Parece que estou sem sorte

AZARADO, adj. orí búrukú – Ènìà orí búruku. Ìwọ níláti ṣe ẹbọ – Pessoa azarada. Precisa fazer uma oferenda.

AZEDAR, v. kan.

AZEDUME, s. ìṣà > Ìṣà ẹmu – Vinho velho.

AZEITE, **ÓLEO**, s. epo.

AZEITONA, v. igi òróró.

AZUL, s. búlúù (do inglês *blue*), àwọ̀ ojú ọ̀run – azul da cor do céu; > aró – tinta azul do índigo, usada para tingir > Ìyá mi nrẹ aṣọ aró – Minha mãe está tingindo a roupa de azul.

AZUL-CLARO, s. òféèfé, àyìnrín.

B

BABAR, *v.* mú_watọ́ (ficar com água na boca) – Ọmodé nwatọ́ – A criança está babando > itọ́ – saliva.
BACALHAU, *s.* ẹja gbígbẹ́.
BACALHAU SECO, *s.* pangíla, abọ́, pàlà-pàlà.
BACIA COM TAMPA, *s.* àwo-ọlọ́mọrí.
BACIA, PRATO RASO, *s.* àwokótó, àwoo-kótó.
BAÇO, RIM, *s.* ọlọ́nú, òsi.
BACTÉRIA, *s.* alámọ̀.
BADERNA, *s.* ariwó > Òun pa ariwó – Ele fez um barulho.
BAGAÇO DE DENDÊ, *s.* agusọ (resíduos do coquinho).
BAGAÇO DE MILHO, PALHA, *s.* àfẹ́nù.
BAGAGEM, CARGA, *s.* ẹrù, arù, àárù (levada na cabeça da pessoa).
BAGUNÇA, DESORDEM, *s.* rírú, ìdàrúdàpọ̀, rúgúdú, ìrúkèrúdò, mẹ́ẹ̀sì (do inglês *mess*) > Mo dá rúgúdú sílẹ̀ – Eu causei confusão.
BAGUNÇAR, *v.* dàrú.
BAGUNCEIRO, *adj.* jàgidijàgan > Ọmọ yìí jágidijàgan – Esta criança é bagunceira; > adanirú – aquele que causa confusão, intruso.
BAINHA DE ROUPA, *s.* ìgbátí-aṣọ, ìṣẹ́tí-aṣọ.
BAIONETA, *s.* ọ̀bẹ-ìbọn.
BAIRRO, ARREDORES, *s.* àdúgbò > Mo ti rí ilé míràn ní àdúgbò – Eu já encontrei outra casa no bairro.
BAIRRO, VIZINHANÇA, *s.* ọ̀kọ̀ kéjì, aló.

BAIXADA, PLANÍCIE, *s.* àfónífójì.
BAIXAR A VOZ, ACALMAR, *v.* dẹhùn < dẹ + ohùn.
BAIXAR O PREÇO, *v.* fidópọ́.
BAIXAR, DIMINUIR, *v.* lọ́lẹ̀, lọsílẹ̀ > Inú rírun mi lọsílẹ̀ – Minha dor de estômago diminuiu.
BAIXEZA, *adv.* kọ́lọ́-kọ́lọ́.
BAIXEZA, SUJEIRA, *s.* ẹ̀gbin.
BAIXO, *adj.* pẹrẹki.
BAIXO, CURTO, *adj.* kúrú > Ọkùnrin yìí kúrú jù gbogbo wọ́n lọ – Aquele homem é o mais baixo de todos; > jù...lọ – mais do que, excessivo.
BAIXO, ESTREITO, *s.* kótó.
BAIXO, PEQUENO, *adj.* kúkúrú > kúrú – ser baixo.
BAJULAÇÃO, LISONJA, *s.* ẹ̀pọ́n > pipọ́nnú – lisonjear.
BAJULADOR, *s.* apọ́nni > ẹlẹ́tàn – enganador.
BAJULAR, LISONJEAR, *v.* pọ́n > Ó pọ́n mi – Ele me elogiou.
BALA, PROJÉTIL, *s.* ọta > Ọta bà mí – Uma bala me atingiu.
BALAÇO ONDULANTE, *s.* fífì.
BALADA, *s.* orin arò.
BALANÇA, *s.* ẹ̀rọ wọ̀n lógbọ̀ọ̀gbà > Ẹ̀rọ tí a fi wọ̀n nkan lógbọ̀ọ̀gbà – Máquina que usamos para pesar algo corretamente.
BALANÇADAMENTE, *adv.* yàgbà, yẹlẹnkú, dòdò.
BALANÇAR A CABEÇA, *v.* mirí < mì + orí (dizendo sim) > Òun mirí – Ela concordou.
BALANÇAR, *v.* fidùgbẹ̀ < fi + dùgbẹ̀ (agitar fortemente).
BALANÇAR, *v.* rẹ̀dí (o traseiro ou a cauda).
BALANÇAR O BRAÇO, *v.* sánpá, sánwọ́.
BALANÇAR O PÉ, *v.* misẹ̀ < mì + ẹsẹ̀.
BALANÇAR O RABO, *v.* mìrù < mì + ìrù > Àja yẹn nmìrù – Aquele cachorro está balançando o rabo.
BALANÇAR, RODOPIAR, *v.* fì (ser instável).
BALANÇAR, SACUDIR, *v.* mì, fi > Ó fi apá mi – Ele sacudiu meu braço.
BALANCEIO, SACUDIMENTO, *s.* àmipọ > Òun ti ṣe àmipọ – Ela já fez o sacudimento.

BALANCETE, *s.* ìwé ìṣírò àpapọ̀ owó (lit. relação de contagem e soma de valores).
BALANÇO, *s.* ohun tí nfi (algo que oscila, rodopia) > ségbèé ségbèé – lá e cá.
BALÃO, *s.* ìṣù-olóyìnínú, bàlúù (do inglês *balloon*).
BALBUCIANTE, *s.* asọbótibòti.
BALBUCIAR, MURMURAR, *v.* sọbótibòti < sọ + bótibòti.
BALCÃO, SACADA, *s.* ọ̀dẹ̀dẹ̀ òkè.
BALCONISTA, *s.* akọ̀wé-ọjà.
BALDE, LATA GRANDE, *s.* garawa > Ó gbé garawa lọ – Ela levou o balde.
BALDE, VASILHA, *s.* kòròba.
BALDEAR ÁGUA, *v.* gbọ́nmi < gbọ́n + omi > Ó gbọ́nmi sílẹ̀ – Ela está irrigando a terra.
BALDIO, *s.* ṣòfo, lásan.
BALIR, *v.* bó (som emitido pelo carneiro).
BALOFO, *adj.* àbùbútán (nome descritivo de uma baleia para quem é gordo, enorme).
BALSA, *s.* ọkọ̀-àsọdà.
BÁLSAMO, *s.* ìkunra, oje (pomada).
BAMBO, SOLTO, *s.* jábálá.
BAMBOLEAR-SE, *v.* rìnhébẹhẹ̀bẹ (andar balançadamente) > Ó nrìn hébẹhẹ̀be – Ele está andando reboladamente.
BAMBU, *s.* pàko, ọparun, aparun (*Oxytenanthera Abyssinica*).
BANAL, VULGAR, *adj.* yẹpẹrẹ > Ó ṣe mí yẹpẹrẹ – Ele me tratou de forma banal (lit. ele me fez vulgar).
BANANA, *s.* ọ̀gẹ̀dẹ̀, ọ̀gẹ̀dẹ̀ wẹrẹ (*Musa Sapientun*) > Bí kò bá ọsàn àwa ó jẹ ọ̀gẹ̀dẹ̀ – Se não encontrar laranja, nós comeremos banana.
BANANA ASSADA, *s.* bọ̀ọ̀lì, ìpékeré.
BANANA-DA-TERRA, *s.* ọ̀gẹ̀dẹ̀ agbagbà (*Musa Sapientum Paradisiaca*).
BANANA FRITA, *s.* dòdò, dòdòkíndò.
BANANEIRA, *s.* igi ọ̀gẹ̀dẹ̀ > Ó nwá ewé ọ̀gẹ̀dẹ̀ láti ká ẹ̀kọ – Ela está procurando folha de bananeira para enrolar o acasá.
BANCARROTA, FALÊNCIA, *s.* ìbàjẹ́ owó.

BANCO DE AREIA, s. bèbè etíodò.
BANCO FINANCEIRO, s. ilé ìfowópamọ́ < fi – usar, owó – dinheiro, pamọ́ – guardar, economizar, > bánkì (do inglês *bank*).
BANCO DE SANGUE, s. ilé ifẹ̀jẹ̀ pamọ́ (local de guarda do sangue).
BANCO DE SENTAR, s. ìpèkù.
BANCO DE TERRA, s. pèpéle, ògurópò, orúpò (feito para dormir).
BANDA, GRUPO, s. ẹgbẹ́ eléré.
BANDAGEM, s. ìrépe aṣọ tí a fi ndì egbò – pedaço de tecido que usamos para amarrar um ferimento.
BANDEIRA, FLÂMULA, s. àsíá, àsíyá.
BANDEJA DE IFÁ, s. ọpọ́nifá (onde são riscados os traços de odù).
BANDEJA, s. àtẹ (para a prática de consulta).
BANDIDO, s. abadeni, ọlọ́ṣà.
BANDO, s. ọ̀wọ́ (passarinhos, manada, caravana, horda) > Ọ̀wọ́ ẹran – Rebanho de gado; > Wọ́n tọ ọ̀wọ́ – Eles se dirigiram em grupo.
BANGALÔ, s. ilé-ilẹ̀, bọ́ngálọ̀ (do inglês *bungalow*).
BANHAR-SE SOZINHO, v. dáwẹ̀ < dá + ìwẹ̀.
BANHEIRA, s. ọpọ́n-ìwẹ̀, adagba-omi > igi igbomi – tina.
BANHEIRO, s. balùwẹ̀, ilé ìwẹ̀, iléétọ̀, ilé ìgbọ̀nsẹ̀.
BANHO, s. wíwẹ̀ > Wá lọọ wẹ̀! – Vá tomar banho!
BANHO DE FOLHAS, s. ìwẹ̀ àgbo > Ewé mélό ni wọn ti ló láti nṣe àgbo? Ewé mọkanlélógún > Quantas folhas eles usavam para fazer banho de folhas? Vinte e uma folhas.
BANHO EM PARTES DO CORPO, s. àlùwàlá (antes das orações maometanas).
BANHO, LAVAGEM, s. ìwẹ̀.
BANIR, EXPULSAR, v. lé_lọ > Ó lá jáde lọ – Ele mandou sair; > lékúrò – dispersar.
BANQUEIRO, s. ọ̀gá bánkì.
BANQUETE FESTIVO, s. àsẹ̀, àbọ́lù, àsẹ̀ nlá, àpèjẹ àsẹ̀.
BANQUETE, s. wòlímà (costume no matrimônio muçulmano).
BANQUETE, REGALO, s. sàsè rẹ̀pẹ̀tẹ̀.
BANQUINHO PARA OS PÉS, s. àpótí-ìtisẹ́.

BANQUINHO PARA SENTAR, s. àpótí-ìjókó.
BANQUINHO, s. ìtìsẹ̀ (apoio para os pés).
BAR, TAVERNA, s. ilé ọlọ́tí.
BARATA, s. ayán > Ayàn pọ́ nínú ìràwé náà – Há muitas baratas dentro das folhas secas.
BARATEAR, v. fi_dọ́pọ̀ (baixar o preço).
BARATO, s. pọ́ọ́kú (de baixa qualidade).
BARATO, s. tí kò wọ́n – que não é caro, pọ̀.
BARBA, s. irùngbọ̀n < irun + àgbọ̀n.
BARBA-DE-MILHO, s. ìrùkẹ̀rẹ̀ àgbàdo.
BARBADO, s. bàárú (barba por fazer).
BARBÁRIE, s. ìwà-àìmòye (conduta imprudente).
BÁRBARO, s. ènìà burúkú.
BARBATANA DE PEIXE, s. lẹ́bẹ́, abẹ̀bẹ́ àyà.
BARBEAR, ESFREGAR, v. fá, fá irungbọn.
BARBEARIA, s. ibi-iṣẹ́ onígbàjámọ̀ (lit. local de trabalho do barbeiro).
BARBEIRO, s. gbàjámọ̀, onírungbọ̀n > onífárí – aquele que raspa a cabeça.
BARBELA, s. jọbọ̀jọ̀bọ̀ (pele do pescoço do boi).
BARBO, s. ọ̀bọ̀kú (um tipo de peixe).
BARCAÇA, FERRY BOAT, s. ọkọ̀-àṣọdà.
BARCO A VAPOR, s. ọkọ̀ ẹlẹ́ẹ́fín.
BARCO DE GRANDE PORTE, s. wétè, ọkọ̀-wétè.
BARCO DESTRUÍDO, s. ẹ̀ẹ́fọ́kọ̀.
BARCO SALVA-VIDAS, s. ọkọ̀ ojú-omi agbanílà (lit. barco de resgate).
BARCO, CANOA, s. ìgbájá.
BARDO, POETA, s. akéwì > akọrin – cantor.
BARGANHA, ACORDO, s. pànpá, àdéhùn.
BARGANHA, PECHINCHA, s. àsọtélẹ̀ (troca).
BARGANHAR, v. ṣàdéhùn < ṣe àdéhùn > Ó ṣàdéhùn pẹ̀lú mi – Ela fez um acordo comigo.
BARÔMETRO, s. ẹ̀rọ tí nlọ láti fi wọ̀n gbígbóná ara tàbí afẹ́fẹ́ (lit. máquina de que fazemos uso para medir pressão atmosférica – tempo quente, ar, vento).

BARQUEIRO, *s.* ọlọ́kọ̀ < oní + ọkọ́, àwàsọdá.
BARRA DE FERRO AQUECIDA, *s.* ọ̀gbágárá (para abrir buraco em madeira).
BARRA, TRANCA, *s.* ìhákùn (usada para fechar a porta).
BARRACA, *s.* ìpàgọ́ (ato de armar).
BARRACA DE CARNE, *s.* ìsọ̀ ẹran.
BARRACA DE COMIDA, *s.* àgọ́-búká.
BARRACA, ABRIGO, *s.* àgọ́ > Ó pa àgọ́ – Ele armou a barraca; > ìbùgbé jagunjagun – acomodação para soldados.
BARRACA, TENDA, *s.* ìsọ̀ > àgádà – casebre.
BARRACÃO, PAVILHÃO, *s.* àtíbàbà (com cobertura de folhas).
BARRADO, IMPEDIDO, *adj.* àtìpa.
BARREIRA, OBSTÁCULO, *s.* ìdínà.
BARRENTO, *adj.* pẹ́tẹpẹ̀tẹ̀, lámọ̀.
BARRICADA, OBSTÁCULO, *s.* agbàrà, ìdínà.
BARRIGA DA PERNA, *s.* popo-ẹsẹ̀, poposẹ̀, popodẹ̀.
BARRIGA, ESTÔMAGO, *s.* ikùn > ikùn nlá – barrigudo > Ikùn ndùn mi – Estou com dor de barriga.
BARRIL, *s.* àgbá > àgbá agolo – barril em formato cilíndrico.
BARRO, ARGILA, *s.* amọ̀ > Èlò amọ̀ – Vaso de barro.
BARRO, LAMA, LODO, *s.* pẹ̀tẹ̀-pẹ̀tẹ̀, pọ̀tọ̀-pọ̀tọ̀.
BARULHENTO, *adj.* láriwo.
BARULHO, *s.* ìpariwo, ariwo-pípa > hàhà-hìhì – detonação de arma.
BARULHO DO TREM, *s.* fákáfìkì.
BARULHO DO TROVÃO, *s.* sísán-àrá.
BARULHO, ALARIDO, *s.* ató.
BARULHO, CLAMOR, *s.* ariwo.
BARULHO, MOVIMENTO, *s.* gbòkegbodò.
BARULHO, RECLAMAÇÃO, *s.* àtótó > Wọ́n pa àtótó lé mi lórí – Eles me encheram de lamúrias e reclamações; > Atótóo! – Silêncio!
BARULHO, RUÍDO, *s.* kẹ́kẹ́.
BARULHO, TUMULTO, *s.* ihó, kutupu.
BASE, RAIZ, ALICERCE, *s.* ìpilẹ̀, ìpilẹ̀sẹ̀ > Wọ́n ni ìpilẹ̀sẹ̀ ilé Órísà yìí – Eles são os fundadores deste templo; > ìdí – nádegas, base do corpo:

usado como figura de linguagem > ìdí òrìṣà – fundamento de orixá, local de culto; > ìdí ọkọ̀ irin – estação de trem; > ìdílé – família, clã.

BASE DA ÁRVORE, *s.* ìdígi.

BÁSICO, ELEMENTAR, *s.* àkọ́bẹ̀rẹ́, àìpo.

BASQUETEBOL, *s.* básìkẹ́tìbọ́ọ̀lù (do inglês *basketball*), bọ́ọ̀lù alápẹ̀rẹ̀.

BASTANTE, MUITO, *adv.* ṣéṣé, gidigidi (verdadeiramente) > Mo dúpẹ́ gidigidi – Eu agradeço bastante.

BASTANTE, SUFICIENTE, *adj.* tó, tẹ́rùn > Iṣẹ́ rẹ̀ tẹ́ mi lórun – O trabalho dela me satisfez; > Mo ti rí tó – Eu já vi o suficiente.

BASTÃO, *s.* ìyẹ̀ (no qual se tece algodão).

BASTÃO DE ALISAR O CHÃO, *s.* àlubàrà, ẹ̀lubàrà.

BASTÃO DE FERRO, *s.* òdùrọ (usado pelos anjos para bater nos pecadores).

BASTÃO DE MADEIRA, *s.* ìṣán (usado no culto Egúngún).

BASTÃO DE METAL, *s.* òṣùn (símbolo de autoridade dos Bàbáláwo).

BASTÃO DO PILÃO, *s.* ọmọrí-odó (para amassar o alimento).

BASTÃO DOS BÀBÁLÁWO, *s.* ọ̀pá ọrẹ̀rẹ́, òṣùn.

BASTÃO GRANDE, PORRETE, *s.* kóndó.

BASTÃO PEQUENO, *s.* òlùgbóngbó, òlùgbóndóró, pónpó.

BASTÃO USADO EM DEFESA, *s.* ọ̀gọ.

BASTÃO, CACETE, *s.* sàn-ndá, pónpó.

BASTÃO, CLAVA, *s.* kúmọ̀, ògbó.

BASTAR, SER SUFICIENTE, *v.* tó > Iṣu yìí tó láti sè – Estes inhames são suficientes para cozinhar; > Omi dúdú gbóná tó – O café está quente o suficiente.

BASTARDO, *s.* ọmàlè, ọmọ àlè (lit. filho da outra).

BATALHA, DISPUTA, *s.* jíjà, ìjagun.

BATALHÃO, *s.* ẹgbẹ́ àwọn ọmọ-ogun.

BATALHAR, *v.* jagun < jà + ogun > Ó jagun àgbáiyé kéjì – Ele lutou na Segunda Guerra Mundial.

BATATA, *s.* pòtétò (do inglês *potato*).

BATATA-AMARELA, *s.* èsúrú (leve sabor amargo).

BATATA-DOCE, *s.* ànàmọ́, òdùkún, kúkúndùnkún (*Convolvulus Batatas*, Lineu).

BATATA (TIPO), *s.* kókò (tubérculo).
BATEDEIRA, DEBULHADEIRA, *s.* àpakà.
BATENTE DE PORTA, *s.* àlùgbà.
BATE-PAPO, CONVERSAÇÃO, *s.* òròsíso, òfófo, ìrégbè, ìsòrò > wí-regbè – falar sem parar.
BATER, *v.* fi_bà (tocar na pessoa) > Ó fi ẹgba bá mi – Ele me bateu com chicote.
BATER, *v.* gbá_lábàrá (agredir com a mão) > Ó gbá mi lábàrá – Ele me esbofeteou.
BATER, *v.* jàn, kàn > Ó kan ìlèkùn – Ele bateu na porta.
BATER, TOCAR, *v.* lù (atabaque, sino, relógio) > Ògá sèlù fún wa wọlé – O ogan tocou para nós entrarmos (sẹ + ìlù) > ìlù – tambor.
BATER, *v.* tí (com a mão ou com algo, acertar o alvo) > Ó tí mi nígi – Ele me acertou com um pau.
BATER A PORTA, *v.* sè ìlèkùn pèlú ipá (fechar a porta com força); > Ó sè ònà – Ela fechou o caminho.
BATER ATÉ MORRER, *v.* pakú.
BATER CABEÇA, *v.* foríbalè < fi + orí + bà + ilè (em sinal de reverência); > Ègbón mi kúnlè àti foríbalè fún òrișa rè – Minha irmã se ajoelhou e bateu cabeça para a divindade dela; > dojúbalè < dà + ojú + bà + ilè.
BATER COM A CABEÇA, *v.* serí < sẹ + orí > Ó sẹ orí mọ ògiri – Ele bateu a cabeça contra a parede (de propósito ou acidentalmente).
BATER COM A MÃO, *v.* nà (não expressa a intenção real de bater) > Nwón na ọmọ – Eles bateram na criança (*Obs.:* nwón é uma variação de àwọn, wón e usado quando não se distingue o autor).
BATER COM CHICOTE, FLAGELAR, *v.* nà_nípàṣán.
BATER COM O PÉ, *s.* ìpalámọlù.
BATER COM O PUNHO, *v.* béndé.
BATER COM SEVERIDADE, *v.* panígbè.
BATER COM, CHOCAR-SE, *v.* fi_lù > Ó fi kùmò lùmí – Ele me bateu com um bastão.
BATER CONTRA ALGO, *v.* sèmó (de propósito ou sem querer).
BATER CONTRA O CHÃO, *v.* lùbọlè.

BATER DE LEVE NA CABEÇA, *v.* sọ_níko (ou numa criança como punição).
BATER NA PORTA, *v.* kànkùn < kàn + ilẹ̀ + kùn.
BATER NO PEITO, EMPURRAR, *v.* ta_láyà, ta_láiyà (provocando briga).
BATER NO PEITO, *v.* sọ̀yà < sọ + àiyà.
BATER O PÉ, *s.* àkọsẹ̀, ìkọsẹ̀ > jàn ẹsẹ̀ mọ́lẹ̀ – bater o pé; > tẹ̀_mọ́lẹ̀ – calcar com o pé.
BATER OS PÉS, *v.* palámọlù (ou pular um contra o outro).
BATER PALMAS, *v.* pawọ́ (de forma cadenciada) > Wọ́n npawọ́ Òrìṣà nlá – Eles estão prestando reverência ao Grande Òrìṣà.
BATER PALMAS, APLAUDIR, *v.* patẹ́wọ́, lùmọ́, ṣápẹ́, ṣátẹ́ < ṣá + apẹ́.
BATER PARA ENDURECER, *v.* bọ́.
BATER SUAVEMENTE, *v.* lù_jẹ́jẹ́.
BATER TAMBOR, RESSOAR, *v.* sẹ > Ògá sẹ ìlù fún mi – O ogan bateu o tambor para mim.
BATER UM TECIDO, *v.* ṣàgbàlù (como forma de amaciamento).
BATER, AMASSAR, *v.* gbà_gún.
BATER, ATINGIR, *v.* bà, nà.
BATER, DAR UM TAPA, *v.* pó, gbá > Ó gbá mi létí pó – ele deu um tapa na minha orelha.
BATER, ESCORNEAR, *v.* kànpa.
BATER, GOLPEAR COM, *v.* dá_mọ́ > Ó dá igi mọ́ mi – Ele me bateu com um pau.
BATER, RUFAR ATABAQUE, *v.* sẹ̀lù < sẹ + ìlù (homenagear quem chega) > Ògá sẹ̀lù fún mi wọlé – O ogan rufou o atabaque para eu entrar.
BATERIA MILITAR, *s.* àgbá ogun.
BATERIA, PILHA, *s.* bátìrì (do inglês *battery*).
BATIDO, PISADO, *adj.* gígún (como se amassa o inhame).
BATISMO, *s.* ìsàmì > Òun jẹ́ ọmọ ìsàmì – Ele é o meu afilhado.
BATISTA, *s.* ìjọ onítẹ̀bọmi (grupo religioso).
BATIZADO, *s.* ìkómọjáde (momento de dar o nome à criança).
BATIZAR, *v.* sàmì > Sàmì fún ní orúkọ – Batizar para ter um nome; > tẹ̀bọmi – imergir, batismo nas águas.

BAÚ DE ROUPAS, *s.* àpótí-aṣọ.
BAZÓFIA, GABOLICE, *s.* ìfọ́nnu, ìfúnnu.
BEATIFICADO, *s.* alábùkún.
BEATITUDE, *s.* ìbùkún.
BÊBADO, ALCOÓLATRA, *s.* ọmu, ọmùtí, kángòjẹ.
BEBÊ, RECÉM-NASCIDO, *s.* ìkokó, bèbí (do inglês – *baby*) > Ikókó náà nsọkun – O bebê está chorando.
BEBÊ, CRIANÇA, *s.* ọmọ àgbo, ọmọ ọwọ́, ọmọ ọmú.
BEBEDEIRA, INTOXICAÇÃO, *s.* ìmutípara, ìmutíyó < mu + ọtí + yó.
BEBEDEIRA, *s.* àmupara > Ó mu ọtí para – Ele bebeu de cair.
BEBER, *v.* mu > àjọmu – ato de beber junto, mutí < mu + ọtí, gbé_mu.
BEBER ÁGUA, *v.* mumi < mu + omi.
BEBER JUNTO, *v.* bá_mu, jọmu, mupọ̀ > A mupọ̀ – Nós bebemos junto.
BEBER, ENSOPAR, *v.* um.
BEBERICAR, *v.* sẹ́_mu > Sẹ́ omi mu – Tome um gole de água.
BEBERRÃO, *s.* ọ̀mu, ọ̀mùtí.
BEBIDA, *s.* bọ́lugi (derivada de palmeira).
BEBIDA, *s.* ìdágẹ (pequena quantidade de bebida).
BEBIDA, *s.* mímu, ọtí.
BEBIDA ALCOÓLICA (TIPO), *s.* ógógóró.
BEBIDA FEITA DE FRUTOS, *s.* àgàdàgídí.
BEBIDA FEITA DE MILHO, *s.* okuṣà, ọtí-ọkà.
BEBIDA FERMENTADA DE MILHO, *s.* ọtí ṣẹ̀kẹ̀tẹ́, ọtí yangan.
BEBIDA FORTE, *s.* ọtí líle.
BEBIDA POUCO FERMENTADA, *s.* ọtí òjò, ọtí tuntun.
BEDUÍNO, *s.* tí ngbé nínú àgọ́.
BEIJAR, *v.* fẹnukonu < fi + ẹnu + kò + ẹnu) > Ó fẹnukonu rẹ lọ́rùn – Ele beijou-a no pescoço < lọ́rùn = ní + ọrùn.
BEIJO, *s.* ìfẹnukonu < fi + ẹnu + kò + ẹnu (lit. usar a boca contra boca).
BEIJU, *s.* bejú (bolo feito com massa de tapioca).
BEIRA, AO LADO, *s.* ẹ̀bá > Ó wà ní ẹ̀bá mi – Ela está ao lado de mim.
BEIRA, BORDA, *s.* bẹ̀bẹ̀ > Ó wà ní bẹ̀bẹ̀ ní odò – Ele está à beira do rio/ > ẹtí – orelha, usado como figura de linguagem para simbolizar o lado das coisas > Ó lọ sí etí odò – Ela foi para a beira do rio.

BEIRADA, BORDA, *s.* détí > Ó kún títí détí – Ele está cheio até a beirada.
BEIRA-MAR, LITORAL, *s.* bèbè òkun.
BELDADE, *s.* arẹwà.
BELEZA, GRACIOSIDADE, *s.* ẹwà > Ara rẹ lẹ́wà – Seu corpo é bonito; > Obìnrin ẹlẹ́wà – Uma linda mulher.
BÉLICO, *s.* bí ogun, bí ológun.
BELISCAR, *v.* rẹ́ > Ó rẹ́ mi – Ele me beliscou; > jálẹ́ẹ̀kánná, jálẹ́ẹ̀kan (apertar com os dedos).
BELO, LINDO, *s.* kélẹ́wà, arẹwà.
BEM, *adv.* dáadáa, dáradára > Mo yó dáadáa – Eu estou satisfeito (dito após uma refeição).
BEM, *adv.* pútú, pútú-pútú (usado com o verbo hó – ensaboar) > Ọṣẹ yìí hó pútú-pútú – Este sabão faz uma boa espuma.
BEM APERTADO, *adv.* gbọ́ín, gbọ́íngbọ́ín.
BEM DE VIDA, ABASTADO, *adj.* lówó bíi rẹ̀ẹ̀ri – ter dinheiro como evidência.
BEM COZIDO, ASSADO, *adj.* jiná dénú > Iṣu yìí jiná dénú – Este inhame está bem cozido.
BEM LIMPO, *adv.* féfé (de forma asseada).
BEM OU MAL, CERTO OU ERRADO, *adv.* tibi tire > Tibi tire nṣíṣẹ́ papọ̀ – Bem ou mal, trabalhamos juntos.
BEM, BOM, *adj.* rere, dára > Tábà kò rere sí ìlera – O cigarro não é bom para a saúde; > Ìhì rere – Boas-novas.
BEM-AFORTUNADO, PRÓSPERO, *adj.* ríjẹ.
BEM-AMADO, QUERIDO, *s.* àdúfẹ́.
BEM-AVENTURADO, *adj.* lásìkí, alábùkún.
BEM-DISPOSTO, AFÁVEL, *adj.* níwà.
BEM-EDUCADO, DE BOAS MANEIRAS, *adj.* ọmọlúwàbí, oníwà rere.
BEM-ESTAR, CONFORTO, *s.* ayọ̀ àti àlàáfíà.
BEM-QUERER, *s.* ìṣeun-ifẹ́.
BEM-SUCEDIDO, *adj.* mẹ́fun, ṣe yorí, ṣe rere > Òun jẹ́ ènìà mẹ́fun – Ele é uma pessoa bem-sucedida.
BEM-VESTIDO, *adj.* fínjú (elegante).

BEM-VINDO – BEXIGA, VESÍCULA

BEM-VINDO, adj. kú àbọ̀, káàbọ̀.
BÊNÇÃO, s. àlùbárìkà, ìsúre < sú + ire, ìbùkún < bù + kún > Ìyá mi súre fún mi – Minha mãe, sua bênção; > Ọlọ́run súre fún ọ – Deus o abençoe.
BÊNÇÃO, SORTE, s. ìwúre. ire, rere > Ó ro ire sí mi – Ela desejou sorte para mim; Ẹ kú orí're o – Boa sorte.
BENEFICIAR, v. ṣe ní ànfàní, ṣe nírere.
BENEFICÊNCIA, s. ilé egbògi, ìwà rere.
BENEFICIÁRIO, s. agbàbùkún, àjọrọ̀ ànfàní.
BENEFÍCIO, s. ànfàní.
BENEFÍCIO DE UMA AÇÃO, s. jayùn.
BENÉFICO, adj. lérè.
BENEVOLÊNCIA, CARIDADE, s. inúrere, ìfẹ́-inúrere, ìṣoore > Ó nínú rere – Ele tem benevolência, ele é caridoso < ní + inú – nínú.
BENEVOLENTE, adj. aláánú.
BENFEITOR, s. aṣoore, alóore, olóore > aláfẹ̀hìntì – aquele que apoia.
BENGALA, CAJADO, s. aparun, ọparun, ọ̀pá itilẹ̀.
BENIGNO, adj. ṣojú rere.
BENIN, s. Bìní, Ìbìní (cidade da Nigéria); Bẹ̀nẹ̀n (República de Benin).
BERÇÁRIO, s. ilé ìtọ́jú, jẹlẹ́osimi.
BERÇO DE CRIANÇA, s. ìtẹ́.
BERINJELA, s. ìgbá òìbó, ikàn.
BERRAR, RUGIR, v. bú > Bìnnìun bú – O leão rugiu; > Ọmọ náà bú sí ẹkún – A criança berrou em lágrimas.
BERRAR, v. kígbe > 'Wọ́n nkígbe – Eles estão berrando.
BERRAR POR SOCORRO, s. kébòsí.
BERRO, s. igbe > Ó kígbe mọ́ mi – Ele gritou contra mim.
BESOURO (TIPO), s. yánribo, ògìdí mọ̀là (encontrado em palmeira).
BESTEIRA, s. yányan > Ó bá mi sọ̀rọ̀ yányan – Ele disse besteira para mim.
BESTIAL, adj. bí ẹranko.
BESUNTAMENTO, s. ìtòróró (ato de untar com óleo).
BESUNTAR, s. firẹ́.
BETUME, s. ọ̀da.
BEXIGA, VESÍCULA, s. àpòtọ̀, àpò ara.

BEZERRO, s. ọmo-màlúù.
BIBELÔS, s. jùlà-júlá (objetos usados em decoração).
BÍBLIA, s. bíbélì (do inglês *bible*) > Wọ́n nkà bíbélì – Eles estão lendo a bíblia.
BIBLIOTECA, s. láíbrari (do inglês *library*).
BICAR, FURAR, v. sọ > Ẹiyẹ nsọ igi – O pássaro está bicando a madeira.
BICAR, v. sojẹ (cortar com o bico).
BICENTENÁRIO, s. igba ọdún (lit. 200 anos).
BÍCEPS, s. popo-apá, iṣanolóríméjì.
BICHO-DA-SEDA, s. ekùkù.
BICICLETA, s. básíkùlù (do inglês *bicycle*) > kẹ̀kẹ́-gìgún – ciclismo.
BICO DE AVE, s. àgógó ẹiyẹ, ẹnu-ẹiyẹ, ìkó.
BICO DO SEIO, s. ìkórí ọyàn, orí omú.
BICO LONGO, s. ẹnusọrọ.
BICO, FOCINHO, s. ìtúlẹ̀.
BICOLOR, s. aláwọ̀ méjì.
BIENAL, adj. lọ́dún méjì-méjì (espaço de dois anos).
BIENALMENTE, adv. ọlọ́dún méjì.
BIFE, s. ẹran-màlúù > Ẹran sísùn – Carne assada.
BIFURCAÇÃO, s. ìyànà.
BIFOCAL, s. olójúméjì.
BIFURCAR, v. yà méjì > Ọ̀nà yìí yà sí méjì – O caminho bifurcou em dois.
BIFURCAÇÃO, s. ìpín sí méjì.
BIGAMIA, s. níní ìyàwó méjì.
BÍGAMO, s. olóbìnrin'méjì (homem com duas mulheres).
BIGODE, s. irun ètè, irun imú, túbọ̀mú.
BIGODES, COSTELETAS, s. kànnàngó.
BIGORNA, s. ọtaroogún, owú.
BILATERALMENTE, adv. lọ́tunlósì.
BILIONÁRIO, s. eléèrú owó.
BILÍNGUE, adj. ní èdè méjì, elédè méjì (dois idiomas).
BILIS, SALIVA, s. ikun.
BÍLIS, VESÍCULA BILIAR, s. òróòro.

BIMESTRALMENTE, *adv.* olósùméjì, ẹlẹ̀ẹ̀méjì-lósù.
BINÁRIO, *adj.* oníméjì.
BINÓCULO, TELESCÓPIO, *s.* awò.
BIODEGRADAÇÃO, *s.* ẹ̀lọ̀ ẹ̀là-ìyè.
BIOGRAFIA, *s.* ìtàn ìgbésí ayé ènìà kan (lit. história da vida de uma pessoa).
BIOLOGIA, *s.* bàọ́lọ́jì (do inglês *biology*), ẹ̀kọ́ ẹ̀dá-oníyè.
BIOLOGISTA, *s.* akẹ́kọọ oníyé.
BIOMBO FEITO DE BAMBU, *s.* kẹ̀rẹ́.
BIÓPSIA, *s.* ayèwo ìṣù-ara (lit. exame do corpo).
BIOSSÍNTESE, *s.* afiyèdá (processo de criação da vida).
BIPARTIDÁRIO, *s.* ẹlẹ́gbẹ́méjì.
BÍPEDE, *s.* ẹlẹ́sẹ̀ méjì.
BISCATEIRO, *s.* afaraṣe-máfọkànṣe (trabalho com pouco interesse).
BISCOITO, BOLACHA, *s.* àkàrà òyìnbó, bisikíìtì (do inglês *biscuit*).
BISSEXUAL, *s.* ṣakọṣabo.
BISPO, *s.* bíṣọ́ọ̀pù, biṣọbù (do inglês *bishop*) > Olórí àwọn alùfa ṣọ́ọ̀ṣì – Titular dos sacerdotes religiosos.
BISTURI, *s.* abẹẹ dọ́kítà.
BIZARRO, ESTRANHO, *adj.* èèmọ̀ > Ojú mi rí èèmọ̀ – Eu estou preocupado.
BLASFEMAR, *v.* sọ̀rọ̀ àìtọ́ sí Ọlọ́run (falar de forma mal-educada para Deus).
BLASFÊMIA, CALÚNIA, *s.* ìsọ̀rọ̀-òdì.
BLEFAR, BRAVATEAR, *v.* ṣefààrí > Wọ́n nfi aṣọ dúdú ṣefààrí – Eles estão usando roupa preta para se exibir.
BLOCO, *s.* búlọ́ọ̀kù (de casas, peças do inglês *block*).
BLOCO DE PESSOAS, *s.* agbo > Agbo ènìà – Multidão de pessoas.
BLOQUEADOR DO CAMINHO, *s.* asénà.
BLOQUEAR, TAPAR BURACO, *v.* séhò < sé + ihó.
BLOQUEAR, *v.* fidì, fidè, dẹ̀lọ́nà.
BLOQUEIO, OBSTÁCULO, *s.* ìsénà, ìdènà > sénà – bloquear > Ó sénà – Ele bloqueou o caminho.

BLUSA, CAMISA, *s.* ẹ̀wù, ṣẹ̀ẹ̀tí, ṣọ́ọ̀tì (do inglês *shirt*).
BLUSA, CAMISETA, *s.* agbálaja.
BLUSA, *s.* bùláòsì, bùláàsì (do inglês *blouse*).
BOA AÇÃO, *s.* oore-ṣíṣe.
BOA CABEÇA, *s.* oríre < orí + ire.
BOA CONDUTA, *s.* ìwààrere.
BOA DISPOSIÇÃO, ALEGRIA, *s.* ayàya.
BOA MEMÓRIA, *s.* àìgbágbé, níyènínú.
BOA NOITE, *saud.* ẹ káàlẹ́, ó dojúmọ́. V. Latitude
BOA SORTE, *expres.* gúdùlọ́kù (do inglês *good luck*).
BOA SORTE, *saud.* ẹ kú ire o, ẹ kú ṣorí ire o > àwúre – bênção, boa sorte.
BOA-NOITE, *s.* kúùrọ̀lẹ́ (16:00 às 18:59h) káalẹ́ < kú + alẹ́ (19:00 às 23:59h).
BOAS MANEIRAS, *s.* ọ̀yàyà (delicadeza).
BOAS NOTÍCIAS, EVANGELHO, *s.* ìhìnrere.
BOA-TARDE, *s.* káàsàn < kú + ọ̀sàn.
BOA VIAGEM, *exp.* ọ̀nà're o (lit. desejo de um bom caminho).
BOA VONTADE, *s.* ìfé inú ọkàn > amor dentro do coração.
BOATO, FALSA NOTÍCIA, *s.* àjáṣọ.
BOATO, RUMOR, *s.* agbọ́nsọ, àròsọ.
BOBAGEM, DISPARATE, *s.* mọ́ra-mọ̀ra, iwèrè.
BOBALHÃO, *s.* adàgba-mádanú.
BOBO, *s.* wèrè, alápará, ọ̀dẹ̀ > Wèrè ọkùnron – Um homem fútil; > ọ̀pọ̀nù – idiota.
BOBINAR, ENROLAR, *v.* káwé.
BOCA, ABERTURA, *s.* ẹnu (também pode ser usado para indicar abertura, espaço) > Ẹnu yà mí – Eu fiquei surpreso (lit. a boca se abriu); > Pa ẹnu! – Cale a boca!
BOCADINHO, *s.* bárebàrebáre.
BOCADO, *s.* òkèlè > Òkèlè rìgìdì – Um bocado de comida.
BOCA DO ESTÔMAGO, *s.* kòtò-àyà.
BOCA FECHADA, *s.* ìdinu < dì + ẹnu.
BOCAL, FOCINHO, *s.* igi imú, igimú.
BOCEJAR, RELINCHAR, *s.* yán, yán hàn-hàn, yanu < yà + ẹnu.

BOCEJO, s. yíyán.
BOCHECHA, MANDÍBULA, s. ẹ̀rẹ̀kẹ́, ẹ̀ẹ́kẹ́.
BÓCIO, PAPO, s. onígẹ̀gẹ̀.
BODAS DE OURO, s. ìsoyigì góòlu.
BODE, s, òwúkọ, òbúkọ.
BOFE, s. odofin (resíduo animal).
BOI, VACA, s. ẹranlá, màlúù.
BOIA PARA PESCARIA, s. àfe.
BOICOTE, REJEIÇÃO, s. ìpatì, ìsátì (deixar algo ou alguém de lado).
BOICOTAR, v. pa_tí, sá_tì > Ìwọ patì rẹ̀ – Você a deixou de lado; > àpatì – pessoa que põe outra de lado.
BOLA, s. bọ́ọ̀lù (do inglês *ball*) > Eré bọ́ọ̀lù dára púpọ̀ fún ènìà – O jogo de bola é muito bom para a pessoa; > ìṣù (algo arredondado).
BOLA DE FARINHA, s. ìṣù ìyẹ̀fun.
BOLHA, s. ìléròrò (algo empolado).
BOLETIM, PROCLAMAÇÃO, s. ìkéde.
BOLICHE, s. eré bọ́ọ̀lù ní Améríkà (lit. brincadeira de bola na América).
BOLINHO DE ARROZ, s. ìṣù ìrẹsì > É ṣe ìṣù ìrẹsì méje – Ela fez sete bolinhos de arroz.
BOLINHO, FOLHADO, s. àkàrà fẹ́lẹ́fẹ́lẹ́.
BOLINHO DE FEIJÃO, s. àkàrà (feijão-fradinho).
BOLO CONFEITADO, s. àkàrà-àwọ̀n, keekì (do inglês *cake*).
BOLO DE BROTO DE FEIJÃO, s. mọ́ínmọ́ín, ọ̀lẹ̀lẹ̀.
BOLO DE MILHO-BRANCO, s. àkàsà.
BOLO DE MILHO, s. àkàrà-lápàtá, kangì.
BOLO DE NOIVA, s. àkàrà ìgbéyàwó.
BOLO DOCE, s. àkàrà-àdídùn, ọ̀lẹ̀lẹ̀.
BOLO FRITO DE MILHO, s. másà, lápàtá.
BOLOR, CORROSÃO, s. ìpatà.
BOLORENTO, BICHADO, adj. jíju.
BOLSA, s. àpò > Kò sí owó ní àpò – Ele não tem dinheiro no bolso; > Àpò-ìdílé – Bolsa família.
BOLSA DE GELO, s. àpòo yìnyín.

BOLSA DE VALORES, s. ojà-okówó.
BOLSA DE VIAJANTE, s. bírigami.
BOLSA DECORATIVA, s. àpòo jèrùgbé.
BOLSA DOS MITOS DE IFÁ, s. ọkẹ́ (contendo 20 mil búzios como medida padrão de oferenda).
BOLSA OU SACOLA, s. ìkápò, àkápò (aquele que usa), akalanbi.
BOLSO DE ROUPA, s. àpẹ̀wù, àpò-aṣo.
BOM, adj. verbal dára, dáa > Ó dára púpọ̀ – Ele é muito bom; dáadáa – bom, bonito > Ènìà dáadáa – Uma boa pessoa.
BOM CAMINHO! exp. ọ̀nà re o (dita no momento de despedida).
BOM CARÁTER, s. ìwàrere.
BOM HUMOR, s. inú dídùn, inú rere.
BOM ORADOR, s. ẹlẹ́nu dídùn.
BOM, BONITO, adj. dáadáa, dáradára, dádára.
BOM SENSO, SABEDORIA, s. lákàyè, ọgbọ́n > Ó kàwé ni, ṣùgbọ́n o ọgbọ́n kọ́ – Você é educado, mas não é instruído.
BOM, JUSTO, adj. sìàn, sunwọn.
BOM, SATISFATÓRIO, adj. wẹ́.
BOM-DIA, exp. káàárọ̀ < kú àárọ̀.
BOMBA, s. afọ́njà, bọ́nbù (do inglês bomb), pọ́mpù (do inglês pump).
BOMBA-D'ÁGUA, s. pọ́mpù omi > Ẹ̀rọ̀ fà omi – Máquina de puxar a água.
BOMBARDEAR, v. fi_fọ́ > fi afọ́njà fọ́ – usar bomba e explodir.
BOMBEAR, v. fà afẹ́fẹ́ sínú (lit. mover o ar para dentro).
BOMBEIRO, s. panápaná.
BOMBOM, DOCE, s. kándì (do inglês candy).
BOM-DIA, exp. káàárọ̀ < kú + àárọ̀, ẹ kú àwúrọ̀ (kú – palavra usada para agradecer, entre a pessoa que é agradecida e a circunstância do agradecimento).
BONDADE, BENEVOLÊNCIA, s. ire, oore > Mo fi ọgbọ́n orí mi ṣe àiyé lóore – Eu usei a minha inteligência em benefício do mundo; > Oore yèyé o – Mãe da bondade! Obs.: o expressa emoção, equivalente a um ponto de exclamação.

BONDADE, AÇÃO GENEROSA, s. ìṣenúrere.
BONDADE, BEM-QUERER, s. ìṣeun-ifẹ́.
BONDADE, BOAS MANEIRAS, s. ojúrere.
BONDADE, GENTILEZA, s. ìyọ́nú > inúyíyọ́ – ternura.
BONDOSAMENTE, adv. tọwọ́tẹsẹ̀ > Ó gbà mí tọwọ́ tẹsẹ̀ – Ele me recebeu de braços abertos (lit. inteiramente, com as mãos e os pés).
BONDOSO, adj. ṣọ̀ṣọ̀nú.
BONÉ, s. àramọ́rí (usado pelos nativos).
BONECA DE MADEIRA, s. ọmọ lángi, ọmọ lángidi.
BONITA, ESBELTA, s. ẹlẹ́wà, arẹwà > arẹwà obìnrin ni – É uma bela mulher.
BORBOLETA, s. labalábá.
BORBULHAR, v. túpùpù, hó.
BORDA, BAINHA, s. ìsẹ́tí.
BORDA, BEIRA, s. bèbè.
BORDADO, s. iṣẹ́ abẹ́rẹ́ – trabalho com agulha.
BORDADOR, ARTESÃO, s. ìṣọ̀nà > oníṣọ̀nà abẹ́rẹ́ – artista da agulha.
BORDAR, v. ṣe iṣẹ́ abẹ́rẹ́ (trabalhar com agulha),
BORDO DE CANOA, s. àrówà,
BORLA, s. fina (couro fino cortado ao comprido).
BORRA, SEDIMENTO, s. gẹ̀dẹ̀gẹ́dẹ̀.
BORRACHA PARA APAGAR, s. ohun-ìpàwéré.
BORRACHA, s. rọ́bà (do inglês *rubber*).
BORRÃO, s. àbùkù.
BORRAR, BESUNTAR, v. firẹ́.
BORRIFAR, v. wọ́n > Èmi fi omi wọ́n ilẹ̀ – Eu borrifei água na terra.
BORRIFAR, SALPICAR, v. fọ́n, fín > Ó fọ́n omi ká igbó – Ela salpicou água em volta do jardim.
BORRIFAR, ESPARRAMAR, v. ta_lára > Epo ta sí mi lára – O óleo salpicou em mim.
BOSQUE CERRADO, s. ẹgàn.
BOSQUE DE IFÁ, s. igbófá (dedicado a Ifá).
BOSQUE, CAMPO, s. ìgbẹ́, igbó.

BOTÂNICA, *s.* èkó nípa ògbìn > Ìmọ̀ nípa ohun ògbìn – Conhecimento das coisas das florestas.
BOTÃO, *s.* òsé, òníní.
BOTÃO, BROTO, *s.* ìdì.
BOTÃO DE FLOR, *s.* ìrudi.
BOTAR FORA, *v.* yẹ̀ > Ẹiyẹ yẹ iyẹ – O pássaro perdeu as penas.
BOTAR OVO, *v.* yé, yín, yéyin < yé + ẹyin > Adìẹ mi yé ẹyin mẹ́fa – Minha galinha botou seis ovos.
BOTAS DE CAVALEIRO, *s.* kòbìtà (fixadas com esporas).
BOTE, CANOA, *s.* ọkọ̀ ojú omi.
BOVINO, *s.* aríbíi-màlúù.
BOX, BARRACA, *s.* ibi-ọjà.
BOXE, PUGILISMO, *s.* ẹ̀sẹ́-jíjà.
BRAÇADEIRA, *s.* idẹ.
BOTICÁRIO, *s.* olùtà oògùn.
BRACELETE, *s.* kerewú, ẹgbà.
BRACELETE DE METAL, *s.* jufù.
BRACELETE, PULSEIRA, *s.* ìbọpá, ike, idẹ.
BRAÇO, LADO, *s.* apá > Apá ènìá kò gùn bí ẹsẹ̀ rẹ̀ – O braço da pessoa não é longo como sua perna; Ó fojú apá kan wò mí – Ela me olhou de lado; > àárín apá – meio do braço.
BRAÇO DIREITO, *s.* apá ọ̀tún (também usado para indicar o lado direito).
BRAÇO ESQUERDO, *s.* apá òsì > Ní apá òsì – No lado esquerdo.
BRANCO, *adj.* funfun > Ó te ẹní bò láṣọ funfun – Ela estendeu a esteira e cobriu com pano branco.
BRANCO, *s.* ẹfun, ifin.
BRANCURA, *adj.* fífun, funfun.
BRANDAMENTE, *adv.* wọ́ọ́rọ́, wọ́ọ́rówọ́.
BRANDO, SUAVE, *adj.* ọgẹrọ̀.
BRANQUEAR, *v.* sọ di funfun.
BRÂNQUIAS, *s.* bọ̀nkọ́lọ̀.
BRASA, *s.* ẹyín (carvão em brasa).
BRASA VIVA, INCANDESCENTE, *s.* ògúnná, ògúná.

BRASIL, *s.* Bràsíìlì.
BRAVO GUERREIRO, *s.* akọgun (defensor).
BRAVO! MUITO BEM! *interj.* ọkútọọ, okútọọ.
BRAVO, CORAJOSO, *adj.* láyà < ni + àyà, nígbóiyà > Ó láyà – Ele é corajoso.
BRAVO, ESPLÊNDIDO, *interj.* gbérè!
BRAVO, RUDE, *adj.* àìtù.
BRAVURA, CORAGEM, *s.* ògbójú.
BRAVURA, VALENTIA, *s.* aki, akin, ìgbójú, ìgbóòyà.
BREJO, PÂNTANO, *s.* àbàtà, ẹ̀rọ̀fọ̀, ẹrẹ̀, irà > Abo málúù lọ sí irà – A vaca foi pro brejo.
BREVE, *adj.* ṣẹ́ki (curto e rápido).
BREVEMENTE, *adv.* láìfàgùn, níṣókí.
BREVIDADE, *s.* àìgùn, ìkẹ́kúrú > ṣókí – pouco, em poucas palavras > Ní ṣókí mo wípé fẹ́ràn rẹ – Em resumo, eu digo que gosto de você.
BRIGA, DESENTENDIMENTO, *s.* ìjà, aáwọ̀ > ẹ kú aáwọ̀ – saudação diante de uma discussão, contenda.
BRIGA, DISPUTA, *s.* bíbájà, ìjà, ogun > Ó fi ìjà lọ̀ – Ele desafiou para uma luta.
BRIGADA, *s.* ẹgbẹ́ ọmọ-ogun, bìrìgéèdì (do inglês *brigade*).
BRIGADEIRO, *s.* olórí ẹgbẹ́ ọmọ-ogun.
BRIGÃO, *s.* oníjà (pessoa que discute).
BRIGAR, LUTAR, *v.* jìjà, jà > Ajá méjì njà – Dois cachorros estão brigando.
BRIGAR, SER HOSTIL, *v.* bá_jà > Ọ̀rẹ́ mi bá mi jà – Meu amigo brigou comigo.
BRIGUENTO, DISCUTIDOR, *adj.* bére-bére, adogunsílẹ̀.
BRILHANTE DEMAIS, *adv.* àranfejú (dito para o Sol).
BRILHANTE, CINTILANTE, *adj.* títàn, ṣáká.
BRILHANTEMEMTE, *adv.* fòò, fòòfòò, mọ̀nà, mọ̀nàmọ̀nà, gbẹrúgbẹrú, yaan, yànrán-yànrán, yéké-yéké, yinrin, jere, jerejere > Jígí náà dán mọ̀nàmọ̀nà – O espelho é muito ofuscante; > Ó ntàn yinrin – Ela está iluminando brilhantemente.
BRILHANTINA, *s.* ayọrun (para os cabelos).

BRILHAR FRACAMENTE, *v.* mọ́lẹ̀ díẹ̀díẹ̀, mọ́lẹ̀ bàìbàì.
BRILHAR O ROSTO, *v.* mọ́jú.
BRILHAR, ARDER, *v.* kooro, kòòrò.
BRILHAR, DESLUMBRAR, *v.* kọmọ̀nà > Ojú tábìlì yìí kọmọ̀nà – A superfície da mesa está brilhando.
BRILHAR, *v.* mọ́lẹ̀ < mọ́ + ilẹ̀, tàn.
BRILHO, LUZ, *s.* ìmọ́lẹ̀ > resplendor – tan ìmọ́lẹ̀.
BRILHO DAS ESTRELAS, *s.* ìmọ́lẹ̀ ìràwọ̀.
BRILHO DO FOGO, LUZ, *s.* ìtànná < tàn + iná.
BRILHO, FULGOR, *s.* ìtànṣàn, ìkọsaan.
BRILHO, RAIOS SOLARES, *s.* titànṣàn, ìtànṣàn.
BRINCADEIRA VIOLENTA, *s.* erépá.
BRINCADEIRA DE CRIANÇA, *s.* àsàyà > agbọ́nbéré – brincadeira de roubar uma coisa da outra.
BRINCADEIRA, *s.* ẹ̀fẹ̀, ìṣeré, eré ìtànjẹ, erékéré.
BRINCALHÃO, *s.* eléré, ẹléwọ̀.
BRINCAR COM, *v.* fi_ṣeré, fi_ṣiré > Wọ́n nfi bọ́ọ̀lù ṣiré – Eles estão jogando bola abánísere – companheiro de brincadeira.
BRINCAR DE ESCONDER, *v.* sindè, búúrú > agbọ́nbéré – esconde-esconde.
BRINCAR EM RODA, *v.* gbádí-gbádí > ìrù eré nlá kan – um tipo de grande divertimento.
BRINCAR, GRACEJAR, *v.* dápárá.
BRINCAR, PULAR, *s.* fò, bẹ́ > bẹ́kiri – dar cambalhota.
BRINCAR, *v.* ṣeré, ṣiré < ṣe + iré > Ó fẹ́ ṣiré pẹ̀lú mi – Ela quer brincar comigo; > ibi ìṣiré – local de brincar, playground.
BRINCO, *s.* òòka-etí, òrùka, yẹrí (do inglês *earring*) ka.
BRINDE, *s.* ìṣènìsì (forma de agradecimento por uma compra).
BRINQUEDO, *s.* àfiṣiré > ohun-ìṣiré ọmọdé – coisas de criança brincar.
BRISA SUAVE, *s.* afẹ́rẹ́, afẹ́ẹ́fẹ́-jẹ́jẹ́ > afẹ́rẹ́ omi-òkun – brisa do mar.
BRISA, AR, *s.* àtẹ́gùn > Mo fẹ́ atẹ́gùn sí i – Eu tomei fôlego para isto.
BRISA, VENTO, *s.* ẹ̀fúùfù > Agbára ẹ̀fúùfù – Um vento forte; > ẹ̀fúùfù líle – tornado.
BROCA DE DENTISTA, *s.* gègé-ìtahín.

BROCADO – BRUTO

BROCADO, *s.* burokedì (do iglês *brocade*).
BROCA, FERRAMENTA, *s.* ohun-èlò.
BROCA, PARASITA, *s,* bàránjé.
BROCHE, *s.* nkan ọṣọ́ fún ẹ̀wù obìnrin (lit. enfeite para a roupa feminina).
BRONCO, *adj.* súku-sùku.
BRONZE, *s.* idẹ > Irin yìí yọde – Este metal está coberto de verdete (acetato de cobre).
BRONZEAR, *v.* hu > A le hu awo – Nós podemos bronzear o couro.
BROTAR, *v.* sú (aparecer na superfície).
BROTAR A PLANTA, *v.* tẹkan < ta + ẹkán.
BROTAR CABELO, *v.* yọ̀rùkẹ̀rẹ̀ < yọ + ìrùkẹ̀rẹ̀ (na espiga de milho).
BROTAR DE NOVO, *v.* àtúnhú.
BROTAR FOLHAS, *v.* rúwé < rú + ewé.
BROTAR, ESPALHAR, *v.* gbilẹ̀, gbalẹ̀ < gba + ilẹ̀.
BROTAR, GERMINAR, *v.* pẹta, yọ > yojáde – sair para fora, yọ sílẹ̀ > Iṣu yìí nyọ jáde – Este inhame está brotando.
BROTO DE ÁRVORE NOVA, *s.* ọmọ igi, igi tutun.
BROTO DE FLOR, *s.* ìrudi (botão de uma flor).
BROTO DE INHAME, *s.* ìkó.
BROTO DE PLANTA, *s.* ọ̀dọ > ọ̀jẹ̀lẹ̀ – planta jovem.
BROTO DE SEMENTE, PLÚMULA, *s.* ọ̀dọ̀-rúgbìn.
BROTO, BOTÃO, *s.* àṣẹ̀ṣẹ̀yọ.
BROTO, DESDOBRAMENTO, *s.* ehù.
BROTO, GERMINAÇÃO, *s.* ẹta > Igi yìí pẹta – Esta árvore germinou.
BRUMA, NEVOEIRO, *s.* akoí.
BRUSCAMENTE, *adv.* féú, jábajàba, tẹ̀rẹ́, ìrorò > Ó tò wọ́n jábajàba – Ele os colocou de forma confusa, misturada; Ó yọ̀ tẹ̀rẹ́ – Ela deslizou bruscamente.
BRUSCO, RUDE, *adj.* aláìgbón.
BRUTAL, *adj.* ẹhànnà, níkà > Ó ya ẹhànnnà – Ele está num estado incontrolável; > bí ẹranko – como um animal.
BRUTALIDADE, TRUCULÊNCIA, *s.* ọbọlọ́, ìkà > ìwà ẹranko – caráter animal.
BRUTO, *adj.* òmùgọ̀, rorò.

BRUXO, *s.* oṣó > àjẹ́ – bruxa.
BRUXARIA, *s.* ìṣàjẹ́.
BUDISMO, *s.* Ẹ̀sìin Búdà > ẹlẹ́sìin Búdà – budista.
BÚFALO, *s.* ẹfọ̀n, èdé.
BUFÃO, PALHAÇO, *s.* aṣiwèrè, oníyèyé, aṣèfẹ̀ > Ó ya aṣiwèrè – Ele parece um idiota.
BUCÉFALO, *s.* baarú.
BUGIGANGA, BAGATELA, *s.* ohun-játijàti, ohun-játujàtu.
BUGIGANGAS, *s.* wósíwósí (pequenas mercadorias).
BULBO, BROTO, *s.* ẹta > Igi yẹn pẹta – Aquela árvore germinou.
BULE DE CHÁ, *s.* ìkòkòo tíí.
BULIR, *v.* mì, ariwo, ró kẹ̀kẹ̀ > Wọ́n nró kẹ̀kẹ̀ – Eles estão fazendo alvoroço.
BUQUÊ DE FLORES, *s.* ìdì òdòdó.
BURACO, *s.* ẹwuru, ẹhuru (coberto por terra, como armadilha).
BURACO CAVADO, *s.* ìrúnlẹ̀ (para entrar em algum local).
BURACO DE FECHADURA, *s.* ojú-kọ́kọ́rọ́.
BURACO ENCHARCADO, *s.* ògòdò (lugar pantanoso).
BURACO PEQUENO, *s.* aaye (em recipiente de madeira).
BURACO, COVA, *s.* isà, kòtò > Ó sú kòtò – Ele abriu, cavou uma cova.
BURACO, FOSSO, *s.* ihò.
BURBURINHO, *s.* ìrúkèrúdò.
BURGUÊS, CLASSE MÉDIA, *s.* ọlọ́lá, ọlọ́rọ̀.
BURRO, *s.* kẹ́tẹ́kẹ́tẹ́.
BUSCA, INQUÉRITO, *s.* ìtọsẹ̀.
BUSCA DESCUIDADA, *s.* ìfọwọ́tá.
BUSCA FRUSTRADA, *s.* àwátì.
BUSCA, PROCURA, *s.* àwárí.
BUSCAR, TRAZER, *v.* mú_wá (coisa leve), gbé_wá (algo pesado) > Múwá síhín – Traga para cá; > Ó fẹ́ kí o mú aṣọ rẹ̀ wá – Ela quer que você pegue a roupa dela e traga.
BUTIQUE, *s.* bòtíìkì.
BÚZIO MAIOR, *s.* owó ẹyọ.
BÚZIO PEQUENO, *s.* owó ẹ̀rò > Ó fi owó ẹ̀rò láti dá òrìṣà wò – Ele usa búzio pequeno para consultar orixá.

CABAÇA, s. igbá > Mo fi ìgbá láti bù omi um – Eu usei a cabaça para tirar água e beber.
CABAÇA ABERTA E RASA, s. pàkàtà.
CABAÇA CORTADA PARTE DE CIMA, s. akoto.
CABAÇA DA EXISTÊNCIA, s. igbá ìwà.
CABAÇA DOS QUATRO ODUS, s. igbádù. É guardada numa caixa de madeira – apèrè – só aberta em ocasiões especiais.
CABAÇA EM FORMA DE POTE, s. agbè, ìkèrègbè, akèrègbè.
CABAÇA FORMATO DE CANTIL, s. arọ̀, ahá (copo), àtẹ (prato).
CABAÇA GRANDE, s. igbájẹ̀, koto, akoto (larga).
CABAÇA PEQUENA, s. pọ̀kọ́ (usada como concha).
CABAÇA PERFURADA, s. ògigí (usada para apanhar lagostas).
CABAÇA PESCOÇO LONGO, s. agbèjọ̀lọ̀, atọ́, àdó (formato de garrafa).
CABAÇA QUEBRADA, s. àkàràgbá, àkàràgbè.
CABAÇA USADA COMO TAMBOR, s. agè.
CABAÇA TRANSPORTE DE ÁGUA, s. kèngbè, kèrègbè, kete.
CABAÇAS, PESSOA QUE CONSERTA, s. asọgbá.
CABALA, s. awo (mistério).
CABANA, s. àgọ́ > àgọ́ etí-odò – abrigo à beira do rio.
CABEÇA, s. orí > Orí ni ó nṣe ire fún gbogbo wa – É a cabeça que faz a sorte para todos nós; > Orí nfọ́ mi – Estou com dor de cabeça (lit. minha cabeça está quebrando. Orí também é usado como advérbio

para definir coisas altas e destacadas) > Ẹiyẹ nkọ lórí igi – O pássaro está cantando no alto da árvore (lórí < ní + orí – no alto, sobre; sórí < sí + orí – para o alto).

CABEÇA-DURA, ESTÚPIDO, s. olórí-líle (cabeçudo).
CABEÇA RASPADA, s. afárí > Òun fárí rẹ̀ – Ele raspou a cabeça dela.
CABEÇALHO, LEGENDA, s. àkọlé (endereço de uma correspondência).
CABEÇUDO, OBSTINADO, s. lagídí.
CABELEIREIRO, s. onídìrí, onídìrun < oní dì – trançar, irun – cabelo; > ilé iṣerun – estabelecimento do cabeleireiro.
CABELO, s. irun > ìdirun – estilo de trançar os cabelos.
CABELOS GRISALHOS, s. ewú, ìwú.
CABELO DO NARIZ, s. irunnú imu > irun ihò imu, irun ihòomu – cabelo do buraco do nariz.
CABELUDO, adj. nírun, nígọ̀gọ̀, àirẹ́run (sem cortar o cabelo).
CABELUDO, s. onírunlára (que tem muitos pelos).
CABIDE, PREGADOR, s. ìgangan, èékàn.
CABO DE ENXADA, s. àrúkọ, ẹrúkọ.
CABOGRAMA, s. ránṣẹ́ wáyà – enviar mensagem por cabo.
CABINE, s. yàrá nínú ọkọ̀ ojú omi – dependência dentro de um navio.
CABO DE FACA, s. èèkù, ekun (espada ou punhal).
CABO DE VASSOURA, s. ṣàṣàrà-ọwọ̀.
CABO, PROMOTÓRIO, s. ṣónṣó-ilẹ̀ (ponta de terra).
CABRA DO MATO, s. ẹkìrì, edú (cabra-selvagem).
CABRA GRANDE, s. àkẹ̀ > èkèrègbè, ìkèrègbè – cabra jovem.
CABRA, s. ewúrẹ́.
CABRITO JOVEM, s. ọmọ ewúrẹ́.
CABRITO-MONTÊS, s. èsúo, èsúwo.
CAÇA, s. ìdẹ̀gbẹ́, ìdẹgbó, ìdọdẹ, ìgbẹ́-ọdẹ.
CAÇADA, CAPTURA, s. ìmú (ato de pegar algo à força, acesso ao poder).
CAÇADA, PERSEGUIÇÃO, s. ìlépa > lépa – perseguir, correr atrás.
CAÇADOR, s. ọdẹ, peiyẹpeiyẹ > dẹ – caçar.
CAÇAR JUNTO, v. jọpa > A jọpa ẹranko – Nós caçamos junto.
CAÇAR NO MATO, v. dẹ̀gbẹ́ < dẹ + ìgbẹ́, dẹgbó < dẹ + igbó.

CAÇAR OU PESCAR ACOMPANHADO, *v.* bá‿dẹ > Ó bá mi dẹ ẹja – Ela pescou comigo.
CAÇAR, PEGAR, *v.* dẹ, dọdẹ, sọdẹ < sẹ́ + ọdẹ > Ó lọ sí ìgbẹ́ dẹ – Ele foi para o mato caçar.
CACAREJAR, *v.* gbẹ́ (fazer zoada) > adìẹ gbẹ́ – a galinha cacareja.
CACAU, *s.* kòkó (do inglês *cocoa*).
CACHAÇA, *s.* ọtí (define a bebida) > ọtí funfun – vinho branco, ọtí bíà – cerveja; > Ó nmu ọtí níwọ̀n – Ele está bebendo moderadamente.
CACHECOL, XALE, *s.* ìborùn, síkáàfù (do inglês *scarf*).
CACHIMBO, *s.* ìkòkò tábà > Bàbá mi mu ìkòkò tábà – Papai fuma cachimbo.
CACHO DE DENDEZEIRO, *s.* ìdì ẹyin.
CACHOEIRA, *s.* ọ̀sọ̀ọ̀rọ̀ omi, ìtàkìtì omi.
CACHO, RAMO, *s.* gbangba.
CACHORRO, *s.* ajá > ìbéjá – cachorro do mato em *Iléṣà*.
CACHORRO-QUENTE, *s.* ajá-ìgbóná > Mo fẹ́ jẹ ajá-ìgbóná – Eu quero comer cachorro-quente.
CACHORRO VELHO, *s.* okipa-ajá.
CACHOS DE BANANA, *s.* pádi ògèdè.
CACHUMBA, *s.* dùrọ̀, ṣegede.
CAÇOAR, DESRESPEITAR, *v.* tanu < ta + ẹnu > Ó tanu mi – Ele me desrespeitou.
CAÇOAR, ZOMBAR, *v.* fi‿dápárá Ó fi mí dápárá – Ela caçoou de mim.
CACOFONIA, DISSONÂNCIA, *s.* aruwo.
CACOS DE LOUÇA, *s.* ẹ̀ẹ́fọ́ ìkòkò, àpáàdí (fragmentos).
CACTO, *s.* igi ọrọ́, òpirì (nome genérico para diversos tipos).
CAÇULA, *s.* àbíkẹ́hìn.
CADA UM, CADA PESSOA, *pron.* ẹnikọ̀ọ̀kan > Ẹnikọ̀ọ̀kan ní òrìṣà rẹ̀ – Cada pessoa tem a sua divindade.
CADÁVER, *s.* òkú > ìkú – morte.
CADEADO, FECHADURA, *s.* àgádágodo.
CADEIRA CONFORTÁVEL, SOFÁ, *s.* àga-inarayá.
CADEIRA DE BALANÇO, *s.* àga onírírọ́.

CADEIRA DE DEFICIENTE, s. àga arọ́.
CADEIRA DE RODAS, s. kẹ̀kẹ́ abírùn.
CADEIRA, ASSENTO, s. àga, ìjókó, ìjókòó > Gbé agà iyẹn wá síbí – Traga aquela cadeira para cá.
CADÊNCIA, s. rírẹhùn sílẹ̀.
CADERNO DE NOTAS, s. ìwé ifiyèsí, ìwé ìrántí.
CADETE, s. ọmọ ogun > Ẹnití kọ́ ẹ̀kọ́ nípa ogum – Aquele que estuda em aula sobre o exército.
CADUCO, GASTO, adj. kùjọ́kùjọ́ > Ó di arúgbo kújọ́kújọ́ ṣùgbọ́n mo fẹ́ràn rẹ̀ – Ele é caduco, mas eu gosto dele.
CADUQUICE, SENILIDADE, s. arán, ṣíṣarán, òjòkútọtọ.
CAFÉ, s. omi dúdú, kọfí (do inglês *coffee*).
CAFÉ DA MANHÃ, DESJEJUM s. onjẹ òwúrọ̀ (lanche matinal).
CAIAR, REBOCAR, v. ṣán (engessar) > ṣánlé – caiar uma casa.
CAÍDO, ARQUEADO, adj. gànkù.
CÂIMBRA, s. pajápajá.
CAIR AS FOLHAS, v. wọ́wé (estação de outono).
CAIR NO CHÃO, v. lulẹ̀ < lù + ilẹ̀ > Ọmọdé lulẹ̀ – A criança caiu no chão.
CAIR E QUEBRAR, v. jáwó > Ife jáwó – O copo caiu e quebrou.
CAIR EM CIMA, TROPEÇAR, v. talù.
CAIR EM DESGRAÇA, v. gbòtá < gbà + òtá, tẹ́ > ìtẹ́ni – desgraça.
CAIR EM GOTAS, v. sẹ̀, sẹ̀rì < sẹ̀ + ìrì (como o orvalho) > Ó sẹ̀rì = Ìrì sẹ̀ – O orvalho caiu.
CAIR GENTE, v. ṣubú > ó tì mí, mo ṣubú – ele me empurrou, eu caí.
CAIR LIVREMENTE, v. jáwálẹ̀.
CAIR MORTO, v. jákú > Ó jákú – Ele caiu morto.
CAIR NAS GRAÇAS DE ALGUÉM, v. tórí.
CAIR NO CHÃO FERIDO, v. ṣábolẹ̀, jákulẹ̀.
CAIR NO CONCEITO, v. tẹ́lọ́wọ́ < tẹ́ + lọ́wọ́.
CAIR POR SI MESMO, v. fòṣánlẹ̀ > Ó fòṣánlẹ̀ – Ele mesmo saltou e caiu.
CAIR POR TERRA, DESABAR, v. wọ̀, wólù > wólulẹ̀ – cair algo pesado.
CAIR SOBRE, ESCORREGAR, v. bọ́ > Àwo bọ́ lọ́wọ́ mi – O prato caiu da minha mão.

CAIR, DERRUBAR – CALAMITOSO, DESASTROSO

CAIR, DERRUBAR, *v.* ṣubú_lulẹ̀, wó_lulẹ̀, gé_lulẹ̀ > Ilé yẹn wólulẹ̀ – Aquela casa desmoronou.
CAIR, ESPARRAMAR-SE, *v.* ta > talù – cair em cima.
CAIR, TOMBAR, *v.* wó (desmoronar, derrubar) > Wó igi – Derrube a árvore.
CAIR, *v.* jábọ́ (das mãos, no chão) > Èṣó jábọ́ ilẹ̀ – A fruta caiu no chão; rébọ́ (de uma certa altura) > Ó rébọ́ igi náà – Ele caiu do alto da árvore.
CAIR COMO A CHUVA, *v.* rọ̀ > Òjò nrọ̀ – Está chovendo (lit. a chuva está caindo).
CAIR, *v.* rẹ̀, rẹ̀dànù (folhas ou frutos).
CAIXA-D'ÁGUA, RESERVATÓRIO, *s.* àgbá-omi.
CAIXA DE AGULHAS, *s.* ilé abẹ́rẹ́.
CAIXA DE FÓSFORO, *s.* iléná.
CAIXA DE RAPÉ, *s.* àpótí-aṣárà, bátà.
CAIXA DE SOM, *s.* àpótí ohún.
CAIXA ECONÔMICA, *s.* ilé fowó pamọ́ > pamọ́ – economizar.
CAIXA-FORTE, *s.* ilé ìṣúra (caixa do tesouro).
CAIXA POSTAL, *s.* àpótí-ìwé, àpótí-lẹ́tà.
CAIXA REGISTRADORA, *s.* ẹ̀rọ ìkawó > àpótí owó – gaveta de dinheiro.
CAIXA, MALA, *s.* àpótí > àpótí-ẹrù – mala para bagagem.
CAIXÃO, CARRO FÚNEBRE, *s.* àgaà-pósí.
CAIXÃO, *s.* pósí.
CAJADO DE COR BRANCA, *s.* ọ̀pá àbatà.
CAJADO DE OXALÁ, *s.* ọ̀páṣóró.
CAJADO, *s.* ọ̀pá (usado na composição de palavras) > ọ̀pá fitílà – vela.
CAJU, *s.* kajú (*Anacardium Occidentale*).
CAL, *s.* òrónbó-wẹẹrẹ.
CALABOUÇO, PRISÃO, *s.* túbú.
CALADO, *s.* adákẹ́, sàìfọhùn, láìṣúsí (indiferente).
CALAMIDADE, *s.* wàhálà, ìdààmú, jàmbá.
CALAMITOSO, DESASTROSO, *adj.* jàmbá > Ó ṣe jàmbá fún mi – Ele me fez uma injúria > ìjàmbá – dano.

CALAR A BOCA, *v.* pa ẹnu, panumọ́ < pa + ẹnu + mọ́ (ficar em silêncio).
CALÇA, *s.* sòkòtò, ṣòkòtò > ṣòkòtò gbooro, ṣòkòtò gígun – calça comprida.
CALÇA APERTADA, *s.* alóngó > kènbẹ̀ – apertada nos joelhos.
CALÇA BOCA LARGA, *s.* dáríbákì.
CALÇA BOMBACHA, *s.* nàgúdù (ajustada no tornozelo).
CALÇA COM BORDADOS, *s.* àgàdànsì.
CALÇADA DE RUA, *s.* ọ̀nà ẹlẹ́sẹ̀, ọ̀nà ẹbá títí (caminho em beira de rua).
CALCANHAR, *s.* gìgísẹ̀, ẹhìn èsẹ̀ (lit. atrás dos pés).
CALCAR COM OS PÉS, *v.* tẹ̀mọ́lẹ̀ > fi ẹsẹ̀ rìn – usar os pés e pressionar para baixo, pisar.
CALÇAR SAPATOS, *v.* bọ > Òun nbọ bàtà – Ela está calçando os sapatos; > bọ́ – tirar, remover. *Obs.*: verbo monossílabo com tom grave: perde o acento antes de substantivo.
CALÇAR, PÔR, INTRODUZIR, *v.* bọ > Ó fi ọwọ́ bọ lẹ́nu mi – Ela enfiou a mão na minha boca; > ìbọsẹ̀ – meias.
CALCÁREO, *s.* àpáta ẹfun, òkúta-ẹfun.
CALCIFICAR, ENDURECER, *v.* gan > Ẹsẹ̀ mi gan – Meu pé endureceu, eu tenho câimbra no pé; > Ẹ̀yìn rẹ̀ ti gan – A parte de trás dele é dura.
CÁLCIO, *s.* ìṣù ẹfun, ìṣù kálsíà.
CALCINHA DE MULHER, *s.* ìlábìrù (ceroula).
CALÇO PARA UMA FENDA, *s.* òòlà.
CALÇO, TAMPÃO, *s.* èékàn.
CALCULADO, CONTADO, *adj.* ṣíṣírò.
CALCULADORA, *s.* èrọ àṣìrò.
CALCULAR, AVALIAR, *v.* ṣí, kà, ṣírò > Bá mi ṣí owó yìí – Ajude-me a calcular este dinheiro; > ìṣírò – matemática.
CALCULISTA, *s.* onísírò, onísírò-owó.
CÁLCULO, CONTA, *s.* àṣírò, ìṣírò > ìfá ìṣírò – função matemática.
CÁLCULO DE DINHEIRO, *s.* àṣìrò owó (contador).
CÁLCULO DE TEMPO, *s.* àṣírò àsìkò.
CÁLCULO POR MÉDIA, *s.* ìròpín.
CÁLCULO, COMPUTAÇÃO, *s.* ìkà.
CALDEIRÃO, *s.* odù, ìkokò nlá.
CALDO, PAPA, *s.* dẹngẹ́ > ọbẹ̀ – sopa.

CALDO DE CARNE, MOLHO, *s.* omi ẹran, omitoro.
CALDO DE SOPA, *s.* omitoro ọbẹ̀ > Èmi fẹ́ràn omitoro ọbẹ̀ – Eu gosto do caldo de sopa.
CALE A BOCA! *interj.* panumọ́, dákẹ́jẹ́, ṣe jẹ́jẹ́!
CALEJADO, DURO, *adj.* dápáta.
CALENDÁRIO, *s.* ìwé imọ̀-gbà, kàlẹ́ndà (do inglês *calendar*).
CALE-SE, FIQUE QUIETO, *exp.* Fẹnumẹ́nu.
CALHA, BEIRADA DA CASA, *s.* ẹnu-ọ̀sọ́rọ̀.
CALIBRAÇÃO, *s.* ìgúnwọ̀n.
CALIBRAR, *v.* gúnwọ̀n.
CALIBRE, *s.* àlàjá ojú-ibọn.
CALMA, CONFORTO, *s.* jẹ̀lẹ́nkẹ́.
CALMA, PAZ, *s.* ìrọra < rọ̀ + ara.
CALMA, QUIETUDE, *s.* ìparọ́rọ́, bíbalẹ̀ > inú tútù – interior quieto.
CALMA, TRANQUILIDADE, *s.* ìrọlẹ̀, ìtura.
CALMAMENTE, *adv.* bótí. geere, gerege, jẹ́ẹ́, jẹ́jẹ́, jẹ́jẹ́jẹ́, pẹ̀sẹ̀, pẹ̀sẹpẹ̀sẹ, kúékúé, kúrékúré, nẹgénnégén > Ó gun kẹ̀kẹ́ ó nlọ geere – Ele está andando de bicicleta calmamente, com estilo; > Ṣé ẹ lé sọ̀rọ̀ ní pẹ̀lẹ́pẹ̀lẹ́? – Você pode falar mais calmamente?
CALMANTE, SUAVIZANTE, *s.* ẹlẹ́rọ̀.
CALMO, QUIETO, *adj.* tútù, títútù > rọlẹ̀ – acalmar.
CALOR, FEBRE, *s.* ìgbóná > ìgbóná-ara – ardor, fervor, zelo.
CALOR, TRANSPIRAÇÃO, VAPOR, *s.* ooru > Ooru mú mi – Estou com calor (lit. o calor me pegou) > làágùn < là òógùn – transpiração, suor.
CALORIA, *s.* kalorí (do inglês *calory*).
CALOTEIRO, TRAPACEIRO, *s.* oníjìbìtì, arẹ́níjẹ́, ajẹ́nígún.
CALÚNIA, DIFAMAÇÃO, *s.* ìgbadùlúmọ̀, ọ̀rọ̀ ìbàjẹ́, abínúkú (malícia).
CALÚNIA, MENTIRA, *s.* ìsááta, dùlúmọ̀ (mentira).
CALUNIADOR, DIFAMADOR, *s.* agbadùlúmọ̀, abánijẹ́, apanilára > aténi – pessoa que humilha outra.
CALUNIADOR, FALADOR, *s.* ẹlẹ́gàn, onídùlúmọ̀ > ajírọ̀sọ – falador.
CALUNIAR, DIFAMAR, *v.* sáátá, sọ̀rọ̀ àbùkù, gbadùlúmọ̀, borúkọjẹ́ < bà + orúkọ + jẹ́ > O borúkọ mi jẹ́ – Você me difamou.
CALUNIAR, *v.* sọ̀rọ̀ lẹ́hìn < sọ + ọ̀rọ̀ + lẹ́hìn (lit. falar pelas costas).

CALUNIOSO – CAMINHÃO DE CARGA

CALUNIOSO, *adj.* níbàjẹ́.
CALVÁRIO, *s.* ibití wọ́n gbé kàn Jesu mọ́ àgbélébú – local onde pregaram Jesus na cruz.
CALVÍCIE, *s.* àìnírun, ìpárí, pípárí, orí pípá.
CALVO, *adj.* pári, aláìnírun.
CALVO, LISO, *adj.* rèté-rèté.
CAMA, *s.* àkéte, ìbùsùn < ibi + ìsùn (lugar onde se dorme).
CAMA, *s.* bẹ́ẹ̀dì (do inglês *bed*).
CAMA DE REDE, *s.* ibọ̀po.
CAMALEÃO, *s.* ọ̀gà, agemọ.
CÂMARA, CÔMODO, *s.* iyàrá, iyẹ̀wù > Ẹ̀gbọ́n mi wà ní iyará rẹ̀ – Minha irmã está no quarto dela.
CAMARÃO, LAGOSTA, *s.* edé, idé.
CAMAREIRO, *s.* ìríjú, ìwàrẹ̀fà.
CAMARINHA, *s.* hunkọ > Òun wà ní hunkọ – Ele está na camarinha.
CAMBALEAR, *v.* ta ṣùṣù, tagbọ̀ngbọ́n > Ó ta ṣùṣù – Ele cambaleou.
CAMBALEANTE, *adv.* tàgétàgé.
CAMBALEAR, VACILAR, *v.* tọ̀_gẹ̀gẹ́ > Ó tọ̀ gẹ̀gẹ́ – Ela cambaleou.
CAMBALHOTA, *s.* àlògbé (forma de exercício físico).
CAMBALHOTA, *s.* èkìtì, ìtàkìtì, òkìtì (salto mortal) > Ó ta òkìtì – Ele executou um salto mortal; > Ó rẹ́rìn títí ó fẹ́rẹ̀ tàkìtì – Ele riu até quase se dobrar em dois.
CAMBALHOTA, *s.* òbìrìpé.
CÂMBIO DE DINHEIRO, *s.* ìrọwó.
CÂMBIO, *s.* ìṣepàṣípààrọ̀.
CAMBRAIA, *s.* aṣọ funfun fẹ́lẹ (tecido branco fino).
CAMELÔ, AMBULANTE, *s.* akiri-ọjà, àlájàpá.
CAMELO, *s.* ìbakasíẹ, ràkunmí (do idioma hausá).
CÂMERA, *s.* ẹ̀rọ ìyàwòrán, kámẹ́rà (do inglês *camera*).
CAMINHADA CONJUNTA, *s.* àjọrìn.
CAMINHADA LENTA, *s.* arámáàdúró.
CAMINHADA, *s.* ìrìnká (dar uma volta), ìwọ́lú (com propósitos escusos).
CAMINHÃO DE CARGA, *s.* ọkọ̀ akẹ́rù, mọ́tò ẹrù.

CAMINHÃO-TANQUE, s. ọkọ̀-omi alágbá.
CAMINHANTE, s. àṣìnà, alárìn kákiri.
CAMINHAR, v. kasẹ̀ < kà + ẹsẹ̀, kàsà (com passos medidos).
CAMINHAR, v. pọ̀gẹ̀gẹ́, tọ̀gẹ̀gẹ́ (como uma pessoa fraca).
CAMINHAR COM ALGUÉM, v. bá_rìn > Ó bá mi nrìn – Ela está caminhando comigo; > dárìn > Mò ndárìn – Estou caminhando sozinho.
CAMINHAR COM BENGALA, v. sandá (com bastão de apoio).
CAMINHAR COM DIGNIDADE, v. fọlárìn < fi + ọlá + rín, fọláyan < fi + olá + yan.
CAMINHAR FURTIVAMENTE, v. tẹlẹ̀, yọ́rìn > Òun tẹlẹ̀ jẹ́jẹ́ – Ela está caminhando às escondidas.
CAMINHAR LIGEIRO, VELOZ, adj. agangan > Ó nrìn agangan – Ele está indo ligeiro.
CAMINHAR, VAGAR, v. rìnkiri.
CAMINHADA FURTIVA, s. àyọ́rìn (na ponta dos pés).
CAMINHO CURTO, s. àbujá.
CAMINHO ESTREITO, s. ọ̀nà tóóró, ọ̀nà híhá.
CAMINHO VELHO, s. òkúnà, òkú-ọ̀nà (estrada abandonada).
CAMINHO, MANEIRA, v. lọ́ná < ní + ọ̀nà > Lọ́nà náà tí yíò fi tètè yé mi – A forma que usará me esclarecerá rapidamente.
CAMINHO, TRAJETÓRIA, s. ipa.
CAMISA DE MANGAS, s. dàndógó (mangas largas e pregas).
CAMISA DE MANGA CURTA, s. èwù alápá-kúkúrú.
CAMISA DE MANGA LONGA, s. èwù alápá-gbọ̀ọ̀rọ̀.
CAMISA, BLUSA, s. ẹ̀wù, bùbá, ṣẹ́ẹ̀tì (do inglês *shirt*).
CAMISETA, s. agbálaja.
CAMISOLA, s. ẹ̀wù àwọ̀sùn.
CAMPANHA, s. kàmpééènì (do inglês *campaign*).
CAMPANHA, REBELIÃO, s. ọ̀tẹ̀ > Wọ́n ṣe ọ̀tẹ̀ sí i – Eles fizeram uma revolta contra mim.
CAMPEÃO, DEFENSOR, s. akọgun < akọ + ogun.
CAMPO ABERTO, PLANO, s. pápá.
CAMPO MAGNÉTICO, s. ìtẹ́ òòfà.

CAMPO, ÁREA, s. òdàn-ìṣeré, fíìdì (do inglês *field*).
CAMUFLAR, v. paradà < pa + ara + dà.
CAMUNDONGO, s. èlírí.
CANADÁ, s. Kánádà.
CANA-DE-AÇÚCAR, s. ìreké.
CANAL AUDITIVO, s. inú etí, ihò etí (interior da orelha).
CANAL DE EJACULAÇÃO, s. ọ̀nà àtọ̀.
CANALHA, PATIFE, s. ẹni-ègbé.
CANÁRIO, s. ẹiyẹ ìbákà.
CANÁRIO, s. ìbákà (tipo de ave do Senegal).
CANÁRIO-DA-TERRA, s. ṣinṣin.
CANÇÃO ALEGRE, s. orin ayọ̀ > Àwọn ènìà nkọrin ayọ̀ – As pessoas estão cantando uma canção alegre.
CANÇÃO TRISTE, s. orin arò.
CANÇÃO, ELEGIA, s. rárà.
CANCELA, PASSAGEM, s. àìsẹ̀.
CANCELAMENTO, s. yíyẹ̀sílẹ̀.
CANCELAR, REVOGAR A ORDEM, v. pe àṣẹpadà.
CANCELAR, TORNAR NULO, v. sọ_dòfo, pa_rẹ́ > Ó sọ òfin yìí dòfo – Ele revogou essa lei < sọ + di + òfo.
CÂNCER, s. akàn, àrùn-jẹjẹrẹ > àrùn inú ara – doença dentro do corpo.
CÂNCER DE PELE, s. akàn iwọ̀ ara.
CÂNCER DO SEIO, s. akàn ọmú > ọmù wíwú – inflamação do seio.
CÂNCER VAGINAL, s. akàn òbò.
CANDEEIRO, VELA, s. àbẹ́là > Òun taná àbẹ́là kan – Ela acendeu uma vela.
CANDIDATO, s. ẹnidánwò, ẹnititun (pessoa em teste) > Ẹnití ó ndù ipò – Aquele que está competindo por um cargo; > àṣèlú – candidato político > Ṣé o ti yàn àṣèlú rẹ? – Você já escolheu seu candidato?
CANDOMBLÉ, s. Ilé Àṣẹ Òrìṣà – Casa do Poder do Orixá.
CANECA, POTE, s. kete (cabaça para carregar água).
CANECA DE BARRO, s. orùbà.
CANELA, s. ojúgun < ojú + igun (frente da perna).

CANELA, **TÍBIA**, s. ìgún ẹsẹ̀.
CANETA, **LÁPIS**, s. gègé, kèké.
CANETA, s. kálámù (do árabe *kalamu*), péẹ̀nì (do inglês *pen*) > Kò sí omi-ìkòwé nínú kálámù mi – Não há tinta na minha caneta.
CANGA, s. àjàgà.
CÂNHAMO, s. igi ògbò.
CANHÃO, **MORTEIRO**, s. àgbá.
CANHOTO, s. alòsi, aṣósì, ọlọ́wọ́ òsì > Ó nfi ọwó òsì láti kọ – Ela está usando a mão esquerda para escrever.
CANIBAL, s. ajẹ̀nìa. Apanijẹ.
CANIL, s. ilé ajá > Àwọn ajá ngbó nílé ajá.
CANINO, adj. ajá.
CANIVETE, s. abẹ (navalha, bisturi).
CANJICA, s. yangan, àgbàdo.
CANO DE ARMA, s. ojú-ìbọn.
CANO, **TUBO**, s. ọ̀sọ̀ọ̀rọ̀ (colocado no canto do telhado para colher água da chuva).
CANOA, **BARCO**, s. ìgbájá.
CANOA ESCAVADA DE TRONCO, s. adíkò.
CANOEIRO, s. agbẹ́kọ̀, ògbẹ́kọ̀ (construtor de canoas).
CANSAÇO, **ATRIBULAÇÃO**, s. ìṣẹ́.
CANSADO, adj. aarè, agara > Àárẹ mú mi – Estou cansado (lit. o cansaço me pegou).
CANSAR, **INCOMODAR**, v. sú > Mo sú láti ṣe yìí – Estou cansado de fazer isto.
CANSATIVAMENTE, adv. tìpọ̀n, sùn-ùn (de forma esgotada).
CANSATIVO, **ENFADONHO**, adj. láèrè, dídá lágara.
CANTAR, v. kọ > Àwọn akọrin kọ orin dídùn – Os cantores cantaram uma cantiga doce; > àkùkọ kọ – o galo cantou.
CANTAR CANTIGA, v. kọrin, kunrin < kọ + orin > Àwa fẹ́ràn orin tí ó kọ – Nós gostamos da cantiga que ela cantou.
CANTAR DO GALO, s. kékéréké.
CANTAROLAR, v. kùn > ìkùn – murmúrio, rumor.

CANTEIRO, s. ebè.
CÂNTICO, CANTIGA, s. orin > Àwọn akọrin náà kọrin dídùn – Os cantores estão cantando cânticos agradáveis.
CÂNTICOS DE IFÁ, s. ìyèrè.
CÂNTICOS EM LOUVOR, s. orin ìyìn, orin ayọ̀.
CANTIGA RUIM, s. ìkọkúkọ > Òun kọrin ìkọkúkọ – Ele cantou uma cantiga horrível.
CANTINA, s. búkà.
CANTO DA CASA, s. igun-ilé.
CANTO FÚNEBRE, s. ègè.
CANTO, ÂNGULO, s. igun.
CANTO, ESQUINA, s. ìkángun, orígun > Orígun mẹ́rẹ̀ẹ̀rin ìyé – Os quatro cantos do mundo.
CANTO, RECANTO, s. ìkọ̀rọ̀, ìkọ̀rọ̀gún.
CANTOR, s. akọrin < kọ́ – cantar, orin – cantiga; > olórin < oní + orin.
CANUDO DE REFRESCO, s. òòfà omi.
CÃO DE CAÇA, s. ajá ọdẹ.
CÃO DE GUARDA, s. ajá ìṣọlé.
CAOLHO, UM SÓ OLHO, s. olójúkan.
CAOS, CONFUSÃO, s. rùdurùdu > rògbòdìyàn – crise.
CAÓTICO, s. juujuu, dídàrú.
CAPACETE DE FERRO, ELMO, s. àkòró > alákòró – expressão usada para definir o Orixá Ogum.
CAPACETE DE PROTEÇÃO, s. idérí > àṣíborí – cobertura da cabeça.
CAPA DE CHUVA, s. ẹ̀wù òjò.
CAPACHO, ESTEIRA, s. ẹní > Óun tẹ́ ẹní sùn – Ela estendeu a esteira e dormiu.
CAPACIDADE, COMPETÊNCIA, s. agbára, àyè.
CAPACITAR, v. múlágbára.
CAPA DE CHUVA, s. aṣọ òjò.
CAPACETE DE PROTEÇÃO, s. àṣíborí.
CAPATAZ, s. akónisíṣẹ́, aṣáájú > ògá níbi iṣẹ́ – mestre do local de trabalho.
CAPAZ, adj. lè, lágbára.

CAPCIOSO, s. léìrẹ́, alátakò.
CAPIM, s. eèsun (usado para fazer esteira).
CAPINAR, LIMPAR A ROÇA, v. gán, (limpar a roça – tuko < tu + oko).
CAPITAL DE UMA CIDADE, s. olú-ìlú > Ibo ni olú-ìlú ìpínlẹ̀ Bràsíìlì? – Onde é a capital do Brasil?
CAPITAL DA NIGÉRIA, s. Abuja.
CAPITAL PARA NEGÓCIOS, s. owó-òwò.
CAPITAL, ESTOQUE, s. owó-ìlélẹ̀ (provisão para um negócio).
CAPITAL, VALORES, s. okòwó.
CAPITALISMO, s. ìlọ́rọ̀ (prosperidade).
CAPITALISTA, s. ọlọ́rọ̀.
CAPITÃO DA GUARDA, s. olórí-ẹ̀ṣọ́.
CAPITÃO, s. balógun, ògágun.
CAPITÃO DE NAVIO, s. olórí-ọkọ̀, ògákò̩ < ògá + ọkọ̀.
CAPÍTULO DE LIVRO, s. orí ìwé > Mò nka orí ìwé kéjì – Estou lendo o segundo capítulo do livro.
CAPOTE, PALETÓ, s. l aṣọ ìlékè, agbádá.
CAPRICHO, VENETA, s. ìṣebi.
CAPRICHOSO, CABEÇUDO, s. aláìgbọ́ràn.
CÁPSULA, s. àgúnmì.
CAPTURA, s. ìmú.
CAPTURAR, AGARRAR, v. mú.
CAPTURADOR, s. Ẹnití ó mú aṣínwín – Aquele que pega o malfeitor.
CAPTURADO À FORÇA, s. àlémú.
CAPTURAR, AGARRAR, v. mú > ìmú – caçada.
CARABINA, s. ibọn onígi-kékeré.
CARACOL PEQUENO, s. àlákò̩ṣẹ, èsèsàn, ìpèrè > òkòtó – caramujo, ato de girar > Ó njó bíi òkòtó – Ela está dançando como um caracol.
CARACTERÍSTICA, s. ìwà-ìdáyàtò̩, ìṣesí.
CARACTERIZAÇÃO, s. ìkàkún.
CARACTERIZADO, adj. yíyà.
CARACTERIZAR, v. kà_kún, kà_sí > Kà á sí owó – Considerar isto como dinheiro.

CARA-FECHADA, CARRANCA, s. kikánjú.
CARAMUJO, s. ìgbín, òkòtó, ikòtó > òkòtó – ato de girar.
CARAMUJO PEQUENO, s, àkòsìn, ìlákòsẹ, aginisọ, ìsawùrú.
CARANGUEJO, s. akàn, alákàn > Akàn nkọ́? Èwọ̀ ni – E o caranguejo? É proibido > ìgà akàn – garra do caranguejo.
CARÁTER IMPRÓPRIO, s. ìwà-àìtọ́.
CARÁTER PECULIAR, s. ìwà-ọ̀tọ̀.
CARÁTER, CONDUTA, s. ìwà, ìṣesí > Ìwà lẹ́wa – A beleza está no caráter; > Ìwà lẹwà – O caráter é bonito.
CARÁTER, RETIDÃO, s. ìwà ẹ̀tọ́ > Ṣé owó ní yelórí jù ìwà? – O dinheiro tem mais valor do que o caráter?
CARAVANA, s. ẹgbé arìnrìn àjò.
CARBONO, s. èédú, èdúdú.
CARBURADOR, s. kaburẹ́tọ̀ (do inglês *carburettor*).
CARCASSA, s. òkú ènìà, òkú ẹranko > animal morto.
CARCEREIRO, s. onílétúbú, onítúbú, olùṣọ́ ilé túbú.
CARCINOMA, s. alákàn.
CARDÁPIO, MENU, s. ìwé ìtọ̀sọ̀nà ounjẹ > Ẹ jọ̀wọ́, ẹ bá nmú ìwé ìtọ̀sọ̀nà ounjẹ – Por favor, me traga o cardápio.
CARDEAL, s. oyè gíga ti ìjọ páàdì – alto título da congregação de padres.
CARDÍACO, s. àrùn ọkàn.
CARDIOLOGIA, s. ẹ̀kọ́ ọkàn.
CARDIOLOGISTA, s. onísẹ̀gùn ọkàn.
CARDIOVASCULAR, SISTEMA, s. ètò ọkàn àti ìṣàn èjè ara (lit. sistema da corrente de sangue do corpo).
CARECA, CALVO, s. apárí, láìnírun > Mo wà apárí fún mọ̀ – Estou careca de saber– *exp.*
CARREGADOR DE CABAÇA, s. àrùgbá.
CARÊNCIA, CARESTIA, s. wínwọ́n.
CARÊNCIA, AUSÊNCIA, s. àìtó, àìsí, àbùkù > ìkùnà – fracasso.
CARÊNCIA, NECESSIDADE, s. àìní nkan tí a gbọ́dọ̀ ní – não ter algo que precisamos ter.
CARENTE, *adj.* láìnífẹ́.
CÁRIE DENTÁRIA, s. ehín kíkẹ̀.

CARGA, BAGAGEM, s. ẹrù > Ẹrù náà gbìngbìn púpọ̀, ng kò lè rù ú – A carga é muito pesada, eu não posso carregá-la; > ẹrù ọkọ̀ – carga, frete.
CARGA FINAL, s. ẹrupin > Óun rù ẹrù pin – Ela levou o carrego em sua cabeça (tradição yorùbá).
CARGA PESADA, s. gbingbinnìkìn (algo difícil de carregar).
CARGO, FUNÇÃO, s. ọ́fíìsì (do inglês *office*).
CARGO, POSTO, s. ipò.
CARICATURA, PARÓDIA, s. àpárá, ẹ̀sín > ayédèrú – charge, imitação.
CARIDADE, AMOR, s. ìfẹ́ni < ìfẹ́ + ẹni – amor a uma pessoa; > Àwọn ọmọ ló nsunkún ìfẹ́ni àti ààbò òbí – As crianças necessitam de afeto e proteção familiar.
CARIDADE, ESMOLA, s. ohun-ọrẹ, sàráà > Mo ṣe sàráà fálágbe náà – Eu fiz uma caridade para aquele mendigo.
CARIDADE, GENEROSIDADE, s. inúrere, ìlawọ́ > Ó ni ọ̀rẹ́ àànú – Ele é um amigo piedoso; > Láìnúrere kò sí ìgbàlà – Fora da caridade não há salvação; > lawọ́ – abrir a mão, ser generoso.
CARIDOSO, GENEROSO, adj. aláànú, onínúre.
CÁRIE DENTAL, s. ehín kíkẹ̀.
CARIMBO, SELO, s. èdìdì.
CARINHO, s. ìgẹ̀, ìkẹ́ > Ó ṣekẹ́ mi – Ele fez um carinho em mim.
CARINHO, CAFUNÉ, s. ìfowọ́palórí (afago na cabeça).
CARINHOSAMENTE, adv. músẹ́, ọ̀wọ́nlọ́wọ́n (afetuosamente).
CARINHOSO, adj. nífẹ́, kún fún ìfẹ́ (lit. cheio de amor, cordialidade).
CARISMA, s. láárí.
CARISMÁTICO, s. onílááŕi.
CARNAL, s. ti ara (lit. do corpo) > ẹ̀yà ara – partes do corpo.
CARNAVAL, s. àjọ̀dún (festa anual), orò (costume tradicional > Inú mi dùn láti pè yìn sí àjọ̀dún mi – Estou feliz por convidar vocês para a minha festa.
CARNE, s. ẹran > ẹran ara – carne do corpo.
CARNE ASSADA, s. ẹran sísùn > Mo fẹ́ràn jẹ ẹran sísùn – Eu gosto de comer carne assada.
CARNE COZIDA, s. ẹran sísè.
CARNE DE CARNEIRO, s. ẹran-àgùtàn.

CARNE DE PEITO, s, ẹran àiya.
CARNE DE PORCO, s. ẹran-ẹlẹ́dẹ̀.
CARNE DE VEADO, s. ẹran-gala, ẹran-àgbọ̀nrín.
CARNE DE VITELA, s. ẹran ọmọ màlúù.
CARNE EM PEDAÇOS, s. ajan (para venda).
CARNE FRESCA, s. ẹran tútù.
CARNE FRITA, s. ẹran díndín.
CARNE MOÍDA, s. ẹran lílọ.
CARNE-SECA, s. ẹran gbigbẹ (defumada).
CARNE, ANIMAL, s. ẹran.
CARNEIRO, s. àgbò (carneiro castrado – ogufe).
CARNE-SECA FRITA, s. àdíngbẹ, àdínjó.
CARNIFICINA, s. ìpakúpa.
CARNÍVORO, s. ajẹran > Ẹranko ajẹran-jeegun – Um animal que come carne.
CARNUDO, adj. ẹlẹ́ran.
CARO, VALIOSO, adj. níyelórí > Ọkọ̀ yìí jẹ́ níyelórí – Este carro é caro; > ọ̀wọ́n – algo de grande valor.
CAROÇO, s. tòbó.
CAROÇO DO DENDEZEIRO, s. èkùrọ́.
CAROÇO GRANDE, s. agọsu.
CAROÇO SEM REENTRÂNCIA, s. èkùrọ́ ọ̀ṣọ̀ṣà (não usado no culto a Ifá).
CAROÇO QUE NÃO SE COME, s. èkùrọ́ àìjẹ.
CAROÇO, TUMOR, s. málúke > ìṣù – inchaço.
CARPETE, s. aṣọ títé sílẹ̀, aṣọ àtẹ̀rin kápẹ́ẹ̀tì (do inglês carpet).
CARPINTARIA, s. iṣẹ́ káfẹ́ntà (do inglês carpenter).
CARPINTEIRO, s. afági, fágifági, gbẹ̀nàgbẹ́nà, ògbégi, káfẹ́ntà (do inglês carpenter) > Gbẹ̀nàgbẹ́nà náà gbẹ́ ère kan – O carpinteiro esculpiu uma imagem < gbẹ́ – entalhar, esculpir, nà – bater com a mão.
CARPO, s. ọrùn-ọwọ́ > eegun ọrún-ọwọ́ – ossos do carpo.
CARRANCA, CARA FECHADA, s. kíkanjú.
CARRANCA, ESCÁRNIO, s. yíyọ̀sùtìsí.
CARRANCUDO, s. ìkanjú, àkanjú < kan + ojú (cara fechada).

CARRAPICHO, *s.* èèmọ́.
CARRASCO, *s.* apànìà.
CARREGADO COM AS MÃOS, *s.* àfọwọ́kọ́ (portátil).
CARREGADO, NUBLADO, *adj.* pòkudú.
CARREGADOR DE MADEIRA, *s.* arugi.
CARREGADOR, *s.* ẹlẹ́rù, aláárù.
CARREGADORES, *s.* dánásungbọ́ (termo pejorativo).
CARREGAR A ARMA, *v.* kìbọn.
CARREGAR ÁGUA, *v.* romi < rù + omi.
CARREGAR CARGA, *v.* rẹrù < rù + ẹrù.
CARREGAR CINZAS, *v.* kérú.
CARREGAR DINHEIRO, *v.* rowó < rù + owó.
CARREGAR E LEVAR, *v.* gbé_lọ, kó_lọ, rù_lọ > Jẹ́kí a gbé e lọ sí ọ̀dọ̀ oníṣègùn – Vamos carregá-lo e levá-lo à presença do médico.
CARREGAR FARDO NA CABEÇA, *v.* tarù > Mo tarù – Eu levei uma carga na cabeça (carregar na cabeça, uma tradição yorùbá).
CARREGAR JUNTO, *v.* rù_bọ > Mo rù mí bọ̀ – Eu carreguei junto de mim.
CARREGAR MADEIRA, *v.* rugi < rù_igi.
CARREGAR NAS COSTAS, *v.* pọ̀n, dá (criança) > Ó npọ́n ọmọ rẹ̀ – Ela está carregando o filho dela nas costas.
CARREGAR ÓLEO, *v.* repo < rù + epo.
CARREGAR SACOLA, *v.* kápò < ká + àpó (ajudando uma pessoa).
CARREGAR, *v.* dẹrùlé, rù (na cabeça).
CARREGO FINAL, *s.* ẹrù pin.
CARREGO FÚNEBRE, *s.* àjèjé (funeral do caçador), ẹrù éégun.
CARREIRA, PROFISSÃO, *s.* iṣẹ́ ẹni.
CARRETEL DE LINHA, *s.* kẹ̀kẹ́ òwú.
CARRO DE MÃO, TRANSPORTE, *s.* kẹkẹ́ ẹru, kẹ̀kẹ́ ológeere.
CARRO, *s.* káà (do inglês *car*), mọ́tò (do inglês *motor*).
CARRO FÚNEBRE, *s,* àgaa-pósí, mọ́tò okú.
CARRO, VEÍCULO, *s.* ọkọ̀, ọkọ̀ ayọ́kẹ́lẹ́, kẹ̀kẹ́ > kẹ̀kẹ́ ẹrú – carro de carga > Má mu mọ́. Ọkọ̀ ni ti o lọ wà > Não beba mais. É um carro que você vai dirigir; > Mo wọ̀ ọkọ̀ – Eu entrei no carro.

CARRO DE BAGAGEM, VAN, s. mótò ẹrù.
CARRO DE PASSAGEIRO, s. mótò èrò.
CARTA DE JOGAR, CARTÃO, s. páálí-ìṣeré, káàdì (do inglês *card*).
CARTA, s. akọwé, lẹ́tà (do inglês *letter*) > Lẹ́tà ni Òjó nkọ́ nísisíyí – É uma carta que Ojó está escrevendo agora.
CARTÃO DE CRÉDITO, s. páálí ìyáwó < yá + owó, kẹdirit kàdì – cartão de crédito (do inglês *credit*).
CARTÃO, PAPELÃO, s. páálí.
CARTÃO-POSTAL, s. páálí ìkíni.
CARTÃO VISA, s. ìwé-ìwọlé.
CARTAZ, POSTER, s. ìwé ìkédè, páálí-ìkédè.
CARTEIRA, ASSENTO, s. àga ìkọ̀wé > Akẹ́kọ́ jókó ní àga ìkọ̀wé rẹ̀ – O aluno sentou na cadeira dele.
CARTEIRO, s. apínlẹ́tà, akólẹ́tà.
CARTILAGEM, s. òkèrékèré.
CARTILAGINOSO, s. aríbí-okèrékèré.
CARTUCHO, s. àpótí ọta ibọn.
CARVALHO, MADEIRA, s. igi apádò.
CARVÃO EM BRASA, s. ẹyín iná.
CARVÃO, s. èédú, èédú-igi > Kó èédú si ibi ìdáná – Coloque carvão no fogareiro.
CARVOEIRO, s. eléèdú.
CASA, s. ilé > Òun ti lọ sílé – Ela já foi para casa. Também usado na formação de palavras > ilé adìẹ – galinheiro; > ilékílé – uma casa qualquer.
CASACO, PALETÓ, s. kóòtù (do inglês *coat*).
CASA COBERTA COM SAPÊ, s. ilé koríko.
CASA DE ABELHAS, s. ilé oyin.
CASA DE CAMPO, s. ahéré.
CASA DE CULTO, s. ìbọ (local de adoração) > Ilé ìbọ eégún – Casa de culto aos mortos.
CASA DE ENCONTROS PRIVADOS, s. ilédì.
CASA DE FORÇA, s. ilé oníná (onde a força elétrica é gerada).
CASA DE REPOUSO, s. ilé èrò, ilé ìsinmi.
CASA MOBILIADA, s. ilé àgbàsùn.

CASA, EDIFICAÇÃO, s. ìmọlé, ilé mímọ > adodo – formato cônico.
CASAL DE POMBOS, s. ejigbèdè.
CASAL, s. ọkọláyà (marido e esposa).
CASAMENTEIRO, s. alárinà.
CASAMENTO, s. fífẹ́ (ato de querer alguém).
CASAMENTO, NÚPCIAS, s. ìgbéyàwó (cerimônia de união) > Ó ti ṣe ìgbéyàwò. O mà ṣe o! – Ele já é casado. Que pena!
CASAMENTO COM PARENTE, s. arota.
CASAR, DESPOSAR, v. fẹ́láya, fẹ́níyàwó (contratar um casamento).
CASAR, v. gbé_yàwó > Wọ́n gbé arawọn ní yàwó – Eles se casaram um com o outro; > Ṣé o ti ìyàwó? – Você é casado? (lit. você tem esposa?) > soyìgí (rito muçulmano).
CASAS TRADICIONAIS, s. ilé ìbílẹ̀.
CASCA DE ÁRVORE, s. èèpo igi.
CASCA DE COCO, s. ésan (fruto da palmeira), kòròfo (de noz ou de ovo).
CASCA DE FERIDA, CROSTA, s. èèpà > Ò nyún èépá – Ele está coçando a ferida.
CASCA DE FRUTA, s. èèpo èso.
CASCA DE NOZ DA PALMEIRA, s. ihá (depois da extração do óleo).
CASCA DE OVO, s. igbé ẹyin.
CASCA, DEBULHO, s. ìyangbẹ (palha – èèpo).
CASCA, PELE, s. awọ, èèpo > Wọ́n fi awo ẹwúrẹ́ láti ṣe gbẹ̀du – Eles usaram o couro de cabra para fazer tambor.
CASCALHO, AREIA GROSSA, s. òkúta-wẹ́wẹ́, òkúta-wẹẹrẹ.
CASCATA, CACHOEIRA, s. òṣọ̀ọ̀rọ̀ omi.
CASCAVEL, s. àgbàfúfú.
CASCO, PATA DO GADO, s. pátákó, bàta ẹsẹ̀ màlúù.
CASCUDO, SARNENTO, adj. léépá.
CASEBRE, BARRACÃO, s. àgádà.
CASERNA, s. ibùgbé àwọn jagunjagun > acomodação dos militares.
CASSINO, CASA DE JOGO, s. ilé ìtatẹ́tẹ́.
CASO, ASSUNTO, s. ejọ́, ọ̀ràn > Èyí kì íṣe ejọ́ mi – Isto não é meu problema.
CASO CONTRÁRIO, conj. àyámọ̀bí, àyàmọ̀pé, ànbí.

CASPA – CATASTRÓFICO

CASPA, s. èèrí-orí.
CASSETE, s. káṣééti (do inglês *cassette*).
CASSETETE, s. pónpó.
CASTA, CLASSE, s. ẹlégbéjẹgbé.
CASTELO, PALÁCIO, s. ààfin > aláàfin – um título real.
CASTELO, FORTALEZA, s. ilé olódi, ilé ìṣọ́.
CASTIDADE, s. láìmọkùnrin, láìmobìnrin.
CASTIGAR, BATER, v. nà.
CASTIGAR, PUNIR, v. kọ́lọ́gbọ́n, bá_wíjọ́, jẹ_níyà > Ó bá mi wíjọ́ – Ele me acusou; > Ó jẹ mí níyà – Ele me castigou.
CASTIGO, PENALIDADE, s. ọ̀hun, aje.
CASTIGO, s. ìjẹníà, ìkó (batendo na cabeça, cascudo).
CASTRAÇÃO, s. ọ̀ya, yíya (esterilização).
CASTRADO, s. aképé (pessoa ou animal).
CASTRAR ANIMAIS, v. tẹ̀lọ́dá.
CASTRAR PESSOA, v. tẹ̀_níbààfin > Ó tẹ̀ mí ni bààfin – Ele me castrou para o serviço no palácio.
CASUAL, adj. alábápàdé, àìròtẹ́lẹ̀.
CASUALMENTE, adv. lálàbápàdé (inesperadamente).
CASULO, s. ewuru, ewuruku, àpèkùkù.
CATALISADOR, s. ayásè.
CATÁLISE, s. ìyásè.
CATÁLOGO, s. ìwé orúkọ.
CATAPORA, VARICELA, s. ilẹ̀gbónà > ṣàṣà – marcas de catapora.
CATAPULTA, s. àkàtànpo.
CATAR, PEGAR UM POR UM, v. ṣà > Ó ṣà wọ́n nílẹ̀ – Ele os pegou no chão.
CATARATA NOS OLHOS, s. afọ̀ta, atafo-ojú, àìsàn ojú.
CATARRO, s. otútù oníkun, àhutu-ikọ́.
CATARSE, PURGAÇÃO, s. wíwẹ̀mọ́.
CATÁRTICO, adj. ẹ̀là amúniyàgbé.
CATÁSTROFE, s. àjálù, ìjànbá, wàhálà.
CATASTRÓFICO, adj. búburú, burúkú.

CATECISMO, s. ìwé àdùrà, ìwé ìgbàgbọ́ (livro de fé e confiança).
CATEDRAL, s. kátígráàlì (do inglês *cathedral*).
CATEGORIA IDÊNTICA, s. ìbánapọ̀, ìbáṣowọ́pọ̀ (mesma sociedade).
CATEGORIA, GRUPO, s. ọ̀wọ́ > Wọn tọ́ ọ̀wọ́ – Eles se dirigiram em grupos.
CATEGORICAMENTE, adv. jálẹ̀, jálẹ̀-jálẹ̀, kanlẹ̀kanlẹ̀.
CATEGÓRICO, adj. láìṣìyèmèjí (sem dúvida).
CATEQUISTA, s. katikísti (do inglês *catechist*).
CATEQUIZAR, v. kọ́ ènìà nípa ìbèèrè àti ìdáhùn – ensinar sobre pergunta e resposta.
CATIVAR, SEDUZIR, v. gbàláya.
CATIVAR, SUBJUGAR, v. gbàláìyá.
CATIVEIRO, s. ìgbèkùn, ìkólẹ́rú > oko-ẹrú – escravidão, cativeiro.
CATIVO, s. ẹrú, ẹlẹ́wọ̀n.
CATÓLICO, s. kátólíkì (do inglês *catholic*).
CATÓLICOS, s. ìjọ̀ àgùdà.
CAUÇÃO, FIANÇA, s. ìṣègbọ̀wọ́, onígbọ̀wọ́.
CAUCÁSIO, adj. òìbó, ti àwọn aláwọ̀-funfun – ter cores brancas.
CAUDA, s. ìrù > àjẹ ìrù – cauda do peixe.
CAURI, s. owó ẹyọ́ (do inglês *cowry*).
CAUSA DE RESSENTIMENTO, s. ọ̀ràndùn.
CAUSA PRÓPRIA, AUTOINDUZIDO, adj. àtọwọ́wá.
CAUSA, RAZÃO, s. ìtorí, ìdí > láìnídí – sem causa, sem fundamento.
CAUSAR, v. dádí > Ọ̀dá yìí dádí – A escassez chegou ao fim.
CAUSAR ADMIRAÇÃO, v. múgọ̀.
CAUSAR BONDADE, v. mú_dára > Ó mú mi dárayá – Ela me animou.
CAUSAR CHORO, v. pa_nígbe.
CAUSAR CRESCIMENTO, AUMENTO, v. mú_dàgbà.
CAUSAR DANOS, v. dọwọ́_dẹ̀lẹ̀ > Ó dọwọ́ mi délẹ̀ – Ele me causou danos.
CAUSAR DESAVENÇA, v. dájàsílẹ̀.
CAUSAR DESORDEM, v. rúlú < rú + ìlú > Wọ́n rúlú – Eles causaram confusão na cidade.
CAUSAR DOENÇA, EPIDEMIA, v. fàrùn < fa + àrùn.

CAUSAR EXISTÊNCIA, *v.* mú_wà (criar, produzir) > Ọlọ́run mú àiyé wá – Deus causou existência no mundo.
CAUSAR MEDO, ALARMAR, *v.* dẹ́rù.
CAUSAR MELHORA À SAÚDE, *v.* mú_saakí.
CAUSAR O ATO DE PARAR, *v.* mú_dásẹ̀ > Ìwà rẹ̀ mú wa dásẹ̀ láti lọ síbẹ̀ – O caráter dele nos fez deixar de ir lá.
CAUSAR PÂNICO, *v.* dẹ̀rùsílẹ̀.
CAUSAR PROBLEMAS, *v.* bá_wá > Ó bá mi wá ọ̀ràn – Ele me trouxe problema.
CAUSAR RISOS, *v.* dẹ́rinpa > Wọ́n dẹ́rinpa mi – Eles me fizeram rir.
CAUSAR SURDEZ, *v.* di_létí.
CAUSAR, ESPALHAR, *v.* fàrùn < fà + àrùn.
CAUSAR, MOTIVAR, *v.* dá > Ó dá ebi pa mí – Ela me causou fome.
CAUTELA, ATENÇÃO, *s.* àbọ́jútó, kíkíyèsára, ìṣọ́ra, ìkìlọ̀ > sùúrù – paciência.
CAUTELOSAMENTE, *adv.* ẹ̀sọ-ẹ̀sọ, lẹ́sọ̀-lẹ́sọ̀, fẹ́nẹ̀nẹ̀, tíṣọ́ratiṣọ́ra, lẹ́sọ̀lẹ́sọ̀.
CAUTELOSO, PRECAVIDO, *adj.* mẹ̀rò, mètemẹ̀rò, níṣọ́ra > Ó wọ̀ye – Ele está alerta.
CAUTERIZAR, *v.* firinjó < fi + irin + jó.
CAVAÇÃO DE TERRA, *s.* ìtúlẹ̀.
CAVACO, LASCA DE MADEIRA, *s.* ẹ̀ṣẹ́ (pedaço).
CAVALARIA, *s.* ogun-ẹlẹ́ṣin, ẹgbẹ́ ọmọ-ogun ẹlẹ́ṣin.
CAVALEIRO, *s.* agẹṣin < agun + ẹṣin > ẹlẹ́ṣin – proprietário de cavalos.
CAVALGADA, *s.* ọ̀wọ́ ẹlẹ́ṣin.
CAVALHEIRO, *s.* bọ̀ọ̀kìni, bọ̀ròkìnní (pessoa de posição financeira).
CAVALHEIRO, *s.* gbajúmọ̀, ọlọ̀tọ̀, ìwà rere, ìwà pẹ̀lẹ́ (pessoa conceituada).
CAVALHEIRO, *s.* ọmọlúwàbí (pessoa de caráter).
CAVALO ALTO, *s.* baarú.
CAVALO NOVO, POTRO, *s.* agódóngbó.
CAVALO, *s.* ẹṣin > Wọ́n ẹṣin lábẹ̀ òjò – Tire o cavalo da chuva.
CAVANHAQUE, *s.* irun ẹ̀ẹ̀kẹ́.

CAVAR A TERRA, *v.* wúlẹ̀ > Ó wúlẹ̀ láti gbin iṣu – Ele escavou a terra para plantar inhame.
CAVAR E FAZER SURGIR, *v.* wúyọ.
CAVAR O CHÃO, *v.* walẹ̀ > Ó nro ilẹ̀ – Ele está cavando o chão.
CAVAR, ABRIR BURACO, *v.* húlẹ̀ < hú + ilẹ̀ > wahò – cavar um buraco.
CAVAR, CULTIVAR, *v.* ro > waṣu – tirar inhames da terra.
CAVAR, EMBUTIR, *v.* sọ > sọlẹ̀ – fundação para construir.
CAVAR, TIRAR, *v.* wọ̀_jáde, bù_jáde.
CAVAR, *v.* dálu, wà > ìwalẹ̀ – escavação.
CAVERNA, *s.* ihò nlá nínú ilẹ̀ – grande buraco dentro da terra.
CAVIDADE BUCAL, *s.* ihò ẹnu > ihò imú – cavidade nasal.
CAVIDADE DO CRÂNIO, *s.* akoto orí.
CAVIDADE, *s.* kòtò > ìtẹ́bọ̀ – soquete.
CAXUMBA, *s.* segede.
CEBOLA, *s.* àlùbọ́sà.
CEDER, CONCORDAR, *v.* yọ̀ọ̀dà > Ó yọ̀ọ̀da fún mi láti lọ – Ela deu permissão para eu ir.
CEDER LUGAR, *v.* fi àyèsílẹ̀, fúnláyè > fi_fún > Ó fi ibi fún mi – Ele cedeu lugar para mim.
CEDIDO, ARRENDADO, *adj.* gbígbé.
CEDO PELA MANHÃ, *adj.* kùtùkùtù, *s.* ìpajá, *adv.* nídájí.
CEDO, LOGO, *adv.* pré-v. tètè > Mo tètè dé láti ṣorò – Eu cheguei cedo para fazer a obrigação; > Ó dára pé o tètè dé – É bom que você retorne logo.
CEDRO, MADEIRA, *s.* igi òpepe.
CEFÁLICO, *s.* nípa orí (relacionado com a cabeça).
CEGO, *adj.* fọ́jú, *s.* afọ́jú.
CEGONHA, *s.* yanjayanja.
CEGUEIRA, *s.* àìríran, ẹ̀fọ́jú, ìfọ́jú.
CEIA, *s.* àsè-alẹ́ (refeição noturna).
CEIFAR, FAZER A COLHEITA, *v.* kékurò, ṣẹ̀kórè.
CEIFEIRO, COLHEDOR, *s.* olùkórè.
CELA, *s.* àkùnrùn (aposento privativo).

CELA DE PRISÃO – CENTENA

CELA DE PRISÃO, s. ilé ẹ̀wọ̀n > yàrá nílé túbú – espaço na prisão.
CELEBRAÇÃO, s. àsà, àṣeyẹ, àjọyọ̀ > ewè o asà! – saudação celebrando as folhas.
CELEBRAR, v. ṣe àjọyọ̀ > ṣe àjọ̀dún – fazer uma festa; > ṣe orò, ṣorò – fazer um ritual.
CÉLEBRE, adj. olókìkí.
CELEBRIDADE, s. olókìkí, gbajúmọ̀ (pessoa conceituada).
CELEIRO, DEPÓSITO, s. abà, àká > Bàbá lọ sí abà àgbàdo. Láti ṣe kíni? – Papai foi para o celeiro de milho. Para fazer o quê?
CELESTIAL, DIVINO, adj. tọ̀run, tọ̀runwá.
CELIBATÁRIO, s. àìláya, wíwà ní àpọ́n.
CÉLULA, s. ṣẹ́ẹ̀lì (do inglês celi).
CELULAR, s. onípádí.
CÉLULA SUBCUTÂNEA, s. ìṣù abẹ-ìwọ̀.
CELULITE, s. ìṣù-ara wíwú (inflamação).
CEM, CENTENA, s. ọ̀rùn > ogọ́ọ̀rún – 100.
CEM, num. ọgọ́ọ̀rùn, ọgọ́ọ̀rùnnún > Ìbàdàn sí Èkó tó ọgọ́ọ̀rùn máìlì – De Ibadan para Lagos tem cerca de 100 milhas (160,93 km).
CEM, pref. àpò (usado na formação de numerais – àpò méta – 300).
CEM ANOS DE IDADE, exp. arọ́rùndún < a + rí + ọ̀run + ọdún.
CEMITÉRIO, s. bojì, ibojì, ibùsùn-òkú, ibi-ìsìnkú.
CENÁRIO, IMAGEM, s. ìran, àwòrán, ìrí > Mo lọ wò ìran – Eu fui ver um espetáculo.
CENOURA, s. karọti.
CENSO, s. ìkànìyán (contagem de pessoas).
CENSOR, s. abániwí, adánilẹ́kun.
CENSURA, s. ìbáwí, ẹ̀gàn, ìdálẹ́bi, ìdánílẹ́kun ọ̀rọ̀.
CENSURAR, REPREENDER, v. bá_wí, dá_lẹ́bi > Adájọ dá wọn lẹ́bi – O juiz os condenou.
CENSURÁVEL, adj. tí a lè báwí – que podemos censurar.
CENSURAR, v. ríwísí > Ó ríwísí – Ele foi censurado.
CENTENA, s. àpò; usado como opção na formação de numeral > àpò méjì – 200, àpò méjì àti ìdì méta lérin – 234; > ògì lúgba dín méfà – 240 – 6 = 234.

CENTENÁRIO, s. ogọ́ọ̀rùn ọdún (período de 100 anos) > ọ̀rùn kan – uma centena.
CENTESIMALMENTE, adv. ọ̀rọ̀ọ̀rùn (às centenas) > Wọ́n yọ ọrọ̀ọ̀rùn – Eles surgiram às centenas.
CENTESIMAL, s. ìdá àpò.
CENTÉSIMO ANIVERSÁRIO, num. àjọ̀dún ogbọ́ọ̀run-ọdùn.
CENTILITRO, s. ìdá àpò lítà kan.
CENTÍMETRO, s. ìdá-àpò mítà > sẹ́ntígréèdi – centígrado.
CENTOPEIA, LACRAIA, s. onígbà-ẹsẹ̀, tanişánkọ, tàùnşánkọ̀.
CENTOPEIA, s. ọ̀ọ̀kún, ọ̀kùnrùn.
CENTRAL, s. ibi ààrìn (local central).
CENTRIFUGADOR, s. ẹ̀rọ ìfi.
CENTRÍFUGO, adj. fífi (movimento giratório para o centro).
CENTRO, s. ààrín > agbede méjì – no meio entre dois pontos; > Ìwọ wà ní ààrin ọ̀nà – Você está no meio do caminho.
CENTRO DA CABEÇA, s. àwùjẹ̀.
CENTRO DE UM CÍRCULO, s. ojú ẹ̀ká > ojú ìwọ́ – centro de uma curvatura.
CENTURIÃO, s. balógun-ọ̀run, agbébọn.
CERA, s. ìda > ìda etí – cera de ouvido.
CERCA DE MADEIRA, s. asọgbà (pessoa empenhada em fazer).
CERCA DE MIL, adv. ẹgbẹ̀gbẹ̀rúùn.
CERCA DE OITOCENTOS, adv, ẹ̀gbẹ̀gbẹ̀rin.
CERCA DE SEISCENTOS, adv. ẹgbẹ̀gbẹ̀ta.
CERCA DE, APROXIMADAMENTE, adv. bíi, ìwọ̀n > Mo ti ngbe nílé mi láti ìwọ̀n ọdún méjì – Eu estou morando na minha casa por cerca de dois anos.
CERCADO, adj. yíyíká.
CERCADO, MURADO, s. olódi, ìkámọ́, àkámọ́.
CERCANIA, VIZINHANÇA, s. ìsọmọgbè, ìsọngbè.
CERCANIA, PROXIMIDADE, s. àgbè-ègbè, àyíká > Àyíká ilé yìí – Nas proximidades desta casa.
CERCAR COM MADEIRA, v. sagbàra, sagbàraká (circundar).
CERCAR, CIRCUNDAR, v. sán, rògbàká.

CERCAR, ENVOLVER – CERVEJA, BEBIDA

CERCAR, ENVOLVER, v. kámọ́ > Ogún ká wa mọ́ – A herança nos envolveu.
CERCAR, RODEAR, v. yípò > Ilẹ̀ tí a sọgbà yíká – Terra que usamos para cercar toda a volta.
CERCAR, v. rà, ragbà < rà + ogbà – guarnecer com sarrafos.
CERCEAMENTO, s. ìrògbàká, ìrògbàyíká.
CERCO, BLOQUEIO, s. àdótì, ìdótì, ìsàgatì > Wọ́n dótì Ìbàdàn – Eles sitiaram a cidade de Ibadan.
CÉREBRO, s. ọpọlọ > akàn ọpọlọ – tumor no cérebro.
CEREAL, s. wóró-irúgbìn.
CERIMÔNIA DE DAR O NOME, s. ìsọmọlórúkọ > Ìsọmọ lórúkọ ọmọ tuntun – Cerimônia de dar o nome a um recém-nascido.
CERIMÔNIA FORMAL, s. orò, ìsìn.
CERIMÔNIA PARA ÒGÚN, s. ìbògún.
CERIMÔNIA DE SACRIFÍCIO, s. ìbéjá (cachorro do mato, em Iléṣà).
CERIMÔNIA SECRETA, s. ẹrùgùn.
CERIMONIAL, adj. ṣíṣe àpèjọ.
CERRADAMENTE, adv. gírí, gírígírí.
CERTA PESSOA, s. lámọrín, lágbájá (usada para não citar nome).
CERTAMENTE, adv. pré-v. ṣe (definitivamente) > Òun ní wípé ṣe a ó lọ – Ela disse que, certamente, nós iremos (ó – indica o tempo futuro do verbo).
CERTAMENTE, DE FATO, adv. gidi, àìsí-àníàní, dájúdájú > Dájúdájú mo níláti lọ – Certamente, eu preciso ir.
CERTEZA, SEGURANÇA, s. ìdánílójú, ọṣáká.
CERTIFICADO, DIPLOMA, s. ìwé ẹrí.
CERTIFICAR, ATESTAR, v. jẹrí > Ó jẹrí pa mí – Ele afirmou contra mim.
CERTO, CORRETO, adj. títọ, lágbára > dájú – estar certo > Ó dájú pé yíó wá – Ela está certa de que ele virá; > Kò dá mi lójú pé mo mọ̀ – Não é certo de que a conheço.
CERTO!, interj. òhóó!
CERVEJA FEITA DE MILHO, s. ṣẹ̀kẹ̀tẹ́.
CERVEJA, BEBIDA, s. bíà (do inglês beer).

CERVEJARIA, s. ilé ìpọntí.
CESSAÇÃO, DESISTÊNCIA, s. ìdáwọ́rọ, ìdáwọ́dúró.
CESSAR, ABSTER-SE, v. dáwọ́dúró, dáwọ́rọ́ < dá + ọwọ́ + dúró.
CESSAR, PARAR, v. dábọ̀ (usado apenas negativamente) > Ó súnkun kò dábọ̀ – Ela chorou sem parar.
CESSAR, PARAR, v. yé, mọ́wọ́dúró, wawọ́, dá, dáwọ́, dẹ́kun, ṣíwọ́ > Ó yé sọ̀rọ̀ – Ela terminou de falar; > Má ṣe dáwọ́ ìkẹ́kọ́ yorùbá – Nunca deixe os estudos de yorùbá; > Ó dẹ́kùn láti sọ̀rọ̀ nígbàtí mo dé – Ela parou de falar quando eu cheguei. Obs.: láti – de, é usado depois de um Verbo Complexo – 2 sílabas – quando for seguido de um outro verbo; para os verbos monossílabos, é opcional.
CESTA DE MÃO, s. ṣùkù.
CESTA DE PALHA, s. agbọ̀n > Ìyá mi kó èso sínú agbọ̀n – Minha mãe juntou frutas dentro da cesta.
CESTA, s. apẹ̀rẹ̀, akòbí (para apanhar camarão).
CESTO GRANDE, s. panṣùkú (usado para levar comidas).
CESTO, BALAIO, s. ògún (usado para apanhar camarões).
CÉTICO, INCRÉDULO, s. oníyèméjì.
CETICISMO, DESCRENÇA, s. ìyèméjì (dúvida) Láìsí ìyèméjì – Sem dúvida alguma.
CETRO FEITO DE CONTAS, s. ọ̀pá ìlẹ̀kẹ̀ (usado por soberanos).
CETRO, s. ọ̀pá aládé, ọ̀pá ọba.
CÉU, FIRMAMENTO, s. ọ̀run, ojúọ̀rún, sánmọ̀ > sánmà – céu (idioma hausá).
CEVADO, adj. àbọ́tà.
CEVAR, v. bọ́sanra.
CHÁ, s. tíì (do inglês tea) > Tíì yìí le jù – Este chá está forte demais.
CHACAL, s. akátá, ajáko.
CHÁCARA, s. ilẹ̀bíírí.
CHACINA, s. ìpakúpa.
CHAGA, FERIDA, s. egbò, ìgbinnikán > Àrùn yìí dégbò sí mi lára – Esta doença causou ferida em meu corpo.
CHALÉ, ABRIGO, s. àgọ́ > Ó pàgọ́ – Ele armou a barraca.

CHALEIRA, POTE, *s.* ìkòkò, ìṣe-omi, kétù > Ìkòkò ọbẹ̀ náà tóbi – A panela da sopa é grande.
CHAMA DO FOGO, *s.* aló.
CHAMA, BRASA, *s.* ọwọ́-iná.
CHAMA, FULGOR, *s.* àṣẹ iná.
CHAMA, LÍNGUA DE FOGO, *s.* ahọ́n-iná.
CHAMADA GERAL, *s.* orúkọ pípè.
CHAMADO, INVOCAÇÃO, *s.* ìképè, àképè.
CHAMAR A ATENÇÃO, *expres.* àgò, mo kàgò o, àgò nílé o!
CHAMAR EM VOZ ALTA, *v.* képè > igbe – grito.
CHAMAR ALGUÉM, *v.* pè_lọ (ir a outro lugar) > Ó pe mí lọ – Ele me chamou lá fora.
CHAMAR COM ANTECEDÊNCIA, *v.* pè_tẹ́lẹ̀.
CHAMAR DE VOLTA, *v.* pè_padà > ó pè mí padà – ela me chamou de volta.
CHAMAR PARA BRIGA, *v.* pè_níjà > Ó pè mí níjà – Ele me chamou para briga.
CHAMAR PARA JUNTO DE, *v.* pè_lójú > Mo pè é kò mí lójú – Eu o chamei à minha presença.
CHAMAR PARA PERTO, *v.* pè_mọ́ra > Ó pè mí mọ́ra rẹ – Ela me chamou para junto dela.
CHAMAR PARA VIR, *v.* pè_wá > A pè é wá – Nós o chamamos para vir.
CHAMAR PELO NOME, *v.* pè_lórúkọ > Ó pè mí lórúkọ – Ela me chamou pelo nome.
CHAMAR POR UMA NOITE, *v.* yàsùn > Ó yàsùn lódọ̀ mi – Ela passou a noite comigo; > ṣìpè – chamar por engano.
CHAMAR, CONVIDAR PARA, *v.* pè_sí > Mo pè é sí onjẹ – Eu o chamei para comer.
CHAMAR, CONVIDAR, *v.* pàpèjọ < pe + àpèjọ (marcar um encontro).
CHAMAR, CONVIDAR, *v.* pè > ìpè – convite, chamado.
CHAMINÉ, *s.* ojú-èéfín.
CHAMUSCAR, *v.* fìnárá, fìraná (requentar superficialmente).
CHAMUSCAR, *v.* jófẹ́ẹ́rẹ̀ (queimar levemente).

CHANCE, OPORTUNIDADE, s. ìkọsẹ́bá, àkọsẹ̀bá, àrinkò, àyè, rójú < rí + ojú > Mo rójú láti ṣe orò – Eu tive a chance de fazer a obrigação; > Mo rí àyè – Eu encontrei uma chance.

CHANCE, SORTE, s. alábápàdé (ocorrência) > Èmi kì ó lọ sí ẹ̀bá mòkun alábápàdé ròjò – Eu não irei à praia, caso ocorra chuva.

CHANTAGISTA, s, onímọ̀ dàrú.

CHÃO BATIDO, s. ilẹ̀ bíbọ́.

CHÃO NU, s. ilẹ̀ yílẹ̀.

CHÃO, TERRA, s. ilẹ̀ > ilẹ̀ ilé – chão da casa; usado na composição de frases > ilẹ̀ ti ṣú – anoiteceu (lit. o chão se tornou escuro).

CHAPELEIRO, s. alákẹtẹ̀, aláte.

CHAPÉU DE DUAS ABAS, s. filà elétíajá, abetíajá.

CHAPÉU NATIVO, s. ate (com abas largas).

CHAPÉU, BONÉ, s. àkẹtẹ̀, filà > ògá dé filà titun – O ogan usou um chapéu novo; > ìbòrí – cobertura da cabeça.

CHARCO, PÂNTANO, s. irà.

CHARGE, DESENHO, s. èreré, ère-eré.

CHARLATÃO, IMPOSTOR, s. alábòsí, alágbàgàgbé.

CHARME, ENCANTAMENTO, s. ògèdè, ìgèdè > Ó fi ògèdè sí mi – Ela usou um encantamento para mim; > ọfọ̀ – feitiço > Ó pè ọfọ̀ sínú rírun mi – Ela fez um encantamento para curar meu estômago; èFún – magia, encatamento .

CHARME, s. ẹ̀fún.

CHARMOSO, s. afògèdè, àwòmámójúkúrò.

CHARRETE, s. kẹ̀kẹ́ eṣin.

CHASSI DE CARRO, s. férémù.

CHATO, MAÇANTE, s. agbéni < a + gbé + ẹni.

CHAUVINISTA, s. agbèjà (nacionalista exagerado).

CHAVE DA PORTA, s. kọ́kọ́rọ́, ìsíkà, ọmọsíkà > Ìwọ ni kọ́kọ́rọ́ ọkàn mí – Você é a chave do meu coração.

CHAVE DE CADEADO, s. ọ̀mọ́ àgádágodo.

CHAVE, SOLUÇÃO, s. kọ́kọ́rọ́ > Ọlọ́run, kọ́kọ́rọ́ sí ayé aláyọ̀ – Deus, a solução para um mundo feliz.

CHEFE DA CIDADE, s. onílú.
CHEFE DA SOCIEDADE, s. olórí-ẹgbẹ́.
CHEFE DAS DIVINDADES, s. ọṣìnmalẹ̀ (um título de Ògún).
CHEFE DE RUA, s. bàbá ìta (cabeça de um quarteirão).
CHEFE DO CULTO AOS ORIXÁS, s. olúbọrìṣà, abọrìṣà > àwòrò – aquele que olha pelo culto < a + wò + òrò.
CHEFE DOS CAÇADORES, s. balódẹ, (chefe dos eunucos – ọna-iwẹfà).
CHEFE DOS TOCADORES, s. ògálù < ògá + ìlù (atabaques).
CHEFE POLÍTICO, s. ọnàlémọlẹ̀ (pertencente ao culto de Ifá).
CHEFE, s. òjoyè, ìjoyè, olóyè > Ó jẹ́ olóyè mi – Ele é o meu chefe.
CHEGADA, s. àbọ̀, àtidé, bíbọ̀, dídé, ìdé.
CHEGADA, VINDA, s. àpadàbọ̀.
CHEGAR À ADOLESCÊNCIA, v. gbọ́njú < gbọ́n + ojú.
CHEGAR A UMA CONCLUSÃO, v. wà_gúnlẹ̀.
CHEGAR AO FIM, v. tán, pẹkun, bùṣe, dópin < dé + òpin.
CHEGAR ATRASADO, v. talẹ̀ > Ó talẹ̀ – Ele veio atrasado; > kọ́dé – chegar primeiro > Tani kọ́dé? – Quem chegou primeiro?
CHEGAR COM ALGUÉM, v. bá_dé > Ó bá mi dé – Ela me acompanhou; > ìbàdé – ato de ter companhia.
CHEGAR EM CASA, v. délé < dé + ilé > A ti délé wa – Nós já chegamos em nossa casa.
CHEGAR PRIMEIRO, v. kọ́dé.
CHEGAR, VIR, v. dé, dóde < dé + òde, dé > Wọ́n dé láná – Eles chegaram ontem (o verbo dé não é usado no tempo presente, sendo substituído por bọ̀). Obs:. a palavra dé usada entre duas palavras repetidas dá um sentido de proximidade. > ìran – geração > ìrandíran – de geração em geração; ọwọ́ – mão > ọwọ́dọ́wọ́ – de mão em mão.
CHEIO DE ESPINHAS, v. kóbikòbi, kóbokòbo (furúnculos, verruga).
CHEIO DE NÓS, adj. kódikòdi, kódokòdo.
CHEIO DE PROJEÇÕES, adj. kọ̀bi-kọ̀bi, kọ̀bìtì, kọ̀lọ̀bọ̀.
CHEIO DE SI, adj. fùkẹ̀ > Ó nṣe fùkẹ̀ – Ele está fazendo alarde, ostentação; > Òun ṣe fùkẹ̀ aago mẹ́sàán – Ele é cheio de nove horas – exp.
CHEIO DE VIDA, adj. kọ́fẹ.

CHEIO, ABARROTADO, adj. gàgà, (reabastecido – kíkú).
CHEIO, APERTADO, adj. dídín.
CHEIO, FARTO, adj. pọ̀, bùwáyà (em grandes proporções).
CHEIO, REABASTECIDO, adj. kíkún.
CHEIO, SATISFEITO, adj. jíjẹyó (em relação a uma comida) > Mo yó púpọ̀ – Estou muito satisfeito.
CHEIO, s. adj. àrànmọ́jú > òṣupa àrànmọ́jú – lua cheia.
CHEIRAR, FUNGAR, v. fífí.
CHEIRAR, v. gbòórùn < òórùn – cheiro, odor.
CHEIRO AGRADÁVEL, s. ìtasánsán, òórùn dídùn > Ewé yìí ní òórùn dídùn – Esta folha tem um cheiro agradável.
CHEIRO DESAGRADÁVEL, s. òkú-òórùn, òórùnkòórùn.
CHEIRO FORTE, s. òórùn líle.
CHEIRO, ODOR, adj. gbígbòórùn.
CHEQUE, s. ìwé-owó > ìwé owó tí a fi láti ṣe pàsípàrọ̀ owọ́ – talão que usamos para fazer permuta.
CHIADO, RANGIDO, s. ìró.
CHICAGO, s. Ṣikágò (do inglês *Chicago*).
CHICOTE LONGO, s. igbo, ìlagbà.
CHICOTE, s. bílálà, orẹ́, pàsán, ẹgba.
CHICOTEAR, BATER, v. kóbò, fẹgba < fi + ẹgba > Ó fẹ́gba bà ẹranko rẹ̀ – Ele usou a chibata e bateu no animal dele.
CHIFRAR, v. gúnníwo (furar algo com chifre).
CHIFRE, s. ìwo, oge.
CHIFRUDO, adj. abìwo.
CHILREAR, GORJEAR, v. han, ké bí ẹiyẹ – fazer o som como o pássaro.
CHINA, s. Ṣáínà (do inglês *China*).
CHINELO, SANDÁLIA, s. sálúbàtà, sílípáàsì (do inglês *slippery*).
CHINÊS, s. ṣaíníìsì.
CHIPANZÉ, s. ìro, ọ̀bọ.
CHIQUEIRO, s. àfọ̀, ìfọ̀, ilé ẹlẹ́dẹ̀.
CHISPA, FAÍSCA, s. ẹtaná.
CHOCALHAR, TAMBORILAR, v. mìpẹkẹpẹkẹ.

CHOCAR OVOS, INCUBAR, *v.* sàba.
CHOCAR OVOS, *v.* pa, pamọ < pa + ọmọ > Adìẹ yíí pamọ – Esta galinha chocou um ovo.
CHOCAR, COLIDIR, *v.* dùgbòlù, kọlù > Ó kọlù mi – Ele me atacou.
CHOCAR-SE, BATER COM, *v.* fi_lù > Ó fi kùmọ̀ lù wọn – Ela usou um bastão e bateu neles.
CHOCO, INCUBAÇÃO, *s.* ìsàba.
CHOCOLATE, CACAU, *s.* kòkó.
CHOQUE, ABALO, *s.* mìmì, rúgúdù.
CHOQUE, COLISÃO, *s.* ìdògbólù, ìkólù.
CHOQUE ELÉTRICO, *s.* iwi àrá.
CHORÃO, CHOROSO, *adj.* lẹ́kún < ní + ẹkún.
CHORAR ALTO, BERRAR, *v.* kíbòsí, kébòsí, kérara, lọbòsí > Ó nké rara – Ela está chorando ruidosamente.
CHORAR ALTO, LAMENTAR, *v.* pohùnréré.
CHORAR COPIOSAMENTE, *v.* búsẹ́kún < bú + sí + ẹkún.
CHORAR EM VOZ ALTA, *v.* hu > Ó hu sí mi – Ela gemeu para mim; > ké – gritar.
CHORAR, LAMENTAR, *v.* sọkún < sọ + ẹkún, sunkún < sun + ẹkún.
CHORAR, *v.* figbeta < fi + igbe + ta (cair em lágrimas).
CHORAR, *v.* lọ̀ (lamentar coisas perdidas) > palẹ́kún – cair em prantos.
CHORO DE CRIANÇA, *s.* olómijé (chorão).
CHORAR DE DOR, *v.* hérora.
CHORO, GRITO ALTO, *s.* ìbòsí (choro, lamento – ẹkún, ìsọkún).
CHOROSAMENTE, *adv.* tẹkúntẹkún (em prantos).
CHOROSO, *adj.* lẹ́kún > o pa mí lẹ́kún – você me fez chorona.
CHOVER, CAIR COMO CHUVA, *v.* rọ̀ > Òjò nrọ̀ – Está chovendo; > Ṣé òjò máa rọ̀ lóní? – Vai chover hoje? (lit. a chuva cairá hoje?).
CHOVER, *v.* rọ̀jò < rọ́ + òjò > Òjò bẹ̀rẹ̀ sí rọ̀ – A chuva começou a cair.
CHUMBO, GRAFITE, *s.* òjé.
CHUPAR OVO DE AVE, *v.* jòmu.
CHUPAR SANGUE, *v.* mùjẹ̀ < mu + èjè.
CHUPAR, ABSORVER, *v.* fafọn, fà_mu > mu ọyàn – chupar o seio, mamar.

CHUPAR, LAMBER ALGO, s. àfálá – Ọmọdé fá àwo lá – A criança lambeu o prato.
CHUPAR, SUGAR, v. fúnmu > Èmi fúnmu ọsàn oronbó lóní – Eu hoje chupei uma laranja.
CHUTAR ATÉ MATAR, v. ta_pa.
CHUTAR, DAR UM COICE, v. ta > tasẹ̀ – dar pontapé.
CHUTAR, JOGAR, v. fẹsẹ̀gbá > A fẹsẹ̀gbá bọ́ọ̀lù – Nós jogamos bola.
CHUTAR, v. nà_ní, nà_nípá > Ó nà mí nípá – Ele me cutucou com o pé.
CHUTE, s. àtapa > Àtapa ni mo pa á – Eu lhe dei um chute fatal.
CHUVA, s. òjò, eji > Òjò nrọ̀ púpọ̀ nínú oṣù kéje ọdún – Cai muita chuva no mês de julho; > Ẹ kú dédé àsìkò òjò yìí – Saudação neste momento de chuvas; > chuvarada – ọ̀wààrà; > apeji – abrigo de chuva.
CHUVA DE GRANIZO, s. òjò oníyinyín.
CHUVAS DO ANO, s. òjò-ọdún (primeiras chuvas do ano).
CHUVEIRO, s. ẹ̀rọ omi.
CHUVISCAR, CHOVER, v. wọ, (garoar – fúnwíníwíní, fúnwutuwutu).
CHUVISCO, s. òjò-wíníwíní.
CHUVOSO, adj. àkókò òjò > ọjọ́ òjò – dia chuvoso.
CIÁTICA, s. látanlátan.
CICATRIZ, MARCA, s. àpá, lámi, àpá egbò, àpá ooju.
CICATRIZAÇÃO, RECUPERAÇÃO, s. ìmúláràdá.
CICATRIZAÇÃO, s. àjẹbò.
CÍCLICO, s. àyípo-àyípo.
CICLISMO, s. kẹ̀ké-gìgún.
CICLO ANUAL, s. àyídà-ọdún.
CICLO MENSTRUAL, s. oṣù-abo > ìyípo oṣù-abo – ciclo mensal.
CICLO, s. àyíká, ìyíká, ìyípo > ìyípo ayé – ciclo de vida.
CICLONE, s. ìjì àféyíká.
CIDADÃO, s. ará ìlú, ọmọ ilẹ̀, ọmọ ìlú.
CIDADANIA, s. ọmọ onílẹ̀, ọmọ onílù.
CIDADE DA NIGÉRIA, s. Ìbàdàn < ẹ + bá + ọ̀dàn.
CIDADE PRINCIPAL, s. olú-ìlú (capital).
CIDADELA, s. abúlé.
CIDADE, METRÓPOLE, s. ìlú-nlá, (cidade, vila – egurè).

CIDADE, REGIÃO, s. ìlú > Ọ̀wọ̀ jẹ́ orúkọ ìlú kan – Owó é o nome de uma cidade.
CIÊNCIA, s. ìmọ̀-ìjìnlẹ̀, sáyẹ́nsì (do inglês *science*).
CIÊNCIA OCULTA, s. awo (mistério).
CIÊNCIA POLÍTICA, s. ẹ̀kọ́ nípa ìṣèlú.
CIENTÍFICO, s. onímọ̀-jinlẹ̀ > ìlànàa tí àwọn onímọ̀-jinlẹ̀ – método científico.
CIENTISTAS, s. onìmọ̀-ìjìnlẹ̀ (conhecedores profundos).
CIGARRA, s. ọbọ̀un-bọ̀un.
CIGARRO, s. tábà, sìgá (do inglês *cigarette*); > Ìwọ ní tábà bí? – Você tem um cigarro?; > tábà líle – maconha.
CILADA, ARMADILHA, s. ẹgẹ́.
CÍLIOS, s. irun ojú, irun ìpénpéjú.
CILÍNDRICO, s. alágolo.
CÍMBALO, s. aro.
CIMENTO, s. símẹ̀ntì (do inglês *cement*) > fi símẹ̀ntì rẹ̀ – besuntar com cimento, cimentar.
CIMITARRA, ESPADA CURVA, s. agada.
CINCO MIL, num. Ẹgbẹ̀ẹ́dọ́gbọ̀n.
CINCO VEZES, adv. ẹ̀ẹ̀márùùn.
CINCO, num. àrún, aárùùn.
CINEMA, ESPETÁCULO, s. ilé-ìran.
CINEMA, s. sínimá, sìnìmọ, ilé sínímá (do inglês *cinema*).
CÍNICO, s. oníkanra > ọṣónu – azedo, pessoa rude.
CINISMO, s. àìnítìjú (sem vergonha).
CINGAPURA, s. Sángapọ́ọ̀ (cidade-estado ao sul da Ásia).
CINGIR, v. sán, gbàlọ́já.
CINTA DE QUADRIL, s. ìkòkò idí.
CINTAR, ENFAIXAR, v. gbàlọ́já.
CINTILANTE, adj. títàn, ṣáná < ṣá + iná.
CINTILANTEMENTE, adv. yèriyèri.
CINTO DE COURO, s. ìgbàdì, okùn ṣòkòtò – cinto de calça comprida.
CINTO, FAIXA, s. ìgbànú (usado por homem).

CINTURA DE CALÇA, CÓS, s. ìgbàdí, ìgbájá, ìgbàmú.
CINTURÃO, s. òjá-gáàrì.
CINZAS DE CAPIM QUEIMADO, s. ìbaarú.
CINZAS, s. èrú, èérú > Eérú púpọ̀ wà nínú ìdárá náà – Há muitas cinzas no fogão.
CINZENTO, adj. ọlóyẹ́ > hewú – acinzentar.
CIRCUITO, s. òpó-àrá (corrente elétrica).
CIRCULAÇÃO, s. ìṣànyíká.
CIRCULAÇÃO DE SANGUE, s. ìṣàn yíká èjè, ètò ìṣàn-èjè.
CIRCULAR, DISTRIBUIÇÃO, s. ìwé ìkéde.
CIRCULAR, ESFÉRICO, adj. bìrìkìtì > Ó rí bìrìkìtì – Ele é corpulento.
CIRCULAR, FLUIR AO REDOR, v. sànyíká.
CIRCULARMENTE, adv. kìrìbìtì (ao redor de).
CÍRCULO, CERCADO, s. òkìrìbìtì > òbìrìkìtì – círculo, compasso.
CÍRCULO, s. ẹ̀ká, (em volta – bìrìkìtì) > ìdàji ẹ̀ká – semicírculo.
CIRCUNCIDAR, v. kọ, kọlà, dá_bẹ́ > Ó dá mi lábẹ́ – Ele me circuncidou.
CIRCUNCISÃO, TATUAGEM, s. àkọlà, ìkọlà, ìdábẹ́.
CIRCUNDAR, CERCAR, v. ròbgà_ká, ròbgà_yíká, sàyíká > Ó sàyíkà – Ele nos cercou; > A ròbgà yìí ìlú náà ká – Nós circundamos aquela cidade.
CIRCUNDAR, RODEAR, v. yíká, yíkáakiri.
CIRCUNFERÊNCIA, TERRITÓRIO, s. odi ẹ̀ká.
CIRCUNSPECÇÃO, s. kíkíyèsára.
CIRCUNSPECTO, PRUDENTE, adj. mèrò, mètemèrò, sọ́ra.
CIRCUNSTÂNCIA, CASO, s. ọ̀ràn > Gbàgbé ọ̀ràn náà – Esqueça aquele assunto.
CIRCUNSTANCIAL, adj. ní àlábápàdé.
CIRROSE, s. àrùn ẹ̀dọ̀.
CIRURGIA, OPERAÇÃO, s. iṣẹ́-abẹ.
CIRURGIÃO MÉDICO, s. oníṣábẹ > Dọ́kítà tí n fi ọbẹ síṣẹ́ rẹ̀ – Médico que usa faca no trabalho dele (oní – prefixo aquele que faz, iṣẹ́ – trabalho, abẹ – bisturi, navalha).
CISMA, HERESIA, s. ìyapa (divisão, separação de uma religião).
CISMA, DESCONFIANÇA, s. àìrẹ́pọ̀ < àì – não + rẹ́pọ̀ – combinar.

CISTERNA, s. àmu omi.
CISTITE, s. ilé-ìtọ̀ wíwú (inflamação da bexiga).
CISTO, QUISTO, s. ìgbinnikún.
CITAR, DIZER, v. sọ, ní (sentido de relatar algo), ṣe àgbàsọ.
CITAÇÃO, s. ìpẹ̀léjọ́, ìpènílẹ́jọ́.
CITAR PARÁBOLAS, v. pòwe < pa + òwe.
CITOLOGIA, s. ẹ̀kọ́ nípa pádi (estudo das células).
CIÚME, FERVOR, s. ìgbóna-ọkàn.
CIÚME, INVEJA, s. ojú kòkòró (olho grande).
CIÚME, s. owú, owú-jíjẹ, ìjowú > Ó ní ìjowú mi – Ela tem ciúmes de mim < jẹ + owú.
CIUMENTO, adj. òjowú.
CÍVICO, adj. tìlú, òṣèlú.
CIVILIDADE, s. ìmoyì, ọ̀wọ̀.
CIVISMO, s. ẹ̀kọ́ nípa ẹ̀tọ́ (estudo sobre os deveres).
CIVIL, NÃO MILITAR, s. alágbádá.
CIVILIZAÇÃO, s. ìlàjú.
CIVILIZADO, s. ọ̀làjú, mọyi, mọye.
CIVILIZAR, v. làníojú.
CLÃ, GRUPO DE ORIGEM, s. orílẹ̀.
CLÃ, FAMÍLIA, s. ìdílé < ìdí + ilé > Dára pẹ̀lú àwọn ìdílé yin – Seja bom com seus familiares; > Òun jẹ́ ènìà tí ó nífẹ́ mi ní tòótọ́ – Ela é uma pessoa que tem amor por mim de verdade.
CLAMOR, s. ariwo, igbe, ìbòsí > Ó kí ìbósí – Ela gritou por socorro.
CLAMOR PÚBLICO, s. ìkébòsí.
CLAMOROSAMENTE, adv. sin-in (de modo barulhento).
CLANDESTINAMENTE, adv. níbàbà-níkọ̀kọ̀.
CLANDESTINO, adj. níkọ̀kọ̀.
CLARAMENTE, adv. gaara, gborogboro, kedere, ṣáṣá.
CLARAMENTE, adv. keke (de foma audível), wàyìí (distintamente).
CLARAMENTE, INTEIRAMENTE, adv. peregede, yán-yán > Mo rí i dájúdájú – Eu o vi nitidamente.
CLAREAR, v. fọ́ > Ojú ọ̀run fọ́ – O céu está claro.

CLARÃO, *s.* mànàmáná.
CLARIDADE, **LUMINOSIDADE**, *s.* ìfúyẹ́.
CLARINETE, *s.* kíláríné̩è̩tì (do inglês *clarinet*).
CLARO, **BRILHANTE**, *adj.* mímọ́lẹ̀, dáṣáká.
CLARO, **LIMPO**, *adj.* mọ́tótó.
CLARO, **TRANSPARENTE**, *adj.* mọ́gaara (vidros).
CLASSE, *s.* kíláàsì (do inglês *class*).
CLASSE ALTA, *s.* onílé > ènìà pàtàkì – classe alta social.
CLASSE BAIXA, **PLEBE**, *s.* mẹ̀kúnnú.
CLASSE DE ESTUDANTES, *s.* ọ̀wọ́ ọmọ-iléèwé.
CLASSE MÉDIA, **BURGUÊS**, *s.* lébírà, ọlọ́lá, ọlọ́rọ̀.
CLASSE, **POSIÇÃO**, *s.* oyè, ajòyè, èyà.
CLÁSSICO, *s.* ayébáyé (sem novidades).
CLASSIFICAR, *v.* yà_sọ́tọ̀ > Ó yà wọn sọ́tọ̀ – Ele separou um do outro.
CLAUDICAR, *v.* wọ́ ẹsẹ̀ nilẹ̀ (lit. arrastar o pé no chão).
CLAUDICAÇÃO, *s.* mímọ́kún, ìkàsí.
CLAUSTROFOBIA, *s.* ìbẹ̀rù-bojo.
CLÁUSULA, *s.* àbọ̀-ọ̀rọ̀, ẹyà-ọ̀rọ̀ (divisão da frase).
CLAUSURA, *s.* àgọ́-búkà.
CLAVA, **BASTÃO**, *s.* kùmọ̀.
CLAVÍCULA, *s.* eegun òkè-àyà.
CLEMÊNCIA, **PERDÃO**, *s.* àforíjì, ìdáríjì.
CLEPTOMANIA, *s.* olèjíjà.
CLEPTOMANÍACO, *s.* olè, afẹ́wọ́ (impulso para roubar).
CLERO, *s.* àwọn onísẹ́ àti òjísẹ́ Ọlọ́run – trabalhadores e mensageiros de Deus.
CLICHÊ, **REPETIDO**, *s.* tótó ṣe bí òwe.
CLIENTE, **FREGUÊS**, *s.* alábarà, oníbarà > ẹlẹ́jọ́ – litigante, requerente.
CLIMÁTICO, *adj.* afẹ́ẹ́fẹ́ ilẹ̀.
CLÍMAX, *s.* opín, ṣọ́nṣo.
CLÍNICA, *s.* àgọ́ iwòosàn.
CLITÓRIS, *s.* ídọ́.
CLONE, **RÉPLICA**, *s.* ẹ̀dà-oníyè.

CLORO, s. òyiyọ̀ < òyì + iyọ̀ (elemento químico).
CLUBE, PARTIDO, s. ẹgbẹ́ > Bàbá ẹgbẹ́ – Autoridade, presidente do clube.
COABITAÇÃO, s. ìbádàpọ̀.
COABITAR, v. bádàpọ̀, gbèpọ̀ (viver junto).
COADOR, PENEIRA, s. asẹ, aje, ajere (vasilha com orifícios).
COADOR, s. lokìti, olokìti.
COAGIR, COMPELIR, v. fi ìgbóra mú, fi agbára ṣe.
COAGULAR, v. sébọ́, dídì.
COAGULAÇÃO, adj. dídì.
COÁGULO DE SANGUE, s. ẹ̀jẹ̀ dídì.
COALHADA, COALHO, s. wàràkàsi.
COAR, v. bà, sẹ́ > Ó sẹ́ ògì – Ela peneirou o milho > yọ̀ – dissolver, dissipar.
COBALTO, s. kọ́bọ́ltì (do inglês *cobalt*).
COBERTO COM AS MÃOS, s. àfowọ́bọ̀.
COBERTOR, MANTA, s. kùbúsù, aṣọ-ìbora.
COBERTURA PARA A CABEÇA, s. ìborí < bò + orí.
COBERTURA COM SAPÊ, s. aṣẹ́lẹ́tà (profissão de cobrir as casas).
COBERTURA DE PRATA, s. àsúbò (banho em metal).
COBERTURA PARA O CORPO, s. ìbora < bò + ara.
COBERTURA, s. agbeji < a + gbè + eji (proteção da chuva ou do sol).
COBERTURA, SEGURANÇA, s. ààbò.
COBERTURA, TAMPA, s. ọmọrí, ìdérí.
COBIÇA, DESEJO, s. ojúnlá, ìfẹ́kúfẹ́ < ìfẹ́ + kú + ìfẹ́.
COBIÇAR, DESEJAR, v. ṣejú < ṣe + ojú > Ó ṣejú sí mi – Ela me cobiçou (lit. ela me comeu com os olhos); > ṣojúkòkòrò < ṣe ojúkòkòrò – ambicionar.
COBRA COM LISTRAS VERMELHAS, s. àgbàdú.
COBRA DIVINATÓRIA, s. Dan.
COBRA, ESPÉCIE, s. mọ́námọ́ná, ẹlébu, ọ̀sa, àgbàfúfú (cascavel).
COBRA PEQUENA, s. gùntẹ, (víbora – pààmọ́lẹ́, pàràmọ́lẹ̀).
COBRA VENENOSA, s. ejò olóró > ère, òjòlá – jiboia.
COBRA (TIPO), s. ọ̀wun (que cospe o seu veneno).

COBRA, *s.* ejò, ọká.
COBRADOR, *s.* ògò, ológò > oní + ògò > Ó dógò tì mí – Ele ficou próximo de mim até que eu pagasse; > àjẹgún, àjẹrá > dificuldade no reembolso de uma dívida.
COBRADOR DE IMPOSTOS, *s.* agbowó-orí.
COBRANÇA DE IMPOSTOS, *s.* àbulé. (taxação e multa).
COBRAR, REIVINDICAR, *v.* sìn, sinwó (reivindicar uma dívida) > Ó sìn owó rẹ̀ – Ela reclamou o dinheiro dela.
COBRE, BRONZE, *s.* bàbà.
COBRE, *s.* kọ́pà.
COBRIR A CABEÇA, *v.* borí < bò + orí (ser bem-sucedido) > Ó borí – Ele me superou.
COBRIR A CABEÇA, *v.* wé (mulher) > Ó wé gèlè sórì rẹ̀ – Ela colocou o tecido em volta da cabeça; > dé (homem) > Mo dé filà – Eu coloquei o boné; > adé – coroa.
COBRIR COM AS MÃOS, *v.* dáwọ́bò < dà + ọwọ́ + bò.
COBRIR COM PENAS, *v.* hùyẹ́ < hù + ìyẹ́.
COBRIR COM PINTURA, *v.* farabá.
COBRIR COM SAPÊ, *v.* ṣẹ́, bolé > bò + ilé, (cobrir com telhas – ró).
COBRIR O CHÃO, *v.* bolẹ̀, bò + ilẹ̀ (lit. cobrir o chão com o rosto em reverência).
COBRIR O CORPO, *v.* bòlára, bora < bò + ara > Ó fi aṣọ bo ara rẹ̀ – Ela vestiu uma roupa (lit. ela usou uma roupa e cobriu o corpo dela).
COBRIR O ROSTO, *v.* bojú < bò + ojú.
COBRIR OS PÉS, *v.* bosẹ̀ < bò + ẹsẹ̀.
COBRIR OS QUADRIS, *v.* bòdí < bò + ìbàdí.
COBRIR, ESCONDER, *v.* bò > Ó bò mí ní àṣìrì – Ele escondeu meu segredo; > ìbò – cobertura.
COCA-COLA, *s.* kóòkì (do inglês *coke*).
COCAÍNA, *s.* kokéènì (do inglês *cocaine*).
COÇAR, TER COMICHÃO, *v.* yún > ìyúnra – coceira, comichão.
COÇAR, *v.* hún > iyún – sentir comichão.
CÓCCIX, *s.* ìrán ìdí, eegun ìrù (pequeno osso da coluna vertebral).

CÓCEGAS, s. eegìnni.
COCEIRA, COMICHÃO, s. èkìtípí, ifòn, àgbèsì, (doença de pele).
COCEIRA, IRRITAÇÃO, s. ìṣaká, ifòn, ìyúnra, ìhúnra, ìyúnra.
COCEIRA, s. kúrúnà.
COCHICHADOR, s. asòròkélékélé.
COCHICHAR, SUSSURRAR, v. yówí.
COCHICHO, v. òrò-jééjé.
COCHILAR, DESCANSAR, v. rejú > Ó nrejú – Ela está descansando; > tòògbé – dormitar.
COCHILO, SESTA, s. títòògbé, ìrejú.
COCO, s. àgbọn (fruto do coqueiro).
CÓCORAS, s. ìlóṣó (ato de agachar-se).
COCORICÓ, s. kékéréké (cantar do galo).
COEFICIENTE, s. ìfilópo.
COELHO, LEBRE, s. ehoro, eworo.
COERÇÃO, FORÇA, s. ìlò agbára > Ìfi agbára mú ènìà – Uso de força, agarrar a pessoa.
COERÊNCIA, CONGRUÊNCIA, s. ìbáradógba, ìdìpò, ìdàpò.
COERENTE, adj. déédéé.
COESÃO, UNIÃO, s. ìsomóra.
COEXISTÊNCIA, s. àjùmòwà.
COEXISTIR, v. jùmòwà, gbé ayé pò – viver e ser ao mesmo tempo.
COFRE DE DINHEIRO, s. àpótí-iṣúra.
COGITAÇÃO, s. agbérò, ìrònú, àṣàrò.
COGITAR, v. ronú, ṣàṣàrò < ṣe àṣàrò > Ó nronú náà – Ela está pensando naquilo; > Mo ronú ìnawó náà – Eu pensei naquela despesa.
COGNOME, s. orúkọ-àlàjé, orúkọ-àníjé > orúkọ míràn – outro nome.
COGNOME, TÍTULO, s. ókì.
COGUMELO, FUNGO, s. kótòdó, olú > Olú igi òpẹ dùn nínú ọbẹ̀ – O cogumelo da palmeira é doce na sopa.
CO-HERDEIRO, s. àjùmòṣarólé.
COINCIDÊNCIA, s. àróbádé.
COINCIDENTEMENTE, adv. pẹ̀kí (face a face, próximo).

COINCIDIR, *v.* ṣe gégé, ṣe géé (fazer simultaneamente).
COISA DE BEBER, BEBIDA, *s.* ohun-mímu.
COISA DIFERENTE, *s.* ohun-òtò (algo peculiar).
COISA DIVINA, *s.* Ohun-Ọlọ́run.
COISA ESCULPIDA, *s.* ohun-fifín.
COISA EXTRANHA, *s.* ohun-àìmọ̀.
COISA GRANDE, *s.* baabá.
COISA NOVA, *s.* ohun-àrà (invento recente).
COISA PEQUENA, NINHARIA, *s.* ohun-kíkíni.
COISA QUALQUER, *adj.* nkan-kí-nkan, ohunkóhun > Èmi kò mo ohunkóhun – Eu não sei coisa alguma.
COISA QUE, ALGO QUE, *s.* ohun tí > Mi ò mọ ohun tí a máa jẹ – Eu não sei o que nós iremos comer (*máa* – opção para marcar o tempo futuro do verbo).
COISA SEM SENTIDO, *s.* pálapàla (disparate).
COISA SUJA, IMPURA, *s.* ohun-àìmọ́.
COISA, ALGO, *s.* kinní, nkan, oun, ohun, un – forma reduzida de ohun; > Báwo ni nkan? – Como estão as coisas?; > Ohun tí a kò lè ṣe rárá – Algo que não podemos fazer bem.
COISAS DAS DIVINDADES, *s.* ohun-òrìṣà.
COISAS NECESSÁRIAS, *s.* ohun lílò onjẹ.
COISAS PARA OFERENDAS, *s.* ohun-ẹbọ.
COISAS PEQUENAS, *s.* ìpépẹ́rẹ́ (insignificantes).
COISAS USADAS PARA VENDA, *s.* àtùtà.
COISAS VALIOSAS, *s.* àlùmáni.
COITO, SEXO, *s.* ìbásùn, ìbálòpò (relação sexual com mulher).
COLA, *s.* àtè (também tipo de resina para pegar pássaros).
COLABORAR, TAREFA CONJUNTA, *v.* bá_ṣiṣẹ́ < ṣe + iṣẹ́ > Ó bá mi ṣiṣẹ́ – Ele trabalhou comigo.
COLADAMENTE, *adv.* tímọ́, tímọ́tímọ́ (intimamente).
COLAPSO, *s.* ìwó lulẹ̀.
COLAR, BIJUTERIA, *s.* ohun òṣòó orún – algo pendurado no pescoço.
COLAR DE BÚZIOS, *s.* ìbàjá (conhecido como *bràjá*).

COLAR DE CONTAS – COLHEITA

COLAR DE CONTAS, s. ìlẹ̀kẹ̀, kélé, lágídígba (feito de chifre de búfalo) > Ọ̀rẹ́ mi nlo kélé ní ọrùn – Minha amiga está usando o colar no pescoço (lò – usar).

COLAR, FECHAR, v. lẹ̀ > Lẹ̀ ẹ́mọ́ ògiri – Cole-o na parede; > Lẹ̀ ìwé yìí mọ́ – Prenda este papel firmemente.

COLAR, JOIA, s. ẹ̀gbà ọrùn, kọ́là.

COLAR, GRUDAR AO CORPO, v. lẹ̀mọ́ra < lẹ̀ + mọ́ + ara.

COLAR, JUNTAR, v. mọ́lú.

COLAR, s. pàró (colar feito de couro nativo).

COLATERAL, PARALELO, adj. légbẹ́légbẹ́.

COLCHA, MANTA, s. aṣọ-ìbora.

COLCHÃO, s. matirẹsì (do inglês *mattress*).

COLCHETE, s. oríkọ́.

COLEÇÃO VARIADA, s. àsàlù, ìsàlù.

COLEÇÃO, COLETA, s. àsàjọ, ìsàjọ.

COLEÇÃO, s. àkójọpọ̀, ìdájọ (colocar coisas juntas).

COLECIONAR, JUNTAR, v. kójọ, gbájọsajọ > Mo kó wọn jọ sílé – Eu os reuni em casa.

COLEGA DE TRABALHO, s. alábáṣe, alábáṣepọ̀ > ará ibi iṣẹ́ – conhecido do local de trabalho.

COLEGA, COMPANHEIRO, s. ògbóni, ògbà, ẹnikéjì, egbẹ́ > Ẹlẹ́gbẹ́ mi ni yìí – Este é o meu colega.

COLEGUISMO, CAMARADAGEM, s. ìdàpọ̀, ìkẹ́gbẹ́.

COLÉGIO, s. ilé ẹ̀kọ́, kọ́lééjì (do inglês *college*).

CÓLERA, DOENÇA, s. àrùn onígbáméjì.

CÓLERA, RAIVA, s. ìbìnú.

COLETAR, JUNTAR, v. gbá_jọ > Ó gbá wọn jọ pọ̀ – Ele os colecionou.

COLETE DE HOMEM, s. kúkumọ́.

COLETOR DE IMPOSTOS, s. agbowóde, agbowórí, alákójọ̀, alákójọ̀pọ̀.

COLETOR, s. olùkópọ̀, olùkojọpọ̀.

COLHEDOR DE ERVAS, s. ọlọ́sányìn (seguidor do culto a Ọ̀sányìn).

COLHEDOR DE PLANTAÇÃO, s. apẹ̀ẹ̀ṣẹ́, olùkórè.

COLHEITA, s. àkórè, ìkórè, híhe; > he – colher, achar, juntar.

COLHER DE CHÁ, s. ṣíbí kékeré.
COLHER DE METAL, s. ṣíbí.
COLHER DE PAU, CONCHA, s. ìpọn, orógùn, ọmọrógùn.
COLHER DE SOPA, s. ṣíbí ìbọbẹ̀.
COLHER E CHUPAR, v. ká_mu > Mo ká èso mu ú – Eu colhi a fruta e a chupei.
COLHER FOLHAS, v. já, jáwé < já + ewé > Òun jáwé fún orò – Ele colheu folhas para o ritual.
COLHER FRUTO DA PALMEIRA, v. kọ̀pẹ < kọ + ọ̀pẹ.
COLHER PRIMEIRAS COLHEITAS, v. kóká.
COLHER, CONCHA, s. ìgbakọ, (espátula – abẹ̀rọ).
COLHER, JUNTAR FOLHAS, v. kéwé < kó + ewé.
COLHER, v. kórè, wọ̀, ká > Ó ká èso – Ela colheu a fruta.
CÓLICA RENAL, s. iguntọ.
CÓLICA, BAÇO, s. awórókó.
CÓLICA, DOR NO INTESTINO, s. ìhàsíso, èèpà.
COLIDIR, CHOCAR, v. dùgbòlù, kọlù > Ó kọlù mi – Ele me atacou.
COLIDIR, CONFRONTAR, v. sọlùra, kọlura (um contra o outro).
COLINA, s. gegele (elevação natural de terra).
COLISÃO, ATAQUE s. àkọlù, àkọlura, ìkọlù, ìkọlura.
COLISÃO, CHOQUE, s. àwó, ìgbò > àtẹ̀fọ́ – esmagamento.
COLITE, s. àsè ifun wíwú (lit. reação do intestino inchado).
COLMEIA, s. ilé oyin > afárá oyin – favo de mel.
COLO, s. orí-itan (sobre o joelho).
COLOCAR À FRENTE, PÔR ADIANTE, v. tìsíwájú.
COLOCAR ARMADURA, v. dìníhámọ́ra.
COLOCAR EM FOGO BRANDO, v. rọ́bu.
COLOCAR A MÃO EM, v. tọwọ́bọ̀ > Mo tọwọ́ b inú àpò – Eu coloquei a mão dentro da bolsa; > Ó tọwọ́ bọ ọ̀rọ̀ yìí – Ele participou deste assunto.
COLOCAR À PARTE, v. pínyà (separar).
COLOCAR ALGO JUSTO, v. há_mọ́ra (armadura).
COLOCAR ALGO NO CENTRO, v. fi_sáarin (em meio a uma discussão).

COLOCAR ATRÁS, RETARDAR, *v.* yẹ̀_sẹ́hìn > Mo yẹ lílọ mi sẹ́hìn – Eu adiei minha partida.
COLOCAR ATRAVESSADO, *v.* dábú < dá + ìbú (cruzar).
COLOCAR CABO, *v.* rú (em objeto cortante).
COLOCAR CRIANÇA NAS COSTAS, *v.* pọnmọ.
COLOCAR CULPA, *v.* tìrànmọ́ > Ó tìrànmọ́ náà mọ́ mi – Ele me acusou falsamente daquilo.
COLOCAR DE LADO, À PARTE, *v.* yà_lọ́tọ̀, yà_sọ́tọ̀.
COLOCAR DE LADO, *v.* pa_tì, kọ̀_tì > Ó kọ ọ́ tì –Ela colocou-o de lado.
COLOCAR DE LADO, *v.* rọ́_tì (descartar).
COLOCAR EM CIMA, *v.* fi_sókè > Ó nfi ife sókè tábílì – Ela está colocando o copo em cima da mesa; > lé – empilhar.
COLOCAR EM FUGA, *v.* légun < lé + ogun.
COLOCAR EM MÁ SITUAÇÃO, *v.* bá_wá > Ó bá mi wá ọ̀ràn – Ela me trouxe um problema (lit. ela preparou um problema contra mim).
COLOCAR EM ORDEM, ARRUMAR, *v.* tò > Tò wọ́n kìrìbítì síwájú rẹ̀ – Coloque em círculo na frente dele; > ìtóléṣe – organização.
COLOCAR EMPECILHO, *v.* fitínà > Fíínà débá mi – Eu fui importunado.
COLOCAR EMBAIXO, *v.* fi_lélẹ̀ > Ó fi ìwé lélẹ̀ – Ela colocou o livro embaixo.
COLOCAR EMBAIXO, *v.* gbé_sílẹ̀ (pôr no chão).
COLOCAR LADO A LADO, *v.* tò_gbéra.
COLOCAR NAS MÃOS, SER ACEITO, *v.* tẹ̀ + lọ́wọ́.
COLOCAR NO CHÃO, *v.* gbé_kàlẹ́, sọ_kàlẹ́, mú_sílẹ̀ > Mo gbé ẹrù yìí kàlẹ̀ – Eu coloquei esta carga no chão.
COLOCAR NO LUGAR DE OUTRO, *v.* ṣìfisí.
COLOCAR PANO NA CABEÇA, *v.* wé (mulher) > Ó wé gélé – Ela colocou o turbante.
COLOCAR PENAS, ATAR, *v.* fúnníyẹ.
COLOCAR PERTO, *v.* sọ́mọ́ra.
COLOCAR SOB CUIDADOS, *v.* ṣàgbàwò > Ó ṣàgbàwò mi – Ele me colocou sob cuidados.
COLOCAR SOBRE, *v.* gbé_wọ̀ (vestir, cobrir).

COLOCAR UM BOCADO, v. rùn (pôr um ingrediente).
COLOCAR UM CHAPÉU, v. dé filà (homem) > Ó dé filà – Ele colocou o boné.
COLOCAR UM MOLHO, v. fi_rùn > Mo fi òkèlè rùn ọbẹ̀ – Eu coloquei molho na sopa
COLOCAR UM SINAL, MARCAR, v. fàmìsí < fi + àmì + sí.
COLOCAR UMA ROUPA, v. pèlé (uma roupa sobre a outra).
COLOCAR UMA ROUPA, v. sánṣọ (por um tecido em volta de).
COLOCAR, ESTENDER, v. tẹ́ > Ó tẹ́ ẹní – Ela estendeu a esteira.
COLOCAR, JUNTAR, v. kó_bá > Ó kó ìjọgbọ̀n bá mi – Ele me colocou em dificuldade.
COLOCAR, PÔR EM CIMA DE, v. gbé_sórí > Ó gbé mi sórí ẹní – Ele me colocou em cima da esteira; > sórí < sí + orí – sobre.
CÓLON, s. ifun nlá (parte do intestino grosso).
COLÔNIA, s. ilétò > èkó nípa ilétò – colonial, estudo sobre colônia.
COLONIALISMO, s. ìsọdìlétò > sọda ìlétò.
COLONIZAR, v. tẹ ìlú dó, tẹdó, sọdìléto.
COLORIDO, s. aláwọ̀ > ọlọ́nà – listrado, colorido, > aláràbarà – multicolorido.
COLORIR, v. kùn > Ó fi ọ̀dà kùn – Ela usou tinta e coloriu.
COLÓQUIO, s. ọ̀rọ̀ ṣíṣọ láàárín ènìà méjì – palavras e olhares entre duas pessoas.
COLOSSAL, adj. ràbàtà, tóbi púpọ̀.
COLUNA, s. òpó, ọwọ̀n > ètò ìdúró – coluna mestre.
COLUNA DE UM MURO, s. ọwọ́n ògiri, ìtìlẹ́hìn ògírí.
COLUNA VERTEBRAL, s. ògóró-ẹ̀hìn, eegun-ẹ̀hìn, ọpá ẹ̀hìn.
COM AVAREZA E COBIÇA, adv. tìwọratìwọra.
COM DIGNIDADE, QUALIDADE, adv. tìwàtìwà > Òun ṣe iṣẹ́ tìwàtìwà – Ele fez o serviço com qualidade.
COM EFEITO, SEM DÚVIDA, adv. mà (é usado para expressar força, surpresa ou ênfase, indicando uma ação positiva) > O mà ṣiṣẹ́ – Você, sem dúvida, trabalhou; > Òjò mà rọ̀ – Vai chover, com certeza.
COM E SEM, adv. tinútòde (dentro e fora).

COM GINGADO, BALANCEADO, adv. tijótijó.
COM GRANDE BARULHO, adv. kàráà.
COM GRANDE DIFICULDADE, adv. tìpẹ̀tiẹlẹ > Mo kọwé tìpẹ̀tiẹlẹ – Eu escrevi o livro com grande dificuldade.
COM GRATIDÃO, adv. tọpẹ́tọ́pẹ́.
COM ISTO, adv. pẹ̀lú èyí > Mo kọ ìwé pẹ̀lú èyí – Eu escrevi o livro com isto.
COM MÃOS ENTRELAÇADAS, adv. nífọwọ́sọwọ́
COM MUITA CONVERSA, adv. poroporo (loquaz).
COM PASSADAS CURTAS, adv. ṣẹ́ṣẹ́ > Ó nrìn ṣẹ́ṣẹ́ – Ele está andando com passadas curtas.
COM POMPA E MÚSICA, adv. tìlùtìfọ̀n.
COM SEGURANÇA, adv. yẹrun (a salvo, sem perigo).
COM SURPRESA, ESPANTO, adv. fẹ.
COM, EM COMPANHIA DE, prep. pré-v. bá > Ẹ bá mi lọ – Venha comigo (lit. você comigo venha).
COM, JUNTO COM, prep. pẹ̀lú > Ó wà pẹ̀lú mi – Ela está comigo.
COM, prep. fi (funciona como pré verbo, mas antecede o substantivo) > Ó fi òkúta fọ́ igi – Ele, com a pedra, quebrou o vidro; > Ó fi aṣọ titun jáde lọ – Ela saiu com a roupa nova. V. fi – usar.
COMA, s. ìsùn fọnfọn, oorun ìjìkà (sono profundo).
COMANDANTE, s. oléyè, olórí.
COMANDANTE DE BATALHA, s. olórí ogun.
COMANDANTE DE EXÉRCITO, s. ògágun < ògá + ogun.
COMANDANTE DE NAVIO, s. olórí-ọkọ̀.
COMANDAR, EXECUTAR UMA LEI, v. sọlófin.
COMANDAR, ORDENAR, v. pàṣẹ, fàṣẹfún < fi + àṣẹ + fún > Ó pàṣẹ kí n kò lọ síbẹ̀ – Ele ordenou que eu não fosse para lá.
COMANDO, s. pípaṣẹ > òfin – lei.
COMBATE, LUTA, s. ìjà, ìdẹ́lọ́nà.
COMBATENTE, s. oníjà.
COMBATER, CONFRONTAR, v. jà, dojúkọ > Ajá méjì njà – Dois cachorros estão brigando.

COMBINAÇÃO, UNIÃO, s. àpapọ̀, àkópọ̀ > Ẹ̀wà àti ìrẹsì jẹ́ àpapọ̀ kan tí ó ní èròjà pàtàkì – Feijão e arroz é uma combinação que tem nutrientes importantes.

COMBINAR COM, UNIR, v. rẹ́_pọ̀, répọ̀mọ́, papọ̀, kó_pọ̀ > Ó rẹ́ wọn pọ̀ – Ele juntou os materiais; > kó_pọ̀ – recolher, colecionar > Ó kó wọn pọ̀ – Ela os recolheu; > àṣepọ̀ – cooperação, parceria; > rírépọ̀, ìrépọ̀ – fusão, amizade, mistura.

COMBINAR, FAZER ACORDO, v. finúṣọkan > A finú ṣọkan ìgbéìyàwó – Nós fizemos um acordo de noivado.

COMBINAR, MISTURAR, v. dà_pọ̀mọ́, darapọ̀mọ́ > Wọ́n darapọ̀mọ́ mi – Eles se uniram a mim; > Mo da ṣúgà pọ̀mọ́ iyọ̀ – Eu misturei açúcar com sal.

COMBUSTÃO, s. jíjó, ìgbiná.

COMBUSTÍVEL, INFLAMÁVEL, adj. kíkun.

COMEÇANDO ALGO, s. àtúbọ̀ṣe (próximo da conclusão).

COMEÇAR A FALAR SOBRE, v. gbẹ́nulé > Ó gbẹ́nulé ẹ̀sìn – Ela começou a falar sobre religião.

COMEÇAR A FALAR, v. lahùn < là + ohùn.

COMEÇAR EMPREENDIMENTO, v. ṣàgbàtẹrùn.

COMEÇAR, INICIAR, v. bẹ̀rẹ̀, fimọ̀ > Nígbàtí ó bẹ̀rẹ̀ sọrọ̀, mo jáde – Quando ele começou a falar, eu saí.

COMEÇAR, ORIGINAR, v. pilẹ̀, pilẹ̀ṣẹ̀.

COMEÇAR, PRINCIPIAR, v. làwá.

COMEÇAR, v. fọn > Fọn síṣẹ́ rẹ! – Comece o seu trabalho!

COMEÇO, INAUGURAÇÃO, s. ìdásílẹ̀.

COMEÇO, INÍCIO, adj. àkọ́kọ́ > Èyí ni aya mi àkọ́kọ́ – Esta é minha primeira mulher.

COMEÇO, PRINCÍPIO, s. ìfẹsẹ̀lélẹ̀.

COMEÇO, s. àkọ́ (como prefixo, indica começo de algo) > Ìwé àkọ́kà – Primeiro livro lido; > àkọ́bí – primogênito.

COMEÇO, s. ìbẹ̀rẹ̀, ipilẹ̀ṣẹ̀, àtètèkóbẹ́rẹ́ > Akẹ́kọ̀ọ́ dé ìbẹ̀rẹ̀ ẹ̀kọ́ – O aluno chegou no início da aula.

COMÉDIA, s. àwàdà, eré-ayọ̀ > eré-arò – tragédia.

COMEDIANTE, BRINCALHÃO, s. aláwàdà; > Aláwàdà ni ọ – Você é muito divertido (àwàdà – brincadeira).
COMEDIDAMENTE, adv. níwọ̀ntúnwọ̀sì.
COMEMORAÇÃO, s. iṣe ìránti.
COMEMORAR, RELEMBRAR, v. ṣèránti < ṣe + ìrán + etí > Ó ṣèránti mi – Ela se lembrou de mim.
COMEMORAR, FESTEJAR, v. jọyọ̀ > Ó Jọyọ̀ – Ele fez uma comemoração.
COMENTAR, v. sọ àsọyé, làdí.
COMENTÁRIO, EXPLICAÇÃO, s. ìladí, ìwé àsọyé.
COMENTÁRIO, PREFÁCIO, s. àkiyèsí, ìkiyèsí > Ọ̀rẹ́ mi ṣe àkiyèsí ìwé rrẹ̀ – Meu amigo fez o prefácio do livro dela.
COMENTARISTA, s. aláwíyé.
COMER À NOITE, v. sọnu (quebrando jejum dos maometanos).
COMER ALGO, v. jẹun < jẹ + ohun > Wá bá wa jẹun – Venha comer conosco.
COMER AOS POUCOS, v. yínjẹ (beliscar a comida) > Mo mú yínjẹ onjẹ yí – Eu pego aos poucos esta comida.
COMER CARNE HUMANA, v. jẹnìà < jẹ + ènìà (ser canibal).
COMER CARNE, v. jẹran < jẹ + ẹran.
COMER COMPLETAMENTE, v. jẹ_tán > Mo jẹ ẹran sísun tán – Eu comi toda a carne assada.
COMER DE TUDO, v. fi_jẹ > Èmi máa fijẹ – Eu habitualmente como de tudo; > Èmi ni oníwọra – Eu sou esfomeado.
COMER DEMAIS, v. jẹ àjẹkì (fartar-se de comer).
COMER E FICAR SATISFEITO, v. jẹ_yó > Mo jẹ onjẹ náà yó – Eu comi e fiquei satisfeito.
COMER EM UMA FESTA, v. jẹàse, jàse.
COMER ESCONDIDO, v. bọ̀_jẹ.
COMER EXCESSIVAMENTE, v. sìrọ.
COMER GRAMA, v. joko (como o cavalo).
COMER INHAME FRESCO, v. pẹ̀là (da primeira colheita).
COMER INHAME, v. jiyán < jẹ + iyán.

COMER JUNTO, *v.* bá_jẹ > Ó bá mi jẹ – Ela comeu comigo; > àbájẹ – aquele que come junto.
COMER VIVO, *v.* jẹ_pa (mosquitos, animais) > Àwọn yànmù-yanmu fẹ́rẹ̀ jẹ wá pa – Os mosquitos quase nos comeram vivos.
COMER SEM CONDIMENTOS, *v.* ṣán > Ó ṣán ògẹ̀dẹ̀ – Ele comeu banana crua.
COMER SOBRAS, *v.* jẹ_kù > mo jẹran kù – eu comi parte da carne.
COMER SOZINHO, *s.* dájẹ > Mo dájẹ – Eu comi sozinho; > àdájẹ – aquele que come sozinho.
COMER TODA A COMIDA, *v.* jẹ_tẹ́rùn.
COMER UMA MÁ COMIDA, *v.* jẹ̀jẹkújẹ.
COMER VORAZMENTE, *v.* jẹlájẹkì.
COMER, *s.* jẹ > Mo jẹ iṣu àti ọbẹ̀ – Eu comi inhame e ensopado; > àjọjẹ – ato de comer junto.
COMERCIAL, *s.* ti iṣẹ́ owó.
COMERCIANTE DE ÓLEOS, *s.* olóróró.
COMERCIANTE, *s.* aṣòwò, oníṣòwò, ọlójà < oní + ojà.
COMERCIAR, FAZER NEGÓCIO, *v.* ṣòwò.
COMERCIAR, NEGOCIAR, *v.* báṣòwòpọ̀ < ṣe + òwò + pọ̀.
COMÉRCIO DE ESCRAVOS, *s.* owó ẹrú.
COMÉRCIO FINANCEIRO, *s.* okò-òwò, owó-òwò.
COMÉRCIO, NEGÓCIO, *s.* òwò, iṣòwò > ètò ajé – sistema financeiro.
COMÉSTICO PARA A FACE, *s.* lálì pupa (*rouge*).
COMESTÍVEL, *adj.* jíjẹ, *s.* ohun jíjẹ, aṣejẹ > A fẹ́ nkan jíjẹ – Nós queremos algo para comer (comestível).
COMETA, *s.* ìràwọ́-oníru.
COMETER ADULTÉRIO, *v.* dálè, bá_dálè > Mo bá a dálè – Eu cometi adultério com ela; > àlè – amante, concubina; > ọmọ àlè – bastardo, filho da outra; > ṣàgbèrè – prostituir-se.
COMETER ERRO AO ESCREVER, *v.* ṣì_kọ > Akọ̀wé ṣì iwé náà kọ – O escritor cometeu um erro no texto escrito.
COMETER ERRO AO FALAR, *v.* ṣìhùn < ṣì + ohùn.
COMETER ERRO DE OPINIÃO, *v.* ṣì_gbé.

COMETER UM DESLIZE – COMISERAÇÃO

COMETER UM DESLIZE, *v.* sé_lọ́wọ́ > Mo sé lọ́wọ́ – Cometi um erro.
COMETER MORTE ACIDENTAL, *v.* ṣinípa, ṣìpa.
COMETER SUICÍDIO, *v.* yìnbọnjẹ (usando arma de fogo).
COMETER UMA BESTEIRA, *v.* dáràn < dá + òràn > Ó dáràn – Ele está em dificuldades.
COMETER UM ERRO, *v.* ṣì_ṣe > Ó ṣì mí ṣe – Ele cometeu um erro contra mim.
COMETER UM ROUBO, *v.* dánà < dá + ọ̀nà (roubar na estrada) > Ó dá mi lọ́nà – Ele me roubou na estrada.
COMICHÃO, URTICÁRIA, *s.* ègbèsì (doença de pele).
COMÍCIO, MULTIDÃO, *s.* àpéjọ, àpéjọpọ̀.
CÔMICO, HUMORISTA, *adj.* panílẹ́rìn, aláròfọ́.
COMIDA À BASE DE CARNE, *s.* ẹran jíjẹ.
COMIDA COZIDA, *s.* ẹ̀gbẹ (ou defumada para não estragar) > Ẹran ẹ̀gbẹ = ẹran gbígbe – Carne-seca defumada.
COMIDA DE FEIJÃO-FRADINHO, *s.* kúdùrú, èkuru, àbàrà.
COMIDA DE INHAME, *s.* ìpètè, ẹ̀bẹ.
COMIDA DE QUIABO E PIRÃO, *s.* àmàlà.
COMIDA EM PORÇÕES, *s.* òkèlè.
COMIDA FEITA DE MANDIOCA, *s.* ẹ̀bà (farinha e pirão).
COMIDA FEITA DE MILHO, *s.* aṣọṣọ, ekuṣú, ọ̀wọ̀wọ̀, lágba, ìdàlú.
COMIDA PRONTA, *s.* jíjẹ.
COMIDA QUEIMADA, *s.* ẹ̀ẹ̀họ̀, ìharihọ (que adere à panela).
COMIDA, COMESTÍVEIS, *s.* ohun-jíjẹ.
COMIDA, REFEIÇÃO, *s.* onjẹ, ounjẹ < ohun + jẹ – algo de comer; > Onjẹ kékeré kọ́ ni ó jẹ – Não foi pouca comida que ele comeu.
COMIDA, *s.* ìjẹ, onjẹ > Àkàsà ni onjẹ gbogbo òrìṣà – Akasá é comida de todo orixá.
COMIDAS PARA VENDA, *s.* aláṣètà-onjẹ.
COMIGO, *prep.* pẹ̀lú mi > Ó wà pẹ̀lù mi – Ela está comigo.
COMILÃO, *s.* màrímàjẹ, àjẹyò, ọ̀jẹun, alájẹkì (come de tudo sem escolher).
COMISERAÇÃO, *s.* ìbákẹ́dùn > bá_kẹ́dùn – condoer-se.

COMISSÃO, CONSELHO, s. àjọ-ìgbìmọ̀ > Ìgbìmọ̀ fún ilé ìwé – Comissão escolar.

COMISSÃO, LUCRO, s. èrè > Ìyá mi jẹ èrè púpọ̀ nínú iṣẹ́ rẹ̀ – Minha mãe teve muito lucro no trabalho dela.

COMISSÁRIA DE BORDO, s. olùtọ́jú èrò-ọkọ̀.

COMITÊ, COMISSÃO, s. àjọ-ìgbìmọ̀.

COMO ESTE, pron. dem., báwọ̀nyí > Irú nkan báwọ̀nyí – Coisas como este tipo < bá + àwọn + yí.

COMO TAMBÉM, ALÉM DE, adv. mọ́ > Ojo mọ́ Tunde, wọ́n yíò lọ etí òkun – Ojo como também Tunde, eles irão à praia; > Ó ní ọkùnrin míràn mọ́ ọkọ̀ rẹ̀ – Ela tem outro homem além do marido dela.

COMO, adv. bíaatí.

COMO, adv. interrog. bíbawo, báwo ni? > Báwo ni? – Como vai?; > Báwo ni iṣẹ́ ti nlọ sí? – Como você está indo no seu trabalho exatamente?; > Báwo ni nkan? – Como estão as coisas? Obs.: báwo < bá + éwo; bí – é a forma afirmativa. > Mo mọ̀ bí ó fẹ́ràn mi – Eu sei como ele gosta de mim.

COMO, DA MESMA FORMA QUE, prep. bí > Ṣe bí mo ti wí – Faça como eu te digo

COMO, POR QUE, adv. interrog. èétiri, èétiṣe, básí? > Èétirí nwọ́n fi npariwo? – Por que eles estão fazendo muito barulho? > Básí o ṣe yìí? – Como você fez isto?

COMO VAI, saud. Ṣe àlàáfíà ni? – Àlàáfíà ni a dúpẹ́. Mo wà – Estou em paz, obrigado. Eu existo. (A existência é uma bênção de Deus)

COMO, part. interrog. pré-v. ti > Ó ti jẹ́? – Como ele é?; > A tí lè ṣe é? - Como nós podemos fazê-lo?

COMODIDADE, s. ìròrùn (conveniência).

CÔMODO, s. yàrá, ìyàrá > Wọ́n wà ní yàrá rẹ̀ – Elas estão no quarto dela.

COMOÇÃO, TUMULTO, s. ìrúkèrúdò.

COMPACTADAMENTE, adj. bíríkítí (ato de compactar) > Ó ká bíríkítí – Ele dobrou compactadamente.

COMPACTAMENTE, adv. gídá-gídá (firmemente).

COMPACTO, adj. lẹ̀mọ́ra.

COMPADECIDAMENTE, adv. tàánú-tàánú.

COMPADECIDO, MISERICORDIOSO, adj. láánú < ní + àánú > Èyí ṣe mí láánú – Isto me fez piedosa.
COMPAINHA, ASSOCIAÇÃO, s. egbẹ́, ọ̀wọ́.
COMPAIXÃO, DESGOSTO, s. àánú > Àánú ṣe mí > Sinto muito (lit. o desgosto me atingiu); > Ó ṣe bẹ́ẹ̀! láìní àání fún mi – Ele fez assim sem ter compaixão por mim.
COMPAIXÃO, PIEDADE, s. ìrònú-àánú, ìyọ́nu.
COMPAIXÃO, SOLIDARIEDADE, s. ìbákẹ́dùn, àbákẹ́dùn.
COMPANHEIRISMO, s. ìfànímọ́ra, àjọrìn, ìdàpọ̀, ìkẹ́gbẹ́.
COMPANHEIRO DE CAÇA, s. alábápa.
COMPANHEIRO DE QUARTO, s. alábágbé (interno).
COMPANHEIRO DE REFEIÇÃO, s. alábájẹ > bájẹ – comer junto.
COMPANHEIRO DE VIAGEM, s. alábarì.
COMPANHEIRO, PAR, s. egbẹ́ > Àwọn egbẹ́ mi wà lọ́dọ̀ mi – Meus companheiros estão junto de mim.
COMPANHEIRO, PARCEIRO, s. ìsọwọ́, ẹnikéjì, ẹlẹ́gbẹ́.
COMPANHEIRO, s. ògbà, àjùmọ̀jogún (co-herdeiro).
COMPANHEIRO, VIZINHO, s. ọmọníkéjì.
COMPANHIA, s. ìjọbọ̀, àjọbọ̀ (ato de estar em companhia de outro, culto comunitário) > bá_wà > Mo bá wọn wà – Eu estava com eles.
COMPARAÇÃO, CONFRONTO, s. ìfiṣírò.
COMPARAÇÃO, METÁFORA, s. àfiwéra.
COMPARAÇÃO, s. ìfiwé, àkàwé, ìkàwé (similitude).
COMPARAR, v. fi_sàkàwé, fi_sàpèjúwé, ṣe àkàwé, ṣe àfarawé, fi_wéra > Wọ́n fi mí wéra wọn – Eles me comparam com eles mesmos.
COMPARATIVO, RELATIVO, adj. àfiwé.
COMPARÁVEL, adj. fífarawé.
COMPARECER, VIR, v. wá > Ọ̀rẹ́ mi kò wá – Minha amiga não veio > yíyọ – surgir, aparecer.
COMPARTILHAR, v. hágún (fazer a partilha).
COMPARTILHAR, REPARTIR, v. pín, jọpin > A jọpín onjẹ náà – Nós dividimos a comida; > bápín – participar de algo.
COMPARTIMENTO, s. ìpínfúnní (divisão).
COMPATRIOTA, s. ara ìlú kannáà (mesmo habitante da cidade).

COMPELIR A DIZER, *v.* là_lóhùn > Ó là mí lóhùn – Ele me compeliu a dizer (algo que eu não queria).
COMPELIR A FAZER, *v.* mú_ṣe > Ó mú mi nípá láti ṣe é – Ela me forçou a fazer isto.
COMPELIR, *v.* mú_òtítọ́ (empenhar-se a um ato justo).
COMPENSAÇÃO, *s.* sísan padà.
COMPENSAR, *v.* ṣe àtúnṣe > sanpada – reparar > Èṣè kò ṣe àtúnṣe – O crime não compensa.
COMPETÊNCIA, *s.* òye > Olóye – Pessoa inteligente.
COMPETENTE, *adj.* ní agbára tó (ter autoridade suficiente).
COMPETIÇÃO, RIVALIDADE, *s.* ìdíje.
COMPETIÇÃO, *s.* eréjé, ijé > Ó gba iré ijé náà – Ela ganhou aquela competição.
COMPETIDOR, RIVAL, *s.* abánidíje.
COMPETIDOR, *s.* asáré-ijé, adíje.
COMPETIR COM, *v.* bá_díje > Ó bá mi díje – Ele comigo competiu.
COMPETIR, ESFORÇAR-SE, *v.* dù > Ó dù níṣẹ rẹ̀ – Ela esforçou-se na tarefa dela.
COMPETIR NUMA CORRIDA, *v.* sádo.
COMPETIR POR ALGO, *v.* bá_dù.
COMPETIR, RIVALIZAR, *v.* fágagbága.
COMPETIR, ESFORÇAR-SE, *v.* díje, dù > Ó máa dù níṣẹ́ rẹ̀ – Ela costuma se esforçar no trabalho dela.
COMPETIR, *v.* jìjàdù < jà + ìjàdù (continuar uma luta).
COMPLACÊNCIA, *s.* ìtélọ́rùn > inú dídùn – alegria, contentamento.
COMPLACENTE, *adj.* aṣebíẹru.
COMPLEMENTAR, AJUSTAR, *v.* báramu.
COMPLETAMENTE ESQUECIDO, *adj.* kuregbèkuregbé.
COMPLETAMENTE, *adv.* àmuyó, bọ̀lọ̀jọ̀, tákítákí, tẹnu-tẹnu > Ó mu ọtí ní àmuyó – Ele está completamente bêbado, intoxicado.
COMPLETAMENTE, *adv.* bẹẹrẹbẹ, bẹẹrẹ > Ilẹ̀ yìí tẹ́ bẹẹrẹ – Esta terra é extensa em toda a parte.
COMPLETAMENTE, *adv.* nípípé, pátápátá, pébe, sáká > Ó ti fọ́ pátápátá – Ele está completamente quebrado.

COMPLETAMENTE, TOTALMENTE, *adv.* tán (expressa o mais alto grau) > Mo ṣiṣẹ́ tán – Eu terminei o trabalho completamente.
COMPLETAMENTE SÓ, *adv.* gadamù > Ọdẹ wà gadamù nínú igbó – O caçador está completamente só na floresta.
COMPLETAMENTE, TUDO, *adv.* pátápátá, tewétewé > Ó jẹ ẹ́ tewétewé – Ele comeu com folhas e tudo.
COMPLETAR, *v.* pé, múkún.
COMPLETAR NOVE DIAS, *v.* kísán > kíta – completar três dias.
COMPLETAR TAREFA, *v.* bùṣe (chegar ao fim).
COMPLETAR, TERMINAR, *v.* parí > Òun parí wé ẹ̀kọ – Ela terminou de enrolar o acasá.
COMPLETAR UM ANO, *v.* kádún.
COMPLETO, PERFEITO, *adj.* pé, ṣetán, yọrí, pípé, píparí > Njẹ́ ìdáhùn yìí pé – Esta resposta é exata? > Ó ṣe iṣẹ́ rẹ̀ pé – Ele fez um trabalho perfeito. V. estar completo.
COMPLETO, TOTAL, *adj.* tọ̀tọ̀ > Ẹran ni mo jẹ tọ̀tọ̀ – Eu comi a carne toda.
COMPLEXO, COMPLICADO, *adj.* akọ́dí.
COMPLICAÇÃO, *s.* ìnira, wàhálà, ìdíjú < dí + ojú.
COMPLICADO, *adj.* láìlójú, akọ́dí.
COMPLICADO, ATRIBULADO, *adj.* níyọnu.
COMPONENTE, PARTE, *s.* páàtì (do inglês *part*).
COMPORTADAMENTE, *adv.* sùsù > Ó sọ sùsù – Ele se regenerou comportadamente.
COMPORTAMENTO, CONDUTA, *s.* ìbẹ́wọsí, ìgbọ́wọ́sí.
COMPORTAMENTO, COSTUME, *s.* ìlòsí > Ìlòsí rẹ dára púpọ̀ – O comportamento dela é muito bom.
COMPORTAMENTO, CARÁTER, *s.* ìwà ẹni.
COMPORTAR-SE, *v.* hùwà < hù + ìwà > Ó hùwà ara-oko – Ele se comporta como gente da roça.
COMPOSITOR, AUTOR, *s.* olùpilẹ̀ṣẹ̀-orin (música).
COMPOSTO DE VELHOS E NOVOS, *adj.* tàgbátèwe.
COMPRA A CRÉDITO, *s.* àwìn, ìràwìn.

COMPRA DE FARELO, *s.* kéèrí (comida para o gado).
COMPRA DESNECESSÁRIA, *s.* ìràkúrà.
COMPRA POR ATACADO, *s.* àràlù, àkórà.
COMPRADOR, *s.* olùrà, olùràjà, onrajá, òrà (rà – comprar, ọjà – mercado).
COMPRAR A CRÉDITO, *v.* ràwìn, rà_láwìn, gbà_láwìn > Mo gbà ọkò láwìn – Eu comprei o carro a crédito.
COMPRAR E REVENDER, *v.* rírà òun títà.
COMPRAR ALGO, *v.* rakan < rà + òkan.
COMPRAR COISAS DIVERSAS, *v.* rà_lù (ao mesmo tempo) > Ó rà wón lù – Ela os comprou simultaneamente.
COMPRAR ERRADO, *v.* ṣírà.
COMPRAR PARA REVENDER, *v.* rajà.
COMPRAR POR MEDIDA, *v.* sú > Ó sú epo – Ela comprou óleo por medida.
COMPRAR POUCA QUANTIDADE, *v.* bẹ́ > Ó bẹ́ iyọ̀ – Ela comprou um pouco de sal.
COMPRAR ROUPA, *v.* raṣọ < rà + aṣọ.
COMPRAR, RESGATAR, *v.* rà > Ó ra eja – Ele comprou peixe; > Ó ra oko láti gbìn àgbàdo – Ele comprou uma roça para plantar milho; > Kíle fẹ́ rà? – O que você quer comprar? (kíle < kí + ni + ẹ).
COMPRAR, *v.* yàn, kọ́rà (primeira compra).
COMPREENDER, *v.* mọ̀, yé > Ó yé mi – Ela me compreendeu.
COMPREENDER PERFEITAMENTE, *v.* yéláyétán.
COMPREENSÃO, *s.* mímòye, ìbàlò, òye.
COMPREENSIVAMENTE, *adv.* tòye-tòye.
COMPREENSIVO, SOLIDÁRIO, *adj.* abánidárò, abánikẹ́dùn.
COMPREENSÍVEL, *adj.* tí ó lè yé (lit. que ele possa entender).
COMPRESSÃO, *s.* ìgbámú, fifúnpọ̀.
COMPRIDO, *adj.* gàgarà, gagara > gùn – ser comprido, longo.
COMPRIMENTO, *s.* gígùn.
COMPRIMIDO, PRESSIONADO, *adj.* kíkì, àkimọ́lẹ̀.
COMPRIMIDO, PÍLULA, *s.* ìṣù-oògùn.

COMPRIMIR, AGARRAR, *v.* kìmọ́lẹ̀ < kì + mọ́ + ilẹ̀ > Ó ki tábà yìí mọ́lẹ̀ níkòkó – Ele comprimiu o fumo no cachimbo; > kìmọ́lẹ̀ – *adv.* firmemente, seguramente.

COMPRIMIR, PRESSIONAR, *v.* kì > fún_pọ̀ – juntar.

COMPROMETER, *v.* wulẹ́wu (expor, arriscar), parí ìjà (terminar a ação).

COMPROMISSO, *s.* ìlérí, àdéhùn > àdéhùn ìpàdé – acordo de reunião.

COMPROVANTE, RECIBO, *s.* ìwé ẹrí.

COMPULSÃO, *s.* ìfagbára ṣe.

COMPULSORIAMENTE, *adv.* dandan, tipátipá.

COMPULSÓRIO, OBRIGATÓRIO, *adj.* pẹ̀lú ipá, pẹ̀lú agbára.

COMPUTAÇÃO, CÁLCULO, *s.* ìṣírò, kíkà, ìkà.

COMPUTADOR, *s.* ẹ̀rọ ìṣírò, ẹ̀rọ ayára bí àṣà, kọ̀npútà (do inglês *computer*) > àwọn ohun-inú kọ̀npútà – partes do computador.

COMPUTADOR PORTÁTIL, *s.* kọ̀npútà àfọwọ́tá, kọ̀npútà àgbéká, ẹ̀rọ ayára bí a alá (*laptop*).

COMPUTAR, CALCULAR, *v.* kà, ṣírò > Ó nka owó – Ele está contando o dinheiro.

COMPULSÃO, FORÇA, *s.* gírímákáyì.

COMPULSÃO, *s.* ìmúṣe, yànpọnlá.

COMPULSORIAMENTE, *adv.* dandan, dandandan.

COMPULSÓRIO, *adj.* fífagbáraṣe, ọ̀rànyàn.

COMUM, VULGAR, *adj.* wọ́pọ̀, lásán, pọ̀.

COMUNHÃO, *s.* ìdàpọ̀ (ato de juntar).

COMUNICAÇÃO, *s.* àrànṣe.

COMUNICAR, DAR A CONHECER, *v.* fihàn fún, sọ̀rọ̀ fún.

COMUNIDADE, *s.* ara ìlú, ẹgbẹ́.

COMBINAR, CONFIAR, *v.* bá_mu > Ẹ̀wù yìí bá mi lára mu – Esta camisa combina bem comigo.

CÔNCAVO, *adj.* jìn kòtò (lit. fundo de cavidade).

CONCEBER, IMAGINAR, *v.* rò, lóyún, dábá > Mo rò bẹ́ẹ̀ – Eu penso assim.

CONCEDER, DAR ATENÇÃO, *v.* gbẹ́bẹ̀ < gbọ́ + ẹ̀bẹ̀.

CONCEDER, DAR, *v.* jìn, wín, gbà, fi_bùn.

CONCEDER, DOAR, *v.* fi_bùn > Ó fi owó bùn mi – Ele doou dinheiro a mim.

CONCEDER, DOTAR, *v.* fi_jínkí > Ó fi owó jínkí mi – Ele me concedeu o dinheiro.

CONCEDER, PERMITIR, *v.* fí_fúnni.

CONCEDER, SER INDULGENTE, *v.* gbòjègé > Ó gbòjègé fún mi – Ela deu oportunidade para mim.

CONCEITO, *s.* ònà ìrònú (pensamento diferente) > Ẹ nílátí mọ̀ àwọn ònà ìrònú yàtọ̀ – Vocês precisam conhecer conceitos diferentes.

CONCEITUADAMENTE, *adv.* tèyẹtèyẹ.

CONCEITUADO, ACREDITADO, *adj.* gbígbẹkèlé.

CONCENTRAÇÃO, AJUNTAMENTO, *s.* kíkójọ, kíkópọ̀.

CONCENTRAÇÃO, ATENÇÃO, *s.* ìbojúwòfín.

CONCENTRADAMENTE, *adv.* láìlà (sem alteração).

CONCENTRADO, PURO, *adj.* láìlábùlà.

CONCEPÇÃO FALSA, *s.* ìju.

CONCEPÇÃO, GRAVIDEZ, *s.* ilóyún, ìbẹ̀rẹ̀ oyún.

CONCERNENTE A, *prep.* nídí, níti.

CONCERTINA, *s.* dùurù ọlọ́wọ́.

CONCERTO, ESPETÁCULO, *s.* fádà eré orin.

CONCESSÃO, ENTREGA, *s.* ìjọlọ́wọ́.

CONCHA DE CARACOL, *s.* ikaraun, karahun, karawun.

CONCHA DE MADEIRA, *s.* ìpọn.

CONCHA DO MAR, *s.* pèpé, pèpékun.

CONCHA PEQUENA, *s.* ẹ̀sà-owó, owó ẹ̀sà.

CONCILIAÇÃO, PACIFICAÇÃO, *s.* ìtùlójú, ìtùjú, ìlàjà, ààlò.

CONCILIADOR, MEDIADOR, *s.* ọlàjà, olùgbìmọ̀ (pacificador).

CONCILIAR, *v.* tù_lójú > Ó tù mí lójú – Ela me tranquilizou.

CONCÍLIO, ASSEMBLEIA, *s.* àjọ ìgbìmọ̀.

CONCÍLIO RELIGIOSO, *s.* àjọ ìgbìmọ̀ ṣọ́ọ̀ṣì.

CONCÍLIO, JUNTA, *s.* ìgbìmọ̀.

CONCISO, SUCINTO, *adj.* múná > Ó múná – Ele é sucinto, atento < mú + iná.

CONCLUIR, FINALIZAR, *v.* parí, ṣetán, ṣe àṣepé > Òun parí iṣẹ́ rẹ̀ – Ela terminou o trabalho dela.
CONCLUSÃO PERFEITA, *s.* àṣepé, ìṣepé, òpin > Àṣepé orò yìí – O término deste ritual.
CONCLUSÃO, PREVISÃO, *s.* àbùjá.
CONCLUSÃO, *s.* àkásẹ̀, píparí (o que está para ser concluído).
CONCLUSÃO, SUMÁRIO, *s.* àkórí.
CONCLUSÃO, TÉRMINO, *s.* àṣeparí, ìparí > Àṣeparí iṣẹ́ yìí – Conclusão deste trabalho; > Sọ̀rọ̀ ní ìparí ẹ̀kọ́ – Fale no término da aula; > Gbádùn ìparí ọ̀sẹ̀ – Tenha um final de semana agradável.
CONCLUSIVO, *adj.* láìlèdálóhùn.
CONCORDÂNCIA DE OPINIÃO, *s.* ẹnu kíkò.
CONCORDAR, AJUSTAR-SE A, *v.* bámu, sàjọmọ̀, gbàfún.
CONCORDAR, PERMITIR, *v.* jẹ́ > jẹ́wọ́ – confessar, reconhecer.
CONCORDAR, *v.* fimọ̀ṣọ̀kan < fi + ìmọ̀ + ṣọ̀kan (unir pensamentos com ação) > A fimọ̀ṣọ̀kan pé o tẹ́lọ́wọ́ – Nós somos unânimes em declarar que você foi aceito.
CONCORDAR, *v.* fohùnsí (com o que se fala).
CONCÓRDIA, HARMONIA, *s.* ìrépọ̀, < répọ̀ – combinar com > Ó rẹ́ wọn pọ̀ – Ele juntou os materiais; rírépọ̀ – fusão, união.
CONCORRENTE, *s.* ẹnidànwò, ẹnititun.
CONCRETO, SÓLIDO, *adj.* pàtàkì, àtàtà > Ìsìn yìí ṣe pàtàkì fún mi – Esta religião é adequada para mim; > Ò ní àwọn ọ̀rọ̀ àtàtà fún gbogbo wa – Ela disse palavras importantes para todos nós.
CONCRETO, *s.* kọnkéré > simẹ́nti àti òkúta wẹ́wẹ́ – cimento e pequenas pedras.
CONCUBINA, *s.* wáhàrì, àlè.
CONCURSO, AFLUÊNCIA, *s.* èjọ, wíwò jọpọ̀.
CONDENAÇÃO, JULGAMENTO, *s.* ìdájọ́ > Olófin fún mi ní ìdájọ́ ẹ̀wọn ọdún mẹ́ta – O juiz me deu uma condenação de três anos.
CONDENAÇÃO, REPROVAÇÃO, *s.* ìdálẹ́bi.
CONDENADO, *s.* ẹlẹ́wọ̀n.
CONDENAR, *v.* dẹ̀bi, dá_lẹ́bi, bá_wí > Wọ́n kò dẹ̀bi àwọn iṣẹ́ ọkùnrin aṣebíabo – Eles não condenam as práticas homossexuais.

CONDENSAÇÃO, COAGULAÇÃO, s. dídì, rírogún.
CONDENSADO, COMPRIMIDO, adj. kíkì.
CONDENSAR, JUNTAR, v. gìlù, dì, rogùn > Omi rogún síhín – A água escoou para aqui; > Omi yìí dì – Esta água está congelada.
CONDESCENDER, CONCORDAR, v. gbà, rẹ̀lẹ̀ > Ọkùnrin yẹn rẹ̀lẹ̀ – Aquele homem humilhou-se, comportou-se humildemente.
CONDIÇÃO DE INSENSIBILIDADE, s. òkúdodo.
CONDIMENTADO, TEMPERADO, s. eléròja.
CONDIMENTO DE VAGENS, s. ẹ̀ẹ̀rù (*Xylopia Aethiopica-Anonaceae*).
CONDIMENTO PARA SOPAS, s. olóṣìkì, ògìrì (extraído da semente do melão).
CONDIMENTO, s. èròjà > ohun tí ó mú onjẹ dùn – algo que dá gosto à comida.
CONDOER-SE, LAMENTAR, v. kẹ́dùn.
CONDOLÊNCIA, SOLIDARIEDADE, s. ìbákẹ́dùn, kò sí pure.
CONDUTA ADEQUADA, s. ìwà > Ènìà níláti tójú ìwà rẹ̀ – A pessoa precisa tomar conta de sua conduta; > ìwà-àgba – conduta adequada a uma pessoa mais velha.
CONDUTA DESORDENADA, s. ìṣekúṣe.
CONDUTA IMPRÓPRIA, s. àìtọ́.
CONDUTA INADEQUADA, s. ìwà-àìmọ́ – comportamento sujo.
CONDUTA, s. ìhùwàsí, ìbẹ́wọsí > hùwà – comportar-se > À nhùwà rere nítorí a jé ọmọ rere – Estamos nos comportando bem porque somos boas crianças.
CONDUTOR, MENTOR, s. olùfọ̀nàhàn, amọ̀nà.
CONDUZIDO COM CUIDADO, adj. gbígbàtọ́.
CONDUZIR PRISIONEIROS, v. kó_lógun > Ó kó wọn lógun – Ele os conduziu como prisioneiros de guerra.
CONDUZIR VEÍCULO, GUIAR, v. tukọ̀ < tù + ọkọ̀ > Ó tukọ̀ – Ele conduziu o veículo.
CONDUZIR, CONTROLAR, v. ṣàkóso.
CONDUZIR, CUIDAR, v. dà, daran < dà + ẹran.
CONDUZIR, GUIAR, v. ṣamọ̀nà, sìn, tù, gbé_kojá > Ọkọ̀ yìí gbé wa kojá sílẹ̀ ènìà funfun – Este navio nos levará para a terra das pessoas brancas.

CONDUZIR-SE, *v.* hùwà, fònàhàn.
CONDUZÍVEL, *adj.* lílé.
CONE, FUNIL, *s.* àrọ.
CONECTAR, UNIR, *v.* sopọ̀, dapọ̀ > Ó so wọ́n pọ̀ – Ele os amarrou juntos.
CONEXÃO, ASSOCIAÇÃO, *s.* àsopọ̀.
CONEXÃO, PROXIMIDADE, *s.* ìfarakọ́ra, bíbátan.
CONFEDERAÇÃO, LIGA, *s.* ìdìmọ̀, ìditẹ̀.
CONFEDERAR, ADERIR, *v.* dìmọ̀.
CONFEITARIA, *s.* alákàrà, aládídùn, kafitéríà (do inglês *confectioner*'s).
CONFERÊNCIA, CONSULTA, *s.* àpérò, ìgbìmọ̀, àpèjọ > Ó pe àpèjọ – Ele chamou para um encontro.
CONFERENCISTA, PALESTRANTE, *s.* olùkọ́ní > ìkọ́ni – preleção.
CONFERIR, CONSULTAR, *v.* gbìmọ̀ < gbà + ìmọ̀ > A ti gbìmọ̀ – Nós já conferimos.
CONFERIR, *v.* pésí > àpésí – conferência.
CONFESSADO, ADMITIDO, *adj.* jíjẹ́wọ́.
CONFESSAR AO MARIDO, *v.* kakọ < kà + ọkọ.
CONFESSAR UM PECADO, *v.* jẹ́wọ́ ẹ̀sẹ̀.
CONFESSAR, ADMITIR, *v.* jẹ́wọ́ > Ó jẹ́wọ́ ẹ̀sẹ̀ fún mi – Ele confessou o crime para mim.
CONFESSOR, *s.* olùjẹ́wọ́ < olù + jẹ́ + ọwọ́.
CONFIANÇA TOTAL, *s.* ifinútán.
CONFIANÇA, DEPENDÊNCIA, *s.* ìgbíyèlé.
CONFIANÇA, ESPERANÇA, *s.* ìfọkànsọ < Mo ní ìfọkànsọ tí ó dẹ̀hìn – Eu tenho confiança de que ela volte atrás.
CONFIANÇA, *s.* àlùkáwàní, ìgbẹ́kẹ̀lé, inúkan, ìgbàgbọ́ > Ó ní ìgbàgbọ́ tí èmi kò tí ì rí – Ela tem uma fé que eu ainda não vi; > ìfàratí – determinação.
CONFIANÇA, SEGURANÇA, *s.* ìgbọ́kànlé.
CONFIANTE, SEGURO, *adj.* láìsí àníàní.
CONFIAR ALGO, *v.* dá_dá, fi_sọ́ > Ó dá èmi nìkan dá a – Ele me deixou fazer isto sozinho.
CONFIAR, ACREDITAR, *v.* gbẹ́kẹ̀lẹ, gbíyèlé > Tani o lè gbẹ́kẹ̀lé? – Em quem se pode confiar?; > gbàgbọ́ – acreditar.

CONFIAR UM SEGREDO, *v.* dáwo < dá + awo.
CONFIAR, APOIAR, *v.* gbáralé < gbé + ara + lé.
CONFIAR, *v.* dá, fokàn, gbókànlé > Ó gbókànlé mi – Ela confia em mim.
CONFIAR, *v.* fi_lé_lọwọ́ > Ó fi owó lé mi lọ́wọ́ – Ele me confiou o dinheiro.
CONFIÁVEL, *adj.* láyọlé.
CONFIDÊNCIA, SEGREDO, *s.* èkẹ > àjọrọ̀, ìjọrọ̀ – confidências, discussões entre pessoas; > aìgbékèlé – confiança.
CONFIDENCIAL, *s.* àjọrọ̀, ìjọrọ̀.
CONFINAMENTO, RECLUSÃO, *s.* ẹhá, ìhámọ́lé.
CONFINAMENTO, *s.* àhámọ́, àkàmọ́, ìtìmọ́lé, àsémọ́ (algo apertado).
CONFINAR, PRENDER, *v.* sé_mọ́lé.
CONFINAR, LIMITAR, *v.* há_mọ́, há_mọ́lé.
CONFIRMAÇÃO, *s.* ìfowọ́lélórí, ìmúlọ́kànlé > jéwọ́, tẹnumọ́ – admitir, assegurar; > Orò oyè ògá – Confirmação de Ogan; > ìfowọ́lélórí < ì – ato de, *fi* – usar, pọ́r, *owọ́* – mão, *lé* – sobre, *lórí* – a cabeça.
CONFIRMAR, ASSEGURAR, *v.* mú_lọ́kànle > Ọlọ́run mú mi lọ́kànlé – Deus me tranquilizou.
CONFISCAÇÃO, INTERDIÇÃO, *s.* ìbolé.
CONFISCADOR, LADRÃO, *s.* bolébolé, kólékólé.
CONFISCAR, *v.* bolé.
CONFISSÃO DE CRENÇA, *s.* ìjẹ́wọ ìgbàgbọ́.
CONFISSÃO, *s.* àjẹ́wọ́, ìjẹ́wọ́.
CONFLITO, LUTA, *s.* síjà, kíkọlù.
CONFLUÊNCIA, *s.* ibití odò méjì tí pàdé – local onde dois rios se encontram.
CONFORMAÇÃO, *s.* ìfarawé, ìfaramọ́.
CONFORMAR, CONCORDAR, *v.* gbà, tẹríba > Ó tẹríba fún mi – Ele abaixou a cabeça para mim < tẹ̀ + orí + ba.
CONFORME, *conj.* sì (usada na forma negativa).
CONFORME, *prep.* nípati, gẹ́gẹ́bí > Nípati èyí tí o wí – Conforme isto que você disse
CONFORMIDADE, *s.* ẹ̀yẹ.

CONFORTADOR – CONFUSÃO, DESORDEM

CONFORTADOR, *s.* olùtùnú (aquele que consola, um dos atributos de Deus).
CONFORTAR, APAZIGUAR, *v.* tùnú < tú + nínú.
CONFORTAR, CONSOLAR, *v.* fi_rẹ̀, rẹ̀_lẹ́kún, tùn_nínú, parọ́wà > Ó rẹ̀ mí lẹ́kún – Ele me consolou; > Ó parọ́wà fún mi – Ela deu consolo para mim.
CONFORTÁVEL, *adj.* rọrún, nírọra (com facilidade).
CONFORTAVELMENTE, *adv.* fẹ̀nẹ̀nẹ̀, pẹ̀sẹpẹ̀sẹ.
CONFORTO, APAZIGUAMENTO, *s.* ìtùnú < tu + nínú.
CONFORTO, CALMA, *s.* jẹ̀lẹ́nkẹ́ > Iṣẹ́ yìí jẹ̀lẹ́nkẹ́ – Esta é uma tarefa tranquila.
CONFRATERNIZAÇÃO, *s.* ẹgbẹ́.
CONFRONTAR, ACAREAR, *v.* fojúkojú < fi + ojú + kò + ojú.
CONFRONTAR, ENFRENTAR, *v.* kò, dojúkọ > Níbo ni ẹ ti kò o? – Onde você o encontrou?
CONFRONTAR, *v.* kò_lójú > Ó kò mí lójú – Ele se opôs a mim.
CONFRONTO, COMPARAÇÃO, *s.* ìfiṣírò.
CONFRONTO, FACE A FACE, *s.* ìkòlójú.
CONFRONTO, OPOSIÇÃO, *s.* kíkọjúsí.
CONFUNDIR, EMBARAÇAR, *v.* rú_lójú > dà_lláàmú – estar inquieto.
CONFUNDIR, ENGANAR, *v.* dabarú, dàrú > rú – causar confusão > Ó rú mi lójú – Ele me confundiu.
CONFUNDIR, *v.* dààmú, dà_láàmú (ficar perplexo).
CONFUNDIR, *v.* pá_níyè, ra_níyè (transtornar-se).
CONFUNDIR-SE, *v.* ṣì_gbọ́ (ouvir mal).
CONFUSAMENTE, *adv.* kába-kàba, ṣákaṣàka, yánkanyànkan.
CONFUSÃO, BADERNA, *s.* rírú, rírújú, àdùrò-ọ̀rọ̀, rúgúdù – Mo dá rúgúdù sílẹ̀ – Eu causei confusão, trapalhada.
CONFUSÃO, CAOS, *s.* rúdurùdu, àjẹ́gbà, olóhùnyọhùn.
CONFUSÃO, COMPLICAÇÃO, *s.* ìdíjú < dí + ojú.
CONFUSÃO, DESORDEM, *s.* júujúu, lásìgbò, mọ̀dàrù, ìdàrúdàpọ̀, ìdàrú, rògbòdìyàn > Ayé sì wà ní júujúu – A terra descambou em desordem.

CONFUSÃO, DIFICULDADE, s. yanyan, ààmú, àgàdà, àìlójú, àṣìrò.
CONFUSO, adj. júujúu, òrúrùù > Ó rí júujúu – Ele parece confuso.
CONFUSO, DESORDENADO, adj. dàrúdàpọ̀. V. estar confuso.
CONFUSO, DISTORCIDO, adj. láìyanjú.
CONGELADO, SOLIDIFICADO, adj. dídì, > ki – ser grosso, denso > Gbẹ̀gírí yìí ki jù – Esta sopa de feijão está grossa demais.
CONGELAMENTO, s. ìdìlù.
CONGELAR, v. dì > Omo yìí dì – Esta água está congelada.
CONGÊNITO, adj. àbínibi > àbàwọ́n àbínibí – anomalia congênita.
CONGÊNITO NASAL, s. imu didi.
CONGESTÃO, s. ìkún détí.
CONGLOMERAÇÃO, s. ìkójọpọ̀.
CONGRATULAÇÃO, s. ìyìn, kọngratuléṣọ̀n (do inglês *congratulations*); àlùbáríkà – benção, dádiva > Ọlọ́run yíò fi àlùbá ríkà síṣẹ́ wa – Que Deus abençoe nossas tarefas (lit. Deus usará de bênçãos para nos cobrir).
CONGRATULAÇÕES, interj. báríkà (saudação, do árabe – àlùbáríkà) > Ẹ kú orí ìre o – Congratulações, boa sorte.
CONGRATULAR, v. bá_yọ̀ > Ó bá mi yọ̀ – Ela congratulou-se comigo; > bíbáyọ̀ – congratulação.
CONGRATULAR-SE, v. káre < ká + ire > Ó karé – Muito grato, você fez bem.
CONGREGAÇÃO, s. jànmá, àwùjọ.
CONGREGAR, v. péjọpọ̀ (encontrar-se, reunir) > Wọ́n péjọ pọ̀ – Eles estão totalmente reunidos.
CONGRESSO, ASSEMBLEIA, s. àjọ, ìjọ, ìpéjọpọ̀.
CONHECEDOR, s. ọlọ́gbọ́n.
CONHECER AS LEIS, v. mọ̀fin < mọ̀ + òfin.
CONHECER O CAMINHO, v. mọnà < mọ̀ + ọ̀nà > Èmi kò mọnà yẹn – Eu não conheço aquele caminho.
CONHECER, RECONHECER, v. mọ̀ inú mi dún láti mọ̀ ọ́ – Estou feliz por conhecer você; > Mo mọ̀ wọn – Eu os conheço.
CONHECER, TER FAMILIARIDADE, v. mojú, mojú < mọ̀ + ojú.
CONHECIDO, adj. fífápejúwemọ̀ (através da imaginação).

CONHECIDO – CONQUISTA, TRIUNFO

CONHECIDO, *adj.* mímọ̀, ará (um processo de conhecimento).
CONHECIMENTO SECRETO, *s.* mímọ̀sínú > Ó mọ̀ sínú > O conhecimento é para ele mesmo.
CONHECIMENTO IMPERFEITO, *s.* àmọ̀mọ́tán.
CONHECIMENTO PRIMEIRO, *s.* àkọ́kàn (o primeiro a ser conhecido) > kọ́kàn – encontrar primeiro > Èmi ni ó kọ́kàn – Sou eu quem ela encontrou primeiro.
CONHECIMENTO, *s.* fífòyemọ̀ (produto de observação).
CONHECIMENTO, *s.* ojúlùmọ̀ > àmọ̀tì – conhecimento superficial.
CONHECIMENTO COMPLETO, *s.* àmọ̀-ṣetán (sabe-tudo).
CÔNICO, *adj.* bí adodo (de forma cônica).
CONIVÊNCIA, NEGLIGÊNCIA, *s.* ìmójúkúrò.
CONJECTURA, *s.* alámọ̀, ríròtélè.
CONJECTURAR, SUPOR, *v.* méfò, dábá > Mo méfò pé o ò níí lọ – Eu suponho que você não irá. Obs.: ò níí, kó níí – forma neg. indicativa do tempo futuro que aceita o pron. pess. de uma sílaba.
CONJUGAR UM VERBO, *v.* ṣe ọwọ́ èka-ọ̀rọ̀ iṣe (lit. fazer em grupo parte da ação).
CONJUNÇÃO, CONJUNTURA, *s.* ìdàpọ̀, ìbápàdé, èkò, dédé-ìgbà.
CONJUNÇÃO, *s.* àkópọ̀ > èka-ọ̀rọ̀ àkópọ̀ > parte do idioma que indica resumo, reunião.
CONJUNTAMENTE, *adv.* lákọ́tán, gbáá, tèfètèfè, túútú > Ó kó wọn tán – Ele levou tudo deles.
CONJUNTIVITE, *s.* ìwọ̀-ẹyinjú wíwú.
CONJUNTO DE CASAS, *s.* agbolé (ambiente familiar).
CONJUNTO, UNIDO, *s.* ìṣọ̀kan > Jẹ́kí ìdílé wà ní ìṣọ̀kan – Permita que a família esteja unida.
CONJURAÇÃO, *s.* àruntu.
CONJURADOR, *s.* aláfọ̀ṣe.
CONJURAR, JURAR, *v.* fi_búra, ṣe afọṣe > Ó fi Ọlọ́run búra – Eu juro por Deus.
CONOSCO, *prep. pron.* pẹ̀lú wa.
CONQUISTA, TRIUNFO, *s.* ìborí.

CONQUISTADOR, DOM JUAM, s. ọ̀fẹ́, fáàlè-fáàlè.
CONQUISTADOR, s. aṣéètè, aṣẹ́gun, olúṣẹ́tẹ̀.
CONQUISTAR SIMPATIA, v. wé.
CONQUISTAR UM CARGO, v. Ènìà yẹn dípo mi – Aquela pessoa foi apontada em meu lugar (lit. aquela pessoa ganhou o meu lugar).
CONQUISTAR UM TÍTULO, v. joyè < jẹ + oyè > Wọ́n fi mí joyè – Eles me concederam um título oficial.
CONQUISTAR, v. ṣẹ́, tẹ̀lóríba, ṣẹ́gun < ṣẹ́ + ogun.
CONSAGRAÇÃO, s. ìyàsímímọ́.
CONSAGRAR, v. súre, bùkún > Ọlọ́run bùkún fún ọ – Deus o abençoe.
CONSANGUINIDADE, s. ìjọbí, àjọbí, ìbátan.
CONSCIÊNCIA, s. ẹrí-ọkàn > ojọ́ ẹrí-ọkàn dúdú – Dia da Consciência Negra.
CONSCIENTE, SER CUIDADOSO, v. mọra > Ó mọra púpọ̀ – Ela é muito cuidadosa.
CONSECUTIVAMENTE, adv. lẹ́sẹsẹ, lẹ́sẹlẹ́sẹ, léraléra.
CONSECUTIVO, EM SÉRIE, adj. átèléra.
CONSEGUIR SUPORTE, v. fàbọ̀dí (sustentar) > Mo rí i fàbọ̀dí – Eu consegui recrutar apoio dele.
CONSEGUIR, v. gbà.
CONSELHEIRO, s. abánijíròrò, abánidámọ̀ràn, akìlọ̀fúnni, aṣinilétí, olùgbìmọ̀.
CONSELHEIRO, SIMPATIZANTE, s. alábàrò.
CONSELHEIRO MILITAR, s. ọ̀tún ọ̀gágun.
CONSELHO DE ANCIÃOS, s. àgbààgbà, àgbàgbà.
CONSELHO DE PROVÍNCIAS, s. àjọ ìgbìmọ̀-ìjọba ti ìgbéríko.
CONSELHO EXECUTIVO, s. àjọ ìgbìmọ̀-ìjọba ti àṣẹ.
CONSELHO LEGISLATIVO, s. àjọ ìgbìmọ̀-ìjọba ti òfin.
CONSELHO, ASSEMBLEIA, s. àjọ, ìjọ > àjọwá – reunião.
CONSELHO, DELIBERAÇÃO, s. àbárò.
CONSELHO, JUNTA DISTRITAL, s. àjọ ìgbìmọ̀-ẹ̀kùn.
CONSELHO, OPINIÃO, s. ìmọ̀ràn, ìmọ̀, ìmọ̀rọ̀ > Mo gba ìmọ̀ràn náà – Eu aceitei a sugestão; > Ìmọ̀ràn rẹ, dára púpọ̀ – Sua ideia é muito boa.

CONSELHO, SERMÃO, s. ìyànjú, ìwásù > Jẹ́kí èmi gbà ọ́ níyànjú – Deixe que eu lhe dê um conselho.
CONSENTIMENTO, APROVAÇÃO, s. ọhẹ̀n, ọhin > Mo jẹ́ ẹ lọ́hin – Eu lhe dei meu consentimento (jẹ́ – permitir).
CONSENTIMENTO, PERMISSÃO, s. ìyọ̀ọ̀da, ìfohùn sí > gbígbà – tolerável.
CONSENTIMENTO, s. ìjóhùn (preparativos para um casamento).
CONSENTIR, CONCORDAR, v. jẹ́_lọ́hin, gbà_aláyè, gbàfún, kàkún, fohùnsí.
CONSEQUÊNCIA, RESULTADO, s. ìyọrísí, àdadé, àbárèbabọ̀, ìgbẹ̀hìn, àdadé.
CONSEQUENTEMENTE, adv. àsẹ̀hìnwá-àsẹ̀hìnnbọ̀.
CONSERTADOR, REPARADOR, s. rìpìárà (do inglês *repairer*).
CONSERTAR CABAÇA QUEBRADA, v. sọgbá < sọ + igbá.
CONSERTAR ROUPA, v. lẹ̀wù < lẹ̀ + ẹ̀wù.
CONSERTAR, REPARAR, v. nà, sọ_pọ̀ > Ó sọ ọ́ pọ̀ – Ele consertou isto.
CONSERTO, s. ìbùlẹ̀, àtúnṣe.
CONSERVAÇÃO, s. àìyè (não mudar, modificar).
CONSERVAR, v. pa_mọ́ > Ó pa mí mọ́ lọ́wọ́ – Ele me preservou do perigo.
CONSIDERAÇÃO, APRECIAÇÃO, s. ìkúnlójú.
CONSIDERAÇÃO, ATENÇÃO, s. ìfiyèsí, àfiyèsí.
CONSIDERAÇÃO, RESPEITO, s. ìsà, ìbùyìn.
CONSIDERAR, ESTIMAR, v. bìkítàfùn, ṣìmọ̀ràn.
CONSIDERAR, PENSAR, v. gbà_yẹ̀wò > Ó gbà òrọ̀ yìí yẹ̀wò – Ele considerou este assunto.
CONSIDERAR, REFLETIR, v. dà_rò, gbèrò < gbà + èrò, pèrò < pa + èrò > Ó bá mi gbèrò – Ela refletiu comigo.
CONSIDERAR, v. kà_sí > Ẹ jọ̀wọ́, kà á sí owó – Por favor, considere isto como dinheiro.
CONSIDERAR-SE IMPORTANTE, v. fi_pè.
CONSIDERÁVEL, VALIOSO, adj. jaga.
CONSIDERAVELMENTE, adv. tìwoyetìwoye.

CONSIGNAÇÃO, s. ẹrù, ìfilélọ́wọ́.
CONSIGNAR, REGISTRAR, v. filélọ́wọ́ > Ó fi owó náà lé mi lọ́wọ́ – Ele confiou o dinheiro a mim.
CONSISTENTE, adj. bákannáà, dúró.
CONSISTIR, COMPOR, v. jẹ́, ní, wà.
CONSOANTE, s. kọ́nsọ́nántì (do inglês consonant) > àbìdì àìlámi – alfabeto sem as vogais.
CONSOLAÇÃO, CONFORTO, s. ìtùnú, ìrẹ́lẹ́kùn.
CONSOLADOR, SIMPATIZANTE, s. abánikédùn, onípẹ́, olùtùnú.
CONSOLAR, CONFORTAR, v. parọ̀wà, rẹ̀lẹ́kún, ṣẹ̀pẹ̀, gbàpẹ̀ < gbà + ìpẹ̀.
CONSOLAR, v. fi_rẹ̀, tù_nínú > Ó fi ọ̀rọ̀ náà rẹ̀ mí – Ele me confortou, ele usou palavras de conforto para mim.
CONSOLIDAÇÃO, s. ìsọdi ọ̀kan, ìsọdi líle.
CONSOLIDAR, REFORÇAR, v. fi_múlẹ̀ > Ilé yìí fi ìdí múlẹ̀ – Esta casa tem a base reforçada.
CONSOLO, APAZIGUAMENTO, s. ìpẹ̀ > Ki mo wá dájúdájú ṣẹ̀pẹ̀ jù, kí jù èmi nìpẹ̀ lọ – Que eu procure mais consolar do que eu ser consolado.
CONSORTE, CÔNJUGE, s. ẹlẹ́gbẹ́, ọkọ, aya > Ẹlẹ́gbẹ́ mi ní yìí – Este é o meu companheiro.
CONSPIRAÇÃO, INTRIGA, s. ìdìtẹ̀.
CONSPIRAÇÃO, REBELIÃO, v. tẹ̀nbẹlẹ́kún.
CONSPIRAÇÃO, s. àbọ̀dè, ọ̀tẹ̀, kíkótì, òṣìrì, ìdìtẹ̀ > Wọ́n dòṣírì bó mí – Eles se aglomeraram ao redor de mim.
CONSPIRADOR, s. onírìkíṣí.
CONSPIRAR, FAZER INTRIGA, v. sòpànpá > Wọ́n sòpànpá lé e lórí – Eles fizeram intriga contra ela.
CONSPIRAR, FRAUDAR, s. pèròpọ̀ > pèrò – planejar > Olófófó pèrò búburú sí mi – O fuxiqueiro tramou maldade contra mim.
CONSPIRAR, TRAMAR JUNTO, v. gbàbọ̀dè, dìtẹ̀ > dìmọ̀lù < dì + ìmọ̀ + lù (formar um conselho) > A dìmọ̀lù – Nós conspiramos juntos.
CONSTÂNCIA, s. àìyẹsẹ̀.

CONSTANTE, *adj.* aláìwú > nígbàgbogbo – sempre.
CONSTANTEMENTE, *adv.* àbálé-àbálé, lemọ́-lemọ́, láṣetán.
CONSTERNAÇÃO, *s.* ìdààmú, ìpáyà < pá + àyà.
CONSTIPAÇÃO, IRRITAÇÃO, *s.* inúdídù, àirígbẹ́yà.
CONSTITUIÇÃO, LEI, *s.* òfin.
CONSTITUIR, NOMEAR, *v.* fi_ṣe > Ó fi mí ṣe onídajọ́ – Ele me nomeou juiz.
CONSTRANGER, *v.* fi agbára ṣe (usar de força, poder e fazer).
CONSTRUÇÃO DE EXTENSÃO, *s.* kọ̀bì, gọ̀bì.
CONSTRUÇÃO DE UMA CASA, *s.* ìkọ́, ìkọ́lé.
CONSTRUÇÃO FEITA DE BARRO, *v.* mímọ.
CONSTRUÇÃO GROSSEIRA, *s.* kẹ́tì.
CONSTRUÇÃO, *s.* ìgbàkọ́, àgbàkọ́.
CONSTRUIR BARCO, *v.* kankọ̀.
CONSTRUIR CASA, *v.* kọ́lé < kọ́ + ilé.
CONSTRUIR EM VOLTA DE, *v.* kọ́_yí ká > Wọ́n kọ́ ọ̀pọ̀ ilé yí ilé mi ká – Eles construíram muitas casas ao redor da minha casa.
CONSTRUIR PAREDE, *v.* mọ̀giri.
CONSTRUIR, EDIFICAR, *v.* gbà_kọ́, gbà_mọ.
CONSTRUIR, MODELAR, *v.* mọ, mọlé > Àwọn òṣìṣẹ̀ mọ ilé dáradára – Os operários construíram bem a casa.
CONSTRUIR, *v.* kọ́, kọ́ká > Bàbá mi kọ́ ilé méjì si mi – Papai construiu duas casas para mim; > ìkọ́ – edificação.
CONSTRUTOR DE CASAS, *s.* ọ̀kọ́lé.
CONSTRUTOR DE NAVIOS, *s.* ọ̀gbẹ́kọ̀.
CONSTRUTOR, PEDREIRO, *s.* ọ̀mọlé, amọlé.
CONSTRUTOR, *s.* àgbàkọ́, akọ́lé, alágbàkọ́, alágbàmọ, mọlémọlé, ọlọ́mọ > Ó ṣe akọ́lé. – Ele é um construtor (kọ́ – construir, ilé – casa).
CÔNSUL, *s.* ajẹ́lẹ̀, kásùlù (do inglês *consul*).
CONSULADO, *s.* aṣọjú ìlú míràn.
CONSULTA A IFÁ, *s.* eṣètaiyé (para criança recém-nascida); > àkọ́ṣedáyé – processo de consulta para saber a missão da criança na terra.
CONSULTA AUXILIAR, *s.* ìbò (sistema auxiliar do jogo).

CONSULTA CONJUNTA, s. ìjọrọ̀, àjọrọ̀.
CONSULTA PELAS ÁGUAS, s. awomi.
CONSULTA, TROCA DE IDEIAS, s. ìgbìrò, ìjírọ̀rò, ìjọrọ̀, àpérò, ìdáwò > Obì nfi láti ṣe ìdáwò – O obí é usado para fazer consulta; > ìfọ̀ránlọ̀, àjọ̀dárọ̀, àpérò – consulta, troca de ideias, conferência.
CONSULTAR DIVINDADE, v. dá_wò > mo dá òrìṣà wò – eu consultei o orixá.
CONSULTAR IFÁ, v. dáfá, dífá < dá + Ifá.
CONSULTAR JUNTO, v. jọrọ̀, waríkò > Wọ́n waríkò – Eles estão se consultando juntos.
CONSULTAR OS BÚZIOS, v. dá owó-ẹyọ.
CONSULTAR, ACONSELHAR, v. dá, jírọ́rọ́, bá_gbìrò, fọ̀ràn_lọ̀ > Bàbáláwo ndá Ifá, ndífá; > Ọ̀rọ̀ méjì wà ti n kì í jírọ̀rọ̀ ìsìn àti ìṣèlú – Duas coisas eu não tenho o hábito de discutir, religião e política.
CONSULTOR, s. abánidámọ̀ràn, abánigbèrò.
CONSUMAÇÃO, CONCLUSÃO, s. àṣetán > òpin – fim.
CONSUMAR, FINALIZAR, v. múpárí.
CONSUMIR COM FOGO, v. dánásun < dá + iná + sun.
CONSUMIR COMPLETAMENTE, v. run pátápátá.
CONSUMIR, DESPERDIÇAR, v. joro.
CONSUMIR, ESBANJAR, v. jẹ_run > Ó jẹ mí run – Ele me arruinou; > ijẹrun – extravagância, desperdício.
CONTA TUBULAR AZUL, s. sègi.
CONTA, CONTAGEM, s. ìṣírò > ìfà ìṣírò – função matemática.
CONTA, MIÇANGA, s. èsurú.
CONTAS VERMELHAS, s. mọ̀njọ̀lọ̀.
CONTABILIDADE, s. ìjírò òrò, ẹ̀kọ́ ètò-owó.
CONTADO ERRADO, adj. ṣíṣìro.
CONTADOR DE HISTÓRIAS, s. aláwíká, òfófó, aròhìn.
CONTADOR DE VANTAGEM, s. aṣeféfé, aṣògo.
CONTADOR, CONTABILISTA, s. àṣírò-owó, oníṣírò < ṣírò – contar.
CONTADOR, s. òòkà, ònkà < ohun + ìkà (usado como símbolo para indicar grandes divisões) > Wọ́n kò lóòkà – Eles são inumeráveis.

CONTAGEM DE TEMPO, *s.* ìkàgbà, àkàgbà < kà + ìgbà.
CONTAGEM, NUMERAÇÃO, *s.* kíkaye.
CONTAGEM DE PONTOS, *v.* ìṣírò.
CONTAGEM, *s.* àkọ́kà, ìkọ́kà (primeira coisa a ser contada) > Ìwé àkọ́kà – Primeiro livro lido; > kọ́kà – ler pela primeira vez > Bíbélì ni ó kọ́kà – Foi a bíblia o primeiro livro que ele leu.
CONTAGIAR, CONTAMINAR, *v.* dọ̀tí, bàjẹ́.
CONTAGIAR, INFECTAR, *v.* mú_lárùn.
CONTÁGIO, INFECÇÃO, *s.* àfomọ́, àrùn-aranni, èèràn, àrùntí nràn káakiri (lit. doença contagiosa ao redor).
CONTAGIOSO, *adj.* àrànmú.
CONTAMINAÇÃO, *s.* dídọ̀tí, ìbàjẹ́.
CONTAMINAR, *v.* dọ̀tí > bàjẹ́ – estragar.
CONTANTO QUE, JÁ QUE, *adv.* níwọ̀ngbàtí (devido ao fato de) > Níwọ̀ngbà tí o bá lọ, èmi kò bìkìtà ohunkóhun – Pelo fato de você ir, eu não me preocupo.
CONTAR BÚZIOS, *v.* ṣàgbakà (uma forma de trabalho).
CONTAR DE NOVO, RECITAR, *v.* tún_kà > Akin kò fẹ́ tún ìtàn Ifá kà – Akin não quer recitar de novo o poema de Ifá.
CONTAR DINHEIRO, *v.* kawó < kà + owó > Ó nkawó – Ela está contando o dinheiro.
CONTAR ENIGMAS, *v.* pàlọ́ < pa + àlọ́.
CONTAR HISTÓRIA, NARRAR, *v.* sọtàn < sọ + ìtàn, pìtàn < pa + ìtàn > Ó sọtàn Ifá – Ele contou uma história de Ifá.
CONTAR MENTIRA, *v.* purọ́, parọ́, ṣẹké > Ó parọ́ fún mi, ó sì tàn mí jẹ – Ele mentiu para mim e, além disso, me enganou; > aṣẹké – mentiroso.
CONTAR MENTIRAS, TRAIR, *v.* sọ̀fófó.
CONTAR NOVIDADES, *v.* ròhìn.
CONTAR, CALCULAR, *v.* kà > Ó kà ìtàn Ifá – Ela contou uma história de Ifá.
CONTAR, ENUMERAR, *v.* kayé < kà + iye > Èmi ti nkaye sìgá ti nmu lójoojúmọ́ – Eu tenho contado os cigarros que fumo diariamente.
CONTAR, RELATAR, *v.* rọ́tàn < rọ́ + ìtàn.

CONTAS DE COLAR, s. yàyá.
CONTAS DE CORAL, s. ìlẹ̀kẹ̀ iyùn.
CONTAS DE IFÁ, s. ìkùtè Ifá.
CONTAS NO PESCOÇO, s. ìkárùn, ìkálọ́rùn.
CONTAS VERMELHAS, s. mọ̀njọ̀lọ̀.
CONTATO, s. ìfakànra, ìfarakànra, pípàdé > ìpàdé – reunião.
CONTEMPLAÇÃO, s. wíwò > Wíwó àwọn ènìà – Observação das pessoas.
CONTEMPLAR, ADMIRAR, v. gbójúwò < gbé + ojú + wò.
CONTEMPLAR, v. wòkè, wòye, tẹjúmọ́ (prestar atenção, olhar fixamente).
CONTEMPORÂNEO, adj. ọ́gba, ẹlẹ́gbẹ́, ojúgbà (companheiro, da mesma idade).
CONTENÇÃO, s. ìkáwọ́kò, ìmọ́wọ́dúró.
CONTENDA, DISCUSSÃO, s. ìdíje, Ìjiyàn (rivalidade).
CONTENDA, AGONIA, s. ìwàyàjà, ìdù.
CONTENDOR, s. oníjà, aláṣọ̀ > pessoa encrenqueira.
CONTEMPORÂNEO, SIMULTÂNEO, adj. ẹlẹ́gbẹ́, ẹlẹ́gbẹ́ ẹni.
CONTENTAMENTO, s. ìtẹ́lọ́rùn.
CONTER-SE, DETER, v. káwọ́, mọ́wọ́dúró > Ó káwọ́ mi – Ela tem controle sobre mim.
CONTER, REPRIMIR, v. kìwọ̀, dáwọ́ dúró > Mo kì í wọ̀ – Eu o mantive sob controle; > yẹra pamọ́ra – resistir.
CONTER, INCLUIR, v. gbà sínú > nínú – dentro, no interior.
CONTESTADOR, s. òjiyàn (aquele que discute).
CONTESTAR, DISCUTIR, v. jà, jiyàn > Wọ́n njiyàn lórí ẹni tí ó tóbi olúwo jùlọ láàrìn wọn – Eles estão discutindo sobre aquele que é a maior autoridade em Ifá entre eles; > jìjàdù – continuar uma discussão.
CONTESTÁVEL, adj. jíjàníyàn.
CONTEÚDO, s. akòọ́nú.
CONTINÊNCIA, FIRMEZA, s. ìmáradúró.
CONTINENTAL, adj. kọntìnẹ́ntà (do inglês continental).
CONTINENTE, s. ilẹ̀ nlá.
CONTINUAÇÃO DE GUERRA, s. jíjagun.
CONTINUAÇÃO, s. ìfapẹ́títí > àìdúró – ato de não estar imóvel.

CONTINUADAMENTE, *adv.* títí, títílọ (assim por diante), yùn-ùn, wábi-wọ́sí, sáá (sem parar) > Òjò rọ̀ tìtì, kò dá > Choveu continuadamente, não escasseou.

CONTINUAR, PROSSEGUIR, *v.* máa ṣe é lọ (ter continuidade).

CONTINUIDADE, *s.* àimọwọ́dúró (sem interrupção).

CONTÍNUO, MENSAGEIRO, *s.* ìránṣẹ́.

CONTÍNUO, PERSISTENTE, *adj.* láìdúró, láìṣíwọ́, láìdẹkùn > láìsimi – sem descanso.

CONTO, HISTÓRIA, *s.* àhusọ.

CONTORÇÃO, *s.* titẹ̀, kíkákò, lílọ́mọ́ra.

CONTORCER, *v.* kákò, lọ́mọ́ra, lọ́pọ̀.

CONTORNO, ASPECTO, *s.* ìrí.

CONTRA, CONTRÁRIO, *prep.* ọ̀kánkán (em oposição a) > Wọ́n wà ọ̀kànkàn yín – Eles estão contrário a vocês.

CONTRA, EM, JUNTO DE, *prep.* tì (como 2º elemento verbal) > Ó kúnlẹ̀ tì ojúbọ – Ela se ajoelhou junto ao santuário; > Ó fẹ̀hìn tì mí – Ela se encostou em mim.

CONTRA, *prep.* bá, sí, mọ́ > Wọn gbá bọ́ọ̀lù mọ́ wa – Eles jogaram bola contra nós; Òkò ni tó jù bá mi – Foi uma pedra que ele atirou contra mim.

CONTRABANDEAR, *v.* jí_wòlú, ṣe_fàyàwọ́.

CONTRABANDO, *s.* lòdì sí òfin (lit. contrário à lei).

CONTRAÇÃO, *s.* ìsọ́kì, ìkékúrú ìkékú.

CONTRAÇÃO, TORÇÃO, *s.* ìkákò, àkákò.

CONTRADIÇÃO, ARGUMENTO, *s.* ìjàníyàn, jíjiyàn, ṣíṣe alátakò.

CONTRADIÇÃO, OBJEÇÃO, *s.* ìtakò.

CONTRADITÓRIO, ERRO, *s.* àṣìṣe < Ó ṣe àṣìṣe – Ele comete um erro.

CONTRADIZER, DESMENTIR, *v.* koro, tako, gbó_lẹ́nu > Wọ́n já mi ní koro ohun tí mo wí – Eles desmentiram o que eu disse.

CONTRADIZER, *v.* jáníkoro, jàníyàn, bọ́hùn < bọ́ + ohùn.

CONTRADIZER-SE, *v.* tàséhùn > Ó tàséhùn – Ele se contradisse.

CONTRAÍDO, *adj.* láìdẹ̀wọ́.

CONTRAIR A BOCA, *v.* dinu, dẹnu < dì + ẹnu.

CONTRAIR DÍVIDA, *v.* jigbèsè.

CONTRAIR DOENÇA, INFECTAR, *v.* kárùn < kó + àrùn > Ẹgbọ́n mi kárùn – Minha irmã contraiu uma doença.
CONTRAIR O ESTÔMAGO, *v.* pánú < pá + inú.
CONTRAIR, ADQUIRIR, *v.* kó > Mo kó owó – Eu contraí uma dívida.
CONTRAIR, ENCOLHER, *v.* pá, sọ́rakì, súnkì, dìnkù.
CONTRAIR, ENCURTAR, *v.* ká_kò > Irun rẹ̀ tó kákò – O cabelo dela está encaracolado; > kásóké – dobrar.
CONTRAIR, FICAR MENOR, *v.* papó, múkúrú, kákò.
CONTRARIAMENTE, DIVERSAMENTE, *adv.* bámíràn, lódìlódì, lódìkódì > Ó ṣe èyí lódìlódì – Ele fez isto de modo errado; > nílòdìsí – em oposição a.
CONTRARIAR, OPOR, *v.* ṣòdì, ṣòdìsí > Ó ṣòdì sí mi – Ela foi contra mim; > tako – contradizer.
CONTRÁRIO, ADVERSO, *adj.* lódì < ní + òdì.
CONTRÁRIO, INDIRETO, *adj.* lọ́ (torcido).
CONTRASTAR, *v,* fiwéra, fiyàtọ̀ sí.
CONTRASTE, *s.* ìfíwéra, ìfiyàtọ̀ sí.
CONTRATAR, *v.* bẹ̀_lọ́wẹ̀, < bẹ̀ + ní + ọ̀wẹ̀ > Mo bẹ̀ wọn lọ́wẹ̀ – Eu os contratei.
CONTRATANTE, *s.* alágbàṣe.
CONTRATEMPO, IMPEDIMENTO, *s.* ìdíwọ́.
CONTRATEMPO, IMPREVISTO, *s.* àgbákò, àgbálù, ìjàmbá.
CONTRATO, ACORDO, *s.* ìpíkùn, àdéhùn, ìpinnu (resolução).
CONTRAVENTOR, *s.* alárékọjá, olùrékọjá.
CONTRIBUIÇÃO, *s.* dídá > Owó dídá – Contribuição em dinheiro; > ìrànlọ́wọ́ – ajuda, auxílio.
CONTRIBUIÇÃO, SUBSCRIÇÃO, *s.* ìdáwó (dá + owó) > Ó fi ìdáwó fún wa – Ele nos deu uma contribuição.
CONTRIBUIR COM DINHEIRO, *v.* dáwó < dá + owó, déésú < dá + èésú.
CONTRIBUIR, COLABORAR, *v.* dá_jọ > Ó dá owó jọ – Ela contribuiu com dinheiro.
CONTRIÇÃO, *s.* ìrònúpìwàdà, ẹ̀dùn, àbámọ̀.
CONTRITO, *adj.* àrokàn, ìróbinújẹ́, kíkẹ̀dùn.

CONTROLAR, ORIENTAR, *v.* darí (exercer autoridade) > Mo darí rẹ̀ síbẹ̀ – Ele retornou para lá, naquela direção.

CONTROLAR, REPRIMIR, *v.* kó_so, kánbà < ká + máa + bà > Ó nkó ogun so – Ele está organizando a batalha.

CONTROLAR-SE, *v.* simẹ̀dọ̀, káraba.

CONTROLÁVEL, *adj.* kíkóso.

CONTROLE DE NATALIDADE, *s.* ìṣọmọbí > oògùn ìṣọmọbí – medicamento usado.

CONTROLE, RESTRIÇÃO, *s.* ìkóso.

CONTROVÉRSIA, DISCUSSÃO, *s.* àròyé, bíbájà, ìjiyàn > iyán – debate, disputa.

CONTROVERTIDO, *adj.* aríyàn jiyàn.

CONTUDO, CERTAMENTE, *adv.* bíótiwúkóri > Èmi máa jẹ ẹran ẹlẹ́dẹ̀ bíótwùkóri mo sè é púpọ̀ – Eu costumo comer carne de porco, contudo, eu a cozinho bem.

CONTUDO, NO ENTANTO, *conj.* àmọ́ > Mi ò ní owó, àmọ́ mo ní ayọ̀ – Eu não tenho dinheiro, porém tenho felicidade.

CONTUNDIR, FERIR, *v.* fipa.

CONTUNDIR-SE, *v.* fi arabò.

CONTUSÃO, MACHUCADO, *s.* ojú ìgbá, ẹ̀ṣe.

CONVALESCENÇA, *s*, àgàrọ, àgùnrọ, ìdárale, bíbọ́lọ́wọ́-àrun.

CONVALESCENTE, *adj.* mókun.

CONVALESCER, *v.* máko.

CONVENÇÃO, *s.* àpèjọ, àjọ, ìpàdé pàtakì nlá (lit. reunião de grande importância).

CONVENCER, *v.* yí_lọ́kàn padà, dídálẹ́bi > Ó yí mi lọ́kàn padà pé kí èmi ṣe orò òrìṣà. mi – Ela me persuadiu para que eu fizesse minha iniciação.

CONVENCIONAL, *adj.* tí àjo, tí àpèjọ.

CONVENIÊNCIA, FACILIDADE, *s.* ìrọ̀rùn, èye, ìrọra, ànfàní.

CONVENIENTE, ADEQUADO, *adj.* àgbékà, rọrùn, ṣànfání, yíyẹ > Ó rọrùn jù kí mo ti rọ̀ – É mais fácil do que eu imaginava < rọ̀ + ọ̀run.

CONVENIENTEMENTE, *adv.* pẹ̀sepẹ̀se.

CONVÊNIO, *s.* àpèjọ.

CONVENTO, *s*. ibití àwọn ènìà tí nṣíṣẹ́ fún ṣọ́ọ̀ṣì ngbé – local onde as pessoas estão trabalhando para a igreja crescer.

CONVERGÊNCIA, *s*. ìporípọ̀.

CONVERGIR, *v*. porípọ̀ > darí sí ibi kan – dirigir-se à algum local.

CONVERSA AUDÍVEL, *s*. àwígbọ́.

CONVERSA-FIADA, *s*. bórobòro > ôfófó – fofoqueiro.

CONVERSA INCESSANTE, *s*. àwíìdákẹ́.

CONVERSA INÚTIL, *s*. àtusọ, ìsọkúsọ́, ìwíkúwí < wí + kú + wí.

CONVERSA QUALQUER, *s*. ọ̀rọ̀kọ́rọ̀ (jogar conversa fora).

CONVERSA, TROCA DE IDEIAS, *s*. ìjọdárò, àjọdárò.

CONVERSAÇÃO, PALESTRA, *s*. ọ̀rọ̀ sísọ, ìsọ̀rọ̀, ìjọsọ̀rọ̀, àjọsọ̀rọ̀.

CONVERSÃO, PERSUASÃO, *s*. ìyílọ́kànpadà, ìyípadà.

CONVERSÃO, TRANSFORMAÇÃO, *s*. sísọ di > Sísọ òkúta di erúpẹ̀ – A conversão de pedra em húmus.

CONVERSAR COM, *v*. bá_fọhùn > Ó bá mi fọhùn – Ela conversou comigo.

CONVERSAR, FALAR, *v*. sọ, sọ̀rọ̀ < sọ + ọ̀rọ̀ > Sọ̀rọ̀ sókè fún gbogbo wa – Fale alto para todos nós.

CONVERSAR, REFLETIR, *v*. jọdárò, jọsọ̀rọ̀.

CONVERTER, MUDAR, *v*. sọ_dà, sọ_di, yí_padà > Àwọn ènìà lè yípadà – As pessoas podem mudar; > Ó yí ojú padà – Ela virou o rosto (no sentido de mudar); > Wọ́n pa mí lára dà – Eles me converteram.

CONVERTIDO, *s*. ẹnití a yí ọkàn rẹ̀ padà – aquele que nós convertemos o coração.

CONVICÇÃO, CERTEZA, *s*. ìgbàgbọ́ > Ọ̀pọ̀ jùlọ ènìà ní oríṣí ìgbàgbó ìsìn kan – A maioria das pessoas tem, ao menos, uma convicção de fé religiosa.

CONVIDAR, *v*. pè > Mo pè gbogbo yín – Eu convidei todos vocês: > pèjẹ – convidar para comer > Ó pè mí wá jẹun – Ela me convidou para vir comer.

CONVINCENTEMENTE, *adv*. délédélé.

CONVIR, SER CONVENIENTE, *v*. yẹ > Ó yẹ kí o lọ – É necessário que você vá; > ẹyẹ – capacidade, mérito.

CONVITE PARA BANQUETE, s. ìpèjẹ, àpèjẹ.
CONVITE PARA UM PREGÃO, s. apèrò.
CONVITE, CHAMADO, s. ìpè, pípè, àkésí, ìkésí > Ẹ kú àkésí mi ànà – Agradeço por ter me convidado ontem.
CONVOCAÇÃO, ASSEMBLEIA, s. ìpèjọpọ̀. Obs.: pè – chamar, convidar; pé – reunir, juntar; ìpàdé – reunião.
CONVOCAÇÃO, INTIMAÇÃO, s. ìwé ìpèníléjọ́.
CONVOCAR UMA ASSEMBLEIA, v. pe àpèjọ > Ó pe àpèjọ; Ó pe ìpàdé – Ele convocou uma reunião; > pèjọpọ̀ – reunir em assembleia (pé – encontrar, reunir; pè – chamar, convidar).
CONVOCAR, INTIMAR, v. fiọlápè.
CONVULSÃO, EPILEPSIA, s. ipá.
CONVULSÃO, ESPASMO, s. gìrì.
CONVULSÃO, s. àìperí.
CONVULSIVAMENTE, adv. súpesúpe.
COOPERAÇÃO, APOIO, s. àbáṣe, ìbáṣe, àfọwọ́sọwọ́.
COOPERAÇÃO, PARCERIA, s. àṣepọ̀, ìṣepọ̀, àṣelù > A jọṣe iṣẹ́ náà – Nós cooperamos naquele trabalho; > ìbáṣepọ̀ – um trabalho conjunto.
COOPERAÇÃO, s. ìjọṣe, àjọṣe, ìjùmọ̀ṣe, àjùmọ̀ṣe.
COOPERAR, COLABORAR, v. dawọ́bọ̀ < dà + ọwọ́ + bọ̀.
COOPERAR, v. jọ_pọ̀, jọṣe > A jọ ṣe iṣẹ́ pọ̀ – Nós cooperamos e fizemos o trabalho; > jùmọ̀ṣe – atuar junto.
COOPERATIVA, s. aláfọwọ́sọwọ́pọ̀.
COORDENAÇÃO, s. ìfètọṣepọ̀.
COORDENADO, s. àmì-ipò, ṣógbọ́ọ́gba.
COORDENAR, v. fètọ sí nkan (lit. usar ordem para alguma coisa).
COPEIRO, GARÇOM, s. agbe-ago, agbáwo, ìríjú.
CÓPIA, TRANSCRIÇÃO, s. àwòkọ, fífarawé, awòṣe.
COPIAR, IMITAR, v. farawé < fi + ara + wé > adàwé – copista, copiador.
COPIAR, v. dà_kọ, wò_kọ > Ó dàwé yìí kọ – Ela copiou este documento; dàwé < dà + ìwé.
COPIOSAMENTE, adv. pèrèpèrè, pitimọ, pìtìpìtì, pòropòro, ṣọ̀ọ̀rọ̀, ṣọ́rọ̀rọ̀.

COPIOSO, ABUNDANTE, adj. wọwọ, jẹngbẹ̀nnẹ̀ > wọ̀ntì – abundantemente > Ó fún mi lọ́wọ́ wọ̀ntì – Ele me deu bastante dinheiro.
COPISTA, s. adàwé.
COPO, s. ago, ife, gaasi (do inglês *glass*), kọ́bù (do inglês *cup*).
COPULAÇÃO, SEXO, s. ìbásùn, ìdàpọ̀ > Ó bá ọmọge náà sùn – Ele teve relação com aquela mulher.
COPULAR, v. dó, dàpọ̀ > Mo dó o pẹ̀lú mi – Ela relacionou-se comigo.
COQUEIRO, s. igi àgbọn > Igi àgbọn náà ga púpọ̀ – O coqueiro é muito alto.
COQUINHO DO DENDEZEIRO, s. ikin (são utilizados em número de 16 para a prática de jogo os que possuem 4 orifícios ralos, conhecidos como olhos, em 8 jogadas sucessivas que objetivam encontrar 8 sinais – *odù*).
COR AMARELA, s. àwọ̀ iyẹ̀yẹ̀, àwọ̀ pupa rúsúrúsú, yẹ́lò (do inglês *yellow*).
COR AZUL-CLARO, s. àwọ̀ àyinrín, àwọ̀ àféèfe > sánmọ̀ – azul-claro, celeste.
COR AZUL, s. àwọ̀ aró, àwọ̀ búlúù (do inglês *blue*).
COR BRANCA, s. àwọ̀ funfun.
COR CINZENTA, s. àwọ̀ eérú (eérú – cinzas).
COR DOURADA, s. àwọ̀ pọ́nròró (amarelo ouro), àwọ̀wúrà.
COR ÍNDIGO, s. àwọ̀ ẹlú (cor pela fusão e fermentação de folhas de algumas árvores). V. índigo.
COR LARANJA, s. àwọ̀ ọsàn, àwọ̀ òféèfé.
COR MARROM, s. àwọ̀ pako, àwọ̀ igi, búráwùn, búráùn – castanho (do inglês *brown*); > àwọ̀ ara – cor do corpo, marrom.
COR PRATA, s. àwọ̀ fàdákà.
COR PRETA, s. àwọ̀ dúdú.
COR ROXA, s. ẹlẹ́sẹ̀-àlùkò (cor das patas do pássaro àlùkò), àwọ̀pópù (do inglês *purple*).
COR VERDE, s. àwọ̀ ewé, àwọ̀ ewéko > Òun ní àwọ̀ méjì àti ewé yìí ní àwọ̀ kan ṣoṣo – Esta tem duas cores e esta planta tem somente uma cor.
COR VERMELHA, s. àwọ̀ pupa, àwọ̀ pupa bí ẹ̀jẹ̀ (cor vermelha como sangue) > Irun rẹ̀ ní àwọ̀ iná – O cabelo dela tem a cor do fogo.
COR, APARÊNCIA, s. àwọ̀ > kùn – colorir > Ó kun orí rẹ̀ lósùn – Ele pintou a cabeça dela de vermelho.

COR, CORES VARIADAS, s. àwọ̀ orísirísi > láìàwọ̀ – incolor, > onírúurú – colorido, confusão de cores.
COR-DE-ROSA, s. àwọ̀ pupa fẹ́ẹrẹ́fẹ́, pínnkì (do inglês *pink*).
CORAÇÃO DE UMA ÁRVORE, s. akudin.
CORAÇÃO PURO, HONESTIDADE, s. inú funfun.
CORAÇÃO, CIRURGIA, s. iṣẹ́-abẹ́ ọkàn.
CORAÇÃO, PULSAÇÃO, s. iso ọkàn > ìyásí iso ọkàn – avaliação das batidas do coração; > ìgbà ìsọ́kì ọkàn – sístole (contração do coração).
CORAÇÃO, s. ọkàn (também usado para revelar sentimentos) > Ó fí ọkàn tẹ̀ mí – Ele confia em mim (lit. ele abraçou meu coração).
CORAÇÃO, TRANSPLANTE, s. ọkàn àtọwọ́dá.
CORAGEM, BRAVURA, s. àyà, àìyà, ìkìyà, àkìyà, ìláyà, ìlọ́kàn > Ó ní àyà – Ela tem coragem.
CORAGEM, OBSTINAÇÃO, s. àìyà-líle.
CORAJOSAMENTE, adv. gìrí.
CORAJOSO, adj. láìfoìyà, láyà, láìbẹ̀rù.
CORAJOSO, INTRÉPIDO, s. akíkanjú.
CORAL DE CÂNTICOS, s. ẹgbẹ́ orin > Ẹgbẹ́ orin náà dùn – O coral de cânticos é agradável.
CORAL, CONTA, s. iyùn.
CORANTE, s. aládìrẹ.
CORÃO, s. Àl-kùráni, Kòránì.
CORAR, ENRUBESCER, v. tijú > Má tijú – Não se envergonhe.
CORÇA NOVA, s. ọmọ àgbọ̀nrìn.
CORCUNDA, CORCOVA, s. iké.
CORCUNDA, s. asuké, abuké < abi + iké. Obs. i + i = u.
CORDA BAMBA, s. okún-dídẹ̀.
CORDA DE FIBRA VEGETAL, s. ọyá.
CORDA (TIPO), s. pakẹ́rẹ́.
CORDA TORCIDA, s. igbà > Mo fi igbà gùn igi – Eu usei a corda para subir na árvore.
CORDA, BARBANTE, s. okùn, kọ́ọ̀lù (do inglês *cord*) > fi okùn dì – encordoar.

CORDA DE INSTRUMENTO, s. okùn irin (fio de metal).
CORDA, s. agba, ìjàrá, àkẹ̀ (feita de cipó).
CORDÃO UMBILICAL, s. okùn ìbí (une o bebê à mãe).
CORDÃO DE SAPATO, CADARÇO, s. okùn bàtà > Ó tú okùn bàtà – Ele desamarrou o cadarço do sapato.
CORDÃO, FAIXA, s. ọbárá.
CORDÃO UMBILICAL, s. olóbì, ìwọ́.
CORDAS VOCAIS, s. irín ohùn.
CORDATO, AJUIZADO, adj. létí Wọ́n létí – Eles são obedientes.
CORDEIRO, s. ọmọ àgùtàn.
CORDIAL, AMÁVEL, adj. àtinúwà, nífẹ́, nítòótọ́ > Ó nífẹ́ fún mi – Ela tem afeição por mim; > ọlọ́yàyà – pessoa alegre; > rẹ́ – ser cordial; àìrẹ́ – não cordial, antipático.
CORDIALIDADE, s. ìfẹ́, ìre, ìrépò > oore otítọ́ – bondade verdadeira.
CORDIALMENTE, adv. tinútinú > tọkàntọkàn – de coração a coração.
COREIA, s. Kòríà (País da Ásia Oriental) > Kòríà Àríwá – Coreia do Norte, Kòríà Gúsù – Coreia do Sul.
CORIZA, s. imú-dídí.
CORNEADO, CORNUDO, adj. abìwo > ìwo – chifre.
CORNETA, CLARIN, s. ọ̀kinkín, fèrè-ogun.
CORNETEIRO, s. afúnfèrè < fún – soprar, fèrè – flauta, corneta.
CORO, CORAL, s. ègbè orin (coro musical), ẹgbẹ́ akọrin (grupo de cantores).
COROA REAL, s. àkòró.
COROA, s. àtàrí.
COROAÇÃO, DIPLOMAÇÃO, s. jíjẹ oyè, ìwúyè.
COROAR, v. dé_ládé > Ọba dé mi ládé – O rei me coroou.
COROLA, s. ẹwá òdòdó (círculo de pétalas).
CORONÁRIAS, s. ìṣàn-àlọ-ọkàn (relativo a artérias).
CORPO DE BOMBEIROS, s. ọgbàpanápaná.
CORPO HUMANO, s. ara ènìà > èyà ara – partes do corpo.
CORPO, MEMBRO, s. ara > Ara mi bàjẹ́ – Estou doente (lit. meu corpo está estragado).

CORPORAL, MATERIAL, *adj.* lára < ní + ara (usado para significar parte de uma pessoa ou algo) > Ojú mi kò kúrò lára rẹ̀ – Meus olhos não se afastam do corpo dela.

CORPULÊNCIA, VIGOR, *s.* ìsanra, sísanra – rechonchudo.

CORPULENTO, *adj.* bẹnbẹ̀, bànbà, kòbòtò, yòkòtò > mínisanra – tendência a ganhar corpo.

CORRE COM PASSOS CURTOS, *v.* saré ṣeṣe.

CORREÇÃO, FAZER DE NOVO, *s.* àìṣì, àtúnṣe > Mo máa nṣe àtúnṣe púpọ̀ – Eu costumo fazer muitas correções, emendas.

CORREDOR DA CASA, *s.* òdẹ̀dẹ̀, òòdè > gbàngàn – sala espaçosa.

CORREDOR, ATLETA, *s.* asáré.

CÓRREGO, RIACHO, *s.* odò kékeré.

CORREIA DE COURO, *s.* ọsán, ọsán.

CORREIA, *s.* àwòtẹrẹ́.

CORREIO, *s.* ilé ìfiwé ránṣẹ́ (agência postal), ófíìsì-onílẹ́tà (do inglês *post office*).

CORRELACIONAR, *v.* bátan, tan.

CORRELIGIONÁRIO, *s.* agbeni < a + gbè + ẹni.

CORRENTE DE ÁGUA, *s.* ìṣàn.

CORRENTE DE AR, *s.* afẹ́ẹ́fẹ́-òjíjí.

CORRENTE DE FERRO, *s.* ṣakaṣìki.

CORRENTE DE JOGO, *s.* òpèlè (com oito sementes intercaladas).

CORRENTE ELÉTRICA, *s.* ìsán àrá > ámpù – ampére.

CORRENTE, AGUADO, *adj.* ṣíṣàn > íṣàn ẹ̀jẹ̀ – veia, artéria.

CORRENTE, GRILHÕES, *s.* ẹ̀wọ̀n > Mo dì í lẹ́wọ̀n – Eu o acorrentei.

CORRENTEZA DE ÁGUA, *s.* ìṣàn omi.

CORRER ANTES DE OUTRO, *v.* súréṣáájú.

CORRER ATRÁS DE, *v.* fòmọ́, sápadà, lépa > Ó lépa mi – Ele correu atrás de mim.

CORRER ATRÁS, PROCURAR, *v.* sálé. Ó sálé mi – Ela me procurou.

CORRER CASAS PARA VISITAS, *v.* yíde < yí + òde.

CORRER CONTRA, *v.* sárémọ́ (ao encontro de) > Ó sáré mọ́ mi – Ela correu ao meu encontro.

CORRER DE UMA LUTA, *v.* ságun > Ó ságun – Ele se afastou da luta.
CORRER DISTÂNCIAS, *v.* làlàjá, wawajá.
CORRER FURIOSAMENTE, *s.* pakuuru, pakuurumọ́ > Ó pakuuru mọ́ mi – Ele se precipitou contra mim.
CORRER JUNTO, *v.* sábọ̀ (em companhia de) > Àwa sábọ̀ – Nós corremos juntos.
CORRER NA FRENTE, *v.* sárétẹ̀lé (depois da pessoa) > Ó nsáré tẹ̀lé mi – Ele está correndo depois de mim.
CORRER PARA ALGUM LUGAR, *v.* sáré lọ.
CORRER PARA DENTRO DE, *v.* kówọ̀ > Ó kówọ̀ inú igbó – Ela correu para dentro do mato.
CORRER PARA LÁ, *v.* sásíbẹ̀.
CORRER, COMPETIR, *v.* díje > ó bá mi díje – ele competiu comigo.
CORRER, FUGIR DE, *v.* sá > ìsánsá – fugitivo, desertor.
CORRER, *v.* dógìdì (de forma precipitada).
CORRER, *v.* du, sáré, súré < sá + iré > A sáré sílé – Nós corremos para casa.
CORRERIA, *s.* wíwàrà.
CORRESPONDÊNCIA, *s.* ìjọjé, ìhámọ́ra, kíkòwé.
CORRESPONDENTE, *adj.* abáradọ́gba, bíbámu, dídọ́gbà.
CORRESPONDER, *v.* bá_mu, bá_dọ́gbà > Wọ́n bá araawọ́n mu – Eles são idênticos uns aos outros.
CORRETAMENTE, *adv.* mọ́ránmọ́rán, lóòrógangan, déedéé, láìlábùkù.
CORRETO, DE CONFIANÇA, *adj.* nídájú, títọ́ > tọ́ – ser correto.
CORRETO, DIREITO, *s.* àìwọ́.
CORRETO, EXATO, *adj.* pàtó, pípé, péjú > Wọ́n njẹ ní ákókò pàtó fún onjẹ – Eles estão comendo no horário exato para as refeições; *adv.* pàtó – exatamente > Sọ pàtó ọ̀rọ̀ yìí fún mi – Fale exatamente isto para mim.
CORRETOR, *s.* alágbàtà < àgbàtà – vender por comissão, tà – vender.
CORRIDA SIMULTÂNEA, *s.* ògìrì, ògìdì.
CORRIDA, COMPETIÇÃO, *s.* iré-ijé, irésísá.
CORRIDA, *s.* ìsúré, ìsáré, sísáré, sísúré, ìrọ́lù (em direção a).
CORRIDAMENTE, *adv.* wíníwíní, tìyáratìyára.

CORRIGIR – CORTAR CARNE

CORRIGIR, *v.* túnṣe > ṣàtúnṣe – fazer a correção > Ó ṣàtúnṣe fún wa – Ele fez o reparo para nós; < ṣe + àtúnṣe.
CORRIMENTO MENSTRUAL, *s.* àwààdá.
CORRIMENTO VAGINAL, *s.* ẹ̀dà (leucorreia).
CORROBORAÇÃO, *s.* ìfẹṣẹmúlẹ̀, ìmúdájú.
CORROBORAR, CONFIRMAR, *v.* mú_dájú, bá_mu > Ó bá mi mu – Ela me apoiou.
CORROER, ENFERRUJAR, *v.* dípààrà.
CORROER, ESTRAGAR, *v.* díbàjé > Igi yìí díbàjé – Esta árvore apodreceu.
CORROMPER, POLUIR, *v.* sọdì bàjé, sọdì búburú.
CORROSÃO, *s.* ipẹ̀ta (ferrugem).
CORROSIVO, *adj.* tí ó dógún.
CORRUPÇÃO, DEGENERAÇÃO, *s.* ìbàjé > Ìjọba kan láìsí ìwà ìbàjé, nígbàwo? – Um governo sem corrupção, quando?
CORRUPÇÃO, PODRIDÃO, *s.* ìdíbàjé.
CORRUPÇÃO, PROPINA, *s.* àbẹtẹ́lẹ̀.
CORRUPÇÃO, *s.* ìwà ìbàjé (mau comportamento) > Nígbàwo ni àiyé kan láìsí ìwà Íbájé? – Quando haverá um mundo sem corrupção?
CORRUPTÍVEL, *adj.* bíbájẹ̀.
CORRUPTO, *adj.* níbibàjé, aláìlọ́wọ́ (sem respeito).
CORRUPTO, SUBORNADOR, *s,* afíniṣe-ìjẹ.
CORTADO, ESCAVADO, *adj.* gbígbé.
CORTADOR DE CAPIM, *s.* apoko-ẹsin (para alimentar cavalos).
CORTADOR DE MADEIRA, *s.* alagi < là + igi.
CORTANTE, *adj.* kíké, gígé.
CORTAR ALGO PEQUENO, *v.* ké, gẹ̀, rẹ́, ge > Mo ké ìka mi – Eu cortei meu dedo; > Ó ngé igi – Ele está cortando lenha; > Ó gẹ̀ irun – Ela cortou os cabelos; > Ó rẹ́ okùn – Ele cortou a corda; > ge ṣákaṣàka – cortar repetidamente.
CORTAR ALGO PRIMEIRO, *v.* kọ́rẹ́ > Koríko yìí ni mo kọ́rẹ́ – Esta é a grama que eu cortei primeiro.
CORTAR ANIMAL, *v.* kun > Òun kun ẹranko – Ela cortou o animal em pedaços (esquartejar).
CORTAR CARNE, *v.* géran < gé + ẹran.

CORTAR E JOGAR FORA, *v.* já_nù > Já ewé yìí nù – Corte estas folhas e jogue fora.
CORTAR E PLANTAR INHAME, *v.* pasu.
CORTAR EM FATIAS, *v.* bẹ > Àwa bẹ isu – Nós cortamos o inhame.
CORTAR EM PEDAÇOS, *v.* ré, ké > Òbẹ ké mi ní ìka – A faca cortou meu dedo.
CORTAR EM PEDAÇOS, *v.* ké_pópòpó, ké_wẹ́wẹ́, dá_kélekèle > Ó dá igi kélekèle – Ele cortou a madeira em pedaços.
CORTAR NO ATO DE COMER, *v.* sá_jẹ > Ó sá ẹran jẹ – Ela cortou a carne em pedaços e comeu.
CORTAR FORA, *v.* gé_dé, já_mọ́lẹ̀ > Ó já isu yìí mọ́lẹ̀ – Ela cortou a ponta deste inhame.
CORTAR GALHOS DE ÁRVORE, *v.* pẹ́ka < pa + èka > Igi yẹn pẹ́ka – Daquela árvore cortei um galho.
CORTAR GRAMA, *v.* pìjẹ (para alimentar o cavalo).
CORTAR HORIZONTALMENTE, *v.* kéníbú, géníbú.
CORTAR LENHA, *v.* lagi < là + igi.
CORTAR MADEIRA, *s.* dági < dá + igi, pagi < pa + igi (galhos de árvores).
CORTAR MATO DA FAZENDA, *v.* sánko < sán + oko.
CORTAR O CABELO, *v.* rẹ́run < rẹ́ + irun, gérun < gé + irun, yẹrun < yẹ + irun > Ó rẹ́run rẹ̀ – Ele cortou o cabelo dela.
CORTAR O CORDÃO UMBILICAL, *v.* dáwọ́ < dá + ìwọ́ > Òun dáwọ́ – Ela cortou o cordão umbilical.
CORTAR O MATAGAL, *v.* sánlẹ̀ < sán + ilẹ̀ (limpando a área para cultivo).
CORTAR O MATO, *v.* sáko > Ó sáko – Ele limpou o mato < sá + oko.
CORTAR PERTO DO TOPO, *v.* kénigbèrí.
CORTAR QUIABO, *v.* rẹ́lá < rẹ́ + ilá.
CORTAR UM MATAGAL, *v.* sán (corte rasteiro).
CORTAR, APARAR O MATO, *v.* sángbẹ́, sángbó.
CORTAR, DECAPITAR, *v.* gán > Mo gán lórí ẹranko – Eu cortei a cabeça do animal.
CORTAR, DERRUBAR, *v.* kélulẹ̀.

CORTAR, FERIR, *v.* ṣá > Ó fi ọbẹ ṣá mi – Ele me feriu com a faca.
CORTAR, MARCA FACIAL, *v.* kọ > Ó kọ mẹ́ta ìbú – Ele fez três marcas tribais.
CORTAR, PODAR, *v.* wọ̀n.
CORTAR, REDUZIR, *v.* bù, kékurò.
CORTAR, SERRAR, *v.* yùn, yùnjá > Ó yun ẹka igi yẹn – Ele serrou o galho daquela árvore; > ayùn – serrote.
CORTAR, *v.* pa (inhame, bambu, cabaça, noz-de-cola, casca de árvore) > Ó pa ọparun – Ele cortou o bambu; > Ó pa obì – Ele dividiu o obí.
CORTAR, *v.* bẹ́ > ìbẹ́rí – decapitação.
CORTAR, *v.* fi_ré > ó fi ayùn ré ẹ – ele cortou-o com serrote.
CORTE FACIAL, *s.* àbàjà > Ó bu àbàjà mẹ́ta – Ela fez três marcas no rosto.
CORTE, FERIDA, *s.* ogbẹ́ > Ó ṣe ara rẹ̀ lọ́gbẹ́ – Ele se feriu (lit. ele fez uma ferida no corpo dele).
CORTE, TRIBUNAL, *s.* kóòtù (do inglês *court*).
CORTE INDEVIDO, *s.* ìṣákúṣá.
CORTE DE CABELO, *s.* igẹrun > Òun ṣe igẹrun – Ela fez um corte de cabelo.
CORTES DE TECIDO, *s.* ìrẹ́pẹ.
CORTES NA PELE, *s.* ibésè, ìlàsè, èlàsè, èyasè (fendas no dedo do pé).
CORTES NO ROSTO, *s.* ipélé, pélé (para distinguir origens tribais).
CORTES TRIBAIS, *s.* kèyò (feitos nos braços e pernas).
CORTÊS, AFÁVEL, *s.* olóore-ọ̀fẹ́ > aláánú – pessoa piedosa.
CORTESIA, *s.* ènì (algo extra acrescentado).
CORTESIA, *s.* ìmọyì, ọ̀wọ̀, ọ̀yàyà > Máa ṣe ọ̀yàyà sí i – Tenha boas maneiras para ela.
CORTESÃO, *s.* ẹmẹ̀wà.
CORTESMENTE, *adv.* lójúrere.
CORTIÇA, ROLHA, *s.* èdídí ìgò > Dí ìgò lẹ́nu – Tapar a boca da garrafa, arrolhar.
CORTINA DE CAMA, REDE, *s.* àbapo, ìbopo < bọ + àpò.
CORTINA, *s.* aṣọ-ìkélé, aṣọ-íta, aṣọ fèrèsé, kọ́tèèní (do inglês *curtain*).
CORUJA PEQUENA, *s.* oyó.
CORUJA, *s.* òwíwí.

CORVO, s. kànnàkanna, ẹiyẹ ìwò.
COSER RETALHOS, v. lẹ́ (remendar) > Ìyá mi ti lẹ́ aṣọ mi – Minha mãe consertou minha roupa.
COSMÉTICO, s. ìpara, ìkùnra.
COSMOLOGIA, s. ẹ̀kọ́ iṣẹ̀dà èdùmàrè (lit. estudo sobre as origens).
COSMOPOLITA, adj. jẹ́ ti gbogbo àiyé (lit. ser de todo mundo).
COSTA DO MAR, s. etí-òkun.
COSTA, PRAIA, s. eremi.
COSTAS, s. ẹ̀hìn, ẹ̀yìn (também usado para indicar a parte de trás de alguma coisa) > Ó wà lẹ́hìn mi – Ele está atrás de mim; > Ní Áfíríkà, àwọn ọmọdé nfẹ́ láti wà lẹ́yìn ìyá wọn – Na África, os bebês gostam de estar nas costas da mãe deles; Nwọ́n ṣe é lẹ́hìn mi – Eles fizeram nas minhas costas, na minha ausência.
COSTELA, s. eegun ìha, ẹfọ́n ìhà, fọ́nránhà.
COSTUME NATIVO, s. àṣà-ibílẹ̀.
COSTUMES TRADICIONAIS, s. àṣà àtọwọ́dọ́wọ́, àtílẹ̀bá (originais).
COSTUME, HÁBITO, s. àṣà, orò > Ó ṣe orò nílé wọn – Ela fez os costumes tradicionais na casa deles; > Àṣà yorùbá ni ki ọmọdé dòbálẹ̀ – É costume yorùbá que os jovens façam uma saudação.
COSTUME, HÁBITO, part. pré-v. a máa, máa (usado antes do verbo) > Ó máa jẹ púpọ̀ – Ele costuma comer muito. Obs.: 1 – máa, maa é também usado para dar uma forma polida a uma ordem. > Ẹ máa padà níbí! – Volte aqui!: > Má maa ṣe bẹ́ẹ̀ mọ́ o! – Não faça mais assim! Obs.: 2 – maa, posicionado de qualquer partícula indicativa do tempo futuro do verbo, dá um sentido progressivo ou habitual. > Ng ó maa kà á – Eu continuarei a ler isto; > Nwọn ó maa gbà owó lóní – Eles receberão o dinheiro hoje.
COSTUME, INÍCIO, s. ìṣẹ̀dálẹ̀.
COSTURA DE ROUPA, s. ojúrán < ojú + ìran, ojúríran.
COSTURA, s. ìránṣọ.
COSTURAR COURO, v. ránwọ < rán + awọ.
COSTURAR JUNTO, v. rán_pọ̀ > Òun rán wọn pọ̀ – Ela os costurou juntos.

COSTURAR TECIDO, v. ránṣọ < rá + aṣọ.
COSTURAR, v. rán > Ẹ jọ́wọ̀, bá mi rán an – Por favor, costure isto para mim.
COTA, PORÇÃO, s. ìpín (parte nomeada).
COTOVELO, s. ìgbọ́nwọ́, ìgopá.
COTOVIA, s. ẹiyẹ kọrin (tipo de pássaro que canta).
COURAÇA, s. awọ-àiyà.
COURO ANIMAL, s. awọ.
COURO CABELUDO, s. agbárí.
COVA, TOCA, s. isà (covil).
COVA COBERTA, s. ẹwuru, ẹhuru.
COVARDE, MEDROSO, adj. ojo > Ojo lòun – Ele é medroso < lòun < ni + òun.
COVARDE, s. àìgbójú, aṣọjo.
COVARDEMENTE, adv. tojotojo.
COVARDIA, adj. aláìlọ́kàn, àìgboiyà.
COVEIRO, s. agbẹ́lẹ̀-òkú > enití ngbẹ́ ilẹ̀-òkú – aquele que cava sepultura.
COVINHA, s. ìpapó, ẹrẹkẹ́ (na face ou no queixo).
COXA, COLO, s. itan.
COXEAR, MANCAR, v. mọ́kun.
COXIM, ALMOFADA, s. abá, tìntìn.
COXO, s. atiro.
COZIDO CONSISTENTE, adj. àsèki < sè_ki. Ó se ọbẹ̀ ki – Ela cozinhou uma sopa consistente.
COZIDO RALO PARA BEBER, s. àsèmu.
COZIDO, COMIDA, s. ẹ̀bẹ > Mo jẹ ẹran ẹ̀gbẹ – Eu comi carne cozida; > ohun-ẹ̀lò ìṣe onjẹ – utensílios de cozinha.
COZIDO, adj. sísè, jiná > Ẹyin yìí jiná jú – Este ovo está muito cozido.
COZINHA, s. ilé ìdáná, kíṣìnì (do inglês *kitchen*) > yárá ìṣe onjẹ – reduto de preparo da comida.
COZINHADO COM DESPERDÍCIO, s. àsèdànù (sem medidas).
COZINHAR BASTANTE, v. sè_tó > Mo ti sè é tó – Eu tenho cozinhado isto bastante.

COZINHAR BEM COZIDO, *v.* mú_jiná.
COZINHAR COMIDA, *v.* sègbẹ < sẹ̀ + ẹ̀gbẹ (evitando que ela se estrague).
COZINHAR DEMAIS, *v.* sè_jú > Ó se onjẹ jù – Ela cozinhou comida demais.
COZINHAR E COMER, *v.* sè_jẹ > Ó sè é jẹ – Ela cozinhou isto e comeu.
COZINHAR INHAME, *v.* kàsádà.
COZINHAR NOVAMENTE, REQUENTAR, *v.* tún_sè > Ó tún onjẹ sè – Ela requentou a comida > tún – novamente, adv. pré-verbal.
COZINHAR PARA VENDER, *v.* sè_tà.
COZINHAR SEM AJUDA, v. dásè.
COZINHAR SEM MEDIDAS, *s.* sè_dànù > Ó se onjẹ dànù – Ela cozinhou comida demais.
COZINHAR, *v.* sè, sè_ki > Ó se ọbẹ̀ ki – Ela cozinhou uma sopa grossa.
COZINHEIRA-CHEFE, *s.* ìyálásèìyá onjẹ > ìyágbàsè – cozinheira mais velha, experiente > kúkù (do inglês *cook*).
COZINHEIRO, *s.* alásè, agbọ́-onjẹ < sè – cozinhar, àsè – refeição.
CRÂNIO, *s.* agbárí, eegun agbárí.
CRATERA, *s.* ògbún-nlá.
CREDENCIAL, CERTIFICADO, *s.* ohun-èrí, ìwé èrí.
CREDITAR, DAR CRÉDITO, *v.* gbẹ̀tọ́, gbèye.
CRÉDITO, CONFIANÇA, *s.* ìgbàgbọ́, ìgbékẹ̀lẹ̀.
CRÉDITO, *s.* láwìn < ní + àwìn > Mo gba aṣọ yìí láwìn – Eu comprei esta roupa a crédito.
CREDO, CULTO, *s.* ìsìn, ẹ̀sìn > A ṣe ìsìn òrìṣà – Nós fizemos um culto à divindade.
CREDOR, *s.* ẹnití a jẹ lówó – àquele que nós devemos dinheiro.
CREDULIDADE, *s.* àìpégba-nkangbọ́.
CREIOM, *s.* kereyọ́ọ̀nù (do inglês *crayon*).
CREMAÇÃO, *s.* sísun òkú.
CREMAR, *v.* sun òkú.
CREME, NATA, *s.* ìréjúwàrà.
CREME DE BARBEAR, *s.* ọṣẹ ìfárùgbọ̀n.

CREME PARA O CABELO, s. yorun, ayorun < yọ +irun.
CREMOSO, adj. ògéde wàrà.
CRENÇA, s. ìgbàgbọ́ > Ó ní ìgbàgbó púpọ̀ – Ela tem muita fé.
CRENTE, **CRÉDULO**, s. e adj. onígbàgbọ́, gbígbàgbọ́.
CREPÚSCULO, ANOITECER, s. ojú-alẹ́, (entre 15 - 19h – ìrọ̀lẹ́).
CREPÚSCULO PELA MANHÃ, s. àfẹ̀mójúmọ́, òyẹ̀.
CREPÚSCULO, PENUMBRA, s. àfẹ̀mọ́jú.
CREPÚSCULO, s. òyẹ̀.
CRER, ACREDITAR, v. gbàgbọ́ > Gbà mí gbọ́ – Creia-me; > Mo gba Ọlórun gbọ́ – Eu creio em Deus; > Mo gbàgbọ́ pé òun yíò fowó fún mi – Eu acredito que ele dará algum dinheiro para mim; > ìgbàgbọ́ – crença; aláìgbàgbọ́ – descrença; ìgbàgbọ́ àti èsìn – crença e religião.
CRESCER POR SI PRÓPRIO, v. fẹsẹ̀dúró < fi + ẹsẹ̀ + dúró (lit. usar as pernas e ficar de pé).
CRESCER, BROTAR, v. gbèrú > Owó mi gbèrú – Meu dinheiro aumentou.
CRESCER, ENVELHECER, v. dàgbà > Ó dàgbà jù èmi lọ – Ele é mais velho do que eu. Obs.: jù... lọ – mais do que, demais.
CRESCIMENTO EXPONTÂNEO, s. ìlalẹ̀hù.
CRESCIMENTO, AUMENTO, s. ìdàgbà, dídàgbà, ìpọ̀sí.
CRESCIMENTO, BÊNÇÃO, s. àbùkún, àbùsí > alábùkún – pessoa que recebe bênçãos.
CRESCIMENTO, s. ìgbésókè, àgbésókè (ato de se levantar).
CRIA, s. ọ̀dọ́ (homens ou animais jovens) > Àwọn ọ̀dọ́mọdé ò mọ obì anbọsì owó èyọ́ – Os jovens não conhecem noz-de-cola e muito menos os búzios.
CRIA DE ANIMAIS, s. ẹgbọ̀rọ̀.
CRIAÇÃO, CRIATURA, s. ẹ̀dá > Ọlórun ṣe ẹ̀dá mi – Deus me criou.
CRIAÇÃO, ORIGEM, s. ìṣẹ̀dá.
CRIAÇÃO, EDUCAÇÃO, s. dídá (ato de criar), ìtọ́dàgbà.
CRIADA, SERVIÇAL, s. ọmọdọ̀ < ọmọ + ọ̀dọ̀.
CRIADO DO REI, s. odí (rei de Ìjẹ̀bu).
CRIADO, CASEIRO, s. agbáwo.
CRIADOR, PENSADOR, s. aláṣàro, ẹlẹ́dá.

CRIANÇA ADOTIVA, *s.* àyànṣọmọ, ọmọ àgbàbọ, ọmọ àgbàtọ.
CRIANÇA DESAMPARADA, *s.* ọmọ aláìnílé.
CRIANÇA DE NOVE MESES, *s.* ọmọpé (passou o tempo de gestação).
CRIANÇA FINA, GENTIL, *s.* ọmọ jẹ́jẹ́.
CRIANÇA POBRE, MALTRAPILHA, *s.* ọmọ burúkú, ọmọ ìtá.
CRIANÇA PREMATURA, *s.* ọmọ àìgbó.
CRIANÇA QUE MAMA, *s.* ọmọ-ọmú.
CRIANÇA REBELDE, *s.* àkógbà > ọmọ ìtá – criança marota.
CRIANÇA, GENTE JOVEM, *s.* màjẹ̀sí; > èwe – juventude, gente jovem > Ìyá àwọn èwe – Mãe das crianças.
CRIANÇA, *s.* ọmọdé > Ọmọdé féràn láti ṣiré – A criança gosta de brincar.
CRIANCICE, *s.* kọ̀lọ̀kọ́lọ́.
CRIAR ANIMAIS, *v.* wọ́nsìn (para engorda).
CRIAR CASO, EXAGERAR, *v.* pọ̀síle-pọ̀sóde, bọ́síle-bọ́sóde.
CRIAR DIFICULDADES, *v.* fojúkàn < fi + ojú + kàn, fojúrí < fi + ojú + rí.
CRIAR RAÍZES, *v.* fẹsẹ̀múlẹ̀.
CRIAR UMA FAZENDA, *v.* dáko < dá + oko.
CRIAR, EDUCAR, *v.* tọ́_dàgbà > Ó tọ́ mi dàgbà – Ele me criou.
CRIAR, FAZER, *v.* dá > ẹ̀dá – criação.
CRIAR, PRODUZIR, *v.* mú_wà (causar existência) > Ọlọ́run mú àiyé wá – Deus, criador do mundo.
CRIATIVIDADE, *s.* ogbọ́n, ìhùmọ̀.
CRIATURA, *s.* ẹ̀dá > Ọlọ́run ṣe ẹ̀dá mi – Deus me criou.
CRIME, OFENSA, *s.* ẹ̀ṣẹ̀, rírú òfin > ìrúfin – omissão da lei.
CRIME DE MORTE, *s.* ẹ̀ṣẹ̀ ikú.
CRIME POLÍTICO, *s.* ìdáràn-ìjọba.
CRIMINAL, *s.* arúfin.
CRIMINOSO, MALFEITOR, *s.* ọ̀dáràn, adáràn < dá + ọ̀ràn.
CRIMINOSO, TRANSGRESSOR, *s.* alùfin, arúfin, dáràndáràn.
CRINA, JUBA, *s.* ìgògò, gògò (cavalo, leão ou outro animal).
CRIOULO, *s.* kiriyó.
CRISE, *s.* kongbarí, ṛògbòdìyàn > Ṛògbòdìyàn ti àrùn covid-19 jẹ́ àpẹẹrẹ – A crise da doença da covid-19 é um exemplo.

CRISTA DE GALO – CRUZADA

CRISTA DE GALO, s. ogbe.
CRISTAL, s. ẹwẹlẹ, òkúta mímọ́.
CRISTÃO, s. onígbàgbọ́ > ọmọlẹ́hìn Kristi – seguido de Cristo.
CRISTIANISMO, s. ìsin Kristi, ìgbàgbọ́.
CRISTO, s. Kírísítì, Kristi (do inglês *Christ*).
CRITÉRIO, PADRÃO, s. apéwọ̀n, òfin (estatutos).
CRÍTICA, OPOSIÇÃO, s. àtakò.
CRITICAR, MENOSPREZAR, v. gàn > má gàn mí – não me menospreze.
CRITICAR, COMENTAR, v. ṣe àkiyèsí.
CRÍTICO, s. oníwádí, aláríwísí, ẹlégàn.
CROCODILO, s. ẹlégungùn, ọ̀ni.
CROMOSSOMO, s. okùn-ìran.
CRÔNICAS, ANAIS, s. ìwé ìrántí, ìwé ìrandíran.
CRÔNICA, FATO, s. ìwé ìtàn > Ó kọ ìwé ìtàn – Ela escreveu uma crônica.
CRÔNICO, PERSISTENTE, adj. gbére > pípẹtítí – longa duração.
CRONOLOGIA, s. ètò-àkókò (sistema de tempo).
CRONOMETRAGEM, s. ìkàgbà àkàgbà < kà + ìgbà (contagem do tempo).
CRONÔMETRO, s. òṣùnwọ̀n àkókò.
CROSTA, FERIDA, s. èépá, ìpẹ́pẹ́.
CRÓTOM, s. lóbòtujẹ̀, bòtujẹ̀ (figueira-brava).
CRU, adj. tútù, títútù, láìpọ́n, àìsè.
CRU, NÃO COZIDO, s. aláìsè.
CRUCIFICAR, v. kàn mọ́ àgbélébú (pregar na cruz) > Wọ́n kan Jésù mọ́ àgbélébú – Eles pregaram Jesus na cruz, firmemente; > Ṣe àmi àgbélébú – Fazer o sinal da cruz.
CRUEL, adj. níkà, níkà-nnú, àìláánú, sọ́nrorò > láìní àánú – implacável.
CRUELDADE, s. ìkà, ìwà-ìkà.
CRUELMENTE, adv. tìkátìká (tiranicamente).
CRUSTÁCEO, s. alákàn, edé.
CRUZ, CRUCIFIXO, s. àgbélébú > Ère Jésù lórí àgbélébú – Imagem de Jesus sobre a cruz.
CRUZADA, s. ogun àti onígbàgbọ́ (ação e crença).

CRUZAMENTO DE RUAS, s. oríta.
CRUZAMENTO DOS BRAÇOS, s. ìfowókó (ato de caminhar com braços cruzados).
CRUZAR UMA ESTRADA, v. dánà < dá + ònà.
CRUZAR, ATRAVESSAR, v. fi_dabú, so_dá.
CRUZAR OS BRAÇOS, v. so apá dá.
CRUZAR, PASSAR À FRENTE, v. dá_kojá, gé_níbú.
CUBA, s. Kúbà.
CÚBICO, s. aríbí-ìgòn.
CUBÍCULO, CELA, s. ilé èwòn > yàrá nílé túbú – espaço na prisão.
CUBO, s. ìgòn (sólido de seis lados iguais).
CUECA, s. pátá > Òsèlú fi owó sínú pátá – O político colocou o dinheiro dentro da cueca.
CUIDADO NO GASTAR, s. ìsúnná (economia).
CUIDADO, ATENÇÃO, s. ìfarabalè, laàlà > Mo nka yorùbá laàlà alé – Leio yorùbá com cuidado à noite; > àìbojútó – descuido.
CUIDADO, PREOCUPAÇÃO, s. ìdarò, ìtójú, àníyàn.
CUIDADO, PROTEÇÃO, s. ìsórí < só + orí (amuleto contra doença).
CUIDADO, s. bíbáwò (dedicado a alguma coisa).
CUIDADO, s. èsò, ìjósìn (tomar conta ou cuidar de uma pessoa).
CUIDADOR DE CAVALOS, s. olóko-esin.
CUIDADOR, s. àgbàwò (de criança ou pessoa doente).
CUIDADOSAMENTE, adv. èso-èso, léso-léso, fin, féní-féní, fíní-fíní, kíní-kíní, té-té-té, tìsóra-tìsóra, pèlépèlé; Omo náà wo aso féní-féní – O menino vestiu a roupa cuidadosamente.
CUIDADOSAMENTE, adv. pré v. – Òun rora woso – Ele vestiu a roupa com cuidado.
CUIDADOSAMENTE, adv. kèlékèlé (na ponta dos pés).
CUIDADOSO, adj. kálára, aláwòfín > Òrò rè ká mi lára – As palavras dele me deixaram apreensivo.
CUIDAR DA PESSOA, v. gbà_wò > Onísègùn yìí gbà mí wò – Este médico cuidou de mim; > mójútó – Ó mójútó mi – Ela tomou conta de mim.

CUIDAR DE, PERCEBER, *v.* nání > Ẹ̀dá jẹ́ ohun tí a lè nání – A criação é algo que podemos notar.
CUIDAR-SE, PRECAVER-SE, *v.* ṣọ́ra.
CUIDAR, TOMAR CONTA DE, *v.* ṣaajò, mójútó < mú + ojú + tó, ṣètójú, tójú < tọ́ + ojú.
CUIDAR, TRATAR DE, *v.* fi_rè > olùkìlọ̀ – aquele que cuida, adverte.
CUIDAR, *v.* ṣújá (somente usado negativamente) > Ò ṣújá mi – Ela não cuidou de mim.
CUIDAR, VIGIAR, *v.* ṣọ́lọ́jọ̀, ṣọ́lọ́jọ̀jọ̀ < ṣọ́ + olójọ̀jọ̀.
CUJO, *pron.* èyìtí, tí.
CULINÁRIA, *s.* onjẹ sísè.
CULMINAR, *v.* parí, yọrí > Ó yọrí iṣẹ́ náà – Ela completou aquele trabalho.
CULPA, RIGOR, *s.* ẹ̀bí, ìjẹ̀bí, gígàn > Kì íṣe ẹ̀bí – Não é minha culpa; > Kìí ṣe ejọ́ mi – Não é meu problema.
CULPABILIDADE, *s.* àìláre.
CULPADO, *s.* ẹnibáwí, ẹlébi, jẹ̀bi > ẹlẹ́ṣẹ̀ – transgressor.
CULPAR, *v.* bú, sọ_lẹ́nu.
CULPÁVEL, IMPUTÁVEL, *adv.* níbáwí.
CULTIVAR O SOLO, *v.* ṣàgbàkọ́ (de outra pessoa, por contrato).
CULTIVAR, CAVAR, *v.* di ~ ro ilẹ̀ – cavar o solo, ríro oko – cavar a roça.
CULTO À CABEÇA, *s.* borí > Òun nbọ Orí – Ela está cultuando a divindade Orí; > borí – cobrir a cabeça (bọ – cultuar, bọ́ – alimentar, bò – cobrir).
CULTO À DIVINDADE, *s.* bíbọrìṣà, ìbọrìṣà.
CULTO AJOELHADO, *s.* àkúnlèbọ.
CULTO COMUNAL, *s.* àjọsìn, ìjọsìn.
CULTUADOR DE EGUNGUN, *s.* abópa (cultuado em Ìjẹ̀bu).
CULTUADOR DE ÍDOLOS, *s.* abère, abọgibọ̀pẹ̀.
CULTUADOR DE ÒGÚN, *s.* abògún, aṣògún.
CULTUADOR DE ORIXÁ, *s.* abọ̀rìṣà < a + bọ + òrìṣà.
CULTURA ADQUIRIDA, *s.* fífòyemọ̀ (pela observação).
CULTUAR A DIVINDADE, *v.* bọrìṣà < bọ + òrìṣà.

CULTUAR IMAGEM, *v.* bère < bọ + ère.
CULTUAR, DEVOTAR, *v.* sìn > Òrìṣà ni à nsìn – São os Orixás que nós cultuamos; > jọbọ – cultuar junto.
CULTURA RUIM, *s.* ìmọ̀ búburú.
CULTURA, CIVILIZAÇÃO, *s.* ìlàjú.
CULTURA, SABER, *s.* ìmọ̀.
CUME, ÁPICE, *s.* ògógóró, ògóró.
CUME, TOPO, ÁPICE, *s.* góngó, òté.
CUMEEIRA DA CASA, *s.* ìkù-ilé.
CUMEEIRA, *s.* àtà.
CÚMPLICE, *s.* ẹlẹ́gbẹ́ búburú > ọ̀rẹ́ nínú ibi ṣíṣe – amigo de um mal possível de ser feito.
CUMPRIMENTAR, *v.* kí > Mo kí i – Eu cumprimentei-a, > Bá mi kí aya rẹ – Cumprimente sua esposa por mim; Ẹ kú àárọ̀ = Ẹ káàárọ̀ – Bom dia; Ẹ kú ìyẹ̀dún – Parabéns pelo aniversário. *Obs.*: a palavra *kú*, neste caso, seria uma contração de *kí i*, e usada como forma de agradecimento entre a pessoa ou algo e a circunstância do momento. Òo... poderá ser a resposta a todos os cumprimentos. > Mo kí i – Eu cumprimentei-a.
CUMPRIMENTAR ALGUÉM, *v.* kíni < kí + ẹni.
CUMPRIMENTAR O REI, *v.* kọ́ba < kí + ọba.
CUMPRIMENTAR, SAUDAR, *v.* yìn, kí > Mo kí i – Eu cumprimentei-a; > kíkí – saudação.
CUMPRIMENTO, REALIZAÇÃO, *s.* ìmúṣẹ.
CUMPRIMENTO, RESPEITO, *s.* ìbuyìn, ìyìn.
CUMPRIR, *v.* múṣe.
CUMPRIR AS CERIMÔNIAS, *v.* wúyè < wú + oyè – assumir um título.
CUNHADO, *s.* àna ọkùnrin > ẹ̀gbọ́n aya mi – irmão da minha esposa > àna – parentesco por afinidade.
CUNHAGEM DE MOEDA, *s.* ìṣowó.
CUNHAR DINHEIRO, *v.* ṣowó (fazer moedas).
CUNHAR, *s.* ẹ̀dà (copiar moedas por meios mágicos).
CUPIM, FORMIGA BRANCA, *s.* ikán.
CUPIM, *s.* ìyẹ́ (da madeira da árvore).

CURA INFRUTÍFERA, s. àwonù.
CURA TOTAL, s. àwòtán.
CURA, s. ìpajúmọ́, ìwòyè < wò + yè > Ó wò mi yè – Ela me curou.
CURADOR, s. olùṣọ́ ènìà.
CURANDEIRO, **CURA**, s. ìwòsàn < wò + sàn.
CURAR COMPLETAMENTE, v. ṣàwòtán.
CURAR COMPLETAMENTE, v. wò_tán > O wò mí tán – Você me curou completamente.
CURAR DE ALGUM MAL, v. wora < wò + ara > Ó wora rẹ̀ – Ele se curou.
CURAR FERIDA, v. jinná, wòjiná, mú_jinná < jìn + iná.
CURAR, SARAR, v. mú_láradá, mú_lárale > Ó mú mi lára dá – Ela me curou.
CURAR, TRATAR, v. wò_yé, wò_sàn, mú_sàn (cicatrizar) > Oògun yìí mú mi sàn – Este remédio me curou.
CURAR, v. sàn, sèpa > Ó se àrùn yìí lásèpa – Ele curou esta doença completamente. *Obs.*: verbo com tom grave, antes de substantivo, perde o acento.
CURATIVO, MEDICAMENTO, s. oògùn > aṣọ oògùn – band-aid > aṣọ oògùn tí a lò fún egbò – curativo que usamos para a ferida.
CURIOSIDADE, s. ohun-abàmi, ìrídí > àwáfin – pesquisa.
CURIOSO, OBSERVADOR, s. àrabarà > Ó ra aṣọ aláwọ̀ àrabarà – Ela comprou um tecido colorido, de cores curiosas.
CURSO, FLUXO, s. ipa > ipadò – águas do rio.
CURSO DE ÁGUA, s. itọ́.
CURSO, CAMINHO, s. ọ̀nà > Jésù ṣí ọ̀nà sílẹ̀ gbogbo wa – Jesus abre, mostra os caminhos.
CURTIDOR DE COURO, s. arúnwọ́.
CURTIR O COURO, v. pò.
CURTO E APERTADO, adj. kánkí > Ṣòkòtò kánkí – Calça curta e apertada.
CURTO E COMPACTO, adj. kẹ̀nkùkẹnku.
CURTO E GROSSO, adj. gbẹndu > Ó rí gbẹndu – Ele é rechonchudo.
CURTO E REDONDO, adj. kurubutu > Ó rí kurubutu – Ele aparenta ser curto e redondo.

CURTO, NÃO LONGO, *adj.* yá (não extenso).
CURTO PRAZO, *s.* ìgbà-díẹ̀ (pouco tempo).
CURTO, INSUFICIENTE, *adj.* po.
CURTO, CAMINHO, *adj.* ẹ̀bùrù, kúrú > Ẹ̀búrú ni mo fẹ́ gbà lọ – É pelo caminho mais curto que eu quero ir.
CURTO, RÁPIDO, *adj.* ṣẹ́ki.
CURVADO, DOBRADO, *adj.* kọrọdọ.
CURVADO, TORCIDO, *adj.* gbígbun > iké – corcunda.
CURVA, VOLTA, *s.* yíyí.
CURVAR, INCLINAR-SE, *v.* tẹ̀, tẹ̀sí > ìtẹnú – humildade.
CURVAR, *v.* kanrun (curvar um arco de flecha).
CURVAR-SE PARA A FRENTE, *v.* tẹsíwájú (no sentido de progredir) > Ó gbọ́dọ̀ kọ́ láti lẹ tẹsíwájú – Ela deve estudar para para poder progredir.
CURVAR-SE, INCLINAR-SE, *v.* tẹ̀, tẹ̀sílẹ̀, tẹ̀balẹ̀.
CURVAR-SE, *v.* dojúbọlẹ̀ < dà + ojú + bò + ilẹ̀ (inclinar-se em sinal de respeito, tocando o rosto no chão).
CURVATURA, INFLEXÃO, *s.* ìwọ̀.
CURVILÍNEA, *s.* ìlàwíwọ́.
CURVO, ARQUEADO, *adj.* kọ́rọkọ̀rọ, kọ́lọkọ̀lọ.
CUSPARADA, *s.* ìtutọ́.
CUSPE, CATARRO, *s.* àhutu-ikọ́.
CUSPIDA, *s.* ìtutọ́.
CUSPIR, EXPELIR SALIVA, *v.* tutọ́ < tu + itọ́ > Ó tutọ́ – Ele cuspiu.
CUSTAR, GASTAR, *v.* ná > Mo ná gbogbo owó mi – Eu desperdicei todo o meu dinheiro; > ìnáwó – despesa, gasto.
CUSTÓDIA, GUARDA, *s.* àpamọ́.
CUSTOSO, ONEROSO, *adj.* ná owólórí púpọ̀.
CUTÂNEO, *s.* ìwọ̀-ara.
CUTELARIA, *s.* onísọwò ọbẹ.
CUTÍCULA, *s.* èèfọ́, òòfọ̀, ọ̀fọ.
CÚTIS, PELE *s.* awọ-ara.
CUTUCAR O FOGO, *v.* waná < wà + iná.

DA ALTURA DO CHÃO, *adv.* sílẹ̀ (para baixo) > Ó sẹ̀ é sílẹ̀ – Ele deslizou e caiu (usado como segundo componente de verbos para ter diversos sentidos) > Ó bẹ́ sílẹ̀ – Ele saltou para baixo; > Ọmọ mi kò lè fi tẹ́tẹ́ títa sílẹ̀ – Meu filho não conseguiu parar de jogar (lit. não conseguiu pôr o jogo para baixo.

DA BOCA PARA FORA, *adv.* níkìkìòrò̩ (oralmente).

DA, DO, *contr.* ti (contração da prep. de + artigo). V. de.

DA MESMA FORMA, *adv.* papagidi.

DÁDIVA, PRESENTE, *s.* ọrẹ > Ó ta mi lọ́rẹ owó – Ele me deu presente em dinheiro.

DADO, ACEITÁVEL, *adj.* bíbun.

DAÍ EM DIANTE, *adv.* látìhínlọ.

DAÍ POR DIANTE, DESDE ENTÃO, *adv.* látìgbànáà, látìgbánáàlọ > Látìgbánáà lọ kò tún ṣe bẹ́ẹ̀ mọ́ – Desde então ela não fez mais assim de novo.

DAMA DE HONRA, *s.* ọ̀rẹ́-ìyàwó.

DAMA, MULHER EDUCADA, *s.* yẹba.

DAMA, *s.* ìyálóde > ìyáàfin – mãe do palácio real.

DAMASCO, *s.* Dàmáàskì (capital da Síria).

DANÇA YORÙBÁ, *s.* jùjú, ẹgọ.

DANÇA, *s.* ijó.

DANÇAR COM, *v.* gbé‿jó, fijó, bá‿jó > Ó fijó mi, Ó bá mi jó – Ela dançou comigo.

DANÇAR JUNTO, *v.* jọjó, jópọ̀.
DANÇAR SOZINHO, *v.* dájó (fazer solo de dança).
DANÇAR, *v.* jó > ijó – dança, àjojó – ato de dançar junto.
DANÇARINO, *s.* alárìnjó, àrìnjó, oníjó, jìgá (do inglês *jigger*) < jó – dançar.
DANIFICAR, **PREJUDICAR**, *v.* jànbá.
DANO, **PERDA**, *s.* àdánù, ìbàjé > Ikú ni àdánù nlánlá fún àwọn ènìà – A morte é uma grande perda para as pessoas; > ọgbẹ́ – corte, ferida.
DANO, **RISCO**, *s.* ìpalára, ìwà-ìkà.
DANOSO, **PREJUDICIAL**, *adj.* nípalára.
DAQUI A QUATRO DIAS, *adv.* ìrèní.
DAQUI E DALI, *adv.* tàyúntàbọ (indo e vindo).
DAQUI EM DIANTE, *adv.* àtìsisìyílọ, látìhínlọ > Tọ́ mi láti hínlọ – Guie-me daqui para a frente.
DAQUI EM DIANTE, *prep.* láti... lọ > Má pè mọ́ láti ìsìsìyí lọ – Não me chame mais daqui em diante.
DAR AS COSTAS, *v.* dàkọ, dẹ̀hìnkọ < dà + ẹ̀hìn + kọ (virar, voltar-se contra) > Ó dá mi kọ́ rí i – Ele impediu-me de vê-la; > ẹ̀hìn – costas, parte de trás, atrás.
DAR AS COSTAS, **SER CONTRA**, *v.* kẹ̀hìn < kọ + ẹ̀hìn, pẹ̀hìndà < pa + ẹ̀hìn + dà (voltar atrás) > Ó kẹ̀hìn sí mi – Ele se voltou contra mim.
DAR AS MÃOS, **CONCORDAR**, *v.* fọwọ́sọwọ́ > A fọwọ́sọwọ́ – Nós fizemos um acordo.
DAR A CONHECER, *v.* fihànfún.
DAR ATENÇÃO PARA, *v.* kọjúsí < kọ + ojú + sí > Ó kọjú sí iṣẹ́ – Ele deu atenção ao trabalho.
DAR BOAS-VINDAS, *v.* fayọ̀gbà (receber com alegria).
DAR CABEÇADA, *v.* kàngbò.
DAR CAMBALHOTA, *v.* yíòbìrìpé, tàkìtì (cair de cabeça).
DAR CAMINHO, *v.* yàgò < yà + àgò > Ó yàgò fún mi – Ele me encaminhou.
DAR CARGO, *v.* fi_joyè.
DAR CHANCE, **OPORTUNIDADE**, *v.* fàyé, gbọ̀jẹ̀gẹ́ > Ó gbọ̀jẹ̀gẹ́ wa sọ̀rọ̀ pẹ̀lú àbúrò rẹ̀ – Ela nos deu permissão de conversar com a irmã mais nova dela.

DAR CONDOLÊNCIAS, PÊSAMES, *v.* bá_ṣòfọ̀ < ṣe + ọ̀fọ̀ > Mò nbá a ṣọ̀fọ̀ – Eu estou dando condolências pela sua perda.

DAR CORDA EM RELÓGIO, *v.* ká.

DAR DESCULPA, *v.* ṣàwáwí > Ó ṣàwá wí – Ele deu desculpas.

DAR DIREÇÃO, *v.* ṣowọ́.

DAR EMPREGO, *v.* fún_níṣẹ́. Ọ̀rẹ́ mi fún wa níṣẹ́ – Meu amigo nos deu emprego.

DAR EXEMPLO, *v.* fiṣàpẹẹrẹ < fi + ṣe + àpẹẹrẹ.

DAR FESTA, REUNIÃO SOCIAL, *v.* tẹ́fádà.

DAR LAÇO, *v.* ta_kókó (amarrar com nó) > Ó ta okùn yìí mi kókó – Ele deu laço nesta corda.

DAR LUGAR A, *v.* bàye, bìlà (dar uma chance a) > O bìlà fún mi – Dê caminho para mim.

DAR MULTA, *v.* fitánràn (devido a uma ofensa).

DAR NASCIMENTO ANIMAL, *v.* bẹ́, bẹ́mọ < bẹ́ ọmọ.

DAR NASCIMENTO, *v.* bímọ < bí + ọmọ, bí_sílẹ̀ (a uma criança).

DAR NÓ, LAÇO, *v.* ta.

DAR O NOME, *v.* Ìsọmọlórúkọ > Ọ̀lá ni orò ìsọmọ lórúkọ ìyàwó – Amanhã será o dia de dar o nome à iniciada.

DAR O VEREDICTO, *v.* fàrefún < fi + àrefún (declarando inocência).

DAR OFERENDA, *v.* dà > mo da èso – eu dei oferenda de fruta.

DAR OLHADELA, *v.* wòfirí (olhar por alto).

DAR OPORTUNIDADE, *v.* bùn > Ó bùn mi láyè láti ṣiṣẹ́ – Ele me deu a oportunidade de trabalhar (os pronomes que seguem este verbo não seguem a regra dos acentos tonais, mantêm-se com tom médio, com exceção da 3ª pes. do sing.).

DAR ORDEM, *v.* gbàṣẹ > Ó gbàṣẹ lówọ́ mi – Ele recebeu uma ordem minha.

DAR PARTE, DIVIDIR, *v.* ṣorí.

DAR PONTAPÉ, CHUTAR, *v.* ta_ṣè < ta + ẹṣẹ̀.

DAR PONTAPÉS, REBELAR-SE, *v.* tà_pá > Ó ta iṣẹ̀ yìí pa – Ele jogou a chance fora (lit. ele chutou este trabalho).

DAR PONTAPÉS, *v.* tanípa.

DAR PRAZER, v. fún_láyọ̀, fún_ládùn > Ó fún onjẹ yìí ládùn – Ela adoçou esta comida.

DAR PRESENTE, v. bùn_lẹ́bùn, fún_lẹ́bùn > Ó bùn mí lẹ́bùn – Ela me deu um presente; > fi_tọrẹ – fazer um presente de > Ó fi owó tọrẹ mi fún mi – Ele me deu dinheiro de presente.

DAR PROBLEMAS, TUMULTUAR, v. yọnu.

DAR PULOS, v. bẹ.

DAR REMÉDIO, RECEITAR, v. sà (sob instruções médicas).

DAR SEGURANÇA, v. mú_dánílójú (ficando sob a vista de alguém).

DAR SOCOS, v. kìlẹ́sẹ́ < kì + ní + ẹsẹ́.

DAR SUGESTÃO, PALPITE, v. fà_létí (prevenir para não ser feito).

DAR SUPORTE, LEVANTAR, v. gbé_ró.

DAR UM APERTO DE MÃO, v. ṣá_jẹ > Ó ṣá mi lọ́wọ́ jẹ – Ele apertou minha mão.

DAR UM POUCO DE COMIDA, v. dákèle.

DAR, DISTRIBUIR, v. pín.

DAR, DOAR, v. jínlí.

DAR, OFERECER, v. fi, ta > Ó fi àmàlà fún Ṣàngó – Ele ofereceu pirão com quiabo para Xangô; > talóre – presentear.

DAR, v. fún > Bàbá fún ní ọmọ rẹ – Papai deu o quê? ao filho dele. Este verbo pede a preposição *ní* antes de expressar o objeto direto > Fún mi ní omi díẹ̀ – Dê-me um pouco de água.

DARDO DE ARREMESSO, s. ọ̀kọ̀ (lança, arpão).

DATA, s. ojọ́ > Lóní, èmi kò wo nkankan. Ṣé o lè wá lọ́la? – Hoje, eu não estou vendo nada. Você pode voltar amanhã?

DATAR, v. ojọ́ tí nkan ṣelẹ̀ – dia em que algo acontece.

DATILOLOGIA, s. èdè àfowọ́rán (comunicação por gestos e sinais).

DE, prep. láti (usado depois de um verbo de duas sílabas seguido de outro verbo) > Èmi kò fẹ́ràn láti jẹ níkàn – Eu não gosto de dormir sozinho; > Mo ránti láti rà ilá – Eu lembrei de comprar quiabo. Para verbo de uma sílaba, é opcional. Em outros casos, é usada para indicar direção > Ó dé láti ọjà – Ela chegou do mercado.

DE, prep. ti > Titani aṣọ yìí? De quem é esta roupa? (quando usado entre dois subst., usualmente, é omitido) > Ilé ti bàbá mi = Ilé bàbá mi – A casa de meu pai; (quando o verbo indicar, direção, procedência é substituído por *láti*) > Ó dé láti ilé bàbá mi – Ela chegou da casa de meu pai.

DE, DESDE, *prep.* láti (usado depois de verbo) > Mo sùn láti aago kan títí di aago méjì lójojúmọ – Eu durmo desde uma até duas horas todos os dias.

DE ACORDO COM O TAMANHO, *adv.* níbádé-níbádé.

DE ACORDO COM, ASSIM COMO, *conj.* gẹ́gẹ́bí > Gẹ́gẹ́bí òfin kò dára jálẹ̀ – De acordo com a lei, não é bom roubar; > Ẹ máa wí gẹ́gẹ́bí mo ti nsọ – Diga assim como eu estou falando.

DE AGORA EM DIANTE, *adv.* látìsisìyílọ (daqui para a frente).

DE BOM CORAÇÃO, *adv.* rọnú > Ó rọnú – Ele é bondoso.

DE CASA EM CASA, *adv.* lójoojúlé.

DE CORAÇÃO PARA CORAÇÃO, *adv.* tọkàntọkàn.

DE CRIANÇA EM CRIANÇA, *s.* ọmọdọ́mọ.

DE DEZ EM DEZ, *adv.* mẹ́wàámẹ́wàá.

DE FATO, ENTRETANTO, *conj. pré-v.* tilẹ̀ > Ó tílẹ̀ rí wa – Ela de fato nos viu; > Ng kò tilẹ̀ mọ ibití ó wa – Eu não conheço, de fato, o lugar onde ela está.

DE FATO, REALMENTE, *adv.* níti gidi > Níti gidi, báwo ni ṣe lẹ̀ dákẹ́? – De fato, como uma pessoa pode ficar calada?

DE FORMA ALGUMA, *adv.* ó tì > Ó tì o, ọ̀rẹ́ mí kọ́ – Não, de forma alguma, ele não é meu amigo.

DE FORMA DORMENTE, *adv.* tàìtàì.

DE GERAÇÃO EM GERAÇÃO, *s.* àtọmọdọ́mọ, ìrandéran.

DE LÁ PARA CÁ, *adv.* ríborìbo > Ó dà mí ríborìbo – Ele me conduziu de lá para cá, em uma busca inútil.

DE LÁ, *adv.* tibẹ̀ < ti + ibẹ̀ > Òun ní láti tíbẹ̀ wá – Ele tem que vir de lá.

DE LONGA DURAÇÃO, *adv.* jàjà, jájá.

DE MAIS A MAIS, *adv.* júbẹ́ẹ̀lọ (além disso) > Jú bẹ́ẹ̀ lọ, ebi npa mi – Além disso, estou morrendo de fome.

DE MADRUGADA, *adv.* lóru < ní + òru.

DE MANHÃ À NOITE, *adv.* ṣúlẹ̀ (até a noite) > Oòrùn ràn ṣúlẹ̀ ojọ́ náà – O calor se alastrou até o anoitecer.

DE MÃO EM MÃO, *adv.* ọwọ́dọ́wọ́, *s.* àtagbà (o que passa de mão em mão) > Àtagbà ni mo gbà á – Foi depois de passar de mão em mão que eu a recebi.

DE MÁ VONTADE, *adv.* tìkọ̀, tìkọ̀tìkọ̀ (relutantemente) > Ó wá tìkọ̀tìkọ̀ – Ela veio de má vontade.

DE MODO ALGUM, *adv.* kankan, kòríbẹ́ẹ̀ > N kì ó lọ kòríbẹ́ẹ̀ – Eu não irei de jeito nenhum; > Ng kò ní ẹ̀gbọ́n kankan – Eu não tenho irmão mais velho de jeito nenhum; > Ng kò ní owó kankan – Eu não tenho dinheiro de modo algum.

DE NOVO, NOVAMENTE, *adv. pré-v.* tún > Mo tún ṣe orò rẹ̀ – Eu fiz a obrigação dela de novo.

DE ONDE, DONDE, *prep. e adv.* láti ibo > Látibo èmi mọ̀ ọ́? – De onde eu a conheço?

DE ONTEM PARA HOJE, *s. adv.* àtànámáná.

DE OUTRA MANEIRA, *conj.* bíkòṣebẹ́ẹ̀ > Má ṣe e bíkòṣebẹ́ẹ̀, ìwọ kábámọ̀ – Não faça isto de outra maneira, você se arrependerá.

DE PASSAGEM, *adv.* níkọjà, nkọjà > Ó dé níkọjà – Ela chegou de passagem.

DE PELE LIMPA, *adj.* mọ́ra < mọ́ + ara.

DE PERTO, *adv.* rẹ́rẹ́ (usado com verbos indicando direção) > Ó tẹ̀lẹ́ mi rẹ́rẹ́ – Ele me seguiu de perto.

DE POUCA IMPORTÂNCIA, *adj.* kèrè.

DE PROPÓSITO, *adv. pré-v.* Ó dídì bọ̀ – Ela retornou de propósito.

DE QUALQUER MANEIRA, *adv.* lọ́nàkọ́nà > Lọ́nàkọ́nà tó bá fẹ́ ẹ – De qualquer maneira ele a deseja.

DE QUALQUER MODO, *adv.* bákan, bíótiwùkóri, dandan > Bákan ni o sòrọ fún mi láti rántí – De qualquer modo, é difícil para eu lembrar.

DE QUANDO EM QUANDO, *adv.* nígbàkọkan.

DE QUEM É? *pron. interrog.* titani? > Titani ìdí òrìṣà yìí – De quem é este assentamento?

DE PROPÓSITO, DELIBERADAMENTE, *adv. pré-v.* mọ̀ọ́mọ́ > Ó mọ̀ọ́mọ̀ ṣe e – Ele de propósito fez isto.

DE RELANCE, À PRIMEIRA VISTA, *adv.* firí, Ìkófirí > Ìkófirí ohun tí ìgbésí ayé túmọ̀ sí – De relance, algo que mais a vida explica.

DE REPENTE, *adv.* bírí, gbùrù, púrú (subitamente) > Ó tu gbùrù – Ele fugiu de repente.

DE UM LUGAR A OUTRO, *prep.* láti... dé > Mo lọ láti ilé dé iṣẹ́ – Eu fui de casa para o trabalho; Mo lọ láti ilé dé ilé òrìṣà – Eu fui de casa em casa de santo.

DE UM TEMPO A OUTRO, *prep.* láti... di > Ó sùn láti ààrọ̀ di ọ̀sán – Ela dormiu de manhã à tarde.

DE UMA VEZ, *adv.* paa, pá, pán-hun, pán-un, pii > Ẹfúùfù ta ẹiyẹ náà nídí paa > A ventania arrastou aquele pássaro de uma vez.

DE UMA VEZ, INESPERADAMENTE, *adv.* pìrí, pìrípìrí (inesperadamente) > Ó ṣí pìrí – Ela abriu inesperadamente.

DE VEZ EM QUANDO, *adv.* lẹ́ẹ̀kọ̀ọ̀kan, níjókànlógbòn, nílàrènílàrè (ocasionalmente).

DE VIDA CURTA, *adv.* láìwàpẹ́.

DE VINTE EM VINTE, *adj.* ogoogún.

DE VOCÊS, *pron. pess.* tiyín, tinyín (do senhor, da senhora).

DEBANDADA, *s.* híhọ (estouro da boiada), ìsáré-gírígírí.

DEBANDAR, DISPERSAR, *v.* tú_ká > Wọ́n tú 'awọn ènìà ká – Eles dispersaram as pessoas.

DEBATE, CONTROVÉRSIA, *s.* iyàn > Ó jíyàn ọ̀rọ̀ náà – Ele questionou aquela declaração; < já + iyàn.

DEBATE, CONVERSAÇÃO, *s.* ìfọ̀rọ̀, wọ́rọ̀, ìgbìmọ̀ > Wọ́n parí wọ̀rọ̀ rẹ̀ – Eles acabaram de tramar a queda dela.

DEBATE, DISCUSSÃO, *s.* àròyé, láròyé, ìjiyàn.

DEBATER, DISCUTIR, *s.* jiyàn, ṣàròyé > sọyé – explicar.

DEBATER-SE DESESPERADAMENTE, *v.* súrémbájà < súré + m + bájà.

DÉBIL, FRACO, *adj.* gẹ́réjẹ́, jénjé, kùngẹ́-kùngẹ́, kàngẹ́-kàngẹ́ > Ó rí gẹ́réjẹ́ – Ele tem uma aparência frágil (*rí* – ser, no sentido de revelar aparência).

DEBILIDADE, *s.* àìlera, ọ̀kùnrùn.

DEBILITADO, *adj.* dójú > Mo ṣàìṣàn dójú – Eu estou doente e debilitado.

DEBILMENTE, *adv.* tàgétàgé.

DÉBITO EM ATRASO, *s.* àṣẹkúgbèsè.

DÉBITO, DÍVIDA, *s.* gbèsè, igbèsè > onígbèsé – devedor.

DEBRUÇAR, APOIAR, *v.* gbára > Ó gbára lé mi – Ela se apoiou sobre mim.

DEBRUÇAR-SE, *v.* fowólérán (colocar a cabeça sobre as mãos) > Ó fowólérán – ele se debruçou.

DEBULHADOR DE GRÃOS, *s.* alòlèkè.

DEBULHADOR DE MILHO, *s.* alògi, pakàpakà.

DEBULHAR O MILHO, *v.* pakà.

DEBULHAR, TIRAR A PELE, *v.* yín > Ó nyín àgbàdo – Ela debulhou o milho.

DECA, *pref.* ìdì (um decalitro – ìdì lítà kan); usado na formação moderna de numerais no limite de dezenas. > ìdì méjì – 20, ìdì, ìdì mérin – 40, idi mésàán – 90, ìdì mérin léje – 97.

DÉCADA, *s.* odún méwàá.

DECADÊNCIA, DECADENTE, *s.* adíbàjé, ìsòkalè.

DECAIR, *v.* rèsílè, rà.

DECAGRAMA, *s.* ìdì-ìgramù.

DECALITRO, *s.* ìdìlítà.

DECÁLOGO, *s.* ofin méwàá.

DECÂMETRO, *s.* ìdìmítà.

DECANTAR, DISSOLVER, *v.* yó > Epo ti yó – O óleo derreteu; > yíyó – decantação.

DECAPITAÇÃO, *s.* ìbérí.

DECAPITAR ANIMAL, *v.* dúnbú, bé_lórí, gé_lórí > Ó dúnbú rè – Ele o decapitou.

DECÊNCIA, HONESTIDADE, *s.* fónífóní.

DECENTE, PURO, LIMPO, *adj.* fífínjú > ye, tó – ser convincente, correto.

DECENTEMENTE, *adv.* tèyetèye.

DECEPÇÃO, DESAPONTAMENTO, *s.* ìtan-ara-eni-je, ìmúlè mófo > àbòsí – fraude, desonestidade.

DECEPÇÃO, ENGODO, *s.* ètàn, ìtàn > létàn – enganador.

DECIDIR, RESOLVER, *v.* pinnu, dáre > pinnu télè – decidir antecipadamente; > Mo pinnu láti kó yorùbá fún osù méta – Eu decidi estudar yorùbá por três meses.

DECIFRADOR DE ENIGMAS, s. apàló.
DECIFRAR, v. lè kà ìwé tí kò yanjú – poder ler texto que não é seguro.
DECIGRAMA, s. ìdáàdìi-gramù, ìdá ìdìgrámù.
DÉCIMA PARTE, s. ìdáméwàá (porção de qualquer coisa).
DECIMAL, s. oní-méwàáméwàá > èto ìdáméwàá – sistema decimal.
DECÍMETRO, s. ìdá-ìdì mítà, ìdáàdìi-mítà.
QUARTO, num. èkérìnlá, kérìnlá > Èyí ni ènìà kérin – Esta é a quarta pessoa (antes de substantivo, a vogal inicial é suprimida).
DECISÃO, RESOLUÇÃO, s. ìpinnu.
DECISIVO, FINITO, adj. nípinnu.
DECLAMADOR, s. àkàwé, òkàwé.
DECLARAÇÃO, PRONUNCIAMENTO, s. síso, tenumó, wíwi > Yorùbá síso kò níra – A fala yorùbá não é difícil.
DECLARAÇÃO DE GUERRA, s. ìsígun.
DECLARAR, v. wí, kéde, tenumò, kàléèwò < kà + ní + èewò (algo que seja proibido).
DECLARAR-SE, v. bójú (severamente) > Ó bójú mó mi – Ele falou agressivamente contra mim.
DECLINAÇÃO, s. ìrèhìn, ìfàséhìn (declinação contrária).
DECLINAR, REJEITAR, v. kò > Ó ko èbè mi – Ele recusou o meu pedido.
DECLÍNIO, DECADÊNCIA, s. àgere, ìsòkalè.
DECLIVE, INCLINADO, s. dídà > gèré – ladeira.
DECOCÇÃO, s. bíbò, àgbo sísè.
DECOMPOR, v. pín sí wéwé (dividir em pedaços).
DECOMPOSIÇÃO, adj. kíkè > Egbo náà kíkè – A ferida inflamou; > rírà – podre, deteriorado.
DECORAÇÃO, s. ìgbátí-aso, ìseló só, òsó, èsó.
DECORADO, ORNAMENTADO, adj. ló só < ní + òsó.
DECORAR, v. se ló só > Wón nse ilé rè ló só – Eles estão enfeitando a casa dela.
DECORO, DIGNIDADE, adj. ní ìwà > ye – ser adequado, correto.
DECORRER, v. kojá.

DECORRIDO, *adj.* tìantìan.
DECRÉPITO, IDOSO, *adj.* gbótán > di arúgbó – tornar-se idoso.
DECRESCER, *v.* dín, dínkù, rẹ̀hìn > Iṣẹ́ mi rẹ̀hìn – Meu trabalho deteriorou.
DECRETAR, ORDENAR, *v.* ṣe òfinpinnu, pàṣẹ < pa + àṣẹ > Ó pàṣẹ láti lẹpa wọn – Ele deu uma ordem para procurá-los.
DECRETO, *s.* ìkéde, òfin, ìpinnu.
DEDAL, *s.* ìbọ̀ka-abẹ́rẹ́, ìbọ̀wọ́-abẹ́rẹ́, kẹnbẹku, kẹ̀bẹkù.
DEDÃO DO PÉ, *s.* àtànpàkò, ìpọ̀nrí < ìpín + orí (denominação especial).
DEDICAÇÃO, *s.* rírẹ́pọ̀, àwàmu.
DEDICAÇÃO A ALGUÉM, *s.* ìbàrẹ́ > kọjúmọ́ – dedicar atenção > Ó kọjúmọ́ iṣẹ́ rẹ̀ – Ele dedicou atenção ao trabalho dela.
DEDICAR, CONSAGRAR, *v.* yà_sí mímọ́.
DEDICAR, PERSEVERAR, *v.* fìjúbà, júbà ènìà, yàsọ́tọ̀, gbìyànjú < gbà + ìyànjú.
DEDO DA MÃO, *s.* ìka ọwọ́ > ìka ọwọ́ àìpé – dedos da mão incompleto (ausência de um dos dedos da mão). *Obs.*: não há plural para as partes do corpo em duplicata.
DEDO DO PÉ, *s.* ìka ẹsẹ̀, ọmọkasẹ̀ < ọmọ + ìka + ẹsẹ̀.
DEDO ANULAR, *s.* ìka òrùkáyẹmí.
DEDO INDICADOR, *s.* ìka ìfábẹ̀lá, ìka ìtọ́ka (olùtọ́ka – usado para apontar).
DEDO MÍNIMO, *s.* ọmọdìnrin (da mão ou pé), ìka rébété.
DEDO POLEGAR, *s.* àtànpàkò.
DEDO, *s.* ìka > ìka ààrin – dedo do meio; > Iká kò dógba – Os dedos não são iguais.
DEDUÇÃO, REMISSÃO, *s.* ìmúkúrò.
DEDUZIR, RESOLVER, *v.* pinnu.
DEDUZIR, SUBTRAIR, TIRAR, *v.* yọ, fàyọ, mú_kúrò.
DEFECAR, *v.* gbọnsẹ̀, yàgbẹ́, ṣu > síṣunú, iṣunú – diarreia, esvaziar os intestinos > Ó ṣu sí ọ̀rọ̀ náà – Ele esmerdalhou o assunto; > Ó lọ ṣu – Ele foi defecar.
DEFECAÇÃO, *s.* ìgbẹ́ yíyà.

DEFECTIVO, *adj.* alábàwọ́n.
DEFEITO, DEFORMIDADE, *s.* àbùkù > Ó ní àbùkù ìhùwà – Ele tem um defeito de personalidade; ìṣe – erro.
DEFENDER, PROTEGER, *v.* bòlásà < bò + ní + asà, dáàbò < dá + ààbò.
DEFENDER-SE COM ESCUDO, *v.* fi apatabò < fi + apata + bò.
DEFENDER-SE, *v.* fi_kòyà (usando algo em defesa) > Ó fi ìbọnkòyà – Ele se defendeu com um revólver.
DEFENDER-SE CORAJOSAMENTE, *v.* mójú kuku.
DEFENSOR, ACUSADOR, *s.* abèbe, onípé, àgbàwí, aláàbò.
DEFENSOR, CAUSÍDICO, *s.* onígbèjà, ajigbèsè.
DEFERÊNCIA, APREÇO, *s.* ìjúbà, iyìn > ọ̀wọ̀ – respeito.
DEFESA, *s.* ààbò, èyẹ > ìṣọ́ra – proteção, cautela.
DEFICIÊNCIA, ABATIMENTO, *s.* ìbùkù, àìpé, àìtó.
DEFICIENTE FÍSICO, *s.* aláàbò-ara > àbùkù – deformidade.
DEFICIENTE, *adj.* fétè, lábùkù, láìpé (imperfeito).
DÉFICIT, PERDA, *s.* àdánù > Ikú ni àdánù nlánlá fún àwọn ènìà – A morte representa uma grande perda para as pessoas.
DEFINIÇÃO, *s.* ìtúmọ̀.
DEFINIDO, *adj.* ìdájú > Òun ní ìdájú púpọ̀ – Ele tem muita antipatia.
DEFINIR, *v.* kì, túmọ̀, sọ-àsọyé (falar com clareza).
DEFINITIVAMENTE, *adv.* àpafọ̀n, lákótán, títí láé.
DEFORMAÇÃO, DEGENERAÇÃO, *s.* ìbàjé.
DEFORMADO, *s.* àbùkù.
DEFORMAR, ALTERAR, *v.* bàjé, pa_lára > Ó pa mí lára – Ele me feriu.
DEFORMIDADE, *s.* àìdára, àbùkù.
DEFRONTE, EM FRENTE, *adv.* lójúde < ní + ojú + òde. Mo kọjá lójúde ilé Òjó – Eu passei defronte da casa de Ojó.
DEFUMAÇÃO, FUMIGAÇÃO, *s.* ìfínra.
DEFUMADO PARA PRESERVAÇÃO, *s.* àdínpamọ́.
DEFUMAR, DESINFETAR, *v.* fín > Ó fín ilé rẹ̀ – Ela desinfetou a casa dela.
DEFUNTO, FALECIDO, *s.* òkú, olóògbé > ẹnití ó ti kú – aquele que já morreu.

DEGENERAÇÃO, s. ìbàjẹ́, fífàsẹ́hìn.
DEGENERAR, v. fàsẹ́hìn > rẹ̀hìn – ir para trás.
DEGLUTIÇÃO, s. alápandẹ̀dẹ̀, ìdámì, àgbémì (ato de engolir).
DEGOLAR, v. bẹ́_lórí.
DEGRADAÇÃO, s. ẹ̀lọ̀, ìrẹ̀sílẹ̀, àbùkù, rírẹ̀sílẹ̀.
DEGRADAR, DEPRECIAR, s. rẹ̀_sílẹ̀.
DEGRAU, s. ìṣísẹ̀.
DEGUSTAÇÃO, v. títóẁò.
DEIFICAR, v. sọdòrìṣà.
DEITAR, v. dùbúlẹ̀, gà > Àlejò dùbúlẹ̀ lórí ẹní láti sùn – O visitante se deitou na esteira para dormir.
DEITAR ATRAVESSADO, v. dábú < dá + ibú > rúdáàbú – transversal.
DEIXADO, ABANDONADO, adj. kíkọ̀sílẹ̀.
DEIXAR CAIR, v. bọ́ọ́lẹ̀, bọ́sílẹ̀.
DEIXAR DE AJUDAR, v. ṣàìrànlọ́wọ́ > Má ṣàìràn mí lọ́wọ́ – Não deixe de me ajudar.
DEIXAR DE IR, v. dásẹ̀, dẹ́sẹ̀ < dá + ẹsẹ̀ (parar de ir a um lugar).
DEIXAR DE LADO, DESISTIR, v. fi.
DEIXAR DE LADO, IGNORAR, v. patì, súyọ, já_sílẹ̀ > Ó já mi sílẹ̀ – Ele me abandonou.
DEIXAR EM MÁ CONDIÇÃO, v. dágbáú.
DEIXAR PARA TRÁS, v. fi_sẹ́hìn, sárafún > Ó sára fún mi – Ela me evitou.
DEIXAR PEGADAS, v. fẹsẹ̀kilẹ̀, fẹsẹ̀lulẹ̀.
DEIXAR PENDENTE, v. gbétì, patì.
DEIXAR SOBRAS DA COMIDA, v. jẹ_tì > àjẹtì – sobras, resto de comida. Àjẹtì ni mo jẹ – Eu deixei sobras do que comi.
DEIXAR SOLTO, DESAMARRAR, v. tú_sílẹ̀ > Tú ẹnu àpò sílẹ̀ – Desamarre a abertura da bolsa.
DEIXAR UM ANCORADOURO, v. ṣíkọ̀ < ṣí + ọkọ̀ (ou uma garagem).
DEIXAR, PERMITIR, v. jẹ́kí > Jẹ́kí Òjó ṣí fèrèsé náà – Deixe Ojó fechar a janela; Jẹ́kí n bé ẹ lọ – Permita que eu vá com você; > Jẹ́kí wọ́n kàwé – Deixe-os estudarem; > Jẹ́ká lọ – Vamos embora (jẹ́kí + a + lọ).

DEJEÇÃO, DEPRESSÃO, s. ìrẹ̀wẹ̀sì.
DELATOR, s. aláfihàn.
DELE, DELA, pron. poss. tirẹ̀, tiẹ̀ (para ênfase) > Tirẹ̀ dára púpọ̀ – A dele é muito boa.
DELE, DELA, pron. poss. rẹ̀, ẹ̀ (usado depois de substantivo) > Pààrọ̀ aṣọ rẹ̀ – Troque a roupa dela.
DELEGACIA DE POLÍCIA, s. ilé ọlọ́pá, àgọ́ ọlọ́pàá.
DELEGADO, REPRESENTANTE, s. ikọ́, asojú ẹni.
DELEGAR, v. jọ́ > Tani ẹ fi jọ́ iṣẹ́ náà – Quem você designou para o serviço?
DELEITÁVEL, adj. ẹlẹ́wùn.
DELES, DELAS, pron. pess. tiwọn (para ênfase) > Oko tiwọn kò tóbi tó tiwa – A fazenda deles não é grande como a nossa.
DELES, DELAS, pron. poss. wọn (posicionado depois de subst.) > Èyí ni ilé wọn – Esta é a casa deles.
DELETÉRIO, PERIGOSO, adj. nípalára, léwu < ní + ewu > Ọ̀nà yìí kò léwu – Este caminho não é perigoso.
DELGADO, ESBELTO, adj. pẹ́lẹ́ngẹ́.
DELGADO, MAGRO, s. ọsán.
DELIBERAÇÃO, s. àsàrò, àníyàn.
DELIBERADAMENTE, adv. mọ̀mọ̀, mọ̀ọ́mọ̀, sùù > Ó mọ̀mọ̀ ṣe é – Ele o fez deliberadamente.
DELIBERAR, v. pètepèro, ṣe àsàrò, ṣe àkíyèsí.
DELICADAMENTE, adv. pọ̀rọ́, pọ́rọ́-pọ̀rọ̀, púkẹ́púkẹ́.
DELICADEZA, s. ọ̀yàyà > Máa ṣe ọ̀yàyà sí i – Tenha boas maneiras com ela.
DELICADO, MEIGO, adj. nírera > ẹlẹ́gẹ́ – suave, frágil.
DELICADO, FRAGIL, adj. ẹlẹ́gẹ́, ẹlẹ́kẹrẹ̀dẹ.
DELICADO, DISCRETO, adj. lọ́gbọ́n èwẹ́.
DELICIOSAMENTE, adv. fẹ̀rẹ̀, sìnkìn-sìnkìn.
DELICIOSO, adj. dùn > Ìwọ jẹ́ ènìà dùn – Você é uma pessoa agradável.
DELINEAR, DESCREVER, v. júwe, ṣàpèjúwe < ṣe + àpèjúwe > Júwe rẹ̀ fún mi – Descreva isto para mim.

DELINQUÊNCIA – DEMÔNIO

DELINQUÊNCIA, *s.* dídẹ̀sẹ̀.
DELINQUENTE, *s.* ẹlẹ́sẹ̀, alábùkù.
DELIRAR, *v.* ṣe ìràn-nrán, wíràn-nrán (falar durante o sono).
DELÍRIO, *s.* arán > Ó nṣe arán – Ele aparenta caduquice; > ìràn-nrán – delírio durante o sono.
DELÍRIO, AGITAÇÃO, *s.* ṣíṣíwèrè, ṣíṣíwin.
DELITO, CULPA, *s.* ẹ̀bí > Ó dá mi ní ẹ̀bi – Ele me julgou culpado.
DELONGAR, ATRASAR, *v.* falẹ̀.
DEMAGOGO, *s.* ọ̀sọ, ọ̀sọ̀rọ̀-ilú.
DEMAIS, EM EXCESSO, *adv.* fíofío > Ilé náà ga fíofío – A casa é grande demais.
DEMANDA, QUESTÃO, *s.* ìbèèrè.
DEMANDAR, EXIGIR, *v.* bèèrè > fi agbára tàbí ipà bèèrè – usar de poder ou força.
DEMARCAÇÃO, FRONTEIRA, *s.* ààlá.
DEMARCAR O ESPAÇO, *v.* pínlẹ̀ > A pínlẹ̀ – Nós demarcamos a fronteira.
DEMASIADAMENTE, *adv.* jojo, popo, pọ̀púpọ̀.
DEMÊNCIA, INSANIDADE, *s.* àìpéníyè.
DEMENTE, *adj.* ṣiwèrè (ser tolo ou estúpido).
DEMISSÃO, DISPENSA, *s.* ìránlọ, ìránlọkúrò, ìrọ́lóyè < rọ̀ + oyè.
DEMISSÃO TEMPORÁRIA, *s.* dá_dúró (suspensão); > Ó dá mi dúró – Ele me suspendeu; > dá iṣẹ́ dúró – greve.
DEMITIR, DESPACHAR, *v.* ránlọ, yọkúrò, túká > Mo rán lọ sọ́jà – Eu o despachei para o mercado; > Ó Ó yọ kúrò lọ́wọ́ ewu – Ela escapou do perigo.
DEMOCRACIA, *s.* ìjọba oníbò (lit. governo regido pelo voto).
DEMOCRÁTICO, *s.* pẹ̀lú ìbò.
DEMOLIÇÃO, *s.* ìwólulẹ̀ (de alguma coisa).
DEMOLIR A CASA, *v.* wólé < wó + ilé.
DEMOLIR, BOTAR ABAIXO, *v.* dàlulẹ̀ < dà + lù + ilẹ̀, bìwó.
DEMOLIR, DESTRUIR, *v.* wó_palẹ̀ > Ó wó ilé palẹ̀ – Ele demoliu a casa.
DEMÔNIO, *s.* iwin, ènìà búburú.

DEMONSTRAÇÃO, EXPLICAÇÃO, s. ìlàdí. Ìfihàn.
DEMONSTRAR ASPECTO FÍSICO, v. yọ_lójú > Ebi fẹ́rẹ̀ yọ mí lójú – Eu estou faminto.
DEMONSTRAR, ESCLARECER, v. fihàn, làdí > Ó làdí ọ̀rọ̀ náà – Ela esclareceu a matéria.
DEMONSTRAR RESPEITO, v. dá_lọ́lá > Ó dá mi lọ́lá – Ele me mostrou respeito.
DEMORA, ATRASO, s. àfara > Mo ṣe àfara láti lọ sílé iṣẹ́ – Eu me atrasei para ir ao trabalho > ìdádúró – pendência.
DEMORADAMENTE, adv. tìkọ̀tìkọ̀.
DEMORADO, ARRASTADO, adj. fífàlọ.
DEMORAR, RETARDAR, v. dúrópẹ́, lọ́ra, tìkọ̀, déṣẹ̀dúró > Mi ò lè dúró pẹ́ – Eu não posso me demorar.
DEMONSTRAR, v. gbé_léjú (revelar pela expressão facial) > Ó gbé wa léjú – Ela demonstrou orgulho por nós.
DENDÊ, ÓLEO, s. ọpẹ (extraído da palmeira do dendezeiro – igi-ọpẹ).
DENGUE, s. ibà inú-eegun (doença causada pelo mosquito).
DENODADO, SEM MEDO, s. àìbẹ̀rù.
DENODO, ABNEGAÇÃO, s. ìsẹ́, sísẹ́.
DENOMINAÇÃO, s. ìsọlórúkọ.
DENOMINADOR COMUM, s. ìfipín kékeré.
DENOMINAR, v. sọ lórúkọ, pè lórúkọ > Ó pè ọmọ rẹ̀ lórúkọ – Ela chamou o filho dela pelo nome.
DENOTAÇÃO, SIGNIFICAÇÃO, s. ìkiyèsí, ìsàmì sí, ìtọ́ka sí.
DENOTAR, IDENTIFICAR, v. sàmì sí, tọ́ka sí.
DENSIDADE, s. ìnípọn, dídì > kíki – grosso, viscoso.
DENSO, v. ki > Ọbẹ̀ yìí ki jú – Esta sopa está grossa demais > nípọn – grosso.
DENTADO, PONTIAGUDO, s. eléhín-ayùn.
DENTADURA, s. ehín àtọwọ́da.
DENTE, s. ehín, eyin > ehín àìpé – perda dos dentes.
DENTES MOLARES, s. èrìgì.
DENTIÇÃO, s. ìgbóná-ehín > híhu ehín-ọ̀dọ́.

DENTISTA, *s.* oníṣègùn ehín < oògùn – remédio, ehin – dente.
DENTRO E FORA, **COM E SEM**, *adv.* tinútòde < ti + inú + ti + òde.
DENTRO, **NO INTERIOR DE**, *prep.* nínú, inú > Iṣú wà nínú odó – O inhame está dentro do pilão; > Ó wà nínúu yàrá – Ela está dentro do quarto. *Obs.*: *nínú* – a vogal final é alongada se o subst. seguinte começar com consoante.
DENÚNCIA, **PROTESTO**, *s.* ìkìlọ̀.
DENUNCIAR, **APONTAR**, *v.* tú aṣírí, jẹrísí > Èyí jẹrí sí òtítọ́ rẹ̀ – Esta é uma prova da verdade dela.
DEPARTAMENTO, *s.* dìpátíméntì (do inglês *department*).
DEPENDÊNCIA, **CONEXÃO**, *s.* àìdáwà < àì + dáwà – não viver só.
DEPENDENTE, **SUBORDINADO**, *s.* ìbátan.
DEPENDER, **CONFIAR**, *v.* gbíyèlé, gbẹ́kẹlé (contar com alguém).
DEPLORAR, **LAMENTAR**, *v.* dárò, ṣọkún, káànú > Wọ́n ṣọkún pẹ̀rẹ̀pẹ̀rẹ̀ – Eles choraram amargamente < ṣọ + ẹkún.
DEPLORÁVEL, *adj.* ṣíṣàánúfún, láàánu < ní àánú – ter pena.
DEPOIMENTO, *s.* ìbúra lórí ọ̀ràn (lit. juramento sobre o assunto).
DEPOIS DAQUELE, *prep.* lẹ́hìn náà > Ó padá sí Ilé Àṣẹ rẹ̀ lẹ́hìn náà sọ̀rò – Ele retornou para a Casa de Culto dela, depois daquela conversa.
DEPOIS DE AMANHÃ, *adv.* lọ́túnla < ní + òtún + ọla > Lọ́túnla ni ọjọ́ ìràntí àwọn ikú – Depois de amanhã será o dia de lembrança dos mortos.
DEPOIS QUE, *prep.* lẹ́hìn tí, lẹ́hìn tí...bá > Lẹ́hìn tí mo bá jẹun, èmi yíò lọ sílé – Depois que eu comer algo, eu irei para casa.
DEPOIS QUE, **QUANDO**, *conj.* bí...ti > Bí mo ti rí ọ, inú mi dùn – Quando eu vi você, fiquei feliz; > Bí ó ti nsọ̀rọ̀, ìwọ ti sùn – Quando ele estava falando, você estava dormindo.
DEPOIS, *prep.* lẹ́hìn < ní + ẹ̀hìn > Ṣé mo lè sanwó lẹ́hìn? – Eu posso pagar depois?; > Ó tọ̀ mí lẹ́hìn – Ela me seguiu atrás.
DEPOR, *v.* rọ̀lóyè > rọ̀lóyè ní òdodo – depor na justiça.
DEPORTAR, **EXILAR**, *v.* lékúrò (banir).
DEPOSITAR CONFIANÇA EM, *v.* fọkàntán.
DEPÓSITO BANCÁRIO, *s.* owó pípamọ́, owó ìfipamọ́.

DEPÓSITO, FIANÇA, s. ìdógò.
DEPÓSITO, ARMAZÉM, s. sọ́ọ́bù.
DEPÓSITO, GARAGEM, s. ilé ìpamọ́.
DEPRAVAÇÃO, s. ẹ̀gbin, ìwà ìbàjẹ́, ìṣáti, ìdálẹ́bi, ikòsílẹ̀.
DEPRAVADO, s. ẹnikòsílẹ̀, ẹni ìṣátì > aláìníláárí – pessoa indigna.
DEPRAVAR, CORROMPER, v. bàjẹ́ > O ba orúkọ mi jẹ́ – Você sujou meu nome
DEPRECIAÇÃO, DESPREZO, s. ẹ̀gàn < gàn – desprezar, desdenhar > Má gàn mí – Não me despreze.
DEPRECIADAMENTE, adv. tìkàtẹ̀gbin.
DEPRECIAR, MENOSPREZAR, v. tenbẹlú, gàn > dínwó – reduzir o preço de.
DEPREDAR, v. jálẹ̀, kólọ > Iṣẹ́ yìí jálẹ̀ – Este trabalho acabou, chegou ao fim.
DEPREDAÇÃO, DESTRUIÇÃO, s. kíkólọ.
DEPRECIAR, REDUZIR VALOR, v. dínwó, ṣàbukù.
DEPRIMIR, DESANIMAR, v. rẹ̀sílẹ̀ múkàánú, mú ìrẹ̀wẹ̀sí.
DEPRESSA, adv. kán-kán, kánkánṣì > Ó ta kán kán – Ele é ativo, eficaz; > tete (aplicado a uma criança) > Ọmọ nrìn tete – A criança está andando depressa.
DEPRESSÃO, DESÂNIMO, s. ìrẹ̀wẹ̀sí, ìdoríkodò, soró > bíbànínújẹ́ – mágoa, tristeza.
DEPUTADO, s. asojú, adèlé > adèlé-ọba – regente, vizir.
DERIVAR, v. pìlẹ̀ṣẹ̀.
DERIVAÇÃO, s. ìpìlẹ̀ṣẹ̀, ìpilẹ̀ > orìsun – fonte.
DERMATITE, s. ìwọ̀-ara wíwú (inflamação da pele).
DERMATOLOGIA, s. ẹ̀kọ́ ìwọ̀-ara > oníṣègùn àìsàn ìwọ̀-ara – dermatologista.
DERMATOSE, s. tanmọna (tipo de doença que dá na cabeça).
DERMATOSE CAPILAR, s. èkúsá.
DERRADEIRO, adv. kalẹ́ < kán + alẹ́ (até o fim do tempo), ìpẹ̀kun, ìparí – término, conclusão.
DERRAMAR ÁGUA NO CHÃO, v. tamisílẹ̀ < ta + omi + sí + ilẹ̀.

DERRAMAR NO CHÃO, *v.* dà_sílẹ̀ > Ó da omi sílẹ̀ – Ela derramou água no chão.
DERRAMAR, SALPICAR, *v.* bù_wọ́n > Dagan bu omi wọ́nlẹ̀ – A Dagan salpicou água no chão.
DERRAMAR SANGUE, *v.* tàjẹ̀, tàjẹ̀sílẹ̀.
DERRAMAR *v.* dà_kúrò (de um vaso, panela).
DERRAMAR, ENTORNAR, *v.* ta_sílẹ̀ > Òun pa ẹranko ta ẹ̀jẹ̀ sílẹ̀ – Ele matou o animal e pingou o sangue no chão.
DERRAMAR, PENEIRAR, *v.* jọ > Ó jọ ìyẹ̀fun – Ela peneirou a farinha.
DERRAMAR, *v.* rẹ̀, dà.
DERRETER, DISSOLVER, *v.* tùn, yọ́ > Òrí yọ́ nínú oòrùn – O sebo derreteu no sol.
DERROTADO, *s.* aṣòfò.
DERROTAR, *v.* fọ́gun, bìṣúbú.
DERRUBAR, CAIR SOBRE, *v.* dálù.
DERRUBAR, DEMOLIR, *v.* bì_wó.
DERRUBAR, *v.* bọ́, dá, wó > Bàbá mi dá igi náà – Meu pai derrubou a árvore; > gbé_ṣánlẹ̀ – empurrar para baixo.
DERRUBAR, *v.* ré > ológbò ré àwo – o gato derrubou o prato.
DESABAFAR, *v.* finú_hàn (revelar um segredo).
DESABASTECIDO, *adj.* láìpèsè.
DESABRIGADO, *adj.* àìsílé.
DESABROCHAR, BROTAR, *v.* sọ, dìde.
DESACATAR, *v.* pénìjá.
DESACELERAÇÃO, *s.* ìperédàsẹ́hìn < pa + eré + dà + sí + ẹ̀hìn.
DESACELERAR, *v.* perédàsẹ́hìn.
DESACOMPANHADO, *adj.* láìbálọ > láìní olùtójú – sem ter responsável; > láìní ẹni léhìn – sem ter pessoa atrás.
DESACORDO, *s.* àìrépọ̀.
DESACOSTUMADO, *adj.* láìlò.
DESACREDITADO, *s.* àbùkù > aláìgbàgbọ́ – incrédulo.
DESACREDITAR, SER INCRÉDULO, *v.* ṣàìgbàgbọ́ < ṣe +àìgbàgbọ́.

DESAMOR, DESAFEIÇÃO, *s.* àìní ífẹ́, ìwà búburú.

DESAFIAR, *v.* sẹ̀, mójú koko, pè_níjà, fijàlọ̀ (chamar para briga) > Ò fijàlọ̀ mi – Ele me desafiou para a luta; > Ó pè mí níjà – Ele me desafiou.

DESAFIO, REBELDIA, *part.* mọ̀nà (usada no final da frase para indicar desafio > Mo lù ú mọ̀nà – Eu bati nele e o farei novamente.

DESAFIO, *s.* ìfijàlọ̀, ìpeníjà.

DESAFIADORAMENTE, *adv.* kọ̀rọ̀.

DESAFORO, INSULTO, *s.* àdásàkásà.

DESAFORTUNADO, *adj.* aláìlórire.

DESAGRADAR, *v.* bà_nínújé, gbákọ, yakọ > Ó yakọ – Ele é uma pessoa intragável.

DESAGRADÁVEL, *adj.* sàìwọ̀ > oníkanra – pessoa impertinente.

DESAGRADÁVEL, INJUSTO, *adj.* láìsìan.

DESAGRADÁVEL, INTRAGÁVEL, *adj.* láìdùn.

DESAGRADO, ABORRECIMENTO, *s.* àìfé, ìbìnú > Ìbìnú bàbá òsì – O aborrecimento é o pai da pobreza (*fig. ling.*).

DESAFORO, DESCARAMENTO, *s.* àfojudí, àìnítìjú.

DESAJEITADAMENTE, *adv.* bàlùbàlù, bìnàbìnà, jégbejègbe, sábasàda.

DESAJEITADO, INÉPTO, *adj.* darikó, dọrọkọ, àìrọrùn, àìjágeere.

DESALINHADAMENTE, *adv.* gànù-gànù.

DESALINHADO, DESMAZELADO, *adj.* sùwọ̀-sùwọ̀, sìgọ̀-sìgọ̀.

DESALOJAR, DESTITUIR, *v.* sínídí > Wọ́n sí mi nídí – Eles me transferiram.

DESAMARRADO, *adj.* aláìdì.

DESAMARRAR, DESATAR, *v.* tú > Ó tú okùn – Ele desamarrou a corda, tú_sílẹ̀ > Tú àpò sílẹ̀ – Desamarre a bolsa.

DESAMOR, *s.* àìfẹ́ran (o fato de não gostar), láìfé – sem gostar.

DESAMPARO, *s.* òsì, àìní > Ó fi mí sílẹ̀ nínú òsì – Ela me abandonou na miséria.

DESAMPARADAMENTE, *adv.* sọ > Ọmọdé náà kòlè dá sọ – A criança não pode ser criada desamparadamente.

DESAMPARADO, *s.* àìyege, àìlókun > láì níránlọ́wọ́.

DESANCAR, ESPANCAR, v. fikúnṣẹ́.
DESANIMADO, ABATIDO, adj. kíjọ̀, aláìdárayá, soríkodò, rẹ̀wẹ̀sì > Ó dàgbà, ojú rẹ̀ kíjọ̀ – Ele está velho, desanimado; > doríkodò – ficar de cabeça baixa, desanimado.
DESÂNIMO, s. ìrẹ̀wẹ̀sì.
DESANIMAR, v. ṣàìgbàníyànjú (sem forças para resolver).
DESANIMAR-SE, v. darí_kodò, dorí_kodò, jálaíyà > Ó darí rẹ̀ kodò – Ele se sente abatido.
DESÂNIMO, s. ìdaríkodò, ìdoríkodò, ìsoríko.
DESÂNIMO, ABATIMENTO, s. ìsoríkọ.
DESANUVIADO, LÍMPIDO, adj. láìníkúkuu < láì + ní + kúkuu.
DESAPARECER, SUMIR, v. pòorá, rá, parẹ́, mù > Owó wa ó mù – Nosso dinheiro sumiu; > mọ́ – é usado com ní mais uma parte do corpo humano > Ẹiyẹ yẹn mọ́ mi lójú – Aquele pássaro sumiu da minha vista; > Ó dá oorun mọ́ wọ́n lójú – Ele interrompeu o sono deles, fez sumir (lójú < ní + ojú).
DESAPARECIDO, ALGO PERDIDO, s. àfẹ́kù.
DESAPARECIMENTO, s. ìfarasin, ìparẹ́.
DESAPONTAMENTO, s. ìmúlẹ̀mófo, ìdálára, òmúlẹ̀mófo.
DESAPONTAR ALGUÉM, v. dá_lóró, yẹsílẹ̀ > Ó yẹ ẹ́ sílẹ̀ – Ela o evitou; > Ara mi bàjẹ́, ìwọ kò sí nkaqnkan – Estou desapontada, você não está com nada.
DESAPROVAÇÃO, s. àìgbà, àìfẹ́.
DESAPROVAR, v. ṣe àìgbà, kọ̀ > Ó kọ́ ẹ̀bẹ̀ mi – Ele recusou meu pedido.
DESARMAR, v. gbà ohun ìjà kúrò (lit. remover algo de luta).
DESARMADO, DESPREPARADO, adj. láìmúraìjà < láì + múra + ìjà.
DESARMADO, INDEFESO, adj. ṣaláìléwu.
DESARMONIA, s. àìfamọ́ra.
DESARRANJAR, BAGUNÇAR, v. dàrú > Ọ̀rọ̀ yìí dàrú – Este assunto está confuso; > ṣe ìdàrúdàpọ̀ – fazer confusão.
DESARROLHAR, v. yọọtí, yọfókí (pular para fora) > Ó yọ fókí – Ela escapou com facilidade.
DESARRUMADAMENTE, adv. ṣábaṣàba.

DESARRUMADO, MISTURADO, s. àrúlù, yọ̀bùn.
DESASSOSSEGADAMENTE, adv. wánranwànran.
DESASSOSSEGO, PREOCUPAÇÃO, s. ìjámu.
DESASTRADO, adj. pandan.
DESASTRE, s. ìjábà, àjábà, jàmbá > àgbákò – acidente, falta de sorte > Mo rí àgbákò – Parece que estou sem sorte (ri – ser, no sentido de revelar aparência > ìrísí – aparência).
DESASTROSO, adj. ní jàmbá.
DESATAR, DESAMARRAR, v. bọ́, tú, túrí < tú + orí.
DESATENÇÃO, s. àìbojúwò, àìfetísílẹ̀, àìfiyèsí (sem interesse).
DESATENCIOSO, s. àìjíròro, àìrorí (aquele que não dá conselho).
DESATENTO, s. àìdẹ.
DESATENTO, adj. ṣàìfetísílẹ̀, ṣàìfiyèsí, ṣàìfarabalẹ̀.
DESATINADO, adj. láìbìkítà.
DESATUALIZADO, s. àìkáṣà.
DESAVERGONHADO, adv. dájú.
DESAVISADO, adj. láìgbọ́n, láìlóye.
DESBASTADO, adj. gbígbẹ́.
DESBOTAR, PERDER A COR, v. wọjì, ṣíṣá > Aṣọ yìí wọjì – Essa roupa desbotou.
DESCABELADO, adj. gàungàun.
DESCADEIRAR, v. fikúnṣẹ́ (deslocar o quadril ou coxa).
DESCALÇAR, REMOVER, v. bọ́ > Ó bọ́ bàtà rẹ̀ – Ela tirou o sapato dele; > bọ̀ – calçar.
DESCALÇO, adj. ẹṣẹ̀lásan, àìlẹ́ṣẹ̀, láìníbàtà, láìwọ̀ bàtà.
DESCAMAÇÃO, s. èṣí.
DESCANSADO, adj. níkàríkà, níkàarà (nas costas de alguém).
DESCANSAR, REPOUSAR, v. sinmi, simi, nara < nà + ara > Lẹ́hìn ó lọ sinmi títí di lọ́la – Depois ela foi descansar até o dia seguinte.
DESCANSO, s. ìsimi, ìsinmi > àgaìsinmi nlá – cadeira de descanso.
DESCARADO, adj. dájú, láìnítìjú > Ó dájú – Ela é insensível < dá + ojú.
DESCARAMENTO, s. ìdájú.
DESCARGA, EMISSÃO, s. ìtújáde, àtapòyọ.

DESCARREGAR, *v.* sọ erù – colocar a carga no chão.
DESCARNAR, *v.* joro.
DESCARNE, *s.* ìjàgbọ̀n (debaixo da pele).
DESCAROÇAMENTO DO ALGODÃO, *s.* abá òwú.
DESCARREGAR, *v.* sọ.
DESCARTAR, DISPERSAR, *v.* mú_kúrò, yọ_kúrò, tú_ká.
DESCARTE, *s.* ìrọ́tì (ato de separar, pôr de lado).
DESCASCAÇÃO DA PELE, *s.* òfọ, ọ̀họ̀.
DESCASCAÇÃO, *s.* èèhọ, ẹ̀ẹ̀họ, ìhọ̀họ̀, ìbótán, ẹ̀bótán, ẹ̀bótán (raspagem completa).
DESCASCADO PARA COMER, *adj.* àbóṣan.
DESCASCADO, *adj.* bíbó.
DESCASCAR E COMER, *v.* bójẹ > Ó bó èso jẹ – Ela descascou a fruta e comeu.
DESCASCAR ESPIGA, *v.* yàgbàdo.
DESCASCAR PARA COZINHAR, *v.* bósè > Ó bó iṣu sé é – Ela descascou o inhame e o cozinhou.
DESCASCAR, MUDAR A PELE, *v.* pèèfọ̀.
DESCASCAR, TIRAR PELE, *v.* tèépá < tì + èépá.
DESCASCAR, *v.* bó, hó > Ṣé o ti hó iṣù? – Você já descascou o inhame?; > pèèhọ, ré – mudar de pele, aparar unhas.
DESCASO, *s.* àìbùwò.
DESCENDÊNCIA, GERAÇÃO, *s.* ìran > Àwọn òbí mi kú, ṣùgbọ́n ìran mi wà láyè – Meus pais são falecidos, meus descendentes estão vivos; ìranndíran – de geração em geração; > atẹ̀lé – sucessor.
DESCENSO, DECLÍNIO, *s.* ìsọ̀kalẹ̀ (caminho para baixo).
DESCER DE LUGAR ALTO, *v.* sọ̀ > Ó sọ kalè – Ele desceu a escada.
DESCER, DESCAMBAR, *v.* sì (usado em certas composições) > Ìlú sì wà ní júujúu – A desordem reinou na cidade.
DESCER, *v.* ṣí_lulẹ̀, sọ̀_kalẹ̀ > Ó ṣí sókè, ó ṣí lulẹ̀ – Ele subiu e desceu para cima e para baixo.
DESCIDA, *s.* ìsọ̀kalẹ̀.
DESCOBERTA DE UMA MENTIRA, *s.* ìjárọ́.

DESCOBERTA, SOLUÇÃO, s. àwárí, rírídí > ìrídí – entender a causa de alguma coisa.
DESCOBERTO, adj. láìbò (lit. sem cobrir).
DESCOBRIDOR, s. aláwárí.
DESCOBRIR UM TRUQUE, v. jágbón.
DESCOBRIR, INVESTIGAR, v. túdí, sàfẹ́rí < sẹ + àfẹ́rí > Ó sàfẹ́ rí mi – Ela desejou me ver; > wárí – tentar encontrar.
DESCOBRIR, EXPOR, v. já, jádí, fi_hàn > Ó fi òye hàn – Ele revelou inteligência.
DESCOBRIR O ROSTO, v. sí níbojú kúrò – tirar o véu.
DESCOLORIR, DESBOTAR, v. sì, pa_dà > Àwọ̀ rẹ̀ ti sì – A cor dele desbotou; > Ò pa àwọ̀ dà – Ele trocou as cores.
DESCOMPOR, DESTRATAR, v. dàrú > Ọ̀rọ̀ yìí dàrú – Este assunto está confuso.
DESCOMPOSTURA, s. ìdààmú.
DESCONCERTADO, adj. rúdurùdu (confuso).
DESCONCERTAR, v. dàrú, dààmú.
DESCONECÇÃO, s. pípínyà, ìyọ kúrò.
DESCONECTAR, v. pínyà.
DESCONFIADO, adj. láìgbẹ́kẹ̀lé.
DESCONFIANÇA, s. àìgbàgbọ́, àìgbẹ́kẹ̀lé, àìfọkàntán.
DESCONFIAR, PRESUMIR, v. sẹtànmọ́.
DESCONFIAR, SUSPEITAR, v. fujú < fu + ojú, fura < fu + ara > Ìyá mi fura pé n kò wẹ̀ – Minha mãe desconfia que eu não tomei banho (*Obs.:* n – eu, pron. pess. usado em frases negativas).
DESCONFIAR, v. sàìgbẹkẹ̀lé.
DESCONFORTÁVEL, adj. nira, s. àìnítùnú.
DESCONFORTO, s. àìrọrùn, àìtunínú, àìní àlàáfíà.
DESCONHECIDO, adj. àìlókìkí, àwámáàrídí.
DESCONGELAMENTO, DEGELO, s. yíyọ omi-dídì.
DESCONJUNTADAMENTE, adv. pẹ́ẹ́ > Ó fọ́ pẹ́ẹ́ – Ele esmagou, quebrou desconjuntadamente.
DESCONSIDERAÇÃO, s. àìkàsí, àìbọláfún.

DESCONSIDERADAMENTE – DESCULPAR-SE

DESCONSIDERADAMENTE, *adv.* tẹmẹ.
DESCONSOLADO, *adj.* ìbànújẹ́, àìní ìtúnú.
DESCONTAR, *v.* bù_kù > Ó bu owó oṣù mi kù – Ele reduziu o meu salário; > buwókù – reduzir o valor.
DESCONTENTAMENTO, *s.* àìnígbẹkẹ̀lé.
DESCONTENTE, *adj.* láìnítẹ́lọ́rùn (sem satisfação).
DESCONTINUAR, DETER, *v.* dádúró, dáró (ficar sozinho).
DESCONTINUIDADE, *s.* ìdádúró.
DESCONTRAIDAMENTE, *adv.* tẹ̀rẹ̀-tẹ̀rẹ̀ > Ó jókó tẹ̀rẹ̀-tẹ̀rẹ̀ – Ela sentou-se descontraidamente.
DESCONTRAÍDO, OCIOSO, *adj.* gbàgbẹ̀rẹ̀.
DESCONTROLADO, *adj.* aláìlákóso.
DESCORADO, *adj.* láìàwọ̀ (sem cor).
DESCORTÊS, *adj.* láìbuyìnfún, gbáigbài.
DESCORTESIA, *s.* àìkúnná.
DESCOSIDO, *adj.* àìrán (descosturado).
DESCRÉDITO, DESPREZO, *s.* àbùkù, àìníyìn > aláìgbàgbọ́ – incrédulo.
DESCREVER, DELINEAR, *v.* ṣàpèjúwé < ṣe àpejúwé > Ṣe àpejúwé ilé rẹ – Faça uma descrição de sua casa; > ṣàpẹẹrẹ – ilustrar.
DESCRIÇÃO, EXPLANAÇÃO, *s.* ìjúwe, àpèjúwe, àjúwe > Ó ṣe àjúwe fún mi – Ela fez uma explanação para mim.
DESCRUZAMENTO, *s.* ìtúwọ́ká (afrouxamento dos braços).
DESCUIDADAMENTE, *adv.* dẹngbẹrẹ.
DESCUIDADAMENTE, *adv.* jàbà-jàbà, jàgbà-jàgbà, wúruwùru, wú-wúu.
DESCUIDADO, DISTRAÍDO, *adj.* láìbìkítà, láìṣọ́ra, láìlétí > láìwòye, àìlániyàn – falta de atenção.
DESCUIDADO, RELAXADO, *adj.* láìnírònú, láìní aajò, láìkíyè sára.
DESCUIDO, NEGLIGÊNCIA, *s.* àìwolẹ̀, àìbojútó, àìrọra, àìṣọ́rakì.
DESCULPA, LICENÇA, *s.* gáfàrà, àgò, àforíjì > Ẹ ma bínú – Pedido de desculpas; > Mo tọrọ àforíjì – Eu peço desculpas.
DESCULPA, PRETEXTO, *s.* àwáwí.
DESCULPAR-SE, *v.* bẹ, bẹ̀bẹ̀.

DESDE ENTÃO, *adv.* látẹ̀hìnnáà, látìgbànáà, látìgbànáàlọ (daí por diante) > Látìgbànáà lọ kò tún ṣe bẹ́ẹ̀ mọ́ – Desde então ele não fez mais assim de novo.

DESDE QUANDO, *adv.* látìgbàwo > Látìgbàwo ni o tí o nṣiṣẹ́ – Desde quando tempo você está trabalhando?

DESDE QUE, *prep.* tí > Ó nsùn tí ó wá – Ele está dormindo desde que ela veio.

DESDE, DURANTE, *prep.* láti, látìgbà > A à jẹun láti aná – Nós não comemos algo desde ontem; > Mi ò rí bàbá mi láti ọ̀sẹ̀ to kojá – Não vejo meu pai desde a semana passada.

DESDÉM, *s.* ìpọsí.

DESDENHAR, DESPREZAR, *v.* fojútẹ̀_bọ̀, pẹ̀gàn > Ó pẹ̀gàn mi – Ele me desprezou.

DESDENHOSAMENTE, *adv.* tẹ̀gàntẹ̀gàn, tẹmẹ.

DESDENTADO, *s.* akáyín.

DESDITOSA, DESAFORTUNADA, *s.* abòṣì.

DESDOBRAMENTO, *s.* ìtúká.

DESEJAR BÊNÇÃOS, *v.* wúre > Ó wúre mi – Ele me abençoou; > àwúre – bênção, boa sorte.

DESEJAR VER, INVESTIGAR, *v.* ṣàfẹ́rí < ṣe + àfẹ́ + rí > Ó ṣàfẹ́ rí mi – Ela desejou me ver.

DESEJAR, COBIÇAR, *v.* dàníyàn, ṣojúkòkórò, fàlọ́kàn > Mo dàníyàn láti ra ọkọ̀ – Eu estou ansioso para comprar um carro; > fẹ́ – querer > Mo fẹ́ ìfẹ́ pẹ̀lú ẹ – Eu quero fazer amor com você; > Ìfẹ́ há ni bí? – Será que é amor?

DESEJÁVEL, ADEQUADO, *adj.* fifẹ́, yẹ > Ó yẹ kí o lọ – É desejável que você vá; > ẹyẹ – mérito.

DESEJO ARDENTE, ANSEIO, *s.* ààyún-ara, ìfẹ́ > Ìfẹ́ mi pọ̀ fún ẹ – Meu amor é muito por você.

DESEJOS DO CORPO, *s.* ẹran-ara (cobiça, luxúria).

DESEJO SEXUAL, *s.* ìfẹ́kúfẹ́, ìfẹ́ gbígbóná.

DESEJOSAMENTE, *adv.* tìfẹ́-tìfẹ́ (afetuosamente).

DESELEGANTE, CAFONA, *adj.* láìdára.

DESEMBARAÇAR, DESATAR, v. tú, yánjú > Ọ̀rọ̀ yìí yanjú – Este assunto está resolvido.
DESEMBARCAR, v. fẹsẹ̀bà < fi + ẹsẹ̀ + bà (lit. pôr os pés na terra).
DESEMBARQUE, s. ìgúnlẹ̀.
DESEMBOLSAR, GASTAR, v. náwó > Ó náwó sí i – Ela gastou dinheiro nisto.
DESEMBOLSO, s. ìnáwó > owó tí a ná – dinheiro que nós gastamos.
DESEMPENHAR, AGIR, v. ṣe Ó ti ṣe orò rẹ̀ – Ela já fez a obrigação dela.
DESEMPENHO, s. abẹbẹlúbẹ.
DESEMPREGADO, s. láìníṣẹ́, aláìríṣẹ́.
DESEMPREGO, s. àìsiṣẹ́ (não ter trabalho).
DESENCAMINHAR, v. ṣìlọ́nà (induzir em erro).
DESENCORAJAMENTO, s. àìgbèníyànjú.
DESENCORAJAR, v. ṣíláiyà.
DESENGONÇADO, adj. aláìlẹ́wà.
DESENHAR, ESBOÇAR, v. yà > Ọmọ mi ya àwòran fún mi – Minha filha pintou um quadro para mim.
DESENHISTA, ARTÍFICE, s. ọlọ́nà.
DESENHO, ESBOÇO, s. yíyà.
DESEMPREGADO, s. láìníṣẹ́.
DESENRAIZADO, adj. àìlọ̀.
DESENTENDIMENTO, s. àìyẹ, áwọ, èdèkòyédè, èdè àìyédè.
DESENTERRAR, ESCAVAR, v. wú, tú > Ó wú ilẹ̀ – Ele escavou o solo; > ìtúlẹ̀ – ato de cavar a terra.
DESENVOLVER, PROGREDIR, v. dàgbàsókè > tú_jáde – brotar.
DESENVOLVER-SE, CRESCER, v. gbèrú > Owó mi gbèrú – Meu dinheiro aumentou.
DESENVOLVIMENTO, s. ìdàgbàsókè.
DESERTAR, ESCAPULIR, v. kọ̀sílẹ̀, yọ́sílẹ̀ > Ó yọ́ iṣẹ́ sílẹ̀ – Ele evitou o trabalho.
DESERÇÃO, s. ìkọ̀sílẹ̀, ìyọ́sílẹ̀.
DESERTAR, v. kọ̀_sílẹ̀, fi_sílẹ̀ > Ó fi mí sílẹ̀ nínú òṣì – Ele me abandonou na pobreza; > yọ́_sílẹ̀ – escapulir.

DESERTO, LUGAR ERMO, s. aginjù, ijù (região inabitável) > ìyàngbẹ – local árido, seco.
DESERTO DO SAARA, s. Ìyàngbẹ ilẹ̀ẹ̀ Sàhárà (deserto mais quente do mundo, localizado ao norte da África).
DESESPERADAMENTE, adv. porógan > pẹ̀lú ọkàn ìgbékútà – estar com o coração sem esperança.
DESESPERADO, adj. àìlábá.
DESESPERAR-SE, v. bọ́hùn, bọ́hùnbọ́, fikútà (perder a esperança).
DESESPERADO, adj. àìlábá, láìbìkítà > gbékútà – estar desesperado.
DESESPERADOR, adj. láìnírétí.
DESESPERANÇA, s. àìnírètí, ìgbékútà.
DESESPERO, IRRITAÇÃO, s. ìmúbínú.
DESFALCAR, FRAUDAR, v. réjẹ > ò rẹ́ mi jẹ – Ele me trapaceou.
DESFALQUE, s. ìréjẹ.
DESFALECER, v. dídákú.
DESFALECIMENTO, DESMAIO, s. ìdákú.
DESFAVORÁVEL, adj. aláìlóríre, ṣàìdára rárá, láìṣojúrere < láì + ṣe + ojú + rere > orí búrukú – azarado.
DESFIGURAÇÃO, s. bíbà lẹ́wà jẹ́.
DESFIGURAR, DEFORMAR, v. bàláraje.
DESFIGURAR, DESCOLORIR A PELE, v. bàláwòjẹ́.
DESFIGURAR, v. kan_lábúkù.
DESFILAR NAS RUAS, v. yíde < yí + òde > Wọ́n yíde – Eles desfilaram na rua.
DESFILE, s. ìfihàn (espetáculo, exibição).
DESFOLHADO, s. àìléwé.
DESFORRA, s. ẹ̀san.
DESFORRAR, v. gbẹ̀san < gbá + ẹ̀san.
DESFRUTAR DAS COISAS, s. arírebánijẹ́ (sempre acompanhado).
DESFRUTAR, APRECIAR, v. jaiyé, jìfa, jẹ̀fá (gozar de boa sorte).
DESFRUTAR, CURTIR, v. gbádùn > Mo gbádùn rẹ̀ – Eu me agrado dela; > adùn – doçura.
DESFRUTAR DE CALMA, v. ṣèrọra.

DESGALHADO, s. àìléka.
DESGASTE DE ENERGIAS, s. ìnára.
DESGASTE, FADIGA, s. ìrẹ.
DESGOSTO, ANTIPATIA, s. àìfẹ́, ìríra, àìkàsí.
DESGOSTOSO, ENJOADO, adj. níríra.
DESGOVERNADO, adj. aláìlákóso.
DESGRAÇA, CONTRATEMPO, s. èse, ìténi, ṣekúpa, ìparun > Ó ṣe mí lésè – Ele nos fez mal.
DESGRAÇA, DESRESPEITO, s. ẹ̀tẹ́, ìtìjú > Ó ṣe ẹ̀tẹ́ ògá rẹ̀ – Ele desrespeitou o superior dele; > ègàn – vergonha, desrespeito.
DESGRAÇADO, MISERÁVEL, adj. tòṣì, ṣòṣì.
DESGRAÇAR, HUMILHAR, v. bàtẹ́lù > Ó bàtẹ́lù mi – Ela me destratou; > tẹ́_lógo (destratar) > Ó tẹ́ mi lógo – Ela me humilhou.
DESGRENHADO, adj. gàungàun (descabelado).
DESGUARNECIDO, DESMOBILIADO, adj. láìṣe lọ́ṣọ́ (sem decoração, ornamento).
DESIDRATAÇÃO, s. ṣíṣáfẹ̀.
DESIDRATAR, v. ṣáfẹ̀.
DESIGNAÇÃO, s. àníjẹ́, orúkọ > yíyàn – escolha.
DESIGNAR, v. pinnu, fiṣe, yàn > Ó yàn mí – Ele me escolheu.
DESIGNAR, MARCAR, v. sàmì.
DESIGUAL, adj. àìjẹ́yekan, láìgúngẹ́gẹ́, pómúlá, ṣàìdọ́gba, láìdọ́gba, ṣàìṣedédé, láì dàbí, láìjọ > jọ – assemelhar.
DESIGUAL, IRREGULAR, adj. láìtéjú, láìdọ́gba.
DESIGUALDADE, s, àìṣedédé, àìdọ́gba.
DESILUSÃO, s. títànjẹ, ìtànjẹ, ẹ̀tan.
DESMAGNETIZAR, v. yọ agbára òòfà – eliminar a força do magnetismo.
DESMOTIVADO, adj. láìdídí.
DESIMPEDIDO, s. àìkọsẹ̀ (para alguma atividade).
DESIMPEDIR, v. túsílẹ̀.
DESINFETANTE, s. àpaàgùn.
DESINFETAR, v. fi egbògi pa kòkòrò tàbí àrùn – usar remédio que mata micróbio ou doenças.

DESINTEGRADO, PARTIDO, s. fífọ́.
DESINTEGRAR, DETERIORAR, v. ṣègbé, díbàjẹ́ > Ó ṣègbé – Ele deteriorou.
DESINTERESSADO, adj. àṣẹdànù (fazer sem nenhum lucro).
DESINTERESSANTE, adj. yẹpẹrẹ, gẹ́réjẹ́, láìkàn, láìkún lójú.
DESINTERESSE, s. aláìfiyèsí.
DESISTÊNCIA, CESSAÇÃO, s. ìdáwọ́dúró, ìdáwọ́rọ́.
DESISTIR, PARAR, v. kọ̀silẹ̀, ṣíwọ́, dáwọ́ró < dá + ọwọ́ + dúró > Ìdílé mi kọ̀ mí sílẹ̀ – Minha família me rejeita.
DESLEAL, v. láìlòótọ́, sàrékerekè.
DESLEALDADE, INFIDELIDADE, s. ìdàlẹ̀, ọdàlẹ̀, ọ̀tẹ̀ > Wọ́n ṣe ọ̀tẹ̀ sí i – Eles fizeram uma revolta contra ela.
DESLEALDADE, s. àrékérekè, àrékendá.
DESLIZAR, v. yọ̀ (estar escorregadio) > Ilẹ̀ yìí nyọ̀ tẹ̀rẹ́ – O chão está escorregadio.
DESLIZAR SUAVEMENTE, v. yọ́ kẹ́lẹ́-kẹ́lẹ́.
DESLOCAÇÃO, s. yíyẹ̀.
DESLOCAMENTO, DISTENSÃO, s. ìfararọ́, ìfirọ́, tírọ́ > ẹ̀rọ́ – torcedura.
DESLOCAR, REMOVER, v. yẹ̀, yẹ̀_kúrò > Ó yẹ ní orúnkún – Ele deslocou o joelho.
DESLOCAR, v. rọ́ (ser elástico) > Báwo ni ẹsẹ̀ rẹ ṣe rọ́ – Como foi o deslocamento da perna?
DESLUMBRANTEMENTE, adv. máránmárán, yànrán-yànrán.
DESLUMBRAR, v. wọ̀lójú (seduzir) > Ète yìí wọ̀ mí lójú – Esse projeto me atrai.
DESMAIAR, v. dákú < dá + ikú.
DESMAIO, DESFALECIMENTO, s. ìdákú.
DESMAMAR CRIANÇA, v. wọ́n, sùnlé (a criança do peito) > Ọmọ yìí wọ́n – Desmamar uma criança.
DESMASCARAMENTO, s. ìjárọ́.
DESMAZELADAMENTE, adv. gànù-gànù.
DESMAZELADO, RELAXADO, adj. sìgọ̀-sìgọ̀, sùwọ̀-sùwọ̀ > Ènìà sìgọ̀-sìgọ̀ – Uma pessoa relaxada.

DESMENTIR, *v.* puró mọ́, gbadúlúmọ̀.
DESEMBAINHAR, PUXAR A FACA, *v.* yọbẹ < yọ + ọ̀bẹ > Ó yòbẹ̀ – Ele puxou a faca.
DESMIOLADO, DESAJEITADO, *adj.* aláìnírònú, aláìopọlọ.
DESMONTAR, *v.* sọ̀kalẹ̀ (descer) > Ó sọkalẹ̀ kúrò lórí ẹṣin – Ela desmontou e se afastou do cavalo.
DESMONTAR, *v.* wọ́n > Ó wọ́n kẹ̀kẹ́ – Ele desmontou a bicicleta.
DESMORALIZAR, *v.* fi_sẹ̀sín > bà ìwà jẹ́ – difamar o caráter.
DESMORONAR, *v.* dómùkẹ̀.
DESNECESSÁRIO, INÚTIL, *s.* aláìniláárí, lásán.
DESNORTEADO, *s.* ìdààmú.
DESNORTEAR, CONFUNDIR, *v.* dàrú > Ọ̀rọ̀ yìí dàrú – Este assunto está confuso.
DESNUTRIÇÃO, *s.* àìdára ìjẹ.
DESOBEDECER, *v.* kọhùn, wọ̀_lójú > N ò wọ̀ ọ́ lójú – Eu não o desobedeci.
DESOBEDIÊNCIA, *s.* àìtẹríba, àìgbọ́ràn, jágbajàgba > àìléti (lit. não dar ouvidos).
DESOBEDIÊNCIA, TEIMOSIA, *s.* gbéregbère.
DESOBEDIENTE, *adj.* láìgbọ́nran, aláwígbọ́n, ṣàìgbọ́ràn.
DESOCUPADO, VAGO, *adj.* láìlò > tí kò ní olùgbé – que não tem morador.
DESOCUPADO, SEM TRABALHO, *s.* aláìníṣẹ́.
DESOLO, RAÇAUÍNA, *s.* ìdahoro.
DESOLAÇÃO, *s.* ìsọdahoro, ahoro > dahoro – estar desolado.
DESONESTIDADE, DECEPÇÃO, *s.* màkàrù, màkàrúrù.
DESONESTIDADE, FRAUDE, *s.* màdàrú, àbòsí > alábòsi – pessoa falsa.
DESONESTIDADE, *s.* ìtanjẹ > yànjẹ – tirar vantagem de alguém > Ó yàn mí jẹ – Ela me enganou.
DESONESTO, *adj.* aláìṣòótọ́, wíwọ́.
DESONRADO, *adj.* àìníyìn.
DESONRAR, ENVERGONHAR, *v.* tàbùkù, ṣàbùkùsí > Ó tàbùkú fúnrarẹ̀ – Ele mesmo se desonrou.

DESONRAR, TORNAR SUJO, v. sọdi èérí, sọdèérí.
DESONROSO, adj. lábùkù.
DESORDEIRO, AGITADOR, s. arúlú. adániru, adìjàsílẹ̀, aládàrú, jàgùdà.
DESORDEIRO, BAGUNCEIRO, s. jàndùkú > ọmọ-ìta – filho da rua.
DESORDEIRO, RUDE, s. ìsọta, onírúgúdù (que causa confusão).
DESORDEM, s. rúdurùdu.
DESORDENADA, CONFUSA, adj. rúuruu > Rúuruu lọ̀rọ̀ yìí = Rúuruu ni ọ̀rọ̀ yìí – É confusa esta questão.
DESORDENADAMENTE, adv. ségesège (em zigue-zague), ṣúkuṣùku, rúurúu.
DESORDENADO, CONFUSO, adj. nídarúdàpọ̀.
DESORGANIZAR, DISPERSAR, v. tú_ká > Wọ́n tú àwọn ènìà ká – Eles dispersaram as pessoas.
DESORIENTADO, adj. láìtọ́nà.
DESOSSADO, adj. láìní eegun (sem ter ossos).
DESPACHAR, REMETER, v. rán_lọ, mú_rọrùn, fiṣowọ́ > Neste caso alterar frase: Mo rán an lọ sọ́jà – Eu o despachei para o mercado; > ránṣẹ́ – enviar mensagem.
DESPACHO, DISPENSA, s. ìránlọ, ìránlọkúrò.
DESPEDAÇADAMENTE, adv. yálayàla > Ó ya aṣọ náà yálayàla – Ela retalhou o tecido.
DESPEDAÇAR, v. fọ́_túútú, fọ́_yáyán (partir em pedaços) > Ó fọ́ igbá yìí túútú – Ele partiu a cabaça em pedaços.
DESPEDIDA, ADEUS, s. gbére, ìdágbére, ìgbére.
DESPEDIR, AFASTAR, v. sàléjò < sìn + àléjò.
DESPEDIR-SE, v. dágbére < dá + gbére (sair de licença) > Mo dágbére fún olùkọ́ – Eu disse até logo ao professor.
DESPEITO, DOR DE COTOVELO, s. kéta.
DESPEJAR DENTRO, v. gbọ́n.
DESPEJAR, DERRAMAR, v. tú, dà > Mo dà omi sínú ọpọn náà – Eu despejei água dentro da gamela.
DESPEJAR, ESVAZIAR, v. túdànù < tú + dànù.

DESPEJAR, JOGAR FORA, *v.* túsóde.

DESPENSA, COPA, *s.* ilé ìpamọ́ onjẹ (lit. local de preservação de alimentos).

DESPERDIÇADA, DISSIPADA, *adj.* tafàlà > Ó fi ayé rẹ̀ tafàlà – Ela usou a vida dela de forma desaproveitada.

DESPERDIÇAR, ESBANJAR, *v.* fi_tafàlà, nánakùnà.

DESPERDIÇAR, PERECER, *v.* dègún < di + ègún.

DESPERDIÇAR, *v.* jẹ_run, ná_bàjé, wà_dànù > Ó wà owó dànú – Ele desperdiçou dinheiro.

DESPERDÍCIO, ESBANJAMENTO, *s.* àwànù, ìnádànù > ajẹrun – extravagância, desperdício.

DESPERTAR, *v.* jí > Ó jí ní agogo méwàá – Ela me despertou às 10 horas.

DESPERTAR JUNTO, *v.* bá_jí > Wọ́n bájí – Eles despertaram ao mesmo tempo.

DESPERTAR APÓS DESMAIO, *v.* sọ_jí > Ó sọ mí jí – Ele me despertou.

DESPERTAR, LEVANTAR-SE, *v.* dá_jí.

DESPERTAR, PROVOCAR, *v.* rú_yọ > Ó rú ẹran yọ – Ele despertou o animal de sua toca.

DESPERTO, *adj.* jíjí.

DESPESA EXTRA, *adj.* àbèlé-owó.

DESPESA, GASTO, *s.* ìná, ìnáwó < nà + owó (usando dinheiro).

DESPIDO, *adj.* láìláṣọ.

DESPIR ALGUÉM, *v.* túsíhoho.

DESPIR, *v.* túsọ, bọ́ra < bọ́ + ara (tirar a roupa de alguém) > Ó túsọ lára mi – Ela tirou a minha roupa; > Ó bọ́ra rẹ̀ – Ela tirou a roupa dela.

DESPISTAR, ESCONDER-SE, *v.* farapamọ́ < fi + ara + pa + mọ́.

DESPOJAR, *v.* kólẹ̀rù, fẹ́láya.

DÉSPOTA, TIRÂNICO, *s.* alágbára.

DESPOTISMO, OPRESSÃO, *s.* ìwà agbára.

DESPRAZER, *s.* àìwù (o que não agrada).

DESPRENDIDO, *adj.* àyèláti ṣe ohunkóhun – oportunidade para fazer qualquer coisa.

DESPREOCUPAÇÃO, s. aláìfiyèsí.
DESPREOCUPADAMENTE, adv. fàà, táí.
DESPREOCUPADO, adj. láìní àníyán.
DESPREPARADO, adj. láÌmúrasílẹ̀, láìmúratẹ́lẹ̀ < láì + múra + tẹ́lẹ̀.
DESPREVENIDO, adj. àìpèsè.
DESPREZADO, ESQUECIDO, s. àmójúkúrò.
DESPREZAR, v. kẹ́gàn, pẹ̀gan > Ó pẹ̀gàn mi – Ela me desprezou.
DESPREZAR, v. hẹ̀, nání, pẹ̀gàn, tinrin > Ó ṣe hẹ̀ mí – Ela me desprezou; > kámú – olhar de cima a baixo.
DESPREZAR, DESDENHAR, v. gàn, kẹ́gàn, ṣẹ̀gàn, ṣùtì > Ó yọ ṣùtì ètè sí mi – Ele fez pouco caso de mim (lit. ele enrugou os lábios em desprezo a mim); > Ó ṣẹ̀gàn mi – Ele me menosprezou.
DESPREZAR, DESVALORIZAR, v. yànnípọ̀sí.
DESPREZAR, FAZER POUCO CASO, v. fojútinrin < fi + ojú + tinrin; > ṣehọ̀ – ter repulsa.
DESPREZÍVEL, adj. láìníláárí, légàn.
DESPREZÍVEL, DETESTÁVEL, adj. légàn, láìníláàarí, ṣáìníláárí > àìlégàn – não desprezível, digno.
DESPREZIVELMENTE, adv. tègbintègbin.
DESPREZO, interj. họ́ọ̀ (exclamação de descontentamento).
DESPREZO, DESCASO, s. àrífín, àìbúwò, ìpọsí.
DESPREZO, DESRESPEITO, s. àìkàsí.
DESPREZO, RIDÍCULO, s. ẹ̀gàn.
DESPROTEGIDO, adj. láìní ààbò.
DESPROVIDO, adj. àìpèsè, láìní.
DESQUALIFICAR, v. bàtẹ́lù.
DESREGRADO, DEVASSO, adj. Òbu ọ̀rọ̀ – Um assunto sem fundamento.
DESRESPEITAR, DESOBEDECER, v. ṣẹtẹ́ > Ìwọ kò lè ṣẹtẹ̀ ògá rẹ – Você não pode desobedecer a seu superior; > ẹ̀tẹ́ – desrespeito.
DESRESPEITAR, DESONRAR, v. ṣàìbọ̀láfún, ṣàìbọ̀wọ̀fún, ṣàbùkùsí.
DESRESPEITÁVEL, adj. ṣàìlọ́lá (sem dignidade).
DESRESPEITO, s. àìlọ̀wọ̀, àìkàsí, àìbọlá, láìfí.
DESRESPEITOSO, adj. láìbìkítà, láìbuyìn fún (mal-educado).

DESTACAR, COLOCAR À PARTE, *v.* yà_sọ̀tọ̀ > Àwa yà wọ́n sọ́tọ̀ – Nós os separamos um do outro.

DESTE LADO, *adv.* ìhàhín.

DESTE MODO, ASSIM, *adv.* báun, báyìí > Ó kọ̀wé báyìí – Ela escreveu deste modo, desta maneira < kọ + ìwé; > Ó wí báyìí pé ìwọ gbọ́dọ̀ jáde lọ – Ela disse que, deste modo, você deve ir embora.

DESTE MODO, ENTÃO, *conj.* nítorínáà > Òjò rọ̀ púpọ̀, nítorínáà mi ò lè lọ síbí iṣẹ́ – Choveu muito, então não pude ir trabalhar.

DESTEMIDO, INTRÉPIDO, *adj.* láìbàlẹ́rú, láìbẹ̀rù (sem ter medo); > tí kò kákò – que não enrola.

DESTEMOR, NÃO TER MEDO, *s.* àìníbẹ̀rù.

DESTEMPERO, INDISPOSIÇÃO, *s.* àrùn > Ó kó árún covid-19 lára ìyàwó rẹ̀ – Ele contraiu a infecção do coronavírus da esposa dele.

DESTERRAR, DISPERSAR, *v.* fọ́nkálẹ̀ > Iná yẹn nfọ́n kálẹ̀ – Aquela chama está se espalhando.

DESTERRADO, PROSCRITO, *s.* ìfọ́nkálẹ̀.

DESTERRO, *s.* ènìà kúrò nílù (lit. pessoa afastada da cidade).

DESTILAÇÃO A VAPOR, *s.* ìfẹ́sẹ́ > ìfẹ̀ẹ́rusẹ́.

DESTILADOR DE VINHO-DE-PALMA, *s.* adẹ́mu.

DESTILAR, *v.* fẹ́sẹ́ < fẹ́ + sẹ́ (extrair pela evaporização).

DESTINAÇÃO, *s.* ibití a nlọ (lit. local aonde estamos indo).

DESTINAR, DEDICAR, *s.* pinnu > Mo pinnu láti kọ́ yorùbá fún oṣù mẹ́ta – Eu decidi estudar yorùbá nos próximos três meses.

DESTINO, SINA, *s.* kàdàrà, àyànmọ́ < à + yàn + mọ́ > Èmi ti pakọ àyànmọ́ mi – Eu já superei o meu destino.

DESTITUÍDO, DESAMPARADO, *adj.* tálákà, láìní > kíkọ̀sílẹ̀ – abandonado.

DESTITUIR, *v.* rọ̀_lóyè, fọwọ́sà (privar de recursos).

DESTRATAR, DESGRAÇAR, *v.* bàtẹ́lù.

DESTREZA, HABILIDADE, *s.* ìyàwọ́ < yà + ọwọ́ > ọgbọ́n – sabedoria > O kàwé ni, ṣùgbọ́n o ọgbọ́n kọ́ – Você é educado, mas não é instruído.

DESTREZA, TATO, *s.* mẹ̀bẹ́mẹ̀yẹ̀.

DESTRONAR, *v.* rọ̀_lóyè > Olùkọ́ rọ̀ akọ̀wé lóyà – O professor demitiu a secretária do cargo.

DESTRUIÇÃO PELO FOGO, *s.* ìtínábọlé.
DESTRUIÇÃO TOTAL, *s.* àkúrun > ìfọ́kọ̀, rirì ọkọ̀, ìbàjẹ́ ọkọ̀ – navio, aeronaves.
DESTRUIÇÃO, EXTIRPAÇÃO, *s.* rírun.
DESTRUIÇÃO, *s.* àfọ́bàjẹ́, ìparun, ìparẹ́, ìbàjẹ́.
DESTRUÍDO, *s.* píparua (o que deve ser arrasado).
DESTRUIDOR, *s.* aláparun, olùparun, apanirun.
DESTRUIR TOTALMENTE, *v.* fọ́_ráúráú > pa_rẹ́ – eliminar > Ó fi ojú pa mí rẹ́ – Ele me ignorou (lit. ele fez um jeito de desprezo com o rosto).
DESTRUIR UMA CIDADE, *v.* túlú (irromper revolução) > atúlú – agitador.
DESTRUIR, ANIQUILAR, *v.* run, parun, panírun, parẹ́ > Inú nrun mí – Eu tenho dor de estômago (lit. meu interior está me aniquilando.
DESTRUIR, *v.* fọ́_lù (várias coisas juntas).
DESTRUTIVO, PREJUDICIAL, *adj.* nípalára.
DESUMANIDADE, *s.* àìṣènìà.
DESUMANO, *adj.* àìláánú > ọlọ́kàn-líle – pessoa de coração duro, insensível.
DESUNIÃO, DISCÓRDIA, *s.* àìṣokan.
DESVAIRADAMENTE, *adv.* bàn-ún.
DESVALORIZAR, *v.* dọ́pọ̀lẹ́ (colocar preço baixo) > Ó dọ́pọ̀lẹ́ ọjà mi – Ele desvalorizou minha mercadoria.
DESVANTAGEM, *s.* àìlánfàní, ìfàṣehìn, ìdíwó.
DESVIAR, VIRAR PARA O LADO, *v.* yíkúrò.
DESVIAR, EVITAR, *v.* yapa, yanà > Ó yapa fún mi – Ela me evitou.
DESVIO DE ATITUDE, *s.* àsé.
DESVIO, AÇÃO CONTRÁRIA, *s.* ìlòdìsí > Ó ṣe èyí ìlòdì sì òfin – Ele fez isto em oposição à lei; > ìlòdì sí àṣà – desvio de costumes.
DETALHAR, EXPLICAR, *v.* ṣàlàyé < ṣe àlàyé.
DETALHAR, RELATAR, *v.* rò lọ́kọ̀ọ̀kan, rò lẹ́ṣẹlẹ́ṣẹ́ > Mo rò àwọn ènìà lọ́kọ̀ọ̀kan – Eu pensei nas pessoas, uma de cada vez.
DETALHES DE UM ASSUNTO, *s.* pinpin, kẹ̀tẹ́kẹ̀tẹ́.
DETECTAR, ELUCIDAR, *v.* rídi, jádí < já + ìdí > Irọ́ yìí jádí – Isto é uma mentira.

DETENÇÃO, ATRASO, s. ìdánídúró, títìni mólé.
DETER UMA QUEDA, v. já_rọ̀.
DETER, AGUARDAR, v. dásẹ̀dúró < dá + ẹsẹ̀ dúró.
DETER, IMPEDIR, v. dẹ́rùbà, dádúró < dá + dúró, dáró, dádó.
DETERIORAÇÃO, ESTRAGO, s. ìrẹ̀hìn, bíbàjẹ́.
DETERIORAR, ESTRAGAR, v. jagọ̀, ràdànù, rírà, rẹ̀hìn.
DETERMINAÇÃO, s. ìpinnu.
DETERMINAR AS LEIS, v. fàṣẹlélẹ̀ < fi + aṣẹlélẹ̀.
DETERMINAR, CONCLUIR, v. pinnu > Mo pinnu iṣẹ́ – Eu concluí o serviço.
DETERMINAR, GRITAR, v. gbójú < gbó + ojú > Ó gbójú mọ́ mi – Ela gritou comigo.
DETERMINAR, RESOLVER, v. ṣẹpinnu > ìpinnu – decisão.
DETESTAR, REPUGNAR, v. sú, kóríra > Ó kóríra – Ele me odeia.
DETRÁS, adv. nídíkọ̀.
DETRATAR, DESPREZAR, v. pẹ̀gàn.
DETRATOR, DIFAMADOR, s. abánijẹ́.
DETRIMENTO, s. ìpalára, òfò.
DEUS MUÇULMANO, s. Alà.
DEUS, CRIADOR, s. Ẹlẹ́dá.
DEUS, O SER SUPREMO, s. Ọlọ́run, Olódùmaré < Oló + òdù + ma + rè, Èdùmàre (cada nome representando seus diversos atributos) > Ẹlẹ́dá – o Senhor da Criação, Aláyè – o Senhor da Vida.
DEVAGAR, CALMAMENTE, adv. Ṣé ẹ lé sọ̀rọ̀ ní pẹ̀lẹ́pẹ̀lẹ́? – Você pode falar devagar, calmamente?
DEVASTAR, ASSOLAR, v., piyẹ́ < pa + iyẹ́, sọdòfo, sọdahoro < sọ + di + ahoro > Àwọn ọmọ ogún piyẹ́ nílú – Os soldados saquearam a cidade; > pa_run – extinguir.
DEVASTAÇÃO, s. ìparun, òfò > Onímọ̀ – ìjinlẹ̀ giga kìlọ̀ ìparun ayé – Grandes cientistas alertam contra a destruição do mundo.
DEVEDOR INSOLVENTE, s. asingbà.
DEVEDOR, s. ajigbèsè, onígbèsè.
DEVER A UMA PESSOA, v. jẹ_nígbèsè > Oṣèlú jẹ mí ní gbèsè – Um político tem um débito comigo.

DEVER DINHEIRO, *v.* jẹ_lówó > Ó jẹ mí lówó – Ele me deve dinheiro.
DEVER, PRECISAR, *v. aux.* gbọ́dọ̀, níláti > Ìwọ kò lè jalè – Você não precisa roubar; > Kò gbọ́dọ̀ ṣe bẹ́ẹ̀ – Ela não deve fazer assim (*Obs.*: o verbo auxiliar é sempre seguido de outro verbo).
DEVER, RESPONSABILIDADE, *s.* ojúùṣe > Ó ṣe ojúùṣe rẹ̀ – Ela fez o dever dela.
DEVER, *v.* kí > Mo rò kí ìwọ kí lọ – Eu penso que você deva ir.
DEVOÇÃO, CULTUAÇÃO, *s.* ìfọkànsìn, àfọkànsìn.
DEVOLVER, REJEITAR, *v.* dá_padà > Kò lè dá mi padà – Ela não pode me rejeitar; > Nígbàwo ni o máa da owó mi padà? – Quando você me devolverá o dinheiro?
DEVOLVER, RECORRER, *v.* padàsí.
DEVOLVER, *v.* kàn > Oyè kàn mí – O título retornou a mim.
DEVORADOR, *s.* ajẹnirun.
DEVORAR, COMER, *v.* fi_pata > Kìnìún fi wọ́n pata – O leão os devorou.
DEVORAR, ENGULIR, *v.* mújẹ < mú + ọ̀jẹ.
DEVORAR, LAMBER, *v.* fá_lá > Ó fá àwo lá – Ele lambeu o prato todo.
DEVORAR, MASTIGAR, *v.* fi_rún.
DEVORAR, *v.* pata > Mo fi ẹran náà pata – Eu devorei aquela carne.
DEVOTADO, RELIGIOSO, *adj.* fífọkànsin.
DEVOTO DE IFÁ, *s.* onífá.
DEVOTO DE ORIXÁ, *s.* abọ̀rìṣà.
DEVOTO DE OYA, *s.* ọlóya.
DEVOTO DO ORIXÁ ORÒ, *s.* abọrò.
DEVOTO, *s.* àlájì (maometano em peregrinação a Meca).
DEVOTO, *s.* olùfọkànsìn < olù + fi + ọkàn + ìsìn – aquele que entrega seu coração, seu sentimento à religião.
DEVOTOS DE XANGÔ, *s.* oníṣàngó.
DEZ MANDAMENTOS, *s.* Òfin Mẹ́wàá.
DEZ POR CENTO, *num.* ìdá-àpò mẹ́wàá.
DEZ VEZES, *adv.* èèmẹ́wàá, lẹ́èmẹ́wàá < ní + èèmẹ́wàá.
DEZEMBRO, *s.* Oṣù Ọ̀pẹ, Oṣù kéjìlá ọdún, Oṣùu Dìsẹ́mbà (do inglês *December*).

DEZESSEIS, *num.* èrindílógún < èrin + dín + ní + ogún (lit. quatro menos vinte) > Olúwo ó fi owó eyo méríndílógún láti dá òrìṣà wò – O sacerdote usa dezesseis búzios para consultar a divindade.

DEZESSETE DIAS, *s.* ojó métàdílógún < età + dín + ní + ogún.

DIA CLARO, *s.* ìmọlẹ̀ ojọ́.

DIA FERIADO, *s.* ojó ìsinmi, ọlidé (do inglês *holiday*).

DIA SANTO, *s.* ojó mímó.

DIA DE AMANHÃ, O FUTURO, *s.* ojó òla.

DIA DE HOJE, *s.* ojó òní > òde-ìsisìyí, òde-òní – o presente dia.

DIA DO ANIVERSÁRIO, *s.* àyájó > àyájó ìbí – dia do nascimento.

DIA DOS NAMORADOS, *s.* ojó òré ní – dia dos amigos chegados, acessíveis.

DIA E NOITE, *s.* tòsán tòru > A ṣiṣẹ́ tòsán tòru – Nós trabalhamos a noite toda.

DIA QUALQUER, *s.* ojókójó.

DIA SEGUINTE, *s.* ìjósí > Kíni ìwọ sọ̀rọ̀ ní ìjósí? – O que você disse no outro dia?

DIA, *s.* ijó, ojó > Ojó méje ni tí ó wà nínú òṣè kan – São sete dias que existem numa semana; > ijókíjo, ojókójó < ijó + kí + ijó – qualquer dia.

DIABETE, *s.* atògbé.

DIABO, *s.* sátánì (do inglês *satan*).

DIADEMA, *s.* adé.

DIAGNÓSTICO, *s.* òye nípa ààsàn (lit. indicação sobre doença); ìmọ̀ àìsàn > conhecimento da doença, > ìdí àìsàn – causa da doença.

DIAGONAL, *s.* akọ-rosé.

DIAGRAMA, ILUSTRAÇÃO, *s.* àwòjúwe, àwòrán > Àwòrán wà lára ògiri – O quadro está na parede.

DIAFRAGMA, *s.* ìṣan-agbede > agbede méjì àìyà àti ikùn (lit. intervalo entre estômago e tórax).

DIALETO, IDIOMA, *s.* èdè > Àwati nsọ̀rọ̀ ní èdèe yorùbá – Nós já estamos conversando em yorùbá. *Obs.*: subst. seguido de outro subst. tem sua vogal final alongada.

DIÁLOGO, *s.* ọ̀rọ̀ láààrín ènìà méjì (lit. assunto entre duas pessoas).

DIÁLOGO COM ESPÍRITOS, s. ìyàkú.
DIAMANTE, s. èédú dídán > òkúta oníyebíye – pedra que não tem preço.
DIÂMETRO, s. àlàjà (de um círculo).
DIANTE, PERANTE, prep. lójú > Ó sọ̀rọ̀ lójú gbogbo wa – Ela falou na presença de todos nós.
DIANTEIRA, FRENTE, adj. níwájú > Ó wà níwájú mi – Ela está na minha frente.
DIARIAMENTE, adv. lójojúmọ́, ojojúmọ́ > Kíni o máa ṣe lójojúmọ́? – O que você costuma fazer diariamente?
DIÁRIO, s. ìwé-ìjẹ́rí (lit. agenda - depoimentos pessoais).
DIARREIA, s. àrunṣu, ìgbẹ́-gbùrù, inúṣíṣu, ṣíṣunú. Ìgbẹ́-ọ̀rìn > Ìgbẹ́ ọ̀rìn nṣe mi – Estou com diarreia.
DICÇÃO, s. yíyàn ọ̀rọ̀ láti sọ (lit. seleção de palavras para falar).
DICIONÁRIO, s. atúmọ̀-ọ̀rọ̀, ìwé atúmọ̀ èdè > ìwé awo ọ̀rọ̀ – dicionário de sinônimos.
DIETA VEGETARIANA, s. àṣán.
DIETA, REGIME, s. ìjẹ ẹmu.
DIFAMAÇÃO, CALÚNIA, s. ìbànijẹ́.
DIFAMAÇÃO, MÁCULA, s. àbàwọ́n.
DIFAMADOR, s. abánijẹ́, aláheṣọ, ọ̀banijẹ.
DIFAMAR, ACUSAR, v. gbadùlúmọ̀.
DIFAMAR, CALUNIAR, v. bà lórúkọ jẹ́, bórúkọjẹ́ < bà + orúkọ + jẹ́ > Ó borúkọ mi jẹ́ – Você me caluniou.
DIFAMAR, v. polongo > Ó polongo mi – Ele me difamou; > apolongo – pessoa fofoqueira.
DIFERENÇA DE OPINIÃO, s. àìkò-ẹnu (incompatibilidade).
DIFERENÇA, DISTINÇÃO, s. ìyàtọ̀, yíyàyọ̀ > Ọ̀pọ̀lọ́ tàbí àkèré kíni ìyàtọ̀ wọn? – Sapo ou rã, qual a diferença entre eles?
DIFERENÇA, s. ọ̀tọ̀ > Ilé ọ̀tọ̀ – Uma casa diferente.
DIFERENCIAR, SER DIFERENTE, v. yàtọ̀ > Ma ṣe ọdún titun yàtọ̀ – Faça um ano novo diferente; > Ìronú rẹ yàtọ̀ temi – Seu pensamento é diferente do meu.
DIFERENTE, s. àìdàbí, ọlọ́tọ̀ < oní + ọ̀tọ̀.

DIFERENTE, VARIADO, *adj.* orísírísí.
DIFÍCIL, DURO, *adj.* sísòro > sòro – ser difícil > Ó sòro te fún mi láti se – Ele é difícil para eu fazer; > Ó sisé aláisòro – Ela fez o serviço sem dificuldade.
DIFÍCIL, INCÔMODO, *adj.* nínira > nira – ser difícil > Edèe yorùbá kò nira – A língua yorùbá não é difícil.
DIFÍCIL, *s.* etiri.
DIFICILMENTE, *adv.* agbára-káká.
DIFICULDADE DE ESCAPAR, *s.* àjàbó (fuga estreita).
DIFICULDADE, AFLIÇÃO, *s.* ìpónjú, ìníra, wàhálà > Ó wà ní ìpómjú – Ele se sente um miserável.
DIFICULDADE, INCÔMODO, *adj.* túláàsì > Ó se é pèlú túláàsì – Ele o fez com dificuldade. *V.* estar em dificuldade.
DIFICULDADE, PROBLEMA, *adj.* kúkúmó > Olórun dá a ní kùkúmó – Possa Deus aliviar este problema.
DIFICULDADE, *s.* àinírorá, yóyó, ìjàngbòn, ìsòro, età > Ó detì fún mi láti lo – Está difícil para mim ir; > ojúpípón – situações complicadas.
DIFICULTAR, *v.* mú_sòro > Ó mú sòro isé won – Ele dificultou o trabalho deles.
DIFRAÇÃO, *s.* sísé (obstáculo, rompimento).
DIFTERIA, CRUPE, *s.* ako-efù, àrun gbéfun.
DIFUNDIR, ESPALHAR, *v.* tàn kálè, tàn káàkiri, fún káàkiri, gbilè > Ìròhìn yìí tàn kálè – Esta notícia se espalhou.
DIFUSÃO, *s.* ìtànkálè, ìtújáde.
DIGERIR, *v.* dà > Ó da onje dáadáa – Ele digeriu bem a comida. *Obs.*: verbo com tom grave ao lado de subst. ganha um tom médio, ou seja, perde o acento.
DIGESTÃO DE COMIDA, *s.* dídà onje, ìdà onje > èèlò – órgão digestivo.
DIGNIDADE, *s.* olá, ìyìn > Oba jókòó nínú olá rè – O rei está sentado em sua dignidade.
DIGNIFICAR, *v.* bolá fún > gbé_ga – promover.
DIGNITÁRIO, *s.* olólá, olóyé.
DIGNO DE CONFIANÇA, FIDEDIGNO, *adj.* yo mí ìgbékèlé.

DILAPIDAÇÃO, DESTRUIÇÃO, s. ìparun, ìbàjé > Ìwà ìbàjé nípa lórí gbogbo wa – A corrupção afeta todos nós.
DILAPIDAR, v. parun, bàjé.
DILATAÇÃO, EXPANSÃO, s. fífẹ.
DILATAR, ALONGAR, v. fà_gùn > Ó fa okùn náà gùn – Ele encompridou aquela corda.
DILATAR, EXPANDIR, v. ròbẹrẹ, wú > Owó mi wú – Meu dinheiro aumentou.
DILIGÊNCIA, ZELO, s. apọn.
DILIGENTE, ESFORÇADO, adj. láápọn, láìsimi.
DILIGENTEMENTE, adv. lẹ́sọ̀lẹ́sọ̀, lẹ́sẹ̀ẹ̀sọ̀.
DILUIÇÃO, s. bíbùlà, ìdàbùlà (processo de diluição).
DILUÍDO, adj. alábùlà.
DILUIR, MISTURAR, v. mú_sàn, bù_là > Ó bu omi là ọtí – Ele colocou um pouco de água na bebida; > Ó mú ọtí yìí sàn – Ele diluiu esta bebida.
DILÚVIO, s. ìkún omi, àkúnbò.
DIMENSÃO, s. títóbi nkan, ìbú, gígù.
DIMINUIÇÃO, s. ìrẹ̀hìn > empecilho – ìfàsẹ́hìn.
DIMINUIR A FEBRE, v. silé (reduzir a temperatura do corpo).
DIMINUIR O PREÇO, v. yọwó > Olúwo yọwo ìdáwò – O olúwo diminuiu o preço da consulta.
DIMINUIR, BAIXAR, v. relẹ̀, dínkù.
DIMINUIR, ENCURTAR, v. bù > yọkúrò – aliviar.
DIMINUIR, ESFRIAR, v. múfẹ́rí.
DIMINUIR, REDUZIR, v. dín, dínkù > ìdínkù – redução; > rẹ̀hìn – ir para trás.
DIMINUTIVO, adj. kékeré > Ó fi ojú kékeré wò mí – Ele me olhou com prazer (lit. ele me olhou com olhos pequeninos).
DINÂMICO, VIGOROSO, s. alágbára > aláápọ̀n – trabalhador dedicado.
DINAMISMO, s. aápọn, ìyárí.
DINAMITE, s. alùgbàù.
DÍNAMO, s. ẹ̀rọ-àrá.
DINASTIA, s. ìdílé ọba kan (clã de um rei).

DINHEIRO EM CIRCULAÇÃO, s. kọ́rẹ́nsì (do inglês *currency*).
DINHEIRO FALSO, s. owó ayédèrú.
DINHEIRO VIVO, s. owó-yowo.
DINHEIRO, MOEDA, s. owó > Owó kò lè ra ayọ̀, ṣùgbọ́n ràn mí – Dinheiro não compra felicidade, mas me ajuda; > Mo ní owó púpọ̀ láti ṣe orò mi – Eu tenho muito dinheiro para fazer minha obrigação.
DINHEIRO, s. owó, ajé > Owó mi títàn. Kò sí owó – Meu dinheiro acabou. Estou duro.
DINOSSAURO, s. dánásọ̀ (do inglês *dinosaur*).
DIPLOMA, s. ìwé oyé.
DIPLOMAÇÃO, COROAÇÃO, s. jíjẹ oyè > ìwúyè – coroação.
DIPLOMACIA, s. ọgbọ́n ìṣelú.
DIPLOMATA, s. afọ̀rọ̀wérọ̀.
DIREÇÃO, GUIA, s. ìfọ̀nàhàn.
DIREÇÃO, s. ìtọ̀sọ̀nà (no caminho correto), àpejúwé.
DIREITA, adj. ọ̀tún > Ọwọ́ ọ̀tún àti ọwọ́ òsì – Mão direita e mão esquerda; > Mà yà sí ọ̀tún – Não vire à direita.
DIREITA, LADO DIREITO, s. apáọ̀tún > lọ́tún, lósì – direita, esquerda.
DIREITO AUTORAL, s. àṣẹ-lórí-àrà (lit. ordem sobre a rotina).
DIREITO, CORRETO, adj. títọ́.
DIREITO, DIREÇÃO CERTA, s. ẹ̀tọ́ > Mo lẹ́tọ́ láti ṣe – Eu tenho o ditreito de fazer; < ni + ẹ̀tọ́.
DIRETAMENTE, adv. ògbaanran, ọ̀kánkán, ọ́ọ́kán, tààra, sòsé > Ó nbọ̀ lọ́kánkán ọ̀dọ̀ mi – Ela está vindo diretamente para junto de mim.
DIRETAMENTE, CLARAMENTE, adv. sán-sán > Ó nsọ̀rọ̀ sán-sán – Ela está falando claramente.
DIRETAMENTE, CORRETAMENTE, adv. lóòrógangan.
DIRETAMENTE, FRANCAMENTE, adv. tààra > Tààrà lọ síbẹ̀ – Vá diretamente para lá; > òganran, ṣanbọnnà (em linha reta, na vertical).
DIRETO, RETO, adj. títọ́, tààrà > rìbìtì – redondo, circular.
DIRETOR, s. alákóso, aláṣiká, olùdarí > ògá ilé ẹ̀kọ́, alákóso ilé ẹ̀kọ́ – diretor de escola.
DIRETOR MUSICAL, MAESTRO, s. olùdarí àwọn akọrins.

DIRETORIA, s. àwọn olórí, àwọn alákóso.
DIRETÓRIO, s. ìwé ìlànà.
DIRIGIR VEÍCULO, v. tukọ́, wakọ̀ < wà + ọkọ̀ > Mo lè wá ọkọ – Eu posso dirigir o carro.
DIRIGIR-SE A, **VOLTAR-SE**, v. dàkọ, daríkọ, doríkọ < dà + orí + kọ > Ó dẹ̀hìn kọ mí – Ele deu as costas para mim; Ó dojú kọ mi – Ele me afrontou; < dà + ojú – dojú.
DIRIGIR-SE A, **RETORNAR**, v. kọrí > Ó kọrí sílé – Ela voltou para casa.
DIRIGIR-SE, v. léníré, léléré, gbákiri (para lá e para cá).
DIRIGÍVEL, adj. lílé (o que é conduzido).
DISCERNIMENTO, **BOM SENSO**, s. àkiyèsí, ìwòye > ọgbọ́n – sabedoria.
DISCERNIR, **AVISTAR**, v. wò, ṣe àkiyèsí.
DISCIPLINA, s. ìsẹ́ra-ẹni, ìbáwí.
DISCIPLINAR, v. kó, tọ́ > Ó tọ́ mi – Ela me educou.
DISCIPLINAR, **CONTROLAR**, v. kóníjánu.
DISCÍPULO, **APRENDIZ**, s. ọmọ ẹ̀hìn.
DISCO DO COMPUTADOR, s. àwo-kọ̀mpútà.
DISCO SOLAR, s. ojú oòrùn.
DISCO, s. àwo, rékọ́ọ̀dù (do inglês *record*).
DISCORDÂNCIA, **AVERSÃO**, s. ìyàtọ̀, àìrépọ́ > ìyapa – cisma, separação; > ìjà – conflito > Ọgbọ́n, ó sàn jú ohun ìjà lọ – Sabedoria, ela é melhor do que armas de luta. Obs.: jú...lọ – *adj. comp.* mais do que, demais.
DISCORDANTE, adj. ségesège > tí kò bá ara mu rárá – que não combina com nada.
DISCORDAR, v. àìfohùnsí.
DISCÓRDIA, s. asọ̀, ìjà > Bí níbi wa asọ̀ kí èmi mú ìṣọ̀kan lo – Onde houver discórdia que eu leve a união.
DISCREPÂNCIA, s. ìyàtọ̀, àìbá dọ́gba.
DISCRETAMENTE, adv. láìkùn, tóyetóye.
DISCRIÇÃO, s. ọgbọ́n, òye, lákàyè > Ò mòye – Ela é inteligente; > lákàyè – bom senso.

DISCRIMINAÇÃO, s. àmì ọ̀tọ̀ (marca de separação).
DISCRIMINAR, v. sàmìsí > fi ìyàtọ̀ sí – usar de diferenças.
DISCRETO, adj. farabalẹ̀, lóye > Ó farabalẹ̀ – Ele é calmo.
DISCURSO, s. ìfọhùn, àfọhùn (ato de expor algo).
DISCURSO, PREGAÇÃO, s. ìwásù > Ó ṣe ìwásù – Ele pregou um sermão; > ọ̀rọ̀ síso – pronunciamento.
DISCUSSÃO, DEBATE, s. ìjiyàn.
DISCUSSÃO, QUERELA, s. gbólóhùn-asọ̀.
DISCUSSÃO, s. ìjoso, àjoso > láròyé – controvérsia.
DISCUTIR IDEIAS, v. bù_so, bá_rò > Olùkọ́ bu ọ̀rọ̀ yìí so – O professor discutiu a matéria inteiramente.
DISCUTIR, ACONSELHAR, v. jíròrò.
DISCUTIR, ARGUMENTAR, v. jiyàn < já + iyàn.
DISCUTIR, DEBATER, v. joso, tèsí, pérò > Wọ́n pérò – Eles discutiram.
DISCUTIR, DISCORDAR DE, v. bá_fà > Ó bá mi fà – Ela discutiu comigo.
DISCUTIR, DISPUTAR, v. sasò > A sasò – Nós tivemos uma discussão.
DISCUTIR, RALHAR, v. bá_so.
DISCUTIR, RECLAMAR, v. sò > Ó bá mi sò – Ele resmungou comigo; > asò – discussão, disputa.
DISENTERIA, s. ọ̀rìn, igbẹ́-ọ̀rìn.
DISENTERIA, s. ìgbẹ́-ọ̀rìn, tápà, ogbẹ-inú, ogbẹ́nú.
DISFARÇAR, CAMUFLAR, v. paradà < pa + ara + dà.
DISFARCE, ENCOBRIMENTO, s. ìfarasín, ìbomọ́lẹ̀ (o que deve ser oculto).
DISFARCE, TRANSFIGURAÇÃO, s. ìparadà.
DISFORME, adj. mọ̀gìdì-mọgidi (não bem-proporcionado).
DISFORME, IMPERFEITO, adj. bọrọgidi, bọrọku > É rí bọrọgidi – Ele aparenta ser disforme.
DISPARAR UMA ARMA, v.yìn > Ọdẹ yìn ìbọn – O caçador atirou com a arma.
DISPARATE, ABSURDO, s. ránun-rànun, yányan > Ó bá mi sọ̀rọ̀ yányan – Ele falou besteira para mim.

DISPARATE, BOBAGEM, s. káṣa-kàṣa, káti-kàti > Òun nsọ̀rọ̀ káṣa-kàṣa – Ela está dizendo bobagem.
DISPARATE, s. pálapàla (dizer coisas sem sentido) > Èyí ni pálapàla – Isto é um disparate.
DISPARATE, TOLICE, s. bórobòro, ráda-ràda, rádi-ràdi (bobagens).
DISPARIDADE, s. àidògbà.
DISPARO, s. pòlà, àyìnbọn – detonação de arma de fogo.
DISPARO, SALVA, s. àyinpo-ìbọn > yìnbọn – atirar > Ó yìnbọn lù mí –Ele atirou e me atingiu.
DISPENSA, ISENÇÃO, s. àkẹ́bàjẹ́ > Ìwọ ní àkẹ́bàjẹ́ owó ìdásilẹ̀ – Você tem dispensa de multa.
DISPENSÁRIO, s. ilé egbògi.
DISPEPSIA, s. onígbámẹ́jì, inú ríru.
DISPERSÃO, s. àfúnká, ìtúka, títúká.
DISPERSAR, BANIR, v. lékúrò > Ó lé mi kúrò – Ele me expulsou; > tú_ká, wà_dànù – em diferentes direções.
DISPERSAR, ESPALHAR, v. fún_kálẹ̀, fọ́n_kálẹ̀ > Iná yẹn nfọ́n kálẹ̀ – Aquela chama está se espalhando.
DISPERSAR, FAZER CORRER, v. gbátì > Ó gbátì mi – Ele me fez correr.
DISPLICENTE, s. àìmúra.
DISPNEIA, s. ìmísísé.
DISPONÍVEL, ACESSÍVEL, adj. lérè, ṣànfàní.
DISPONIVELMENTE, À MÃO, adv. nílẹ̀ > Owó wà nílẹ̀ – O dinheiro está à mão.
DISPOR, CONTRIBUIR, v. fi_lé.
DISPOSIÇÃO, s. ìbògibọ̀pẹ̀ (para venerar divindades).
DISPOSIÇÃO, COMPORTAMENTO, s. ìwà, ṣíṣe ètò – possível de ser feito.
DISPOSTO, adj. aláìdárayá.
DISPUTA, CONTROVÉRSIA, s. ọpẹ́ aláiye.
DISPUTA, DISCUSSÃO, s. asọ̀.
DISPUTA, ARGUMENTO, s. aríyànjiyàn.
DISPUTAR, COMPETIR, v. jagbà, jọgbà < jà + ọgbà.

DISPUTAR, DISCUTIR, v. jàsí > Ó jàsí ilẹ̀ náà – Ele contestou aquela terra.
DISPUTAR, v. jàlù.
DISPUTÁVEL, CONTESTÁVEL, adj. jíjàníyàn.
DISSEMINADO, ESPALHADO, adj. títàn.
DISSEMINADOR, s. afúnrúngbìnnjnj.
DISSEMINAR, v. fọ́n_ká > Ó fọ́n irúgbìn ká – Ele espalhou as sementes.
DISSIMULAÇÃO, s. ìdíbọ́n, ogbọ́nkọ́gbọ́n.
DISSIMULADO, OCULTO, adj. bíbò, fífipamọ̀.
DISSIMULADOR, s. òṣoko, adíbọ́n.
DISSIMULAR, FINGIR, v. díbọ́n, múpamọ́, tẹ̀rì > Ó díbọ́n pé òun gba òṣù – Ela finge que é iniciada; > gbà + òṣù – receber os símbolos de uma iniciação religiosa.
DISSIPAÇÃO, DESPERDÍCIO, s. àjẹrun.
DISSIPAR, ESPALHAR, v. fọ́nká.
DISSIPAR, DERRETER, v. yòrò > Irin yìí ó yòrò – Esse ferro derreteu.
DISSIPAR O MEDO, v. kẹ́rù (afugentar).
DISSOCIAÇÃO, s. ìpínyà.
DISSOCIAR, SEPARAR, v. yàsọ́tọ̀, pínyà > Ó yà wọ́n sọ́tọ̀ – Ele os separou um do outro.
DISSOLVER, MISTURAR, v. yọ́ > Epo ti yọ́ – O óleo dissolveu.
DISSOLVER, AMOLECER, v. múdiyíyọ̀.
DISSOLVIDO, ESCORREGADIO, adj. yíyọ́.
DISSUAÇÃO, PERSUAÇÃO, s. ìyílọ́kàn padà (mudança de ideia).
DISSUADIR, RESTRINGIR, v. dá_lẹ́kun > Ó dá mi lẹ́kun – Ela me proibiu de fazer.
DISSUADIR, VIRAR DE LADO, v. yí_padà, yí lọ́kàn padà > Ó yí mi lọ́kàn padà pékí èmi ṣe orò òrìṣà mi – Ela me persuadiu para que eu fizesse minha obrigação ao meu orixá; > Àwọn ènìà lè yípadà – As pessoas podem mudar.
DISTÂNCIA LINEAR, s. ìjìnnà < jìn + ọnà (afastamento) > Ìlú wa jìnnà – Nossa cidade é distante.
DISTÂNCIA, AFASTAMENTO, s. ìfàtì, ìtakété.
DISTÂNCIA, s. ìjìn, jíjìnà, jínjìnà, ìdálẹ̀ (ato de estar longe).

DISTANCIAR-SE, AFASTAR-SE, *v.* yàsílẹ̀, tayọ > Ó yá mí sílẹ̀ – Ela me ultrapassou.

DISTANTE, *adj.* réré, jíjìn.

DISTANTE, AO LARGO, *adj.* kan > Ìròhìn yìí gbalẹ̀ kan – As notícias se espalharam para longe.

DISTANTE, LONGÍNQUO, *adj.* kúrò > Ó kúrò lọ́dọ̀ mi – Ela se chegou para junto de mim; lọ́dọ̀ < ní + ọ̀dọ̀. *Obs.*: a forma *ní* é normalmente usada após os verbos que denotam mudança de posição.

DISTANTE, MUITO LONGE, *adv.* tíyẹn.

DISTENDER, ALARGAR, *v.* fẹ̀, wú, ná > Ó fẹ̀ ihò yẹn – Ele alargou aquele buraco.

DISTENDIDO, *adj.* wíwusókè (frouxo).

DISTENSÃO, TORCEDURA, *s.* ẹ̀rọ́, rírọ́.

DISTINÇÃO, DIFERENÇA, *s.* ìyàtọ̀, híhàn.

DISTINÇÃO, SEPARAÇÃO, *s.* yíyàlọ́tọ̀ (colocar de lado alguma coisa).

DISTINGUIR, RECONHECER, *v.* mọ̀, ṣe ìyàtọ̀ > Mo mọ̀ ọ̀rẹ́ rẹ̀ – Eu conheço o amigo dela.

DISTINTAMENTE, *adv.* fírífírí, ṣọ̀bọ̀lọ́, gborogboro.

DISTINTIVO, SÍMBOLO, *s.* àmì.

DISTINTO, QUALIFICADO, *s.* aláfẹ́.

DISTORCER A FACE, *v.* bòjújẹ́ < bà + ojú + jẹ́ (semblante severo, fazer carranca) > Kò fẹ́ràn yìí – Ela não gostou disto; > níkanra – irritável, mal-humorado.

DISTORCER O ROSTO, *v.* fẹ̀ (estar relaxado) > Ó fẹ̀ kẹ̀tẹ̀ – Ele está esparramado.

DISTRAÇÃO, *s.* ìdààmú.

DISTRAIDAMENTE, *adv.* rànun-rànun.

DISTRAÍDO, IMPRUDENTE, *adj.* gbéregbère.

DISTRIBUIR DINHEIRO, *v.* há_wó > Ó há wa lówó – Ele dividiu o dinheiro entre nós.

DISTRIBUIR, ENTREGAR, *v.* fà_lé.

DISTRIBUIR, *v.* pín, bù_pín, pín_kiri (pôr em circulação) > Mo pín onjẹ kiri fún wọn – Eu distribuí a comida para eles.

DISTRIBUTIVO, *adj.* ìpínkárí.
DISTRITO ADMINISTRATIVO, *s.* ajẹ́lẹ̀.
DISTRITO, BAIRRO, *s.* aló, àgbègbè > Ibòmíràn ni àgbègbè ibẹ̀ – É em outro bairro de lá; sàkání – vizinhança.
DISTRITO, QUARTEIRÃO, *s.* ìtún.
DISTÚRBIO, *s.* agara, agaa, ariwo ìjà > ìrúkèrúdò – algazarra.
DITADO, *s.* àpèkọ, ìsọ.
DITADOR, *s.* afipáṣèjọba (lit. aquele que usa força no governo).
DITAR, DAR UMA ORDEM, *v.* pàṣẹ, ṣe àpèkọ > Ó pàṣẹ láti lépa wọn – Ele deu uma ordem para procurá-los.
DIURÉTICO, *s.* ẹ̀là amúnitò.
DIVERGÊNCIA, *s.* ìyarí, ìyapa.
DIVERGIR, VIRAR, *v.* yà, yà_lọ́nà > Má yà sí ọ̀tún – Não vire para a direita.
DIVERGIR, EVITAR, *v.* yànà, yapa > Ó yapa fún mi – Ela me evitou.
DIVERGIR, SER DIFERENTE, *v.* yàtọ̀ > debater; jiyàn.
DIVERSÃO, *s.* fájì, ìrède-òru, ìṣiré > Má ṣe wò tẹ́tẹ́ bí eré fájì – Não encare o jogo como diversão.
DIVERSIDADE, *s.* oníṛúurú.
DIVERSOS, VARIADOS, *adj.* kàlákìní > Aṣọ kàlákìní – Uma variedade de roupas.
DIVERTIMENTO, *s.* bíbẹ́ (salto, passeio), ìdáníláraγá, ṣíṣíré, eré ṣíṣe.
DIVERTIR, *v.* múyọ̀, palẹ́rin.
DÍVIDA EXTERNA, *s.* gbèsè òde.
DIVIDENDO, *s.* ohun pípín > àṣọtẹ̀lẹ̀ – troca, barganha.
DIVIDIDO, SEPARADO, *adj.* sísán, lílà.
DIVIDIR, *v.* pín > Ó pín ọsàn sí méjì – Ela dividiu a laranja em dois; < ìpín – divisão.
DIVIDIR EM DOIS, *v.* pínníméjì, pínsíméjì .
DIVIDIR, COMPARTILHAR, *v.* jọpín.
DIVIDIR, REPARTIR, *v.* wá, dá_méjì (em duas partes).
DIVIDIR, REPARTIR, *v.* há, pín, dá_sí > Ó dá a sí méjì – Ela a dividiu em dois.

DIVINDADE DA AGRICULTURA, *s.* Oko (origem na cidade de Ìràwọ̀).
DIVINDADE DA COMUNICAÇÃO, *s.* Èṣù.
DIVINDADE DA PUREZA ÉTICA, *s.* Òṣàlá.
DIVINDADE DA RIQUEZA, *s.* Ajéṣàlúgà, Ṣàlúgà.
DIVINDADE DA SABEDORIA, *s.* Ọrúnmìlà (ligada às formas de consulta).
DIVINDADE DAS COLINAS, *s.* Òkè (na região de Abẹ́òkúta).
DIVINDADE DAS DOENÇAS, *s.* Sọ̀npọ̀nná, Ọmọlu.
DIVINDADE DAS FOLHAS, *s.* Òṣányìn.
DIVINDADE DAS LAGOAS, *s.* Ọlọ́sà.
DIVINDADE DO FERRO, *s.* Ògún.
DIVINDADE DOS ATABAQUES, *s.* Àyàn.
DIVINDADE DOS CAÇADORES, *s.* Ọṣọ́ọ̀sì.
DIVINDADE DOS MARES, *s.* Olókun, Yemọja < Yèyé + ọmọ + ẹja.
DIVINDADE DOS RAIOS, *s.* Ṣàngó, Jàkúta.
DIVINDADE DOS RIOS, *s.* Ọ̀sun.
DIVINDADE DOS VENTOS, *s.* Ọya, Yánsàn.
DIVINDADE, ORIXÁ, *s.* Òrìṣà, Òòṣà.
DIVINDADE SUPREMA, DEUS, *s.* Ọlọ́run, Olódùmarè (possui diferentes denominações em respeito a seus atributos).
DIVINIZAÇÃO, PREDIÇÃO, *s.* afọṣe, ọ̀rọ̀ àsọtélẹ̀ > aláfọ̀ṣẹ – divinizador.
DIVINIZAR, DEIFICAR, *v.* sọdi òrìṣà, sọ dòrìṣà.
DIVISA, *s.* ìpínlẹ̀.
DIVISÃO, DIVISÓRIA, *s.* ìkélé (separação de um espaço).
DIVISÃO DOS DEDOS, *s.* pàlàkà (divisão dos galhos de árvores).
DIVISÃO DOS RELATOS DE IFÁ, *s.* àpọ́là.
DIVISÃO EM PARTES, *s.* orí-ẹya.
DIVISÃO, PARTILHA, *s.* ìpín, ìpínfúnni, pípin, pínpín > Wọ́n ṣe ìpín nínú gbogbo – Eles fizeram uma partilha entre todas as pessoas.
DIVISÃO MÚTUA, *s.* ìdásíwẹ́wẹ́, ìjọpín, àjọpín.
DIVISÃO, *s.* ìpínsíwẹ́wẹ́ (operação aritmética).
DIVISOR DE TRAMA, *s.* ọmú (usado em tecelagem).

DIVISOR, s. ìfipín.
DIVORCIAR, ABANDONAR, v. kọ̀_sílẹ̀ > Ó kọ̀ mí sílẹ̀ – Ele me abandonou.
DIVÓRCIO, s. àkọ̀sílẹ̀, ìkọ̀sílẹ̀, àìgbepọ̀.
DIVULGAR ELOGIOS, v. kókìkí, sọkiri.
DIVULGAR SERGREDOS, v. tú aṣírí.
DIZER, v. wí, ní, pé > kílo wí? O que você disse?; > Ṣe bí mo ti wí – Faça como eu digo.
DIZER OUTRA VEZ, v. túnwí > Ó tún wí pé kì ó lọ mọ́ – Ela disse de novo que não vai mais (tún – advérbio pré-verbal).
DIZER PARA, v. wí fún > Òun wí fún mi – Ela disse para mim.
DIZER QUE, OPINAR, v. wí pé > Ó wí pé lọ jáde – Ela disse que vai embora. Obs.: pé – que, é usado depois de verbos que dizem, que informam > Sọ fún wọn pé mo ti ṣe orò – Fale para eles que eu já fiz a obrigação. V. que.
DIZER TEXTO DO PROCESSO, v. wí lẹ́jọ́.
DIZER TOLICES, v. wọ́tọ́.
DÍZIMO, s. ìdá-mẹ́wàá.
DO CONTRÁRIO, adv. kódà (de outra maneira).
DO LADO DE, NA DIREÇÃO DE, adv. lápá < ní + apá > Ó wà lápá ọ̀tún – Ele está do lado direito.
DO LADO LESTE, ORIENTAL, adj. níhà-ìlàọ̀rùn.
DO LADO NORTE, NORTISTA, adj. níhà-àríwá.
DO LADO SUL, SULISTA, adj. níhà-gúsù.
DO OUTRO LADO, adv. apákéjì > Àwa nkàwé apá kéjì – Nós estamos lendo a segunda parte do livro.
DOAÇÃO, s. ìfifúnní, ìfitọrẹ.
DOAÇÃO, PRESENTE, s. ẹ̀bun, ọ̀rẹ́ > Ìwo jẹ́ ẹ̀bun tí Ọlọ́run fún wa – Você é o presente que Deus nos deu.
DOAÇÃO DE ESMOLA, s. ìtọrẹ-àánú.
DOADOR BONDOSO, s. oníbú-oore, ọlọ́rẹ, olùfúnni, afúnnilẹ́jẹ̀ > ẹlébùn – doador de um presente.
DOADOR DE SANGUE, s. afúnnilẹ́jẹ̀.

DOAR, v. jínkí, fibùn > Ó fi owó bún mi – Ele me doou dinheiro; > fi_fún – dar para > Ó fifún rẹ̀ – Ela deu para ele.
DOBRA, VINCO, s. ìkápọ̀, àkápọ̀, ìsẹpo.
DOBRA DE UM LADO, s. ìkátì > ìkíweje – prega.
DOBRADIÇA, s. àsígbè, ìwàkún, àgbékọ́ > ìwàkùn – dobradiça de porta.
DOBRADO, CURVADO, adj. kọrọdọ.
DOBRADO, ENCURVADO, adj. wíwọ́, kiká.
DOBRADO, ENVOLTO, adj. nídìlù.
DOBRAR DE NOVO, ENROLAR, v. túnká > Ó túnká ẹní – Ela enrolou a esteira de novo.
DOBRAR, CURVAR-SE, v. bẹ̀rẹ̀ < bà + ẹ̀rẹ̀.
DOBRAR, ENROLAR, v. kásókè < ká + sí + òkè.
DOBRAR, INCLINAR, v. sẹ́_kò > Ó sẹ́ owọ́ rẹ̀ kò – Ele dobrou o braço dela.
DOBRAR, INCLINAR-SE, v. lò > Ó lò kan ilẹ̀ – Ele inclinou-se para o chão.
DOBRAR, v. sẹ́, sẹ́po > ìsẹ́po – dobra.
DOBRAR, VINCAR, v. kápọ̀.
DOBRAS, s. ìsẹ́po.
DOBRO, DUPLO, s. ìlópo méjì > Ìlópo méjì àgbàdo tó sè – Duplicação do milho que ela cozinhou; > Nísisìyí mò nsisẹ́ ní ìlópo méjì – Agora eu estou trabalhando duas vezes, duplamente.
DOCA, ESTALEIRO, s. ibikan ọkọ̀ ojú omi (lit. local onde fica o navio).
DOCE, adj. dídùn, súwíìtì (do inglês *sweet*).
DOCE, MEL, s. mọmọ, oyinmọmọ.
DOCEMENTE, adv. yúngbà, mìrìnmìrìn (agradavelmente).
DOCES, s. ohun-àdídùn, onjẹ-dídùn, àbódó (feito de milho e mandioca).
DÓCIL, adj. kíkóso > Ìwọ jẹ́ ènìà kíkóso – Você é uma pessoa tratável, dócil; > àìle – não difícil, não complicada.
DOCUMENTO, s. ìwé àdéhùn > Ìwé nípa ohunkóhun – Texto sobre alguma coisa.
DOÇURA, MEIGUICE, s. inútítẹ́.
DOÇURA, PRAZER, s. adùn > Adún mi – Minha doçura (expressão de carinho).

DOÇURA, s. àdùnní – aquela que tem doçura (usado como nome próprio feminino).
DOÇURA, SABOR, s. ìdùn, dídùn.
DOENÇA CONGÊNITA, s. àrùn àbínibí.
DOENÇA CONTAGIOSA, s. àrùn àrànmó.
DOENÇA CRÔNICA, s. àrùun gbére.
DOENÇA DE GADO, s. owa.
DOENÇA DE PÁSSAROS, s. àtànròkò.
DOENÇA DE PELE, s. làpálàpá, ògòdò (escorbuto), àgbèsì, ègbèsì (coceira).
DOENÇA DO PÊNIS, SÍFILIS, s. rákoráko, rékoréko < ré + okó.
DOENÇA DOS LÁBIOS, s. ìbé (estomatite).
DOENÇA DO SONO, s. sunrunsunrun.
DOENÇA INFLAMATÓRIA, s. òkè-ìlè (inflamação no rosto, mãos e pés).
DOENÇA NA UNHA, s. atafo (dedo da mão).
DOENÇA NO BICO DE AVES, s. yanrìn.
DOENÇA, ENFERMIDADE, s. àìsàn, àmódi.
DOENÇA HEREDITÁRIA, s. àrùn ìdílé.
DOENÇA, INDISPOSIÇÃO, s. òjòjó, àrùn > ìbòn – predominante em Ìjèbù.
DOENÇA VENÉREA, s. àrùn ìrun.
DOENÇA, s. àmódi, kolobo (na boca ou garganta).
DOENÇA, s. òkùnrùn, òkà (acontece na cabeça das crianças).
DOENTE, FRACO, adj. sàìlera (lit. sem saúde).
DOENTE, ENFERMO, s. lárún > alárún – uma pessoa doente.
DOENTIO, adj. aláìdá.
DOENTIO, ANORMAL, adj. tèbótèbó.
DOER, PREJUDICAR, v. se_lése.
DOER, v. ro, fó > Orí nfó mi – Estou com dor de cabeça (lit. Minha cabeça está quebrando); > Gbogbo ara nro mi – Todo corpo está me doendo.
DOGMA, s. èkó, ìmò.
DOIS A DOIS, DOIS DE CADA, adj. méjìméjì.

DOIS, *num.* èjì, méji (eéji - forma usada para cálculos) > Mo ní àbúrò'kúnrin mèjì – Eu tenho dois irmãos mais novos.

DÓLAR, *s.* dọ́là (do inglês *dollar*).

DOLENTE, *adj.* nírora (doloroso).

DOLENTEMENTE, *adv.* lẹ́dùn.

DOLORIDO, SENTIDO, *adj.* níkikan.

DOLOROSAMENTE, *adv.* fẹ̀tì, goorogo, lẹ́dùn, rabidun.

DOLOROSO, PENOSO, *adj.* lóró.

DOMADOR, ENCANTADOR, *s.* atunilójú.

DOMÁVEL, DOMESTICÁVEL, *adj.* títù.

DOMESTICAÇÃO, *s.* ìrọ̀lójú > rọ̀_lójú – domesticar > Mo rọ ẹran náà lójú – Eu domestiquei aquele animal.

DOMESTICAR, AMANSAR, *v.* tù_lójú.

DOMÉSTICO, *adj.* abẹ́le.

DOMÉSTICO, AMANSADO, *s.* ọ̀sìn.

DOMICÍLIO, HABITAÇÃO, *s.* ilé, ìbùjókó, ìbùgbé > Nínú ilé Bàbá mi ọ̀pọ̀ ìbùjókòó ni mbẹ – Na casa de meu Pai há muitas moradas.

DOMICÍLIO, LOCALIDADE, *s.* ọjọ̀.

DOMINAR, SERVIR, *v.* sìn > Mo sin Ọlọ́run – Eu sirvo a Deus; Ó mú mi sìn – Ele me pegou à força, me dominou.

DOMINAR, SUPERAR, *v.* pakọ > Èmi yíò pakọ àyàmọ́ mi – Eu superei o meu destino.

DOMINAR, *v.* gàba, káwọ́ < ká + ọwọ́ (ter controle sobre).

DOMINGO, *s.* Ọjọ́ Àìkú, Ọjó Ìsinmi, Ọjọ́ Sọ́ndè (do inglês *Sunday*).

DOMINGO DE RAMOS, *s.* ọjọ́ isimi-ọpẹ̀ (festividade com uso de palmas, folhas de palmeira).

DOMÍNIO, PROPRIEDADE, *s.* ìkáwọ́, àgbègbè > vizinhança, proximidade sàkàní.

DONA DE CASA, *s.* ìyàwó ilé.

DONA DO MARIDO, *s.* ọlọ́kọ.

DONDE, DE ONDE, *adv.* láti ibo (de que lugar) > O nbọ̀ látibo? – De onde você está vindo?

DONO DA COMIDA, *s.* olónjẹ, olóúnjẹ.

DONO DE ALGO – DORMITAR

DONO DE ALGO, *s.* olóhun.
DONO DE MACACO, *s.* ọlọ́bọ (como animal de estimação).
DONO DE POÇO, *s.* olódó.
DONO DO ESPAÇO EXTERIOR, *s.* olóde < oní + òde.
DONO DO MUNDO, *s.* aláiyé.
DONZELA, *s.* ọmọ dan, wúndíá > Ó bà wúndíá náà jẹ́ – Ele abusou da donzela.
DORAVANTE, *adv.* nígbàtínbọ̀.
DOR DE CABEÇA, *s.* ẹ̀fọ́rí, ẹ̀sánrí, ìfọ́rí, orífifọ́.
DOR DE DENTE, *s.* ìkokoro, àkokoro, ehin dídùn.
DOR DE ESTÔMAGO, CÓLICA, *s.* inúrírun, inúrun.
DOR DE SOFRIMENTO, *s.* ìjoró.
DOR DE OUVIDO, *s.* etí dídùn.
DOR DO PARTO, *s.* títèobí.
DOR NO CORPO, *s.* ìrora < ro + ara, ará ríro.
DOR NOS INTESTINOS, *s.* ìhàsíso.
DOR, AFLIÇÃO, *s.* ẹ̀dùn > Ẹsẹ̀ ndùn mí – Minha perna está doendo.
DOR, NEVRALGIA, *s.* túúlu.
DOR, *s.* ìdùn, dídùn. *V.* estar com dores.
DORSO, *s.* ẹ̀yìn-ọwọ́ (parte de trás da palma da mão).
DÓ-RÉ-MI, *s.* dò-re-mí (designação dos três tons, utilizados sobre as vogais e representados pelos acentos grave, médio e agudo. O acento do tom médio correspondente ao som de voz normal, é omitido).
DORMENTE, INATIVO, *adj.* pípamọ́
DORMINHOCO, *s.* olóorun.
DORMIR AO LADO, *v.* sùntẹ̀lé.
DORMIR DEMAIS, *v.* sùnjù > Ó nsùnjù – Ele está dormindo demais.
DORMIR JUNTO, *v.* bá_sùn > Bá mi sùn alẹ́ yìí – Durma comigo esta noite.
DORMIR PROFUNDAMENTE, *v.* sùnfọ́nfọ́n > oorun – sono; olóorun – dorminhoco.
DORMIR, *v.* sùn > Mo sùn sórí ibùsùn mi – Eu dormi na minha cama.
DORMITAR, *v.* tòògbé (cochilar).

DORMITÓRIO, s. ilé ìsùn, dọ́mítirì (do inglês *dormitory*).
DORSO, COSTAS, s. ẹ̀hìn (dorsal).
DOSAGEM, POÇÃO MÉDICA, s. ìlò oògùn.
DOSE EXCESSIVA, s. oògùn-alòjù (overdose).
DOSE, MEDIDA, s. ìwọ̀n oògùn.
DOTADO, s, jínkí (do idioma hausá).
DOTAR, v. fijínkí > Ó fi owó jìnkí mi – Ele me concedeu o dinheiro; > fifún – dar para > Ó fi obì kan fún wa – Ela deu uma noz-de-cola para nós.
DOURADO, AMARELO-OURO, adj. pọ́nròrò.
DOURAR NO FOGO, v. fináyan < fi + iná + yan.
DOURAR, v. bò ní góòlù, bò ní wúrà – cobrir de dourado.
DOUTOR HERBALISTA, s. adáhunṣe (que cura com ervas).
DOUTOR, s. oníṣègùn, dọ́kítà (do inglês *doctor*).
DOUTOR TRADICIONAL, s. oníṣègùn ìbílẹ̀ (nativo da região); oníṣègùn òyìnbó – doutor moderno (fora da região).
DOUTRINA, s. ẹ̀kọ́, òfin.
DOZE, num. èjìlá < éjí + lé + ẹwá (lit. dois mais dez); > méjìlá – doze, kéjìlá – 12º.
DOZE DIAS ATRÁS, adv. ìjejìlá < ijó + èjìlá (esta forma de composição pode ser usada para os demais numerais).
DOZE DIAS, num. ọjọ́ méjìlá > Orò ọjọ́ méjìlá Ṣàngó – Doze dias de Xangô.
DOZE, num. èjìlá > kéjílá – décimo segundo.
DRAPEJAR, VESTIR, v. ró.
DRÁSTICO, adj. tí ó ní agbára (lit. que tenha força, energia).
DRENAGEM, INFILTRAÇÃO, s. sísẹ́ (gotejamento, pingos).
DRENAR, ESCOAR, v. rogún > Omi rogún síhín – A água escoou para aqui.
DRENAR, SECAR, v. múgbẹ.
DRENO, s. ihò omi.
DROGA, s. ìsapó, ìṣújú (torna a pessoa tonta).
DROMEDÁRIO, s. ràkunmí.
DUAS VEZES, adv. ẹ̀ẹ̀méjì, léèméjì, nígbà méjì.
DÚBIO, DUVIDOSO, adj. nímọ̀méjì.

DUCHA, *s.* ìwẹ̀ (banho, lavagem), fomi fọnú – usar água para lavar.
DUENDES, *s.* egbére, iwin (vive em certas árvores).
DUODENO, *s.* ọlọ-ìfun.
DUPLAMENTE, *adv.* níméjìmejì (dois em dois, dois de cada vez).
DUPLICATA, **CÓPIA**, *s.* ẹ̀dà-ìwé.
DUPLICIDADE, **FRAUDE**, *s.* ẹ̀tàn.
DUPLO, *s.* méjì > méjìméjì – dois a dois, dois de cada vez > Nwọ́n tò ní méjìméjì – Eles formaram uma fila dois a dois.
DUPLO ETÉRICO, *s.* ẹníkéjì (segunda pessoa).
DURABILIDADE, *s.* líle, títọ́.
DURANTE, *prep.* nígbà, látìgbà, lákòkò.
DURANTE A GRAVIDEZ, *adv.* nígbà oyún.
DURANTE A TARDE, *adv.* lọ́sán.
DURANTE ALGUM TEMPO, *adv.* ṣii > Ó dúró ṣii – Ele ficou de pé por algum tempo.
DURANTE AS CHUVAS, *adv.* tòjòtòjò.
DURANTE O DIA, *adv.* àtònímóní.
DURANTE TODO O DIA, *adv.* onímóní (durante longo tempo).
DURANTE, NA OCASIÃO DE, *prep.* Lẹ́nu.
DURANTE, NO TEMPO DE, *adv.* lásèkò, lásìkò > Yánmuyanmu pọ̀ lásìkò yìí – Os mosquitos são muitos neste tempo.
DURÁVEL, *adj.* àlòpẹ́ > Tí ó lè pẹ́ títí – Que ele possa ser longo; > tọ́ – ser durável.
DUREZA, **DIFICULDADE**, *s.* okirikì, ìṣoro.
DUREZA, **TENACIDADE**, *s.* yíyí > Yíyí ojú-ìwòye rẹ padà – Mude seu ponto de vista (lit. mude a rigidez de seu pensamento).
DURO, *adj.* tíṣántíṣán (que não se quebra facilmente).
DURO, **FIRME**, *adj.* àìdẹ.
DURO, **SÓLIDO**, *adj.* líle > Ara líle loògùn ọrọ̀ – Um corpo forte e saudável, é o remédio para a riqueza.
DURO, **RESISTENTE**, *adj.* kánrin, ṣíṣòro > Ó le kánrin – Ele é forte e resistente.
DURO, **RÍGIDO**, *adj.* kó.
DÚVIDA, **DILEMA**, *s.* ìṣíyé méjì.

DÚVIDA, HESITAÇÃO, *s.* ìṣiyèméjì, ìméfò > Èmi kò ṣiyè méjì pé ó jẹ́ bẹ́ẹ̀ – Eu não duvido de que ela seja assim.

DÚVIDA, INCERTEZA, *s.* àníàní, ìyèméjì, tàbítàbí > Tàbítàbí kò sí – Não há dúvida.

DUVIDAR, OBJETAR, *v.* ṣàníàní.

DUVIDAR, VACILAR, *v.* ṣíyèméjì.

DUVIDOSO, *adj.* níyèméjì.

DUVIDOSO, IMPRECISO, *adj.* ṣàìdáníló̩jú.

DUVIDOSO, INCERTO, *adj.* dáníníyèméjì, láìdájú, láìdáníló̩jú < láì + dá + ní + ojú.

DUVIDOSO, SUSPEITO, *adj.* béjú, béjúsóde.

DUZENTOS, *num.* igba > Igba ènìà wá sí o̩jó̩ ìbí mi. Ìwo̩ jẹ́ ènìà kíní – Duzentas pessoas virão ao meu aniversário. Você será a primeira pessoa.

DUZENTOS E UM, *num.* igba lé kan, o̩kanlénígba.

DÚZIA, DOZE, *s.* méjìlá > Kí ó sè fún ìṣéjú méjìlá – Que cozinhe por doze minutos.

E, *conj.* àti, ti (liga substantivos, pronomes de duas sílabas, preposição, mas não liga verbos) > Ó wọ́ sọ̀kòtò àti bọ bàtà dúdú – Ele vestiu calça e sapato preto; > Èmi àti iwọ yíò bá àwọn ènìàn abọ̀ṣì – Eu e você ajudaremos as pessoas necessitadas.

E, *conj.* òn, òun (geralmente usado com nome de pessoas) > Òjó òn Ajadí – Òjó e Ajadí.

E, *conj.* pẹ̀lú (liga substantivos, mas não liga verbos) > Ìwà pẹ̀lú ẹwá dára púpọ̀ – Caráter e beleza são boas qualidades.

E, *conj.* sì > Ó parọ́ fún mi, ó sì tàn mí jẹ – Ele mentiu para mim e me enganou; > Ó wọlé, mo sì jáde – Ele entrou e eu saí. Liga sentenças, mas não liga substantivos. É posicionado antes do verbo. Também pode significar na frase as palavras: além disso, ainda, então, também.

E, *conj.* sì (usada na forma negativa do tempo Imperativo, quando duas ordens vêm juntas) > Má ṣe kàwé, má sì ṣe kọ̀wé – Não leia e não escreva.

E ACERCA DE?, *adv. interrog.* nkọ́? > Mo rò ẹ púpọ̀. Ìwọ nkọ́? – Eu penso muito em você. E você? (pronunciar *unkó*).

É ELE, É ELA, *v.* lòun < ni + òun > Ilé lòun yíò lọ – É para casa que ela irá.

É ESTE!, *exp.* èyí ni! > Ilé mi èyí ni! – Minha casa é esta!

E, ALÉM DISSO, *conj. pré. v.* sì (não liga substantivos) > Òjó jẹun, ó sì sùn – Òjó comeu alguma coisa, além disso, ele dormiu. É posicionado antes do verbo.

É ISTO!, *interj.* abájọ! (expressão de surpresa).

E VOCÊS, *exp.* ìwọ náà nkọ́?
ÉBANO, *s.* igi dúdú kan.
ÉBRIO, *s.* ọ̀mu, ọ̀mutí.
ECLESIÁSTICO, *s.* tí ṣe ti ìjọ (que organiza congregações).
ECLIPSE, *s.* ìdílójú (obstrução).
ECLIPSE LUNAR, *s.* ìdílójú òṣùpà – eclipse lunar > Òṣùpà dí oòrùn – A lua encobriu o sol.
ECLIPSE SOLAR, *s.* ìdílójú oòrùn, ìmúṣọ́kùnkùn oòrùn.
ECO, *s.* gbohùn-gbohùn, gboùngboùn.
ECOLOGIA, *s.* ẹ̀kọ́ nípa ojọ̀ (lit. estudo sobre o meio ambiente).
ECOLÓGICO, *s.* ojọ̀ > ojọ̀ ẹ̀dá-oníyè – ecossistema.
ECONOMIA, *s.* ìdásí.
ECONOMIA, *s.* ètò-ọrọ́ (sistema de riqueza).
ECONOMICAMENTE, *adv.* pọ̀.
ECONÔMICO, *adj.* háwọ́ > Ó háwọ – Ele é avarento.
ECONOMIZAR, GUARDAR, *v.* gánlò, fi_pamọ́, sééfù (do inglês *save*), ṣúnná; > Ó fi owó mi pamọ́ sọ́wọ́ fún mi – Ele economizou o meu dinheiro e guardou para mim; > ìṣúnná – cuidado com os gastos; > àdápamọ̀ – aquele que guarda o dinheiro.
ECTOPLASMA, *s.* ìwọ̀-òde ara pádi.
ECZEMA, DOENÇA DE PELE, *s.* ifo, èélá, èkúrú, èkùsá.
EDEMA, *s.* ògùdùgbẹ̀.
EDIFICAÇÃO, CONFIRMAÇÃO, *s.* ìfẹsẹ̀múlẹ̀ > ìdàgbàsókè – crescimento.
EDIFÍCIO, *s.* ilé kíkọ́, ilé gíga.
EDIÇÃO, REPRODUÇÃO, *s.* èdà > Èdà ìwé – Edição de um livro.
EDITAL, ANÚNCIO PÚBLICO, *s.* ìkéde, ìṣófin, ìwé òfin.
EDITOR DE LIVROS, *s.* arán-wé, ìṣèwé, òṣèwé, aṣèwé, olótùú.
EDITOR, RELATOR, *s.* oníwé.
EDITORIAL, *s.* ọ̀rọ̀ oníwé.
EDUCAÇÃO FÍSICA, *s.* ẹ̀kọ́ ètò-idárayá.
EDUCAÇÃO, FRANQUEZA, *s.* ìtọ́, ẹ̀kọ́ – aula, educação, instrução.
EDUCAÇÃO, SISTEMA DE ENSINO, *s.* ètò ẹ̀kọ́ > Ó ní ètò ẹ̀kọ́ – Ela tem um sistema de ensino.

EDUCADO, INSTRUÍDO, adj. lẹ́kọ > akẹ́kọ́ – estudante.
EDUCADOR, s. olùkọ́.
EDUCAR, CUIDAR, v. kọ́lẹ́kọ́, kọ́, tọ́ > Ó kọ́ mi lẹ́kọ́ – Ela me cuidou; > ìtọ́ – educação.
EFEITO, RESULTADO, s. àyọrísí.
EFEITO, CONSEQUÊNCIA, s. ìyọrísí, èrè.
EFÊMERO, adj. ti ìgbà díẹ̀.
EFICÁCIA, s. àṣẹ.
EFICAZ, ACEITÁVEL, adj. àrúdà, láṣẹ́.
EFICIÊNCIA, s. ìjáféfé.
EFICIENTE, EFICAZ, s. àìtàsé > alèwí-lèṣe – criativo.
EFÍGIE, IMAGEM, s. àwòrán, ère ènìà.
EFUSÃO, EXPANSÃO, s. ìtújáde.
EGITO, s. Égíptì.
EGO, ORGULHO, s. ìgbéraga.
EGOÍSMO, s. ìfẹ́ranijù, ìfẹ́ranijùlọ.
EGOMANIA, s. jíjọra ẹni lójú (lit. similaridade entre pessoas).
EGRESSO, adj. ìjáde lọ, ìjáde (saída, retirada) > A nwo ìjáde kíní – Nós estamos assistindo à primeira saída.
ÉGUA ESTÉRIL, s. akobia.
ÉGUA, s. abo ẹṣin.
EIXO DE GIRO, s. ìlà ìpòyì > èrọ ìpòyì – girando o dispositivo.
EJACULAR ESPERMA, v. dàtọ̀ < dà + àtọ̀.
ELABORAR, EXPLICAR, v. sọ_yé > Ó sọ ọ́ àsọyé – Ele explicou isto; > júwe – mostrar, indicar > Ògún júwe mi láti jẹ́ ògá rẹ̀ – Ogun me indicou para ser ogan dele; > Júwe rẹ fún mi – Descreva isto para mim.
ELABORADO, adj. aláápọn.
ELASTICAMENTE, adv. tíkẹ́tíkẹ́.
ELASTICIDADE, DISTENSÃO, s. rírọ́.
ELÁSTICO, FLEXÍVEL, adj. lílẹ̀, fùtẹ̀-fùtẹ̀, fùẹ̀-fùẹ̀, méjanméjan > nínà – estendido > Ó wà pẹ̀lú apá nínà – Ela está com os braços estendidos.
ELE, ELA, pron. òun, ó > Òun lọ ra obì – Ela foi comprar obí. Obs.: **1.** não é usado em frases negativas > Kò lọ – Ela não foi; **2.** quando for usado

ELE, ELA MESMA – ELEITOR

de forma respeitosa, usar a forma plural - àwọn, wọn > Bàbá nkọ́? Wọ́n wà – Como está seu pai? Ele está bem; **3.** *ó* – pode ser usado para dar forma impessoal a uma afirmativa: > Ó rẹ̀ mí – Estou cansado (lit. o cansaço me pegou); > Ó di abọ̀ – Até a volta; > Ó yé mi – Eu entendi (lit. ele me fez entender; da mesma forma como pron. pess. ele não é usado em frases negativas > Kò yé mi – Eu não entendi; **4.** às vezes substitui *tí* – que, principalmente nas frases regidas por *ni* – ser; > Bàbá ni ó ra bàtà – Foi papai que comprou o sapato; **5.** forma abreviada de *yíó*, que faz a marca do tempo futuro do verbo; > Èmi kì ó lọ – Eu não irei.

ELE, ELA MESMA, *pron. reflex.* ararẹ̀, òun tìkálárarẹ̀, òun pàápàá, òun fúnrarẹ̀ > Ararẹ̀ lọ síbẹ̀ – Ela mesma foi lá; > Òun pàápàá ra aṣọ titun – Ela mesma comprou roupa nova.

ELE TEM, *v. aux.* ti > Òun ti sùn díẹ̀ – Ele tem dormido pouco; ní – ter, possuir > Mo ní owó púpọ̀ – Eu tenho muito dinheiro.

ELES, ELAS, *pron. pess.* nwọ́n (usado em ação não creditada a alguém – pronunciar *wọ́n*) > Nwọ́n máa iṣẹ́ wa – Eles farão o nosso trabalho.

ELES, ELAS, *pron. pess.* àwọn, wọ́n > Àwọn gba ẹ̀bùn – Eles receberam presentes. Também usado para formar o plural dos substantivos > Àwọn ọmọdé gba ẹ̀bùn – As crianças receberam presentes.

ELÉCTRON, *s.* eyọ-àrá.

ELEFANTE, *s.* erin, àjànàkú > aṣọ erin – pelica do elefante.

ELEFANTÍASE, *s.* jàkùtẹ̀, jàbùtẹ̀.

ELEGÂNCIA, BELEZA, *s.* ẹwà > Obìnrin ẹlẹ́wà – Uma linda mulher.

ELEGANTE, ASSEADO, *adj.* fínjú, onífààrí > Ó fínjú – Ele é extremamente limpo.

ELEGANTEMENTE, *adv.* kọ́rọ.

ELEGER, OPTAR, *v.* yàn, ṣà > Ó yàn mí – Ela me escolheu; > Ìwọ ni àyàn – Você é o escolhido; > ìyàn – argumento, debate.

ELEGIA, *s.* ègè (canto, poesia fúnebre).

ELEIÇÃO, ESCOLHA, *s.* ìyànfẹ́, àṣàyàn, ìdìbò > ìbò – voto > yíyàn – processo eleitoral > O que fazer? > Kíló ṣe? Lọ́lá lójọ́ yíyàn – O que fazer? Amanhã é dia de eleição.

ELEITOR, *s.* adìbò > ẹnití n yàn sí ipò tàbí sí iṣẹ́ (lit. aquele que escolhe para um cargo ou um trabalho).

ELEMENTAR, BÁSICO, s. ìpilẹ̀sẹ̀.
ELEMENTO, CATEGORIA s. ẹ̀yà > Àwọn ẹ̀yà mẹ́rin àyè: afẹ́ẹ́fẹ́, ilẹ̀, omi, iná – Os quatro elementos da vida: ar, terra, água, fogo.
ELETRICIDADE, s. ti àrá.
ELETRICIDADE NEGATIVA, s. àrá alámì ẹ̀yọ.
ELETRICIDADE POSITIVA, s. àrá alámì èrò.
ELÉTRICO, s. àrá, èlẹ́tírííkì (do inglês *electric*) > ìsà-àrá – corrente elétrica.
ELETROCUTAR, v. fi àrá pa.
ELETROLOGIA, s. ẹ̀kọ́ nípa àrá.
ELETROMAGNÉTICO, s. òòfà-àrá.
ELEVAÇÃO DE TERRA, s. gegele, gègèlété.
ELEVAÇÃO, ERGUIMENTO, s. àtètèjí, ìgbéga, ìgbélékè.
ELEVADOR, s. ẹ̀rọ tí ngbé ni lọ sókè nínú ilé pẹ̀tésí (lit. máquina que leva para cima, dentro da casa).
ELEVAR, v. gbéga, gbésókè, gbélékè.
ELEVAR-SE, v. yọrí (ter êxito) > Ó yọrí isẹ́ náà – Ela completou aquele trabalho.
ELIMINAÇÃO, s. yíyọkúrò.
ELIMINAR, DEDUZIR, v. yọ_kúrò, mú_kúrò > Ó mú mẹ́ta kúrò nínú mẹ́wàá – Ele deduziu três de dez.
ELOCUÇÃO, DICÇÃO, s. ọ̀rọ̀ sísọ.
ELOGIAR, LISONJEAR, v. pọ́n, yìn, yẹ́sí.
ELOGIAR, v. sà > A kìí sà ọ̀le – nós não costumamos elogiar preguiçosos.
ELOGIO, LOUVOR, s. àpọ́nlé, ìyìn, ìyèsí, yínyìn, ìyìnlógo; Ó fi ìyìn fún mi – Ela fez um louvor para mim; > ìpọ́nni – adulação, lisonja.
ELOQUENTE, adj. mọ ọ̀rọ̀ ìsọ.
ELOQUÊNCIA, s. sísọ̀rọ̀ dídùn.
ELUCIDAÇÃO, s. àlàyé, ìlàdí.
ELUCIDAR, v. àlàyé, túmọ̀.
EM, ENTRE, NO MEIO DE, prep. Lára.
EM, NO, NA, prep. ní (muda para l quando a palavra seguinte começar com vogal diferente de i) > Ó wà ní ilé, nílé – Ela está em casa; Ó wà ní ọjà, lọ́jà – Ela está no mercado. Alguns verbos pedem *ní* antes do objeto direto; se o verbo pedir dois objetos, *ní* será posicionado antes

do segundo objeto, que deverá ser um substantivo. Nestes casos, *ní* é visto como uma partícula enfática sem tradução. > Ó jẹ́ mí ní owó – Ele me deve dinheiro; > Obìnrin náà wù mí ní aya – Aquela mulher me agrada como esposa.

EM ALGUM LUGAR, *adv.* níbìkan, níbòmíràn, níbòmí > Ó wà níbìkan – Ele está em algum lugar.

EM ALTA VOZ, *adv.* sọ̀rọ̀ sókè.

EM BAIXO, SOB, *prep.* lábẹ́ > Wọ́n nsùn lábẹ́ igi – Eles estão dormindo embaixo da árvore.

EM BREVE, *adv.* àìpẹ́ > Óun ó wá láìpẹ́ (ni àìpẹ́) – Ela virá logo (ó – partícula indicativa do tempo futuro).

EM CIMA, SOBRE, *prep.* lórí, lérí, sára < ni + orí, > Onjẹ wà lórí tábìlì – A comida está em cima da mesa; > Bàbá ndá owó ẹyọ lórí ẹní – Papai está jogando búzios em cima da esteira; > Ó kọ ọ̀rọ̀ èké sára awọn ògírí – Ele escreveu mentiras nas paredes.

EM DIREÇÃO A, *adv.* sẹ́gbẹ́ (para o lado de) > Wọ́n lọ sẹ̀gbẹ́ ọ̀hún – Elas foram naquela direção.

EM DIREÇÃO A, *prep.* síhà < sí + ìhà, sípa < sí + ipa.

EM FILA, *adv.* lẹ́sẹsẹ, lẹ́sẹlẹ́sẹ.

EM FRENTE, DIRETO, *adv.* lọ́kánkán > Wọ́n nbọ̀ lọ́kánkán ọ̀dọ̀ mi – Elas estão vindo direto junto de mim.

EM FRENTE, NA FRENTE, *adv.* níwájú, lójúde (defronte) > Ó wà níwájí mi – Ele está na minha frente; > Lọ síwájú – Vá em frente.

EM GRANDE NÚMERO, *adj.* ọ̀pọ̀ọ̀rọ̀.

EM GRANDE QUANTIDADE, *adv.* lọ́pọ̀lọ́pọ̀, pupọ̀púpọ̀ > Ó lówó lọ́pọ̀lọ́pọ̀ – Ele é excessivamente rico.

EM GRUPO DE CEM, *adv.* ogọ́ọ̀rọ̀rùn.

EM GRUPOS, *adv.* ṣúru-ṣùru > Mo rí igi ṣúru-ṣùru – Eu vi um grupo de árvores.

EM GRUPO ORDENADO, *adv.* lọ́wọ̀ọ̀wọ́.

EM LINHA RETA, *adv.* lọ́kánkán.

EM MEIO DE, *adv.* láàrin < ní + ààrin (no meio de) > Àwa wà láàrin àwọn ọ̀rẹ́ – Nós estamos entre amigos.

EM NENHUM LUGAR, *adv.* láìṣebìkan, láìsí níbikan.
EM OPOSIÇÃO A, *adv.* e *prep.* nílòdìsí, lódìkéjì.
EM OUTRO LUGAR, *adv.* ibòmíràn < ibi + òmíràn > Ibòmíràn ni ó wà – Ele está em outro lugar.
EM PARTES, *adv.* lọ́tọ̀, lọ́tọ̀lọ́tọ̀ (um por um).
EM PAZ, *adv.* pẹ̀lẹ́tù (amigavelmente).
EM PÉ, *adv.* nídúró (ereto).
EM PEDAÇOS, *adv.* wólo-wòlo, wómọ-wòmọ, wómúwómú, kélekèle.
EM PEDAÇOS, PULVERIZADO, *v.* wúrú-wúrú.
EM PEQUENA QUANTIDADE, *adv.* tókí.
EM PEQUENAS PARTES, *adv.* wẹ́lẹ́-wẹ́lẹ́ > Ó gé e wẹ́lẹ́-wẹ́lẹ́ – Ela cortou isto em pequenos pedaços.
EM PEQUENAS PORÇÕES, *adv.* jàjájà > Àwa jẹ onjẹ jàjájà – Nós comemos aos poucos.
EM QUALQUER LUGAR, *adv.* níbìkíbi > Níbìkíbi tí o bá wà – Em qualquer lugar onde você possa estar.
EM QUANTIDADE, *adv.* ṣinkìn (profundamente).
EM RESUMO, *adj.* ṣókí (em poucas palavras) > Ó sọ̀rọ̀ naà ní ṣókí – Ele falou aquilo em poucas palavras.
EM RESUMO, *prep.* ní kúkúrú.
EM SEGREDO, *adv.* níkọ̀kọ̀ (secretamente).
EM SITUAÇÃO EXTREMA, *adv.* níkíkú – na hora da morte.
EM SUSPENSÃO, *adv.* adeedé, oréfé.
EM TEMPO DE VIGÍLIA, *adv.* lójúfò.
EM TODA PARTE, *adv.* níbigbogbo.
EM TODAS AS CASAS, *adv.* lójoojúlé.
EM TODAS AS OCASIÕES, *adv.* tòjò tẹ̀ẹ̀rùn.
EM TODO LUGAR, *s.* e *adv.* ibigbogbo.
EM TODOS OS TEMPOS, *adv.* nígbàgbogbo > Nígbàgbogbo ló máa nbú mi – Constantemente ela me ofende.
EM TRAPOS, *adv.* jìwinnì (esfarrapadamente).
EM UM INSTANTE, *adv.* paa.
EM VÃO, PARA NADA, *adv.* lásàn > Ó nsọ̀rọ̀ lásàn – Ele está falando em vão.

EM VÃO, SEM RAZÃO – EMBALSAMAR

EM VÃO, SEM RAZÃO, *adv. pré-v.* wulẹ̀ > A wulẹ̀ rí wọn – Nós os encontramos por acaso.
EM VERDADE, *adv.* nítòótọ́.
EM VEZ DE, **NO LUGAR DE**, *prep.* dípò > Ó lò ó dípò èyun – Ele usou isto em lugar daquela coisa.
EM VIGOR, *adv.* láìparẹ́.
EM VOLTA DE, *adv.* àrìnyíká (usado com o verbo andar – rìn) > Ó rìn àrìnyìká – Ela caminhou em volta daquele lugar.
EM VOLTA DE, *adv.* káàdí, káríkárí, káàkiri > Ó fi ọwọ́ gbé ọmọ lọ káàkiri – Ela pegou a criança no colo e foi passear.
EM VOLTA DE, *adv.* kálọ́rùn < ká + ní + ọrùn (ao redor de).
EM VOZ ALTA, *adv.* sọ̀rọ̀ sókè.
EM ZIGUE-ZAGUE, *adv.* wọ́kọwọ̀kọ, wọ́kuwọ̀ku.
EM, ENTRE, *prep.* lára (no meio de).
EMAGRECER, *v.* rù > Ó rù kan èègun – Ele está pele e osso; > rírù – magreza.
EMANAR, *v.* làwá.
EMANCIPAÇÃO, *s.* dídá sílẹ̀, títú sílẹ̀.
EMANCIPAR, **LIBERTAR**, *v.* dá_sílẹ̀, tú_sílẹ̀, dá_kúrò, dálókoẹrú > Ó dá mi sílẹ̀ ló ko ẹrú – Ele me libertou da escravidão.
EMARANHADO, *s.* ìlọ́lù, ìlọ́pọ̀.
EMARANHAR-SE, **ENTRELAÇAR**, *v.* lọ́pọ̀, lọ́lù > Ó lọ́ wọn pọ̀ – Ele se emaranhou neles.
EMBAINHAR A ESPADA, *v.* fibàkọ̀.
EMBAIXADA, *s.* ilé-aṣojú, ẹ́mbási (do inglês *embassy*).
EMBAIXADOR, *s.* àmbasédọ̀ (do inglês *ambasador*).
EMBAIXO DE, **SOB**, *prep.* nísàlẹ̀ > Ó ngbé nísàlẹ̀ afará – Ele está vivendo debaixo da ponte.
EMBALAR A CRIANÇA, *v.* rẹ̀tẹ́, pasẹ̀ < pa + ẹsẹ̀.
EMBALAR, ACALENTAR, *v.* kùn_lóòrun > Iṣẹ́ yìí kùn mí lóorun – Este serviço me deu sono.
EMBALSAMAR, *v.* kùnlọ́ṣẹ > fi ọṣẹ tàbí oògún kùn òkú ènìà – usar massa ou um preparado e friccionar no corpo do morto.

EMBARAÇADO – EMBRIAGAR ALGUÉM

EMBARAÇADO, *adj.* gàungàun, ìlọ́lù, ìdíjú, lílọ́pọ̀.
EMBARAÇAR, CONFUNDIR, *v.* gọ́.
EMBARAÇO, *s.* àámú, ìgọ́, gígọ́.
EMBARAÇOSAMENTE, *adv.* kámikàmìkámi.
EMBARCAÇÃO, *s.* wíwọkọ̀, ìbọsọ́kọ̀.
EMBARCAR, *v.* wọkọ̀ < wọ̀ + ọkọ̀.
EMBARQUE, *s.* ìbọ́sọ́kọ̀, ìwọkọ̀, ìsíkọ̀ < sí + ọkọ̀ (em navio, trem, avião).
EMBEBEDAR-SE, *v.* mọ́tíyó, mọtipara.
EMBEBER, *v.* mu > má mu mọ́ – não beba mais.
EMBELEZAMENTO, *s.* ohun ẹwà tàbí ọ̀ṣọ́ (lit. algo de beleza ou adorno).
EMBELEZAR, POLIR, *v.* gba_láyun > Ó gba ọ̀rọ̀ rẹ̀ láyun – Ele embelezou a conversa dela, deu um polimento.
EMBELEZAR, ENFEITAR, *v.* ṣe_lọ́ṣọ̀ (fazer um adorno) > Wọ́n nṣe ilé ìsìn lọ́ṣọ́ fún orò ọdọọdún – Eles estão enfeitando a casa de culto para a festa anual.
EMBELEZAR, *v.* mú_lẹ́wà, ṣe_lẹ́wà.
EMBLEMA, *s.* àm > imalẹ̀ – emblema do culto aos ancestrais.
EMBORA, ENTRETANTO, *conj. pré-v.* tilẹ̀ > Ó tílẹ̀ rí wa – Ela, de fato, nos viu.
EMBORA, COMO SE, *conj.* bíẹnípé.
EMBORA, *conj.* bẹ́ẹ̀rẹ́, bíótilẹ̀ > Ó kọrin púpọ̀ bíòtilẹ̀ kò ní ohùn ìsàlẹ̀ – Ela canta muito bem, embora tenha uma voz baixa.
EMBORA, CONTUDO, *conj.* bótilẹ̀ṣepé, bótilẹ̀jẹ́pá.
EMBORCAR, VIRAR, *v.* dà_lójúdé.
EMBOSCADA, *s.* íbúba.
EMBOSCAR, ATOCAIAR, *v.* dènà < dè + ọnà > O fi igi dènà – Ele usou uma madeira e bloqueou a estrada; > Ó badè mi – Ele me armou uma emboscada.
EMBOSCAR, ESCONDER-SE, *v.* gọ > Ó gọ búrú – Ele se escondeu.
EMBOTADO, *adj.* ku.
EMBRIAGAR ALGUÉM, *v.* fọtípa < fi + ọtí + pa > Ọ̀rẹ́ mi fọtípa mi – Meu amigo me embriagou.

EMBRIAGAR-SE, v. mọtípara, mọtíyọ́.
EMBRIAGUEZ, BEBEDEIRA, s. ìmukúmu.
EMBRIÃO, FETO, s. ọlẹ̀.
EMBRIOLOGIA, s. ẹ̀kọ́ nípa ọmọ-inú (lit. estudo sobre o embrião).
EMBROMADOR, s. àṣìsọ, ìṣìsọ.
EMBRULHADO, adj. nídilu.
EMBRULHAR, ENVOLVER, v. wé, káwé < ká + ìwé, fi_wé (enrolar em volta) > Mo fi ìwé wé aṣọ – Eu usei o papel e embrulhei a roupa.
EMBRULHO, s. ẹrù.
EMBRUTECER, v. fọtíbàjẹ́ < fi + ọtí + bàjẹ́ (a pessoa através da bebida).
EMBUSTE, MALANDRAGEM, s. ẹ̀rọ, ìyànjẹ.
EMENDA, CORREÇÃO, s. àtúnṣe > Mo máa nṣe àtúnṣe púpọ̀ – Eu costumo fazer muitas correções.
EMERGÊNCIA, s. jíjáde lójijí.
EMERGIR, APARECER, v. rú_jáde, yọ_jáde.
EMÉTICO, adj. mímúníbì, ìrùyà (o que provoca vômito).
EMIGRAÇÃO, s. iṣílọ, ṣíṣílọ.
EMIGRAR, TRANSFERIR-SE, v. yídí, ṣílọ > Ó yídí kúró níhín – Ela se transferiu daqui.
EMISSÃO, s. ìtújáde, ìfún jáde.
EMISSÁRIO, s. ikọ̀, amí.
EMITIR CONVOCAÇÃO CONTRA, v. pejọ̀.
EMITIR IRRADIAÇÃO, v. tan ìtànká > sọ ìtànká – emitir radiação.
EMITIR LUZ FORTE, v. tànṣan, tànmọ́lẹ̀.
EMOÇÃO, DOR, s. ìmíẹ́dùn (suspiro).
EMOÇÃO PROFUNDA, s. wíwùnílórí (paixão).
EMOCIONANTE, COMOVENTE, adj. wíwùlórí.
EMOLUMENTO, BENEFÍCIO, s. ànfàní, èrè.
EMPACOTAR, v. dẹrù < dì + ẹrù (amarrar uma carga).
EMPANAR O BRILHO, MACULAR, v. yéhàn > Orúkọ rẹ yéhàn – Seu nome é imaculado, não é sujo.
EMPATIA, s. kíkẹ́dùn.
EMPECILHO, IMPEDIMENTO, s. ìdìgbòlù.

EMPECILHO, PREOCUPAÇÃO, s. ìyọnu > Ìyọnu bá mi – Estou aflito; > Iṣẹ́ yìí ní ìyọnu – Esta tarefa tem um problema.
EMPENHO, ESFORÇO, s. ayan > Bàbá mi ṣe ayan púpọ̀ lórí ẹ̀kọ́ mi – Meu pai se empenhou muito sobre a minha educação.
EMPENHAR, HIPOTECAR, v. fi_dógò > Mo fi kẹ́kẹ́ mi dógò fún Òjó – Eu empenhei minha bicicleta com Ojô.
EMPILHAR, v. kọbé.
EMPLASTRAR, BESUNTAR, v. firẹ́.
EMPLUMADO, adj. túyẹ́-túyẹ́, abìyẹ́.
EMPOBRECER, v. sọ_di aláìní, sọ_di táláká.
EMPOLEIRADO, adv. bùtù-bútú, úta-wùta, búta-bùta.
EMPOLEIRADO, adj. yíyan.
EMPÓRIO, s. abà (estabelecimento), ọjà nlá.
EMPOSSAR, ENTRONIZAR, v. mú jọba, mú gorí ìtẹ́ (lit. alcançar o topo do trono).
EMPREENDIMENTO, s. àdáwọ́lé, ìdáwọ́lé.
EMPREGADA, s. ìránṣẹ́bìnrin > ìránṣẹ́kùnrin – empregado.
EMPREGADA, SERVIÇAL, s. ọmọdọ̀, olùtójú ilé.
EMPREGADO, FUNCIONÁRIO, s. òṣìṣẹ́ > Òṣìṣẹ́ ìjọba ni ẹ̀gbọ́n mi – Meu irmão é um funcionário do governo, < ṣìṣẹ́ – trabalhar.
EMPREGADOR, s. oníṣẹ́, agbanisíṣẹ́ (aquele que emprega).
EMPREGAR, v. fún_ṣẹ́ > Ó fún wa níṣẹ́ – Ele nos deu emprego; > gbà_ṣíṣẹ́ – empregar em um trabalho.
EMPREGO PÚBLICO, s. iṣẹ́-ìlú.
EMPREGO, TRABALHO, s. iṣẹ́ > Iṣẹ́ tí mo ṣe tán – O trabalho que eu fiz terminou; > iṣẹ́kíṣẹ́ – qualquer emprego.
EMPRESÁRIO, s. aládawọ́lé.
EMPRESTADO, adj. gbígbàwọ, wínwín, wíwín.
EMPRESTAR DINHEIRO, v. yá_lówó > Ó yá mi lówó – Ela me emprestou dinheiro.
EMPRESTAR PARA VESTIR, v. gbà_wọ̀, gbà_ró > Ó gba ẹ̀wù rẹ̀ wọ̀ – Ele emprestou a camisa dele; > Ó ngba aṣọ ró – Ele pediu uma roupa emprestada.

EMPRESTAR, CONCEDER, *v.* wín Ó wín owó fún mi – Ela emprestou dinheiro para mim; > wíwín – emprestado.

EMPRESTAR, *v.* wá_kó > Ó wá owó kó – Ele tentou pedir dinheiro emprestado.

EMPRÉSTIMO, *s.* ayáni, awínni > ayánílówó – empréstimo de dinheiro.

EMPUNHAR, *v.* mú_sọ́wọ́.

EMPURRAR FORTEMENTE, *v.* bì_lú.

EMPURRAR PARA BAIXO, *v.* wò_lọ́run, bì_ṣubú (derrubar).

EMPURRAR PARA A FRENTE, *v.* sún_síwájú, tì_síwájú (adiar, promover algo, pôr adiante) > Mo sún kẹ́rẹ́ síwájú sí i – Eu dei um pequeno empurrão nele.

EMPURRAR, INTRODUZIR, *v.* torí, tì_bọ̀ > Ó torí bọ̀ ọ́ – Ele interferiu nisto.

EMPURRAR PARA FORA, *v.* tì_jáde < Ó tì mí jáde – Ele me expulsou.

EMPURRAR APRESSADAMENTE, *v.* taarí > Ó taarí mi – Ele me empurrou apressadamente.

EMPURRAR, AFASTAR, *v.* bì, bìsẹ́hìn > Wọ́n bì mí sẹ́hìn – Eles me empurraram para trás.

EMPURRAR, FAZER ENTRAR, *v.* sọ́ > A sọ́ àkéte sínú ibùsùn – Nós empurramos a cama para o dormitório.

EMPURRAR, TROPEÇAR, *v.* jìn, tì > Ó tì mí, mo ṣubú – Ele me empurrou, eu caí; > Ó jìn mí lẹ́sẹ̀ – Ele tropeçou nas minhas pernas.

EMPURRAR, *v.* gbọ́n, sọ́gọ́, tìlọ > Ó tì mí lọ – Ele me empurrou junto.

EM SEGUIDA, AGORA, *adv.* nísìsìyìí.

ENALTECER, PROMOVER, *v.* yìn, gbéga > Ó gbé mi ga – Ela me enalteceu.

ENALTECIMENTO, *s.* ìgbéga.

ENCABULAR, *v.* dààmú > Ó dà mí mú – Ele me perturbou.

ENCADERNADOR, *s.* arán-wé (editor).

ENCAIXAR, ENTRELAÇAR, *s.* somọ́ > Ó so ó mọ́ ara – Ele o amarrou junto ao corpo.

ENCAIXOTAR, *v.* kànlẹ́ṣẹ́.

ENCALHAR, *v.* tàn (navio ou canoa).

ENCAMINHAR, DIRIGIR, v. fọ̀nàhàn < fọ̀n + ọ̀nà + hàn (mostrar o caminho).
ENCAMINHAR, v. yà > Àgò yà – Licença permitida para vir.
ENCANADOR, BOMBEIRO, s. rólé lópó.
ENCANTADOR, adj. nífàyà (atraente) > léwà – gracioso.
ENCANTADOR DE SERPENTES, s. atu-ejò-lójú.
ENCANTAMENTO, MAGIA, s. oògùn, èdì, ọfọ̀, isọsọ́ > Ó pe ofọ̀ sínú rírun mi – Ela fez um ato de magia para curar meu estômago.
ENCANTAMENTO, PODER, s. àfẹ́ẹ̀rí, aláfẹ́ẹ̀rí, ìfayà, ìgèdè, ògèdè > Ó fi ògèdè sí mi. – Ela usou um encantamento para mim; > ondè – charme.
ENCANTAR, SEDUZIR, v. dì, fàiyà.
ENCANTO, CHARME, s. afàiyà, ègèdè, ògèdè.
ENCAPAR, COBRIR, v. bò > Ó bò mí ní àṣírí – Ela escondeu meu segredo.
ENCARAR SEVERAMENTE, v. bójú < bó + ojú > Ó bójú mọ́ mi – Ele falou severamente contra mim.
ENCARAR, OLHAR PARA, v. gbójúsí < gbé + ojú + sí.
ENCARCERADO, s. dídè.
ENCARCERAR, ISOLAR, v. fi_ṣẹ́wọ̀n > hamọ́ – limitar; > hámọ́túbú – encarcerar.
ENCARGO, ATRIBUIÇÃO, s. ìnira.
ENCARNAÇÃO, s. fífarabò, ìmáwọ̀-ara.
ENCARNAR, INCORPORAR, v. sọdì ara.
ENCAROÇADO, adj. wọ́bọ-wọ́bọ.
ENCARREGAR, INSPECIONAR, v. bojúwò, bojútó.
ENCARREGAR-SE DE ALGO, v. gbàsìn (esperando recompensa).
ENCARREGAR-SE, v. gbàtán, fọwọ́lé < fi + ọwọ́ + lé.
ENCERADO, OLEADO, s. aṣọ-ìgbèjò, aṣọ ìgbòku.
ENCERRAR, TERMINAR, v. parí, ṣetán > Mo ṣe tán láti fifún ọ – Eu terminei de dar para você.
ENCHARCAR, SATURAR, v. rin gbindin.
ENCHARCAR, v. rẹ (estar ensopado) > rẹsọ – encharcar a roupa.
ENCHENTE, INUNDAÇÃO, s. ìkún-omi, kíkún-omi.

ENCHENTE, s. ọ̀gbárá, àgbárá (causada pela chuva).
ENCHER COM LÍQUIDO, v. rọyó.
ENCHER LUGAR VAZIO, v. sọ_dí.
ENCHER, ABARROTAR, v. kì > Bàbá nlá ó ki ìkòkó rẹ̀ – O avô colocou fumo no cachimbo dele.
ENCHER, COBRIR, v. fi_dí > Ó fi omi dí ìgò – Ele encheu o garrafão de água.
ENCHER, COMPLETAR, v. mú_kún > Ó mú ìkòkò kún fún mi – Ela encheu uma panela para mim.
ENCHER, SUPRIR PLENAMENTE, v. bùlu.
ENCHER, v. kún > Ó nkún àpò – Ele está enchendo o saco.
ENCHIMENTO, s. ẹ̀há.
ENCOBRIR, OCULTAR, v. fi_bò (guardar um segredo).
ENCOBRIR, v. fibò.
ENCOLHER, CONTRAIR, v. súnkì, sọ́kì, ká_rakò, ká_kò > Ó ká ẹsẹ̀ rẹ̀ – Ele dobrou a perna dela.
ENCOLHER, REDUZIR, v. wàkì, súnkì > Ẹ̀wù yìí wàkì – Esta blusa encolheu.
ENCOLHIMENTO, CONTRAÇÃO, s. ìsúnrakì, ikákò.
ENCOMENDA, s. àyànṣe.
ENCOMPRIDAR, ALONGAR, v. fàgùn > Ó fa aṣọ gùn – Ela encompridou a roupa.
ENCOMENDAR, AUTORIZAR, v. palàṣẹ, ránjáde.
ENCONTRADO, adj. àìsé (não perdido).
ENCONTRAR ALGO INESPERADO, v. bá_pàdé > Mo ṣòwò bá ire pàdé – Eu tive um golpe de sorte (lit. eu fiz um ótimo negócio inesperado); > N kò bá irú ògìnnitìn bẹ́ẹ̀ pàdé rí – Eu nunca encontrei um tipo de frio assim.
ENCONTRAR FACE A FACE, v. kàn_lójú.
ENCONTRAR O QUE FAZER, v. ríṣe < rí + ṣe.
ENCONTRAR PARA COMPRAR, v. rírà.
ENCONTRAR POR ACASO, v. kọsẹ̀bá, ṣe alábápàdé.
ENCONTRAR PRIMEIRO, v. kọ́kàn.

ENCONTRAR UMA CASA, *v.* bá_nílé.
ENCONTRAR, ATINGIR, *v.* bá > Adé fẹ́rẹ̀ bá Olí nílé – Adé quase encontrou Olú em casa; > Ó bá mi já – Ele me atingiu.
ENCONTRAR, DESCOBRIR, *v.* rí > Mo rí i – Eu encontrei-a.
ENCONTRAR, REUNIR, *v.* pàdé, pé > Wọ́n pé sí abẹ́ igi – Eles se reuniram embaixo da árvore.
ENCONTRAR, *v.* ríhe (o que está perdido) > Ó rí i he – Ele encontrou-a.
ENCONTRAR-SE COM, *v.* kò > Níbo ni o ti kò ó? – Onde você encontrou-a?. *Obs.*: a palavra *kó* usada entre duas palavras repetidas dá um sentido de confronto; > ojú – olho; > ojúkojú – olho no olho; ẹ̀gbẹ́ – lado; > ẹ̀gbẹ́kẹ̀gbẹ́ – lado a lado.
ENCONTRAR-SE, *v.* péjọ, péjọpọ̀ (reunir-se em assembleia) > Wọ́n péjọ pọ̀ – Eles estão completamente reunidos.
ENCONTRO CARA A CARA, *s.* ìfojúkojú < fi + ojú + kò + ojú.
ENCONTRO CASUAL, *s.* àkọsẹ̀bá.
ENCONTRO, CONFLITO, *s.* ìjà, ogun.
ENCONTRO REPENTINO, *s.* ìpàdé lójijì.
ENCONTRO, REUNIÃO, *s.* àpèjọ (assembleia), ìpàdé > Òun pe àpéjọ – Ele chamou para um encontro.
ENCONTRO INESPERADO, *s.* àbápàdé, bárapàdé.
ENCONTRO, *s.* bíbá (aquilo que deve ser encontrado).
ENCORAJADOR, *s.* onísiri.
ENCORAJAMENTO, ANIMAÇÃO, *s.* ìgbàníyànjú, ìṣírí, ìmọ́kànle, ìwúrí, orísísí, ìṣírí.
ENCORAJAR, ANIMAR, *v.* mú_lóríyá, fojúfún < fi + ojú + fún, gbo-júfún < gbà + ojú + fún – dar chance.
ENCORAJAR, INCENTIVAR, *v.* dá_le,. gbà_níyànjú, sí_lórí.
ENCORPADO, *s.* abara.
ENCOSTAR, *v.* farakàn < fi + ara + kàn (tocar com a parte do corpo) > Ó farakà mi – Ela encostou seu corpo no meu.
ENCOSTAR-SE, APOIAR-SE, *v.* fararọ̀ < fi + ara + rọ̀, faratì < fi + ara + tì
ENCOSTAR-SE, *v.* fẹ̀hìntì < fi + ẹ̀hìn + tì (apoiar-se nas costas).
ENCOSTO, *s.* ẹ̀hìn (costas, parte de trás).

ENCORAJAR, *v.* gbà_níyànjú, kí_láìyà.
ENCURRALAR-SE, *s.* há (ficar preso, trancado) > Eegun há mi ní ọ̀fun – O osso ficou preso na garganta; > Ó há mi láyè – Ele me obstruiu, ocupou meu espaço.
ENCRAVAR NO CHÃO, *v.* fi_sọlẹ̀ (fazer uma fundação).
ENCRAVAR, FINCAR, *v.* mọ́ > Ó nmọ́ ọwọ́ ni ọrùn rẹ̀ – Ele está agarrado no pescoço dela.
ENCRENCA, *s.* ìdálọ́wọ́kọ́ (obstáculo).
ENCRENCAR-SE, *v.* fẹ́lẹ́fẹ́.
ENCRENQUEIRO, *s.* ayọlẹ́nu.
ENCURTAR, ABREVIAR, *v.* kékúrú, kékù.
ENCRUZILHADA, CRUZAMENTO, *s.* oríta, ìkóríta > Èṣù Ọ̀dàrà máa ló ni ìkóríta mẹ́ta – Exú costuma fazer uso da encruzilhada.
ENCURTAR, CONTRAIR, *v.* mú_kúrú, bù_kù > Ó bu owó mi kù – Ele reduziu meu salário.
ENCURVADO, TORCIDO, *adj.* kángó.
ENCURVAR, *v.* gbọn, gbun > Ó gbun lẹ́sẹ̀ – Ele tem o pé encurvado.
ENCURVAR, DOBRAR, *v.* mú_wọ́.
ENDEMONIADO, *adj.* léṣù.
ENDEREÇO, *s*, adíṛẹ̀sì (do inglês *address*) > Eyí ni adíṛẹ̀sì mi – Este é o meu endereço.
ENDIREITAR, PÔR EM ORDEM, *v.* mú_tọ́ > Ó mú u tọ́ – Ela o endireitou.
ENDIVIDADO, *adj.* àgbédá.
ENDIVIDAR, *v.* da_gbèsè, ji_gbèsè, di_gbèsè > Ó dagbèsè – Ele está em débito; > dánígbèsè – fazer algo para endividar-se.
ENDÓCRINO, *s.* ẹṣẹ́ àìlópò (relativo às glândulas de secreção).
ENDURECER, ROBUSTECER, *v.* mú_lé > yìgbì – ser duro, indiferente.
ENDURECER, *v.* gan > Ẹsẹ̀ mi gan – Eu tenho câimbras nos pés; > sọdi tíle – tornar duro.
ENEGRECER, *v.* féédú < fá + èẹ́dú – sujar-se com carvão, fuligem.
ENERGIA, VIGOR, *s.* okun-inú, okunra > agbára láti ṣiṣẹ́ – força para trabalhar.

ENERGIA DA LUZ, s. agbára ìtànná.
ENERGIA MAGNÉTICA, s. agbará òòfà.
ENERGIA SOLAR, s. agbára oòrùn.
ENERGICAMENTE, adv. lókunlókun.
ENERVADO, adj. pòlápòlá (nervoso) > ó njẹun pòlápòlá – Ele está comendo de forma nervosa (fazendo barulho ao mastigar).
ENEVOADO, adj. bokúkuu.
ENFADONHO, PATÉTICO, adj. múnilọ́kàn.
ENFAIXAR, v. wé, gbà_lójá (colocar uma faixa na cintura) > Ó gba ọmọ rẹ̀ lójá – Ela amarrou uma faixa na cintura do filho dela; > Wé aṣọ funfun mọ́ igi – Enrole o tecido branco em volta da árvore.
ÊNFASE, s. ìtẹnumó, títẹnumọ́.
ENFATIZAR, DESTACAR, v. ténumọ́.
ENFEITAR, DECORAR, v. ṣe_lọ́ṣọ́ > Wọ́n nṣe ilé rẹ̀ lọ́ṣọ́ – Eles estão enfeitando a casa dela.
ENFEITE, ADORNO, s. ondè, ọ̀ṣọ́; Ìwà rere ni ẹ̀ṣọ́ ènìà, ehín funfun ni ẹ̀ṣọ́ ẹrin – Um bom caráter adorna uma pessoa, da mesma forma os dentes brancos adornam um sorriso; > Lílo ohun ọ̀ṣọ́ wúrà – O uso de ornamentos de ouro; < ondè – ohun + dè.
ENFEITE, DECORAÇÃO, s. ìgbátí-aṣọ.
ENFEITIÇAR, v. pẹ̀gẹ̀dẹ̀, pògẹ̀dẹ̀ (fazer encantamento) > Ó pẹ̀gẹ̀dẹ̀ sí mi – Ela pôs um feitiço em mim.
ENFERMEIRA, BABÁ, s. násì, nọ́ọ̀sì (ambos do inglês *nurse*).
ENFERMEIRA, s. olùtọ́jú aláìsàn (pessoa que cuida de doente), olùtọ́jú aláàrẹ̀ < tọjú – cuidar, áàrẹ̀ – fadiga, recaída.
ENFERMIDADE, SEM SAÚDE, s. àìlera, àrùn, àìsàn.
ENFERMO, DOENTE, adj. lárún > alárun – pessoa doente.
ENFERRUJADO, BOLORENTO, adj. kídàrìpapa, kídànpapa.
ENFERRUJAMENTO, s. ìdípààrà.
ENFERRUJAR, CORROER, v. dípààrà, dógún < dá + ògún > Irin yìí dógún – Este ferro enferrujou ìdógún – ferrugem.
ENFIAR ALGO, v. sín (contas ou búzios) > Ó sín sẹ̀gi sí òwú – Ele enfiou as contas no cordão; > Ó sín ẹ̀wù – Ela pôs a blusa.

ENFIAR UMA LINHA – ENGANAR

ENFIAR UMA LINHA, *v.* fiokùnbọ̀ < fi + okùn + bọ̀ (ou corda numa abertura estreita).
ENFIAR, INTRODUZIR, *v.* bọ̀, fòwúsín < fi + òwú + sín.
ENFIAR, METER DENTRO, *v.* kìbọ̀, tìbọ̀ > Ki òwú bọ abẹ́rẹ́ – Enfie a linha na agulha.
ENFIAR, *v.* fi_bàkọ̀ (embainhar a espada).
ENFIM, FINALMENTE, *adv.* àsẹ̀hìnwá-àsẹ̀hìnbọ̀, níparí, nígbẹ̀hìn < ní + gbà + ẹ̀hìn > Ó ṣe é nígbẹ̀hìn – Ele o fez, finalmente.
ENFORCADO, *s.* àsorọ̀ (o que está pendurado).
ENFORCAR, PENDURAR, *v.* yẹgimọlẹ́sẹ̀.
ENFORCAR-SE, *v.* sokú.
ENFRAQUECER, DECRESCER, *v.* rẹ̀hìn, fàsẹ́hìn > Iṣẹ́ mi rẹ̀hìn – Meu trabalho deteriorou.
ENFRAQUECER, DESBOTAR, *v.* tí > Àwọ̀ yìí tí – Esta cor desbotou; > Ọ̀rọ̀ yìí tí – Este assunto é cansativo.
ENFRAQUECER, EXTINGUIR, *v.* mú_ṣá.
ENFRAQUECIDO, *adj.* dójú.
ENFRENTAR, ENCARAR, *v.* jàsí, koju < kò + ojú > Ó jàsí ilẹ̀ náà – Ele contestou aquela terra.
ENFURECER, ZANGAR, *v.* ru_sókẹ̀, mú_bínú > Omi yìí ru sókẹ̀ – A água ferveu e borbulhou.
ENGANJAMENTO, *s.* jíjà ogun (luta no exército).
ENGAJAR-SE, *v.* jagídígbò (em uma luta).
ENGANADOR, IMPOSTOR, *s.* ẹlẹ́tàn.
ENGANADOR, FALSO, *adj.* lẹ́tan, lérú.
ENGANADOR, *s.* onítànjẹ, níréjẹ > ẹlẹ́tàn – duplo procedimento.
ENGANADOR, VELHACO, *s.* atanijẹ, atanni.
ENGANAR, FRAUDAR, *v.* gà, padẹmọ́lọ́wọ́, tàn_jẹ > Ó parọ́ fún mi, ó sì tàn mí jẹ – Ela mentiu para mim, e ainda me enganou; > sì – ainda, além disso.
ENGANAR, ILUDIR, *v.* ṣòjóró, wàyó (do idioma hausá).
ENGANAR, TRAPACEAR, *v.* dẹ̀_jẹ, kónìfà, réjẹ.
ENGANAR, *v.* tàn > ìtànjẹ – engano.

ENGANO, DECEPÇÃO, s. ìréjẹ.
ENGANO, ERRO, s. àṣìṣe, ìṣìṣe, ìṣìnà.
ENGANO, FRAUDE, s. ìyànjẹ.
ENGANO, TRUQUE, s. ẹ̀tàn.
ENGATILHAR, v. kẹ́ > Ó kẹ́ ìbon – Ele engatilhou a arma.
ENGENDRAR, DESENVOLVER, v. hù, bí.
ENGENHARIA MECÂNICA, s. àgbèdẹ ẹ̀rọ.
ENGENHEIRO MECÂNICO, s. aṣẹ̀rọ ẹ̀rọ – máquina, mecanismo.
ENGENHEIRO, s. enjiníá (do inglês *enginer*) > ẹlẹ́rọ – operador de máquina.
ENGENHOSO, HABILIDOSO, adj. lógbọ́n.
ENGOLIR, CONSUMIR, v. gbé_mì (líquido ou sólido).
ENGOLIR, TRAGAR, v. dá_mì, dá_win (tragar o líquido).
ENGOLIR, v. mì, wí, jẹàjẹdùfún > Alàbá mi egbògi náà – Alaba engoliu o remédio. *Obs.*: verbo de uma sílaba com tom grave seguido de substantivo perde o acento, ou seja, passa a ter um tom médio.
ENGOMADEIRA, s. alágbàfọ̀ < gbà – receber, fọ́ – para lavar.
ENGORDADO PARA VENDA, s. àbọ́tà > Màlúù àbọ́tà – Vaca na engorda para venda.
ENGORDAR, v. bọ́_sanra.
ENGRAÇADO, BRINCALHÃO, adj. aṣèfẹ, panílẹ́rìn.
ENGRANDECER, INTENSIFICAR, v. fàta, mútóbi.
ENGRAVIDAR, v. gbọlẹ̀ < gbà + ọlẹ̀.
ENGRAXAR, POLIR, v. dán > Ara ògiri ndá – A parede está polida.
ENGRAXATE, s. adánbàtà (limpador de sapatos).
ENGROSSAR, v. múki (um caldo ou molho).
ENGUIA, PEIXE ELÉTRICO, s. òjìjí.
ENIGMA, ADIVINHAÇÃO, s. àlọ́, àrọ̀ > òwé – parábola, pàlọ́ – contar enigmas > Kíl'ó bọ́ sí omi tí a kò rí kó? Iyọ̀ – O que entra na água e não pode ser recuperado? O sal.
ENJOADO, adj. níríra.
ENJOO, NÁUSEA, s. sísú.
ENJOO DO MAR, s. inú-ríru > ẹ́ẹ̀bì nínú ọkọ̀ òkun – enjoo do navio.

ENOBRECER, HONRAR, *v.* bọlá fún, gbéga.

ENORME, *adv.* jángan-jàngan.

ENORME, GRANDE, *adj.* gẹ̀dẹ̀gbẹ̀, gẹdẹgbẹ, gàntọ̀-gantọ, gọbọyí.

ENORME, IMENSO, *adj.* lùùlù, ràbàtà, rabata, tóbi púpọ̀, títóbi nlá > Mo lówó ràbàtà – Eu tenho enorme soma de dinheiro; > pínpín – pequeno, diminuto.

ENQUANTO, *conj.* tí (ao mesmo tempo que) > Ó rí mi tí mo wọṣọ – Ele me viu enquanto eu vestia a roupa.

ENQUANTO, QUANDO, *adv.* nígbàtí > Nígbàtí mo ní owó, ó nsọ̀rọ̀ pẹlú mi – Enquanto eu tinha dinheiro, ela falava comigo < ní + ìgbà + tí.

ENREDAR-SE, *v.* lọ́pọ̀ (emaranhar-se).

ENRIJECER, *v.* múle > Ó mú mi le – Ele me fortaleceu.

ENRIQUECER, *v.* là (tornar-se rico) > Eléyìí kò lèlá a – Isto não pode enriquecê-lo; > ọlà – fortuna, riqueza.

ENROLADO COM A LÍNGUA, *adj.* àfámu (bebendo usando a língua).

ENROLADO, DOBRADO, *adj.* kíká.

ENROLADOR, *s.* àṣìwí (aquele que fala errado) > Ó ṣìwí – Ela cometeu um erro ao falar.

ENROLAR A ROUPA NA CINTURA, *v.* pè_wé (parte de cima ficando nua).

ENROLAR NOVAMENTE, *v.* tún_ká > Ọmọ òrìṣà túnká ẹní – A filha de santo enrolou a esteira de novo.

ENROLAR TECIDO NO CORPO, *v.* ró (sem dar nó) > Ó ró aṣọ funfun – Ela pôs uma roupa branca; > ìró – saia.

ENROLAR, ATAR SEM DAR NÓ, *v.* sán > Ó sán aṣọ – Ela enrolou o tecido.

ENROLAR, CONTRAIR, *v.* kákò Ejò yẹn kákò – Aquela cobra está enrolada; > kájọ – dobrar junto.

ENROLAR, TRANÇAR, *v.* wé, ló_mọ́ > Ó ló aṣọ funfun mọ́ nígi – Ela enrolou o tecido branco na árvore; wé – enfaixar.

ENROLAR, *v.* ra, ká > Mo ká ẹní nígbàtí mo jí – Eu enrolei a esteira quando acordei; > ẹ́ká – círculo.

ENROSCADO, *adj.* kíwereje.

ENROSCAR, ENCARACOLAR, *v.* ran, kíweje, kíreje.
ENRRUGAR, FAZER UM SULCO, *v.* paporo.
ENRUGAR A FACE, *v.* fẹjú > Ó fẹjú mi toto – Ela olhou para mim severamente.
ENRUGADO, ÁSPERO, *adj.* jásan-jàsan > Abara jásan-jàsan yìí bí ara ọ̀pọ̀ló – Este corpo é enrugado como o corpo do sapo.
ENRUGADO, DELGADO, *adj.* pẹẹli.
ENSABOAR, *v.* fi ọṣẹ palára – usar sabão para esfregar o corpo.
ENSACAR, *v.* fisápò.
ENSAIAR, APRONTAR, *v.* gbáradì > Ó ti gbáradì – Ele já está preparado.
ENSAIO, *s.* ìgbìdánwò > ìdánwò – experiência.
ENSAIO, PROVA, *s.* ìmúrasílẹ̀ (para uma apresentação).
ENSINAR ERRADO, *v.* mú_sìṣe > Ó mú mi sìṣe – Ela me ensinou errado.
ENSINAR UMA CRIANÇA, *v.* kọ́mọ < kọ́ + ọmọ.
ENSINAR, EDUCAR, *v.* kọ́, kọ́ni, kọ́_lẹ́kọ́, tíìṣì (do inglês *teach*) > Ó kọ́ mi lẹ́kọ́ – Ele me ensinou.
ENSINAR, TREINAR, *v.* fi_kọ́.
ENSINO DE MÁ QUALIDADE, *s.* ìkọ́kúkọ́ (um ensino qualquer).
ENSOPADO, *s.* àsaró, àṣaró.
ENSURDECER, *v.* dí, di_létí.
ENTALHAR, CORTAR, *v.* rẹ́, gé, ké > Ó ngé igi – Ele está cortando lenha.
ENTALHAR, ESCULPIR, *v.* fín igi, fín òkúta > Ó igi – Ele entalhou a madeira.
ENTALHADOR DE CABAÇA, *s.* oníhagbá.
ENTALHADO, *adj.* gbígbẹ́.
ENTALHADOR, *s.* agbẹ́gi < gbẹ́ – entalhar, cavar, igi – madeira.
ENTÃO, *adv.* sì > Ó sì wá dí pé ó rí wa – E então aconteceu que ela nos viu; > Nígbàtí ó rí mi, ó sì wọ́ tọ̀ mí – Quando ela me viu, ela então se arrastou para mim.
ENTÃO, ÀS VEZES, *adv.* nígbànáà > Òjó nmu ọtí nígbànáà – Ojó algumas vezes toma uma bebida; > Kílo nṣe nígbànáà – O que você está fazendo então.

ENTÃO?, adv. interrog. na (usado no final de frase para ênfase) > Wọ́n tíì lọ na? – Eles ainda não foram, então?
ENTARDECER, adv. lójọ́rọ̀.
ENTEADO, s. ọmọkùnrin ìyàwó > ọmọbìnrin ọkọ ìyá – enteada.
ENTENDER ERRADO, v. ṣì_gbọ́.
ENTENDER UM IDIOMA, v. gbédè < gbọ́ + èdè > Ó gbédè mi – Ela me entendeu.
ENTENDER, EXPLICAR, v. yé > Kò yé mi – Não entendi; > Ó yé mi – Eu entendi (lit. ele me explicou); > àyétán – entendimento perfeito.
ENTENDER, PRESTAR ATENÇÃO, v. wọ̀létí < wọ̀ + ní + eti.
ENTENDER, v. gbo, yé > Ó yé mi – eu entendi (lit. ele me explicou, fez entender); > O yé mi tàbí kò yé mi? – Você me entendeu ou não? (Obs.: yé – verbo impessoal, geralmente antecedido pelo pron. pess. da 3ª pess. do sing.)
ENTENDIMENTO PERFEITO, s. àyétán.
ENTENDIMENTO, ACORDO, s. ìbàlò.
ENTENDIMENTO, COMPREENSÃO, s. ìgbádè, mímòye.
ENTERRAR O MORTO, v. sìnkú > Ó sìnkú ẹ̀gbọ́n rẹ̀ – Ele enterrou a sua irmã.
ENTERRAR, EMBUTIR, v. rì_wọlẹ̀ > Mo rì í wọlẹ̀ – Eu empurrei isto para dentro.
ENTERRAR, ESCAVAR, v. rè_sí.
ENTERRAR, ESCONDER, v. sin > Wọ́n sin owó – Eles esconderam o dinheiro.
ENTERRO, FUNERAL, s. ìsìnkú < ìsín + òkú.
ENTERRO, s. sísin > ìsìn-alápatà – serviço religioso.
ENTESOURAR, GUARDAR, v. sinra, fi_ṣúra > Ó fi èyí ṣe iṣúra – Ele acumulou este tesouro.
ENTOMOLOGIA, s. ẹ̀kọ́ nípa kòkòrò (estudo sobre os insetos).
ENTORNAR, DERRAMAR, v. dà_nù, yí_dànù > Ó dà mí lómi nù – Ela entornou minha água.
ENTORPECER, v. pasára (paralisar).
ENTORPECIDO, adj. kétí, kétírì (sem sensibilidade).

ENTORPECIMENTO, *s.* pájápajá (câimbra).
ENTORSE, MAU JEITO, *s.* ìfararọ́, ìfirọ́.
ENTORTAR, ENCURVAR, *v.* gbun, wó, múwọ́.
ENTRADA DE UM CAMINHO, *s.* ìtọ̀nà.
ENTRADA DE UMA CASA, *s.* ẹnu-ọ̀nà.
ENTRADA DE UMA CIDADE, *s.* ibodè (ou mercador) > oníbodè – porteiro.
ENTRADA, *s.* ìwọlú (portão de uma cidade), àtiwọ̀.
ENTRANHAS, *s.* ìfun (intestinos), ikùn (estômago, abdome).
ENTRAR E SAIR, *v.* wọléwọ̀de.
ENTRAR E SEGUIR, *v.* wọ̀_lọ > Ó wọ ọkọ̀ lọ jáde – Ele entrou no carro e foi embora.
ENTRAR EM ACORDO, *v.* bá_tọ̀pọ̀, sẹ̀wé < ṣe + ìwé (por escrito) > A sẹ̀wé sọ̀rọ̀ yìí – Nós assinamos um acordo sobre isto; > Ó sẹ̀wé – Ele publicou um livro < ṣe + ìwé.
ENTRAR EM CASA, *v.* wọlé < wọ̀ + ilé.
ENTRAR EM DETALHES, PESQUISAR, *v.* tọpinpin.
ENTRAR EM LUTA, *v.* wẹkẹ < wọ̀ + ẹkẹ.
ENTRAR NA ÁGUA, *v.* wọmi < wọ̀ + omi.
ENTRAR NO BARCO, EMBARCAR, *v.* wọkọ̀ > ìwọkọ̀ – embarcação.
ENTRAR NO CHÃO, *v.* wọlẹ̀ < wọ̀ + ilẹ̀ (como uma estaca) > Ó wọlẹ̀ ṣìn – Ele perfurou o solo.
ENTRAR NO INTERIOR, *v.* bọ́sínú < bọ́ + sí + inú > Wọ́n bọ́ sínú igbó – Eles entraram no interior da floresta.
ENTRAR, *v.* bọ́ọ́, bọ́sí, wọ̀, kósínú, wọnú, gbà_wọ̀ > Mo wọ̀ mọ́tò lọ sílé – Entrei no carro e fui para casa.
ENTRE, *prep.* sáàrin, láàfo, tinú < ti + inú > Ó bọ́ sáàrin wa – Ele agiu como mediador entre nós; > lágbedeméjì – no centro de.
ENTREABERTO, *adv.* láìtìtán.
ENTREGA, *s.* ìjọlọ́wọ́, ìjọlọ́wọ́lọ.
ENTREGADOR, *s.* olùgbàlà.
ENTREGAR MENSAGEM, *v.* jíṣẹ́ (dar um recado) > Ó jíṣẹ́ fún wa – Ela deu um recado para nós.

ENTREGAR, DISTRIBUIR – ENVENENAR

ENTREGAR, DISTRIBUIR, *v.* bí.
ENTREGAR, LEVAR, *v.* gbà_lọ́wọ́ (privar) > Wọ́n kò lè gbà á lọ́wọ́ wa – Eles não podem privar isto de nós.
ENTREGAR-SE À SENSUALIDADE, *v.* féfékúfé.
ENTREGAR-SE, LIBERTAR-SE, *v.* jù > Ó jù mí lọ́wọ́ sílẹ̀ – Ele libertou-me.
ENTREGAR-SE A, *v.* farafún < fi + ara + fún.
ENTRELAÇADO, *s.* ìlọ́lù, ìlọ́pọ̀ > ìwun – tecelagem.
ENTRELAÇAR, EMARANHAR, *v.* lọ́_pọ̀, wé_mọ́.
ENTRELAÇAR, ENFEITAR, *v.* kákòmọ́ra.
ENTRETANTO, DE FATO, *conj. pré-v.* tilẹ̀ > Ó tílẹ̀ rí wa – Ela de fato nos viu.
ENTRETENIMENTO, *s.* àsè, panílérín, eré > Wọ́n jẹ́ panílérìn tán – Eles são extremamente engraçados.
ENTRETER, *v.* palérín, ṣeláléjò (ser hospitaleiro).
ENTREVISTA, *s.* ìfojúkojú (cara a cara), ìfojúkànra, intafíù (do inglês *interview*).
ENTRISTECER, *v.* múkàánú.
ENTRICHEIRAR-SE, *v.* yàrà.
ENTRONIZAR, *v.* múgorítẹ́ < mú + gùn + orí + ìtẹ́ > A mú gorítẹ́ ẹ – Nós o entronizamos.
ENTRONIZAÇÃO, *s.* ìgbéga sókè > ìmú gorí ìtẹ́ – alcance do trono.
ENTROPIA, CAOS, *s.* ìdàrú > Ìdàrú ni ó ṣe – Ele criou uma confusão.
ENTUSIASMO, FERVOR, *s.* aápọn, ìtara, ìgbóná-ara.
ENTUSIASTA, *s.* onítara, onígbóná ọkàn.
ENUMERAÇÃO, CONTAGEM, *s.* kíkaye.
ENUMERAR, CONTAR, *v.* kà, kà_sílẹ̀ > Ó kà wọ́n sílẹ̀ – Ele os enumerou.
ENUNCIAÇÃO, *s.* sísọ, wíwí, sísọ ọ̀rọ̀.
ENUNCIAR, *s.* sọ, wí.
ENVELHECER, *v.* gbómọ́, dàgbà > Tabi o dàgbà jù nínú yín? – Quem é o mais velho de vocês?; > Àbúrò nkọ́? – E o mais novo?
ENVELOPE, *s.* àpò-ìwé, àpòòwé.
ENVENENAR, *v.* kànlóró, sọ_lóògùn.

ENVERGADURA, ESPAÇO, *s.* ìbú-àtélẹ́wọ́.
ENVERGONHADO, MODESTO, *adj.* nítìjú.
ENVERGONHAR, INCOMODAR, *v.* fòòró.
ENVERGONHAR, *v.* dójútì < dá + ojú + tì.
ENVERGONHAR-SE, CORAR, *v.* tijú < tì + ojú – fechar o rosto > Ojú tì mi. Má tijú – Estou envergonhado. Não se envergonhe.
ENVIADO, MENSAGEIRO, *s.* ikọ̀, onísẹ́.
ENVIAR MENSAGEM, *v.* fi_ránṣẹ́, rán_níṣẹ́, ránṣẹ́ < rán + iṣẹ́.
ENVIAR PRESENTE, *v.* pàrokò.
ENVIAR ROUPA PARA LAVAR, *v.* ṣàgbàfọ́.
ENVIAR TELEGRAMA, *v.* rán_wayà > Wọ́n rán ẹ wayà – Eles lhe enviaram um telegrama.
ENVIAR, DESPACHAR, *v.* fi_ṣọwọ́.
ENVIAR, ENCOMENDAR, *v.* rán, ránjade > ìránṣẹ́ – mensageiro.
ENVIAR, PASSAR ADIANTE, *v.* ṣọwọ́, ṣọwọ́sí.
ENVIDRAÇAR, *v.* fi dígí bò fọ́tẹ̀ – ajustar o vidro para cobrir a foto.
ENVOLVER COM TECIDOS, *v.* wéláṣọ.
ENVOLVER FIRMEMENTE, *v.* gbà, gbà_mọ́.
ENVOLVER, CIRCUNDAR, *v.* yíká, yíkáakiri > Wọ́n jóko yí mi ká – Eles se sentaram ao meu redor.
ENVOLVER, COLOCAR DENTRO, *v.* fà_sínú, fi_bọ̀ > Ó fà á sínú – Ela o jogou dentro.
ENVOLVER, EMBRULHAR, *v.* pọ́n, fi_ká, fi_kádí > Kíni o pọ́n léwé? – O que você embrulhou nas folhas?
ENVOLVER, ENCAPAR, *v.* fi_dì, fi_dè.
ENVOLVER, *v.* jẹ́ > Iṣẹ́ ti ó jẹ́ owó – Um trabalho que envolve dinheiro.
ENVOLVIMENTO, CERCADO, *s.* ìkámọ́, àkámọ́.
ENXADA, *s.* àkétún, ọkọ́ > Ọkọ́ ni irinṣẹ́ àgbè – A enxada é a ferramenta do fazendeiro.
ENXAGUAR AS MÃOS, *v.* ṣanwọ́ < ṣàn + ọwọ́.
ENXAGUAR ROUPA, *v.* ṣàn > Ó ṣan ẹ̀wù mọ́ – Ela enxaguou a roupa e a limpou bem; > Owó rẹ̀ nṣàn – Ele é muito rico (lit. o dinheiro dele é como água).

ENXAME DE INSETOS – EQUADOR

ENXAME DE INSETOS, s. agbo kòkòrò.
ENXERTAR, v. lẹ́, lọ́ > lọ́mọ – ter filhos.
ENXERTO DE PLANTA, s. ohun-àtúgbì, ohun-àtúlọ́.
ENXERTO, s. àlọ́mọ́m, èsọ (broto de uma árvore).
ENXERTO, VÍNCULO, s. ìlẹ̀, ìbùlẹ̀.
ENXOFRE, s. imí-oòrùn, imí-ojọ́, òrowọ.
ENXOTAR, EXPELIR, v. tuyọ.
ENXOVALHADO, adj. wúruwùru, wúu-wúu.
ENXUGAR, v. ságbẹ.
ENXUTO, SECO, adj. gbẹ.
ENZIMA, s. ayásè-ara.
EPICURISTA, s. àjadùn > ẹnití ó fẹ́ràn ìgbádùn púpọ̀ jù – aquele que gosta demais do prazer.
EPICURISMO, s. jadùnjadùn (doutrina voltada às delícias do amor).
EPIDEMIA, s. àjàkálẹ̀-àrùn > àìsàn káríayé – epidemia generalizada.
EPIDERME, s. ìwọ̀-òde > àrùn òde-ara wíwú – inflamação na epiderme.
EPIFÂNIA, s. ìfihàn (festividade religiosa).
EPILEPSIA, s. wárápá, wáápá.
EPILÉTICO, s. oníwárápá.
EPÍLOGO, s. àkótán.
EPISÓDIO, OCORRÊNCIA, s. ìṣẹ̀lẹ̀, ìtàn > Ìtàn ìgbésí ayé – Biografia; > Ìtàn ìdílé – História da família.
EPÍSTOLA, s. èpístéli (do inglês *epistle*).
EPITÁFIO, s. ìwé tí a kọ sí ara ibojì (lit. texto que nós escrevemos no corpo da sepultura).
EPÍTETO, SOBRENOME, s. orúkọ àpèlé.
EPÍTOME, RESUMO, s. ìkékúrú, àkópọ̀.
EPISTEMOLOGIA, s. ẹ̀kọ́ nípa ìmọ̀ye (teoria do conhecimento).
ÉPOCA, TEMPO, s. àkókò > Mi ò ní àkókò láti ṣe – Eu não tenho tempo para fazer.
EQUAÇÃO, s. ọ̀mì > ọ̀mi aṣegééré – equação exata.
EQUAÇÃO CÚBICA, s. ọ̀mi onírìnmẹ́ta.
EQUADOR, s. ìlà agbede àiyé > linha no meio da esfera terrestre.

EQUESTRE, CAVALEIRO, *s.* ẹlẹ́ṣin.
EQUIDADE, SINCERIDADE, *s.* òdodo > Ó ṣe òdodo – Ele é sincero.
EQUILIBRADO, SENSATO, *adj.* olórí pípé.
EQUILIBRAR NA CABEÇA, *s.* pàntètè (carga ou material).
EQUILIBRAR, *v.* wọn lógbọ́ọ́gba (uma coisa com outra) > wọn dógba – ser igual; > Ó mú wọn dógba – Ele os igualou.
EQUILÍBRIO, *s.* ẹgẹ́rẹ́, ógba.
EQUIMOSE, *s.* ìpalára (ferida, machucado).
EQUIPAMENTO, KIT, *s.* ohun-èlò, pípèse, ṣíṣe lọ́sọ̀.
EQUIPAMENTO DE GUERRA, *s.* ìhámọ́ra-ogun.
EQUIPAR, PROVIDENCIAR, *v.* pèsè, ṣe lọ́sọ̀ > Pèsè fún mi – Providencie para mim.
EQUIPARAR, IGUALAR, *v.* mú_dógba.
EQUIVALENTE, SIMILAR, *adj.* bákannáà > Bákannáà ni wọ́n – Eles são idênticos; > Nwọ́n rí bákannáà – Eles são de mesma aparência.
EQUIVALER, SIGNIFICAR, *v.* kú, bámu.
EQUIVOCAR, FALAR DEMAIS, *v.* sọméjì > atanijẹ – enganador.
EQUIVOCAR, CONFUNDIR-SE, *v.* ṣì_gbó.
EQUÍVOCO, ENGANO, *s.* àìjánà, ṣàìgbàlàyé.
ERA UMA VEZ, *adv.* nígbàkanrí, nígbàkan > Nígbàkan a fẹ́rẹ̀ ṣe àgbèrè – Certa vez, nós quase nos relacionamos.
ERA, PERÍODO, *s.* sànmọ́nì (do árabe *zamani*).
EREÇÃO, FIRMEZA, *s.* ìró, nínàró > Ó nà iró – Ele permaneceu ereto.
EREMITA, *s.* olùfọkansàn, eléewọ́, adágbé > dágbé – viver sozinho; > nìkan, dá – *pré. v.* sozinho Òun nìkan gbé – Ela mora sozinha.
ERETO, EM PÉ, *adj.* nídúró > lílé – inchação, aumento, líle – dureza.
ERGUER A CABEÇA, *v.* gbérí, gbórí < gbé + orí > Ó gbérí – Ele levantou a cabeça.
ERGUER, LEVANTAR, *v.* gbé_dìde > Ó ngbé ara rẹ dìde bọ – Ele começou a construir o seu caminho; > Ó gbé mi dìde – Ele me levantou.
ERGUER MUROS, *v.* mọdi.
ERGUER O PÉ, *v.* gbésẹ̀ < gbé + ẹsẹ̀ > Ronú lọ́nà ti o gbésẹ̀ – Pense numa maneira de você se erguer (lit. erguer o pé).

ERGUER, CRESCER, *v.* fẹsẹ̀dúró < fi + ẹsẹ̀ + dúró (por si mesmo).
ERGUER, ERIGIR, *v.* gbénàró (levantar verticalmente).
ERGUER, LEVANTAR, *v.* gbé (coisas pesadas) > Ó gbé e lórí – Ele carregou-o na cabeça.
ERGUER, SUSPENDER, *v.* fi_rò, gbéra > Ó fi oògùn ìyàgbẹ́ gbéra – Ele tomou um laxante para relaxar os intestinos (lit. para suspender a evacuação); > fà_sókè – puxar para cima.
ERGUER, SUSTENTAR, *v.* mú_ró, mú_dúró > Ìmọ̀ràn rẹ̀ mú mi ró – O conselho dela me amparou.
ERGUIDO, *adj.* àgbérù, àgbésókè.
ERIGIR, LEVANTAR, *v.* gbé_dìde.
ERMITÃO, RECLUSO, *s.* àdágbé, ìdágbé (estar só por si mesmo), adánìkàngbe.
ERMO, *s.* ẹ̀lùjù.
EROSÃO, *s.* ìyìnrìn, ìtúlẹ̀.
ERÓTICO, *s.* ààyún ara (lit. desejo do corpo).
ERRADAMENTE, INCORRETAMENTE, *adv.* mọ́namọ̀na.
ERRADICAR, *v.* parun, parẹ́ > Owó ẹrú ti parun pátápátá – O comércio de escravos já se extinguiu completamente.
ERRADO, INCORRETO, *adj.* rèderède > Ó nsọ̀rọ̀ rèderède – Ele está falando tolices; > gọ̀ – ser estúpido, tolo; agọ̀ – idiota.
ERRANTE, *adj.* alárìnká, alárìnkiri.
ERRANTEMENTE, *adv.* rànun-rànun.
ERRAR A IMPRESSÃO, *v.* ṣìtẹ̀.
ERRAR AO FALAR, *v.* ṣìwí > Ó ṣìwí – Ele errou ao falar.
ERRAR O ALVO, *v.* séta (errar a pontaria).
ERRAR O CAMINHO, *v.* sénà, ṣìnà < ṣì + ọ̀nà > Ó ṣìnà – Ela errou o caminho.
ERRAR, ACIDENTAR, *v.* ṣèṣì.
ERRAR, ENGANAR, *v.* ṣìdá > Ó ṣi ejọ́ dá – Ele cometeu um erro de julgamento.
ERRAR, *v.* sé, ṣì > Ó sé ọ̀nà sílé – Ela errou o caminho de casa; > ṣìṣe – cometer um erro.
ERRATA, *s.* àṣìtẹ̀.

ERRO DE PRONÚNCIA, *s.* àṣìpè.
ERRO, EQUÍVOCO, *s.* àìjánà, èṣì, àṣìṣe.
ERUPÇÃO DA PELE, *s.* ìtú jáde > ègbèsì – urticária, sarna.
ERUPÇÃO, EXPLOSÃO, *s.* bíbẹ́.
ERUPÇÃO CUTÂNEA, *s.* gbíndín-gbìndìn (no pescoço).
ERVA, *s.* ewé (ver em Complemento – Folhas Litúrgicas e Medicinais).
ERVAS, INFUSÃO, *s.* àgbo > Kíni ewé wọ́n lò láti fi nṣe àgbo? – Que folhas eles usaram para fazer a infusão?
ERVILHA, *s.* pòpòndó-ewé.
ESBAFORIDO, AFLITO, *adj.* ṣàìmí > láìní èémí – sem ter respiração.
ESBANJADOR, PERDULÁRIO, *s.* àpà, amùsan, arungún > Àpà ni ènìà tí ó ná owó tán > É esbanjador a pessoa que gasta o dinheiro demais.
ESBANJAMENTO, *s.* ìnádànù.
ESBANJAR, *v.* ná_nikúnà.
ESBARRAR, ENCOSTAR, *v.* farakàn.
ESBELTA, GRACIOSA, *adj.* ọparun > Ọparun ènìà – Uma pessoa graciosa.
ESBELTO, *adj.* gogoro, légé.
ESBELTO, DELGADO, *adj.* jẹ́n-njẹ́n, tọ́ọ́rọ́, tẹ́ẹ́rẹ́ > Ó rí tọ́ọ́rọ́ – Ele tem aparência esbelta.
ESBELTO, VIÇOSO, *adj.* gbọ̀lọ̀-gbọ̀lọ̀ > Ilá yìí yọ gbọ̀lọ̀-gbọ̀lọ̀ – Este quiabo está viçoso.
ESBOFETEAR, *v.* pó, gbá_létí > Ó gbá mi létí – Ele me deu um tapa.
ESBOÇO, PROJETO, *s.* rírò, àwòrán, afọwọ́yà > àpẹẹrẹ – exemplo.
ESBUGALHADO, *adj.* ràngàndàn.
ESBURACAR, PERFURAR, *v.* dá_lu > Dá ilẹ̀ lu – Esburacar o chão.
ESCADA DE MÃO, *s.* àba, ìba.
ESCADA, ANDAIME, *s.* àtẹ̀gùn.
ESCADA, *s.* agà, àtiba.
ESCADARIA, *s.* àkàbà, àkàsọ̀.
ESCALA DE PESAGEM, *s.* awọ̀n-wúwo, òṣùwọ̀n.
ESCALA, MEDIDA, *s.* ìwọ̀n > Ìwọ̀n oógún – Uma dose de remédio; > Ó mu ọtí ní ìwọ̀n – Ele bebeu uma certa quantidade; > Mo ṣe ibẹ̀ tó ìwọ̀n wákàtí mẹta – Eu fiz lá o suficiente por cerca de três horas.

ESCALA DE TEMPERATURA, s. ìdíwọ̀n, ìgbóná > ìdíwọ̀n òtútù tàbí ooru – temperatura fria ou quente.

ESCALADOR DE PALMEIRA, s. agọ̀pẹ.

ESCALAR, ALCANÇAR O TOPO, v. gorí < gùn + orí > Ó gorí igi – Ele alcançou o alto da árvore.

ESCALAR, v. gòkè < gùn + òkè > Mo gun òkè ọkọ̀ lọ – Eu subi direto no navio.

ESCALDADURA, s. ìjóni.

ESCALDAR, v. bomi < bù + omi (jogar água em cima), dà_jó > Da omi gbígbóná jó – Ela derramou água quente.

ESCALPO, s. awọ orí.

ESCAMA DE PEIXE, s. ìpẹ́, ìpẹ́pẹ́ > Èmi kò lè jẹ ẹja lásì ipẹ̀ – Eu não posso comer peixe sem escama.

ESCAMBO, CÂMBIO, s. ìṣèpàsípààrò.

ESCANDALOSO, DESPREZÍVEL, adj. légàn, lábùkù.

ESCANDALIZAR, v. ṣe àbùkù, kégàn, > tú_àṣírí – revelar um segredo.

ESCÂNDALO, s. àbùkù, ísọkúsọ.

ESCANDALOSO, FOFOQUEIRO, s. ayílúká.

ESCAPADA, s. àfúnká, sísálọ.

ESCAPAR DE PERIGO, v. yèbọ́, gbígbéfò > Ó yèbọ́ – Ele escapou são e salvo.

ESCAPAR, FUGIR, v. bọ́, là, sálà > Ó la ewu – Ela escapou do perigo.

ESCAPAR, LIBERTAR-SE, v. bọ́_lọ́wọ́, yọ_kúrò., yọ_lọ́wọ́ > Ó yọ kúrò lọ́wọ́ ewu – Ele escapou do perigo.

ESCAPAR, v. já àjàbọ́ > Ó já àjàbọ́ – Ele conseguiu escapar.

ESCAPE, REFÚGIO, s. àsálà.

ESCARAMUÇA, s. ìhalẹ̀.

ESCARAVELHO, s. ọ̀bọ̀ùn-bọ̀ùn (besouro).

ESCARLATE, adj. òdòdó > pupa yòyò – vermelhidão.

ESCARNECER, CAÇOAR, v. figúnlójú.

ESCARNECER, ZOMBAR, v. ṣẹléyà > Ó nṣẹléyà – Ele está zombando.

ESCÁRNIO, ZOMBARIA, s. ìyọṣùtìsí, ìsínjẹ, ìpọsí.

ESCARPADO, ÍNGREME, s. yángiyàngi.

ESCARRO, s. àhutu-ikọ́.
ESCASSAMENTE, adv. yọyọ, káká.
ESCASSEZ, ARIDEZ, s. ọ̀dá > Ọ̀dá owó dá – O dinheiro está escasso.
ESCASSEZ, RARIDADE, s. ọ̀wọ́n (pode ser usado como forma de enaltecer uma pessoa) > Bàbá mi ọ̀wọ́n – Meu estimado pai.
ESCASSEZ, s. àìwọ́pọ̀, wíwọ́n.
ESCASSO, DISPENDIOSO, adj. hán.
ESCASSO, PEQUENO, adj. kínkín, kékeré.
ESCASSO, RALO, adj. gára-gàra, aláìwọ́pọ̀, wọ́n > Epo ọkọ wọ́n – O petróleo está escasso.
ESCAVAÇÃO, s. ìwalẹ̀ < wà + ilẹ̀ > òkúta fífọ́ – escavação de pedra.
ESCAVADEIRA, s. ọkọ́ ìwalẹ̀.
ESCAVADOR, s. agbẹ́lẹ̀.
ESCAVAR, CAVAR BURACO, v. wahò < wà + ihò.
ESCLAMAÇÃO DE SURPRESA, interj. upá!
ESCLARECER, EXPOR, v. làdí, túmọ̀, mú_yanjú > Ó làdí ọ̀rọ̀ yìí – Ele esclareceu este assunto (lit. *fig. ling.* ele desbloqueou, abriu este assunto > là – abrir, dí – bloquear, fechar); > Ó mú ọ̀rọ̀ náà yanjú – Ela esclareceu o assunto; > Olùkọ́ túmọ̀ ọ̀rọ̀ yìí – O professor traduziu este texto.
ESCLARECIMENTO, EXPLICAÇÃO, s. ìlàdí, àsọyé > aquele que fala e explica.
ESCLEROSE MÚLTIPLA, s. àrùn ìwọ̀ ẹ̀sọ̀-ara, ìwọ̀ ẹ̀sọ̀ gígan.
ESCOAR PARA FORA, v. sun jáde, ru jáde.
ESCOLA ARÁBICA, s. ilé kéwú.
ESCOLA PRIMÁRIA, s. ilé alákọ̀ọ́ bẹ̀rẹ́, ilé èkọ́ alábídí.
ESCOLA PÚBLICA, s. ilé ìwé ìjọba.
ESCOLA SECUNDÁRIA, s. ilé-èkọ́ gíga (universidade), ilé èkọ́ sẹ́kọ́ndirì (do inglês *secondary*).
ESCOLA, CURSO, s. ilé èkọ́, ilé ìkọ́wé, skúúlù (do inglês *school*) > Mà á lọ skúúlù l'ọ́sàn – Eu irei à escola à tarde. Obs.: *mà á* – forma enfática na formação do tempo futuro do verbo.
ESCOLHA DE VONTADE PRÓPRIA, s. àdáyàn.
ESCOLHA, SELEÇÃO, s. àkágbó, yíyàn, àṣàyàn.

ESCOLHER COMO FAVORITO, *v.* yànláyọ̀.
ESCOLHER ERRADO, *v.* ṣìyàn < ṣì + iyàn.
ESCOLHER UM POR UM, *v.* hàn, tọ́ > Ó tọ́ ẹ̀fọ́ – Ela escolheu os vegetais.
ESCOLHER, SELECIONAR, *v.* ṣà, yàn, yàn_bọ, ṣà_ ṣàyàn, > àṣàyàn – escolha, eleição.
ESCOLHER, *v.* rí_yàn > Ó rí mi yàn – Ele me escolheu.
ESCOLHIDO, APONTADO, *s.* ìroyè, àroyè, àyàn > Ìwọ ni àyàn – Você é o escolhido.
ESCOLTA, PROTEÇÃO, *s.* onítọ́jú ònà, asìnnilọ́nà > Ó sín mí lọ – ela acompanhou-me.
ESCONDER, OCULTAR, *v.* pa_mọ́lẹ̀, mú_pamọ́, rì_mọ́lẹ̀.
ESCONDER NA AREIA, *v.* bu.
ESCONDER, OCULTAR-SE, *v.* lú, bo, ba, fi_bò > Fi aṣọ bo ara mi – Usei a roupa e cobri meu corpo.
ESCONDER, PROTEGER-SE, *v.* lúmọ́, sá_pamọ́, fi arapamọ́ > Ó fi arapamọ́ nílé – Ele fugiu e se escondeu na casa.
ESCONDERIJO, EMBOSCADA, *s.* ìbùba.
ESCONDERIJO, OCULTAÇÃO, *s.* ìlúmọ́, ìsápamọ́ < sá + pamọ́ > kudú – local escuro.
ESCONDIDO, INVISÍVEL, *adj.* fífarapamọ́, fifarasin.
ESCONDIDO, OCULTO, *s.* ìfipamọ́, ìfisin.
ESCORA, SUPORTE, *s.* àfẹ̀hìntì.
ESCORBUTO, *s.* gbòdògí.
ESCÓRIA, IMPUREZAS, *s.* ìdàrọ́.
ESCORIAÇÃO, *s.* ẹ̀bótan.
ESCORPIÃO, *s.* àkéké, akérékèré, òjogán.
ESCORREGADIO, *adj.* yíyọ́.
ESCORREGAR, DESLIZAR E CAIR, *v.* yọ̀ ṣubú > Ó yọ̀ ṣubú – Ele escorregou e caiu.
ESCORREGAR, DESLIZAR, *v.* yọ́lọ́wọ́.
ESCORREGAR, *v.* yún > Irun nyún um – O cabelo está escorregadio, oleoso.
ESCORRER, *v.* là (qualquer substância).

ESCORRER PELA BOCA, BABAR, *v.* watọ́ > itọ́ – saliva.
ESCOVA DE DENTE, *s.* búrọ́ọ̀sì ẹhin.
ESCOVA DE ROUPA, *s.* ìgbọnsọ.
ESCOVA, *s.* òòyà-ẹsin, búrọ́ọ̀sì (do inglês *brush*).
ESCRAVA, *s.* ìgbẹsin, ẹrúbìnrin.
ESCRAVIDÃO, CATIVEIRO, *s.* oko-ẹrú.
ESCRAVIDÃO, *s.* ìdè (ato de amarrar).
ESCRAVIDÃO, *s.* ìsin, àjàgà.
ESCRAVIZAR, *v.* kẹ́rú, mẹ́rú > Ó kẹ́rú mẹ́ta – Ele capturou três escravos; < kó + ẹrú.
ESCRAVO ANCESTRAL, *s.* àtẹrúdẹ́rú.
ESCRAVO, CATIVO, *s.* ẹrú > Òwò ẹrú ti parun pátápátá – O comércio de escravos acabou completamente.
ESCREVER ANTES, *v.* kọṣáájú, kọṣíwájú (com antecedência).
ESCREVER LIVRO, *v.* kọ̀wé < kọ + ìwé (cartas, textos).
ESCREVER, *v.* hàntúrú (caracteres arábicos).
ESCREVER, *v.* kọ > Mo kọ ìwé sí bàbá mi – Eu escrevi uma carta para meu pai; > àkọ̀wé – escritor.
ESCRITA ARÁBICA, *s.* kéwú, kéú.
ESCRITA, *s.* ìkọ̀wé, ìwé-kíkọ.
ESCRITA RUIM, *s.* ìkọkúkọ́. *Obs.:* a partícula *kú* entre duas palavras repetidas dá um sentido de mau significado > ìwà – caráter > ìwàkúwà – mau-caráter; sọ – falar > sọkúsọ – falar bobagem.
ESCRITO À MÃO, *s.* ìṣọwọ́kọ̀wé.
ESCRITO, TEXTO, *adj.* kíkọ.
ESCRITOR, ESCRIBA, *s.* àkọ̀wé < kọ̀ – escrever, ìwé – papel, carta, livro.
ESCRITÓRIO, *s.* ibi-iṣẹ́, ọfíìsì (do inglês *office*).
ESCRITOS, REGISTROS, *s.* ìkọsílẹ̀, àkọsílẹ̀ (ato de escrever).
ESCRITURAS SAGRADAS, *s.* Bíbélì, Ìwé Mímọ́.
ESCRITURA, ESCRITURAÇÃO, *s.* ìwé òfin.
ESCRITURÁRIO, ESCREVENTE, *s.* àkọ̀wé.
ESCRIVANINHA, *s.* tébùrù, dẹ́siki (do inglês *desk*) > tábìlì – mesa (do inglês *table*).
ESCRÚPULO, *adj.* wòye > rora – ser cuidadoso.

ESCRUPULOSAMENTE, adv. téké-téké.
ESCRUTINAR, VERIFICAR, v. wádí, ṣe ìtọsẹ̀.
ESCRUTÍNIO, EXAME, s. wíwádí, ìwádí, ìtọsẹ̀, ìyẹwò.
ESCUDO, DEFESA, s. asà > Kí ewé asá mi – Que as folhas sejam minha defesa.
ESCUDO, s. apata.
ESCULPIR, ENTALHAR, v. yáre < yá + ère.
ESCULPIR, v. gbẹ́ (cavar no sentido de entalhar) > Ó gbẹ́ ihò sí ara igi – Ele cavou um buraco na madeira.
ESCULTOR DE IMAGEM, s. ayáre.
ESCULTOR, ARTESÃO, s. ọlọ́nà, agbẹ́kúta, onísọ̀nà < ṣe – fazer, ọnà – obra de arte.
ESCULTOR, s. ògbẹ́dan (que faz imagens na Sociedade Ògbóni).
ESCULTURA, s. ọnà, ère.
ESCUNA, BARCO, s. irú ọkọ̀ ojú orí.
ESCURECER, FAZER SOMBRA, v. ṣíjibò < ṣí + ìji + bò.
ESCURECER, v. kun_nídúdú, ṣúbò (ficar carregado de nuvens).
ESCURECIDO, adj. wòdú > Ogbẹ́ yìí jiná, ó wòdú – A ferida desapareceu e o local ficou escurecido.
ESCURIDÃO TOTAL, s. ògànjọ́-méje (noite fechada).
ESCURIDÃO, NEGRUME, s. òòkùn, òkùnkùn.
ESCURIDÃO, s. ìṣudẹ̀dẹ̀, ògànjọ́, òrugànjọ́ > ìdágùdẹ̀ – tempo escuro.
ESCURO, PRETO, adj. ṣíṣú.
ESCURO, SOMBRIO, adj. níjì.
ESCUSA, DESCULPA, s. gáfárà, àgò, àforíjì, àwáwí > Mo tọ́rọ́ gáfárà lọ́wọ́ rẹ – Eu peço sua desculpa; > Gáfárà o! – Perdoe-me!
ESCUSAR, DESCULPAR, v. yàgò < yà àgò.
ESCUTAR, DAR OUVIDO, v. dẹtí sí.
ESFARELAR, ESFACELAR, v. dómùkẹ̀ > Ìkòkò yìí dómùkẹ̀ – Este pote caiu em pedaços.
ESFARELAR, v. rúnmọ́ (triturar e juntar).
ESFARRAPADAMENTE, adv. jìwìnnì (roto, em trapos).
ESFARRAPADO, MALTRAPILHO, adj. pátipàti, hẹrẹpẹ.

ESFÉRICO, ARREDONDADO, *adj.* rúbútú, rúdúrúdú, ṣíṣù.
ESFÍNCTER, *s.* iṣan ẹ̀gbà (músculo circular em contração).
ESFOLAR, ARRANHAR, *v.* ti_láwọ.
ESFORÇAR, EMPENHAR, *v.* gbíyànjú, sápá, làkàkà (usar todo o poder da pessoa) > Akẹ́kọ́ náà gbìyànjú – O estudante se dedicou muito.
ESFORÇAR-SE, INSISTIR, *v.* tiraka.
ESFORÇO CONVULSIVO, *s.* kútákùtàkuta.
ESFORÇO, LUTA, *s.* òwèrè (ato de se recuperar).
ESFORÇO, PERSISTÊNCIA, *s.* fitafita, ṣáyan, ìrójú.
ESFORÇO, EMPENHO, *s.* ayan, akitiyan, èku, èkáká, ìjanpata, ìgbíyànjú > Bàbá mi ṣe ayan púpọ̀ lórí ẹ̀kọ́ mi – Meu pai fez muito esforço sobre minha educação; > ìjàkádì – luta; > ìtiraka – insistência.
ESFREGAR A CABEÇA, *v.* sarí < sà + orí (passando um remédio).
ESFREGAR A PELE, *v.* yíra < yí + ara (usando algum pó).
ESFREGAR AS MÃOS, *v.* rawọ́ < ra + ọwọ́.
ESFREGAR NO CORPO, *v.* rara < ra + ara, wọ́ra < wọ́ + ara.
ESFREGAR ÓLEO NO CORPO, *v.* para > ìpara – pomada, unguento.
ESFREGAR, APAGAR, *v.* nùnù.
ESFREGAR, ESPREMER, *v.* gbo > àgbo – infusão.
ESFREGAR, MASSAGEAR, *v.* pa, ra, kín > kínrin – delicadamente, kínrinlẹ́hìn – esfregar as costas.
ESFREGAR USANDO SABÃO, *v.* kùnlọ́ṣẹ.
ESFREGAR, *v.* palé, palè (o chão, paredes usando folhas ou estrumes).
ESFRIAR, *v.* mú tútù.
ESGARÇAR, PUIR, *v.* bótì.
ESGOTADO, EXAUSTO, *adv.* fúwọ́fúwọ́.
ESMAGADO, AMASSADO, *adj.* rírún.
ESMAGAMENTO, *s.* àtẹ̀fọ́.
ESMAGAR, EXPLODIR, *v.* fọ́ > fọ́lù – amassar, triturar.
ESMAGAR, SUFOCAR, *v.* bò.
ESMAGAR, DESTRUIR, *v.* pa_rẹ́ > tẹ̀_mọ́lẹ̀ – calcar com o pé.
ESMERALDA, *s.* okúta oníyebíye kan (lit. pedra preciosa).
ESMERO, VAIDADE, *s.* pẹ́pẹ́fúúrú (atenção ao vestuário).

ESMOLA, CARIDADE, s. ọrẹ àànú.
ESMOLA, DOAÇÃO, s. ìtọrẹ-àànú, sàráà > Mo ṣe sàráà fáláǵbe náà – Eu fiz uma caridade para aquele mendigo.
ESMOLAR, v. báárà.
ESMOLER, s. amọ́kun, amúkun.
ESMURRAR, v. gbúnlẹ́ṣẹ́ < gbún + lẹ́ṣẹ́.
ESMURRAR, v. lù_níkuùkù, lù_lẹ́ṣẹ́, kàn_lẹ́ṣẹ́ (socar com o punho).
ESNOBE, s. onígbéraga, ènìà lárán.
ESÔFAGO, s. òòfà ọ̀nà-ọ̀fun.
ESPAÇO ABERTO, s. pàṣá.
ESPAÇO ARENOSO, s. erùfù.
ESPAÇO DE NOVE DIAS, s. isán.
ESPAÇO DE TEMPO, ESTAÇÃO, s. ọ̀sa > ìgbàdégbà – espaço entre dois períodos.
ESPAÇO PLANO, s. ìhàdéhà, gbangba (espaço aberto); > ẹ̀gbẹ́dẹ́gbẹ́ – distância entre duas extremidades.
ESPAÇO, UNIVERSO, s. àyè.
ESPAÇO, s. àlàfo (entre duas pessoas, ou coisas), èjí (entre os dentes).
ESPAÇO EM BRANCO, VAZIO, adj. ṣófo < ṣí + òfo > Ó ṣófo – Ele está vazio.
ESPAÇONAVE, s. ọkọ̀ arèdùmarè.
ESPAÇO RESERVADO, ÍNTIMO, s. ìyẹ̀wù > gbàyè – ocupar um espaço.
ESPAÇO VAZIO, s. ọ̀fẹ̀ẹ̀rẹ̀fẹ́ (abismo).
ESPAÇO, SULCO, s. (entre canteiros de jardim).
ESPAÇOSO, AMPLO, adj. láfẹ́ẹ́fẹ́, lálàfo, aláyè.
ESPADA COM LÂMINA LARGA, s. agẹdẹgẹngbẹ.
ESPADA PEQUENA, s. àgbẹ́, àdá.
ESPAIRECER, v. gbafẹ́ẹ́fẹ́.
ESPALHADO, adj. àìṣà (o que não foi catado).
ESPALHADO, DIFUNDIDO, adj. títẹ́.
ESPALHADO, ESPORÁDICO, adj. ṣóṣòṣó.
ESPALHAFATO, s. ariwo.
ESPALHAR ALGO SOBRE OUTRO, v. sáfá (como a nata sobre o leite).

ESPALHAR A FAMA, v. pòkìkí > Ó pòkìkí rẹ̀ – Ele espalhou a fama dela.
ESPALHAR AO REDOR, v. fúnká (aleatoriamente).
ESPALHAR NOTÍCIAS, v. ròkáakiri, ròkiri (sobre uma pessoa) > Ó rò kiri – Ele espalhou as queixas sobre ela.
ESPALHAR POR TERRA, v. nàtẹ́.
ESPALHAR SOBRE, v. fúnkákiri.
ESPALHAR, CONTAGIAR, v. gbèèràn.
ESPALHAR, DESPERDIÇAR, v. fún.
ESPALHAR, DISPERSAR, v. fọ́n, fọ́nkálẹ̀, tú_ká > tú_káakiri – espalhar em várias direções.
ESPALHAR, ESPARRAMAR, v. nà, mú_gbilẹ̀.
ESPALHAR, ESTENDER NO CHÃO, v. tẹ́_sílẹ̀.
ESPALHAR, ESTENDER, v. bẹ́ > ìròhìn yìí bẹ́ – a notícia se espalhou.
ESPALHAR, SALPICAR, v. bù_wọ́n > ó bù omi nílẹ̀ – ela salpicou água no chão.
ESPALHAR, SEMEAR, v. tàn.
ESPALHAR, v. gbalẹ̀, gbilẹ̀ (estender ao redor).
ESPALHAR, v. fọ́nkiri (aleatoriamente).
ESPANADOR, s. àálẹ̀, ọwọ̀.
ESPANCAR, v. gbálábàrá.
ESPANHA, v. Orilẹ̀ẹ̀ Spéènì (país da Europa).
ESPANHOL, s. pàyán, sípánìísì (do inglês *spanish*).
ESPANTAR, CAUSAR ADMIRAÇÃO, v. múgò.
ESPANTAR-SE, SURPREENDER, v. súlójú.
ESPANTO, SURPRESA, s. hàá, ìtagìrì > Hàá ṣe wọn – Eles foram surpreendidos.
ESPANTOSO, adj. níyànu < ní + ya + ẹnu (lit. abrir a boca).
ESPARRADAMENTE, adv. rákaràka.
ESPARRAMADO, adj. àìṣà (espalhado).
ESPARRAMAR, ENTORNAR, v. ta > tàjẹ̀ – derramar sangue.
ESPARRAMAR, ESPALHAR, v. nà, tàn, fàkalẹ̀ > Erèé yìí fàkalẹ̀ – Estes feijões se espalharam.
ESPARRAMAR, v. nàsá (estender para secar ao sol).

ESPASMO, *s.* gìrì (convulsão).
ESPÁTULA DE MADEIRA, *s.* abèrọ, ṣíbí pẹlẹbẹ.
ESPECIAL, INCOMUM, *s.* àkànṣe > pàtàkì – importante.
ESPECIALISTA, *s.* ògbóntarígì, alámòjá.
ESPECIALIZAR-SE, *v.* mọ_lámòjá.
ESPECIALMENTE, *adv.* gidipa, gúnmọ́, pàápàá, pápàá.
ESPECIARIA, *s.* ìyèré (pimenta-do-reino).
ESPÉCIE DE GRAMA, *s.* ìṣẹpolohun, iṣẹ́dùn.
ESPÉCIE DE QUIABO, *s.* ìròko.
ESPÉCIE DE TRIGO, *s.* àlìkámà.
ESPÉCIE, TIPO, *s.* oríṣí, irú, ararú > Aṣọ oríṣí mẹ́rin – Quatro tipos de roupa.
ESPECIFICAÇÃO, *s.* ojúwọn.
ESPECÍFICO, CARACTERÍSTICO, *adj.* kọ̀ọ̀kan, ìwọnkan > apẹẹrẹ – padrão.
ESPECTADOR, *s.* awòran, owòran.
ESPECTRO, *s.* iwin, àádi > ìji – sombra.
ESPECTROSCÓPIO, *s.* èrọ àádí (instrumento ótico).
ESPECULAÇÃO, OPINIÃO, *s.* ìwọ̀ràn > àbà – sugestão, moção.
ESPECULADOR, *s.* adábàá, olùkíyèsí.
ESPECULAR, SUGERIR, *v.* gbìmọ̀, dábá, ṣebí > Ṣebí mo ti rí ọ – Tenho a impressão de que já vi você.
ESPELHO, RETROVISOR, *s.* àwògbè, ìwògbè (ato de olhar).
ESPELHO, VIDRO, *s.* àwòjíji, dígí, jígí, gíláàsì (taça, copo, do inglês *glass*).
ESPERANÇA, EXPECTATIVA, *s.* ìrètí > Ìrètí yìí dòfo – Essa esperança é vazia.
ESPERANÇOSO, *adj.* ní ìrètí > láìní ìrètí – sem esperança.
ESPERAR POR ALGUÉM, *v.* dúró dé, rètí, lúba, ròdé, ṣèrètí > Mo ṣèrètí làtí lọ pẹ̀lú ẹ – Eu esperei para ir com você; > Ó dúró dé mí ní àárọ̀ – Espere por mim de manhã. (*Obs.*: o pron. pess. Ó pode ser usado para dar uma forma impessoal a uma afirmativa > Ó dára kí o sọrọ̀ – É bom que você fale).
ESPERAR, AGUARDAR, *v.* rosẹ̀ > Ó rosẹ̀ fún mi – Ela esperou por mim.

ESPERAR, FICAR ALERTA, *v.* rẹkẹ.
ESPERAR, TER EXPECTATIVA, *v.* nírètí > Mo nírètí láti lọ – Eu tenho expectativa de ir. *Obs.: láti* – de: prep. usada depois de um verbo de sílaba dupla e se for seguido de outro verbo; para verbo de uma sílaba é opcional > Mo fẹ́ràn láti jeja – Eu gosto de comer peixe.
ESPERAR, *v.* dẹ̀sẹ̀dúró, tẹsẹ̀dúró, gbójúlé (pensar em algo) > Ó gbójúlé mi – Ela me deu esperança, expectativa.
ESPERMA, *s.* àtọ̀, ìpilẹ̀-irú > ìfun àtọ̀ – tubo que dá passagem ao esperma para a ejaculação.
ESPERMATOZOIDE, *s.* pádí-àtọ̀.
ESPERTALHÃO, *adj.* mọ̀ye < mọ̀ + òye.
ESPERTEZA, *s.* ìyáwọ́ (destreza, perícia).
ESPERTO, ASTUTO, *adj.* lárékéreké, amòye, ọ̀mọ̀ràn.
ESPESSAMENTE, *adv.* dádá, dùdù.
ESPESSO, *adj.* dí, nípọn.
ESPESSURA, GROSSURA, *s.* ipọn (para materiais, roupas).
ESPETÁCULO, EXIBIÇÃO, *s.* àpèwò, fádà, ìfihàn, ìran.
ESPETAR, FURAR, *v.* fi ọkọ̀ gún – usar espeto e furar.
ESPETO DE CARNE, *s.* àgunran < à + gún + ẹran, patakú > sèré, sìré – irin tí a fi nyan ẹran – ferro que usamos para assar carne.
ESPIADA, *s.* ìbẹ̀wò.
ESPIÃO, OLHEIRO, *s.* amí alámí, ọtẹlẹ̀múyẹ́.
ESPIAR, *v.* kúfirí (dar uma olhadela).
ESPIGA DE MILHO, *s.* erín ìgbado, eríkà, kùùkù.
ESPIGA OU SEMENTE, *s.* wóro, ehóro, hóro.
ESPIGA, *s.* egínrin.
ESPINAFRE, *s.* ẹ̀fọ́ tẹ̀tẹ̀, sọ̀kọ̀yọ̀kọ̀tọ̀.
ESPINGARDA, *s.* ìbọn gígùn, ìbọn ọlọ́tawẹ́wẹ́.
ESPINHA DE PEIXE, *s.* ògógóró eja.
ESPINHA DORSAL, *s.* ògógóró ẹ̀hìn.
ESPINHA, *s.* esú, kòkòrò, ororé, iroré (erupção cutânea).
ESPINHO LONGO, *s.* ìpẹ́ èèrè, ìpẹ́ òòrẹ.
ESPINHO, ESPINHEIRO, *s.* ẹ̀gún.

ESPINHO, INCÔMODO, s. àtàtàkurá.
ESPINHOSO, adj. elégun, légún.
ESPINHOSO, CONFUSO, s. kókó, ìdíjú.
ESPIAR, ESPIONAR, v. ṣọ́wọ̀, ṣamí > Ó nṣamí wa – Ele está nos espionando.
ESPIRAL, s. òṣùká.
ESPÍRITO DAS MATAS, s. Àrọ̀nì (ligado ao culto de Ọ̀sányìn).
ESPÍRITO SANTO, s. Ẹ̀mí Mímọ́.
ESPÍRITO, DIVINDADE, s. imọlẹ̀, mọlẹ̀, irúnmọlẹ̀ > èmọ̀ tí nbẹ́ nílẹ̀ – os sobrenaturais da terra.
ESPÍRITO, FANTASMA, s. iwin (fada).
ESPÍRITO, s. ẹbọra (outra possível definição de Òrìṣà).
ESPÍRITO ANCESTRAL, s. egúngún, eégún, égún.
ESPÍRITO DE PORCO, s. abaiyéjé.
ESPÍRITOS DO MAL, s. elénìnì, àlùjọ̀nnú > ajogun – forças do mal.
ESPÍRITOS EM ÁRVORES, s. òrọ̀, iwin.
ESPÍRITOS, s. ará ọrun.
ESPIRITUAL, adj. tẹ̀mí.
ESPÍRITO ENTUSIASMADO, s. ọlóyàyà (pessoa alegre).
ESPIRRAR, ASSOAR, v. fún, sín > Má sín sí mi lára – Não espirre em cima de mim.
ESPIRRAR, ESBORRIFAR, v. tàló (quando algo cai numa poça d'água) > Ó ró tàló sínú omi – Ele lançou respingos de dentro da água.
ESPIRRO, ESGUICHO, s. tàbú.
ESPLENDIDAMENTE, adv. dáradára > Ó nṣiṣẹ́ dáradára – Ele está trabalhando muito bem.
ESPLENDOR, s. ìtànṣàn, tìtànṣàn, híhàn, dídára, ìlára.
ESPOLIADOR, s. agánnigàn.
ESPOJAR-SE, v. yírà, pàfọ̀ yíra nínú ẹrẹ̀ – chafurdar-se na lama.
ESPOLIAR, SAQUEAR, v. piyẹ́, payẹ́ < pa + iyẹ́ > Àwọn ọmọ ogún payẹ́ nílú – Os soldados saquearam a cidade.
ESPONJA, s. kàn-nkàn, kànrikan.
ESPONSAIS, s. ìdána (presentes do noivo à família da noiva).

ESPONSAIS, PROMESSA, s. fífẹ́sọ̀nà.
ESPONTANEAMENTE, adv. fínufẹdọ̀, tinútinú.
ESPONTÂNEO, adj. funrarẹ̀, fararẹ̀, àìròtẹ́lẹ̀.
ESPORA DO GALO, s. ọ̀gàn.
ESPORA, s. kẹ́sẹ́ ẹsin > Ó gún ẹsin rẹ̀ ní kẹ́sẹ́ – Ele montou o cavalo dele com esporas.
ESPORÁDICO, CASUAL, adj. selẹ̀ ní ìgbàkúgbà.
ESPOREAR, v. gúnníkẹ́sẹ́ < gún + ní + kẹ́sẹ́.
ESPORTE, DIVERTIMENTO, s. eré, iré, iré ṣíṣe > iré-ìdáraya – esporte.
ESPOSA DE EUNUCO, s. awéwó.
ESPOSA, s. ìyàwó, aya > Aya rẹ lẹ́wà bí tèmí – Sua esposa é bonita como a minha > ìyálé, ìyáálé – esposa mais velha; > aya àkọ́kọ́ – primeira esposa. Obs.: quando o homem yorùbá tem várias esposas as demais são chamadas de ìyàwó, e a mais nova, de òbòtun.
ESPOSAR, UNIR EM CASAMENTO, v. fifúnní ní ìyàwó.
ESPOSO E ESPOSA, s. tọkọ taya (marido e mulher).
ESPREGUIÇAR-SE, v. ròg bọ̀kú.
ESPREITAR, v. wòye > Ó wòye – Ele está alerta.
ESPREMEDOR DE FRUTAS, s. ìfúntí.
ESPREMER, ESMAGAR, v. rin, wẹ́, wẹ́_mọ́lẹ̀ > Ó wẹ́ mi mọ́lẹ̀ – Ela me frustrou.
ESPREMER, EXTRAIR, v. fún, fúnjáde.
ESPUMA, VAPOR, s. èérú, èhó, fòfó, ìfòfó > fòfó ọṣẹ – espuma de sabão, fòfó òkun – espuma do mar.
ESPUMAR, v. hó > Ọṣẹ yìí hó pútú-pútú – Este sabão faz uma boa espuma.
ESPÚRIO, ILEGÍTIMO, adj. lẹ́tàn, àìṣòótọ́.
ESQUADRA, GRUPO DE NAVIOS, s. ọ̀wọ́ ọkọ̀, ẹgbẹ́ ológun.
ESQUECER, v. gbàgbé, fẹ́kù > Dáríjì tàbí gbàgbé, báwo ni ṣeése? – Perdoar ou esquecer, como é possível?; > Mo gbàgbé orúkọ rẹ – Eu esqueci seu nome.
ESQUECIDO, adj. kúyè, nígbàgbé, àmójúkúrò.
ESQUECIDO, DESCUIDADO, adj. gbàgbéra > fò_ru (escapar da memória).

ESQUECIMENTO, NEGLIGÊNCIA, s. igbàgbé.
ESQUELETO, s. egungun ara, eegun, egigun.
ESQUENTAR, AQUECER, v. raná < ra + iná.
ESQUENTAR, v. ríru (entrar em ebulição).
ESQUERDA, LADO ESQUERDO, s. apáòsì > Ọ̀nà jẹ́ láti bẹ̀rẹ̀ ni apá òsì lọ sí apá ọ̀tún – O caminho é o mesmo da esquerda para a direita; > Ẹ yà sí òsí – Vire para a esquerda.
ESQUERDO, s. òsì > Etí rẹ̀ òsì ndùn – A orelha esquerda dele está doendo.
ESQUILO, s. òfòrò, òkẹ́rẹ́.
ESQUINA, CANTO, s. orígun.
ESQUISITO, EXCÊNTRICO, adj. dídára, rèderède, yàtọ̀ > ṣòdì – ser do contra.
ESQUIVAR-SE, v. yẹ̀sọ, pákọ̀kọ̀, pákọ̀rọ̀ (andar pelos cantos).
ESSÊNCIA, ODOR, s. òórùn.
ESSENCIAL, adj. pàtàkì.
ESTÁ QUEBRADO E INÚTIL, adv. yán-yán.
ESTABELECER, ASSENTAR, v. fi_kalẹ̀ > Ó fi òfin kalẹ̀ – Ele estabeleceu uma regra.
ESTABELECER, FUNDAR, v. fi_balẹ̀, dá_sílẹ̀ > pinnu – resolver.
ESTABELECER-SE, FIXAR-SE, v. sílẹ́ < sí + ilẹ̀.
ESTABELECER-SE, v. fẹsẹ̀múlẹ̀ < fi + ẹsẹ̀ + múlẹ̀ (criar raízes).
ESTABELECIMENTO, s. ìfikalẹ̀, ìpinnu, ìfilélẹ̀.
ESTABILIDADE, s. àìyẹsẹ, ìdúró-ṣinṣin.
ESTABILIZAR-SE, v. múlẹ̀.
ESTÁBULO, CAVALARIÇA, s. bùjẹ, Ìbùjẹ, ibùsọ̀ ẹran.
ESTÁBULO, s. gàá, ilé ẹṣin.
ESTACA, SUPORTE, s. gàgaló.
ESTACA DE BAMBU, s. ọpa.
ESTAÇÃO DAS SECAS, s. ìgbà ògbẹlẹ, àkòkó-ẹ̀ẹ̀rùn (òwòrẹ́ – meio seca, de junho a agosto).
ESTAÇÃO DAS CHUVAS, s. ẹ̀fà, ìgbà òjò, àsìkò òjò, àkókò-òjò > Ìwọ dé ní àkókò-òjó – Você chegou na estação das chuvas.
ESTAÇÃO DE TREM, s. ìdíkọ̀, ilé ọkọ̀ ojú-irin > Ìdíkọ̀ Kíní – Estação Primeira.

ESTAÇÃO DO ANO, ÉPOCA, s. àsìkò, ígbà, sànmọ̀nì (do idioma hausá).
ESTAÇÃO FRIA, s. àsìkò otútù.
ESTAÇÃO HARMATTAN, s. àsìkò oýẹ (vento forte seco e poeirento da Costa da Guiné que ocorre entre o final de novembro e meados de março).
ESTAÇÃO DO OUTONO, s. àsìkò iwọ́wé.
ESTAÇÃO PRIMAVERA, s. àsìkò irúwé s. àsìkò ooru.
ESTAÇÃO SECA, s. àsìkò ògbẹlẹ̀.
ESTAÇÃO ÚMIDA, s. àkókò oýẹ (período de tempo).
ESTAÇÃO, EMISSORA, s. tẹ́sọ̀n (do inglês *station*).
ESTAÇÃO ESPACIAL, s. ìbùdó aròfúrufú.
ESTAÇÃO, PARADA, s. àrójẹ, ibi-ìdúró (local onde os viajantes param).
ESTAÇÃO, PERÍODO DE TEMPO, s. ìdáyí.
ESTAÇÃO, TEMPO SECO, s. ìgbẹ̀ẹ̀rùn.
ESTACIONÁRIO, FIXO, adj. aláìmì, ojúka (no mesmo lugar).
ESTADIA, PERMANÊNCIA, s. atipó.
ESTÁDIO, s. pápá-ìṣeré.
ESTADOS UNIDOS (EUA), s. Orílẹ̀ẹ Amẹ́ríkà (país da América do Norte).
ESTAFILOCOCOS, s. àwọn alámọ̀-oníkóro (micróbio que surge em aglomeração).
ESTAGIÁRIO, s. ẹnití a ndánwò lọ́wọ́ (lit. aquele que estamos experimentando).
ESTÁGIO, s. ìdáwò.
ESTAGNAÇÃO, s. àìṣàn, ìdúrójẹ́ > dídúrójẹ́ – estagnado.
ESTALAGEM, s. ilé èrò.
ESTALAR, v. ìtapàpà.
ESTALAR OS DEDOS, v. tàka < ta + ìka > Mo tàka sí i – Eu estalei os dedos (para mostrar discordância).
ESTALEIRO, s. agbẹ́kọ̀.
ESTAMOS FELIZES, exp. inú wà dùn.
ESTAMPA, SELO, s. stámpù (do inglês *stamp*).
ESTAMPADO, s. àdirẹ.

ESTANDARTE, INSÍGNIA, s. òpágun, àsíá, àsíyá.
ESTANTE, s. pẹpẹ.
ESTANTE DE LIVROS, s. àpótí-ìwé.
ESTAR ABAFADO, v. gbóná, móoru > Ọjó yìí móoru – Este dia está abafado.
ESTAR ABATIDO, DESESPERADO, v. soríkodò.
ESTAR ACORDADO, v. jí > Ó ti jí – Ela já acordou.
ESTAR ABORRECIDO, v. sẹkannú, káwọ́ < ká + wọ́.
ESTAR AGITADO, TRÊMULO, v. taraṣàṣà > Mo tara ṣàṣà – Eu estou agitado.
ESTAR AGONIADO, v. japoró.
ESTAR ALEGRE, v. dá_rayá > Ó dá mi lára yá – Ela me animou.
ESTAR ALTO, adj. wà lókè > Igi yìí ó wà lókè púpọ̀ – Esta árvore está muito alta.
ESTAR AMEDRONTADO, v. jáiyà, jáyà, bẹrukẹrù < bà + ẹrù + kẹ́ + ẹ̀rù.
ESTAR À MORTE, v. jòwèrè > Ò njò wèrè – Ela está lutando contra a morte.
ESTAR ANSIOSO, AGITADO, v. tarapara, dà_láàmú, kọminú < kọ + ominú > Èmi kọminu – Estou ansiosa.
ESTAR AO ALCANCE DE, v. tó_lówọ́ > Ó tó mi lọ́wọ́ – Ela está a meu alcance.
ESTAR APERTADO, v. hó – Ṣòkòtò yìí hó – Esta calça está apertada.
ESTAR APREENSIVO, v. fòyà > Ó fò mí láyà – Ele me assustou.
ESTAR ASSUSTADO, v. díjì < dá + ijì > Mo díjì – Estou assustada.
ESTAR ATAREFADO, APRESSADO, v. pakẹ̀ẹ̀kẹ̀ẹ̀.
ESTAR ATENTO, v. setí (diante de algum barulho).
ESTAR ATRASADO, ULTRAPASSADO, v. pẹ́, pẹ́lẹ́hìn > Ọkọ̀ wa pẹ́ lóní – O nosso transporte está atrasado hoje.
ESTAR AUSENTE, v. sàìwá, sàìsí > Òun kì ó lè sàìwá lóní, sùgbọ́n òun ó wá lọ́la – Ela poderá estar ausente hoje, mas virá amanhã.
ESTAR BÊBADO, v. palọ́tí.
ESTAR BEM, v. dá, dáa, yá > Ṣé ẹ wà dádá? Mo wà dádá – Você está bem? Eu estou bem.

ESTAR CANSADO, CHATEADO, *v.* gọ́, sàáre̩, gá, rè̩ > Ó gọ́ mi – Ele me cansou; > Onjẹ yìí ti gá mi – Eu cansei de comer esta comida, esta comida já me cansou.

ESTAR CANSADO, *v.* rè̩ > Iṣé̩ yìí rè̩ mí – Este trabalho me cansou.

ESTAR CERTO DE, *v.* dá_lójú, dájú < dá + ojú.

ESTAR CHEIO, *v.* yò > Ọnjẹ yìí yò mí – Esta comida me satisfez.

ESTAR CHEIO, *v.* kún > Ó kún àpò – Ele encheu o saco.

ESTAR CLARO, VISÍVEL, *v.* hàn > fihàn – mostrar > Ó fi òye hàn – Ele revelou sabedoria.

ESTAR COBERTO DE MAZELAS, *v.* súbò (catapora, sarampo, acne etc.).

ESTAR COM DORES, *v.* joró, jẹ̀rora > Orí nfọ́ mi – Estou com dor de cabeça.

ESTAR COM FOME, *v.* ebi npa mí (lit. a fome está me matando, afligindo).

ESTAR COM MEDO, *exp.* èrù bá mi (lit. o medo me atingiu).

ESTAR COM PRESSA, *v.* kánjú, wàrà (ser precipitado).

ESTAR COMPLETO, *v.* pé > Ọjọ́ yìí pé – Este dia está completo; > Òun rí ànípé – Ela parece completa em todas as coisas.

ESTAR CONECTADO, *v.* farakọ́ < fi + ara + kọ́.

ESTAR CONFORMADO, *v.* yò > Èmi ti yò – Eu já estou conformado.

ESTAR CONFUSO, SOMBRIO, *v.* ṣújú > Ọ̀rọ̀ yìí ṣújú – Este assunto é confuso.

ESTAR CONFUSO, *v.* pòrúrùù, rújú.

ESTAR CONTENTE, *v.* yò > mo yò, inú mi dùn – estou contente e muito feliz (lit. meu interior está doce); > Inú mi dùn láti mọ̀ yín – Estou contente em conhecer você.

ESTAR CONTRA, OPOR-SE, *v.* gbákò > Ó gbákò mi – Ela está contra mim.

ESTAR DE PÉ, *v.* ró > Ó ró gangan – Ela está de pé.

ESTAR DEPRIMIDO, MAGOADO, *v.* rè̩wè̩sì.

ESTAR DESANIMADO, *v.* pámi, kíjọ̀.

ESTAR DESAPONTADO, *exp.* ara mi bàjé (lit. meu corpo está estragado).

ESTAR DESEMPREGADO, OCIOSO, *v.* wàláìríṣe, dìlè̩ > Ọwọ́ mi dìlè̩ – Estou desempregado (lit. minhas mãos estão vazias).

ESTAR DESESPERADO, *v.* gbékútà.

ESTAR DESNORTEADO, *v.* ṣojúsùù.
ESTAR DESOCUPADO, *v.* gbófo < gbé + òfo > Ṣé o gbófo? – Você está desocupado?
ESTAR DISSIMULADO, *v.* farasin (oculto).
ESTAR DISTANTE, *v.* dálẹ̀ < dá + ilẹ̀ > Ó lọ sí dálẹ̀ – Ela foi para longe.
ESTAR DOENDO, *v.* dùn (ferimento externo) > Ó dùn mí nínú lọ́kàn – Sinto muito (lit. Me dói dentro do coração).
ESTAR DOENTE, *v.* potútù, ṣàìsàn < ṣe + àì + sàn.
ESTAR EM ACORDO VERBAL, *v.* pahùnpọ́.
ESTAR EM CIMA, *v.* léwọ́.
ESTAR EM COMPANHIA DE, *v.* bá_wà > Mo bá wọn wà – Eu estava com eles.
ESTAR EM COMPANHIA, ACOMPANHAR, *v.* Ènìà tí ó pẹ̀lú mi – A pessoa que está em minha companhia; Òun pẹ̀lú mi – Ela me acompanhou.
ESTAR EM CONTATO COM, *v.* kanra.
ESTAR EM DESESPERO, *v.* wàláìníábá, wàláìnnírétí.
ESTAR EM DIFICULDADE, INSEGURO, *v.* tiiri, dáràn > Ó dáràn – Ela está insegura.
ESTAR EM DÚVIDA, *v.* dáníyéméjì.
ESTAR EM NECESSIDADE, DESEJO, *v.* wàláìní.
ESTAR EM SITUAÇÃO IMPRÓPRIA, *v.* ṣàgbákò.
ESTAR EM SOCIEDADE, *v.* bá_nápọ̀ > Ó bá mi nápọ̀ – Está em minha sociedade.
ESTAR EMARANHADO, *v.* díjú < dí + ojú.
ESTAR EMPREGADO, *v.* níṣẹ́lọ́wó (lit. ter trabalho nas mãos).
ESTAR ENDIVIDADO, *v.* jẹ_nígbèsè > Ó jẹ mí ní gbèsè – Ela tem um débito comigo.
ESTAR ENJOADO, *v.* rera < ra + ara.
ESTAR ENRAIZADO, *v.* tirìnmọ́lẹ̀.
ESTAR ENTUSIASMADO, *v.* ṣègbéraga, ṣègbéragasí.
ESTAR ESCURO, NUBLADO, *v.* ṣú > Ilẹ̀ ti ṣú – Anoiteceu (lit. a terra escureceu); > Ilẹ̀ ìbáà ṣú, a á lọ sílé – Ainda que esteja escuro, nós iremos para casa; > iṣúdẹ̀dẹ̀ – escuridão profunda.

ESTAR ESCURO, OBSCURO, v. ṣòkùnkùn > Ọ̀rọ̀ yìí ṣòkùnkùn – Este assunto ficou obscuro.
ESTAR EXAUSTO, DEBILITADO, v. wólára.
ESTAR EXPOSTO, v. yá > yá oòrún – exposto ao calor.
ESTAR EXTINTO, v. run (extirpar, consumir).
ESTAR FARTO DE, v. bọ́ > Ó bọ́ wa – Ele está farto de nós.
ESTAR FELIZ, exp. inú mi dùn (lit. meu interior ficou doce).
ESTAR FERIDO, v. gbọgbẹ́.
ESTAR GELADO, v. dì > Omi yìí dì – Esta água está gelada.
ESTAR GRÁVIDA, v. yún, séraró, poṣùjẹ < pa + oṣù + jẹ (lit. ela não menstruou); > Obìnrin yẹn yùn – Aquela mulher engravidou; > gbọlẹ̀ – engravidar.
ESTAR INATIVO, v. dá > ìdákú – desmaio.
ESTAR INFECTADO, v. talé > Ìṣaká talé mi – A coceira me infectou.
ESTAR INFELIZ, exp. inú mi kò dùn (lit. meu interior não ficou doce).
ESTAR INQUIETO, v. dà_láàmú > Ó dà mí láàmú – Ele me inquietou.
ESTAR INSANO, DESEQUILIBRADO, v. sínwín.
ESTAR INTRANQUILO, v. yán hàn-hàn (ter desejos carnais).
ESTAR IRREQUIETO, v. jarunpá < jà + oorun + ìpá (durante o sono).
ESTAR IRRITADO, v. kanra < kan + ara (ser temperamental).
ESTAR JUNTO DE ALGUÉM, v. fojúsìn (espiritualmente).
ESTAR JUNTO, LADO A LADO, v. fẹ̀gbẹ́, kẹ̀gbẹ́ < kó + ẹgbẹ́ > Ó kẹ̀gbá olè – Ele se associou aos ladrões.
ESTAR JUNTO, v. fiojúsìn, fojúsìn (espiritualmente), pè_jọ > Ó pè wọn jọ – Ela os juntou.
ESTAR LIMPO, v. mọ́.
ESTAR LIVRE, v. fírìí (do inglês *free*).
ESTAR MAGRO, v. rù, tín, rùkan > Ó rùkan eegun – Ele está pele e osso.
ESTAR MAL-HUMORADO, v. wúlé, rojú, sónú (emburrado).
ESTAR MUITO MADURO, v. pọ́ndénú > Ó pọ́ndénú – Ela está totalmente madura.
ESTAR NAS DORES DO PARTO, v. rọbí.
ESTAR NECESSITADO, v. wàláìní (desejo de algo).
ESTAR NUBLADO, FECHADO, v. ṣúdẹ̀dẹ̀.

ESTAR NUMA BRIGA, EM DISPUTA, v. wọ̀jà, kọ̀jà.
ESTAR OBCECADO, v. kùn_lọ́kàn (ter alguém no coração) > Aya kùn mí lọ́kan – A esposa está no meu coração.
ESTAR OCIOSO, v. wàláìríṣe.
ESTAR OCUPADO, v. díwọ > Iṣẹ́ mi díwọ púpọ̀ – Tenho estado muito ocupado.
ESTAR ORGULHOSO, v. ṣẹgbéraga, ṣẹgbéragasí.
ESTAR PENDURADO, BALANÇANDO, v. rọ̀ dọ̀dọ̀dọ̀.
ESTAR PERDIDO, v. há, nù > Owó mi ti nù – Meu dinheiro está perdido.
ESTAR PERTO, PRÓXIMO, v. súnmọ́lé, súnmọ́tòsí.
ESTAR PREOCUPADO, v. dà_láàmú, pọ́njú < pọ́n + ojú > Ó npọ́n ara rẹ̀ ní ojú – Ele está inquieto; > Ojú ọmọ npọ́n mi – Estou ansiosa em ter uma criança.
ESTAR PREPARADO, v. múra sílẹ̀, múra tẹ́lẹ̀ > Ó múra silẹ̀ fún ọjọ́ náà – Ela se preparou com antecedência para este dia.
ESTAR PRESENTE, v. pèṣẹ.
ESTAR PRESTES A MORRER, v. pọ̀kà, pọ̀kàkà.
ESTAR PRONTO, PREPARADO, v. dàmùrè, dì_lámùrè > Ó dì mí lámùrè – Ele me preparou.
ESTAR PRÓXIMO DE, v. fẹ́rẹ̀, fẹ́ẹ̀ > Ó fẹ́ẹ̀ dé – Ela está próxima de chegar.
ESTAR PRÓXIMO DO FIM, v. kùsátà.
ESTAR PRÓXIMO, v. fáárà (estar para ocorrer algo) > Òjò fáárà – A chuva se aproxima; > wínrìn (somente negando) > Wọ́n kò wínrìn – Eles não estão perto; > kángun < kán + igun > A kángun sílé – Nós estamos próximos de casa.
ESTAR QUENTE, ABAFADO, v. móoru < mú + ooru.
ESTAR QUENTE, v. gbá.
ESTAR RACHADO, s. pàdí.
ESTAR RECOLHIDO, DOENTE, v. bò_mọ́lẹ̀ > Mo bo ara mi mọ́lẹ̀ níbùsùn fún ọjọ́ méje – Eu fiquei de cama coberto por sete dias.
ESTAR SATISFEITO, DISPOSTO, v. ṣenúdídùnsí > Mo ṣe inú dídùn sí i – Eu o aprovei.

ESTAR SATISFEITO, *v.* yó (de alimentos, e usado com os verbos mu – beber, jẹ – comer) > Mo yò. Onjẹ náà ti dùn – Estou satisfeito. A comida estava deliciosa.

ESTAR SAUDÁVEL, *v.* kọ́fẹ (cheio de vida).

ESTAR SÓ, SOLITÁRIO, *v.* fé > Ọmọ náà fé – A criança está só.

ESTAR SOB O FOGO, *v.* kaná (leia *kanon*).

ESTAR SOLTO, *v.* sò > Ìbọ̀sẹ̀ Olú sò púpọ̀ – As meias de Olú estão soltas.

ESTAR SUJO, *v.* pọ́n > aṣọ rẹ pọ́n – sua roupa está suja.

ESTAR SURPRESO, *v.* yà_lẹ́nu > ó yà mí lẹ́nu – ele me surpreendeu (lit. abrir a boca).

ESTAR TERMINADO, *v.* pétán.

ESTAR TEMEROSO, *v.* palọ́lọ́ > Ó palọ́lọ́ – Ele permaneceu em silêncio.

ESTAR TORCIDO, *v.* ká > ikákò – contração, torção.

ESTAR ÚMIDO, MOLHADO, *v.* rin.

ESTAR VACINADO, *v.* kọpá, bupá < kọ + apá.

ESTAR VAZIO, *v.* ṣófo < ṣe + òfo.

ESTAR VINDO, RETORNANDO, *v.* nbọ̀. (*Obs*.: **1.** a menos que siga outro verbo, não pode ter sentido passado > Ó nbọ̀ lọ́dọ̀ mi – Ela está vindo para junto de mim; > Ó njí bọ̀ – Ele despertou e veio; **2.** nesse caso *bọ̀* é substituído por *dé* – chegar, *wá* – vir, que por sua vez, não são usados no tempo presente > Àwọn ènìà dé láná – As pessoas chegaram ontem; **3.** não é usado com a preposição *sí* – para > Mo bọ̀wá ilé – Eu retornei para casa.)

ESTAR VISÍVEL, *v.* hàn > Ó hán ketekete – Ele é claramente visível.

ESTAR VIVO DE NOVO, *v.* túnyè.

ESTAR VIVO, TER EXISTÊNCIA, *v.* wàláyè, níyè.

ESTAR VIVO, *v.* yè > Ó ye ewu náà – Ela escapou do perigo.

ESTAR ZANGADO, ABORRECIDO, *v.* bí.

ESTAR, EXISTIR, HAVER, *v.* wà. *Obs*. **1.** Quando indicar lugar, *ní* é sempre usado antes do subst. que segue o verbo > Ọ̀rẹ́ mi wà nílé – Meu amigo está em casa; **2.** Quando o verbo for usado numa pergunta, será posicionado no final da frase > Ṣé àlàáfíà ni gbogbo yín wà? – Como todos vocês estão?; **3.** A forma negativa é *kò sí* > Kò sí

ESTATÍSTICA – ESTENDER, ESPALHAR

sìgá tí kò ní oró – Não existe cigarro que não tenha veneno; > Obì wà nílé àṣẹ wa – Há obì em nosso Terreiro; 4. Pode ser usado para agradecer, significando falar da existência de uma boa situação > Bàbá nkọ́? Wọ́n wà – E o seu pai? Ele está bem (lit. no sentido de existir); 5. Este verbo não é usado no tempo de ação contínua, gerúndio; > ìwàláyè – existência, vida.

ESTATÍSTICA, s. èèkádèrí, eléèkádèrí.
ESTATUTO, s. òfin.
ESTATURA, s. gíga. Igi yìí gíga – Esta árvore é alta.
ESTÁVEL, FIRME, adj. dúró-ṣinṣin.
ESTE AQUI, pron. dem. èyíìyí.
ESTE, ESTA, ISTO, pron. dem. èyí, yìí, eléyí, aláyí > Èyí ni mo fẹ́ – É este que eu quero; > Irú aṣọ wo ni yìí – Qual é o tipo desta roupa?; > Kílèyí? – O que é isto?
ESTELIONATO, s. ìréjẹ.
ESTE LUGAR, adv. ìhínyí > Mo npààrà ìhín yí – Eu frequento este lugar.
ESTE MESMO, pron. èyínáà.
ESTE TEMPO, s. ìwòyí, ìwò yìí (considerando presente, passado ou futuro) > Iṣẹ́ ìwò yìí – Este trabalho atual.
ESTEIO, APOIO, s. ìrọpá < rọ̀ + apá.
ESTEIRA DE BAMBU, s. parapárà (feita da matéria flexível).
ESTEIRA DE NOIVA, s. eníyàwó.
ESTEIRA, ALMOFADA, s. abà, ẹní > Ẹ̀gbọ́n mi jí ó sì ká ẹní – Minha irmã acordou e enrolou a esteira; > Ò ká ẹní nígbàtí ó jí – Ela enrolou a esteira quando acordou.
ESTEIRA, CAPACHO, s. ẹní > pakìtí – tapete grosso.
ESTEIRA, s. fàfá (feita de palha de palmeira).
ESTENDER A ESTEIRA, v. tẹ́ní < tẹ́ + ẹní.
ESTENDER A MÃO, v. nawọ́ < nà + ọwọ́ (para receber ou dar algo).
ESTENDER A MÃO, v. tẹ́wọ́ < tẹ́ + ọwọ́ (apertar a mão).
ESTENDER AS VELAS, v. tàgbòkun < ta + gbà + òkun (hastear velas do barco).
ESTENDER, ESPALHAR, v. nàlọ.

ESTENDER, ESTICAR, *v.* té, té_gbà > Ó té ení – Ela estendeu a esteira; > Mo té owó gbà owó – Eu estiquei a mão e recebi o dinheiro.

ESTENDER, ESTIRAR, *v.* nà > Ó na aṣọ sórí àga – Ela estendeu a roupa em cima da cadeira.

ESTÊNCIL, *s.* páálí-òòtè, tákàdá-òòtè.

ESTERCO DE VACA, *s.* elébótọ (vendedor ou produtor).

ESTERCO, *s.* ìgbònsè, ìlèdú.

ESTERILIDADE FEMININA, *s.* ìyàgàn.

ESTERILIDADE, *s.* àìsèso < àì + so + èso > Igi yìí àìsèso – Esta árvore não produz frutos.

ESTÉREO, *s.* sítéríò (do inglês *stereo*).

ESTEREÓTIPO, CATEGORIA, *s.* èya > Èyà òdìkéjì – Parte oposta.

ESTÉRIL, INFRUTÍFERO, *adj.* ṣàìléso, ṣàìsèso > òbu – infértil, sem princípio de vida.

ESTÉRIL, ÁRIDO, *adj.* yàgán > Óyàgàn – Ela é estéril; > yàgàn ènìà – pessoa estéril.

ESTÉRIL, LOCAL DESERTO, *s.* àṣálè.

ESTÉRIL, *s.* àìlómo < àì + ní + ọmọ (não ter filho).

ESTERILIDADE, *adj.* yíya.

ESTERILIZAÇÃO, *s.* ìyàgàn, àgàn.

ESTES, ESTAS, *pron. dem.* ìwònyí, wònyí > Tani wònyí? – Quem são esses?; > Ìwònyí ènìà ni mo rí láná – São estas pessoas que eu vi ontem.

ESTETOSCÓPIO, *s.* èrọ ìgbóhún-ara (instrumento para ouvir o peito).

ESTIAR, *v.* ságbè.

ESTICADO, *adj.* fífàta.

ESTICADO, ALONGADO, *adj.* fífàgun.

ESTICADO, FIRME, *s.* àìṣò (o que não está com folga).

ESTICADO, PUXADO, *adj.* wíwó.

ESTICAR AS PERNAS, *v.* nasè < nà + esè > Ó nasè lọ – Ele deu um passeio, ele foi esticar as pernas.

ESTICAR OS BRAÇOS, *v.* napá < nà + apá, tapá < ta + apá > Ó napá – Ela esticou o braço.

ESTICAR, DILATAR, *v.* ta.

ESTICAR, ESTENDER, *v.* ta_mọ́.
ESTICAR, EXPANDIR, *v.* nà, fà_gùn > Ó nà tàntàn – Ele expandiu ao máximo; > Ó fa okùn náá gùn – Ele encompridou a corda.
ESTICAR-SE, ESPICHAR, *v.* nàgà wò.
ESTICAR-SE, *v.* nògàwò (para ver algo).
ESTIGMA, MARCA, *s.* àmì àbùkù, àmì ègàn.
ESTLHAÇOS DE MADEIRA, *s.* ẹrùn igi pẹlẹbẹ.
ESTILINGUE, CATAPULTA, *s.* kànnà.
ESTILISTA, *s.* aṣẹ̀wà, ọṣẹ̀wà, ọdáṣà < dá – criar; àṣà – moda, costume.
ESTILO DE COSTURA, *s.* ìránṣọ.
ESTILO DE PENTEADO, *s.* ìkokoro, àkokoro.
ESTILO DE VIDA, *s.* ìgbésí-ayé (maneira de viver).
ESTILO EM VESTIR, *s.* ìwọṣọ.
ESTILO, HÁBITO, *s.* àṣà > Olùkọ́ sọ̀rọ̀ nípa àṣà Òrìṣà – O professor falou sobre a tradição da divindade.
ESTIMA, *s.* ìbuyìn (honra, respeito).
ESTIMAR, *v.* júbà, ná > Mo ná ọ̀rẹ́ mi – Eu estimo minha amiga.
ESTIMAR, AVALIAR, *v.* díyelé, kaye, ṣírò > Mo ti nkaye sìgá ti nmu lójoojúmọ́ – Eu tenho contado os cigarros que fumo diariamente.
ESTIMAR, CUIDAR, *v.* ṣìkẹ́ < ṣe + ìkẹ́ (cuidar com carinho).
ESTIMAR, VALORIZAR, *v.* fisan.
ESTIMATIVA, *s.* ìdíyelé.
ESTIMULAÇÃO, *s.* yíyùn.
ESTIMULANTE, *adj.* ayùn > ayùn-ara – zona erógena do corpo.
ESTIMULAR, ANIMAR, *v.* mú_lárayá, mú_yè, gbà_níyànjú.
ESTIMULAR, SUSCITAR, *v.* jípẹ́pẹ́, gbànìyànjú, ṣe_yùn > ààyún – desejo ardente; > Ààyún rẹ yún mi – Eu tenho desejo por você.
ESTÍMULO, ÂNIMO, *s.* ìgbéra.
ESTÍMULO, INCENTIVO, *s.* oro.
ESTÍMULO, *s.* àdáláraya.
ESTIPULAÇÃO, ACORDO, *s.* ìpinnu, àdéhún > sọtẹ́lẹ̀ – contar coisas antecipadamente > Ó sọ tẹ́lẹ̀ fún mi – Ele fez uma previsão para mim.
ESTIPULAR, *v.* ṣe ìpinnu, ṣe àdéhún.
ESTIRADO, *adj.* fífàgun.

ESTIRAR-SE, *v.* nàtàtàn (sofrendo espasmo, convulsão).
ESTIVADOR, *s.* akẹ́rù.
ESTOCAR, GUARDAR, *v.* pamọ́ > kójọ́, kójọpọ̀ – reunir, juntar > Mo kó wọn jọ sílé – Eu os reuni em casa.
ESTOJO, INVÓLUCRO, *s.* àkọ̀ > Ó fi adà bàkọ̀ – Ele embainhou a espada < bọ̀ + àkọ̀.
ESTOJO DE FLECHAS, *s.* apó ọfà.
ESTÔMAGO, ABDÔMEN, *s.* àpòlúkù, ikùn, agbẹ̀du, inú > Inú mi dùn – Estou bem (lit. meu interior está doce).
ESTOMATITE, *s.* èfù, ẹnú wíwú (inflamação da membrana mucosa da boca).
ESTOPA, *s.* okùn ọgbọ̀.
ESTOQUE, *s.* ṣirì, owó-ìlẹ́lẹ̀.
ESTOQUE, SUPRIMENTO, *s.* àkójọ-ọjà, stọ́ọ̀ (do inglês *stock*).
ESTORVAR, OBSTRUIR, *v.* dìrọ̀, fàsẹ́hìn > Ó dìrọ̀ mọ́ mi – Ele me obstruiu.
ESTORVO, EMPECILHO, *s.* ìfàsẹ́hìn.
ESTOU CHEIO, *exp.* ó sú mi (gíria).
ESTOU SURPRESO, *v.* ó yà mí lẹ́nu (lit. minha boca abriu).
ESTOURAR, ABORTAR, *v.* forí < fi + orí (também usado na composição de palavras) > Ó foríjì mí – Ela me perdoou.
ESTOURAR, ARREBENTAR, *v.* bú > búsẹ́rin – gargalhar, arrebentar de rir.
ESTOURAR, ROMPER, *v.* bẹ́ > Ogun bẹ́ sílẹ̀ – A guerra estourou.
ESTOURO, *s.* ìró.
ESTRÁBICO, ESTRABISMO, *s.* ojú dídà.
ESTRABISMO, *s.* ojú dídà.
ESTRADA, *s.* ọ̀nà Jésù ṣí ọ̀nà sílẹ̀ gbogbo wa – Jesus mostra o caminho para todos nós.
ESTRADA DE FERRO, *s.* ọkọ̀-ilẹ̀, rélùéè (do inglês *railway*).
ESTRADO, *s.* ìbùsùn.
ESTRAGADO, CONFUSO, *adj.* kọ́lọ-kọ̀lọ > Ìwà kọ́lọ kọ̀lọ – Desvio de caráter; Ọ̀nà kọ́lọ kọ̀lọ – Uma estrada sinuosa, confusa.

ESTRAGADO, MANCHADO – ESTREITEZA

ESTRAGADO, MANCHADO, adj. lábàwọ́n, lábuku.
ESTRAGADO, PASSADO, s. ìṣà > Ìṣà ẹmu – Vinho velho.
ESTRAGAR UM PLANO, v. rọ́bu.
ESTRAGAR, CORROMPER, v. bà_jẹ́ > Ó bòjú jẹ́ (bà ojú jẹ́) – Ele amarrou a cara (lit. ele estragou o rosto).
ESTRAGO, DESPOJOS, s. ìkógun (pilhagem de guerra).
ESTRAGO, DETERIORIZAÇÃO, s. ìdìkàsì.
ESTRANGEIRO, s. àjèjì, àlejò, àjòjì > Àjèjì ni wọ́n jẹ́ sí mi – Eles são estranhos para mim; > ará ìlú míràn – gente de outra região; > òyìnbó – europeu.
ESTRANGULAR, v. fún_lókùn (esticar uma corda) > Ó fún agogo náà lókùn – Ele deu corda no relógio; > Ìwọ fún lókùn llọ́rùn – Você me sufocou com uma corda no pescoço.
ESTRANGULAR, v. lọ́lọ́rùn, lọ́lọ́rùnpa, yílọ́rùn (torcer o pescoço) > Ó fún um lọ́rùn pa – Ele apertou o pescoço dela.
ESTRANHAMENTE, adv. suun.
ESTRANHO, VIZINHO, s. ará-ìta.
ESTRANHO, BIZARRO, adj. ṣekárín.
ESTRANHO, INCOMUM, adj. ṣàjèjì > Ọ̀rọ̀ yìí ṣàjèjì sí mi – Esta tarefa parece estranha para mim.
ESTRANHO, PITORESCO, adj. pandan.
ESTRANHO, VISITANTE, s. olójò, àléjò > Lóní dé àlejò titun – Hoje chegou um novo visitante.
ESTRATAGEMA, ARTIFÍCIO, s. ẹ̀tàn.
ESTRATÉGIA, s. ète > Ó rí ète nínú ìgbésí-ayé – Ela encontrou um propósito em sua maneira de viver; > èrò – ideia, imaginação; > ọgbọ́n-àrékereké – habilidade, esperteza.
ESTRATÉGICO, adj. gbígbèrò > pàtàkì – importante.
ESTRAVAGÂNCIA, DESPERDÍCIO, s. ìfiṣófò, àjẹrun (desperdício).
ESTREIA, s. àtètèkọ́ṣe.
ESTREITAMENTE, adv. mọ́tímọ́tí.
ESTREITAR, v. há > Bàtà há gádígádí – O sapato está apertado.
ESTREITEZA, s. àìgbòòrò (não ser largo).

ESTREITO, *adj.* àigbẹsẹ̀, láìbò (sem aplitude).
ESTREITO, AFILADO, *adj.* sómú-sómú, tínrín, tín > Ọbẹ yìí rí sómu--sómú – Esta faca ficou estreita num ponto.
ESTREITO, APERTADO, *adj.* gbọnran > Ọ̀nà yìílọ gbọnran – Esta rua segue estreita.
ESTREITO, PEQUENO, *adj.* híhá, tóóró > Ọ̀nà yìí ṣe tóóró – Este caminho é estreito.
ESTRELA, *s.* ìràwọ̀ > Ìwọ ni ìràwọ̀ òwúrọ̀ – Você é a estrela da manhã.
ESTRELA DA MANHÃ, *s.* ìràwọ̀àguàlà (planeta Vênus).
ESTREMECER, ARREPIAR, *v.* jìnì > Ó gbọ̀n jìnnì – Ele tremeu de terror.
ESTREMECIMENTO DO CORPO, *s.* igbọnra < gbọ̀n + ara.
ESTRIBO, *s.* àlùkénbù, ọkọ́.
ESTRITAMENTE, *adv.* gbágbá, gbágbágbá.
ESTRONDO, COLISÃO, *s.* àwó.
ESTROPIADO, ALEIJADO, *adj.* múkún, ìmúkún (ato de ter joelhos para dentro).
ESTRUME, EXCREMENTO, *s.* imí, ìgbẹ́.
ESTRUTURA, DISPOSIÇÃO, *s.* ààtò.
ESTRUTURA, SISTEMA, *s.* ètò > Àwa ṣe ètò – Nós fizemos um acordo.
ESTRUTURA, CONSTRUÇÃO, *s.* ikọ́lé.
ESTUÁRIO, *s.* ẹnu odò (lit. boca do rio).
ESTUDANTE, *s.* akẹ́kọ́ < a + kọ́ + ẹ̀kọ́, túlẹ̀ (do inglês *student*) > Akẹ́kọ́ dágbére fún olùkọ́ – O estudante disse até logo ao professor.
ESTUDANTE, ESCOLAR, *s.* ọ̀mọ̀wé < Ò mọ ìwé – Aquele que conhece o ensino; > ọmọ-sùkúrù (do inglês *school*).
ESTUDAR, APRENDER, *v.* kọ́ > Ọmọbìnrin kọ́ ìwé dáradára – A menina estudou bem a lição.
ESTUDIOSO, ZELOSO, *adj.* láápọn ìwé, láfiyès, ọlómọ̀wéi.
ESTUDO PROFUNDO, *s.* àkọ́jù, ìkàwé.
ESTUPIDAMENTE, *adv.* bàlùbàlù, sùgọ̀.
ESTUPIDEZ, TOLICE, *s.* sùgọsùgọ, agọ̀ > aṣiwèrè, ìwèrè – bobagem, tolice.

ESTÚPIDO – EUCARÍSTICO

ESTÚPIDO, adj. aláìlógbọn, wèrè.
ESTÚPIDO, GROSSEIRO, adj. kúrẹ́ > Òun rí èniàn kúrẹ́ – Ele parece uma pessoa grosseira.
ESTÚPIDO, GROSSO, s. òmùgọ̀, aro oko.
ESTUPRADOR, s. ajínifẹ́.
ESTUPRAR, RASGAR, v. fàdí_ya, fipa bá_lò > Ó fàdí ọmọge ya – Ele estuprou a jovem.
ESTUPRO, VIOLÊNCIA, s. ìfipábálò.
ESVANECIMENTO, s. ìparẹ́ (apagamento).
ESVAZIAR, ANULAR, v. sọdi òfo, sọdòfo (tornar vazio) > Ó sọ òfin yǐí dòfo – Ele revogou esta lei.
ESVAZIAR, DESPEJAR, v. túdànù.
ESVOAÇAR, TREMULAR, v. gbáyèrì.
ETANOL, s. ọtí ẹmu (álcool etílico).
ETC., ETCÉTERA, s. àti nan bẹ̀ẹ̀, àti bẹ́ẹ̀bẹ́ẹ̀ lọ (lit. e assim, assim vai).
ETERNAMENTE, adv. títi-àiyé, láí, láíláí.
ETERNO, INFINITO, adj. àìlópin, àiyéraìyé (tempo imemorial).
ETERNO, PERPÉTUO, adj. àìnípẹ̀kun.
ÉTICA, s. ìwà rere > Ẹ̀kọ́ ìwá rere – Estudo do caráter.
ETIQUETA, PASSAGEM, s. tíkẹ́ẹ́tì (do inglês *ticket*).
EU E VOCÊ, exp. àtémi àtìwọ < àti + èmi àti + ìwọ.
EU ENTENDI, v. ó yé mi (lit. ele me explicou).
EU MESMO, pron. reflex. arami, èmifúnrami, tìkáláraàmi > Èmi tìkálárami lọ síbẹ̀ – Eu mesma fui lá.
EU, pron. èmi, mo, n, ng. Obs.: 1. *mo* – não é usado em frases negativas; > N kói lọ – eu ainda não fui; 2. *un* – eu, é pouco usado, e utilizado somente no tempo futuro; > Un ó lọ – Eu não irei.
EU, pron. pess. mi (contração de èmi, usado em frases negativas) > Mi ò lọ, n ò lọ – Eu não fui.
EU E VOCÊ, AMBOS, exp. ti...ti > Tèmi tìrẹ wà níbẹ̀ – Eu e você estávamos lá; > Ti èmi ti ìyàwó mi – Eu e minha esposa; > ti – forma abreviada de àti – e.
EUCARÍSTICO, s. sakramẹnti.

ERUDIÇÃO, COMPREENSÃO, s. òye.
EUFORIA, EXCITAÇÃO, s. fájì > Mo jẹ fájì – Eu senti prazer; > Ẹ kú fájì! – Desfrute este momento de prazer!
EUNUCO, CASTRADO, s. bààfin, ìwẹ̀fà, okóbó, akúra.
EUROPA, s. Ilú Òyìbó, Yúróòpù (do inglês *Europe*).
EVACUAR OS INTESTINOS, v. yàgbẹ́, kó_kúrò.
EVACUAR, v. pó, gbọnsẹ̀ < gbọn + ẹsẹ̀ > Ó lọ gbonsẹ̀ – Ele foi se aliviar (lit. ele sacudiu os pés).
EVADIR, EVITAR, v. yèra, yhẹ̀_sílẹ̀.
EVANGELHO, s. ìhìnrere (lit. boas notícias) < Ìtàn nípa ìgbésí-ayé Jésù – História sobre a vida de Jesus.
EVANGELISTA, s. ajíhìnrere, oníhìnrere.
EVANGELIZAR, s. wásù, wásù-ìhìn-rere.
EVAPORAÇÃO, s. dídi aféẹ́fẹ́, ifẹ́nú.
EVAPORADO, adj. gbẹ.
EVAPORAR, v. fẹ́_nù, diafẹ́ẹ́fẹ́ > Fẹ́ omi náà nù – A água evaporou.
EVASÃO, FUGA, s. sísára > àwáwí – pretexto.
EVASIVAMENTE, adv. bọ̀rọ́bọ̀rọ́ > Ilẹ̀ yìí nyọ̀ bọ̀rọ́bọ̀rọ́ – O chão está evasivamente escorregadio.
EVENTO, OCORRÊNCIA, s. ìṣẹ̀lẹ̀, ayẹyẹ.
EVENTUALMENTE, adv. nígbẹ̀hìngbẹ́hín, bópẹ́bóyá.
EVIDÊNCIA, PROVA, s. ẹ̀rí > Ó jẹ́ ẹrí gbè mí – Ela deu um testemunho a meu favor; > Ó jẹ́rí mi – Ela é minha testemunha.
EVIDENCIAR, v. fìhàn, làdí > hàn_gedegbe – ser evidente.
EVIDENTEMENTE, adv. dájúdájú.
EVITAR BRIGAS, TER MEDO, s. pá > Ó pá láàyà – Ele me amedronta.
EVITAR DE FALAR, v. yẹ̀sọ (esquivar-se) > Ó yẹ́ ọ̀rọ̀ yìí sọ – Ela evitou discutir este assunto.
EVITAR, ESCAPULIR, v. pẹ́, sára, sárafún, yọ́_sílẹ̀, yàgò, < yà + àgò, ta_nù > Ó ta mí nù – Ela me evitou; > Ó pẹ́ iṣẹ́ sílẹ̀ – Ele evitou o trabalho.
EVITAR, IMPEDIR, v. dí_lọ́nà > Ò dí mi lọ́nà – Ele impediu o meu caminho.
EVITAR, MANTER DISTANTE, v. yẹ̀_sílẹ̀ > Ó yẹ́ ẹ sílẹ̀ – Ela se evadiu.

EVITAR, REMOVER, v. yẹ_kúrò > Ó yẹ iṣú kúrò – Ele removeu os inhames.

EVITAR, v. kété, yapa, títa (permanecer indiferente) > Ó yapa fún mi – Ela me evitou, permaneceu indiferente.

EVOCAR, CHAMAR, v. pè jáde, yọ jáde > Iṣu yìí nyọ jáde – Este inhame está brotando, está vindo para fora.

EVOLUÇÃO, s. ìlọsíwájú (progresso, avanço).

EXACERBAR, AGRAVAR, v. pakún.

EXAGERAÇÃO, s. ìsọ-àsọdùn, abùmọ́, ìbùkún.

EXAGERADO, adj. bíbùmọ́, bùkún.

EXAGERAR, EXCEDER-SE, v. sàṣeṣá, sàṣejù < ṣe + àṣejù > Ò sàṣejù – Ele se excedeu.

EXAGERAR, FALAR DEMAIS, v. sàsọdùn.

EXAGERAR, INSINUAR, v. ṣúnnasí.

EXAGERO EM AUTORIDADE, s. àṣejù.

EXAGERO, EXCESSO, s. àròdùn, àsọdùn, ìbùmọ́.

EXAGERO, FALSA DECLARAÇÃO, s. àbùsọ.

EXALAR, EXPIRAR, v. mísíta.

EXALAÇÃO, s. ìmísíta.

EXALTAÇÃO, ADMIRAÇÃO, s. gbígbéga, gbígbélékè, àyéjù, ayọ̀-àyọ̀jù.

EXALTAR, FAZER ELOGIOS, v. pòkìkí, kókìkí, gbéga > Wọ́n pòkìkí rẹ – Ela exaltou a fama dele.

EXALTAR, LOUVAR, v. yìn > A yìn Ọlọ́run – Nós louvamos Deus.

EXAME DOS SEIOS, s. àyẹ̀wò ọmú.

EXAME, INSPEÇÃO, s. àyẹ̀wò > àyẹ̀wò èjẹ̀ – exame de sangue.

EXAME FINAL, s. ìdánwò àṣepari (colegial) > Dàpọ́ yege nínú ìdánwò titun – Dapô passou no novo exame.

EXAME MÉDICO, s. iyẹrawò > Ó ṣe iyẹrawò – Ela fez um exame médico.

EXAME, PROVA, s. ìdánwò.

EXAMINADOR, CONFERENTE, s. adánidúró, olùwádí.

EXAMINADOR, INQUIRIDOR, s. onídánwò, aṣẹ̀dánwò, olùdánwò.

EXAMINAR JUNTO, v. bá_tàn > Ó bá ọ̀rọ̀ mi tàn – Ele examinou a matéria comigo.

EXAMINAR, INVESTIGAR, *v.* tàn, dán_wò, wò_wò > Ó wò ó wò – Ela o examinou.

EXAMINAR, REVISTAR, *v.* yẹ̀_wò > bẹ́_wò – dar uma olhadela.

EXAMINAR, SEGUIR PISTA, *v.* ṣetọ́sẹ̀.

EXAMINAR, TESTAR, *v.* dán, tú_kanlẹ̀ > Ó tú àpótí kanlẹ̀ – Ela examinou o fundo da caixa.

EXASPERAÇÃO, *s.* ìmúníbínú.

EXASPERADO, IRRITADO, *adj.* lágará > Ó dá mi lágará – Ela me causou aborrecimento.

EXASPERAR, EXALTAR, *v.* tọ́, yọ lẹ́nu > ìrọ̀hìn yìí yọ mí lẹ́nu – Essa notícia me preocupou; > múbínú – enfurecer.

EXATAMENTE, *adv.* bẹ́ẹ̀lórí, gbáko, géére, gérégé, pàtó, régérégé, rẹ́mú, rẹ́múrẹ́mú > Ó fún mi ní ìwé mẹ́ta gbáko – Ele me deu exatamente três livros.

EXATAMENTE, *adv.* sí, dédé, déedée (indica situação exata e pontual) > Ó dé ni dédé agogo méjì – Ele chegou exatamente às duas horas.

EXATAMENTE, FIELMENTE, *adv.* wẹ́kú.

EXATAMENTE, PRECISAMENTE, *adv.* gangan > Imú rẹ̀ ṣe gangan bí imú òìbó – O nariz dele é exatamente como o nariz do europeu. Obs.: ṣe – verbo ser, indicando semelhança.

EXATAMENTE, REALMENTE, *adv.* gan, gan-na > Àdá yìí mú gan-an – Este alfanje é bastante afiado.

EXATIDÃO, RETIDÃO, *s.* ìṣedédé.

EXATO, PONTUAL, *adj.* pàtó > Ní àkókò pàtó fún bẹ̀rẹ̀ àjọ̀dún – Horário exato para começar a festa.

EXATO, SEM EXCESSO, *adj.* aláìlé.

EXAUSTÃO, *s.* áàrẹ̀, rírẹ̀ > Áàrẹ̀ mú mi – Estou cansado (lit. o cansaço me pegou) > ṣàárẹ̀ – estar exausto.

EXAUSTO, CANSADO, *adj.* ìṣẹ́ > Mo ṣíṣẹ́ = Ìṣẹ́ ṣẹ́ ni – Eu estou cansado (lit. o cansaço me pegou).

EXAUSTIVAMENTE, *adv.* dẹdẹ.

EXCEÇÃO, DIFERENÇA, *s.* ìyàtọ̀, ìmúkúrò.

EXCEDENTE, RESTANTE, adj. ìyókù > ìṣẹ́kú – resto > Ìwọ lè mu ìyókù – Você pode beber o resto.
EXCEDER, EXAGERAR, v. ṣe àṣejù.
EXCEDER, PASSAR A FRENTE, v. jù > Ó ti sáré jú – Você comeu demais.
EXCEDER, SUPERAR, v. tayọ.
EXCEDER, ULTRAPASSAR, v. rékojá, tẹ́lárà (ter sucesso) > Àyé yìí rékojá dandan sùgbọ́n ọ̀rọ̀ Olọ́run kì ó rékojá –Esta vida é passageira, mas a palavra de Deus não passará.
EXCEDER, v. régé, ṣàṣeṣá, fi_jú > Ó fi díẹ̀ jú – Ele se excedeu um pouco; > Wọ́n fi ènìà mẹ́ta rege wa – Eles nos excederam com três pessoas; > lé – mais do que necessário.
EXCELENTE, adj. dárapúpọ̀, dánmánrán, fáíní (do inglês *fine*).
EXCELENTE, ELEVADO, adj. títayọ.
EXCÊNTRICO, DIFERENTE, adj. yàtọ̀, ìyàtọ̀, oníwàkíwà, olórí-àìpé.
EXCESSIVAMENTE FORTE, adv. gbópá.
EXCESSIVAMENTE GRANDE, adv. gbọ̀ngbọ̀nràn.
EXCESSIVAMENTE, adv. janjan (usado para o calor do sol e da água) > Oòrùn mú janjan – O sol está excessivamente quente; > Ó gbóná janjan – Está excessivamente quente.
EXCESSIVAMENTE, adv. ajẹfọ́jú, àmukú, àpọ̀jù, gbài-gbài, hango > Wọ́n pàpọ̀jù – Eles são excessivamente numerosos; > rékojálà < rékojá + ààlà – além dos limites.
EXCESSIVO, adj. kòribẹ́ẹ̀, pọ̀jù > Ọ́rá rẹ pọ̀jù tó bẹ́ẹ̀ tí kò lè rìn – A gordura dele é tanta que ele assim não pode caminhar.
EXCESSO, s. àníjù, àníleké, àṣelékè, àkólé, àṣejù, àṣelékè.
EXCETO, A NÃO SER QUE, conj. bíkòṣe, bíkòṣebí, bíkòṣepé, àmọ̀bí.
EXCETO, SALVO SE, adv. bóyẹ̀ní, bóyẹ̀lí > Bóyẹ̀ní tíì, n kò tìì mu tíì lóní – Salvo este chá, eu não tenho bebido outro chá, hoje; > Bóyẹ̀ní otútù tó mú, ọjọ́ òní dára – Exceto o frio que me pegou, o dia de hoje é adorável < bó + yẹ + ní; > conj. àdàmọ̀, àdàmọ̀ bí > Kò jẹ́ ṣe é àdàmọ̀ bí ó jẹ́ ọmọ àlè̀ – Ele não se atreva a fazer isto, a menos que ele seja um bastardo.
EXCITAÇÃO, s. kíkànlára.

EXCITAMENTO, FERVOR, *s.* ìgbóná ara, rírúsókè.
EXCITANTE, ENGRAÇADO, *adj.* panílẹ́rìn.
EXCITANTE, EMPOLGANTE, *adj.* ìyanílẹ́nu.
EXCITAR, INCITAR, *v.* rú, rú_sókè, súnná sí (causar confusão) > Ó súnná sí ọ̀rọ̀ náà – Ele incitou aquela disputa.
EXCLAMAÇÃO, CLAMOR, *s.* igbe.
EXCLAMAÇÃO DE ADMIRAÇÃO, *interj.* Káì.
EXCLAMAÇÃO DE SURPRESA, *interj.* eèpàà, eèpàrìpàà, pagidarì.
EXCLAMAR, *v.* késáàfúlà (expressar admiração).
EXCLUIR, OBSTRUIR, *v.* fi_dènà, yọ_kúrò, mú_kúrò, yà_sọ́tọ̀ > Ó yà wọ́n sọ́tọ̀ – Ele os separou um do outro.
EXCLUSÃO, *s.* íyọkúrò, yíyọkúròi.
EXCOMUNGAR, *v.* yọ kúrò nínú ṣọ́ọ̀sì (lit. excluir de dentro da igreja).
EXCOMUNHÃO, *s.* ìyọkúrò nínú ṣọ́ọ̀sì (lit. exclusão da igreja).
EXCREÇÃO, *s.* ìkẹ́gbin.
EXCREMENTO LÍQUIDO, *s.* ìgbẹ́-ṣooro.
EXCREMENTO, ESTRUME, *s.* ìwín, àwín.
EXCREMENTO, FEZES, *s.* ìgbẹ́, ìgbọ̀nsẹ̀.
EXCRUCIANTE, PENOSO, *adj.* lóró, nírora.
EXCURSÃO, *s.* ìrìnkiri.
EXCUSA, DESCULPA, *s.* gáfárà, àforíjì.
EXECRAÇÃO, PRAGA, *s.* ìre.
EXECRAR, ABOMINAR, *v.* fi_gégún, fi_bú, fi_ré > Ó fi mí ré – Ele me xingou.
EXECUÇÃO, ATO DE MATAR, *s.* pípa.
EXECUTAR, AGIR, *v.* ta, ṣe > Ó ta òkìtì – Ele deu uma cambalhota; > ṣe nkan – fazer algo.
EXECUTAR, REALIZAR, *v.* mú_ṣe, ṣe nkan – fazer algo.
EXECUTOR DE UM FUNERAL, *s.* bàbásínkú.
EXECUTOR DE UM PROCEDIMENTO, *s.* abanírojọ́.
EXECUTOR, *s.* tẹ̀tù (espécie de xerife do palácio de Ọ̀yọ́).
EXEMPLO, PADRÃO, *s.* àpẹẹrẹ, àpẹrẹ, àwòṣe > Ó fi àpẹẹrẹ rere fún w – Ela usou um bom exemplo para nós; > àmì – símbolo, marca.

EXÉQUIAS, FUNERAL, s. ìlànà ìsinkú.
EXERCER ATIVIDADE RURAL, v. gbà_ro > Ó ngba oko ro – Ele está fazendo um trabalho na fazenda.
EXERCER DOMÍNIO, v. jẹgàba, jẹgàbalélórí (ter cotrole sobre alguém).
EXERCER O PODER, v. fi àṣẹfún > Ó fi àṣẹfún mi – Ele me deu autoridade.
EXERCER, EMPENHAR-SE, v. lálá.
EXERCÍCIO ESCOLAR, s. ìṣẹ́ síṣẹ́.
EXERCÍCIO FÍSICO, s. ìdárayá.
EXERCÍCIO, TESTE, s. ìdánrawò.
EXERCITAR-SE, DEDICAR-SE, v. gbíyànjù, dárayá. Akẹ́kọ́ náà gbìyànjú – O estudante se dedicou muito.
EXÉRCITO, BATALHA, s. ogun > Ogun bẹ́ sílẹ̀ – A guerra irrompeu; > olórí ogun – general.
EXÉRCITO DE SALVAÇÃO, s. ẹgbẹ́ ọmọ-ogun ìgbàlà.
EXIBIÇÃO DE FESTAS, s. àpèwò, fádà (espetáculo público).
EXIBIÇÃO, ESPETÁCULO, s. ìfihàn.
EXIBIDO, adj. àṣehàn (pessoa que gosta de se exibir) > Òun ni aṣèhàn – Ela é exibida.
EXIBIR, MOSTRAR, v. dábírà, sawà, fihàn > Ó fi òye hà – Ela revelou inteligência.
EXIGENTE, adj. àṣehàn.
EXIGIR PAGAMENTO, v. sin_lówó.
EXILAR, v. lélọ > Ó lémi lọ – Ele me perseguiu.
EXÍLIO, s. ilé kúrò.
EXILADO, BANIDO, s. ìsánsá, ẹni ìtanù.
EXISTÊNCIA CURTA, adj. láìwàpẹ́.
EXISTÊNCIA, VIDA, s. wíwà, ìwàláyè > Gbogbo wa ní fẹ́ ìwàláyè – Todos nós temos amor à vida.
EXISTIR, v. bẹ > Ọlọ́run mbẹ – Deus existe (indicando existência, não aceita a letra n para formar o gerúndio).
EXISTIR, v. wà (estar, haver – indicando existência ou a presença de algo) > bàbá wà nílé – papai está em casa; onjẹ wà nílé – há comida em casa. Forma negativa kò sí – kò sí onjẹ – não há comida. V. estar, existir.

EXITAÇÃO, s. ìyéméjì, ìkọsẹ̀.
EXITAR, **VACILAR**, v. ṣíyèméjì.
ÊXITO, s. àṣeyorí.
ÊXODO, s. ìjáde, ìjádelọ.
EXONERAR, **DESOBRIGAR**, v. dá_láre (livrar de alguma acusação) > Ó dá mi láre – Ele deu um veredito a meu favor.
EXORBITANTE, adj. rékọjá ààlà (lit. exceder os limites).
EXORCISMO, s. aléṣùjáde.
EXORCISAR, v. lé ẹmí burúkú jáde (lit. expulsar um espírito mau).
EXORTAÇÃO, **CONSELHO**, s. ìyànjú, ìmọ̀ràn.
EXORTAR, v. gbàniyànjú.
EXPANDIR, **AUMENTAR**, v. nà, té, kankan, gbilẹ̀, gbalẹ̀ > Ó nà tàntàn – Ele expandiu ao máximo; Ìròhìn yìí gbalẹ̀ – Esta notícia se espalhou; > gbèrú – crescer, brotar.
EXPANSÃO, **DIFUSÃO**, s. títànká, ìtànká.
EXPANSÃO, **PROPAGAÇÃO**, s. ìgbalẹ̀, ìgbilẹ̀.
EXPANSÃO, s. ìgbilẹ̀, rírìnsíwájú.
EXPANSIVO, adj. alágbalúbu.
EXPATRIADO, **ESTRANGEIRO**, s. àjèjì.
EXPECTATIVA, s. ìrètí > Mo nwo ọjọ́-iwájú pẹ̀lú ìrètí – Eu vejo o futuro com esperança.
EXPECTATIVA DE VIDA, s. àsìkò ìwàláàyè.
EXPECTORAÇÃO, s. kẹ̀lẹ̀bẹ̀, itọ́, itọ́ ẹnu.
EXPECTORANTE, s. òògùn ikọ́.
EXPECTORAR, **ASSOAR**, v. funkun, fọnkun < fọn + ikun.
EXPECTORAR, **CUSPIR**, v. tu > Ó tu itọ́ mi – Ele cuspiu em mim; > ìtutọ́ – cusparada.
EXPECTORAR, v. há kẹ̀lẹ̀bẹ̀.
EXPEDIÇÃO, s. ìrì àjò, ìyára.
EXPEDIENTE, s. títọ.
EXPEDIR, v. mú_rọrùn, rán_lọ́wọ́.
EXPELIR AR DO ESTÔMAGO, v. gùfẹ̀, gùnfẹ̀.
EXPELIR, **CUSPIR**, v. tu, tunù, tudànù < tu + dànù; > Ó tu kẹ̀lẹ̀bẹ̀ dànù – Ele expeliu o muco da garganta.

EXPELIR, EXPULSAR – EXPLICAR

EXPELIR, EXPULSAR, *v.* tuyọ, lé, lé_kùrò > Wọ́n ti lé akẹ́kọ́ náà lọ – Eles excluíram o aluno.

EXPELIR, LANÇAR, *v.* lé_jáde, tì_sodé.

EXPERIÊNCIA, *s.* àgbéwò, ìgbéwò, àṣerò, ìdánwò, ìrírí, ìpawọ́dà < pa + ọwọ́ + dà.

EXPERIÊNCIA, TENTATIVA, *s.* àṣewò, ìdánwò.

EXPERIMENTAR ALGO, *v.* jẹ > Mo jẹ fájì – Eu senti prazer.

EXPIAÇÃO, *s.* ìlàjà, ètùtù.

EXPIAR, *v.* tùn_nínú > Ó tùn mí nínú – Ele me confortou.

EXPIRAÇÃO, *s.* ìmíjáde (soprar para fora).

EXPIRAR, *v.* parí, tán (chegar ao fim) > Ó parí wé ẹ̀kọ – Ele terminou de enrolar.

EXPLANAÇÃO, EXPLICAÇÃO, *s.* ìfiyé, ìfiyéni.

EXPLANAÇÃO, *s.* àpèjúwe, ìjúwe, àwíyé, ìṣoyé, àṣoyé > Ṣé àpèjúwe Ilé àṣe rẹ – Faça uma exposição de seu local de culto.

EXPLANAR, EXPLICAR CLARAMENTE, *v.* ṣàṣoyé < ṣe + àṣoyé > Ó ṣàṣoyé dáadáa – Ele fez uma ótima explanação.

EXPLICAÇÃO, COMENTÁRIO, *s.* ìladí, ìfiyé, ìfiyéni, àlàyé, àṣoyé > Àṣoyé wo ni ògèdè ojú yín? – Qual a explicação do encanto de seus olhos?; > Ṣé o lè ṣàlàyé ohun tí ọ̀rọ̀ yìí jẹ́? – Você pode explicar o que esta palavra significa?

EXPLICADOR, EXPOSITOR, *s.* aláṣoyé > Aláwíyé Bíbélì – Expositor da Bíblia.

EXPLICAR, COMPROVAR, *v.* sọdí < sọ + ìdí > Olùkọ́ sọdí ọ̀rọ̀ yìí – A professora explicou esta matéria.

EXPLICAR, ENTENDER, *v.* yé > Ó yé mi – Ele me explicou, eu entendi; > Kò yé mi – Não entendi; > Ṣé ó yé yín? – Vocês entenderam? (lit. ele explicou a vocês?).

EXPLICAR, ESCLARECER, *v.* làyé, là_lóye, mú_yé > Ó mú ọ̀rọ̀ náà yé mi – Ele esclareceu o assunto para mim.

EXPLICAR, EXPLANAR, *v.* fitúmọ̀ < fi + ìtúmọ̀ > Ó fi ìtúmọ̀ wọn síhín – Ele os explicou aqui; > fọ̀rànwéràn – por ilustração ou analogia.

EXPLICAR, *v.* sọ_yé > Ó sọ ọ́ yé – Ela explicou isto; > ṣàlàyé – fazer um esclarecimento.

EXPLÍCITO, adj. dájú.
EXPLODIR, v. fọ́ > Fọ́ pẹ̀lú ariwó nlá – Esplodir com um grande estrondo.
EXPLODIR, ESTOURAR, v. bẹ́ > Aṣọ mi bẹ́ – Minha roupa arrebentou.
EXPLORAR, v. wá_kiri, ṣamí < ṣe + amí.
EXPLOSÃO, s. bíbú > ariwó ìbọn – barulho, tiro de arma.
EXPLOSIVAMENTE, adv. fàá.
EXPOR AO CALOR DO FOGO, v. fi_lóná.
EXPOR AO PERIGO, v. wewu < wu + ewu.
EXPOR UMA MENTIRA, v. járọ́ < já + irọ́.
EXPOR, ARRISCAR, v. fi_wewu, wu_léwu > Mo wu ẹ̀mí mi léwu – Eu arrisquei minha vida.
EXPOR, INTERPRETAR, v. wíyé > àwíyé – interpretação.
EXPOR, MOSTRAR, v. fi_hàn.
EXPOR, REVELAR, v. húdísóde, dábírà, làdí > Ó làdí ọ̀rọ̀ náà – Ele esclareceu a matéria (lit. *fig. ling*. Ele abriu o bloqueio da matéria).
EXPOR, v. pàtẹ (espalhar mercadorias para venda).
EXPOR-SE, v. faragbà < fi + aragbà.
EXPORTAR, v. ta_sókèèrè.
EXPORTAÇÃO, s. ìtàsókèèrè.
EXPOSIÇÃO, MOSTRAGEM, s. ìtúdi, ìfihàm, ṣoruùmù (do inglês *showroom*).
EXPOSITOR, COMENTADOR, s. atúmọ̀, alàdí, alásọyé. Aláwíyé.
EXPOSTO À MORTE, adj. kíkú.
EXPOSTO, adj. láìbò (aberto, descoberto).
EXPOSTO AO CALOR, adj. yíyá.
EXPOSTULAR, DEBATER, v. ṣe àróyé.
EXPRESSÃO DE ABUSO, s. òkúgbé.
EXPRESSÃO DE DESAFIO, interj. ṣàì!
EXPRESSÃO DE DESPREZO, interj. aho!
EXPRESSÃO VOCAL, ELOCUÇÃO, s. ọ̀rọ̀ sísọ jáde lẹ́nu – palavras pronunciadas que saem pela boca.
EXPRESSÃO, s. ìsọ̀rọ̀.
EXPRESSAR ADMIRAÇÃO, v. késàáfúlà.
EXPRESSAR PREOCUPAÇÃO, interj. Ẹ̀hẹ́n.

EXPRESSAR, FALAR, *v.* sọ̀rọ̀, wí > Kílo wí?. Ó wí pé kí nlọ jáde – O que ele disse? Ele disse que está indo embora.
EXPRESSO, *adj.* yíyára.
EXPULSÃO, *s.* ìléjáde.
EXPULSAR, DESLOCAR, *v.* tu > Ó tu mí níbẹ̀ – Ele me deslocou para lá.
EXPULSAR, REPELIR, *v.* lé_jáde > Ó lé mi jáde – Ela me repeliu.
EXPULSAR, *v.* dà_jáde.
ÊXTASE, *s.* ayọ̀ púpọ̀, ayọ̀-ayọ̀jù, ìgbàdùn nlá, ìfẹ́ nlá.
EXTASIADO, *adj.* fetísílẹ̀ pẹ̀lú ìparọ́rọ́ (lit. ouvir com atenção).
EXTENSAMENTE, *adv.* gbáá, sánlálú, yanturu-yanturu.
EXTENSÃO, ALASTRAMENTO, *s.* ìtànká, ìtànkálẹ̀.
EXTENSÃO, AMPLIAÇÃO, *s.* ìfẹ̀, ìfàgùn.
EXTENSIVAMENTE, *adv.* fóyan, gbàràgàdà, rẹrẹ, súà, súwà, rákaràka, kánrin.
EXTENSO, GRANDE, *adj.* fẹ́ẹ́, yànmọkàn.
EXTENSO, AMPLO, *adj.* gbòòrò, bẹẹrẹ.
EXTENSO, LONGO, *adj.* gígùn.
EXTENUADAMENTE, *adv.* tìpa, tìpadànì (com esforço).
EXTENUAR, *v.* fàsẹ̀hìn (ser vagaroso).
EXTERIOR, *s.* òde > Ó wà lóde – Ela está lá fora.
EXTERIOR, FORA, *adj.* sóde, lóde, lẹ́hìn òde > Ó wà lẹ́hìn òde – Ele está fora.
EXTERMINAÇÃO, *s.* ìparun pátápátá.
EXTERMINAR, *v.* pa, parun pátápátá > Ó pa wọ́n run – Ele os destruiu.
EXTERNAMENTE, *adv.* níhà-òde.
EXTERNO, ABERTO, *adj.* tòde.
EXTERNO, EXTERIOR, *adj.* ẹ̀hìn òde, níhà-òde.
EXTENUAR, ESTAFAR, *v.* fàkére.
EXTINÇÃO, *s.* àkúrun.
EXTINGUIR O FOGO, *v.* yẹ̀_pa, yẹ_nápa < yẹ + iná + pa > Ó yẹ iná pa – Ele extinguiu o fogo; > Ó yẹ ọ̀ràn náà pa > Ele extinguiu a possibilidade de um fracasso.
EXTINGUIR, *v.* pa, pa_kú, pà_tùpà (dar fim a alguma coisa).

EXTIRPAR, *v.* fà_tu (tirar pela raiz).
EXTORQUIR, ESPOLIAR, *v.* lọ́_gbà > Ó lọ́ mi lọ́w'gba owó mi – Ele extorquiu dinheiro de mim.
EXTORQUIR, TOMAR À FORÇA, *v.* fi agbára gbà – usar de força e tomar.
EXTORSÃO, *s.* alọ̀nilọ́wọgbà, ìlọ́wọ́gbà.
EXTORSIONISTA, *s.* alọ̀nilọ́wọgbà (o que comete uma extorsão).
EXTRAÇÃO DE PEDRA, *s.* iṣẹ́ òkúta-fífọ̀.
EXTRAÇÃO DE VINHO, *v.* dápẹ, dẹ́mu (extrair vinho de palma do dendezeiro).
EXTRAÇÃO, SUBTRAÇÃO, *s.* ìyọkúrò, ìkékúrò > ìyọjáde – sair fora, brotar.
EXTRAIR DENTE, *v.* káyín, káhín.
EXTRAIR MEL, *v.* réyin < rẹ́ + oyin.
EXTRAIR, ARRANCAR, *v.* fà_jáde > fi agbára gbà – usar de força e remover.
EXTRAORDINÁRIO, NOTÁVEL, *adj.* abàmi, bùáyà, bùwáyà, yọyẹ́, lókìkí, títayọ.
EXTRAVAGÂNCIA, DESPERDÍCIO, *s.* ìjẹrun, ìfiṣòfò, inákúná.
EXTRAVAGANTE, *adj.* nínákúná, ní àdànù.
EXTREMAMENTE CLARO, *adv.* lásọyẹ́ (nitidamente).
EXTREMAMENTE LONGO, *adv.* gbọọro, gbọ̀ọ̀rọ̀.
EXTREMAMENTE, *adv.* gógó, jáì, lẹ́dùn, níkikan, tàmù-tàmù, yòò, fòò, girigiri.
EXTREMAMENTE, MUITO, *adv.* háíháí > Ó mú háíháí – Ele é muito severo.
EXTREMA DIREITA, *s.* apa ọ̀tún.
EXTREMA-UNÇÃO, *s.* ìtototósí-nígbà-òpin.
EXTREMIDADES, *s.* ìhàdéhà (distância entre dois pontos).
EXTREMIDADE DA FLECHA, *s.* etí ọfà.
EXTREMO, LIMITE, *adj.* ìpẹ̀kun > ìparí – acabamento, conclusão.
EXTREMO, TERMINAL, *s.* òpin > Báwo ni òpin ọ̀sẹ̀ ti ó kojá – Como foi a semana que passou?

EXUBERANTE, ABUNDANTE, adj. lópòlópò, àkúnwọ́sílẹ̀.
EXULTAÇÃO, s. ayọ̀ nlá, ìsògo.
EXULTAR, v. yọ ayọ̀, sògo, yayọ̀, yó sẹ̀sẹ̀ > Ó yayọ̀ fún mi – Ele se regozijou comigo.

FÁBRICA, MANUFATURA, *s.* ìṣelópọ̀, ilé iṣọ̀pọ̀, ilé iṣẹ́.
FABRICAÇÃO DE REMÉDIOS, *s.* ìṣoògùn.
FABRICAÇÃO CASEIRA, *adj.* tí a ṣe nílé (que fazemos em casa).
FABRICANTE DE MOEDAS, *s.* ẹlẹ́dà, adẹ̀dà, aṣowó.
FABRICANTE DE ROUPAS, *s.* oníṣọnà aṣọ > aránṣọ – alfaiate.
FABRICO, *s.* ríṛọ, ìṛọ (ato de fabricar).
FÁBULA, ENIGMA, *s.* pẹ̀rọ̀, àhuṣọ, àlọ́.
FACA DE LÂMINA CURVA, *s.* ọ̀bẹ́kẹ́.
FACA DE USO EM PALMEIRA, *s.* ẹyá, ọyá (para obter vinho de palma).
FACA PEQUENA, *s.* kọ̀rọ̀.
FACA, *s.* ọ̀bẹ (um objeto cortante) > Ẹ jọ̀wọ́, mú ọ̀bẹ fún mi – Por favor, pegue a faca para mim.
FACADA, *s.* ìṣapá.
FAÇANHA, FEITO, *s.* ṣàngbá, abẹbẹlúbẹ > Ó ṣe ṣàngbá – Ele realizou uma façanha.
FAÇANHA, VALENTIA, *s.* igbóòyà, àgbóòyà.
FACÃO GRANDE, *s.* àdá.
FACÃO, *s.* gbàdá, jànmọ́ (cortar cana).
FACÇÃO, *s.* ẹgbẹ́ ìyapa, ìkórapọ̀, àkópọ̀.
FACE, ROSTO, *s.* ojú > Ó mọ̀ mí sójú – Ela me conhece de vista; > Ojú tì mí – Estou envergonhado (lit. meu rosto fechou). É usado

por analogia com as diversas partes do corpo humano, para indicar algo em destaque ou para a parte principal de alguma coisa; Ó là mi lójú – Ela me disse a verdade (lit. ela abriu meus olhos); Ojú àdá – O fio da navalha; Ojúbọ – Local principal do culto; > ìwájú orí – frente do rosto, ẹyin – olhos.

FACE A FACE, ABERTAMENTE, *adv.* kòró-kòró, pẹ̀kí-pẹ̀kí, ojúkojú < ojú + kò + ojú > Lójúkojú ló gbá mi léti – Foi abertamente que ele me esbofeteou.

FACE DA TERRA, *s.* ojú-àiyé.

FÁCIL DE FAZER, *adj.* aláìṣòro, nírórùn.

FÁCIL, MACIO, *adj.* ọgẹrọ̀.

FÁCIL, POSSÍVEL, *adj.* rọrùn > Ó rọrùn jù kí mo ti rò – É mais fácil do que eu imaginava; > kò ṣòro – não ser difícil.

FÁCIL, SIMPLES, *adj.* gbẹ̀fẹ́ (vagaroso) > Ó nrìn gbẹ̀fẹ́ – Ela está caminhando de maneira vagarosa.

FACILIDADE, *s.* ìrọwọ́rọsẹ́, ìrọ̀rùn, àìnira, láìṣòro – sem dificuldade.

FACILITAR, *v.* rọ̀, mú_rọrùn.

FACILMENTE, *adv.* fótí, fútẹ́-fútẹ́, gbẹ̀fẹ́gbẹfẹ, jàntọ̀-jantọ, lágá, láìdura, múyẹ́-múyẹ́, ojú bọ̀rọ̀, púlẹ́, pútẹ́, pútẹ́-pútẹ́, sọ̀ọ̀, tòró, tẹwurẹ, wẹ́rẹ́, wẹ́rẹ́-wẹ́rẹ́ > Ó yọ wẹ́rẹ́ – Ele surgiu inesperadamente.

FACÍNORA, *s.* asínwín.

FACULDADE, CAPACIDADE, *s.* ọbọ́n orí, ìmọ̀.

FADA, GNOMO, *s.* kúrékúré, kúékúé, iwin, egbére > ọ̀rọ̀ – duendes que vivem em árvores.

FADIGA, RECAÍDA, *s.* ààrẹ̀, agara.

FAÍSCA, *s.* ẹtaná < ẹta + iná.

FAIXA ESTREITA, *s.* ìgbànú, ọ̀já ìgbàjà, ìgbatí aṣọ, > ọ̀já – tira.

FALA, DISCURSO, *s.* ìfọhùn, àfọhùn.

FALA, PRELEÇÃO, *s.* wíwí, síṣọ > Yorùbá síṣọ ko nira – A fala yorùbá não é difícil.

FALÁCIA, FRAUDE, *s.* ẹ̀tàn, ìdàrú, àṣiṣe.

FALADOR, CALUNIADOR, *s.* aganni, ẹlégàn, ajírọ̀sọ, alároyé.

FALADOR, DIFAMADOR, *s.* aláheṣọ, ọsọ̀rọ̀, ìsọ̀kúsọ.

FALANGE, OSSO DO DEDO, *s.* eegun-ìka > eegun ìka ọwọ́ – falangite, osso do dedo da mão.
FALAR A VERDADE, *v.* sòótọ́ < sọ + òótọ́.
FALAR ACERCA DE, *v.* sọ_nípa, dá_sọ > Ó dá nipa ìsìn sọ – Ela falou sobre religião.
FALAR ADMIRAVELMENTE, *v.* fọfẹ̀, sọ̀rọ̀ iyárí.
FALAR ALTO, *v.* Sọ̀rọ̀ sókè fún gbogbo ènìà gbọ́ – Fale alto para todos ouvirem; > Ẹ̀yin gbọ́ bí? – Vocês ouviram?
FALAR ARRASTADO, *v.* ráhùn, fa ọ̀rọ̀ > Ó ráhùn sí mi – Ela murmurou para mim.
FALAR BOBAGEM, *v.* sọ̀sọkúsọ < so + ìsọkúsọ.
FALAR CLARAMENTE, *v.* sọ-àsọyé.
FALAR COM ALGUÉM, *v.* bá_sọ > mo bá a sọ – eu falei com ela.
FALAR COM IRONIA, *v.* rán_pọ̀ > Ó rán ọ̀rọ̀ rẹ̀ pọ̀ – Ele falou de um modo irônico.
FALAR DE FORMA AFETADA, *v.* ṣẹ́gẹ́déhùn.
FALAR DEMAIS, EXCEDER-SE, *v.* ṣàgbérè > Ó ṣàgbérési mi – Ele me insultou.
FALAR EM CÓDIGO, *v.* sẹnà > Ó sẹnà sí mi – Ela falou em código para mim.
FALAR EM CORO, *v.* wíàwígbà (passar de boca em boca).
FALAR EM DEFESA DE, *v.* gbà_sọ, gbà_wí > Ó gba ọ̀rọ̀ sọ fún mi – Ele falou em minha defesa.
FALAR ERRADO, EQUIVOCAR-SE, *v.* ṣìsọ > Ó nṣìsọ – Ele está falando errado.
FALAR FRANCAMENTE, *v.* sọ tinú ẹni > falar o que está dentro da pessoa.
FALAR INCESSANTEMENTE, *v.* wíregbè.
FALAR JUNTO, *v.* sọ̀rọ̀lù, sọ̀ròpọ̀ > Wọ́n sọ̀rọ̀lù – Eles estão falando junto.
FALAR MAL DOS OUTROS, *v.* tòkúrọ̀sọ.
FALAR PALAVRAS MÁGICAS, *v.* pọfọ̀ < pè + ọfọ̀.
FALAR POUCO, *v.* sọ_tì > Ó sọ ọ́ tì – Ela falou pouco sobre isto.

FALAR RÁPIDO, SEM PARAR, v. yánu sòrò, sọtán > Ele falou até o fim; > kígbe – gritar com alguém.
FALAR SEM PENSAR, v. sòrò láìronú.
FALAR SOBRE ALGUÉM, v. gbé_hálẹ́nu > Ó gbé e há ayé lẹ́nu – Ela o fez assunto de fofoca; > ẹlẹ́nu – falante.
FALAR SOZINHO, v. dárọsọ > Ó ndárọsọ – Ele está falando sozinho.
FALAR, CONVERSAR, v. sọ > Ṣé ìwọ mò tani ò nsòrò? – Você sabe com quem você está falando?; > Jọ̀wọ́, tún sọ – Por favor, fale de novo.
FALAR, DIZER, v. fọ̀, fọ_hùn.
FALAR, v. fi_sòrò (usando um determinado som vocal) > Ó fi ìbínú sòrò – Ele falu com raiva.
FALATÓRIO INSISTENTE, s. àtẹnumọ́.
FALATÓRIO, MURMÚRIO, s. sísòsọkúsọ.
FALCÃO, s. àwòdì, àṣá > Ẹiyẹ àṣá náà fò lọ – A ave falcão voou.
FALECIDO, adj. olóògbé.
FALÊNCIA DE IDEAIS, s. yíyẹ, yìyẹ̀gẹ̀ (fracasso).
FALÊNCIA, BANCARROTA, s. ìbàjẹ́ owó.
FALHA DE FOGO, OU ARMA, s. òkí.
FALHA, DEFEITO, s. ojúbọ́ > Ó fi ojúbọ́ sílẹ̀ ọ̀rọ̀ yìí – Ele deixou uma falha nesta tarefa.
FALHA, s. àbàtì.
FALHAR, DECEPCIONAR, v. ṣákí, ṣàràkí > Ìbọn yìí ṣákí – Esta arma falhou.
FALHAR, ERRAR, v. tàsé (não atingir o objetivo) > Ọfà mi tàsé ẹiyẹ náà – Minha flecha falhou, não atingiu aquele pássaro.
FALHAR, FRACASSAR, v. bà_tì, bó_ti, sélẹ̀ < sé + ilẹ̀.
FALHAR, SE ENGANAR, v. sì_mọ̀, fisírẹmi > Ó sì mí mọ̀ – Ele não me reconheceu (lit. ele falhou em me reconhecer).
FALHAR, v. tu, jà, bótì, mú_ṣáàkí (deixar em falta).
FALIBILIDADE, ERRO, s. àṣìṣe, èrú.
FALÍVEL, ILUSÓRIO, adj. lẹ́tàn, lérú.
FALSA ACUSAÇÃO, s. ìfimọ́ (exagero).
FALSA CULTURA, s. àmọ̀tán.

FALSAMENTE, *adv.* lẹ́tàn.
FALSÁRIO, *s.* adẹ̀dà.
FALSIDADE, *s.* àré kérekè, àrékendá, yobá, èrú > Ó ṣe àré kérekè – Ele fez uma falsidade; > Òun ṣe èrú si àwọn òbi rẹ̀ – Ele fez falsidade para os familiares dela; > irọ́ – mentira.
FALSIFICAÇÃO, ADULTERAÇÃO, *s.* ìdàlù.
FALSIFICAÇÃO, FRAUDE, *s.* aiyédèrú, kántáfìtì (do inglês *counterfeit*) > owo aivédèrú – dinheiro falsificado.
FALSIFICADOR, *s.* dawó-dawó.
FALSIFICAR, *v.* tànjẹ > Ó tàn gbogbo wa jẹ – Ele enganou a todos nós.
FALSO ACUSADOR, *s.* afọ̀rànmọ̀.
FALSO AMIGO, *s.* ojúlafẹ́ni.
FALSO MÉDICO, *s.* oníṣègùn èké.
FALSO TESTEMUNHO, *s.* ìbúra èké.
FALSO, ADULADOR, *adj.* níbùba.
FALSO, ILUSÓRIO, *adj.* lẹ́tàn > aiyédèrú – fraude.
FALSO, MENTIROSO, *s.* onírọ́.
FALSO, *s.* láìlòótọ́ (não falar a verdade) > olójúméjì (lit. que possui duas caras).
FALTA, *s.* fẹ́ẹ̀tì (do inglês *fail*).
FALTA DE AÇÃO, INÉRCIA, *s.* àìṣe.
FALTA DE AJUDA, *s.* àìsí-àtìlẹ́hìn.
FALTA DE ATENÇÃO, *s.* àìtẹ́tísílẹ̀, àìsọ̀nú, àìláníyàn.
FALTA DE CARÁTER, *s.* màkàrú, màkàrúdú.
FALTA DE CORAGEM, *s.* àìláiyà.
FALTA DE CUIDADO, *s.* àìnání, àìṣọ́ra, àìwọ́.
FALTA DE DESCANSO, *s.* àìsimi.
FALTA DE FIRMEZA, *s.* àìle.
FALTA DE GENEROSIDADE, *s.* àìṣọ̀ṣọ̀nú.
FALTA DE IMAGINAÇÃO, *s.* àìrò.
FALTA DE INICIATIVA, *s.* àìdáná.
FALTA DE OPORTUNIDADE, *s.* àìrójú > Àìrójú ṣiṣẹ́ ni mo fi jigbèsè – Foi por causa da falta de trabalho que eu contraí dívida.

FALTA DE PAGAMENTO – FANFARRONAR, BRAVATEAR

FALTA DE PAGAMENTO, s. àìsan.
FALTA DE PAZ, s. àìsí-àlàáfíà.
FALTA DE PIEDADE, s. àìláánú.
FALTA DE RESPEITO, s. àìyẹsí, àìbọ̀wọ̀fún > Àìbọ̀wọ́fún fún Ọlórun – Falta de respeito para com Deus.
FALTA DE SIMPATIA, s. àìlájọ̀.
FALTA DE SORTE, s. àrínkò, àgbákò, àgbala > Mo rí àrìnkò – Eu tive uma falta de sorte.
FALTA DE TRABALHO, s. àìsiṣẹ́, àìnísẹ > Àìnísẹ́ lọ́wọ́, kíni ojútùú rẹ? – Falta de trabalho, qual a solução?
FALTAR COM A VERDADE, s. àìlóótọ́.
FALTAR, v. kú, tá > Owó tá wọn lọ́wọ́ – Faltou o dinheiro deles.
FALTOSO, adj. ṣíṣì.
FAMA, REPUTAÇÃO, s. òkíkí > lókìkí – famoso.
FAMA, SUCESSO, s. asìkí > Ó rí asìkí – Ele parece que encontrou a fama.
FAMÍLIA BIOLÓGICA, s. ẹbí, oobi, òbí (parentes carnais) > Njẹ́ gbogbo ẹbi rẹ ó ngbé ní. oko? – Todos os seus parentes estão morando na fazenda?
FAMÍLIA ENLUTADA, s. àṣẹ̀hìndé, àwònù (expressão usada para saudar).
FAMÍLIA, CLÃ, s. ìdílé < ìdí + ilé (descendente familiar) > Dára pẹ̀lú àwọn ìdílé yin – Seja bom com seus familiares.
FAMILIAR, CONHECIDO, adj. mímọ̀ > mọ̀lébí – membro familiar.
FAMILIARIDADE, s. ìmọ̀, mímọ́lára > alájọbí – consanguíneo.
FAMILIARMENTE, adv. tilétilé (com todos juntos).
FAMOSO, CÉLEBRE, adj. olókìkí, lókìkí, alásìkí.
FANÁTICO, s. oníròkúrò > ẹnití ó ní ìtára púpọ̀ – aquele que tem muito zelo.
FANFARRÃO, GABOLA, s. adámalèṣe, afúnnu, fújà, fùkè.
FANFARRÃO, PRESEPEIRO, s. oníhalè, halèhalè, ahalè.
FANFARRÃO, s. apániláiyà, aṣògo.
FANFARRONAR, BRAVATEAR, v. ṣefáàrí > Wọ́n nfi aṣọ ọlọ́nà ṣefáàrí – Eles estão usando roupa colorida para se exibir.

FANFARRONICE, s. ìsògo.
FANHO, s. aránmu.
FANHOSEAR, v. fimúsọ, fimúsọ̀rọ̀.
FANTA, s. fántà (refrigerante).
FANTASIA, FICÇÃO, s. àhunsọ > àlá – sonho > Ó rọ́ àlá náà fún mi – Ela contou o sonho para mim.
FANTASMA, s. iwin, ọ̀rọ̀ > ìran – visão, aparição.
FANTÁSTICO, adj. awúnílórí.
FAQUINHA, s. ọ̀bẹ kékeré.
FARDO, EQUIPAMENTO, s. òketè, ẹrù.
FARELO DE MILHO, s. èèrí.
FARELO, MIGALHA, s. èwówó.
FARINGE, s. ọ̀fun (garganta).
FARINHA DE INHAME, s. èlùbọ́.
FARINHA DE MANDIOCA, s. láfún > A fẹ́ràn jẹ ẹ̀wà, ìrẹ̀sì àti láfún – Nós gostamos de comer feijão, arroz e farinha.
FARINHA DE MILHO, s. ìpakà.
FARINHA GROSSA, s. èèta (ficando fina depois de peneirada).
FARINHA (TIPO), s. kẹlu-kẹlu.
FARINHA, s. ìyẹ̀fun.
FARMACÊUTICO, QUÍMICO, s. ẹlẹ́là.
FARMACÊUTICO, s. olóògún.
FARMÁCIA, s. ilé oògùn, ilé ipoògùn.
FARMACOPEIA, s. ìwé ìṣoògùn.
FAROL, s. àmì orí òkè fún ìkìlọ̀ (sinal de advertência).
FAROLEIRO, s. olófófó (fuxiqueiro).
FARRA, DIVERSÃO, s. ìrède-òru.
FARRA, GOZAÇÃO, s. ayẹyé, ayọ̀.
FARRAPO, TRAPO, s. akísà, aṣọ fífàya.
FARREAR, DIVERTIR-SE, v. gbádùn, ìgbà ìṣákò.
FARTAMENTE, adv. pòropòro, pèrepère, ṣùùrù.
FARTAR DE COMER, v. kún, jẹàjẹkì.
FARTO, ABUNDANTE, adj. pẹ̀lẹ̀gì, pọ̀.

FARTURA, OPULÊNCIA, s. ọrọ̀ > Ó ní ọrọ̀ – Ela tem riqueza.
FASCINAÇÃO, s. ifanimọ́ra, ohun àtàtà (lit. coisa fina, atraente).
FASCINANTE, adj. àwòmámójúkúrò.
FASCINAR, v. fàláiyà, fanimóra > wù – gostar com ardor > Mo wù mí rẹ̀ púpọ̀ – Eu me agrado muito dela.
FASCÍNIO, ATRAÇÃO, s. èdì.
FASE, ETAPA, APARECIMENTO, s. ìfarahàn > wíwò – aparecimento.
FASE DA LUA, s. ojú òṣùpá.
FATAL, s. afakú > ìyásí ikú – avaliação de fatalidade.
FATIA, PEDAÇO, s. èrú, ègé > Èmi jẹ èrú iṣu – Eu comi uma fatia de inhame.
FATIGAR, ESTAR EXAUSTO, v. ṣàárẹ̀, rẹ̀ > Mo rẹ̀ dẹdẹ – Eu estou exaustivamente cansado.
FATO, CIRCUNSTÂNCIA, s. ọ̀ràn, òtítọ́.
FATO DE NÃO NOTAR, s. ìrékojá (indiferença).
FATO DE SER, DE EXISTIR, s. wíwà > Èyí ni wíwà láyé rẹ̀ – Esta é a existência de vida dela.
FATOR, GARANTIA, s. ọfà.
FATUIDADE, OSTENTAÇÃO, s. ìṣoge.
FATURA, s. iye-owó ọjà (lit. valor do negócio).
FAVO DE MEL, s. afárá oyin.
FAVOR, BENEFÍCIO, s. ọrẹ, oore > Ó ta mí lọ́rẹ owó – Ele me deu um benefício em dinheiro.
FAVOR, GENTILEZA, s. ìwàtútù, ìṣáánú > ìrànlọ́wọ́ – auxílio, ajuda, socorro.
FAVORÁVEL, adj. lójú rere.
FAVORAVELMENTE, adv. lójúrere.
FAVORECER, IDOLATRAR, v. pọ̀rẹ̀rẹ̀.
FAVORECER, DOAR, v. jínkí, ṣe oore fún (fazer uma bondade),
FAVORECER, v. kẹ́, ṣègbè (mostrar favoritismo) > Ó ṣègbè fún Òjó – Ela mostrou favoritismo por Ojô,
FAVORECIMENTO, s. ìsáju,
FAVORITISMO, PARCIALIDADE, s. ojúṣájú,

FAVORITO, PREFERIDO, s. ìpọ̀sìn, ààyò, àyànfẹ́ > Ààyò obínin mi – Minha mulher favorita,

FAXINA, LIMPEZA, s. ìmọ́tótó,

FAXINAR, v. wẹ̀mọ́,

FAZEDOR DE POTES E VASILHAS, s. oníkòkò, amọ̀kòkò,

FAZEDOR DE SABÃO, s. ọlọ́ṣẹ (aquele que faz e vende sabão),

FAZENDA AFASTADA, s. egbẹ̀,

FAZENDA SEM ÁRVORES, s. ìrapa,

FAZENDA, ROÇA, s. oko > olóko – fazendeiro.

FAZENDEIRO, AGRICULTOR, s. àgbẹ̀, aroko, aṣògbìn, ògbìn.

FAZER AÇÃO INCOMPLETA, v. ṣekù > Ó ṣe é kù – Ele só terminou parte disso.

FAZER ACORDO, v. sàdéhùn, jọmọ̀, pínhùn, dá májẹ̀mú > A dá májẹ̀mú – Nós fizemos um acordo; > bá_mulẹ̀ – pacto, juramento.

FAZER AJUSTE, ADAPTAR, v. mú_yẹ́.

FAZER ALGO PARA RESISTIR, v. sà > Ó sa gbogbo agbára rẹ – Ele aplicou toda a força dele.

FAZER ALGO RUIM, v. ṣìkà < ṣe + ìkà > Ó ṣìkà mi – Ele me fez uma brutalidade.

FAZER ALGO SOZINHO, v. dá_ṣe > ẹ̀gbọ́n òrìṣà mi bìnrin ó dá orò ṣe – Minha irmã de santo fez a obrigação sozinha.

FAZER ALIANÇA, v. bá_ṣe àdàpọ̀.

FAZER ALVOROÇO, v. rọ́kẹ̀kẹ̀ (balbúrdia).

FAZER AMIZADE, v. bá_ṣọ̀rẹ́ < ṣe + ọ̀rẹ́.

FAZER ASSENTO RÚSTICO, v. dẹ̀gùn < dà + ẹ̀gùn (próximo a uma árvore).

FAZER BAINHA, PREGUEAR, v. ṣẹ́tí < ṣẹ́ + etí.

FAZER BANQUETE, s. sàsè (preparo de comidas).

FAZER BARULHO, v. pariwo, pàtó, pàtótó (reclamação), rọ́ – estrondo.

FAZER BEICINHO, adj. gúlé-gúlé (ficar emburrado) > Ó ṣe gúlé-gúlé sí mi – Ela fez beicinho para mim; > yọ _sóde > yọ ètè sóde – empurrar os lábios para trás.

FAZER BOA AÇÃO, *v.* ṣere < ṣe + ire.
FAZER BOBAGEM, *v.* yanràn.
FAZER BOLSO EM ROUPA, *v.* dápò.
FAZER BRINCADEIRA, *v.* bá_ṣèfè.
FAZER BURACOS, *v.* dajere (em potes, panelas) > O ṣe dajere ní igbá – Ele fez um buraco na cabaça.
FAZER CARA FEIA, *v.* fajúro < fà + ojú + ro (franzir a sobrancelha).
FAZER CARETA, *v.* yínmú, yínmúsí, bojújẹ́ (fazer uma expressão com o rosto) > Ó yínmú sí mi – Ela torceu o nariz e os lábios desfazendo-se de minha declaração.
FAZER CERCA DE MADEIRA, *s.* sọgbà < sọ + ọgbà (ao redor da casa).
FAZER CERVEJA, *v.* pọntí (usando milho da guiné).
FAZER CÓCEGAS, *v.* rìn, rìn_ní eegìni, rìn_ní ìgàkè > Ó rín mí ní ìgàkè – Ele fez cócegas no meu sovaco.
FAZER COISAS ADMIRÁVEIS, *v.* fọ́fe.
FAZER COLHEITA, *v.* ṣèkórè < ṣe + àkórè.
FAZER COM DECISÃO, *v.* ṣọkànkan > àìṣọkànkan – indecisão.
FAZER COM DIFICULDADE, *v.* fagbáraṣe < fi + agbára ṣe > Mo fagbára ṣe é – Eu não poupei esforço para fazer isto.
FAZER COM HABILIDADE, *v.* fèrọṣe < fi + èrọ + ṣe.
FAZER COM QUE, *part.* dá (usada com as partes do corpo, indicando emoções) > Ó dá èrin pa mi – Ela fez com que eu morresse de rir; > O dá mi lágara – Ele cansou a minha paciência.
FAZER COMPANHIA, ASSOCIAR, *v.* kẹ́gbẹ́ < kó + ẹgbẹ́.
FAZER CONTRA A VONTADE, *adj.* àfagbáraṣe.
FAZER CONTRATO DE CASAMENTO, *v.* bá_dárayádána.
FAZER CONTRATO, ACORDO, *v.* ṣẹpínhùn, bá_dámájẹ̀mú > Àwa ṣè ìpínhùn – Nós fizemos um acordo.
FAZER CONTRATO, *v.* ṣàgbàmọ (para construção de casa).
FAZER CONTRATO, *v.* ṣàgbàro (para cultivar uma fazenda).
FAZER CONVERSAÇÃO, *v.* fi_sọ̀rọ̀ (de qualquer coisa ou assunto) – Ó fi ibínú sọ̀rọ̀ – Ele falou com raiva; > Ó fi mú sọ̀rọ̀ – Ele falou com tom claro e sonoro.

FAZER CORTE, *v.* yin (incisão), dá_pá (marca) > Dókítà fi abẹ yin ara rẹ̀ – O médico usou a navalha e fez um corte no corpo dela.
FAZER CORTESIA, *v.* ṣèní (dar um brinde).
FAZER CRESCER, *v.* mú_pọ̀, mú_rẹ̀; > Ó mú wọn pọ̀ – Ele os fez crescer juntos, mú_rẹ̀sì (aumentar).
FAZER DE MÁ VONTADE, *v.* ṣe tíkọ̀.
FAZER DE NOVO, *v.* túnṣe (corrigir) > Ó túnṣe ìdáwò fún ọ̀rẹ́ mi – Ela fez uma nova consulta para a minha amiga.
FAZER DE PROPÓSITO, *v.* mọ̀mọ̀ṣe.
FAZER DESAPARECER, *v.* mọ́ (seguido de ní e outra parte do corpo) > Ẹiyẹ yẹn mọ́ mi lójú – Aquele pássaro sumiu de minha vista.
FAZER DIFERENTE, *v.* mú_yàtọ̀ > Ó mú won yàtọ̀ – Ele os diferenciou.
FAZER DOBRADO, *v.* mú_wọ̀ (encurvar).
FAZER EFEITO, *v.* toró < ta + oró.
FAZER EM EXCESSO, *v.* ṣejù (exceder) > O ṣe iṣẹ́ jù – Você trabalhou demais.
FAZER EM FORMA DE CÍRCULO, *v.* pagbo.
FAZER EM TURNOS, *v.* ṣàṣegbà (em forma alternada).
FAZER EMBRULHO, *v.* dìlókètè < dì + ní + òketè.
FAZER ESCRUTÍNIO, *v.* wàwòfín.
FAZER ESFORÇO, *v.* dù_rà (para adquirir algo) > Ó dù wọ́n rà – Ela se esforçou e comprou-os.
FAZER ESFORÇO, *v.* dura < dù + ara > Ó dura – Ele fez um esforço para não cair.
FAZER ESFORÇO, *v.* sagbára < sà + agbára, sakun < sà + okun, ṣokun < ṣe + okun > Mo sakun láti ṣe é – Eu me esforcei para fazer isto.
FAZER EXAME CUIDADOSO, *v.* wàwòfín (olhando de cima abaixo).
FAZER EXAME, *v.* ṣèdánwò.
FAZER EXERCÍCIO FÍSICO, *v.* dáráyá < dá + ara + yá (exercício físico).
FAZER FEITIÇO, *v.* fọgèdè < fọ + ògèdè, ṣàjẹ́ (magia).
FAZER FOGO, *v.* dáná.
FAZER FORÇA, *v.* fipáṣe.
FAZER FOTO, *v.* ya fọ́tò.

FAZER GENTILEZA, v. fà_ní tẹ́tẹ́.
FAZER HIPÓTESE, v. ṣe àròṣọ.
FAZER HOMENAGEM, v. wárí, wárí fún < wá + orí > Ó wa'rí fún mi – Ele prestou homenagem a mim.
FAZER IMAGEM, v. yá ere (esculpir).
FAZER INCISÃO, v. síngbẹ́rẹ > Ìyá se síngbéṛẹ ní ara rẹ̀ – A mãe fez um corte no corpo dela.
FAZER INFUSÃO DE TINTA, v. dáró < dá + aró.
FAZER INJUSTIÇA, v. ṣe àìṣedéédé.
FAZER INSINUAÇÕES, v. já_koro > Àbúrò mi ní koro – Meu irmão me contestou.
FAZER JURAMENTO, v. ṣe ibúra > búra – jurar > Ó fi Ọlọ́run búra – Ela jurou por Deus; > Ó fi orúkọ òrìṣà rẹ̀ búra – Ela jurou pelo nome do òrìṣà dela.
FAZER MACAQUICE, v. yòbọ.
FAZER MÁGICA, v. pidán.
FAZER MALDADE, v. hùwà-ìkà.
FAZER MARCA, v. sà_lámi, sàmì < sà + àmì - Ó sà mí lámì – Ele fez um sinal em mim, ele me batizou.
FAZER MAU JUÍZO, v. ṣìrò > Ó ṣìrò rẹ̀ – Ele fez mau juízo dela.
FAZER MÍMICA, v. sínjẹ.
FAZER MUITAS COISAS, v. ṣapákan.
FAZER MUITO DE ALGO, v. kóyéyé, kóyóyó.
FAZER NIVELADO, v. tẹ́bẹẹrẹ (rebaixado).
FAZER NÓ, v. pojóbó (dar um laço que se desfaça) > Ó pojóbó okùn – Ele deu um laço na corda.
FAZER OBRA DE ARTE, v. fínnà < fin + ọnà, ṣọnà < ṣọ́ + ọnà (escultura, bordado etc.).
FAZER OFERENDA, v. tulẹ̀ < tù + ilẹ̀ (verter libações ao solo, aos ancestrais) > Ó tulẹ̀ – Ela fez uma oferenda.
FAZER OBRIGAÇÃO, v. ṣoro < ṣe + orò > Mo ti ṣe orò ọdún mi. Èmi kò ti ì ṣe é – Eu já fiz minha obrigação de ano. Eu ainda não a fiz.
FAZER OPOSIÇÃO, v. bá_ṣòtá < ṣe + òtá > Ó ba mi ṣòtá – Ele se tornou meu adversário.

FAZER PARECER COMO, v. sọdàbí (assemelhar).
FAZER PEQUENO CORTE, v. bàbújá < bù + àbújá.
FAZER PERDER, v. paládanú.
FAZER PERFEITO, CONSUMAR, v. mú_pé > Ó ṣe iṣẹ́ pé – Ela fez um serviço perfeito.
FAZER PINTURA, v. yáwòrán (fotografar).
FAZER POR CIÚME, RESSENTIMENTO, v. filaraṣe > Ó filaraṣe – Ele fez por ciúme < fi + ìlara + ṣe – usar de ciúme e fazer.
FAZER POTES, v. mọ̀kòkò < mọ + ìkòkó.
FAZER POUCO CASO, v. ṣàikàkún (excluir). Ó ṣàikà mi kún – Ela fez pouco caso de mim.
FAZER PRESSÃO SOBRE, v. gàdí > Ó fọwọ́ gàdí – Ele está de pé com as mãos nos quadris.
FAZER PRIMEIRO, v. kọ́ṣe > Ohun tí mo kọ́ṣe – Algo que eu fiz primeiro, meu primeiro ato.
FAZER PROEZA, v. pitú (uma performance).
FAZER PROMESSA, v. bárajéjé, jẹ́èjẹ́, jẹ́jẹ́.
FAZER PROVISÕES, PROVIDENCIAR, v. pèsè > Pèsè fún mi – Providencie para mim.
FAZER QUEIMAR, v. fájó.
FAZER QUEIXA, v. múkùn > Ìwọ múkùn púpọ̀ – Você reclama muito.
FAZER RAPIDAMENTE, v. ṣe kíákíá.
FAZER RÁPIDO, APRESSAR-SE, v. ṣegírí, ṣíra, yára > Ṣíra lọ síbẹ̀ – Apresse-se, vá para lá.
FAZER REBOCO, REPARAR, v. sánpadà > padà – alterar, mudar > Ó pa àwọ̀ dà – Ele trocou as cores.
FAZER RECÍPROCA, v. san ẹ̀sàn.
FAZER REPAROS, v. hálé < há + ilé (em telhados com sapê).
FAZER REVELAÇÕES, v. kẹ̀kà.
FAZER RIR, v. palẹ́rin, dẹ́rinpa > Wọ́n dá ẹrin pa mi – Eles me fizeram rir.
FAZER RITUAL RELIGIOSO, v. ṣorò < ṣe + orò > Ó ṣorò òrìṣà láìfárí – Ele fez obrigação sem raspar a cabeça.

FAZER ROUPA – FAZER UM FUNERAL

FAZER ROUPA, *v.* dáṣọ, ránṣọ (criar); dẹ́wù < dá + ẹ̀wù > para alguém costurar.

FAZER SAUDAÇÃO MILITAR, *v.* bẹ́rí > Ó bẹ́rí fún mi – Ele bateu continência para mim.

FAZER SEM DIFICULDADE, *v.* rọwọ́rọnṣẹ̀.

FAZER SENTAR, *v.* gbé_jókó > Mo gbé ọmọ mi jókó – Eu fiz meu filho sentar.

FAZER SENTIR, FAZER SOFRER, *v.* pa > Ó pa mí nígbè – Ela me bateu.

FAZER SOPA, *v.* sebẹ̀ < sẹ̀ + ọbẹ̀ > Ó nsebẹ̀ fún wa – Ela está cozinhando sopa para nós.

FAZER SOZINHO, *part. pré-v.* dá (indica ação que se faz sozinho) > Ó dájó – Ele dançou sozinho; > Mo dá ṣe – Eu fiz sozinho.

FAZER SUMIR, DESAPARECER, *v.* mẹ́sẹ̀ < mọ́ + ẹsẹ̀.

FAZER SURGIR, ACONTECER, *v.* yọ, yọ_ sóde > Ọmọ náà yọ, ògo fún Ọlọ́run – A criança apareceu, graças a Deus.

FAZER SURGIR FOLHAS, *v.* yọwé (folhagens) > Igi yẹn yọwé – Aquela árvore brotou muitas folhas.

FAZER TAMBOR, *v.* ṣèlù < ṣe + ìlù.

FAZER TETO DE BARRO, *v.* ṣánjà < ṣán + àjà.

FAZER TRANSAÇÃO, *v.* nájà > Mo lọ nájà – Eu fui fazer uma transação.

FAZER UMA APARIÇÃO, *v.* yojú > Ó yojú sí mi – Ele se tornou visível para mim.

FAZER UMA FAÇANHA, *v.* pitú.

FAZER UMA LEI, *v.* ṣòfin.

FAZER UM DRAMA, *v.* fiṣòrò-ẹ̀dun.

FAZER USO DE, *v.* lò > ìlò – uso, costume.

FAZER USO DE MAGIA, *v.* saàgùn < sà + oògùn (fazer uso de charme).

FAZER ZOADA, *v.* gbẹ́.

FAZER ZOMBARIA, *v.* ṣe ẹléyà.

FAZER, AGIR, *v.* ṣe (desempenhar) > Ó nṣe iṣẹ́ rẹ̀ – Ela está fazendo o serviço dele; > Bàbá rí ṣe – Papai encontrou o que fazer.

FAZER UM FUNERAL, *v.* ṣòkú (cuidar) > Ẹ̀gbọ́n wa ṣòkú bábá wa – Nossa irmã está cuidando do nosso pai.

FAZER-SE DE SURDO, NÃO OUVIR, *v.* yí etí > Ó yí etí dídi sí mi – Ele não deu ouvidos para mim.
FÉ, CONFIANÇA, *s.* ìgbàgbọ́, ìgbékèlé > Ó ní ìgbàgbọ́ tí èmi kò tí ì rí – Ela tem uma fé que eu ainda não vi.
FEBRE AMARELA, *s.* ibàa pọ́njú-pọ́njú.
FEBRE INTERMITENTE, *s.* lùkú-lùkú.
FEBRE TIFOIDE, *s.* jẹ̀funjẹ̀fun (semelhante ao tifo).
FEBRE, *s.* ibà, otútù > ìlọ́ra – indolência, lentidão.
FEBRIL, INDISPOSTO, *adj.* fúlọ́ > níbà – ter febre > Ó nrí fúlọ́ – Ele parece indisposto.
FEBRILMENTE, *adv.* sìsì > Ó gbọ́n sìsì – Ela tremeu de muita febre.
FECHADAMENTE, *adv.* gágá.
FECHADO, INATIVO, *adj.* pípamọ́.
FECHADO, EMARANHADO, *adj.* dí.
FECHADO, CARRANCUDO, *s.* afajúro > Òun rí afajúro – Ele parece uma pessoa fechada.
FECHADURA, CADEADO, *s.* àlùsé, ojúṣíkà.
FECHAR A BOCA, *v.* dílẹ́nu (amordaçar).
FECHAR A PORTA, *v.* tilẹ̀kùn > Ó tilẹ̀kùn jáde ọ – Ela fechou a porta e foi embora; < tì – fechar, trancar.
FECHAR COM TÁBUAS, *v.* kànlápákó.
FECHAR O CAMINHO, *v.* rónà (conspirar contra) > Ó rónà sílẹ̀ dè mí – Ele conspirou contra mim.
FECHAR OS OLHOS, *v.* di_jú > Ó díjú – Ela fechou os olhos; > Ó di mí lójú – Ela me escondeu algo (lit. ela fechou meus olhos).
FECHAR RAPIDAMENTE, *v.* sẹ́_pa (bem apertado) > Ó sé e pa – Ele a fechou bem apertado.
FECHAR UM CAMINHO, *v.* já_nà (vir por outro caminho) > Mo já sí ojú ọ̀nà – Eu vim pelo caminho principal.
FECHAR ESTRADA, *v.* sénà < sé + ọ̀nà (bloquear).
FECHAR, TRANCAR, *v.* lẹ̀pọ́, sé, tì > Ó sé mi mọ́ ilé – Ele me trancou em casa.
FECHAR, *v.* padé (porta, caixa que tenha fecho) > Ìlẹ̀kùn yìí padé – Esta porta está fechada.

FECHAR, v. sé_mọ́ > ó sé ìlẹ̀kùn mọ́ mi – ela fechou a porta na minha cara; > fà_sé – fechar batendo a porta; > Ó fa ìlẹ̀kùn sé – Ela fechou a porta com força.
FEDER, EMITIR ODOR, v. rùn > Ò run àyán – Ele emitiu um mau cheiro; > Abíyá rẹ nrùn – Suas axilas estão cheirando mal.
FEDERAL, FEDERATIVO, adj. ti àpapọ̀ ijọba (lit. ter a soma dos reinos, governos).
FEDERAÇÃO, s. ìsọ̀kan, ìdapọ̀.
FEDOR, MAU CHEIRO, s. àyán, òórùn burúkú.
FEDORENTO, adj. rírùn, rún kíkan.
FEIÇÃO, APARÊNCIA, s. ìwo-ojú.
FEIJÃO-BRANCO, s. àwúję > ẹ̀wà awuje – feijão-branco grande.
FEIJÃO COZIDO, s. ànpọ̀.
FEIJÃO CRU, s. erèé > A se erèé mọ́ ìrẹ̀sì – Nós cozinhamos feijão mais arroz.
FEIJÃO-FRADINHO, s. erèé tìròó > àbàrà – comida de feijão-fradinho; èkuru – feijão-fradinho cozido.
FEIJÃO-MULATINHO, s. ẹwẹ́.
FEIJÃO-PRETO, s. ẹ̀wà dúdú > pọ̀pọ̀ndó – um tipo de feijão.
FEIO, adj. buréwà; aláìléwà – desengonçado.
FEIRA, MERCADO, s. ojà > Àiyé lójà ọ̀run nílé – A terra é uma feira, o céu é o lar (provérbio); > Àwa máa ra eja lója – Nós costumamos comprar peixe no mercado.
FEIRANTE, VENDEDOR, s. kiri ojà.
FEITIÇARIA, MAGIA, s. ìṣàjẹ́ < ìṣe àjẹ́, ìṣe oṣó.
FEITIÇO, ENCANTO, s. èdí, ofọ̀.
FEITICEIRA, s. àjẹ́ > gbàjẹ́ – tornar-se uma feiticeira.
FEITICEIRO, MAGO, s. oṣó, aláfọ̀ṣẹ.
FEITIÇO DE PROTEÇÃO, s. àkàràbá.
FEITIÇO, s. afàiyà (encanto), ofọ̀ (encantamento para aliviar a dor).
FEITIÇO, s. àpèta > esi – feitiço para afastar o mal de uma cidade.
FEITO A TEMPO, adj. bọ́sákókò, bọ́sẹ́sọ̀ > Onjẹ yií bọ́sẹ́sọ̀ lára mi – Esta comida foi oportuna.

FEITO COM ESFORÇO, *adj.* àfiyànjúṣe.
FEITO DE FORMA DELIBERADA, *adj.* àmọ̀mọ̀ṣe > Ẹ̀ṣẹ̀ àmọ̀mọ̀ṣe – Crime feito de forma deliberada.
FEITO DE FORMA PREMEDITADA, *adj.* àmọ̀mọ̀dá.
FEITO DE FORMA SECRETA, *adj.* àyọ́ṣe – com privacidade.
FEITO DE METAL, *s.* oníde (latão).
FEITO PRIMEIRO, *s.* àkọ́mú.
FEITO SOB COAÇÃO, *adj.* àfagbáramú.
FEITO, FAÇANHA, *s.* bẹbẹ (uma performance) > Ó ṣe bẹbẹ – Ele fez uma bela performance.
FEITOR, INSTRUTOR, *s.* akọ́niníṣẹ́.
FEIURA, *s.* ìburẹ́wà, àìlẹ́wà > láìléwà – sem beleza.
FENO, PALHA, *s.* koríko ẹsin.
FEIXE DE MADEIRA, *s.* ẹru-igi, ẹrùgi, ìdìgi.
FEL, AMARGO, *s.* dapa.
FELICIDADE, *s.* yíyọ̀, inú dídùn > Owó kò lè ra ayọ̀, ṣùgbọ́n ó ràn púpọ̀ – Dinheiro não compra felicidade, mas ajuda.
FELICITAR, CONGRATULAR, *v.* yọ̀ fún, bá yọ̀ > Ọ̀rẹ́ mi bá mi yọ̀ – Meu amigo congratulou-se comigo; > ìrọra < rọ̀ + ara – calma, paz.
FELIZ, *adj.* orí rere > Ẹ kú orí're o – Congratulações pela sua boa sorte.
FELIZ NATAL, *s.* Ẹ kú ọdún kérésìmesì.
FELIZMENTE, *adv.* tayọ̀tayọ̀ > Wọ́n gba wá tayọ̀tayọ̀ – Eles nos receberam alegremente.
FÊMEA, *s.* abo, obí (precede o nome de um animal para designar o sexo feminino, quando não houver uma palavra que o defina; > Abo ajá – cadela). Também é usado para definir plantas, frutas e, em alguns casos, aplicado às crianças recém-nascidas.
FÊMEA, *s.* síkíníbi, sínkíníbi (gíria para definir "fêmea").
FEMININO, FÊMEA, *s.* obìnrin (mulher – também usado como adjetivo) > ẹ̀gbọ́n mi òrìṣà 'bìnrin – minha irmã de santo; > ìrin – gênero, sexo – ẹ̀yà ìrin – órgão sexual.
FÊMUR, *s.* eegun itan.
FENDA, RACHADURA NO SOLO, *s.* pàlàpálá.

FENDER, QUEBRAR – FEROCIDADE

FENDER, QUEBRAR, *v.* là, sán (cortar em pedaços) > Àwo náà là sí méjì – O prato se partiu em dois.
FENDIDO, *adj.* lílà.
FENO, FORRAGEM, *s.* sakasaka.
FENO, PALHA, *s.* ìjẹ-àpaṣá, ìjẹ-àsagbẹ.
FENOMENAL, *adj.* jẹ́ àgbàyanu.
FENÔMENO, *s.* ohun-abàmi, ìyàlẹ́nu > ohun àgbàyanu – algo extraordinário.
FÉRIAS, FERIADO, *s.* ọjọ́ ìsinmi, ìgbà ìsinmi, ọlidé, ọludé (do inglês *holiday*) > Lóní jẹ́ ọjọ́ ìsinmì – Hoje é dia de descanso.
FERIDA, CORTE, *s.* ọgbẹ́ > Ó ṣe ara rẹ̀ lọ́gbẹ́ – Ele se feriu (lit. ele fez uma ferida no corpo dele).
FERIDA INFLAMADA, *s.* ọgbẹ́gbinníkú.
FERIDA, MACHUCADO, *s.* ìpalará, èékú > Ó jẹ́ ìpalára fún mi – Ele é um risco para mim.
FERIDA, ÚLCERA, *s.* ooju, ojuju.
FERIDAS NA BOCA, *v.* yànrà (surgem no canto da boca).
FERIDO, *s.* pípani < pípa + ẹni.
FERIMENTO MORAL, *s.* ìfarapa (injúria).
FERIR A PERNA, *v.* fẹsẹ̀bù, fẹsẹ̀pa.
FERIR, ARRANHAR, *v.* há, gún > Igi há ẹsẹ̀ mi – A madeira arranhou minha perna.
FERIR, CONTUNDIR, *s.* palára, paralára > Ó pa mí lára – Ele me feriu.
FERIR-SE, CORTAR-SE, *v.* ṣá_lọ́gbẹ́ > Ó ṣá ara rẹ̀ lọ́gbẹ́ – Ele se cortou.
FERMENTAÇÃO, *s.* ìdíbà, wíwú > orí mi wíwú – lembrei-me (lit. minha cabeça inchou).
FERMENTADO, *adj.* ògidì.
FERMENTAR BEBIDA, *v.* pọn > Àwa lè fi àgbàdo pọn ọtí – Nós podemos fermentar vinho de milho.
FERMENTAR, *v.* bà, díbà > Ò ba ọtí ẹmu – Ele fermentou a bebida.
FERMENTO, *s.* ìwúkàrà.
FERMENTO EM PÓ, *s.* ìyẹ̀ ìwúkàrà.
FEROCIDADE, *s.* oro, ìforò.

FEROCIDADE, SEVERIDADE, s. ìrorò, ìmúná < mú + iná.
FEROZ, AUSTERO, adj. roro > gbóná – quente; > múná – severo.
FEROZMENTE, TERRIVELMENTE, adv. tórí.
FERRADOR, s. oníṣègùn ẹsin, oníbàtà ẹsin (aquele que coloca ferradura).
FERRAMENTA DE TECELÃO, s. àsà.
FERRAMENTA DE TRABALHO, s. irinṣẹ́.
FERRAMENTA DE DESBASTAR, s. àwẹ́n, àwọ́n (para madeira).
FERRAMENTA DE ESCAVAR, s. ìfá (polpa da cabaça verde).
FERRAMENTA DE BORDAR, s. ohun-ọnà, ohun-ìṣọ̀nà.
FERRAMENTEIRO, s. alágbẹ́dẹ.
FERRARIA, FORJA, s. àgbẹ̀dẹ.
FERRÃO, PICADA, s. ìtani.
FERREIRO, s. alágbẹ̀dẹ < àgbẹ – forja; > àgbẹ̀dẹ – oficina de metais.
FERROADA, s. ìlóró.
FERRO GALVANIZADO, s. tánganran.
FERRO, METAL, s. irin > Irin yìí dóògun – Este ferro enferrujou.
FERROLHO, s. àsà.
FERRUGEM, BOLORENTO, adj. dáàpá.
FERRUGEM, CORROSÃO, s. ìpatà, ìpààrà > ìdógún – enferrujamento.
FERRUGEM, s. ìdànpapa, ìdàrìpapa, ìdógún, ìdípààrà, ipẹta, dógún.
FÉRTIL, FRUTÍFERO, s. ẹtù, ẹlétùlójú > ìgbà ìrọ̀yìn – período fértil.
FERTILIZAÇÃO, s. igbàrin, ìrọ̀yìn > ìgbà ìrọ̀yìn – período fértil.
FERTILIZANTE, s. ajílẹ̀ > gba ìrin – ser fertilizado.
FERVENTE, adj. nígbóná, gbígbóná.
FERVER E BORBULHAR, v. ru sókè > omi yìí ru sókè – A água ferveu e borbulhou.
FERVER ERVA E BEBER, v. sè_mu > Mo se koríko mu – Eu bebi uma infusão de ervas.
FERVER ÓLEO DE PALMEIRA, v. sepo < sè + epo.
FERVER, ESCALDAR, v. bò, ru, rusílẹ̀.
FERVER, ESQUENTAR, v. hónú > Ó hónú = Inú rẹ nhó – Ele está fervendo de raiva (lit. o interior dele está esquentando).

FERVER, FERMENTAR – FIANÇA, CAUÇÃO

FERVER, FERMENTAR, v. hó (borbulhar) > Omi yìí nhó – A água está fervendo.
FERVIDO, adj. bíbọ̀.
FERVOR, ARDOR, s. ìgbóná-ara > ìtara – zelo, capricho.
FERVOR, VEEMÊNCIA, s. ìkánilára, ìtara.
FERVOR, CIÚME, s. ìgbóna-ọkàn.
FERVURA, s. ówo, éwo (qualquer parte do corpo).
FESTA ANUAL, s. àjọ̀dún > Inú mi dùn láti pè yín sí àjọ̀dún mi – Estou feliz por convidar vocês para a minha festa.
FESTA DA PÁSCOA, s. àjọ-ìrékọjá.
FESTA DAS PRIMEIRAS COLHEITAS, s. ẹ̀là > Ẹ̀là isu – Festival do inhame.
FESTA DE CASAMENTO, s. àsè ìgbéwàwó.
FESTA, BANQUETE, s. àpéjẹ, àsè.
FESTA, FESTEJO, s. sísàsè, ìrède-òru.
FESTA, s. patí (do inglês *party*).
FESTA, ALEGRIA, s. àríyá, aláriwo > Àríyá ó máa bẹ̀rẹ̀ ni aago mọ́kànlá alẹ́ – A festa começará às onze horas da noite.
FESTEJAR, CELEBRAR, v. ṣe àríya, ṣọdún < ṣe + ọdún.
FESTEJO, FESTIVAL, s. àjọdún, àjọ afiyèsí.
FESTIVAL MUÇULMANO, s. káyó-káyó.
FESTIVIDADE, s. aféfẹ́yẹ̀yẹ̀.
FÉTIDO, PODRE, s. òórùn ìbàjẹ́ (mau odor).
FETO, s. ọmọnú.
FEVEREIRO, s. Oṣù Ẹ̀rẹ̀lé, Oṣù kéjì ọdún, Oṣùu Fébúárì (do inglês *February*) > Èjìdún – expressão usada para indicar o mês de fevereiro.
FEZES, ESTERCO, s. ìgbé, ìgbọ̀nsẹ̀.
FEZES, s. ìyàgbẹ́, íṣunu (relaxamento dos intestinos).
FEZES, SEDIMENTOS, s. ìsègẹ̀dẹ̀.
FIAÇÃO, s. ìrànwú.
FIADOR, s. onígbọ̀wọ́, ọlọ́fà > ẹnití yá ọfà – aquele que dá garantia, fiança.
FIANÇA, CAUÇÃO, s. ìsègbọ̀wọ́.

FIANÇA, PENHOR, s. ọ̀fa.
FIANDEIRA DE ALGODÃO, s. akáwú.
FIAR ALGODÃO, v. dakùn < dà + okùn.
FIAR, TECER, v. ran > ìránṣọ́ – costurar roupas.
FIBRA, FILAMENTO, s. ọ̀ran.
FIBRA VEGETAL, s. okùn ewéko.
FIBROSO, adj. olókùn, ríran.
FICAR ABISMADO, v. jẹ̀wẹ (diante de uma surpresa).
FICAR ABOBALHADO, v. yadi, jẹ̀wẹ.
FICAR ABORRECIDO, v. bínú > ẹ má bínú – Não se aborreça.
FICAR ACORDADO, v. ṣàisùn.
FICAR ALEGRE, v. yọ̀ > Mo yọ̀ púpọ̀ nígbàtí ìyá mi dé – Eu fiquei alegre quando minha mãe chegou.
FICAR ALERTA, v. rẹgẹ, rẹkẹ (atento) > O rẹkẹ sílẹ̀ dè mí – Você ficou atento esperando eu chegar.
FICAR AO LADO DE, v. sọgbè (próximo) > Ilé rẹ sọgbè tèmi – A casa dele fica ao lado da minha.
FICAR ARRASADO, v. dahoro > Ilé yẹn dahoro – Aquela casa está em ruínas.
FICAR BÊBADO, v. mutíyọ́, mutípara < mu + ọtí + yọ́ > Ó nmutíyọ́ bọ̀ díẹ̀díẹ̀ – Ele está se intoxicando pouco a pouco.
FICAR CALADO, v. dákẹ́ < dá + kẹ́kẹ́ (ficar em silêncio) > Odò náà dákẹ́ rọ́rọ́ – O rio está totalmente silencioso; quando dito a uma pessoa mais jovem, significa "por favor".
FICAR CALMO, EM SILÊNCIO, v. parọ́rọ́, palọ́lọ́, dákẹ́rọ́rọ́ < dá + kẹ́kẹ́ + rọ́rọ́.
FICAR CARO, v. dọ̀wọ́n < dà + ọ̀wọ́n.
FICAR COM VERGONHA, v. títẹ́ > Títẹ́ ni ó tẹ́ – Ele ficou envergonhado.
FICAR CONHECIDO, v. sọdì-mímọ̀.
FICAR DE OLHO EM, v. ṣọ́ > ó ṣọ́ dè mí – ele me vigiou.
FICAR DE PÉ, v. dúró, nàró < nà + ìró, dákàtà < dá + kàtà (com as pernas abertas) > Ó dúró fún mi – Ele ficou de pé em apoio a mim; > dúrójẹ́ – ficar de pé imóvel.

FICAR DESANIMADO, *v.* doríkodò, daríkodò < dà + orí + kodò (de cabeça baixa).
FICAR DESESPERADO, *v.* fikútà, gbékútà.
FICAR DESOLADO, ARRASADO, *v.* dahoro.
FICAR DOENTE, INVÁLIDO, *v.* sọdi olókùnrùn.
FICAR EM SILÊNCIO, *v.* parọ́rọ́.
FICAR EM VOLTA DE, *v.* dúró_ká, sùmọ́, sùjọ > Wọ́n dúró ségbé mi ká – Eles se levantaram em volta de mim.
FICAR ENFERRUJADO, *v.* dí_pẹtà.
FICAR FIRMEMENTE, *v.* tìránmọ́lẹ̀
FICAR FURIOSO, BRAVO, *v.* di_wèrè.
FICAR IMOBILIZADO, *v.* kanlẹ̀ > Ó wò mí kanlẹ̀ – Ele me olhou fundo, ele me encarou.
FICAR IMPUNE, OMITIR-SE, *v.* mú_jẹ.
FICAR INDIGNADO, *v.* runú < ru + inú > Ó runú – Ela se chateou.
FICAR INTOXICADO, *v.* mutíyó, yẹ́mu (usando vinho de palma).
FICAR LIVRE, *v.* gba òmìnira.
FICAR NA FILA, ALINHAR, *v.* to ìlà > Ó to ìlà – Ele organizou uma fila; > ìlà títọ́ – linha reta.
FICAR NERVOSO, *v.* bínú > Ẹ máa bínú, ẹbi mi ni. N kò bínú mọ́ – Não fique nervoso, é minha a culpa. Eu não estou mais nervoso (zangado).
FICAR NO LUGAR, *v.* sàtipó (temporariamente); > kù – permanecer.
FICAR OFENDIDO, ESTAR SENTIDO, *v.* bí_nújẹ < bí + inú + jẹ́.
FICAR PARA TRÁS, DECRESCER, *v.* rẹ̀hìn > Iṣẹ́ mi rẹ̀hìn – Meu trabalho deteriorou; > Ó rẹ̀hìn – Ele ficou para trás.
FICAR PARADO, IMÓVEL, *v.* máragún.
FICAR PREPARADO, *v.* múrasílẹ̀, múratẹ́lẹ̀.
FICAR PRESA, *v.* ṣímọ́ (grudar) > Èwù mi ṣímọ́ òkúta – Parte da minha roupa ficou presa na pedra.
FICAR PRÓXIMO DE, *v.* rọwọ́tó > Ò wà rọwọ́tó mi – Ele está ao alcance de minhas mãos.
FICAR QUIETO, *v.* dákéjẹ < dáké jẹ́, gbéjẹ́ẹ́, palọ́lọ́ (estar temeroso).
FICAR ROBUSTO, *v.* sébọ́.

FICAR SOZINHO, RECLUSO – FILHO MAIS NOVO

FICAR SOZINHO, RECLUSO, v. dáró > Àwa dáró nìtorí ọlọ́jẹ̀ mọ́kàndìlógún – Nós estamos reclusos por causa da covid-19.
FICAR SURPRESO, v. jẹ̀wẹ.
FICAR VAZIO, v. dòfo < dà + òfo > Ìrètì yìí dòfo – Esta esperança é vazia, ilusória.
FICAR VELHO, v. dìkàsì (rançoso, passado, enferrujado) > Onjẹ yìí dìkàsì – Esta comida está velha, rançosa.
FICÇÃO, FÁBULA, s. àhunsọ, ìtàn > òrò asán – presunção.
FICÇÃO, s. ọ̀rọ̀ iró, ọ̀rọ̀ lásán – palavras fora da realidade.
FICHÁRIO, PASTA, s. ìwé ẹ̀rì, ìwé ìrídí.
FIDEDIGNO, AUTÊNTICO, adj. nígbẹ́kẹ̀lé.
FIDELIDADE, LEALDADE, s. àìṣáátá, olótìtọ́.
FIEL, s. abánikú-ọ̀rẹ́, olóótọ́.
FIELMENTE, adv. wẹ́kú (exatamente).
FÍGADO, s. ẹ̀dọ̀, ẹ̀dọ̀kì, ọ̀dọ̀ki.
FIGUEIRA, s. ọ̀pọ̀tó (Ficus capensis – Moraceae).
FIGURA, ESTAMPA, s. àwòrán > Àwòrán wà lára ògiri – O quadro está na parede.
FIGURATIVO, adj. ní apẹẹrẹ.
FILA, ORDEM, s. ẹsẹ (fileira) > Ó kà wọn lẹ́sẹ-lẹ́sẹ – Ele os enumerou item por item; > ipele – um atrás do outro.
FILAMENTO, s. okùn tẹ́ẹ́rẹ́ – fio de cabelo.
FILANTROPIA, HUMANIDADE, s. ìfẹ́-ènìà, ìṣoore > ìtọrẹ – dádiva.
FILANTRÓPICO, s. olùtọrẹ.
FILARMÔNICA, s. ẹgbẹ́ olórin.
FILHA DE ESCRAVA, s. ọmọ wáìlàrí (tomada como esposa).
FILHA MAIS NOVA, s. ọmọ àbúrò obìnrin > Ọmọ àbúrò mi obìnrin nbọ̀ – Minha filha mais nova está retornando.
FILHO ADOTIVO, s. ọmọ àgbàbọ́.
FILHO DE DEUS, s. ọmọ nípa ti Ọlọ́run.
FILHO DO REI, s. ọmọ ọba, ọmọba (príncipe).
FILHO MAIS NOVO, s. àbíkẹ́hìn (lit. aquele que nasceu depois – caçula).

FILHO MAIS VELHO, s. ọmọ ẹ̀gbọ́n ọkùnrin, àkọ́bí > àrẹ̀mọ – primeiro nascimento, mais velho, primogênito.
FILHO ÚNICO, s. ọmọkan ṣoṣo.
FILHO, CRIANÇA, s. ọmọ (também usado na composição de palavras) > Ọmọ ìbílẹ̀ – Nativo da mesma terra; > ọbàkan – filhos do mesmo pai, com mãe diferente; iyèkan – filhos da mesma mãe, com pai diferente.
FILHO DE SANTO, s. olórìṣà (pessoa que se manifesta com uma divindade).
FILHOTE DE ANIMAL, s. ọmọ ẹranko > ọmọ ajá – filhote de cachorro.
FILHOTE DE AVES, s. òròmọdìẹ (pinto, patinhos etc.).
FILHOTE DE CACHORRO, s. ọmọ ajá.
FILHOTE DE GATO, s. ọmọ ológbò.
FILME, s. atafo-ojú, fíìmù (do inglês *film*).
FILOSOFIA, s. ẹ̀kọ́ ogbọ́n, filọ́sọ́fi (do inglês *philosophy*).
FILÓSOFO, s. ọlọ́gbọ́n, amòòyé, olúmọ̀.
FILTRAÇÃO, s. ìlọkúrò.
FILTRADO, s. ẹ̀sẹ́ > omi ẹ̀sẹ́.
FILTRAR, COAR, v. sẹ́ > sísẹ́ – infiltração, drenagem.
FILTRAR, v. sẹ́, lọkúrò > Ó sẹ́ ògì – Ela peneirou o amido de milho.
FILTRO, s. asẹ́.
FIM, CONCLUSÃO, s. òpín, ìgbẹ̀hìn, ìparí > Ìgbẹ̀hìn ọ̀rọ̀ yìí – O resutado deste assunto; > ìpẹ̀kun – término.
FINAL DA TARDE, s. ojọ́rọ̀ (quase noite).
FINAL DAS CHUVAS, s. àrọkúrò.
FINAL DE RITUAL, s. orò pin.
FINAL, s. ìkádì.
FINALIDADE, s. àbuṣe.
FINALIZAR, ENCERRAR, v. ká_dí, ṣetán > Mo ti ṣetán – Eu já terminei de fazer; > Mo ti dífá tán – Eu já acabei de consultar Ifá (se o verbo que denota a ação aparece, ṣe não é usado).
FINALMENTE, adv pré-v. jàjà > Ó jàjà lọ – Ele foi finalmente.
FINALMENTE, adv. lákótán, níkẹ́hìn < ní + kó + ẹ̀hìn.
FINAMENTE, LINDAMENTE, adv. fíní-fíní, dáadáa, wínniwínni.

FINANÇA, s. ètò ináwó.
FINANCEIRO, s. olówó, ọlọ́rọ̀.
FINDAR, v. múpárí.
FINEZA, GENTILEZA, s. ìwá-pẹ̀lẹ́.
FINGIDO, s. alábòsí > àgàbàgebè – hipocrisia.
FINGIR, DISSIMULAR, v. yọ̀, díbọ́n > ìdíbọ́n – pretensão.
FINGIR, SIMULAR, v. pirọrọ (fingir adormecer) > Ó pirọrọ – Ela fingiu adormecer.
FINITO, FINAL DECISIVO, adj. nípinnu.
FINO, ESTREITO, adj. tín, tínrín > Màrìwò ni ó yà tínrín – Ele abriu as franjas da folha da palmeira bem fininha (procedimento de um ritual religioso).
FINO, MACIO, adj. fúlẹ́, fẹ́lẹ́, fúléfúlé > Aṣọ yìí fúlẹ́ – Este é um tecido macio.
FINO, MAGRO, adj. légélégé, yangara.
FINO, DE QUALIDADE, adj. dára > Òun dára púpọ̀ – Ela é muito fina, de qualidade.
FINÓRIO, adj. lárékéreké (ladino).
FINURA, MACIEZ, s. ìkúnná (algo ser moído a pó).
FIO DA NAVALHA, s. abẹ fẹ́lẹ́ojú ọbẹ.
FIO DE ALGODÃO, s. fọ́nránwú.
FIO DE ALTA-TENSÃO, s. wáyà iná-àrá.
FIO DE LINHA, s. àkáwé.
FIQUE QUIETO!, interj. dákéjẹ! panumọ́!
FIRMAMENTO, s. àjùlẹ́ ọ̀run, ìsálú ọ̀run, òfuurufú.
FIRMAR, UNIR, v. so_mọ́, sopọ̀, dì > Ó so ó mọ́ ara – Ela o amarrou junto ao corpo.
FIRMAR-SE, ESTABILIZAR-SE, v. múlẹ̀ > Igi yìí fidí múlẹ̀ – Esta árvore está firme.
FIRME, INFLEXÍVEL, adj. láìmì, àìdẹ > adúrósinṣin – firme e fixo.
FIRME, SÓLIDO, s. àjàgàjigì (como uma rocha e tronco de árvore).
FIRMEMENTE, adv. láiyẹra, bẹ́ẹ́bẹ́, dánídání, gádígádí, gangan, gbágbá, gbágbágbá, gbọ́ín, gbọ́íngbọ́ín > Ó fún mi gádígádí – Ele me beliscou,

FIRMEMENTE – FIXADAMENTE

apertou; Ó tí gbọ́ín – Ela fechou firmemente; > gógó – severamente, firmemente.

FIRMEMENTE, *adv.* mọ́, nídúrósansan, nídúrósinsin, sínkún, tìpẹ̀tìpẹ̀, tìpẹ̀, gídá-dídá, gìrì, gìrìgìrì > Ó tú ọkọ̀ sínkún – Ele conduziu o barco firmemente; > Ó dì mọ́ mi tìpẹ̀tìpẹ̀ – Ele amarrou-me fortemente. (*Obs.:* mọ́ – é usado como segundo componente na formação de verbos que desejam indicar uma forma segura de firmeza e fixação: lẹ̀mọ́ – grudar, pamọ́ – preservar, jẹmọ́ – ser conectado, kómọ́ra – segurar, abraçar etc.); > Ẹgbọn lẹ̀mọ́ ajá náà – As pulgas grudaram naquele cachorro; > Ó kó mi mọ́ra – Ela me abraçou < mọ́ + ara.

FIRMEZA, ESTABILIDADE, *s.* ìmúdúró.

FISCAL DE TRABALHO, *s.* akónisisẹ́.

FISCAL DE RENDA, *s.* agbowóde.

FISCALIZAR, *v.* fojútó < fi + ojú + tó, bójútó < bù + ojú + tó > Ó fojútó isẹ́ rẹ̀ – Ele fiscalizou o serviço dela.

FISGAR, ENGANCHAR, *v.* kọ́ > fikọ́ – pendurar > Ó fi asọ kọ́ – Ela pendurou a roupa

FÍSICA, *s.* ẹ̀kọ́ nípa ẹ̀dá-oníyè (ciência).

FÍSICO, CORPO, *s.* ara > Ara mi bàjẹ́ – Estou doente. (*Obs.:* é também usado para significar a parte concreta da pessoa ou de algo) > Mo un díẹ ní ara owó – Eu peguei um pouco de parte do dinheiro; > ẹ̀kọ́ ètò--ìdárayá – educação física.

FISSURA, ABERTURA, *s.* ìlanu < là + ẹnu (lit. abrir a boca).

FISSURA, FENDA, *s.* ojúu lílà.

FITA ESTREITA, *s.* okùn pẹlẹbẹ > okùn ìso asọ – fita, cadarço de amarrar roupa.

FITA MÉTRICA, *s.* awọ̀n-là, okùn-ìwọnsọ.

FITA, TIRA, *s.* ìgbànú, ọ̀já > Ó fi ìgbànú sán sòkòtò – Ele usou cinto na calça.

FITAR, ENCARAR, *v.* tanjú, ranjú > Ó tanjú mọ́ mi – Ela olhou fixamente para mim.

FIVELA, *s.* ìdè.

FIXADAMENTE, *adv.* gìrì, gìrìgìrì.

FIXAMENTE, *adv.* péé.
FIXAR FRONTEIRA, *v.* ṣépínlẹ̀ (limitar) > Àwa ṣépínlẹ̀ – Nós delimitamos a fronteira.
FIXAR NO CHÃO, *v.* fi_gúnlẹ̀ > Ó fi ọ̀bẹ gúnlẹ̀ – Ele cravou a faca no chão.
FIXAR ORDEM DE BATALHA, *v.* tégun.
FIXAR-SE, *v.* sílẹ̀ (estabelecer).
FIXAR UM PREÇO, *v.* bù_lé, dá_lé (cobrar).
FIXAR UMA DATA, *v.* dájọ́ < dá + ọjọ́ > Ikí kò dájọ́ – A morte não marca data.
FIXAR, AJUSTAR, *v.* mọ́rí < mọ́ + orí > Mo ra filà mi mọ́rí – Eu coloquei o meu chapéu, ajustando-o na cabeça.
FIXAR, AMARRAR, *v.* fàso < fà + ìso.
FIXO, IMÓVEL, *adj.* láìyẹsẹ̀.
FLÁCIDO, MACIO, *adj.* dídẹ̀, rírọ̀.
FLAGELAR, CASTIGAR, *v.* nà.
FLAGELAÇÃO, *adj.* nínà.
FLAGRANTE, *adj.* rékojá ààlà.
FLAGRAR, VER, *v.* rí > Mo bàbá nígbàtí ó dé – Eu vi papai quando ele chegou.
FLÂMULA, *s.* àsíá, àsíyá.
FLANCO, BORDO, *s.* apáko.
FLATULÊNCIA, *s.* ikùn gbígbi (gases intestinais) > ìgùnfẹ̀ – arroto, vômito.
FLAUTA, *s.* fèrè.
FLAUTISTA, *s.* afunféré.
FLEBITE, *s.* ìṣàn-àbọ̀ wíwú (inflamação das veias).
FLECHA, SETA, *s.* ọfà > Ọdẹ ta ọfà – O caçador atirou a flecha.
FLECHADA, *s.* ìtafà.
FLECHAR, *v.* tafà (atirar uma flecha).
FLECHEIRO, *s.* akanrun (fabricante de flechas).
FLERTAR, *v.* dọ́wẹ́kẹ̀ > Mo bá a dọ́wẹ́kẹ̀ – Eu flertei com ela.
FLERTE, *s.* ṣiré-ìfẹ́, bá ọkùnrin ṣiré.

FLEXÃO, CURVATURA, s. kíká, ìwọ̀ > ìṣan akára – flexão muscular.
FLEXIBILIDADE, s. títẹ̀.
FLEXIONAR, v. tẹ̀, wọ́tẹ̀_sínú.
FLEXÍVEL, adj. méjanméjan > rọ̀ – ser macio, tenro.
FLOCO, s. ìforífó.
FLOR, FLORESCIMENTO, s. ìrúwé.
FLORA, s. ẹ̀gbìn ọjọ̀ (local de plantas).
FLORES, s. òdòdó > Òdòdó yíò kú láìsí omi – As flores morrerão sem água; > igi olódòdó – árvore florida.
FLORESCENTE, adj. dídán (luminoso).
FLORESCER, v. rudi, tanná.
FLORESCER, BROTAR, v. rúwé, gbilẹ̀ > Igi yìí rúwé – A árvore brotou folhas.
FLORESTA NÃO CULTIVADA, s. ẹgàn.
FLORESTA TROPICAL, s. igbó dudu.
FLORESTA, CAMPO, s. igbó, ìgbẹ́ > Ẹ̀rù nbà mí láti lọ sínú igbó – Estou com medo de entrar na floresta; > ìtójú-igbó – silvicultura, administração.
FLUÊNCIA, s. ìdàwuru.
FLUENTE, adj. ní ìmọ̀ èdè kan – ter facilidade de um idioma.
FLUIDO AMNIÓTICO, s. omira.
FLUIDO ESPINHAL, s. omi-ọpọlọ (suco cerebral).
FLUIDO, s. aṣàn > aṣàn tàbí òyì – líquido ou a gás.
FLUIR, v. ṣàn (fluir como um rio) > Odò ṣíṣàn – Rio de água corrente.
FLUIR, ESCOAR, v. sun > Omi sun jáde – A água fluiu para fora; > gììrì – sair em massa.
FLUTUANTE, adj. fífó.
FLUTUAR NAS ÁGUAS, v. fó, léfó > Ó nfò lójú omi – Ele está flutuando nas águas.
FLUTUAR NO AR, v. fẹ́lẹ́lẹ́ > Àsíá yẹn nfẹ́ lẹ́lẹ́ – Aquela bandeira está tremulando; < fẹ́ + lẹ́lẹ́ (voar com o vento), fò – voar.
FLUXO DA MARÉ, s. ìyọ, ìṣàn.
FOBIA, PAVOR, s. ìfòyà > Àwọn ènìà Àwọn ènìà kan wo àiyé pẹ̀lú ìfòyà – Algumas pessoas encaram o mundo com apreensão.

FOCINHO, NARIZ, s. imú.
FOCINHO, TROMBA, s. ìtúlẹ̀.
FOCO, s. ojú ẹ̀ká.
FOFOCA, s. ìtúkútu, ìtunkúntun, òfófó > Ó ṣòfófó fún mi – Ela contou coisas de outra pessoa, fez fofoca; > ọ̀rọ̀ asán – palavras inúteis.
FOFOQUEIRO, s. aláyọnusọ, olófófó, alátojúbọ̀, onísọkúsọ.
FOGÃO, s. ẹ̀rọ ìdáná, sítóòfù (do inglês *stove*) > Èérú púpọ̀ wà nínú ìdáná – Há muita cinza dentro do fogão.
FOGO, s. iná > Paná ẹ jẹ́ká lọ sùn – Apague o fogo e vamos dormir. *Obs.*: iná – leia-se inôn.
FOGOSO, *adj.* amúbíná.
FOGUEIRA, s. ààrò.
FOGUETE, s. rọ́ketì (do inglês *rocket*).
FOICE, s. dòjé.
FOLCLORE, s. ìtàn atọ́wọ́dọ́wọ́, àlọ́.
FOLE DE FERREIROS, s. ẹwìrì.
FOLGADAMENTE, *adv.* dẹngbẹrẹ, gàda, jògbójogbo.
FOLHA ARREDONDADA, s. ewé róbótó.
FOLHA COMESTÍVEL, s. èéyọ́, ewédú (ewé + òdú).
FOLHA DE PALMEIRA, s. àgbásá, ọ̀gọ́mọ̀; ìgbágó (secada e usada como combustível).
FOLHA ESPINHOSA, s. ewé ẹ̀gún.
FOLHA NOVA DO DENDEZEIRO, s. màrìwò, imọ̀-ọpẹ̀.
FOLHA QUALQUER, s. ewékéwé.
FOLHA QUENTE, s. ewé gbóná > ewé tútù – folha fria.
FOLHA RASTEIRA, s. ewé wọ́nílẹ̀.
FOLHA SECA E GRAVETOS, s. lẹ̀wù, ìràwé.
FOLHA VEGETAL, s. èpàpó, èbìba, èpépe (para enrolar àkàsà, àgìdí) > ìdò – usada para embrulhar alimento (*Canna Bidentata*).
FOLHA VEGETAL, s. ewé baabo, abóbì dóyọ́ < a + ba + dé + obì (folhas usadas para envolver obì).
FOLHA, FOLHAGEM, s. ewé, eléwé > láìléwé – desfolhado.
FOLHAS DE NOZES SECAS, s. sakasaka.
FOLHETO, s. ewé kékéré.

FÓLIO, LAUDA, *s.* ìwé nlá.
FOME, ESCASSEZ, *s.* ìyàn > Ìyàn mú ènìà púpọ̀ – A fome atingiu muitas pessoas.
FOME, *s.* ebi, ìpalébi, jabala > ebi npa mí – estou morto de fome.
FOMENTAR, INSINUAR, *v.* ṣúnnasí.
FONE DE OUVIDO, *s.* gboùngbòun etí.
FONTE DE ÁGUA, *s.* àbẹtu (que ficou seca um período).
FONTE DE ÁGUA NASCENTE, *s.* ìsun, ojúsun, orísun > Wọ́n pọn omi orísun – Eles apanharam um pouco de água da fonte.
FONTE DE ÁGUA, *s.* ṣẹ́lẹ̀rú < ṣẹ́ + nílẹ̀ + rú.
FORA, *adv.* lẹ́hìn-òde > Ó wà lẹ́hìn-òde – Ele está fora.
FORA DA LEI, *s.* àrúfín > rúfín – infringir a lei.
FORA DE MODA, *s.* kúrò àṣà > Ó wa kúrò àṣà – Ela está fora de moda.
FORA DE ORDEM, *s.* àìlójú > Ọ̀rọ̀ yìí wa àìlójú – Este assunto está fora de ordem.
FORA DE PROPÓSITO, *adj.* láìsílójúọ̀nà.
FORA DO COMUM, NOTÓRIO, *adj.* kìkí > Òun jẹ́ ènìà lókìkí – Ele é uma pessoa fora do comum.
FORA DO NORMAL, *adv.* gànnọ̀kù-gannọku (sentido de algo grande).
FORASTEIRO, ESTRANHO, *s.* aráalú, àjèjì, àlèjò > àrè – sem parente, estranho.
FORÇA CONTRÁRIA, *s.* ìtapá (resistência).
FORÇA DE VONTADE, *s.* agídí, òdí.
FORÇA DO VENTO, *s.* ipá afẹ́ẹ́fẹ́.
FORÇA PURA, *s.* èku, èkáká.
FORÇA, CONTROLE, *s.* ìkáwọ́ > Ìdáwópọ̀ wọn ènìà ṣe ìkáwọ́ – A união das pessoas faz a força.
FORÇA, PODER, *s.* agbára > Ó fi agbára gba owó mi – Ele usou de força e tomou meu dinheiro.
FORÇA POLICIAL, *s.* ẹgbé ọlópàá.
FORÇA, *s.* ìdura (feita para não cair).
FORÇA, VIGOR, *s.* okun > Ó mú mi lókun – Ele me pegou à força.
FORÇA, VIOLÊNCIA, *s.* èle, ipá.

FORÇADAMENTE, *adv.* kìtàkìtà, kìtìkítì.
FORÇADO, *s.* àfagbáragbà.
FORÇAR, *v.* rò, pàṣe > fi agbára ṣe – usar de força e fazer.
FORÇAR A SAIR, *v.* ṣíléṣẹ̀.
FORÇAS MALÉFICAS, *s.* ajogun.
FORÇOSAMENTE, *adv.* àpápándìdì, àpàpàndodo, fòrò, pàtì, pàtìpàtì, pàtìpìtì.
FORJA, OFICINA DE FERREIRO, *s.* ilé arọ́.
FORJA, *s.* àgbẹ̀dẹ (oficina de ferreiro).
FORJAR, *v.* rọ (fazer instrumentos de ferro) > Ó rọ ọkọ́ – Ele forjou uma enxada.
FORMA, ASPECTO, *s.* ìrí, ìrísí > Ìrísí rẹ dára púpọ̀ – Sua aparência é muito boa.
FORMA, COSTUME, *s.* ìṣe > Ìgbéyàwó jẹ́ ìṣe tò mímọ́ ní ojú Ọlọ́run – O casamento é um costume sagrado aos olhos de Deus.
FORMAÇÃO, *s.* dídá, ẹ̀dá.
FORMA DE CAMINHAR, *s.* rírìn.
FORMA DE MAGIA, *s.* ọfẹ (torna a pessoa leve a ponto de flutuar).
FORMA RESPEITOSA, *s.* àwé (forma de se dirigir a uma pessoa desconhecida).
FORMA TORCIDA, *adj.* kọrọyin (sinuosa).
FORMAÇÃO EM FILA, *s.* títọ́.
FORMAL, *adj.* bí àṣà, bí ìṣe, bì ìwà.
FORMALIDADE, *s.* àsà, ìṣe-ìdásílẹ̀.
FORMAR SEDIMENTOS, *v.* sẹ̀gẹ̀dẹ̀.
FORMAR EM GRUPO, *v.* pòṣùṣù > Wọ́n pòṣùṣù lé mi – Eles se agruparam em redor de mim.
FORMAR UM GRUPO, *v.* mulẹ̀ṣebì, mulẹ̀ṣìkà (para um mau propósito).
FORMAR UM POÇO, *v.* dágún (lago, piscina).
FORMAR, FUNDAR, *v.* tẹ̀_dó > Ó tẹ ìlú náà dó – Ele fundou aquela cidade.
FORMIGA AMARELA, *s.* ìtà.
FORMIGA MINÚSCULA, *s.* etutu, salámọ́, èèrà, ìjàlọ.

FORMIGA-PRETA GRANDE, s. ìká-ndù.
FORMIGA (TIPOS), s. ta-npẹ́pẹ́, ekíti, okíti, ògán.
FORMIGA-VERMELHA, s. abónlejopọ́n, èèsà, ìtà, talámọ, salámọ.
FORMIGUEIRO, s. agìnyàn, èèrùn, okíti-ògán, ògán.
FORMOSURA, BELEZA, s. ẹwà > Ara rẹ lẹ́wà – Seu corpo é lindo.
FÓRMULA MÁGICA, ENCANTO, s. ègèdè, ògèdè.
FÓRMULA, MÉTODO, s. àmì ẹ̀là, ìlànà iṣe (processo de fazer algo).
FORMULAR HIPÓTESE, v. sàrọsọ > iṣàrọsọ, àrọsọ – formulação.
FORMULÁRIO, s. fọ́ọ̀mnípèù (do inglês *form*).
FORNALHA, s. iléru.
FORNECEDOR DE MANTIMENTOS, s. onípèsè (provedor).
FORNICAÇÃO, ADULTÉRIO, s. iṣepansàgà, àgbèrè.
FORNICAR, v. ṣe pansàgà, ṣe àgbèrè > Nígbàkan a fẹ́rẹ̀ ṣe àgbèrè – Certa vez, nós quase transamos.
FORNO DE METAL PORTÁTIL, s. àdògán.
FORNO, LAREIRA, s. àdìró, ààrò.
FORQUILHA DE MADEIRA, s. èkùtẹ̀-ilé (usada na construção e telhado).
FORRAGEM, s. ìjẹ-málúù (alimentação do gado).
FORRO, s. aṣọ ìténu (material usado para cobrir).
FORTALECER, DAR PODER A, v. mú_lágbára.
FORTALECER, REFORÇAR, v. fún_lágbára, mú_lera.
FORTALECER A MENTE, v. mú_lọ́kànle > Ó mú mi lọ́kànle – Ele me tranquilizou.
FORTALECIMENTO, s. ìmárale, ìmúlókun.
FORTALEZA, s. ilé odi.
FORTE, ATIVO, adj. ògírí.
FORTE, CORPULENTO, adj. lára.
FORTE, PODEROSO, adj. alágbára.
FORTE, POTENTE, adj. lókun > Ó lókun – Ele é forte.
FORTE, SAUDÁVEL, adj. péye, píye, nílera, taagun < ta + eegun.
FORTE, SÓLIDO, adj. gèlètè.
FORTEMENTE, adv. kùsàkúsà, paali, tótó, ṣinṣin, sansan.

FORTIFICAÇÃO, s. agbàrà, odi.
FORTIFICAR, REFORÇAR, v. fimúlẹ̀.
FORTUNA, RIQUEZA, s. ọlà, àbáfú > afortunado – ṣe orírere.
FÓRUM JUDICIAL, CORTE, s. ilé ejọ́, ibi ìpèjọ.
FOSFORESCENTE, s. atàn láìgbònà – brilhar sem calor.
FÓSFORO, s. ìṣáná (do hausá *ixana*, do árabe *ishama*), láìtà (do inglês *lighter*).
FOSSO, TRINCHEIRA, s. ọ̀fin (usado como armadilha para animais).
FOSSO, VALA, s. ọ̀gbún.
FOTOCÓPIA, s. fitànná dà_kọ (lit. usar lâmpada e copiar).
FOTOGRAFAR, v. yáwòrán, fọ́tò yíyà.
FOTOGRAFIA, s. àwòran fọ́tò (do inglês *photograph*).
FOTÓGRAFO, s. onífọ́tò.
FOTOSSÍNTESE, s. àsè alòtànná (síntese de material orgânico).
FRACAMENTE, adv. fẹ́lẹ́fẹ́lẹ́, bẹ́lẹ́bẹ́lẹ́.
FRAÇÃO DO TOTAL, s. iṣebẹ́rẹ́.
FRAÇÃO, s. ìdá, ìpín, (expressa parte fracional) > ìdámẹ́rin mẹ́ta – ¾.
FRAÇÃO, DIVISÃO, s. ìdásíwẹ́wẹ́ > lẹ́ṣẹẹ̀ṣẹ̀ – pertencendo à fração.
FRACASSAR NA TENTATIVA, v. pòfo, rọ́pá, bàtì, bákù.
FRACASSAR, PERDER, v. kùnà, ṣubú lulẹ̀.
FRACASSAR, REPROVAR, v. ján.
FRACASSAR, TORNAR DIFÍCIL, v. dẹtì < di + ẹtì.
FRACASSO, FALHA, s. àbàtì, yíyẹ̀, yíyègè, ìkùnà, ìdẹtì > bàtì – falhar > Iṣẹ́ náà ni mo bàtì – Eu falhei naquela tarefa.
FRACASSO, s. àṣetì > Iṣẹ́ àṣetí – Tarefa impossível.
FRACO, ANÊMICO, adj. ṣaláìágbara, láìlágbára, láìlera.
FRACO, CONFUSO, adj. bàyì-bàyì, bàì-bàì.
FRACO, FRÁGIL, adj. ahẹrẹpẹ.
FRACO, SEM FORÇAS, adj. kénké, láìlágbára, ṣàìlera.
FRACO, TRISTE, adj. tutu.
FRAGÂNCIA, PERFUME, s. òórùn dídùn.
FRAGATA, s. ọkọ̀ ogun.
FRÁGIL, QUEBRADO, adj. ẹlẹ́gẹ́, fífọ́ > Ojú rẹ̀ di fífọ́ – Ele é cego (lit. os olhos dele se tornaram estilhaçados, partidos).

FRÁGIL, POUCA QUALIDADE – FRASE, SENTENÇA

FRÁGIL, POUCA QUALIDADE, s. ahẹrẹpẹ, láìlágbára.
FRÁGIL, SEM SAÚDE, adj. láìlera.
FRAGILIDADE, s. aláìlera, àìlágbára.
FRAGILMENTE, FACILMENTE, adv. bútẹ́, bútẹ́bútẹ́ > Okùn náà já bútẹ́bútẹ́ – A corda arrebentou facilmente.
FRAGMENTADAMENTE, adv. yálayàla.
FRAGMENTOS, PEDAÇOS, s. èéfọ́ > àjẹkù – Sobra deixada no prato.
FRAGMENTAÇÃO, adj. pínpín, pínpínwẹ́wẹ́.
FRAGRÂNCIA, s. arundídùn.
FRAGRANTE, AROMÁTICO, adj. tí ó ní òórùn dídùn (lit. que tem um odor cheiroso).
FRAGRANTEMENTE, adv. sán-sán.
FRANÇA, s. Frénshì (país da Europa).
FRANCAMENTE, adv. payá, ṣáká, láìṣèrú, tààra.
FRANCÊS, s. faransé.
FRANCO, LIBERAL, adj. túwọ́ká.
FRANCO, OBSTINADO, adj. láyà, gbónu > sọ̀rọ̀ láìbẹ̀rù – falar sem medo.
FRANJA, ENFEITE, s. ìgbátí aṣọ (lit. borda, beira da roupa).
FRANQUEZA, s. kíkúnu, àìlẹ́tàn.
FRANQUIA, s. ẹ̀tọ́-ìdìbò (direito ao voto).
FRANQUIAR, v. sọdi òmìnira (lit. converter em liberdade).
FRANZINO, FRACO, adj. fífẹ́lẹ́, fẹ́lẹ́fẹ́lẹ́, bẹ́lẹ́bẹ́lẹ́.
FRANZIR SOBRANCELHAS, s. ìròjú (amarrar a cara) > Ó di ìròjú fún mi – Ele se aborreceu comigo (lit. ele mudou o rosto para mim); > kanjú < kan + ojú (exprimir desagrado por meio do olhar).
FRANZIR, ENRUGAR, v. ṣùtì, paporo > Ó yọ ṣùtì ètè sí mi – Ela fez pouco caso de mim (lit. ela enrugou os lábios em desprezo a mim).
FRAQUEZA, s. áàrẹ̀, àìdára, àìléera, àìlókun.
FRAQUEZA, SEM FORÇA, s. àìlágbára > áàrẹ̀ – recaída.
FRASCO DE PÓLVORA, s. kẹ̀kẹ́tù < kẹ̀kẹ́ + ẹ̀tù (usado pelos caçadores).
FRASE, s. àṣelé, ẹka-ọ̀rọ̀ > ọ̀rọ̀ ijinlẹ̀ – assunto de significado profundo.
FRASE, SENTENÇA, s. gbólóhùn ọ̀rọ̀ kan, ẹka-ọ̀rọ̀ > E kọ́ gbólóhun-ọ̀rọ̀ yí sára ògiri ikọ̀wé – Escreva essas palavras no quadro de giz (sára –

sobre); > Mo ní láti kọ́ àwọn gbólóhun-ọ̀rọ̀ – Eu tenho que decorar estas frases.

FRATERNAL, *adj.* bí ìbátan (lit. como parentes).

FRATERNALMENTE, *adv.* gẹ́gẹ́bí arákùnrin (lit. assim como parente).

FRATRICÍDIO, *s.* ẹnití ó pa arákùnrin tàbí arábìnrin rẹ̀ – aquele que mata o parente homem ou parente mulher).

FRATURAR, *v.* ṣẹ eegun > kán, dá – quebrar > Ó dá òòyà mi – Ele quebrou o meu pente.

FRATURA, *s.* kíkán, dídá, ṣíṣẹ́.

FRAUDAR, ENGANAR, *v.* ṣèréjẹ, fi_rá, rẹ́_jẹ > Ó rẹ́ mi jẹ – Ele me trapaceou; > jìbìtì (prática desonesta) > Ó lù mí jìbìtì – Ele me fraudou.

FRAUDE, ALGO NÃO GENUÍNO, *s.* ayédèrú.

FRAUDE, ASTÚCIA, *s.* kọ̀lọ̀kọlọ, èrú, ètàn.

FRAUDE, DESONESTIDADE, *s.* aiyédèrú, títànje, ìtànjẹ, ẹtan.

FRAUDE, PATIFARIA, *s.* ìjẹpa, àbòsí, àjẹpọ̀.

FRAUDULÊNCIA, *s.* ìtànjẹ, ìṣerú.

FREAR, REPRIMIR, *v.* kámbà < ká + máa + bà.

FREGUÊS, *s.* alábarà, oníbarà.

FREIO, RÉDEAS, *s.* okùn-ìjánu.

FREIO, TRAVA, *s.* bíréèkì (do inglês *brake*).

FRENÉTICO, *adj.* ṣìwèrè, sínwín.

FRENTE A FRENTE, *adv.* gánní > Ó fojú ganní mi – Ela ficou cara a cara comigo.

FRENTE A FRENTE, *adv.* ojúsójú < ojú + sí + ojú (abertamente), pẹ̀kí, pẹ̀kípẹ̀kí (em combate), kìnrín (face a face).

FRENTE, *s.* iwájú > níwájú – frente, dianteira; > Lọ síwájú – Vá em frente.

FREQUÊNCIA, *s.* ìyásí iṣẹlẹ̀, iyásí iyípo, ìgbàkúgbà.

FREQUÊNCIA, HERTZ, *s.* háàtísì (unidade de frequência).

FREQUENTAR, *v.* pààrà (visitar um lugar).

FREQUENTE, *adj.* nígbàgbogbo, nígbàkúgbà.

FREQUENTEMENTE, SEMPRE, *adv.* àbálé, léraléra, nígbàgbogbo, nígbàpúpọ̀ (diversas vezes) > Mo ti rí i nígbàpúpọ̀ – Eu já o vi diversas vezes; > ìgbàkúgbà – muitas vezes, a qualquer hora.

FRESCAMENTE, SECAMENTE, adv. tété.
FRESCO, MACIO, adj. òṣéṣe (carne, peixe, milho etc.).
FRESCO, NOVO, s. àkòtun, òṣìngín, titun, tuntun.
FRESCO, VERDE, adj. tútù, títútù.
FRESCOR DA PLANTA, s. ògbégé.
FRETE, s. ẹrù ọkọ̀.
FRICCIONAR, v. kùn > Bá mi kun epo ara mi – Ajude-me a passar óleo no meu corpo.
FRIEIRA, s. èyún, káyún (doença dos dedos dos pés).
FRIEZA, FALTA DE CALOR, s. àigbóná.
FRIEZA, INDIFERENÇA, s. àìnígboná.
FRIEZA, REFRIGERAÇÃO, s. ìmóyútù.
FRIGIDEZ, s. ìtútùnìní (frio extremo).
FRIO, FRÍGIDO, adj. títùtù, tútù; s. otútù, ótù.
FRIO, GELADO, s. mótútù > Ó mótútù lóni = Ótútù mú lóní – Hoje o tempo está frio.
FRIO, UMIDADE, s. ògẹnẹtẹ̀, ògeyì.
FRITAR, v. dín, dẹ́ran < dín + ẹran > Ó ndín ẹran fún ọ – Ela está fritando um bife para você; > Ṣé o fẹ́ pẹ̀lù – Você quer também?
FRITO E SECO PARA PRESERVAÇÃO, s. àdínsin.
FRITO, adj. dídín.
FRITO, TORRADO, s. rùgùdú.
FRIVOLIDADE, s. àndọ́lá.
FRÍVOLO, adj. láìrònú, sàìníláárí.
FRONDOSO, s. eléwé púpọ̀ > kún ewé – cheio de folhas.
FRONHA, s. àpo-ìrọrí, aṣọ-ìrorí.
FRONTE, s. iwájú-orí.
FRONTEIRA, s. ààlà-ilẹ̀, ípínlẹ̀, ìpààlà (demarcação).
FROTA, ESQUADRA, s. àgbájọ ọkọ̀ omi.
FROUXIDÃO, s. àìmúra.
FROUXO, adj. sọ̀, láìlágbára.
FRUSTRAÇÃO, s. èhónú, ìrẹ̀dànù.
FRUSTRAR, v. dan, fidan > Ìwọ fidan mi – Você me frustrou; > tẹ́ – cair em desgraça.

FRUTA MADURA, *s.* ẹ̀dẹ̀ > Ó tà mí ẹ̀dẹ̀ púpọ̀ – Ela me vendeu uma fruta muito madura.
FRUTA, *s.* èso > Èyí ni igi èso – Aquela é uma árvore frutífera.
FRUTAS COLHIDAS, *s.* àkọ́gbọ́ (primeiras colheitas).
FRUTA SECA, CAROÇO, *s.* kóró inú-èso.
FRUTAS TROPICAIS, *s.* èso ilẹ̀ ìta-oòrùn.
FRUTÍFERO, *adj.* eléso.
FRUTIFICAR, AUMENTAR, *v.* léròrò > Egbó yìí lé ròrò – Este ferimento aumentou.
FRUTIFICAR, TER FRUTOS, *v.* so > Igi yìí so – Esta árvore deu frutos; > mú_sèso – tornar produtivo.
FRUTO DE ÁRVORE, *s.* bùjẹ́ (usado para pintura – *Randia Maculata Rubiaceae*).
FRUTO DE ṢÀNGÓ, *s.* orógbó.
FRUTO DO CABAÇEIRO, *s.* jùnbùrù (do hausá *zùngurù*).
FRUTO DO DENDEZEIRO, *s.* ẹyìn.
FRUTO VERDE DA PALMEIRA, *s.* àbọn, àbọn-eyìn.
FUGA, LIBERTAÇÃO, *s.* ìbọ́lọ́wọ́.
FUGA, EVASÃO, *s.* sísára.
FUGA, *s.* ìsálọ (ação de correr para longe).
FUGIR E SE ESCONDER, *v.* sápámọ́.
FUGIR DE MEDO, *v.* họ > Wọ́n ró ọlọ́pá họ – Eles viram a polícia e fugiram.
FUGIR EM PÂNICO, *v.* túpùrù < tú + pùrù > Ewúrẹ́ tú pùrù – A cabra se soltou e fugiu.
FUGIR JUNTO COM, *v.* bá_sá, bá_sálọ > Ó bá mi sálọ – Ela fugiu comigo.
FUGIR POR SEGURANÇA, *v.* sálà > Ó sálà fún ẹmí rẹ̀ – Ele fugiu para preservar a vida dele.
FUGIR, ESCAPAR, *v.* sálọ > Eku asín nsálọ sínú ihò – O rato está fugindo para dentro do buraco.
FUGIR, *v.* gbà, pùrù, tu > Olé tu mọ́ ọlọ́pá lọ́wọ́ – O ladrão fugiu da polícia.
FUGITIVO, DESERTOR, *s.* ìsánsá, asápamọ́, afarapamọ́.
FULANO DE TAL, *s.* alámọ́ọ̀rín, lámùri, lágbájá (nome não mencionado, mas que todos sabem) > Lágbájá sọ fún mi pé ìwọ kò sí nkankan – Certa pessoa disse para mim que você não está com nada.

FULIGEM, s. jànkáwọ̀, jànkáriwọ̀, iyé dúdú, jàjàlà dúdú, màjàlà (mato queimado).
FULIGINOSO, adj. nímàjàlà (cheio de fuligem).
FUMAÇA, s. èéfín, ẹ̀ẹ́fín.
FUMACENTO, adj. lẹ́ẹ́fín (fumegante).
FUMANTE, s. amúkòkò.
FUMAR, SUGAR, v. um > Ó máa mu sìgá – Ela costuma fumar cigarro.
FUMIGAR, v. fín (desinfetar pelo fumo).
FUMIGAÇÃO, s. fífín.
FUMO PARA CACHIMBO, s. ògúsọ̀.
FUNÇÃO, s. ifà, iṣẹ́.
FUNCIONAR, v. ṣiṣẹ́ (exercer a tarefa) > Ó ṣiṣẹ́ kára – Ele trabalhou duro, com dedicação.
FUNDAÇÃO, BASE, s. ìpilẹ̀ ilé, ìpilẹ̀ṣẹ̀, ìtẹdó.
FUNDADOR, INSTITUIDOR, s. olùpilẹ̀ṣẹ̀ (um dos títulos de Deus).
FUNDAMENTAL, adj. àtàtà, ríbí-ríbí, pàtàkì, àkọ́bẹ̀rẹ̀.
FUNDAMENTO, BASE, s. ìdí (razão, motivo).
FUNDAR, ESTABELECER, v. dá_sílẹ̀, fi_balẹ̀ > Ó dá ilé ẹ̀kọ́ yìí sílẹ̀ – Ele fundou este colégio.
FUNDIDO, adj. dídà.
FUNDIDOR DE FERRO, s. ayọ́rin.
FUNDIDOR DE METAIS, s. apòrin.
FUNDIR O FERRO, v. yọ́rin < yọ́ + irin.
FUNDIR, DISSIPAR, v. dà, yọ́ > Ó yọ́ irin – Ele derreteu o ferro.
FUNDIR, JUNTAR, v. répọ̀, répòmọ́ > Wọ́n répọ̀ – As substâncias se fundiram.
FUNDO DE CAIXA, s. èésú, èsúsú (dinheiro de ajuda às pessoas).
FUNDO DE RESERVA, s. owó-ìsingbẹ.
FUNDO, BASE, s. ìtẹ́lẹ̀ < tẹ́ + ilẹ̀.
FUNDO, PROFUNDO, s. ibù.
FUNERAL, s. ìjáde òkú, ìsìnkú.
FUNGAR, ASPIRAR RAPÉ, v. fín_sínúsúnkunsí < sún+ ikun + sí.
FUNGAR, RESPIRAR ALTO, v. míhẹlẹ-hẹlẹ > Ó mi hẹlẹ-hẹlẹ – Ela está ofegante.

FUNGO, CONGUMELO, *s.* olú, olú ehù-igo – fungo de árvore.
FUNIL PARA BEBIDA, *s.* ìrọtí < rọ + ọtí.
FUNIL, *s.* àrọ, ìrọ.
FURACÃO, *s.* ìjì, ìjí lílẹ̀ (ventania de muita força).
FURAR, PICAR, *v.* gún, tafọ̀n > Mo tafọ̀n – Eu furei a espinha.
FURAR, ESBURACAR, *v.* dá_lu > Dá ilẹ̀ lu – Esburacar o chão.
FÚRIA, IRA, *s.* ìkannú, ìbínú, ìrúnú.
FURIOSAMENTE, *adv.* nìkannú, tìbínú-tìbínú < ti + ìbí + inú.
FURIOSO, BRABO, *adj.* wọ̀ngbẹ́, runú > Ó runú – Ele se chateou.
FURTAR, *v.* fẹ́wọ́, jí, jálẹ̀ > Ó jálẹ̀ – Ele cometeu um roubo.
FURTIVAMENTE, *adv.* káníkànìkání, kọ́ìkọ̀ì, kọ́í-kọ́í, kọ́lọ́-kọ́lọ́, súsùsú (às escondidas) > Ó nrìn káníkànìkání – Ele está se movendo furtivamente.
FURTIVO, *adj.* tí olè.
FURTO, ROUBO, *adj.* jíjalè.
FURÚNCULO, *s.* éwo, ówo > Ó ta ówo mi – Ela perfurou meu furúnculo.
FUSÃO, AMÁLGAMA, *s.* ìyapọ̀, ìyólù > rírépọ̀, ìrépọ̀ > amizade, fusão; ìdàlù – mistura.
FUSO, ROLIÇO PARA FIAR, *s.* kẹ̀kẹ́ òwú > arànwú – tecelão.
FUTEBOL, *s.* futubọ́ọ̀lù, sọ́ká (do inglês *football, soccer*).
FÚTIL, *adj.* láìníláárí, yẹpẹrẹ, lásán > Ó ṣe mí yẹpẹrẹ – Ela me tratou de forma fútil.
FUTILIDADE, FRIVOLIDADE, *s.* àndólá > asán lórí asán – inutilidade.
FUTURO, *s.* ẹ̀hìn ọ̀la, ọjọ́-iwájú > Mo nwo ọjọ́-iwájú pẹ̀lú ìrètí – Eu vejo o futuro com esperança.
FUXICO, MEXERICO, *s.* àròká > Èyí àròká ni – Isto é um fuxico.
FUXIQUEIRO, INTROMETIDO, *s.* olófófó, aṣòfófó.
FUXIQUEIRO, MENTIROSO, *s.* eléké.
FUZARCA, BAGUNÇA, *s.* ìrúkèrúdò.
FUZILARIA, TIRO, *s.* yíyìn > Yínyìn ìbọn jẹ́ láti pa kìnníun – O tiro de revólver foi para matar o leão.

GABAR-SE, JACTAR-SE, *v.* fọ́nnú, fúnnú, yàngàn (contar vantagem) > Ó yàngàn sí mi – Ele está se gabando para mim.
GABINETE, ESCRITÓRIO, *s.* ọfíìsì (do inglês *office*).
GABOLA, FANFARRÃO, *s.* afúnnu.
GABOLICE, *s.* yíyàngàn, ìṣeféfé.
GADO PARA MATANÇA, *s.* ẹran-pípa.
GAFANHOTO, *s.* àbuta, ẹléngà, esú, eṣú, tata.
GAGO, *s.* akólòlò, akíllòlò > ìkólòlò – gagueira.
GAGUEJAR, BALBUCIAR, *v.* fahún > Ó máa fahùn – Ela costuma gaguejar.
GAGUEJAR, *v.* yakólòlò, kílòlò, kólòlò < ké + òlòlò.
GAIOLA, *s.* àgò, ilé ẹiyẹ.
GAITA DE FOLES, *s.* katè.
GAITEIRO, *s.* afunfèrè.
GAIVOTA, *s.* ẹiyẹ àkẹ̀.
GALACTORREIA, *s.* àṣẹ́-ọmú.
GALANTE, *adj.* ọkùnrin tí ó fẹ́ràn obìnrin púpọ̀ – homem que gosta muito de mulher.
GALANTEIO, NAMORO, *s.* ìfẹ́sọ́nà.
GALÃO, *s.* gálọ́ọ̀nù (do inglês *gallon*).
GALAXIA, *s.* àjọọ̀ràwọ̀ < àjọ-ìràwọ̀.
GALERIA, *s.* ọ̀dẹ̀dẹ̀-òkè.

GALHO DE ÁRVORE, RAMO, s. ẹtún, ẹka-igi (parte da árvore).
GALHOS SECOS, s. ìwọ́nwọ́n (cabo de vassoura).
GALINHA ADULTA, s. àgbébọ̀.
GALINHA-D'ANGOLA, s. ẹtù (ave da guiné) > Àṣògún máa fi ewé lára láti bọ orí ẹtu > Ele usou folhas para cobrir a cabeça da galinha.
GALINHA, s. adìẹ, adìrẹ > agbẹ́máye – galinha que não põe ovos.
GALINHEIRO, AVIÁRIO, s. ìsọ adìẹ, ilé adìẹ, àgọ adìẹ > Àwọn adìẹ nhá nílé adìẹ – As galinhas estão trancadas no galinheiro.
GALO, s. àkùkọ > Àkùkọ nkọ – O galo está cantando; > Àkùkọ gun ẹka igi náà – O galo trepou no galho daquela árvore.
GALOPAR, v. dógìdì, dógìrì < dó + ògìrì > dógìrì lórí ẹṣin – galopar sobre um cavalo.
GALOPE, s. ògìrì, ògìdì.
GÂMBIA, s. Gámbìà (país da África Ocidental).
GAMELA, s. ìkòkò pako, ọpọ́n > Ọpọ́n àkàrà – Vasilha de amassar alimentos.
GANÂNCIA, AMBIÇÃO, s. awun, ojú kòkòrò.
GANANCIOSO, adj. láwun, lójúkòkórò > Ó lójú kòkóró sí ọkọ̀ mi – Ele tem olho-grande no meu carro.
GANCHO, CURVATURA, s. ìkọ́.
GANCHO, ANZOL, s. ìwọ̀, ìwọ́, ogìgì.
GANCHO DE MADEIRA, s. àgira.
GÂNGLIO, s. agbo ẹsọ-ara (lit. inflamação nos nervos do corpo).
GANGRENA, s. éérà, bíbàjẹ́ apákan ẹran ara ènìà – deteriorar parte da carne de uma pessoa.
GANHAR DINHEIRO, v. jẹ, lájé > Bàbá mi jẹ èrè púpọ̀ nínú iṣẹ́ rẹ̀ – Papai lucrou no trabalho dele.
GANHAR, LUCRAR, v. jèrè < je + èrè > Ó jèrè nípa rẹ̀ – Ele se aproveitou dela; > rówóṣe < rí + owó + ṣe (ter lucro) > Ó rówó ṣe – Ele está ganhando dinheiro.
GANHAR NO JOGO DE AYÒ, v. paníayò, jayò < jẹ + ayò > Ó jẹ ayò – Ela ganhou no jogo de ayò.
GANHAR TEMPO, v. jẹ_pé.

GANHO, *s.* ànfàní > èrè – vantagem, lucro.
GANSO, *s.* pẹ́pẹ́iyẹ nlá.
GARAGEM, *s.* ọgbàa mọ́tò, ọgbà ọkọ̀.
GARGAREJAR, LAVAR A BOCA, *v.* yọnu, hó bó omi > pariwo púkẹ́púkẹ́ bí omi – fazer barulho suave com a água.
GARGAREJO, *s.* wẹ ọ̀nà ọ̀fun (lit. limpar o acesso à garganta).
GARANTIA, *adj.* gbàagbà (total responsabilidade).
GARANTIA, FIANÇA, *s.* ọfà, adúrófúnmi.
GARANTIA, FIRMEZA, *s.* ìfọwọ́sọ̀yà, ìfọwọ́sọ̀yàfún.
GARANTIA, PENHOR, *s.* ìgbọ̀wọ́ > Ó ṣe ìgbọ̀wọ́ fún mi – Ele fez uma fiança para mim > onígbọ̀wọ́ – avalista.
GARANTIA, SEGURANÇA, *s.* ìdánilójú > Báwo ni o ṣe lè ìdánílójú pé ọkọ̀ tí rà dára? – Como você pode ter certeza de que o carro que comprou está bom?
GARANTIR, *v.* mú_dájú.
GARÇA, *s.* lékeléke (pássaro de penas brancas).
GARÇOM, *s.* adìgbàró.
GARFO, FORQUILHA, *s.* ẹkẹ́ (de madeira).
GARFO, *s.* àgúnjẹ, àmúga, fóòkì (do inglês *forks*) > Ó nfi àmúga àti ọbẹ láti jẹ ẹran sísùn – Ela está usando garfo e faca para comer carne assada.
GARGALHAR, *v.* búsẹ́rin < bú + sẹ́ + ẹ̀rín (arrebentar de rir) Wọ́n búsẹ́rin – Eles riram bastante.
GARGANTA DOLORIDA, *s.* gbọ̀fun-gbọ̀fun < gbà + ọ̀fun.
GARGANTA, *s.* ọ̀fun, ọ̀nà ọ̀fun > Ọ̀nà ọ̀fun ni atẹ́gùn ngbálọ sínú ẹ̀dọ̀fóró – É da garganta que o ar é levado para o pulmão.
GARI, *s.* agbáde (catador de lixo).
GARRA DE ANIMAL, *s.* èékánnán ẹiyẹ (pássaro).
GARRAFA ACHATADA, *s.* ọ̀pálábá.
GARRAFA, VASILHA, *s.* ìgò > ìgò kékeré – garrafa pequena.
GARRAFÃO, *s.* ṣágo, ìdẹ̀ (capacidade com cerca de vinte litros).
GARUPA, *s.* bèbè-ìdí.
GÁS, *s.* òyì, gáàsi (do inglês *gas*).
GASOSO, *s.* olóyì.

GASOLINA, *s.* epo mọ́tọ̀.
GASTADOR, **PERDULÁRIO**, *adj.* yàpà > Ó yàpà – Ele é perdulário.
GASTADOR, *s.* alájẹrun.
GASTAR DINHEIRO, *v.* náwó < ná + owó > Ó náwo sí i – Ela gastou o dinheiro nisto; > onínákúná – pessoa gastadora.
GASTAR ENERGIA, *v.* nára < ná + ara (fazer esforço).
GASTAR JUNTO, *v.* bá_nà > A bá owó nà – Nós gastamos o dinheiro.
GASTAR, **CONSUMIR**, *v.* fi_ṣòfò.
GASTAR, **DESEMBOLSAR**, *v.* ná > Mo ná gbogbo owó mi – Eu gastei todo o meu dinheiro; > ìnáwó – despesa.
GASTAR, **ESBANJAR**, *v.* ná_nikùnà, ná_dànù > Ó ná owó rẹ dànù – Ele desperdiçou o dinheiro dela.
GASTO, **ROTO**, *adj.* hẹrẹpẹ.
GASTO, **ESFARRAPADO**, *adj.* pátipàti.
GASTRITE, *s.* ìwọ̀-ikùn.
GÁSTRICO, *s.* ẹ̀dà onjẹ nínú ikùn (lit. circulação da comida no estômago).
GATILHO DE ARMA, *s.* apátí.
GATILHO, **PAVIO**, *s.* ìrébọn.
GATO SELVAGEM, *s.* ìjàkùmọ̀.
GATO, *s.* èse, ológbò (ológìn, ológìní – denominação entre o povo de Ìlá) > ọmọ ológbò – gatinho.
GASTRINTESTINAL, *s.* ikùn àt'ìfun.
GASTROSCOPIA, *s.* àwòràn ikùn (inspeção do interior do estômago).
GATUNO, **LARÁPIO**, *s.* aláfọwọ́rá, ajínìtà.
GAVETA, *s.* àpótí tí mbẹ ní ara tébù – caixa que existe na escrivaninha.
GAZE, **COMPRESSA**, *s.* aṣọ fẹ́lẹ́fẹ́lẹ́.
GAZETA DE NOTÍCIAS, *s.* ìwé ìròhìn.
GAZETEIRO, **VADIO**, *s.* ìsánsá.
GEADA, *s.* otútù, otútù-níní.
GEL, *s.* ògì.
GELADEIRA, *s.* ẹ̀rọ amónjẹ tútù, fírìjí (do inglês *frigid*) > fírísà – freezer.
GELADO, *s.* mótútù.
GELAR, **FAZER GELO**, *v.* mú_tútù.

GELEIA, *s.* tí a fi jẹ búrẹ́dì (que nós usamos para comer com pão).
GELEIRA, ICEBERG, *s.* òkìtì, yìnyín.
GEMA DO OVO, *s.* pupa ẹyin, ìjẹ-ẹyin.
GEMA, PEDRA PRECIOSA, *s.* òkúta iyebíye.
GÊMEOS, *s.* èjìrẹ́, ibéjì < ibí + èjì, ẹdun. (*Obs.*: o primeiro nascido é denominado *Táíwò*, o segundo, *Kẹ́hindé*, se houver um terceiro, será *Ìdòwú*.)
GÊMEOS FRATERNOS, *s.* ibéjì ẹlẹ́yinméjì.
GEMER, GRUNHIR, *v.* gbin (respirar com dificuldade) > Ó gbin dòrì – Ele respirou ruidosamente.
GEMER, LAMENTAR, *v.* kádárò, kédárò, kérora.
GEMIDO, INQUIETUDE, *s.* hílà-hilo (ansiedade).
GEMIDO, LAMENTO, *s.* ìkérora.
GEMIDO, SUSPIRO, *s.* ìmíẹ̀dùn, híhu.
GENEALOGIA, ORIGEM, *s.* ìtàn ìdílé, ìtàn ẹbí – história da família, do nascimento.
GENERAL, *s.* kakanfò (hierarquia militar equivalente), olórí-ogun, ògá-ogun – comandante do exército.
GENERALIDADE, RESUMO, *s.* àkópọ̀.
GENERALIZAR, *v.* ṣàkópọ̀ < ṣe + àkópọ̀.
GÊNERO HUMANO, *s.* aráyé.
GÊNERO MASCULINO, *s.* aláko > akọ tàbí abo – masculino ou feminino.
GÊNERO, SEXO, *s.* ìrin > ẹ̀kọ́ nípa ìrin ẹ̀dá – sexologia; ẹ̀yà ìrin – órgão sexual; ìrin akọ – sexo masculino; ìrin abo – sexo feminino.
GENEROSAMENTE, *adv.* kèékèékèé.
GENEROSIDADE, GRATIDÃO, *s.* yinni-yinni > Yinni-yinni kí ẹni ṣe mi – A gratidão que uma pessoa fez por mim.
GENEROSIDADE, LIBERALIDADE, *s.* ìlawọ́.
GENEROSIDADE, *s.* àìláhun, inúrere > làwọ́ – mão aberta.
GENEROSO EM EXCESSO, *s.* alágbére, lawọ́ (lit. abrir as mãos).
GENEROSO, *adj.* láníyàn, nínúrere (de boa natureza).
GÊNESIS, *s.* ìbẹ̀rẹ̀, iṣẹ̀dá > ìwé kínní tí Mose kọ – primeiro livro que Moisés escreveu.
GENGIBRE, *s.* atalẹ̀.

GENGIVA INFLAMADA, s. èjí.
GENEROSIDADE, BONDADE, s. ìlawọ́.
GENEROSO, adj. òlàwọ́ > lawọ́ < là + ọwọ́ – abrir a mão; > Ó lawọ́ – Ele é generoso. Obs.: verbo com acento tonal grave, antes de subst. perde o acento e ganha um tom médio.
GENÉTICO, s. àrùn idílé, àrùn àfijogún > ẹ̀kọ́ ìran – geneticista.
GÊNIO, s. olóye, amòye.
GÊNIOS, ESPÍRITOS, s. ànjọ̀nú.
GENITÁLIA, s. ẹ̀yà ìrin > ojú òbò wíwú – inflamação genital.
GENOCÍDIO, s. ìpanírun.
GENTE DA ROÇA, s. ará-oko.
GENTE DA TERRA, s. aráalẹ̀.
GENTIL, adj. oníwàpẹ̀lẹ́.
GENTILEZA, AMABILIDADE, s. iṣoṣó.
GENTILEZA, s. ìrinpẹ̀lẹ́, ìwà-pẹ̀lẹ́.
GENTILMENTE, adv. músẹ́, kẹ́lẹ́kẹ́lẹ́, lẹ́sọ̀lẹ́sọ̀, lẹ́sẹ̀ẹ̀sọ̀, pẹ̀lẹ́, pẹ̀lẹ́pẹ̀lẹ́, pẹ́pẹ́, pẹ̀sẹ̀, pẹ̀sepẹ̀sẹ.
GENUFLEXÃO, s. ká ékun.
GENUINIDADE, s. àkó.
GENUÍNO, adj. láìbàjé, àìdàlù.
GEOGRAFIA, s. ẹ̀kọ́ nípa ilẹ̀ àiyé (estudos sobre o mundo), jíógíráfì (do inglês geography).
GEOMETRIA, s. jọ́mẹ́tìrì (do inglês geometry).
GERAÇÃO DOS PAIS, s. àti-baba-dé-baba.
GERAÇÃO FUTURA, s. ìran-àtẹlé, ìran-ẹ̀hìn.
GERAÇÃO, DESCENDÊNCIA, s. ìran > ìbẹ̀rẹ̀ – início, origem.
GERADO, adj. bíbí.
GERAL, COMUM, adj. wọpọ̀.
GERALMENTE, adv. nígbàkúgbà.
GERAR, DAR NASCIMENTO, v. bí > Ìyàwó mi bí ọmọbìnrin kan ìbí – Minha esposa deu nascimento a uma menina; > ìbí – nascimento.
GERAR, INICIAR, v. bẹ̀rẹ̀, dásílẹ̀, mú jáde.
GERENTE, s. alábójútó < bù ojú tó – supervisionar, ter cautela, àbójúwò, mánìjà (do inglês manager).

GERIATRIA, s. ìṣègùn arúgbó.
GERME, s. èèta (que causa dor no pênis).
GERMES, MICRÓBIOS, s. eyà-wúrú, kòkòrò.
GERMICIDA, s. apèyàwuuru.
GERMINAÇÃO, s. híhù.
GERMINADO, FLORIDO, adj. gbígbọ̀.
GERMINAR, DESENVOLVER, v. tàpé, rú, pẹta, hù, mú_hù (desenvolver) > Igi yìí pẹta – Esta árvore germinou; Iṣu hù jáde l'sati inú ilẹ̀ – O inhame saiu da terra, germinou; > Hù irun – Crescer o cabelo.
GERMINAR, CRESCER, v. bà > Òun ba egbò rẹ̀ – A úlcera dele cresceu.
GERONTOLOGIA, s. ẹ̀kọ́ nípa idarúgbó – estudo sobre as pessoas idosas.
GESSO, BRANCO, s. ẹfun > Àwa fi ẹfun rẹ́ ògiri – Nós rebocamos a parede de branco.
GESTAÇÃO, s. ìgbọlẹ̀ > igbà oyún – período de gestação.
GESTÃO, s. ìṣàkóso (administração).
GESTICULAR, v. fọwọ́sọ̀rọ̀ < fi + ọwọ́ + sọ̀rọ̀ > Ẹnití fi gbogbo ara sọ̀rọ̀ – Aquele que usa todo o corpo e fala.
GESTO COM AS MÃOS, s. ifọwójúwe < fi + ọwọ́ + júwe – fazer uso das mãos para dizer algo.
GESTO DE IMPACIÊNCIA, s. yẹtuyẹtu.
GIGANTE, s. òmìrán.
GIGANTESCO, adj. sígbọnlẹ̀, ràbàtà, nlá, títóbi.
GINÁSIO, s. eré-idárayá.
GINÁSTICA, s. bìrìpé, òbìrìpé, ìbìrìpé, eré ìdárayá (exercício físico) > Ó yí òbìrìpé – Ele virou uma cambalhota; > òkìtì – exercício de salto; > Ó ta òkìtì – Ele executou um salto.
GINASTA, s. eléré-idárayá.
GINECOLOGIA, s. ẹ̀kọ́ àìsàn obìnrin.
GINECOLOGISTA, s. oníṣègùn àìsàn obìnrin.
GINGANTE, adj. hẹ́bẹ-hẹ̀bẹ̀ (sem firmeza).
GIRAÇÃO, ROTAÇÃO, s. ìpòyì, ìdòyì > Ìlà ìpòyì – Girar em volta de um eixo.
GIRAFA, s. àgùfọ́n.

GIRAR, CIRCULAR, *v.* róbótó, roboto > Róbótó lòṣùpá bí oòrùn – A lua gira como o sol.

GIRAR, ENROSCAR, *v.* rànwú < ran + òwú.

GIRAR, RETORNAR, *v.* kàn (fazer rodízio) > Ó kan mí láti kàwé – É o meu turno para a leitura; > Oyè kàn mí – O título retornou a mim.

GIRAR, RODOPIAR, *v.* pòòyì > yípadà – virar.

GIRINO, *s.* atanlégbelégbe, légbélègbé, tanwíji.

GIZ, *s.* ẹfun > ẹfun ìkòwé – giz de escrever, ṣọọki (do inglês *chalk*).

GLÂNDULA, AMÍGDALA, *s.* ẹṣẹ́, oṣẹ́.

GLÂNDULA BUCAL, *s.* ẹṣẹ́ itọ̀.

GLÂNDULA IGUINAL, *s.* ẹṣẹ́ abenú.

GLÂNDULA LACRIMAL, *s.* ẹṣẹ́ omijé.

GLÂNDULA MAMÁRIA, *s.* ẹṣẹẹ wàrà. *Obs.*: dois subst. juntos, a vogal do primeiro é estendida se o outro começar com consoante.

GLAUCOMA, *s.* edi-ojú.

GLICOSE, *s.* adùn-èjè.

GLOBAL, *adj.* jákèjádò, akáríayé.

GLOBO DE LUZ, *s.* gílóòbù (do inglês *globe*).

GLOBO DE VIDRO, *s.* arìngìndìn (usado para iluminação).

GLOBO, ESFÉRICO, *s.* iṣù rúbútú.

GLOBO OCULAR, *s.* ẹyinjú.

GLOBO TERRESTRE, *s.* àpẹẹrẹ-àiyé.

GLÓRIA, HONRA, *s.* ògo > Ògo fún Ọlọ́run! Ọlọ́run mbẹ! – Graças a Deus! Deus existe!

GLORIFICAR, VANGLORIAR, *v.* sògo, ṣelógo.

GLORIOSAMENTE, *adv.* tògotògo.

GLORIOSO, *adj.* ológo > àyinlógo – digno de elogio.

GLOSSÁRIO, *s.* ìwé awo-ọ̀rọ̀.

GLUTÃO, GULOSO, *s.* ọ̀jẹ, ọ̀jẹun alájẹkì, ìjẹkì > wọ̀bìa – voracidade.

GLÚTEO, NÁDEGAS, *s.* ìdí.

GNOMO, *s.* kúrékùré, kúékùé.

GOELA, GARGANTA, *s.* ọ̀nàfun, ọ̀nà ọ̀fun.

GÓGÓ, *s.* gògòngò (pomo de adão).

GOIABA, s. gọ́ba > gúrọ́bà, gúrọ́fà, gúwáfá – goiabeira.
GOL, s. opin, góòlù (do inglês *goal*).
GOLEIRO, s. kípá, gokípà (do inglês *goal keeper*).
GOLFE, s. gọ́òfù (do inglês *golf*).
GOLFO, s. sùtì òkun.
GOLFO DA GUINÉ, s. Sùtì-Òkun ní Gínì (banha a Costa da Nigéria e Benin, entre outros).
GOLPEAR, BATER, v. bá, gbá, lù, pa_lára, nà_légba > Ó pa mi lára – Ele me golpeou; > ku_lẹ́sẹ̀ – golpear com o punho.
GOMA DE MASCAR, s. gọ́mù.
GOMA, COLA, s. àtè.
GOMO, s. awẹ́ (porção de uma fruta ou noz).
GONOCOCO, s. alámọ̀ àtọ̀sí (bactéria que causa a gonorreia).
GONORREIA, s. àtọ̀sí, àrùn àtọ̀sí.
GORDO, adj. ròbọ̀tọ̀.
GORDO, RECHONCHUDO, adj. sanra > Òun sanra tàbí tínínrín – Ele é gordo ou magro.
GORDUCHO, CORPULÊNCIA, s. sísanra.
GORDURA, SEBO, s. ọ̀rá > Ẹran yìí lọ́rá sìnkìn – Esta carne é rica em gordura; > ọlọ́rá – gorduroso; > ilẹ̀ ọlọ́rá – um solo fértil.
GORDUROSAMENTE, adv. bọ̀rọ́.
GORDUROSO, adj. sìnkìn (gordura).
GORDUROSO, FÉRTIL, s. ọlọ́rá.
GORILA, s. ìnàkí.
GORJEIO, TRINADO, s. igbe ẹiyẹ.
GORJETA, GRATIFICAÇÃO, s. ẹ̀bun owó.
GORRO BRANCO, s. kẹrẹbẹsí, kẹrẹmẹdsí (dado ao chefe na posse).
GORRO DE VELUDO, s. àgìnipa.
GORRO PEQUENO, s. pàpín, filà > Ó dé filà titun – Ele usou um chapéu novo.
GORRO REDONDO, s. ẹléra.
GOSTAR COM ARDOR, v. wù > Ó wù mí rẹ̀ púpọ̀ – Eu me agrado muito dela; > ẹwù – amabilidade.

GOSTAR E FERIR, *v.* gbò (atrair e repelir, fazer de gato e sapato).
GOSTAR, PREFERIR, *v.* fẹ́ràn < fẹ́ + ọ̀ràn > Èmi fẹ́ràn ṣúgà díẹ̀ – Eu gosto de pouco açúcar; > N kò fẹ́ ẹ – Eu não gosto disto.
GOSTAR, *v.* kúndùn < kún + adùn > Mo kúndùn rẹ̀ – Eu gosto dela.
GOSTO, SABOR, *s.* adùn, ìgbádùn, ìtọ́wọ̀ > tọ́wọ̀ – provar, experimentar.
GOTA, PINGO, *s.* ẹ̀kán.
GOTEIRA, *s.* ọ̀sọ̀ọ̀rọ̀ (goteira que cai do telhado, cano colocado para colher água da chuva).
GOTEJAMENTO, *s.* síse.
GOTEJAR, *v.* sẹ̀, sẹ̀dànù > Omi yìí sẹ̀dànù – Esta água gotejou fora.
GOVERNADOR, CHEFE DA CIDADE, *s.* bálẹ̀, alákóso ìlú, gómìnà (do inglês *governor*).
GOVERNAR, REGER, *v.* ṣàkóso, jọba > Tani nṣàkóso àiyé? – Quem está governando o mundo?
GOVERNO, REINO, *s.* ìjọba, ìṣàkóso > Mo mú púpọ̀ lára owó nínú ìjọba – Eu peguei muito dinheiro dentro do governo.
GOZAÇÃO, *s.* yẹ̀yẹ́, ẹ̀fẹ̀ > Ó fi mi ṣe yẹ̀yẹ́ – Ele me ridicularizou.
GOZADO, GAIATO, *s.* ẹni-ẹléyà.
GOZAR DE BOA SORTE, *v.* jẹ̀fà, jifà > Ó jẹ̀fà – Ele teve um golpe de sorte.
GOZO, PRAZER, *s.* gbígbádùn, ìgbádùn < gbọ́ + adùn >.
GRAÇA, BOA VONTADE, *s.* oore-ọ̀fẹ́ > ojú rere – boas maneiras.
GRACEJAR, ACHINCALHAR, *v.* fi ṣàwàdà.
GRACEJAR, BRINCAR, *v.* ṣàwàdà (pregar uma peça, zombar).
GRACEJAR, BRINCAR, *v.* ṣẹ̀fẹ̀.
GRACEJO, BRINCADEIRA, *s.* àwàdà.
GRACEJO, SÁTIRA, *s.* àpárá, ẹ̀fẹ̀ > Ó bá mi ṣẹ̀fẹ̀ – Ela brincou comigo.
GRACIOSAMENTE, *adv.* ranínranín.
GRACIOSIDADE, *s.* ẹwà.
GRADATIVAMENTE, *adv.* bírí-bìrì-biri.
GRADEADO DE VIME, *s.* jọ̀jọ̀.
GRADUAÇÃO NOS ESTUDOS, *s.* ìparí ẹ̀kọ́ (final dos estudos).
GRADUADO, DIPLOMADO, *adj.* àṣeyọrí > Iṣẹ́ àṣeyọrí – Um trabalho perfeito.

GRADUALMENTE, *adv.* díẹ̀díẹ̀, fágá, fágá-fágá, kẹ̀ẹ̀kẹ̀ẹ̀, kẹ̀rẹ̀kẹ̀rẹ̀, kẹ̀ẹ̀kẹ̀ẹ̀ > Ó nṣiṣẹ́ fágá-fágá – Ela está trabalhando controladamente.

GRADUAR, *v.* gbà oyè ní ilé ìwé – receber o diploma no Educandário.

GRÁFICO, *s.* ìlà-ìfà (linha que demarca uma função), tí a júwe ṣákáṣáká (lit. que nós indicamos claramente).

GRAFITE, *s.* òjé dúdú, ẹ̀ẹ́dún-dídẹ̀.

GRALHAR, *v.* han-han-han (som do gralhar do corvo).

GRAMA (TIPO), *s.* ìlósùn, ìlóṣó.

GRAMA ALTA, ESPINHOSA, *s.* ṣege, ṣẹ́kobọ̀nà.

GRAMA, CAPIM, *s.* éran (forrar pisos, alimentar animais).

GRAMA, RELVA, *s.* kóko, koríko.

GRAMA, *s.* òré (usada para fazer tapetes).

GRAMADO PLANO, *s.* ọ̀dàn (planície); > pápá oko tútù – campo aberto de plantação verde.

GRAMA, *s.* grámù (medida de peso, do inglês *gramme*).

GRAMÁTICA, *s.* òfì-èdè, gírámà (do inglês *grammar*).

GRAMOFONE, *s.* giramafóònù (do inglês *gramophone*).

GRAMPO DE CABELO, *s.* ìkótí.

GRANDE DIVINDADE, *s.* Òrìṣà nlá, Òrìṣàlá.

GRANDE HONRA, DIGNIDADE, *s.* ọlánlá.

GRANDE PÁSSARO, *s.* ẹhuru (da família dos gansos).

GRANDE QUANTIDADE, *adj.* bàràkàtà, láduuru.

GRANDE REI, IMPERADOR, *s.* ọbanlá.

GRANDE, *adj.* tóbi, gìdìgbò, nlá, òdù (usado em algumas expressões) > Ẹsẹ̀ tóbi bí tirẹ̀ – Seu pé é grande como o dele; > títóbi – grandeza.

GRANDE, ENORME, *adj.* jànràn, takántakán.

GRANDE, IMENSO, *adj.* rìgìdì, rondo, jìgàn-jigan.

GRANDE, MAIOR, *adj.* tóbi jù.

GRANDES POEMAS DE IFÁ, *s.* Ifá nlánlá.

GRANDEZA, *adj.* títóbi; ìtóbi > Jésù, ọkùnrin títóbi lọ́lá jùlọ tó tíì gbé àiyé rí – Jesus, o homem de maior grandeza que viveu e o mundo viu.

GRANFINO, *s.* ẹlẹ́mọ̀ṣọ́ (que gosta de belas roupas e adornos).

GRANITO, PEDRA DURA, *s.* òkúta-akọ.

GRANIZO, NEVASCA, s. òjò-dídì, òjò oníyinyin.
GRÃO, s. ehóro, ewóro > èwówó, èéwó – grânulo, farelo.
GRATIDÃO, AGRADECIMENTO, s. opẹ́, ìdúpẹ́, imoore < mọ̀ + oore > Ọlọ́run mo dúpẹ́ – Eu agradeço a Deus; < dá + opẹ́ = dúpẹ́.
GRATIFICAÇÃO, REPARAÇÃO, s. ètùtù, èètù.
GRATIFICAÇÃO, CORTESIA, s. ẹni, ẹbùn, ẹbùn-òfẹ́ > Owó ẹbùn fún oníṣẹ́ – Gratificação para o trabalhador, gorjeta.
GRATIFICAR, SATISFAZER, v. tẹ́lọ́rùn, gbádùn > Fi ẹbun fún ènìà– Dar um presente para uma pessoa.
GRÁTIS, LIVRE, s. ọ̀fẹ́.
GRATO, adj. mọ̀ oore, lópẹ́ > dúpẹ́ – agradecer.
GRATUITAMENTE, adv. tòfẹ́tòfẹ́, lófé.
GRAU, ESCALA, s. ìwọ̀n > àléfà – medida de calor ou ângulo.
GRAU, POSIÇÃO, s. oyè, ipò, kíláàsì (do inglês *class*).
GRAVAR, ENTALHAR, v. fín, gbẹ́ > ṣọnà – fazer uma obra de arte.
GRAVATA, s. táì ọrùn.
GRAVE, SÉRIO, adj. nírònú (pensativo).
GRAVEMENTE, adv. kùngbín > Ojú rẹ wú kùgbín – O olho dela está gravemente inchado.
GRÁVIDA, adj. lóyún > aboyún – mulher grávida.
GRAVIDADE, s. òòfà-ilẹ̀ (atração gravitacional de corpos para a terra).
GRAVIDEZ, CONCEPÇÃO, s. ìlóyún.
GRAVIDEZ, GESTAÇÃO, s. oyún > Oṣù oyún kẹ́ta – Terceiro mês de gravidez.
GRAVIDEZ, s. ìkúnra > Ẹ kú ìkúnra o! – Parabéns pela sua gravidez.
GRÉCIA, s. Gírísì (país do sul da Europa).
GRELHA, s. irin ìkélé.
GREVE, s. dáṣẹ́sílẹ̀ < dá + iṣẹ́ + sílẹ̀ – parar o trabalho > kíkọ̀ iṣẹ́ sílẹ̀ – recusa de trabalho em sinal de protesto.
GRAVITAÇÃO, s. òòfà.
GRAVITAR, v. fi òòfà fà.
GRELHAR, QUEIMAR, v. sun > Sun ẹran lórí iná – Assar a carne no fogo.
GREVE, s. dá iṣẹ́ dúro (suspender o trabalho).

GRILHÕES, CORRENTE DE FERRO, s. ṣakaṣìki.
GRILO, s. àntètè, alántètè, ìrè.
GRIPE, EPIDEMIA, s. àrùn àjàkálè > abérẹ́ gbígbà òkánkán árùn àjàkálè – injeção contra a gripe.
GRISALHO, adj. léwú, hewú < ní + ewú.
GRITAR COM ALGUÉM, v. kígbe > Ó kígbe mọ́ mi – Ela gritou furiosamente contra mim.
GRITAR DE ALEGRIA, v. kọ > Ó kọ kàráà – Ela gritou de alegria.
GRITAR PARA ALGUÉM, s. jágbemọ́.
GRITAR POR SOCORRO, v. kébòsí < ké + ìbòsí.
GRITAR RUIDOSAMENTE, v. han ganran, han gooro, hóyè.
GRITAR, BERRAR, v. kégbe, dígbe, kọkàrá.
GRITAR, CHAMAR, v. késí > Ó késí mi lọ – Ela gritou para eu ir.
GRITAR, FALAR, v. sọjáde > Ó sọ jáde – Ele falou alto.
GRITAR, GORJEAR, v. han > Ó nhan oorun – Ele está roncando; > híhan – gritos.
GRITAR, SER BARULHENTO, v. hó > Àwọn ọmọdé nhó – As crianças estão ruidosas.
GRITAR, v. lọrò (invocando a divindade Orò).
GRITO DE ALARME, s. igbéta.
GRITO, BERRO, s. ìhan, híhan.
GRITO, CHORAR ALTO, s. lílọgun, ìbòsí.
GRITO, CLAMOR, s. igbe, ìhangooro > Ó gbọ́ igbe ọmọdé ní òde – Ela ouviu grito de criança lá fora.
GRITO, interj. hóò (usada para responder ou chamar uma pessoa).
GRITO, s. ìnahùnpè < nà + ohùn + pè (chamando alguém).
GROSSAMENTE, adv. lèkètè.
GROSSEIRAMENTE, adv. jágán, ṣákiṣàki, wùrúwùrú > Ó wẹ́ wùrúwùrú – Ele espremeu grosseiramente.
GROSSEIRO, ÁSPERO, adj. págunpàgun, pálapàla, hànyìn-hànyìn.
GROSSEIRO, RUDE, adj. ònrorò, ṣíṣàikúnna, àidùn, ṣàikúnna, jàndùkú > Jàndàkú ènìà – Pessoa rude.
GROSSERIA, AFRONTA, s. ìṣajojúdi, àìmu, àìṣoore.

GROSSO, COMPACTO, *adj.* ki, kíki, lẹ̀kẹ̀tẹ̀, lẹ̀kẹ̀tì > Epo yìí ki lẹ̀kẹ̀tẹ̀ – Este óleo é grosso e viscoso.

GROSSO, VULTUOSO, *adj.* nípọn.

GROTESCO, INCOMUIM, *adj.* ṣàjèjì, ṣàjòjì > Ọ̀rọ̀ yìí ṣàjèjì sí mi – Esta tarefa parece estranha para mim.

GROU, *s.* ọṣẹ́ (um pássaro).

GRUDAR, *v.* ránmọ, lẹ̀mọ́ (agarrar com firmesa) > Ẹ́gbọn lẹ̀mọ́ ajá náà.

GRUDAR NO CORPO, *v.* lẹ̀mọ́ra < lẹ̀ + mọ́ + ara.

GRUNHIR, *v.* hùn > Ó ṣe hùn – Ele parece que resmungou.

GRUPO DE CANTORES, *s.* ẹgbẹ́ akọrin.

GRUPO DE DANÇA NATIVA, *s.* òkélè.

GRUPO DE PESSOAS, MULTIDÃO, *s.* àgbájọ.

GRUPO DE PESSOAS, *s.* ọ̀wọ́, ìsọ̀kọ́ (para um mesmo objetivo) > Wọ́n tọ́ ọ̀wọ́ – Eles se dirigiram em grupo.

GRUPO FAMILIAR, *s.* ọmọlé, ìdílé.

GRUPO PETENCOSTAL, *s.* Alá dùúrà.

GRUPO RELIGIOSO, *s.* orílẹ̀ ìsìn.

GRUPO, CATEGORIA, *s.* orísi, ọ̀wọ́ > Wọ́n tọ́ ọ̀wọ́ – Eles se dirigiram em grupo; > ẹ̀yà – grupo de plantas ou animais.

GRUPO, *s.* jànmá (círculo de amigos, congregação).

GRUPO, AJUNTAMENTO, *s.* àkójọ́pọ̀, ẹgbẹ́ > Ẹgbẹ́ ogun – Exército.

GUARDA FLORESTAL, *s.* alugi, aṣọ̀gbó < ṣọ́ – vigiar, igbó – floresta.

GUARDAR UM TESOURO, *v.* ṣúra > Ó fowó yìí ṣúra – Ele guardou o dinheiro (lit. ele pegou o dinheiro e entesourou).

GUARDA, PORTEIRO, *s.* ṣọ́lé-ṣọ́lé.

GUARDA, *s.* ẹ̀ṣọ́ > Olórí ẹ̀ṣọ́ – Capitão da guarda.

GUARDA, VIGIA, *s.* onítójú onítójù òde – guarda de rua.

GUARDA-CHUVA, *s.* agboòrùn < a + gbà + oòrùn, agbòjò > ìgboòrùn – sombrinha.

GUARDA-COSTA, *s.* olùṣọ́, aṣọ́ni.

GUARDA-FLORESTAL, *s.* lugi-lugi, alugi.

GUARDANAPO, *s,* pépà inunwọ́.

GUARDA-NOTURNO, *s.* aṣodé.

GUARDAR, CONSERVAR, v. dì_pamọ́.
GUARDAR NA MENTE, v. fojúdá (memorizar) > Mo fojúdá wí pé wọ́n tó ogún – Eu calculo dizer que eles são em número de vinte; > Mo fojúdá wí pé àwọn kì ó lọ – Eu tenho a certeza de que eles não virão.
GUARDAR PARA SI MESMO, v. pamọ́kùn < pamọ́ + ikùn > Ó pa àṣìrì yìí mọ́kùn – Ele guardou este segredo com ele mesmo.
GUARDAR PARA USO FUTURO, v. sigbẹ̀.
GUARDAR RANCOR, v. fi_sínú > fi mi sínú – Ele guardou rancor contra mim.
GUARDAR SEGREDO, v. bàṣírí < bò + àṣírí.
GUARDAR, OCULTAR, v. pa_mọ́nú > Ó pa àṣìrì yìí mọ́nú – Ela guardou este segredo; > Ó pa ebi mọ́nú – Ele suportou a fome.
GUARDIÃO, PROTETOR, s. aláàbò.
GUARDIÃO, VIGIA, s. olùṣọ́ > olùtójú ẹnu ọ̀nà – vigia do caminho.
GUARIDA, ABRIGO, s. àgọ́ > Ó pàgọ́ – Ele armou uma barraca.
GUARITA, VIGIA, s. ilé ìṣọ́.
GUARNIÇÃO, ADORNO, s. ohun ọṣọ́.
GUELRA, BARBATANA, s. àjẹ̀ eja, ìjàgbọ̀n-eja.
GUERRA CIVIL, s, ìjà ìgboro, ìjà ìlú, ogun abẹ́lẹ́.
GUERRA, LUTA, s. ìjagun < jà + ogun.
GUERRA, s. ogun.
GUERRA MUNDIAL, s. ogun àiyé.
GUERRA SANTA, s. ìjà mímọ́.
GUERREAR, LUTAR, v. jagun < jà + ogun > Ó jagun àgbáiyé kéjì – Ele lutou na Segunda Guerra Mundial.
GUERREAR CONTRA, v. gbóguntì < gbé + ogun + tì.
GUERREIRO, s. ajagun, jagunjagun, mọnọwáà (do inglês *man-of-war*).
GUIA, CONDUTOR, s. afọ̀nàhàn, amọ̀nà (ou instrumento que indica direção), gáìdì (do inglês *guide*).
GUIA, MENTOR, s. olùfọ̀nàhàn, amọ̀nà.
GUIA DE OVELHAS, PASTOR, s. olùṣọ́-àgùtàn.
GUIA TURÍSTICO, s. olùṣọ́-ìwòran.
GUIAR NAVIO, CANOA, v. tọ́kọ̀ < tọ́ + ọkọ̀.

GUIAR, CONDUZIR CARRO, *v.* ṣamọ̀nà ọkọ̀.
GUIAR, DIRIGIR, *v.* fihàn > Ó fi ọ̀nà hàn mí – Ele me guiou.
GUINÉU, *s.* gínì (do inglês *guinea*, antiga moeda inglesa).
GUINDASTE, *s.* kérénì (do inglês *crane*).
GUITARRA, *s.* ohun elò ọ̀nà orin olókùn – objeto que dá acesso a cântico com instrumento de corda.
GULA, *s.* àjẹtẹ́rùn, ìjẹtẹ́rún.
GULOSEIMA, *s.* onjẹ didùn > Fún mi ní onjẹ dídùn díẹ̀ – Dê-me um pedaço de doce.
GULOSO, GLUTÃO, *s.* ìjẹkì, àjẹkì, alájẹkì > oníwọra – esfomeado.
GUME, *s.* ojú ọ̀bẹ (fio da navalha).
GURI, *s.* èwe (pessoa jovem) > Olùkọ́'bìnrin èwe – Professora de criança.
GUSTAÇÃO, *s.* títọ́wò.
GUSTATIVO, *s.* ẹ̀sọ ìtọ́wò.
GUTURAL, *s.* ìha-ọ̀fun.

HÁBIL, ENGENHOSO, *adj.* gbígbọ́n, lèse.
HABILIDADE DE OUVIR, *s.* ìgbọ́rọ̀.
HABILIDADE, ASTÚCIA, *s.* ọgbọ́n-àrékereké.
HABILIDADE, EFICIÊNCIA, *s.* iṣẹ́ ọwọ́ (destreza com as mãos).
HABILIDADE, PRÁTICA, *s.* àlùmọkọ́róyí, lílè, agbára, ìmọṣẹ́, áápọn.
HABILIDOSAMENTE, *adv.* meré-meré > Ó ṣe é meré-meré – Ele fez isto com muita habilidade.
HABILIDOSO, *adj.* lárékéreké.
HABILITADO, QUALIFICADO, *adj.* aláápọn, ọ̀mọ́ṣẹ́.
HABILITAR, CAPACITAR, *v.* mú_ṣe, fún_lágbára > Ó fún mi lágbára – Ele me fortaleceu.
HABILMENTE, SUTILMENTE, *adv.* ọgbọọgbọ́n, àrìrà, táútáú.
HABITAÇÃO, CASA, *s.* ilé, ìbùgbé (acomodação).
HABITAÇÃO COLETIVA, *s.* ìbágbé.
HABITAR, MORAR, *s.* gbé > Ó ngbé nílé mi – Ela está morando na minha casa; > Níbí ngbé ewu! – É aí que mora o perigo!
HABITANTE, MORADOR, *s.* olúgbé, ará.
HABITÁVEL, *adj.* gbígbé.
HÁBITO, *s.* orò (hábitos tradicionais), ìlò, lílò (costume, prática), àṣà (costume, moda) > Ó kàsà yìí gégé bí àṣà – Ele adotou este procedimento de acordo com a tradição; > sábà – ter hábito, costume.
HÁBITOS TRADICIONAIS, *s.* àṣà àtọwọ́dọ́wọ́.
HABITUAL, CRÔNICO, *s.* abárakú.

HABITUAL – HERDAR

HABITUAL, *adj.* dara.
HABITUAR-SE, *v.* mọ́_lára > Iṣẹ́ yìí ni tí mọ́ mi lára – É este trabalho a que eu me acostumei.
HALO, AURÉOLA, *s.* òrùka ìmọ́lẹ̀ ìràwọ̀ (lit. anel luminoso dos astros).
HALO SOLAR, *s.* ojú oòrùn.
HARMONIA, UNIÃO, *s.* ìṣọ̀kan, ìrẹ́pọ̀, ìbárẹ́ > Ìtúnpàdé pọ̀ ìdílé fi kún ìṣọ̀kan – Reuniões em família promovem a harmonia.
HARMATÃO, HARMATTAN, *s.* ọyẹ́ (vento seco e muito forte da Costa da Guiné).
HAUÇÁ, HAUSA, *s.* Haúsá (uma das principais liguas africanas).
HAVER, EXISTIR, *v.* wà, bẹ > Wa ènìà púpọ̀ ní ìpàdé – Há muita gente na reunião (*wà* – forma negativa *kò sí*).
HEBREU, *s.* hébérù.
HECTOGRAMA, *s.* àpògrámù.
HECTOLITRO, *s.* àpòlítà.
HECTÔMETRO, *s.* àpò mítà.
HEI!, OLHE!, *interj.* woo! (uma forma de chamar atenção).
HÉLICE, *s.* àjẹ̀ okọ̀.
HEMISFÉRIO, *s.* ìdájì àiyé.
HEMISFÉRIO NORTE, *s.* ihà àríwá ayé.
HEMOFILÁTICO, *s.* olọ́rìn ẹ̀jẹ̀.
HEMOFILIA, *s.* ọ̀rìn ẹ̀jẹ̀.
HEMORRAGIA, *s.* àwàadá, ìrobò, ẹ̀jẹ̀ wíwọ́ (sangramento).
HEMORROIDA, *s.* ìyọ̀dí, orobó, jẹ̀dí jẹ̀dí < jẹ + ìdí.
HEPATITE, *s.* èsọ̀ wíwú, ẹ̀dọ̀ wíwú.
HERA, *s.* ìtàkun ewéko (planta trepadeira).
HERANÇA, DOAÇÃO, *s.* ogún, ìjogún > Mo jẹ́ ogún ilé yìí – Eu herdei esta casa.
HERANÇA, POSSESSÃO, *s.* ilẹ̀ ìní, ilẹ̀níní > ìrandíran – herança desordenada.
HERBÍVORO, *s.* ẹranko iajẹgi, ẹranko ajẹpápa.
HERDADO, *adj.* àfijogún.
HERDEIRO, *s.* àjogún, àkogún, àrólé.
HERDAR, *v.* gbàwà (adquirir hereditariedade).

HERDAR, *v.* jogún, jùnbú > Ó gbàwà bábà rẹ̀ – Ele herdou o caráter do pai dele.
HERDEIRO, PRIMOGÊNITO, *s.* mágàjí, mógàjí (do hausá *mágàji*).
HEREDITARIEDADE, *s.* àjẹbí.
HEREDITÁRIO, *s.* àbímọ́, àbínibí, ìfijogún > O ní ìwà àbí níbí – Você tem um caráter natural.
HEREDITÁRIO, TRADICIONAL, *s.* àtọwọ́dọ́wọ́.
HEREGE, *s.* aládámọ̀.
HERESIA, *s.* àdámọ̀ > Òun ní ìwà àdámọ̀ – Ela tem um caráter hereditário.
HERÉTICO, *adj.* ẹ̀ẹ̀wọ́, ọ̀rọ̀-òdì.
HERMAFRODITA, BISSEXUAL, *s.* onírin-méjì, ṣakọṣabó.
HERMETICAMENTE, *adv.* gágá (completamente fechado).
HÉRNIA, *s.* ìpákẹ̀, kúnú > kúnúkúóde – ruptura de hérnia.
HERÓI, *s.* akọni (pessoa de coragem), akọgun (bravo guerreiro).
HEROICO, *s.* akíkanjú, akọni > Akíkanjú olórí ogun – Um intrépido guerreiro.
HEROÍNA, *s.* akíkanjú obìnrin.
HEROÍSMO, *s.* ìwà akọni.
HESITAÇÃO, *s.* ìṣiyèméjì, tàbítàbí.
HESITAR, *v.* kúnu (ser hesitante para pedir um favor) > Ó kúnu – Ele está hesitante; > tọ̀gégé, ṣíyè méjì (vacilar) > Ó tọ̀ gẹ̀gẹ́ – Ele vacilou.
HESITAR, IMPEDIR, *v.* tàsé, họ́ṣẹ > Ọfà mi tàsé ẹiyẹ náà – Minha flecha não acertou aquele pássaro, falhou.
HÉTERO, *s.* lákọlábo.
HETEROGÊNIO, *s.* olórísírísí.
HETEROSSEXUAL, *s.* onírín-méjèèjì, takọ-tabo.
HEXAGONAL, *s.* oníhàmẹ́fà.
HÍBRIDO, MESTIÇO, *s.* ọmọ ẹ̀yà ẹranko méjì – filho, resultado de duas categoria diferentes.
HIDRANTE, *s.* ọ̀ṣọ̀ọ̀rọ̀-nlá omi.
HIDRATAÇÃO, *s.* yíyọ́sómi, ìyèméjì. Ìbómisẹ̀.
HIDROCELE, ELEFANTÍASE, *s.* ìpá.
HIDROFOBIA, *s.* dùgbòlugi, ìbẹ̀rùbojo (doença que ataca o sistema nervoso, raiva).

HIDROFÓBICO, s. asáfómi, arómisá.
HIDROGÊNIO, s. òyìmi.
HIDROGRAFIA, s. èkó nípa àwọn adágún omi – estudo sobre as partes líquidas das regiões.
HIDRÔMETRO, s. òṣùnwọ̀n-ọ̀rìn.
HIDRÓFILO, s. afómi, arómiré.
HIDROPISIA, s. ògùdùgbè, àsunkún (líquido no tecido celular).
HIENA, s. ìkokò, kòrikò > Ìkokò njẹ ẹran – A hiena está comendo carne.
HIERARQUIA, s. ipò, ọ́fíìsì (do inglês *office*).
HIGIENE, s. ìmọ́tótó.
HIGIENE MENTAL, s. imọ́tótó-ìwáhìhú.
HIGIENE ORAL, s. ìmọ́tótó-ẹnu.
HIGIENICAMENTE, adv. féfé (claramente) > Aṣọ rẹ̀ mọ́ féfé – A roupa dele está bem limpa; > Ó nsọ̀rọ̀ féfé – Ele está falando de forma clara.
HIGIÊNICO, PURO, adj. mímọ́ > Ìgbéyàwó jẹ́ ìṣe tò mímọ́ – O casamento é um costume sagrado.
HILARIEDADE, s. ìyọṣùtìsí (zombaria).
HÍMEN, s. ìbálé.
HINO, s. orin mímọ́, orin iyìn.
HIPÉRBOLE, s. àsọdùn.
HIPERTENSÃO, s. àrùn ìfún ìṣàn.
HIPNOSE, s. ìráníníyè.
HIPNOTIZAR, v. rá_níyè (ser esquecido).
HIPOCRISIA, FRAUDE, s. àgàbàgebè, àìsòótọ́.
HIPÓCRITA, CORRUPTO, s. elédèméjì.
HIPÓCRITA, IMPOSTOR, adj. lágàbagebè, alábòsí.
HIPÓCRITA, DISSIMULADOR, s. alábòsí, kòṣeku-kòṣeiyẹ (que não se posiciona).
HIPÓDROMO, s. ẹṣin asáré-ìje (cavalos de corrida).
HIPOPÓTAMO, s. erinmi < erin + omi – elefante das águas.
HIPOTECA, SEGURANÇA, s. ìdógò.
HIPOTECAR, EMPENHAR, v. fi_dógò.
HIPOTENUSA, s. ìdàgẹ̀rẹ̀.
HIPÓTESE, BOATO, s. àròsọ.

HIPOTECAR, EMPENHAR, v. fi_dógò > Mo fi kẹ́kẹ́ mi dógò – Eu empenhei minha bicicleta.

HISTORIADOR, s. òpìtàn > akọ̀wé ìtàn ìjọba – estudo da história dos governos.

HISTÓRIA FAMILIAR, s. ìtàn ìdílé.

HISTÓRIA FELIZ, s. ìhìnrere (boas notícias, evangelho).

HISTÓRIAS TRADICIONAIS, s. ìtàn àtọwọ́dọ́wọ́.

HOJE, NESTE DIA, adv. lóní > Lóní, èmi kò wo nkankan – Hoje, eu não estou vendo nada.

HOJE, s. òní > Òní ni òun yíò wá = òun yíò wá lóní – É hoje que ela virá; > Òní bàbá ọ̀la – Hoje é o pai de amanhã (provérbio); (èní – usado no dialeto da cidade de Lagos).

HOLANDA, s. Hólándì (país do norte da Europa).

HOMEM BRANCO, CAUCASIANO, s. òyìnbó, òyìbó, òìbó > ènìà funfun – homem, pessoa branca.

HOMEM CASADO, s. aláya (homem que possui esposa).

HOMEM COMPREENSIVO, s. olùmọ̀ > olùmọ̀ràn – um dos títulos de Deus.

HOMEM CONHECIDO, s. olórúkọ (famoso).

HOMEM DE CARÁTER, s. ọmọlúwàbí.

HOMEM DE PODER SEXUAL, s. alemọ́rọ̀.

HOMEM DE RENOME, s. ìjìmì, gbajúmọ́.

HOMEM ESTUDIOSO, s. ọmọwé.

HOMEM FORTE E SAUDÁVEL, s. abarapára > ògìrìpá, ìgìrìpá – forte e valente.

HOMEM GENEROSO, s. ọ̀sọnú.

HOMEM INFLUENTE, s. olóhùn (bem-falante).

HOMEM JOVEM, s. ọ̀dọ́ > Àwọn ọ̀dọ́mọdé ò mọ owó ẹyọ́ – Os jovens não conhecem os de búzios (também usado para indicar animais jovens > ọ̀dọ́ àgùtàn – cordeiro).

HOMEM MORTAL, s. ẹnikíkú.

HOMEM NEGRO, s. ènìà dúdú (pessoa negra).

HOMEM RICO, s. ọlọ́rọ̀ (influente e saudável).

HOMEM RUDE, s. ará-oko (da roça).

HOMEM SÁBIO, s. ọlọ́gbọ́n > Túndé jẹ́ ọlọ́gbọ́n – Tundé é um homem prudente.
HOMEM SENSÍVEL, s. onílákàyè (de bom senso).
HOMEM SEXUALMENTE IMPOTENTE, s. adán, akúra, akúkó.
HOMEM VERDADEIRO, s. ènìáyénìà.
HOMEM, s. ọkùnrin (também usado como qualificativo para indicar o sexo) > Ẹ̀gbọ́n mi ọkùnrin ó dé – Meu irmão mais velho chegou.
HOMEM, s. olúwarẹ̀ (a pessoa em questão) > Olúwarẹ̀ ti dé – A pessoa em questão já chegou.
HOMENAGEAR, REVERENCIAR, v. jọsìn, dojúbọlẹ̀ > A jọ nsìn òrìṣà yìí – Nós estamos reverenciando esta divindade.
HOMENAGEM, REVERÊNCIA, s. jíjọ́sìn, ìfóríbalẹ̀ < fi + orí + bà + ilẹ̀.
HOMENS MAIS VELHOS, s. ọ̀tọ̀kú ìlú (nobres e sábios de uma cidade).
HOMICÍDIO, s. apànìyàn, ìpànìà.
HOMICIDA, s. apànìà < a + pa + ènìà.
HOMOGÊNEO, MESMA COISA, adj. ìkannáà > ọ̀kannáà – tal qual.
HOMOGENIZAR, v. sọdíkan.
HOMOLOGAR, v. ẹlẹ́yàkan, olórúkọkan.
HOMÔNIMO, XARÁ, s. olórúkọ.
HOMOSSEXUALISMO, s. ìbéyà kannáà lòpọ̀ (transar de um jeito não comum).
HONESTIDADE, PROBIDADE, s. àìṣẹrú, láìṣẹrú.
HONESTIDADE, RETIDÃO, s. ìṣedédé, àìlábòsí.
HONESTO, adj. sọ òtítọ́, òótọ́, lọ́lá > dúró ṣinṣin – estar fortemente de pé.
HONORÁRIOS, s. èjẹ́ > Ó gba èjẹ́ = Ó gbèjẹ́ – Ele recebeu os honorários.
HONORABILIDADE, adj. tọlá.
HONORÁVEL, adj. lọ́lá, ọlọ́wọ̀.
HONORAVELMENTE, adv. tọ́látọ́lá (com honra).
HONRA, DIGNIDADE, s. ọlá, ọ̀wọ̀, ẹyẹ > ẹlẹ́yẹ – pessoa de respeito.
HONRA, GLÓRIA, s. ògo > Ó ṣe m lógo – Ele me tornou ilustre; > Mo ní ìlera ògo fún Ọlọ́run – Eu tenho saúde, graças a Deus.
HONRADO, adj. àìlábáwọ́.
HONRADO, DIGNO DE ELOGIO, adj. yíyìn.

HONRAR, DEDICAR-SE A, *v.* fi_júbà > Ó fi oyè júbà Aláàfin – Ele honrou o título de rei.
HONRAR, RESPEITAR, *v.* bọlá fún, yẹ_sí > Ó yẹ mi sí – Ele me respeitou.
HONRAR, TRATAR COM RESPEITO, *v.* bù_sà.
HONRAR A PALAVRA, *v.* yẹ sọrọ.
HORA DO DIA, *s.* agogo, aago > Agogo mélòó ní? – Que horas são? > Agogo méje alẹ́ ni – São sete horas da noite. Só é usada até 12 horas e especificando o momento do dia, quando houver necessidade.
HORA, TEMPO, *s.* wákàtí (do hausá *wókàcí* ou do árabe *waqti*) > A ti nkọ́ fún wàkàtí kọ̀ọ̀kan lójojúmọ́ – Nós estávamos estudando uma hora por dia.
HORÁRIO, *s.* ètó, ìṣètó (marcação do tempo).
HORAS DE ORAÇÃO, *s.* ìkírun < kí + ìrun (feitas pelos muçulmanos cinco vezes por dia).
HORDA, *s.* ọ̀wọ́ > Wọ́n tọ́ ọ̀wọ́ – Eles se dirigiram em grupo; > Ọ̀wọ́ ẹran – Rebanho de gado.
HORIZONTAL, PLANO, *s.* pẹ́tẹ́, pẹ́tẹ́kí.
HORIZONTE, *s.* òkèèrè > ibiti ó dàbí ẹnipé ilẹ̀ àti ọ̀run ti pàdé – o local onde parece que a terra e o céu se encontram.
HORMÔNIO, *s.* ojera.
HORRÍVEL, ASSUSTADOR, *adj.* abanilẹ́rù.
HORRIVELMENTE, *adv.* pọ́jọ́pọ́jọ́.
HORROR, PÂNICO, *s.* ìbẹ̀rù, ìpáyà > Ìbẹ̀rù mú mi – Estou com medo (lit. o medo me pegou).
HORRORIZAR, *v.* dáníjì.
HORTA, POMAR, *s.* ọ̀gbà-àjàrà > ìṣetójú ọ̀gbà-àjàrà – horticultura.
HOSANA, HINO, *s.* ọ̀rọ̀ ìyìn fún Jesu tàbí Olórun (lit. palavras em louvor a Jesus e Deus).
HOSPEDAGEM, *s.* àgbàwọ̀.
HOSPEDAR, ACOLHER, *v.* mú_wọ̀, gbà_sùn > Ó mú mi wọ́ sílẹ̀ rẹ̀ – Ele me hospedou na casa dele.
HOSPEDARIA, *s.* ilé erò.
HÓSPEDE, *s.* àléjò, òlójò > Òjó o ní àqléjò – Ojó, você tem visita.

HOSPÍCIO, *s.* ilé aṣiwèrè, ilé wèrè.
HOSPITAL, *s.* ilé ìwòsàn, osípítù (do inglês *hospital*) > Níbo ni ilé-ìwòsàn wà? – Onde fica o hospital?
HOSPITALEIRO, *s.* ní aájò > ní inúrere sí àlejò – ter bondade para o visitante.
HOSPITALIDADE, *s.* aájò sí àlejò (lit. solicitude para o visitante).
HOSTIL, *adj.* láìrẹ́, bájà, ṣòdì sí, apánilára.
HOSTILIDADE, *s.* ikùnsínú, aáwọ̀, ìjà gbangba.
HOSTILIZAR, *v.* jàlógun.
HOSTILMENTE, *adv.* níbínú.
HOTEL, *s.* ilé-ìtura, òtẹ́ẹ̀lì, hòtẹ́ẹ̀lì (do inglês *hotel*).
HOTELEIRA, *s.* ìyálérò (anfitriã).
HUMANIDADE, *s.* aráyé (gênero humano).
HUMANISMO, *s.* onínúre.
HUMANITÁRIO, *adj.* aṣoore, olúṣoore, oníṣerere.
HUMANO, *adj.* tènìà < ti + ènìà.
HUMILDADE, MANSIDÃO, *s.* ìtẹ́nú, ìrẹ̀lẹ̀.
HUMILDADE, *s.* àìgbéraga, àìṣedédé > onírẹ̀lẹ̀ – pessoa humilde.
HUMILDE, MODESTO, *adj.* nírẹ̀lẹ̀, nítẹ́ríba.
HUMILDEMENTE, *adv.* tìrẹ̀lẹ̀tìrẹ̀lẹ̀.
HUMILHAÇÃO, REBAIXAMENTO, *s.* ìrẹ̀sílẹ̀, rírẹ́sílẹ̀.
HUMILHAÇÃO, VERGONHA, *s.* ìtìjú > Ẹnití ó bá tàn mí lẹ́ẹ̀kan, ìtìjú rẹ ni, tí ó bá tàn mí lẹ́ẹ̀méjì, ìtìjú mi ni – Se a pessoa me enganar uma vez, a vergonha será dela, se ela me enganar duas vezes, a vergonha será minha.
HUMILHAR, DESGRAÇAR, *v.* tẹ́_lógo > Ó tẹ́ mi lógo – Ele me humilhou.
HUMILHAR-SE, SUBMETER-SE, *v.* dawọ́_délẹ̀, tẹríba < tẹ̀ + orí + ba > Ó tẹríba fún mi – Ele abaixou a cabeça para mim.
HUMOR, *s.* ẹ̀fẹ̀, inúdídùn.
HUMOR SATÍRICO, *s.* ẹ̀sín > Ó fi míṣẹ̀sín – Ele me fez de ridículo.
HUMORISTA, *s.* aláròfọ́.
HUNGRIA, *s.* Họ́ngárì (país da Europa Central).
HURRA!, *interj.* músò!

I

IANQUE, *s.* yankí (do inglês *yankee*).
IATE, EMBARCAÇÃO, *s.* ọkọ̀-ìgbaféfẹ́ ojú-omi.
IÇAR, *v.* fà_sókè, fiokùnfà (levantar com uma corda) > Ó fà á sókè – Ela puxou para cima.
ICEBERG, *s.* okiti yìnyín.
ICTERÍCIA, AMARELAR, *s.* ibá pọ́njú-pọ́njú, arùn ẹ̀dọ̀.
IDA E VOLTA, *s.* àyúnbọ̀ > Àyún bọ̀ lọ́wọ́ yẹrun – Que vocês vão e voltem em segurança; láti...dé – usado para indicar ida de um lugar para outro > Mo lọ láti ilé dé Ilé Òrìṣà – Eu fui de casa para o Candomblé.
IDA, PARTIDA, *s.* lílọ, ìlọ.
IDADE, *s.* ìgbà-ayé (tempo de vida) > Ọmọ ọdún mélòó ni? – quantos anos você tem?
IDADE MÉDIA, MEDIANA, *s.* ìgbà-ọ̀sán ìgbésí-àyè (lit. entardecer do tempo de vida).
IDEAL, *s.* apẹrẹ dáadáa.
IDEALISMO, *s.* bóṣeyẹ-káyérí.
IDEALIZAR, *v.* dágbọ́n, dọ́gbọ́n (um plano) > Òun ndágbọ́n – Ele está idealizando um plano.
IDEIA, PENSAMENTO, *s.* iyènú, àbùsọ, ìrò, ìrònú > Mo ní ìrònú kan – Eu tenho uma ideia.
IDENTICAMENTE, *adv.* ìbáṣe dédé.
IDÊNTICO, *adj.* abárajọ, bákannáà.

IDENTIDADE – IGREJA

IDENTIDADE, *s.* àìyàtọ̀.
IDENTIDADE, INDIVIDUALIDADE, *s.* ìbárajọ.
IDENTIFICAÇÃO, *s.* ìtọ́ka (ato de apontar, de indicar) > Ìtọ́ka ìyọ́nu – Identificação de um problema; < tọ́ + ika – Ó tọ́ka ìṣìṣe náà fún mi – Ele apontou aquele erro para mim.
IDENTIFICAR, *v.* palèlé (em forma de aviso).
IDENTIFICAR, *v.* mọ̀_dájú, fi_hàn.
IDIOMA, *s.* èdè, ọ̀rọ̀ sísọ.
IDIOTA, IMBECIL, *s.* ọpọ̀nù, òmùgọ̀, akùrẹtẹ̀, apọ̀dà, aṣiwèrè > Ó huwà òmùgọ̀ – Ele se comportou como um idiota; > dèré – expressão idiota.
IDIOTICE, *s.* gígọ́ (embaraço).
IDÓLATRA, *s.* abọgibọ̀pẹ̀.
IDOLATRAR, *v.* bọ, pọ̀rẹ̀rẹ̀.
ÍDOLO, IMAGEM, *s.* èrè > Igi ni nwọ́n fi gbẹ́ – É de madeira que eles fizeram a imagem.
IDOSO, DECRÉPITO, *adj.* gbótán, àgbàlágbà.
IDOSO, *s.* arúgbó, agbó (aquele que envelhece) > Ó darúgbó kàngé – Ele se tornou mais velho.
ÍGNEO, *adj.* oníná (que tem piolhos).
IGNIÇÃO, *s.* ìtinábọ̀.
IGNÓBIL, DESPREZÍVEL, *adj.* lẹ́gàn.
IGNOMÍNIA, INFÂMIA, *adj.* lábùkù, àìní ọlá.
IGNORÂNCIA, *s.* àìgbédè (para entender o idioma falado).
IGNORÂNCIA, DESCONHECIMENTO, *s.* àìmọ̀, àìlóyè, ọ̀pẹ̀.
IGNORADO, DESCONHECIDO, *adj.* láìmọ̀.
IGNORANTE, *adj.* aláìlọ́gbọn, ṣọpẹ, yọpẹ, ṣaláìmọ̀ > Kò ní ìmọ̀ – Ele não tem conhecimento; Ó ṣaláìmọ̀ – Ele é ignorante.
IGNORAR, DESDENHAR, *v.* fojúpa_rẹ́, fojúfọ̀_dá, sàìkàsí > Ó fojúfọ́ ẹsẹ̀ mi dá – Ele cometeu um deslize comigo (lit. ele pisou no meu pé).
IGNORAR, DEIXAR DE LADO, *v.* pa_tì > O patì rẹ̀ – Você a deixou de lado; > àpatì – pessoa que ignora outra.
IGNORAR, *v.* gbójú < gbé + ojú (lit. erguer os olhos, olhar por cima).
IGREJA, *s.* Ilé Ọlọ́run, Ilé-Ìjọsìn, ṣọ́ọ̀sì (do inglês *church*).

IGUAL, EQUIVALENTE, s. ẹgbẹ́, ọ̀gba > dọ́gba – ser igual.
IGUAL, EXATO, adj. ṣọgbọ́ọ́gba (coordenado).
IGUAL, IDÊNTICO, adj. kannáà, ìkannáà.
IGUALAR, EQUIPARAR, v. mú_dọ́gba, mú_ṣedédé (fazer exatamente igual) > Ó mú wọn dọ́gba – Ela os igualou.
IGUALDADE, EQUILÍBRIO, s. ọ́gba > bákannáà – similar.
IGUALDADE, s. ìdọ́gba, ìjéyekan.
IGUALMENTE, adv. bákan, lọ́gbọ́ọ́gba, dọ́gbadọ́gba, dọ́gbajálẹ̀, ìbáṣe dédé.
IGUANA, LAGARTO, s. awọ́nrínwọ́n.
IJEXÁ, s. Ìjẹ̀ṣà (uma importante região yorùbá).
ILEGAL, adj. láìlófin < láì + ní + òfin > ilòdì sí ófin – contrário à lei.
ILEGAL, ILÍCITO, adj. àìtọ́sòfin, láìlófin.
ILEGALIDADE, s. àìlófin.
ILEGÍVEL, adj. ṣòro láti ka – ser difícil de ler.
ILEGÍTIMO, adj. ọ̀nà àìtọ́ (lit. caminhos impróprios) > ọmọ àlè – filho bastardo.
ILESO, adj. láì fọwọ́ bá > láìlèwu – sem perigo.
ILETRADO, adj. láìkọ́wé, láìkẹkọ.
ILEXÁ, s. Iléṣà (cidade yorùbá).
ILHA, s. erékùṣù > ará erékùṣù – insulano.
ILÍCITO, adj. àìtọ́ sí òfin.
ILIMITADO, adj. aláìláàlà > láì opin, láìníwọ̀n – imenso, sem fim.
ILIMITÁVEL, SEM LIMITES, adj. láìní ààlà, láìlèpààlà.
ILÓRIN, s. Ìlọrin (cidade yorùbá).
ILUSÃO, FANTASIA, s. ìṣìnà, ẹ̀tàn, ìtanra-ẹni > ìtanjẹ – fraude, engano.
ILUDIR, v. tàn_jẹ, rẹ́_jẹ > ṣì_lọ́nà – induzir ao erro.
ILUMINAÇÃO, LUZES, s. fùkùfúkù, fúnnínímọlẹ̀.
ILUMINAÇÃO, s. àhẹ́dùn, ìtànná, ìtànmọ́lẹ̀ > tan wẹ́lẹ́wẹ́lẹ́ – luz trêmula.
ILUMINAR, v. làlójú, tàn ìmọ́lẹ̀ > tanná < tàn + iná – acender a luz.
ILUSÃO, DECEPÇÃO, s. ìtanra.
ILUSÃO, ENGANO, s. ìtànjẹ.
ILUSORIAMENTE, adv. bọ̀rọ́bọ̀rọ́.

ILUSTRAÇÃO, s. àwòrán, àpèjúwe, ìjúwe, ìfihàn > awòran – quadro.
ILUSTRAR, SIGNIFICAR, v. ṣe àpẹẹrẹ, júwe, yáwòrán > Júwe rẹ fún mi – Descreva isto para mim.
IMÃ, s. lèmọ́mù (sacerdote muçulmano).
ÍMÃ, s. òkúta-ìmúrin, òkúta-olóòfà.
IMACULADO, adj. aláìléérí, làìní ẹ̀ṣẹ̀ láìlábàwọ́n (sem defeito).
IMAGEM, s. ère > Igi ni nwọn fi gbẹ́ ère – É da madeira que eles entalham a imagem.
IMAGEM DE BARRO, s. ṣìgìdì (feita em forma de encantamento).
IMAGINAÇÃO, s. ìrò.
IMAGINAR ALGO, v. rò, fojú-inúwò, mọṣebí > gbèrò – refletir.
IMAGINAR, SUPOR, v. ṣebí > Sebí mo ti rí ọ – Tenho a impressão de que já vi você; > ìfura – intuição.
IMAGINARIAMENTE, adv. tèròtèrò.
IMAGINÁRIO, s. àìrí.
IMAGINE SÓ!, exp. igí dá!
IMATERIAL, adj. láìnílááŕí.
IMATURIDADE, s. àìlàbú, àìgbó (pessoa que não amadureceu).
IMATURO, adj. aláìgbó, àìpọ́n, àìdàgbà > ìṣekúṣe – ação irregular.
IMBECIL, IDIOTA, s. agìda, aláìníròńú.
IMBECILIDADE, s. àìlelára.
IMEDIAÇÃO, PROXIMIDADE, s. àsunmọ́.
IMEDIATAMENTE, adv. níkété, bíantinwíyí, bọ̀rọ̀, fòkì, fùú, gbàrà, kété > Ó yọ ehín fòkì – Ele arrancou o dente imediatamente.
IMEDIATAMENTE, adv. kìyán, lẹ́sẹ̀kẹ́sẹ̀, mànàwaà, wáí, takétaké, wàrà-wàrà, lẹ́sẹ̀kẹ́sẹ̀, wàràwéré > Wàràwèrè tó dé ni mo rí i – Tão logo ele chegou, eu o vi.
IMEDIATAMENTE, EM SEGUIDA, adv. níkán-nkánṣi, lọ́gán > Ó dé ní ọgán – Ele retornou em seguida.
IMEDIATO, adj. lójúkannáà.
IMENSO, ENORME, adj. bètèkùn-betekun, tóbi púpọ̀, tóbi daan, ràbàtà > Mo lówó ràbàtà – Eu tenho enorme soma de dinheiro.
IMENSURÁVEL, adj. láìṣedíwòn, láìníwọ̀n < láì + ní + wọ̀n.

IMERSÃO, *s.* ìtẹ̀bọmi, rírì sínú omi.
IMERGIR, **AFUNDAR**, *v.* mù, fi sínú omi, rì sínú omi.
IMERGIR, **EMBEBER DE ÁGUA**, *v.* tẹ̀bọmi < tẹ̀ + bọ̀ + omi (encharcar de água).
IMIGRANTE, *s.* aṣíwá > òfìn ìṣíwá – lei da imigração.
IMIGRAR, *v.* ṣíwá > ṣílọ sí ìlú míràn – partir para outra região.
IMIGRAÇÃO, *s.* ìṣíwá > ṣíṣí lọ sí ìlú míràn – movimento de ida para outra região.
IMINENTE, **URGENTE**, *adj.* kíákíá, kanjúkanjú.
IMISCUIR, **ENVOLVER-SE**, *v.* tẹṣẹ̀bọ̀ > Òun tẹṣẹ̀bọ̀ pẹ̀lú obìnrin míràn – Ele envolveu-se com outra mulher.
IMITAÇÃO, **CÓPIA**, *s.* àfarawé, àwòjọ > Ó farawé mi – Ele me imitou; > Ó ṣe àfarawé iṣẹ́ mi – Ele fez uma cópia do meu trabalho.
IMITAÇÃO, **SIMULAÇÃO**, *s.* ìfarawé.
IMITADOR, *s.* àfarawéni, aláfarawé, onífarawé.
IMITADOR, **MACAQUICE**, *s.* akítì.
IMITAR, **COPIAR**, *v.* farawé > Àbúrò mi nfarawé mi – Meu irmão está me imitando.
IMITAR, **FAZER IMITAÇÃO**, *v.* káṣà, ṣàfarawé < ṣe + àfarawé, fẹsẹ̀lọ́nà > Ó fẹsẹ̀lọ́nà mi – Ele me imitou.
IMITAR, **FAZER MÍMICA**, *v.* sín_jẹ.
IMOBILIZAR-SE, *v.* máragún (ficar imóvel).
IMODERADO, *adj.* láìmọníwọ̀n.
IMOLAÇÃO, **SACRIFÍCIO**, *s.* ìparúbọ, rírúbọ > rúbọ – oferecimento.
IMORAL, *adj.* láìníwàrere < láì + ní + wà + rere.
IMORALIDADE, *s.* àgbèrè > alágbèrè – adúltera.
IMORTAL, *adj.* láìkú, aláìkú (sem a morte).
IMORTALIDADE, *s.* àìkú.
IMORTALIZAR, *v.* múwà láàyè (causar existência viva).
IMÓVEL, *adj.* dúró ṣinṣin, láìyẹsẹ̀, láìlèyí < láì + lè + yí.
IMÓVEL, **FIRME**, *adj.* nímulẹ̀ṣinṣin > àìwà – fixo.
IMPACIÊNCIA DE EXPRESSAR, *v.* pòṣé (insatisfação).
IMPACIÊNCIA, **GROSSERIA**, *s.* kíkanra, ìkanra, àkanra.

IMPACIÊNCIA – IMPERCEPTÍVEL

IMPACIÊNCIA, s. àìnísùúrù, ìwàra.
IMPACIENTE, adj. àìgbéjẹ́ẹ́, kikánjú.
IMPACIENTEMENTE, adv. wìtì-wìtì, wàdù-wàdù, wọ̀dù-wọ̀dù.
IMPARCIAL, adj. láìṣọ̀tún-láìṣọ̀sì.
IMPARCIALIDADE, s. àìfigbè, àìṣègbè.
IMPARCIALMENTE, JUSTAMENTE, adv. láìṣègbè.
IMPARTILHÁVEL, INDIVISÍVEL, adj. àìpín.
IMPÁVIDO, DESTEMIDO, s. àìbẹ̀rù.
IMPEACHMENT, IMPEDIMENTO, s. ìdílọ́wọ́, ìdíwọ́.
IMPECÁVEL, adj. kooroko, láìlégàn, láìlẹ́ṣẹ̀.
IMPEDIDO, adj. àtìpa.
IMPEDIMENTO, CONTRATEMPO, s. ìdílọ́wọ́, ìdíwọ́, ìdímà, ìdíwọ́ > adánidúró – aquele que verifica.
IMPEDIR, DETER, v. dádúró, dáró, dádú, kọ́ṣẹ̀ > Ìyá kọ́ mi lẹ́ṣẹ̀ lọ – Mamãe me impediu de ir.
IMPEDIR AS CHANCES, v. bà_lóríjẹ́; > ṣá_pa > Mo ṣá a pa – Eu o impedi de se matar.
IMPEDIR, EVITAR, v. dánílọ́wọkọ, kìwọ̀ > Mo kì í wò – Eu o mantive sob controle.
IMPEDIR, INTERROMPER, v. dí_lọ́nà, díwọ́ < dí + ọwọ́ > ṣe ìdílọ́wọ́ – fazer uma interrupção.
IMPEDIR, OBSTRUIR, v. dá_kọ́, fi_dẹ̀nà, kọ́_ṣẹ̀, sé_mọ́lẹ̀.
IMPELIR, EMPURRAR, v. tì síwájú (empurrar para a frente).
IMPELIR A CANOA, v. wapa < wà + ọpa (usando uma vara de bambu).
IMPENETRÁVEL, adj. láìlèkojá (inacessível).
IMPENITÊNCIA, adj. àìrònùpìwàdà (falta de arrependimento).
IMPENSADAMENTE, adv. kúgburu > Ó ṣe ọ̀rọ̀ inú-ìwé kúgburu – Ela fez o texto escrito descuidadamente.
IMPERADOR, s. ọbanlá < ọba + nlá.
IMPERATIVO, adj. ọ̀rànyàn, pípàṣẹ (necessário).
IMPERATRIZ, s. aya ọba > ìyàwó ọba àtàtà – esposa do poderoso rei.
IMPÉRIO, s. ilẹ̀ ọba, ilẹ̀ ìjọba.
IMPERCEPTÍVEL, adj. láìlèkíyèsí, ṣàìrí > tí a kò rí – que nós não vemos.

IMPERDOÁVEL, *adj.* aláìríwí.
IMPERDOÁVEL, *adj.* láì dáríjì, láìní àànú.
IMPERECÍVEL, *adj.* tí kò ṣe parẹ́ > parun rárá – extinguir nunca.
IMPERFEIÇÃO, s. àìpé, àbùkù > Ó nṣe òwò àìpé – Ele está fazendo um comércio improdutivo.
IMPERFEITAMENTE, *adv.* báto-bàto.
IMPERFEITO, DEFICIENTE, *adj.* láìpé, bọrọgidi, bọrọku, lábàwọ́n, lábúkù.
IMPERFURADO, *adj.* aláìníhò > ìbálé aláìníhò – virgindade (lit. não perfurou o hímen).
IMPERFURÁVEL, *adj.* láìlèlujá.
IMPERIAL, *adj.* tí ìjọba (lit. que reina).
IMPÉRIO ROMANO, s. ìjọba nlá rómù.
IMPERIOSO, *adj.* lagídí.
IMPERMEÁVEL, *adj.* aláìláyè, àìláyè.
IMPERTINÊNCIA, s. àbẹ̀ìyannu, àfojúdi, ìṣafojúdi, òyájú.
IMPERTINENTE, INQUIETO, *adj.* kan, kannú, láìronú.
ÍMPETO, s. ìgbóòyà, àgbóòyà.
IMPETUOSO, *adj.* lágbára, aláralílọ́, jàù (rude, sem cerimônia).
IMPIEDADE, s. àìbọwọ̀fún.
IMPIEDOSAMENTE, *adv.* hàrà.
IMPIEDOSO, CRUEL, *adj.* láìláánú, aláìyàlíle, séle.
IMPINGIR, EMBUTIR, *v.* kà, fi_kà > Mo fi èyí kà á – Eu coloquei isto nisto.
IMPLACÁVEL, *adj.* aágídí.
IMPLANTAÇÃO, s. ìgbégbìn > lílẹ́, lílọ́ – transplantável.
IMPLANTAR, *v.* gbé_gbìn.
IMPLEMENTAR, PRATICAR, *v.* pilẹ̀, pilẹ̀ṣẹ̀ > Àwa la pilẹ̀ ilé yìí – Nós somos os primeiros a morar nesta casa.
IMPLEMENTO, APETRECHO, s. ohun-èlò.
IMPLICAÇÃO, s. ìlọ́wọ́ nínú nkan.
IMPLICAR, ENVOLVER, *v.* lọ́wọ́ nínú (ter as mãos dentro) > lólu – emaranhar, confundir.
IMPLORAR, INTERCEDER, *v.* bẹ̀, bẹ̀bẹ̀, ṣẹ̀pẹ̀, ṣìpẹ̀ > Ó ṣìpẹ̀ fún mi – Ela me consolou; > báárà (do idioma hausá).

IMPLORAR, REZAR, v. gbàdúrà fún > Gbàdúrà fún wa – Reze por nós.
IMPLUME, adj. òpìpì (sem penas).
IMPOPULAR, MALQUISTO, adj. láìlókìkí, láìní ìyìn.
IMPOR, DECIDIR, v. pinnu > Mo pinnu láti kọ́ yorùbá – Eu decidi estudar yorùbá.
IMPORTAÇÃO, s. ìràlókèèrè.
IMPORTÂNCIA, VALOR, s. láárí.
IMPORTÂNCIA, SERIEDADE, s. àìfiṣeré, ohun pàtàkì > ìdí pàtàkì – motivo importante.
IMPORTANTE, adj. pàtàkì, àtàtà > Ìwọ pàtàkì fún mi – Você é importante para mim (é usado como verbo no sentido de considerar-se importante) > Ó pàtàkì ara rẹ̀ – Ele se considera importante; > olúborí – superior, de grande importância.
IMPORTANTE, adj. ríbíkíbí (de muita consequência).
IMPORTANTE, adj. ríbí-ríbí (usado com sentido plural) > Ọ̀rọ̀ ríbí-ríbí – Tarefas importantes.
IMPORTANTE, VALIOSO, adj. jaga.
IMPORTUNAR, v. tó, lépa, dá_lágara (encher a paciência) > Ìwọ dá mi lágara – Você cansou a minha paciência; > dógò – importunar até que pague o que deve > Mo dógò tì rẹ̀ – Eu fiquei próximo a ele, até que pagasse a dívida.
IMPORTUNAR, PERTURBAR, v. yọ_lẹ́nu > O nyọ mí lẹ́nu – Você está me perturbando.
IMPORTUNO, s. àwíyannu.
IMPOSSIBILIDADE, s. àìlè, àìṣeéṣe > Àìṣeéṣe iṣẹ́ yií – Impossibilidade de fazer este serviço.
IMPOSSÍVEL, adj. aláìṣeéṣe.
IMPOSIÇÃO, s. àyanjẹ, ìtanjẹ, ìréjẹ.
IMPOSTO ANUAL, s. owó-ọdún.
IMPOSTO DE RENDA, s. owó lórí owó oṣù – valor sobre o ganho mensal.
IMPOSTO PESSOAL, s. owó-orí.
IMPOSTO PREDIAL, s. owó-ilé (também usado como aluguel).
IMPOSTOR, ENGANADOR, TRAPACEIRO, s. ẹlẹ́tàn.
IMPOSTOS, s. owó-òde, owó-ìlú.

IMPOSTURA, ENGODO, s. ẹtàn.
IMPOTÊNCIA MASCULINA, s. òkóbó, ìkóbó, kíkóbó, àìlágbára.
IMPOTÊNCIA SEXUAL, s. ìkúra, akúra, ara kíkú > Ìwọ kì íṣe akúra – Você não é impotente; kì íṣe – forma negativa do verbo jẹ́ – ser.
IMPOTENTE, s. akúkó < kú + okó.
IMPOTENTE, EUNUCO, s. akúra > Ọkọ mi ó kúra, mo ti wá ènìá míràn – Meu marido é impotente, vou procurar outra pessoa.
IMPOTENTE, SEM VIGOR, s. àìlókun, láìnígbóra.
IMPRATICÁVEL, adj. láìṣeéṣe > tí a kò lè ṣe – que nós não podemos fazer.
IMPRECAR, PRAGUEJAR, v. gégun > Ó gégun fún mi – Ela me xingou.
IMPRECAÇÃO, PRAGA, s. ìre (execração).
IMPREGNAÇÃO, SATURAÇÃO, s. ìgboyún > gboyún – ser saturado.
IMPRENSADO, s. ìhágágá.
IMPRESSÃO DIGITAL, s. ipawọ́ < ipa + ọwọ́, ìtẹ̀ ìka-wọ́.
IMPRESSÃO, MARCA, s. àpá, òòtẹ̀ẹ-létà.
IMPRESSÃO, s. ìtẹ̀wé (ato de imprimir).
IMPRESSIONAR, v. jọ_lójú > Èyi jọ mí lójú – Isto me impressionou.
IMPRESSOR, s. atẹ̀wé.
IMPRESSORA, s. tẹ̀wé-tẹ̀wé, èrọ ìtẹ̀wé.
IMPRESTÁVEL, SEM VALOR, adj. aláìléré, láìtóye, láìye.
IMPREVIDÊNCIA, DESCUIDO, s. àìsọ́rakì.
IMPREVISTO, INESPERADO, adj. láìrí tẹ́lẹ̀ > sem ver antes, antecipadamente.
IMPREVISÍVEL, INCONSTANTE, adj. yíyípadà, aláìládéhùn.
IMPRIMIR, v. tẹ̀wé < tẹ̀ + ìwé; > tẹ̀_mọ́ – pressionar sobre, persistir; > Tẹ ipá mọ́ iṣẹ́ re – Ele persistiu em seu trabalho.
IMPROBABILIDADE, adj. àìlèríbẹ́ẹ̀.
IMPRODUTIVO, INFECUNDO, s. àgàn.
IMPROPRIAMENTE, adv. nílòkúlò > Ó nlo aṣọ nílòkúlò – Ela está usando a roupa de modo impróprio.
IMPROPRIEDADE, s. àìyẹ̀.
IMPRÓPRIO, adj. láìtọ́, láìyẹ̀.
IMPROVÁVEL, adj. láìlèríbẹ́ẹ̀.
IMPROVISADO, adj. láìmúrasílẹ̀.

IMPRUDÊNCIA, s. àìlójùtì, àìmòye, àkúgbùú, àibojútó.
IMPRUDENTE, adj. gbéregbère, láìnáání, láìmòye, láìgbón (sem inteligência).
IMPUGNAR, v. kòlù, fisùn > Ó fi mí sùn – Ela me fez uma reclamação.
IMPULSIONAR, v. mú_ṣe (compelir a fazer) > Ó mú mi nípá láti ṣe é – Ele me forçou a fazer isto; Ó mú mi ṣe – Ela me obrigou a fazer.
IMPULSIVO, adj. hùwà láìròtélè – comportar-se de modo impetuoso.
IMPULSO, s. ìwà àìròtélè (conduta inesperada).
IMPUNIDADE, s. àìjìyà.
IMPUREZA, s. ìdarò, ìwà àìmó, èérí.
IMPURO, OBSCENO, s. àìmó, eléérí, aláìmó.
IMPUTAÇÃO, ACUSAÇÃO, s. èsun, ìfisùn.
IMPUTAR, ATRIBUIR, v. kàsílórùn < kà + sí + ní + òrun.
IMPUTÁVEL, adj. níbáwí.
IMUNDÍCIE, SUJEIRA, s. èérí > Eléérí ilé yìí tán – A sujeira desta casa terminou.
IMUNDÍCIE, s. àìwè (sem higiene pessoal).
IMUNDO, SUJO, adj. légbin, àìmó, òbùn > Òbùn ni ènìà tí kò wè – É suja a pessoa que não toma banho.
IMUNIDADE, ISENÇÃO, s. àkébàjé, àkéjù.
IMUNIDADE, s. òkì àjèsára (diante de uma doença, vacina).
IMUNIDADE DEFICIENTE, s. òkí ara-àìtó.
IMUNIZAÇÃO, s. òkí gbígbá > akékò òkí-ara – imunologista.
IMUNIZAR, v. gba òkí > jè òkí – ser imune.
IMUNOLOGIA, s. èkó nípa òkí-ara (estudo sobre imunidade).
IMUTÁVEL, adj. láìlèyìpà.
INABALÁVEL, s. àìsú.
INABALAVELMENTE, adv. láìyera.
INÁBIL, adj. láìgbón.
INABILIDADE, s. àìlágbára, àìnípá.
INABILITADO, s. àìgbàwé.
INACABADO, adj. àìparí.
INAÇÃO, ÓCIO, s. àìṣe.

INACEITÁVEL, adj. láìgbà, láìṣedé.
INACESSÍVEL, INATINGÍVEL, adj. láìlèsúnmọ́, láìlèkojá.
INACREDITÁVEL, adj. kòṣégbàgbọ̀.
INADEQUADO, INSUFICIENTE, adj. fétè, láìtó.
INADIÁVEL, adj. ní kíákíá > Ó lọ jáde kíákíá – Ela foi embora rapidamente.
INADMISSÍVEL, adj. tí a kò lè gbà (lit. que nós não podemos aceitar).
INADVERTÊNCIA, s. àifiyèsí, igbàgbé.
INADVERTIDAMENTE, adv. gbẹ̀rẹ̀.
INALAÇÃO, s. ìfisínú, ìfisímú, rírumú < rùn + imú (de um odor, fragrância).
INALANTE, s. oògùn afisínú.
INALAR, ASPIRAR, v. fà_sínú, fi_sínú, mí_sínú > Ó fà á sínú – Ela o jogou para dentro.
INALAR, TRAGAR, v. mí_sínú, fà_sínú.
INALTERADO, PURO, adj. àìlábùlà, àìlà.
INALTERÁVEL, adj. láìní àtúnṣe (sem ter de fazer de novo).
INANIÇÃO, EXAUSTÃO, s. ìṣáfẹ̀.
INANIMADO, adj. láìlẹ́mí.
INAPLICÁVEL, adj. aláìwúlò, láìbámu.
INAPROPRIADO, adj. aláìbáramu.
INAPROVEITÁVEL, adj. àṣenú, láìlérè (não compatível).
INAPTO, adj. ṣàìwọ̀, láìbámu, láìtọ́.
INARTICULADO, adj. láìlè sọrọ̀ dáadáa – não poder falar bem.
INATINGÍVEL, adj. láìlèsúnmọ́.
INATIVIDADE, s. àìṣàn, àìṣiṣẹ, ìmẹ́lẹ́ > ọ̀lẹ – preguiçoso.
INATIVO, adj. láìṣiṣẹ́.
INATO, adj. bíbínibí (implantado por natureza).
INAUDÍVEL, adj. láìgbúró > tí a kò lè gbọ́ dáadáa – que não pode ouvir bem.
INCENTIVAR, ESTIMULAR, v. mú_dúró, mú_ró > Ìmọ̀ràn rẹ̀ mú mi ró – O conselho dela me amparou.
INCENTIVO, s. ìsíní lórí.
INTRANSITÁVEL, adj. láìṣelàkọjá.

INAUGURAÇÃO, COMEÇO, s. ìdásílẹ̀, ìpilẹ̀, ìbẹ̀rẹ̀.
INAUGURAR, v. dásílẹ̀, pilẹ̀sẹ > fi_joyè > Ó fi mí joyè – Ela me deu um cargo.
INAVALIÁVEL, adj. oníyebíye, oníyelórí (que não tem preço).
INCALCULÁVEL, adj. láìlèkà > láìlẹ̀sìró – sem poder contar.
INCANDESCENTE, adj. kíkẹ̀.
INCANSÁVEL, SEM DESCANSO, adj. láìrẹ̀, sàìrẹ̀, láìsimi > àìsú – infatigável.
INCANSÁVEL, PERSISTENTE, adj. láìfàqsẹ́hìn > láìfàyà – sem medo.
INCANSAVELMENTE, adv. láìsàáre.
INCAPACIDADE DE LUTAR, s. àìlèjà.
INCAPACIDADE, DEMÉRITO, s. àìlẹ́yẹ, àìlèsẹ, àìníbù, àìtó.
INCAPAZ DE ENGORDAR, adj. àbọ́tì.
INCAPAZ, INCOMPETENTE, adj. sàìyẹ, láìlèsẹ > sọ́ di ahẹrẹpẹ – falar com qualidade inferior.
INCAPAZ, part. tì (usada como 2º componente de um verbo dando um sentido de ser incapaz, ser contra) > Mo ṣe é tì – Ela foi incapaz de fazê-lo; > Ó lọ tì – Ele não pôde ir; > Ó dọ̀tẹ̀ tì mí – Ela conspirou contra mim; > Ó fẹ̀hìntì mí – Ele encostou-se em mim.
INCAUTAMENTE, adv. félefèle.
INCAUTO, adj. láìsọ́ra (sem precaução, descuidado).
INCENDIAR O MATO, v. kùngbé.
INCENDIAR, v. kùn, fináràn > Ó fináràn – Ele pôs fogo.
INCENDIÁRIO, adj. òjólé.
INCENDIÁRIO, s. atinábọlé.
INCENSO, s. tùràrí (e outro qualquer aroma agradável).
INCERTEZA, HESITAÇÃO, s. àìníadájú, àìdájù, tàbítàbí > Tàbítàbí kò sí – Não há dúvida.
INCERTO, adj. dáníníyèméjì, láìdájú, láìdáníló̩jú > láìlègbékèlé – duvidoso.
INCERTO, INSTÁVEL, adj. fòníkú-fòladíde.
INCESSANTE, adj. aláìdá, àìdá, láìdúró.
INCESSANTEMENTE, adv. sẹ́sẹ́.

INCHAÇÃO, AUMENTO, s. ìkún, àsunkún, lílé > Ìkún owó – Aumento do dinheiro.

INCHAÇÃO, FERMENTAÇÃO, s. wíwú > Ara mi wú – Meu corpo está inchado; > Orí mi wíwú – Lembrei-me de um caso horrível (lit. minha cabeça inchou).

INCHAÇO NO CORPO, s. médímilọọ̀rùn.

INCHADO, adj. tùùlù > ẹ̀ẹ̀kẹ́ tùùlù – bochecha inchada.

INCHADO, EMPANTURRADO, adj. jegede > Ẹ̀ẹ̀kẹ́ jegede – Bochechas inchadas.

INCHADO, ESBUGALHADO, adj. ràngàndàn, rogbodo.

INCHAR, DILATAR, v. wú. wú_sókè, wúlé > Ìyẹ̀fun ti wú – A farinha engrossou.

INCHAR, INFLAR, v. pọ́ > A féẹ́ pọ́ bọ́ọ̀lù – Nós queremos encher a bola.

INCHAR, AUMENTAR, v. ru, fẹ̀ > Ìbínú rẹ̀ ru sókè – A raiva dele aumentou.

INCIDENTE, IMPREVISTO, adj. ìṣèlè.

INCINERAÇÃO, s. jíjóná.

INCIRCUNCIDADO, adj. láìkọlà.

INCISÃO, s. gbẹ́rẹ́.

INCITAR CONTRA, v. rú, de_sí > Ó dẹ wọ́n sí ìṣàkóso – Ele os incitou contra o governo.

INCITAR, INSTIGAR, v. bẹ̀wẹ̀tì, ṣeṣúnnasí > Ó bẹ̀wẹ̀tì sí mi. Èmi kò mọ̀ ìdí – Ele instigou as pessoas contra mim. Eu não sei o motivo.

INCIVILIDADE, DESRESPEITO, adj. láìfí.

INCLEMENTE, adj. láìní aanú, níkà.

INCLINAÇÃO, AFEIÇÃO, s. ẹ̀dá, ìdà > Ẹ̀dá rere ni Ọlọ́run dá – É com a boa inclinação que Deus nos criou.

INCLINAÇÃO, TENDÊNCIA, s. ìdárísí, ìdárí (disposição).

INCLINAÇÃO PARA OUVIR, s. ìdẹtí (para ouvir melhor).

INCLINADO, DECLIVE, adj. dídà.

INCLINADO, DOBRADO, adj. títẹba.

INCLINADO, ENVIESADO, adj. bẹ̀rẹ́ > Ó tẹ́ bẹ̀rẹ́ – Ela estendeu enviesado.

INCLINADO, OBLÍQUO, *adj.* lò > Ó lò kan ilẹ̀ – Ele se inclinou para o chão.
INCLINADO, TORTO, *adj.* wọ̀rọ̀kọ̀, wọ́rọ́kọ́ > Igi wọ̀rọ̀kọ̀ – Uma vara torta.
INCLINAR A ORELHA, *v.* tẹtísílẹ̀ < tẹ̀ + ẹtí + sílẹ̀ (gesto no sentido de ouvir).
INCLINAR-SE, CURVAR, *v.* bà, tẹrí sí < tẹ̀ + orí, > ó tẹrí sí mi – ela se curvou para mim.
INCLINAR-SE, ABAIXAR, *v.* tẹríba < tẹ̀ + orí + ba (agradecendo uma homenagem).
INCLUIR, ADICIONAR, *v.* kàkún, fi_pẹ̀lú > Ó fi mí pẹ̀lú wọn – Ele me incluiu entre eles.
INCLUIR, CONTAR, *v.* kàmọ́ > Ó kà mí mọ́ wọn – Ele me incluiu entre eles.
INCLUIR ALGO DENTRO DE OUTRO, *v.* fi_sínú.
INCLUIR, PRENDER, *v.* sé_mọ́ > Ó sé ìlẹ̀kùn mọ́ mi – Ela fechou a porta na minha cara.
INCOERENTE, *adv.* bátabàta.
INCOERENTE, DESCONEXO, *adj.* gàbà, láifaramọ́ra.
INCOLOR, SEM COR, *adj.* láìàwọ̀.
INCÓLUME, ILESO, *adj.* àìnípalára (sem ferimento); > láìlèwu – que não tem perigo.
INCÓLUME, SEM MANCHA, *adj.* láìlábùkù, láìlábàwọ́n.
INCOMODADO, ENJOADO, *adj.* sàìfarabalẹ̀.
INCOMODAR, IMPORTUNAR, *v.* sú, fitínà, yọ_lẹ́nu > Ìrọ̀hìn yìí mí lẹ́nu – Essa notícia me preocupou.
INCÔMODO, *s.* ìmúbínú, àmódi (indisposição).
INCOMPARÁVEL, *s.* àìlégbẹ́, aláìbáramu.
INCOMPATÍVEL, *adj.* láìlèbárajọ > tí kò dọ́gba – que não é igual.
INCOMPETÊNCIA, *s.* àìkápá, àìkáwọ́.
INCOMPETENTE, *adj.* aláìye, sàyẹ, láìlèse < láì + ní + se.
INCOMPLETO, INACABADO, *adj.* láìsetàn, àsọtì, àìparí.
INCOMPREENSÍVEL, *adj.* àwámáàrídí, láìlèmọ̀ < láì + lè + mọ̀ > àmọ̀mọ̀tán – título, o incompreensível, cultura falha.
INCOMUM, *adj.* yọyẹ́, àkànse > Tirẹ̀ ló yọyẹ́ – Seu comportamento é incomum.

INCOMUM, RARO, adj. láìṣè gbàkúgbà, láìwọ́pọ̀.
INCONCEBÍVEL, adj. láìlérò < láì + ní + èrò (sem imaginação).
INCONDENÁVEL, adj. àìjẹ̀bi.
INCONFORTÁVEL, INCONVENIENTE, adj. láìrorùn.
INCONSISTENTE, adj. láìṣedédé (sem regularidade).
INCONSOLÁVEL, adj. aláìgbẹ́bẹ̀.
INCONSTÂNCIA, s. àìdúró.
INCONSTANTE, adj. àìṣebìkan (não restrito a um só local).
INCONSTANTE, s. kòṣeku-kòṣeyẹ (aquele que não se posiciona).
INCONTÁVEL, NUMEROSO, adj. ọgọ̀ọ̀rọ̀ > Ọ̀gọ̀ọ̀rọ̀ ènìà ló lọ síbẹ̀ - Muitas pessoas vieram para cá.
INCONTESTÁVEL, adj. àìjiyàn, aláìníyàn > dájú – ser certo e seguro.
INCONTINÊNCIA URINÁRIA, ENURESE, s. títọ̀sílé.
INCONTINÊNCIA, INQUIETAÇÃO, s. àìmáradúró.
INCONTINENTI, SEM DEMORA, adv. níkán-nkánṣi.
INCONVENIÊNCIA, s. àìrọrún, idíwọ́, àìyànnu (ato importuno, irritante).
INCONVENIENTE, s. adánilágara (pessoa inoportuna).
INCONVENIENTE, adj. láìrọrùn, ṣàìrọrún > láìtọ́, láyẹ̀ – sem dignidade.
INCORPORAR, ENCARNAR, v. sọdi-ara > sopọ̀ – amarrar junto, unir duas coisas formando uma só.
INCORRER EM ERRO, PECAR, v. gbẹ̀ṣẹ̀ < gbà + ẹ̀ṣẹ̀ > Ó gbẹ̀ṣẹ̀ – Ela pecou.
INCORRER, ESTAR SUJEITO A, v. jẹgbèsè.
INCORRER EM GROSSERIA, v. gbojúbi < gbà + ojú + bi.
INCORRETAMENTE, adv. bátabàta.
INCORRETO, INJUSTO, adj. láìpé, láìtọ́, láìsòótọ́.
INCORRIGIVEL, adj. Olóríkunkun, aláìgbọ́ràn.
INCORRUPTÍVEL, adj. àìbàjé, àìlèbàjé, láìdíbàjé < láì + dí + bàjẹ́.
INCORRUPTO, INVIOLADO, adj. láìbàjé.
INCREDULIDADE, s. àìsègbàgbọ́.
INCRÉDULO, adj. aláìgbàgbọ́, oníyèméjì (pessoa que duvida).
INCRÉDULO, PAGÃO, s. oníyèméjì, kèfèrí (do hausá *káfiri*).
INCREMENTAR, ADICIONAR, v. múbísí, fikún > Fi omi díẹ̀ kún – Acrescente um pouco de água.

INCRIMINAÇÃO, ACUSAÇÃO, s. ìfisùn.
INCRIMINAR, v. pèléjọ́, báwí, fisùn, kàsílọ́rùn > Ó ka ọ̀rọ̀ náà sí mi lọ́rùn – Ela me acusou disto.
INCRÍVEL, adj. kòṣégbàgbọ́, iyàlẹ́nu.
INCUBAÇÃO DE OVOS, s. ṣíṣàba, sísàba.
INCUBAÇÃO, CHOCO, s. ìsàba lórí eyin (choco sobre os ovos).
INCUBAÇÃO, s. àba.
INCUBADOR, s. èrọ ìsàba ẹyin.
INCUBAR, CHOCAR, v. sàba > Adìẹ nsàba – A galinha está chocando.
INCULTO, adj. àìkọ́.
INCUMBÊNCIA, PROPÓSITO, s. rírànṣẹ́.
INCUMBIR, DESIGNAR, v. rán > Olùkọ rán mi níṣẹ́ – O professor me incumbiu de um trabalho.
INCURÁVEL, adj. aláìníwòsàn.
INCUTIR, v. fisínú > fi ìmọ̀ràn yìí sínú – tenha este conselho em mente.
INDAGAÇÃO, BUSCA, s. ìwàdí, ìbèèrè, ìtọsẹ̀.
INDAGAR, INTERFERIR, v. bi_léjọ́.
INDAGAR, INVESTIGAR, v. wádí > Mò nwádí ọ̀rọ̀ yìí – Estou pesquisando este assunto.
INDAGAR, v. yin, bèbi > A yin in lórí ọ̀rọ̀ – Nós o indagamos sobre o assunto.
INDECÊNCIA, adj. àìnípáramọ́.
INDECENTE, s. aláìlẹ́tọ̀, aláìwuyí > ṣàìwọ́ – desagradável.
INDECENTEMENTE, adv. tèérítèérí (de modo obsceno).
INDECISÃO, DÚVIDA, s. àìṣọkànkan, ìyèméjì, àìfimọ̀ṣọ̀kan > Wọ́n tú ìyèméjì mi ká – Eles esclareceram minhas dúvidas; > Láìsí ìyèméjì – Sem dúvida alguma.
INDECISÃO, VACILAÇÃO, s. àìṣẹpinu.
INDECISO, INSEGURO, adj. kòlójú, kòṣeku kòṣeiyẹ (que não se posiciona, não ata nem desata).
INDECOROSO, adj. aláìníìtìjú.
INDEFESO, adj. aláìlódì.
INDEFINIDO, adj. láìlópin > tí kò dájú – que não é certo.

INDELÉVEL, *adj.* tí kò lè parẹ́ (lit. que não pode ser apagado).
INDELICADO, GROSSEIRO, *adj.* ọ̀yájú, láìyẹnisí, láìníbọ̀wọ̀, àìláánú, àìlógbọn ẹ̀wẹ́.
INDENIZAÇÃO, *s.* ìdáwó padà, ètùtù, èètù > owó tí a gbà – dinheiro que nós recebemos.
INDEPENDÊNCIA, AUTONOMIA, *s.* òmìnira > Mo di òmìnira – Eu me tornei livre; > Òmìnira tàbí Ikú! – Independência ou Morte!
INDEPENDENTE, *adj.* olómìnira > àìsíníkáwọ́ – não estar sob controle.
INDERRAMÁVEL, *adj.* láìtasílẹ̀.
INDESCRITÍVEL, *adj.* láìṣe àpejúwe (lit. sem fazer uma descrição).
INDESCULPÁVEL, *adj.* aláìníàwáwí, aláìníforíjì.
INDESEJADO, DESAGRADÁVEL, *adj.* láìfẹ́.
INDESEJÁVEL, *adj.* láìgbà pẹ̀lú ayọ̀ (sem receber com alegria).
INDESTRUTÍVEL, *s.* àìdójú.
ÍNDIA, *s.* Índíà (país localizado ao sul da Ásia).
INDICAÇÃO, IDENTIFICAÇÃO, *s.* ìtọ́ka, ìfihàn (revelação).
INDICADOR, MARCADOR, *s.* èlà atóka.
INDICANDO EXTENSÃO, *adv.* dòò.
INDICAR APONTANDO O DEDO, *v.* nàkasí < nà + ìka + sí.
INDICAR, ASSINALAR, *v.* fi àmìhàn.
INDICAR, MOSTRAR, *v.* júwe > Ògún júwe mi láti jẹ́ ọ̀gá rẹ̀ – Ogum me indicou para ser ogan dele.
ÍNDICE, *s.* atọ́ka.
INDIFERENÇA, *s.* àìbìkítà, àìṣúja, àíṣúsi (falta de interesse).
INDIFERENÇA, *s.* ìdágunlá, ìlósíwọ́ọ́wọ́, ìrékojá > gún èjiká – ação de mover os ombros em sinal de dúvida.
INDIFERENTE, *adj.* àfaraṣe, àfọwọ́tá, láìṣúsí, láìṣújá, aláìbìkítà.
INDIFERENTE, DESCUIDADO, *adj.* àìláníyàn.
INDIFERENTEMENTE, *adv.* jágbajàgba, táí.
INDÍGENA, NATIVO, *s.* onílẹ̀ (gente da terra).
INDIGENTE, *adj.* aláìní, akúṣẹ́ > táláká – pessoa pobre, comum.
INDIGESTÃO, *s.* àìdà-onjẹ, inúkíkùn.
INDIGESTO, *adj.* àìdẹ.

INDIGNAÇÃO, RAIVA, s. ìrunú < ru + inú.
INDIGNAÇÃO, s. ìkọnnú. Ĭbìnú, ìkannú.
INDIGNADO, adj. kannú > Ó kannú sí mi – Ele é irritante comigo.
INDIGNIDADE, s. àìfọkàntán, àbùkù, ẹ̀gàn.
INDIGNO, INCERTO, adj. sége-sége > Ó ní ìwà sége-sége – Ele tem um caráter indigno; > láìyẹ – sem dignidade.
INDIGNO, SEM CONFIANÇA, adj. láìṣe gbẹ́kẹ̀lé.
ÍNDIGO, s. ẹ̀lú (tintura azul extraída da planta *Indigofera arrecta* ou *Indigofera tinctoria*).
INDIRETAMENTE, adv. kọ́ikọ̀ikọ́i > Ó nrìn kọ́ikọ̀ikọ́i – Ele está furtivamente.
INDIRETO, adj. láìṣetààrà.
INDISCERNÍVEL, adj. láìhàn.
INDISCRETO, MAL-EDUCADO, adj. láìlóye, láìmòye < láì + mò + òye.
INDISCRIÇÃO, s. òmùgò > Ó hùwà òmùgò – Ele se comportou como uma pessoa apalermada.
INDISCRIMINADO, adj. ádárúdàpò.
INDISSOLÚVEL, adj. aláìṣeyó.
INDISPENSÁVEL, adj. tí a kò lè ṣàìní – que nós não podemos deixar de ter.
INDISPOSIÇÃO, s. àìdára, àìdáa, àìfẹ́ṣe, àìfifẹ́ṣe, àrùnkárùn.
INDISPOSIÇÃO, SONOLÊNCIA, s. ọ̀rẹ̀rẹ̀.
INDISPOSTO, ADOENTADO, adj. aláìdárayá, ṣàìsàn > àmọ́di – doença.
INDISPOSTO, INCOMODADO, adj. yọ́ọ́rọ́ > Yọ́ọ́rọ́ mú mi – Estou ligeiramente indisposto.
INDISPOSTO, PÁLIDO, adj. ràndánràndán > Òun rí mi ràndánràndán – Ela me encontrou indisposto.
INDISTINTO, CONFUSO, adj. láìyajú, bàyì-bàyì, bàì-bàì.
INDIVIDUAL, s. ẹni kọ̀ọ̀kan.
INDIVIDUALMENTE, adv. léyọléyọ > Ó ka owó léyọléyọ – Ela contou o dinheiro um por um.
INDIVÍDUO FÚTIL, s. aṣeféfé.
INDIVISÍVEL, INSEPARÁVEL, adj. láìyà, láìpín > láì lè pím – sem poder separar.
INDIZÍVEL, adj. láìsọlọ́rọ̀.

INDO E VINDO, DAQUI E DALI, *adv.* tàyúntàbọ.
ÍNDOLE, NATUREZA, *s.* ìwà-ẹ̀dá.
INDOLÊNCIA, PREGUIÇA, *s.* ìmẹ́lẹ́, ìlọ́ra, ọ̀lẹ > Ó yọ̀lẹ – Ele tornou-se preguiçoso.
INDOLENTE, PREGUIÇOSO, *adj.* nímẹ́lẹ́.
INDOLENTE, *s.* àìsáré (não ser apressado).
INDOLENTEMENTE, *adv.* súẹ́-súẹ́, súwẹ́-súwẹ́, agbẹ̀fẹ́gbẹfẹ, tiye-tiye, tẹtẹrẹ.
INDUBITAVELMENTE, SEM DÚVIDA, *adv.* láìsiyèmèjì, dájúdájú, kòdédé.
INDUÇÃO, INSTILAÇÃO, *s.* ìrogún.
INDULGÊNCIA, ISENÇÃO, *s.* àkẹ́bàjẹ́ > Ó ní àkẹ́bàjẹ́ owó ìdásilẹ̀ – Ele tem dispensa e multa.
INDULGENTE, COMPLACENTE, *adj.* kíkẹ́.
INDÚSTRIA, *s.* iṣẹ́ oníṣòwò, ilé iṣẹ́ ìṣọ̀pọ̀.
INDUSTRIAL, *s.* oníṣọ̀pọ̀ < oní + ṣe + ọ̀pọ̀.
INDUSTRIALIZAR, *v.* lágbára ìṣọ̀pọ̀ (ter o poder de muito produzir).
INDUZIR, *v.* dán_wò, sọ́_síwájú > Mo dánwò láti ṣe é – Eu fui tentado a fazê-lo.
INDUZIR AO ERRO, DESENCAMINHAR, *s.* ṣì_lọ́nà > Ó ṣì mí lọ́nà – Ele me desencaminhou.
INEFICAZ, NULO, *adj.* àìjẹ́, láìláṣẹ, láìníláárí.
INELEGÍVEL, INADEQUADO, *adj.* láìlẹ́tọ́.
INEPTO, ACANHADO, *adj.* láìlèṣe.
INEQUÍVOCO, *adj.* nímọ̀kan (pensamento único) > A nímọ̀ kan – Nós temos o mesmo pensamento.
INERENTE, *s.* àbíníbí.
INÉRCIA, INDOLÊNCIA, *s.* ìmẹ́lẹ, àìṣe (falta de ação).
INERTE, INCAPAZ, *adj.* jọ̀wọ̀lọ̀.
INERTE, SEM ATIVIDADE, *adj.* àìjáṣè.
INESGOTÁVEL, *adj.* tí kò lè lò tán (que não possa terminar).
INESPERADAMENTE, *adv.* àdédé, àìròtẹ́lẹ̀, bàrà, gìrì, gìrìgìrì, ku, pọ́nnún > Ó mú mi gìrì – Ele me pegou inesperadamente.

INESPERADAMENTE, *adv.* párá (de repente, de uma vez) > Párá ni ó dé – Foi de repente que ela apareceu.
INESPERADO, *adj.* láìretí, láìdábá < láì + dá + àbá.
INESPERADO, *adj.* láìròtẹ́lẹ̀ > àìretí – algo inesperado.
INESPRESSIVAMENTE, *adv.* sùsù, suu-suu > Ó wó sùsù – Ela olhou inexpressivamente.
INESPRESSIVO, *adj.* aláìnítúmọ̀.
INESQUECÍVEL, *adj.* láìléparé, láìgbàgbé.
INESTIMÁVEL, *adj.* láìlèdíyelé.
INESTIMÁVEL, *s.* àìledíyelé > tí a kò lè díyelé – que não podemos avaliar.
INEVITÁVEL, *adj.* tí ó gbọdọ ṣẹlẹ̀ (que deve acontecer).
INEXATO, INCORRETO, *adj.* aláìṣegééré, láìpé.
INEXISTÊNCIA, *s.* àìwà, àìsí.
INEXISTENTE, NULO, *adj.* láìsí < láì – sem + sí – forma negativa do verbo existir > Ayé kan láìsí ìwà-ìbàjẹ́ há jẹ́ àlà – Um mundo sem corrupção é um sonho.
INEXORÁVEL, IMPLACÁVEL, *adj.* láìgbẹ́bẹ̀ (que não sofre influência).
INEXORAVELMENTE, *adv.* láìdásí (sem omissão).
INEXPERIÊNCIA, *s.* àìgbógi, àìmòye.
INEXPERIENTE, *adj.* àìrírí, aláìhúyẹ́, láìmọ̀rí > láìdánwò – não provado, experimentado.
INEXPLICADO, *adj.* láìlàdí.
INEXPLICÁVEL, *adj.* láìmòdí, láì ìtúmọ̀ (sem significado).
INEXPLICÁVEL, SEM PODER AVALIAR, *adj.* láìlè ṣírò > láìrídí – sem descobrir o segredo.
INEXPLORADO, *adj.* láìwákírí (não encontrado).
INEXPRIMÍVEL, INDIZÍVEL, *adj.* láìlèsọ.
INEXTINGUÍVEL, *adj.* aláìkú (imortal) > tí a kò lè pa – que não possamos matar.
INFALIBILIDADE, *s.* àìlèṣìn.à
INFALÍVEL, FIRME, *adj.* láìfisílẹ̀, láìkúnà, láìlèṣínà < láì + lè + ṣì + ọ̀nà.
INFALÍVEL, SEM ERRO, *s.* àìkùnà, láìṣìṣe, láìjìnà.
INFAME, *adj.* fífibú, fífigégun.

INFÂMIA, s. ìwàbúburú, ègàn > gàn – desprezar.
INFÂNCIA, s. ọmọdé > Ìgbà ọmọdé mi – Meu tempo de criança.
INFANTARIA, s. ọmọ ogun ẹlẹ̀sẹ̀.
INFANTICÍDIO, s. pípa ọmọ-ọwọ́.
INFARTO DO MIOCÁRDIO, s. ọkàn gbígbokìtì.
INFATIGÁVEL, s. àìṣàárẹ̀, àìsú < àì – não + sú – cansar, incomodar.
INFATIGÁVEL, adj. láìṣàárẹ̀ > láìsimi – sem descanso.
INFANTIL, adj. bí ọmọdé, tọmọdé > Tọmọdé tàgbà – Ambos, o jovem e o velho.
INFANTILMENTE, adv. gẹ́gẹ́bí ọmọdé kékeré (lit. como criança pequena).
INFECÇÃO CUTÂNEA, s. kúrùpá, làpálàpá.
INFECÇÃO, CONTÁGIO, adj. aranni, àfomọ́, àkóràn, ìkóràn, ìkárùn, ìnfẹ́ksọ̀n (do inglês *infection*).
INFECCIOSO, adj. àrànmú, ríràn.
INFECTAR, CONTAGIAR, v. kó_ràn, mú_lárún, gbèèràn > Ó àrún náà ràn mí – Ele me infectou com aquela doença.
INFECUNDO, adj. yàgàn (estéril) > Ó yàgàn – Ela é estéril.
INFELICIDADE, INFORTÚNIO, s. àgbálù, àgbákò.
INFELIZ, adj. láìní órire, láìní àláàfíà > láìlógo < láì – sem + l – ter + ógo – glória, honra.
INFERIOR, s. àìdùn, ahẹrẹpẹ (de pouca qualidade).
INFERIOR, PARTE DE BAIXO, s. ìsàlẹ̀, abẹ́.
INFERIORIDADE, s. kíkéré jù, àìníláárí.
INFERNO, s. ọ̀run àpáìdì.
INFÉRTIL, s. àgàn > àgàn-ènìà – pessoa estéril.
INFERTILIDADE, adj. àgàn yíyà.
INFESTAR, PERTURBAR, v. yọ_lẹ́nu > Ìròhìn yìí yọ mí lẹ́nu – Essa notícia me perturbou.
INFIDELIDADE, s. ìdàlẹ̀, ọ̀dàlẹ̀, àìgbàgbọ́, àgbèrè.
INFIEL, DESLEAL, adj. láìlòótó < láì ní òótọ́.
INFIEL, INJUSTO, adj. láìtọ́.
INFIEL, TRAIÇOEIRO, s. afinuṣe-ajere.

INFINIDADE, *s.* àìlópin.
INFINITESIMAL, *adj.* àìṣeéfojúrí.
INFINITO, *adj.* láìlópin, *s.* àìlópin, títí láìláí, títí ayéraye.
INFINITO, INUMERÁVEL, *s.* àìníye.
INFLAMAÇÃO DO SEIO, *s.* ọmù wíwú.
INFLAMAÇÃO, FRIEIRA, *s.* kányán, káyún > Báwo ni káyún náà ṣe mú u? – Como ele pegou a inflamação?; > wíwú – inchação.
INFLAMAÇÃO VAGINAL, *s.* òbò wíwú.
INFLAMAÇÃO, *s.* ìgbinnikún, àkàndùn (panarício, unheiro).
INFLAMADO, ULCEROSO, *s.* kíkẹ̀ > Egbò náà kíkẹ̀ – O ferimento inflamou.
INFLAMAR, PIORAR, *v.* kẹ̀ > gbinníkún – supurar um tumor.
INFLAMÁVEL, *s.* ìgbiná (ato de acender o fogo) > fijóná – queimar.
INFLAMÁVEL, COMBUSTÍVEL, *adj.* kikún > finásí – atear fogo.
INFLAR, SOPRAR, *v.* fọn > Ó fọn fèrè – Ele tocou flauta.
INFLEXÃO, *adj.* ìwọ̀, ìwọ́.
INFLEXIBILIDADE, *s.* ìlóríkunkun (obstinação).
INFLEXÍVEL, *adj.* láìlètẹ̀ > tí kò lè tẹ̀ – que não pode curvar.
INFLIGIR, *v.* jẹ_níyà > Ó jẹ mí níyà – Ela me puniu.
INFLUÊNCIA, *s.* ipásisà, agbàrà (força, autoridade).
INFLUENCIAR, *v.* gbàláyà.
INFORMAÇÃO, COMUNICAÇÃO, *s.* ìbádámọ̀ràn.
INFORMAÇÃO, *s.* ìwífún, ojúlùmọ̀.
INFORMAÇÃO PRIVADA, *s.* obó (dica, palpite).
INFORMANTE, *s.* olóbó, ẹnití sọrọ, olófófó > amí – olheiro.
INFORMAR, *v.* mú_yé, sọ̀rọ̀ fún > Ó mí iṣẹ́ yìí yẹ fún wa – Ele fez este trabalho satisfatório para nós.
INFORTÚNIO, DESVENTURA, *s.* àdébá, àmúwá, àrínkò, túláàsì, ìjàmbá.
INFRAÇÃO, *s.* ìlùfin.
INFRINGIR, *v.* dákojá, ṣàigbọ́ràn > ìrúfin – transgressão, omissão da lei.
INFRUTÍFERO, *adj.* láìléso (sem resultado).
INFRUTÍFERO, ARIDEZ, *s.* àìléso.

INFRUTÍFERO, ESTÉRIL, adj. làìní èso.
INFUNDADO, adj. láìnídí, àìlẹ́sẹ̀nlẹ̀ (sem fundamento).
INGENUIDADE, s. àìpẹ́gba-nkangbọ́.
INGÊNUO, TOLO, adj. dànì-dani.
INGESTÃO, DEGLUTIÇÃO, s. jíjẹ (comida pronta para comer).
INGLATERRA, s. Ìngílándì (do inglês *England*).
INGLÊS, s. gẹ̀ẹ́sì (do inglês *english*).
INGLORIOSO, adj. láìlógo (sem glórias).
INGOVERNÁVEL, adj. láìlákóso (sem controle) > tí kò lè ṣe àkóso rẹ̀ – que não podem fazer o governo dele.
INGRATIDÃO, s. àìmoore, ìjẹsẹ́, àìlópẹ̀, àìṣopẹ́ (falta de reconhecimento).
INGRATO, adj. aláìdúpẹ́, aláìlópẹ́, láìláánú, àìdúpẹ́, láìlópẹ́ > àjẹsẹ́ – aquele que é ingrato.
INGRATO, s. afibi-san-oore, afibisú-olóore > kómọra – pessoa ingrata.
INGREDIENTE, s. nkan èlò.
ÍNGREME, adj. dídàgẹ̀rẹ́.
INGRESSO, ENTRADA, s. ìwé ìyọ́ọ́da, ìwé ami, ìwé ìjẹ́wọ́, tíkítí (do inglês *ticket*).
ÍNGUA, s. pẹ́tẹ́lẹ́ (inchação na virilha).
INGUINAL, s. abẹ́nú.
INHAME AQUÁTICO, s. àgbódo.
INHAME DOCE, s. àbàjẹ.
INHAME FRESCO, s. ẹ̀gbodò.
INHAME FRITO, s. dùndú.
INHAME PARA PLANTIO, s. ìpaṣu (corte feito para o plantio).
INHAME PILADO, s. iyán.
INHAME (TIPOS), s. kòbílẹ̀dó, ọdó, papẹ́-papẹ́, ìgangán, àlọ̀, àgándán, àgbádá, àgìnìdà.
INHAME, s. iṣu > délè – comida de inhame.
INHAME, s. tantasí (deixado no chão para brotar).
INIBIÇÃO, s. ìfàsẹ́hìn, ìdílọ́wọ́.
INICIAÇÃO, INÍCIO, s. Ìbẹ̀rẹ̀ > Ìrantí ìbẹ̀rẹ̀ òrìṣà mi – Lembrança de minha iniciação.

INICIADO AO ORIXÁ – INIMIGO PÚBLICO

INICIADO AO ORIXÁ, *s.* adósù < a + dá + òsù (elemento utilizado na iniciação mas que possui este significado); elégùn – aquele que tem o privilégio de ser adotado pelo Òrìsà; > ìyàwó – denominação usada de uma pessoa iniciada nos Candomblés; > Ìyàwó ti jáde léèméta – O iniciado saiu três vezes (lit. *ìyàwó* – significa esposa mais nova).

INICIADO, *s.* ìsésó < sé + osó (rituais de magia).

INICIADOR, PIONEIRO, *s.* àpilèse.

INICIALMENTE, *adv.* àkó (prefixo para indicar o início de alguma coisa).

INICIALMENTE, *adv.* látètèkóse > nísáájú – antes, primeiramente > Mo fi díè sáájú rè dé ilé Òjó – Eu cheguei um pouco antes de ele chegar à casa de Ojô.

INICIANTE, NOVIÇO, *s.* ènìà titun > ògbèrì – pessoa incapaz, não iniciada nos mistérios da religião.

INICIAR ALGO COM, *v.* fi_bèrè > A fi obì bèrè orò – Nós usamos obì e começamos o ritual.

INICIAR, COMEÇAR, *v.* fimò, pilèsè, bèrè > Aquele que se inicia – Olùbèrè.

INICIAR EMPREENDIMENTO, *v.* fesè_lélè > Ó fesèlé lè – Ele começou um empreendimento (lit. ele colocou o pé no chão); Ó fesè isé yìí lélè – Ele começou o trabalho nisto.

INICIAR NO CULTO IFÁ, *v.* tè_fá > Wón tè mí nífá – Eles me iniciaram no culto a Ifá; > itefá – iniciação a Ifá.

INICIAR UMA BATALHA, *v.* sígun < sí + ogun.

INICIAR UMA VIAGEM, *v.* fònsónà < fòn + sí + ònà.

INICIAR-SE EM FEITIÇARIA, *v.* sésó < sé + asó > Àwa sésó – Nós fomos iniciados em feitiçaria.

INÍCIO, COMEÇO, *s.* àkókó > ìgbà àkókó – primeiro tempo.

INÍCIO DE ALGO, *s.* àtètèkóse, àtètèse > ìbèrè, ìpilèsè – começo, origem.

INIGUALÁVEL, *adj.* láìlégbèra (sem igual).

INIMIGO, ADVERSÁRIO, *s.* òtá > elénìnì – agentes do mal > Orí kúnlè o yàn elénìnì ó je k'o se é – Orí ajoelhou-se para escolher o seu destino, os espíritos do mal o impediram de fazê-lo.

INIMIGO PÚBLICO, *s.* adálórú, jà ndùkú.

INIMITÁVEL, *adj.* tí kò ṣe farawé (lit. que não faz imitação).
INIMIZADE, *s.* ọ̀tá > Ó bá mi sọ̀tá – Ele se tornou meu inimigo.
ININTERRUPÇÃO, *s.* àìdáwọ́dúró (continuidade).
ININTERRUPTO, *adj.* àìdá, láìdúró.
INIQUIDADE, *s.* àìṣedédé (desigualdade).
INJEÇÃO, *s.* abẹ́rẹ́ gbígbà – agulha aceitável.
INJETAR, *v.* fi_sínú > gba abẹ́rẹ́ – aceitar a agulha.
INJÚRIA, OFENSA, *s.* oṣẹ́, ìkà, ìfarapá (lesão moral).
INJURIOSO, CALUNIOSO, *adj.* níbàjẹ́.
INJUSTAMENTE, SEM RAZÃO, *adj.* lása-lásan, pẹ̀lú ìṣìnà.
INJUSTIÇA, *s*, àìṣedédé, àìṣòdodo, àìṣòótọ́.
INJUSTIFICÁVEL, *adj.* láìlégbè > tí a kò lè dálára rárá – que nós não podemos justificar, nunca.
INJUSTO, *adj.* láìṣòótọ́.
INJUSTO, PARCIAL, *adj.* láìṣòdodo < láì + ṣe + òdodo.
INOBSERVÂNCIA, *adj.* aláìkíyèsí.
INOBSERVANTE, *adj.* láìṣọ́ra (sem precaução).
INOBSERVÁVEL, *adj.* láìlèkíyèsí (imperceptível).
INOCÊNCIA, INDULGÊNCIA, *s.* àìlẹ́bi.
INOCÊNCIA, *s.* àìgbèṣè, àìlábúkú.
INOCENTAR, *v.* fi àrefún > Ó fi àre fún mi – Ele deu um veredicto a meu favor.
INOCENTE, ÉTICO, *adj.* aláìlábàwọ́n, láìní-báwí, láìlẹ́ṣẹ̀, láìlégàn.
INOCENTE, *s.* àre (absolvido por julgamento) > Ó fi àre fún mi – Ele deu absolvição para mim.
INOCENTE, SEM CULPA, *s.* àìjèbi.
INOCULAÇÃO, INJEÇÃO, *s.* ìgúnbẹ́rẹ́.
INOCULAR, VACINAR, *v.* bupá.
INÓCUO, INOCENTE, *adj.* aláìléwu.
INODORO, *adj.* aláìlóórùn > láìní òórùn – sem ter odor.
INOFENSIVO, *adj.* aláìléwu, tujú (moderado) > tí kò ní ìpalára – que não tem risco.
INOFENSIVO, SEM PERIGO, *adj.* láìléwu < láì + ní + ewu.

INOPORTUNO, *s.* àbẹ̀ìyannu, aláìwúlò, láìníyè.
INORGÂNICO, *adj.* aláìèèdú.
INÓSPITO, *adj.* láìfẹ́ àlejò (sem hospitalidade).
INOVAÇÃO, NOVO COSTUME, *s.* ayídà, ìdáwọ́lé, ìdásà < dá + àṣà.
INOVAR, *v.* dárà, ṣetuntun > Ó dárà – Ele fez uma proeza, ele inovou.
INOXIDÁVEL, *s.* àìdógun (sem ferrugem).
INQUEBRÁVEL, *s.* abọ́máfọ́ (o que cai e não quebra).
INQUÉRITO, BUSCA, *s.* ìtọsẹ̀, ìlọ̀ > Ó kìlọ̀ fún mi = Ó kì mí nílọ̀ – Ele me fez uma advertência; < kì + ìlọ̀.
INQUESTIONÁVEL, *adj.* láìlèdálóhùn (conclusivo) > aláìníbéèrè – sem pergunta.
INQUIETAÇÃO, *s.* àìsimi, àìsinmi (sem descanso).
INQUIETAÇÃO, AFLIÇÃO, *s.* àníyàn, àìfọtànbalẹ̀, afiyèsí.
INQUIETAR, ATORMENTAR, *v.* lálàsí, yọlẹ́nu.
INQUIETO, IRREQUIETO, *adj.* wàì-wàì, wọ́nran, ṣàìfarabalẹ̀, láìtòrò > Ó nṣe wọ́nran – Ele está parecendo inquieto; > ṣàníyàn – ser preocupado.
INQUIETUDE, *s.* àìrelẹ̀, kilànkilo, áìgbéjẹ́ẹ́.
INQUILINO, *s.* ayálégbé > ẹní tí ó háyà ilé láti gbé – aquele que aluga casa para morar.
INQUIRIÇÃO, *s.* ìbíléèrè (questionamento).
INQUIRIR, *v.* bèèrè, wádí.
INQUISIÇÃO, *s.* ìtọsẹ̀ nípa òfin (inquérito sobre a lei).
INQUISITIVO, *adj.* wíwádí, títọsẹ̀ (questionador).
INSACIÁVEL, *s.* àjóòkú, láìtẹ́lọ́rún, àjóòkú.
INSANIDADE, DEMÊNCIA, *s.* àìpéníyè.
INSALUBRE, *adj.* léérí, àìmọ́ < àì – não + mọ́ – estar limpo.
INSANO, PIRADO, *adj.* ràndánràndán, ṣiwèrè.
INSATISFAÇÃO, *s.* àìnítẹ́lọ́rùn, àìtẹ́lọ́rùn, àìtẹ́rùn.
INSATISFATÓRIO, *adj.* ṣàìtẹ́rùn < ṣàì – prefixo negativo + tẹ́rùn – satisfatoriamente.
INSATISFEITO, *adj.* láìnítẹ́lọ́rùn.
INSEGURO, *adj.* kòlójú (que não ata nem desata).

INSCREVER-SE, *v.* forúkọsílẹ̀ < fi + orúkọ + silẹ̀ (matricular-se).
INSCRIÇÃO, *s.* àkọlé.
INSEGURO, *adj.* gẹgẹrẹ > léwu – perigoso.
INSEGURO, INSTÁVEL, *adj.* láidúró níbikan > láifi ẹsẹ̀ múlẹ̀ – sem firmeza.
INSEMINAÇÃO, *s.* igbàtọ̀ àtọwọ́dá – sem contato sexual; > ìfúnnilóyùn àtọwọ́dá – inseminação artificial.
INSENSATAMENTE, *adv.* bóti-bòti, mọ́ra-mọ̀ra.
INSENSATEZ, *s.* àibójuwò (desatenção).
INSENSATO, DESATINADO, *adj.* ṣìwèrè, aláìgbọ́n.
INSENSIBILIDADE, *s.* ìkúra, àìkáánú (não se compadecer).
INSENSÍVEL, IMPASSÍVEL, *adj.* aláìláànú, dájú, ọlókànlile, gígọ̀ > láìfà ọkàn ẹni – sem seduzir o coração da pessoa, sem se influenciar.
INSENSÍVEL, INABALÁVEL, *adj.* láìgbẹ́bẹ̀ < láì + gbọ́ + ẹ̀bẹ̀; > àgunlá – indiferença por alguém.
INSEPARÁVEL, *adj.* láìlèyà > yàsọ́tọ̀ – separar, colocar à parte > Ó yà wọ́n sọ́tọ̀ – Ela os separou um do outro.
INSEPARAVELMENTE, *adv.* láìlà.
INSERÇÃO, INCLUSÃO, *s.* ìtìbọnú, tìbọ̀ – introduzir > Ó torí bọ̀ ọ́ – Ele interferiu nisto < tì + orí + bọ̀.
INSERIR FIO NO TEAR, *v.* taṣọ, títa.
INSERIR, COLOCAR, *v.* fi_sínú (uma coisa dentro de outra).
INSERIR, INTRODUZIR, *v.* bàpò > Ó ṣe é fi òkúta bàpò – Ela o fez usar a pedra dentro do bolso.
INSERIR, *v.* mú_sínú (colocar dentro).
INSETICIDA, *s.* ẹ̀là apakòkórò (lit. substância química que mata micróbio).
INSETÍVORO, *s.* ajẹkòkórò (que come insetos).
INSETO, *s.* àmúkùrù (que se cria na árvore de ìrokò).
INSETO QUE PICA, *s.* tanitani.
INSETO VOADOR, MARIPOSA, *s.* àfòpiná.
INSÍGNIA, CORRESPONDÊNCIA, *s.* ìhámọ́ra.
INSÍGNIA, *s.* àmì, ọ̀págun (estandarte).

INSIGNIFICÂNCIA, *s.* yinkíní, àìtó-nkan.
INSIGNIFICANTE, *adj.* géréjé, kèrè, láìní láárí > yẹpẹrẹ – vulgar.
INSIGNIFICANTEMENTE, *adv.* yẹ.
INSINCERIDADE, *s.* ẹ̀tàn, àìṣọ́ọ́tọ́.
INSINCERO, *adj.* lẹ́tàn, láìṣòótọ́.
INSINUAÇÃO, PALPITE, *s.* obó, ifẹnubà, ìyọ́wí.
INSINUAR, CONTESTAR, *v.* jákoro, fẹnubà, dáso, yọ́wí.
INSINUAR, DAR INDIRETAS, *v.* lukoro, lukoromọ́, ṣúnnasí.
INSÍPIDO, DE MAU GOSTO, *adj.* àtẹ́, bùtà.
INSÍPIDO, SEM GOSTO, *s.* àìládùn, láìládùn > ládùn – saboroso.
INSISTÊNCIA, *s.* àbẹyannu.
INSISTIR, *v.* tẹnumọ́ > Àwa tẹnu mọ́ lílọ rẹ – Nós insistimos na sua ida.
INSOLÊNCIA, *s.* àfojúdi (impertinência).
INSOLENTE, ATREVIDO, *adj.* láfojúdi > Ó láfojúdi – Ele é impertinente.
INSOLVENTE, *adj.* láìlè san gbèsè (lit. sem poder pagar uma dívida).
INSONDÁVEL, *adj.* àìnísàlẹ̀.
INSÔNIA, *s.* àìlèsùn.
INSOSSO, *adj.* aláìládùn.
INSPEÇÃO, *s.* ìbẹ̀wọ̀ > àwòká – olhar em volta.
INSPECIONAR, ENCARREGAR, *v.* bojúwò < bẹ̀ + ojú + wò, bojútó < bù + ojú + tó.
INSPETOR DE SAÚDE, *s.* wolé-wolé.
INSPETOR ESCOLAR, *s.* àbèwò ọmọlójú.
INSPETOR, GERENTE, *s.* alábojútó, alábojúwò.
INSPETOR, *s.* olùbẹ̀wò, gbági, gbágimọ́lẹ̀ (superintendente).
INSPIRAÇÃO, IDEIA BRILHANTE, *s.* porípọ̀, finúkonú.
INSPIRAÇÃO, *s.* ọ̀rọ̀ tí ó fún ní ìmọ̀ràn rere – palavras que dão um bom conhecimento.
INSPIRAÇÃO, *s.* ìmísínú (ato de colocar ar nos pulmões) > mísí – inspirar.
INSPIRAR, IMBUIR, *v.* ṣíníyè > Ó ṣí mi níyè – Ela me inspirou.
INSTABILIDADE, *adj.* aláìjókó (que não para num lugar).
INSTABILIDADE, *s.* àìdúró (o fato de não estar de pé).
INSTALAÇÃO, INDUÇÃO, *s.* ìwúyẹ̀.

INSTALAR, *v.* kójọ, gbárajọ (juntar, reunir) > Wọ́n gbárajọ láti sọ̀rọ̀ – Elas se reuniram para conversar.
INSTALAR-SE, HOSPEDAR-SE, *v.* wọsí, wọtì.
INSTANTANEAMENTE, *adv.* bíantiwíyí, bíidága, lójúkannáà, také-také, lẹ́sẹ̀kẹsẹ̀.
INSTANTÂNEO, *adj.* lẹ́sẹ̀kannáà, lójúkannáà.
INSTANTE, *adj.* láìdúró.
INSTÁVEL, INQUIETO, *adj.* àìrọsẹ̀ > láìdúró – persistente.
INSTIGAÇÃO, IMPULSO, *s.* ìdẹsí.
INSTIGADOR, *s.* aládásí.
INSTIGAR UMA DISPUTA, *v.* súnná (alimentar briga) > Ó súnná sí ọ̀rọ̀ náà – Ele botou fogo naquela discussão.
INSTIGAR, ESTIMULAR, *v.* gún_níkẹ́sẹ́ > Ó gún mi ní kẹ́sẹ́ – Ela me estimulou.
INSTIGAR, INCITAR, *v.* sún_jà, dẹ_sí > Ó dẹ wọ́n sí olófófó – Ele os incitou contra o fofoqueiro.
INSTILAÇÃO, INDUÇÃO, *s.* ìrogún.
INSTINTO, *s.* ìfura > ọgbọ́n inú – cultura interior, sabedoria.
INSTITUIÇÃO, *s.* ìdásílẹ̀, ìgbékalẹ̀ (ato de começar um projeto).
INSTITUIR, *v.* dá_sílẹ̀ > Ìyá mi dá Ilé àṣẹ yìí sílẹ̀ – Minha mãe fundou esta casa religiosa; > bẹ̀rẹ̀ – iniciar, ìbẹ̀rẹ̀ – início.
INSTITUTO, *s.* ilé ẹ̀kọ́.
INSTRUÇÃO, GUIA, *s.* ìtọ́ni > Rí ìtọ́ni, o sì tẹ̀lé e – Veja as instruções e as siga.
INSTRUÇÃO, *s.* ìkọ́lẹ́kọ́, ìkọ́ni, ìlàsílẹ̀ > ẹ̀kọ́ – aula > Òní ní ẹ̀kọ́ nípa àìyé – Hoje tem aula de geografia; > àìkọsẹ̀ – aprendiz, não instruído.
INSTRUÍDO, *adj.* lẹ́kọ́ > Ó kọ́ mi lẹ́kọ́ – Ele me instruiu; > akẹ́kọ́ – estudante.
INSTRUIR, *v.* kọ́ > ẹ̀kọ́ – aula, ìkọ́ni – instrução.
INSTRUMENTAÇÃO, *s.* irinṣẹ́ lílò (ferramenta de trabalho de uso).
INSTRUMENTO, *s.* ohun elò, ẹ̀rọ.
INSTRUMENTO DE GUERRA, *s.* ohun-ogun.
INSTRUMENTO DE OBSERVAÇÃO, *s.* ẹ̀rọ àyẹ̀wò, ẹ̀rọ àbẹ̀wò.

INSTRUMENTO DE SOPRO, s. fami-fami.
INSTRUMENTO MUSICAL, s. kàkàkí, fèrè (flauta hausá).
INSTRUMENTO MUSICAL, s. sẹ̀kẹ̀rẹ̀, sẹ̀rẹ̀ (tipo de cabaça de pescoço longo com búzios).
INSTRUMENTOS DE FERRO, s. sègún (tocados juntos para saudar).
INSTRUMENTOS DE FERRO, arọ́-àgbẹ̀dẹ (em serralheria).
INSTRUTOR, s. akọ́ninísẹ́ (instrui num determinado ofício), olùkọ́, tísà (do inglês *teacher*).
INSUBMISSO, adj. láiforíbalẹ̀ (que não se submete).
INSUBORDINAÇÃO, s. àinítẹríba.
INSUBORDINADO, adj. láìgbọ́nràn, láìní itẹríba > sàìgbóràn – ser desobediente.
INSUCESSO, SEM ÊXITO, s. àìlóríyìn.
INSUFICIENTE, adj. láìtó, láìtónkan, sàìtó.
INSUFICIENTE, DEFICIENTE, s. àjànbàkù.
INSUFICIENTEMENTE, adv. yọyọ, kòtìtó, kòìtó, kòtó (não o bastante) > Kò ì tó àkókò – O tempo não é suficiente.
INSULTAR, OFENDER, v. bú > mi ò bú ọ – eu não o insultei.
INSULTO COMPLETO, s. àbútán.
INSULTO, IMPERTINÊNCIA, s. ìwọsí.
INSULTO, OFENSA, s. àgbéré, bíbú, èébú > Bíbú lo fi ọmọ rẹ bú – Você ofendeu o filho dela.
INSULTO, s. jìwàràjiwara, jùwàràjuwara (um termo grosseiro).
INSUPORTÁVEL, adj. laìlègbè, láìsegbé > tí a kò lè faradà – que não podemos suportar.
INSURREIÇÃO, REVOLUÇÃO, s. ìsọtẹ̀, ìrúlú <rú + ìlú.
INTACTO, s. ọ̀tọ̀tọ̀ (que não foi usado).
INTEGRAL, s. ìkópọ̀.
INTEGRALMENTE, adv. tekẹ́tilẹ̀.
ÍNTEGRIDADE, s. ìwà òtítọ́.
ÍNTEGRO, SAGRADO, adj. mímọ́.
ÍNTEGRO, JUSTO, adj. ní òdodo, lótítọ́.
INTEIRA, adj. àgbá > Àwa sọ̀rọ̀ àgbá ìlú – Nós falamos para a cidade inteira.

INTEIRAMENTE, adv. àpatán, fáufáu, fágá-fágá, gúdúgúdú, lúúlú, búru--búru, bánbán, pátápátá, pirápirá, po, pongà, ré̩ú-ré̩ú, túútú, yán-yán > Ó pa wó̩n yán-yán – Ele os aniquilou inteiramente; > gbè̩rè̩gè̩dè̩ – amplamente.

INTEIRO, ÍNTEGRO, adj. láìbù, láìbùkù.

INTEIRO, COMPLETO, adj. àìbu, òdìdì, gbogbo, òdìndì (total de qualquer coisa).

INTELECTO, CONHECIMENTO, s. òye, o̩gbó̩n, ìmò̩ > O̩gbó̩n kì í ̩se ti e̩ni kan s̩os̩o – A sabedoria não pertence a uma pessoa somente.

INTELECTUAL, adj. òjògbó̩n.

INTELIGÊNCIA, ESPERTEZA, s. ìmíragìrì, ìmúgìrì.

INTELIGÊNCIA, SABEDORIA, s. òye > Fi òye hàn – Seja compreensivo.

INTELIGENTE, HÁBIL, adj. gbígbó̩n.

INTELIGENTE, SÁBIO, adj. nímò̩, olóye.

INTELIGENTEMENTE, adv. tòye-tòye (com compreensão).

INTEMERATO, s. àìbè̩rù (destemido).

INTENÇÃO, s. àkójá, ìmò̩mò̩s̩e (vontade própria) > À nrí s̩ás̩á àkójá rè̩ – Nós estamos vendo claramente a intenção dela.

INTENÇÃO, IMAGINAÇÃO, s. èrò, ète > Mo ní èrò òun kì ó wá – Eu tenho ideia de que ela não virá.

INTENÇÃO MALDOSA, s. ìs̩ekús̩e.

INTENCIONALMENTE, adv. lámò̩mò̩s̩e.

INTENSAMENTE, adv. biribiri, dùdù, kànnà-kànnà, kùju, lálá, láúláú, nàkànnàkàn, kànnà-kànnà, rè̩bè̩tè̩, s̩ùs̩ù > Ó pó̩n rè̩bè̩tè̩ – Ele é intensamente vermelho; janjan – usado para o calor do sol ou da água > Òní gbónájanjan – Hoje está excessivamente quente.

INTENSIDADE, FORÇA, s. agbára, ipá.

INTENSIVAMENTE, adv. àféjù.

INTENSO, adj. biribiri, kíkan > Òun ní ìfé̩ biribiri fún mi – Ele tem um amor intenso por mim.

INTERAÇÃO RECÍPROCA, s. às̩epò̩.

INTERAÇÃO, s. ìbàlò, abás̩epò̩ (influência mútua).

INTERCAMBIÁVEL, adj. s̩ís̩eépààrò̩.

INTERCÂMBIO, PERMUTA – INTERIOR

INTERCÂMBIO, PERMUTA, s. pàsípààrọ̀.
INTERCEDER, v. bẹ̀, sìpẹ̀ > Ó sìpẹ̀ fún mi – Ela intercedeu por mim.
INTERCEPTAÇÃO, s. dí ọ̀nà.
INTERCEPTAR, v. dá_dúró, dí_lọ́wọ́ > O dí mi lọ́wọ́ láti sisẹ́ – Você interrompeu o meu trabalho.
INTERCESSÃO, MEDIAÇÃO, s. ẹ̀bẹ̀ > Ó kọ ẹ̀bẹ̀ mi – Ele recusou o meu pedido; > àgbàwí – mediador.
INTERCESSOR, s. ẹlẹ́bẹ̀, onílàjà, onípẹ̀ (aquele que intercede).
INTERDITAR, EMBARGAR, v. dá_lẹ́kun, dá_dúró > Ó dá mi lẹ́kun – Ele me proibiu de fazer.
INTERESSANTE, adj. sunwọ̀n (agradável) > Èyí ni sunwọ̀n – Isto é interessante.
INTERESSAR-ME, v. kànmí (dizer respeito à pessoa) > Isẹ́ àti orò kàn mí – Trabalho e obrigação me interessam.
INTERESSE, USURA, s. owó-èlé.
INTERESSE, VANTAGEM, s. ànfàní > Àìní ànfàní tó – Não ter vantagem o suficiente
INTERFERÊNCIA, s. ìfàsẹ́hìn, ìdílọ́wọ́ > ìdíwọ́ – contratempo.
INTERFERIR, APARTEAR, v. gbẹ́nu, fẹnu (ter voz em uma discussão) > Ó gbẹ́nu sí ọ̀rọ̀ mi – Ele interrompeu minhas palavras; > Fẹnu fún mi kí mo sọ̀rọ̀ – Um aparte para mim permita que eu fale.
INTERFERIR, IMPEDIR, v. dí_lọ́wọ́, se ìdíwọ́ > Má se ìdíwọ́ – Não interfira.
INTERFERIR, PARTICIPAR, v. dásí, sụ́sí > Ó sụ́sí ọ̀rọ̀ náà – Ele interferiu com um comentário.
INTERFERIR, SE METER, v. rù_dé > Ó ru imú rẹ̀ dé – Ele meteu o nariz dele no assunto dos outros.
INTERFERIR, v. tẹnubọ́, toríbọ̀, tojúbọ̀, biléjọ́.
INTERIOR DE REGIÃO, s. ilẹ̀ òkè, ìlú òkè.
INTERIOR RUIM, PERVERSO, s. inúbúburú.
INTERIOR, s. inú (é usado no sentido de expressar algo íntimo) > Inú mi dùn láti rí ọ – Estou feliz por ver você; > Iní mi bàjé – Estou aborrecido (lit. meu interior está estragado); > inú ilé – interior da casa.

INTERJEIÇÃO, *s.* ẹka ọrọ̀ ìyanu (parte da palavra que surpreende – yà + ẹnu – abrir a boca).
INTERMEDIAR, *v.* bọ́sáàrin (posicinar entre um e outro).
INTERMEDIÁRIO, *s.* alárobọ̀.
INTERMINÁVEL, *adj.* àìdábọ̀, láìpin.
INTERMISSÃO, **INTERVALO**, *s.* isinmi, dẹ́sẹ̀dúró.
INTERMITENTEMENTE, *adv.* ṣérẹ́ṣéré.
INTERMITENTE, *adj.* ó dúró, ó tún nlọ (lit. ele permanece, e novamente ele vai).
INTERNACIONAL, *adj.* àárín-orílẹ̀.
INTERNO, **PRESIDIÁRIO**, *s.* alábágbé.
INTERNO, *s.* inú > agbára inú – energia interna, ìṣù-iná inú – calor interno.
INTERPOR, **INTERVIR**, *v.* bọ́sí àárín.
INTERPRETAÇÃO, *s.* àwíyé.
INTERPRETADO, *adj.* gbígbàsọ.
INTERPRETAR, *v.* sàgbàsọ (falar em favor de alguêm) > Ó gba ọ̀rọ̀ náà sọ fún mi – Ele falou em meu nome, ele defendeu minha causa.
INTÉRPRETE, *s.* ògbifọ̀, tàpítà, agbọ́ọ̀rọ̀sọ, ògbifọ̀, agbọ̀fọ̀ < a + gbọ́ + ọfọ̀.
INTÉRPRETE, **TRADUTOR**, *s.* gbédègbéyọ̀.
INTERROGAÇÃO, *s.* ìbéèrè, àbéèrè > àmì ìbéèrè – ponto de interrogação.
INTERROGAR, *v.* bèèrè, bèbi > Ò nbèèrè kan míràm – Você está perguntando outra coisa. *Obs.*: o – você, antes de verbo no gerúndio, toma um tom grave.
INTERROGATÓRIO, *s.* ìbíléèrè.
INTERROMPER, *v.* dá_mọ́ lójú, bọ_lóhùn (apartear alguém falando) > Ó bọ mí lọ́hùn – Ele interrompeu-me (lit. Ele interrompeu minha voz).
INTERROMPER, *v.* yọ_hùn, yọ_lóhùn (usando a palavra para provocar) > Ó yọ mí lóhùn – Ele deu uma ordem para me provocar.
INTERRUPÇÃO, *s.* ìyọlẹ́nu, ìdílọ́wọ́, ìdíwọ́ (obstáculo).
INTERSTÍCIO, **SEPARAÇÃO**, *s.* pàlàpolo.
INTERVALO, *s.* àyè-àárín, ọsa, ìdáyí (espaço de tempo).

INTERVENÇÃO, s. ìlàjà.
INTERVIR, ENVOLVER-SE, v. tẹsẹ̀bọ̀ < tì + ẹsẹ̀ + bọ̀ > Ó tẹsẹ̀bọ̀ pẹ̀lú obìnrin míràn. – Ele envolveu-se com outra mulher; > là_jà – reconciliar.
INTERVIR, v. sálù, sábà (interferir no interesse de alguém).
INTESTINO DE ANIMAL, s. àbọ̀ọ̀dí (tripa, bucho).
INTESTINO, s. ìfun, ìwọ́rọ́kù, sàki > ífun wíwú – inflamação do intestino.
INTIMAMENTE, adv. gírí, régí, régírégí, tímọ́tímọ́ > Ó kín tímọ́tímọ́ – Ela está intimamente próxima.
INTIMAÇÃO, s. ìkédè, àkíyèsí > Ìwé àkíyèsí – Um comentário para informar o público.
INTIMAR, CONVOCAR, v. fi agbárapè.
INTIMIDAÇÃO, s. ìdáyàfò.
INTIMIDADE, ATRAÇÃO, s. ìfamọ́ra, ìfaramọ́ra, sọ̀kẹ̀sọ̀kẹ̀ > ìbárẹ́ – dedicação, ọ̀rẹ́ tímọ́tímọ́ – amizade íntima.
INTIMIDAR, v. fojúle, dẹ̀rùbá (amedrontar).
ÍNTIMO, adj. nínúnínú.
INTINERANTE, ERRANTE, s. akiri, aláhrìnká-kiri.
INTOLERÂNCIA, s. àìrójú > àìṣeéfaradà – não o suporto.
INTOLERÂNCIA RELIGIOSA, s. àìrójú ìgbàgbọ́ isìn (falta de tolerância na crença religiosa).
INTOLERANTE, adj. àìkẹ́, alágídí > fífí agídí ṣe ìdàrú – uso do desejo de fazer.
INTOLERÁVEL, adj. légàn (desprezível).
INTOXICAÇÃO, s. ọtí pípa > àmupara – bebedeira.
INTOXICAÇÃO GASTRINTESTINAL, s. onjẹ olóró.
INTOXICAR, v. pa ní ọtí > pa – ficar intoxicado.
INTRACEREBRAL, s. inú ọpọlọ > iní ìfun – intraintestinal.
INTRAGÁVEL, adj. gbákọ, yakọ.
INTRAMUSCULAR, s. inú iṣan-ara.
INTRANSIGÊNCIA, s. àìfẹ́ni, àìgbọ́ràn.
INTRANSIGENTE, adj. ṣàìgbọ́ràn > Ó ṣàìgbọ́ràn sí mi – Ele me desobedeceu.
INTRANSITIVO, adj. láìrékọjá – sem passar por cima.

INTRAOCULAR, *adj.* inú-ojú > awòye inú-ojú – lente intraocular.
INTRATÁVEL, *s.* àigbóògùn.
INTRATÁVEL, TEIMOSO, *adj.* aláìgbọ́nrán.
INTRAVENOSO, *s.* inú ìṣàn-àbọ̀.
INTREPIDEZ, *s.* àìníbẹ̀rù – não ter medo.
INTRÉPIDO, BRAVO, *adj.* lọ́kàn, nígbóiyà > Ènìà lọ́kàn – Pessoa destemida.
INTRÉPIDO, CORAJOSO, *adj.* láìyà, agbékútà, akọ́ni, láìfọ̀yà > Ènìà akọ́ni – Pessoa de coragem.
INTRIGA, CONSPIRAÇÃO, *s.* rìkíṣí, ìdimọ̀, tẹ̀nbẹlekún, ìrónà < ro + ọ̀nà > Ó di rìkìṣí mọ́ mi – Ele tornou a fazer intriga contra mim.
INTRIGANTE, *s.* àdìtẹ̀, adísì-sílẹ̀ (agitador).
INTRINCADO, COMPLICADO, *adj.* dí_jú.
INTRODUÇÃO, PREÂMBULO, *s.* ọ̀rọ̀ àsọsájú.
INTRODUZIR UMA MODA, *v.* dáṣà < dá + áṣà.
INTRODUZIR, APRESENTAR, *v.* mú_hàn, mú_mọ̀ > Ó mú u mọ̀ – Ele o introduziu.
INTROITO, ABERTURA, *s.* ojí-ihò.
INTROMETER, INTERFERIR, *v.* fínràn > Ó fín mi níràn – Ele me procurou para uma disputa; > wáláìpè – vir sem ser convidado; > aládásí – intrometido.
INTROMETIDO, CHATO, *s. e adj.* abaiyéjé, aṣòfófó, ṣùbẹ, ayọlẹ́nu > yojúsí láìpè – aparecer sem ser convidado.
INTROSPECÇÃO, *s.* ìwò-àwòsínú.
INTRUSO, *s.* adániru > ìnfínràn – intrusão.
INTUIÇÃO, PREMONIÇÃO, *s.* ìfura > ọgbọ́n inú – sabedoria interior.
INTUITIVO, *adj.* afura > Ó fura pé n kì ó lọ sílé – Ele desconfia que eu não irei para casa.
INUMERÁVEL, *adj.* àìkà, àìmọye, láìlèkaye, àìmọ̀yé.
INUMERÁVEL, INCONTÁVEL, *adv.* pítipìti > Wọ́n pọ̀ pítipìti – Eles são inumeráveis.
INUMERÁVEL, SEM CONTA, *s.* àìníye > Àwọn rà àìníye irú ẹ̀fọ́ lọ́jà – Eles compraram sem conta de tipos de verduras no mercado.

INUNDAÇÃO, s. àkúnbò àgbárá (de chuva).
INUNDAR, SUBMERGIR, v. rì > Rì sínú omi – Afundar para dentro da água.
INÚTIL, DESNECESSÁRIO, s. asán > Ó ṣe iṣẹ́ asán – Ela fez um trabalho inútil; > lásán – inútil, em vão; > láìwúlò, láìnílàárí > sem importância.
INUTILIDADE, s. àìlérè.
INUTILIZAR, ELIMINAR, v. parẹ́, parun > Ó pa wọ́n run – Ele os eliminou.
INUTILMENTE, adv. lásánlásán.
INUTILMENTE, EM VÃO, adv. ṣákálá.
INVADIR, GUERREAR CONTRA, v. gbóguntì < gbé + ogun + tì.
INVADIR, SAQUEAR, v. rúnlẹ̀ > jáko – invadir uma fazenda.
INVADIR, v. dótì, gbógunlọ (comandar expedição para invadir) > Wọ́n gbógunlọ sí ìlú – Eles atacaram a cidade.
INVÁLIDO, s. olókùnrùn, aláìlera > aláìsàn – pessoa doente.
INVARIÁVEL, adj. láìyípadà, àìyẹ̀.
INVASÃO, PROVOCAÇÃO, v. ìfínran jáko < já + oko.
INVASÃO, s. ìdótí, ìgbóguntì.
INVASOR, s. onísùnmọ̀mí.
INVEJA, CIÚME, s. ìlara > Ìlara náà ìgbẹ́ ni – A inveja é uma merda.
INVEJAR, v. kéérí, ṣe ìlara.
INVEJÁVEL, adj. ní ìlara rẹ̀.
INVEJOSO, AMBICIOSO, s. olójúkòkòrò.
INVEJOSO, CIUMENTO, adj. nílara > ikún ìlara – estar cheio de inveja.
INVENÇÃO, s. àbùsọ, ogbọ́n titun.
INVENCÍVEL, IMBATÍVEL, adj. láìlèṣẹ́ > alágbára-òmìrán – força poderosa.
INVENTAR, PENSAR, v. hùmọ̀ > Tani ó hùmọ̀ táì ọrùn? Èmi kò mọ̀ – Quem inventou a gravata? Eu não sei.
INVENTÁRIO, s. ìṣírò ohun ọjà (contagem de estoque).
INVENTOR, CRIADOR, s. alárà, aláwárí.
INVERDADE, MENTIRA, s. irọ́ > Irọ́ ni ẹsẹ̀ kékeré – A mentira tem pernas curtas.

INVERNO, s. àkókò-òtútù, ìgbà òtútù.
INVERSÃO, s. ìsọríkodò, ìyípàdà.
INVERSO, adj. àdàkéjì.
INVERTER, v. yípàdà, yípòpadà (mudar, ser convertido) > Àwọn ènìà lè yípada – As pessoas podem mudar; > Ojú-ìwòye mi nípa ẹ̀sìn yìpada – Minha opinião sobre a religião mudou; > dojúde < dà + ojú + de (virar o rosto para baixo).
INVESTIGAÇÃO, ESCRUTÍNIO, s. àwáfín, ìyẹ̀wò.
INVESTIGAÇÃO, PESQUISA, s. ìwádí < wá + ìdí.
INVESTIGAÇÃO, s. ìtúùdí.
INVESTIGADOR, s. aláwárí, atàndí-nkan, oníjádí.
INVESTIGAR OS MISTÉRIOS, v. fídan.
INVESTIGAR, EXAMINAR, v. wá_dí, tàn_wò > Mo tàn wó = Mo tàndí rẹ̀ wò – Ele o investigou.
INVESTIGAR, v. tàndí, tọsẹ̀, wéwé, fídan > ṣàfẹ́rí – desejar ver > Ó ṣàfẹ́ rí mi – Ele desejou me ver.
INVESTIMENTO, s. ìdókòwó.
INVESTIR, v. sapá, dókòwò < dá + okòwò.
INVIOLADO, INVIOLÁVEL, adj. láìbàjẹ́.
INVISIBILIDADE, s. àìrí.
INVISÍVEL, adj. láìrí, láìhàn.
INVOCAÇÃO, RESPEITO, s. ìjúbà, ìképè > Mo júbà o – Meu profundo respeito.
INVOCADOR DE MALDADES, adj. lápè.
INVOCAR, ORAR, v. gbàdúrà > Èmi yíò gbàdúra kí ara rẹ ya – Eu rezarei por você para que fique boa.
INVÓLUCRO, s. àkọ̀ (estojo, envoltura).
INVOLUNTÁRIO, adj. láìṣe tinútínu.
INVULNERABILIDADE, adj. àìran.
INVULNERÁVEL, adj. láìlèṣálógbẹ́ < láì + lè + ṣá + ní + ogbẹ́.
IR À FRENTE, APRESSAR-SE, v. gbésẹ̀ < gbé + esẹ̀ > Ó gbésẹ̀ nílẹ̀ – Ela caminhou apressadamente.
IR A UM CAMINHO, v. forílọ́nà (a um determinado local).
IR ALÉM, ULTRAPASSAR, v. tayọ > O tayọ mi – Você me ultrapassou.

IR AO EXTREMO, *v.* sàsélékè, sàserégé (em qualquer situação).
IR AO REDOR, *v.* kárí (em torno de) > Òun yan ìsìn rè nkárí ìmòlára kíni-kíni – Ela escolheu a religião dela em torno de um sentimento profundo.
IR AOS LIMITES DE, *v.* rìnló, rìnwo, rìnyíká.
IR DE ENCONTRO A, *v.* forísọ < fi + orí + sọ.
IR DIRETO, *v.* di > Ó di ilé – Ela foi direto para casa.
IR E VOLTAR, *v.* yúnbọ > Mo yúnbọ – Eu fui e voltei.
IR EM DIREÇÃO A, *v.* forílé < fi + orí + ilé.
IR EM GRUPO, *v.* tọ́wọ́ > Wọ́n tọ́wọ́ – Eles foram em grupo.
IR EMBORA PARA, *v.* rè, sísè > Àwa re ilé wa – Nós fomos para nossa casa. *Obs.:* rè e bọ – retornar, não usam a preposição *sí* – para.
IR ENCONTRAR-SE, *v.* lọbá.
IR JUNTO, *s.* késèlọ < kó + esè + lọ.
IR PARA A FRENTE E PARA TRÁS, *v.* bìsíwá bìsẹ́hìn < bì + sí + wá + bì + sí + èhìn.
IR PARA, *v.* yún > Ilé Àsẹ wo ni ìwọ nyún? – Para qual Casa de Culto você está indo?
IR PARA JUNTO DE, *v.* súnmọ́ > Ó súnmọ́ ọ̀dọ̀ mi – Ela se aproximou de mim.
IR PROCURAR, *v.* wá_lọ > Ó wá wọn lọ – Ela foi procurá-los.
IR, SEGUIR, *v.* gbà_lọ > Ọ̀nà wo ni o gbàlọ? – Qual o caminho que você tomou?
IR, VIAJAR, *v.* ràjò < rè + àjò > Ó ràjò Bahia – Ele viajou para a Bahia. *Obs.:* rè – não usa a preposição *sí-* – para.
IR, *v.* lọ (usado para indicar lugar, é seguido de *sí* – para) > Ìwọ yíò lọ si ọ̀dọ̀ bàbá wa lọ́la – Você irá para junto do nosso pai amanhã.
IRA, CÓLERA, *s.* ìbìnú.
ÍRIS, OLHOS, *s.* ẹwà-ẹyinjú (lit. beleza do globo ocular); > ibi dúdú inú ẹyinjú – parte escura do globo ocular.
IRMANDADE, *s.* ará (parentesco).
IRMÃO, *s.* arákùnrin (parente masculino).
IRMÃO, IRMÃ MAIS NOVA, *s.* àbúrò > ọmọ ọkọ-ìyá – meio-irmão.
IRMÃO, IRMÃ, *s.* búrọ̀dá (do inglês *brother*).

IRMÃO MAIS VELHO DA MÃE, s. ẹ̀gbọ́n ìyá > Òun ni ẹ̀gbọ́n ìyá mi – Ele é meu tio.
IRMÃOS ESCRAVOS, s. àrótà (escravos pertencentes ao mesmo senhor).
IRMÃOS SIAMESES, s. ibéjì, alẹ̀pọ̀ < ibí + èjì.
IRONIA, s. ìránpọ̀ > àpárá – sátira.
IRRACIONAL, adj. àìmọ́gbọ́nwá.
IRRADIAÇÃO, adj. rírà.
IRRADIAR, v. tan ìmọlẹ̀ sí.
IRREAL, adj. ṣàìṣòótọ́.
IRRECONCILIÁVEL, adj. láìlélànníjá, láìṣe ìlàjà > láìparí ìjà – sem terminar a briga.
IRRECUPERÁVEL, adj. láìlè gbà padà (não poder receber de volta).
IRRECUSÁVEL, adj. àìfidù.
IRREDUTÍVEL, s. àìfọn.
IRREFLETIDAMENTE, adv. gànùn-gànùn, láìfarabalẹ̀ > Ó nwò gànùn--gànùn – Ele está olhando de modo estranho.
IRREFLETIDO, adj. láìnírò (sem planejamento).
IRREGULAR, DESIGUAL, adj. páipài, ṣeségesège, wọ̀ntì-wọntì > àṣejù – fazer as coisas em excesso.
IRREGULAR, IMENSURÁVEL, adj. láìníwọ̀n > rékojá ààlà – exceder os limites.
IRREGULARMENTE, adv. gádagàda, kábakàba.
IRREMOVÍVEL, adj. láìlèṣídí, nímulẹ̀ṣinṣin.
IRREPARÁVEL, adj. láìní àtúnṣe.
IRREPARAVELMENTE, adv. ráúráú (usado com verbos que denotam perdas) > Ó kú ráúráú – Ele morreu irreparavelmente; > Ó fọ́ igbá ráúráú – Ele quebrou a cabaça de modo irreparável.
IRRESISTÍVEL, s. àwòmámójúkúrò (fascinante).
IRREVERENTE, adj. láìníyìn, láì ní ọ̀wọ̀ (desrespeitoso).
IRREVERSIVELMENTE, adv. láúláú > Ó rá láúláú – Ele sumiu irreversivelmente.
IRREVOGÁVEL, adj. láìlèpàpadà.
IRRIGAÇÃO, s. ìbomirin.

IRRIGAR, *v.* bomirin < bò + omi + rin > Ó bomirin oko rẹ̀ – Ele irrigou a fazenda dela.
IRRITABILIDADE, **PETULÂNCIA**, *s.* ìjánú, àjánú, ìríra.
IRRITAÇÃO DO CORPO, *s.* ìhúnra, ìyúnra (coceira).
IRRITAÇÃO, **RABUGICE**, *s.* ṣíṣó, inúbíbí, ìbínú.
IRRITADAMENTE, *adv.* nífajúro, tikanratikanra, tìjàtìjà (de forma hostil).
IRRITANTE, *s.* ìhónú (temperamento difícil).
IRRITAR, **EXCITAR**, *v.* kànláràn, fajúro, yọ_lénu > Ìrọ̀hìn yọ mi lẹ́nu – A notícia me preocupou; > ṣọ̀nínú (fazer alguém nervoso).
IRRITÁVEL, **MAL-HUMORADO**, *adj.* níkanra, kannú > Ó kannú sí mi – Ela é irritante comigo.
IRROMPER, *v.* tú > Ègbó yìí tú oyún – Esta úlcera irrompeu o pus.
ISCA, *s.* ìjẹ > Ó fi ìjẹ dejá – Ele usou isca e pegou o peixe.
ISCAR, *v.* fìjẹde (atrair) > Ó fi ìjẹdẹ ẹjá – Ele usou isca para atrair o peixe.
ISENÇÃO, **IMUNIDADE**, *s.* àkébàjé, àkéjù.
ISENÇÃO, **DISPENSA**, *s.* yíyọkúrò > ìdásí – ato de economizar, poupar.
ISENTAR, **DISPENSAR**, *s.* dásí > tú_sílẹ̀ – deixar solto.
ISOLADAMENTE, *adv.* gédégédé, kéte-kète.
ISOLADO, **SOZINHO**, *s.* ìdádó, àdádó.
ISOLAÇÃO, *s.* ìyàsọ̀tọ̀ (estado de isolação obrigatória).
ISOLAMENTO, *s.* àdádó, ìdádó, dídágbé > Adádó ni oko wá wà – Nossa fazenda está isolada.
ISOLAR, *v.* dágbé, yàsọ́tọ̀ (colocar à parte) > Ó dágbé – Ela vive sozinha.
ISÓSCELES, *s.* ayakàta (triângulo com dois lados iguais).
ISRAEL, *s.* Ísráélì (país que faz parte do Oriente Médio).
ISTMO, *s.* ọrùn ilẹ̀.
ISTO, **ESTE**, *dem.* eléyìí, eléyí, èyí, yìí > Èyí kò ye mi – Isto não está claro para mim; > Kíni eléyí lè ṣe? – O que isto pode fazer?; > Má wọ bàtà nílé yìí – Não entre de sapatos nesta casa; > Tani eléyí? – Que é este?
ITÁLIA, *s.* Ítáli (país do centro sul da Europa).
ITEM, **ASSUNTO**, *s.* wúnrẹ̀n; > oríṣí – espécie, tipo > Aṣọ oríṣí mẹ́rin – Quatro tipos de roupas.
ITINERANTE, **ERRANTE**, *s.* alárinkiri.
ITINERÁRIO, **ROTEIRO**, *s.* ètò ìrìn-àjò (regras na jornada) sistema.

J

JÁ, *adv. pré-v.* ti (indica uma ação realizada – forma negativa kò tí ì – ainda não) > Mo ti ṣíṣẹ́ tán – Eu já acabei de fazer o trabalho; Ìwọ kò tí ì ṣe tán – Você ainda não acabou de fazer. Também faz o tempo passado dos verbos > Mò ti njẹun nígbàtí ó dé – Eu estava comendo quando ela chegou; > Kíni o ti ṣe lóní – O que você já fez hoje.

JÁ, AGORA, *adv.* ná. *Obs.*: **1.** é usado depois do verbo; **2.** pronúncia com som nasal – *non.* > Wá ná – O primeiro de todos, venha; Gbọ́ mi ná – Ouçam-me, agora; > níbáyí > Níbáyí ló dé – Ele chegou justamente agora.

JÁ, IMEDIATAMENTE, *adv.* ọgán, takétaké > ìgbónágbooru – aqui e agora.

JACARÉ, *s.* alégbà, ọ̀nì.

JACTÂNCIA, OSTENTAÇÃO, *s.* ìṣeféfé.

JACTANCIOSO, ORGULHOSO, *adj.* níhàlẹ̀.

JACTAR-SE, GABAR-SE, *v.* fúnnú, lérí, ṣọ̀fún, yàngàn > Ọ̀rẹ́ mi yàngàn – Meu amigo está se gabando.

JAMAIS, NUNCA, *adv.* rárá > Ìwọ yíò rìn nìkan ràrà – Você nunca caminhará sozinho.

JANEIRO, *s.* Oṣù Ṣẹ̀rẹ́, Oṣù kíní odún, Oṣùu Jánúàrì (do inglês *January*).

JANELA, *s.* fèrèsé, fèrèsé > Àwọn ọmọdé náà fọ́ fèrèsé yìí – As crianças quebraram esta janela; > Ṣí fèrèsé – Abra a janela.

JANELA, VENEZIANA, *s.* ojú-fèrèsè.

JANGADEIRO, s. ẹkẹ́.
JANTAR, s. onjẹ-alẹ́, jẹun alẹ́, onjẹ àjẹsùn > Èyí ni ìyàrá onjẹ-alẹ́ – Esta é a sala de jantar.
JAPÃO, s. Jàpànì, Jẹ̀páànù.
JAPONÊS, s. japaníisí, jalopy.
JAQUETA, s. kóòtù kékeré (lit. casaco pequeno), jákẹ́ẹ̀tì (do inglês *jacket*).
JARDA, s. ọ̀pá, yáàdì (do inglês *yard*).
JARDIM À BEIRA-MAR, s. àkùrọ̀.
JARDIM, s. àjẹfọ́wo (com tipos de ervas).
JARDIM, s. igbó, akọ́gbà, ogbà > Má jẹ́kí ẹranko rẹ wọgbà mi – Não deixe o seu animal entrar no meu jardim < wọgbà = wọ̀ + ọgba.
JARDIM DE INFÂNCIA, s. ilé ẹ̀kọ́o jẹ́lé-ósinmi.
JARDINEIRO, s. aṣọ́gbà, olùṣọ́gbà, ọlógbá < oní + ọgbà.
JARGÃO, GÍRIA, s. ìsọkúsọ.
JARRA DE ÓLEO, s. èba.
JARRO, s. ìdẹ̀, jọ́ọ́gì (do inglês *jug*).
JATO, JORRO, s. ìṣàn, èkù > Ọkọ̀-òfúrufú elékù – Avião a jato.
JAULA, s. túbú.
JAVALI, s. ẹlẹ́dẹ̀ ẹgàn, ẹlẹ́dẹ̀ igbó, ìmàdò > ogàn – javali selvagem.
JAZIGO, s. ojúórì, ojú-orórì.
JEITOSAMENTE, adv. meré-meré > Ó ṣe é meré-meré – Ele fez isto com muita habilidade.
JEITO, s. tálẹ́nti (do inglês *talent*) > Ó ní tálẹ́nti – Ele tem jeito, tem talento.
JEITOSO, adj. gbọ́wọ́ > Ó gbọ́wọ́ nínú iṣẹ́ rẹ̀ – Ele é hábil no trabalho dele; > Ó gbọ́wọ́ – Ele é jeitoso, um artista.
JEJUAR, v. gbààwẹ̀ > Ó gbààwẹ̀ – Ela jejuou.
JEJUM, ABSTINÊNCIA, s. àìjẹ, ààwẹ̀, ìgbààwẹ̀.
JEOVÁ, s. Jìhófà.
JÉRSEI, s. ẹ̀wù otútù (lit. tecido frio).
JERUSALÉM, s. Jẹrúsáẹ́ẹ̀mù.
JESUS, s. Jésù > Jésù Násárẹ́tì – Jesus de Nazaré > Jésù ní Bàbá dárijì wọn nítorí pé kò mọ̀ ohun ti nṣe – Jesus disse: Pai, perdoai-os porque eles

não sabem o que fazem; > Jésù Krístì – Jesus Cristo > Jésù jí Lasaru dìde – Jesus despertou Lázaro e o levantou.

JIBOIA, *s.* erè, òjòlá, òká > Erè náà wọ́ lọ sínú omi > A jiboia arrastou-se e foi para dentro da água.

JIPE, VEÍCULO, *s.* ọkọ̀ọ́ fọ́gbó-fọ́gbó.

JOANINHA, *s.* ọbọnbọ (inseto).

JOELHO, *s.* ekún, orúnkún.

JOALHERIA, *s.* onísọwó òkúta iyebíye – negociante de pedras preciosas.

JOCOSO, IRÔNICO, *adj.* aláwàdà, apanilẹ́rin.

JOGADOR À PARTE, *s.* onípa.

JOGADOR DE AYÒ, *s.* aláyò > Wọ́n nta ayò – Eles estão jogando ayò. *Obs.:* tipo de jogo que se utiliza de sementes da árvore *Heloptelea grandis*.

JOGADOR DE FUTEBOL, *s.* agbábọ́ọ̀lù < gbá – jogar, bọ́ọ̀lù – bola.

JOGADOR DE IKIN, *s.* alúmọ̀ (aquele que se utiliza dos coquinhos do dendezeiro – *ikin* – para o jogo de Ifá).

JOGADOR, APOSTADOR, *s.* atatẹ́tẹ́.

JOGADOR, *s.* ẹlẹ́fẹ̀, onítẹ́tẹ́.

JOGAR ABAIXO, *v.* tìṣubú (causar a queda).

JOGAR ÁGUA, *v.* ṣánmi < ṣán + omi > Ó ṣánmi èérí lóde – Ela jogou a água suja lá fora.

JOGAR ALGO AO REDOR, *v.* jẹ > Ó jẹ agbo-àgbado fún àwọn adìẹ – Ela jogou milho picado para as galinhas.

JOGAR AYÒ, *v.* tayò < ta + ayò.

JOGAR BOLA, *v.* gbá bọ́ọ̀lù > Àwọn ọmọdé ngbá bọ́ọ̀lù – As crianças estão jogando bola.

JOGAR, CONSULTAR OS BÚZIOS, *v.* dá owó ẹyọ, > Wo owó ẹyọ – Olhar os búzios; > Kò dáwò ní ọjọ́ ẹti – Ele não joga às sextas-feiras.

JOGAR COM ASTÚCIA, *v.* ṣàgálámàṣà (usando artifícios).

JOGAR DENTRO, *v.* fà_sínú > Ó fà àátàn sínú igbó – Ela jogou o lixo para dentro do mato.

JOGAR FORA, *v.* gbé_sọnù > Ó gbé ìgó náà sọnù – Ela jogou fora aquela garrafa.

JOGAR FUTEBOL, *v.* gbá bọ́ọ̀lù ẹlẹ́sẹ̀ – jogar bola com as pessoas.

JOGAR, APOSTAR – JOVEM E VELHO

JOGAR, APOSTAR, v. tatẹ́tẹ́, dákèle.
JOGAR, ATIRAR UM OBJETO, v. sọko > ó sọko sí mi – ele atirou uma pedra em mim.
JOGAR, v. gbá (jogar bola, brincar) > Ọmọdé ngbá bọ́ọ̀lù – A criança está jogando bola.
JOGATINA, s. tẹ́tẹ́-títa.
JOGO ÁSPERO, s. irépa.
JOGO BRUTO, s. irékéré.
JOGO DE ADIVINHAÇÃO, s. sídè < sí + ìdè (descobrir o que tem na mão).
JOGO DE AZAR, LOTERIA, s. tẹ́tẹ́ > Ọ̀ré mi kò lè fi tẹ́tẹ́ títa sílẹ̀ – Meu amigo não conseguiu parar de jogar.
JOGO DE BÚZIOS, CONSULTA, s. ìdáwò owó-ẹyọ > dá owó-ẹyọ – consultar os búzios.
JOGO DE ESCONDE-ESCONDE, s. bojú-bojú.
JOGO COM SEMENTES, s. ayò.
JOGO RUDE, BRUTO, s. ire-akó, irépá.
JOGO SUJO, s. iré sàìmọ́, iré rírí.
JOGO, BRINCADEIRA, s. até, eré, iré > A lọ wò eré àwọn ọmọ ilé ìwé – Nós fomos assistir ao jogo das crianças na escola; > ṣiré – brincar < ṣe + iré.
JOIA, s. ọṣọ́, ẹ̀ṣọ́ (adorno) > Wọ́n ṣe ilé rẹ̀ lọ́ṣọ́ – Ele enfeitaram a casa dela; > òkúta iyebíye – pedra preciosa.
JÓQUEI, s. agẹsin < a + gùn + ẹṣin – aquele que monta o cavalo.
JORNADA, s. ìrìn àjò.
JORNADA, TERRA ESTRANHA, s. ẹkù.
JORNAL, s. ìwé ìròhìn > akọ̀wé ìròhìn – repórter de jornal.
JORNALISMO, s. ẹ̀kọ́ ikọ̀rohin.
JORNALISTA, s. akọ̀rohin.
JORRAR, DERRAMAR, v. tújáde > Ọyún tújáde – O pus jorrou para fora.
JORRAR, DESPEJAR, v. rọ > Ó rọ omi sínú ìgò – Ele despejou água na garrafa.
JOSÉ, s. Jòsẹ́fù (do inglês *Josef*).
JOVEM E VELHO, adj. tèwe tàgbà.

JOVEM, *adj.* sọmọdé, ògbògbò, igbà ọmọdé > Ògbògbò'kùnrin – Rapaz > èwe – juventude.
JOVENS MEMBROS, *s.* ìpẹèrẹ, òpẹèrẹ (comunitários).
JOVIAL, *adj.* aláyọ̀.
JOVIALIDADE, VIVACIDADE, *s.* ìtúraká, ìtúnúká, títújúká.
JUBA, CRINA, *s.* nígògò, ròrò.
JUBILEU, *s.* àádòta ọdún (50 anos).
JÚBILO, EXALTAÇÃO, *s.* ayò nlá.
JUDEU, *s.* ọmọ-Ísréélì – filho de Israel.
JUDIAR, ATORMENTAR, *v.* dálóró.
JUDICIAL, *adj.* nípa ìdájó – sobre o julgamento.
JUDICIÁRIO, *s.* ilé ìdájó.
JUDICIOSO, *adj.* ìmọ òdodo – conhecimento da verdade, justiça.
JUGO, CANGA, *s.* àjàgà.
JUGULAR, *s.* ọrùn > isàn-àbọ ọrùn – veia jugular.
JUIZ, ÁRBITRO, *s.* adájọ́.
JUIZ, MAGISTRADO, *s.* onídájó < ejó – julgamento, ìdájó – sentença.
JULGAMENTO INJUSTO, *s.* ìdájó-ègbè (parcialidade).
JULGAMENTO, SENTENÇA, *s.* ìdájó > ojó-ìdájó – dia do julgamento.
JULGAR MAL, *v.* sìrò < sì + ìrò > Ó sìrò – Ela fez um mau juízo.
JULGAR, CENSURAR, *v.* dá_léjó > Ò dá mi léjó – Ele me julgou.
JULGAR, DECIDIR, *v.* sè_dájò.
JULGAR INOCENTE, *v.* fi àrefún > Ó fàre fún mi – Ele deu um veredito a meu favor.
JULGAR, INTERMEDIAR, *v.* dá_jó, dé_jó > Ó dá mi léjó – Ele julgou o meu caso; > Ó dá mi léjó burú – Ele me condenou.
JULHO, *s.* Oṣù Agẹmọ, Oṣù kéje ọdún, Oṣùu Júláì (do inglês *july*).
JUMENTO, *s.* kẹ́tẹ́kẹ́tẹ́.
JUNÇÃO DA COXA, QUADRIL, *s.* ìbàdí, bàdí.
JUNCAR, COBRIR, *v.* fúnkákiri (espalhar sobre).
JUNHO, *s.* Oṣù Òkúdu, Oṣù Kẹ́fà Ọdún = Oṣù Ẹfàdún, Oṣùu Júùnù (do inglês *June*).
JÚNIOR, *adj.* kékeré, àbúrò (irmão mais novo).

JUNTA, ARTICULAÇÃO, s. oríké > oríké ìka – junta dos dedos.
JUNTA, CONCÍLIO POLÍTICO, s. afipáṣẹ̀jọba.
JUNTA DOS DEDOS, s. kókó-ika (nó dos dedos).
JUNTA, LIGAÇÃO, s. èsọ > ekò ara – junta do corpo.
JUNTADA, s. ìsúnmọ́, àsúnmọ́ (acoplada).
JUNTAMENTE, adv. lápapọ̀, ní ìparapọ̀.
JUNTAR, COLETAR, v. sójọ, kópọ̀, gbájọ.
JUNTAR AS COISAS, v. palẹ̀mọ́ (pôr em ordem).
JUNTAR AS MÃOS, UNIR, v. dawópọ̀ < dà + ọwó + pọ̀ > A dawópọ̀ láti ṣiṣẹ́ yìí – Nós colaboramos em fazer este trabalho.
JUNTAR FOLHAS, v. gbéwé < gbá + ewé > Ò ngbéwé láti ṣe àgbo – Ela está juntando as folhas para fazer um banho.
JUNTAR OS CORPOS, v. fi arakàn.
JUNTAR OS RESTOS, v. pèèṣẹ́ (após uma colheita).
JUNTAR PEÇAS, UNIR, v. lẹ̀ > Lẹ̀ ẹ́ mọ́ ògírí – Cole-o na parede.
JUNTAR, ADICIONAR, v. kó_lù > Ó kó àgbàdo lù – Ele misturou o milho.
JUNTAR, COLETAR, v. kó > Àgbẹ̀ kọ ebè láti gbìn iṣu – O agricultor juntou um monte de terra para plantar inhame.
JUNTAR, CONDENSAR, v. dì_lù.
JUNTAR, EMPILHAR, v. kọ, kó_tì.
JUNTAR, UNIR, v. fi_lẹ̀ > Ó fi aṣọ lẹ̀wù – Ela consertou a roupa com tecido.
JUNTAR, v. te, rò_lù > Ó rò wọ́n lù – Ele os juntou um com o outro.
JUNTAR-SE À UMA REBELIÃO, v. gbòtẹ̀ < gbà + òtẹ̀.
JUNTAR-SE, ADERIR, v. pẹ̀mọ́, papọ̀, dàpọ́mọ́ (combinando).
JUNTAR-SE, AGRUPAR-SE, v. fún_pọ̀ > Ó fún mi pọ̀ – Ela juntou--se a mim.
JUNTO AO CHÃO, adv. mọ́lẹ̀ (rasteiramente).
JUNTO, EM COMPANHIA DE, adj. pré-v. dìjọ, jọ > A dìjọ lọ sílé – Nós fomos juntos para casa; > ìjọ – reunião.
JUNTO, AO LADO DE, adv. légbẹ́ > Jókó ní ẹ̀gbẹ́ rẹ̀ – Sente-se ao lado dela.

JUNTO, *adv. pré-v.* jùmọ̀ (em companhia de) > Wọ́n jùmọ̀ ṣíṣẹ́ – Eles trabalham juntos > Èmi àti òun ti ngbé jùmọ̀ – Eu e ela já moramos juntos.

JUNTO, COM, *prep.* pẹ̀lú > Pẹ̀lú gbogbo ìdùn mi – Com todo o meu prazer; > Tani yíò lọ pẹ̀lú rẹ̀? – Quem é que irá junto dela, com ela?

JUNTOS, NO MESMO TEMPO, *adv.* lákópọ̀, mọ́ra.

JÚPITER, *s.* Júpítà (5º planeta).

JURADO, *s.* onígbẹ́jọ́.

JURAMENTO, *s.* ìbúra > ìbúra èké – falso testemunho.

JURAR EM FALSO, PERJURAR, *v.* búra èké > Ó búra èké – Ele jurou em falso.

JURAR, *v.* búra, fi_búra > Mo fi Ọlọ́run búra! Mo búra! – Eu juro por Deus! Eu juro! > fimulẹ̀ – manter um compromisso; > jẹ́ ẹ̀jẹ́, jẹ́jẹ́ – manter uma promessa > Mo jẹ́ ẹ̀jẹ́ – Eu fiz uma promessa.

JÚRI, *s.* àjọ-onígbẹ́jọ́.

JURÍDICO, *s.* onídàjọ́, olófin.

JURISDIÇÃO, *s.* sàkání-agbára.

JURISDICIONADO, *adj.* láṣẹ́.

JURISPRUDÊNCIA, *s.* ẹ̀kọ́ nípa òfin – estudo sobre as leis.

JURISTA, *s.* amòfin.

JUROS, USURA, *s.* èlé, owó èlé.

JUSTAMENTE AGORA, *adv. pré-v.* ṣẹ̀ṣẹ̀ > Ó ṣẹ́ṣẹ́ dé – Ela chegou justamente agora.

JUSTAMENTE ASSIM, *adv.* bẹ́ẹ̀náà > Bẹ́ẹ̀ náà ni – Sim, eu concordo (assim como foi dito) = bẹ́ẹ̀ni – sim.

JUSTAMENTE, EXATAMENTE, *adv.* ge.

JUSTAMENTE, IMEDIATAMENTE, *adv.* báyìí-báyìí > Báyìí-báyìí ni un ó ọ – Eu irei imediatamente. *Obs.: un* – eu, é pouco usado e somente no tempo futuro do verbo.

JUSTAMENTE, SIMPLESMENTE, *adv.* sá.

JUSTAPOR, JUNTAR, *v.* fẹ̀gbẹ́ kẹ̀gbé > Wọ́n fẹ̀gbẹ́ kẹ̀gbé – Eles estão lado a lado < fi + ẹ̀gbé + kò + ẹ̀gbẹ́.

JUSTAPOSIÇÃO, *s.* ifẹ̀gbékẹ̀gbẹ́.

JUSTIÇA, VERDADE – JUVENTUDE

JUSTIÇA, VERDADE, s. òdodo, òtítọ́ > adájọ́-àgbà – juiz.
JUSTIFICAÇÃO, s. ẹ̀tọ́, ìdáláre.
JUSTIFICAR, MANTER, v. dáre > Olófin dáre fún mi – O juiz decidiu a meu favor; > dá_láre – justificar, declarar alguém inocente.
JUSTIFICAR, v. wẹ̀_mọ́, ṣe_lẹ́tọ́ > Ó wẹ ararẹ̀ mọ́ nínú ọ̀rọ̀ yìí – Ele mesmo se justificou desta acusação.
JUSTIFICATIVA, s. ìdáláre.
JUSTIFICÁVEL, s. ẹlẹ́tọ́ > títọ́ – correto.
JUSTO, adj. títọ, siàn, sunwọ̀n, olóótọ́, ẹlẹ́tọ̀ > Ó jẹ́ ènìà olóótọ́ – Ela é uma pessoa verdadeira.
JUTA, FIBRA, s. okùn àpò.
JUVENIL, adj. ọmọdé > Ọmọdé fẹ́ràn gbá bọ́ọ̀lù – A criança gosta de jogar bola; > ọmọ aláìgbọ́ràn – jovem desobediente.
JUVENTUDE, s. ọdọ́mọdé, ìgbà ọmọdé.

LÁ LONGE, MUITO ALTO, *adv.* tían-tían > Ẹiyẹ náà fò tían-tían – O pássaro está voando muito alto. *Obs.*: advérbio usado para indicar a distância de algo sem contato com o solo.
LÃ VERMELHA, *s.* òwú-òdòdó.
LÁ, *adv.* ibẹ̀ > níbẹ̀ – ali, lá < ní + ibẹ̀ > Ó dé lóhún – Ela chegou lá; > Ó wà lóhún – Ela está lá.
LÁ, EM ALGUM LUGAR, *adv.* bái > sọ́hún < sí + ọ̀hún – lá, para lá > Òun lọ sọ́hún – Ela foi para lá.
LÃ, PELO, *s.* rọ̀rọ̀.
LABAREDA, *s.* ahọ́n-iná, ọwọ́-iná.
LÁBIOS, *s.* ètè > ètè òkè, ètè ìsàlẹ̀ – lábio superior, lábio inferior.
LABIRINTO, CONFUSÃO, *s.* ìrújú > ilé nlá tí ó ní oríṣíríṣí àwọn ọ̀nà kákiri – casa grande que tem diferentes caminhos em volta.
LABOR, TRABALHO, *s.* iṣẹ́.
LABORATÓRIO DE PESQUISA, *s.* ilé ìwádí.
LABORATÓRIO MÉDICO, *s.* ilé ìṣoògún.
LABORIOSAMENTE, *adv.* tìlátìlá, tiṣẹ́tiṣẹ́.
LABORIOSO, *adj.* nílaàlà, láápọn (que gosta de trabalhar).
LABUTA, *s.* iṣẹ́-ipá.
LACAIO, ACOMPANHANTE, *s.* ẹlẹ́sẹ̀.
LAÇO, NÓ, *s.* ojóbó > Ó pa ojóbó okùn – Ele deu um nó com a corda.
LAÇO DE CABEÇA, *s.* ìwérí.

LACÔNICO, *s.* adákẹ́ (calado).
LACRIMOSAMENTE, *adv.* tẹkúntẹkún.
LACRIMOSO, *adj.* lẹ́kún > ẹṣẹ́ omijé.
LACTOSE, *s.* àádùnun-wàrà, àyà àsẹ̀ wàrà > omú-sísẹ̀ – lactação.
LADEIRA, *s.* gẹ̀rẹ́, gẹ̀rẹ́gẹ̀rẹ́.
LADEIRA ABAIXO, *s.* ìsọ̀kálẹ̀ (caminho abaixo).
LADEIRA ACIMA, *s.* lápá òkè (caminho acima).
LADINO, *s.* ọlọ́gbọ́n.
LADO A LADO, ORDENADAMENTE, *adv.* légbékègbé, lẹ́sẹlẹ́sẹ >
 Wọn tẹ̀lé ara wọn lẹ́sẹlẹ́sẹ – Eles seguiram em fila, um atrás do outro.
LADO CONTRÁRIO, *s.* òdìkéjí (outro lado) > Òdìkéjì odò ni ó wà – É do outro lado do rio que ele está; > Ó yojú lódìkéjì = Ó yojú ní òdíkéjì – Ele apareceu do outro lado.
LADO DE FORA, EXTERIOR, *adv.* lóde < ní + òde.
LADO, FLANCO, *s.* ẹ̀gbẹ́ > Ó wà ẹ̀gbẹ́ rẹ̀ – Ele está ao lado dela; > Dúró ẹ̀gbẹ́ mi – Fique do meu lado; > apá ọ̀tún – lado direito (lit. braço direito).
LADO, *s.* apá, etí (lit. braço, ouvido: usados como figura de linguagem, indicando lado) > Ó wà ní apá ọ̀tún – Ele está do lado direito; > Ó lọ sí etí odò – Ela foi para a beira do rio (partes do corpo humano são usadas como figura de linguagem).
LADRÃO ARMADO, *s.* adigunjalè.
LADRÃO, ASSALTANTE, *s.* fọ́léfọ́lé, *s.* ìgára, olè, ọlọ́ṣà, ọ̀sọlẹ́.
LADRÃO, *s.* akólé, agánnigàn, ọlọ́ṣà, ìgára.
LADRÃO, OLHEIRO, *s.* agbódegbà (na distribuição do roubo).
LADRÃO, SALTEADOR, *s.* dánàdánà.
LADRÃO DE SEPULTURAS, *s.* Ẹni tí jí ohun òkú gbé – Aquele que rouba coisas do corpo e carrega.
LAGARTIXA, TIPOS, *s.* ọmọ-nlé > alámù, alángbá > Gbogbo alámù l'ó dọ̀bálẹ̀ – Todos os lagartos se arrastam sobre seu corpo.
LAGARTO DOMÉSTICO, *s.* ọmọlé.
LAGARTO GRANDE LISTRADO, *s.* òronto, olórònto.
LAGARTO MACHO, *s.* adáripọn, apọ́ngẹ > okélémje, kékélénje, kélé – lagarto pequeno.

LAGARTO (TIPOS), s. hàntà, láyọ́nbẹ́rẹ́, ọlọ́yunbẹ́rẹ, lámùrín, ahánhán.
LAGARTO, SALAMANDRA, s. olóròró.
LAGO, POÇA DE ÁGUA, s. adágún.
LAGOA, s. ọ̀sà.
LAGOS, s. Légòsì (cidade da Nigéria).
LAGOSTA, s. alákàṣà.
LÁGRIMAS, s. omijé, omijú > Àwọn ògbàrà ẹwọ̀n ati omijé oko ẹrú – Os grilhões e as lágrimas da escravidão; > Omijé ngbọ̀n mi – Quero chorar (lit. as lágrimas estão me balançando) > ìsọkún – choro, lamento.
LAMA, BARRO, s. pọ̀tọ̀pọ̀tọ̀, àbàtà, ògọ̀dọ̀.
LAMA, PÂNTANO, s. ẹ̀rẹ̀.
LAMACENTO, BARRENTO, adj. pẹ́tẹpẹ́tẹ, ríru, lẹ́rẹ̀, pọ̀tọ̀pọ̀tọ̀, pẹ́tẹpẹ̀te > bála-bála – sujo.
LAMBARI, s. yoyo.
LAMBER, v. lá, fahọ́nlá < fi + ahọ́n + lá (tocar com a língua) > Ó lá oyin – Ela lambeu o mel.
LAMBER, ABSORVER, v. fafọn.
LAMBISCAR, v. yínjẹ (comer aos poucos) > Ó mú yínjẹ onjẹ yìí – Ele pegou a comida aos poucos.
LAMBUZAR, v. ta_sílára.
LAMEIRO, BREJO, s. irà.
LAMENTAÇÃO, s. ìpohùnréré-ẹkún, ohùnréré.
LAMENTAÇÃO, s. Ẹkúun Jeremáyà (livro do Velho Testamento).
LAMENTAÇÃO, TRISTEZA, s. arò.
LAMENTAR, GEMER, v. kérora, kédárò, dárò.
LAMENTAR, LASTIMAR, v. pohùn réré, sọkún, sunkún < sun + ẹkún > Ó nsunkúnn fún mi – Ela está chorando por mim.
LAMENTAR, PRANTEAR, v. sọ̀fọ̀ > Mo nsọ̀fọ̀ rẹ̀ – Eu o estou lamentando.
LAMENTAR-SE, v. tojọ́, rojọ́ < rò + ejọ́.
LAMENTÁVEL, adj. pípanílẹ́kún.
LAMENTO, GEMIDO, s. ìrora > jẹ̀rora – sentir dores > Ó jẹ̀roro – Ela sente dores.

LAMENTO, CHORO – LAPELA

LAMENTO, CHORO, s. ìsọkún.
LÂMINA, NAVALHA, s. abẹ.
LÂMPADA, LAMPIÃO, s. àtanpà, àtùpà.
LAMPEJAR, CINTILAR, v. kọ_saan > mọ́lẹ̀ – brilhar > Ojọ́ yìí mọ́lẹ̀ – Este dia está claro.
LAMPEJO, FLASH, s. ìkọsaan.
LAMÚRIA, CHORADEIRA, s. ìroká.
LANÇA, ARPÃO, s. ọ̀kọ̀.
LANÇA, DARDO, s. aṣá (para matar elefante).
LANÇADEIRA, s. ọkọ̀ màṣíìnì (máquina de lança, arpão).
LANÇADO, JOGADO, s. jíjù.
LANÇADOR, s. orù.
LANÇAR A SORTE, v. ṣẹ́kẹ̀ké, ṣẹ́gègé.
LANÇAR ADIANTE, v. tasíwájú > Ò tasíwájú – Ele avançou e seguiu em frente.
LANÇAR, DAR INDIRETAS, v. lukoro, lukoro mọ́.
LANÇAR PARA BAIXO, v. já_tilẹ̀ (derrubar) > Ó já mi tilẹ̀ – Ele me deslocou e derrubou.
LANÇAR, ATIRAR, v. jà, jù > Ó já òkúta bá wọn – Ele atirou a pedra contra eles.
LANÇAR, JOGAR FORA, v. kó_dànù > Ó kó wọn dànú – Ele os jogou fora; > Má kó owó rẹ dànù – Não desperdice seu dinheiro.
LAÇAR-SE CONTRA, v. rọ́lù.
LANÇAR-SE SOBRE, v. kùsa (como um pássaro sobre sua presa).
LANCEIRO, ARPOADOR, s. ọlọ́kọ̀.
LANCETAR, CORTAR, v. sín > Dọ́kítà sín mi ní gbẹ́rẹ́ – O médico me lancetou.
LANCHAR, v. jẹun àárọ̀ (matinal).
LANCHE, s. onjẹ ọ̀sán > ìpanu – ato de pegar algo para comer.
LÂNGUIDO, DEBILITADO, adj. láìlágbára > áàrẹ̀ – fraqueza.
LANTERNA, s. ìmọ́lẹ̀ iná ètùfù, fìtílà-àfọwọ́kọ́, lántànù (do inglês *lantern*).
LAPELA, s. ẹtí-kóòtù.

LÁPIDE, PEDRA TUMULAR, s. òkúta-pẹlẹbẹ, òkúta ibojì.
LÁPIS, GRAFITE, s. lẹ̀ẹ̀dì (do inglês *lead*).
LÁPIS, s. pẹ́nsùlù (do inglês *pencil*) > Pénsulù mi ti kán si wẹ́wẹ́. Ṣé o ní míràn? – Meu lápis quebrou em partes. Você tem outro?
LAPSO, DESCUIDO, s. ìfàsẹ́hìn, ìṣubú (estorvo).
LAR, HABITAÇÃO, s. ìbùgbé.
LARANJA, s. ọsàn oronbó.
LAREIRA, FORNO, s. àdìrò, ààrò > Ò da iná nínú ààrò – Ele colocou fogo na lareira.
LAREIRA, s. ojúmuná, ojúná, ẹbá iná > Ó wà lójúná – Ela está perto do fogo.
LARGADO, ABANDONADO, adj. láìtójú.
LARGAMENTE, adv. lópọ̀lópọ̀, hòò (abertamente), kàtàkàtà (intervalos espaçados).
LARGAR, ABANDONAR, v. fisílẹ̀ > Ó fi mí sílẹ̀ nínú òṣì – Ele me abandonou na pobreza.
LARGO, adj. gbògà-gboga, gbórín.
LARGO, AMPLO, adj. báàrà, fẹ́ẹ́, níbò, duuru, gbẹ̀ngbẹ̀.
LARGO, FROUXO, adj. wíwusókè.
LARGO, PENETRÁVEL, adj. láfo.
LARGO, REDONDO, adj. rógódó.
LARGURA, EXPANSÃO, s. ibú, ìbò.
LARGURA, PALMO, s. ìbú-àtẹ́lẹ́wọ́.
LARINGE, s. àpótí ohùn > àpótí ohùn wíwú – laringite.
LARINGOLOGISTA, s. olùbẹ̀wò àpótí-ohùn.
LARVA DE BORBOLETA, s. èdin labalábá.
LARVA DE INSETO, s. ọmọ ìdin, kòkòrò.
LARVA DE MOSQUITO, s. tanwíji, taunwíjí.
LARVA, s. èdin > kẹ́kẹ́ – tipo de larva que faz buraco na cabaça ou madeira.
LARVAS VENENOSAS, s. ẹlẹ́tẹ.
LASCA, PEDAÇO, s. èlà, èṣé.
LASCÍVIA, DESEJO, s. ìfẹ́kúfẹ́, wòbìa.
LASCIVO, FOLGAZÃO, adj. ní ìwàkíwà, ní ìfẹ́kúfẹ́.

LASSIDÃO, RELAXADO, s. àìmúra.
LASTIMÁVEL, adj. ṣíṣàánúfún.
LASTRO, s. ìmúdúró (firmeza, estabilidade).
LATA, ZINCO, s. tánganran.
LATÃO, s. idẹ.
LATEJAR, PALPITAR, v. mífúkẹ́fúkẹ́, rógooro, rówooro (emitir um som agudo, tilintar) > Agogo náàró gooro – O relógio tilintou, bateu as horas.
LATENTE, adj. pípamọ́.
LATERAL, LADO, s. ègbẹ́ > Ó dúró ségbẹ́ rẹ̀ – Ele está de pé ao lado dela.
LATERALMENTE, adv. níbú, níbúrùbú, ìbúbú.
LATERITA, s. iyangi, ìlẹ̀pa < ilẹ̀ + pupa.
LÁTEX, SEIVA, s. ojera igi.
LATIR PARA INTIMIDAR, v. gbómọ́ > Ajá gbómọ́ mi – O cachorro latiu para mim.
LATIR, ARENGAR, v. gbó > Ajá ngbó – O cachorro está latindo.
LATITUDE, s. ìlà-ìbú ayé, ìdábú. A região yorùbá está situada entre o 3º e o 6º gráu de latitude do norte do equador, o que promove mudanças na divisão das horas.
LATRINA, s. ilé-ìgbọ̀nsẹ̀, ṣálángá.
LAUREADO, s. oníyì, ẹléyẹ.
LAVA DO VULCÃO, s. ẹṣọkòlọ́, eyinkòló, ẹrinkòló > òkúta yíyọ́ – pedras dissolvidas.
LAVADEIRA, PASSADEIRA, s. afoṣo, àlágbafọ̀ < fọ́ – lavar, aṣọ – roupa (aquela que lava e passa a roupa).
LAVADEIRA, INSETO, s. lamí-lamí.
LAVAGEM COMPLETA, s. àwẹ̀mọ́.
LAVANDERIA, s. ibalùwẹ̀.
LAVAR A BOCA, v. wẹnu < wẹ̀ + ẹnu.
LAVAR AS MÃOS, v. fọwọ́ < fọ̀ + ọwọ́, wẹwọ́, wiyó > Òun lo fọwọ́ kí ó jẹ tó – Ele foi lavar as mãos antes de comer; < kí...tó – antes de.
LAVAR DE NOVO, v. túnfọ́ > Ó túnfọ́ aṣọ rẹ̀ – Ele lavou a roupa dela de novo.
LAVAR E LIMPAR, v. wẹ_nù, wẹ_nùmọ́ > Ọlórun wẹ èṣẹ̀ mi nùmọ́ – Deus me purificou dos pecados (lit. me lavou e me limpou).

LAVAR O CORPO, *v.* ṣíra (após uma doença).
LAVAR O ROSTO, *v.* bọ́, bójú < bọ́ + ojú > Mo lọ bójú – Eu vou lavar o rosto.
LAVAR OS PÉS, *v.* ṣansẹ̀ < ṣàn + ẹsẹ̀, wẹsẹ̀ < wẹ̀ + ẹsẹ̀.
LAVAR PARTES DA PESSOA, *v.* táábà (costume maometano após urinar).
LAVAR ROUPA, *v.* fọsọ < fọ̀ + aṣọ.
LAVAR, ENXAGUAR, *v.* ṣìn (limpar com água) > Ó ṣìn ẹ̀wù yìí mọ́ – Ela lavou esta roupa bem limpa.
LAVAR, TOMAR BANHO, *v.* wẹ̀ > ìwẹ̀ – banho, lavagem (para pessoas).
LAVAR, *v.* fọ̀ > Fọ omi ìṣàn – Lavar com água corrente, lavar a jato; > Mo fọ ọkọ̀ rẹ̀ láná – Eu lavei o carro dela ontem.
LAVATÓRIO, *s.* ilé ìyàgbẹ́, iléètọ́.
LAVÁVEL, *adj.* fífọ̀.
LAVRADOR, *s.* alágbàro, atúlẹ̀, awalẹ̀.
LAVRADOR, CAVADOR, *s.* ọ̀wà.
LAVRAR O SOLO, CULTIVAR, *v.* roko.
LAXANTE, PURGANTE, *s.* egbògi.
LAXATIVO, *s.* egbògi-ìyàgbẹ́, oògùn-amúniyàgbẹ́.
LAZER, FOLGA, *s.* fájì, ìgbà ìsinmi.
LEALDADE, *adj.* gìdìgbà.
LEALDADE, *s.* àìṣáátá, ìwà òtítọ́.
LEAL, FIEL, *adj.* ṣòótọ́ > Ó mú mi ṣòtítọ́ – Ele me motivou a falar a verdade.
LEÃO, *s.* kìnìún.
LEBRE, *s.* agoro.
LEGADO, HERANÇA, *s.* ogún > Mo jẹ ogún ilé yìí – Eu herdei esta casa.
LEGAL, *adj.* gẹ́gẹ́bí òfin.
LEGALIZAR, *v.* sọ_dòfin.
LEGALMENTE, *adv.* lọ́nà òfin.
LEGIÃO, *s.* ẹgbẹ́ pàtàkì.
LEGIÃO MILITAR, *s.* ẹgbẹ́ ogun.
LEGIÃO, MULTIDÃO, *s.* ọ̀pọ̀lọ́pọ̀.

LEGENDÁRIO, *adj.* àrosọ.
LEGIBILIDADE, *s.* iséekà.
LEGISLAÇÃO, *s.* ìṣòfin.
LEGISLADOR, *s.* aṣòfin, olófin.
LEGISLAR, *v.* filélèlásẹ < fi + lélẹ̀ + lásẹ (emitir uma lei, uma ordem).
LEGISLAR, FAZER A LEI, *v.* ṣòfin < ṣe + òfin.
LEGISLATIVO, *s.* tí n ṣe òfin (lit. que faz as leis).
LEGISLATURA, CONCÍLIO, *s.* ilé-ìgbìmọ̀.
LEGÍTIMA DEFESA, *s.* ìgbáradi.
LEGITIMAR, LEGALIZAR, *v.* bá òfin un – a lei desse modo.
LEGIMITIDADE, *s.* ibófinmu.
LEGÍVEL, *adj.* aṣéekà.
LEGUME, *s.* ewébẹ̀ < ewé + ọbẹ̀ – vegetal usado em sopa.
LEI CIVIL, *s.* òfin ẹtọ́-ẹni.
LEI DA GRAVIDADE, *s.* òfin òòfò-ilẹ̀.
LEI DE DEUS, *s.* Òfin Ọlọ́run.
LEI, ESTATUTOS, *s.* òfin > Iṣẹ́ yìí kẹ̀hìn sí òfin – Este trabalho é contra a lei; > ìlànà – regulamento, regra.
LEIGO, *s.* tí kò gbà Ọlọ́run gbọ́ rárá – que não acredita nunca em Deus.
LEILÃO, *s.* gbànjo, ọjà títà.
LEILOEIRO, PREGOEIRO, *s.* onígbànjo.
LEITE AZEDO, *s.* wàràkàṣì (queijo, coalhada).
LEITEIRO, *s.* oníwàrà.
LEITE MATERNO, *s.* wàrà ọmú.
LEITE, *s.* wàrà, míilìkì (do inglês *milk*) > Ṣé a ní wàrà tuntun? – Nós temos leite fresco?
LEITO DE DOENÇA, *s.* ìbúlẹ̀-àrùn > ìbúlẹ̀-ikú – leito de morte.
LEITO DE DORMIR, *s.* ìbùsùn (cama).
LEITOR DAS ESCRITURAS, *s.* àkàwé-mímọ́.
LEITOR, DECLAMADOR, *s.* ọ̀kàwé, akàwé > kàwékàwé – aquele que lê; > ẹnití ó kàwé nígbà gbogbo – aquele que lê o tempo todo.
LEITURA ALTERNADA, *s.* àkàgbà, ìkàgbà.
LEITURA CLARA, *s.* àkàyé, ìkàyé (com conhecimento).

LEITURA COMPLETA, s. ìkàtán, àkátán.
LEITURA CONJUNTA, s. àjùmọ̀ká.
LEITURA, REVISÃO, s. ìkàwé, àkàwé < kà + ìwé.
LEITURA, s. kíkà > ẹ̀kókíkọ́ – uma leitura qualquer.
LEMBRANÇA, MEMÓRIA, s. ríránti, ìránti > Ìránti orò òrìṣà mi ọdún méje – Lembrança de minha obrigação de sete anos.
LEMBRANÇA, REMINISCÊNCIA, s. ìníranti, ìníran, ohun-ìránti, ohun-afiṣèránti.
LEMBRAR, v. rán_létí, kọ_sórí, ránti < rán + etí > Ó rán wa létí – Ela nos lembrou; > níran – puxar pela mente.
LEMA, s. ọ̀rọ̀ àsàrò.
LEME, CONDUÇÃO, s. ìtọ́kọ̀ > atọ́kọ̀ – piloto.
LENÇO DE CABEÇA, MANTILHA, s. ìdikù, gèlè > ò wé gèlè – Ela colocou um turbante (verbo usado somente para o sexo feminino).
LENÇO, s. aṣọ inújú, síkáàfù (do inglês *scarf*).
LENÇOL, s. aṣọ-ìbùsùn.
LENDA, s. àhusọ, ìtàn > ìtàn àtọwọ́dọwọ́ – histórias tradicionais.
LÊNDEA, PIOLHO, s. èrò.
LENHA, s. igi ìdáná.
LENHADOR, PODADOR, s. agégi, akégi.
LENHADOR, SERRADOR, s. lagilagi, alagi.
LENIENTE, TOLERANTE, adj. láàánú.
LENTAMENTE, adv. dùn-kìn, gọ̀ìgọ̀ì, téré, wúyẹ́wúyẹ́, térétéré (vagamente).
LENTIDÃO, ATRASO, s. ìjáfara.
LENTIDÃO, INATIVIDADE, s. àìtètè.
LENTE CÔNCAVA, s. awòye onínú > awòye oníkùn – lente convexa.
LENTE INTRAOCULAR, s. awòye inú-ojú.
LENTIDÃO, PREGUIÇA, s. ìlọ́ra, àìkájú.
LENTIDÃO, VAGAR, s. àìyára.
LENTO, NEGLIGENTE, adj. fà, kúru, kújú.
LENTO, VAGAROSO, adj. laÍyára, lọ́ra, fàsẹ́hìn > ọdẹ̀ – pessoa de personalidade fraca > Ọmọ yìí yà ọdẹ̀ – Esta criança se tornou tola.

LEOPARDO PEQUENO, s. eyá, oyá.
LEOPARDO, **PANTERA**, s. ẹkùn, àmọtẹ́kùn, età, ògìdán.
LEPRA, s. ẹ̀tẹ̀, ààlè.
LEPROSÁRIO, s. ilé ìwòsàn adẹ́tẹ̀.
LEPROSO, s. adẹ́tẹ̀, ẹlẹ́tẹ̀, (infecção crônica).
LEQUE, **VENTAROLA**, s. ìfẹ́ná, abẹ̀bẹ̀ > Ẹ lọ abẹ̀bẹ̀ ifẹ́ná wá – Vá buscar o abano do fogo; > abẹ̀bẹ̀ àyà – barbatana do peito do peixe.
LER ALTO, v. kàsókè < kà + sí + òkè.
LER CLARAMENTE, v. kàyé (de forma compreensível).
LER JUNTO, v. bá_kọ́ > Ẹ bá mi kọ́ yorùbá – Você leu yorùbá comigo.
LER TOTALMENTE, v. kọ́_tán > Mo kọ́ ìwé tán – Eu li, estudei totalmente o livro.
LER UM LIVRO, v. kàwé < kà + ìwé > Mo kàwé rẹ – Eu li o seu livro.
LER, v. kà > Mo kọ́kà Bíbèlì – Eu li a Bíblia pela primeira vez; > Ò nkà ìwé lọ́wọ́ – Ela está lendo um livro. Obs.: a partícula n prefixada a um verbo indica uma ação progressiva, que está sendo feita; para dizer estar no meio da leitura, acrescentar a expressão lọ́wọ́. > Ó nfọ aṣọ lọ́wọ́ – Ela está no meio da lavagem da roupa.
LESÃO, **MACHUCADO**, s. ìpanilára.
LÉSBICA, s. obìnrin aṣebíakọ (lit. mulher que se parece com homem).
LESTE, **ORIENTE**, s. ìlà-oòrùn.
LESTE, s. gábàsí (o oriente).
LETAL, **FATAL**, adj. eléwu.
LETARGIA, s. ìrániyé, ààrẹ̀ ọkan (lit. fraqueza do coração).
LETRA, s. lẹ́tà (do inglês letter).
LETRA MINÚSCULA, s. ábídí kékeré.
LETRA MAIÚSCULA, s. ábídí tóbi, ábídí nlá.
LEUCEMIA, s. akàn ẹ̀jẹ̀.
LEVANTADO, ERGUIDO, adj. àgbérù, àgbésókè.
LEVANTAR A CABEÇA, v. gbórí, gbórísókè < gbé + orí > Mo gbórí – Eu levantei a cabeça.
LEVANTAR, DECOLAR, v. gbígbésókè, gbé_sókè.
LEVANTAR, DESPERTAR, v. jí > Ó jí ní agogo méwàá – Ele despertou às 10 horas.

LEVANTAR, ELEVAR, *v.* jínde, fà_sókè > Ó fà á sókè – Ela puxou para cima.

LEVANTAR, *v.* dìde > Wọ́n dìde nígbàtí mo dé – Eles se levantaram quando eu cheguei.

LEVANTAR FUMAÇA, *v.* rú > Ó rú èéfín tùù – Ele soprou a fumaça.

LEVAR À FORÇA, *v.* gbà_lágbára.

LEVAR ÁGUA, *v.* gbómi < gbé + omi > Ẹ jọ̀wọ́, gbómi kaná – Por favor, ponha esta água no fogo.

LEVAR AJUDA, *v.* kébá (dar assistência para).

LEVAR AO FOGO, *v.* lọ́ná < lọ + iná.

LEVAR DE VOLTA, *v.* gbà_padà > Mo gba owó mi padà – Eu recebi meu dinheiro de volta.

LEVAR EM CONSIDERAÇÃO, *v.* tàrò (em sinal de respeito).

LEVAR PARA CASA, INSTALAR-SE, *v.* gbà_sílé > Ó gbà mí sílé rẹ̀ – Ela me levou para a casa dela.

LEVAR PARA COMER, *v.* kó_jẹ > Ó kó àwọn èso jẹ – Ela levou as frutas e comeu.

LEVAR PARA FAZER, *v.* fí. Igi ni nwọ́n fí gbé ère – Foi madeira que eles levaram para fazer imagem.

LEVAR PARA FORA, *v.* gbé_jáde (remover o que está dentro) > Wọ́n gbé àpò náà jáde – Eles removeram a caixa para fora.

LEVAR PARA LONGE, *v.* gbà_lọ́wọ́, yà_sílẹ́ > ò gbà á lọ́wọ́ mi – Ele levou isto para longe de mim.

LEVAR PARTE MAIOR DE ALGO, *v.* jégbó.

LEVAR TUDO, *v.* kótán > Ó kó wọn tán – Ela levou tudo deles.

LEVAR UM SUSTO, *v.* díjì > Mo díjì – Eu estou assustado.

LEVAR, SAIR, *v.* kó_jáde.

LEVAR, TIRAR, *v.* gbà_kúrò > Ó gba owó mi kúrò – Ele tomou meu dinheiro.

LEVE, NÃO PESADO, *adj.* fẹ́rẹ̀tutu, láìwúwo, fúyẹ́, àìní-ìwúwo.

LEVEDO, FERMENTO, *s.* ìwúkàrà > osun ìdíbà – fungos usados como fermento.

LEVEMENTE, *adv.* fẹ́n, lọ́rẹ́lọ́rẹ́, sẹnsẹn (suavemente).

LEVEZA, *s.* àìfipekan.

LEVIANDADE, GOZAÇÃO, s. yẹyẹ > àìbìkítà – indiferença.
LEVIANO, FRÍVOLO, adj. ohun yẹpẹrẹ.
LÉXICO, s. ìtúmọ̀-èdè.
LHE, pron. obj. ọ, ẹ (posicionados depois de verbo ou preposição) > Mo rí ọ láná – Eu o vi, eu vi você ontem; ẹ – usado de maneira formal e respeitosa ⇒ Olọ́run súre fún ẹ́ – Deus o abençoe, Deus dê bênção a você. Obs.: se o verbo tiver duas ou mais sílabas, usar rẹ > Ó gbàgbé rẹ – Ela o esqueceu, ela esqueceu você.
LHES, pron. obj. yín > Mo rí yín – Eu os vi, eu vi vocês.
LIBAÇÃO, s. fi ọtí rúbọ (oferecimento de uma bebida).
LÍBANO, s. Lẹ́bánọ́n-nù (país da Ásia Ocidental).
LIBERAR, v. gbà_sílẹ̀ > Ó gbà mí sílẹ̀ – Ele me liberou.
LIBERAÇÃO, LIBERDADE, s. ìsọdòmìnira > ìdásílẹ̀ ẹlẹ́wọ̀n – liberação da prisão.
LIBERAL, FRANCO, adj. túwọ́ká, ọ̀sọnú, lawọ́ – abrir a mão, ser generoso.
LIBERALIDADE, s. ìlawọ́ (generosidade).
LIBERDADE, s. òmìnira, ònnira > àyè làtí ṣe ohunkóhun – ter vida para fazer qualquer coisa.
LIBERTAÇÃO, SALVAMENTO, s. ìgbàkúrò.
LIBERTAÇÃO, ENTREGA, s. ìjọlọ́wọ́, ìjọlọ́wọ́lọ.
LIBERTAR-SE DE ALGO, v. bọ́lọ́wọ́ > Àwo yìí bọ́ lọ́wọ́ mi – Este prato caiu da minha mão.
LIBERTAR, DESEMBARAÇAR, v. jẹ_gbé > Mo jẹ ọ̀rán náà gbé – Eu me libertei desta situação.
LIBERTAR, LIVRAR, v. dà_nídè, dá_kuro (deixar ir) > Ó dà mí nídè – Ela me libertou da escravidão.
LIBERTAR, v. dá_sílẹ̀ > bọ́, jọ̀ – libertar-se > Ó jọ̀ mí lọ́wọ́ sílẹ̀ – Ela me libertou
LIBERTINO, adj. nífẹ́kúfẹ́.
LIÇÃO, AULA, s. ẹ̀kọ́ > Mo fi ojú sí ẹ̀kọ́ mi – Eu prestei atenção em minhas lições; > àríkọ́gbọ́n – aquele que encontra sabedoria.
LICENÇA, s. àgò (ato de pedir licença; resposta – àgò yá).

LICENÇA, PERMISSÃO, s. ìwé-èrí, gáfárà > Mo toro gáfárà – Eu pedi permissão; > Mo kágò láti wolé – Eu pedi permissão para entrar.
LICENCIOSIDADE, adj. fúnlèlórun.
LÍCITO, adj. gégébí òfin (de acordo com a lei).
LICOR, BEBIDA, s. ohún mímu, otí.
LIDAR COM ALGO OU ALGUÉM, v. báyí > Mò nbá a yí lówó – Eu estou lidando com este dinheiro.
LÍDER COMERCIAL, s. akérò.
LÍDER DE CULTO EGÚNGÚN, s. atókùn.
LÍDER DE EMPRESA, s. ológírí.
LÍDER, CABEÇA DO GRUPO, s. olórí, olórí-àjo, asíwájú – aquele que está à frente.
LÍDER, s. aṣáájú > amònà – aquele que revela o caminho.
LIGA, s. ìdimò, ìditè (grupo, união).
LIGA, s. okún tí a fi nso ìbosè – cadarço que prende a meia.
LIGAÇÃO, CONEXÃO, s. ìfarakóra, àsopò.
LIGAÇÃO, FECHAMENTO, s. edìdì ìdè.
LIGAMENTO, s. ìwaagun, óríke.
LIGAR, ACORRENTAR, v. dè, mù_dè.
LIGAR, CONECTAR, v. somó, sopò > Ó so wón pò – Ela os amarrou juntos.
LIGAR, JUNTAR, v. fi_mó, dà_pòmó, ré_pò > Ó ré won pò – Ele juntou os materiais.
LIGEIREZA, AGILIDADE, s. akán.
LIGEIRO COM OS PÉS, adj. agangan.
LIGEIRAMENTE, adv. lórélóré > Ibà mú u lórélóré – A febre o pegou ligeiramente.
LIGEIRAMENTE, LEVEMENTE, adv. peẹ > Ó wò mí péé – Ela me olhou fixamente, me encarou.
LIMÃO, LIMA, s. osàn-wéwé.
LIMÃO, s. òronbó-wéwé, osàn-wéwé, òronbó kíkan.
LIMIAR, s. òpin.
LIMITAÇÃO, DEMARCAÇÃO, s. ìpààlà.
LIMITAÇÃO, MODERAÇÃO, s. ìdánílágara.

LIMITAÇÃO, RESTRIÇÃO, s. ìkóso, ìdánílẹ́kun, ìhàmọ́.
LIMITADAMENTE, adv. ṣúkẹ́-ṣúkẹ́.
LIMITADO, adj. nípẹ̀kun > láìlópin – ilimitado, irrestrito.
LIMITAR, v. lààlà < la + ààlà, hámọ́ > Mo lààlà àwọn ilẹ̀ mi – Eu limitei minhas terras.
LIMITE ENTRE TERRAS, s. ààlà.
LIMITE, FRONTEIRA, s. ìpínlẹ̀.
LIMITE, TÉRMINO, s. ìpẹ̀kun, òpin.
LIMPAR A BOCA, v. runrín (mastigando palito ou escovando dentes) > Nígbàtí o jí runrín – Quando você acordar limpe a boca.
LIMPAR A TERRA, v. pàgbẹ́, ṣángbẹ́ (para fazer a plantação).
LIMPAR ÁREA PARA CULTIVO, v. pako < pa + oko, ṣáko < ṣá + oko.
LIMPAR ESTRADA, v. yẹ̀nà < yẹ̀ + ọ̀nà (abrir caminho).
LIMPAR O CORPO, v. mọ́lára < mọ́ + ní + ara.
LIMPAR, LAVAR, v. wẹ̀, sìn_mọ́, wẹ̀_mọ́, wẹ̀_nùmọ́.
LIMPAR, v. nù, fá > Lọ nu ojú rẹ – Vá e limpe o seu rosto; > Àìná fọ aṣọ náà mọ́ ọ́n dáradára – Ainón lavou a roupa e limpou-a bem.
LIMPEZA, ASSEIO, s. ìmọ́tótó, tónitóni.
LÍMPIDO, DESANUVIADO, adj. láìníkúkuu > mọ́gaara – claro, transparente.
LÍMPIDO, IMACULADO, adj. àìlábàwọ́n.
LIMPO, adj. mọ́roro, mọ́tótótó.
LIMPO, CLARO, adj. dáṣáká.
LIMPO, PURO, adj. mímọ́ > mímọ́ tótó (extremamente limpo).
LINCHAR, v. láìdáléjọ́ (executar sem julgamento).
LINDA, s. ẹlẹ́wà (uma pessoa linda) > Obìnrin ẹlẹ́wà – Uma linda mulher.
LINDA, adj. lẹ́wà > Obìnrin yìí lẹ́wà – Aquela mulher é linda.
LINEAR, s. onílà (relativo a linhas).
LINFA, s. omi-ara (líquido que contém glóbulos brancos) > ẹṣẹ́ omi – glândula de linfa.
LINFAGITE, s. ìṣàn omi-ara wíwú (inflamação dos vasos linfáticos).
LINFOMA, s. akàn omi-ara (tumor dos gânglios).
LINGERIE, s. àwọ̀tẹ́lẹ̀ (roupa de baixo).
LÍNGUA ESTRANGEIRA, s. èdèe àjèjì.

LÍNGUA MÃE, *s.* èdèe àbíníbí.
LÍNGUA NATIVA, *s.* ẹyọ̀ (idioma do povo de Àwórì).
LÍNGUA, *s.* awọ́n, ahọ́n > Ó ní aláhọ́n gígun – Ele tem a língua comprida; > aláhọ́n < oní + ahọ́n – linguarudo.
LINGUAGEM, *s.* èdè > Àwa ti nsọ̀rọ̀ ní èdèe yorùbá – Nós já estamos conversando em yorùbá. *Obs.*: substantivo seguido de outro tem a sua vogal final alongada.
LINGUAGEM CONFUSA, *s.* àtàmọ̀.
LINGUAGEM CORPORAL, *s.* fi ọ̀rọ̀ nṣí ara – usar palavra movimentando o corpo.
LINGUAGEM NATIVA, *s.* èdè àbíníbí (idioma natural).
LINGUISTA, *s.* akẹ́kọ̀-èdè > ẹnití ó lè sọ oríṣíríṣí èdè – aquele que pode falar vários idiomas.
LINGUÍSTICA, *s.* lìnguístíkì (do inglês *linguistics*).
LINHA CURVA, *s.* ìlà kíká.
LINHA DE ALGODÃO, *s.* òwú-ríran.
LINHA DEMARCATÓRIA, *s.* ìpínlẹ̀ (fronteira).
LINHA DE SEDA, *s.* ṣẹ́dà (tecido feito com esta linha).
LINHA ESPIRAL, *s.* ìlà òṣùká.
LINHA OBLÍQUA, *s.* ìlà wíwó.
LINHA RETA, *s.* ìlà títọ́ > ìlà kíká – linha curva.
LINHA TORCIDA, *s.* ìlà-ọ̀ran.
LINHA, MARCA, *adj.* nílà < ní + ìlà.
LINHA, *s.* ìlà (risco desenhado em papel ou no chão).
LINHAGEM, DESCENDÊNCIA, *s.* ìran > Àwọn òbí mi kú, ṣùgbọ́n ìran mi wà láyè - Meus pais são falecidos, porém meus descendentes estão vivos; > ìrandíran – de geração em geração.
LINHO, *s.* ògbò > aṣọ ògbò – roupa de linho.
LINIMENTO, *s.* ẹ̀rọ́, òróró ìpara.
LIQUIDAÇÃO, *s.* sísan gbèsè (pagar dívida).
LIQUIDAR UM DÉBITO, *v.* san gbèsè.
LIQUIDAR, FINALIZAR, *v.* kádì > Ó ká ọ̀rọ̀ náà dì – Ele encerrou a questão.
LIQUIDIFICAR, DISSOLVER, *v.* yọ́ > Epo ti yọ́ – O óleo derreteu.

LÍQUIDO DO CARACOL, s. omi ẹrọ.
LÍQUIDO ENGARRAFADO, s. àbùrọ.
LÍQUIDO, FLUIDO, s. aṣàn.
LÍRICO, s. ọ̀rọ̀ orin.
LISO E FINO, adj. pẹlẹbẹ > Ó rí pẹlẹbẹ – Ele é liso e fino.
LISO, LIMPO, adj. dánmánrán.
LISO, LUSTROSO, adj. kodoro.
LISO, MACIO, adj. jọ̀lọ̀ > Iyáan yìí jọ̀lọ̀ – Este inhame está bem liso e macio.
LISO, SEM MARCAS, adj. àìsílà.
LISONJA, ADULAÇÃO, s. pipọ́nnu, ẹ̀pọ́n.
LISONJEADOR, s. olùpọ́nni, apọ́nni.
LISONJEAR, ENCANTAR, v. dì, pọ́n > Ó pọ́n mi – Ele me lisonjeou.
LISONJEIRO, s. aríbanijẹ (adulador).
LISURA, BOA-FÉ, s. òdodo (sinceridade).
LISTA DE COISAS, ORDEM, s. ẹsẹ̀ > Ó kà wọn lẹ́sẹ̀-lẹ́sẹ̀ – Ele os enumerou item por item; > ètò – ordem > A ṣe ètò – Nós fizemos um acordo.
LISTA DE PESSOAS, s. ìwé ẹsẹ̀-orúkọ.
LITERAL, TEXTUAL, adj. gẹ́gẹ́bí ọ̀rọ̀ tí rí gaan – de acordo com o texto que vemos; > gẹ́gẹ́bí a ṣe – conforme nós fazemos.
LITERÁRIO, s. olọ́mọ̀wé, tí ẹkọ́ ọlọ́gbọ́n.
LITERATO, adj. ọ̀mọ̀wé (aquele que conhece os estudos) > mọ̀wé – ser literato, culto > Ó mọ̀wé – Ele é erudito.
LITERATURA, s. ìjúwé àkóọsílẹ̀, àkójọ ìwé, lítíréṣọ̀ (do inglês literature).
LITIGANTE, REQUERENTE, s. ẹlẹ́jọ́ > Ẹlẹ́jọ́ kò mọ ẹjọ́ rẹ̀ – O requerente não conhece o problema dela.
LITIGAR, PLEITEAR, v. ṣẹjọ́.
LISTRADO, adj. màlà, màlà-màlà, sáfẹ́ẹ̀tì (com listras) > Ó wọ ẹ̀wù sáfẹ́ẹ̀tì lọ báí – Ele vestiu uma camisa listrada e saiu por aí.
LISTRADO, COLORIDO, s. ọlọ́nà.
LISTRAS, s. ìlà tẹ̀rẹ̀-tẹ̀rẹ̀.
LITERATURA, s. lítíréṣọ̀, lítíréwẹ́ (do inglês literature).
LITORAL, s. etí omi > etí odò – litoral de um rio; > etíòkun – região costeira.

LITRO, s. lítà (do inglês *liter*) > lítà kan – um litro.
LITURGIA, s. ìlànà ìsìn, ìwé àdúrà.
LIVRAR DO PERIGO, SAFAR, v. yọ, dà_nídè > Ó yọ kúrò lọ́wọ́ ewu – Ela escapou das mãos do perigo.
LIVRAR-SE, DESFAZER-SE, v. yàgò fún, ta_nù > Ó ta mí nù – Ela me evita.
LIVRARIA, s. ilé ìtàwé, ilétàwé < ilé + tà + ìwé (loja de vender livros), ilé ìkàwé (loja de leitura de livro), ṣọ́bù ìwé (depósito de livros).
LIVRAR-SE DE CHEIRO NOCIVO, v. ṣíyan.
LIVRE-ARBÍTRIO, s. ìfẹ́-àtinúwá.
LIVRE, NÃO COAGIDO, adj. aláìmú, ní òmìnira.
LIVRE, GRÁTIS, adj. ọ̀fẹ́, túwọ́ká > Ó fún mi ṣọ̀kọ̀tọ̀ ní ọ̀fẹ́ - Ele me deu uma caça de graça.
LIVREMENTE, CONSTANTEMENTE, adv. dọrọdọrọ, gbìrì-gbìrì, yàà, finúfẹdọ́ > Ó ná yàà – Ela gastou generosamente; > fàtì – sem restrições.
LIVRO DE HISTÓRIA, s. ìwé ìtàn.
LIVRO INSTRUTIVO, s. ìwé ìkọ́ni, ìwé ẹ̀kọ́.
LIVRO DE LEITURA, s. ìwé-kíkà > kàwékàwé – leitor.
LIVRO DE POESIAS, s. ìwé arò.
LIVRO DE REGISTRO, s. ìwé kọpamọ́ > ìwé ìṣìrò-owó – livro-razão, registro financeiro.
LIVRO DO CONHECIMENTO, s. ìmọ̀wé, ìwémímọ̀ < mọ̀ + ìwé.
LIVRO, BROCHURA, s. ìwé plẹbẹ.
LIVRO, PAPEL, s. ìwé > Ìwé tí mo rà – O livro que eu comprei; > Ìwé mi dà? – Onde está o meu livro? < dà – verbo interrogativo, onde está?
LIXAR, RASPAR, v. ra > Ó ra ọwọ́ – Ele esfregou as mãos; > Ó fo òróró ra ẹsẹ̀ – Ela esfregou óleo nas pernas.
LIXEIRO, GARI, s. gbálẹ̀-gbálẹ̀.
LIXO, ENTULHO, s. àátàn, àtitàn > Ó gbé àtìtàn jáde – Ela levou o lixo para fora.
LIXO, s. pàntí, pàntírí.
LOBO OU HIENA, s. pẹlẹpẹ̀, ìkòríkò, kòkò.
LÓBULO, s. ìsàlẹ̀ etí ènìà (parte da orelha da pessoa).

LOCAÇÃO, ARRENDAMENTO, s. gbígbá ilé.
LOCAL ÁRIDO, s. ìyàngbẹ.
LOCAL DE AUDIÊNCIA DO REI, s. ópò, orópó, orúpò.
LOCAL DE CULTO AOS MORTOS, s. ilé ìbọ́ okú > ìgbàlẹ̀ – ritual egúngún.
LOCAL DE DESCANSO, s. ibi ìsinmi.
LOCAL DE NASCIMENTO, s. ilé ìgbébí > ibi ìbí ẹni – local de nascimento da pessoa.
LOCAL DE RECREAÇÃO, s. ojúpò.
LOCAL DE SACRIFÍCIO, s. poolo.
LOCAL DE TRABALHO, s. ibi iṣẹ́ (escritório).
LOCAL DO FOGO, s. ojùmọná.
LOCALIDADE, s. àgbègbè.
LOCAL ÍNTIMO, s. aganjú (do palácio do rei).
LOCALIZAÇÃO, POSIÇÃO, s. ipò > Kíni ipò rẹ nínú ẹ̀sin – Qual o seu cargo dentro do culto?
LOCALIZAR, v. rí ibi (encontrar um lugar) > Èmi kò rí ibi mi láti jóko – Eu não encontrei o meu lugar para sentar.
LOCALIZAR, DESCOBRIR, v. wá_rí > Òun nwá owó rí – Ela está tentando encontrar algum dinheiro.
LOCAL, LUGAR, s. ibi-ìṣẹ̀lẹ̀ – local, lugar.
LOCAL ONDE SE BEBE, s. ìbùmu.
LOCAL PARA EXTRAÇÃO DE ÓLEO, s. ẹkù.
LOCAL PEQUENO, ESTREITO, s. bíríkótó.
LOCAL PRÓXIMO DA CIDADE, s. ẹpádi, ibi àrọwọ́.
LOCAL SOLITÁRIO, ERMO, s. àdádó, ìdádó > Àdádó ni oko wa wà – Nossa fazenda está isolada; > ibi kan – um lugar.
LOCAL DE ENCONTRO, REUNIÃO, s. ibi ìpàdé, ibi ààbò.
LOCAL DE PRÁTICAS DIVERSAS, s. ẹbu.
LOÇÃO, s. ìpara.
LOCOMOÇÃO, s. ìkákàkiri.
LOCOMOTIVA, s. ẹ̀rọ́-lokomótíìfù (do inglês *locomotive*) > fákáfìkì – som do trem em movimento.

LOCUTOR, *s.* asọ̀rọ̀ < sọ̀rọ̀ – falar.
LODO, LAMA, *s.* pẹ̀tẹ̀-pẹ̀tẹ̀, pọ̀tọ̀-pọ̀tọ̀.
LODOSO, LAMACENTO, *adj.* lẹ́rẹ̀.
LOGARITMO, EXPOENTE, *s.* iye edi-èèkà.
LÓGICA, RACIOCÍNIO, *s.* ọgbọ́n ìrònú.
LOGÍSTICA, *s.* ọ̀nà-ọgbọ́n.
LOGO, BREVEMENTE, *adv.* láìfàgún, láìfàgúnlọtítí.
LOGO DEPOIS, *adv.* gẹ́rẹ́ > Gẹ́rẹ́ tá a débí ló kú – Logo depois de nossa chegada ele faleceu.
LOGORREIA, *s.* sísọ ìsọkúsọ (hábito de falar em excesso).
LOJA, *s.* ilé ọjà, ilé-ìtajà (ìtajà – vendedor), ṣọ́ọ̀bù (do inglês *shop*).
LOMBAR, *s.* ẹ̀hìn-ìdí (relativo à parte de trás).
LOMBO, *s.* ìhà.
LOMBO, QUADRIL, *s.* ìbàdí, bàdí, ẹgbẹ́ (lado, flanco).
LOMBRIGA, LARVA, *s.* sòbìyà, ẹhuru, kúlukúlu.
LONDRES, *s.* Lọ́ndọ̀nù (capital da Inglaterra).
LONGA DISTÂNCIA, *s.* òkèèrè, lọ́nà jíjìn jù > Ó wá láti lókèèrè – Ele veio de muito longe; lókèèrè < ní + òkèèrè.
LONGA DURAÇÃO, *s.* pípẹtítí.
LONGA VISTA, *s.* òóré, òréré.
LONGE, *adj.* jìn, jìnnà > Odò náà jìn sílù – O rio fica distante da cidade.
LONGE, DISTANTE, *adv.* ẹ̀hìn odi, fììfìì, tíyẹn.
LONGE, MUITO DEPOIS, *adv.* lẹ́hìnlẹ́hìn (atrás de).
LONGEVIDADE, *s.* ẹ̀mí gígùn.
LONGÍNQUO, *adv. v.* kúrò (também usado como verbo afastar-se, mover-se) > Ojú mi kò kúrò ní ara rẹ̀ – Meus olhos não se afastaram dela (Ìwọ, kúrò níbẹ̀ – você, vá para lá. (*Obs.*: a forma *ní* é normalmente usada após verbos que denotam mudança de uma posição.)
LONGITUDE, *s.* ìlà-ìró ayé.
LONGO E GRANDE, *adj.* bọọli.
LONGO E MAGRO, *adj.* ṣínṣin.
LONGO, COMPRIDO, *adj.* gígùn > Ẹ̀mí gígùn fún ọ – Vida longa para você; > Ó nfi àdá gìgún – Ele está usando um grande facão.

LONGO, DURÁVEL, adj. pípẹ́.
LONGO, FINO, ESTICADO, adj. gbọ̀ọ̀rọ̀.
LOQUAZ, FALADOR, s. aláròyé, alásọjú, oníregbè.
LORDE, s. Olúwa.
LOS ANGELES, s. Lọs Ánjélíìsì (cidade da Califórnia, nos EUA).
LOROTA, MENTIRA, s. àhusọ-ọ̀rọ̀.
LOTE DE TERRA, s. gánrándì, ilẹ̀ bíírí, ilẹ̀ biríkítí.
LOTERIA, JOGO DE AZAR, s. tẹ́tẹ́ > Tẹ́tẹ́ títa máa nfa ìmọ̀lára ti ó lágbára – O jogo de azar costuma provocar fortes emoções.
LOUCAMENTE, adv. jìbà-jìbà, jìgbà-jìgbà, jùbà-jùbà, jùà-jùà > Ó sáré kiri jìbà-jìbà nwá iṣẹ́ – Ele correu por todos os lados procurando emprego.
LOUCO, IDIOTA, s. aṣiwèrè, aṣièré.
LOUCURA, INSANIDADE, s. iwín, àìpéníyè.
LOUCURA, s. ìsínwín, ẹgán.
LOUVA-A-DEUS, INSETO, s. adámọlókó.
LOUVAÇÃO, s. oríkì (ressalta tradições de uma sociedade, de uma família, divindades).
LOUVAR, ELOGIAR, v. yìn > A yìn Ọlọ́run – Nós louvamos a Deus.
LOUVAR, GLORIFICAR, v. yìn_lógo > Ó yìn mí lógo – Ela me elogia.
LOUVÁVEL, adj. tí a lè yẹsí (lit. que nós podemos respeitar).
LOUVOR, APREÇO, s. ìyìn, yínyìn.
LOUVOR, GLORIFICAÇÃO, s. ìyìnlógo.
LUA, s. òṣùpá.
LUA DE MEL, s. ìgbà ìmọra > oṣù kíní lẹ́hìn ìgbéyàwó – primeiro mês após o casamento.
LUAR, LUZ DA LUA, s. ìmọ́lẹ̀ òṣùpá > Ìmọ́lẹ̀ òṣùpá ní ẹ̀wa – O luar tem beleza.
LUA MINGUANTE, s. òṣùpá rẹ̀wẹ̀sì, ìdámẹ́rin rẹ̀wẹ̀sì.
LUA NOVA, s. ìwọ̀ọ̀kùn, òṣùpá tútú (surgimento da lua no céu).
LÚBRICO, LIBERTINO, adj. nífẹ́kúfẹ̀.
LUBRIFICAÇÃO, s. yíyọ̀.
LUBRIFICANTE, s. ayọrin.

LUBRIFICAR, *v.* tọ́pọ < tọ́ + epo > Ó tọ́pọ sí i – Ele lubrificou isto com óleo; < tọ́ + epo; > dán – engraxar.

LÚCIDO, PERSPICAZ, *adj.* mẹ́já > dídán – brilhante.

LUCRAR, TER VANTAGEM, *v.* gbèrè < gbà + èrè, jèrè < jẹ + èrè > Ìyá mi jèrè púpọ̀ nínú iṣẹ́ rẹ̀ – Minha mãe lucrou muito no trabalho dela.

LUCRAR, TIRAR PROVEITO, *v.* jèrè, jèrè, gbèrè > Ó jèrè nípa rẹ̀ – Ele se aproveitou dela; > Ìwọ jèrè iṣẹ́ ọwọ́ – Você teve uma recompensa com seu trabalho.

LUCRATIVO, RENDOSO, *adj.* sànfàní, lérè < ní + èrè.

LUCRO, GANHO, *s.* ìjèrè > ọrọ̀ – riqueza, opulência.

LUGAR ALTO, *adv.* òfìfìì > ibi gíga – alto e seguro.

LUGAR ARENOSO, *s.* erùfù.

LUGAR COMUM, *adj.* ṣàkálá.

LUGAR DE DESCANSO, *s.* ibùsọ̀ < ibi + ìsọ̀ (durante uma viagem, estação).

LUGAR DE JULGAMENTO, *s.* ibi-ìdàjọ́, tribunal.

LUGAR DE REFÚGIO, *s.* ibi-ààbò, asilo.

LUGAR DESTACADO, *s.* ojútáyé.

LUGAR DISTANTE, RECANTO, *s.* kọ́lọ́fín, ìkọ̀rọ̀gún.

LUGAR DOS MORTOS, *s.* ipò-òkù.

LUGAR SEGURO, *s.* ibi ìfẹsẹ̀tẹ̀.

LUGAREJO, POVOADO, *s.* abúlé > abúléjà – abrigo de casas no mercado.

LUGAR PANTANOSO, BREJO, *s.* ẹrọ̀fọ̀, àbàtà.

LUGAR QUALQUER, *s.* ibikíbi < ibi + kí + ibi, ibikanṣá.

LUGAR SAGRADO, *s.* igbódù òrìṣà (dedicado a uma iniciação).

LUGAR SECRETO, *s.* ìgbàlẹ̀ (de culto aos Egúngún).

LUGAR, ESPAÇO, *s.* àyè > Kò sí àyè mọ́ – Não há mais lugar; > Àyè mi ni yìí – Este é o meu lugar.

LUGAR, RECANTO, *s.* kọ̀rọ̀ > Ibi tí kò bọ́ sí kọ̀rọ̀ – Lugar onde não há privacidade.

LUGAR, LOCAL, *s.* ibi, ibikan, ipò > Kò mọ ibi tí a lọ – Ela não sabe o lugar aonde nós fomos (o pron. pess. sing. da 3ª pessoa não é usado em frases negativas).

LUMBAGO, s. làkúrègbé (dor na região lombar).
LUMINOSO, BRILHANTE, adj. dídán, mímọ́lẹ̀ > Ó nwé gele dídán – Ela está usando um turbante brilhante.
LUNAR, adj. òṣùpá.
LUNÁTICO, INSANO, s. aṣiwèrè.
LUSTROSO, adj. dámánrán.
LUSTROSO, POLIDO, adj. pìnìn.
LUTA DIFÍCIL, s. àjàtúká.
LUTA-LIVRE, CORPORAL, s. jìjàkádì.
LUTA, BRIGA, s. ìjà, ìjẹkẹ́ > Ọgbọ́n, ó sàn jù ohun ìjà lọ – Sabedoria, ela é melhor que armas de luta; > ìdù – também usado na composição de frases; > ìdùbúlẹ̀ – ato de deitar.
LUTA, COMPETIÇÃO, s. pérò (entre duas ou mais pessoas) > Wọ́n pérò – Eles discutiram numa conferência.
LUTA, CONTENDA, s. àjagbà, ìjagbà, jàádì (do hausá *jàhadì*).
LUTA DIFÍCIL, s. àjàtúká.
LUTA, s. ẹkẹ, gídígbò, ìbádímú, ìjàkádì, ìjẹkẹ́ > A wọ̀ ẹkẹ – Nós entramos em luta.
LUTADOR, BATALHADOR, s. oníjà, jagunjagun.
LUTADOR OBSTINADO, s. àjàgbulà. Àjàgbílà.
LUTADOR, BRIGÃO, s. oníjàbùtẹ, oníjàkádì > oníjàkádì, jàgídígbò – lutador corporal.
LUTAR COM VIOLÊNCIA, v. jà àjàkú > Wọ́n jà àjàkú – Eles lutaram violentamente.
LUTAR CONTRA A MORTE, v. jòwèrè.
LUTAR, BATER, v. jà > ìjà – luta, conflito.
LUTAR, COMBATER, v. jẹkẹ́ > A jẹkẹ́ púpọ̀ – Nós lutamos muito.
LUTAR, SEGURAR, v. bá_dìmú > Mo bá a dìmú – Eu lutei contra ele.
LUTAR, v. jìjàkádì, jàdù (para alcançar algo).
LUTAR COM ESFORÇO, s. làkàkà > Ó làkàkà ṣe é – Ele se esforçou bastante para fazer isto.
LUTO, MORTE, s. ọ̀fọ̀, aṣọfọ̀, ìṣọfọ̀ > Ẹ kú ọ̀fọ̀ – Condolências pelo seu luto > aṣọ dúdú fún ọ̀fọ̀ – roupa preta para o luto.

LUVA, s. àdábowó, ìbowó < bò + owó.

LUXO, PRAZER, s. fààji > Mo je fájì – Eu senti prazer; > Ẹ kú fájì – Desfrute este momento de lazer.

LUXÚRIA, PRAZER!, s. ìjayé, ìjadùn, ìgbádùn > Ó je ìgbádùn pẹ́ – Ele teve um longo momento de prazer; < gbọ́ + adùn.

LUXÚRIA, SENSUALIDADE, s. àjadùn > ìfẹ́kúfẹ́ – desejo, cobiça.

LUXURIOSAMENTE, adv. yàlà.

LUXURIOSO, LASCIVO, adj. nífẹ́kúfẹ́, lópòlópò.

LUZ DO DIA, s. ojúmọmọ.

LUZ DO SOL, s. ìmólè oòrùn > ríran oòrùn – claridade.

LUZ ELÉTRICA, s. ìtànná àrá < tàn + iná.

LUZES, ILUMINAÇÃO, s. fùkùfúkú.

LUZIR, BRILHAR, v. tàn > Tàn àtùpá yìí – Acenda este lampião.

LUZ, s. imólè, ìtànná > ìmólè fitílà – luz de vela.

MÁ CONDUTA, *s.* ìwà-àìtọ́.
MÁ COMPANHIA, *s.* ẹgbẹ́kẹ́gbẹ́.
MÁ INTERPRETAÇÃO, *s.* sì_túmọ.
MÁ INTENÇÃO, *s.* èrokérò, ìrokírò.
MÁ REPUTAÇÃO, *s.* ìsì > ìsì rẹ́ bà kálẹ̀ – sua reputação o tornou desacreditado.
MÁ SORTE, ACASO, *s.* àmúwá.
MÁ VONTADE, *s.* àìfẹ́ni.
MAÇÃ, *s.* ápù, ápùùlù (do inglês *apple*) > èso kan bí òro òyìnbó – uma fruta de árvore estrangeira.
MAÇÃ DO ROSTO, *s.* ẹ̀rẹ̀kẹ́ (bochecha).
MACA, *s.* pàrafà > ìbùsùn – cama.
MACABRO, *adj.* abanilẹ́rù.
MACACO PEQUENO, *s.* ìjímerè.
MACACO-PRETO, TIPO, *s.* òwè.
MACACO, *s.* ẹdun, jàkó, ọ̀bọ > Ọ̀bọ njẹ ògẹ̀dẹ̀ – O macaco está comendo banana.
MAÇANETA, *s.* kókó.
MACAQUICE, *s.* akítì (imitador, ou tipo de macaco).
MACERAR O VINHO, *v.* túnwe.
MACETE, MARTELO, *s.* oòlù > Òun fi oòlù pa ejò – Ele usou um macete e matou a cobra.

MACHADINHA, s. gànmugánmú (usada no culto egúngún).
MACHADO, s. àáké, àkíké.
MACHO E FÊMEA, s. àtakọ àtàbo, takọtabo > Ní ìbálòpọ̀ takọtabo – Ter relação sexual entre um homem e uma mulher.
MACHO, **VARÃO**, s. akọ (também forma de demonstrar dureza) > Ó sọ̀rọ̀ akọ sí mi – Ele falou duramente para mim; > Akọènìà – Pessoa brava.
MACHUCADO, s. ìpalára.
MACHUCAR, v. fi_bù, fẹsẹ̀bù > Mo fẹsẹ̀bù – Eu feri minha perna.
MACHUCAR-SE, **CONTUNDIR-SE**, v. fi arabò.
MACIÇAMENTE, adv. pelemọ.
MACIEZ, adj. rírọ̀ > Ẹran rọ̀ púpọ̀ – A carne está macia.
MACIEZ, **CALMA**, s. ẹ̀rọ̀ > Omi ẹ̀rọ̀ – Água que acalma; > Ẹ̀rọ̀ ni bí? – É mole?
MACIO, adj. kúnná, dejú > Ara rẹ kúnná – O corpo dela é macio.
MACIO, **FINO**, adj. kíkùnná.
MACIO, **SUAVE**, adj. dídẹ̀, mìnìjọ̀-minijọ, múlọ́múlọ́ > ìrọ̀rí – travesseiro, almofada.
MACONHA, s. tábà líle.
MACROCEFALIA, s. orí nlá.
MACROCOSMO, s. gbogbo gbòòrò.
MÁCULA, **MANCHA**, s. àlèébú, àbàwọ́n.
MACULADO, adj. lábàwọ́n.
MADAME, **SENHORA**, s. màmá, mọmọ́.
MADEIRA DURA, s. ọ̀súnṣun (usada como cajado).
MADEIRA PARA VIGA, s. àkárà > akogi – de certas árvores.
MADEIRA QUEIMANDO, s. ìyáná.
MADEIRA, s. igi > àpótí ìtìsẹ̀ onígi – banquinho de madeira para os pés.
MADORNA, **SONOLÊNCIA**, s. títòògbé.
MADRASTA, s. ìyàwó bàbá.
MADRUGADA, s. ìdájí, òru (entre 24:00 e 05:00h).
MADUREZA, s. ìgbó > Ó bẹ́ àgbàdo náà láìgbó – Ele cortou aquele milho sem estar maduro.
MADUREZA, **MATURIDADE**, s. pípọ́n.

MADURO, *adj.* àsogbó (usado para frutas).
MADURO COMO O MILHO, *adj.* pọ́ndún < pọ́n + ọdún > Njẹ́ o ní ọsàn tí o pọ́n? – Você tem laranja que esteja madura?
MADURO, ADULTO, *adj.* gbígbó.
MADURO DEMAIS, *adj.* àpọ́njù.
MÃE DA SOCIEDADE, *s.* ìyá ẹgbẹ́, ìyálóde.
MÃE DE CRIAÇÃO, AMA, *s.* alágbàtọ́.
MÃE DE SANTO, *s.* ìyálórìṣà.
MÃE-PEQUENA, *s.* íyá kékeré (denota uma hierarquia religiosa e não uma condição física; auxiliar direta do titular).
MÃE SANTA, *s.* Màrià Mímọ́ (Virgem Maria).
MÃE TERRA, *s.* Ilẹ̀ Ògẹ́rẹ́.
MÃE, *s.* ìyá, iye, mà, màmá (do inglês *mother, mommy*); Ṣé ìwọ nrò tí níbí ṣe nílé ìyá joaná? – Você está pensando que aqui é a casa da mãe-joana? *exp.* > màmá-màmá – avó; > ìyá-bàbá – mãe do pai; > ìyáàfin – mãe do palácio do rei.
MÃEZINHA, *s.* yèyé > Oore yèyé o – Mãe da Bondade! *Obs.*: o = !
MAGAZINE, REVISTA, *s.* ìwé ììròhìn.
MAGAZINE, LOJAS, *s.* ilé-ìitajà, ṣọ́ọ̀bù (do inglês *shop*).
MAGIA, ENCANTAMENTO, *s.* èfún (charme) > Ó ṣe èfún ìfẹ́ràn sí ọkọ rẹ̀ – Ela fez magia de amor para o marido dela.
MAGIA, *s.* àgbéró (que impede objetivos).
MAGIA, FEITIÇARIA, *s.* ìṣàjé.
MÁGICA, PRESTIDIGITAÇÃO, *s.* ìrújú, ìṣújú, idán > rújú – estar confuso; > Ó rú mi lójú – Ele me confundiu.
MÁGICO, *s.* alálúpàyídà.
MAGISTRADO, *s.* alága, onídájọ́, adájọ́.
MAGNÂNIMO, GENEROSO, *adj.* ọlọ́lá, onínpure.
MAGNATA, *s.* alágbára, olówó, olókìkí.
MAGNÉSIO, *s.* ìṣùu màgnésìà (do inglês *magnesium*).
MAGNETIZAR, *v.* sọ nkan dí òòfà (lit. transformar algo em magnético).
MAGNETISMO, ATRAÇÃO, *s.* òòfà > Fi òòfà fa nkan – Usar de magnetismo para seduzir.

MAGNIFICAR, ENGRANDECER, *v.* mútóbi.
MAGNÍFICO, *adj.* títayọ, dídára-jùlọ, dára lékè > ológo – glorioso.
MAGNITUDE, GRANDEZA, *s.* ìtóbi, ìpọ̀.
MÁGOA, TRISTEZA, *s.* bíbánínújé, ìbànújé.
MAGOAR, *v.* ṣe_léṣé, yọ́_lẹ́nu, ṣẹ̀ > Ó ṣẹ̀ mí – Ela me ofendeu.
MAGREZA, PALIDEZ, *s.* rírù, ìjoro.
MAGREZA, *s.* àìsanra, ìjoro.
MAGRICELA, *adj.* àgàlá > Ó dàbí igi àgàlà – Ele é magricela como tábua; > dọ̀ọ̀mì-dọọmi (desengonçado) > Ó rí dọ̀ọ̀mì-dọọmi – Ele parece todo desengonçado.
MAGRO, *adj.* tééré, tínínrín, tọ́ọ́rọ́ > Ó tééré púpọ̀ – Ela é muito magra; > kìkì eegun – somente osso.
MAGRO, DESORDENADO, *s.* jábálá.
MAGRO, ESBELTO, *adj.* paali, pẹẹli, tíotío.
MAGRO, FINO, *adj.* fẹ́lẹ́, bẹ́lẹ́.
MAGRO, RALO, *s.* ján (de tamanho reduzido).
MAIÔ, *s.* aṣọ iwẹ̀ lókun (roupa de banho de mar).
MAIO, *s.* Oṣù Ẹ̀bìbí, Oṣù kárún ọdún, Oṣùu Mée (do inglês *May*).
MAIOR, *adj.* tóbi jù.
MAIOR, IMPORTANTE, *adj.* pàtàkì > ọ̀gágun – título militar, comandante.
MAIORIA, *s.* ọ̀pọ̀ > Ọ̀pọ̀ ènìà nfẹ́ àfiyèsí – A maioria das pessoas deseja atenção.
MAIORIDADE, *s.* pípọ́n, gbígbó.
MAIS DO QUE, *adj. comp.* jù, jù_lọ (grau comparativo e superlativo) > Òun dàgbà jù èmi lọ – Ela é mais velha do que eu; > Ilé mi ga jù tirẹ lọ – Minha casa é maior que a sua; > Mo jé jù mi lọ – Eu sou mais eu – *exp*.
MAIS DO QUE, *adj.* gajù, gajùlọ.
MAIS DO QUE TODOS, *superl. superior.* jù gbogbo...lọ > Ọkùnrin náà kúrú jù gbogbo wọn lọ – O homem é o mais baixo de todos eles; > Ilé náá ga jù gbogbo wọn lọ – A casa é a mais alta de todas elas.
MAIS DO QUE, AUMENTAR, *adv.* sí i > Owó mi wú sí i – Meu dinheiro aumentou (mais do que antes).
MAIS ESSA!, *interj.* tàbí! (isso ainda!).

MAIS FORTE, MAIOR, *adv.* fírì (mais idoso).
MAIS OU MENOS, FRACO, *adj.* bàì-bàì, bàyì-bàyì > Àtùpà njó bàì-bàì – O lampião está com luz fraca.
MAIS OU MENOS, *adv.* kò burú (lit. não está ruim).
MAIS QUE TODOS, *adj.* pọ̀jùlọ, jù gbogbo... lọ > Ilé ga jù gbogbo wọn lọ – A casa é mais alta do que todas elas.
MAIS, *adv.* mọ́ (usado em frases negativas) > Èmi kò lọ síbẹ̀ mọ́ – Eu não fui mais para lá.
MAIS, *adv.* sí (usado no final de frase afirmativa) > Mo fẹ́ jẹun sí – Eu quero comer mais; > Jọ̀wọ́, sọ ọ́ lẹ́ẹ̀kan sí – Por favor, fale uma vez mais.
MAIS, *adv.* lé (usado na formação dos numerais yorùbá) > ẹtalélógun – 23 lit. três mais vinte.
MAJESTADE, *s.* ọlá nlá, ọlọ́lá – pessoa com dignidade, autoridade.
MAJESTOSO, *adj.* ipò ọba > bí ọba – como rei.
MAJOR, *s.* ògagun (título militar).
MAL-EDUCADO, RUDE, *s.* láìbuyìnfún, ọṣónú (pessoa azeda).
MAL, *adj.* búburú > Ó sọrọ̀ ní búburú lẹ́hìn mi – Ela falou mal de mim pelas costas.
MAL-AGRADECIDO, *adj.* aláìlọ́pẹ́, àìdúpẹ́.
MALÁRIA, *s.* àmódí, ibàa gbóná.
MAL-ENTENDIDO, *s.* èdè-àìyédè.
MAL-ESTAR, *s.* àmódi > Mo wá àmódí – Eu estou indisposto.
MAL-HUMORADO, *adj.* tutu, ọ̀sónú, níkanra, ìrẹ̀wẹsí – irritado.
MAL CALCULADO, *adj.* ṣíṣìro (contado errado).
MALCHEIROSO, *adj.* olóòrùn búburú.
MALCURADO, *adj.* láìwòtán.
MALFEITOR, *s.* ọ̀dáràn < dá + ọ̀rán.
MAL DE PARKINSON, *s.* ègbà amáragbọ̀n (paralisia, tremor).
MAL, DE QUALQUER MANEIRA, *adv.* níṣékúṣe > ajogun – forças do mal.
MAL, INFORTÚNIO, *s.* ibi, bìlísì (do hausá ou do árabe *iblis*) > Kí ojú mi má ri ibi – Que meus olhos não vejam o mal; > Ó ṣe ibi sí mi – Ele me fez mal.
MALA PARA BAGAGEM, *s.* àpótí-ẹrù, baagi (do inglês *bag*).

MALANDRAGEM, INDOLÊNCIA, s. ọ̀lẹ.
MALANDRAGEM, ESPERTEZA, s. àré kérekè, àré kéndá > ìwàkúwà – mau-caráter.
MALANDRO, MAROTO, s. itá, garawa > oṣùwọ̀n – malandro clássico.
MALANDRO, TRAPACEIRO, s. alárekérekè, olójóró.
MALÁRIA, s. ibàa gbóná > rírú àrùn ibà – espalhar a doença.
MALCRIADO, GROSSEIRO, s. òṣónú > onínúfùfù – pessoa com temperamento.
MALDADE, adj. aláìlọ́kàn,àìsiàn.
MALDIÇÃO, EXECRAÇÃO, s. ìfibú, ìfifún, ìfiré.
MALDIÇÃO, PRAGA, s. rókin, èpe.
MALDITO, adj. aláìlábùkún.
MALDIZER, v. firé, figégún.
MALDOSO, adj. fífisinú, olùṣebúburú.
MALEÁVEL, SER FLEXÍVEL, v. lẹ̀ > Igi yìí lẹ̀ – Esta madeira é flexível.
MALEDICÊNCIA, s. ìtúkútu, ìtukútun (intriga).
MALEDICENTE, s. aláheṣo.
MALEFÍCIO, DANO, s. ìbàjé, ibi > Ó ṣe ibi sí mi – Ele me fez mal.
MALEVOLÊNCIA, MÁ ÍNDOLE, s. ìfẹ́-búburú, kéta > aṣeni – pessoa que desfaz dos outros.
MALEVOLENTE, s. olóríburúkú.
MALFEITOR, FACÍNORA, s. asínwín.
MALFEITOR, TRANSGRESSOR, s. arúfin, olùṣe búburú.
MALHADO, MULTICOLORIDO, s. adíkalà (relativo a animais, tecidos).
MALHAR, v. fi oòlù lù (lit. usar o martelo e bater).
MALHO, s. ọmọ́wú (martelo do ferreiro).
MALÍCIA, INVEJA, s. kùnrùngbùn > aáwọ̀ – desentendimento.
MALÍCIA, PERSEGUIÇÃO, s. abíníkú.
MALÍCIA, s. àránkan, odì > Ó yàn mí ládì – Ele sente malícia por mim; > olódì – pessoa maliciosa.
MALICIAR, v. yandì.
MALICIOSO, MAL-INTENCIONADO, adj. nínúbúburú.
MALIGNIDADE, MALVADEZA, s. àránkan.
MALIGNO, adj. níparun, nípalára.

MALNUTRIDO, *adj.* àìdára ìjẹ, pabi < pa + ebi.
MALQUISTO, *adj.* láìdára.
MALTE, *s.* bọtí > ìrúgbin tí a ṣe ọtí – semente de milho que usamos para fazer bebida.
MALTRAPILHO, *adj.* abòṣì, abòṣìta.
MALTRATAR, *v.* ṣìlo, kóná < kó + iná.
MALTRATO, *s.* ìwọ́sí.
MALUCO, PERTURBADO, *s.* kòlórí, aṣiwéré > Ìwọ ni olórí burúkú – Você é maluco.
MALVADO, CRUEL, *adj.* níká, rorò > Ajá tí ó nrorò – Um cachorro que é feroz.
MALVERSAÇÃO, CORRUPÇÃO, *s.* ìwà búburú.
MAMA, TETA, *s.* ọmú, igẹ̀.
MAMÃE, *s.* yèyé, yé, màmá (formas carinhosas).
MAMÃO, *s.* ìbẹ́pẹ, ṣígù > Igi ìbẹ́pẹ wà nínú ogbà wa – Existe um mamoeiro em nosso jardim.
MAMAR, *v.* mu oyàn > ẹṣẹ́ẹ wàrà > glândula mamária.
MAMILO DO SEIO, *s.* kòkó-omú.
MANADA, HORDA, *s.* ọ̀wọ́.
MANANCIAL, FONTE, *s.* ìsun.
MANCAR, CAMINHAR MANCANDO, *v.* mọ́kun > Ó nmọ́kun – Ela está mancando.
MANCAR, *v.* sú, súnsẹ̀ < sún + ẹsẹ̀.
MANCAR, ARRASTAR-SE, *v.* wọ̀_nílẹ̀ > Ó nwọ̀ ẹsẹ̀ nìlẹ̀ – Ele está arrastando os pés no chão.
MANCEBO, *s.* ògbogbò (adolescente, jovem).
MANCHA, PARTÍCULA, *s.* egunrín.
MANCHA, PINTA, *s.* àbàwọ́n kékeré.
MANCHA, DIFAMAÇÃO, *s.* àbàwọ́n, ìbàjẹ́, àbàwọ́n.
MANCHADO, MALHADO, *s.* adíkalà.
MANCHADO, MARCADO, *adj.* pátapàta.
MANCHAR, CORROMPER, *v.* sọdíbàjẹ́ > sọdèérí – tornar sujo, desonrar; ṣe àbàwọ́n sí – difamar.
MANCO, COXO, *adj.* mímọ́kún, amúkun > arọ – aleijado.

MANDAMENTO, *s.* òfin > Òfin Mẹ́wàá – 10 Mandamentos.
MANDAR, DAR CAMINHO, *v.* yàgò < yà + àgò > Ó yàgò fún mi – Ele me encaminhou
MANDAR, ORDENAR, *v.* pàṣẹ > Ó pàṣẹ láti lépa wọn – Ele deu uma ordem para procurá-los.
MANDAR MENSAGEM, *v.* ránṣẹ́ < rán + iṣẹ́ > Mo fi ìwé mi ránṣẹ́ sí ẹ̀hìn odi – Eu mandei meu livro para o estrangeiro.
MANDATO, ORDEM, *s.* àṣẹ, òfin > àkóso – restrição, controle.
MANDÍBULA, *s.* parì ẹ̀rẹ̀ké.
MANDIOCA ASSADA, *s.* fùfú (tipo de comida).
MANDIOCA COZIDA, *s.* gàrí.
MANDIOCA, AIPIM, *s.* ẹ̀gẹ́, gbágùda, pákí.
MANEIRA, MODO, *s.* ìṣéwọsí > irú – tipo > Irú yìí ni mo fẹ́ – É deste tipo que eu quero.
MANEIRA DE VOAR, *s.* bàbà (indica a forma de um pássaro voar).
MANEJAR, *v.* gbé.
MANEQUIM, *s.* ère ènìà.
MANETA, *s.* akéwọ́, àìlọ́wọ́.
MANGA SILVESTRE, *s.* ààpọ̀n.
MANGA, *s.* mángòrò, móngòrò.
MANGA DE ROUPA, *s.* apá aṣọ, apáèrù.
MANGUAL, *s.* ọ̀pá ìpakà (instrumento de malhar cereais).
MANGUEIRA, *s.* igi ẹgbà (prolifera junto ao mar) > èso òyìnbó – fruto estrangeiro; > mángòrò – manga.
MANHÃ, *adv.* láàrọ̀, láàárọ̀ < ní + ààrọ̀.
MANHÃ, AMANHACER, *s.* ààrọ̀, àwúrọ̀, òwúrọ̀, òórọ̀ > Ó dààrọ̀ – Até amanhã.
MANHÃ, ALVORADA, *s.* àjírí > Àjírí o! – Uma forma de saudação (lit. eu o verei amanhã); > ìpajá > ojúmọ́ – cedo pela manhã.
MANIA, DOIDICE, *s.* ìkúdùn, wèrè (desejo excessivo de algo).
MANÍACO, PIRADO, *s.* aṣiwèrè, asínwín.
MANIETAR, *v.* dè_lápá (amarrar pernas, braços, pássaros etc.).
MANIFESTAÇÃO, *s.* ìfihàn, ìṣípayá (exibição).

MANIFESTAR, v. hàn, sí_payá > Sí okàn re payá sí irú àwon isé titun – Abra seu coração para outros novos tipos de trabalho.
MANIFESTO, ANÚNCIO PÚBLICO, s. ìkéde.
MANIFESTAR-SE, v. gbà òrìsà (lit. receber uma entidade) > Ó ngba òrìsà – Ele está se manifestando com o òrìsà.
MANIPULAÇÃO, s. fífí owó láti sisé (lit. uso das mãos para fazer tarefas).
MANIPULAR, v. tàn – fi owó sísé (lit. usar as mãos para fazer algo).
MANJEDOURA, s. ìbùjeran.
MANJEDOURA, BERÇO, s. ìbùjeran, ìbùsùn omodé.
MANJERICÃO, s. efinrin.
MANÔMETRO, s. awònti, òsùnwòn èéfun (lit. medida para calcular a pressão).
MANSÃO, s. ilé nlá, ilé olólá.
MANSIDÃO, MODERAÇÃO, s. ìrojú < rò + ojú.
MANSIDÃO, s. okàn-tútù.
MANSO, s. onírèlè.
MANTA, s. aso-ìbora, búlánkìtì (do inglês *blanket*).
MANTA DE SELA, s. bésé.
MANTEIGA VEGETAL, s. emi (produzida dos frutos da árvore *Butyrospermum Parkii*).
MANTEIGA VEGETAL, s. òrí (de cor branca).
MANTEIGA, s. òpí-àmó (feita do leite da vaca).
MANTER A CALMA, CONTROLAR-SE, v. simèdó.
MANTER AFASTADO, v. sònàdé > Ó sònà dè mí – Ele me manteve à distância.
MANTER COMPROMISSO, v. fimulè (jurar).
MANTER RELAÇÃO AMIGÁVEL, v. bá_ré > Ó bá mi ré – Ela é amigável comigo.
MANTER RELACIONAMENTO, v. bá_tan > Ó bá mi tan – Ela manteve relacionamento comigo.
MANTER UMA CONVERSA, v. bá_sòrò > Ó bá mi sòrò púpò – Ele conversou muito comigo.

MANTER, CUIDAR, v. tójú.
MANTER, SUPORTAR, v. bó.
MANTER-SE À PARTE, v. fàtì (dar distância).
MANTER-SE AFASTADO, v. takété > Ó ta kete sí mi – Ele me evitou.
MANTER-SE FIRME, v. séraró (ficar sem movimento).
MANTER-SE IMÓVEL, v. máragún.
MANTO, s. agbádá (vestimenta larga e que pode ser comprida até os joelhos).
MANTO REAL, s. aṣọ-igúnwà.
MANUAL, ARTESANAL, adj. fífọwọ́ṣe > tí a lè fi ọwọ́ ṣe – que nós podemos fazer com as mãos.
MANUFATURA, s. ìṣelọ́pọ́ > ṣelọ́pọ́ – manufaturar.
MANUSEÁVEL, adj. níkáwọ́ (ao alcance da mão).
MANUSCRITO, s. ìṣọwọ́kòwé, ìwé àfọwọ́kọ́ < a + fi + ọwọ́ + kọ – papel que usamos ao escrever à mão.
MANUTENÇÃO, s. ìpamọ́, ìtójú.
MÃO ABERTA, adj. lawọ́ < là + ọwọ́ > Ó láwọ́ – Ele é generoso.
MÃO BOA, adj. ọwọ́ àlàáfíà.
MÃO COM DINHEIRO, s. èkúnwọ́, ìkúnwọ́.
MÃO DIREITA, s. owọ́ ọ̀tún > Owọ́ mi ọ̀tun ndùn mi – Minha mão direita está doendo.
MÃO ESQUERDA, s. ọwọ́ òsì.
MÃO-FECHADA, adj. láhun (miserável).
MÃO SECA, s. ọwọ́ ríro.
MAOMETANO, MUÇULMANO, s. ìmàle.
MÃOS EM VOLTA DO PESCOÇO, adv. mọ́wọ́mọ́run.
MÃOS, s. ọwọ́ > èyìn-ọwọ́ – dorso, parte de trás da mão; (lọ́wọ́ – também usado no sentido de dar apoio e segurança) > Mo dupé lọ́wọ́ Ọlọ́run – Eu agradeço às mãos de Deus; > Ó níṣẹ́ lọ́wọ́ – Ele está empregado (lit. ele tem trabalho nas mãos); > Bí a bá perí akàn, a fi ọwọ́ lálẹ̀ – Se nós fazemos referência a uma pessoa violenta, usamos a mão e roçamos no chão. (*Obs.: akàn* – significa caranguejo e utilizado para dar este significado.)

MAPA, GLOBO, s. àwòrán àiyé, àpẹẹrẹ-àiyé.
MAPA, GRÁFICO, s. itẹ́, àwòjúwe.
MAPEAR, v. ṣe aláiyé lọ́kòòkan (lit. fazer o mapa do mundo, um a um).
MÁQUINA A VAPOR, s. ẹ̀rọ eléérú.
MÁQUINA DE CAVAR, v. ọkọ́ bùlẹ̀.
MÁQUINA DE COLHER GRÃOS, s. ẹ̀rọ ìkórè.
MÁQUINA DE COSTURA, s. ẹ̀rọ ránṣọ.
MÁQUINA DE ESCREVER, s. ẹ̀rọ ìkọwé > òòtẹ̀ – impressora.
MÁQUINA DE LAVAR ROUPA, s. ẹ̀rọ ìfọṣọ.
MÁQUINA, MECANISMO, s. ẹ̀rọ, màṣíìnì (do inglês *machine*).
MAQUINARIA, MÁQUINA, s. ohun-ẹ̀rọ, àwọn ẹ̀rọ.
MAQUINISTA, s. ẹlẹ́rọ.
MAR, OCEANO, s. òkun > Àwọn ọmọdé lọ sí etí òkun – As crianças foram à praia.
MARATONA, s. eré-ogun.
MARAVILHOSO, adj. yanjú, ṣẹ̀rànwò > Ọ̀rọ̀ yìí yanjú – Esse assunto está resolvido.
MARAVILHOSAMENTE, adv. tìyanutìyanu, tẹwàtẹwà.
MARCA FACIAL, s. kẹ́kẹ́, àbàjà, gọnbọ́ (de algumas tribos yorùbá).
MARCA, MANCHA, s. àbàwọ́n àbùkù > ṣàbùkù – ser desonroso; > ẹ̀gàn – vergonha.
MARCA, TATUAGEM, s. ilà > abàja mẹ́ta – três traços paralelos de cada lado das bochechas.
MARCA REGISTRADA, s. orúkọ àdápè.
MARCA TRIBAL, s. ẹ̀yọ̀ > pélé (tipo de marca tribal na face).
MARCA, s. ìbú > àmì – sinal > Àmì ìrọ̀pọ̀ àti ìyọkúrò – Sinal positivo e negativo.
MARCA, CICATRIZ, s. àpá > Àpá egbò náà tobí púpọ̀ – A marca da ferida é muito grande.
MARCA DE NASCIMENTO, s. àmì òrìṣà.
MARCAS DE CARRO NO CHÃO, s. àmì ẹsẹ̀ kẹ̀kẹ́.
MARCADO, adj. pátapàta > O rí pátapàta – Você tem uma aparência manchada.

MARCADO COM MANCHAS, s. alábàwọ́n.
MARCADO, CIRCUNCIDADO, s. onílà.
MARCANTE, adj. abàmi (notável).
MARCAR, v. fi àmìsí (colocar um sinal).
MARCAR O CHÃO COM O PÉ, v. fẹsẹ̀lulẹ̀, fẹsẹ̀kilẹ̀ < fi + ẹsẹ̀ + kì + ilẹ̀.
MARCAR O CHÃO, COMPRIMIR, v. kilẹ̀ < kì + ilẹ̀.
MARCAR UM COMPROMISSO, v. dákókò > Ó dákákò fún mi – Ela marcou um compromisso comigo.
MARCAR UM ENCONTRO, v. pàpèjọ < pè + àpèjọ.
MARCAR UM TERRITÓRIO, v. pààlà, takutẹ́.
MARCAR UMA DATA, v. dájọ́ > Ikú kò dájọ́ – A morte não marca data.
MARCAR, COLOCAR UM SINAL, v. fi àmìsí.
MARCAR, v. sàmìsí < sà + àmì + sí (para fazer uma identificação).
MARCAR, v. yán > Lọ yán gbogbo ọ̀rọ̀ rẹ – Vá e marque todas as suas palavras.
MARCAS DE CATAPORA, s. sàsà.
MARCAS DE IFÁ, s. ojú ọpọ́n (feitas com o pó na bandeja de Ifá).
MARCAS TRIBAIS, s. ẹ̀yọ̀.
MARCAS, s. ètìtẹ̀ alẹ̀ (riscos dos odù Ifá).
MARCENEIRO, s. agbigi < gbá – bater, igi – madeira.
MARCHAR, v. yan (andar com ar de superioridade) > Àwọn ológun nyan – Os soldados estão marchando.
MARCIAL, adj. nípa ogun.
MARCO, REFERÊNCIA, s. ààlà.
MARÇO, s. Oṣù Ẹ̀rẹ̀nà, Oṣù kẹ́ta ọdún, Oṣùu Máàsì (do inglês *march*).
MARÉ CHEIA, s. àkúntán-omi.
MARÉ VAZANTE, s. ìṣa.
MARFIM, s. ike, ehín, erin (presa de elefante).
MARGARINA, s. bọ́tà (do inglês *butter*).
MARGEM DA ESTRADA, s. ẹ̀bánà.
MARGEM DO RIO, s. ẹ̀bádò, àsọdá.
MARGEM, BEIRA, s. bènè, ẹbá, etí.
MARGEM DE UM TEXTO, s. etí-ìwé > etí – margem de uma folha.

MARGINAL, s. kòlófín (pessoa fora da lei).
MARGINALIDADE, s. àìlábò òfin.
MARIA, s. Màríà (do inglês Mary).
MARIDO, s. ọkọ, aláya > Ọkọ obìnrin ni yìí – O marido da mulher é este.
MARINHEIRO NAVAL, s. ológún oríomi.
MARINHEIRO, NAVEGADOR, s. atukọ, awakọ̀.
MARIONETE, s. yẹ̀bù-yẹ́bú.
MARIONETE, TÍTERE, s. yànmù-yanmu, ẹ̀fọn.
MARÍTIMO, DO MAR, adj. ti okùn.
MARIPOSA, s. àfòpiná.
MÁRMORE, s. ọtadídán.
MARMOTEIRO, s. àmọ̀tán (enganador).
MAROTO, SALAFRÁRIO, s. ìjajẹ.
MAROTO, MOLEQUE, s. ìpátá.
MARROM, adj. pọ́nrúsurúsu, pọ́nrókiróki.
MARROM-CASTANHO, s. búráùn (do inglês brown).
MARROM-ESCURO, adj. pọ́nràkọràkọ.
MARROM-SUJO, adj. pọ́nyan.
MARTELO DE FERREIRO, s. ọmọ́wú, ọmọ ówú, óówú.
MARTELO, s. ikànṣọ, oòlù.
MÁRTIR, s. ajẹ́rìkú.
MARTÍRIO, s. ìjẹ́ríkú, ìkú-fún-òtítoọ́.
MARTÍRIO, SOFRIMENTO, s. afọkànrán (sofrimento com coragem).
MAR VERMELHO, s. Òkun Pupa (localizado entre a África e a Ásia).
MAS, PORÉM, CONTUDO, conj. àmọ́ > Mi ò ní owó, àmọ́ mo ní ayọ̀ – Eu não tenho dinheiro, mas tenho felicidade.
MAS, PORÉM, prep. ṣùgbọ́n > Mo nbèèrè ṣùgbọ́n kò sí ìdáhùn – Eu pergunto, mas não tenho resposta.
MASCAR, v. rún, firún.
MÁSCARA DO CULTO EGÚNGÚN, s. agọ̀ > ère (de madeira usada pelos egúngún).
MÁSCARA, s. gẹ̀lẹ̀dẹ́ (da sociedade gẹ̀lẹ̀dẹ́).
MÁSCARA, s. ìbójú < bò + ojú – cobrir o rosto.

MASCARADO, *s.* onímọ̀méjì (pessoa falsa, de duas caras) > ògunrán – líder espiritual de um festival na cidade de Ẹ̀yọ̀.
MASCATE, AMBULANTE, *s.* oníkiri, alájàpá.
MASCULINO, *adj.* ọkùnrin, tọkọnrin > ẹgbọ́n ọkùnrin – irmão mais velho; ẹgbọ́n òrìṣà mi kùnrin – meu irmão de santo (akọ – neste caso, precede o nome usado para animais, plantas, frutas, crianças recém-nascidas > ako ajá – cachorro).
MASMORRA, PRISÃO, *s.* egíran.
MASSACRAR, BATER, *v.* pa_lù > Ó pa wọ́n lù – Ela bateu neles.
MASSACRE, *s.* àpalù, ìpakúpa > ìparun – destruição completa.
MASSAGEAR O CORPO, *v.* fi_para > Ó fi òrórò para – Ela usou óleo e esfregou no corpo.
MASSAGEM, *s.* ìpara.
MASTECTOMIA, *s.* ọmú gígékúrò (remoção do seio).
MASTIGAÇÃO, MASTIGADO, *s.* rírùn (amassado, esmagado).
MASTIGAR, MASCAR, *v.* rún > Ó nrún obì – Ela está mastigando noz-de-cola.
MASTIGAR, RUMINAR, *v.* jẹàjẹpọ̀.
MASTIM, CACHORRO VELHO, *s.* okipa-ajá.
MASTODONTE, *s.* erin nlá > ẹranko bí erin – animal como o elefante.
MASTRO, HASTE, *s.* ọ̀pá àsiá.
MASTRO DE EMBARCAÇÃO, *s.* òpó-ọkọ̀.
MASTURBAÇÃO, *s.* ìgbára-láyùn.
MASTURBAR, *v.* gbára láyùn.
MATA CERRADA, *s.* igbódù, ẹgàn.
MATADOR, ASSASSINO, *s.* apànìà, apani.
MATADOR DE ANIMAIS, *s.* àpatà (mediante pagamento).
MATADOURO, *s.* ilé àpatà, ilé ipa ẹran.
MATANÇA, SACRIFÍCIO, *s.* pípa, ìtàjẹ, ìtàjẹ́sílẹ̀, ìpankan > Bàbá ṣe ipankan adìẹ fún òrìṣà rẹ̀ – Papai fez uma matança de ave para o orixá dela.
MATAR A SEDE, *v.* pòngbẹ < pa + òngbẹ > Èmi pa mí òngbẹ – Eu matei a minha sede.

MATAR ANIMAIS, *v.* pẹran < pa + ẹran > Wọ́n pẹran fún àjọ̀dún – Eles mataram os animais para a festa anual.
MATAR COM PANCADA, *v.* lùpa > Ó lù ú pa – Ele deu uma pancada forte e o matou.
MATAR COMPLETAMENTE, *s.* palápatán, patán.
MATAR DE FOME, *v.* febipakú.
MATAR E COMER, *v.* pa_jẹ > Ẹkún pa ewúrẹ́ jẹ ẹ – O leopardo matou a cabra e a comeu.
MATAR O PÁSSARO, *v.* pẹiyẹ < pa + ẹiyẹ.
MATAR PARA SACRIFÍCIO, *v.* pa_rúbọ > Aṣògún pa àkùkọ̀ rúbọ òrìṣà rẹ̀ – O sacrificador matou o galo e ofereceu ao orixá dela.
MATAR PARA VENDER, *v.* patà.
MATAR POR ACIDENTE, *v.* ṣì_pa > Ó ṣì í pa – Eu a matei acidentalmente.
MATAR POR ASFIXIA, *v.* fún_pa.
MATAR SEM MOTIVO, *s.* pa_dànù – Wọ́n pa á dànù – Eles o mataram sem motivo.
MATAR UMA PESSOA, *v.* pani < pa + ẹni, pànìà < pa + ènìà.
MATAR, *v.* pa (É usado na composição de palavras com ideias diversas) > Oorun npa mí – Estou morrendo de sono; > Òjò npa mí – A chuva está me incomodando; > Ebi npa mí – Estou morrendo de fome.
MATEMÁTICA, *s.* ìṣírò > ìfà ìṣírò – função matemática, matimátíìkì (do inglês *mathematic*) > Ìṣírò ni mó nkọ́ – É matemática que eu estou estudando.
MATEMÁTICO, *s.* oníṣírò, amòye iṣírò.
MATÉRIA, ASSUNTO, *s.* ọ̀ràn > Gbàgbé ọ̀ràn náà – Esqueça aquele assunto.
MATÉRIA, SUBSTÂNCIAS, *s.* ọyún > ohunkóhun – qualquer coisa.
MATERIAL, *adj.* lára (parte concreta de alguma coisa).
MATERIAL, ALGO, *s.* nkan > ẹrù – carga, bagagem.
MATERIAL EXPLOSIVO, *s.* ètù.
MATERIAL, FERRAMENTAS, *s.* ohun-èlò.
MATERIAL INFLAMÁVEL, *s.* ohun ìdáná (algo para acender o fogo).

MATERIALIZAR, v. farahàn > Ó farahàn mí – Ela se tornou visível para mim.
MATERNAL, adj. bíabíyámọ́, tìyá > bi ìyá – como mãe.
MATERNIDADE, s. alábiyamọ.
MATIZ, COR, s. àwọ̀ > Irun rẹ ní àwọ̀ iná – O cabelo dela tem a cor do fogo.
MATO, s. igbó, ìgbẹ́ > Igbó ìgbàlẹ̀ – Bosque dos Egúngún.
MATO QUEIMADO, s. màjàlà (fuligem).
MATRACAR, v. mìpẹkẹpẹkẹ.
MATRIARCA, MATRONA, s. ìyá àgbà, iyágba > Ìyá mi àgbà – Minha avó.
MATRICÍDIO, s. pípa ìyá ẹni.
MATRÍCULA, ADMISSÃO, s. ibẹ̀rẹ̀ ẹ̀kọ́ (início das aulas).
MATRICULAR-SE, v. forúkọsílẹ̀ < fi + orúkọ + sílẹ̀, bẹ̀rẹ̀ ilí-ẹ̀kọ́.
MATRIMÔNIO, s. ìsoyìgì, ìgbéyàwó > Ìgbéyàwó lè jẹ́ orísun ayọ̀ tàbi pakanlélé – O casamento pode ser fonte de felicidade ou preocupação.
MATRIZ, MOLDE, s. ètò-ètò.
MATRONA, SENHORA, s. ìyálóde (mãe da sociedade, um título civil feminino na cidade de Ẹ̀gbá).
MATURIDADE, s. pípọ́n, àgbà, gbígbó.
MAU ENSINAMENTO, s. ẹ̀kọ́kẹ́kọ́m (um ensinamento qualquer).
MAU HÁLITO, s. ẹnu rírùn.
MAU USO, MAU COSTUME, s. ìlòkílò, ìlòkúlò (uso impróprio).
MAU, SÓRDIDO, adj. burúkú, búburú > Ó hùwà burúkú – Ele tem um caráter ruim. V. mal – ibi.
MAU-CARÁTER, s. ẹnikọ̀sílẹ̀, ìwà-búburú, ìwàkúwà > láìwà – sem caráter.
MAU HUMOR, s. àìdùn-inú, inúfùfù.
MAUS-TRATOS, s. àwọn ìwọ̀sí, ìlò-òbu.
MAUSOLÉU, s. ibojì-nlá.
MAUS PENSAMENTOS, s. èrokérò, ìrokírò < èro + kí + èro, ìro + kí + ìro (partícula *kí* entre dois substantivos dá o sentido de qualquer) > ẹiyẹ kéiyẹ < ẹiyẹ + kí + ẹiyẹ.
MAUS-TRATOS, ESGOTAMENTO, s. ìsẹ́nísẹ́.

MAXILAR SUPERIOR, *s.* eegun ẹrẹkẹ́.
MÁXIMA, PROVÉRBIO, *s.* òwe, ìlànà > Ó pòwe – Ela contou uma parábola.
MÁXIMO, CLÍMAX, *s.* pátápirá, ìpẹ̀kun (limite).
ME, MIM, MIGO, *pron. obliq.* mi (também definido como pronome objeto, e posicionado depois de verbo ou preposição) > Ó rà fún mi – Ela comprou para mim; > Ó bà mi lọ – Ele foi comigo; Ó bò mí – Ela me escondeu. Em alguns casos, *mi* pode ser substituído por *n*, na composição de frases > Bángbóṣẹ́ < Bá + mi + gbá + oṣẹ́ – ajude-me a carregar o oṣẹ́ (símbolo da divindade Xangô).
MECA, *s.* Mẹ́kà (cidade da Arábia Saudita).
MECÂNICO, *s.* mọ́káliki, mẹkáníìkì (do inglês *mechanic*).
MECANISMO, *s.* ètò àtọpọ̀ ẹ̀rọ – sistema de organização da máquina > àgbẹ̀dẹ ẹ̀rọ – engenharia mecânica.
MEDIAÇÃO, *s.* ìlàjà, ìlànìjà, ìbọ́sáàrin (intercessão).
MEDIADOR, PACIFICADOR, *s.* onílàjà, ọlọ́lá.
MEDIAR UMA DISPUTA, *v.* bọ́sáàrin, ṣàtúnṣe < ṣe + àtúnṣe > Kíni mo lè ṣe láti ṣàtúnṣe yìí? – O que posso fazer para reparar isto?
MEDIAR, INTERCEDER, *v.* làjà, ṣèlàjà < ṣe + ìlàjà.
MEDICAÇÃO, *s.* oògùn, gbígba oògùn.
MEDICAMENTO COZIDO, *s.* àsèjẹ (para tratamento).
MEDICAMENTO DE FOLHAS, *s.* egbòigi.
MEDICAMENTO EM PÓ, *s.* agúnjẹ, agúnmu.
MEDICAMENTO, *s.* àjídèwe, > apiwọ – contra intoxicação; làkúrègbé – reumatismo.
MEDIÇÃO, *s.* ìdíwọ̀n.
MEDICAR, *v.* bù_sà > Ó bu oògùn as orí – Ela aplicou um medicamento na cabeça; > ìgbàwòsàn – tratamento médico.
MEDICINA, *s.* ìṣègùn < ìṣe + oògùn.
MEDICINAL, *adj.* tegbòigi.
MÉDICO TRADICIONAL, *s.* oníṣègùn ìbílẹ̀ (nativo da região).
MÉDICO, DOUTOR, *s.* elégbòdi, oníṣègùn < ṣe –fazer, oògùn – medicamento, oníwọsàn – wọsàn – curar, tratar, dọ́kítà (do inglês *doctor*).

MÉDICO, HERBALISTA, s. adáhunṣe < a + dá+ ohun + ṣe.
MÉDICO-CHEFE, s. bàáṣigun.
MEDIDA DE MASSA, s. ìwọ̀n okun.
MEDIDA DE PESO, s. òṣùwọ̀n.
MEDIDA DE TEMPERATURA, s. ìwọ̀n, ìgbóná.
MEDIDA DE VOLUME, s. ìwọ̀n àyè.
MEDIDA EM JARDAS, s. ọ̀pá aṣọ (equivalente a três pés).
MEDIDA DE LUZ, s. ìwọ̀n ìtànná.
MEDIDA DE POTÊNCIA, WATT, s. ìdíwọ̀n ipá.
MEDIDA PARA CALCULAR, s. òṣùwọ̀n, òṣùnwọ̀n.
MEDIDA PARA LÍQUIDOS, s. jálà (equivalente a um galão).
MEDIDA, s. ìwọ̀n, wíwọ̀n, > ìgbóná wíwọ̀n – termômetro.
MEDIDOR DE PRESSÃO ARTERIAL, s. awọ̀ntì ẹ̀jẹ̀.
MEDIR IGUALMENTE, v. wọnlógbọ́ọ́gba > Ó mú wọn dógba – Ele os igualou; < dógba – ser igual > Ó pín dógba – Ele dividiu em metades iguais; > Iká kò dógba – Os dedos não são iguais. Obs.: a partícula àwọn que faz o plural dos substantivos não foi usada devido à regra de sua omissão em partes do corpo em duplicata.
MEDIR, CALCULAR, v. díwọ̀n.
MEDIR, PESAR, v. wọ̀n > Ẹ bá mi wọ̀n táyà yìí – Ajude-me a medir esses pneus; > ìwọ̀n – medida, escala.
MEDIR, v. takún (usando fita métrica, cordão).
MEDITAÇÃO, REFLEXÃO, s. ìhùmọ̀, ìṣàrò, àṣàrò.
MEDITAR, PENSAR EM, v. ṣàṣàrò, > Ó ṣàṣàrò ọ̀rọ̀ yìí – Ela pensou neste assunto.
MEDITAR, REFLETIR, v. gbà_rò, gbé_rò, ronú > Mo ronú ìnawó náà – Eu pensei naquela despesa; > Mo gba ọ̀rọ̀ náà ró – Eu refleti sobre aquele assunto.
MEDÍOCRE, INÚTIL, s. aláìtó-nkan, > ènìà lásán – pessoa inútil.
MÉDIUM, s. aláfọ̀ṣe, emèrè (poder de relacionar com espíritos), elégùn, olórìṣà (relacionamento com divindades).
MEDO INTENSO, PAVOR, s. ìjì.
MEDO, ALARME, s. ìdíjì.

MEDO, APREENSÃO, *v.* jẹbẹtẹ > fòòyà – temer, estar apreensivo.
MEDO, COVARDIA, *s.* ojo > Ojo lòun – Ele é um covarde < lòun – ni + òun.
MEDO, FOBIA, *s.* ìjáyà.
MEDO, NERVOSO, *adj.* rìrì > Ò gbọ̀n rírí – Ele tremeu de medo.
MEDO, PAVOR, *s.* ẹ̀rù, jẹ̀nnẹ̀jẹ̀nnẹ̀, ìfòòyà > Ẹ̀rù bà mí – Mo ba ẹ̀rù – Estou com medo (lit. o medo me pegou); > Ẹ má bẹ̀rù rẹ̀ – Não tenha medo dele.
MEDO, RECEIO, *s.* ìbẹ̀rù > Ó bẹ̀rù rẹ̀ – Ela tem receio dele.
MEDO, *s.* ìlàyà, ojora, àìyà-jíjà.
MEDO, SURPRESA, *interj.* yépà!, yeèyeèpa!, eepà! (palavra que expressa surpresa).
MEDO, TERROR, *s.* àwòdíjì, àrídíjì (algo que dá terror às pessoas).
MEDONHO, TERRÍVEL, *adj.* àrísá, nífòiya.
MEDROSO, *adj.* abanilẹ́rù, lẹ́rù.
MEDULA ESPINHAL, *s.* ògóró-ẹ̀hìn.
MEDULA, MIOLO, *v.* mùdùnmúdún.
MEDULA, *s.* ọ̀ra inú eegun.
MEGACICLOS, *s.* òdù-ìyípo.
MEGAFONE, *s.* ẹ̀rọ ifẹ̀-oùn (lit. máquina de aumentar a voz).
MEGAHERTZ, *s.* òdù-háàtìsì.
MEGALOMANIA, *s.* agbáragídì (mania de grandeza).
MEGALOMANÍACO, *s.* alágbáragídì.
MEGATOM, *s.* òdùu-tọ́ọ̀nù.
MEGAWAT, *s.* òdùu-wáàtì.
MEIA DE CALÇAR OS PÉS, *s.* ìbọsẹ̀ < bọ̀ + ẹsẹ̀.
MEIA DÚZIA, *s.* mẹ́fà.
MEIA-NOITE, *adv.* òrugànjọ́, ògànjọ́.
MEIA-VOLTA, *s.* ìpẹ̀hìndà.
MEIGUICE, *s.* ìtẹnú.
MEIO AMBIENTE, *s.* erékò (uma área agrícola).
MEIO-DIA, *s.* agbede méjì ọjọ́, ààrín méjì ọjọ́ (no meio do dia), ọ̀sán gaangaan (tarde exata).

MEIO-DIA – MELINDROSO

MEIO-DIA, s. ojókanrí, oòrùnkàntàrí > aago méjìlá ọsán – doze horas da tarde.
MEIO DE VIDA, s. ìgbésí ayé (maneira de viver).
MEIO DO CAMINHO, s. agbède méjì ọ̀nà.
MEIO-IRMÃO, s. ọbákan (parente do lado paterno) > arákùnrin nídí ìyá – parente masculino do lado da mãe.
MEIO SUSTENTO, s. ọ̀nà àti rí onje jẹ lójojúmọ́ – acesso e busca de comida diariamente, > wíwá ní ààyè – ato de existir e ter vida.
MEIO, CENTRO, s. ààrin > láàrin, láààrin – no meio de, entre: > Ní ààrin wọn – No meio deles.
MEIO, METADE, s. ìdájì, ìdáméjì, ààbọ > Ó mu ìdájì ìgò ọtí – Ele bebeu metade da garrafa de vinho; > Ìdájì ọ̀nà – Meio caminho.
MEIO, ENTRE DOIS PONTOS, s. agbedeméjì > Ilé mi wà lágbede méjì ọjá àti afará – Minha casa fica entre o mercado e o viaduto.
MEIOS DE ATRAÇÃO, FASCÍNIO, s. okùnfà.
MEL, ABELHA, s. oyin.
MELANCIA, s. èso-bàrà.
MELANCOLIA, PESAR, s. ìbànújẹ́, òkùdú, rírojú, ìfajuró.
MELANCOLICAMENTE, adv. kẹlukẹlu > Ó nwò ó kẹ́lúkẹ́lú – Ela o olhou melancolicamente.
MELÃO, s. ègúsí > ejìnrìn – melão de são-caetano.
MELHOR QUE, adv. bókànràn.
MELHOR, adj. sànjù, sàndíẹ̀ > Ṣé ẹran funfun gbígbà sànjù ẹran pupa? – A carne branca é melhor que a carne vermelha?
MELHOR DE SAÚDE, adj. sàn.
MELHOR, SUPERIOR, adj. dárajù, dárajùlọ > Bísí dára jù Olú lọ – Bisí É melhor do que Ojú; jù...lọ – mais do que, adj. comparativo.
MELHORAR AOS POUCOS, v. sànlọmúsàn.
MELHORAR, FAZER DE NOVO, v. túnṣe > Ó túnṣe orò rẹ̀ – Ele fez a obrigação, ritual dela de novo; Ó tún iṣẹ́ rẹ̀ ṣe – Ele repetiu o trabalho dele.
MELHORIA, APERFEIÇOAMENTO, s. ìtúnṣe, ìmúsàn.
MELINDROSO, adj. yanbọ (difícil de agradar).

MELODIA, *s.* orin dídùn.
MELODIOSO, *adj.* tí ó dùn láti gbọ́ – o que é agradável para ouvir.
MEMBRANA, *s.* awọ fẹ́lẹ́fẹ́lẹ́.
MEMBRO DA CASA, *s.* ìbílẹ́.
MEMBRO, *s.* iga > iga àkan – garra do caranguejo.
MEMBRO DE UMA FAMÍLIA, *s.* ebí, ìbátan > Gbìyànjú láti gbé ipò ìbátan tì í – Dedique-se a viver uma situação familiar junto a ela.
MEMBRO, CORPO, *s.* ara > Ara mi bàjẹ́ – Estou doente. *Obs.*: partes do corpo humano são usadas como figura de linguagem na formação de frases: orí – cabeça, usado para indicar coisas altas; > orí ìka – ponta do dedo; ojú – rosto, usado para indicar parte principal de algo; > ojúbọ – local de culto; apá – braços, indica lado > apá òsì – lado esquerdo.
MEMBRO, PARENTE, *s.* ará > Ará ilé – Parentes, familiares; > mẹ́mbà (do inglês *member*).
MEMBROS DE COMUNIDADE, *s.* ìpẹẹ̀rẹ̀, ọpẹẹ̀rẹ̀, ọmọ – ẹgbẹ́.
MEMENTO, LEMBRANÇA, *s.* ìrántí.
MEMORANDO, *s.* ìwé ìrántí.
MEMORÁVEL, *adj.* yẹni ìrántí (lit. digna lembrança).
MEMÓRIA CURTA, *s.* òkúyè.
MEMÓRIAS, BIOGRAFIA, *s.* ìwé-ìrántí.
MEMÓRIA, LEMBRANÇA, *s.* rírántí, iyẹ̀nú.
MEMORIAL, *s.* ohun ìrántí (lit. algo de lembrança).
MEMORIZAÇÃO, *s.* ìkọ́sórí, àkọ́sórí (ato de guardar na memória).
MEMORIZAR, LEMBRAR, *v.* kọ́_sórí > Mo nílàti kọ́ àwọn gbólóhùn ọ̀rọ̀ yìí sórí fún ọla – Eu tenho de decorar estas frases para amanhã.
MENÇÃO, REFERÊNCIA, *s.* ìdárúkọ > sọ̀rọ̀ nípa nkan – falar sobre algo.
MENCIONAR, *v.* dánúlé, gbẹ́núlé (referir-se a).
MENCIONAR, DAR O NOME, *v.* dárúkọ (nomear) > Ọmọ tuntun gbà orúkọ – A criança recebeu um nome.
MENDICÂNCIA, *s.* agbe > Ó ṣe agbe – Ele fez mendicância; > alágbe – mendigo.
MENDIGO, HOMEM POBRE, *s.* atulẹjẹ.

MENDIGO, PEDINTE, s. aṣàgbé, alágbe, oníbáárà.
MENESTREL, SERESTEIRO, s. asunrárà, akọrin.
MENINA DOS OLHOS, s. ọmọlójú (uma pessoa querida).
MENINA, FILHA, s. ọmọ bìnrin > Ìdánilẹ́kọ́ọ́ àwọn ọmọ'bìnrin máa ndá lórí òye iṣẹ́ ilé – O treinamento das meninas costuma ser sobre as atividades domésticas.
MENINGITE, s. ibà-orí.
MENINO, FILHO, s. ọmọ kùnrin > Ọ̀pọ̀ àwọn ọmọ'kùnrin máa nmú iṣẹ́ bàbá wọn ṣe – A maioria dos meninos costuma aprender o que os pais fazem.
MENOPAUSA, s. ìṣìwọ́-àṣẹ (lit. parar a menstruação).
MENOR, MÍBIMO, adj. kíkíní, kéré jùlọ, ìkéréjùlọ.
MENORRAGIA, s. àwààdá (corrimento menstrual).
MENOS CEM, pref. ẹ̀ẹ́dẹ̀, ọ̀ọ́dẹ̀ (usado na formação dos números, com opção para menos mil; ẹgbẹ̀ta – 600, ẹ̀ẹ́dẹ́gbẹ̀ta – 500).
MENOS CINCO, pref. ẹ̀ẹ́d (usado na formação alternativa dos números 15 – ẹ̀ẹ́dógún ou arúndílógun, e 25 – ẹ̀ẹ́dọgbọ́n ou àrúndílọ́gbọ̀n, em ambos os casos significando menos cinco).
MENOS DO QUE, adj. comp. kò...lọ > A sùn kò ẹyín lọ – Nós dormimos menos que vocês.
MENOS, adv. dín, dí (usado na formação dos numerais yoruba que se utilizam de um sistema de soma e subtração > ẹ̀rìndílógójì – 36, lit. quatro menos quarenta.
MENOSPREZAR, DESONRAR, v. sàbùkùsí, afiniṣẹ̀sín.
MENOSPREZAR, v. gàn, kégàn, pègàn, ṣáátá, ténbélú, ṣẹléyà > firẹ́rin – ridicularizar.
MENSAGEIRO DE DEUS, s. Òjíṣẹ́ Ọlọ́run.
MENSAGEIRO DO REI, s. ìlàrí (arauto).
MENSAGEIRO ESPECIAL, s. ẹmẹsẹ̀.
MENSAGEIRO NO CULTO DE IFÁ, s. asáré pawo.
MENSAGEIRO, CRIADO, s. òjíṣẹ́.
MENSAGEIRO, EMPREGADO, s. ìránṣẹ́ > ìránṣẹ́bìnrin – empregada.
MENSAGEIRO, REPRESENTANTE, s. ikọ̀.

MENSAGEIRO, *s.* oníkọ̀, onísẹ, onsẹ.
MENSAGEIRO, SECRETÁRIO, *s.* sárépẹgbẹ́ < sáré + pè + ẹgbẹ́ – aquele que corre para levar mensagem.
MENSAGEM, *s.* isẹ́ rírán, ríránsẹ.
MENSAL, *adj.* lóṣooṣú.
MENSALMENTE, *adv.* lóṣooṣù, oṣooṣú, lóṣú (todos os meses).
MENSTRUAÇÃO, *s.* oṣù-abo, àṣẹ́, iṣẹ́, àṣẹ́-obìnrin > nkan oṣù – coisa do mês.
MENSTRUAR, *v.* ṣe nkan-oṣù (lit. fazer algo mensal) > Ó wàṣẹ́ – Ela está menstruada.
MENTAL, *adj.* tiyè, ọgbọ́n orí.
MENTE, INTELECTO, *s.* béké.
MENTIR, *v.* ṣèké, paró, puró < pa + iró > Ó puró fún mi – Ela mentiu para mim.
MENTIRA, CALÚNIA, *s.* òkòbó.
MENTIRA, DECEPÇÃO, *s.* àkàdekè.
MENTIRA, FALSIDADE, *s.* èké, iró, ìpuró, irópipa > Iró ní ẹsẹ̀ kékeré – A mentira tem pernas curtas; > Ó pè mí léké – Ela me chamou de mentirosa.
MENTIROSO, ENGANADOR, *s.* aṣèké, eléké.
MENTIROSO, *s.* olóbó, òkòbó, òpúró, oníró, òto, ònto.
MERAMENTE, SOMENTE, *adv.* ṣá > Mo fèsì kan ṣá – Eu fiz apenas uma réplica; > Mo kéré bẹ́ẹ ṣá – Eu sou assim, meramente pequeno.
MERCADO, FEIRA, *s.* ọjà, ṣọ́pìn (do inglês *shopping*).
MERCADO FINANCEIRO, *s.* ọjà àtowó < oja + àti + owó.
MERCADO, *s.* ọjà, ọ̀bùn, àba, búkà (barracão, galpão) > Ìyá mi ló si ọ̀bùn láti ra eja – Minha mãe foi ao mercado comprar peixe.
MERCADO NEGRO, *s.* ọjàa fàyàwó. *Obs.*: dois subst. juntos, o segundo qualifica o primeiro. A relação entre ambos é indicada pelo alongamento da vogal do primeiro subst.
MERCADOR DE COURO, *s.* aláwọ.
MERCADOR, NEGOCIANTE, *s.* onísowó.
MERCADORIA, *s.* ọjà títà (produto para venda, vendável).

MERCANTIL, COMERCIAL, *adj.* tòwò, ìṣòwò.
MERCÚRIO, *s.* mákíúrì (do inglês *mercury*).
MERDA, EXCREMENTO, *s.* ìgbé, ìgbọ̀nsẹ̀.
MERECEDOR DE CASTIGO, *adj.* nínà.
MERETRIZ, *s.* àgbèrè, panṣágà obìnrin.
MERGULHADOR, *s.* wọmiwọmi.
MERGULHAR, *v.* fi_bọmi, bùtán, jálumi < já + lù + omi.
MERGULHAR NA ÁGUA, *v.* fibọmi.
MERGULHAR, IMERGIR, *v.* tẹ_bọ̀ (pôr algo dentro) > Ó tẹ kálámù bọ̀ tàdá – Ela colocou a caneta no tinteiro; > Ọdẹ tẹ ọfà rẹ̀ bọ inú àpò – O caçador colocou a flecha dentro da sacola.
MERGULHO, IMERSÃO, *s.* ìtebọmi, ìmòòkùn, mímòòkùn.
MÉRITO, *s.* ẹ̀yẹ, ìtóye > Ẹléyẹ – Pessoa de respeito.
MERITÓRIO, *adj.* níyìn, nítọ̀sí.
MÊS, *s.* oṣù > Òní ni ojó kẹsán nínú oṣù kẹsán – Hoje é o nono dia do mês de setembro; > nkan oṣù – coisa do mês, menstruação.
MESA, *s.* tébùlù, tábìlì (do inglês *table*) > ìtàfò (palavra não mais usada).
MESA LONGA, *s.* paafà, pàrafà (prancha).
MESCLA, MISTURA, *s.* àjùmọ̀dàpọ̀ (pessoas ou coisas).
MESES ATRÁS, *adv.* atos.
MESMA COISA, TAL QUAL, *adj.* ọ̀kannáà (tal e qual) > Ọ̀kan náà ni gbogbo wọn fún mi – Todos eles são os mesmos para mim.
MESMERISMO, *s.* amúnimúyè.
MESMO ASSIM, *conj.* bíótilẹ̀ríbẹ́ẹ̀.
MESMO, *adj.* kannáà > À ṣe ìbẹ̀rẹ̀ ìsìn ní ojó kannáà – Nós fizemos a iniciação religiosa no mesmo dia.
MESMO, IDÊNTICO, *adj.* bákannáà > Bákannáà ni wọ́n – Eles são idênticos; > Nwọ́n rí bákannáà – Eles têm a mesma aparência (pronúncia - *bákónnón*). Obs.: rì – ser, parecer, usado para revelar aparência ou aspecto.
MESMO, *pron. reflex.* tìkáláràrẹ, pàápàà, pápá > Òun pàápàà kọrin – Ela mesma cantou; > tàkáláràrẹ – você mesmo.
MESQUINHEZ, AVAREZA, *s.* ìháwọ́ > háwọ́ – ser avarento.

MESQUINHO, EGOÍSTA, *adj.* ṣawun, ṣahun, láwun > olójúkòkòrò – olho-grande.
MESQUITA, *s.* ilékéwú, móṣáláṣí (do hausá *masallaci*, ou do árabe *salat*).
MESSIAS, *s.* Mèsáyà.
MESTIÇO, MISTURA, *s.* àdàlù ìran.
MESTRE DE ENSINO, *s.* olùkọ́, ògá àgbà > ògá ilékọ́ – diretor de escola.
MESTRE, CHEFE, *s.* ògá (pessoa que se distingue na sociedade).
MESTRE, DIRETOR, *s.* alákóso > Olúwa – Senhor.
MESTRE-CUCA, *s.* kúkì, kúkù (do inglês *cook*).
METABOLISMO, *s.* àsé-íjẹ ara (lit. mudanças químicas no corpo).
METACARPO, *s.* eegun àtẹ́lẹwọ́.
METADE, INCOMPLETO, *s.* edébù > Ó di edébù – Ele se tornou incompleto.
METADE, MEIO, *s.* ìdájì, ìdáméjì, ààbọ̀ > Ó mu ìdájì ìgò ọtí – Ele bebeu metade da garrafa de vinho; > ìdájì ọ̀nà – meio caminho. (*Obs.*: ìdá – usado para medidas, expressa parte fracionada de algo.)
METÁFORA, COMPARAÇÃO, *s.* àfíwéra, ọ̀rọ̀ àfíwéra.
METAL BRANCO, *s.* sínìka > adàmọ̀-àlùrọ – metaloide.
METAL, LATÃO, *s.* idẹ > irin – ferro.
METAMORFOSE, *s.* ìpààrídà < pa + ìrí + dà > ìpààrídà pípé àwọn kòkòrò – transformação completa dos insetos.
METANOL, *s.* ọtí-igi.
METÁSTASE, *s.* ìṣù-èèmọ̀ (foco inflamatório).
METATARSO, *s.* eegun àtẹ́lẹ̀sẹ̀.
METEORITO, *s.* èdùn àrá, ọta àpàjá.
METEORO, ESTRELA CADENTE, *s.* àpàjá.
METER DENTRO, *v.* fi_bọ̀ (inserir algo dentro de).
METER, ENFIAR, *v.* kiwọ́bọ̀, tiwọ́bọ̀, tì_bọ̀.
METER-SE, INTERFERIR, *v.* ṣúsí > Ó ṣúsí ọ̀rọ̀ náà – Ele fez um comentário.
METICULOSO, *adj.* aláwòfín.
METODICAMENTE, *adv.* létò, létòlétò > Ó wà létòlétò – Ele está bem-organizado; > Iṣẹ́ mi ówà létòlétò – Meu trabalho está em boa ordem.

METÓDICO, *adj.* élétò > ètò – ordem, sistema.
METODISTA, *s.* Ìjọ Métọ́díìsì, Ìjọ Elétò.
MÉTODO, PROCEDIMENTO, *s.* ìlànà, ìwà > ọ̀nà láti ṣe ohunkóhun – caminho para fazer alguma coisa.
MÉTRICO, SISTEMA, *s.* métríkì (do inglês *metric*) > ètò ìdíwọ̀n métríkì – sistema métrico de medição.
METRO, *s.* mítà (do inglês *meter*) > mítà kan – um metro.
METRO, VARA DE MEDIÇÃO, *s.* ọpá-ìdíwọ̀n.
METRÔ, *s.* ọkọ̀ abẹ́ ilẹ̀, ọkọ̀-irin alájà-ilẹ̀ > Ọ̀nà ìsàlẹ̀ ilẹ̀ – Caminho da parte de baixo da terra.
METRÓPOLIS, *s.* ìlú pàtàkì, olú-ìlú.
METROPOLITANO, *adj.* olúgbé olú-ìlú, ará olú-ìlú.
MEU, MINHA, *pron. poss.* mi (posicionado depois de substantivo) > Ìwé mi wà lórí àga – Meu livro está em cima da cadeira (os substantivos seguidos por possessivos têm a vogal final alongada na fala).
MEU, MINHA, *pron. poss.* tèmi < ti + èmi > Tèmi ni ilé yìí – É minha esta casa (são possessivos enfáticos e formados pela adição de *ti*).
MEU AMOR, *exp.* olúfẹ́ mi.
MEU SENHOR CHEGOU, *exp.* olùmidé.
MEXER FARINHA, *v.* rokà (em água fervente).
MEXER, EMPURRAR, *v.* sún > Ó sún mi síní rẹ̀ – Ele me empurrou para junto dela.
MEXER, MUDAR DE POSIÇÃO, *v.* pàpòda.
MEXERICO, FOFOCA, *s.* ìtúkútu, itunkútun, àròká.
MEXERIQUEIRO, TAGARELA, *s.* oníwótòwótò, aláhesọ.
MÉXICO, *s.* Mẹ́ẹ́ṣikò (país da América do Norte).
MIAR, *v.* yan >Ológbò nyan púpọ̀ – O gato está miando muito; > ìyan – miado.
MICA, *s.* dándán.
MICOSE, *s.* ìkárù osùn-ara (lit. infecção vermelha no corpo).
MICRÓBIO, *s.* kòkòrò àrùn.
MICROBIOLOGIA, *s.* ẹ̀kọ́ ẹyàwuuru.
MICROCARDIA, *s.* ọkan kékeré.
MICROCEFALIA, *s.* orí kékeré.

MICRODÁCTILO, s. ìka-ọwọ́ kékeré (que tem os dedos curtos).
MICROGASTRIA, s. ikùn kékeré (estômago pequeno).
MICROGENITÁLIA, s. ẹ̀yà-ìrin kékeré.
MICROFONE, s. ẹ̀rọ afẹ̀-ohùn (lit. máquina para expandir a voz).
MICRÔMETRO, s. ìdá òdìmítà (medir pequenas dimensões).
MICRO-ORGANISMOS, s. ẹyàwuuru (germes).
MICROSCÓPIO, s. ẹ̀ro afẹ̀ran.
MICROSCÓPICO, adj. aláìṣeéfojúrí.
MICROSSOMIA, s. ara kékeré (corpo pequeno).
MICTURIÇÃO, s. títọ̀ (urinar com frequência).
MÍDIA, MEIOS DE COMUNICAÇÃO, s. igbé ròhìn jádé – repasse dos relatos.
MIELITE, s. ẹ̀sọ ọ̀pá-ẹ̀hìn wíwú (inflamação da medula espinhal).
MIELOMA, s. akam-orisun-ẹ̀jẹ (tumor na medula).
MIGALHAS, FARELO, s. àwówo.
MIGALHAS, PEDAÇOS, s. ẹrún, ẹrúnrún > Ó jẹ ṣẹ́kù ẹrun – Ela comeu e deixou de lado as migalhas; > Ó fi ẹrún obì ni ẹ̀gbẹ́ ẹtí àti láàrin ìka ẹsẹ̀ – Ela pôs um pedaço de noz-de-cola no lado da orelha e entre o dedo do pé (ritual de bọrí).
MIGALHAS, s. àjẹkù (sobras de alimentos).
MIGRAÇÃO, s. àṣílọ́, ìṣílọ́ > àṣíkiri – migrante, andarilho.
MIGRAR, PARTIR, v. ṣílọ, ṣíkiri > Ó ṣílọ láti ìlú míràn – Ele partiu para outra cidade.
MIGRATÓRIO, s. alárìnkiri.
MIL, num. Ẹgbẹ̀rún.
MILAGRE, PRODÍGIO, s. ìyanu, iṣẹ́-ìyanu.
MILAGRE, SINAL, s. iṣẹ-àmi > èémọ̀ – algo estranho.
MILÊNIO, s. ẹgbẹ̀rún ọdún.
MILÍCIA, s. ẹgbẹ́ ọmọ ogun (lit. grupo derivado de militares).
MILIGRAMA, s. ìdá-ọ̀kẹ́ grámù.
MILHA, s. máìlì, méèlì (do inglês mile).
MILHÃO, s. àádọ́ta-ọ̀kẹ́, milọníà, mílíọ̀nù (do inglês million) > Sìgá ti ṣekúpa àádọ́ta-ọ̀kẹ́ ènìà – O cigarro já matou milhões de pessoas.

MILHAR, s. òkẹ́, usado como opção na formação de numeral > ọ̀kẹ́ méjì – 2000, ọ̀kẹ́ méjì ìdì lẹ́jọ – 2018.
MILHO ASSADO, s. gbúgbúrú (do idioma hausá).
MILHO BRANCO COZIDO, s. ègbo > àgìdá – comida de milho branco.
MILHO DA GUINÉ, s. bàbà, ọkàa bàbà.
MILHO DEBULHADO, s. ilẹ̀ ìpakà (local onde é debulhado).
MILHO PICADO, s. agbo-àgbado.
MILHO VERDE COZIDO, s. lángbé.
MILHO VERMELHO, s. bòmọ́n, bòromọ́n.
MILHO, CANJICA, s. àgbàdo, ìgbàdo, yangan.
MILHO, s. fùlùfúlù, fùrùfúrù (película do milho).
MILIGRAMA, s. ìdá ọ̀kẹ́ grámù.
MILILITRO, s. ìdá ọ̀kẹ́ lítà.
MILÍMETRO, s. ìdá ọ̀kẹ́ mítà.
MILITAR, s. ológun > ìjọba ológun – governante militar.
MIMAR, ACARICIAR, v. wẹ́.
MÍMICA, s. asínnìjẹ > sín_jẹ – fazer mímica, imitar > Ó nsín mi jẹ – Ele está me imitando.
MIM MESMO, pron. reflex. tìkáláraàmi > Émi tìkáláraàmi lọ síbẹ̀ – Eu mesmo fui lá.
MINÉRIO DE FERRO, s. irin tútù àìpo (metal novo sem composição).
MINERAL, s. okúta oníyebíye tí ówà nínú erúpẹ̀ ilẹ̀ (lit. pedra que está dentro da terra).
MINGAU DE AVEIA, s. àṣaró, ìbẹ̀tẹ̀, túwó (do idioma hausá).
MINGAU, CALDO, s. dẹ̀ngẹ́.
MINIATURA, s. àwòrán kékeré, bíntín > kéré jùlọ – muito pequeno.
MÍNIMO, s. kérétan.
MINISTRANTE DE REMÉDIO, s. àsasí (medicina nativa).
MINISTRO DE DEUS, s. Ìránṣẹ́ Ọlọ́run.
MINISTRO, s. àlùfá (culto muçulmano), mínísítà (do inglês minister).
MINORIA, s. ẹ̀yà ẹ̀nìàtí ó kèrè jù ní ìlú (lit. grupo de pessoas que são minoria na cidade) > ìpín-kékeré – partilha menor.
MINUCIOSAMENTE, adv. tété > Ó sa èso tété – Ela escolheu a fruta minuciosamente.

MINÚSCULO, PEQUENO, adj. tíntín, ṣínṣín, pínpín.
MINUTOS, s. ìṣéjú > ìṣéjú méwàá – dez minutos.
MIOCÁRDIO, s. iṣan-ọkàn > iṣan-ọkàn wíwú – inflamação do miocárdio.
MIOLO, CÉREBRO, s. ọpọlọ.
MIOLO, FARELO DE PÃO, s. èérún, èrùn, àwówo.
MIOLO, MEDULA, s. mùdùnmúdún.
MIOMA, s. akàn iṣan (tumor derivado do músculo).
MÍOPE, adj. aláìrọ́ọ́kan.
MIOPIA, s. àìrọ́ọ́kàn.
MIRAGEM, ILUSÃO ÓTICA, s. ìrújú, ìṣújú > Ó rú mi lójú – Ele me confundiu.
MIRRA, s. òjía.
MISCELÂNEA, s. ìjágbájáwo.
MISCIGENAÇÃO, s. àjùmọ̀dàpọ̀.
MISERÁVEL, POBRE, adj. tòṣì > Mo tòṣì – Estou aflito com a pobreza.
MISERÁVEL, MESQUINHO, adj. ṣawun, ṣahun.
MISÉRIA, AVAREZA, s. ahun.
MISÉRIA, POBREZA, s. òṣì > Ìdílé wa wà nínú ipò òṣì – Nossa família vive num lugar de pobreza.
MISÉRIA, s. ìráàre (condições difíceis).
MISÉRIA, TRISTEZA, s. àre > Ó rí àre – Ele se sente miserável.
MISERICÓRDIA, CLEMÊNCIA, s. àdásí, ìdásí.
MISERICORDIOSO, s. aláàánú > Ó ṣàánú mi – Ele teve pena de mim.
MISÓGINO, s. ìkóríra-obìnrin (repulsa às mulheres).
MISSA, s. ìsìn àdúrà.
MISSÃO, ENCARGO, s. iṣẹ́ rírán, iṣẹ́ àpínfúnní.
MÍSSIL, PROJÉTIL, s. ohun ogun, ohun ìjà.
MISSIONÁRIO, s. òjíṣẹ́-Ọlọ́run, oníṣẹ́-Ọlọ́run.
MISSIVA, CARTA, s. lẹ́tà > Mo rí lẹ́tà kan gbà rẹ̀ – Eu recebi uma carta dele.
MISTÉRIO, ASSUNTO PRIVADO, s. àṣírí.
MISTÉRIO, PROIBIÇÃO, s. èrọ̀ > ohun-ìjìlẹ̀ – algo profundo, misterioso.
MISTÉRIO, SEGREDO, s. awo > Ó fi awo mi han ìlú – Ela revelou meu segredo para todos; > Bàbáláwo – Senhor dos mistérios, dos segredos.

MISTERIOSO, CONFUSO, adj. jínlẹ̀ > Ó ronú jínlẹ̀ – Ele fez uma reflexão profunda < rò + inú; > Odò yìí jínlẹ̀ – Este rio é fundo; > Ọ̀rọ̀ yìí jínlẹ̀ – Esta é uma questão confusa.
MÍSTICO, VIDENTE, s. aríran.
MISTIFICAR, ENGANAR, v. tàn_jẹ > Ó tàn gbogbo wa jẹ – Ele enganou a todos nós; > ṣe òkùnkùn – escurecer.
MISTURA, COMPOSIÇÃO, s. àkópọ̀ (generalidade).
MISTURA DE CINZAS, s. lábú, lárú.
MISTURA, ADULTERAÇÃO, s. àdàlà, ìdàlù.
MISTURA, s. àjùmọ̀dàpọ̀ (de pessoas ou coisas).
MISTURA, VARIEDADE, s. àmúlùmálà, màṣámàlú > onírúurú – vários, diversos.
MISTURAR JUNTO, v. dà_mó, dà_pọ̀, dì_pọ̀, rún_pọ̀ > Ó wọ́n móra wọn – Ela os misturou; > Ó rún wọn pọ̀ – Ele misturou tudo junto.
MISTURAR, ADULTERAR, v. lú (diluir) > Ó lú epo pọ̀ mọ́ omi – Ele misturou óleo com água.
MISTURAR, BATER JUNTO, v. dà_lù > Ó sà erèé dàlù wọn – Ela selecionou o feijão e bateu junto.
MISTURAR, CONFUNDIR, v. ṣèdàrúdàpọ̀ < ṣe + àdàrú + dàpọ̀.
MISTURAR, JUNTAR, v. lú_pọ̀ > Ó lú wọn pọ̀ – Ele os misturou junto.
MISTURAR, v. pọ̀_lù, pọ̀pọ̀, papọ̀ > Mo pọ̀ won lù – Ele os misturou; > Wọn papọ̀ wá – Eles vieram juntos; > Ohun wa papọ̀ – Nossas opiniões coincidem; > pawópọ̀ – unir, combinar.
MITOLÓGICO, s. aláròsọ.
MITOLOGIA, s. ẹ̀kọ́ nípa àròsọ (lit. estudo sobre hipóteses).
MITOS, HISTÓRIAS, s. ìtàn.
MITOS, ENIGMAS, s. àròsọ, àlọ́ > àwọn iṣẹ́ ìyanu Jésù. Ìtàn tàbí àròsọ? – Os trabalhos admiráveis de Jesus. História ou mito?
MIÚDO, PEQUENO, adj. kíun.
MOBÍLIA, s. ohun èlò (utensílio doméstico).
MOBÍLIA, MÓVEIS, s. èlò nínú ilé (utensílios dentro de casa) > àga, tábìlì – cadeira, mesa.
MOBILIADO, DECORADO, adj. lọ́ṣọ́.

MOÇA VIRGEM, DONZELA, s. omidan > wúndíá – orúkọ idílé obìnrin – nome da mulher anterior ao casamento; > Ó bà wúndíá náà jẹ́ – Ele desvirginou a donzela; > Màríà Wúndíá – A Virgem Maria.
MOÇÃO, PROPOSTA, s. ìpapòdà, ìsípò padà.
MOCHILA, BOLSA, s. làbà > àpò ikọ́rùn, egbirín (usada no ombro).
MOÇO, PESSOA JOVEM, s. ògbọgbò (adolescente) > Ògbọgbò'kùnrin – Rapaz.
MODA, COSTUME, s. àrà, àṣà, ìṣe.
MODELADAMENTE, adv. bu.
MODELAR, v. mọ, wòṣe > ṣe bí apẹẹrẹ – fazer como o modelo; > Mo fi amọ̀ mọ ológbò – Eu modelei um gato de barro.
MODELO, APARÊNCIA, s. ìrí (aspecto).
MODELO, EXEMPLO, s. arapa, àwòṣe, àpẹẹrẹ > Arapa ìwà rẹ nìyìí – Este é um exemplo de caráter.
MODERAÇÃO, s. àìṣejù, àìṣàṣejù, ìtúnwọnsì, ìwọntúnwọnsì.
MODERAÇÃO, MANSIDÃO, s. ìrojú.
MODERADAMENTE, adv. níwọ̀n, pẹ̀lẹ́ pẹ̀lẹ́.
MODERADO, ADEQUADO, adj. jọjú, rọjú.
MODERADO, BRANDO, adj. mọníwọ̀n, aláìṣàṣe jù.
MODERADO, DOMESTICADO, adj. tujú.
MODERAR, v. ṣe níwọ̀n.
MODERNIZAÇÃO, s. ìlàjú.
MODERNIZAR, ATUALIZAR-SE, v. sọ_dọtun.
MODERNO, NOVO, adj. títun, tuntun > ọ̀làjú – civilizado.
MODÉSTIA, HUMILDADE, s. ìparamọ́, ìrẹ̀lẹ̀ > láìnítìjú – sem modéstia.
MODESTO, adj. àìhalẹ̀, nítìjú > ní ìwà rere – ter um bom caráter.
MODESTO, ENVERGONHADO, adj. nítìjú.
MODIFICAR, MUDAR, v. yí_padà (virar para o outro lado no sentido de mudar) > Àwọn ènìà lè yípadà – As pessoas podem mudar; > Ojú--ìwòye mi nípa orò rẹ ti yípadà – Minha opinião sobre a obrigação dela mudou; > ojú-ìwòye – ponto de vista, opinião.
MODIFICAÇÃO, MELHORIA, s. atúnṣe > Mo máa nṣe àtúnṣe mpúpọ̀ – Eu costumo fazer muitas modificações, correções; > ìyípàdà – mudança, virada.

MODO, HÁBITO, s. àṣà, ìwà, ìlànà > Ó káṣà yìí gẹ́gẹ́ bí àṣà yìí – Ele seguiu este costume de acordo com esta tradição.
MODO, CONDUTA, s. ìṣesí, ìhùwà.
MODO DE FALAR, s. fífọhùn.
MODULAR, v. yí orin padà > alterar o tom do cântico.
MÓDULO, UNIDADE, s. páàtì-apójúùwọ̀n.
MOEDA CORRENTE, s. owó-iná.
MOEDA DE COBRE, s. owó-bàbà.
MOEDA DE OURO, s. owó-wúrà, owó-iwóòrò.
MOEDA DE PRATA, s. owó-fàdákà, owó-ṣílẹ̀.
MOEDA NIGERIANA, s. kọ́bọ̀, náírá (a sílaba *naí* tem um som nasal e é a forma alterada da palavra Nigéria – *Nàìjíríyà*) > àábọ̀ kọ́bọ̀ – meia-moeda; > Mo rà á ní kọ́bọ̀ mẹ́wàá – Eu comprei-a por dez kobó.
MOEDA PERFURADA, s. aiyélujára.
MOEDOR, s. ọlọ̀.
MOEDORA DE PIMENTA, s. alọta < a + lọ̀ + ata.
MOELA, s. iwe ẹiyẹ (porção musculosa das aves).
MOER MILHO, v. ṣàgbàlọ̀ (como forma de pagamento).
MOER, RALAR, v. lọ̀ > Ìyá mi lọ́ ata – Minha mãe moeu pimenta; > ọlọ̀ – pedra para moer, ralar.
MOER, TRITURAR, v. gbà_lọ̀ > Ó ngba ọkàa bàbà lọ̀ – Ela está moendo o milho.
MOFADO, BOLORENTO, adj. bíbu, hùkàsi, rin.
MOFO, BOLOR, s. àdìkàsì, ìdákàsí, ìdíkàsí.
MOGNO, s. gẹ́dú (tora de madeira).
MOÍDO, adj. lílọ̀.
MOINHO, s. èèlọ, òòlọ.
MOLDAR MOEDAS v. dawó < dà + owó (falsificar dinheiro).
MOLDAR, FUNDIR, v. dà.
MOLE, adj. láìlégungun (sem ossos).
MOLE, SOLTO, adj. títu (como o inhame cozido).
MOLECAGEM, s. apanilẹ́rin.
MOLÉCULA, PARTÍCULA, s. mólékù (do inglês *molecule*).

MOLEIRO, s. alògi (debulhador de milho).
MOLEQUE, s. ìpátá.
MOLESTAÇÃO, s. ìyọlẹ́nu.
MOLESTAR, INCOMODAR, v. fìtínà, dá_lágara > Ó dá mi lágara – Ele encheu minha paciência; > Fìtínà dé bá mi – Eu fui importunado.
MOLESTAR, v. yọ_lẹ́nu > ìròhìn yìí yọ mí lẹ́nu – Essa notícia me perturbou.
MOLEZA, SEM SOLIDEZ, s. aláìle.
MOLHADO, ENCHARCADO, adj. rin > Òjò rin mọ́lẹ̀ – A chuva encharcou o solo.
MOLHADO, ÚMIDO, adj. tútù > Aṣọ tútù nmú àìsàn wá – A roupa úmida está dando doenças.
MOLHAR NA ÁGUA, v. rẹ > Òjò rẹ mí – A chuva me molhou.
MOLHO, CALDA, s. ọbẹ̀, omi-ọbẹ̀ > omi ẹran – molho de carne.
MOLHO DE TOMATE, s. tòmátì lílọ̀.
MOLUSCO, s. agbo-èyà oníkarahun.
MOMENTO OPORTUNO, s. pẹ̀sẹ́, pẹ̀sẹ̀pẹ̀sẹ̀.
MOMENTO, s. kété > ìṣéjú kan péré – um minuto apenas.
MONARCA, s. ọba, ọba aládé.
MONARQUIA, s. ìjọba aládé.
MONETÁRIO, PECUNIÁRIO, adj. towó, ìdíwọ̀n owó.
MONITOR, s. akìlọ̀fúnni, olùránlọ́wọ́.
MONOGAMIA, s. gbígbé ìyàwó kanṣoṣo (somente uma esposa).
MONOCOTILEDÔNEO, s. eléwéerúgbìnkan (planta com um só cotilédone).
MONÓLOGO, s. idárọ̀sọ (falar sozinho).
MONOPÓLIO, s. ìwà anìkanjọpọ́n, dídáni.
MONOPOLIZAR, v. wà, dàyàdé, gbà_kàdọ̀, gbé_kàyà > Ó gba òwò kanrí – Ele monopolizou o comércio.
MONOTEÍSMNO, s. gbígbà Ọlọ́run kanṣoṣo – admitir um Deus único.
MONOTEÍSTA, s. ẹnití ó gbá Olọ́run kanṣoṣo gbọ̀ – aquele que acredita em um só Deus.
MONÓTONO, adj. láárẹ̀ (cansativo).

MONSTRO, *s.* ewèlè (espírito das florestas).
MONTANHA, *s.* òkè (usado por analogia para indicar uma coisa alta) > Ó wà ní òkè ilé – Ele está no alto da casa; > orí òkè – cume da montanha; > òke kíní – 1º andar.
MONTANHISTA, *s.* ẹnití gùn orí òkè gíga – aquele que escala o alto da montanha.
MONTANHOSO, *s.* olókè.
MONTANTE, QUANTIA, *s.* iye (número).
MONTAR, TREPAR, *v.* gùn > Ó ngun igi – Ele está trepando na árvore; > Òrìṣà gùn rẹ̀ – Ele se manifestou com a divindade dele (lit. a divindade montou nele); > elégùn – aquele que tem o privilégio de ser montado.
MONTAR, *v.* yàkàtà ẹsẹ̀, dákàtà (ou abrir as pernas como quem monta).
MONTAR A CAVALO, *v.* gùn ẹṣin.
MONTE DE CINZAS, *s.* òkìtì-eerú.
MONTE DE TERRA, *s.* ebè, òkìtì-ebè (para plantar raízes ou vegetais).
MONTÍCULO, *s.* èkìtì.
MONUMENTAL, *adj.* ìyàlẹ́nu, àrabarà.
MONUMENTO, *s.* ojúbọ-bàbá (para culto aos ancestrais).
MORADA, ALOJAMENTO, *s.* àwọ̀sùn.
MORADIA CONJUNTA, *s.* àjòmògbé, ìbágbé, ìbùgbé.
MORAL, ZELO, *s.* ìtara > òfin-ẹ̀tó – lei do direito.
MORAL, EDUCAÇÃO, *s.* ẹ̀kọ́ > Ó wà lẹ́hìn nínú ẹ̀kọ́ rẹ̀ – Ele está atrasado na educação dela.
MORALIDADE, *s.* ìwà rere, ẹ̀kọ́ rere.
MORALIZAR, *v.* ṣe alàyè nípa ìwà – explicar sobre o comportamento.
MORALISTA, *s.* olúkọ́ nípa ìwà – professor sobre o caráter.
MORAR SOZINHO, ISOLADO, *v.* dádó > Ó dádó – Ele é independente.
MORAR, *v.* gbé (viver em determinado lugar).
MORAR EM CASA, *v.* gbélé < gbé + ilé > Ó gbélé yìí – Ela mora nesta casa.
MORAR, VIVER JUNTO, *v.* bá_gbé > Ó nbá mi gbé – Ela está morando comigo.
MORATÓRIA, *s.* ìdẹṣẹdúró.

MÓRBIDO, DOENTIO, *adj.* olókùnrùn, láìlera.
MORCEGO, *s.* àdán, àjàò > òòbẹ̀ – tipo de morcego pequeno.
MORDAÇA, *s.* ìhánu > Àwa ti nfi ìhánu – Nós já estamos usando mordaça, máscara.
MORDER ALGO, *v.* gé_jẹ > Eku gé e jẹ – O rato roeu isto.
MORDER O DEDO DE ALGUÉM, *v.* jẹ̀ka < jẹ + ìka (forma de expressar pesar mordendo o dedo de alguém); > Ó jẹ̀ka – Ela sentiu pesar.
MORDER, PICAR, *v.* yán.
MORDER, QUEBRAR, *v.* dágbọ́nwun.
MORDER, *v.* bù_jẹ, bù_níjẹ, bù_sán, bù_nísá (cortar com os dentes) > Ejò bu owó rẹ̀ jẹ – A cobra mordeu a mão dela.
MORDER, *v.* gé (fazer uma boquinha).
MORDER, *v.* já_jẹ > Ó já mi jẹ – Ela me mordeu.
MORDIDA, *s.* bíbùjẹ́ (aquilo que corta).
MORDOMO, *s.* agbọ́tí > ìríjú – camareiro.
MORFEMA, *s.* ohùn ọ̀rọ̀ (relação entre ideias).
MORFOLOGIA, *s.* ẹ̀kọ́ eto-ara (forma e estrutura das plantas e animais).
MORIM, MUSSELINA BRANCA, *s.* tálà, aṣọ òwú.
MORNO, INDIFERENTE, *adj.* lọ́wọ́ọ́wọ́, nílọ́wọ́ọ́wọ́ > Ara mi lọ́wọ́ọ́wọ́ – Eu tenho uma sensação febril.
MORNO, POUCO QUENTE, *adj.* fẹ́ri.
MORNO, *s.* àìgbóná-àìtútù (nem quente, nem frio).
MOROSIDADE, INDOLÊNCIA, *s.* àfara > dínú – birrento.
MORRAMED, *s.* Mọ̀ọ́mọdú (do inglês *Mohammed*).
MORRER DE FOME, *v.* débipa < dá + ebi+ pa, febipakú < fi + ebi + pa + kú > Ó débi pa mí – Ela me matou de fome.
MORRER JOVEM, *v.* ṣẹ́kú.
MORRER JUNTO, *v.* bá_kú > Ó bá ọkọ kú – Ela morreu junto com o marido.
MORRER PREMATURAMENTE, *v.* ṣánkú, ṣẹ́kú > Ó ṣẹ́kú – Ele morreu jovem.
MORRER, ESTAR INATIVO, *v.* kú > O kú fún mi – Você morreu para mim. *Obs.*: *kú* – quando usado em frases que denotam cumpri-

mento seria uma contração de *kí i*, como desejo de tudo de bom na oportunidade > Ẹ kú orí're – Congratulações pela sua boa sorte; > Ẹ kú alẹ́ o – Boa-noite.

MORRER, *v.* yámútù, sánkú, wájà > Ó wọ̀ àjà (lit. o rei entrou no teto, exp. usada para um rei).

MORRER, *v.* filẹ̀bora (lit. cobrir o corpo com terra) > Ó filẹ̀ bora bí aṣọ – Ele morreu e a terra cobriu o seu corpo, como se fosse uma roupa.

MORTAL, FATAL, *adj.* kíkú, àjàkú (exposto à morte) > ìjà àjàkú – conflito mortal.

MORTALHA, *s.* àrẹdú, aṣọ-ìdìkú, aṣọ-ìsìnkú, aṣọ òkú, aṣọ ìgbókú.

MORTALIDADE, *s.* ìfayésílẹ̀, ikú.

MONTANHOSO, *adj.* kìkì òkè nìkanṣoṣo > ìlú olókè – região montanhosa.

MORTE ACIDENTAL, *s.* àṣìpa (pessoa que acidentalmente mata outra).

MORTE INDISCRIMINADA, *s.* ìpahúpa (holocausto).

MORTE INTEMPESTIVA, *s.* àtẹ̀hìnkú.

MORTE NATURAL, *s.* àtọ̀runwá, ífọwọ́rọríkú > Ikú àtọ̀runwá – Morte natural.

MORTE POR ENGANO, *s.* aṣinipa, aṣinilùpa.

MORTE, *s.* ikú > Jésù jí Lasaru dìde láti inú ikú – Jesus despertou Lázaro e o levantou do interior da morte.

MORTÍFERO, *s.* afakú.

MORTO, FALECIDO, *s.* òkú, àìlẹ́mí, aláìsí, olóògbé > òkú – cadáver.

MORTO, FERIDO, *adj.* pípani < pípa + ẹni.

MORTUÁRIO, *s.* ilé ìsìnkú, ibi ìsìnkú.

MOSAICO, *s.* okúta tí a fi tẹ́lẹ̀ ilé (lit. pedra que usamos sobre o chão da casa).

MOSCA, *s.* eṣinṣin, eeṣin > Má ṣe jẹ́kí eṣinṣin fọwọ́lé onjẹ – Não deixe as moscas tocarem na comida.

MOSCARDO, MUTUCA, *s.* esinsin-ẹ̀fọn.

MOSCOU, *s.* Ìlú Mọ́skò (capital da Rússia).

MOSQUETÃO, ESPINGARDA, *s.* ìbọn.

MOSQUITEIRO, *s.* àbapò, ìbọpo (cortina de cama).

MOSQUITO, s, yànmù-yanmu, efínfín, ẹ̀fọn, emúren, kantíkantí > Yànmù-yanmu pọ̀ lásìkò yìí – Os mosquitos são muitos neste tempo.

MOSTARDA, s. igi ìrapé (vegetal da família da mostarda).

MOSTRAR O CAMINHO, v. fọ̀nàhàn < fi + ọ̀nà + hàn > Ó nàka sí fọ̀nàhàn – Ela apontou o dedo para mostrar o caminho; > nàkasí < nà + ìka + sí – apontar o dedo para.

MOSTRAR RESPEITO, v. bọ̀wọ̀ fún < bù + ọ̀wọ̀ + fún > Ó bọ̀wọ̀ fún wa – Ele mostrou respeito para nós; > fọláhàn < fi + ọlá + hàn > Ó fọláhàn mi – Ele me mostrou respeito.

MOSTRAR, EXIBIR ALGO, v. fihàn > Jésù fihàn ọ̀nà fún gbogbo wa – Jesus mostrou o caminho para todos nós.

MOSTRAR, INDICAR, v. júwe > Ògún júwe mi láti jẹ́ ọ̀gá rẹ̀ – Ogum me indicou para ser ogan dele; > Júwe rẹfún mi – Descreva isto para mim.

MOSTRAR, REVELAR, v. sí_payá > Sí ọkàn rẹ payá sí irú àwọn iṣẹ́ titun míràn – Abra seu coração para outros tipos de trabalho.

MOSTRAR-SE ABORRECIDO, v. tahùn.

MOSTRAR-SE IMPORTANTE, v. fẹlá < fẹ̀ + ọlá (pela posição que ocupa).

MOTIM, REBELIÃO, s. ọ̀tẹ̀.

MOTIVAR, DAR SUSTENTAÇÃO, v. mú_dúró, mú_ró > Ìmọ̀rọ̀ rẹ̀ mú mi dúró – O conselho dela me sustentou.

MOTIVO, CAUSA, s. ìtorí, ìdí, èèrèdí > Nítorí yìí – Por este motivo.

MOTIVO DE ALEGRIA, s. oríwíwù, ìwúrí.

MOTIVO DE DISPUTA, s. ọ̀ràn-iyàn.

MOTIVO DE PIEDADE, s. kíkàánú.

MOTIVO IMPORTANTE, s. ìdí-pàtàkì.

MOTIVO, RAZÃO, s. ìdí > èrò – pensamento, ideia > Mo ní èrò dáadáa – Eu tenho boas ideias.

MOTOCICLETA, s. kẹ̀kẹ̀, alùpùpù.

MOTOCICLISTA, s. alùpùpù.

MOTOR DE AUTOMÓVEL, s. ọkọ̀ ayọkélé, mọ́tọ̀ (do inglês *motor*).

MOTOR, s. ẹ́njìnì (do inglês *engine*) > Njẹ́ ẹ́njìnì rẹ̀ nṣiṣẹ́ dáradára? – O motor está funcionando bem?

MOTORISTA, CHOFER, s. awakọ̀, onímọ́tọ̀, dírẹ́bà (do inglês *driver*), ọlọ́kọ̀ < a – aquele que, wà – dirige, ọkọ̀ – carro; > Ìwọ ha jẹ́ awakọ̀ láìléwu bí? – Você realmente é um motorista cuidadoso?

MÓVEL, s. adárìn.

MOVER, EMPURRAR, v. sún > A sún àga si ìdi tábìlì – Nós movemos a cadeira para perto da mesa.

MOVER, MUDAR DE LUGAR, v. sípadà, sípòpadà < sí + ipò + padà.

MOVER, v. jùrù > Ajá mi njùrù – Meu cachorro está abanando o rabo.

MOVER A CAUDA, v. rẹ̀dí (o traseiro).

MOVER-SE, v. gbéra.

MOVER-SE COM CORAGEM, v. tagìrí > Ó ta gírí gbà mí là – Ele se moveu com coragem e me salvou.

MOVER-SE FURTIVAMENTE, v. pakọlọ́, pakọ́lọ́kọ́lọ́.

MOVER-SE NO AR, v. fẹ́kiri < fẹ́ + kiri (algo voar sem direção).

MOVER-SE, DESLOCAR-SE, v. yẹsẹ̀ < yẹ̀ + ẹsẹ̀.

MOVIMENTAR, v. sí > Ó sí iwé – Ele movimentou os papéis.

MOVIMENTAR-SE, v. takòò-kòò (pelos arredores).

MOVIMENTO CAMBALEANTE, s. ìtagbọ́ngbọ́n.

MOVIMENTO DE DANÇA, s. mùkúlúmùkẹ́ (sinuoso).

MOVIMENTO PARA NINAR, s. ìpasẹ̀ (ato de pôr a criança para dormir).

MOVIMENTO PASSIVO, s. ìpapòdà aláìlo-agbára.

MOVIMENTO, s. apapòdà (troca de posição).

MUCO BRONQUIAL, s. kẹ̀lẹ̀bẹ̀ > ikun – saliva, bílis.

MUCO NASAL, s. ikun-imú.

MUCO VAGINAL, s. ikun-òbò.

MUÇULMANO, s. mùsúlúmi, ìmàle > ẹ̀sìn ìmàle – culto muçulmano; > mùsúlúmí ni èmi – eu sou muçulmano.

MUDA, BROTO, s. òjẹlẹ̀ (planta jovem).

MUDA PARA TRANSPLANTE, s. àtúgbìn, àtúlọ́.

MUDANÇA DE CARÁTER, s. ìpìwàdà < pa + ìwà + dà.

MUDANÇA DE COR, s. ìpàwọ̀dà < pa + àwọ̀ + dà.

MUDANÇA DE ESTADO, s. ipẹ̀gbẹ́dà (sólido para líquido, gasoso etc.).

MUDANÇA DE LUGAR, *s.* àsípadà, pípapọ̀dà, àṣílọ > dúró – permanecer.

MUDANÇA DE VIDA, *s.* àtúnhù-ìwà, àbádà.

MUDANÇA DE VOZ, *s.* ìpahùnda.

MUDANÇA, TROCA, *s.* àdìká, àyípadà, àyídà, àyídàyídà, ìpààrọ̀ > Ó ṣe àdìká rẹ̀ – Ele fez a mudança dela; > ìpàṣí pààrọ̀ – permuta, câmbio.

MUDAR A CASA, *v.* ṣílé.

MUDAR A FORMA DE VESTIR, *s.* pakájà.

MUDAR DE CONDUTA, *v.* pìwàdà, pàwàdà < pa + íyẹ́ + dà > Ó ronú pìwàdà – Ele pensou em mudar de conduta.

MUDAR DE IDEIA, *v.* payèdà, piyèdà < pa + iyè + dá, pèròdà < pa + èrò + dà.

MUDAR DE LADO, *v.* yípòpadà, yípadà (de posição, ser convertido).

MUDAR DE LADO, DESVIAR, *v.* yàsápákan.

MUDAR DE LUGAR, *v.* papòdà, ṣílọ.

MUDAR DE PALAVRA, *v.* yíhùnpadà (voltar atrás) > Ó yíhùn rẹ̀ padà – Ele cumpriu a palavra dele e voltou atrás.

MUDAR DE PELE, *v.* pèèfọ̀ (descascar).

MUDAR DE PENAS, *v.* pàyẹ́dà, pìyẹ́da < pa + ìyẹ́ + dà.

MUDAR DE PERSONALIDADE, *v.* pàwàdà, pìwàdà < pa + ìwà + dà.

MUDAR DE POSIÇÃO, DE MÉTODO, *v.* pawọ́dà < pa + ọwọ́ + dà > Ó fi iṣẹ́ yìí pawọ́dà – Ele substituiu este trabalho por outro.

MUDAR DE VOZ, *v.* pahùndà < pa + ohùn + dà > Ó pa ohun dà – Ele alterou o tom de voz.

MUDAR, ALTERAR, *v.* lọ́hùn > Ó lọ́hùn ọ̀rọ̀ náà – Ele alterou aquela palavra.

MUDAR, PARTIR, *v.* ṣíṣẹ̀ < ṣí + ẹṣẹ̀ > Ó ṣíṣẹ̀ – Ela partiu.

MUDAR, TROCAR, *v.* yí_padà > Ó yí ojú padà – Ela virou o rosto.

MUDEZ, CALADO, *s.* ìyadi, ìyodi.

MUDEZ, SISUDEZ, *s.* àìfọhùn.

MUDEZ, SEM RESPOSTA, *s.* àìfèsì.

MUDO, *adj.* àìró, láìfọhùn, láìsọ́rọ̀ rárá > láìlóhùn – que não produz som.

MUITA EXALTAÇÃO, *s.* àyẹ́jù.

MUITAS VEZES, adv. nígbàkúgbà, nígbàkígbà.
MUITO ALTO, adv. sókèsókè.
MUITO AMARGO, adj. dápa.
MUITO BEM! BRAVO! interj. ọkuutọ́!
MUITO BEM, adv. jógíjógí > Ó pọ́n ọ̀bẹ jógíjógí – Ela afiou a faca muito bem.
MUITO CURTO, adj. kẹtẹpẹ > Ó rí kẹtẹpẹ – Ele parece ser muito curto.
MUITO DEPOIS, adv. lẹ́hìnlẹ́hìn.
MUITO DINHEIRO, s. èkúnwó, ìkúnwó.
MUITO EDUCADO, adj. gbọ́njù < gbọ́n + jù.
MUITO GRANDE, adj. nlánlá, adv. gàgàgúgú, gbèngbèngbengbẹn > Wọ́n nrẹrù gàgàgúgú – Eles estão carregando uma carga muito grande.
MUITO MADURO, adj. àpọ́njù, dẹ̀dẹ̀ > Èso náà pọ́n dẹ̀dẹ̀ – A fruta está muito madura.
MUITO MAIS DO QUE, adv. àgaga.
MUITO MAIS, MUITO MENOS, conj. ánbọ̀sí, ánbọ̀tórí > Ọkùnrin ò lè ṣe é, ànbọ̀sí obìnrin – O homem não pode fazê-lo, muito menos a mulher.
MUITO MENOR, adj. kéré jùlọ.
MUITO NEGRO, adj. adú (retinto).
MUITO OBRIGADO, exp. Ẹ ṣeun púpọ̀.
MUITO POUCO, adv. kínkín, gíngín, ṣókíṣókí > Fún mi ní kínkín – Dê-me um pouco.
MUITO SÁBIO, adj. gbọ́njù (sensível, educado).
MUITO, adj. pípọ̀, púpọ̀ > Ó nira púpọ̀ fún mi – É muito difícil para mim; > ọ̀pọ̀lọ́pọ̀ – numeroso, abundante.
MUITO, adv. hàì > Ó dìde kùtùkùtù hàì – Ela se levantou muito cedo; > rinrin (usado com o verbo wúwo – ser pesado, consistente) > Ó wúwo rinrin – Ele é muito pesado.
MUITO, adv. toto (usado com o verbo fẹ̀ – expandir, alargar) > Ó fẹ̀ ojú toto – Ele fitou com os olhos bem abertos.
MUITO, DEMAIS, adv. sìn-sìn, sín-sín, fíofío.
MUITO, DEMASIADAMENTE, adv. ṣàì > Ó ta ṣàì – Ele é friorento demais.

MUITO, EXCESSIVAMENTE, *adv.* níní > Ó nlo aṣọ funfun nini – Ele está usando uma roupa excessivamente branca.
MUITO, EXTREMAMENTE, *adv.* rẹrẹ > Òkun yìí téjú rẹrẹ – Este oceano é extenso e ilimitado.
MUITO OBRIGADO, *exp.* Ẹ ṣe púpọ̀ (você fez muito).
MUITOS ANOS ATRÁS, *s.* ọdúnmọ́dún.
MULA, *s.* ìbaaka.
MULATO, *adj.* mọ́láàtọ̀ (do inglês *mullato*) > Ọmọ ènìà funfun àti ènìà dúdú – Filho de pessoa branca e pessoa negra; > Ó fi diẹ̀ mọ́ lára jù mọ́láàtọ̀ lọ – Ele possui um pouco de aparência mais para mulato.
MULETA, *s.* ọ̀pá arọ, ìtilẹ̀.
MULHER BONITA, *s.* arẹwà > arẹwà obìnrin – uma bela mulher.
MULHER CASADA, *s.* abilékọ.
MULHER COMERCIANTE, *s.* aláte (produtos de tabuleiro).
MULHER ESTÉRIL, *s.* ìyàgàn > Ó yàgàn – Ela é estéril; > asénú, asépọ́n (termo pejorativo).
MULHER GRÁVIDA, *s.* aboyún.
MULHER INICIADA, *s.* ato, ìyá agán (culto egúngún).
MULHER JOVEM, CRIADA, *s.* ọmọge.
MULHER LINDA, *s.* sòdẹ̀ > adúmáadán – define uma mulher bonita (lit. aquela com a cor negra brilhante).
MULHER MUÇULMANA, *s.* ẹléhá (confinada no harém do marido).
MULHER NATIVA, *s.* arósọ (se veste com tecido em volta do corpo).
MULHER NINFOMANÍACA, *s.* òdọ́kọ (exageradamente sexual).
MULHER NOVA, ADOLESCENTE, *s.* omidan, ọmọge.
MULHER QUE AMAMENTA, *s.* abiyamọ, abiamọ.
MULHER QUE TEVE FILHOS, *s.* adélébọ̀ (vivos ou mortos).
MULHER VIRGEM, DONZELA, *s.* wúndíá (solteira); > arábìnrin – miss.
MULHER, *s.* obìnrin (em alguns casos se posiciona como qualificativo para indicar o sexo) > Obìnrin náà sọ pé orí nfọ̀ ọ́ – A mulher falou que está com dor de cabeça. *Obs.:* obìnrin ọ̀lẹ – mulher de preguiçoso; ọ̀lẹ obìnrin – mulher preguiçosa.

MULTA COBRADA, *s*. ojì (em razão de ter feito adultério).
MULTA, *s*. igo (por perder em jogo feito com conchas).
MULTA, RESGATE, *s*. owó-ìdásilẹ̀.
MULTA, TAXAR IMPOSTOS, *s*. àbulé, fáinì (do inglês *fine*).
MULTAR, COBRAR TAXA, *v*. buwólé.
MULTICOLORIDO, VARIADO, *s*. aláràbarà.
MULTIDÃO, AJUNTAMENTO, *s*. ìbìlù, òṣùṣù.
MULTIDÃO, *s*. ẹgbàagbèje, fífúnpọ̀, ògo, ọ̀pọ̀, àpéjọ ènìà, àpéjọpọ̀.
MULTIDÃO, TURBA, *s*. ọ̀gọ̀ọ̀rọ̀ (numeroso) > Ọ̀gọ̀ọ̀rọ̀ ènìà ló lọ síbẹ̀ – Numerosas pessoas vieram para cá.
MULTIPLICAÇÃO, *s*. ìlópo, ìsọdipúpọ̀; > ifílópo – um número pelo qual o outro é multiplicado; > lópo – multiplicar.
MULTIPLICAR, FRUTIFICAR, *v*. léròrò.
MULTIPLICAR, *v*. sọ_di púpọ̀, sọ_ dọ̀pọ̀; > ẹ̀sun – produto, resultado de uma multiplicação.
MULTIPLICAR, INCREMENTAR, *v*. múbísí.
MÚLTIPLO, VARIADO, *adj*. oríṣíríṣí, onírúurú, pípọ̀.
MÚMIA, *s*. òkú tí a kùn lọ́ṣẹ̀ (lit. cadáver em que friccionamos óleo).
MUNDANO, *s*. asán-ayé (dado aos prazeres do mundo material).
MUNDO, PLANETA, *s*. àiyé, ayé.
MUNDO, *s*. ilẹ̀ àiyé, òde-àiyé > Gbogbo òrìṣà ilé àiyé òun jáde ló ilé yorùbá – Todos os orixás saíram da terra yorùbá.
MUNIÇÃO, *s*. ohun ìjà.
MUNICIPAL, *s*. ìlú > Èyí ni ìlú mi – Esta é a minha cidade.
MUNICÍPIO, VIZINHANÇA, *s*. àgbègbè ìlú, sàkání ìlú > abúlé – vila, casas.
MURADO, CERCADO, *s*. olódi.
MURCHAR, SECAR, *v*. rọ, dẹra, ṣísá > Ọ̀dá òjò mú kí ewéko rọ – A seca murchou as plantas.
MURCHO, SECO, *adj*. rírọ.
MURMURANTE, *s*. asọ̀rọ̀jeje, asọ̀rọ̀kẹ́lẹ́kẹ́lẹ́.
MURMURAR, BALBUCIAR, *v*. sọ_ bótibòti.
MURMURAR, RESMUNGAR, *v*. kùn, ráhùn > Ó ráhùn mi – Ela murmurou para mim.

MURMÚRIO, MEXERICO, s. àhesọ.

MURMÚRIO, s. àkùnsínú, ìkùnsinú, ìkùn (pessoa resmungona).

MURO, PAREDE, s. ògiri > Ògiri ni ó nkùn – Ele está pintando a parede.

MÚSCULO, s. iṣan, iṣan-ara.

MUSCULAR, adj. lágbára, oníṣan > iṣan akára – flexão muscular.

MUSSELINE, TECIDO, s. aṣọ fẹ́lẹ́fẹ́lẹ́.

MUSEU, s. ilé íṣẹ́ ọnà, ilé-ọnà, mùsíọ̀mù (do inglês *museum*).

MUSGO, LIMO, s. ewédò.

MÚSICA, s. orin < kọrin < kọ + orin – música > Àwọn akọrin náà kọrin dídùn – Os cantores estão cantando cânticos agradáveis.

MÚSICO, s. olórin < orin – canto; > elérè orin – musical.

MUTABILIDADE, s. àìdúró (instabilidade).

MUTÁVEL, adj. pípadà.

MUTILADO, adj. múkún (estropiado).

MUTILAR, DESFIGURAR. v. lọ́_mọ́ra, wọ́ > ẹsẹ̀ rẹ̀ wọ́ – a perna dele é torta.

MUTIRÃO, AJUDA, s. ọ̀wẹ̀, àáró > Mo bẹ̀ wọn ní ọ̀wẹ̀ – Eu pedi a eles uma ajuda.

MUTRETA, ENGODO, s. èrú, ẹ̀tàn > Èrú kò pé – A trapaça não é correta; > Ó ṣe èrú sí àwọn ẹbi rẹ̀ – Ele fez falsidade para os familiares dele.

MUTUCA, s. esinsin-ẹ̀fọn (inseto que irrita cavalos).

MÚTUO, RECÍPROCO, adj. tèmi tìrẹ (eu eu você) > Tèmi tìrẹ wà níbẹ̀ – Eu e você estávamos lá.

NA DIREÇÃO DE, *adv.* lápá.
NA FRENTE, A SEGUIR, *adv.* títọ̀ > Ó nrìn ní títọ̀ – Ele está caminhando na frente.
NA PRESENÇA DE, JUNTO A, *adv.* ọ̀dọ̀ (usado somente para pessoas e com verbos de ação) > Ó sunmọ́ ọ̀dọ̀ mi – Ela se aproximou de mim; > Ó lọ si ọ̀dọ̀ obi rẹ – Ela foi para junto de sua família.
NA PRESENÇA DE, *prep.* lójú > Ó sọ̀rọ̀ lójú gbogbo wa – Ela falou na presença de todos nós; > tojú < ti + ojú – de olho em > Ó wà tojú mi – Ele está de olho em mim.
NA RUA, AO AR LIVRE, *adv.* lópópóde.
NA SUA TOTALIDADE, *adv.* porogodo (até o fim).
NAS PROXIMIDADES DE, *adv.* lágbègbè > Ibòmíràn lágbègbé ibẹ́ – Em outra parte próxima de lá.
NAÇÃO, RAÇA, *s.* orílẹ̀-èdè.
NACIONAL, *s.* ti orílẹ̀ èdè.
NACIONALISMO, PATRIOTISMO, *s.* ìgbèjà orílẹ̀-èdè ẹni – assumir a nação.
NACIONALIZAR, *v.* sọdi ti orílẹ̀ – assumir e controlar a nação.
NACIONALIDADE, *s.* ará onílẹ̀ èdè.
NAÇÕES UNIDAS, *s.* ìgbìmọ́ọ̀ gbogbo onílẹ̀-èdè àgbáyé – comissão de todos os espaços do mundo.
NADA, *adv.* fínrín (usado negativamente) > Èmi kò rí i fínrín – Eu não vi nada disso; > òfo – zero.

NADA, NUNCA, *adv.* rárá, aará, arárá > Owó kò sí lọ́wọ́ mi rárá – Eu não tenho dinheiro comigo, nunca; > asán – inútil > Ìwọ ṣe iṣẹ́ asán – Você fez um trabalho inútil.

NADA, *s.* èkìdá, nkankan > Kò sí nkankan – ele não está com nada > Mo mọ̀ wí pé èmi kò mọ̀ nkankan – Eu sei que eu nada sei.

NADADOR, *s.* ọmọwẹ.

NADAR NO MAR, *v.* wẹkun > Ó wẹkun, ó wẹ̀sà – Ela correu o mundo (lit. Ela nadou mares e lagoas).

NADAR, *v.* lúwẹ̀, wejá > Ó wẹ odò já – Ele atravessou o rio a nado; > Ó nlúwẹ̀ lódò – Ela está nadando no rio.

NÁDEGAS, BASE, *s.* ìdí > Ó ní ìdí rẹ̀tẹ̀-rẹ̀tẹ̀ – Ela tem o traseiro bem desenvolvido; > Ọmọ lọ sí ìdí igi – A criança foi para a base da árvore; > Ó lọ sí ìdí ọkọ̀ – Ela foi para os fundos do barco (por analogia indica a raiz de uma atividade) > ìdílé – família, clã; ìdí ọkọ̀ irin – estação de trem.

NADO, NATAÇÃO, *s.* ìlúwẹ̀.

NAGÔ, *s.* Nàgó.

NAIRÓBI, *s*, Nàíròbì (capital do Quênia, país da África).

NAMORADA, AMANTE, *s.* àlè > Àlè mi dà mí – Minha namorada me traiu.

NAMORADO, *s.* ọ̀rẹ́kùnrin > Ní ojọ́ méjìlá lóṣù kéje ọdún lójọ́ àwọn àlè – No dia 12 de julho é o Dia dos Namorados.

NAMORAR, *v.* fẹ́ràn > Mo fẹ́rán ìyá mi gidigidi – Eu amo muitíssimo minha mãe.

NAMORO, ADOÇÃO, *s.* ìfẹ́sọ̀nà.

NAMORO, *s.* ọ̀rẹ́ níní ọkùnrin > àdéhún láààrín obìnrin àti ọkùnrin – acordo entre mulher e homem.

NÃO ACONTECER, INÉRCIA, *s.* àìṣẹ < àì – prefixo negativo; < ṣẹ – acontecer, ocorrer

NÃO ADMITIR, *s.* àìdáwọ̀ (o fato de não aceitar).

NÃO ALEGRE, *s.* àìdarayá < àì + dá + ara + yá > Ẹni àìdárayá – Pessoa deprimida.

NÃO ANSIOSO, *adj.* àìwàrà > nírọra – tranquilo.

NÃO ASSUSTADO, *adj.* aláìdíjì < oní + àì + dá + ijì.
NÃO AUMENTA, *s.* àìwú.
NÃO BATIZADO, *adj.* àìsèmi (sem marca).
NÃO CIRCUNCISADO, *adj.* aláìkọlà < aláì – sem; kọlà – cortes, marca no corpo.
NÃO COAGIDO, **LIVRE**, *adj.* aláìmú.
NÃO COMEÇADO, *adj.* aláìbèrè < aláì – sem, bèrè – começar.
NÃO CONCLUÍDO, *adj.* àìparí.
NÃO CONTAGIOSO, *adj.* àìléranni > tí kò lèràn ni – que não pode ser contagioso.
NÃO CONVIDADO, *s.* àìpè.
NÃO DAR ATENÇÃO, *v.* ṣàgunlá > Ó ṣàgunlá fún mi – Ele não me deu atenção.
NÃO DIFÍCIL, **FÁCIL**, *adj.* aláìṣòro > Ó ṣiṣé aláìṣòro – Ele fez o serviço sem dificuldade < ṣòro – ser difícil.
NÃO ENTENDER O IDIOMA, *s.* àìyéèdè.
NÃO ENTENDI, *v.* kò yé mi (não está claro para mim) > Mi ò yé mi – Eu não entendi, eu não me fiz entender.
NÃO ENTRAR, *v.* ṣàìwọ̀ < ṣàì – prefixo negativo + wọ̀ – entrar.
NÃO ESPERADO, *adj.* láìwá.
NÃO ESTAR FRIO, *s.* àìtútù.
NÃO ESTAR MACIO, *adj.* àìrọ̀.
NÃO ESTAR PERTO, *adv.* lálá, láálá, palálá (somente usado na forma negativa) > Kò pa lálá èrò mi – Ele não é como minha imaginação.
NÃO ESTAR TRISTE, *adj.* aláìbanújẹ́.
NÃO FALAR A VERDADE, *adj.* aláìṣòdodo (incorreto, injusto).
NÃO FALAR CLARAMENTE, *adj.* aránmu > Kò nsọ̀rọ̀ aránmu – Ele não está falando claramente.
NÃO FALAR, **NÃO DIZER**, *v.* ṣàìwí.
NÃO FAZ NADA DIREITO, *s.* alákọrí.
NÃO FAZER, *s.* àìṣe > Òun máa àìṣe nkankan > Ela costuma não fazer nada.
NÃO FLUTUA, *adj.* aláìfó.

NÃO HABILITADO, *adj.* àìgbàwé.
NÃO HÁ DE QUÊ, *exp.* kòtópẹ́ < kò + tó + ọpẹ́.
NÃO INVESTIGADO, *adj.* àìwádí.
NÃO LONGE, *adv.* mọ́ (nenhuma distância).
NÃO LOUVAR, *v.* ṣaláìyìn < yìn – elogiar, estimar < ṣaláì = ṣe + aláì – prefixo negativo.
NÃO MADURO, *adj.* àìpọ́n (a fruta estar verde).
NÃO MAIS USADO, *adj.* àlò-ilòtán.
NÃO MATAR, *v.* kò pa > Kò lè pa ẹran yìí – Ele não pode matar este animal (em frases negativas, o pron. pess. ele, ela não é usado).
NÃO MISTURADO, *adj.* ṣàìpò.
NÃO MOSTRAR, NÃO EXPOR, *adj.* láìfihàn.
NÃO OBSTANTE, *conj.* àmọ́sá.
NÃO PEGAR, *v.* ṣàìmú < mú – pegar, sàì – prefixo negativo.
NÃO PODER DEIXAR DE FAZER, *v.* kòlèṣàì < kò + lé + ṣe + àì > Ìwọ kò lè ṣàì jẹun – Você não pode deixar de comer.
NÃO PRESTAR ATENÇÃO, *v.* ṣàìkiyèsí > Ó ṣàìkiyèsí – Ele é desatento.
NÃO QUEBRADO, *adj.* aláìfọ́.
NÃO REDONDO, *adj.* àìṣù.
NÃO SATURADO, *adj.* àìtó-ògidì.
NÃO SE ABORREÇA, *v.* mábínú > Má ṣe ìyọnu – Não se preocupe; > Má ṣe bẹ́ẹ̀ – Não faça assim.
NÃO SE CONTER, *s.* àìnijánu > Ò wa àìnijánu – Ele está sem controle.
NÃO SE ENVOLVER, *v.* yọwóyọsẹ̀ (tirar as mãos, ficar de fora do assunto).
NÃO SE OPOR, *s.* àìtakò.
NÃO SEI, *v.* kò mọ̀ > Èmi kò mọ̀ = Mi ò mọ̀ – Eu não sei.
NÃO SER COMUM, *adj.* aláìwọ́pọ̀.
NÃO SER DIFERENTE, *s.* àìyàtọ̀ (ter identidade própria).
NÃO SER FRANCO, *s.* àìṣetààrà.
NÃO SER RETO, *v.* ṣàìtọ́ > Èyí ṣàìtọ́, nkankan ni – Isto não é reto, é curvo.
NÃO SER SUPERIOR, *s.* àìtayọ.

NÃO SER VERDADEIRO, *v.*ṣàiṣòótọ́.

NÃO SER, *v.* kì íṣe (negativa do verbo jẹ́ – ser, que define características, qualidades morais, status social) > Kì íṣe òrẹ́ mi – Ele não é meu amigo. *Obs.*: não é usado o pronome pessoal da 3ª pess. do sing. em frases negativas.

NÃO SER, *v.* kọ́ (forma negativa do verbo ser – ni) > Ilé mi kọ́ yìí – Minha casa não é esta. Se kọ́ for seguido por um outro verbo, ni será usado > Èmi kọ́ ni mo rà á – Não fui eu que comprei isto.

NÃO TER DÚVIDA, *s.* àìṣiyèméjì (com certeza).

NÃO TER O HÁBITO, *adv.* kò máa, kì í > O kò máa wẹ̀ lójojúmọ́ – Você não costuma tomar banho todos os dias.

NÃO TER SUCESSO, FRACASSAR, *v.* rọ́pá.

NÃO TER, NÃO POSSUIR, *s.* àìní (nada).

NÃO TER, SER DESTITUÍDO DE, *v.* ṣàìní.

NÃO TOMBAR, *s.* àìṣubú.

NÃO VENDER, *s.* àìtà.

NÃO VENDIDO, *adj.* ṣàìtà.

NÃO VER, *v.* ṣàìwò.

NÃO VISÍVEL, *adj.* aláìhàn.

NÃO VOA, *adj.* aláìfò.

NÃO, *adv.* bẹ́ẹ̀kọ́, irọ́ > Ṣé wọ́n mọ ilú? Bẹ́ẹ̀kọ́, wọn kò mọ̀ – Eles conhecem a cidade? Não, eles não conhecem; > rárá – não, nunca > Rárá o, wọn kò jẹ elégédé, rárá o. Èwọ̀ ni – Não, nunca, eles não comem abóbora nunca. É tabu, é proibido; > bẹ́ẹ̀kọ́ < bẹ́ẹ̀ – assim, kọ́ – não; bẹ́ẹ̀ni – sim.

NÃO, *adv.* hẹ́n hẹ́n, ẹ́n ẹ́n; > Hẹ́n hẹ́n, èmi kò fẹ́ – Não, eu não quero; > hẹ́n, ẹ́n – sim.

NÃO, *adv.* hó, nhún.

NÃO, *adv. pré-v.* kò, ò, kì, kì í, kò níí, ò níí (fazem a negativa dos verbos de acordo com o tempo e modo dos verbos) > A kò níí lọ mọ́ – Nós não iremos mais; > Èmi kò lọ sílé – Eu não fui para casa.

NÃO, *adv.* àì, lái, aláì, ṣàì, ṣaláì < ṣe + aláì; prefixos que dão forma negativa às palavras – ver exemplos: mọ́ – limpo, àìmọ́ – sujo; ìlera – saúde, ṣàìlera – doente, sem saúde; sọ – falar, láìsọ – sem falar; oyè – título,

NÃO – NARCÓTICO

láìlóyè – sem ter título; ìmò – saber, ṣaláìmọ̀ – ignorante; ṣóro – ser difícil, aláìṣóro – algo fácil, não difícil; bàbá – pai, aláìníbàbá – aquele que não tem pai.

NÃO, *adv. pré-v.* má, má ṣe, máà (negativas do verbo no tempo de comando) > má lọ, má ṣe lọ – não vá (a forma *má ṣe* é usada para ênfase); > má ṣe yọ́nú – não perturbe; > Má ṣe wá tí ò ní – Não vem que não tem.

NÃO, **AINDA NÃO**, *adv. pré-v.* kòì, ò tí ì > Èmi kòì iṣe orò mi – Eu ainda não fiz minha obrigação.

NÃO, **CERTAMENTE**, *adv.* mámà > Má mà wà – Não, não venha.

NÃO, **DE FORMA ALGUMA**, *adv.* ó tì > Ó tí o, ọ̀rẹ́ mi kọ́ – Não, de forma alguma, não é meu amigo.

NÃO, **NÃO ASSIM**, *adv.* ún-hùùn; > ùn-huun – sim, é assim.

NÃO, **NUNCA**, *adv.* ndào, rárá (absolutamente) > Rárà o, kì iṣe ọ̀rẹ́ mi – Não, ele não é meu amigo.

NÃO, **JAMAIS**, *adv.* àgbẹ́dọ̀ (réplica de uma pessoa mais velha) > Èmi àgbẹ́dọ̀ ó lọ sílé rẹ̀ – Eu jamais irei à casa dela.

NÃO É, *v.* kọ́ (negativa do verbo ni – ser > Lóní kọ́ – Não é hoje.) *Obs.*: **1.** se *kọ́* for seguido de outro verbo, *ni* é usado > Ẹran kọ́ ni ó ndín – Não é carne que ela está fritando; > kì íṣe (negativa do verbo *jẹ́* – ser) > Kì íṣe adọ́ṣù – Ele não é iniciado; **2.** *pron. pess.*) òun – ele, ela, não é usado em frases negativas.

NAQUELA DIREÇÃO, *adv.* ẹ̀gbẹ́bẹ̀, ẹ̀gbẹ́hun > Ó lọ sí ẹ̀gbẹ́bẹ̀ – Ele foi naquela direção.

NAQUELA ÉPOCA, *adv.* ìgbànáà (naquele momento).

NAQUELE LADO DE, *prep.* níhà-ọ̀hún.

NAQUELE LUGAR, **ACOLÁ**, *adv.* níbẹ̀yẹn < ní + ibẹ̀ + yẹn.

NAQUELE TEMPO, *adv.* nígbàyẹn > Nígbàyẹn nwọ́n máa nṣiṣẹ́ – Naquele tempo eles costumavam trabalhar; > ní àkókòyẹn – numa certa ocasião.

NAQUILO, *adv.* nínú yẹn > Mo fibọ̀ nínú yẹn – Eu meti naquilo.

NARCISISMO, **EGOMANIA**, *s.* jọra ẹni lójú (interessado em sua aparência).

NARCÓTICO, *adj.* mímúnísùn, mímúnítòògbé (droga que produz o sono).

NARCOTIZADO, *adj.* akunlóorun (adormecido por meio de drogas).
NARCOTIZAR, *v.* kùn_lóòrun (embalar, adormecer).
NARINA, *s.* hòròoimú, ihòomu, iko-imú.
NARIZ, FOCINHO, *s.* imú > Irun inú imú – Pelos do nariz; > Imú ṣíṣe èjè – hemorragia do nariz.
NARRAÇÃO, *s.* ìròhìn > Ó lọ fún wọn ní ìròhìn – Ele foi e deu a eles as notícias.
NARRADOR, *s.* aròhìn.
NARRATIVA, EXPLICAÇÃO, *s.* àlàyé.
NARRAR, RELATAR, *v.* sọ, rò > Ó rò pé o sọ̀rọ̀ sí mi – Eu contei que você falou para mim.
NAS PROXIMIDADES, POR PERTO, *adv.* lágbègbè.
NASAL, NARIZ, *s.* imú > Mo ní imú kan tí ó ní ihò méjì – Eu tenho um nariz que tem duas aberturas.
NASCENTE, FONTE, *s.* ìsun, ojúsun, orísun.
NASCER DA LUA, *v.* wọ̀ọ̀kùn > là – nascer do sol ou da lua.
NASCER DO SOL, *v.* wọ̀, lílà oòrùn > nascer do sol no horizonte; > àárò, òwúrọ̀ – amanhecer.
NASCER PRIMEIRO, *v.* kọ́bí > àkọ́bí – primogênito.
NASCER, VIR AO MUNDO, *v.* dáyé > bí – gerar, dar nascimento > Ará nka ijọ́ tí ó dáyé – Aquele que conta os dias que ele veio ao mundo.
NASCIDO EM CASA, *s.* ìbílé (membro da casa).
NASCIDO EM COMUNIDADE, *s.* abíàṣẹ.
NASCIMENTO DE CRIANÇA, *s.* ọmọ bíbí, ìbímọ < ìbí + ọmọ.
NASCIMENTO, RAIZ, *s.* àtilẹ̀ndé > abíire – de boa ancestralidade familiar.
NASCIMENTO, *s.* ìbí > Ìbí ọdún mélòó ni ìwọ ní? – Quantos anos você tem? > bíbí. V. parto, reprodução.
NATA DE LEITE, *s.* ọ̀rá wàra.
NATA, CREME, *s.* ìréjúwàrà.
NATAÇÃO, NADO, *s.* ìlúwẹ̀.
NATAL, *s.* kérésìmésì, kérésì (do inglês *christmas*) > Ọjọ́ ìbí Jésù – Dia do nascimento de Jesus; Ẹ kú ọdún kérésìmesì – Feliz Natal.

NATAL, NATALÍCIO, *adj.* ti ìbí > nípa ti bíbí – conforme o nascimento.
NATIVIDADE, *s.* ìbí (nascimento) > Ìbí ọdún mélò ni o ní – Quantos anos você tem?; > Mo ṣe ojó ìbí mi láná – Eu fiz o meu aniversário ontem.
NATIVO DA MESMA CIDADE, *s.* ọmọ ìlú.
NATIVO DA TERRA, *s.* ọmọ ìbílẹ̀, ìbílẹ̀ < ìbí + ilẹ̀ (nascido na região).
NATURAL, CONGÊNITO, *adj.* àdánídá.
NATURAL, INATO, *s.* àdámọ́ > Ó ní ìwà àdámọ́ – Ele tem um caráter hereditário.
NATURAL, ORIGINAL, *s.* àbíníbí, adánídá > Àdánídá ìwà – Um caráter congênito.
NATURALIDADE, *s.* àìlárékérèkè.
NATUREZA CALMA, *s.* ìdejú.
NATUREZA FRÁGIL, *s.* ọ̀rẹ̀rẹ̀ (indisposição).
NATUREZA, INCLINAÇÃO, *s.* ẹ̀dá, ìwà > Ẹ̀dá rere ni Ọlọ́run dá – É com boa inclinação que Deus nos criou.
NATUREZA, MUNDO, *s.* ayé, àiyé > Ọlọ́run, kọ́kọ́rọ́ sí ayé aláyọ̀ – Deus, a chave para um mundo feliz; > ohunkóhun – qualquer coisa.
NAUFRÁGIO, *s.* fífọ́ ọkọ̀.
NÁUSEA, ENJOO, *s.* ìrìndò, sísú (enjoo no estômago).
NAUSEAR, TER NÁUSEAS, *v.* rìnlẹ́dọ̀ > bì – vomitar > O kò gbọ́dọ̀ bì oògùn yẹn – Você não deve vomitar aquele remédio.
NAVAL, *adj.* tí ọkọ̀-ogun.
NAVALHA, CANIVETE, *s.* abẹ, abẹfẹ́lẹ́ > abẹ fárí – navalha de raspar a cabeça.
NAVEGAÇÃO, *s.* ìtukọ̀, títukọ̀, àgbékàn (ao sabor do vento).
NAVEGADOR, MARINHEIRO, *s.* atukọ.
NAVEGAR, CONDUZIR, *v.* tukọ̀ < tù + ọkọ̀ > Ó tukọ̀ – Ele conduziu o barco; > tọpa – seguir um caminho.
NAVEGÁVEL, *adj.* títù.
NAVIO A VAPOR, *s.* ọkọ̀ ẹlẹ́ẹ́fín.
NAVIO DE GUERRA, *s.* ọkọ̀-ogun ojú-omi.
NAVIO, *s.* ọkọ̀ ojú omi.
NEBLINA, CERRAÇÃO, *s.* ikúkuu, kùrúkùrú, òwúsúwusú (neblina).

NEBULOSO, CONFUSO, s. àìṣetààrà.
NECESSARIAMENTE, adv. jàgùdàpáálí.
NECESSIDADE, adj. aláìgbọ́dọ̀, ìhálé.
NECESSITAR, PRECISAR, v. gba > Ó gba kí o lọ – Ela necessita que você vá.
NECROMANCIA, s. bíbá òkú sọ̀rọ̀ – encontro, falar com os mortos.
NECROMANTE, s. abókúlò, abókúsọ̀rọ̀.
NECRÓPSIA, AUTÓPSIA, s. àyẹ̀wò òkú – exame do morto.
NECROSE, s. ikúu pádi-ara (morte de um tecido no organismo vivo).
NÉCTAR, s. àádùn òdòdó.
NEFRALGIA, s. iwe díudùn (dor nos rins).
NEFRECTOMIA, s. iwe yíyọ́ (retirada do rim).
NEFRITE, s. iwe wíwú (inflamação do rim).
NEGAÇÃO, s. òdì, ilódì.
NEGAR, ABNEGAR, v. dùn, ṣéra > Ó ṣéra rẹ̀ – Ele exerceu a abnegação dele; > Mé fi onjẹ dùn mí – Não me negue comida.
NEGAR, v. fi_dù, ṣé > Ó ṣẹ́ pé òun sọ – Ela negou o que ele falou; > Ó fi owó náà dù mí – Ela me negou dinheiro.
NEGATIVA DUPLA, adv. máṣàì < má + ṣe + àì (expressando forte afirmação) > Má ṣàì ràn mí lọ́wọ́ – Não me deixe de ajudar; > Èmi kò lè ṣe àì máà gbàgbọ̀ – Eu não posso deixar de não acreditar.
NEGATIVO, NEGAÇÃO, s. òdì, lílòdì > àmì èyọ – sinal negativo, menos.
NEGLIGÊNCIA, DEFICIÊNCIA, s. yíyẹ, yíyẹ̀gẹ̀.
NEGLIGÊNCIA, DESCUIDO, s. ìgbàgbéra, àirónú, àitẹ́tísílẹ̀, àibojútó.
NEGLIGENCIAR, IGNORAR, v. gbójúfòdá, gbójúfò < gbé + ojú + fò.
NEGLIGENCIAR, v. ṣíkùn – desviar o pensamento, pa_tí – deixar de lado > Ìwọ patì rẹ̀ – Você a deixou de lado; > àpati – pessoa que põe outra de lado, que a ignora.
NEGLIGENTE, GROSSEIRO, adj. jàndùkú > Jàdùkú ènìà – Pessoa rude.
NEGLIGENTE, adj. fà, ṣàìfún > jáfàra – devagar, lento.
NEGLIGENTEMENTE, adv. rándanràndan.
NEGOCIAÇÃO, s. àdéhùn > Ó ṣe àdéhún pẹ̀lú mi – Ele fez um acordo comigo.

NEGOCIADOR, *s.* onílàjà > ẹnití ṣe àdéhùn – aquele que faz um acordo.
NEGOCIANTE DE AGULHAS, *s.* alábẹ́rẹ́.
NEGOCIANTE DE ALGODÃO, *s.* olówú.
NEGOCIANTE DE AVES, *s.* aládìyẹ.
NEGOCIANTE DE FEIJÃO, *s.* onírú.
NEGOCIANTE DE FERRO, *s.* onírin < oní + irin.
NEGOCIANTE DE GADO, *s.* oníso (carneiro, cabras etc.).
NEGOCIANTE DE MADEIRA, *s.* alápako.
NEGOCIANTE DE ÓLEO, *s.* olóróró.
NEGOCIANTE DE PALHA DA COSTA, *s.* oníko > ìko – palha da costa.
NEGOCIANTE DE PENTES, *s.* olóoyà < oní + ooyà.
NEGOCIANTE DE POTASSA, *s.* oníkaun.
NEGOCIANTE DE SAL, *s.* oníyọ̀.
NEGOCIANTE DE VINHO, *s.* ologùrọ̀, ọlọ́gọ̀rọ̀ (extraído da palmeira igi ọ̀gọ̀rọ̀).
NEGOCIANTE, COMERCIANTE, *s.* ọlọ́jà, onísọ̀wò < ṣe – fazer, òwò – negócio.
NEGOCIAR, *v.* nájà, sọ̀wò > ṣe àdéhùn – fazer um acordo.
NEGÓCIO, *s.* ìnájà, bisínẹ̀ẹ̀sì (do inglês *business*); > òwò – comércio, negócio > Ó bá mi ṣe òwò – Ele fez negócio comigo.
NEGÓCIO BANCÁRIO, *s.* iṣẹ́ ìṣetójú-owó.
NEGRO, *s.* dúdú > ènìà dúdú – homem negro.
NEM AQUI NEM ALI, *s.* ọ̀sáká-nsoko.
NEM CÁ NEM LÁ, *s.* kòṣekun-kòṣeyẹ
NEM ISSO NEM AQUILO, *s.* ọ̀sáká-nsoko > Ọ̀sáká-nsoko ni ó nṣe – É nem isso nem aquilo que ele está fazendo, está dissimulando.
NEM... NEM, *conj.* kò... bẹ̀ẹ̀ni... kò > Nwọ́n kò jẹ bẹ̀ẹ̀ni nwọ́n kò um – Eles nem comeram nem beberam.
NENHUM, *pron. indef.* kò sí ẹnikan > Kò sí ẹnikan níbí – Não há ninguém aqui. *Obs.:* ẹni – ẹ̀ni ganha um tom grave quando seguido do numeral 1 ou por ordinais.
NÉON, *s.* òyii níọ̀nù (gás raro encontrado no ar, do inglês *neon*).

NEPOTISMO – NEVE, GRANIZO

NEPOTISMO, *s.* ojú-sajú > òjóró – parcialidade, preconceito > Ó ṣe òjóró sí mi – Ele mostrou preconceito contra mim.
NERVO, *s.* ẹ̀sọ > irìn ẹ̀sọ – raiz do nervo (v. neuralgia).
NERVO CIÁTICO, *s.* ẹ̀sọ itán.
NERVO DO CRÂNIO, *s.* ẹ̀sọ agbárí.
NERVO DA COXA, *s.* ẹ̀sọ itan > ìṣàn-àlọ itan – artéria da coxa.
NERVO ESPINHAL, *s.* ẹ̀sọ àtòpáyọ.
NERVOS DO CORPO, *s.* ẹ̀sọ ara.
NERVOSISMO, IRRITAÇÃO, *s.* ìwàra, ìwànwára.
NERVOSISMO, MEDO, *s.* ìtagìrì.
NERVOSO, IRRITANTE, *adj.* kannú > bínú – ficar nervoso.
NERVURA, MÚSCULO, *s.* iṣan.
NESTA DIREÇÃO, *adv.* ègbẹ́bí, ègbẹ́hín > Ilé Àṣẹ mi wà légbẹ́bí – Minha Casa Culto fica nesta direção.
NESTA HORA, AGORA, *adv.* nígbàyí, nídáyí < ní + ìdá + yìí.
NESTA OCASIÃO, *adv.* ní ọtè yìí.
NESTE DIA, HOJE, *adv.* lóní, ojọ́ ìsisíyìí > Lóní, èmi kò wo nkankan – Neste dia, eu não estou vendo nada.
NESTE LADO, PERTO DAQUI, *prep.* níhà-ìhín.
NESTE LUGAR, AQUI, *adv.* níbí, níbiyìí < ní + ibí + yìí > Ó wà níbí – Ela está aqui.
NESTE MOMENTO, *adv.* ní àsìkò yìí.
NESTE TEMPO, *s.* ìgbàyí (no tempo corrente).
NETO, *s.* ọmọ ọmọ, ọmọlójú (lit. menina dos olhos).
NEURALGIA, *s.* ẹ̀sọ-ara dídùn (dor em um nervo).
NEUROLOGIA, *s.* ẹ̀kọ́ ẹ̀sọ (estudo do sistema nervoso).
NEUROLOGISTA, *s.* oníṣègùn ẹ̀sọara.
NEUTRALIDADE, *s.* àìpọsíhà-ẹnìkan, títakẹ́tẹ́.
NEUTRALIZAÇÃO, *s.* ìyọ̀rọ̀.
NEUTRALIZAR, *v.* yọ̀rọ̀ > takẹ́tẹ́ – manter-se afastado, evitar.
NEUTRO, *adj.* àyọ̀rọ̀, yíyọ̀rọ̀ > ibi ìyọ̀rọ̀ – ponto neutro.
NEVASCA, *s.* òjò dídì.
NEVE, GRANIZO, *s.* omidídì, yìnyín > ókìtì yìnyín – iceberg.

NEVE, NEVASCA, s. ìrìdídì.
NÉVOA, CERRAÇÃO, s. ìkúùkù, ìkúùrù.
NÉVOA, NEBLINA, s. òwúsúwusù, kúkuu, kùrukùru.
NEVOEIRO, BRUMA, s. akoí, gúdẹgùdẹ.
NÉVOA DA MANHÃ, SERENO, s. ìrì-òwúrọ̀.
NEVRALGIA, s. ẹ̀fọ́rí, ẹ̀sánrí, túúlu.
NIGÉRIA, s. Nàìjíríyà (país da África).
NINAR, EMBALAR, v. pasẹ̀ > orin ìpasẹ̀ fún ọmọdé – cântico de embalo para uma criança.
NINGUÉM, ALGUÉM, pron. ẹnìkan, ẹnikẹ́ni > Kò sí ẹnikẹ́ni tí nkọrin – Não há ninguém cantando.
NINFA, JOVEM, s. òló (uma forma de expressão dita a uma pessoa jovem > Òló mi – Minha pequena amada.
NINFOMANÍACA, s. ayádìí, yá ìdí.
NINHADA DE ANIMAIS, s. ọmọ ẹran.
NINHADA DE PASSARINHOS, s. ọmọ ẹiyẹ.
NINHARIA, ALGO SEM VALOR, s. wọ́nṣẹ́.
NINHARIA, BAGATELA, s. yinkíní.
NINHO DE PÁSSARO, s. ìtẹ́.
NISTO, adv. nínú èyí > nínú yẹn – naquilo.
NITIDAMENTE, adv. kààrà, ketekete, mẹ́rẹ́nmẹ́rẹ́n.
NÍVEL DA INUNDAÇÃO, s. ìkúnwọ́sílẹ̀, àkúnwọ́sílẹ̀ (cheio até a borda).
NÍVEL DE ÁGUA, s. àkúnwọ́sílẹ̀ (cheio até a borda).
NÍVEL DO MAR, s. ojú òkun.
NIVELAR UM PISO, v. bọ́lẹ̀ < bọ́ + ilẹ̀.
NIVELAR, REBOCAR, v. rẹ́ (cobrir com argamassa).
NIVELAR, v. fàgún (fazer nivelado).
NÓ DE CORDA, s. àsopa (não pode ser desatado, usado em forca).
NÓ DOS DEDOS, s. kókó ọwọ́, orílé-ìka.
NÓ, LAÇO, s. ojóbó > pojóbó – dar um nó ou laço que se desfaça.
NÓ, OBSTRUÇÃO, s. ìdíjú.
NO ALTO, SOBRE, adv. ou prep. lórí, lérí, lókè (em cima) > Bàbándá owó ẹyọ lórí ẹní – Papai está consultando os búzios em cima da esteira.

NO COMEÇO, *adv.* átilẹ̀wá (no início).
NO FUTURO, *adv.* nígbàtínbọ̀ (doravante).
NO DIA SEGUINTE, *adv.* níjọ́sí > Níjọ́sí ló lọ – Ele foi no outro dia < ló – ni + ó (ele foi no dia seguinte).
NO LADO DE, *prep.* níhà < ní + ìhà > Níhà ibòmíràn lóde – No lado de outros lugares.
NO LUGAR, *adv.* níbi < ní + ibi > Ó wà níbi iṣẹ́ – Ele está no lugar de trabalho.
NO LUGAR, **ONDE**, *adv.* níbití > Mo rí níbití ilé wà – Eu vi onde a casa estava.
NO MEIO DE, **ENTRE**, *prep.* láàrin, láààrin < ní + ààrin > Àwa wà láàrin àwọn ọ̀rẹ́ – Nós estamos entre dois amigos.
NO MESMO LUGAR, *adv.* níbìkannáà, ojúkan.
NO OUTRO LADO DE, *prep.* níhà-ọ̀hún.
NO PASSADO, *adv.* látẹ̀hìnwá (antes, antigamente).
NO PRINCÍPIO, *adv.* ní àtètèkọ́ ṣe (no começo).
NO TEMPO CERTO, *adv.* lákòkò (pontualmente).
NO TEMPO PRESENTE, *adv.* lọ́wọ́lọ́wọ́ (recentemente) > Lọ́wọ́lọ́wọ́ ni mo rí i – Eu o vi recentemente.
NO TEMPO QUE, *adv.* nígbàtí (quando) > Nígbàti mo ní owó, ó sọ̀rọ̀ pẹ̀lú mi – No tempo que eu tinha dinheiro ela falava comigo.
NO TERCEIRO DIA, *adv.* níjọ́kẹ́ta.
NO, **NA**, **EM**, *prep.* ní > Ó wà nílé – Ela está em casa (ní + ilé, nílé).
NO, **NA**, **EM**, *prep.* ní (indica uma posição estática, o lugar onde alguma coisa está) > Ó fi ìlẹ̀kẹ̀ ní lọ́rùn – Ela usou o colar no pescoço; > Ó wà nílé – Ela está em casa. Obs.: a) – *ní* – muda para *l* quando a palavra seguinte começar com vogal diferente de i; b) o verbo *wà* – estar – é sempre seguido de *ní*.
NOBRE, **DIGNO**, *s.* ọmọlúwàbí, ọlọ́lá.
NOBRE, *s.* ẹni ọlá, ẹni àtàtà.
NOBREZA, *s.* ìwà ọlá, jíjẹ́ ọlọ́lá.
NOÇÃO, **IDEIA**, *s.* ìrò, ìrònú (pensamento).
NOCAUTE, **KNOCK-OUT**, *s.* ìpa-ìka.

NOCIVO, DANOSO – NOMEAR, DIFAMAR

NOCIVO, DANOSO, *adj.* nípalára.
NOITE DE HOJE, *s.* lálẹ́ òní, lóru òní.
NOITE ESCURA, *s.* ààjìn.
NOITE PASSADA, *adv.* òru-àná.
NOITE, *adv.* lálẹ́ < ní + alẹ́ > Àwa lọ sílé rẹ lálẹ́ – Nós iremos para sua casa à noite; > ìrọ̀lẹ́ (entre 19-23:59h).
NOIVA, *s.* àfẹ́sọ́nà.
NOIVA PROMETIDA, *s.* ìyàwó àfẹ́sọ̀nà.
NOIVADO, *s.* fífẹ́sọ́nà (promessa de casamento).
NOIVADO, CERIMÔNIA, *s.* ìsíhùn, yìgì (do hausá *ígíyár áwré*).
NOIVAR, *v.* fẹ́_sọ́nà > Ó fẹ́ ẹ sọ́nà fún mi – Ele a comprometeu para mim.
NOIVO PROMETIDO, *s.* ọkọ àfẹ́sọ̀nà, onívàwó.
NOJENTO, *adj.* lẹ́ẹ́rí, lẹ́gbin > Ó nu omi lẹ́ẹ́rí – Ele está bebendo água suja.
NÔMADE, *s.* ìrìnkiri.
NOME DADO ÀS CRIANÇAS, *s.* orúkọ àmútọ̀runwá (pela particularidade do nascimento); > ìsọmọlórúkọ – cerimônia do nome.
NOME LIMITADO, *s.* orúkọ àdájẹ́ (restrito a uma só pessoa).
NOME PRÓPRIO, *s.* orúkọ gidi.
NOME RUIM, SUJO, *s.* orúkọ burúkú > Ìwọ ní orúkọ burúkú – Você tem o nome sujo.
NOME SEM SOBRENOME, *s.* orúkọyọ́rúkọ.
NOME SIMILAR, *s.* orúkọ àjọjẹ́ (possui qualidades parecidas no significado).
NOME, *s.* orúkọ > Tani yọ orúkọ ìyàwó? – Quem tirou o nome da iyawo? (yọ – fazer surgir); > Kíni orúkọ rẹ? – Qual é o seu nome? (quando a pergunta for de forma respeitosa, usar *yín*); > Ṣé orúkọ yín Bàyọ ni? – Seu nome é Bàyọ?
NOMEAÇÃO, *s.* ẹni-yíyàn > Ẹni tí a yàn – Pessoa que nós escolhemos.
NOMEADAMENTE, *adv.* èyínì ní pé.
NOMEAR UMA CRIANÇA, *s.* ìsọmọlórúkọ.
NOMEAR, CONSTITUIR, *v.* fi_ṣe > Ó fi mí onídàjọ́ – Ele me nomeou juiz.
NOMEAR, DIFAMAR, *v.* sọ_lórúkọ > Ó sọ mí lórúkọ – Ele me difamou.

NOMEAR, DESIGNAR, *v.* yàn, dárúkọ < dá + orúkọ > Ó dárúkọ rẹ̀ – Ela deu o nome dele.
NOMEAR NOVAMENTE, *v.* padà wá.
NOMENCLATURA, *s.* ètò orúkọ (sistema de nomes).
NOMINAL, *adj.* àfijórúkọ (titular).
NOMINALMENTE, *adv.* níkìkìorúkọ.
NONAGENÁRIO, *adj.* arídìmẹ́sàán ọdún < rí + ìdì + mẹ́sàán (que tem entre noventa e cem anos).
NORMA, PADRÃO, *s.* àṣà > Ó nsọ̀rọ̀ nípa àṣà ìdílé – Ela está falando sobre a norma familiar.
NORMAL, REGRA, *adj.* gẹ́gẹ́ bí ìlànà – de acordo com a regra.
NORMAL, SAUDÁVEL, *adj.* píye.
NORMALMENTE, *adv.* déedée, dédé > Iṣẹ́ nlọ déedée – O trabalho está indo normalmente.
NORMALMENTE, *adv.* pré-v. sábà, sáàbà (usualmente).
NORTE, *s.* àríwá (do idioma hausá) > sí ìhà àríwá – para o lado, região norte.
NÓS MESMOS, *pron. reflex.* àwatìkáláwa, àwatìkáràwa, tìkáláraàwa > Àwa tìkáláwa lọ síbẹ̀ – Nós mesmos fomos para lá.
NOS, NOSCO, *pron. oblíq.* wa (posicionado depois de verbo ou preposição) > Ó bọ wa lọ́wọ́ – Ela nos cumprimentou; > Óun lọ pẹ̀lú wa – Ele foi conosco.
NÓS, *pron.* àwa, a > Àwa bọ ọ́ – Nós a cumprimentamos.
NOSOLOGIA, *s.* ètò àwọn àrùn (classificação das doenças).
NOSTALGIA, *s.* ìsàárò > ìràntí ilé – recordações de casa.
NOSTÁLGICO, *adj.* sàáró.
NOSSO, NOSSA, *pron. poss.* wa, tiwa > Ilé wa tóbi púpọ̀ – Nossa casa é muito grande; > Tiwa náà dára púpọ̀ – O nosso também é muito bonito; > tiwa = tàwa.
NOTA, COMENTÁRIO, *s.* àkiyesí, ìkiyèsí > Ó ṣe àkiyèsí – Ela fez uma observação.
NOTAR, OBSERVAR, *v.* sàkíyèsí, bùwò, nání > Ẹ̀dá jẹ́ ohun tí a lè nání – A criação é algo que podemos notar.

NOTÁVEL, EXTRAORDINÁRIO, *adj.* pẹtẹrí > Ó ṣe orò pẹtẹrí – Ela fez uma obrigação notável; > títayọ́ – excelente.

NOTÁVEL, FAMOSO, *adj.* abàmi > Abàmi ènìà – Uma pessoa famosa; > Ìlú yìí abàmi – Esta cidade é famosa.

NOTÁVEL, MARCANTE, *adj.* alámì.

NOTÍCIA FALSA, BOATO, *s.* àjáṣọ.

NOTÍCIA, REPORTAGEM, *s.* ìròhìn, ìròìn, ìhìn > Mo ní ìròhìn dáadáa, mo fẹ́ ọ! – Eu tenho boas notícias, eu amo você!

NOTICIAR, *v.* ṣe àkiyèsí > Òun ṣe àkiyèsí iyàfẹ́ rẹ – Ele noticiou sua eleição.

NOTÍCIAS, PROCLAMAÇÃO, *s.* ìmúhìnwá.

NOTÍCIAS, RELATÓRIO, *s.* ìgbúró.

NOTÍCIAS, *s.* làbárì, làbárè (do hausá *alhabari*).

NOTIFICAÇÃO, *s.* ìfilọ̀.

NOTIFICAR, *v.* sọ fún, wí fún > fihàn – revelar > Ó fi óye hàn – Ela revelou inteligência.

NOTORIEDADE, *s.* òkìkí.

NOTÓRIO, FAMOSO, *adj.* lókìkí.

NOTURNO, *adv.* láláalẹ́.

NOTURNAMENTE, *adv.* lórulóru.

NOVA YORK, *s.* Níú Yọ̀ọ̀kì (do inglês *New York*).

NOVAMENTE, *adv.* ẹ̀wẹ̀, lọ́tun > Ó rí mi ẹ̀wẹ̀ – Ela me viu novamente; > mọ́ – durante algum tempo.

NOVAMENTE, MAIS UMA VEZ, *adv. pré-v.* tún (usado antes de verbo) > Olú tún padà dé – Olu voltou outra vez; > Ẹ jọ̀wọ́, tún sọ – Por favor, fale outra vez.

NOVATO, NOVIÇO, *s.* ènìà titun > ọ̀gbẹ̀rì – iniciante.

NOVE LADOS, *s.* oníhàmẹ́sàán.

NOVE VEZES, *adv.* ẹ̀ẹ̀mẹ́sàán.

NOVELA, *s.* ìwé ìtàn.

NOVELISTA, *s.* òkọ̀wé > ẹni tí kọ ìwé ìtàn – aquele que escreve histórias.

NOVEMBRO, *s.* Oṣù Bélú, Oṣù kọ́kànlá ọdún, Oṣùu Nòfẹ́mbà (do inglês *November*).

NOVIDADE, s. iṣẹ́ titun > àrà tuntun – nova moda.
NOVIDADES, NOTÍCIAS, s. ìhìn.
NOVILHO, s. ẹgbọ̀rọ̀ abomàlúù.
NOVO, RECENTE, s. tuntun, titun > àkọ̀tun – fresco, novo.
NOVO ANO, s. ọdún tuntun > Ẹ kú ọdún tuntun = A kúu ọdún tuntun o – Feliz Ano-Novo.
NOVO ENCONTRO, s. àtúnrí > Olùwa má k'àtúnrí – Possa Deus não recusar um novo encontro.
NOVO EXAME, s. àtúnyẹ̀wò.
NOVO TESTAMENTO, s. Májẹ̀mùn Tuntun.
NOVO, FRESCO, adj. titun, tuntun, àkọ̀tun > Nínú àiyé titun ti Ọ́ọ́run. gbogbo ẹdá ènìà yíó gbádùn ìlera pípé – No novo mundo de Deus, todas as criaturas terão saúde perfeita e longa; > Óun ni ẹgbẹ́ titun – Ela é minha nova colega.
NOVO, INCOMUM, adj. ṣàjèjì > Ọ̀rọ̀ yìí ṣàṣèjì sí mi – Esta tarefa parece estranha para mim.
NOVO, NOVIDADE, s. ọ̀tun > Mo ṣe é ní ọ̀tun – Eu o fiz de novo.
NOZ-DE-COLA, s. kọlá, obì (*Cola Acuminata – Sterculiaceae*) > gbànja (noz-de-cola avermelhada que se abre em dois = àjòópa (similar). > Gbànja ni obì awẹ́ méjì – Gbanja é o obí de dois gomos.
NOZ DOCE, s. oomu (noz-de-macaco).
NOZ MOÍDA, s. ẹ̀pà (*Arachis Hypogaea*).
NOZ (TIPO), s. òfio.
NU, DESPIDO, adj. níhòòhò > láìṣo – sem roupa > Òun wà láìṣo – Ele está sem roupa.
NUBLADO, CARREGADO, adj. pòkudú.
NUBLADO, CONFUSO, adj. bokúkuu > Bokúkuu yìí bo ilẹ̀ – A neblina cobriu o campo.
NUBLADO, PESADO, adj. gúdẹ̀, gùdọ̀.
NUCA, s. ẹ̀hìn ọrùn (lit. parte de trás do pescoço).
NUCLEAR, s. àgọ́ọ-pádi.
NÚCLEO, s. ìkóríjọsí.
NUDEZ, s. ìbínbí, ìhòóhò, ìhòrìhò > oníhòòhò – pessoa nua.

NULO, INÚTIL, s. asán > Ó ṣe orò asán – Ela fez um ritual inútil; > sọ_dasán – anular.
NUM BOM LUGAR, adv. níbirere.
NUM OUTRO DIA, adv. níjọ́míràn > Níjọ́míràn òun yíò sọ̀rọ̀ pẹ̀lú yin – Num outro dia ele falará com vocês.
NUM OUTRO TEMPO, adv. nígbàmíràn (algumas vezes) > Mo rí i nígbàmíràn – Eu a vejo algumas vezes.
NUMERAÇÃO, CÁLCULO, s. ìkaye < kà + iye.
NUMERAÇÃO, s. ẹ̀kà (V. Complementos – O Sistema Numérico Yorùbá).
NUMERADOR, s. èpín (número posicionado acima nas frações).
NUMERAR, v. kà, > Ó ka awọn oògùn – Ele numerou os remédios.
NUMERAR, CONTAR, v. kaye < kà + iye > Èmi ti nkaye sìgá ti nmu lójoojúmọ́ – Eu tenho contado o número de cigarros que fumo diariamente.
NUMÉRICO, adj. olóòkà.
NÚMERO, s. èèkà (também usado para expressar quantia, quantidade etc.).
NÚMERO, ALGARISMO, s. iye, nọ́mbà (do inglês *number*) > Kíni nọ́nbà tẹlifóònù rẹ? – Qual o número do seu telefone?; > Kíni nọ́mbà èrọ ìbanísọ̀rọ̀ rẹ? – Qual é o número do seu telefone? (lit. qual o número do aparelho que fala suas palavras?)
NUMEROLOGIA, s. awo èèkà.
NÚMERO COMPLEXO, s. èèkà akọ́dí.
NÚMERO INFINITO, s. èèkà àilóòkà.
NÚMERO NEGATIVO, s. èèkà ẹléyọ.
NÚMERO POSITIVO, s. èèkà elérò.
NÚMERO DE VEZES, s. èrẹ̀ > èrẹ̀ méjì – duas vezes (ẹ̀ẹ̀ – é a forma reduzida de èrẹ̀, e adicionada aos numerais para indicar o número de vezes; méta – três, èèméta – três vezes) > Ó fọ aṣọ lẹ́èméta – Ela lavou a roupa três vezes; > Mo rí ẹ lẹ́èkíní – É a primeira vez que eu a vejo V. Complemento.
NÚMERO, VALOR, s. iye, nọ́nbà (do inglês *number*).

NÚMEROS ARÁBICOS, s. òòkà ti lárúbáwá.
NÚMEROS ROMANOS, s. òòkà ti róòmù.
NUMEROSO, ABUNDANTE, adj. ọ̀pọ̀lọ́pọ̀, ọ̀gọ̀ọ̀rọ̀.
NUMEROSO, adv. kíta-kìta, kíti-kìti.
NUMEROSOS, INUMERÁVEIS, adj. ogunlọ́gọ̀, ògìdìgbò.
NUNCA, ABSOLUTAMENTE, adv. bá.
NUNCA, adv. rí (usado no final da frase como negativa total) > Èmi kò jẹ elégédé rí – Eu não como abóbora nunca.
NUNCA, JAMAIS, adv. rárá > Rárá o, kì iṣe ọmọ òrìṣà mi – Nunca, ele não é meu irmão de iniciação; > àgbẹ́dọ̀ – jamais (dito por uma pessoa mais velha, como réplica a uma sugestão feita) > Èmi àgbẹ́dọ̀ ó lọ sílé rẹ̀ – Eu jamais irei à casa dela; > láí, láílaí – para sempre, eternamente.
NUPCIAL, adj. ti ìgbéyàwó.
NUTRIÇÃO, ALIMENTAÇÃO, s. bíbọ́, onjẹ, ounjẹ > ìjẹ ẹ̀mu – dieta.
NUTRIENTE, s. èròjà > èròjà ọbẹ̀ – ingrediente de ensopado.
NUTRIR, v. bọ́ > Bọ́ ẹ̀nìà títí dàgbà – Alimentar a pessoa até envelhecer.
NUTRITIVO, adj. alá-nfàni.
NUVEM, s. àwọ̀sánmọ̀, kùrukùru > ìkùúkù, ìkùukùu – nuvem.

O

O, **A**, *art.* náà (usado opcionalmente depois do substantivo).

O MESMO, TAL QUAL, *pron.* e *adj.* báwọnnì < bá + àwọn + nì > Irú nkan báwọnnì – Coisas daquele tipo.

O MESMO LUGAR, *s.* ibikannáà.

O QUAL, DO QUAL, *pron.* èyìtí, tí > Mi ò mọ̀ èyìtí ó rà – Eu não sei qual ele comprou

O QUANTO ANTES, *adv.* lẹ́ẹ̀kanrí

O QUANTO, *form. exp.* ti... to > Ó rí bí ìbẹ̀rù ti mú mi tó – Ela viu quanto medo eu tinha superado; > Wò ó bó ti tó! – Olhe o quanto ele é grande!

O QUE É AQUILO?, *exp.* kíníyẹn? < kíni + ìyẹn.

O QUE É ISSO?, *adv.* kínínjẹbẹ́ẹ̀? > Kíni? Rárá o, ó tì o. Kínínjẹbẹ́ẹ̀? – O quê? não, de forma alguma. O que é isso?

O QUE É ISTO?, *exp.* kílèyí? < kíni + èyí; > Èmi mọ̀. Mọ̀ kíni? – Eu sei. Sabe o quê?

O QUE É LEVANTADO, *s.* ìgbésọ.

O QUE HOUVE?, *exp.* kílódé? > Kíló dé tí ẹ kò lọ? – O que houve que você não foi?; > Kílódé tí ò nrẹ́rín – O que houve que você está rindo? (os pron. pess. da 1ª e 2ª pess. do sing. e pl. usam o tom grave antes de verbo progressivo; os demais permanecem com tom agudo).

O QUE É O QUE É?, *exp.* Kíni kíni?

O QUE PODE SER PROPICIADO, *adj.* títẹ̀.

O QUE TEM EM ABAS, *adj.* elétí ajá > Filà elétí ajá – Chapéu com abas.

O QUÊ!, *interj.* kínla!?

O QUÊ É *pron. interrog.* kíni, kín > Kíni orúkọ rẹ? – Qual é o seu nome (lit. que nome é o seu?). Forma afirmativa – ohun tí, nkàn tí > Èmi kò mọ̀ ohun tí o ṣe lóní – Eu não sei o que você fez hoje.

OÁSIS, *s.* ibi omi ní aginjú (lit. local de águas no deserto).

OBEDECER À LEI, *v.* pòfinmọ́.

OBEDECER, *v.* gbọ́ràn > Ó gbọ́ràn sí mi lẹ́nu – Ela me obedeceu, na ocasião; > tẹríba – ser obediente.

OBEDIÊNCIA, ATENÇÃO, *s.* ìfetísí.

OBEDIÊNCIA, SUBMISSÃO, *s.* ìgbọ́nràn, àgbọ́nràn, àìgbọ́nu, ìtẹríba (subserviências).

OBEDIENTE, SUBMISSO, *adj.* létí, nígbọ́ràn, ní ìtẹ́ríba > Wọ́n létí – Eles são obedientes.

OBESIDADE, *s.* sísanra.

OBESO, *s.* àbáfú, sanra.

OBÌ BRANCO, *s.* obì ifin > obì àbàtà – de cor avermelhada (abóbì dọ́ọ̀yọ́ – tipo de folha usada para embrulhar o obì).

OBITUÁRIO, *s.* ìkéde okú.

OBJEÇÃO, RECUSA, *s.* ìtakò, kíkọ̀, ìṣòdì.

OBJEÇÃO, PRETEXTO, *s.* àwáwí > olùṣe òdìsí – opositor.

OBJETAR, CONTESTAR, *v.* kọ̀ > Ó kọ ẹ̀bẹ̀ mi – Ele recusou o meu pedido; > ṣòdì, ṣòdìsí – opor, ser contra.

OBJETIVAMENTE, *adv.* ṣùn.

OBJETIVO PRINCIPAL, *s.* olórí ète.

OBJETIVO IMPORTANTE, *s.* ìdí pàtàkì.

OBJETIVO, PROPÓSITO, *s.* àkójá, àbuṣe, ibi-afẹ́dé > ibi tí a fẹ́ dé – lugar aonde nós queremos chegar.

OBJETO DE PRAZER, *s.* àríyọ̀ (pessoa ou algo).

OBJETO DE RISO, *s.* ẹni-ẹléyà.

OBJETO, COISA, *s.* ihunkóhun.

OBLÍQUO, *adj.* bẹ̀rẹ́ > Mo bẹ̀rẹ̀ fójì – Eu pedi o seu perdão (lit. eu dobrei os joelhos; > lò – dobrar, inclinar-se > Ó lò kan ilẹ̀ – Ele se inclinou para o chão (inclinado).

OBRA DE ARTE, *s.* ọnà > Ó ṣe ọnà – Ela fez uma escultura, uma obra de arte.
OBREIRO, **ARTÍFICE**, *s.* oníṣọnà.
OBRIGAÇÃO, **RITUAL**, *s.* orò > Ọdún orò òrìṣà mélòó ni ẹ ní? Ọdún orò méjè ni – Quantos anos de obrigação de orixá você tem? São sete anos de obrigação.
OBRIGAÇÃO, **PROMESSA**, *s.* ẹtọ́.
OBRIGADO, **AGRADECIMENTO**, *s.* ọpẹ́ > Ọlọ́run mo dúpẹ́ – Eu agradeço a Deus (dá + ọpẹ́ = dúpẹ́); > Ó ṣé o, Ó ṣéun, Ó mà ṣéun o – Muito obrigado; > Rárá, o ṣé – Não, obrigado. *Obs.*: **1.** Ó – forma impessoal, V. ele, ela; **2.** mà, ma – sem dúvida, com certeza; é usado para ênfase, indicando uma ação positiva; **3.** o =! – forma frases exclamativas; sem a partícula o, dá uma ideia da atitude da pessoa, mas não chama a atenção do que foi feito > A ò rí i – Nós não o vimos; A ò rí i o – Nós não o vimos!
OBRIGADO, *s.* sálù báríkà (agradecimento, do árabe e do hausá).
OBRIGADO, **FORÇADO**, *adj.* ọrànỳàn > Ó jẹ́ ọrànỳàn láti ṣe é – Ela é obrigada a fazer isto.
OBRIGAR A PARAR, *v.* mú_dáṣẹ̀ > Ìwà rẹ̀ mú wa dáṣẹ̀ áti ọ síbẹ̀ – O caráter dele nos fez deixar de ir lá.
OBRIGAR A SER BOM, *v.* mú_dára > Ó mú mi dára – Ela me animou.
OBRIGAR A TRABALHAR, *v,* mú_sìn (sem pagamento).
OBRIGAR A UM ATO JUSTO, *v.* mú_ṣòtítọ́ > ó mú mi ṣòtítọ́ – ela me motivou a falar a verdade.
OBRIGATORIAMENTE, *adv.* dandan, dandandan.
OBSCENO, **INDECENTE**, *adj.* ọ̀bùn – láì ní ìtìjú – sem ter vergonha; > ṣàìwọ̀ – desagradável.
OBSCESSOR, *s.* ajogun (forças maléficas na cultura yorùbá).
OBSCURIDADE, *s.* àìhàn.
OBSCURO, *adj.* jínlẹ̀, àìlókìkí, ṣòkùnkùn.
OBSEQUIOSO, **SERVIL**, *s.* aṣebíẹrú.
OBSESSÃO, *adj.* bárakú > Ó ti di bárakú – Ele se tornou um viciado; > abárakú – obsessivo.

OBSERVAÇÃO ATENTA, s. àwòfín.
OBSERVAÇÃO, COMENTÁRIO, s. àkiyèsì, ìkiyèsí > Ó ṣe àkiyèsí ìwé mi – Ela fez uma observação do meu livro; > ìfiyèsí – atenção.
OBSERVAÇÃO, VIGILÂNCIA, s. wíwòye.
OBSERVADOR CUIDADOSO, s. awòye > amí – olheiro.
OBSERVADOR, PERSPICAZ, adj. nífẹ́yèsí.
OBSERVADOR, s. aláfiyèsí, awòran > àrabarà – observador, curioso.
OBSERVÂNCIA, GUARDA, s. ìṣọ́.
OBSERVAR COM ATENÇÃO, v. wo ọwọ́ (lit. olhar as mãos da pessoa).
OBSERVAR O TEMPO, v. kíyèsígbà.
OBSERVAR OS COSTUMES, v. ṣúpó > fiyèsí – prestar atenção > Fiyèsí ní ìdáwò owó-eyọ – Preste atenção na consulta dos búzios.
OBSERVAR, ASSISTIR, v. ṣọ́nà < ṣọ́ + ọ̀nà > Mo ti nṣọ́nà de bàbá mi – Eu estava assistindo à chegada do meu pai.
OBSERVAR, CUMPRIR, v. kó_já > Ó kó òfin yìí já – Ele observou as regras, ele cumpriu a lei.
OBSERVAR, FICAR ALERTA, v. wòye < wò + òye > Dọ́kítà wò mí ye – O doutor tratou de mim.
OBSERVAR, INTERFERIR, v. ṣúsí (se meter) > Ó ṣúsí ọ̀rọ̀ náà – Ela fez um comentário irrelevante.
OBSERVAR, NOTAR, v. bù_wò.
OBSERVAR, PERCEBER, v. sàfiyèsí, ṣe àkíyèsí.
OBSERVAR, v. fi_wéra (comparando semelhanças).
OBSESSÃO, s. kíkálára.
OBSOLETO, adj. kúròláṣà < kúrò ni àṣà – distanciar-se da tradição; > da ohun àtijọ́ (lit. tender a fazer algo do tempo antigo).
OBSTÁCULO, IMPEDIMENTO, s. ìdílọ́nà, ìdínà, ìdílọ́wọ́, ìdíwọ́.
OBSTÁCULO, PREVENÇÃO, s. ìdálọ́wọ́kọ́.
OBSTÁCULO, s. ìkọ́ṣẹ̀, ìkọ́lẹ́ṣẹ̀ < kọ́ + ẹṣẹ̀ (ato de bater o pé em algo).
OBSTETRA, s. agbẹ̀bí.
OBSTETRÍCIA, s. ìṣègùn aboyún, iṣẹ́-ìgbẹgbí.
OBSTINAÇÃO, TEIMOSIA, adj. dídí, òdí, oríkunkun, ìṣàgídí > Ó lóríkunkun púpọ̀ – Ele é muito teimoso; > àìléti – não dar ouvidos.

OBSTINADAMENTE, *adv.* kùndún-kùndún.
OBSTINADO, ACIRRADO, *adj.* àìgbéjẹ́ẹ́, ṣagídí, àìgbọ́ràn.
OBSTRUÇÃO, IMPEDIMENTO, *s.* ìháláyè, ikọ́lẹ́sẹ̀, ìkọ́sẹ̀, òdídí.
OBSTRUÇÃO, *s.* dídí > imú dídí – obstrução nasal.
OBSTRUIDOR, *s.* adánilọ́wọ́kọ́ (impede o progresso).
OBSTRUIR, IMPEDIR, *v.* dè_lọ́nà, sénà.
OBSTRUIR, TAPAR, *v.* dí > ìdí – nádegas.
OBTENÇÃO, AQUISIÇÃO, *s.* ìní.
OBTER, PEGAR, *v.* gbà, rí_gbà > Ó rí owó oṣú rẹ̀ gbà láná – Ela recebeu o salário dela ontem; > ní – ter, possuir.
ÓBVIO, *adj.* híhàn gedegbe (lit. claramente visível).
OCASIÃO, OPORTUNIDADE, *s.* àrinkò > àyè – chance > Mo rí àyè – Eu encontrei uma chance.
OCASIÃO PARA DISPUTA, *v.* fín_ràn > Ó fín mi nírà – Ele me provocou para uma disputa.
OCASIONAL, *s.* ìgbẹ̀dá > agandanràngbọ́n – sem causa aparente.
OCASIONALMENTE, *adv.* làrèlàrè, nígbàkanrí, nígbàkan.
OCASO, *s.* ìrọ̀lẹ́ (crepúsculo entre 16-9h).
OCCIPITAL, *adj.* ìpàkọ́ (parte de trás da cabeça).
OCEANO, *s.* òkun > Òkun Ãtiĺántííki – Oceano Atlântico (do inglês *Athlantic*).
OCEANO PACÍFICO, *s.* Òkun Adákẹ́rọ́rọ́.
OCEANOGRAFIA, *s.* ẹ̀kọ́ nípa àwọn òkun (lit. estudo sobre os oceanos).
OCIDENTAL, *adj.* apá ìwọ̀-oòrùn.
OCIDENTE, OESTE, *s.* yámà, ìhà ìwọ̀ oòrùn, ìwọ̀-oòrùn.
OCIOSO, *s.* irónà (ficar de lado).
OCORRÊNCIA DE MUDANÇA, *s.* àyídà.
OCORRÊNCIA, EVENTO, *s.* ìsẹ̀lẹ̀.
OCORRÊNCIA, CHANCE, *s.* alábápàdé.
OCORRÊNCIA ESTRANHA, *s.* èèmọ̀ (preocupação, aflição).
OCORRER POR ACIDENTE, *v.* peṣì, ṣèsì < sì + èsì > Ó ṣèsì bọ́sílẹ̀ – Ele caiu por acidente.
OCORRER, PREVALECER, *v.* móko.

OCRE, *s.* ẹfun pupa.
OCTOGENÁRIO, *adj.* arọ́rindùn < arí + ọ̀rin + ọdùn (pessoa entre 80 e 90 anos).
OCTOGONAL, *s.* oníhàmẹ́jọ (que tem oito lados).
OCTÓGONO, *s.* onígun mẹ́jọ, oníhàmẹ́jọ (polígono de oito lados).
OCULAR, *adj.* ti ẹyinjú > ẹyinjú – globo ocular.
OCULISTA, *s.* oníṣègùn ojú.
ÓCULOS, *s.* ìwojú > awòye inú-ojú – lente intraocular.
OCULTAÇÃO, DISFARCE, *s.* ìfarapamọ́.
OCULTAR A FACE, *v.* fojúpamọ́.
OCULTAR, AFUNDAR, *v.* mù_dé > Omi mù mí dọ́rùn – A água me cobriu até o pescoço.
OCULTAR, ESCONDER, *adj.* fífipamọ̀.
OCULTAR, OMITIR, *v.* múpamọ́.
OCULTAR-SE, *v.* farasin, lúmọ́, mòòkùn > Ohun tó farasin fún mi – Algo que ela escondeu de mim; > mòòkùn < mù + òòkùn – esconder-se a si mesmo > Ọ̀ṣùpa mòòkún – A lua se ocultou.
OCULTO, SECRETO, *adj.* bíbò > ògèdè – encantamento.
OCUPAÇÃO, POSSE, *s.* ìgbalẹ̀.
OCUPAÇÃO, TAREFA, *s.* àìgbófo, iṣẹ́.
OCUPADO, *adj.* láìsími, láápọn > Ọ̀nà mi pọ̀ lóní – Hoje eu estou muito ocupado (lit. meus caminhos são muitos hoje). V. estar ocupado.
OCUPANTE, RESIDENTE, *s.* olúgbé > Olúgbé ìlú náà – O habitante daquela cidade
OCUPAR O ESPAÇO, *v.* gbàyè.
OCUPAR O LUGAR DE ALGUÉM, *v.* gbapò (suceder) > Ó gbapò mi – Ela me sucedeu.
OCUPAR O TEMPO DE ALGUÉM, *v.* fá.
OCUPAR, SITIAR, *v.* dótì, ṣàba > Wọ́n ṣàba ti ìlú náà – Eles sitiaram aquela cidade; > ní – possuir, ter.
ODE, *s.* orin, ìwì ìjúbà (composição poética cantada).
ODIAR, DETESTAR, *s.* kóríra, kéérí > Ó kóríra – Ela me detesta.
ÓDIO, RAIVA, *s.* kíkóríra, ìkóríra > ìríra – antipatia.

ODIOSO, *adj.* burújù, burú rékojá.
ODONTOLOGIA, *s.* èkọ́ nípa ẹhín – estudo sobre os dentes.
ODOR, CHEIRO, *s.* òórun, ìwí, ìwú, gbígbóòrùn.
ODORÍFICO, AROMÁTICO, *adj.* tafírijáfírí.
ODÙ, *s.* odù > conjunto de signos do sistema de Ifá que revela histórias em forma de poemas que servem de instruções diante de uma consulta. São em número de 16 principais e 240 menores. V. Complemento.
ODÙ MENOR, *s.* àmúlù > ọmọ odù – odús menores.
OESTE OCIDENTAL, *s.* yámà.
OESTE, OCIDENTE, *s.* ìwọ̀-oòrùn.
OFEGANTEMENTE, *adv.* hẹlẹ-hẹlẹ, fiin (som da respiração) – Bàbá nmi hẹlẹ-hẹlẹ – Papai está respirando ofegantemente.
OFEGAR, SOPRAR, *v.* fọn.
OFENDER, *v.* bí_nínú, ṣẹ́ > Ó ṣẹ̀ mí – Ele me ofendeu.
OFENDER, XINGAR, *v.* gégun, bínínú > Ó gégun fún mi – Ele me xingou.
OFENSA, CRIME, *s.* èṣè.
OFENSA, INSULTO, *s.* àbúpa, oṣẹ́ > Ìwọ ṣe mí lóṣẹ́ – Você me fez uma ofensa.
OFENSA, RIGIDEZ, *s.* gígàn.
OFENSA, *s.* ìjìnlẹ́ṣẹ̀ (pisando em cima).
OFENSIVAMENTE, *adv.* fẹ̀tọ̀fẹ̀tọ̀, tẹ̀gbintẹ̀gbin > Ó wò mí fẹ̀tọ̀fẹ̀tọ̀ – Ela me olhou ofensivamente (ansiosamente).
OFENSIVO, *adj.* laìlẹ́tọ́ > mú ìbanújẹ́ wà – causar aborrecimento.
OFENSOR, *s.* alùfin, arúfin.
OFERECER ALGO, *v.* sọ > Orógbó ni wọ́n sọ sí Ṣàngó – Foi oferenda que eles ofereceram a Xangô (orógbó – *Garcinia gnetoides*).
OFERECER EM SACRIFÍCIO, *v.* fi_rúbọ > Wọ́n fi èwùrẹ rúbọ – Elas ofereceram uma cabra em sacrifício.
OFERECER OFERENDA, *v.* rúbọ < rú + ẹbọ > ìrúbọ – sacrifício.
OFERECER, DAR A MÃO, *v.* nawọ́ > Ó nawọ́ – Ela estendeu a mão.
OFERECER, DAR PARA, *v.* fún, fi_fún > Fún mi ní omi diẹ̀ – Dê-me um pouco de água (o verbo *fún* – para pede a preposição *ní* antes de

OFERECIMENTO – OFÍCIO DE PARTEIRA

expressar o objeto direto); > Ó fi ẹbùn fún mi – Ela deu um presente para mim; Ó fifún rẹ̀ – Ela deu para ele.
OFERECIMENTO, s. ìnawọ́ sí < nà + ọwọ́ + sí, ìṣẹbọ (ato de fazer oferenda).
OFERENDA ADICIONAL, s. ìbọ̀sẹ̀.
OFERENDA COMPLETA, s. ẹbọ pípe.
OFERENDA DE AGRADECIMENTO, s. ẹbọ ọpẹ́ > gbé_kàlẹ̀ – erguer e colocar no chão > Òun gbé ẹbọ kàlẹ̀ – Ela colocou a oferenda no chão.
OFERENDA DE BEBIDAS, s. ẹbọ itasílẹ̀ (à divindade).
OFERENDA DE PAZ, s. ẹbọ àlàáfíà.
OFERENDA DE PREVENÇÃO, s. ẹbọ ojúkòríbi; ẹbọ ọrẹ-àtinúwá – oferenda expontânea; ẹbọ ètùtù – oferenda para acalmar; ẹbọ ìpilẹ̀ – oferenda inicial para um empreendimento; ẹbọ ìgbésọ – oferenda levantada.
OFERENDA PARA UMA CIDADE, s. ẹbọ àgbálú.
OFERENDA PRIMEIRA COLHEITA, s. àkóso.
OFERENDA SUBSTITUIÇÃO, s. ẹbọ ayẹ́pínù (substitui uma provação).
OFERENDA VOTIVA, s. ẹbọ èjẹ́ (referente a um juramento).
OFERENDA, s. ẹbọ > Òrìṣà gba ẹbọ mí – O Orixá aceitou minha oferenda.
OFERENDAS DADAS, exp. àbọ́rúbọyẹ̀ (que sejam aceitas).
OFERTA ESPONTÂNEA, s. ọrẹ àtinúwá.
OFERTANTE, s. ẹlébọ (de uma oferenda).
OFERTAR, OFERECER, v. fún, fí_fún.
OFERTÓRIO, s. idáwó, owó dídá – contribuição.
OFICIAL DE GUERRA, s. ológun, olórogun < oló + orí + ogun.
OFICIAL MILITAR, COMANDANTE, s. balógun.
OFICIAL, POLICIAL, s. ọlópá.
OFICIAL, TITULAR, s. olórí, ìjòyè > gẹ́gẹ́bí ipò – de acordo com o cargo.
OFICINA, s. ilé iṣẹ́.
OFÍCIO, OCUPAÇÃO, s. iṣẹ́, ipò, ọ́fììsì (do inglês *office*).
OFÍCIO DE BARBEIRO, s. gbàjámọ̀.
OFÍCIO DE PARTEIRA, s. iṣẹ́-ìgbẹbí.

OFIOLOGIA, *s.* ẹ̀kọ́ nípa èjo (estudo sobre os ofídios).
OFTALMOLOGISTA, *s.* onísẹ̀gùn ojú (especialista dos olhos).
OFTALMIA, *s.* ojú wíwú (inflamação dos olhos).
OFUSCAR A VISTA, *v.* dojúrú, pakànnàkánná – em razão de vento, luz etc.
OH!, *interj.* káì! aah!
OI!, OLÁ! *exp.* báwo! > ẹ pẹ̀lẹ́ o! – forma de iniciar uma saudação; > ẹ̀ nlẹ́ o – olá!
OITENTA, *num.* Ọgọ́ọ̀rin.
OITO MIL, *num.* ẹgbàarin.
OITO, *num.* èjo, méjọ > kéjọ – oitavo.
OJERIZA, *s.* ìyẹra, ìyẹrafún.
OLÁ! *interj.* pẹ̀lẹ́ o!, àgò nílé o!, àgò o! (com licença) > Mo kí gbogbo yín o! – Eu cumprimento todos vocês; > Òo! – respondendo.
OLARIA, *s.* ẹbu.
OLEAGINOSO, *adj.* elépo (que contém óleo).
OLEIRO, CERAMISTA, *s.* àmọ̀kòkò.
ÓLEO COMO EMOLIENTE, *s.* òróró ìpara.
ÓLEO DA PALMEIRA, *s.* yákò, àdín (obtido do fruto da palmeira).
ÓLEO DA SEMENTE DO MELÃO, *s.* òróró-ègúsí.
ÓLEO DE COZINHA, *s.* ọ̀pẹ arufọ́ (tipo espumoso).
ÓLEO DE MILHO, *s.* epo àgbàdo.
ÓLEO DE NOZ MOÍDA, *s.* òróró-ẹ̀pà > epo ẹ̀pà – óleo de amendoim.
ÓLEO DE PALMA, *s.* epo-ọ̀pẹ, ọ̀pẹ (*Elaeis Guineensis*).
ÓLEO DE RÍCINO, *s.* òróró-lárà, epo lárà.
ÓLEO DE OLIVA, *s.* epo óliífi (do inglês *olive*).
ÓLEO DO CAROÇO DO DENDEZEIRO, *s.* àdín, àdí, yánkò > igi-ọ̀pẹ – palmeira do dendezeiro.
ÓLEO MINERAL, *s.* epo-ilẹ̀.
ÓLEO VEGETAL, *s.* òróró.
ÓLEO, *s.* ọ̀ìlì, *s.* (do inglês *oil*) > Yẹ ọ̀ìlì ẹ́njìnì rẹ̀ wò – Verifique o óleo do motor < yẹ_wò – olhar dentro, verificar; ìkẹ̀tẹ́ – tipo de óleo com forte cheiro.

OLEOSO, s. níní ọrá.
OLFATO SENSÍVEL, s. iyè òórùn.
OLFATO, ODOR, s. ìgbóòrùn < gbọ́ + òórùn.
OLHADO, VIGILANTE, adj. ṣíṣọ.
OLHAR AGRESSIVAMENTE, v. wò gànùn-gànùn > Ó nwò gànùn--gànùn – Ele está olhando agitadamente.
OLHAR AO LONGE, v. wò_lọ, wò_jìnà > Mo wò wọ́n lọ tían-tían – Eu os vi indo juntos lá longe.
OLHAR AO MESMO TEMPO, v. wò_pọ̀ > Mo wò wọ́n pọ̀ – Eu olhei para eles ao mesmo tempo, simultaneamente.
OLHAR AO REDOR, v. wò káakiri.
OLHAR APREENSIVAMENTE, v. wò mọ̀in-mọ̀in.
OLHAR COM CIÚMES, v. wokọ̀rọ̀ (sombriamente) > Ó wò mí kọ̀rọ̀ – Ele olhou com ciúmes para mim.
OLHAR COM DESDÉM, s. àwòmọ́jú < àwò + mọ́ + ojú.
OLHAR COM DESPREZO, v. fojúsọ̀rọ̀ < fi + ojú + sọ̀rọ̀ > Ó fojúsọ̀rọ̀ sí mi – Ela olhou para mim com desprezo.
OLHAR COM INDIFERENÇA, v. wò_mọ̀nà, wò_táí.
OLHAR CONFUSAMENTE, v. wò suu, wò sùsù > Ó wò sùsù – Ela olhou sem qualquer expressão.
OLHAR CUIDADOSAMENTE, v. wòfín, wo_fínnífínní.
OLHAR CUIDADOSO, s. àwòfín.
OLHAR DE ADMIRAÇÃO, s. àwòyanu.
OLHAR DE CIMA A BAIXO, v. wò_mọ́lẹ̀, gbójúfò, gbójúfòdá > Ówó mí mọ́lẹ̀ – Ela me olhou de cima a baixo, desdenhosamente.
OLHAR DE FORMA VIOLENTA, v. wò wìrì.
OLHAR DE LADO A LADO, v. wò kán-kàn-kán.
OLHAR DE LADO, v. fojú > Ó fojú apá kan wò mí – Ela olhou-me com o canto dos olhos. É usado na composição de palavras: fojúkànwò – olhar com desconfiança; > fojúfòdá – ignorar; > fojúlẹ̀ – prestar atenção.
OLHAR DE LADO, v. mọ́_lójú (com desdém) > Ó mọ́ mi lójú – Ela me olhou com desdém.

OLHAR DE RELANCE, *v.* kófirí (dar uma olhadela) > Mo kófírí òré mi níbẹ̀ – Eu olhei rapidamente minha amiga lá.

OLHAR DE SOSLAIO, *v.* mójú < mọ́ + ojú > Ó mójú fún mi – Ela olhou com desprezo, de esguelha para mim.

OLHAR DE ÚLTIMA VEZ, *s.* àrímọ.

OLHAR DENTRO, EXAMINAR, *v.* yẹ̀wò > Olùkọ mi máa nyẹ àtúnṣe mi wò – Meu instrutor costuma dar uma olhadela nos meus erros; > ìtúnyẹ̀wò – revisão; túnyẹ̀wò – verificar, ver de novo.

OLHAR EM VOLTA, *v.* wòyíká > Ó wòyíka – Ela olhou em volta.

OLHAR ESTRANHAMENTE, *v.* wò_sùn > Ó wò mí sùn – Ele me encarou.

OLHAR EXPRESSIVAMENTE, *v.* sejú < se + ojú >.

OLHAR FATALMENTE, *v.* wò_pa (cuidado médico resulta em morte).

OLHAR FIXO, ARREGALADO, *v.* ranjúmọ́ > wò pẹ̀lú ìyàlẹ́nu – olhar com espanto.

OLHAR LÁ E CÁ, *v.* wòhín-wòhún (de um lado e do outro).

OLHAR NOVAMENTE, *v.* túnyẹ̀ wò > Ó túnyẹ̀ wò ọ̀rọ̀ náà – Ele reexaminou aquele texto.

OLHAR OS BÚZIOS, *v.* wo owó ẹyo (ato de consultá-los).

OLHAR PARA O ALTO, *v.* tajúkán < ta + ojú + kán (olhar de repente).

OLHAR PARA TRÁS, REMEMORAR, *v.* bojú wẹ̀hìn < bẹ̀ + ojú + wò + ẹ̀hìn > Ó bojú wẹ̀hìn – Ela olhou para trás.

OLHAR PARA, ASSISTIR, *v.* wò > ìwojú – óculos.

OLHAR QUE REVELA FATALIDADE, *s.* àwòpa.

OLHAR RAPIDAMENTE, *v.* wò gààrà > Mo wò gààrà yíká – Eu olhei rapidamente em volta.

OLHAR SEVERAMENTE, *v.* fẹjú < fẹ̀ + ojú > Ó fẹjú mi toto – Ela olhou severamente para mim.

OLHAR TRISTEMENTE, *v.* wú > Ó wú tutu – Ele parece triste.

OLHAR, CONTEMPLAR, *v.* wòkè.

OLHAR, VIGIAR, *v.* dójúsọ < dá + ojú + sọ.

OLHAR, VISTA, *s.* irí, rírí > Ríri ni gbígbàgbọ́ – É vendo que se acredita.

OLHEIRO, *s.* agbódegbà (na distribuição de um roubo).

OLHO-DE-GATO, s. ojú ológbò.
OLHO-GRANDE, s. ojú kòkòrò (a palavra kòkòrò significa verme, larva e sua utilização nesta conhecida expressão, vem pelo fato de esses vermes terem sua visão bem destacada do corpo; é muito comum este tipo de dialética na língua yorùbá, sobretudo nas narrativas de Ifá).
OLHO NO OLHO, adv. lójúkojú (face a face) > Lójúkojú tí mo dé ni mo rí i – Assim que eu cheguei, eu a vi.
OLHOS, ROSTO, s. ojú > Ó mò mí sójú – Ela me conhece de vista; > Ojú tì mí – Estou envergonhado (lit. meu rosto fechou); também usado para dar destaque a alguma coisa; ojú àdá – fio da navalha; ojú ìwé – página; ojúbo – local principal de culto; ojú ònà – rua principal.
OLIGARQUIA, s. ìjoba àwon olólá (governo de autoridades).
OLIVA, AZEITONA, s. óliífi (do inglês olive).
OMBRO, s. èjìká > Ó fi aso funfun sórí èjìká rè – Ela colocou um pano branco no ombro dela.
ÔMEGA, s. ómégà (última letra do alfabeto grego); em sentido figurado > opin – fim.
OMISSÃO, DESCUIDO, s. ìtasé, èsì.
OMISSÃO, NEGLIGÊNCIA, s. ìgbàgbé, ìfisílè > ìjáfara – lentidão, atraso.
OMISSÃO, OCULTAÇÃO, s. ìlúmó.
OMISSÃO, s. kíkùnà (de uma sílaba ou sinal).
OMISSÃO DA LEI, s. ìrúfin.
OMITIDO, adj. bíbò.
OMITIR, PRETERIR, v. pajẹ, fàséhìn > gbàgbé – esquecer.
OMOPLATA, s. eegun èjìká.
ONANISMO, s. ìgbára-láyùn (masturbação).
ONÇA, s. áùnsì > Òun rí orẹ́ áùnsì – Ele é amigo da onça.
ONDAS, s. rírúmi, ìrúmi (como as do mar, tempestuoso).
ONDAS, RESSACA, s. ìbìlù-omi > rírú omi òkun – movimento das ondas do mar.
ONDAS, VAGAS DO MAR, s. ìgbì omi, ìgbò òkun.
ONDE ESTÁ?, v. interrog. dà > owó dà? – onde está o dinheiro?; > Owó dà? – Onde está o dinheiro?; > Òun dà? = Níbo ni ó ndà? – Onde ela está?

ONDE, AONDE, *adv. interrog.* ibo, níbo > Níbo ni ò ngbé?– Onde você está morando?; > Níbo ni ẹ́ wà? – Onde você está? (os pron. pess. de uma sílaba, antes da partícula verbal N, que faz os gerúndios dos verbos, tomam um acento grave. Exceção das 3ᵃˢ pess. do sing. e plural ó e wọ́n).

ONDE, O LUGAR ONDE, *adv.* ibití < ibi + tí > é a forma afirmativa de *níbo*. Compare: Níbo ni bàbá wà? Èmi kò mọ ibití bàbá wà – Onde papai está? Eu não sei onde papai está; > níbíti – no lugar, onde.

ONDE, QUANDO, *adv.* tí > Ilé tí ìyá mi nṣiṣẹ́ – A casa onde minha mãe está trabalhando.

ONDULADAMENTE, *adv.* wẹ́lẹ́-wẹ́lẹ́ (como as ondas do mar).

ONDULAR, ENROLAR, *v.* wé > Wé aṣọ funfun mọ́ igi – Enrole o tecido branco em volta da árvore.

ONEROSO, *adj.* níyelórí, sọ̀wọ́n > ìnira – complicado.

ÔNIBUS, *s.* kẹ̀kẹ́ erù, bọ́ọ̀sì (do inglês *bus*).

ONIPOTÊNCIA, *s.* agbára-jùlọ́.

ONIPOTENTE, *s.* Alágbárajùlọ > Ọlọ́run – Deus.

ONIPRESENÇA, *s.* ìgbénú-gbódè.

ONIPRESENTE, UBÍQUO, *s.* arínú-róde.

ONISCIÊNCIA, *s.* ìmọhungbogbo (que tudo sabe).

ONISCIENTE, *adj.* nímọ̀-ohungbogbo > ọlọ́gbọ́n jùlọ – aquele que sabe demais.

ONÍVORO, *s.* ajẹran-jeegun (aquele que come de tudo).

ÔNIX, *s.* òkúta oníyebíye kan (lit. pedra valiosa).

ONTEM, *s.* àná (quando usado como advérbio – láná) > Mo lọ si Ìbàdàn láná – Eu fui para Ibadan ontem.

ONTEM À NOITE, *adv.* òru-àná.

ÔNUS, JUGO, *s.* àjàgà > wàhálà – problema, atribulação.

ONZE, *num.* ọ̀kànlá < ọkàn + lé + ẹwá (lit. um mais dez).

OPACO, *s.* tí kò mọ́ gaara (que não está visivelmente claro).

OPACIDADE, *s.* dídí.

OPÇÃO, ARGUMENTO, *s.* ìyàn.

OPERAÇÃO, CIRURGIA, *s.* iṣẹ́-abẹ.

OPERAÇÃO ARITMÉTICA, *s.* oṣẹ́ ìṣírò.

OPERADOR DE MÁQUINA, s. ẹlẹ́rọ.
OPERAR, **TRABALHAR**, v. ṣiṣẹ́ < ṣe + iṣẹ́ > Ó ṣiṣẹ́ kára – Ele trabalhou duro, com dedicação.
OPERÁRIO, s. alágbàṣe.
OPIATO, s. èlà amúnisùn (medicamento à base de ópio).
OPINAR, v. dábá, ṣebí > Ṣebí mo ti rí ọ – Tenho a impressão de que eu já o vi.
OPINIÃO, s. ìmọ̀ràn, ìrò > ìmọ̀ – conhecimento; > oníyèsà – aquele que opina com segurança; > Kíni o rò? – Qual é a sua opinião (lit. o que você pensa?).
OPINIÃO, PONTO DE VISTA, s. ojú-ìwòye.
OPINIÃO ERRADA, s. àdámọ̀, ìrònú.
OPINIÃO PÚBLICA, s. ajọhùn ilú.
OPONENTE, s. alátakò, aṣòdì, òṣòdì.
OPOR, v. kọjújàsí > Ó kọjújà sí mi – Ele se opôs a mim; > tako – resistir.
OPOR, FAZER OPOSIÇÃO, v. ṣòdì, ṣòdìsí < ṣe + òdì.
OPOR-SE, ESTAR CONTRA, v. dúbú, dábú < dá + ibú.
OPORTUNAMENTE, adv. nígbàyíyẹ (no tempo certo) > Nígbàyíyẹ èmi yíò lọ – Oportunamente eu irei.
OPORTUNIDADE, s. àkọṣẹbá, àrinkò > Ó kọṣẹbá mi – Ele me encontrou por acaso.
OPORTUNIDADE, BENEFÍCIO, s. ànfàní.
OPORTUNIDADE, CHANCE, s. ọwọ́lẹ̀, àyè > Ó fún mi ní ọwọ́lẹ́ láti ṣiṣẹ́ – Ele me deu a chance para trabalhar; > Lóní èmi kò ní àyè láti sọ̀rọ̀ – Agora não tenho tempo para falar.
OPORTUNIDADE, CHANCE, s. ìrójú > Àwọn kò ní ìrójú – Eles não têm chance.
OPORTUNIDADE, OCASIÃO, s. ìfi-àyésílẹ̀.
OPORTUNIDADE ÚNICA, s. àmúbá.
OPORTUNISTA, s. kòṣeku kòṣeye (lit. que não está aqui nem ali).
OPORTUNO, APROPRIADO, adj. kòngẹ́ > Kòngẹ́ ni ó ṣe – Foi oportuno o que ele fez.
OPORTUNO, FEITO A TEMPO, adj. bọ́sákókò, bọ́sẹ́sọ̀ > Onjẹ yìí bọ́ sákókó lára mi – Essa comida é oportuna para mim.

OPOSIÇÃO, ANTAGONISMO, s. ìṣòdìsí, ìlòdìsí.
OPOSIÇÃO, CONFRONTO, s. kíkojúsí.
OPOSIÇÃO, DISCORDÂNCIA, s. ìṣọwọ́-òdìsí, ìsòsí.
OPOSIÇÃO, INVERSÃO, s. àdàkéjì.
OPOSIÇÃO, OBSTÁCULO, s. ìdènà.
OPOSIÇÃO, RESISTÊNCIA, s. àtakò, ìtakò.
OPOSIÇÃO, s. àkòlójú, ìkòlójú, ìdojúkọ, kíkojúsí.
OPOSITOR, ANTAGONISTA, s. alátakò.
OPRESSÃO, TIRANIA, s. àjẹdálu, àjàgà.
OPRESSOR, TIRANO, s. adánilóró, aninilára, ajẹniníyà > apọ́nnílójú – perturbador.
OPRESSIVO, adj. v. nílára, níníra.
OPRIMIDO, adj. àkimọ́lẹ̀.
OPRIMIR, AFLIGIR, v. ní_lára > Ó ni mí lára – É penoso para mim.
OPTAR, ESCOLHER, v. yàn > Ó yàn mí – ela me escolheu; > Ó yàn onjẹ rẹ – Ele escolheu a sua comida.
OPTOMETRISTA, s. olùbẹ̀wò ìríran ojú (especialista do exame da vista).
OPULÊNCIA, RIQUEZA, s. ìlọ́rọ̀.
OPULENTO, EXTRAVAGANTE, adj. olówó nlá, ọlọ́rọ̀, ọlọ́lá.
ORA ESSA! DROGA!, interj. ṣíò!
ORAÇÃO, REZA, s. àdúrà (do hausá *adduà*) > Ó ṣe àdúrà sí òrìṣà mi – Eu fiz uma oração à minha divindade; > ìsọ̀rọ̀ gbangba – conversação clara, formal; > ìwúre – reza.
ORÁCULO, s. awo, ọ̀rọ̀ ìjìnlẹ̀ (lit. palavras expressivas) > bàbáláwo – sacerdote dos mistérios.
ORADOR PROFISSIONAL, s. àsọtà.
ORADOR, s. ẹlẹ́nu, ọ̀sọ (pessoa que fala bem).
ORAL, VERBAL, adj. fífẹnu sọ.
ORALMENTE, adv. nípa ọ̀rọ̀ ẹnu – acerca da palavra falada.
ORADOR, s. alásọdùn > asọ̀rọ̀ – locutor.
ORAR, REZAR, v. kírun < kí + ìrun (ato feito cinco vezes por dia pelos muçulmanos); > gbàdúrà.
ORBE, ESFERA, s. àyíká-kẹ̀kẹ́.
ÓRBITA, s. ipa-ìsọ̀gbẹ̀.

ORÇAMENTO, s. àṣàrò ìnáwó (lit. planejar gasto).
ORDEIRAMENTE, adv. gẹ́n-nẹ-gẹ́n.
ORDEM, AUTORIDADE, s. àṣẹ > Ó fi àṣẹ fún mi – Ele me deu autoridade, poder (palavra também usada para definir o poder de Deus, através da expressão "que assim seja", por ser Ele quem tudo permite e dá a devida permissão).
ORDEM, DETERMINAÇÃO, s. ìpinnu > àyanjẹ – imposição.
ORDEM, ORDENAÇÃO, s. fí_fún láṣẹ.
ORDEM, SISTEMA, s. ètò > A ṣe ètò – Nós fizemos um sistema, um acordo.
ORDENAÇÃO, s. ìgbọ́wọ́lélórí (cerimônia religiosa).
ORDENADAMENTE, adv. ẹsẹ̀ẹ̀sẹ̀, lẹ́sẹsẹ, lẹ́sẹlẹ́sẹ, létò, létòlétò > Iṣẹ́ rẹ ó wà létòlétò – Seu trabalho está em boa ordem.
ORDENADO, s. owó-oṣù (lit. dinheiro do mês).
ORDENAR, DAR DIREÇÃO, v. ṣelànà > Ó ṣe ìlànà ìgbàgbọ́ – Ela deu regras, deu ordem à crença.
ORDENAR, v. gbọ́wọ́ (fazer uma confirmação religiosa) > Ó gbọ́wọ́ lé mi lórí – Ela me ordenou.
ORDENAR, ACUSAR, v. pè_lẹ́jọ́ > Ó pè mí lẹ́jọ́ – Ele moveu ação contra mim; > pàṣẹ < pa + àṣẹ – dar uma ordem.
ORDENAR, v. tòlẹ́sẹ, tòlẹ́sẹsẹ (colocar em ordem, arrumar).
ORDENAR, FAZER, v. ṣe > Lágbára láti ṣe – Fazer força para ser feito.
ORDENHAR, v. fúnwàrà < fún + wàrà > Ó fún wàrà lára màlúù náà – Ele tirou leite daquela vaca.
ORDINAL, s. ohun-yíyàn (lit. algo em seleção).
ORDINÁRIO, CORRIQUEIRO, adj. tí kìíṣe pàtàkì (que não é importante).
ORELHA, s. etí > inú etí – canal auditivo; também usado para indicar lado, beira > etí-òkun – praia, beira do mar.
ORFANATO, s. ibi ọmọ aláìlóobi (local de criança sem familiares).
ÓRFÃO DE MÃE, s. àìníyá.
ÓRFÃO DE PAI, s, àìníbàbá, aláìníbàbá, kòníbàbá.
ÓRFÃO DE PESSOA FALECIDA, s. ọmọ òkú.

ÓRFÃO, *s.* ọmọ aláìlóobi.
ORGANISMO, *s.* oníyè < oní + ìyè.
ORGANISTA, PIANISTA, *s.* atẹdùùrù.
ORGANIZAÇÃO, ARRUMAÇÃO, *s.* ìtòlẹ́sẹ, ìtòlẹ́sẹsẹ.
ORGANIZAÇÃO, SOCIEDADE, *s.* ẹgbẹ́, ìgbìmọ̀.
ORGANIZADOR, *s.* àṣetò.
ORGANIZAR, *v.* tòlẹ́sẹ (colocar em ordem).
ORGANIZAR CONCLAVE, *v.* pòbìrìkòtò > Wọ́n pòbìrìkòtò – Eles se organizaram para discutir seus planos; > òbìrìkìtì, òbìrìkòtò – círculo.
ORGANIZAR JUNTO, *v.* tòlù, tòpọ̀ > Ó tó wọ́n pọ̀ – Ele os organizou em fila.
ORGANIZAR, ARRUMAR NO CHÃO, *v.* tòsílẹ̀ > A tò ewé sílẹ̀ – Nós organizamos as folhas no chão.
ÓRGÃO GENITAL, *s.* ẹ̀yà ìrin-abo (feminino).
ÓRGÃO, PIANO, *s.* dùùrù.
ÓRGÃO SEXUAL, *s.* ẹ̀yà ìrin > ẹ̀yà ìrin akọ̀ – órgão sexual masculino.
ÓRGÃO DIGESTIVO, *s.* èèlọ̀, òòlọ̀.
ÓRGÃOS DO CORPO, *s.* ẹ̀yà ara.
ORGASMO, CLÍMAX SEXUAL, *s.* òkè-ara.
ORGIA, DIVERSÃO, *s.* ìrède-òru.
ORGULHAR-SE, SER CONCEITUADO, *v.* gbéraga, ṣògo > Ó ṣògo orò tí ó ti nṣe – Ele se gabou da obrigação que estava fazendo.
ORGULHO, ALTIVEZ, *s.* ètè, ládòfo > Mo ní ètè láti ṣe ọ̀rẹ́ rẹ – Eu tenho orgulho de ser seu amigo.
ORGULHO, ARROGÂNCIA, *s.* ìgbéraga, ìrera.
ORGULHOSAMENTE, *adv.* kàṣà.
ORGULHOSO, CONCEITUADO, *adj.* níhàlẹ̀, gbéraga > Ó gbéraga – Ele é conceituado.
ORGULHOSO, ARROGANTE, *adj.* nígbéraga.
ORIENTAÇÃO, *s.* ìṣàlàyé.
ORIENTAL, *adj.* níhà-ìlà oòrùn.
ORIENTE, *s.* gábàsí.
ORIFÍCIO, ABERTURA, *s.* ẹnu.

ORIFÍCIO DE ARMA – OS DOIS, AMBOS

ORIFÍCIO DE ARMA, *s.* ojúkú.
ORIGEM, RAIZ, *s.* àtilẹ̀nde, ìpìlẹ̀sẹ̀, ìpilẹ̀ > ìbẹ̀rẹ̀ – começo.
ORIGEM DA VIDA, *s.* ìṣẹ̀dá ìyẹ̀ > ìṣẹ̀dá èdùmàrè – origem do universo.
ORIGEM DO MUNDO, *s.* ìṣẹ̀dáyé.
ORIGINAL, *adj.* àpilẹ̀sẹ̀, àtilẹ̀bá.
ORIGINAL, NATURAL, *s.* àbíníbí, àtilẹ̀bá (costume tradicional).
ORIGINALMENTE, *adv.* nípilẹ̀sẹ̀, níbẹ̀rẹ̀.
ORIXÁ, DIVINDADE, *s.* Òrìṣà, Òòṣà; em alguns casos, definido como ẹbọra.
ORLA MARÍTIMA, *s.* ẹ̀ba òkun, etí òkun.
ORNAMENTAR, *v.* ṣelọ́ṣọ́ > Wọ́n nṣe ilé rẹ̀ lọ́ṣọ́ – Eles estão decorando a casa dela; > ọlọ́ṣọ́ – ricamente ornamentado.
ORNAMENTO FÚNEBRE, *s.* aṣàpa.
ORNAMENTO, DECORAÇÃO, *s.* ọ̀ṣọ́, ẹ̀ṣọ́, ohun-ọ̀ṣọ́ > Ìwà rere ni ẹ̀ṣọ́ ènìà, ehín funfun ni ẹ̀ṣọ́ ẹrin – Um bom caráter adorna uma pessoa, os dentes brancos adornam um sorriso.
ORNAR, COBRIR, *v.* sán > Wọ́n sán màrìwò – Eles ornamentaram com folhas desfiadas da palmeira.
ORQUESTRA, *s.* agbo eléré (grupo).
ORTODOXO, *s.* onítara-èsìn.
ORTOPEDISTA, *s.* oníṣègùn eegun-títò.
ORVALHO MATUTINO, *s.* eeni, enini.
ORVALHO, SERENO, *s.* ìrì > Ìrì wọ̀wọ̀ ọmọ ìyá òjò – O forte nevoeiro é o filho da chuva (*fig. ling.*); > Ìrì máa nsé púpọ̀ láàrọ̀ – O orvalho costuma aparecer de manhã.
OSCILAÇÃO, VACILO, *s.* amì.
OSCILANDO, *adv.* dòdò, doo-doo, doro-doro (enfatiza algo balançando).
OSCILANTEMENTE, *adv.* lódìròdiro.
OSCILAR, BALANÇAR, *v.* mìlẹ̀gbẹ̀ẹ́, fi káákiri.
ÓSCULO, BEIJO, *s.* ìfẹnukonu < fi + ẹnu + kò + ẹnu > Lákọ́kọ́ kìkì ìfẹnukonu nìkan ni – No começo era apenas um beijo.
OS DOIS, AMBOS, *adj.* méjèèjì > Ó fún mi ni méjèèjì – Ela me deu todos os dois.

OSLO, *s.* Ọ́slò (capital da Noruega).
ÓSSEO, OSSUDO, *adj.* elégun (magro) > kìkì eegun – somente ossos.
OSSIFICAÇÃO, *s.* ìdeegun.
OSSO DA COXA, *s.* eegun itan > eegun ọrùn-ẹsẹ̀ – osso do tornozelo.
OSSO DA MANDÍBULA, *s.* eegun parì ẹ̀rẹ̀kẹ́.
OSSO DO BRAÇO, *s.* eegun apá > eegun ọrùn-ọwọ́ – osso do pulso.
OSSO DO CARPO, *s.* eegun ọrùn-apá.
OSSO DO DEDO, FALANGE, *s.* eegun ìka.
OSSO DO PEITO, *s.* igbà-àìyà, igbáìyà, eegun àyà.
OSSO DO TÓRAX, *s.* gẹ̀gẹ̀sì ayà.
OSSO, ESQUELETO, *s.* egungun, eegun, egigun > kòròfo inú eegun – cavidade de ar dentro do osso.
OSSO MAXILAR SUPERIOR, *s.* eegun ẹ̀rẹ̀kẹ́.
OSTENSIVO, VISÍVEL, *adj.* híhàn.
OSTENTAÇÃO, EXIBIÇÃO, *s.* fáàrí > Ó fi aṣọ pupa ṣe fáàrí – Ela usou roupa vermelha para se exibir; > àṣehàn – pessoa que gosta de se exibir.
OSTENTAÇÃO, FANFARRONICE, *s.* ìhalẹ̀, ahalẹ̀.
OSTENTAÇÃO, PROVOCAÇÃO, *s.* fọ́rífọ́rí > Ó fi ọrọ̀ rẹ́ ṣe fọ́rífọ́rí – Ele usou a riqueza dele e fez ostentação.
OSTENTAÇÃO, *s.* ìṣeféfé, ìṣoge, oge (para atrair a atenção).
OSTENTAR, EXIBIR-SE, *v.* yànga, léri, halẹ̀ > ṣe àṣehàn – fazer exibição.
OSTENTAR, SER ELEGANTE, *v.* ṣe_lóge (atrair a atenção) > Ó ṣe mi lóge – Ela me vestiu de forma a chamar a atenção; > fihàn – exibir.
OSTENTAR, VANGLORIAR, *v.* janú < jà + inú > Ó janú – Ele está se gabando.
OSTEOLOGIA, *s.* ẹ̀kọ́ nípa eegun (tratado dos ossos).
OSTEOSSARCOMA, *s.* akàn eegun (inflamação nos ossos).
OSTRA, *s.* ìsán.
OSTRACISMO, *s.* àìlábò òfin > lékùrò – banir.
OTALGIA, *s.* etí dídùn (dores no ouvido).
ÓTICA, *s.* ẹ̀kọ́ nípa ìtànná àti ìríran (estudo sobre a luz e a visão).
OTIMISMO, *s.* nírètí > àìnírètí – pessimismo.
ÓTIMO, *adj.* dáṣaṣa.

OTITE – OUTRO, ALGUM

OTITE, *s.* etí wíwú (inflamação no ouvido).
OTOLOGIA, *s.* ẹ̀kọ́ nípa etí (estudo sobre o ouvido).
OTORREIA, *s.* eté títú (fluxo pelo ouvido).
OTORRINOLARINGOLOGIA, *s.* ìṣègun àrùn etí, imú àti ọfun (tratamento das doenças do ouvido, nariz e garganta).
OU, *conj.* tàbí, àbí > O yé mi tàbí kò yé mi? – Você me entendeu ou não?. *Obs.: tàbí* não usa nenhuma partícula interrogativa para iniciar a frase.
OU... OU, SEJA... SEJA, *conj.* yálà... tàbí, yálà... àbí > Yálà ẹ lówó tábi ẹ ò lówó, ẹ gbọ́dọ̀ lọ – Ou você tenha dinheiro, ou você não tenha dinheiro, você deve ir.
OURIVES, *s.* alágbẹ̀dẹ góùlù.
OURO, *s.* wúrà, iwóòrò, góólù (do inglês *gold*).
OUSADAMENTE, *adv.* gàdàgbàgadagba.
OUSAR, *v.* dáwọ́lé > Ó dáwọ́lé iṣẹ́ yìí – Ela se incumbiu deste trabalho; > fàyá < fi + àyà – usar de bravura.
OUTONO, *s.* ìgbà ìkórè, àkókó ìkórè, ìgbà ìwọ́wé.
OUTORGADO, CEDIDO, *s.* alábùsí.
OUTORGAR, *v.* fi_bùn > Ó fi owó yìí bùn ìyá rẹ̀ – Ele doou este dinheiro à mãe dele.
OUTRA COISA, UM OUTRO, *s. e adj.* ìmí, òmí, òmíràn > Ó fún mi òmíràn – Ela me deu outra coisa.
OUTRA PESSOA, *s.* onítọ̀hún (aquela outra).
OUTRA VEZ, *adv.* ẹ̀wẹ̀ (novamente) > Ó fẹnukonu mi ẹ̀wẹ̀ – Ele me beijou outra vez.
OUTRO DIA, RECENTEMENTE, *adv.* níjélò, níjọun, níjọ́sí > Níjọ́sí ni ó lọ – Ele foi no outro dia; > ijọ́ míràn – outro dia.
OUTRO TEMPO, *adv.* ìgbàmíràn > nígbàmíràn – num tempo, outras vezes > Mo rí i nígbàmíràn – Eu a vejo algumas vezes.
OUTRO, OUTRA, *pron. indef.* ẹlò, ẹlòmíràn > Ìwọ kò fi ti ẹlòmíràn àfi ti ara rẹ – Você não usará o que é dos outros, somente o que é seu.
OUTRO, ALGUM, *adj.* míràn, mí (um outro) > Èmi ní ọ̀ré míràn – Eu tenho outro amigo; > Àrà mí ti dóde – Uma outra moda retornou; > Ènìà míràn – Outras pessoas.

OUTRORA, *adv.* nígbà-àtijọ́.
OUTUBRO, *s.* Oṣù Ọ̀wàrà, Oṣù kẹ́wá ọdún, Oṣù Ọ̀któóbà (do inglês *October*).
OUVIDO, *s.* etí > Bí etí kò gbọ́ inú kì í bàjẹ́ – Se o ouvido não ouve, o coração não sente; etí wíwú – inflamação do ouvido.
OUVINTE DE PEDIDOS, *s.* elétí gbáròyé.
OUVINTE, AUDITOR, *s.* olùgbọ́n.
OUVINTE, *s.* aláfẹ́tigbọ́, asetí, olùtẹ́tísílẹ̀, olùgbọ́.
OUVIR ALGO TRISTE, *v.* gbọ́ yínkìn.
OUVIR AS NOVIDADES, *v.* gbọ́rọ̀ > Ó gbọ́rọ̀ mi.
OUVIR AS PALAVRAS, NOVIDADES, *v.* gbọ́rọ̀ < gbọ́ + ọ̀rọ̀ > Ó gbọ́rọ̀ mi – Ela me ouviu.
OUVIR BARULHO, *v.* gbáriwo < gbọ́ + ariwo.
OUVIR COM ATENÇÃO, *v.* fetísílẹ̀ < fi + etí + sílẹ̀ (prestar atenção).
OUVIR E ARGUMENTAR, *v.* gbófé.
OUVIR ESCONDIDO, *v.* fetíleko < fi + etí + leko (agir como um intrometido).
OUVIR FALAR, *v.* gbọ́_sọ > Mi ò gbọ́ tí ẹ sọ – Eu não ouvi o que você disse.
OUVIR MAL, CONFUNDIR-SE, *v.* sìgbọ́.
OUVIR NOTÍCIAS, *v.* gbúró < gbọ́ + ìró > Wọ́n kò gbúró ìpadà mi – Ela não ouviu as notícias do meu retorno.
OUVIR POR ACASO, *v.* fetíkọ́ < fi + etí + kọ́ > Ó fetíkọ́ ọ̀rọ̀ mi – Ela ouviu minha conversa por acaso.
OUVIR RÁDIO, *v.* fetísí rédíò < fi + etí + sí (do inglês – *radio*).
OUVIR SOB INFLUÊNCIA, *v.* fetísí < fi + etí + sí (dar ouvidos a).
OUVIR UM CASO, *v.* gbéjọ́ < gbọ́ + ejọ́.
OUVIR UMA VOZ, *v.* gbohùn < gbà + ohùn.
OUVIR, ESCUTAR, *v.* gbọ́, fetí < fi + etí > Mo fetí gbọ́ ọ – Eu o ouvi (lit. eu usei o ouvido para ouvi-lo).
OVAÇÃO, EXCLAMAÇÃO, *s.* ayọ̀, ìyìn > ìpàtẹ́wọ́ < pa + atẹ́ + ọwọ́ – aplauso.
OVAL, *s.* ọ̀gbún > ọlọ́gbún – formato oval.

OVA DE PEIXE, s. ìlẹ̀kẹ̀ ẹja, ẹyin ẹja.
OVARIECTOMIA, s. ibú-ẹyin wíwú (extirpação do ovário).
OVARIOTOMIA, s. iṣẹ́-abẹ ibú-ẹyin (cirurgia do ovário).
OVÁRIO, s. ibú ẹyin.
OVAS DE RÃ, s. ìlẹ̀kẹ̀ ọ̀pọ̀lọ́.
OVELHA, s. àgùtàn > ọ̀dọ́ àgùtàn – cordeiro.
OVÍPARO, adj. ayéyin (reprodução por meio de ovos).
OVO, s. ẹyin > Ó dín ẹyin méjì fún mi – Ela fritou dois ovos para mim; > aríbí-ẹyin – ovoide.
ÓVULO, s. àdàmọ̀-èso.
OXIDAÇÃO, s. ìfiyinásè.
OXIGÊNIO, s. òyiná.
OZÔNIO, s. òyì-ará.

PACIÊNCIA, *s.* sùúrù, àtẹmọ́ra > Ó mú sùúrù fún mi – Ela tem paciência comigo (lit. ela trouxe a paciência para mim); > onísùúrú – pessoa paciente, tolerante.
PACIENTE, RESIGNADO, *adj.* ìpamọ́ra < pa + mọ́ + ara.
PACIFICAÇÃO, RECONCILIAÇÃO, *s.* ìlàjà.
PACIFICADOR, CONCILIADOR, *s.* onílàjà.
PACIFICAMENTE, *adv.* láìyapa.
PACIFICAR, ACALMAR, *v.* pẹ̀tùsì, tẹ́nínú, dẹ̀rọ̀ < dà + ẹ̀rọ̀ > Ó tẹ́ mi nínú – Ele me acalmou.
PACÍFICO, MODERADO, *s.* ìtunú < tú + inú > parọ́rọ́ – calmo, em silêncio.
PACÍFICO, NÃO QUIETO, *s.* àìrorò > Ẹni àìrorò – Pessoa tranquila; < àì – não, rorò – rigoroso, agitado.
PACÍFICO, AMISTOSO, *adj.* láìníbẹ̀rù, nílàjà.
PACIFISMO, *s.* ìwàpẹ̀lẹ̀ (oposição à violência).
PACIFISTA, *adj.* oníwapẹ̀lẹ̀.
PACOTE, EMBRULHO, *s.* ìdì > òketè – fardo, equipamento; > dẹrù – empacotar; > ẹrù – pacote, embrulho > Ẹrù kékeré tí kò wúwo – Pequeno embrulho que não é pesado.
PACTO COMERCIAL, *s.* ìpànpá, pànpà.
PACTO, ALIANÇA, *s.* àdàpọ̀, ìpíhùn, àdéhún > ìlérí – promessa.
PACTUAR, *v.* fìmulẹ̀ (manter um compromisso).

PADARIA, *s.* ilé búrẹ́dì.
PADEIRO, *s.* adínkàrà < ẹnití nṣe búrẹ́dì – aquele que faz o pão.
PADIEIRA, *s.* àtẹrígbà.
PADIOLA, **PRANCHA**, *s.* paafà, pàrafà.
PADRÃO, *s.* òṣùnwọ̀n (medida para calcular).
PADRÃO, **CRITÉRIO**, *s.* apéwọ̀n.
PADRÃO DE VIDA, *s.* irú ìgbé-ayé.
PADRASTO, *s.* ọkọ iyá.
PADRE, *s.* páàdì (do inglês *priest*).
PADRE-NOSSO, *s.* Àdúrà Olúwa (reza) > Bàbá wa tí mbẹ l'ọ́run – Pai nosso que estais no céu.
PADRINHO, *s.* bàbá ìsàmí.
PADRONIZAR, *v.* fiṣàpẹẹrẹ (tomar como um exemplo).
PAGADOR, *s.* asanwó.
PAGADOR DE IMPOSTOS, *s.* asanwó-orí.
PAGAMENTO À PRESTAÇÃO, *s.* àdáwìn.
PAGAMENTO À VISTA, *s.* owó-lọ́wọ́ (lit. dinheiro nas mãos).
PAGAMENTO DE ALUGUEL, *s.* owó ilé > Lóní, mo sanwó ilé mi – Hoje, eu paguei o meu aluguel.
PAGAMENTO FEITO, *s.* ọ̀yà, ìsanwó, owó sísan > ẹsan – recompensa > Ó san ẹsan rere fún mi – Ele pagou com uma boa recompensa para mim.
PAGAMENTO PELO ENSINO, *s.* owó-ìkóní > Owó ẹ̀kọ́ nílé ìwé – Dinheiro da aula no curso.
PAGANISMO, *s.* àìgbà Ọlọ́run gbọ́ (lit. não acreditar em Deus).
PAGÃO, **INCRÉDULO**, *s.* aláìgbàgbọ́, kèfèrí (do hausá *kafiri*) > Ṣé kèfèrí ni ẹ́? – Você é incrédulo?
PAGAR A MAIS, *v.* sanàsanlé (leia: sanà(n) sanlé).
PAGAR À PRESTAÇÃO, *v.* dáwin > Ó dáwin lẹ́ẹ̀mẹ́ta – Ela pagou em três vezes.
PAGAR ANTECIPADAMENTE, *v.* sanwó sílẹ̀.
PAGAR DÍVIDA, *v.* sangbèsè.
PAGAR DOTE, *v.* dáná.

PAGAR EM DINHEIRO, v. sanwó < san + owó > Mo fẹ́ sanwó nísisìyí – Eu quero pagar à vista; > O lè sanwó lẹ́ẹ̀mẹ́ta – Você pode pagar em três vezes.

PAGAR POR PARTE, v. san_kú > Ó san án kù – Ele pagou isto em partes.

PAGAR UMA VISITA, v. bẹ̀_wò > Ó bẹ̀ mí wò – Ela me fez uma visita.

PAGAR, RECOMPENSAR, v. san.

PAGÁVEL, adj. sísan.

PÁGINA, s. ewé – ìwé (folha de livro).

PAI DE UMA SOCIEDADE, s. bàbá ẹgbẹ́ (o que preside uma sociedade).

PAI PEQUENO, s. bàbá kékeré (denominação de um pai de família, quando o avô ainda está vivo, em respeito à idade).

PAI, MESTRE, s. bàbá, baba > Bàbá mi bí ọmọ mẹ́rin – Meu pai deu nascimento a quatro filhos.

PAIRAR, v. ràbàbà (tremular em cima de) > Àṣá yẹn nrà bàbà – Aquele falcão está pairando no ar.

PAIRAR NO AR, ELEVAR-SE, v. fògasókè > Ó fòga sókè – Ele pulou alto.

PAÍS, NAÇÃO, s. orílẹ̀-èdè, ìlù > Ìlù wo ni o tiwá? – De qual país você veio?

PAÍS DE ORIGEM, s. ibití abí ẹnìà – local de nascimento da pessoa.

PAISAGEM, PANORAMA, s. ojú-ilẹ̀ > ilẹ̀ tí a lè fi ojú rí – terra que podemos apreciar.

PAIXÃO, EMOÇÃO PROFUNDA, s. wíwùnílórí, èjánú, ìjánú.

PAIXÃO, ZELO, s. ìtara.

PALÁCIO DO GOVERNO, s. Ilé Gómìnà (do inglês *governor*).

PALÁCIO REAL, s. ilé ọba.

PALÁCIO, s, ààfin > aláàfin – rei do palácio, título real; > ùgà > Ọbanúgà – palácio do rei.

PALADAR, s. ládùn < ní + adùn – ter gosto > Ó ládùn – Ela é doce; > ìtọ́wò – antegosto, ato de provar antes.

PALATO, CÉU DA BOCA, s. àjà ẹnu.

PALAVRA ATUAL, s. ọ̀rọ̀yọ́rọ̀.

PALAVRA DADA, s. ọ̀rọ̀yọ́rọ̀ bíbun.
PALAVRA DE HONRA, s. ọ̀rọ̀ ògo.
PALAVRA MENTIROSA, s. ọ̀rọ̀ èké > Ìwọ nsọ̀rọ̀ èké – Você está dizendo mentiras.
PALAVRAS ÁSPERAS, s. ọ̀rọ̀ ìbínu, ọ̀rọ̀ ìbáwí.
PALAVRAS CARINHOSAS, s. òrọ̀ pẹ̀lẹ́, òrọ̀ ìfẹ́ > ìpọ́nni – adulação.
PALAVRAS DE CONFORTO, s. ọ̀rọ̀ ìtùnú.
PALAVRA IMPORTANTE, s. pàtàkì-ọ̀rọ̀.
PALAVRAS INDEVIDAS, s. ìsìsọ.
PALAVRAS INICIAIS, s. ọ̀rọ̀ ìṣàjú.
PALAVRAS INÚTEIS, s. ọ̀rọ̀ asán > Ó sọ̀rọ̀ asán – Ele falou palavras vãs (sọ̀rọ̀ < ṣe ọ̀rọ̀ – falar).
PALAVRAS MÁGICAS, s. òrọ̀ èfún.
PALAVRAS NOVAS, s. ọ̀rọ̀ titun > Olùkọ nsọ ọ̀rọ̀ yorùbá titun – O professor está dizendo palavras novas yorùbás.
PALAVRAS, TEXTO, s. ọ̀rọ̀ > Pari ọ̀rọ̀ rẹ! – Fale de uma vez!
PALAVREADO, DISCUSSÃO, s. àròyé ejọ́.
PALCO, TABLADO, s. pèpéle (local para o público falar).
PALESTINA, s. Palestáìnì (Estado da Palestina localizdo no Oriente Médio).
PALESTRA, CONVERSAÇÃO, s. ọ̀rọ̀sísọ.
PALESTRANTE, s. olùkóni.
PALETÓ, s. aṣọ-ìléké, kóòtù (do inglês *coat*).
PALHA DE MILHO, s. haaham, háríhá, ìpẹ́.
PALHA, CASCA, s. èèpo.
PALHA, FENO, s. sakasaka.
PALHAÇADA, s. ìṣẹ̀fẹ̀, dídárà > ìsọkúsọ – falar qualquer coisa.
PALHAÇO, GOZADOR, s. oníyẹ̀yẹ́ > yẹyẹ́ – gozação.
PALHAÇO, s. alápará, apanilẹ́rin.
PALHA-DA-COSTA, s. àko, ìko (fibra de ráfia da palmeira igi ọ̀gọ̀rọ̀ – *Raphia vinifera*).
PALIATIVO, MACIEZ, s. ẹ̀rọ̀ > Omi ẹ̀rọ̀ – Água que acalma (também a denominação do fluido extraído do caramujo ìgbín, no culto a Òṣàlá).

PALIÇADA, *s.* ọgbà (área cercada com estacas).
PALIDEZ, *s.* rírù (especialmente depois de uma doença).
PÁLIDO, *adj.* tòsitòsi.
PÁLIDO, ANÊMICO, *adj.* àìléjẹ̀, ràndánràndán.
PALITAR OS DENTES, *v.* tahín, tayín < ta + ehín > Èmi kò máa ntahín – Eu não costumo estar palitando os dentes.
PALITO DE DENTES, *s.* ìtáyín, ìtáhín.
PALMA DAS MÃOS, *s.* àtẹ́lẹ̀wọ́, àtẹ́wọ́ > ìbú-àtẹ́lẹ̀wọ́ – largura da palma da mão; > Ilà-àtẹ́lẹ̀wọ́, ilà-owọ́ – Linhas das palmas das mãos.
PALMADA, TAPA, *s.* ìgbátí > gbá_ní ìdí – palmada na bunda > Ó gbá mi nídí – Ela me deu uma palmada na bunda.
PALMAS, APLAUSOS GERAIS, *s.* ìṣápẹ́ > pawọ́ – bater palmas; > Wọ́n npawọ́ – Eles estão aplaudindo; > ìpatẹ́wọ́ – aplausos < pa – juntar, bater + tẹ́ – estender + ọwọ́ – mãos.
PALMEIRA DA PALHA-DA-COSTA, *s.* igi ògòrò, ògùrò.
PALMEIRA DE DENDEZEIRO, *s.* igi ọ̀pẹ – *Elaeis Guinensis* (imọ̀ ọ̀pẹ – denominação das folhas novas, mais altas, do dendezeiro).
PALMEIRA DE IFÁ, *s.* ọ̀pẹ ifá (de onde se extrai o coquinho – *ikin* – para o jogo).
PALMEIRA PEQUENA, *s.* ọ̀pẹ rẹ̀kẹtẹ̀.
PALMEIRA, *s.* igi edú (produz a semente usada no ọ̀pẹ̀lẹ̀-ifá).
PALMEIRAL, *s.* olópẹ̀.
PALMO, *s.* ìbú-àtẹ́lẹ̀wọ́.
PALPÁVEL, *adj.* ohun mímúdání, ṣíṣe farakà (plano, que pode ser tocado).
PÁLPEBRA, *s.* ipénpéjú.
PALPITAÇÃO DO CORAÇÃO, *s.* ọkàn lílù, ọkàn kíkùn.
PALPITAÇÃO, ARQUEJAMENTO, *s.* ìmíhẹlẹ.
PALPITAÇÃO, *s.* àdámì, mímí fúkẹfúkẹ.
PALPITANTE, SALTITANTE, *adv.* fúkẹ́fúkẹ́ > Ó mí fúkẹ́fúkẹ́ – Ele está ofegante.
PALPITANTEMENTE, *adv.* kílokílo.
PALPITAR, *v.* lù, já > Àyà mi njá – Meu coração está palpitando.

PALPITE, DICA, s. obó (insinuação).
PANACEIA, s. awogba-àrún (remédio para todos os males).
PANAMÁ, s. Panamá > ìlà-omi Panamá – Canal do Panamá.
PANARÍCIO, s. àkàndùn (inflamação).
PANÇA, BARRIGA, s. ikùn bènbè, ikún nlá (barriga grande).
PÂNDEGA, DIVERSÃO, s. ìrède-òru.
PANDEMÔNIO, TUMULTO, s. ariwó nlá, rúkèrúdò > Rúkàrúdò ènìà – Uma pessoa turbulenta; > rúgúdú – confusão > Mo dá rúgúdù sílè – Eu causei confusão.
PANELA DE CADINHO, s. kóro, akoso.
PANELA, CAÇAROLA, s. ìkòkò, páànù (do inglês *pan*) > Tani ó fò wón ìkòkò? Èmi kò mò – Quem lavará as panelas? Eu não sei.
PANELA, PRATOS, s. tásà, àlàtí.
PANFLETOS, BROCHURA, s. ìwé kékeré, ìwé-pelebe, ìwé kékeré.
PÂNICO, ANSIEDADE, s. àìyà-jíjà > ìdágìrì – alarme.
PÂNICO, TERROR, s. ìpáyà < pá + àyà.
PANO DE ALGODÃO, s. olówóyò.
PANO-DA-COSTA, s. aso òkè > Mò nwá aso ókè mi – Estou procurando meu pano-da-costa.
PANÓPLIA, s. ìhámóra-ogun (adorno com instrumentos de guerra).
PÂNTANO, BREJO, s. irà, eré.
PANTERA, s. àmotékùn.
PÃO ÁZIMO, s. àìwúkàrà.
PÃO DE MILHO FRITO, s. mósà, lápàtá.
PÃO, s. búrédí (do inglês *bread*) > Mi ò lè je búrédi báyìí – Eu não posso comer pão agora.
PÃO-DURO, AVAREZA, s. ìláwun, ìháwó > ìláhun – avareza.
PÃO-DURO, MISERÁVEL, adj. lókánjúwà.
PÃOZINHO, s. ìsù-àkàrà (bolinho da massa do feijão-fradinho).
PAPA, MINGAU, s. dèngé.
PAPA, PONTÍFICE, s. Bàbá Mímó, Póòpù (do inglês *Pope*).
PAPADA, s. jòjò, jòjò-mèrì (de animal, carneiro, cabra).
PAPAGAIO PEQUENO, s. agánrán, aiyékòótó, eiye ayékòtító, òfé.

PAPAGAIO, *s.* ìkóódẹ, odídẹ (cor cinza e branca, cauda vermelha brilhante e que imita a fala).
PAPAGAIO, *s.* téédé (espécie que destrói plantações de milho).
PAPEL SANITÁRIO, *s.* pépà ìnudí.
PAPEL, PAPEL ESCRITO, *s.* tákàdá (do hausá *tákàrdá*).
PAPEL, *s.* pépà (do inglês *paper*).
PAPEL, CARTA, LIVRO, *s.* ìwé > Ìwé mi dà? – Onde está meu livro?; > ìwé fẹ́lẹ́ – papel fino. *Obs.*: dà – onde está? – verbo interrogativo.
PAPO, *s.* gbẹ̀gbẹ̀, gẹ̀gẹ̀.
PAPO, *s.* gbẹ̀gbẹ̀, gẹ̀gẹ̀ (protuberância no pescoço).
PAQUIDERME, *s.* oníwọ̀ára onípọn (que tem a pele espessa, grossa como o elefante).
PAQUISTÃO, *s.* Pakístáànì (país localizado no sul da Ásia).
PAR, COMPANHEIRO, *s.* ẹgbẹ́ > Àwọn ẹgbẹ́ wà lọ́dọ̀ mi – Meus companheiros estão junto de mim; > méjì-méjì – dois a dois > Nwọ́n tò ní méjìméjì – Eles formaram fila dois a dois; > ògbà – um companheiro.
PARA A BASE DE, *adv.* sídí < sí + ìdí > Ó lọ sídí ọkọ̀ – Ele foi para a popa do barco.
PARA ALGUM LUGAR, *adv.* síbìkan > Ó lọ síbì kan – Ela foi para algum lugar.
PARA AQUI, *adv.* síbí < sí + ibí (a preposição *sí* indica movimento).
PARA BAIXO, *adv.* sílẹ̀ (usado como segundo componente na composição de verbos com este sentido) > Ó ṣubú sílẹ̀ – Ele deslizou e caiu; > Wọ́n fiṣẹ́ sílẹ̀ láìṣe – Eles deixaram o trabalho inacabado, sem fazer.
PARA CIMA DE, SOBRE, *prep.* sórí < sí + ori > Fi omi dúdú sí orí iná – Ponha o café no fogo; > lórí – em cima.
PARA CIMA, PARA O ALTO, *adv.* múkúnmúkún, sókẹ̀ < sí + òkè > Ó so ó sókẹ̀ – Ele o pendurou para cima; > Ó rú múkúnmúkún – Ele pulou para cima.
PARA BAIXO DE, *prep.* sábẹ́ < sí + abẹ́.
PARA DENTRO DE, *adv.* sínú.
PARA ELE, *adj.* Ó ntóbi sí i – Ele está grande para ela; > sí mi – para mim.
PARA ELE MESMO, *adj.* fúnrarẹ̀, fárarè > Òun fúnrarẹ̀ ni – É ela mesma.

PARA A FRENTE, À FRENTE, *adv.* síwájú > níwájú – em frente.
PARA LÁ E PARA CÁ, *adv.* síhínsọ́hún > Nwọ́n fẹ́ràn láti máa sáré síhín, sáré sọ́hún – Eles gostam de correr para lá e para cá; > Ó lọ síhínsọ́hún – Ela foi para lá e para cá.
PARA LÁ, *adv.* síbẹ̀ < sí + ibẹ̀ > A lọ síbẹ̀ – Nós fomos para lá.
PARA ONDE?, *adv. interrog.* síbo ni?
PARA OUTRO LUGAR, *adv.* síbòmíràn > Ó lọ síbòmíràn – Ele foi para outro lugar.
PARA PERTO DE, *prep.* sọ́dọ̀ < sí + ọ̀dọ̀ (somente usado para pessoas).
PARA QUE NÃO, *conj.* kíámába, kíámáṣe.
PARA SEMPRE, ETERNAMENTE, *adv.* láí, láíláí, títíláé, títí láí > Ó jáde lọ láíláí – Ele foi embora para sempre.
PARA TRÁS DE, *adv.* sẹ́hìn < sí + ẹ̀hìn, séyìn > Ó kú ní ọdún mẹ́ta sẹ́hìn – Ela faleceu há três anos.
PARA TRÁS, ÀS AVESSAS, *adv.* gìdà > Wọ́n bì í sẹ́hìn gìdà – Eles o puxaram para trás.
PARA UM LUGAR, *adv.* síbi < sí + ibi > Ó pè é síbi àsè – Ela me convidou para um lugar no banquete.
PARA, EM DIREÇÃO A, *prep.* sí (usado com verbo que indica movimento; exceções: verbos rẹ̀ – ir embora e bọ̀ – retornar) > Ó lọ sílé – Ó re ilé – Ela foi para casa.
PARA, *prep.* fún, dé (usada antes de substantivo e pronome) > Mo jíṣẹ́ fún ìyá mi – Eu dei um recado para minha mãe; Mo gbé àga fún un – Eu carreguei a cadeira para ele (a 3ª pess. do pron. objeto é representada pela vogal final do verbo ou da prep. *fún*) > Ó ra ìwé kan dé mi – Ele comprou um livro para mim.
PARA, *prep.* sí (usada antes de verbo indicando direção, movimento) > Àwa lọ sí ilé – Nós fomos para casa.
PARA, *prep.* láti (usada antes de verbo no infinitivo) > Ó bẹ̀ mí láti ràn án lọ́wọ́ – Ela me pediu para ajudá-la; > Yánsàn júwe mi láti jẹ́ ọ̀gá rẹ̀ – Yansan me apontou para ser ogan dela.
PARA CÁ, PARA LÁ, *adj.* síhín-sọ́hún, síwá-sẹ́hìn.
PARABENIZAR, FELICITAR, *v.* yìn, bá_yọ̀ > Bàbá mi bá mi yọ̀ – Meu pai me parabenizou.

PARABÉNS, CONGRATULAÇÕES, s. ìyìn, yínyìn – louvor, apreço > O fi yínyìn fún mi – Ele me deu congratulações; > Ẹ kú ojọ́ ìbí – Parabéns pela data de seu nascimento.
PARÁBOLA, s. ìtàn, òwe (provérbio) > àhusọ – ficção, fantasia.
PARABÓLICO, s. aríbí-ọ̀rún (lit. como um arco).
PARADA, DEFESA, s. ẹ̀yẹ.
PARADA CARDÍACA, s. àìgbẹ́sẹ́ ọkán – não realizar trabalho do coração.
PARADA, PROCISSÃO, s. ìtò lẹ́sẹsẹ > títo bí àwọn ọmọ-ogun – formação em fila como soldados.
PARADO, IMÓVEL, s. dídúró níbikan (parado em algum lugar).
PARADOXO, s. báyẹṣerí.
PARAFERNÁLIA, s. ohun-ìní.
PARÁFRASE, s. ìtúmọ̀-ọ̀rọ̀ (tradução livre, explicação).
PARAFINA, s. ìda.
PARAFUSO, s. ìdè.
PARÁGRAFO, s. ẹsẹ > gbólóhun ọ̀rọ̀ – uma frase no texto.
PARAÍSO, s. ọ̀run-rere, parádísè (do inglês *paradise*).
PARALELO, s. pọgbà > ìlà ọgbà méjì – duas linhas iguais > ìjọra – semelhança.
PARALELOGRAMO, s. oníhàmẹ́rin apọgbà (quadrilátero com lados opostos).
PARALISIA, s. àrùn ẹ̀gbà (mal de Parkinson).
PARALÍTICO, adj. légbá, ẹlẹ́gbà.
PARALISAÇÃO, s. ìdúrójẹ́
PARALISADO, adj. kétí, kétírì (entorpecido).
PARALISAR, v. pasára.
PARALISIA DAS MÃOS, adj. rírọ́ apá-ara kan (distensão de um braço).
PARAMENTO, s. àgbàró, ìgbáró (adorno de aluguel) > Àgbàró aṣọ – Roupa de aluguel.
PARAPLÉGICO, s. ẹlẹ́sẹ̀-rírọ.
PARAR ALGUÉM DE TRABALHAR, v. ṣíwọ́, ṣílọ́wọ́ > Ìwọ ṣí mi lọ́wọ́ láti ṣiṣẹ – Você interrompeu o meu trabalho.
PARAR DE CHOVER, v. dá > Òjò ti dá pátápátá – A chuva parou completamente.

PARAR DE FAZER ALGO, *v.* ṣíwọ́ > Ó ṣíwọ́ kọrin – Ela parou de cantar.
PARAR DE IR OU VIR, *v.* sésẹ̀ < sé + ẹsẹ̀.
PARAR DE PRODUZIR, *v.* rérí < ré + orí (cortar, aparar).
PARAR DE REPENTE, *v.* takìjí.
PARAR, DESCANSAR, *v.* sii, sinmi.
PARAR REPENTINAMENTE, *v.* dúróṣí > Ó dúró ṣí – Ela fez uma parada súbita.
PARAR, CESSAR, *v.* dábọ̀ (usado apenas negativamente) > Ó súnkun kò dábọ̀ – Ela chorou sem parar.
PARAR, CONCLUIR, *v.* káṣẹ̀ > Àwa káṣẹ̀ iṣẹ́ wa – Nós terminamos nosso trabalho.
PARAR, FICAR, *v.* fimọ > Fimọ bẹ́ẹ̀ – Deixe assim.
PARAR, *v.* ká, pin > Ẹmu ti ká – O líquido parou de escorrer.
PARASITA INTESTINAL, *s.* jàgbàyà > àfomọ́ – contágio, infecção.
PARASITA, *s.* ajọ̀fẹ́ (sanguessuga).
PARASITA, *s.* yọ̀rọ̀, iyọ̀rọ̀ (que dá no corpo das galinhas).
PARA-SOL, *s.* agboòrún kékeré.
PARCEIRO DE DANÇA, *s.* ìbájó, àbájó.
PARCEIRO, *s.* alábápín, ẹgbẹ́ ẹni.
PARCERIA, *s.* àjùmọ̀ṣe, àjùmọ̀ṣepọ̀ (ação conjunta).
PARCIAL, *adj.* ti apákan.
PARCIALIDADE, FAVORITISMO, *s.* ìṣègbè, ìṣojúsájú.
PARCIALMENTE, À PARTE, *adv.* lápákan > Fún mi lápá kan – Dê-me uma porção.
PARDACENTO, *adj.* pọ́nyanyan.
PARDAL, *s.* ológoṣẹ́ (um pássaro malhado).
PARE!, *exp.* tẹsẹ̀dúró!
PARECER ASSIM, *v.* jọ bẹ́ẹ̀.
PARECER COM, ASSEMELHAR, *v.* jọ > Tundé jọ mí – Tunde se parece comigo.
PARECER COM, SER SIMILAR A, *v.* bájọ > Ó bá mi jọ – Ela é similar a mim.

PARECER RIGOROSO, *v.* ṣojújà.
PARECER SELVAGEM, *v.* wàgànún-gànùn.
PARECER TRISTE, DESCONTENTE, *v.* rojú > Ó rojú – Ele parece descontente.
PARAR DE FAZER ALGO, *v.* ṣíwọ́ > Ó ṣíwọ́ kọrin – Ela parou de cantar.
PARECER UMA PESSOA VELHA, *v.* ṣàgbà < ṣe + àgbà > èla – está agindo como uma velha.
PARECER, ASSEMELHAR, *v.* dàbí, fi_jọ > wé – imitar.
PARECER, SER, *v.* rí, ṣe (usado para indicar aparência e sempre seguido de um advérbio) > Imú rẹ̀ ṣe gọn-gọn – O nariz dele parece pontudo; > Ó rí múlọ́múlọ́ – Ele é felpudo.
PARECIDO, IGUAL, *adj.* ṣọ́gbọ́ọ́gba.
PAREDE, CERCA, *s.* ìgànná (que delimita uma propriedade).
PAREDE, MURO, *s.* ògírí, ẹ̀gbẹ̀-ẹ̀gbẹ̀.
PARENTE FEMININO, *s.* arábìnrin > arákùnrin – parente masculino.
PARENTE LADO PATERNO, *s.* ọbàkan.
PARENTE, *s.* ará, òbí, bí, omore > ará-ilé, aráalé – que moram na mesma casa.
PARENTE, RELAÇÃO FAMILIAR, *s.* ìbísí.
PARENTE, *s.* ìyekan (relacionado com o pai ou mãe).
PARENTESCO POR AFINIDADE, *s.* àna > Àwọn àna mi ránṣẹ́ pè mi – Meus parentes enviaram mensagens convidando-me.
PARENTESCO CONSANGUÍNEO, *s.* àjọbí, ìbátan.
PARÊNTESE, *s.* àmì-ìdè (colchete, sinal gráfico).
PÁRIA, PROSCRITO, *s.* ìfọ́nkálẹ̀.
PARIETAL, *s.* eegun ẹ̀gbẹ́ (ossos laterais do crânio).
PARIS, *s.* Pàríìsì (capital da França).
PARIR, *v.* bímọ < bí + ọmọ.
PARLAMENTO, *s.* ìgbìmọ̀-ìjọba.
PARÓDIA, IMITAÇÃO, *s.* ìsínjẹ.
PARQUE, *s.* ọgbà-ìṣeré, páákì (do inglês *park*).
PARRICIDA, *s.* pípa òbí ẹni.

PARTE DA COXA, s. pólótan (de animal abatido).
PARTE DA TARDE, s. ọ̀sán > Ẹ káàsán, sẹ́ o ti jẹun ọ̀sán? – Boa tarde, você já almoçou?
PARTE DE ALGO, s. abandan.
PARTE DE ALGO, SEÇÃO, s. ẹka > Ẹka ọ̀rọ̀ – Parte de um escrito.
PARTE DE BAIXO, s. abẹ́ (também usado como preposição) > lábẹ́ < ní + abẹ́ > Ó wà lábẹ́ igi – Ele está debaixo da árvore.
PARTE DE TRÁS, s. ẹ̀hìn, ẹ̀yìn > Ó wà lẹ́hìn mi – Ele está atrás de mim.
PARTE DE UM TECIDO, s. ìgàn.
PARTE ÍNTIMA DE UMA CASA, s. yẹ̀wù.
PARTE QUEBRADA, s. ẹsẹ́ (de qualquer coisa).
PARTE, PORÇÃO, s. àràpa, ìpín, apákan > jọpín – dividir, compartilhar.
PARTE, DIVISÃO, s. ẹ̀yà > Àwọn ẹ̀yà ara ní èdè yorùbá – Partes do corpo na língua yorùbá.
PARTEIRA, OBSTETRÍCIA, s. ìgbẹ̀bí, agbẹ̀bí, ẹ̀bí.
PARTES DE ANIMAL ABATIDO, s. tònitóni.
PARTES DO CORPO, s. ẹ̀yà-ara, ẹka-ara.
PARTES ERÓTICAS DO CORPO, s. ayùn-ara.
PARTICIPAÇÃO, s. bíbápín, ìbápín. Ìdásí, ìsojúṣe.
PARTICIPANTE, s. alájọpín > aládásí – participante, provocador.
PARTICIPAR DE ALGO, v. bápín > Ò bá wa pín – Ela nos participou.
PARTICIPAR, TOMAR PARTE, v. pínnínú, fẹṣèra.
PARTÍCULA, s. bíntín, gíngín (pouquinho de algo) > ẹ̀wẹ́ – pequenas partículas.
PARTICULAR, adj. pàtó > pàtàkì – importante.
PARTICULARIDADE, s. ìfarabalẹ̀.
PARTICULARIZAR, v. tò_pinpin, rò_lọ́kòòkan.
PARTICULARMENTE, adv. gúnmọ́, pààpàá, pápàá.
PARTIDA, SAÍDA, s. àtilọ, ìlọ, àlọ, àyún, ìlọkúrò, ìjáde – Àwa nwo ijáde kíní – Estamos assistindo à primeira saída.
PARTIDÁRIO, s. aláfẹ̀hìntì > alátìlẹ́hìn – aquele que dá apoio.
PARTIDO, ASSOCIAÇÃO, s. ẹgbẹ́ > Ẹgbẹ́ ogun – Exército.
PARTIDO POLÍTICO, s. ẹgbẹ́ aṣèlú – partido político.

PARTILHA, DIVISÃO, *s.* ìhágún, àbupín, àjopín (uma ação mútua).
PARTILHA, DISSOLUÇÃO, *v.* ìpín, ìpínyà > Wọ́n ṣe ìpín nínú gbogbo ènìà – Eles fizeram uma partilha entre todas as pessoas; > ìyapa – divisão, separação.
PARTIR EM PEDAÇOS, *v.* fọ́yányán.
PARTIR O CASCO, *v.* labàtà-ẹsẹ̀, yabàtà-ẹsẹ̀.
PARTIR, CORTAR, *v.* làtẹẹrẹ (dividir a madeira em ripas).
PARTIR, DESMEMBRAR, *v.* fọ́_bàjé, fà_já < Ó fà á já – Ele partiu em pedaços.
PARTIR, IR EMBORA, *v.* fọ̀n, sísẹ̀ < sí + ẹsẹ̀ > Ó fọ̀n sí ọ̀nà – Ele partiu.
PARTIR, QUEBRAR, *v.* já > Okùn yìí já – A corda partiu.
PARTO, *s.* ọmọ bíbí.
PARTO NORMAL, *s.* bíbí wẹ́rẹ́, ọ̀nà ìbí (lit. nascimento pelo caminho natural) > ìsọ̀kalẹ̀ – caminho por baixo.
PARTO ABDOMINAL, CESARIANA, *s.* bíbíti alábẹ.
PARTO PREMATURO, *s.* bíbí ọmọ àìpọ́ṣù.
PARTO, AFLIÇÃO, *s.* ìrọbí.
PÁSCOA, *s.* àjínde (ressurreição, renovação).
PASSADEIRA, *s.* alọsọ.
PASSADO LONGO, *adj.* tìantian.
PASSADO, TEMPO ANTIGO, *s.* ìgbàanì > àtijọ́ – tempo antigo.
PASSAGEIRO, VIAJANTE, *s.* èrò > Èrò-ọkọ̀, ará-ọkọ̀ – Passageiro de carro.
PASSAGEM DO ANO, *s.* ìyèdún.
PASSAGEM, CAMINHO, *s.* ipa > Ipa tó kó nínú iṣẹ́ yìí – O caminho que ele fez nesta tarefa.
PASSAGEM PELO RIO, *s.* ìwọ́dò (pouco profundo).
PASSAGEM SOBRE ALGO, *s.* ìdákọjá (levantando o pé ou pulando).
PASSAGEM, VIA PÚBLICA, *s.* ọ̀nà, títì (do inglês *street*) > Ìwọ wà láàrin ọ̀nà – Você está no meio do caminho.
PASSAPORTE, *s.* ìwé-ìròkèèrè, pásípọ́ọ̀tu (do inglês *passport*).
PASSAR FOME, *v.* febipa > Mo febipa mi – Eu passei fome; > Ebi npa mí – Estou morrendo de fome.

PASSAR A FRENTE, *v.* jù > Ó sáré jù – Ele correu demais.
PASSAR O TEMPO COM, *v.* faramọ́ (estar acostumado com).
PASSAR O TEMPO, *s.* ìnaju (ato de relaxar).
PASSAR POR CIMA, OMITIR, *v.* fòdá (fazer vista grossa) > Ó gbójú fo ẹ̀sẹ̀ i dá – Ele fez vista grossa para meu deslize.
PASSAR POR CIMA, SOBRE, *v.* dá_kojá, fẹ́sílara > Ó dá ejò kojá – Ele passou por cima da cobra.
PASSAR ROUPA, *v.* lọ, loṣo > Alágbàfọ̀ lọ aṣọ mi – O tintureiro passou a minha roupa; < lọ + aṣọ = loṣo.
PASSAR, ATRAVESSAR, *v.* là_lọ > Ó la odò lo – Ela atravessou o rio.
PASSAR, SEGUIR, *v.* kojá, páàṣì (do inglês *pass*) > Ẹ kojá ilé wa – Passe em nossa casa; > Ó tutu kojá ààlà – O frio passou dos limites.
PASSARINHEIRO, *s.* apẹyẹ (arapuca).
PÁSSARO CAÇADOR, *s.* ẹiyẹ ọdẹ (pássaro que tem presas).
PÁSSARO DE BICO LONGO, *s.* atíálá.
PÁSSARO MARÍTIMO, *s.* òkín, ẹiyẹ-òkun.
PÁSSARO MÍTICO, *s.* ẹhurù. èluúlú (ligado às feiticeiras).
PÁSSARO QUE CANTA, *s.* ẹiyẹ olórin.
PÁSSARO TIPO PAPAGAIO, *s.* odídẹ, odídẹrẹ́, ódẹ́ (*Psithachus Erithracus*).
PÁSSARO (TIPOS), *s.* kolì-kolì, kowéè, èkùlù, tángáláòrófó, ẹiyẹko, ọ̀sìn (se alimenta de peixes).
PÁSSARO, AVE, *s.* ẹiyẹ, ẹyẹ, abìyẹ́ > ẹléyẹ – ligado às feiticeiras.
PASSATEMPO, *s.* eré ṣíṣe > fájì – diversão.
PASSE, *s.* ìwé ìyọ̀ọ́da (ingresso, documento de identificação).
PASSEAR A CAVALO, *v.* gẹsin < gẹ̀ + ẹsin.
PASSEAR, *v.* fẹsẹ̀rìn, gbatẹ́gùn, rìn gbẹ̀rẹ́.
PASSEATA, *s.* rìn gbẹ̀fẹ́.
PASSEIO, CAMINHADA, *s.* ìrìn, ìrínká > Ìrìn ti sú mi – O passeio me cansou.
PASSEIO, *s.* ọbagẹ̀ (quando se está exausto).
PASSIVIDADE, *s.* àìgbó.
PASSIVO, *adj.* láìṣiṣẹ́ > pẹ̀lú sùúrù – com paciência.

PASSO DE DANÇA, s. mùkúlúmùké.
PASSO EM FALSO, s. kíkọsẹ̀ (tropeção) > ìró ẹsẹ̀ – ruído dado pelos passos.
PASSO, SEQUÊNCIA, s. ìgbẹ́sẹ̀ < gbé + ẹsẹ̀ (ato de avançar).
PASTA DE DENTE, s. ọṣẹ́ ẹhìn.
PASTA DE DOCUMENTO, s. àpò ìkọ̀wé, páálí ìwé – pasta de cartolina.
PASTA, MASSA, s. odo (substância mole).
PASTAGEM, PASTO, s. pápá, koríko > koríko tútù – relva seca.
PASTAR, PASTOREAR, v. jẹ̀.
PASTORAL, adj. iṣẹ́ àlùfá.
PASTOR DE ANIMAIS, s. adaran; olùṣọ́-àgùtàn (o que olha pelas ovelhas).
PASTOR, s. oníwásù, àlúfá ṣọ́ọ̀ṣì (ministro de igreja).
PASTOR, VAQUEIRO, s. darandaran.
PATA DE ANIMAL, s. èékán, èékánàà.
PATENTE, s. ìwé-ẹ̀rí àràtuntun (lit. prova de algo novo).
PATERNAL, adj. bíi bàbá, aṣebíi bàbá.
PATERNIDADE, s. ṣíṣe bàbá > ìwádí bàbá-ọmọ – teste de paternidade.
PATÉTICO, adj. wíwùlórí.
PATÍBULO, TABLADO, s. àkàbà, àkàsọ̀.
PATIFARIA, s. àjẹpa.
PATIFE, CANALHA, s. ìjaje, abòṣì.
PATINHO, s. ọmọ pẹ́pẹ́iyẹ.
PÁTIO, ÁREA, s. ìgà, ọ̀dẹ̀dẹ̀.
PATO, s. pẹ́pẹ́iyẹ.
PATOLÓGICO, s. nípa àìsàn.
PÁTRIA, s. ìlú ẹni.
PATRIARCA, s. bàbá nlá.
PATRIMÔNIO, s. ogún (herança) > Mo jẹ ogun ilé yìí – Eu herdei esta casa.
PATRIOTA, s. olùfẹ́ ilẹ̀ rẹ̀ (lit. amante da terra dele).
PATRIOTISMO, s. ìfẹ́ ìlú ẹni.
PATROCINADOR, s. onígbọ̀wọ́, aláfẹ̀hìntì (aquele que protege e apoia).
PATROCÍNIO, s. ìfẹ̀hìntì.

PATRONATO, APOIO – PEÇA POR PEÇA

PATRONATO, APOIO, s. ìtìléhìn.
PATRONO, s. afúnnilóhun.
PATRULHAR, VIGIAR, v. ṣọ́ àgbèègbè.
PAU, MADEIRA, s. igi > Mo pa ejò àti júwe igi – Eu mato a cobra e mostro o pau.
PAUSA, DESCANSO, s. ìsimi, ìsinmi > Ọjọ́ ìsinmi – Domingo (dia do descanso).
PAUSA, PARADA, s. ìdúró > dẹ́sẹ̀dúró – parar.
PAVÃO, s. ẹiyẹ oge, ẹiyẹ ológe.
PAVILHÃO, ABRIGO, s. àgọ́.
PAVILHÃO AUDITIVO, s. ìdètí (tímpano).
PAVIMENTAR, v. fẹ ọ̀nà (cobrir caminhos) > fi òkúta tẹ́ – usar e colocar pedras.
PAVIMENTO, s. pepele > ibi tí a fo òkúta tẹ́ – local que nós usamos e colocamos pedras.
PAVILHÃO, s. àgọ́, àtìbábá.
PAVIO DE LAMPARINA, s. òwú-ìtànná.
PAVIO DE VELA, s. òwú-fitílà > òwú-fitílà kékeré – pavio curto.
PAVOR, APREENSÃO, s. onnú, omínú.
PAVOR, TERROR, s. ìfòyà, ẹ̀rù, jẹ̀nnẹ̀jẹ̀nnẹ̀, jìnnìjìnnì.
PAZ, FELICIDADE, s. àlàáfíà, àláfíà (do árabe *lafiya*) > Pẹ̀lú àlàáfíà ni mo dé – É com a paz que eu cheguei; > Àlàáfíà ni mo wà? – Você está bem?; > ìrẹ̀lẹ̀ – humildade.
PAZINHA, s. ìkólẹ̀.
PÉ, s. ẹsẹ̀ > gbúnlẹ́sẹ̀ – pé torcido (torcer o pé).
PÉ DE ATLETA, s. ẹhún.
PÉ CÚBICO, MEDIDA, s. ìwọ̀n-àyè-ẹsẹ̀ > ìwọ̀n-àyè-ẹsẹ̀ mẹ́ta – três pés cúbicos.
PÉ-FRIO, s. ẹsẹ̀ tútù > Ìwọ́ ni ẹsẹ̀ tútù – Você é pé-frio.
PEÇA DE ROUPA, s. ìgàn.
PECADO CAPITAL, s. ẹ̀ṣẹ̀ afakú.
PEÇA POR PEÇA, adv. láwẹ́láwẹ́ > Ó bọ́ aṣọ láwẹ́láwẹ́ – Ela tirou a roupa peça por peça.

PEÇA QUEBRADA, s. ìjànjá.
PECADO CAPITAL, s. ìdájọ́ ikú.
PECADO, CRIME, s. ìdésẹ̀.
PECADOR, TRANSGRESSOR, s. ẹlẹ́sẹ̀, adẹ́sẹ̀.
PECAR, ERRAR, v. gbẹ̀sẹ̀ < gbà + ẹ̀sẹ̀ > O gbẹ̀sẹ̀ – Você errou.
PECAR, OFENDER, v. sẹ̀ > àìsẹ̀ – inocência, dẹ́sẹ̀ > Ó dẹ́sẹ̀ sí Ọlọ́run – Ele cometeu um pecado contra Deus.
PECHINCHA, s. àgàgà.
PECHINCHAR, v. níná ọjà, yọ owó ọjà (regatear o preço).
PECULIAR, INCOMUM, adj. àjòjì, sàjèjì, sàbàmì, ìdáyàtọ̀.
PECULIARIDADE, EXCENTRICIDADE, s. ìwà-ọ̀tọ̀ > ohun àjèjì – algo estranho.
PECULARIDADE, CARACTERÍSTICA, s. ìhùwà > ohun pàtàkì nínú ìwà – algo destacável no comportamento.
PECUNIÁRIO, MONETÁRIO, adj. towó.
PEDAÇO DE CARNE OU PEIXE, s. èkìrí.
PEDAÇO DE ENXOFRE, s. òruwọ.
PEDAÇO DE INHAME, s. èrúsu > èèbù – corte de algo destinado à plantação.
PEDAÇO DE MADEIRA, s. bánlù (usado para aplainar o chão).
PEDAÇO DE TECIDO, s. ìrépe.
PEDAÇO EM PEDAÇO, adv. kélekèle, kéreke.
PEDAÇO MAGRO DE CARNE, s. tánná ẹran.
PEDAÇO, FRAÇÃO, s. bíbù (o que está quebrado).
PEDAÇO, PARTE DE ALGO, s. àgasu, àgosu.
PEDAÇO, s. èjá, àlàwẹ́, èlà (de algo partido) > èéfọ́ – cacos de louça.
PEDAÇOS DE CARNE, s. ìjànjá-ẹran, jàbàjábá, òkèlè-ẹran.
PEDAÇOS DE PAREDE, s. ògúlùtu.
PEDAÇOS PEQUENOS, s. bárebàrebáre.
PEDAÇOS, FRAGMENTOS, s. ìjànjá.
PEDAÇOS, PORÇÃO, s. èjá, òkèlè – um pouco de comida.
PEDÁGIO, ALFÂNDEGA, s. owó ibodè, ojúbodè (portal de uma cidade).
PEDAGOGIA, s. ìkọ́ní, ẹnìà kkikọ́.

PEDAGOGO, PROFESSOR, s. olùkọ́.
PEDAL, s. ìtẹsẹ̀.
PEDANTE, s. ẹni tí nfi ìwé mímọ̀ ṣe fújà– aquele que usa um texto conhecido e faz ostentação.
PÉ-DE-MEIA, s. owó ìṣúra, owó-pípamọ́ (lit. dinheiro oculto).
PEDESTRE, CAMINHANTE, s. ẹlẹ́sẹ̀, afẹsẹ̀rìn.
PEDIATRIA, s. ìṣègùn ọmọwéwé > oníṣègùn ọmọwéwé – pediatra.
PEDIDO DE BÊNÇÃOS, s. aperé.
PEDIDO DE PROTEÇÃO, s. àsálù.
PEDIDO QUALQUER, s. ẹ̀bẹ̀kẹ́bẹ̀.
PEDIDO, SOLICITAÇÃO, s. bíbèèrè.
PEDINTE, MENDIGO, s. alágbe, oníbáárà, atọrọjẹ.
PEDIR AJUDA, v. bẹ̀wẹ̀ (ajuda mútua) > Ìwọ lè bẹ̀wẹ̀ ìrànwọ́ àwọn òbí rẹ – Você precisa pedir ajuda a seus pais.
PEDIR ANTECIPADAMENTE, v. bà.
PEDIR DESCULPAS, PERDÃO, v. dákun > Dákun mi – Perdoe-me.
PEDIR DINHEIRO EMPRESTADO, v. ṣíwó, yáwó.
PEDIR EMPRESTADO, v. kó > Ó wá kó owó lọ́dọ̀ mi – Ela veio pedir dinheiro emprestado a mim.
PEDIR ESMOLAS, ESMOLAR, v. ṣagbe.
PEDIR PERDÃO, v. dákun > Dákun mi – Me perdoe > fójì – perdão.
PEDIR POR FAVOR, v. jọ̀wọ́, jọ̀ọ́ > Ẹ jọ̀wọ́, má lọ – Por favor, não vá.
PEDIR PROTEÇÃO, ABRIGO, v. sádi.
PEDIR, INTERCEDER POR, v. ṣìpẹ̀ > Ó ṣìpẹ̀ fún mi – Ela me consolou.
PEDIR, REQUISITAR, v. tọrọ > Tọrọ àforíjì, o sì gbàgbé ọ̀ràn náà – Peça desculpas e esqueça o assunto.
PEDIR, SUPLICAR, v. bẹ̀, bẹ̀bẹ̀ > Mo fẹ́ bẹ̀ ọ́ – Eu quero pedir a você.
PEDOFILIA, s. ìbọ́mọdélòpọ̀, ìbọ́mọdéṣe > abọ́mọdélọpọ – pedófilo.
PEDRA DE AMOLAR, s. òkúta-ìpọ́nrin, ọlọ̀, ọta ìpọ́nbẹ > pọ́n – afiar.
PEDRA DE CAL, s. òkúta-elérú.
PEDRA DE ISQUEIRO, s. òkúta-ìbọn, ọta ìṣáná (que dá faísca).
PEDRA DO MOINHO, s. ọmọrí-ọlọ.
PEDRA FUNDAMENTAL, s. òkúta orílẹ̀.

PEDRA ÍMÃ, s. òkúta-ìmúrin, òkúta-olóòfà.
PEDRA MÁRMORE, s. otadídá.
PEDRA TUMULAR, **LÁPIDE**, s. òkúta-pelẹbẹ.
PEDRA, s. òkúta > òkúta-wẹ́wẹ́ – pedras arredondadas, seixo.
PEDRA DURA, **GRANITO**, s. òkúta-akọ.
PEDRAS MARRONS, **FÉRREAS**, s. yangí.
PEDREGULHO, s. táràá, tàárá.
PEDREIRO, CONSTRUTOR, s. amọlé < mọ – construir, amọ – barro, ilé – caas; > bíríkìlà (do inglês *bricklayer*) > A fi okúta kọ́lé – Aquele que usa pedras para construir.
PEGADA, TRILHA, s. ipasẹ̀ < ipa + ẹsẹ̀.
PEGAJOSAMENTE, adv. mótímótí.
PEGAJOSO, ADESIVO, adj. kẹ́tẹ́pẹ́.
PEGAR ALÉM DE, **TIRAR**, v. bù_kojá.
PEGAR COM FIRMESA, v. mú_dání, gbá_mú, ránmọ́ (aderir, grudar).
PEGAR COMO GARANTIA, v. foríkó.
PEGAR E AMARRAR, v. kó_dì.
PEGAR E ERGUER, v. mú_sókè (coisa leve).
PEGAR E LEVAR, v. mú_lọ (coisas leves).
PEGAR E MISTURAR, v. gbà_lù.
PEGAR E TRAZER, v. gbé_wá (coisas pesadas).
PEGAR E TRAZER, v. mú_bọ̀, mú_wá (coisas leves) > Ìyàwó lọ mú abẹ̀bẹ̀ ifẹ́ná wá – Iyawo vá pegar o abano para atiçar o fogo.
PEGAR E TRAZER, v. timúwá.
PEGAR INTEIRAMENTE, v. ṣàtàn.
PEGAR NA MÃO, v. tẹ́wọ̀gbà.
PEGAR JUNTO, v. mú_pọ̀.
PEGAR PESSOAS EM FALTAS, v. fẹ́fẹ́, fẹ́wọ̀n, fíwọ̀n.
PEGAR PRIMEIRO, v. kọ́mú.
PEGAR UM POR UM, v. mú_ọ̀kọ̀ọ̀kan (um de cada vez).
PEGAR UM POUCO DE COMIDA, v. bòkèlè.
PEGAR, SEGURAR, v. hán > Ọmọdé há bọ̀ọ̀lì – A criança agarrou a bola.

PEGAR, TOMAR, *v.* mú (coisas leves e abstratas) > Mú omi fún mi – Pegue água para mim.
PEIDO, *s.* isó (eliminação de gases intestinais, flatulência).
PEITO, SEIO, *s.* àyà, àìyá.
PEITO, TÓRAX, *s.* àiyà, àyà.
PEIXARIA, *s.* ìsọ̀ ẹja (barraca, tenda).
PEIXE BARBO, *s.* ọ̀bọ̀kún.
PEIXE DE MAR, *s.* ẹja òkun > ẹja odò – peixe de rio.
PEIXE ELÉTRICO, ENGUIA, *s.* ẹja òjìjí.
PEIXE GRANDE, *s.* esé, kútà – tipo de peixe.
PEIXE MINÚSCULO, *s.* ìṣín.
PEIXE SEM ESCAMA, *s.* ẹja àìnípẹ́.
PEIXE, *s.* ẹja > àjẹ̀ ẹja – guelra, barbatana.
PEIXEIRO, *s.* ẹléja, atẹjá < a + tà + ẹjá.
PEIXINHO, *s.* yọyọ, ìṣín.
PEJORATIVO, *adj.* ìṣààtà.
PELA MANHÃ, *adv.* lóròru.
PELA GRAÇA DE DEUS, *exp.* Lágbára Ọlọ́run.
PELANCA, *s.* jọ̀bọ̀jọ̀bọ̀.
PELAR, TIRAR OS PELOS, *v.* bóláwọ.
PELE DE COBRA, *s.* èèkọ ejò.
PELE DO PESCOÇO, *s.* jọ̀bọ̀jọ̀bọ̀ (pendurada no boi, galo, peru).
PELE DOS MÚSCULOS, *s.* popo.
PELE HUMANA OU ANIMAL, *s.* awọ > awọ-ara àtọwọ́dá – pele artificial.
PELE SOLTA, *s.* èya ọwọ́ (acima da cutícula do dedo).
PELE, CASCA, *s.* èèpo.
PELE, *s.* òòfọ̀, ọho (cabra, lagarto).
PELICA, PELE DO ELEFANTE, *s.* aṣọ erin.
PELICANO, *s.* òfú.
PELÍCULA DE MILHO, *s.* kùrùkúrù.
PELÍCULA, *s.* iré-díjúdíjú, iré-bojúbojú (nos olhos dos cegos).
PELO MACIO, PELE, *s.* irunmúlọ́múlọ́.

PELOS ARREDORES, *adv.* yíká, yíkáyíká > Ó yí adágún ká akiri – Ela foi pelos arredores do lado.
PELOS DAS AXILAS, *s.* irun abíyá.
PELOS RIJOS, *s.* irun-gànràngànràn (de barba curta).
PELUDO, ROBUSTO, *adj.* wílikí.
PENA, AFLIÇÃO, *exp.* O ma ṣe o – Que pena!
PENA, CANETA, *s.* kálámù (do árabe *kalamu*).
PENA DE AVE, *s.* ìyẹ́ > ìyẹ́-apá – pena da asa.
PENA DE MORTE, *s.* ìdájọ́ ikú.
PENACHO, PLUMAGEM, *s.* ìyẹ́-ẹiyẹ.
PENALIDADE, *s.* ìyà-ẹ̀ṣẹ̀ > igbèsè – débito.
PENALIZAR, *v.* fiyàjẹ > ìyà – punição.
PENAS DA CAUDA, *s.* ìreré, ìré ìdí (aves e pássaros).
PENDÊNCIA, *s.* ìdádúró.
PENDENTE, *adj.* dò-dò-dò (enfatiza algo dependurado).
PENDENTE, CAÍDO, *adj.* dọ̀dọ̀-dọdọ, jọ̀sàn-jọ̀sàn.
PENDENTE, PENDURADO, *s.* àfikọ́.
PÊNDULO, *s.* fífí agogo (balanço do relógio).
PENDURAR, *v.* gbá_há (ou colocar entre dois elementos).
PENDURAR EM CIMA DE, *v.* rọ̀dẹ̀dẹ̀ > Ó nrọ̀ lórí igi – Ele pendurou em cima da árvore.
PENDURAR, COLOCAR SOBRE, *v.* gbé_kọ́ > Ó gbé aṣọ kọ́ – Ele pendurou a roupa.
PENDURAR, ENFORCAR, *v.* so > Ọba kò so – O rei não se enforcou.
PENDURAR, ENGANCHAR, *v.* sokọ́ > Ó sokọ́ sórí igi – Ela se pendurou no alto da árvore.
PENDURAR, ESTAR SUSPENSO, *v.* kọ́ > Ó kọ́ mi lẹ́sẹ̀ – Ele enganchou minhas pernas.
PENDURAR, *v.* fi_há, fi_kọ́ (algo leve, no prego ou no cabide) > Ó fi ìwé rẹ̀ há igi – Ele pendurou o papel dele na árvore.
PENDURAR, *v.* rọ̀ > Àdán rọ̀ sórí igi – O morcego está pendurado sobre a árvore; > ìfirọ̀ – suspensão.
PENEIRA DE PALHA, *s.* kànkọ̀sọ̀, ṣùkú, asẹ́.

PENEIRA, COADOR, s. ajọ̀, aládìro.
PENEIRAMENTO, DRENAGEM, s. sísẹ.
PENEIRAR AMIDO DE MILHO, v. sẹ́gì.
PENEIRAR, v. ku > Ó ti ku ìyèfun yìí – Ela já peneirou esta farinha.
PENETRAÇÃO, s. ìlàjà, ìlàkojá (indo através de); > ìlujá – penetração, perfuração.
PENETRAR, ENTRAR, v. wọlé > Ó wọlé, èmi sì jáde – Ele entrou, eu saí.
PENETRÁVEL, LARGO, adj. láfo.
PENHASCO, PRECIPÍCIO, s. bèbè > ilẹ̀ gíga – borda de terra alta.
PENHOR, FIANÇA, s. ọfà, asìnrú > ìgbọ̀wọ́ – garantia, penhor.
PENHORA, CONFISCO, s. àmúdá.
PENHORAR, HIPOTECAR, v. fi_sọfà, fi_dógò > Mo fi oko mi sọfa – Eu hipotequei minha fazenda.
PENICILINA, s. penisílíìnì (do inglês *penicillin*).
PENÍNSULA, s. ilẹ̀ tí omi fẹ́rẹ̀ (lit. terra cujas águas estão próximas).
PÊNIS NÃO CIRCUNCIDADO, s. atọtọ.
PÊNIS, s. okó.
PENITÊNCIA, s. ìrọ́nú pìwàdà (lit. Jejum para mudança de comportamento).
PENITENCIÁRIA, s. ilé èwọ̀n, igbésẹ́wọ̀n > ẹ̀wọ̀n – corrente, grilhões.
PENITENTE, s. ẹnití nkáànú ẹsẹ̀ – aquele que sente o erro cometido.
PENOSO, adj. lẹ́gún (espinhoso).
PENSADOR, s. aláṣàro.
PENSAMENTO CLARO, s. ìwòye (discernimento).
PENSAMENTO CONFUSO, s. ìṣìrò, àṣìrò.
PENSAMENTO RUIM, s. ìròkúrò, ìròkírò.
PENSAMENTO, IDEIA, s. èrò, iyè > Mo ní èrò òun kì ó wá – Eu tenho ideia de que ela virá.
PENSAMENTO, REFLEXÃO, s. ìrò, ìrònú.
PENSÃO, AMPARO, s. owó-ìfẹ̀hìntì > ẹnití ngbà owó ìsinmi – aquele que recebe o dinheiro em descanso.
PENSAR ANTES, v. rò_tẹ́lẹ̀ > Ó rò ó tẹ́lẹ̀ – Ela pensou nisto antes.

PENSAR, REFLETIR, *v.* rorí, ronú > Mo ronú ìnawó náà – Eu pensei naquela despesa.
PENSAR SOBRE, MEDITAR, *v.* sà_rò, gbà_rò, sàsàrò > Ó sà òràn náà rò – Ela refletiu sobre aquele problema.
PENSAR, IMAGINAR, *v.* rò, tànmọ́ (do hausá *tàmmani*) > Èmi náà rò bẹ́ẹ̀ – Eu também penso assim.
PENSAR, MEDITAR, *v.* hùmọ̀, ronú, ròwò, sanúrò < Mo ro ìnáwó náà wò – Eu pensei naquela despesa.
PENSAR, PLANEJAR, *v.* wé.
PENSATIVAMENTE, *adv.* tèròtèrò, tìròtìrò.
PENSATIVO, CONTEMPLATIVO, *adj.* nírònú, nírò.
PENSIONISTA, *s.* ẹnití ngbawó ìsimi – aquele que recebe dinheiro em descanso.
PENTA, *s.* márùún > Àwa ni akogun márùún – Nós somos pentacampeão.
PENTAGONAL, *s.* oníhàmárùún.
PENTÁGONO, *s.* oníhà-márùún (polígono de seis lados).
PENTE, *s.* òòyà, ìyarí, ìyarun.
PENTEAÇÃO DE CABELO, *adj.* yiyà.
PENTECOSTAL, *s.* aládùúrà.
PENTECOSTE, *s.* ọjọ́ kéje lẹ́hìn àjinde – sete dias após a Páscoa.
PENTEADO ACOLCHOADO, *s.* òsùká (auxilia o transporte de coisas na cabeça).
PENTEADO AFRICANO (TIPOS), *s.* adìtẹ̀, àbẹ́lẹ̀, àgògo, irun kókó, irun dídì, olówùú, ìpàyé.
PENTEADO DIVIDIDO, *s.* kòròba (cabelos divididos no alto da cabeça).
PENTEADO TRANÇADO, *s.* sògọ́.
PENTEADO EM BICO, *s.* àlùgànbí > òjònpetí – caindo pelas orelhas.
PENTEADO EM ONDAS, *s.* kànkòsò.
PENTEAR O CABELO, *v.* yà, yarun < yà + irun > Ó yarun rẹ̀ – Ele penteou o cabelo dela.
PENUGEM, *s.* ìyé-fúlẹfúlẹ.
PENUMBRA, *s.* àfẹmọ́jú, ìsúdúdú.
PENÚRIA, *s.* asàgbé, àgbé, òsì > tálákà – pessoa pobre; > Àìní owó – Não ter dinheiro.

PEPINO, s. apàla.
PEPITA DE OURO, s. ẹyin góòlù.
PEPSI-COLA, s. pẹpusí.
PEQUENA FENDA, s. ayẹ > Igbá yìí dáyẹ́. – Esta cabaça apareceu rachada.
PEQUENA PANELA, s. pákútá.
PEQUENA PORÇÃO, PARTÍCULA, s. gán-gán, gín-gín.
PEQUENAS PARTÍCULAS, s. ẹ̀wẹ́ > Ó di irun ẹ́wẹ́ – Ela trançou o cabelo em pequenas tiras; > Ìyẹ̀fun yìí dẹ̀wẹ́ – Esta farinha se tornou muito fina.
PEQUENAS PORÇÕES, adv. jájàjá.
PEQUENEZ, s. àìtóbi (o que não é grande).
PEQUENINO, DIMINUTO, adj. kíkéré.
PEQUENO ANIMAL, s. egbére.
PEQUENO CÁLCULO, adj. pọọku.
PEQUENO COMERCIANTE, s. alárobọ̀ (um agente intermediário).
PEQUENO E REDONDO, adj. rúgúdú, rugudu > orù kondo – um pote pequeno e redondo.
PEQUENO EM TAMANHO, adj. pẹnpẹ > Ó rí pẹ́npẹ́ bí àṣá – Ele é pequeno como um falcão.
PEQUENO ESPAÇO, adj. bíírí (o que ocupa um pequeno espaço).
PEQUENO INSETO, s. bólobólo.
PEQUENO PÁSSARO, s. aṣọ́ṣọ́ (alimenta-se de figos).
PEQUENO POTE, s. kòtòdó (usado para decoração).
PEQUENO, adj. kékèké, kékeré, kíkúró, kínnú, sẹ́sẹ̀sẹ́, ṣókótó, kúkúrú; > kónkó – ọmọ kónkó – uma criança pequena; > kínkín – muito pouco; > òrénte – mọ́tò òrénte – um pequeno carro; > kúrú, kéré – ser pequeno. (Obs.: Ilé kéré – A casa é pequena; Ilé kékeré – Casa pequena.)
PEQUENO, DIMINUTO, adj. wẹẹrẹ, wẹẹrẹwẹ, wẹ́rẹ́, pí-npín > Ọmọ wẹẹrẹ ni wọn – Elas são crianças diminutas.
PEQUENO, ESTREITO, adj. tóóró > Ọ̀nà yìí ṣe tóóró – Esse caminho é estreito.
PEQUENO, INSIGNIFICANTE, adj. pẹ́pẹ̀pẹ́.
PEQUENO, MIÚDO, adj. kíun.
PEQUENO, SEM VALOR, s. òtúbántẹ́ (assunto insignificante).

PEQUENOS LOTES, *adj.* kó-kò-kó.
PEQUENOS PEDAÇOS, *adj.* wẹ́wẹ́, wẹ́ẹ́-wẹ́ẹ́.
PERAMBULAÇÃO, *s.* àwọ́kà, rírìnkiri (andar de um lado para outro).
PERAMBULAR, *v.* sánlọ, rìn kiri, rín káàkiri.
PERANTE, *prep.* lójú (na presença de).
PERCEBER, NOTAR, *v.* nání, wòye, kíyèsí > wòye – Ó wòye – Ele está alerta; > rí – ver > Mo rí nígbàtí ó dé – Eu vi quando ela chegou.
PERCENTUAL, *s.* ìdá àpò (usado para indicar uma percentagem); > Ó ṣe dídín owó kù ìdá-àpò márùún – Ela fez um desconto de cinco por cento.
PERCEPÇÃO, INTUIÇÃO, *s.* ìfura, ara-fifú (percepção extrassensorial).
PERCEPÇÃO, SENSO, *s.* ìrínisí, ọgbọ́n, àkíyèsí > Ó ṣe àkíyèsí – Ela fez uma observação.
PERCEPTÍVEL, *adj.* fífarahàn.
PERCEVEJO, PULGÃO, *s.* ìdun.
PERCUSSÃO, INSTRUMENTO, *s.* ìlù (tambor).
PERDA DA VIRGINDADE, *s.* alákoto.
PERDA DAS FOLHAS, *s.* ìrẹ̀dánú, ìrẹ̀sílẹ̀ (ato de as árvores perderem as folhas).
PERDA, DANO, *s.* àdánù, òfò, òfù, òfùn > Ikú ni àdánù nlánlá fún àwọn ènìà – O falecimento é uma grande perda para as pessoas.
PERDA, DESPERDÍCIO, *s.* òfò, òfù, òfùn > Ó fowó rẹ́ ṣòfò – Ele desperdiçou o dinheiro dele.
PERDÃO, ABSOLVIÇÃO, *s.* ìdáríjì > dáríjì – perdoar.
PERDÃO, DESCULPAS, *s.* àforíjì > Foríjì mi – Perdoe-me; > dákun – pedir perdão, desculpas.
PERDÃO, INDULGÊNCIA, *s.* fójì, ìfijì > Mo bẹ̀rẹ̀ fójì ọ – Eu peço o seu perdão.
PERDEDOR, *s.* aládánù, aṣòfò, olófó.
PERDER A ESPERANÇA, *v.* barajẹ́ > Ó barajẹ́ – Ela está com uma sensação de tristeza; > bóhùnbọ́ – desesperar.
PERDER A COR, DESBOTAR, *v.* wọjì > Aṣọ yìí wọjì – Esta roupa desbotou.

PERDER A CORAGEM, v. domi > Ọkan mi domi – Meu coração aguou (lit. eu perdi a coragem).
PERDER AS PENAS, MUDAR, v. pàyẹ́dà, pìyẹ́dà < pa + ìyẹ́ + dà, rèyẹ́ < re + ìyẹ́ – Ẹiyẹ yìí rèyẹ́ – Este pássaro perdeu as penas.
PERDER O ALVO, v. séta.
PERDER UM DENTE, v. káhín, káyín.
PERDER, ARRUINAR-SE, v. tẹ́mi (não conseguir o que deseja).
PERDER, CAIR AS FOLHAS, v. rewé < re + ewé.
PERDER, DESPERDIÇAR, v. ṣòfò > Má ṣe fi omi ṣòfò – Não faça desperdício de água.
PERDER, ERRAR, v. ṣì > Akékọ́ ṣí ìbèèrè mẹ́ta – O aluno errou três questões; > òṣì – pobreza.
PERDER, ESQUECER ALGO, v. fẹ́kù.
PERDER, ESTAR PERDIDO, v. nù > Ọwọ́ mi nù – Meu dinheiro está perdido; > àdánù – perda > Ikú ni àdénù nlánlá fún àwọn èníá – A morte é uma grande perda para as pessoas.
PERDER, JOGAR FORA, v. gbé_sọnù > Ó gbé ìgò náà sọnù – Ele jogou fora aaquela garrafa.
PERDER, SER PERDIDO, v. junù, sọnù.
PERDER, SOFRER DANOS, v. pàdánù > Mo pàdánù owó mi – Eu perdi o meu dinheiro.
PERDER, SUMIR DAS MÃOS, v. mọ́_lọ́wọ́.
PERDER, SUMIR, v. sọ_nù > Ọmọ mi sọnù – Meu filho se perdeu.
PERDER-SE, v. bọ́sọnù.
PERDIÇÃO, DESTRUIÇÃO, s. ìṣègbé, ègbé.
PERDIDAMENTE, adv. kúrò lójú ọ̀nà (lit. distante do caminho principal).
PERDIDO, AUSENTE, adj. ṣíṣì.
PERDIZ, s. àparò.
PERDOAR, ESQUECER, v. fijì.
PERDOAR, v. dáríjì, foríjì > Bí a bá dáríjì, àwa yíò gba ìdáríjì – É perdoando que se é perdoado.
PERDOÁVEL, adj. didáríjì, fífijì.
PERDULÁRIO, s. alájẹrun, arungún.

PERECER, ESTAR PERDIDO, *v.* gbé > Ó gbé sí Ìbàdàn – Ele pereceu em Ibadam; > ègbé – aflição.
PERECER, ESTRAGAR, *v.* ra.
PERECER, EXPIRAR, *v.* ṣègún, ṣègbé.
PERECÍVEL, DETERIORÁVEL, *adj.* adíbàjẹ́.
PEREGRINO, ROMEIRO, *s.* èrò-ọ̀nà, oníhájì.
PEREMPTÓRIO, DECISIVO, *adj.* pẹ̀lú agbára (com autoridade).
PERENE, ETERNO, *adj.* àìnípẹ̀kun > gbogbo ìgbà – todo tempo.
PERFEIÇÃO, ACABAMENTO, *s.* ìṣeparí, ìṣepé, àṣepé.
PERFEIÇÃO, POSSE COMPLETA, *s.* ànitán.
PERFEIÇÃO, PUREZA, *s.* àìlábùkù.
PERFEIÇÃO, *s.* àfiṣàpẹẹrẹ (servir como modelo).
PERFEITAMENTE CONSTRUÍDO, *s.* àkọtán.
PERFEITAMENTE, CERTAMENTE, *adv.* fáufáu, fága-fágá, dájú-dájú, korokoro, múrẹ́múrẹ́, rọ̀rọ̀ > Dájúdájù mo níláti ṣíṣẹ́ – Certamente, eu preciso trabalhar; > pípérépéré, pérépéré – equilibradamente.
PERFEITO, COMPLETO, *adj.* pípé, àṣeyọrí, àrúkún > pé – exato, completo.
PERFÍDIA, FALSIDADE, *s.* màkàrù, màkàrúrù, étàn > àìṣòótọ́ – faltar com a verdade.
PERFILHAR, ADOTAR, *v.* gbàṣọmọ, sọdọmọ, sọdi-ọmọ.
PERFORMANCE, FAÇANHA, *s.* abẹbẹlúbẹ, bẹbẹ > mú_ṣe – empenhar a fazer > Ó mú mi nípá láti ṣe e – Ele me forçou a fazer isto.
PERFUMADAMENTE, *adv.* kánmúkánmú (saborosamente).
PERFUMADO, *adj.* olórùndídùn.
PERFUME, *s.* lọ́fíndà, òórùn-dídùn.
PERFURAÇÃO DE DENTE, *s.* ìtahín, ìtayín.
PERFURAÇÃO, PENETRAÇÃO, *s.* ilujá, àlujá.
PERFURAÇÃO, *s.* bíbẹ́ (explosão, erupção) > bẹ́ – estourar > Ogun bẹ́ sílẹ̀ – A guerra estourou.
PERFURAR, AMARRAR EM VARAS, *v.* sínlọpa.
PERFURAR, TRESPASSAR, *v.* figúnlujá, gún_lágunyọ.
PERFURAR, *v.* lu > Ó lu etí rẹ̀ – Ele perfurou a orelha dela.

PERFURAR, ESBURACAR, *v.* dà_lu > Dá ilẹ̀ lu – Esburacar o chão; > lu ihò – abrir um buraco, perfurar.
PERGAMINHO, *s.* ìwémímọ̀, ìwé-kíkà – papel enrolado.
PERGUNTA, QUESTÃO, *s.* ìbéèrè, àbéèrè, ìbí > Mo ní ìbéèrè fún-un yín – Eu tenho uma pergunta para vocês.
PERGUNTAR, INDAGAR, *v.* bí, bèèrè, bèbi > Mò nbèèrè ọ̀pọ̀lọ́pọ̀ nkan tí n kò yé mi – Eu pergunto muita coisa que eu não entendo.
PERGUNTAR, QUESTIONAR, *v.* bi_léèré > Ó bi mí léèrè – Ele me perguntou.
PERICARPO, *s.* ara-rúgbìn.
PERÍCIA, *s.* ọgbọ́n, imọ̀-òye.
PERIFERIA, VIZINHANÇA, *s.* ìgbèríko, àgbàgbè.
PERIGO QUALQUER, *s.* ewukéwu (perigo de qualquer tipo).
PERIGO, *s.* ewu > Ìwọ há wà nínú ewu bí? – Você está em perigo?; > fi_wewu – expor ao perigo, arriscar > Mo fi ẹ̀mí mi wewu – Eu arrisquei a minha vida.
PERIGOSAMENTE, *adv.* félefèle.
PERIGOSO, ARRISCADO, *adj.* eléwu < oní + ewu.
PERÍMETRO, *s.* àyíká èèyà.
PERIÓDICO, *adj.* ìgbàkọ̀ọ̀kan (que se repete com intervalos certos).
PERIÓDICO, PUBLICAÇÕES, *s.* lẹ́ẹ̀kọ̀ọ̀kan (de vez em quando).
PERIÓDICO QUE SE REPETE, *s.* àpadà-ṣelẹ̀.
PERIÓDICO TRIMESTRAL, *s.* ìwé-ìròhìn dósù-méta-méta.
PERÍODO DE CINCO DIAS, *s.* ọrún > Ó dá ọrun – Ele determinou um período de 5 dias; > ọrọọrún – todos os 5 dias.
PERÍODO DE SETE DIAS, *s.* ìje, ìjeje.
PERÍODO DE TEMPO, *s.* ìgbàdégbà, ìgbà, àsìkò > Àsìkò ọdún mẹ́rin – Período de cinco anos.
PERÍODO DO DIA, *s.* ìyàlẹ̀ta (de 10h da manhã ao meio-dia).
PERÍODO LONGO DE TEMPO, *s.* ojójọjọ.
PERÍODO MENSTRUAL, *s.* ìgbà nkan ojù (período de um mês).
PERÍODO NOTURNO, *s.* ìgbà òru.
PERÍODO, CERCANIAS, *s.* àyíká, ìyíká.

PERÍODO, INTERVALO, *s.* ọtẹ̀ > Ní ọtẹ̀ yìí – Nesta ocasião.
PERÍODO, TEMPO, *s.* ìwò > Iṣẹ́ ìwò yìí – Este trabalho atual; > láti... di – usado para indicar de um período para outro > Òun sùn láti àárọ̀ di ọ̀sán – Ela dormiu de manhã até a tarde.
PERITÔNIO, *s.* ìwọ̀-ikùn (membrana do interior do abdome).
PERITONITE, *s.* ìwọ̀-ikùn wíwú (inflamação do peritônio).
PERITO, *s.* ẹnití ó mọ̀ nkan dájú (lit. aquele que conhece com segurança).
PERJURAR, *v.* búra èké > Ó búra èké – Ele jurou em falso.
PERJÚRIO, *s.* abúra èké (juramento falso).
PERMANECER DE PÉ, *v.* dìgbàró, dúró > Ó dìdu dúró – Ela se levantou e ficou de pé.
PERMANECER DE PÉ, AO LADO DE, *v.* dúrótì > Ó dúró tì mí – Ela está de pé ao meu lado, junto de mim.
PERMANECER FIRME, *v.* mẹ́sẹ̀dúró.
PERMANECER, PERSISTIR, *v.* tàdí.
PERMANECER, SOBREVIVER, *v.* kù.
PERMANECER, *v.* dìji < di + ìji > Ó dìji níbí – Ele permaneceu aqui (lit. ele tornou-se minha sombra).
PERMANÊNCIA, SUPORTE, *s.* irọpá < rọ̀ + apá.
PERMANENTE, *adj.* àtaiyébáiyé, àtiyébáiyé, ayérayé > àìnípẹ̀kun – eterno.
PERMISSÃO, CONSENTIMENTO, *s.* ìyọ̀ọ̀da, fífúnni, gáfárà > Mo tọrọ gáfárà – Eu pedi permissão.
PERMITIR, ADMITIR, *v.* jẹ́kí, fẹnu, bùnláyè, fúnláyè (dar lugar a) > Fẹnu fún mi kí n sọ̀rọ̀ – Permita que eu fale; Jẹ́kí n dìmọ́ ọ – Permita-me abraçar você. (*Obs.*: – *n* – representa o pronome pessoal *mo* – eu, que não é usado ao lado de *kí* – que); > Jẹ́kí a lọ = Jẹ́ká lọ – Vamos embora.
PERMITIR, AUTORIZAR, *v.* gbojú < gbà + ojú > Mo gbójú gan-gan láti ṣe é – Eu estou determinado a fazer isto.
PERMITIR, DAR LUGAR A, *v.* fúnláyè, bùnláyè.
PERMITIR, CONCORDAR, *v.* kósílẹ̀, yọ̀ọ̀da, yọ̀nda (do hausá *yàrda*).
PERMITIR, OCUPAR ALGO, *v.* gba_láyè > Ó gba mi láyè láti kàwé rẹ̀ – Ela me permitiu ler o livro dela.

PERMUTA, CÂMBIO, s. ipaṣípààrọ̀.
PERMUTAR, TROCAR, v. pààrọ̀ > Pààrọ̀ aṣo rẹ̀ – Troque a roupa dela.
PERNA TORTA, s. ẹsẹ̀-wíwọ, ẹlẹ́sẹ̀ wíwó.
PERNA, s. ẹsẹ̀ > Irọ́ ní ẹsẹ̀ kékeré – A mentira tem pernas curtas.
PERNETA, s. agélẹ́sẹ̀, akésẹ̀, agésẹ̀.
PERNICIOSO, adj. eléwu, búburú.
PERPENDICULARMENTE, adv. ògido, ògùródó > ilà ògido – linha perpendicular.
PERPETUAMENTE, adv. títí láé, títí láí, títí láyé.
PERPETUAR, v. múpé títí.
PERPÉTUO, ETERNO, adj. àinípẹ̀kun.
PERPLEXIDADE, CONFUSÃO, s. idààmú, rírújù.
PERPLEXIDADE, EMBARAÇO, s. igọ́, gígọ́.
PERPLEXIDADE, INDECISÃO, adj. kẹnbẹ̀kẹnbẹ > Ó rí kẹnbẹ̀kẹnbẹ – Ele aparenta perplexidade.
PERPLEXO, INDECISO, adj. pinpi > Ó rí pinpi – Ele parece indeciso; > dààmú – perplexo, confuso.
PERSEGUIÇÃO, CAÇADA, s. ìlépa.
PERSEGUIÇÃO, s. iṣenúnibíni, ilépa, isárélé.
PERSEGUIDOR, s. abínúkú, alépa.
PERSEGUIR, IMPORTUNAR, v. ṣenú nibíni, ṣenú nibínisí.
PERSEGUIR, v. bá, lélọ, lépa (correr atrás de) > Ó bá sáré lọ́ja – Ela persegue e corre no mercado.
PERCEPÇÃO, CONHECIMENTO, s. òye, ìmọ̀ > olóye – pessoa inteligente.
PERSEVERANÇA, ESFORÇO, s. iṣáyan, òdí, áyan, fitafita.
PERSEVERANÇA, FIRMEZA, s. idúróṣinṣin, iforítì, ifaradà.
PERSEVERANÇA, PERSISTÊNCIA, s. itẹramọ́ṣe.
PERSEVERANTE, s. àirẹ̀wẹ̀sì.
PERSEVERAR, PERSISTIR, v. tẹramọ́, tẹwọ́mọ́, forítí.
PÉRSIA, s. Páṣíà (região histórica do continente asiático).
PERSISTÊNCIA, OPORTUNIDADE, s. irọ́jú < rọ́ + ojú.
PERSISTÊNCIA, s. apọn, àforítí > Ó lápọn – Ela é assídua < ní + ápọn.

PERSISTENTE, INCESSANTE, *adj.* láìdúró, yi.
PERSISTENTE, PERSEVERANTE, *s.* aforìtì, agbékútà, olóríkunkun.
PERSISTENTEMENTE, *adv.* gìdìgìdì.
PERSISTIR, SEGUIR UM CAMINHO, *v.* ṭọpa, ṭọpasẹ̀ > Ó ṭọpasẹ̀ rẹ̀ – Ela persistiu no caminho dela.
PERSISTIR, PERSEVERAR, *v.* forítì, tẹramọ́ > A tẹra mọ́ ìrìn – Nós avançamos em nossa caminhada.
PERSONAGEM IMPORTANTE, *s.* oníyì, ènìà nlá.
PERSONA NÃO GRATA, *s.* ẹni tí a kò fẹ́ – pessoa de quem nós não gostamos.
PERSONALIDADE FRACA, *s.* ọ̀dẹ̀ (o que permite tirar vantagem).
PERSONALIDADE NOTÁVEL, *s.* ènìà pàtàkì > Ó jẹ́ ènìá pàtàkì – Ela é pessoa importante.
PERSONIFICAR, *s.* fi_wé èdá-aráyé (observar e representar uma pessoa).
PERSPECTIVA, *s.* wíwo-òkèère, ojú-ìwòye.
PERSPICÁCIA, DISCERNIMENTO, *s.* mímú, òye, ìwòye.
PERSPICAZ, *adj.* ọlógbọ́n > mèjá – lúcido.
PERSUADIR, CONVENCER, *v.* yílọ́kàapadà > Ó yí mi lọ́kàn padà pé kí èmi ṣe orò òrìṣà mi – Ela me convenceu para que eu fizesse minha iniciação.
PERSUADIR, MUDAR DE IDEIA, *v.* pa_níyèdà, pa_lèròda > yí – mudar, trocar > Ó pa mí níyèdà – Ela me fez mudar de ideia.
PERSUADIR, *v.* rọ̀ > A rọ̀ ọ́ kí ó má kọ oko – Nós a persuadimos a não se separar do marido.
PERSUASSÃO, *s.* ìyípàdà.
PERSUASIVO, *adj.* tí a lè yí padá – que nós podemos converter.
PERTENCER, *v.* jẹ́ ti ẹni (lit. ser da pessoa).
PERTINAZ, OBSTINADO, *adj.* ṣagígí.
PERTINENTE À JUVENTUDE, *adj.* tèwe.
PERTO DE, *adv.* lẹ́bá.
PERTO DO CHÃO, *adv.* níbànbalẹ̀ > Èso igi yìí wà níbànbalẹ̀ – A fruta desta árvore está crescendo bem embaixo, perto do chão.
PERTO, AO ALCANCE, *adv.* dẹdẹ̀.

PERTO, JUNTO DE, *adv.* ọ̀dọ̀ (usado somente para pessoa e, principalmente, com verbos de ação) > Lọ́dọ̀ rẹ ni mo nbọ̀ – Estou vindo à sua presença; > Ó lọ sí ọ̀dọ̀ oobi rẹ̀ – Ela foi para junto da família dela.
PERTO, NÃO LONGE, *adj.* àìjìnná.
PERTO, PRÓXIMO DE, *adv.* fẹ́ẹ́fẹ́, níbí > Ó wà níbì – Ele está aqui.
PERTO, PRÓXIMO, *prep.* nítòsí > Ilé rẹ kò sí nítòsí ilé mi – Sua casa não está próxima da minha.
PERTURBAÇÃO, BARAFUNDA, *s.* agara, agaa.
PERTURBADO, INQUIETO, *adj.* láìtòrò.
PERTURBADOR, *s.* abaiyéjé.
PERTURBADORAMENTE, *adv.* pìnsìn.
PERTURBAR, ATRAPALHAR, *v.* pọ́n_lójú, dà_lójúdé, yọ_lẹ́nu > Ìròhìn yìí yọ mí lẹ́nu – Essa notícia me perturbou.
PERU, *s.* Pèrú (país da América do Sul).
PERU, *s.* tòlótòló (ave doméstica).
PERVERSÃO, CORRUPÇÃO, *s.* ìyípo > àsé – desvio de comportamento.
PERVERSIDADE, *s.* jágbajàgba.
PERVERSO, *adj.* yapa, burú.
PERVERTER, *v.* yípo (virar de cabeça para baixo) > lọ́ – contrário > Ó lọ́ apá rẹ̀ – Ele torceu a mão dela; > Inú nlọ́ mi – Eu tenho cólicas (lit. meu interior entortando).
PERVERTIDO, *adj.* wuruku, tẹ̀.
PÉS, PERNA, *s.* ẹsẹ̀ (também usado para revelar firmeza) > Ó ní ẹsẹ̀ nílẹ̀ – ele é firme, seguro (lit. ele tem os pés no chão).
PÉS, MEDIDA, *s.* ẹsẹ̀ > Ìwọ̀n òṣùwọn ẹsẹ̀ méfà – Escala de medida, seis pés.
PESADAMENTE, *adv.* dùgbẹ̀-dùgbẹ̀, gbàà, kìrìkìrì, kọ̀tì, gbàù (vigorosamente) > ò nfi dùgbẹ̀-dùgbẹ̀ – ela está balançando pesadamente.
PESADAMENTE, EM CIMA DE, *adv.* bátákùn > Ó kúnlẹ̀ bátákùn – Ele ajoelhou pesadamente.
PESADELO, *s.* àlà búburú.
PESADO, *adj.* gbìngbì, gàgàgúgú.

PÊSAMES, CONDOLÊNCIAS, *exp.* ẹ kú àfẹ́kú, ẹ kú àsẹ̀hìndè.
PESAR, *v.* wọ̀n, díwọ̀n (medir).
PESCA COM REDE, *s.* òbìrìkí.
PESAR COM A MÃO, *v.* sọwò.
PESCADOR DE LINHA OU REDE, *s.* adẹdò < + dẹ + odò.
PESCADOR QUE USA BALAIO, *s.* adẹ̀gún < a + dẹ + ògún.
PESCADOR QUE USA CABAÇA, *s.* adẹgbá < a + dẹ + igba.
PESCADOR, *s.* pẹjapẹja, apẹja < pa – matar, ẹja – peixe.
PESCAR COM ANZOL, *v.* dẹwọ́ < dẹ + ìwọ̀.
PESCAR, *v.* pẹja, dẹdò < dẹ + odò, dẹjá < dẹ + ẹja (usando linha ou rede) > Ó npẹja – Ele está pescando.
PESCOÇO, *s.* ọrùn > iwájú ọrùn, ẹ̀gbẹ́ ọrùn, ẹ̀yìn ọrùn – frente, lado, costas do pescoço.
PESO, *s.* ìwúwo, ìwọ̀n > òṣùwọ̀n – medida de peso, escala.
PESQUISA, INVESTIGAÇÃO, *s.* òfíntótó, àwáfín > ṣèwádí – ibope.
PESQUISA MÉDICA, *s.* ìṣèwádì, ìṣoògùn.
PESQUISADOR, INVESTIGADOR, *s.* olófín tótó.
PESSIMISMO, *s.* àìnírètí.
PESSIMISTA, *adj.* aláìnírètí.
PÉSSIMO, REPUGNANTE, *adj.* níná.
PESSOA ABANDONADA, *s.* ẹni-àṣàtì.
PESSOA ABENÇOADA, *s.* alábùkún > Alábùkún fún ẹ – Bem-aventuranças para você.
PESSOA ABOBALHADA, *s.* aláìmòye.
PESSOA ABSOLVIDA, *s.* aláre.
PESSOA ABUSADA, *s.* eléèbù.
PESSOA ALTA E MAGRA, *s.* ọ̀pẹ́léngé.
PESSOA AMADA, FAVORITA, *s.* ààyò > Àayò obìnrin mi – Minha mulher favorita.
PESSOA AMBICIOSA, *s.* olójúkòkòrò (olho-grande).
PESSOA ANIMADA, ALEGRE, *s.* ọlóyàyà.
PESSOA ANTIPÁTICA, *s.* àìrẹ́ > Ẹni àìrẹ́ – Pessoa antipática; > àì – não, rẹ́ – ser cordial, amigável.

PESSOA ARMADA, s. agbébọn, oníkùmọ̀ (usando um bastão).
PESSOA ASTUTA, SAGAZ, s. awòye.
PESSOA ATENTA AO QUE FAZ, s. àfọkànṣe < à + fi + ọkàn + ṣe.
PESSOA ATREVIDA, CONVENCIDA, s. òyájú.
PESSOA AUSENTE, s. aláìsí > Ó wá aláìsí – Ele está ausente.
PESSOA AUSTERA, s. òkúrorò.
PESSOA BEM ALTA, s. àgéré.
PESSOA BEM-INTENCIONADA, s. afẹ́reresíni < a + fẹ́ + rere + síni.
PESSOA BOA, AMÁVEL, s. onínúre, onínúrere.
PESSOA BONITA, s. arẹwà > Arẹwà obìnrin ni – É uma bela mulher.
PESSOA BRIGONA, s. oníjà (pessoa que discute).
PESSOA CANHOTA, s. ọlọ́wọ́-òsì, aṣósí, alòsì.
PESSOA CAPRICHOSA, s. aṣetinúẹni.
PESSOA CHATA, s. agbéni < a + gbé + ẹni.
PESSOA CHEIROSA, s. olóorùn < oní + òórùn.
PESSOA CIRCUNCIDADA, s. onílà.
PESSOA CIUMENTA, s. òjowú.
PESSOA CIVILIZADA, s. ọ̀làjú, ọ̀làjú > ìlàjú – civilização.
PESSOA COM AUTORIDADE, s. ọlọ́lá.
PESSOA COM CACHUMBA, s. ẹlẹ́ṣẹ́.
PESSOA COM CHANCE, s. aláyè < oní + àyè.
PESSOA COM DEFEITOS, s. alábùkù.
PESSOA COM DIARREIA, s. aṣunú.
PESSOA COM DOENÇA DE PELE, s. elékúrú > Ẹ̀nìà yẹn wa pẹ̀lù elékúrú > Aquela pessoa está com doença de pele.
PESSOA COM DOR REPENTINA, s. onígbòdògí.
PESSOA COM ELEFANTÍASE, s. oníjàbùtẹ̀, oníjàkùtẹ̀.
PESSOA COM FERIDAS, s. eléékú < oní + èékú.
PESSOA COM INTERESSE, s. aláájò (solicita favores).
PESSOA COM MEMÓRIA FRACA, s. onígbàgbẹ́.
PESSOA COM ODOR, s. olóòrùn (cheirosa).
PESSOA COM TÍTULO, s. ajoyè, ìjoyè > oyè – título > Wọ́n fi mí joyé – Eles me concederam um título.

PESSOA COM TORCICOLO, s. ọlọ́rùnlíle < oní + ọrùn + líle.
PESSOA COMPASSIVA, PIEDOSA, s. oníyọ̀nu.
PESSOA COMPLACENTE, s. aláìroro.
PESSOA COMUM, POBRE, s. tálákà > Ìjọba ni yìí tó gbé t'lákà wa – Este é um governo que apoia nossos pobres.
PESSOA CONCEITUADA, s. gbajúmọ̀ (celebridade, famosa).
PESSOA CONFIÁVEL, s. aláfẹ̀hìntì.
PESSOA CONTENTE, s. onítẹ́lọ́rùn.
PESSOA CONVENCIDA, s. ọ̀halẹ̀, onígbéraga.
PESSOA CORAJOSA, s. onígbóiyà, ògbóiyà < gbó + àyà.
PESSOA CORPULENTA, s. oníkùn-nlá.
PESSOA CRENTE, s. onígbàgbọ́.
PESSOA CRIMINOSA, CANALHA, s. oníjànbá.
PESSOA CRUEL, s. oníkà.
PESSOA CUIDADOSA, ATENTA, s. olùṣọ́ra.
PESSOA CULPADA, s. ajẹ̀bí < a + jẹ + ẹ̀bi.
PESSOA DADA AO LUXO, s. agbafẹ́ (libertinagem).
PESSOA DE ASPECTO TRANQUILO, s. àwẹjà.
PESSOA DE BEM, s. ẹnirere.
PESSOA DE BOA APARÊNCIA, s. afínjú (e extremamente limpa).
PESSOA DE BOA CABEÇA, s. olóríre.
PESSOA DE BOA FAMÍLIA, s. oníbínítan ènìà.
PESSOA DE BOA NATUREZA, s. onínúdídùn.
PESSOA DE BOM CARÁTER, s. oníwà, oníwàrere.
PESSOA DE BOM SENSO, s. onílákàyè.
PESSOA DE CABEÇA RASPADA, s. afárí > Òun afárí ni – Ele é raspado.
PESSOA DE CABEÇA RUIM, s. oríburúkú.
PESSOA DE CARÁTER, s. ọmọlúwàbí.
PESSOA DE CONFIANÇA, s. agbẹ́kẹ̀lé, onínúkan > Ó jẹ́ onínúkan mi – Ele é minha pessoa de confiança.
PESSOA DE GÊNIO FORTE, s. òkúrorò, ònrorò.
PESSOA DE LUTO, s. aṣọ̀fọ̀, ọlọ́fọ̀.

PESSOA DE MÁ INFLUÊNCIA, s. aláṣeràn.
PESSOA DE MÁ VONTADE, adj. aláìfẹ́.
PESSOA DE MUITOS SERVIÇOS, s. ọlọ́kọ́ nlá.
PESSOA DE OLHOS FIXOS, s. ẹléyinjú (olhos esbugalhados).
PESSOA DE PALAVRA, s. awímáàyẹhùn < a +wí + máà + yẹ + ohùn – aquele que diz e costuma ser correto com qualidade.
PESSOA DE POUCA SAÚDE, s. dẹlékẹ́dẹ, húngẹ-hùngẹ.
PESSOA DE PRESTÍGIO, s. ọlọ́tọ̀ (respeitável).
PESSOA DE QUALIDADE, s. ẹlégbà.
PESSOA DE RESPEITO, s. ẹni-ọ̀wọ̀.
PESSOA DE RUA, VARREDOR, s. agbáde (catador de lixo).
PESSOA DE SORTE, s. ẹni orí're o.
PESSOA DE TEMPERAMENTO FORTE, s. òkúrorò.
PESSOA DECIDIDA, s. aláìníròjú.
PESSOA DEFEITUOSA, s. amúkún (coxo, manco).
PESSOA DEPENDENTE, s. alágbàgbọ́.
PESSOA DESAJEITADA, s. panda ènìà.
PESSOA DESAMPARADA, s. àìsíránlọ́wọ́.
PESSOA DESCUIDADA, s. aláfara (relaxada).
PESSOA DESGASTADA, s. aríjàgbá (devido a uma luta).
PESSOA DESMAZELADA, s. aláìmúragírí.
PESSOA DESOBEDIENTE, adj. aláìgbọ́ràn.
PESSOA DIGNA DE SER SERVIDA, s. atóósìn.
PESSOA DIGNA, s. àìlégàn > Òun jẹ́ ẹni àìlégàn – Ele é uma pessoa correta (lit. Ele não é uma pessoa desprezível).
PESSOA DO BEM, s. agbọ̀rọ̀dùn.
PESSOA DO CULTO EGÚNGÚN, s. amúìṣan (usa a vareta ìṣan).
PESSOA DÓCIL, s. àìle > Òun jẹ́ ẹni àìle – Ela é uma pessoa dócil.
PESSOA DOENTE, s. abirùn > Okọ̀ abirùn – Ambulância < abi + àrùn.
PESSOA DOENTE, s. aláìsàn < aláì – sem; sàn – curar; elégbò < elé – dono, egbò – úlcera, ferida (observar o prefixo das palavras).
PESSOA EDUCADA, SÁBIA, s. òmòwé, ọ̀jọ̀gbọn.
PESSOA EFICIENTE, s. aláyan (esforçada, persistente) < áyan – esforço, persistência.

PESSOA EGOÍSTA, s. anìkanjọpọ́n.
PESSOA ELEGANTE, s. aláfẹ́, ẹlẹ́wà.
PESSOA ELOQUENTE, s. ọlọ́fun (com poder de expressão).
PESSOA EM PÂNICO, s. onípáiyà.
PESSOA ENCRENQUEIRA, s. alásọ̀ > Òun rí alásọ̀ púpọ̀ – Ele parece uma pessoa muito encrenqueira.
PESSOA ENÉRGICA, INQUIETA, s. jẹnjù.
PESSOA ESBELTA, s. arẹwà.
PESSOA ESPERTA, ALEGRE, s. ọ̀dárayá < dá + ara + yá.
PESSOA ESPERTA, s. aláìfà, oníyè (com boa memória).
PESSOA ESTÚPIDA, s. agọ̀, akùrẹtẹ̀, nàndi, odi, (cabeça-dura) > Ó ya agọ̀ – Ele parece um bobalhão.
PESSOA EXAGERADA, s. alásọdùn.
PESSOA EXCÊNTRICA, s. aṣiwèrè, aṣewèrè.
PESSOA EXIBIDA, s. àṣehàn.
PESSOA EXPERIENTE, s. ìrírí > Ó rí ìrírí ayé – Ela aparenta a experiência do mundo.
PESSOA FALADEIRA, s. agbọ́tekusọféyẹ < agbọ́ + teku + sọ + féyẹ.
PESSOA FALSA, FINGIDA, s. ọbayéjẹ.
PESSOA FALSA, s. aláyídàyídà, onímọ̀méjì (duas caras).
PESSOA FAMOSA, s. alásikí, ìjílá, ìjínlá, olókìkí < òkìkí – fama, reputação.
PESSOA FAVORITA, s. olójúṣajú (que revela preferência).
PESSOA FEIA OU DOENTE, s. òburẹwà < burú + ẹwà.
PESSOA FINA E EDUCADA, s. lúwàbì > ènìà lúwàbì – pessoa educada.
PESSOA FOFOQUEIRA, s. opolongo.
PESSOA FORA DA LEI, s. kòlófín.
PESSOA FORTE COM SAÚDE, s. onílera.
PESSOA FORTE, s. gìrìpá, ìgìrìpá.
PESSOA FURIOSA, s. ahalẹ̀, hàlẹ̀-hàlẹ̀ > Ó halẹ̀ – Ele proferiu ameaças.
PESSOA GANANCIOSA, AVARENTA, s. oníwọra.
PESSOA GENEROSA, s. ọ̀sọnú (liberal).
PESSOA GENTIL, s. oníwà pẹ̀lẹ́.
PESSOA GRACIOSA, s. olóore-ọ̀fẹ́.

PESSOA GROSSEIRA, s. jàndùkú > Jàndùkú èniá – Pessoa rude.
PESSOA HÁBIL, s. ewèlè > Òun rí èniá ewèlè níṣẹ́ – Ele parece ser uma pessoa hábil no serviço.
PESSOA HAUSÁ, s. sànú.
PESSOA HONRADA, s. ẹni-ọ̀wọ̀.
PESSOA HUMILDE, s. onírẹ̀lẹ̀.
PESSOA IDIOTA, ESTÚPIDA, s. ọ̀dọ̀gọ, agìda > Ó yọ̀dọ̀gọ – Ele é idiota < yà + ọ̀dọ̀gọ.
PESSOA IDÓLATRA, s. abère.
PESSOA IGNORANTE, BRONCA, s. ọ̀bọ, ọbọgiláwọ.
PESSOA IGNORANTE, SIMPLÓRIA, s. ọ̀pè̀.
PESSOA IMORAL, s. oníṣekúṣe, oníranu (sem caráter).
PESSOA IMPACIENTE, s. oníwàràwàrà.
PESSOA IMPERTINENTE, s. oníyọnu, ọ̀yájú.
PESSOA IMPERTINENTE, TEIMOSA, s. oníkanra.
PESSOA IMPLACÁVEL, s. òdìnú > Òun rí èniá òdìnú – Ele é uma pessoa insensível.
PESSOA IMPORTANTE, s. ẹlẹ́sẹ̀ nílẹ̀ (lit. com os pés no chão).
PESSOA IMPORTANTE, s. ìjàkán, pàtàkòrí, ẹní-ọ̀wọ̀.
PESSOA INCONTROLÁVEL, s. èniá ọ̀hànnà.
PESSOA INCONVENIENTE, s. adánilágara, agbénilọ́kànsókè.
PESSOA INDIGNA, s. aláìnílááří, inútil.
PESSOA INDISPOSTA, s. alárùn.
PESSOA INDOLENTE, s. alárìnká, alárìnkiri.
PESSOA INFAME, MISERÁVEL, s. ọ̀dẹlésìnrìn.
PESSOA INFATIGÁVEL, s. asúramú.
PESSOA INFELIZ, DEPRIMIDA, s. olóríbúburú, olóríburúkú.
PESSOA INFELIZ, MISERÁVEL, s. abọ̀ṣi, abọ̀ṣita.
PESSOA INFLUENCIADA, s. aláìṣòrotẹ̀.
PESSOA INGRATA, s. aláìmoore, alájẹṣẹ́, jègúnmóyán, kómọra (mal--agradecida).
PESSOA INICIADA, s. ẹni òrìṣà (a uma determinada divindade).
PESSOA INOCENTE, s. aláìṣẹ̀.

PESSOA INOPORTUNA, s. aláwíyannu.
PESSOA INSENSÍVEL, s. ọlọ́kàn-líle (lit. de coração duro).
PESSOA INSOLENTE, s. aláfojúdi (impertinente).
PESSOA INTELIGENTE, s. olóye.
PESSOA INTROMETIDA, s. aládasí.
PESSOA ÍNTEGRA, VERDADEIRA, s. olódodo, olóótọ́.
PESSOA INÚTIL, s. jẹgúdúragúdú, ẹni-ìtanú (imprestável).
PESSOA INVÁLIDA, s. aláìlera > Jésù tí ngbà aláìlera – Jesus que está vindo em auxílio aos inválidos.
PESSOA INVEJOSA, s. onílara, ìlara.
PESSOA IRREQUIETA, APRESSADA, s. oníwàduwàdu.
PESSOA JOVEM, s. ọ̀dọ́ > Àwọn ọ̀dọ́ ò mọ́ owó ẹyọ́ – Os jovens não conhecem os búzios.
PESSOA JUSTA, s. olódodo.
PESSOA LENTA, INDOLENTE, s. onílọ́ra.
PESSOA LIBERAL, GENEROSA, s. ọ̀sọnú.
PESSOA MÁ, CARÁTER RUIM, s. oníwàkíwà, oníwàkúwà.
PESSOA MÁ, s. abèṣe, onínúbúburú.
PESSOA MAIS VELHA, s. àgbà > bàbá àgbà – homem, ìyá àgbà – mulher.
PESSOA MALCOMPORTADA, s. aṣa > Aṣa ọmọ náà kò bẹ̀rù ẹnikan – A criança malandra não tem medo de qualquer um.
PESSOA MALDOSA, s. oníròkúrò (insistente na maldade).
PESSOA MALICIOSA, s. olódì.
PESSOA MEIGA, HUMILDE, s. ọlọ́kàn-tútù.
PESSOA MIMADA, s. ọ̀yìnyìn, ọ̀rìndìn.
PESSOA MIÚDA, s. akónkó.
PESSOA MODESTA, s. onísaju (que tem consideração com os outros).
PESSOA MUITO MAGRA, s. aláyàgbígbẹ́.
PESSOA MUNDANA E SABIDA, s. ọlọ́gbọ́n-àiyé.
PESSOA NÃO INICIADA, s. ògbẹ̀rì, ẹgbẹ̀rì – ignorante nos assuntos de religião.
PESSOA NECESSITADA, s. aṣìṣẹ́, akúṣẹ́, aláìní.

PESSOA NEGRA, s. adú, adúláwọ̀ – aquele que é escuro na cor; < dú – ser escuro; > àwọ̀ – cor, matiz.
PESSOA NOTÁVEL, s. jàkànjàkàn.
PESSOA NOMEADA, s. ẹni-yíyàn.
PESSOA NUA, s. oníhòòhò.
PESSOA OBEDIENTE, s. olùgbọ́ràn < gbọ́ràn – obedecer > Ó gbọ́ràn sí mi lẹ́nu – Ela me obedeceu.
PESSOA OBSERVADORA, s. arònú, onírònú > Onírònú jínlẹ̀ ó gbọ́ pẹ̀lú àfiyesí – Pessoa observadora ouve com atenção.
PESSOA OBSTINADA, s. alaìgbọ, aláṣejù, aṣetinúẹni, olóríkuku, olóríkunkun.
PESSOA OCIOSA, s. aláréde.
PESSOA OCUPADA, s. òṣìṣẹ́, oníṣẹ́ > Òṣìṣẹ́ ni ẹ̀gbọ́n mi – Meu irmão é uma pessoa ocupada.
PESSOA OPRIMIDA, s. òjìyà.
PESSOA ORGULHOSA, s. onírera.
PESSOA PACIENTE, GENTIL, s. onísùúrù, onípamọ́ra.
PESSOA PARASITA, s. ajilẹ̀.
PESSOA PENSATIVA, s. onírònú (observadora).
PESSOA PEQUENA, s. akónkó.
PESSOA PERVERSA, CRUEL, s. òṣìkà, ọlọ́kàn-wíwọ (lit. de coração torcido).
PESSOA PIEDOSA, s. aláánú, oníwàbíọlọ́run, ọré àánú.
PESSOA POBRE, MISERÁVEL, s. òtòṣì, olùpónjú (desamparada).
PESSOA POBRE, s. màkúnnù, mẹ̀kúnnù (sem importância).
PESSOA POBRE, COMUM, s. tálákà > Ìjọba ni yìí tó gbé tálákà wa – Este é um governo que apoia nossos pobres.
PESSOA PODEROSA, s. alágbára.
PESSOA PRECIPITADA, s. aláìnírònú.
PESSOA PREGUIÇOSA, s. aláréde, lágànmọ́, ọlẹdàrùn, onímẹlẹ́ (indolente).
PESSOA PRESTATIVA, s. atóóképé.
PESSOA PRÓDIGA, s. àpà, onínákúná (esbanjadora).
PESSOA PRUDENTE, s. agbédè, amòye.

PESSOA PURA, s. onínúfunfun (de bons princípios).
PESSOA QUALQUER, s. èniàkénìà > Òun ni èniàkénìà – Ele é uma pessoa qualquer.
PESSOA QUE ABENÇOA OUTRA, s. asúrefúnmi < a + súre + fún + mi.
PESSOA QUE ACALMA, s. olùṣọ̀tẹ̀.
PESSOA QUE AMEDRONTA, s. oníbẹ̀rù.
PESSOA QUE AMPARA, s. alátìléhìn.
PESSOA QUE ASSIMILA TUDO, s. arínúróde.
PESSOA QUE ASSOVIA, s. asùfé.
PESSOA QUE COLOCA ORDEM, s. alátúnṣe (que explica o assunto).
PESSOA QUE COME ANDANDO, s. alájẹrìn.
PESSOA QUE DESAPONTA, s. adánilára.
PESSOA QUE DESFAZ DOS OUTROS, s. aṣeni > Aṣeni nṣe ara rẹ̀ – Aquele que desfaz dos outros está desfazendo de si mesmo.
PESSOA QUE DISCUTE, s. òjiyàn, oníyàn.
PESSOA QUE DUVIDA, INCRÉDULO, s. oníyèméjì.
PESSOA QUE EXPLICA BEM, s. aláwíyé.
PESSOA QUE FALA DE SI MESMA, s. agọ̀ni > agọ̀ – pessoa estúpida.
PESSOA QUE FAZ A OUTRA AFRONTAR LEIS, s. aṣọnidáràn.
PESSOA QUE FAZ A OUTRA ATIRAR, s. aṣọnijà.
PESSOA QUE FAZ A OUTRA IMPROVISAR, pref. aṣọni (indica alguém que causa ou impede de fazer algo).
PESSOA QUE FAZ A OUTRA MALFALADA, s. aṣọnilórúkọ.
PESSOA QUE FAZ A OUTRA VIVER A VIDA, s. aṣọnidàyè.
PESSOA QUE FAZ BEBIDAS, s. ọlọ́tí (aquele que faz e vende).
PESSOA QUE FAZ JEJUM, s. aláàwẹ̀.
PESSOA QUE FAZ PREVISÕES, s. aláṣọtẹ́lẹ̀ > Ó máà ṣe ìṣọtẹ́lẹ̀ – Ele costuma fazer previsões.
PESSOA QUE FAZ RIR, s. apanilẹ́rin.
PESSOA QUE FINGE ADORMECER, s. apirọrọ.
PESSOA QUE HUMILHA, s. amúnibínú, atẹ́ni, tẹ́ni-tẹ́ni.
PESSOA QUE IGNORA OUTRA, s. àpatì, ipatì.
PESSOA QUE IMPÕE PRIVAÇÕES, s. afebipani.

PESSOA QUE IMPÕE RESPEITO, s. ọlọ́wọ́ < oní + ọ̀wọ̀.
PESSOA QUE INCOMODA OUTRA, s. afòòró-ẹni.
PESSOA QUE INVOCA PARENTE, s. ọlọ́kọ (no culto Egúngún).
PESSOA QUE JURA, s. arabíbú, ibúra > Ìbúra èké – Falso testemunho.
PESSOA QUE LAVA E PASSA, s. alágbàfọ̀.
PESSOA QUE NÃO FALA BEM, s. asọbótibòti (balbucia, diz tolices).
PESSOA QUE NOTICIA, s. aláròyé.
PESSOA QUE OFENDE, s. alágbéré.
PESSOA QUE PAGA A MAIS, s. asándà, akọ́dà.
PESSOA QUE POSSUI REDE, s. aláwò.
PESSOA QUE PREVINE, s. afonilẹ́iyẹ, olùkìlọ̀.
PESSOA QUE PROVOCA, s. amúni bínú.
PESSOA QUE QUEBROU A MÃO, s. aṣẹ́wọ́.
PESSOA QUE QUEBROU A PERNA, s. aṣẹsẹ̀ < ṣẹ́ – quebrar, separar, ẹsẹ̀ – perna.
PESSOA QUE RECUSA TAREFAS, s. ọ̀kọ̀ṣẹ́ > Ọ̀kọ̀ṣẹ́ náà kọ̀ láti lọ sí ọjà – Aquela pessoa recusou ir ao mercado.
PESSOA QUE SUPÕE, s. alámọ̀ṣá (saber mais do que realmente sabe).
PESSOA QUE TEM PAPO, s. onígẹ̀gẹ̀ (aumento de glândula tireoide).
PESSOA QUE TOSSE, s. oníkọ́.
PESSOA QUE TRATA E CURA, s. àwòyè, àwòsàn.
PESSOA QUE URINA NO SONO, s. tọọlé-tọọlé > Òun fẹ́ tọ̀ – Ele quer urinar.
PESSOA RABUGENTA, s. aṣọ.
PESSOA REBELDE, s. ọlọ́tẹ̀ > Òun ni ènìà ọlọ́tà – Ele é uma pessoa rebelde.
PESSOA RESERVADA, s. aláìfẹ̀.
PESSOA RESMUNGONA, s. aláròká.
PESSOA RESPONSÁVEL, s. aládasọ > Ó jẹ́ aládasọ fún ẹ̀kọ́ rẹ̀ – Ele é responsável pelo estudo dela.
PESSOA RETARDATÁRIA, s. atalẹ̀.
PESSOA RICA, s. olówó < oní + owó > Olówó ni ọmọ mi – É rico o meu filho.

PESSOA RUDE, MALCRIADA, s. òṣónú.
PESSOA RUDE, SELVAGEM, s. wònpárì, alákisà.
PESSOA SÁBIA, PRUDENTE, s. olóye, amòye, ọmọ̀ràn > Ọlógbọ́n ènìà ni – É uma pessoa sábia.
PESSOA SAGAZ, s. onínúfùfù.
PESSOA SAQUEADORA, s. agánnigàn.
PESSOA SEM CARÁTER, s. aláìníwà, ènìà lásan.
PESSOA SEM CORTES, s. aláìkọlà (sem circuncisão).
PESSOA SEM ESPERANÇA, s. aláìnírètí
PESSOA SEM IMPORTÂNCIA, s. àṣútì, aláìníláárí (sem responsabilidade).
PESSOA SEM O QUE FAZER, s. aláìríṣẹ (desempregado).
PESSOA SEM PARENTES, s. àrè (pessoa estranha).
PESSOA SEM SITUAÇÃO, s. aláìnípò.
PESSOA SEM TÍTULO, s. àìgboyè, àìlóyè < àì + ní + oyè.
PESSOA SEM TRABALHO, s. aláìníṣẹ́ (desocupada).
PESSOA SEM-VERGONHA, s. aláìnítìjú > ọ̀dájú; *adj.* – sem-vergonha.
PESSOA SOLITÁRIA, s. aláhoro > Ó wa aláhoro púpọ̀ – Ele está muito solitário.
PESSOA SOMBRIA, FECHADA, s. afajúro.
PESSOA SOZINHA, s. ànìkànjẹ > Òun ngbé ànìkánjẹ – Ela está morando sozinha.
PESSOA SUBMISSA, HUMILDE, s. ọlọ́kàn-tútù (lit. de coração quieto).
PESSOA SUJA, s. elééri, ẹlẹ́gbin.
PESSOA SURDA, s. adití.
PESSOA SUSPEITA, s. afura, alámí, onífura.
PESSOA TAGARELA, FOFOQUEIRA, s. onísọkúsọ.
PESSOA TEIMOSA, OBSTINADA, s. aforíkunkun, onírìnkúrìn.
PESSOA TÍMIDA, DISCRETA, s. onítìjú.
PESSOA TOLA, s. adàgba-mádanú, òmùgọ̀, òngọ̀, ọ̀dọ̀gọ̀ > Ó húwà òmùgọ̀ – Ele comportou-se como um tolo.
PESSOA TRABALHADORA, s. asúnramú > Asúnramú kò tẹ́ bọ̀rọ́bọ̀rọ́ – Aquele que é trabalhador não fica em apuros.

PESSOA TROPEÇANDO, s. ìjìnlẹ́sẹ̀.
PESSOA VALENTE, s. ọlọ́kàn.
PESSOA VENERÁVEL, DE RESPEITO, s. ẹni-ọ̀wọ̀.
PESSOA VERDADEIRA, SINCERA, s. olóótọ́ > Òun jẹ́ ènìà olóótọ́ – Ele é uma pessoa verdadeira < oní + òótọ́.
PESSOA VIOLENTA, SELVAGEM, s. oníjàgídíjàgan.
PESSOA ZELOSA, s. onítara.
PESSOA, s. ẹni, ènìà, èniyàn, èèyàn > Mo rí ẹni kan lẹ́wà – Eu vi uma pessoa linda.
PESSOAL, PARTICULAR, adj. tẹni níkanṣoṣo.
PESSOAS DIVERSAS, s. oníwàìwà (de várias circunstâncias).
PESSOAS NOTÁVEIS, s. jàkànjàkàn.
PESTANEJAR, PISCAR, v. fojúpẹ̀ > Ó fojúpẹ̀ mi – Ele piscou para mim.
PESTANEJO, s. ìfojúpẹ̀ (um piscar de olhos).
PESTICIDA, s. ẹ̀là apakókóró.
PESTILÊNCIA, s. àjàkálẹ̀-àrùn (epidemia); > èèràn – infecção.
PÉTALA, s. ewé òdòdó.
PETIÇÃO, PRECE, s. ìtọrọ, àdúrà.
PETIÇÃO, PEDIDO, s. ẹ̀bẹ̀ < Ó kọ ẹ̀bẹ̀ mi – Ela recusou meu pedido.
PETICIONÁRIO, REQUERENTE, s. ẹnití ntọrọ́ – aquele que requisita.
PETRIFICAR, ENDURECER, v. sọdi líle > yìgbì – ser duro, indiferente.
PETRÓLEO, s. epo-inú ilẹ̀, epoolẹ̀, pẹtiróilù (do inglês *petroleum*).
PETROQUÍMICO, s. ẹ̀là epoolẹ̀.
PETULÂNCIA, ATREVIMENTO, s. àfọ̀ọ̀gbọ́, àfọ̀igbọ̀ > ìsọkúsọ – conversa inútil.
PH.D, s. oyè ìjìnlẹ̀ > inteligência profunda.
PI, s. páì > ìpín odi-ẹ̀ká àti àlàjárẹ̀ – designa a razão do comprimento da circunferência e do seu diâmetro com valor aproximado de 3,1416.
PIA, s. àwo-ìfọwọ́ (lit. prato de lavar as mãos).
PIADA, s. ẹ̀wọ̀ > Ó bá mi jẹ̀wọ̀ – Ela fez uma brincadeira comigo.
PIADISTA, s. ẹlẹ́wọ̀.
PIANISTA, ORGANISTA, s. atẹdùùrù, àlùdùùrù.
PIANO, ÓRGÃO, s. dùùrù.

PIÃO, *s.* òògo (brinquedo de madeira) > Àiyé nyí bí oògo – O mundo gira como um pião (Figura de linguagem).
PIAR, *v.* hó, hólé.
PICADA, VENENO, *s.* ìlóró > àtapa – picada fatal.
PICADINHO, *s.* àlápà Ta àlápa ẹran fún mi – Prepare um picadinho de carne para mim.
PICADO POR INSETO, *adj.* títa.
PICA-PAU, *s.* àkókó, ẹiyẹ àkókó (pássaro aproximado) > Ẹiyẹ àkókó náà nọs igi – O pica-pau está bicando a madeira.
PICAR COM A CAUDA, *v.* firùta < fi + ìrù + ta (como o escorpião).
PICAR, FURAR, *v.* hán, gún, ta > tafọ̀n – furar a espinha.
PICAR, MORDER, *v.* ṣán, géjẹ > Jìgá gejẹ́ ẹsẹ̀ rẹ̀ > O mosquito mordeu a perna dela.
PICAR, PERFURAR, *v.* ta_pa (perfurar para matar) > Oyin ta ìyá mi – A abelha picou a minha mãe.
PICARETA, *s.* àáké-ìtúlẹ̀.
PICHAR, *v.* kùnlọ́dà.
PICHE, *s.* ọ̀dà (substância negra).
PIEDADE, PESAR, *s.* àánú > ṣe níláàánú – merecer piedade.
PIEDOSAMENTE, *adv.* tàánú-tàánú < ti + àánú.
PIEDOSO, *adj.* láánú > Èyí ṣe mí láánú – Isto me fez piedoso.
PIGARREAR, *v.* gbẹ́fun.
PIGMENTAÇÃO, *s.* ìmu-aró.
PIGMENTO, TINTURA, *s.* aró.
PIGMEU, ANÃO, *s.* aràrá, ràrá, ènìà kúkúrú.
PIJAMA, *s.* aṣọ awọ̀sùn > Ó wọ̀ aṣọ awọ̀sùn láti lọ sùn – Ele vestiu o pijama para ir dormir.
PILÃO, *s.* odó > ọmọrí-odó – bastão do pilão para amassar.
PILAR ALTO, *s.* ọwọ̀n-awọsánmà.
PILAR DE UMA CASA, *s.* àròpódògiri.
PILAR, PILASTRA, *s.* ọwọ̀n, ọpa.
PILHA, MONTE, *s.* òkìtì, ebè.
PILHA POR PILHA, *s.* lókìtì (aos montes).

PILHAGEM, SAQUE, s. ìpiyẹ́, sùnmọ̀mí, ìjáko.
PILHAR, SAQUEAR, v. kó, sọlẹ̀, payẹ́, piyẹ́ < pa + iyẹ́ > Akólé sọlẹ̀ ilé mi – O ladrão saqueou a minha casa.
PILÓRICO, s. ìdí-ikùn > ọ̀nà ìdí-ikùn – canal de ligação, estômago com o intestino.
PILOTO, GUIA, s. afònàhàn > atukọ̀ – marinheiro, navegador.
PÍLULA, TABLETE, s. àgúnmì.
PÍLULAS, COMPRIMIDO, s. ìṣù-oògùn.
PIMENTA, s. ata, ata pupa, atayẹ́, atalíyá, gùdùgbà (tipo de pimenta).
PINÁCULO, CUME, s. téńté.
PINÇA, TORQUÊS, s. ẹ̀mú.
PINCEL, ESPANADOR, s. owọ̀ > àálẹ̀, igbálẹ̀ – vassoura.
PINGADO, GOTEJADO, adj. kíkán.
PINGAR LÍQUIDO QUENTE, v. kánjó.
PINGAR NO CHÃO, GOTEJAR, v. kànsílẹ̀, sẹ̀sílẹ̀ > Ẹ̀jẹ̀ mi sẹ̀ sílẹ̀ – Meu sangue pingou no chão.
PINGAR, DERRAMAR ÓLEO, v. tapo < ta + epo.
PINGAR, GOTEJAR, v. kán, sẹ̀.
PINGAR, v. bọ́ > Owó ti bọ́ – O dinheiro tem pingado.
PINGAR, v. bọ́lójú < bọ́ + ní + ojú (lágrimas pela face) > Omi nbọ́ lójú – As lágrimas rolaram pela face.
PINGAR, VAZAR, v. ro > Omi ife ro sílẹ̀ – A água do copo pingou no chão.
PINGENTE, s. dògbòdògbò.
PINGO DE CHUVA, DE ÁGUA, s. ìkán, ẹ̀kán òjò > Ó dà ìkán omi mẹ́ta sílẹ̀ ẹ̀kán – Ela derramou três pingos de água no chão; > ẹ̀kán òjò – pingo de chuva.
PINGOS, GOTEJAMENTO, s. sísẹ̀.
PINTADO, MANCHADO, adj. mátamàta, pátapàta, adíkalà.
PINTAR A CASA, v. kunlé < kùn + ilé.
PINTAR DE VERMELHO, v. kùnlósùn.
PINTAR, POLIR, v. kùn, fi_kùn > Ó fi àwọ̀ funfun kun ògiri náà – Ele pintou de cor branca aquela parede.
PINTINHO, s. ọmọ adìẹ.

PINTOR, s. apòdà, akunòdà < kun – pintar, òdà – tinta.
PINTURA, QUADRO, s. àwòrán > Obìnrin méloò ló wà nínú àwòrán yẹn – Quantas mulheres estão naquele quadro.
PINTURA NO CORPO, s. akùn ẹfun lára > Ó fi akùn ẹfun ní ara rẹ̀ – Ele usou pintura branca no corpo dela.
PIO, DEVOTADO, adj. fífọkànsin.
PIOLHO, s. iná orí (leia: inón orí).
PIONEIRO, FUNDADOR, s. àpilẹ̀ṣẹ̀ > aṣáájú – predecessor, que vai à frente.
PIOR, INFERIOR, adv. burú jù > burújulọ – o pior de todos.
PIORAR A VOZ, v. kẹhùn.
PIORAR, v. kẹ̀ > Ẹyín rẹ ti nkẹ̀ – Seus dentes já estão se estragando; > Iná yìí kẹ̀ – O fogo se espalhou.
PIPA, s. káìtì (do inglês kite).
PIPOCA, s. gúgúrú.
PIQUENIQUE, s. ibi-ìgbádún, fájì – lazer, diversão.
PIRADO, DOIDO, adj. aṣiwèrè, asínwín.
PIRÂMIDE, s. pírámidì (do inglês pyramid).
PIRÃO, s. fẹ̀ṣẹ́lù.
PIRATA, s. àjàlèlókun (ladrão do mar) < àjàlè + ní + òkun.
PIRES, s. àwo kékeré.
PIRILAMPO, s. tanátaná.
PIRRAÇA, IMPERTINÊNCIA, s. àfojúdi.
PISADA, PASSO, s. ìtẹ̀mọ́lẹ̀ (ter a pessoa debaixo dos pés).
PISADO, BATIDO, adj. gígún.
PISAR, CALCAR, v. tẹ̀, fẹsẹ̀tẹ̀ < fi + ẹsẹ̀ + tẹ̀ > ó fẹsẹ̀tẹ̀ é – ela pisou nisto.
PISAR SOBRE O CHÃO, v. tẹlẹ̀ > Ó ntẹlẹ̀ jẹ́jẹ́ – Ele está caminhando às escondidas.
PISCAR OS OLHOS, v. ṣojúfirin.
PISCAR, FAZER VISTA GROSSA, v. mójú kúrò < mú + ojú + kúrò.
PISCAR, v. fojúpè < fi + ojú + pè (chamando a atenção).
PISCAR, v. ṣẹ́jú (fazer um sinal com os olhos) > Ó ṣẹ́jú pàkò – Ele piscou repetidamente.
PISCINA, s. odò-adágún ìlúwẹ̀.

PISO NIVELADO – PLANO, ABERTO   634

PISO NIVELADO, s. pẹ́tẹ́rẹ́, pètẹ̀lẹ̀.
PISO SUSPENSO, s. àjà (teto, terraço).
PISOTEADO, PRENSADO, adj. títẹ̀.
PISOTEAR, CALCAR, v. tẹ̀_rẹ́, tẹ̀_fọ́, tẹ̀_pa > Ó tẹ ẹsẹ̀ mi rẹ́ – Ele me pisoteou (lit. ele calcou o pé em mim).
PISTA DE CORRIDA, s. ibi ìsáré.
PISTA, TRILHA, s. ipasẹ̀.
PISTÃO, s. ọpọ́n inú pọ́npú (mecanismo de bombeamento).
PISTOLA, s. ìbọn.
PITORESCO, adj. aríbí-àwòrán.
PIVÔ, s. baba-ìsàlẹ̀ (pessoa tendo um papel central).
PLACA, PRANCHA, s. pákó.
PLACA, PRANCHA, s. pátákó > Pátákó ìkọ̀wé – Quadro de giz.
PLACENTA, s. olóbì (membrana fetal).
PLÁCIDO, CALMO, adj. ní àlàáfíà, rírọ̀rùn > jẹ́ẹ́ – calmamente.
PLACAR, MARCADOR, s. ìkéde – anúncio público.
PLACA SANGUÍNEA, s. adèépá èjẹ̀, di èépá.
PLACENTA, MEMBRANA FETAL, s. olóbi.
PLAINAR MADEIRA, v. fági < fá + igi.
PLANALTO ALTO, s. òkè-gbòòrò.
PLANEJADOR DE MÁQUINAS, s. aṣèrọ.
PLANEJAR, IDEALIZAR, v. wé, wéwé, pèrò > Ó wéwé ṣe o ìwòran – Ela planejou fazer-lhe uma visita.
PLANEJAR, PROJETAR, v. hùmọ̀, pète, dógbọ́n < dá + ogbọ́n > Tani ó hùmọ̀ táì ọrun? – Quem inventou a gravata?
PLANEJAR, TRAMAR, v. dọ̀tẹ̀ > Ó dọ̀tẹ̀ tí mi – Ele conspirou contra mim.
PLANETA VÊNUS, s. Āgùàlà.
PLANETA, s. ìsògbè oòrùn (lit. satélite do Sol).
PLANÍCIE, s. ọ̀dàn, ilẹ̀ títéjú > gbangba – espaço plano e aberto.
PLANO DE ENSINO, s. ìwé ìlànà ẹ̀kọ́ (resumo de aula).
PLANO LARGO, EXTENSO, adj. pàlàbà-palaba.
PLANO, ABERTO, s. ọ̀gbagadẹ̀.

PLANO, ACHATADO, *adj.* kàrẹ́ (sem relevo).
PLANO, *adj.* gbẹrẹsẹ, pẹrẹsẹ, palaba, pẹrẹsẹ.
PLANO, EXTENSO, *adj.* téjú, pẹrẹsẹ > gbalaja – todo esticado.
PLANO, PROJETO, *s.* ète > gbìmọ̀ – propor.
PLANO, RASO, *adj.* pẹ́tẹ́, pètẹ́, pẹ́tẹ́kí.
PLANO, *s.* ìtéjú (superfície igualada).
PLANTA AQUÁTICA, *s.* ewédò, ọṣíbàtà (*Nymphaea Lótus*).
PLANTA CARNÍVORA, *s.* igi ajẹran.
PLANTA DE ENXERTO, *s.* ohun-àtúgbìn.
PLANTA DE USO MEDICINAL, *s.* àlúpàyídà.
PLANTA DOS PÉS, *s.* ìdẹsẹ̀kẹsẹ̀ (posicionadas lado a lado).
PLANTA ESPINHOSA, *s.* ẹ̀gbìn ẹ̀gún.
PLANTA MEDICINAL, *s.* àsùnwọn òìbó (usada como laxativo).
PLANTA PARASITA, *s.* ẹ̀gbìn ajọ́fẹ̀ > àfọ̀mọ́ – erva-passarinho (*African Mistetloe*); mọ̀ní gèdè-gede (*Cassytha Filiformis – Lauraceae*).
PLANTA RASTEIRA, *s.* emìnà.
PLANTA TREPADEIRA, *s.* ẹ̀ṣùṣù.
PLANTA VEGETAL, COLHEITA, *s.* ohun-ọ̀gbìn.
PLANTA, *s.* ewéko, ẹ̀gbìn > Oko rẹ̀ ní àwọn ewéko púpọ̀ – A roça dela tem muitas plantas.
PLANTAÇÃO, *s.* oko gbígbìn.
PLANTAÇÃO INICIAL, *s.* kọ́gbìn > àkọ́gbìn – primeiros plantios de milho.
PLANTADOR, *s.* àgbẹ̀, ọgbìn.
PLANTAR SEMENTES, *v.* fúnrúgbìn < fọ́n + irúgbìn.
PLANTAR, PRODUZIR GRAMA, *v.* huko < hù + koríko.
PLANTAR, *v.* gbìn > Ó gbin àgbàdo – Ela plantou milho; > ìgbìn – plantação.
PLASMA SANGUÍNEO, *s.* ojera ẹ̀jẹ̀.
PLÁSTICO, *s.* ike, ṣíṣù > tábìlì àti àga oníke – mesa e cadeira de plástico.
PLASTIFICAR, *v.* sọdi ike – transformar em plástico.
PLATAFORMA, ESTAÇÃO, *s.* ibi-ìdúró.
PLATINA, *s.* ìṣù plàtínọ́ọ̀mù (do inglês *platinun*).

PLAY-GROUND, s. ibi-ìseré.
PLEBE, PESSOA COMUM, s. mẹ̀kúnnù, màkúnnù.
PLEBEU, BASTARDO, s. ọmọ àlè.
PLEBISCITO, s. ìbò (voto direto, resolução submetida ao povo).
PLEITEAR, v. bẹ̀, bẹ̀bẹ̀, sìpẹ̀ > Ó bẹ̀ mí ìmọ̀ràn – Ela me pediu uma opinião; > èbẹ̀ – pedido.
PLENAMENTE, ABERTAMENTE, adv. abóya.
PLENAMENTE, adv. tàntàn, níkíkún, wọ̀ntì, wọ̀ntìtì, wọ̀ntì-wọ̀ntì, yọ̀yọ̀, yanturu-yanturu > Ilẹ̀ yìí lo yanturu-yanturu – Esta terra é muito extensa.
PLENÁRIO, s. àpèjọ.
PLENITUDE, ABUNDÂNCIA, s. ẹ̀kún, ọ̀pọ̀, ayó > Ọ̀pọ̀ ẹnìàn nfẹ́ àfiyèsí – A maioria das pessoas deseja atenção.
PLENO, PERFEITO, adj. àrúkún.
PLENO, REPLETO, adj. tìyantìyan.
PLEXUS SOLAR, s. òkè-ikùn.
PLUGUE, TAMPÃO, s. èdídí, èékàn.
PLUMAGEM, PENUGEM, s. ihúùhù, ìyé ẹyẹ.
PLUMAS, PENAS, s. ìyé.
PLURAL, s. ọ̀pọ́, > jù ọkan lọ – mais que um.
PLURAL, NUMEROSO, adj. ọ̀pọ̀lọ́pọ̀ > Ọ̀pọ̀lọ́pọ̀ ènìà mlọ jáde – Numerosas pessoas foram embora.
PNEU, PNEUMÁTICO, s. táyà > Yẹ táyà mẹ́rẹ̀ẹ̀rin ọkọ̀ wò – Verifique os quatro pneus do carro.
PNEUMOCOCO, s. alámọ̀ àrùn-ẹ̀dọ̀fóró (micróbio que produz a pneumonia aguda) > ẹ̀kọ́ àrùn-ẹ̀dọ̀fóró – pneumologia.
PNEUMONIA, PLEURISIA, s. ikójẹ̀dọ̀jẹ̀dọ̀, àrùn ẹ̀dọ̀fóró.
PÓ AROMÁTICO, s. àtíkè (para higiene corporal).
PÓ AZUL, ANIL, s. wájì.
PÓ DE BAMBU, s. ìyẹ̀rẹ̀ (produzido pelo cupim).
PÓ DE COR PRETA, s. tíróò (aplicado nos cílios femininos).
PÓ MEDICINAL, s. ètù > ìyẹ̀fun – farinha.
PÓ VEGETAL, s. ìyẹ̀ròsùn (produzido pelo cupim da árvore ìròsùn).

POBRE, NECESSITADO, *adj.* ṣaláìlówó, tòṣì, ṣaláìlówó > táláká – pessoa pobre.
POBRE, ESFARRAPADO, *adj.* abòṣí, abòṣìta > mẹ̀kúnnù – plebe.
POBRE, MISERÁVEL, *s.* olóṣì > akúṣẹ́ – indigente.
POBREZA, MISÉRIA, *s.* àìlọ́rọ̀, òṣì, ìtáláká.
POÇA DE ÁGUA, *s.* adágún, ògòdò.
POÇO DE ÁGUA, *s.* ìkúdú (em desuso, abandonado).
POÇO, *s.* kànga > omi inú ilẹ̀ – água de dentro da terra.
PODADOR, *s*, àkọ̀pẹ, ìkọ̀pẹ (cortador de palmeira).
PODADOR, *s.* kangara (instrumento de poda).
PODAR, DESBASTAR, *v.* rẹ́_lórí (cortar os galhos de árvore) > Ó rẹ́ igi lórí – Ele podou a árvore.
PODE SER ASSIM, TALVEZ, *adv.* kíoribẹ́ẹ̀, kíoṣe, kóṣe > Kíoṣe mo rí o lọ́la – Talvez eu o veja amanhã.
PODER FEMININO, *s.* fuù (que emana no período da menstruação).
PODER MÁGICO, INFLUÊNCIA, *s.* egbé > Egbé ni ó lò sí mi – Ela usou de charme para mim.
PODER, FORÇA, *s.* àṣẹ, agbára, agbóra.
PODER, *v. aux.* lẹ̀ (físico ou intelectual) > Mo lègùn ẹsin – Eu posso montar a cavalo.
PODEROSAMENTE, *adv.* tagbára-tagbára < ti + agbára.
PODEROSO, *adj.* nípá, lágbára, àtàtà (importante, valente).
PODRE, CORRUPTO, *adj.* gbígbè.
PODRE, DETERIORADO, *adj.* ríra, díbàjẹ́.
PODRIDÃO, *s.* ìdíbàjẹ́ (corrupção).
POEIRA FINA, *s.* lẹ́búlẹ́bú, lúbúlúbú.
POEIRA, AREIA, *s.* iyẹ̀pẹ̀, erùpẹ̀.
POEIRA, *s.* èbutu, ekuru, eruku, eeku.
POEIRA, TERRA, *s.* eèpẹ̀, erùpẹ̀, yẹ̀ẹ̀pẹ̀.
POEMA DE ENCANTAMENTO, *s.* àásán (no culto de Ifá).
POEMA, *s.* ewì, ọ̀rọ̀ orin > ìsúre – poema em forma de bênçãos; ìkì – poema em forma de elogios; oríkì – louvação, fatos familiares.
POEMAS DE IFÁ, *s.* àásán, ẹsẹ (capítulos associados aos odú).

POENTE, s. ìwọ oòrùn.
POESIA DOS CAÇADORES, s. ìjalá (tendo Ogum como patrono).
POESIA, ENCANTAMENTO, s. òdèdè, ìgèdè (clamando forças de encantamento).
POESIA, POEMA, s. èwì > kéwì – recitar uma poesia > Ó kéwì rẹ́ – Ele recitou o poema dela.
POETA, s. akéwì, eléwì.
POETA, TROVADOR, s. onírárà, asunrárà, akéwì.
POLEGADA, s. ìka > 12 ìka – ìdì kan léjì ìka – doze polegadas.
POLEGADA, s. insi (do inglês *inch*).
POLEIRO, s. ibùwọ̀ ẹyẹ > wọ̀ – colocar, pôr.
PÓLEN, s. ìyẹ̀rin < ìyẹ̀ + irin > ìgbàrin – polinização (ato de chegada do pólen ao estigma da flor).
POLÊMICA, DISCUSSÃO, s. ìjiyàn.
POLÍCIA, DELEGACIA, s. àgọ́ ọlọ́pà > ìlànà ọlọ́pà – procedimento policial.
POLICIAL, OFICIAL, s. ọlọ́pá, ọlọ́pàá < ọ̀pá – cajado, bastão.
POLIDÁCTILO, s. òhúú (que tem muitos dedos).
POLIDO, BRILHANTE, adj. dánmọ̀nran-mọ̀nran > dídán – luminosos.
POLIDO, CORTÊS, adj. mèṣọ̀ (bem-educado).
POLIDO, INSTRUÍDO, adj. lẹ́kọ́ > jẹ́ ọmọlúwàbí – ser refinado, instruído.
POLIDO, LISO, adj. dámánrán.
POLIDOR DE METAIS, s. Adánrin.
POLIGAMIA, s. ìkóbìrinjọ (homem com mais de uma mulher).
POLÍGAMO, s. orogún, àkóbìrinjọ (ter uma rival da esposa); > olóbìnrin-púpọ̀ – o que tem muitas mulheres.
POLIGLOTA, s. elédèpúpọ̀.
POLÍGONO, s. oníhàpúpọ̀.
POLIMORFO, s. onírí pùpọ́ (que se apresenta sob várias formas).
POLIOMIELITE, s. polio (inflamação na medula espinhal).
POLINEURITE, s. ẹ̀ṣọ àgbèègbè wíwú (inflamação no sistema nervoso).
POLIR O CHÃO, v. fọlé.

POLIR, SER LISO, v. dán > ara ògiri ndán – a parede é lisa.
POLITÉCNICA, s. iléèwé ìmọ̀-ẹ̀rọ, iléèwé polité̩kíníìkì (do inglês *polytechnic*) – instituição de estudos técnicos e científicos.
POLÍTICA, s. ìṣèlú > Ìṣèlú sì wà ní júujúu – A política descambou em desordem.
POLÍTICO, s. aṣèlú, oṣèlú > Kò si òṣèlú ti a lè gbẹ́kẹ̀lé – Não há político em que possamos confiar; > iṣèlú – política, ẹgbẹ́ aṣèlú – partido político.
POLÔNIA, s. Pólàndì (país da Europa Central).
POLPA, s. ṣúkù (substância no centro das plantas) > Ṣùkù ehín – Polpa dos dentes.
POLTRONA, s. ísìṣeà (do inglês *easy-chair*).
POLUIÇÃO, s. Ìbàjẹ́, ìbàyíkájẹ́ > èérí – sujeira.
POLUIÇÃO DO AR, s. ìbafẹ́fẹ́jẹ́.
POLUÍDO, s. lábàwọ́n, lábuku.
POLUIDOR, s. abàyíkájẹ́.
POLUIR, SUJAR, v. sọdi àìmọ́.
PÓLVORA, s. ẹ̀tù.
POMADA PARA O CORPO, s. àkunra, ìkunra.
POMADA, UNGUENTO, s. ìpara.
POMAR, HORTA, s. ọgbà-àjàrà > ọgbà igi-eléso – local de árvore frutífera.
POMBAL, s. ilé ẹiyẹlé.
POMBO SELVAGEM, s. oriri, oori.
POMBO (TIPOS), s. òdèrèkókò, ògbùró, pakùnrété, òrófó.
POMBO DOMÉSTICO, s. ẹiyẹlé.
POMO DE ADÁO, s. kókó-òfun, gògòngò, gogó.
POMPA, OSTENTAÇÃO, s. fààrí, ayẹyẹ > Ó fi filà pupa ṣe fààrí – Ele usou um chapéu vermelho paara se exibir; > ọṣọ́ – adorno, enfeite.
POMPOSO, ESPLÊNDIDO, adj. láṣehàn, lọ́ṣọ́ > fẹ́ràn àṣehàn – gostar de ostentar.
PÔNEI, s. kùùrú > ẹṣin kékeré – cavalo pequeno.
PONTADA, s. ṣálọ́gbẹ́, gúnlọ́gbẹ.
PONTA DO DEDO, s. ọmọríka, oríka < orí + ìka.

PONTA DOS PÉS, s. tiro, oríka ẹsẹ̀.
PONTAPÉ, **PATADA**, s. ìpá.
PONTE DE METAL, **VIGA**, s. gádà (do inglês *girder*).
PONTE, s. afáá, afárá > Mọ́tò náà kọjá lórí afárá – O carro passou sobre a ponte.
PONTEIRO DE RELÓGIO, s. ọwọ́ agogo > Aago ní ọwọ́ méjì, ọwọ́ kékeré àti ọwọ́ nlá – O relógio tem dois ponteiros, ponteiro pequeno e ponteiro grande.
PONTO ALTO, **PINÁCULO**, s. ṣónṣó.
PONTO DE COSTURA, s. ipa abẹ́rẹ́ > rán_pọ̀ – costurar junto > Ó rán wọn pọ̀ – Ela os costurou juntos.
PONTO DE EBULIÇÃO, s. ibi ìhó.
PONTO DE EXCLAMAÇÃO, s. àmì ìyanu.
PONTO DE INTERROGAÇÃO, s. àmí ìbèèrè.
PONTO DE PARTIDA, s. ibi-ibẹ̀rẹ̀.
PONTO DE VISTA, s. ojú-ìwòye.
PONTO E VÍRGULA, s. àmì ìdẹsẹ̀pẹ́.
PONTO EXATO, s. ògangan.
PONTO FINAL, **PERÍODO**, s. àmì ìdúró.
PONTO NEUTRO, s. ibi ìyọ̀rọ̀.
PONTO, CABEÇA, s. kongbarí.
PONTO, MARCA, s. ibi, àmì.
PONTO CENTRAL, s. ibi ààrìn, ojú ààrin.
PONTOS CARDEAIS, s. orígun > Orígun mẹ́rẹ̀ẹ̀rin àiyé – Os quatro cantos do mundo.
PONTUAL, adj. ṣàìpẹ́ (não atrasar, não demorar) > wá_lásìkò – vir pontualmente.
PONTUALIDADE, s. àìfifalẹ̀ (não usar de lentidão, não se atrasar).
PONTUALMENTE, adv. lákókò > Ó dé lákòkò – Ela chegou pontualmente.
PONTUAÇÃO, s. ìfàmì-sọ́rọ̀.
PONTUAR, v. fàmì-sòrọ̀ < fi + àmì + sí + ọ̀rọ̀ – usar ponto para a palavra.
POPA NÁUTICA, s. ìdí-ọkọ̀.

POPULAÇÃO, *s.* àwọn ará ìlú > iye ènìà – número de pessoas.
POPULAR, *adj.* lókìkí > gbajúmọ̀ – pessoa conceituada.
POPULARIDADE, *s.* òkìkí, ìgbajúmọ̀, asìkí.
POPULOSO, NUMEROSO, *adj.* ọ̀pọ̀lọ́pọ̀ ènìà > kún ènìà – cheio de pessoas.
PÔR A BORDO, EMBARCAR, *v.* fi_sọ̀kọ̀ > Mo fi wọ́n sọ́kọ̀ – Eu os embarquei.
PÔR ABAIXO, *v.* bọ́ọ̀lẹ̀, bọ́sílẹ̀, rẹ́lulẹ̀, kélulẹ̀.
POR ACASO, *adv. pré-v.* wulẹ̀, dédé > A wulẹ̀ rí wọ́n nó ọjà – Nós, por acaso, os encontramos no mercado; > A dédé rí yín láná – Nós vimos vocês ontem por acaso.
POR AÍ, DESTE MODO, *adv.* báí.
PÔR ALGO NAS MÃOS, *v.* fi_sọ́wọ́ > Ẹ̀gbọ́n mi fi ẹ̀gbà sọ́wọ́ – Minha irmã usou uma pulseira.
POR ALGUM TEMPO, *adv.* ṣii > Ó dúró ṣii – Ele ficou de pé por algum tempo.
POR CAUSA DE, *conj.* tìtorí, torí, látàrí > Èmi kò lọ torí kò sí owó – Eu não fui porque não tinha dinheiro; > Látàrí ààrẹ mo ṣe sùn – por causa do cansaço eu vou dormir; > nítorí kíni? – por quê?
POR CAUSA DE, *prep.* Títàro.
POR CAUSA DISTO, *adv.* nítorí èyí.
POR CERTO, *adv.* dandan > Dandan o níláti wá sílé mi – De qualquer modo, você deve vir para minha casa.
POR COMPLETO, *adj.* lẹ́kún < ní + ẹkún.
POR DESGOSTO, *interj.* síọ̀!
POR DINHEIRO, *adv.* towótowó.
PÔR DO SOL, OCASO, *s.* ìwọ̀ oòrùn > aṣálẹ́ – anoitecer.
PÔR EM ORDEM, *v.* tọ́sọ́nà > Mo tọ́ ọ sọ́nà – Eu pus isso direito, em ordem.
POR EXEMPLO, *s.* fún àpẹẹrẹ > Fún àpééré, wọ́n kọ́ bẹ́ẹ̀ – Por exemplo, eles ensinavam assim.
POR FAVOR, *v.* jọ̀wọ́, jọ̀ọ́ (usado na forma imperativa) > Ẹ jọ̀wọ́, má lọ – Por favor, não vá; > jọ̀wọ́ kúrò – vá!, *exp.*

POR FAVOR, s. jàre, jàe, yé > Jòkó o, jàre – Sente-se, por favor; Yé fún mi lówó – Por favor, dê-me algum dinheiro.

POR ISSO, ENTÃO, conj. e adv. nítorínáà > Òjò rọ̀ púpọ̀, nítorínáà n kò lè lọ síbí iṣẹ́ – Choveu muito, assim, eu não pude ir ao trabalho.

POR ISTO, POR ESTA RAZÃO, adv. nítoríyìí.

POR MUITO TEMPO, adv. féé.

PÔR NA BOCA, v. nù (alimento) > Mo fi onjẹ nu ọmọ – Eu coloquei comida na boca da criança.

PÔR NAS MÃOS, v. gbé_léwọ́.

POR NOSSA CAUSA, adv. nítoriwa.

POR QUANTO, pron. oyetí (forma indireta de èló? – quanto?) > Èló ni aṣọ yìí?; Mi ò mọ oyetí ó rà á – Quanto custou esta roupa?; Eu não sei por quanto ele a comprou.

POR QUÊ? QUAL A RAZÃO? adv. interrog. èése, èéṣeti, èèrèdí > Èéṣe tí àwọn ọmọ òrìṣà kan nṣe dáradára jù àwọn míràn lọ? – Por que alguns iniciados se saem melhor do que outros? > Ṣùgbọ́n èéṣe? – Mas qual a razão?; > Èéṣe tí ó lọ jáde? – Por que ela foi embora?

POR QUÊ, POR QUAL RAZÃO?, adv. interrog. èèrèdí, nitorí kíni, kíni ìdí rẹ̀ > Kíni ìdí rẹ̀ tí o kò fi lọ? – Por qual razão que você não foi?; > Nítorí kíni o ṣe onjẹ yìí – Por que você fez esta comida?; > nítorí pé – porque.

POR QUÊ?, adv. interrog. èéhaṣe, èehatiṣe > Èéhaṣe tó lù mí? – Por que você me bateu?

POR QUÊ? COMO?, adv. interrog. básí > Básí o ṣe yìí – Como você fez isto?

PORQUE, conj. ìtoríkíní.

POR TODA A PARTE, adv. jákèjádò > jákèjádò àyé – pelo mundo inteiro.

POR UM CURTO PERÍODO, adv. fún ìgbà díẹ̀.

POR UM MOMENTO, adv. lẹ́ṣẹ̀kan.

PÔR, COLOCAR, v. fi (muito usado na composição de palavras) > Fi ìwé rẹ̀ sórí tábìlì – Ponha o caderno dele na mesa.

POR, prep. dè > Dúró dè mí – Espere por mim > láti – por, mais o verbo, expressa a razão de estar feliz > Inú mi dùn láti rí yín – Estou feliz por vê-los; > Inú mi dùn láti bá a – Estou feliz por encontrá-la.

PORÃO, ADEGA, *s.* yàrá ní ìsàlẹ̀ ilé – depósito na parte de baixo da casa.
PORÇÃO, PARTE, *s.* apákan > òkèlè – parte, pedacinho.
PORCARIA, *s.* pàntí, pàntírí (lixo).
PORCENTAGEM, *s.* ìdá-àpò > ìdá-àpò méwàá – 10%, dez por cento; èrè ìdá-àpò méwàá – dez por cento de lucro; > Ó bù ìdá-àpò kù méwàá – Ele reduziu dez por cento.
PORCO-ESPINHO, *s.* aaka, òòrè.
PORCO-ESPINHO, *s.* òjigbọn, òjibọn, òòrè èèrè.
PORCO DA GUINÉ, *s.* ẹmọ ilé.
PORCO SELVAGEM, JAVALI, *s.* túùkú, túrùkú.
PORCO, *s.* ẹlẹ́dẹ̀, ódo > ẹran ẹlẹ́dẹ̀ – carne de porco.
PORCO, SUJO, *adj.* aláìmọ́, yòbùnp.
PORÉM, CONTUDO, *conj.* àmọ́ > Mí ò ní owó, àmọ́ mo ní ayọ̀ – Não tenho dinheiro, porém tenho felicidade.
PORÉM, PODE SER, *conj.* bótiwùkórí.
PORO, *s.* ihò awọ ara (orifícios da pele), ihò ìlàágùn.
POROSO, *adj.* kún ihò (cheio de buracos), ihò-fòròfòrò – buracos intermináveis.
PORQUANTO, ATÉ ONDE, *adv.* níwọ̀nbíti > Níwọ̀nbí mo tí mọ̀ – Até onde eu sei.
PORQUE, *conj.* nítorí, nítorítí, nítorípé > Bàbá dáriji wọn, nítorí pè wọn kò mọ̀ ohun ti nṣe – Pai, perdoai-os porque eles não sabem o que fazem; > Nítorí ilẹ̀ ṣú púpọ̀ – Porque está muito escuro; > nítorí kíni? – por quê?. V. por quê.
PORQUINHO-DA-ÍNDIA, *s.* eku ẹmọ́.
PORRADA, *s.* ìlùbọlẹ̀ > Ó fún mi ní ìlùbọlẹ̀ – Ele me deu uma surra.
PORRE, *s.* ìbìlù-ọtí > Ó wà ìbìlù-ọtí – Ele está de porre, bêbado.
PORTA DA RUA, *s.* ẹnu-ònà > alùgbàgbà – portão.
PORTA, *s.* ìlẹ̀kùn > Ìlẹ̀kùn yìí kò ní kọ́kọ́rọ́ – Esta porta não tem chave.
PORTA-NOTAS, CARTEIRA, *s.* àpò owó.
PORTADOR DE BOAS NOTÍCIAS, *s.* oníhìnrere.
PORTADOR DE ESTANDARTE, *s.* ọlópágun.
PORTADOR DE SABRE, *s.* alágadá.

PORTADOR, MENSAGEIRO, s. ìránṣẹ́ > aláárù – carregador.
PORTAL DE UMA CASA, s. ojúlé (entrada).
PORTAL DE UMA CIDADE, s. bodè, ẹnubodé.
PORTAL, s. ààṣẹ̀ (porta larga).
PORTÃO, PASSAGEM, s. àìṣẹ̀, géètì (do inglês *gate*).
PORTARIA, s. adènàbodè.
PORTÁTIL, adj. rírù, àfọwọ́kọ́ > gbígbé – carregado e levado.
PORTA-VOZ, s. alágbàsọ, agbọ́ọ́rọ́sọ́.
PORTE, PRESENÇA, s. ìwà èníà.
PORTEIRO DA CIDADE, s. oníbodè.
PORTEIRO, ENCARREGADO, s. lébíra (do inglês *labourer*) > aláárú – carregador de bagagem.
PORTEIRO, s. adènà, olùdènà < olù + dì + ọ̀nà (guardião do portão).
PÓRTICO, s. ìloro.
PORTO, CAIS, s. èbùté > ibùdó ọkọ̀-ojú-omi – espaço para a embarcação.
PORTO MARÍTIMO, s. èbùté òkun.
PORTUGAL, s. Pọ́tígàlì (país da Europa).
PORTUGUÊS, s. pòtógi > Èdèe yorùbá yàtọ̀ si èdèe potogí – A língua yorùbá é diferente do português.
PORVENTURA, TALVEZ, adv. bóyá > Bóyá ẹ fẹ́ tàbí ẹ ò fé ẹ gbódọ̀ sọ òtìtọ́ – Talvez você queira ou não queira falar a verdade.
PÓS-ABORTO, s. tẹ̀hìn ìṣẹ́yún.
PÓS-CASAMENTO, s. tẹ̀hìn ìgbéyàwó.
PÓS-ESCRITO, s. ọ̀rọ̀-àfikún ìwé (suplemento de um livro) > Ọ̀rọ̀ tí a fi kún ìwé – Palavras que usamos para completar um texto.
PÓS-FEBRIL, s. tẹ̀hìn àrùn-ibà.
PÓS-MEIO-DIA, s. ọ̀sán.
PÓS-MORTE, s. tẹ̀hìn ikú < ẹ̀hìn – depois, após.
PÓS-NASCIMENTO, s. tẹ̀hìn ibí.
PÓS-OPERAÇÃO, s. tẹ̀hìn iṣẹ́-abẹ.
PÓS-PARTO, s. tẹ̀hìn ọmọbíbí.
PÓS-SEXO, s. tẹ̀hìn ìbásùn.
POSAR, v. dúróníwájú (postura estudada).

POSIÇÃO, CRIAÇÃO, s. àdáyébá (posição da pessoa na vida).
POSIÇÃO DEITADA, s. ìdábúlẹ̀, ìdúbúlẹ̀.
POSIÇÃO, STATUS, s. ipò, ẹgbé, ipòláwùjọ < ipò + ní + àwùjọ.
POSIÇÃO RETA, VERTICAL, s. òòró (a prumo).
POSIÇÃO, CLASSE, s. ẹgbẹ́ > Ilé rẹ kì íṣe ẹgbẹ́ ilé mi – Sua casa não é superior à minha.
POSICIONADAMENTE, adv. minimini (por posição).
POSICIONAR-SE NUMA ÁRVORE, s. ẹ̀gùn.
POSITIVAMENTE, adv. dájúdájú, kedere > Dájúdájú mo níláti ṣiṣẹ́ – Certamente, eu preciso trabalhar; > nítòótọ́ – verdadeiramente.
POSITIVO, adj. elérò > àmì elérò – sinal positivo, mais.
POSSE, ORDENAÇÃO, s. ìfijoyè (título em um posto oficial).
POSSESSÃO COMPLETA, s. ànídópin.
POSSESSÃO, HERANÇA, s. ilẹ̀níní.
POSSESSÃO, PROPRIEDADE, s. ìní.
POSSESSIVO, FORTE, adj. níní.
POSSIBILIDADE, s. lílẹ̀ ṣe (lit. habilidade em fazer algo).
POSSÍVEL DE FAZER, adj. ṣiṣe, kòṣòro < Iṣẹ́ yìí ṣíṣe – Este trabalho é possível de fazer; > ṣeéṣe – ser possível.
POSSUÍDO POR EXÚ, s. eléṣù.
POSSUIDOR DE TÍTULO, s. olóyè < oní + oyè.
POSSUIDOR DE UMA MEDIDA, s. olóṣùnwọ̀n.
POSSUINDO O BASTANTE, s. ànító.
POSSUIDOR, s. olóhun.
POSSUIR, TER O CONTROLE DE, v. ní, níníkáwọ́ > Ó wà níní káwọ́ mi – Ele está sob meu controle; < ní + ká + ọwọ́ – ter as mãos em volta de.
POSSUIR, v. gbàní (receber uma possessão), jogún – herdar.
POSTAR, v. póòsì (do inglês *post*) pôr no correio.
POSTE DE LUZ, s. òpó iná.
POSTE DE MADEIRA, s. èèkàn.
POSTE, ESTACA DE BAMBU, s. ọpa.
POSTE, PILAR, s. òpó.

POSTERGAR, PRETERIR, *v.* yẹ̀ > Ẹiyẹ yẹ iyẹ – O pássaro perdeu as penas.
POSTERIDADE, *s.* ìran àtẹlé, ìran ẹ̀hìn.
POSTERIOR, APÓS, *adj.* lẹ́hìn > tẹ̀hìn < ti ẹ̀hìn – após > Ó tọ̀ í lẹ́hìn – Ela me seguiu atrás.
POSTERIORMENTE, MAIS TARDE, *adv.* lẹ́hìnnáà > Ò padà sí ìlú rẹ̀ lẹ́hìnnáà tí ó ṣe ìbẹ̀rẹ̀ fún òrìṣà – Ela retornou para a cidade dela depois que ela fez a iniciação para a divindade.
POSTO DE GASOLINA, *s.* Ilé Epo.
POSTULAR, EXIGIR, *v.* gbà gẹ́gẹ́bí òótọ́ – de acordo com a verdade.
PÓSTUMO, *s.* tẹ̀hìn ikú (algo ocorrido após a morte de uma pessoa).
POSTURA EM PÉ, *s.* ìnàró > ìdúró – parado.
POSTURA, POSIÇÃO, *s.* ìdúró, díde-dúró.
POTÁSSIO, *s.* kánwún.
POTE DE BOCA ESTREITA, *s.* orù.
POTE PARA MOLHEIRA, *s.* apẹ.
POTE PERFURADO, *s.* ládìrò, aládìrò.
POTE, CALDEIRÃO, *s.* odù.
POTE, VASILHA, *s.* ìkòkò, ìṣà, orù (pote com boca larga) > Ìkòkò yìí kò mọ́ tó – Este pote não está limpo o suficiente.
POTÊNCIA, FORÇA, *s.* ìgbóra > ipá – forçam agbára.
POTENTADO, *s.* alágbára (força e poder).
POTENTE, POTENCIAL, *adj.* lágbára > Ó lágbára lórí wa – Ele tem força, poder sobre nós.
POTRO, *s.* ọmọ ẹṣin, agódóngbó.
POUCA QUANTIDADE, *s.* pánlá, ìba-díẹ̀.
POUCO A POUCO, *adv.* bárebáre, bírí-bìrì-biri, díẹ̀díẹ̀, ṣẹ́ṣẹ̀ṣẹ́ (em pequena quantidade) > Ó nṣe iṣẹ́ díẹ̀díẹ̀ – Ela está fazendo o serviço gradualmente.
POUCO DINHEIRO, *s.* adága.
POUCO, *adj.* sàìpọ̀ > kínkíní – um pouco.
POUCOS, ALGUNS, *adj.* díẹ̀, mélókan > Èmi fẹ́ràn ṣúgà díẹ̀ – Eu gosto de pouco açúcar.
POUCOS PEDAÇOS, POUCAS PARTES, *adj.* bébèbé, kékéké.
POUCOS, RAROS, *adj.* ṣàṣà.

POUPANÇA, ECONOMIAS, s. owó-ìṣúra, ìdásí (ato de economizar).
POUPANÇA, ACUMULAÇÃO, s. akójọ (ato de economizar).
POUPAR, ECONOMIZAR, v. dá_pamọ́ > Ó dá owó pamọ́ wa – Ela guardou o nosso dinheiro.
POUPAR, RESERVAR, v. dá_sí > Ó dá mi sí – Ele me poupou.
POUSAR SOBRE, EMPOILERAR-SE, v. bà > Ẹiyẹ yẹn bà ní ẹ̀ka igi té – O pássaro posou em cima do galho da árvore; > té – acima.
POUSAR, ATERRAR, s. ìgúnlẹ̀.
POUSAR, TOCAR O CHÃO, v. délẹ̀ < dé + ilẹ̀ > Ṣòkòtò yìí délẹ̀ – Esta calça está comprida, tocando o chão.
POUSADO, EMPOLEIRADO, adj. yíyan.
POVO, adj. tìlú.
POVOAR, HABITAR, v. tẹ̀_dó > Ó tẹ ìlú náà dó – Ele fundou, povoou aquela cidade.
PRAÇA, s. sarè (espaço cercado por prédios).
PRAGA, EXECRAÇÃO, s. ìre.
PRAGA, MALDIÇÃO, s. èpè, ìgégun.
PRAGA, s. àjàkálẹ̀-àrùn.
PRAGA, XINGAMENTO, s. aṣépè.
PRAGUEJAR, XINGAR, v. fi_ré, fi_gégun > Ó fi mí ré – Ela me xingou.
PRAIA, COSTA DO MAR, s. ẹ̀bá òkun, erémi > etí-òkun – lado do mar; Àwa mẹ́tẹ̀ẹ̀ta lọ sí ẹ̀bá òkun – Nós três fomos à praia.
PRANCHA, MESA LONGA, s, paafà, pàrafà.
PRANCHA, PLACA, s. pákó.
PRANTEADOR, s. ẹlẹ́kún (lamentador).
PRANTEAR, USAR LUTO, v. sọ̀fọ̀ < ṣe + ọ̀fọ̀, bànújẹ́.
PRANTO, LAMENTO, s. ìtahún, ẹkún.
PRATA, s. fàdákà (do hausá *fàtakà* ou do árabe *fidda*), sílífà (do inglês *silver*).
PRATEAÇÃO, s. àsúbò (banho de prata).
PRATEADO, adj. àwo-kómáadan.
PRATELEIRA, s. pẹpẹ, pẹpẹlé (estante, altar) > Igbá náà wà lórí pẹpẹlé – A cabaça está em cima da prateleira < pẹpẹ + ilé.
PRÁTICA DESONESTA, s. ẹ̀dẹ.
PRÁTICA, COSTUME, s. ìlò, lílò.

PRATICADO COM RESPEITO, adj. fífòwọse.
PRATICAR ESPORTE, BRINCAR, v. ṣiré, ṣeré > Ó fẹ́ ṣiré ìfẹ́ pẹ̀lú mi – Ele quer brincar de amor comigo < ṣe + iré.
PRATICAR FEITIÇARIA, v. sàjẹ́.
PRATICAR O CHARLATANISMO, v. ṣadáhunṣe.
PRATICÁVEL, adj. ṣeéṣe.
PRÁTICO, ÚTIL, adj. lílò, wúlò > Ó wúlò fún ènìá – Ela é útil para a pessoa > ṣíṣe – possível de ser feito.
PRATO DE ESTANHO, s. àwojẹ.
PRATO OVAL, s. àwo-ọlọ́gbún.
PRATO, s. àwo.
PRATO, PANELA, s. tásà.
PRATO GRANDE, BACIA, s. àwokótó.
PRAZEROZAMENTE, adv. fẹ̀rẹ̀.
PRAZER, AFEIÇÃO, s. àfẹ́, wíwù, ẹwù (prazer de agradar) > Ó ṣàfẹ́ rí mi – Ele aparenta o desejo de me ver.
PRAZER, ALEGRIA, s. ìdùnmọ́, ìdùnnú.dúníyà (do idioma hausá).
PRAZER, DELÍCIA, s. oríwíwù, iwúrí.
PRAZER, DESEJO, s. ìwù, ẹwù > àfẹ́ àiyé – prazeres do mundo.
PRAZER, DIVERTIMENTO, s. aiyéjíjẹ.
PRAZER, EUFORIA, s. ìgbádùn < gbọ́ + adùn, fájì > fáàrí – ostentação.
PRAZER, GOSTO, s. adùn > dùn – ser agradável.
PRAZO, PERÍODO, s. àsìkò > Yànmùyanmu pọ̀ lásìkò yìí – Os mosquitos são muitos neste tempo.
PREÁ, s. eku ẹmọ́.
PREÂMBULO, INTRODUÇÃO, s. ọ̀rọ̀ àsoṣájú.
PRECÁRIO, INSEGURO, s. eléwu > láìdánílójú – duvidoso.
PRECAUÇÃO, s. ìmúrasílẹ̀ > ṣọ́ra – precaver-se.
PRECAVER-SE, ACAUTELAR-SE, v. ṣọ́ra > Ṣọ́ra fún àwin – Cuidar-se para as compras a credito.
PRECAVER, SER CUIDADOSO, v. kiyèsára, yèra > Yẹrafún gbèsè rfẹ̀pẹ̀tẹ̀ – Evite dívidas demais; > Ó yèra níbẹ̀ – Ele se afastou de lá < yẹ̀ + ara.

PRECE, SÚPLICA, s. ìtorò.
PRECEDÊNCIA, s. ìṣáájú (superior em importância).
PRECEDENTE, s. ṣíṣáájú, àṣetẹ́lẹ̀.
PRECEDER, ANTECEDER, v. ṣáájú, ṣíwájú < ṣí + iwájú.
PRECEPTOR, MESTRE, s. aláṣe, olùkọ́.
PRECIOSIDADE, s. àìpo.
PRECIOSO, VALIOSO, adj. olówólórí, oníyebiye (que não tem preço).
PRECIPÍCIO, LADEIRA, s. bèbè ògbun, gèrẹ́, ògégérẹ́ > Ilẹ̀ yìí ṣe gẹ̀rẹ́ – Este piso está em declive.
PRECIPITAÇÃO, CORRERIA, s. wíwàrà, àkùgbùú, àìnísùúrù > ìwàra – impaciência.
PRECIPITADAMENTE, adv. gbọngbọn, ògèdèngbé, òdèdègbé.
PRECIPITADO, ARRISCADO, adj, yájù > Èyí ó yájù – Isso é rápido demais.
PRECIPITAR-SE, v. fi_pa.
PRECISAMENTE, adv. gan, gangan > àgéjá, àgétán – é usado com o verbo gé – cortar > A gé igi tán – Nós cortamos a árvore completamente.
PRECISAMENTE, adv. gan-na > Àdá yìí mú gan-an – Este afanje é bastante afiado; > oníolóní – precisamente, a partir desta data.
PRECISAR, DEVER, v. aux. níláti, gbọ́dọ̀ > Ó níláti ṣiṣẹ́ – Ele precisa trabalhar; > A níláti tójú èsin – Precisamos cuidar de nossa religião.
PRECISAR, NECESSITAR, v. nìidì (do inglês need).
PRECISAR, SER EXATO, v. pé > Owó yìí èmi kò pé mọ́ – Deste dinheiro eu não preciso mais.
PRECISO, EXATO, adj. kòngé, gbáko > Kòngé ni ó ṣe – Foi oportuno o que ele fez.
PRECISÃO, s. iṣegeere > àìtàsé – eficaz.
PREÇO BAIXO, s. àìhán.
PRECOCE, PREMATURO, adj. ìyájù > yíyá – rápido.
PREÇO DE MERCADORIA, s. àdíyelé > iye – quantia, número, valor; > nọ́nbà – número.
PRECONCEBER, v. ròẹ̀lẹ̀ > ṣebí – supor > Mo ṣebí ó wà – Eu acredito que ela venha.

PRECURSOR, *s.* asáájú ẹni.
PRECONCEITO, PARCIALIDADE, *s.* òjóró, ìṣebí > ìròtẹ́lẹ̀ – precaução.
PRÉ-DATAR, PRECEDER, *v.* tètè kajọ́.
PREDADOR, *s.* apanirun, ajẹnirun (que ataca os outros).
PREDECESSOR, *s.* aṣáájú (aquele que vai à frente).
PREDESTINAÇÃO, *s.* ìyàntẹ́lẹ̀ > alásọtẹ́lẹ̀ – o que prevê os fatos.
PREDESTINAR, *v.* yàn tẹ́lẹ̀.
PREDIÇÃO, VATICÍNIO, *s.* ìsọtẹ́lẹ̀ > Àwọn ìsọtẹ́lẹ̀ nípa òpinàiyé – Predições sobre o fim do mundo.
PREDILEÇÃO, PREFERÊNCIA, *s.* ìnífẹ́ < ní + ìfẹ́.
PREDISPOR, PREPARAR-SE, *v.* múrasílẹ̀ > Ó múrasílẹ̀ fún ọjọ́nàà – Ela se preparou com antecedência para este dia.
PREDIZER, *v.* fiahàntẹ́lẹ̀, wí_tẹ́lẹ̀ > Ó wí i tẹ́lẹ̀ – Ele profetizou isso.
PREDOMINANTE, *adj.* wọ́pọ́, pọ̀.
PREDOMINAR, *v.* tayọ́, gbílẹ̀ – estender ao redor.
PRÉ-ESCOLAR, *s.* ilé-ẹ̀kọ́ ìkokó.
PREENCHER, AUMENTAR, *v.* nú > Fi ojo nú alágbára – O medroso aumentou a coragem.
PREENCHER, COMPLETAR, *v.* ṣe (tornar realidade) > Ohun ti mo wí yíò ṣe láìpé – O que eu disse se tornará realidade logo.
PREFÁCIO, INTRODUÇÃO, *s.* àkọ́ṣọ, àkọsíwájú, òrọ̀ àkọ́ṣọ, ífáárà, àpilẹ́kọ > Òrẹ́ mi ṣe àkọ́ṣọ ìwé mi – Meu amigo fez o prefácio do meu livro; > Òun nkọ òrọ̀ àkọ́ṣọ ìwé rẹ̀ – Ela está escrevendo o prefácio do livro dela.
PREFERÊNCIA, ADMIRAÇÃO, *s.* gbígbẹ́lékè.
PREFERIR, QUERER, *v. aux.* kúkú > Mo kúkú jẹ díẹ̀ – Eu prefiro comer pouco.
PREFERIR, GOSTAR, *v.* fẹ́ràn > Mo fẹ́ràn ìyá mi gidigidi – Eu amo muitíssimo minha mãe; > fẹ́ jù – querer mais.
PREFERÍVEL, MELHOR, *adj.* dárajù.
PREFERIVELMENTE, *adv.* Mo lè kúkú bá wọn lọ – Eu posso preferivelmente, até certo ponto, ir com eles.

PREFIXAR, PRECEDER, *v.* ṣáájú.
PREFIXO DE COMANDO, *s.* olú > olúwo – sacerdote de Ifá, olúbájẹ – ritual comunitário, olúwa – senhor, mestre.
PREFIXO DE POSSE, *s.* alá, elé, ẹlẹ́, oló, ọlọ́ (modificação da palavra oní, indicando poder sobre algo, ou alguém que faz) > àsẹ̀ – refeição, oní àsẹ̀ = alásẹ̀ – cozinheiro, mestre cuca; oni ọgbà = ọlógbà – jardineiro. Obs.: *oní* não se modifica quando a palavra seguinte começar com a vogal *i* > oní ilé = onílé – dono da casa, oní Ifá = onífá – devoto de Ifá.
PREFIXO DE POSSE, *s.* olù (usado para indicar atributos, aquele que faz algo) > ifẹ́ – amor, olùfẹ́ – amante. Em muitos casos revela atributos de Deus > Olùgbàlà – o Salvador; Olùbùkún – Aquele que abençoa.
PREFIXOS NEGATIVOS, *pref.* àì, láì, aláì, ṣàì, ṣaláì < ṣe + aláì; prefixos que dão forma negativa, contrária às palavras: mọ́ – limpo, àìmọ́ – sujo; ìlera – saude, ṣáìlera – doente; sọ – falar, láìsọ – sem falar; ìbẹ̀rù – receio, aláìbẹ̀rù – corajoso; ìmọ̀ – saber, ṣaláìmọ̀ – ignorante.
PREGA, RUGA, *s.* ìkátì (dobra de um lado).
PREGA, VINCO, *s.* ìkápọ̀, àkápọ̀.
PREGAÇÃO, SERMÃO, *s.* ìwásù.
PREGADOR, PASTOR, *s.* oníwásù.
PREGAR FIRME, *v.* kànmọ́.
PREGAR JUNTO, *v.* kànpọ̀.
PREGAR NA CRUZ, *v.* kànmọ́-àgbèlèbù (crucificar) > Wọ́n kan Jésù mọ́ àgbèlèbù – Eles pregaram Jesus na cruz firmemente.
PREGAR UM SERMÃO, *v.* wáàsí > Ó wáàsí fún gbogbo ènìà – Ele pregou um sermão para todas as pessoas.
PREGAR, CRAVAR, *v.* kàn.
PREGAR, *v.* ṣèwásù, ṣèwásí > Ó ṣèwásù – Ele pregou um sermão.
PREGOEIRO PÚBLICO, *s.* akéde.
PREGUEAR, FRANZIR, *v.* dápò < dá + àpò.
PREGUIÇA, INDOLÊNCIA, *s.* àmòjá, ọlẹ.
PREGUIÇA, LENTIDÃO, *s.* àìkánjú.

PREGUIÇOSAMENTE, adv. fùkọ, gẹ̀dẹ̀mù, gẹlẹtẹ, lẹkẹtẹ, rẹ́kẹ́tẹ́, súẹ́-súẹ́.
PREGUIÇOSO, adj. lílẹ, ọ̀lẹ, aláìnísẹ̀.
PREGUIÇOSO, INDOLENTE, adj. níròjú > Ó lẹ púpọ̀ – Ele é muito preguiçoso.
PREGUIÇOSO, VADIO, s. òrayè, òùnrayè.
PRÉ-HISTÓRICO, s. tàyé àimọ́ọ̀kọ.
PREJUDICAR, AFRONTAR, v. ṣe_lọ́ṣẹ́ > Ó ṣe ẹ̀bà náà lọ́ṣẹ́ – Ele devorou a comida; > Ó ṣe mí lọ́ṣẹ́ – Ela me prejudicou.
PREJUDICIAL, adj. nípalára.
PREJUÍZO, PERDA, s. àdánù, òfò, ofùn > Ó fowó rẹ̀ ṣòfò – Ele desperdiçou o dinheiro dela.
PREJUÍZO COMERCIAL, s. ìbàjẹ́ ọjà.
PREJULGAR, v. dájọ́-àìléri.
PRELEÇÃO, INSTRUÇÃO, s. ìkọ́ni.
PRELIMINAR, adj. ti ìpilẹ̀sẹ̀, ti ìsájú.
PRELÚDIO, INTRODUÇÃO, s. ìfiṣájú.
PREMATURAMENTE, adv. láìṣàkókò.
PREMATURO, adj. àìpásìkò, láìpọ́n > yájù – inoportuno.
PREMEDITAÇÃO, s. ìsàrò tẹ́lẹ̀.
PREMEDITAR, v. rò_tẹ́lẹ̀ (pensar antes) > Ó rò ó tẹ́lẹ̀ – Ele pensou nisto antes.
PREMEDITADAMENTE, adv. lámọ̀mọ̀ṣe.
PREMEDITAR, PLANEJAR, v. pète, pèrò, gbìmọ̀tẹ́lẹ̀ < gbà + ìmọ̀ + tẹ́lẹ̀ > Mò npète lọ lúwẹ̀ – Eu tenho a intenção de ir nadar.
PREMIADOR, s. olùṣẹsan (que recompensa).
PREMIAR, v. san > Mo san owó – Eu paguei em dinheiro; > díyelé – avaliar.
PRÊMIO, VANTAGEM, s. èrè > Mo gbá èrè – Eu recebi algum lucro; > ẹ̀bun – presente.
PREMISSA, s. ìdí ọ̀ràn.
PREMONIÇÃO, PERCEPÇÃO, s. àmọ̀tẹ́lẹ̀, ara-fífu, ìfura.

PRÉ-NATAL, s. ṣáájú-ìbí, ìgbà-oyún > itójú ìgbà oyún – tratamento no período de gestação.
PRENDER AS MÃOS, ALGEMAR, v. padẹ < pa + idẹ.
PRENDER COM TACHINHAS, v. gán.
PRENDER, ENCARCERAR, v. gbé_ṣ́ẹwọ̀n, há_mọ́ > sémọ́ inú túbú – prender dentro da prisão.
PRENDER, AMARRAR. v. dì, somọ́ > Ó so ó mọ́ igi – Ela amarrou-a junto à árvore.
PRENDER, v. kì > Ọlọ́pá ki olé – O policial prendeu o ladrão.
PRENHA, adj. lóyún.
PRENSA, s. òòtẹ̀, òòtẹ̀wé (máquina de estampar).
PRENSADO, adj. títẹ̀ > ìkìmọ́lẹ̀ – comprimido.
PRÉ-NUPCIAL, s. ṣáájú-ìgbéyàwó.
PREOCUPAÇÃO, ALVOROÇO, s. jaanjaan.
PREOCUPAÇÃO, ANSIEDADE, s. pakanléké. V. estar preocupado.
PREOCUPAÇÃO, PROBLEMA, s. ìyọnu, ìpọ́njú > Má ṣe ìyọnu. Olúwa o bá ẹ – não se preocupe. Deus o ajudará; > Ìyọnu bà mi – Estou aflito (lit. a aflição me atingiu).
PREOCUPAR, HOSTILIZAR, v. jàlógun.
PREOCUPAR, v. gbéláyàsókè.
PREOCUPAR-SE, AFLIGIR-SE, v. ṣíṣẹ́, talára > Ọ̀rò tí o sọ ó ta mí lára – As palavras que você disse a ele me preocuparam.
PREOCUPAR-SE, v. lálàṣí.
PREPARAÇÃO, s. mímúra, òpò, ìpalẹ̀mọ́.
PREPARADO, adj. kíkẹ́.
PREPARAR COMIDA, v. tẹ̀bà.
PREPARAR EMBOSCADA, v. lúba (esperar por alguém) > Ó lúba – Ele se escondeu.
PREPARAR FIOS DE ALGODÃO, v. dàwú < dà + òwú.
PREPARAR O COURO, v. rúnwọ (curar o couro para uso).
PREPARAR PESSOAS PARA ATACAR, v. rọgun (ficar alerta).
PREPARAR REMÉDIO, v. ṣoògùn < ṣe + oògùn > Mo ṣoògùn fún wa – Eu preparei um remédio para nós.

PREPARAR UMA SOPA, *v.* robẹ̀.
PREPARAR VEGETAIS VERDES, *v.* rofọ́ < rọ̀ + ẹ̀fọ́.
PREPARAR, APRONTAR, *v.* gbọ́.
PREPARAR, MEXER, *v.* rò > Ó nro àmàlà fún òrìṣà – Ela está preparando amalá para o orixá.
PREPARAR, *v.* wá, múra > Ìyá mi wá onjẹ – Minha mãe preparou a comida; > Wọ́n níláti múra tán láti gbé ẹrù-iṣẹ́ – Eles precisam se preparar para assumir responsabilidades; > ìmúrasílẹ̀ – preparado, pronto.
PREPARAR-SE, *v.* sirẹ̀, dì_lámùré (a si próprio ou outra pessoa).
PREPARATIVO, *s.* ìpalẹ̀mọ́.
PREPONDERÂNCIA, PREDOMÍNIO, *s.* ọ̀gọ̀ọ̀rọ̀, àpòjù.
PREPOSIÇÃO, *s.* ipò > ẹka-ọ̀rọ̀ ipò – parte do idioma que indica posição (posicionada antes do substantivo para mostrar conexão).
PREPÚCIO, *s.* atọtọ (pele do pênis que não foi circuncidado).
PRERROGATIVA, PRIVILÉGIO, *s.* ìfẹ́-inú (desejo interior) > ohun tí nṣe ẹni – algo que fazemos à pessoa.
PRESA, CAÇA, *s.* ohun-ọdẹ.
PRESA DE ELEFANTE, *s.* ehín-ẹrín (representado pelos dois dentes incisivos de marfim).
PRESCREVER OFERENDA, *v.* dẹ́bọ < dá + ẹbọ, ṣẹ́bọ, rúbọ > Ó ṣẹ́bọ fún ẹbọra – Ele fez uma oferenda para a divindade.
PRESCREVER PROIBIÇÕES, *v.* kààwọ̀ < kà + èèwọ̀.
PRESCREVER, DETERMINAR, *v.* paláṣẹ, pin > Ó pin ín ní ààwè mẹ́ta – Ele determinou três jejuns.
PRESCRIÇÃO, *s.* ìwé àṣẹ.
PRESESENÇA, *s.* ojú ẹni, wíwáláarín.
PRESENTE, DÁDIVA, *s.* ẹ̀bùn, ìtọrẹ.
PRESENTEAR, PREMIAR, *v.* ta_lọ́rẹ > Ìyá ta mí lọ́rẹ – Minha mãe me presenteou.
PRESENTEAR, DAR OPORTUNIDADE, *v.* bùn, jì (dar um presente) > Ó bùn ún lówó – Ele deu dinheiro a ela.
PRESENTEMENTE, *adv.* lójúkannáà, lẹ́sẹ̀kẹsẹ̀.
PRESEPEIRO, FANFARRÃO, *adj.* oníhalẹ̀.

PRESERVAÇÃO, MANUTENÇÃO, s. ìpamọ́, ìṣètọ́jú.
PRESERVADOR, s. olùpamọ́, olùtọ́jú.
PRESERVATIVO, s. ẹ̀làa majé-ódibàjẹ́, ohun ìṣọ́ra.
PRESIDENTE, s. alákóso, ààrẹ > igbákéjì-ààrẹ – vice-presidente.
PRESIDIÁRIO, INTERNO, s. alábágbẹ́.
PRESIDIR, v. ṣe àkóso, ṣe amọ̀nà.
PRESSA, CORRERIA, s. ìsọdàáyè.
PRESSA, RAPIDEZ, s. àkánjú, ìkánjú, yíyára, ìyára.
PRESSÁGIO, PREDIÇÃO, s. kìlọ̀kilọ̀, ìkìlọ̀.
PRESSAGIR, v. fihàntẹ́lẹ̀ (avisar antes da hora).
PRESSÃO, APERTO, s. ìfúnpọ̀ (aperto de gente) > ìbìlù – pressão, ajuntamento.
PRESSÃO, s. èle, ẹ̀ẹ́fún > ẹ̀ẹ́fún ẹ̀jẹ̀ àlọ, àrùn ifun ìṣàn – pressão arterial.
PRESSENTIMENTO, s. ìmọ̀tẹ́lẹ̀ > ìfura – dúvida.
PRESSIONADO, s. àkimọ́lẹ̀ (comprimido).
PRESSIONAR PARA BAIXO, v. rìn, rìn_mọ́lẹ̀ > Ó rìn mí ní ẹ̀dọ̀ – Ela me fez sentir náuseas (lit. ela pressionou meu estômago).
PRESSIONAR, PERSISTIR, v. tẹ̀mọ́.
PRESTAÇÃO, s. àdásan, àdáwin > sísan owó díẹ̀díẹ̀ – pagamento de dinheiro aos poucos; > san díẹ̀díẹ̀ – pagar aos poucos.
PRESTAR ATENÇÃO, v. tẹjúmọ́ (olhar fixamente) > Mo wò ó lẹ́nu – Eu prestei atenção (lit. Eu olhei ele na boca).
PRESTAR ATENÇÃO, INTERFERIR, v. ṣúsí > Ó ṣúsí ọ̀rọ̀ náà – Ele fez um comentário irrelevante.
PRESTAR ATENÇÃO, OBSERVAR, v. fiyèsí, fiyèsíni, fojúsílẹ̀, fojúsí < fi + ojú + sí > Ó fi ojú sí i – Ele prestou atenção para isto (ojú – rosto, olhos – usado para dar significado da parte principal de alguma coisa ou lugar onde as coisas acontecem > ojú ọ̀run – céu).
PRESTAR ATENÇÃO, v. gbájúmọ́, gbàsí_lẹ́nu, kọbí > Kọbi ara sí i – Preste atenção nisto.
PRESTIDIGITAÇÃO, s. idán.
PRESTIGITADOR, s. onídán, apidán.
PRESTÍGIO, RESPEITO, s. àjọlá, ìjọlá, orújọ rere.

PRESUMIR, *v.* ṣetànmọ́, nígbágbọ̀, kùgbùù.
PRESUNÇÃO, PRECIPITAÇÃO, *s.* ìkùgbùù, àkùgbùù, ìgbàgbọ́.
PRESUNÇÃO, *s.* ìdágbá, ìdágbálé > ìdíbọ́n – dissimulação.
PRESUNÇOSO, *adj.* yájù (impertinente).
PRESUNTO, *s.* itaṇeran ẹlẹ́dẹ̀.
PRESSUPOR, PENSAR, *v.* rò_tẹ́lẹ̀ > Ó rò ó tẹ́lẹ̀ – Ela pensou nisto antes.
PRETENDER, ALMEJAR, *v.* wọ̀n > Mo wọ̀n sọ̀rọ̀ pẹ̀lú ẹ – Eu pretendo conversar com você.
PRETENSÃO, ESCOLHA, *s.* ìdíbọ́.
PRETEXTO, *s.* àwàwu.
PRETO, *adj.* dúdú.
PREVALECENTE, *adj.* tankalẹ̀, wọpọ̀.
PREVALECER, *v.* móko > ṣẹ́gun – conquistar > Mo ṣẹ́gun ọ̀tá – Eu venci o inimigo < ṣẹ́ + ogun.
PREVARICAÇÃO, FALSIDADE, *s.* yobá, àróbọ̀.
PREVARICAR, *v.* purọ́, tànjẹ > Ó tàn gbogbo wa jẹ – Ele enganou a todos nós.
PREVENÇÃO, *s.* àròtẹ́lẹ̀, ìròtẹ́lẹ̀, ìdálọ́wọ́kọ́.
PREVENIR, OBSTRUIR, *v.* dá_lọ́wọ́ kọ́ > Ódá mi lọ́wọ́ kọ́ – Ela me preveniu.
PREVENIR, SER CUIDADOSO, *v.* súnramú.
PREVENIR, *v.* ṣílétí, kìlọ̀ < kì + ìlọ.
PREVENTIVO, *s.* òkígbẹ́ (remédio de uso interno).
PREVENTIVO, VACINA, *s.* àjẹsára.
PREVER, MEMORIZAR, *v.* rírán (ter o poder de prever o futuro).
PREVER, PROFETIZAR, *v.* fàfòṣe, sọ_tẹ́lẹ̀, wí_tẹ́lẹ̀ > Òun wí i tẹ́lẹ̀ – Ela predisse isto.
PREVER, *v.* rì_sílẹ̀, rì_tẹlẹ̀, mọ_tẹ́lẹ̀ (saber de antemão).
PREVIAMENTE, *adv.* tètèkọ́ (em primeiro lugar).
PREVIDÊNCIA, PRECAUÇÃO, *s.* ìròtẹ́lẹ̀, àrólẹ́lẹ̀.
PREVIAMENTE, *adv.* tẹ̀lẹ̀tẹ́lẹ̀ (antes disso).
PRÉVIO, ANTERIOR, *adj.* ìṣájú.
PREVISÃO, *s.* àsọtẹ́lẹ̀, ìmọ̀ tẹ́lẹ̀, ìgbímọ̀tẹ́lẹ̀, ìrítẹ́lẹ̀ > Mọ àsọtẹ́lẹ̀ tòótọ́ – Conheça as verdadeiras profecias.

PREVISOR, *s.* alásọtẹ́lẹ̀.
PRICIPALMENTE, *adv.* nípàtàkì.
PRIMÁRIO, *adj.* àkọ́kọ́ > àkọ́ – primordial.
PRIMÁRIO, COLEGIAL, *s.* alákọ̀ọ́bẹ̀rẹ̀ > jẹ́lẹ́ósinmi – berçário.
PRIMAVERA, *s.* ìgbà riru ewé, ìgbà ìrúwé.
PRIMEIRA AJUDA, EMERGÊNCIA, *s.* ìṣègùn wàràwéré.
PRIMEIRA COMPRA, *s.* àkọ́rà.
PRIMEIRA-DAMA, *s.* ìyálóde.
PRIMEIRA NAMORADA, *s.* ọ̀rẹ́bìnrin kíní.
PRIMEIRA PÁGINA DO LIVRO, *s.* ewé kíní nínú ìwé.
PRIMEIRA PESSOA, *s.* ẹnìkíní.
PRIMEIRA POSSE, *s.* àkọ́ní (algo possuído pela primeira vez).
PRIMEIRA VENDA, *s.* ákọ́tà.
PRIMEIRA VEZ, *adv.* lẹ́ẹkíní < ní + ẹ̀ẹkíní > Ó kàwé lẹ́ẹkíní – Ela leu o livro pela primeira vez.
PRIMEIRAS CHUVAS, *s.* àkọ́sẹ̀, ìkọ́sẹ̀.
PRIMEIRAS FRUTAS, *s.* àkọ́pọ́n.
PRIMEIRAS SEMEADURAS, *s.* àtètègbìn.
PRIMEIRAMENTE, *adv.* lákọ́ṣe > níṣáájú – primeiramente, antes de.
PRIMEIRO A CHEGAR, *s.* àkọ́dé > Tani kọ́dé? – Quem chegou primeiro?
PRIMEIRO A VIR, *s.* àkọ́wá, ìkọ́wá.
PRIMEIRO ANDAR DA CASA, *s.* pẹ̀tẹ́sì > Ilé pẹ̀tẹ́sì ni mo háyà fún um – Foi uma casa de altos e baixos que eu aluguei para ela.
PRIMEIRO ANDAR, *s.* òkè kíni.
PRIMEIRO, ANTES, *adv.* kọ́, kọ́kọ́ > Òun ni ẹni tó kọ́ sọ fún mi – Ela é a primeira pessoa que falou comigo; > Mo kọ́kọ́ ló sí ilé – Eu primeiro fui para casa.
PRIMEIRO DE ABRIL, *s.* ọjọ́ kínní oṣù kẹrin ọdún.
PRIMEIRO FEITO, *s.* àkọ́ṣe (que é feito em primeiro lugar).
PRIMEIRO FILHO, *s.* àrèmọ, àkọ́bí.
PRIMEIRO LIVRO LIDO, *s.* ìkọ́kà, àkọ́kà.
PRIMEIRO LIVRO VENDIDO, *s.* ìkọ́tà, àkọ́tà.
PRIMEIRO LUGAR, NA FRENTE, *s.* níwájú > Ó wà níwájú mi – Ela está na minha frente.

PRIMEIRO DE MAIO, s. ojó kínní osù kárún odún.
PRIMEIRO NETO, s. omo làlá.
PRIMEIRO PLANO, s. ilẹ̀ iwájú.
PRIMEIRO SER, ADÃO, s. Adámò, ẹni àkọ́kọ́ – início da pessoa.
PRIMEIRO TEMPO, s. ìgbà àkọ́kọ́.
PRIMEIRO, INÍCIO, s. àkọ́kọ́ > Aya mi àkọ́kọ́ – Minha primeira mulher.
PRIMEIRO, NO INÍCIO, adv. lákọ́kọ́.
PRIMEIRO, num. ìkínní, ẹkínní, ẹkíní > Èyí ní ẹkínni – Esta é a primeira; (antes de substantivo, a vogal inicial é suprimida) > Èyí ni ìjáde kínní – Esta é a primeira saída.
PRIMEIRO, adj. àkọ́ (prefixo para indicar o primeiro de alguma coisa) > àkọ́bí – primogênito; > àkọ́wá – o primeiro a vir.
PRIMEIROS FRUTOS, s. àkọ́so, ìlàdún, ìsándún < là + odún.
PRIMÍCIAS, s. àkọ́so.
PRIMITIVO, adj. aláìlajú > àtètèkọ́ṣe – começo de alguma coisa.
PRIMO, s. ọbàkanbikéjì (primeiro do lado paterno).
PRIMOR, ARTE, s. ọnà.
PRIMOGÊNITO, s. àkọ́bí, àrèmọ, ìfánú, màgájì, mọ́gàjí (herdeiro).
PRIMOROSAMENTE, adv. dùkẹ́dùkẹ́.
PRINCESA, s. ọmọ aládé bìnrin ọba, ọmọ bìnrin ọba.
PRINCIPADO, s. ilẹ̀ àwọn ọmọ ọba – terra dos súditos do rei.
PRINCIPAL, s. pàtàkì-jùlọ > olórí – pessoa principal, cabeça.
PRINCIPE, s. aládé, ọmọ ọba.
PRÍNCIPE PRIMOGÊNITO, s. àrèmọ ọmọ aládé.
PRINCIPIANTE, s. alákọ́bẹ̀rẹ̀, ẹnití ó kó bẹ̀rẹ̀ nkan.
PRINCIPIAR, v. fẹsẹ̀lọ́nà < fi + ẹsẹ̀ + lọ́nà (começar uma jornada) > Ó fẹsẹ̀lọ́nà Èkó – Ele partiu para Lagos.
PRINCÍPIO, s. ìpilẹ̀sẹ̀, ìsẹ̀dálẹ̀ > ìpilẹ̀-oyè – princípio da inteligência.
PRIORIDADE, s. ìsíwájú.
PRIORITARIAMENTE, adv. tẹ́lẹ̀ > Tẹ́lẹ̀ ló máanlọ –É antecipadamente que ele está indo < ló = ni + ó.
PRIORITÁRIO, adj. tiwájú.

PRISÃO DE VENTRE, *s.* àìṣu, àìyàgbẹ́ (obstrução).
PRISÃO, CUSTÓDIA, *s.* túbú, egíran > Ilée túbú – Casa de custódia, prisão. *Obs.*: 2 substantivos juntos, a vogal do primeiro é estendida.
PRISÃO, DETENÇÃO, *s.* iwẹ̀wọ̀n, igbéṣẹ́wọ̀n.
PRISÃO, *s.* ilé ẹ̀wọ̀n, ilé túbú, ọgbà-ẹ̀wọ̀n.
PRISIONEIRO, CONDENADO, *s.* ẹlẹ́wọ̀n.
PRISIONEIRO, *s.* arátúbú, ondè < ohun + dé.
PRIVAÇÃO, *s.* ìgbà kúrò, ìrọ̀lóyè > àìní – não ter.
PRIVACIDADE, SEGREDO, *s.* ìkọ̀kọ̀ > Ó sọrọ́ ìkọ̀kọ̀ pẹ̀lú mi – Ele teve uma conversa em segredo comigo.
PRIVADO, *adj.* bokẹ́lẹ́, ibi àṣírí.
PRIVAR DE, *v.* gbà_lọ́wọ́, rọ̀lóyè > gbàlọ́wọ́ – privar, levar para longe.
PRIVATIVAMENTE, *adv.* láṣírí, níkọ̀kọ̀.
PRIVILEGIAR, *v.* fún ní ànfàní > Àìní ànfàní tó – Sem ter vantagem suficiente.
PRIVILÉGIO, *s.* ànfàní.
PROA DE BARCO, *s.* iwájú ọkọ̀ > Ibi iwájú ọkọ̀ òkun – Parte da frente do barco.
PROBABILIDADE, *s.* bóyá, ìṣeéṣe > Bóyá kò ní wá – Talvez ela não venha.
PROBLEMA, ASSUNTO, *s.* ẹ̀jọ́, ìyọnu < Má ṣe yọnu – Não importa, não há problema.
PROBLEMA, CONFUSÃO, *s.* ìjọ̀ngbọ̀n, pápà, rúgúdú > Mo dá rúgúdú sílẹ̀ – Eu causei confusão.
PROBLEMA, DESASTRE, *s.* ìjábà, àjábà.
PROBLEMA REAL, *s.* wàhálà gidi.
PROBLEMÁTICO, DIFÍCIL, *adj.* nípọ́njú, oníjàgídíjàgan.
PROCEDÊNCIA, ORIGEM, *s.* ìdílé > ìran – descendência.
PROCEDER, COMPORTAR-SE, *v.* hùwà > Kí i máa hùwà bẹ́ẹ̀ – Ela não se comporta assim habitualmente.
PROCEDIMENTO, REGRA, *s.* ìlànà.
PROCEDIMENTO CORDIAL, *adj.* àtọkànwá.
PROCEDIMENTO DUPLO, *s.* àrékendá.
PRÓCERES, *s.* sàràkí (pessoas importantes, notáveis de uma sociedade) > Sàràkí ni nwọ́n nlọ kí i – São vários oficiais indo cumprimentá-lo.

PROCESSAR, ENTRAR EM LITÍGIO, s. báṣe ejọ́.
PROCESSAR, MOVER AÇÃO, v. pèlẹ́mọ, sùn > Ó fi mú sùn – Ela me processou.
PROCESSO POR CASTIGO, s, aje > aláje – inquisidor.
PROCESSO, AÇÃO, s. ìbáwíjọ́, ìpèlejọ́ > ìwádí – investigação, pesquisa.
PROCISSÃO, s. ìpàdabọ̀ (palavra aproximada) > Ìpàdabọ̀ Òṣàlá – Procissão de Oxalá.
PROCLAMAÇÃO, ANÚNCIO, s. ìkéde.
PROCLAMADOR, s. akéde (pregoeiro público).
PROCLAMAR, ANUNCIAR, v. kéde < ké + òde, lọ > Ó fi lọ pé orò tán – Ele anunciou que terminou o ritual; > kìlọ̀ – prevenir.
PROCLAMAR, v. kì, sọkiri (declinar qualidades) > Ó ki Ifá – Ele enalteceu a divindade.
PROCLAMAS, ANUNCIAS, s. ìfi ìgbéyàwó lọ.
PROCRASTINAÇÃO, s. ìmúpẹ́ > ìdádúró – pendência.
PROCRASTINAR, DEMORAR, v. dádúró > Ó dá mi dúró – Ele me manteve esperando, ele demorou > fàsẹ́hìn – retardar, adiar, demorar.
PROCRIAR, v. gbé_jáde > Wọ́n gbé ìkokó náà jáde – Eles removeram o recém-nascido para fora.
PROCURA, s. wíwọ́n.
PROCURAÇÃO, s. agbára aṣojú > ìbò aṣojú – procuração de voto.
PROCURADOR, REPRESENTANTE, s. aṣojú ẹni > ṣojú – representar.
PROCURAR ALGO PARA COMER, v. fẹ́jẹ > Mò nfẹ́jẹ – Estou procurando algo para comer < fẹ́ – querer, jẹ – comer.
PROCURAR ÀS CEGAS POR, v. tá, táwọ́ < ta + ọwọ́ > Ó táwọ́ láti mú bàtà –Ela procurou no escuro para pegar o sapato; > tanú – procurar dentro de.
PROCURAR ENCRENCA, v. fàfàkúfà > Ó fi ọwọ́ rẹ̀ fàfàkúfà – Ele se envolveu em encrenca.
PROCURAR LENHA, v. wági < wá + igi.
PROCURAR MARIDO, v. wọ́kọ < wá + ọkọ > Wọ́n nwọ́kọ rẹ̀ – Eles estão procurando o marido dela.
PROCURAR NA CASA, v. túlé < tú + ilé (para encontrar algo).

PROCURAR NOVAMENTE, *v.* túnwá > Ó túnwá owó wa – Ela procurou de novo o nosso dinheiro.

PROCURAR O QUE FAZER, *v.* wáṣe < wá + iṣẹ́ > Mo wá iṣẹ́ kán ṣe – Eu procurei algum trabalho para fazer.

PROCURAR POR, BUSCAR, *v.* wá > A wá aṣọ, a kò ri i – Nós procuramos a roupa, nós não a encontramos; > ìwádí – investigação, exame.

PROCURAR PROBLEMAS, *v.* wọ́ràn < wá + òràn > Ó nwọ́ràn – Ela está procurando problemas.

PROCURAR RAPIDAMENTE, *v.* wá bàrà-bàrà.

PROCURAR TRABALHO, *v.* gbaṣẹ́ < gbà + iṣẹ́ > Àwa ngba ìṣẹ́ – Nós estamos procurando serviço (verbo com acento tonal grave seguido de subst. perde o acento).

PROCURAR, CAÇAR, *v.* lé > ìlépa – perseguição, caçada.

PROCURAR, DESCOBRIR, *v.* ṣàwárí > Mo ṣàwá rí i rẹ̀ – Eu consegui achar isso dela.

PROCURAR, SOLICITAR, *v.* wákiri > Ó wá a kiri – Ela foi procurá-lo em volta.

PROCURAR, *v.* wá_dé > Ó wá wọn dé nílé èkọ́ – Ela os procurou no colégio.

PRODÍGIO, PROEZA, *s.* kíṣà > ẹni ìyanu – pessoa prodigiosa.

PRODIGALIDADE, *s.* ìlawọ́ jù.

PRÓDIGO, GASTADOR, *adj.* nínákúná, yàpà, alájẹrun.

PRODUÇÃO EM QUANTIDADE, *s.* ìṣelópọ̀.

PRODUTIVO, *adj.* lẹ́tù > lẹ́tùlójú – fértil > Ilẹ̀ yìí lẹ́tù lójú – Este solo é fértil.

PRODUTO, *s.* ẹ̀sún > ìyorísí – consequência, resultado.

PRODUTO, COLHEITA, *s.* ìkórè > eléso – frutífero.

PRODUTOR, FABRICANTE, *s.* oníṣelópọ̀ < oní + ṣe + lópọ̀.

PRODUZIR ALGO, *v.* só > Ó só fúú – O ar passou ruidosamente; > hù – desenvolver.

PRODUZIR, MANUFATURAR, *v.* ṣe_lópọ̀ > ṣe_lópọ̀lópọ̀ – em larga escala.

PRODUZIR SOM, *v.* ró > Agogo náà ró gbaun-gbaun – O relógio ressoou.

PRODUZIR, REALIZAR, *v.* mú_jáde, múde > fi_hàn – mostrar, exibir > Ó fi òye hàn – Ele revelou inteligência.

PROEMINENTE, *adj.* gajùlọ (que ocupa o lugar mais elevado).

PROEMINENTE, NOTÁVEL, *adj.* gbajúmọ̀, olókìkí > yọrí – ser proeminente.

PROEMINÊNCIA, *s.* olórí, ìlékè (primazia, superioridade).

PROEZA, *s.* itú.

PROFANAÇÃO, *s.* ìbàjẹ́ > èèwò – tabu, algo proibido.

PROFANAR, *v.* bà_jẹ́ > Bá ohun mímọ́ jẹ́ – Usar coisas sagradas com coisas comuns.

PROFANO, *adj.* láìmọ́ (impuro) > dọtí – indecente (do inglés *dirty*).

PROFECIA, PREDIÇÃO, *s.* ìsọtẹ́lẹ̀, àsọtẹ́lẹ̀ > Ó ṣe ìsọtẹ́lẹ̀ rèderède – Ele fez uma profecia errada.

PROFESSAR, ADMITIR, *v.* jẹ́wọ́ > Ó jẹ́wọ́ ẹ̀ṣẹ̀ fún mi – Ela confessou o crime para mim.

PROFESSOR, EDUCADOR, *s.* akọ́ní, olùkọ́ < olù – aquele que sabe, kọ́ – ensinar; > Nígbàtí mo dé iléwé ni mo kí olùkọ́ – Quando eu cheguei à escola eu cumprimentei a professora.

PROFESSOR, PESSOA SENSATA, *s.* ọ̀jọ̀gbọ́n.

PROFESSOR, *s.* pròfésọ̀ (do inglés *professor*), tíṣà (do inglés *teacher*) > Kọ́lé ni tíṣàa yorùbá – Kóle é a professora de yorùbá.

PROFETA, *s.* afonilẹ́iyẹ (aquele que previne por intuição).

PROFETA DE DEUS, *s.* wòli-Ọlórun.

PROFETIZAR, PREVER, *v.* sọ_tẹ́lẹ̀, wí_tẹ́lẹ̀, gbígbó tẹ́lẹ̀fáfòṣe (contar antecipadamente) > Ó sọ tẹ́lẹ̀ fún mi – Ela fez uma previsão para mim.

PROFISSÃO, *s.* iṣẹ́-ẹni (trabalho de uma pessoa).

PROFISSIONAL, *s.* àmọ̀dájú.

PROFUNDAMENTE, *adv.* sìn, fọ́nfọ́n, fòó, fòòfòò.

PROFUNDAMENTE, *adv.* kàmì, kìn, kìjikìji, regẹdẹ, sìn, sùù, ròkíròkí (fortemente).

PROFUNDIDADE, INTENSIDADE, *s.* jin, ìjìnlẹ̀, jíjìn, jínjìnà.

PROFUNDO, *adj.* èjika, jindò.

PROFUNDO, CONFUSO, *adj.* jínlẹ̀ > Ó ronú jínlẹ̀ – Ela fez uma reflexão profunda.

PROFUNDO, PENETRANTE, *adj.* fòfòfrò-foforo.
PROFUNDO, SAUDÁVEL, *adj.* ìjìkà.
PROFUNDO, FUNDO, *adj.* jíjìn.
PROFUSO, ABUNDANTE, *adj.* pòjù > Ọ̀rá rẹ̀ pòjùtó bẹ́ẹ̀ tí kò lè rìn – A gordura é tanta que ela assim não pode caminhar.
PROGENITOR, AVÔ, *s.* bàbá nlá (lit. o grande pai).
PROGNÓSTICO, PREVISÃO, *s.* ìmọ̀tẹ́lẹ̀, asọtẹ́lẹ́.
PROGRAMA, *s.* ètò, ìwé ètò, ìwé iṣẹ́.
PROGREDIR, *v.* rewájù, pòsí (ir para a frente) > àwa pòsí lówó – Nós aumentamos em riqueza.
PROGRESSÃO, AUMENTO, *s.* ìpòsí.
PROGRESSIVO, *adj.* tí n lọ síwájú.
PROGRESSO, AVANÇO, *s.* ìlọsíwájú, ọlánrewájú.
PROGRESSO, CRESCIMENTO, *s.* ìdagbàsókè, ìrewájú < rè + iwájú.
PROGRESSO, EXPANSÃO, *s.* rírìnsíwájú, ìtèsíwájú (caminhar para a frente).
PROIBIÇÃO, *s.* ìdálẹ́kun, àìgbojùfùn (veto).
PROIBIDO, *adj.* dídálẹ́kun, èèwọ̀.
PROIBIDOR, CENSOR, *s.* adánílẹ́kun > adánidúró.
PROIBIR, FAZER CUMPRIR A LEI, *v.* ṣòfin.
PROIBIR, GUARDAR SEGREDO, *v.* kàléèwọ̀.
PROIBIR, RESTRINGIR, *v.* dá_lẹ́kun > Ó dá milẹ́kun – Ele me proibiu de fazer.
PROIBITIVO, *s.* ìdàdúró.
PROJEÇÃO, *s.* ìtayọ.
PROJETADO, *adj.* kòòtà, kòtakòtà.
PROJETAR, PLANEJAR, *v.* dábá > Ó dábá kí wọ́n lọ – Ela sugeriu que eles fossem; > gbé_ró – erigir, construir.
PROJETAR, SAIR PARA FORA, *v.* yọ_síwájú, yọ_sóde.
PROJETAR-SE, DESENVOLVER, *v.* sọjáde, hú > Iṣu hú jáde – O inhame germinou.
PROJÉTIL, BALA REVÓLVER, *s.* ọta ìbọn.
PROJÉTIL, OBJETO, *s.* òkò > Ò sọ òkò sí mi – Ele atirou um objeto em mim.

PROJETO, COGITAÇÃO, s. ìgbèrò, èrò.
PROJETO, CRIAÇÃO, s. ìpète.
PROJETO DE TRABALHO, s. ìlànà iṣẹ́.
PROJETOR, s. ẹ̀rọ ìtàn-àwòrán.
PROLE, s. ọdọ́ > Ìgbà ọdọ́ – Tempo de juventude; > ọdọ́kùnrin – rapaz.
PROLÍFICO, FÉRTIL, adj. gbígbèrú.
PROLIXIDADE, s. ìrégbè.
PROLIXO, SER LOQUAZ, v. sọ̀rọ̀ àsojú.
PRÓLOGO, INTRODUÇÃO, s. ọ̀rọ̀-iṣ̀àjú.
PROLONGADO, adj. fífàlọ (demorado).
PROLONGAR, PROTELAR, v. mú_pẹ́ > Olùkó mú ìgbà náà pẹ́ – A professora prolongou o período.
PROLONGAR, ALONGAR, v. fà_gùn, fà_kún > Ó fa okùn náà gùn – Ele encompridou aquela corda.
PROMESSA, s. èjẹ́, ìlérí, ìpíhùn. Mo gbẹ́kẹ̀lẹ́ àwọn ìlérí Ọlọ́run – Eu acredito nas promessas de Deus.
PROMESSA, TRATADO, s. ìmulẹ̀ (lit. beber junto à terra – ritual regional).
PROMETER, GABAR-SE, v. lérí.
PROMETER, v. jẹ́jẹ́, ṣe ìlérí > Ó jẹ́jẹ́ fún mi pé kì ó mú sìgá mọ́ – Ele prometeu a mim que não fumará mais.
PROMETER CASAMENTO, v. fẹ́sọnà (noivar).
PROMETER ALGO, v. ṣèlérí (dar a palavra) > Mo ṣèlérí láti ṣe é – Eu prometi fazê-lo.
PROMÍSCUO, adj. dàpọ̀ > dàrúdàpọ̀ – confuso.
PROMOÇÃO, ELEVAÇÃO, s. ìgbéga, ìgbélékè.
PROMOÇÃO, s. agbéniga, agbéniléké.
PROMONTÓRIO, s. ìyọrí ilẹ̀, ṣónṣó ilẹ̀ (ponta de terra).
PROMOTOR, s. aṣenúnibíni.
PROMOVER ALGO, v. súnsíwájú.
PROMOVER, EXALTAR, v. ga, gbé_ẹ̀kè, gbé_ga > Ó gbé mi ga – Ele me promoveu.
PROMULGAÇÃO, s. àwíká.

PROMULGADOR, *s.* akédè, aláwíkiri.
PROMULGAR, ANUNCIAR, *v.* filọ̀, kéde > Ó filọ̀ pé kì ó lọ – Ela avisou que não irá.
PRONOME, *s.* àpèlé > èka-ọ̀rọ̀ àpèlé – parte do idioma que acrescenta.
PRONTAMENTE, *adv.* láìfífalẹ̀ < láì + fi + falẹ̀, tìyáratìyára.
PRONTIDÃO, PREPARAÇÃO, *s.* ìmúra, ìmúrasílẹ̀.
PRONTO, *adj.* ṣe tán, yá > Onjẹ ti ṣe tán – A comida está pronta.
PRONTO PARA COMER, *v.* jíjẹ.
PRONÚNCIA, *s.* pípè, ìró sọ̀rọ̀.
PRONUNCIAMENTO, FALA, *s.* sísọ > ìsọ̀rọ̀ – conversação.
PRONUNCIAR CLARAMENTE, *v.* pè, pè_sókè > Ó pè mí sókè – ela me chamou em voz alta; > Báwo ni ẹ ṣe npè yìí? – Como é que você pronuncia isto?
PRONUNCIAR INCORRETAMENTE, *v.* sì_pè (chamar por engano).
PROPAGAÇÃO, *adj.* ìtànká, ìtànkálẹ̀, títànká.
PROPAGADO, *adj.* títẹ́.
PROPAGADOR, *s.* afúnrúngbìn.
PROPAGANDA, *s.* ìwíkiri – rumor, boato.
PROPAGAR, ESPALHAR-SE, *v.* tànkálẹ̀, nà_sóde, nà_jáde > Àrún tànkálẹ̀ – A doença se espalhou; Èpò yìí ntànkálẹ̀ – Esta erva daninha está se espalhando.
PROPICIADOR, *s.* elétùtù.
PROPICIAR, ADORAR, *v.* tè (usado somente em alguns provérbios).
PROPINA, SUBORNO, *s.* owó-àbẹ̀télẹ̀.
PROPONENTE, *s.* ọ̀dábà (pessoa que inicia empreitada).
PROPOR UMA REUNIÃO, *v.* gbìmọ̀ràn < gbà + ìmọ̀ + ọ̀ràn.
PROPOR, SUGERIR, *v.* làmọ̀ràn, dámọ̀ràn, làmọ.
PROPOR, TENCIONAR, *v.* gbìmọ̀ < gbà + ìmọ̀ > Òun tó gbìmọ̀ láti ṣe – Ela tencionou fazer.
PROPORÇÃO, *s.* ìyesíye (relação de alguma coisa com outra).
PROPOSIÇÃO, OPINIÃO, *s.* ìmọ̀ràn, àbá.
PROPOSITADAMENTE, *adv.* pré-v. wulẹ̀ > Ó wulẹ̀ fọ́ àwo náà ní – Ele, de propósito, quebrou o prato.

PROPOSITAL – PROSTATITE

PROPOSITAL, *part. pré-v.* dììdì (ação que se faz de propósito) > Ó dììdì bọ̀ – Ele retornou de propósito.
PROPÓSITO, DIREITO, *s.* ìtọ́sí.
PROPÓSITO, OBJETIVO, *s.* ìkójá, àkójá.
PROPOSTA MATRIMONIAL, *s.* ìjéhùn < jé+ ohùn (aceitação).
PROPOSTA, MOÇÃO, *s.* ìdába, dídába.
PROPOSTA, SUGESTÃO, *s.* àbá, ìlàmọ̀ràn.
PROPRIEDADE COMUM, *s.* ìjọní, jálánkáto (o que pertence a todos).
PROPRIEDADE, CARACTERÍSTICA, *s.* ìṣesí.
PROPRIETÁRIO, SENHORIO, *s.* ọkùnrin onílẹ̀.
PROPRIETÁRIO DA TERRA, *s.* onílẹ̀.
PROPRITÁRIO DE CARRO, *s.* oníhun ọkọ̀.
PROPRIETÁRIO DE OLARIA, *s.* ẹlẹ́bu.
PROPRIETÁRIO, POSSUIDOR, *s.* oníhun.
PRÓPRIO, CONVENIENTE, *adj.* yíyẹ.
PROPULSOR, *s.* àjẹ̀-ọkọ̀.
PROSCREVER, EXTINGUIR, *v.* fàṣede.
PROSCRIÇÃO, *s.* àìlábò òfin.
PROSCRITO, *s.* ìfónkálẹ̀, àṣátì.
PROSELITISMO, *s.* àwọ̀ṣe > aláwọ̀ṣe – convertido.
PROSPERAR, CRESCER, *v.* gbé èrú, gbilẹ̀.
PROSPERAR, SER FAVORÁVEL, *v.* gbọ̀ > Ilẹ̀ yií gbọ obì – Esta terra é favorável para plantar noz-de-cola.
PROSPERAR, *v.* ṣedédé, yege > Mo yege nínú ìdánwò – Eu passei no exame; > lásìkí – afortunado.
PROSPERIDADE, *s.* ìlọ́rọ̀ > àsíkì – sucesso, boa sorte.
PRÓSPERO, *s.* ọlọ́lá, olówó, ọlọ́rọ̀ (rico).
PROSSEGUIR, SEGUIR ADIANTE, *v.* lélọ > Nwọ́n lè jọ lọ – Eles podem seguir juntos.
PROSSEGUIR SEM PARAR,, *v.* ta àtapò, ta àtaré (continuar sem parar).
PROSSIGA, VÁ, *v. imperativo* nṣó, nìṣó.
PRÓSTATA, *s.* ẹṣẹ́ omi-àtọ̀ > akàn ibú omi-àtọ̀ – câncer prostático.
PROSTATITE, *s.* ibú omi-àtọ̀wíwú (inflamação da próstata).

PROSTITUIÇÃO, ADULTÉRIO, s. panṣágà.
PROSTITUIÇÃO, FORNICAÇÃO, s. ìwà-àgbèrè, àsápẹ́, agbèrè.
PROSTITUIR-SE, v. sápẹ́ > Ó sápẹ́ títí tí kò fi rí ọmọ bí – Ela se prostituiu tanto até que não conseguiu mais ter filhos.
PROSTITUTA, ADÚLTERA, s. kárúwà.
PROSTITUTA, s. àko, aṣẹ́wó, ìkàsì, lájìnbíti.
PROSTRAÇÃO, REVERÊNCIA, s. ìdọbalẹ̀, ìforíbalẹ̀ < fi + orí + bà + ilẹ̀.
PROSTRAR-SE NO CHÃO, v. dọ̀balẹ̀ (em sinal de respeito) > Mo dọ̀balẹ̀ níwájú Òrìṣà – Eu me prostrei diante da divindade.
PROTAGONISTA, s. aṣíwájú (aquele que está à frente).
PROTEÇÃO, ABRIGO, s. ìràdọ̀bò.
PROTEÇÃO, CAUTELA, ìṣọ́ra < ṣọ́ + ara.
PROTEÇÃO, COBERTURA, s. ààbò (defesa, escudo).
PROTEÇÃO, s. bòdì (diante de algum aborrecimento).
PROTEÇÃO, s. ìdáàbòbò.
PROTEGER, ABRIGAR, v. dáàbò < dá + ààbò, ṣíjibò.
PROTEGER, CUIDAR, v. ṣọ́lọ́jọ̀jọ̀, ṣọ́lọ́ọ̀jọ̀, bàṣírí > Ó bàṣírí mi – Ela manteve meu segredo.
PROTEGER, DAR APOIO, v. gbè > Ó gbè mi – Ele protegeu-me; < ẹ̀gbẹ̀ – ajuda.
PROTEGER, DEFENDER, v. ràdọ̀bò, bòlásà, ràtàbo.
PROTEGER, PRESERVAR, v. pa_mọ́ > Ó pa mí mọ́ lọ́wọ́ ewu – Ele me preservou do perigo; > sápamọ́ – esconder-se.
PROTEGER, v. ṣodi < ṣe + odi > Ó ṣodi fún ìlú rẹ̀ – Ele fez a proteção daquela cidade.
PROTEGIDO, CUIDADO, adj. gbígbàtọ́.
PROTEÍNA, s. ọ̀jẹ̀.
PROTELAR, v. mú_pẹ́ > Ó mú ìgbà náà pẹ́ – Ele prolongou o período.
PRÓTESE, s. àtọwọ́da (membro artificial).
PROTESTAR, v. ṣe àtakò > kìlọ̀ – advertir.
PROTESTAR, RECLAMAR, v. ṣe alátakò.
PROTESTO CONTRA ALGO, s. ìjàdù, àtakò, itakò, ìkìlọ̀ > ìbáwí – reprovação.

PROTETOR, *s.* aláàbò > aláfẹ̀hìntì aláàbò – aquele que me cobre; > ibi-ààbò – refúgio, asilo.
PROTUBERÂNCIA, RESSALTO, *s.* ìyọsóde > kókó – nó do bambu.
PROVA, DESCOBERTA, *s.* ìrídí.
PROVA, TESTE, *s.* ìdánrawò, títọ́wò > ìbáwí – reprovação.
PROVAR ANTECIPADAMENTE, *v.* tètetọ́wò.
PROVAR, COMPROVAR, *v.* làdí, sọdí > Ó sọdí ọ̀rọ̀ yìí – Ela explicou esta matéria.
PROVAR, EXPERIMENTAR, *v.* tọ́wò > fẹnubà < fi + ẹnu + bà – tocar com a boca no copo, comida, bebida.
PROVAR, *s.* tọ́, tọ́bẹ̀ < tọ́ + ọbẹ̀ – tirar um pouco de sopa > tọ́lá – lamber.
PROVÁVEL, *adj.* ṣeéṣe.
PROVAVELMENTE, TALVEZ, *adv.* bóyá, bóyá > Bóyá kò ní wá – Talvez ela não venha.
PROVEDOR, *s.* olúbọ́ (aquele que alimenta).
PROVEDOR, *s.* olùpèsè (título de Deus, que abastece e dá provisões).
PROVEITO, VANTAGEM, *s.* èrè.
PROVEITOSO, VANTAJOSO, *adj.* lérè.
PROVER, ABASTECER, *v.* pèsè.
PROVERBIAL, *adj.* lo ọ̀rọ̀ bí òwe (lit. usar palavras como provérbios) > Iró ni ẹsẹ̀ kékeré – A mentira tem pernas curtas.
PROVÉRBIOS, PARÁBOLAS, *s.* òwe, àlọ́ > Gbogbo ilé sùn, Kẹ́nbó kò sùn – Toda casa dorme, mas Kembô não dorme; resp. o nariz.
PROVIDÊNCIA, *s.* Olùpèsè > Ìpèsè sílẹ̀ Ọlọ́run fún gbogbo ẹdá àiyé – Orientação Divina para todas as pessoas da terra.
PROVIDENCIAR, ABASTECER, *v.* pèsè.
PROVÍNCIA, *s.* ìgbèríko > sàkání – ìjọba – proximidade do reino.
PROVINCIANO, *s.* ará òkè ajẹsìn (forma de dizer em Lagos).
PROVISÃO, SUPRIMENTO, *s.* èsè, ìpèsè.
PROVISÓRIO, TEMPORÁRIO, *adj.* ìgbàdíẹ̀.
PROVISÕES, *s.* ìpèsè, ìpèsèsílẹ̀ (ato de abastecer com antecipação).
PROVOCAÇÃO, *s.* ìmúníbínú.
PROVOCAÇÃO, INSINUAÇÃO, *s.* fọ́rífọ́rí.

PROVOCADOR, AGRESSOR, *s.* ofínràn.
PROVOCADOR, *v.* afòòró-ẹni, agbénilókànsókè < adbéni + lókàn + sókè.
PROVOCADORAMENTE, *adv.* kọ̀rọ̀.
PROVOCAR NÁUSEAS, *v.* rìnlẹ́dọ̀.
PROVOCAR QUEDA, *v.* tìṣubú.
PROVOCAR UMA DISPUTA, *v.* fín_ràn > Ó fín mi níràn – Ele me provocou.
PROVOCAR, EXASPERAR, *v.* múbínú.
PROVOCAR, EXIBIR CORAGEM, *v.* pagìrì.
PROVOCAR, IMPORTUNAR, *v.* tọ́.
PROVOCAR, TENTAR ENGANAR, *v.* yọ_lóhùn > Ó yọ mí lóhùn – Ele me deu uma ordem para me provocar.
PROVOCAR, *v.* dádí (chegar a um fim), fi_fà, tètetọ́ > Ó fi ọwọ́ rẹ̀ fa ikú – Ele provocou a própria morte.
PROVOCAR-SE, ENVOLVER-SE, *v.* fọwọ́_fà < fi + ọwọ́ + fà > Ó fọwọ́ rẹ fa ìfàkúfà – Ele mesmo se envolveu em confusão.
PROXIMIDADE, CERCANIA, *s.* gbẹ̀gbẹ́lẹ̀, àgbè-ègbè, àyíká.
PROXIMIDADE, VIZINHANÇA, *s.* sàkání.
PROXIMIDADE, *s.* àsunmọ́, ìwìnrìn > súnmọ́tòsí – estar próximo.
PRÓXIMO ANO, *s.* àmọ́dún > Àṣè yíí sàmọ́dún – Que este fato se repita nos próximos anos.
PRÓXIMO DO FIM, *s.* àtúbọ̀tán (últimos dias).
PRÓXIMO, *adj.* àrọwọ́tó > ẹ̀bá – ao lado, próximo, beira > Gbé àga yẹn sí ẹ̀bá ìlẹ̀kùn – Coloque aquela cadeira próximo da porta.
PRÓXIMO, JUNTO DE, *prep.* nítòsí.
PRÓXIMO, JUNTO, *adv.* mọ́ra < mọ́ + ara.
PRUDÊNCIA, SABEDORIA, *s.* ọgbọ́n, òye.
PRUDENTE, *adj.* mèrò > mètemèrò – cauteloso, > rọra – ser cuidadoso.
PSEUDÔNIMO, *s.* àdàpẹ̀ > orúkọ-àpẹ̀lé – sobrenome.
PSEUDÔNIMO, APELIDO, *s.* orúkọ-àlàjẹ́, àdàmò-orúkọ > orúkọ míràn – outro nome.
PSICOLOGIA, *s.* ẹ̀kọ́ nípa ìhùwà, saikọ́lójì (do inglês *psychology*).
PSICÓLOGO, *s*, akẹ́kọ̀ ìhùwà.

PSICOSE – PULAR PARA BAIXO

PSICOSE, s. orí-dídàrú, wèrè.
PSICOPATA, s. olórí-dídàrú, adàlúrú.
PSIQUE, s. inú-ọkàn > ìrònú – reflexão.
PSIQUIATRA, s. akẹ́kọ̀ orí-àìpé (tratamento das emoções e doenças mentais).
PSIQUIATRIA, s. ẹ̀kọ́ nípa orí-àìpé.
PSIU!, expres. ẹ pẹ̀lẹ́ o! (forma educada de chamar a atenção).
PUBERDADE, s. ìbàlágà (idade adulta) > bàlágà – atingir a maioridade.
PUBLICAÇÃO, NOTIFICAÇÃO, s. ìfilọ̀.
PUBLICAÇÃO, s. ìtúkáakiri, ìtẹ̀wé (ato de imprimir).
PUBLICAR, DIVULGAR, v. sọkiri, kéde.
PUBLICISTA, PREGOEIRO, s, ìkéde, apolongo.
PUBLICAR ELOGIOS, v. pòkìkí, kókíkí.
PUBLICIDADE, s. àwíkiri, ojútáyé.
PUBLICAMENTE, adv. nígbàngba (seguidamente).
PUBLICADOR, s. atẹ̀wé.
PÚBLICO DE UMA CIDADE, adj. tìlú, ti gbogbo ènìà > tajá-tẹran – todo mundo.
PUDIM DE ARROZ, s. abala.
PUDIM DE MILHO E FEIJÃO, s. àbàrí.
PUDIM DE MILHO OU MANDIOCA, s. àbódo, ègbo.
PUDIM, CANJIQUINHA, s. ọ̀ọ̀lẹ̀, ọ̀lẹ̀lẹ̀.
PUERIL, JUVENIL, adj. tọmọdé > tọmọdé tàgbà – ambos, o jovem e o velho.
PUGILISTA, s. ẹnití n fi ìkuku jà – aquele que usa o punho e luta.
PUIR, ESGARÇAR, v. bótì.
PULAR ADIANTE, v. sunjáde > Omi sun jáde – A água fluiu para fora; > rékọjá – ultrapassar.
PULAR CORDA, v. fokùn.
PULAR DIAS, OMITIR-SE, v. pọjọ́jẹ < pa + ọjọ́ + jẹ > Ó pọjọ́ jẹ – Ele omitiu-se.
PULAR O MÊS, v. pọsùjẹ > Ó pọsùjẹ – Ela não menstruou.
PULAR NUMA PERNA SÓ, v. ṣélákaláka.
PULAR PARA BAIXO, v. bẹ́sílẹ̀ < bẹ́ + sí + ilẹ̀.

PULAR PARA CIMA, *v.* fòsórí < fò + sí + orí > Ó fòsórí rẹ́ – Ele pulou para cima dela.
PULAR PARA FORA, GERMINAR, *v.* hùjáde.
PULAR POR CIMA, TRANSGREDIR, *v.* rú > Àwọn àṣèlú rú òfin – Os políticos transgrediram a lei.
PULAR POR CIMA DE, *v.* fò_kojá > Fo ògiri náà kojá – Pular por cima daquele muro.
PULAR SOBRE, *v.* fòmọ́, forí < fò + orí > Ajá mi fọmọ́ mi – Meu cachorro pulou sobre mim.
PULAR, SALTAR, *v.* bẹ́, ti > Ó bẹ́ ṣiré – Ela pula e brinca.
PULAR, VOAR, *v.* fò > Ìwé mi fò lọ – O vento levou meu papel; A fò ká òkè – Nós voamos em volta da montanha.
PULGA, CARRAPATO, *s.* ẹgbọn, apipa, iná ajèniyàn > ìdun – pulgão.
PULMÃO DOS PEIXES, *s.* bònkọ́lọ̀.
PULMÃO, *s,* fúkùfúkù, ọdọfóró, ẹdọ-fóró.
PULO, SALTO, *s.* fífò, fífòsókè, ifosókè, lákáláká.
PÚLPITO, TRIBUNA, *s.* àga-ìwásù.
PULSAÇÃO, *s.* ìlù gẹ́gẹ́bí ti ọkàn – batidas conforme o coração.
PULSAR, *v.* lù > lù kiki bí ọkàn – bater somente como o coração.
PULSEIRA DE GUIZOS, *s.* ṣaworo.
PULSEIRA DE IFÁ, *s.* ìkúnpá Ifá.
PULSEIRA, BRACELETE, *s.* ẹ̀gbà, ide, ṣábá, ìbọpá, ike.
PULSO, PUNHO, *s.* ọrùn-ọwọ́.
PULVERIZAÇÃO, *s.* ìkúná.
PULVERIZADOR, SPRAY, *s.* ìfòfó omi.
PULVERIZAR, TRITURAR, *v.* gún, lọ > Ìyá mi lọ ata – Minha mãe moeu a pimenta.
PUNGUISTA, *s.* afẹ́wọ́.
PUNHADO, MÃO CHEIA, *s.* ìkúnwọ́ < kún + ọwọ́.
PUNHAL, *s.* ọbẹ-olójúméjì (adaga de dois gumes).
PUNHO, *s.* ẹ̀kẹ̀ṣẹ́, ẹ̀ṣẹ́, lẹ́ṣẹ́ > ọrùn ọwọ́ – *lit.* pescoço da mão.
PUNIÇÃO IMERECIDA, *s.* àkóbá, ìkóbá, àkówábá.
PUNIÇÃO, CASTIGO, *s.* ìjẹníyà.

PUNIR, DESAPONTAR, v. dá_lára, jéniyà > Ó dá mi lára – Ele me desapontou.
PUNIR UM OFENSOR, v. fiyàjẹ ẹlẹ́sẹ̀ < fi + ìyà + jẹ + oní + ìsẹ̀.
PURAMENTE, adv. gaara.
PUREZA, PERFEIÇÃO, s. àìlábùkù, àìléèrí.
PURGAR, v. wẹ, wẹmọ́ (limpar as impurezas).
PURGATIVO, s. ẹlà amúniyàgbẹ́.
PURIFICAÇÃO DA BOCA, s. ìkónu, àkónu.
PURIFICAÇÃO, s. ìwẹnumọ́.
PURIFICAÇÃO, SUBLIMAÇÃO, s. fòrònù, ìsọdimímọ́.
PURIFICADOR, s. aláwẹmọ́.
PURIFICAR A BOCA, v. kónu < kó + ẹnu.
PURIFICAR, SANTIFICAR, v. sọ_dimímọ́ > Ọlọ́run sọ ọ́ di mímọ̀ – Deus o santificou.
PURO, ÍNTEGRO, adj. mímọ́ > Ìbéyàwó jẹ́ ìsẹ tò mímọ́ ní ojú Ọlọ́run – O casamento é um costume sagrado aos olhos de Deus.
PURO, NÃO DILUÍDO, adj. láilábùlà.
PURO, SEM MISTURA, s. àìdàlù.
PURPÚREO, adj. elésè-àlùkò (arroxeado).
PURULÊNCIA, s. oyún, ìjèétú > jíjèétú – purulento, inflamado.
PUS, SECREÇÃO, s. èétú, ètútú.
PÚSTULAS, s. ìléròrò.
PUTA, NINFOMANÍACA, s. ọdọ́kọ > ọmọ àlè – filho da outra.
PUTREFAÇÃO, DECOMPOSIÇÃO, s. ìràdànù, ìjẹrà.
PUTREFATO, s. ìràdànù > jíjẹrà – pútrido.
PUTRIFICAR, v. dí_bàjẹ́ (tornar-se podre, estragado) > Igi yìí díbàjẹ́ – Esta árvore apodreceu.
PUXA!, interj. págà!
PUXADO, ESTICADO, adj. fífàyọ̀, wíwọ́.
PUXAR A CANOA PARA MARGEM, v. wà_gúnlẹ̀ (desembarque).
PUXAR AO LONGO, v. wọ́ > Ó wọ́ mi – Ele me puxou.
PUXAR, ATRAIR, v. fi òòfà fa.
PUXAR PARA BAIXO, v. fà_lulẹ̀ > Ó fà á lulẹ̀ – Ela o puxou para baixo.

PUXAR PARA JUNTO DE, *v.* wọ́tì, rémọ́, wà_máyà > Ó wà mi máyà – Ela me puxou para junto dela, ela me abraçou; > fà_mọ́ra – seduzir, abraçar > Ó fà mí mọ́ra – Ela me abraçou.

PUXAR PARA TRÁS, *v.* fà_padà > Ó fà mí padà – Ela me puxou para trás.

PUXAR, ARRASTAR, *v.* fi agbárafà (fazendo força), wọ́_lulẹ̀ > Ówọ́ mi lulẹ̀ – Ele me arrastou.

PUXAR, ESTICAR, *v.* fà_le > Ó fa okùn le – Ele puxou a corda; > fífàlé – elástico.

PUXAR, *v.* fà, fàle, yà > Ó fà mí létì – Ela puxou minha orelha; > ìfàtu – ato de arrancar pela raiz; > Ẹ bá mi fà á jáde – Ajude-me a remover isto.

QUADRA DE DANÇAS, RODA, *s.* agbo > Ó wà nínú agbo – Ela está no centro da roda.
QUADRANGULAR, *s.* onígun mẹ́rin > oníhàmẹ́rin – quatro lados de uma figura.
QUADRANTE, *s.* ìlàrin-ẹ̀ká (quarta parte de uma circunferência).
QUADRIENAL, *s.* ọlọ́dúnmẹ́rin (de quatro em quatro anos).
QUADRIÊNIO, *s.* ọdúnmẹ́rin.
QUADRIGÊMEO, *s.* ìbẹ́rin.
QUADRIL, *s.* ìbàdí, bàdí.
QUADRILATERAL, *adj.* oníhàmẹ́rin (de quatro lados).
QUADRILHA, *s.* ẹgbẹ́ àwọn ìgára (grupo de assaltantes).
QUADRINÔMIO, *s.* ọ̀mì-ẹléyàmẹ́rin (expressão algébrica composta de quatro termos).
QUADRIPLÉGICO, *s.* arọ ní tọwọ́tẹsẹ̀ – paralisia dos braços e pernas.
QUADRO, IMAGEM, *s.* àwòrán > Àwòrán wà lára ògiri – O quadro está na parede.
QUADRO-NEGRO, *s.* ògiri-ìkọ́wé, pátákó-ìkọ̀wè, pátákó dúdú > Ẹ jọ̀wọ́, lọ dúró sí ẹbá ògiri ìkọ́we – Por favor, vá para o quadro de giz (sí ẹbá – fique ao lado).
QUADRÚPEDE, *s.* ẹranko ẹlẹ́sẹ̀ mẹ́rin (animal de quatro patas).
QUÁDRUPLO, *s.* èdàmẹ́rin, ilọ́pọ mẹ́rin.
QUADRUPLICAR, *s.* sọ_di púpọ̀ lẹ́ẹ̀mẹ́rin.

QUAL A RAZÃO?, *adv. interrog.* ìdí rẹ̀?, èétírí, èétiṣe > Ìdí rẹ̀ tí o kò fi lọ? Qual foi a razão que você não foi? > Kíló tírí? – Qual a razão?

QUAL É?, *pron.* kelòó ni? (questões que envolvam numerais ordinais) > Ojú ìwé kelòó ni ò nka? – Qual a página que você está lendo; > Ojú ìwé kẹrin ni mò nkà – É a quarta página que eu estou lendo. *Obs.:* pronome pessoal antes de verbo no gerúndio é acentuado com tom grave.

QUAL É?, *adj. interrog.* wo ni? (posicionado depois de substantivo) > Irú aṣọ wo ní yìí? – Qual é o tipo desta roupa?; > Ojọ́ wo ni òní jẹ́? – Qual é o dia de hoje?; > Òní ni ojọ́ ìṣẹ́gun – Hoje é terça-feira.

QUAL É?, *adj. interrog.* èwo ní? (inicia a frase quando o assunto não é mencionado) > Èwo ni o fẹ́ – Qual você quer?

QUAL É O PROBLEMA?, *exp. interrog.* kàsínkani?

QUALIDADE INFERIOR, *adj.* aláìjọjú.

QUALIFICAÇÃO, *s.* ìrírí, ìmíyé (experiência que uma pessoa possui).

QUALIDADE, *s.* ìwà agbára > lẹ́tọ̀ lóye – ser inteligente, qualificado.

QUALQUER AROMA, *s.* tùràrí (incenso).

QUALQUER CAMINHO, *s.* ọnàkọ́nà (qualquer método a ser seguido).

QUALQUER COISA COMESTÍVEL, *s.* onjẹ-jíjẹ.

QUALQUER COISA, *adj.* nkan-kí-nkan, ohunkóhun < ohun + kí + ohun > Ohunkóhun kò wù mí – Qualquer coisa não me agrada.

QUALQUER COMIDA, *s.* ìjẹkúje < ìjẹ + kú + ìjẹ > Fún mi ni ìjẹkúje – Dê-me qualquer comida.

QUALQUER CONVERSA, *s.* ọ̀rọ̀kọ́rọ̀ < ọ̀rọ̀ + kí + ọ̀rọ̀ (despretensiosa).

QUALQUER CRIANÇA, *s.* ọmọkọ́mọ.

QUALQUER CRIATURA, *s.* ẹdákẹ́dá.

QUALQUER DANÇA, *s.* ijókíjó < ijó + kí + ijó.

QUALQUER DIA, *adv.* ijọ́kíjọ, ojọ́kójọ́ < ijọ́ + kí + ijọ́. *Obs.:* a partícula *kí* entre duas palavras repetidas, dá um sentido de qualquer > ẹni – pessoa > ẹnikẹ́ni – qualquer pessoa; ohunkóhun – qualquer coisa.

QUALQUER DIVINDADE, *s.* òrìṣàkórìṣà < òrìṣà + kí + òrìṣà.

QUALQUER NÚMERO, *adv.* iyekíye.

QUALQUER PÁSSARO, *s.* ẹiyẹkéiyẹ.

QUALQUER PESSOA, *s.* èníyànkéníyán.

QUALQUER PREÇO, *s.* iyekíye.

QUALQUER PEIXE, *s.* ejakéja > ẹrankẹ́ran – qualquer animal.
QUALQUER QUE, *pron.* ìyówù (seja o que for).
QUALQUER TEMPO, *adv.* sáàkísáà (em qualquer época).
QUALQUER TRABALHO, *s.* iṣẹ́kíṣẹ́ < iṣẹ́ + kí + iṣẹ́.
QUALQUER UM, *s.* èyíkéyí > Mo ṣe èyíkéyí tóo bá fẹ́ – Eu faço quaisquer coisas que você quiser; Ò lè ṣe èyíkéyí nínú àwọn iṣẹ́ náà – Ela pode fazer qualquer um desses serviços.
QUANDO, *adv.* ìgbàtí, nígbàtí (no tempo que) > mo máa sùn nígbà tí mo bá dé ilé – eu dormirei quando chegar em casa (bí/tí...bá – forma condicional). *Obs.:* nígbà tí...bá é uma opção que faz com que a outra oração venha a acontecer.
QUANDO?, QUE DIA?, *adv. interrog.* níjọ́wo?, níjọ́si?
QUANDO?, *adv.* nígbàwo? < ní + ìgbà + èwo > Nígbàwo ni bàbá padà dé – Quando papai retornará?; > Àiyé kan láìsí ìwà-ìbàjé, nígbàwo? – Um mundo sem corrupção, quando?
QUANDO?, EM QUE TEMPO?, *adv.* nísááwo?
QUANTAS VEZES, *adv.* oyeìgbàtí > Àwa kò mọ oyeìgbàtí – Nós não sabemos quantas vezes.
QUANTAS VEZES?, *adv. interrog.* ẹ̀ẹ̀mélòó ni? > Ẹ̀ẹ̀mélòó ni o máa lọ sí ọjà – Quantas vezes você costuma ir ao mercado?
QUANTIDADE A SER DIVIDIDA, *s.* èpín.
QUANTIDADE, NÚMERO, *s.* ìba > Ìba nìyìí mọ – Esta é de quantidade limitada; Ìba púpọ̀ni àwọn ènìà dúdú níhín – São em muito número os africanos aqui > ìwọ̀n – certa quantidade.
QUANTIDADE DE CALOR, *s.* iye ìṣù-iná.
QUANTO CUSTA?, *adv. interrog.* èlòó ni, èló ni? (situação que envolva valores, contas) > Èlòó ni eéjì àti eéjì? Ẹẹrin ni – Quanto são dois mais dois? São quatro; > Èlòó ni mo lè ná? – Quanto eu posso gastar?; > Èló ni? – Quanto custa isto?
QUANTO DE CADA, QUANTO MAIS?, *adv.* mélómélò?
QUANTO MAIS, QUANTO MENOS, *conj.* ánbọsí, ánbọtórí > Ọkùnrin ò lè ṣe é, ánbọsí obìnrin – Um homem não pode fazê-lo, muito menos uma mulher.

QUANTO TEMPO, *adv.* látìgbàwo > Látìgbàwo ni o nṣíṣẹ? – Desde quando você está trabalhando? > Láti ìgbàwo ni o nkọ yorùbá? – Quanto tempo você está estudando yorùbá?

QUANTO, *adv.* iye...tí (lit. o número que); forma indireta de mélòó ni > Tani mọ iye owó tí ó ná? – Quem sabe quanto ela gastou?

QUANTOS, *adv.* mélòó ni? < má + èló > Bàtà mélòó ni o ní? – Quantos sapatos você tem?

QUARENTENA, *s.* ogójì ọjọ́ (período de 40 dias).

QUARTA-FEIRA, *s.* Ọjọ́rú, Ọjọ́ rírú, Ọjọ́ kẹ́rin ọ̀sẹ̀, Ọjọ́ Wẹsídeè (do inglês *Wednesday*).

QUARTA-FEIRA DE CINZAS, *s.* Ọjọ́rú eérú.

QUARTA PARTE, *s.* ìdámẹ́rin, ìdárin > Idámẹ́rin ohunkóhun – Quarta parte de qualquer coisa.

QUARTA EQUAÇÃO, *s.* ọ̀mì onírìnmẹ́rin.

QUARTEL, *s.* báráki ọlọ́pa.

QUARTETO, *s.* onímẹ́rin, ẹni mẹ́rin (quatro pessoas).

QUARTINHA, *s.* ọtùn (pote de barro) > Ọ̀tun náà nkún omi – A quartinha está cheia de água.

QUARTO DE DORMIR, *s.* ìyẹ̀wù (alcova).

QUARTO DE PROVISÕES, *s.* ópò, orópò.

QUARTO ESPAÇOSO, *s.* gbòngòn.

QUARTO, *s.* yàrá, ìyàrá > Yàrá ọ̀rẹ́ mi ní bẹ́ẹ̀dì nlá – O quarto do meu amigo tem uma cama grande.

QUARTZO, *s.* ọtaa sílíkà (mineral).

QUASE, A PONTO DE, *adv.* pré-v. fẹ́ẹ̀, fẹ́rẹ̀ > Òun fẹ́rẹ̀ kú – Ele quase morreu; > Orò yìí fẹ́rẹ̀ tán – Esta obrigação está a ponto de terminar.

QUASE, *adv.* jà.

QUASE, APROXIMADAMENTE, *adv.* bùkojá.

QUASE, PRÓXIMO, *prep.* Létí.

QUATERNÁRIO, *s.* onímẹ́rin, onímẹ́rin-mẹ́rin.

QUATRO DE CADA VEZ, *adv.* mẹ́rinmẹ́rin > Ẹ wọlé mẹ́rinmẹ́rin – Vocês entrem quatro de cada vez.

QUATRO DIAS ATRÁS, *adv.* ìjẹrin < ijọ́ + èrin (forma de composição usada para os demais numerais) > ìjẹ̀jìlá – doze dias atrás < ijọ́ + èjìlá.

QUATRO LADOS DA FIGURA, s. oníhàmẹ́rin.
QUE ASSIM SEJA, exp. àṣẹ (lit. que Deus permita acontecer).
QUE MAIS!, ISSO AINDA!, interj. tàbí!
QUE PENA! exp. o mà ṣe o!
QUE VAI E VEM, adv. tàlọtàbọ̀, tàyúntàbọ̀.
QUE VEM PRIMEIRO, adv. látètèkọ́wá.
QUE, pron. rel. tí (posicionado depois de substantivo) > Iṣẹ́ tí mo ṣe – O trabalho que eu fiz; > Aṣọ tí mo rà ni yìí – A roupa que eu comprei é esta.
QUE, conj. kí (usado com verbo que expressa desejo, permissão e obrigação) > Ó fẹ́ kí o jó – Ela quer que você dance; > Olú sọ pé ki ó wá rí ẹ – Olu disse que ele vem ver você.
QUE, conj. pékí < pé + kí (usado quando alguém disser para outra pessoa fazer) > Ó sọ pé kí n jókó – Ele disse que eu sentasse.
QUE, conj. pé (usado com verbos que dizem, que informam) > Ó sọ pé òjò rọ̀ – Ela disse que ia chover; > Mo gbàgbọ́ pé ó ti wà níbí – Eu esqueci que ele estava aqui.
QUE, A FIM DE QUE, conj. kí > Olùkọ́ pé Túndé kí ó jókó – A professora chamou Tundé a fim de que ele sentasse.
QUE, CUJO, DO QUAL, pron. rel. tí > Ọmọdé tí bàbá rẹ̀ kú – O garoto cujo pai dele morreu (é usado depois de substantivo, e quando puder ser modificado para cujo, do qual, o qual, de – caso contrário usar kí).
QUE ANDA SÓ, adj. láìsìn > Ó wá láìsìn – Ela está sem companhia.
QUEBRA-CABEÇAS, CHARADAS, s. adììtú.
QUEBRADO, ESTALADO, adj. jíjá.
QUEBRADO, AMASSADO, adj. rírún.
QUEBRADO, ESTILHAÇADO, adj. fífọ́ > Orí fífọ́ – Dor de cabeça (lit. a cabeça está quebrada).
QUEBRA-MAR, PIER, s. ìgbẹ̀tì.
QUEBRAR A CABEÇA, v. fọ́_lórí > Ó fọ́ mi lórí – Ele quebrou a minha cabeça.
QUEBRAR A CERCA, v. jógbà < já + ogbà.
QUEBRAR A MADEIRA, v. ṣẹgi < ṣẹ́ + igi.
QUEBRAR A PERNA, v. dá_lẹ́sẹ̀.
QUEBRAR ALGO, v. fi_ṣẹ́ > Ó fi apá ṣẹ́ – Ela quebrou o braço.

QUEBRAR AMÊNDOA, *s.* pàkurọ́.
QUEBRAR EM PEDAÇOS, *v.* fọ́_bàjẹ́.
QUEBRAR NOZES, *v.* sínkùrọ́.
QUEBRAR O BRAÇO, *v.* dá_lápá, ṣọ́wọ́ < ṣé + ọwọ́ > Ó ṣubú lulẹ̀ ó ṣọ́wọ́ – Ele caiu no chão e quebrou o braço.
QUEBRAR O JEJUM, *v.* ṣínu (entre os muçulmanos).
QUEBRAR PROMESSA, *v.* séhùn < sé + ohùn.
QUEBRAR JURAMENTO, *v.* dalẹ̀ < dà + ilẹ̀.
QUEBRAR, DESLOCAR A MÃO, *v.* ṣẹ́wọ́ > Ó ṣẹ́wọ́ – Ela deslocou a mão.
QUEBRAR, ESTILHAÇAR, *v.* rún wónwọ́n, rún wúruwúru.
QUEBRAR, JOGAR NO CHÃO, *v.* wó_bálẹ̀, wó_lùlẹ̀, wó_palẹ̀ > Wọ́n wó ilé palẹ̀ – Eles demoliram a casa.
QUEBRAR, PARTIR, *v.* kán, fọ́ > Apá ife mi ti kán – A asa da minha caneca quebrou (apá – braço); > ẹ̀éfọ́, èéfọ́ – caco.
QUEBRAR, RACHAR, *v.* dá, sán > Sán ife yìí – Este copo está rachado.
QUEBRAR, SEPARAR, *v.* ṣẹ́ > O sú mi. Ìwọ ṣẹ ojú orí – Estou cheio. Você quebrou a cara; > Apà mi ṣẹ́ – Quebrei o braço.
QUEBRAR, *v.* fi_dá > Ó fi ẹsẹ̀ dá – Ele quebrou a perna.
QUEBRAR, *v.* fowọ́dá < fi + ọwọ́ + dá.
QUEBRAR, *v.* sín (verbo raramente usado).
QUEDA-D'ÁGUA, *s.* ibú omi.
QUEDA LIVRE, *s.* ajáwálẹ̀, ìjáwálẹ̀ (objeto em queda livre).
QUEDA REPENTINA, *s.* ìṣubú lójìjì.
QUEDA SOBRE ALGO, *s.* ìdálù, àdálù.
QUEDA, DERRUBADA, *s.* ìbìṣubú, ìṣubú.
QUEDA, *s.* ìwó, ibú, ìṣubú > ṣubú – sofrer uma queda > Ó tì mí, mo ṣubú – Ele me empurrou, eu caí.
QUE É?, *pron. interrog.* kíni? > Láti ṣe kíni? – Para fazer o quê? Forma afirmativa: ohun tí, nkàn tí – que > Èmi kò mọ ohun tí o ṣe – Eu não sei o que você fez.
QUE DIA, QUANDO? *adv. interrog.* níjọwo, níjọ́sí > Níjọ́sí ó lọ? > Quando ela foi?

QUE HORAS SÃO? *exp.* àkókò wo?, agogo mélòó ni?
QUEIJO, *s.* kàṣì, wàrà-kàṣì.
QUEIMAÇÃO, *s.* íjóná, àjóná.
QUEIMADO, PICADO COM FERRÃO, *adj.* títani.
QUEIMADO PELO SOL, *adj.* ìfi oòrùn jó (bronzeado).
QUEIMADURA, *s.* jíjo, ìjónirun, ìfijóná < fi + jó + iná.
QUEIMAR FRACAMENTE, *v.* jó bài-bài.
QUEIMAR JUNTO, *v.* jópọ̀.
QUEIMAR LEVEMENTE, *v.* jó fẹ̀ẹ̀rẹ̀.
QUEIMAR, CHAMUSCAR, *v.* wì (cabelos, pelos etc.) > Ọdẹ wi ejò – O caçador queimou a cobra.
QUEIMAR, *v.* dánásun < dá + iná + sun, jó, fájó, finájó, jóná > Ó dánásun ìwé náà – Ele queimou aquele papel; > sundérú < sun + di + érú – até virar cinza.
QUEIMAR, *v.* ta, sun > A sun ìwé nínú Iná – Nós queimamos o papel no fogo; > ata – pimenta.
QUEIXA, DENÚNCIA, *s.* èjọ́, èsùn.
QUEIXAR, RECLAMAR, *v.* rojọ́, fisùn > Ó bá mi rojọ́ – Ela me fez uma reclamação.
QUEIXAR-SE, *v.* sàròyé > Ó sàròyé nípa rẹ̀ – Ela queixou-se acerca dele.
QUEIXA, LAMENTAÇÃO, *s.* ìkùnsínú, ìroká > ìráhùn – súplica.
QUEIXO, *s.* àgbọ̀n.
QUEIXOSO, *s.* asunni > ẹlẹ́kun – aquele que se queixa.
QUEIXOSO, RECLAMANTE, *s.* ẹléjọ́, àlároyé, láìnítẹ́lọ́rùn.
QUEM É?, *pron. interrog.* tani > Tani o rí láná? – Quem você viu ontem? (usado para pessoas, coisas vivas). Forma afirmativa, ẹnití – quem (lit. a pessoa que) > Mi ò mọ ẹnití nsọ̀rọ̀ – Eu não sei quem está falando.
QUENTE, *adj.* gbígbóná > Omi yí gbóná gan > Esta água está realmente quente (gbóná jù – quente demais).
QUENTE, FERVENDO, *adj.* nígbóná.
QUERER, DESEJAR, *v.* fẹ́ > ifẹ́ni – caridade < ìfẹ́ + ẹni – amor a uma pessoa.
QUERIDO, BEM-AMADO, *s.* àdúfẹ́, àyánfẹ́.

QUEROSENE – QUINHENTOS

QUEROSENE, s. epo àtùpà, epo itàná.
QUERUBIM, ANJO, s. àngèlì (do inglês *angel*), màlẹ́kà (do hausá *màlékà*), kérúbù (do inglês *cherub*).
QUESTÃO, DISCUSSÃO, s. gbólóhùn-asọ̀.
QUESTÃO, PERGUNTA, s. ìbéèrè > Olùkọ́ mi máa dáhùn àwọn ìbèèrè mi – Meu professor costuma responder minhas perguntas; > Mo ní ìbéèrè – Eu tenho uma questão.
QUESTÃO, ASSUNTO, s. ọ̀ràn > Gbàgbé ọ̀ràn náà – Esqueça aquele assunto.
QUESTIONADOR, s. olùbéèrè.
QUESTIONAMENTO, s. ìbíléèrè, ìtítọsẹ̀.
QUESTIONAR, INTERROGAR, v. bí, bíléèrè, fọ̀rọ̀wọ́rọ̀ < fi + ọ̀rọ̀ + wọ́rọ̀ > Ẹ bí bàbá ohun tí wọ́n fẹ́ – Pergunte ao pai o que ele quer.
QUESTIONÁRIO, s. oníbéèrè, ìwádìí dérí (informações, estatísticas).
QUESTIONÁVEL, INCERTO, adj. arúni-lójú.
QUE VAI E VEM, adv. tàlọtàbọ̀, tàyúntàbọ̀.
QUE VEM PRIMEIRO, adv. látètèkọ́wá.
QUIABO SECADO, s. ọ̀rúnlá.
QUIABO, s. ilá > ìlása – folha do quiabo.
QUIETAMENTE, adv. ṣọ́sọ́, wẹ́rẹ́wẹ́rẹ́ > rọ́rọ́ – calmamente.
QUIETO, SILENCIOSO, adj. nídákẹ́, tútù, dákẹ́.
QUIETUDE, SILÊNCIO, s. arére, ìdákẹ́.
QUILOCICLO, s. ọ̀kẹ́-ìyípo, ọ̀kẹ́-háàtísì (kilohertz).
QUILOGRAMA, s. ọ̀kẹ́ grámù.
QUILOLITRO, s. ọ̀kẹ́-lítà.
QUILOMBO, JUNTA, s. ìsolù, ìsopọ̀ (união).
QUILÔMETRO, s. ọ̀kẹ́-mítà.
QUILOWATT, s. ọ̀kẹ́-wáàtì.
QUIMERA, ILUSÃO, adj. asán.
QUIMÉRICO, IMAGINÁRIO, s. àìrí.
QUÍMICA, s. kẹ́nísírí.
QUIMIOTERAPIA, s. ẹ̀rọ ẹ̀là.
QUINHENTOS, num. ẹ̀ẹ́dẹ́gbẹ̀ta (lit. cem menos seiscentos).

QUINQUENAL, *adj.* ọlọ́dúnmárùún-márùún (que dura cinco anos).
QUINTA PARTE, *s.* ìdárún < ìdá + àrún, ìdámárùún.
QUINTA-FEIRA, *s.* Ọjọ́bọ̀, Ọjọ́ kárún ọ̀sẹ̀, Tọ́sdèé (do inglês *Thursday*).
QUINTAL, FUNDOS DA CASA, *s.* ẹ̀hìnkúlé > Mò ngbé lẹ́hìnkúnlẹ̀ – Eu estou morando nos fundos da casa.
QUINTAL, *s.* ikárà, ikáà, káà, kárà > àgbàlá – quintal, jardim.
QUINTO, *num.* ẹ̀kárùn, kárùn > Ó ra ilé kárùn – Ela comprou a quinta casa. *Obs.*: quando o assunto não for definido, a vogal inicial do numeral permanecerá > Ó ra ẹkárùn – Ela comprou a quinta.
QUÍNTUPLO, *s.* ìbárún.
QUINZE, *num.* ẹ̀ẹ́dógun *ou* àrùúndílógún (lit. cinco menos vinte); ẹ̀ẹ́d significa menos quinze e é usada, como opção, nos numerais 15 e 25. *Obs.*: ẹ̀ẹ́ seria uma variante de ẹ̀rẹ̀ – número de vezes.
QUINZENAL, *s.* ọlọ́sẹ̀méjì.
QUIOSQUE, CORETO, *s.* búkà (galpão).
QUIPROQUÓ, *s.* rúgúdù, àìlójú (confusão) > Mo dá rúgúdù sílẹ̀ – Eu causei confusão.
QUITAÇÃO, *s.* ìdáláre.
QUITAR, LIBERTAR, *v.* dásílẹ̀ > Ó dá mi sílẹ̀ – Ele se libertou dos problemas.
QUOCIENTE, *s.* ẹ̀pín (número obtido quando uma unidade é dividida por outra).
QUÓRUM, *s.* ojú-igbimọ̀ > iye ènìà tí ó tó láti ṣe ìpàdé – número de pessoas suficiente para a reunião.

RÃ, s. òto, àkíré.
RABINO, s. rábì (ministro do culto judaico).
RABISCOS, s. ìkọkúkọ.
RABUDO, s. onírun (pessoa com muito cabelo, pelos).
RABUGENTAMENTE, adv. tìkanratìkanra.
RABUGENTO, IRRITÁVEL, adj. kanra < kan + ra, kannú > Ó kannú sí mi – Ela é irritante comigo; > èjánu, ìjánú – ranheta.
RABUGICE, s. àìdùnnnú (mau humor).
RAÇA, s. fitafita (esforço, energia) > Ó já fitafita – Ele lutou vigorosamente, com raça.
RAÇA AFRICANA, s. aláwọ̀ dúdú.
RAÇA DE CAVALOS, s. ẹṣin asáré-ìje.
RAÇA, GERAÇÃO, s. ìdílé, ìran > Dára pẹ̀lú àwọn ìdílé yin – Seja bom com seus familiares; > ìrandíran – de geração em geração; > ọ̀wọ́ – descendência, pessoas familiares.
RAÇA HUMANA, s. èdá ọmọ-aráyé (lit. criaturas do gênero humano).
RAÇÃO, s. ìpín onjẹ.
RACHADURA NO SOLO, s. pàlàpàlá (fenda).
RACHAR, FENDER, v. bú > Ìkòkò yìí bú ní ìdí – Este pote rachou na base; > sín – quebrar sem separar.
RACIAL, adj. nípa àwọn ẹdá aláwọ̀ kan.
RACIOCINAR, MEDITAR, v. ronú > Ó nronú náà – Ele está pensando naquilo.

RACIONAL, *adj.* fi ogbón hàn (revelar sabedoria).
RACISMO, *s.* ìfàwọ̀ gbéraga > olórí kun-kun – obstinado, insistente.
RACISTA, *s.* afàwọ̀ gbéraga (praticante da discriminação racial).
RADAR, *s.* rédà (do inglês *radar*).
RADIANTE, *adj.* titànsàn, dídán mànràn.
RADIAÇÃO, *s.* ìtànká.
RADIAR, BRILHAR, *v.* tàn > Iná àtùpá yìí ntàn – O lampião está em chamas; > tànká – raiar.
RADICAL, FUNDAMENTAL, *adj.* ti ìpilẹ̀sẹ̀.
RADICALMENTE, *adv.* tegbò-tigàrá.
RADICULITE, *s.* irìn-ẹ̀sọ wíwú (inflamação das raízes dos nervos).
RÁDIO, *s.* eegun-apá kékeré (osso que vem a formar o antebraço).
RÁDIO, RECEPTOR, *s.* rédíò (do inglês *radio*).
RADIOATIVO, *s.* níní agbára atàn.
RADIOGRAFIA, *s.* àwọrán itàn-àre.
RADIOLOGISTA, *s.* akẹ́kòó atàn > ẹ̀kọ́ atàn – radiologia.
RADIUM, *s.* ìṣùu rádíà.
RÁFIA, *s.* ìko (extraída da palmeira igi ọ̀gọ́rò) – *Raphia vinifera*.
RAIAR DO DIA, *s.* ojojúmọ́, afẹ̀mọ́júmọ́ (alvorada) > Ojojúmọ́ ni oòrùn nràn – O sol brilha todos os dias.
RAINHA, ESPOSA DO REI, *s.* ayaba < aya – esposa, ọba – rei.
RAIOS DE SOL, *s.* ìtànṣàn oòrùn.
RAIO, FAÍSCA, *s.* ẹ̀dó.
RAIOS X, *s.* ẹ̀rọ ìyàwọrán ìtàn-àre.
RAIVA, FÚRIA, *s.* abínú, ìrúnú, ìmóoru, inúfùfù > Abínú ẹni – Raiva de uma pessoa; > ìbínú-ṣùṣù – irritação intensa.
RAIVOSAMENTE, *adv.* níbínú.
RAIZ DE EQUAÇÃO, *s.* ìrìn ọ̀mì.
RAIZ CAPILAR, *s.* irun ìrìn > ìrìn ehin – raiz do dente.
RAIZ QUADRADA, *s.* irìn kéjì.
RAIZ, BASE, *s.* ìrìn > egbò – raiz de árvore; > irìn òdòdó – raiz da planta.
RAIZ, ORIGEM, *s.* èékàn, ẹkàn, àtilẹ̀nde, kúlẹ̀kúlẹ̀ > Sọ kúlẹ̀kúlẹ̀ rẹ̀ – Fale da origem dele.

RALAR, *v.* rin > Ó rin ẹgẹ́ – Ela ralou a mandioca.
RAMADAM, *s.* osù-àwẹ̀ onímọle (nono mês do ano muçulmano).
RAMIFICAÇÃO, *s.* ìpẹ̀ka < pa + ẹka > pín – separar, repartir.
RAMIFICADO, *adj.* lápá, lẹ́ka, lọ́mọwọ́ (cheio de ramos).
RAMIFICAR, ESTENDER, *v.* gbilẹ̀ (florescer).
RAMO DE FLORES, *s.* ìdì òdòdó.
RAMO, PARTE, *s.* ẹka > Ẹ̀ka ara – Parte do corpo.
RAMO, GALHO DE ÁRVORE, *s.* ẹtún, ẹ̀ka-igi.
RAMOS, RELVA, *s.* osùsù-koríko > koríko tí a dìpò – folhagem que amarramos junto.
RAMPA, DECLIVE, *s.* ìdàgẹ̀rẹ̀.
RANÇAR, *v.* mẹ́sẹ̀rí (ficar rançoso) > Epo yìí mẹ́sẹ̀rì – Este óleo está rançoso.
RANCHEIRO, FAZENDEIRO, *s.* àgbẹ̀.
RANCHO, FAZENDA, *s.* oko nlá.
RANÇO, *s.* ìdákàsí, ìdíkàsí.
RANCOR, *s.* ìbínú, ìrunú > ìríra – aversão, > kíkùn – ressentimento.
RANCOROSO, MALICIOSO, *adj.* fífisínú.
RANÇOSO, VELHO, *adj.* dìkàsì, mẹ́sẹ̀rí > Epo yìí mẹ́sẹ̀rí – Este óleo ficou rançoso.
RANGER, *v.* dún, rọ́ kẹkẹ > Àga yìí nrọ́ kẹ̀kẹ̀ – A cadeira está rangendo.
RANGER DE DENTES, *s.* ipahínkeke.
RANGIDO, CHIADO, *s.* ìró.
RAPAZ, JOVEM, *s.* ọ̀dọ́, ọmọkùnrin, ọ̀dọ́mọkùnrin.
RAPÉ, *s.* aaṣaa, áṣáà, aṣaàrà, agírá > Ìyá mi àgbà nfẹ́ áṣáà – Minha avó gosta de rapé.
RAPIDAMENTE, *adv.* bọ́rọ́, firì-firì, fẹẹfẹẹ, kán-kán, wéléwélé, wéré, yárayára, kíákíá > Ó dé ní kíákíá – Ela veio rapidamente.
RAPIDAMENTE, DEPRESSA, *adv.* pré-v. fẹsẹ̀kan, tètè > Nwọ́n tètè jáde – Eles saíram rapidamente.
RAPIDEZ, *s.* ìyára, yíyára.
RÁPIDO, ATIVO, *adj.* sàìlọ́ra, yára > Jọ̀wọ́, má ṣe yára sọ̀rọ̀ – Por favor, não fale rápido; > Yára lọ síbẹ̀ – Vá rápido para lá.

RAPOSA, s. kọ̀lọ̀kọ́lọ́.
RAPTAR, v. jí ènìà gbé – roubar e levar uma pessoa.
RAPTO, ROUBO, s. jíjalè > Ó dá mi lébi olè jíjà – Ela me culpou pelo roubo.
RAPTOR, GATUNO, s. ajínità.
RAQUÍTICO, adj. ẹhẹrẹ.
RARAMENTE, adv. agbára-káká > ijọ́kànlọ́gbọ́n, lẹ́ẹ̀kọ̀ọ̀kan – raramente, de vez em quando.
RARIDADE, s. ọ̀wọ́n (pode ser usado como forma de enaltecer uma pessoa) > Bàbá mi ọ̀wọ́n – Meu estimado pai; > àìpọ (algo precioso).
RARO, ESCASSO, adj. aláìwọ́pọ̀, láìwọ́pọ̀, abàmi > àwárí – busca, descoberta.
RARO, INCOMUM, adj. láìṣe nígbàkúgbà (sem fazer muitas vezes).
RASGADO, ROTO, adj. fífàya.
RASGAR, SEPARAR, v. ya, fà_ya (partir em pedaços) > Ó fa ìwé náà ya – Ela rasgou a folha em pedaços.
RASO, s. odò tí kò jíl̀ẹ – rio que não é fundo, > wọ́dọ̀ – transitar em rio raso.
RASPADO, LISO, adj. híha.
RASPADOR, s. ayùn (ferramenta); > fá – raspar.
RASPAR COM O DEDO, v. fá_dànù (prato ou panela) > Ó fá ọbẹ̀ dànù – Ele raspou o resto da sopa e jogou fora.
RASPAR PARA FORA, v. fá_kúrò (tirar do caminho).
RASPAR, v. fá > Ó fárí – Ele raspou a cabeça, > fífárí – raspado, > Ó ti ṣe fífárí gídígbí – Ele já é raspado completamente. Obs.: ṣe – usado ao lado de advérbio para indicar uma certa aparência.
RASPAR, DESCASCAR, v. bó > Ó nbó ọ̀gẹ̀dẹ̀ – Ele está descascando a banana.
RASPAR, ESFREGAR, v. ra > Ó ra ọwọ́ – Ele esfregou as mãos.
RASPAS, APARAS, s. èha.
RASTEIRAMENTE, adv. mọ́lẹ̀ (junto ao chão).
RASTEJAR, v. rá, wọ́, fà_lulẹ̀ > Ó fà á lulẹ̀ – Ela o puxou para baixo.
RASTEJAR, ARRASTAR-SE, v. rákò, rákòrò > Ọmọ nrákòrò – A criança está engatinhando.
RASTEJAR FURTIVAMENTE, v. yá_kélẹ́kẹ́lẹ́.

RASTRO ANIMAL, *s.* asọ̀nà (aquele que segue pelo rastro deixado).
RASTRO DE CARRO, *s.* ojú ẹsẹ̀ kẹ́kẹ́ (marca dos pneus no solo).
RASTRO, PEGADAS, *s.* ojú-ipa.
RATAZANA (TIPO), *s.* lárìnká.
RATICIDA, *s.* ẹ̀là apẹ̀kúté.
RATIFICAÇÃO, *s.* ìfàṣẹsí.
RATIFICAR, *v.* fàṣẹsí, fohùnsí > Ó fohùn sí i – Ele o aprovou.
RATO (TIPOS), *s.* ẹmọ́, eku, ẹ̀kúté, ẹdá, abìrùpùyẹ, àfè > asẹ́n, asín – rato venenoso.
RATOEIRA, *s.* pàkúté (armadilha).
RAZÃO, CAUSA, *s.* èèrèdí, ìdí, ìtorí > Nítorí yìí – Por esta razão.
RAZÃO, PROPORÇÃO, *s.* ìbùpín.
RAZOÁVEL, ADEQUADO, *adj.* lẹ́tọ́, mọ́gbọ́nwá > Ó lẹ́tọ́ láti ṣe é – Ele é razoável para fazê-lo.
RAZOAVELMENTE, *adv.* níwọ̀ntúnwọ̀sì (moderadamente).
REABASTECER, ADICIONAR, *v.* fi_kún > Fi omi díẹ̀ kún – Acrescente um pouco de água.
REABILITAR, *v.* mú_láradá (restabelecer a saúde).
REABILITAÇÃO, CURA, *s.* ìmúláradá > Ó mú mi lára dá – Ela me curou.
REAÇÃO, AVANÇO, *s.* àsè > Ìrewájú àsè – Reação para a frente, avanço.
REAGENTE, *s.* ohun èsè (algo usado em análise).
REAGIR, *v.* dẹhìnbọ̀, padà ṣẹ́hìn.
REAL, VERDADEIRO, *adj.* òdodo, òótọ́, gidi.
REAL, REALEZA, *adj.* ti ọba, oyè ọba > bí ọba – como um rei; > Ọ̀ọ̀nì – título real do rei de Ifẹ̀.
REALIDADE, VERDADE, *s.* àkó, òdodo.
REALIZAÇÃO, *s.* ìmúṣẹ (ato de manter a palavra).
REALIZADOR, *s.* olúṣe > Ẹnití ó se nkan – Aquele que faz algo.
REALIZAR, *v.* múṣe > ṣe – fazer > Ó mú mi nípá láti ṣe e – Ele me forçou a fazer isto.
REALIZÁVEL, *adj.* ṣíṣe (possível de ser feito).
REALMENTE, CERTAMENTE, *adv.* gan-an, tòótọ́, gidigid, dájúdájú, kúkú > Kò kúkú rí i laná – Ele, de fato, não a viu ontem (òun – ele, ela, não é usado em frases negativas); > Ó burú gan-an – Ele realmente é mau.

REAPARECER, *v.* yọ, tún yọ Ò tùn yọ –Ela reapareceu; > Iṣu yọ – O inhame brotou; > padà wá – retornar.
REARRANJAR, RECOMPOR, *v.* tún tò > Tún tò ìwé lẹ́sẹsẹ – De novo, recomponha o texto ordenadamente.
REARRANJO, RECOMPOSIÇÃO, *s.* àtúntò.
REBAIXAMENTO, HUMILHAÇÃO, *s.* ìrẹ̀sílẹ̀.
REBAIXAR, DEGRADAR, CAIR, *v.* rẹ̀sílẹ̀ > Ewé igi yìí rẹ̀sílẹ̀ – Esta árvore caiu.
REBAIXAR, HUMILHAR, *v.* tẹlógo > Ó tẹ́ mi lógo – Ela me humilhou.
REBANHO, *s.* agbo-ẹran, agbo àgùtàn – rebanho de ovelhas.
REBANHO DE GADO, *s.* ọ̀wọ́-ẹran.
REBELAR-SE, *v.* ṣọ̀tẹ̀ > Wọ́n ṣọ̀tẹ̀ sí mi – Eles se revoltaram contra mim.
REBELDE, REVOLTOSO, *s.* aṣágun, aṣọ̀tẹ̀, ọlọ́tẹ̀.
REBELIÃO, *s.* ọ̀tẹ̀, ìṣọ̀tẹ̀, tẹ̀nbẹlẹkún (conspiração).
REBENTO, *s.* ehù (broto, desdobramento).
REBENTO DE PLANTA, *s.* ẹ̀ṣọ (broto).
REBOCAR, *v.* ré, ṣán (cobrir com argamassa) > Ó ṣán ilé rẹ̀ – Ele rebocou a casa dela.
REBOCAR UMA CASA, *v.* ṣánlé, rẹ́lé (com gesso).
REBOLO, MOEDOR, *s.* ọlọ̀ > lọ̀ ata – moer pimenta.
REBOQUE, *s.* ètútú-okùn.
REBULIÇO, *s.* gbòkegbodò, ariwo (tumulto).
RECADO, MENSAGEM, *s.* ríránṣẹ́, ìránṣẹ́.
RECAÍDA, *s.* ìpadàséhìn.
RECALCITRANTE, OBSTINADO, *adj.* olóríkunkun.
RECANTO, *s.* kọ́lọ́fín, igun (local íntimo) > ìkọ̀kọ̀ – privacidade.
RECAPITULAÇÃO, RESUMO, *s.* àkópọ̀.
RECAPITULAR, *v.* ṣe àkópọ̀, ṣe àkórí (fazer um resumo).
RECATADAMENTE, *adv.* níwọ̀ntúnwọ̀sì.
RECATO, MODESTO, *adj.* nítìjú.
RECEBER, OBTER, *v.* gbà, rí_gbà > Kò rí owó oṣù rẹ gbà láná – Ele não recebeu o salário dele ontem. *Obs.:* não é usado o pronome ele, ela, em frases negativas.

RECEBER, PEGAR NA MÃO, *v.* tẹ́wọ́gbà > Mo tẹ́ ọwọ́ gbà owó – Eu estiquei a mão e recebi o dinheiro.
RECEBER COM ALEGRIA, *v.* fayọ̀gbà > Ó fayọ̀gbà mí – Ele me deu boas-vindas.
RECEBER DE VOLTA, *v.* gbà_padà > Mo gba owó mi padè – Eu recebi meu dinheiro de volta.
RECEBER INSTRUÇÃO, *v.* kẹ́kọ́ < kọ́ + ẹ̀kọ́.
RECEBER UM CARGO, *v.* gbapò < gbà + ìpò > Ó gbapò mi – Ela me sucedeu.
RECEBIDO COM ALEGRIA, *adj.* fífayọ̀gbà.
RECEITA CULINÁRIA, *s.* ìwé onje-sise.
RECEITA, PRESCRIÇÃO, *s.* ìwé-egbògi > àpèjúwe – descrição.
RECEITA, RENDA, *s.* owó-wíwọlé.
RECÉM-CASADO, *s.* ìgbéyàwó.
RECÉM-NASCIDO, *s.* jòjòló, ìkokó, ọmọ tuntun.
RECENTE, *adj.* títun > àìpẹ́ – não demorado.
RECENTEMENTE, *adv.* lọ́ọ́lọ́ọ́, lọ́wọ́lọ́wọ́ > sẹ̀sẹ̀ (*adv. pré.-v.*) > Mo sẹ̀sẹ̀ rí i – Eu acabei de vê-lo.
RECEPÇÃO, ACEITAÇÃO, *s.* ìsàlejò, ìtẹ́wọ́gbà < té + ọwọ́ + gbà – estender as mãos e receber.
RECEPCIONISTA, *s.* agbàlejò (receber visita).
RECEPTÁCULO, *s.* ife (copo) > Ife wà lórí tábìlì – O copo está em cima da mesa.
RECEPTIVO, ACEITÁVEL, *adj.* gbígbà.
RECESSÃO, *s.* ìgbà ìyàn-owó (período de redução econômica).
RECESSO, INTERVALO, *s.* ìdáwọ́dúró lẹ́nu isẹ́ – intervalo durante o trabalho; àkókò ìsimi – tempo de descanso.
RECESSO, RECANTO, *s.* kọ̀rọ̀ > Ibi tí kò bọ́ sí kọ̀rọ̀ – Lugar onde não há privacidade; > ìyẹ̀wù – aposento, alcova.
RECHONCHUDO, GORDO, *adj.* sanra > Òun sanra tàbí tínínrín? – Ela é gorda ou magra?
RECIBO, *s.* ìwé-ẹ̀rí, ìwé àsàrò-owó, rìsìtì (do inglês *receipt*).
RECICLAR, *v.* se àtúnse-túnlò (fazer novo uso).

RECIFE, ROCHEDO, s. òkúta ní ìsàlẹ̀ òkun (pedra com base no mar).
RECINTO, s. ibi, ipò > Ibi tí a lọ – O lugar aonde nós fomos.
RECIPIENTE DE BOCA LARGA, s. ìṣà, ìkòkò omi – pote de água de boca larga.
RECÍPROCO, MÚTUO, adj. pàṣipààrọ̀.
RECITAR, v. fọ̀gèdè, fògèdè < fọ̀ + ògèdè (palavras de encantamento) > Ó fọ̀gèdèsí mi – Ela recitou palavras de encantamento para mim.
RECITAÇÃO, s. ìkákósórí.
RECITAR POEMA, c. túnkà > Akin kò fẹ́ tún ìtàn Ifá kà – Akim não quer recitar de novo o poema de Ifá.
RECLAMAÇÃO, s. ìgbàpadà (ato de recuperar).
RECLAMAR, ACUSAR, v. fi_sùn.
RECLAMAR, RESMUNGAR, v. sọ̀, ráhùn, rójọ > Ó ráhùn sí mi – Ela murmurou para mm; > gbà_padà – receber de volta.
RECLINAR, v. faratì < fi + ara + tì.
RECLUSO, SÓ, s. aládágbé, àdágbé, ìdágbé, ànìkànjẹ > níkanṣoṣo.
RECOLHER, RETIRAR-SE, v. yẹjú.
RECOMEÇAR, v. tún bẹ̀rẹ̀ > Ó tún bẹ̀rẹ̀ sọ̀rọ̀ gíga – Ela começou de novo a falar alto.
RECOMEÇO, s. àtúnbẹ̀rẹ̀.
RECOMENDAÇÃO, s. ìyìn (louvor, apreço).
RECOMENDAR, ELOGIAR, v. yìn > sọ̀rọ̀ dáadáa nípa ẹni – falar bem sobre a pessoa.
RECOMPENSA, s. àgbàsìn (por cuidar de animais).
RECOMPENSA, RETRIBUIÇÃO, s. ìsanpadà.
RECOMPENSAR, PREMIAR, v. san > Mo sanwó – Eu premiei em dinheiro.
RECOMPOSIÇÃO, REARRANJO, s. àtúntò.
RECONCILIAÇÃO, s. ìlàjà, ìlàníjà, àtúnṣe, ètùtè.
RECONCILIAR, v. làjà, ṣe ìlàjà, ṣe àtúnṣe, túnnínú > Ó là wá ní já – Ele nos reconciliou.
RECONHECER, ADMITIR, v. mọ̀, fọnrànmọ̀ < fọn + rànmọ̀.
RECONHECER, CONFESSAR, v. jẹ́wọ́ > Ó jẹ́wọ́ ẹ̀ṣẹ̀ fún mi – Ela confessou o pecado para mim.

RECONHECIDAMENTE, *adv.* tọpẹ́tọpẹ́.
RECONHECIMENTO, *s.* ìṣamí.
RECONSIDERAR, *v.* tún rò > Ó tún nrò – Ela está pensando de novo.
RECONHECIMENTO, RESPEITO, *s.* ìjúbà, àyẹ́sí > A júbà o – Nosso profundo respeito.
RECONSTRUÇÃO, *s.* àtúnkọ́ (*Obs.*: *àtún* – usado como prefixo para compor palavras no sentido de refazer), àtúnsọ – falar de novo, àtúnbí – renascimento.
RECONSTRUIR, *v.* tún kọ́, tún mọ.
RECONTAR, *v.* tún kà > kaye – enumerar, calcular.
RECONTAR, *s.* tùn sọ > ṣe aláyé pípé – fazer uma explicação completa.
RECORDAÇÃO, LEMBRANÇA, *s.* ìràntí, ìtúnpè.
RECORDAR, *v.* rántí, túnpè > ránti ìgbàaniì – recordar o tempo passado.
RECORRER, VOLTAR NOVAMENTE, *v.* yídé, tọ̀ > Ó yíde – Ele foi e voltou.
RECORRER, TENTAR, *v.* dáwọ́lé > Ó dáwọ́lé isẹ́ yìí – Ele tentou este trabalho.
RECOSTAR-SE, *v.* rọgbọkú > Ó nrọgbọkú – Ele está se espreguiçando.
RECREAÇÃO, *s.* àtúndá, eré ìdárayá > dárauá – divertir-se.
RECREAÇÃO INFANTIL, LOCAL, *s.* ilé ìtójú.
RECRIMINAR, *v.* fejú (olhar severamente).
RECUAR, DECRESCER, *v.* wàkì, rẹ̀hìn > Isẹ́ mi rẹ̀hìn – Meu trabalho deteriorou.
RECURSO, *s.* àfẹ̀hìntì, aláfẹ̀hìntì.
RECUO, *s.* àkẹ̀hìndà (voltar para trás).
RECUPERAÇÃO, *s.* ìgbàpadà, ìmúláródá.
RECUPERAR, *v.* gbà_padà > gbàsílẹ̀ – resgatar.
RECUPERAR-SE, *v.* sọ_jí > Ó sọ mí jí – Ele me recuperou, despertou.
RECURSO, *s.* àbọbá, àbọ̀wába (para encontrar algo).
RECURSO, AUXÍLIO, *s.* ìrànlọ́wọ́.
RECUSA, *s.* kíkọ̀.
RECUSA TOTAL, *s.* kíkòjálẹ̀.
RECUSAR, REJEITAR, *v.* dù, kọ̀ > Ó kọ ẹ̀bẹ̀ mi – Ela recusou meu pedido.

REDAÇÃO, s. àròkọ.
REDE DE DORMIR, s. ibọ̀pọ̀, ámọ́kun. amúkun (do inglês *hammock*).
REDE, s. àwọ̀n > ibùsùn asorọ̀ – cama pendurada.
REDE, ORGANIZAÇÃO, s. iṣẹ́-àwọ̀n.
RÉDEA, FREIO, s. okùn-ìjánu, ìjánu ẹṣin.
REDEMOINHO DE VENTO, s. egbé.
REDENÇÃO, EMANCIPAÇÃO, s. ìdàndè, ìràpadà.
REDENTOR, s. olùdándè, olúràpadà (atributos de Deus).
REDISTRIBUIÇÃO, s. àtúnpín.
REDISTRIBUIR, v. tún_pín.
REDOBRAR, v. ṣẹpo léèkéjì.
REDONDO, CIRCULAR, adj. kibiti, kiribiti.
REDONDO, CORPULENTO, adj. kọ̀bọ̀tọ̀ > Ó rí kọ̀bọ̀tọ̀ – Ele parece corpulento.
REDONDO, ESFÉRICO, s. rìbìtì, rúbútú > yíká – circundar, rodear.
REDOR, CERCANIAS, s. àyíká, òbìrìkìtì.
REDUÇÃO, DIMINUIÇÃO, s. dídínkù, àdínkù.
REDUÇÃO, DEFICIÊNCIA, s. ibùkù.
REDUPLICAR, v. ṣẹpo léèkéjì.
REDUNDANTE, adj. àpọ̀jù.
REDUZIR, ENCURTAR, v. bu_kù, dín_kù > Ó bu owó mi kù – Ele reduziu o meu salário; > Owó mi bùkù – Meu dinheiro diminuiu.
REDUZIR, CONTRAIR, v. súnki, wàkì > Ẹ̀wù yìí súnkì – Esta blusa encolheu.
REDUZIR O PREÇO, v. dínwó < dín + owó.
REEDITAR, REIMPRMIR, v. tún ìwé tẹ.
REENCARNAÇÃO, s. àtúnbí, àtúwá.
REENTRAR, TORNAR A ENTRAR, v. tún wọlé, wọlépasà.
REEMBOLSAR, REPARAR, v. san_padà, sanwópadà.
REFAZER, v. tún_ṣe > Olùkọ́ tún ṣe ẹ̀kọ́ – O professor repetiu a lição.
REFEIÇÃO NOTURNA, s. àsè-alé > jẹun alẹ́ – jantar.
REFEIÇÃO, s. àsè, onjẹ.
REFERÊNCIA, s. ìfẹnulé, ìtọ́ka > Ìtọ́ka ìyọ́nu – Identificação de um problema; > atóka – índice; ìjúwe – explanação.

REFERENDO, *s.* ìdìbò.
REFERIR, CITAR, *v.* fi_lọ, tọ́ka, > sọ̀rọ̀ nípa nkan – falar sobre algo.
REFERIR-SE A ALGUÉM, *v.* perí > Ó perí mi ní rere – Ela referiu-se bem a mim; > Bí a bá perí akàn, a fi ọwọ́ lálẹ̀ – Se fizermos referência a alguém de características violentas, roçamos a mão no chão.
REFIL, *s.* tùn rọ, tùn fikún (material para encher, suprir de novo).
REFINAMENTO, *s.* ìsọdàtun.
REFINAR, APURAR, *v.* sọdi-mímọ́, sọ_dàtun.
REFINARIA, *s.* ilé ifẹ́sẹ́.
REFLETIDAMENTE, *adv.* tìròtìrò.
REFLETIR, ESPELHAR, *v.* tàn ìmọ́lẹ̀ (refletir a luz).
REFLETIR, CONSIDERAR, *v.* gbèrò, dà_rò > Mo da ọ̀rọ̀ náà rò – Eu considerei aquele assunto; > Ó bá mi gbèrò – Ela refletiu comigo; > rorí – refletir, cogitar.
REFLETIR, PENSAR, *v.* ronú > Ó nronú náà – Ela está pensando naquilo.
REFLETIR, RACIOCINAR, *v.* rírò > Èmi kò ní ìṣòro nípa rirò – Eu não tenho dificuldade em raciocinar.
REFLETIVO, *adj.* nírònú (que reflete, que pensa).
REFLEXÃO, *s.* àgbàrò, ìrorí > ìhùmọ̀ – meditação.
REFLEXÃO TARDIA, *s.* arò-sẹ́hìn > ìfiyèsí – consideração.
REFLEXO, *s.* lọ́gọ́n.
REFLORESTAR, *v.* tún sọdaginjù.
REFLORESTAMENTO, *adj.* àtùnsọdigbó, àtún sọdaginjù.
REFLUXO, *s.* ìṣànpadà.
REFORÇAR, FORTIFICAR, *v.* fi_múlẹ̀ > Igi yìífi ìdí múlẹ̀ – Esta árvore tem a base reforçada.
REFORÇO, AUXÍLIO, *s.* ìrànlọ́wọ́ > alátìlẹ́hìn – aquele que dá apoio.
REFORMA, *s.* àyípadà sí rere – mudar para melhor.
REFORMAR, *v.* túnṣe (fazer de novo), sọdi-rere – transformar numa coisa boa.
REFREAR, DIMINUIR, *v.* dín_kù > Dín méjì kù nínú méje – Subtraia dois de sete; > ìdínkù – redução.
REFREAR, CONTER, *v.* fàsẹ́hìn > dáwọ́dúró – abster-se.

REFRESCAR, *v.* tù_lára > omi tù mí lára – a água me refresca.
REFRESCAR A CABEÇA, *v.* múfẹ́rí orí.
REFRESCO, *s.* omi-dídùn.
REFRIGERAÇÃO, *s.* ìmótútù.
REFRIGERADOR, *s.* àpótí ìmọ́tutù, fíríìjì (do inglês *fridge*), kúlà (do inglês *cooler*).
REFRIGERANTE, REFRESCO, *s.* àgbọ́nmu.
REFRIGERAR, *v.* mú tútù, mú mótútù.
REFÚGIO, ASILO, *s.* àsási, àsálà.
REFÚGIO, SEGURANÇA, *s.* ibi ìsádi, ibi ìsádi, ibi ààbò.
REFUGO, LIXO, *s.* àkìtàn, àtìtàn.
REGAÇO, COLO, *s.* ìtàn.
REGAR, MOLHAR, *v.* fún_sí > Ó fún omi lọ́gba sí – Ela regou o jardim.
REGATA, *s.* fífí ọkọ̀ súré ìje (lit. geralmente o barco que corre em competição).
REGALO, BANQUETE, *s.* sàsè rẹ̀pẹ̀tẹ̀.
REGATO, RIACHO, *s.* ibù, odò kékeré.
REGENERAÇÃO, *s.* ìhùpadà > àtúnbí – renascimento.
REGENERAR, *v.* hù padà.
REGENTE, VIZIR, *s.* adèlé-ọba > ajẹ́lẹ̀ – governador.
REGER, CONTROLAR, *v.* ṣàkóso > Tani nṣàkóso àiyé – Quem está governando o mundo?; > pàṣẹ – ordenar.
REGIÃO CENTRAL, *s.* ibi ààrìn ẹ̀kún.
REGIÃO MONTANHOSA, *s.* ìlú olókè > ìgbèríko – província.
REGIÃO SUL, *s.* ìhà gúsù > Paraná wà ni ìhà gúsù si Bràsíìlì – Paraná fica na Região Sul do Brasil.
REGIÃO, DISTRITO, *s.* ẹ̀kún, ẹkù, àgbègbè, ìhà > Iléṣà wà ní ìhà àríwásí Ibàdàn – Iléxá fica ao norte de Ibadam.
REGIÃO, TERRA, *s.* ilẹ̀.
REGICÍDIO, *s.* ìpọba, ọba pípa (assassinato de rei ou rainha).
REGIME, *s.* ètò ìjọba, ọ̀nà ìṣèlú (sistema administrativo).
REGIMENTO, BATALHÃO, *s.* ẹgbẹ́ ọmọ-ogun (unidade militar).
REGISTRAR, *v.* fi orúkọ sílẹ̀ ìwé – usar o nome na relação.

REGISTROS, ESCRITOS, s. àkọsílẹ̀, ìkọsílẹ̀.
REGOZIJAR-SE, v. yayọ̀ > Ó yayọ̀ fún mi – Ela regozijou-se comigo.
REGOZIJO, JÚBILO, s, àjọyọ́, ìjọyọ̀.
REGRAS, REGULAMENTO, s. ìlànà, àkóso > òfin – lei, àṣẹ – ordem.
RÉGUA, s. igi fún fifà ìlà (lit. madeira para promover uma linha).
REGULAMENTO, s. òfin, ìlànà.
REGULAR, AJUSTAR, v. tọ́_sọ́nà, tọ́_lẹ́ṣeṣe > Mo tọ́ ọ sọ́nà – Eu pus isso em ordem.
REGULAR, USUAL, s. ìgbàgbogbo.
REGULARIDADE, s. ìṣe déédéé.
REGULARMENTE, adv. kíní-kíní, nígbàgbogbo > déédéé – normalmente.
REGURGITAR, v. pọ̀ onjẹ.
REGURGITAÇÃO, s. pípọ̀ (onjẹ).
REI DE ABẸ́ÒKÚTA, s. Aláké (título).
REI DE ÌKIRÈ, s. Akirè (cidade da província de Ìbàdàn).
REI DE ÌKÌRUN, s. Akìrun (cidade a noroeste de Òṣogbo).
REI DE KÉTU, s. Alákétu > arákétu – povo de Kétu.
REI DE ỌYỌ́, s. Aláàfin.
REIMPRESSÃO, REEDIÇÃO, s. àtúntẹ̀ ìwé.
REIMPRIMIR, REEDITAR, v. tún ìwé tẹ̀.
REINANTE, s. adèlé-ọba.
REINAR, v. jọba < jẹ + ọba (governar).
REINCIDÊNCIA, s. ìpẹ̀hìndà (retorno).
REINCIDENTE, adj. ìpadáṣẹ́hín.
REINCIDIR, v. pẹ̀hìndà (voltar atrás).
REINAR, v. jọba.
REINO, DOMÍNIO, s. ìjọba, ilé ọba.
REINO ANIMAL, s. ijọba alára ẹran, ẹ̀dá ẹranko.
REINO DE DEUS, s. ìjọba Ọlórun.
REINO DE PAZ, s. ìjọba àlàáfíà.
REINO VEGETAL, s. ẹ̀dá ewéko, ijọ ẹ̀gbìn.
REINTEGRAR, v. gbàsípò.

REITERAÇÃO – RELATIVO AO HOMEM

REITERAÇÃO, *s.* àtúnsọ, àwíle̩ (repetição do que foi dito).
REITERADAMENTE, *adv.* gbiiri, gbiirigbi.
REITERAR, **FALAR DE NOVO**, *v.* tún ọ, tún wí.
REITOR, *s.* alákóso ìjọ.
REITORIA, *s.* ibùgbé alákóso.
REIVINDICAÇÃO, *s.* ìtẹnumó, àtẹnumó (insistência).
REIVINDICAR, *v.* tẹnumó̩ > Ó tẹnu mó̩ pé kí n wá – Ele insistiu que eu venha.
REJEIÇÃO, *s.* ìkọ̀sílẹ̀, àṣàtì, àgbágbò (deserção).
REJEITADO, DESCARTADO, *s.* àgbágbò, àtanù.
REJEITADO, PROSCRITO, *s.* ẹni-àṣàtì.
REJEITAR, *v.* kọ̀, kọ̀_sílẹ̀, ṣá_tì > Ó ṣá mi tì – Ela me rejeitou, colocou de lado.
REJUVENESCER, *v.* sọ_dèwe < dà + èwe – transformar em uma pessoa jovem.
RELAÇÃO CONSANGUÍNEA, *s.* ìbátan,ẹbí > ará – parente.
RELAÇÃO DE PESSOAS, LISTA, *s.* ìwé ètò-orúkọ.
RELAÇÃO HARMONIOSA, *s.* ẹnu kíkò.
RELAÇÃO SEXUAL COM MULHER, *s.* àbáṣe, ìbáṣe > Nígbàkan a fé̩rè̩ ṣe àbáse – Certa vez nós quase fizemos uma relação.
RELACIONADO, ASSOCIADO, *adj.* báratan.
RELACIONAMENTO, *s.* ìbàlò, ìbàpàdé, àbátan < à + bá + tan.
RELACIONAR, PÔR EM ORDEM, *v.* tò_lé̩sé̩.
RELACIONAR-SE, *v.* fi arakó̩ra, farakó̩ra.
RELAMPEJAR, *v.* kọ (emitir lampejos de luz, brilhar) > Díngí nkọ mọ̀nà – O vidro está brilhando.
RELAPSO, REINCIDENTE, *adj.* ìpadàsé̩hìn.
RELATAR, *v.* sọ, ròhìn > Ó ròhìn náà fún mi – Ele relatou as novidades para mim; > pìtàn – contar uma história.
RELATIVO AO JOVEM, *adj.* tọmọdé.
RELATIVO À HONRA, *adj.* tó̩lá (honorável).
RELATIVO A MERCADO, *adj.* tọjà.
RELATIVO AO HOMEM, *adj.* tọkọ̀nrim (masculino).

RELATO, s. ìró, ìhìn (notícias) > Ìró yìí dé tí mi – Esta novidade chegou até mim.

RELATOR, INFORMANTE, s. oníròhìn.

RELATÓRIO, s. ìgbúró.

RELAXADO, DISPLICENTE, s. àìmúra.

RELAXAMENTO, s. ìdẹwọ́, ìsimi > ìdẹra – calma, abrandamento.

RELAXAR, AFROUXAR, v. dẹwọ́ < dẹ̀ + ọwọ́.

RELEMBRAR, v. ṣèrántí < ṣe + ìrán + etí > Ó ṣèrántí mi – Ela se lembrou de mim.

RELEMBRAR, CHAMAR DE NOVO, v. túnpè.

RELENTO, s. òde (lado de fora).

RELIGIÃO TRADICIONAL, s. èsìn ìbílẹ́.

RELIGIÃO, CULTO, s. èsìn, ìsìn > ìgbàgbọ́ – crença; > Ìmọ̀ ẹ̀kọ́ nípa ìsìn – Instrução religiosa.

RELIGIOSO, s. onígbàgbọ́ > ẹlẹ́sìn – seguidor de uma religião.

RELIGIOSO, DEVOTO, s. olùfọkànsìn.

RELINCHAR, v. yán > Ó yàn bí ẹṣin – Ele relinchou como um cavalo.

RELINCHO, s. yíyán.

RELÍQUIA, s. apẹta > ohun àtijọ́ – algo do tempo antigo; > ìgbàanì – antiguidade.

RELÓGIO, s. agogo, aago > agogo ọwọ́ – relógio de pulso.

RELOJOEIRO, s. aláago, alágogo < aago – horas, relógio.

RELUTÂNCIA, s. àìfẹ́ṣe, àìfífẹ́ > ìṣiyènéjì – hesitação.

RELUTANTEMENTE, adv. àfagbáraṣe, kọ́ikòikói, tìkò, tìkòtìkò (de má vontade).

RELUTAR, v. tìdì, kọ̀dí, ṣiyèméjì > Ó kọ̀dí sí mi – Ela deu as costas para mim.

RELUTAR, HESITAR, v. fékunṣe > Ó fékunṣe epo pupa – Ele é hesitante, avesso a óleo de dendê.

RELVA, ERVAS, s. ẹgbọ́n (usada para cobrir uma casa ou tecer).

REMADOR, s. awàkọ̀ > atukọ̀ – navegador.

REMAR, DIRIGIR, v. wà, tù, wa ọkọ̀, tu ọkọ̀ > atukọ̀ – marinheiro, navegador.

REMARCAR, *v.* tún sàmì.
REMÉDIO, *s.* oògùn, egbògi > Má ṣe lo oògùn tí ojọ́ ti kojá lórí wọn – Não use remédios fora do prazo da validade deles.
REMÉDIO CASEIRO, *s.* ẹpa (antídoto) > egbògi ìyàgbé – laxante, purgante.
REMELA, *s.* ipin (secreção ocular).
REMENDADO, *adj.* lílẹ̀.
REMENDAR, CONSERTAR, *v.* tún_ṣe (fazer de novo) > Ó túnṣe – Ele fez novamente.
REMENDAR UMA ROUPA, *v.* bù_lẹ̀ > Ó bu aṣọ lẹ̀wú – Ela remendou a roupa.
REMENDÁVEL, *adj.* títúnṣe (reparável).
REMENDO COSTURADO, *s.* àbulẹ̀.
REMENDO, CONSERTO, *s.* bíbùlẹ̀.
REMENDO, *s.* ẹ̀lẹ̀ (feito com cuidado e habilidade) > Ẹ̀lẹ̀ o! – Tenha cuidado!
REMETER CORRESPONDÊNCIA, *s.* fi ìwé ránṣẹ́.
REMESSA DE VALORES, *s.* ìfowóránṣẹ́.
REMEXER-SE, INQUIETAR-SE, *v.* fidíralẹ̀ < fi + ìdí + ra + ilẹ̀.
REMINISCÊNCIA, LEMBRANÇA, *s.* ìníra, ìràntí > Ìrántí orò ọdún mi mẹ́ta – Lembrança da minha obrigação de três anos.
REMIR, RELEVAR, *v.* gbà_sílẹ̀, pẹ̀tùsì > Ó gbà mí sílẹ̀ – Ela me absolveu.
REMISSÃO, REDENÇÃO, *s.* ìmúkúrò > ìdáríjì, ìfijì – perdão, absolvição.
REMO, *s.* àjẹ̀.
REMOÇÃO, *s.* ìmùkúrò > àgbéfẹ̀yà, àgbégbin – remoção difícil.
REMOVER, RETIRAR, *v.* mú_kúrò > Mú mẹ́ta kúrò nínú mẹ́wàá – Deduza três de dez.
REMORSO, *s.* àbàmọ̀, ìròbinújẹ́ > àròkàn – angústia; > láìkábámọ̀ – sem remorso.
REMOTAMENTE, *adv.* kánrinkánrin, látọnàjíjìn.
REMOTO, *adj.* kánrin > jìnnà – longe, distante.
REMOVER O FOGO, *v.* fọnná < fọn + iná (de algum local ou de alguém apaixonado).

REMOVER, DESATAR, *v.* bọ́ > Ó bọ́ bàtà – Ele tirou os sapatos.
REMOVER, MUDAR DE LUGAR, *v.* sí_kúrò > Ó sí mi kúrò – Ele me mudou de lugar.
REMUNERAÇÃO, HONORÁRIO, *s.* owó òyá, owó iṣẹ́.
REMUNERAR, *v.* sanwó (pagar em dinheiro) > Mo fẹ́ sanwó nísisìyí – Eu quero pagar à vista.
REMUNERATIVO, *adj.* tí ó mú owó wá – que traz o dinheiro.
RENAL, RIM, *s.* iwe > ìṣàn-àlọ iwe – artéria renal.
RENASCER, BROTAR DE NOVO, *s.* àtúnhù (planta).
RENASCIMENTO, *s.* àtúnbí > ìsọjí – revivificação.
RENEGADO, DESERTOR, *s.* rèsílẹ̀ > ọlọ́tẹ̀ – revolucionário.
RENOME, *s.* òkíkí, orúkọ rere > Òun ní orúkọ rere – Ele tem um bom nome.
RENOVAÇÃO, DESPERTAR, *s.* ìgbéró, sísọjí.
RENOVAR, *v.* sọdi-ọ̀tun, sọdọ̀tun.
RENDA, SALÁRIO, *s.* owó-ọdún, owó-ọ̀yà.
RENDER HOMENAGEM, *v.* wólẹ̀ (prostrar-se) > Ó wólẹ̀ lẹ́ṣẹ̀ mi – Ele caiu aos meus pés, em súplica; > Ẹ wolẹ̀ o! – Seja bem-vindo!
RENDER-SE, ENTREGAR-SE, *v.* forífún < fi + orí + fún.
RENDER-SE, REVERENCIAR, *v.* túúbá, túnbá > Mo túnbá – Eu o encontro de novo.
RENDIÇÃO, *s.* ìforífún.
RENDIMENTO, *s.* akójọpọ̀ owó.
RENOVAÇÃO, *s.* atúnṣe, ìsọdòtun.
RENOVAR, *v.* sọ_di ọ̀tun, sọ_dòtun > Mo sọ ọ́ dòtun – Eu o restaurei.
RENÚNCIA, *s.* àkọ̀sílẹ̀, ìkọ̀sílẹ̀.
RENUNCIAR, ABANDONAR, *v.* kọ_sílẹ̀, fi_sílẹ̀ > Ìdílé mi kọ̀ mí sílẹ̀ – Minha família me rejeita; > ìdáwọ́rọ́ – desistência.
RENUNCIAR, *v.* fọwọ́rì < fi + owọ́ + rì > Ó fọwọ́ òwò ẹrú rilẹ̀ – Ele renunciou ao comércio de escravos.
REORGANIZAR, *v.* tún_tò (colocar em ordem).
REPARAÇÃO, EXPIAÇÃO, *v.* ètùtù, èètù, àtúnṣe, ìlàjà.
REPARADOR, *s.* olùtọ́jú ilé (cuidado com a casa).

REPARAR, FAZER DE NOVO, v. túnṣe (corrigir) > Ó túnṣe orò rẹ̀ – Ele fez a obrigação dela de novo.
REPARAR, REEMBOLSAR, v. sanpàda.
REPARÁVEL, adj. títúnṣe.
REPARO, CORREÇÃO, s. àtúnṣe, àgbàsan (compensando um erro).
REPARTIR, v. pín > Ó pín sí méjì – Ela repartiu em dois.
REPASTO, REFEIÇÃO, s. onjẹ, oúnjẹ.
REPELENTE, s. alékòkòrò.
REPELIR, v. tàpásí, tìkúrò, yàgò fún > Ó yàgò fún mi – Ela me evitou.
REPENTINAMENTE, adv. bàrà, bírí, ẹburubú, òjíjì > Ó dé òjíjì – Ela chegou repentinamente, sem avisar.
REPENTINO, IMPREVISTO, adj. bìrìmọ̀.
REPETIÇÃO DE PALAVRAS, s. àtúnsọ.
REPETIÇÃO DO QUE FOI DITO, s. àpètúnpé, asọtúnsọ, àwílé.
REPETIÇÃO, s. àwítúnwí (repetição do que foi dito), àtúnsọ – repetição, falar de novo; > túbọ̀, túnbọ̀ – de novo, repetidas vezes, tentar de novo.
REPETIDAMENTE, adv. fìn-ìn, gbiiri, gbiirigbi, lábálé, lábálé-lábálé.
REPETIR, v. tún_kà, tún_sọ > Òun túnsọ yìí láná – Ela falou isso ontem; > lé_padà – voltar atrás > Mo lé e padà – Eu voltei atrás.
REPETITIVO, s. àṣeṣetúnṣe, àsọsọtúnsọ.
REPLANTAR, v. tún gbìn.
REPLETO, adj. nìsan, tìyantiyan > kún pátápátá – inteiramente cheio.
REPLETO, TRANSBORDANTE, adj. àkúnwọ́sílẹ̀.
RÉPLICA, RESPOSTA, s. èsì, ìdáhùn > Mo bèèrè ṣùgbọ́n kò sí ìdáhùn – Eu pergunto, mas não há resposta.
RÉPLICA, CÓPIA, s. ẹdà > Ẹ̀dà ìwé – Cópia de um livro.
REPLICAR, RESPONDER, v fèsì, dáhùn, dáùn > Ó dáhùn mi – Ele me respondeu; > dáhùn pẹ̀lù ìbínú – responder com raiva.
REPOR, v. gbàpo, mú_padà.
REPOSIÇÃO, s. ìdípo.
REPÓRTER DE JORNAL, s. akọ̀wé ìròhìn > oníròhìn – informante.
REPOUSAR, v. simi, sinmi > dùbúlẹ̀ – deitar.

REPOUSO, *s.* ìsimi, ìsinmi, sísùn > Mo wà sísùn – Ela está com sono; Oorun nkún mi – O sono me pegou; > sùn – dormir; > igbàìsinmi – período de descanso.
REPREENDER, ADMOESTAR, *v.* bá_wí, bá_wíjọ́, fojúná < fi + ojú + nà > Ó bá mi wí pé mo ṣìṣe – Ele me chamou a atenção e disse que cometi um erro.
REPREENSÃO, REPROVAÇÃO, *s.* ayánga > ìbáwí – censura, ralhação; > ẹ̀gàn – desprezo.
REPREENSÍVEL, *adj.* gbàbáwí.
REPRESÁLIA, RETALIAÇÃO, *s.* ẹ̀san, ìgbẹ̀san > Ó lọ wá gbèsan – Ele foi buscar revanche.
REPRESENTANTE, PORTA-VOZ, *s.* alágbàsọ, aṣojú < ṣojú – representar.
REPRESENTANTE, DELEGADO, *s.* adèlé.
REPRESENTAÇÃO, *s.* awòran > àpẹẹrẹ – exemplo > Ó fi àpẹẹrẹ rere fún wa – Ele usou um bom exemplo para nós.
REPRESENTAR, SUBSTITUIR, *v.* dáhùn fún > Ó dáhùn fún iṣẹ́ yìí – Ele é responsável por este serviço; > delé – substituir > Ó delé mi – Ele me substituiu.
REPRESENTATIVO, *s.* àpèjúwe, ìjúwe.
REPRESSÃO, *s.* ìfiyàjẹ, ìkìmọ́lẹ̀.
REPRIMENDA, REPREENSÃO, *v.* ìbáwí > Ìbáwí ti jé ìgbàlà mi – A reprimenda, a censura, tem sido a minha salvação.
REPRIMIR, CONTER, *v.* jánu, kìwọ̀ > Mo kì í wọ̀ – Eu o mantive sob controle; > dádúró – deter, impedir.
REPRIMIR, RESUMIR, *v.* kánbà.
REPRODUÇÃO, CÓPIA, *s.* ẹ̀dà > ètò ẹ̀dá – sistema reprodutivo.
REPRODUÇÃO, NASCIMENTO, *s.* bíbí > bíbí ẹran – reprodução de animais.
REPRODUZIR, FAZER CÓPIA, *v.* ṣe ẹ̀dà.
REPRODUZIR, NASCER, *v.* bí > bí ọmọbìnrin – nascer uma menina.
REPROVAÇÃO, CENSURA, *s.* ìbáwí, ìdálẹ́bi > ìṣátì – rejeição.
REPROVADOR, *s.* abániwí.

REPROVAR, CONDENAR, *v.* dá_lẹ́bi > Adájọ dá wọn lẹ́bi – O juiz os condenou.
REPROVAR, NÃO PASSAR, *v.* fẹ́èlì.
REPROVAR, DESPREZAR, *v.* gàn > Má gàn mí – Não me despreze.
RÉPTIL, *s.* afàyàfà > Àwọn ẹranko ti nfi àiyà fà – Animais que revelam coragem.
REPÚBLICA, *s.* orílẹ̀ ìjọba-oníbò – governo pelo voto; > Ìlú tí kò ní ọba – País que não tem rei.
REPUDIAR, *v.* kọ̀, kọ̀_sílẹ̀ > kò_tì – deixar de lado.
REPÚDIO, SEPARAÇÃO, *s.* ìkọ̀sílẹ̀ > kíkọ̀ – recusa.
REPUGNÂNCIA, AVERSÃO, *s.* àìfẹ́, ìlòdìsí, ìkóríra.
REPUGNANTE, INDESEJÁVEL, *adj.* láìfẹ́ > lódì – adverso > Èyí lòdì sí ìfẹ́ mi – Isto é contrário ao meu desejo.
REPUGNANTE, IMUNDO, *adj.* lẹ́gbin, níríra.
REPULSA ÀS MULHERES, *s.* ìkóríra-obìnrin.
REPULSA, REJEIÇÃO, *adj.* lé_padà > Mo lé e padà – Eu dirigi para trás.
REPULSÃO, AVERSÃO, *s.* ìlénipadà, ìkóríra.
REPULSIVO, *adj.* aríníIara.
REPUTAÇÃO MANCHADA, *s.* àbùwọ́n > àbùkù – desacreditado.
REPUTAÇÃO, FAMA, *s.* òkìkí, gbajúmọ̀, orukọ rere > ìyìn – apreço, estima.
REQUERENTE, *s.* ẹlẹ́bẹ̀ (intercessor).
REQUERER, *v.* bẹ, bẹ̀bẹ̀, bẹ̀èrè > Ó bẹ̀ mí ìmọ̀ràn – Ela me pediu uma opinião; > ẹ̀bẹ̀ – pedido, suplica.
REQUINTADO, *adj.* nírera (delicado).
REQUISIÇÃO, PETIÇÃO, *s.* ẹ̀bẹ̀ > ìbẹ̀èrè – requerimento.
REQUISITAR, *v.* tọrọ, bẹ̀, bẹ̀èrè > Ó tọrọ àyè – Ela pediu uma oportunidade.
REQUISITO, *adj,* wíwúlò > tí a gbọ́dọ̀ ní – que nós devemos ter (condição necessária).
RESCINDIR UMA LEI, *v.* pòfinré.
RESCINDIR, CANCELAR, *v.* nù_kúrò, yọ_kúrò > ké_kúrò – cortar, reduzir; > yọ_kúrò – deduzir, aliviar > Ó yọ kúrò lọ́wọ́ ewu – Ele escapou do perigo.

RESERVA, *s.* ìfìpamọ́ (ato de ocultar).
RESERVADO, CALADO, *s.* adinu.
RESERVADO, GUARDADO, *s.* onísùúrú, àṣepamọ́ (para fazer depois).
RESERVADO, RETRAÍDO, *adj.* láìlè sọ (sem poder falar).
RESERVAR, POUPAR, *v.* dá_sí > Ó dá mi sí – Ele me poupou.
RESERVAR, GUARDAR, *v.* sigbẹ̀ (para uso futuro) > fipamọ́ – economizar, guardar.
RESERVAR ALGO, *v.* bà_sílẹ̀ > Mo ba ọmọ ajá náà sílẹ̀ – Eu reservei aquele filhote de cachorro.
RESERVATÓRIO, *s.* kànga nlá, ibi ìpamọ́ omi – local de reservar a água.
RESISTIR, AGUENTAR, *v.* kọjújàsí.
RESFRIADO, FRIO, *s.* otútù.
RESGATAR, *v.* gbàlà > Ó gbà ẹ̀mí mi là – Ele salvou a minha vida.
RESGATE, *s.* ìràsílẹ̀ (de escravidão).
RESGATE DE UM SEQUESTRO, *s.* owó-ìdásílẹ̀, owó ìràpadà.
RESGATE, SALVAMENTO, *s.* agbàlà.
RESGUARDO, *s.* àbọ̀ (retorno, volta).
RESIDÊNCIA, SEDE, *s.* bùjókó, ibùjókó.
RESIDÊNCIA, DOMICÍLIO, *s.* ìbùgbé, ilé ẹni.
RESIDENCIAL, *adj.* fún ibùgbé, ti ibùgbé.
RESIDENTE, *s.* olùgbé.
RESIDIR, *v.* gbé > Gbé ibi kan – Morar em um lugar.
RESÍDUO, *s.* ìyókù, ìṣíkù.
RESIGNAÇÃO, *s.* ìfisílẹ̀, ìjọlọ́wọ́.
RESIGNAR, ABANDONAR, *v.* fisílẹ̀ > Ó fi mí sílẹ̀ nínú òṣì – Ele me abandonou na pobreza.
RESINA, *s.* àtè (para pegar pássaro); > oje – igi – seiva de planta.
RESISTÊNCIA, *s.* àfaradà, ìfaradà, àìṣàárẹ̀, ìrójú, ìforítì, àtakò.
RESISTENTE, *adj.* àlòpẹ́, alátakò.
RESISTIR, SUPORTAR, *v.* kọjújàsí, pamọ́ra, forítì, rójú, faradà, takò.
RESISTIR A UMA PROVA, *v.* yeje, yege > Mo yege nínú ìdánwò mi – Eu passei em meu exame.
RESMA, FOLHAS DE PAPEL, *s.* ewé-tákàdá.

RESMUNGÃO, s. àkùnsínú, ìkùnsínú.
RESMUNGAR, MURMURAR, v. kùn > Kíni o nkùn sí? – O que você está resmungando?; > sọ̀rọ̀ síní (lit. falar para dentro) > ìkùn – mumúrio, rumor.
RESMUNGAR, PERTURBAR, v. yọ_lẹ́nu, báwí > Ìrìhìn yìí yọ mí lẹ́nu – Esta notícia me perturbou.
RESMUNGUICE, QUEIXA, s. kíkùn, kíkùnsínú > àkùnsínú – resmungão.
RESOLUÇÃO, ACORDO, s. ìpinnu, pípinnu.
RESOLUTO, OBSTINADO, adj. nípinnu > agídí – teimosia, força de vontade.
RESOLVER LITÍGIOS, v. bá_rojọ́ > Ó bá wa rojọ́ – Ele se ocupou de resolver.
RESOLVER, v. dó > Wọ́n ti dó – Eles já resolveram.
RESOLVER, DECIDIR, v. pinnu, ṣẹpinnu > Mo pinnu láti kọ́ yorùbá – Eu decidi estudar yorùbá; > ṣèlèrí – prometer.
RESPEITADOR, s. olójúṣajú.
RESPEITAR, CONSIDERAR, v. tàrò, bọ̀wọ̀ fún, buyìn fún > Ó buyìn fún mi – Ele respeitou-me.
RESPEITAR, HONRAR, v. yẹ_sí > Ó yẹ mi sí – Ele me respeitou.
RESPEITÁVEL, HONRADO, adj. sẹ̀gẹsẹ̀gẹ, olókìkí, ọlọ́wọ̀ > olórúkọ-rere – nome honrado.
RESPEITO, s. ọlá, ọ̀wọ̀ > Èmi ní ọ̀wọ̀ fún ẹbí mi – Eu tenho respeito a meus familiares; > àyẹ́sí, ìyẹ́sí – respeito, zelo.
RESPEITOSAMENTE, adv. tọ̀wọ̀tọ̀wọ̀.
RESPIRAÇÃO OFEGANTE, s. àdámì.
RESPIRAÇÃO, FÔLEGO, s. èémí, mimi.
RESPIRAÇÃO PROFUNDA, s. ìmíkanlẹ̀ (suspiro).
RESPIRAÇÃO, s. ẹ̀mí (princípio da vida).
RESPIRAR, v. mí > mí gílegíle – respirar de forma ofegante; > Ó mi hẹlẹhẹlẹ – Ela está ofegante.
RESPIRAR COM SOM ALTO, v. míhẹlẹ-hẹlẹ (fungar).
RESPIRAR LIVREMENTE, v. míkanlẹ̀ (suspirar).

RESPIRAR SUAVEMENTE, v. mífúkẹ́fíkẹ́.
RESPLENDENTE, LUMINOSO, adj. dídán.
RESPONDER, REPLICAR, v. dá_lóhùn, fèsí < fọ̀ + èsì > Ó fèsì mi – Ele me replicou.
RESPONDER, v. dáhùn, dáùn < dá + ohùn, ṣulóhùn > Gbogbo wa dáhùn àṣẹ – Todos nós respondemos axé, > ìdáhùn, èsì – resposta.
RESPONSABILIDADE DOMÉSTICA, s. bùkátà.
RESPONSABILIDADE, CONFIANÇA, s. ìgbẹ́kẹ̀lé.
RESPONSABILIDADE, DEVER, s. ojúùṣe > ìgbẹ́kẹ́lé – confiança.
RESPOSTA, RÉPLICA, s. èsì, ìdáhùn, rìpláì (do inglês reply) > Ìdáhùn náà kò pé – A resposta não é satisfatória.
RESPOSTA A UM CHAMADO, s. ìfèsì.
RESSACA, ONDAS, s. ìbìlù-omi > ìbìlù-ọtí – ressaca de bebida.
RESSENTIMENTO, s. kíkùn, ikóríra > ìrunú – indignação.
RESSENTIR, v. kóríra > bínú – ficar aborrecido > Ẹ má bínú, ẹ̀bi mi ni – Não se aborreça, é minha culpa.
RESSONANTE, adj. àsùnwọra.
RESSURREIÇÃO, s. àgbénde, àjíndé (ato de ressurgir, renovar).
RESSUSCITAR, RESSURGIR, v. mú_sọjí, jí_dìde.
RESTABELECER, v. gbàsímọ̀ > túnrò – pensar de novo.
RESTANTE DE ALGO, s. àṣíkù, ìṣíkù.
RESTAURAÇÃO, s. amúpadà, ìmúpadà, ìsọdọ́tun, àtúnṣe.
RESTAURANTE, s. ilé onjẹ > búkà – local de venda de comida.
RESTAURAR, v. múbọ̀sípò, sọdi-ọ̀tun, sọdọ́tun.
RESTITUIÇÃO, s. ìmúpadà > ìsanpadà – devolução, retribuição.
RESTO DE BEBIDA, s. àmukù.
RESTOS DE COLHEITA, s. àpèèṣẹ́, èèṣẹ́.
RESTOS DE COMIDA, s. àjẹkù.
RESTOS DE MADEIRA, s. ẹ̀fági (madeira aplainada).
RESTOS DE ROUPAS, SOBRAS, s. ìrépe aṣọ.
RESTOS DE TECIDO, s. ìdáṣà (restos de tear usados como remendo).
RESTOS MORTAIS, s. okú ènìà.
RESTO, RESTANTE, s. ìyòkú, ìyòókú, ìṣẹ̀kú.

RESTOS – RETARDAMENTO, DEMORA

RESTOS, s. àkékù, àjẹtì (de algo que foi cortado) > ìyangbẹ – debulho.
RESTOS, s. èfó (usado na forragem do gado).
RESTRIÇÃO, s. àìfẹ̀, àkóso (limitação do espaço).
RESTRIÇÃO, MODERAÇÃO, s. ìhámọ́, ìdíwọ́, ijánu > jánu – reprimir.
RESTRINGIR, v. há_mọ́, dá_lẹ́kun > Ó dá mi lẹ́kun – Ela me proibiu de fazer.
RESTRINGIR, CONTROLAR, v. kónijánu > dílọ́wọ́ – evitar, impedir.
RESULTADO, CONSEQUÊNCIA, s. àbárèbabọ̀, àdadé, àyọrísí > ìgbẹ̀hìn – resultado, conclusão > Ìgbẹ̀hìn ọ̀rọ̀ yìí kò dára – O resultado deste trabalho não foi bom. *Obs.:* tí... fi – é usado em frases que expressam resultados ou consequências, geralmente precedendo o verbo principal da frase; > Ilẹ̀ ti sú tó bẹ́ẹ̀ tí ng kò fi lè rírán rárá – Escureceu tanto assim que eu não pude ver mais nada; > Kini nṣe ti o fi nwúkọ́ bàyìí? – O que houve que você está tossindo assim?
RESULTADO, EFEITO, s. àyọrísí, ìyọrísí.
RESULTAR, v. débá (referindo-se a uma má sorte).
RESULTAR, ACABAR, v. jálẹ̀ > Iṣẹ́ yìí jálẹ̀ – Este trabalho chegou ao fim acabou.
RESUMIR, ABREVIAR, v. kékúrú, kékù.
RESUMO, s. àkópọ̀, ìkékúrú, ìkékù > tún bẹ̀rẹ̀ – começar de novo.
RETALHADAMENTE, adv. yálayàla.
RETALHAR, v. lé_tà, bù_tà, yọ_tà (vender aos poucos, em pedaços) > Ó bu iyọ̀ tà – Ele vendeu um pouco de sal; > Ó yọ ọ̀bẹ mẹ́ta tà – Ele vendeu três facas a varejo.
RETALHISTA, VAREJISTA, s. alálétà, aláyọtà, alásùtà, alágbàtà.
RETALHOS DE ROUPA, s. aṣọ-ìrépé.
RETALIAÇÃO, s. ọ̀wun (vingança, praga).
RETALIAR, VINGAR, v. gbẹ̀san, yaró > Ó fi oró ya oró – Ele reparou o mal com outro mal.
RETÂNGULO, s. oníhàmẹ́rin gígùn.
RETANGULAR, s. oníhàmẹ́rin-gígùn.
RETARDADO, adj. yọ̀dẹ̀ (estúpido, carente).
RETARDAMENTO, DEMORA, s. ìperédàsẹ́hìn.

RETARDAR, DEMORAR, *v.* fà_sẹ́hìn, dà_sẹ́hìn > lọ́ra – ser lento > Ó nlọ́ra – Ele é lento.
RETENÇÃO, PENDÊNCIA, *s.* ìdádúró > ìdílọ́wọ́ – interrupção.
RETER, MANTER, *v.* dá_dúró, mú_dání > Mo mú un dání – Eu peguei isto.
RETESADO, *adj.* fífàta (esticado).
RETICULAR, *s.* aláwọ̀n.
RETIDÃO, PROBIDADE, *s.* àìyàpà, ìsòdodo, ìwà-òótọ́, ìṣòtítọ́.
RETIFICAR, REPARAR, *v.* fàgún, túnṣe.
RETINA, *s.* agbòjí < gba + òjí (membrana sensível do globo ocular).
RETINITE, *s.* adbòji-ojú wíwú (inflamação da retina).
RETIRADA, RECUO, *s.* ìmọ́wọ́kúrò.
RETIRAR ÁGUA DA VASILHA, *v.* bomi < bù + omi.
RETIRAR, ABANDONAR, *v.* yàná > Ó yànà mi – Ela me abandonou.
RETIRAR, AFASTAR, *v.* mọ́wọ́kúrò.
RETIRAR, EVITAR O OLHAR, *v.* yejú.
RETIRAR-SE, OMITIR-SE, *v.* fàsẹ́hìn > ṣíwọ́ lẹ́nu iṣẹ́ – parar durante o trabalho; lọ simi – ir descansar.
RETO, NIVELADO, *adj.* run, híha.
RETOMAR, *v.* tún mú, tún gbà (pegar de novo).
RETORCIDO, *s.* atakókó.
RETORNAR E VIR, *v.* bọ̀wá (mover-se em direção a) > Ó nbọ̀wá – Ela está retornando e vindo.
RETORNAR PARA AQUI, *v.* padèsẹ́hìn > padàsẹ́hìn – retroceder.
RETORNAR PARA CASA, *v.* bọ̀wálé < bọ̀ + wá + ilé > Ó bọ̀wá ilé – Ela retornou para casa.
RETORNAR, DIRIGIR-SE, *v.* darí, daríbọ̀ < dà + orí + bọ̀ (estar a caminho).
RETORNAR, PROCEDER, *v.* bá_bọ̀ > Ó nbá ọ̀nà yìí bọ̀ – Ele está retornando ao longo deste caminho.
RETORNAR, VIR, *v.* bọ̀ > Ó bọ̀ lọ́dọ̀ mi – Ela voltou para junto de mim. *Obs.*: 1 – este verbo não usa a preposição *sí* – para; 2 – ele não pode ter um sentido passado, a menos que seja seguido por um

outro verbo; neste caso, bọ̀ poderá ser substituído por dé – chegar; > Mo bọ̀wá ilé – Eu retornei e vim para casa. > Láná ni mo dé – Foi ontem que eu cheguei (dé – chegar, wá – vir não são usados no tempo presente).

RETORNO BREVE, s. àtedè.
RETORNO PARA UM ENCONTRO, s. àbọ̀bá, àbọ́wába.
RETORNO, VOLTA, s. àbọ̀ > Ẹ kú àbọ̀ = Ẹ káàbọ̀ – Seja bem-vindo; > Ó ti ṣe àbọ̀ – Ela já fez o retorno.
RETORNO, VOLTAR DE NOVO, s. àtúnwá.
RETORNO, MEIA-VOLTA, s. ìpẹ̀hìndà.
RETRATAR, DESDIZER, v. yí ọ̀rọ̀ padà > yí ìyè padà – corrigir o pensamento, a opinião.
RETRATAR, CHAMAR DE VOLTA, v. pè_padà > Ó pè mí padà – Ela me chamou de volta.
RETRATO, QUADRO, s. àwòrán > Èyí ni àwòrán bàbá mi – Este é um retrato do meu pai.
RETRIBUIÇÃO, s. ìsanpadà > ẹ̀san – revanche.
RETRIBUIR, v. san_padà > Òun san mí padà ìrànlọ́wọ́ – Ela me retribuiu a ajuda; > ṣe – fazer.
RETROCEDER, v. wàkì (reduzir).
RETROCESSO, s. ìlépadà.
RETROGRADAMENTE, adv. ní-fàsẹ́hìn.
RETROGRESSÃO, s. fàsẹ́hìn > Ó fàsẹ́hìn – Ele se retirou.
RETRÓGRADO, adj. adánilọ́wọ́kọ́, ìrẹ̀hìn.
RETROSPECÇÃO, s. ìpàdàwẹ̀hìn, bíbojúwẹ̀hìn.
RETROSPECTO, s. ibojúwẹ̀hìn (ato de olhar para trás).
RETUMBAR, v. kúnhìhì, kùrìrì.
RÉU, s. bíbáwí (aquele que é culpado).
REUMATISMO, ARTRITE, s. àrìnká, làkúrègbé > Àsèpa làkúrègbé rẹ nìyìí – Este medicamento irá curar seu reumatismo.
REUNIÃO, CONCENTRAÇÃO, s. kíkójọ, kíkójọpọ̀.
REUNIÃO ALEGRE, s. àkópọ̀.
REUNIÃO, AJUNTAMENTO, s. sísọjọ̀, sísọlọ́jọ̀.

REUNIÃO, ASSEMBLEIA, s. àwọ́jọ, àwùjọ, ìpàdé > A fi ìpàdé sí ọlá – Nós marcamos a reunião para amanhã; > A ó ní ìpàdé – Nós teremos uma reunião.
REUNIR, ESTAR JUNTO, v. pé > Wọn pé sí abẹ́ igi – Eles se reuniram embaixo da árvore.
REUNIR, CONVIDAR, v. pè_jọ > Ó pè wọn ìpàdé – Ele os convidou para uma reunião.
REUNIR, JUNTAR, v. gbájọ, kójọ, kójọpọ̀ > Ó gbá wọn jọ pọ̀ – Ele os colecionou, ele os juntou.
REUNIR, ORGANIZAR, v. tò_jọ > A tò wọ́n jọ – Nós os organizamos juntos.
REUNIR-SE, JUNTAR-SE, v. gbárajọ > Wọ́n gbárajọ – Eles se reuniram.
REUNIR UM EXÉRCITO, v. fagunró.
REVANCHE, VINGANÇA, s. èsan.
REVELADOR DE SEGREDOS, s. atúdímọ̀.
REVELAR SABEDORIA, v. fi_hàn, fòyehàn < fi + òye + hàn > Ó fòyehàn nísẹ́ – Ele mostrou sabedoria na tarefa.
REVELAÇÃO, s. ìsípayá, ìfihàn.
REVELAR, EXPOR, v. sí_payá, fihàn.
REVELAR UM SEGREDO, v. tú àsírí > kẹ̀kà – revelar segredos.
REVENDEDOR, s. akirità.
REVER, v. túnrí > Mo tún rí i – Eu o vi de novo.
REVERÊNCIA, RESPEITO, s. ìbọ̀wọ̀, ìbọlá.
REVERENCIAR, v. bọ̀wọ̀ fún (mostrar respeito) > Ó bọ̀wọ̀ fún mi – Ele mostrou respeito a mim.
REVERENDO, s. àlùfà (título de culto muçulmano).
REVERENTEMENTE, adv. tòwọ̀tọwọ̀ (respeitosamente).
REVESTIMENTO DE TELHADO, s. bíbọ̀.
REVESTIMENTO, INVÓLUCRO, s. àkọ.
REVESTIR DE PODER, v. gbélékẹ̀ (promover).
REVIDAR, VINGAR, v. fi_dí > Mo fi ìkó dí ẹgba – Eu o esmurrei em vingança.

REVISÃO, s. ìtúnyẹ̀wò < tún + yẹ̀wò – rever, olhar de novo > Ó tùn yẹ̀wò ọ̀rọ̀ náà – Ela reexaminou aquele texto.
REVISTAR, CONFERIR, v. fọláràn, yẹ̀wò.
REVIVER UMA BRIGA, v. fà_ru > Ó fa ọ̀ràn náà ru – Ele incentivou aquela discussão.
REVIVER, RECORDAR, v. túnpẹ̀.
REVIVIFICAÇÃO, s. ìsọjí (revivescimento).
REVOGAR, DESFAZER, v. pa_rẹ́, nù_kúrò > Ó fi ojú pa mí rẹ́ – Ele me ignorou (lit. ele fez um jeito de desprezo com o rosto).
REVOLTA, s. ọ̀tẹ̀ > Wọ́n gbọ̀tẹ̀ mọ́ mi – Eles fizeram um enredo contra mim.
REVOLTOSO, REBELDE, s. aṣágun.
REVOLUÇÃO, REBELIÃO, s. ìṣọ̀tẹ̀.
REVOLUÇÃO, CICLO, s. ìyíká, ayíká.
REVOLUCIONÁRIO, s. adọ́tẹ̀sílẹ̀, aṣọ̀tẹ̀, ọlótẹ̀.
REVÓLVER, s. ìbọn.
REVOLVER A TERRA, v. túlẹ̀ (arar).
REZA, ORAÇÃO, s. àdúrà, ìwúre > wúre – abençoar.
REZAR, v. gbàdúrà > Ò ngbàdúrà sí Ọlọ́run – Ela está orando para Deus.
REZAR, ORAR, s. kírun (ato feito pelos muçulmanos).
RIACHO, REGATO, s. ibù.
RICO, PRÓSPERO, adj. ríjẹ > Ó ríjẹ – Ele ganhou a vida dele
RICO, FÉRTIL, adj. lẹ́tù, lẹ́tùlójú.
RIDICULARIA, ZOMBARIA, s. ẹlẹ́yà.
RIDICULARIZADOR, s. abẹ̀rín (o que ri das pessoas).
RIDICULARIZAR, RIR-SE DE, v. fi_rẹ́rín, fi_ṣẹlẹ́yà > > Wọ́n fi ọ̀rọ̀ náà rẹrin – Eles riram daquele assunto; > rírẹ́rín – risada.
RIDICULARIZAR, DESMORALIZAR, v. fi_ṣèsín, fi_ṣẹ ẹlẹ́yà.
RIDÍCULO, ABSURDO, adj. láìsílójùọ̀nà, ẹ̀sín, ṣìwèrè, ṣísàìtọ́.
RIDÍCULO, ENGRAÇADO, adj. panílẹ́rìn > apanilẹ́rin – que faz rir, palhaço.
RIGIDEZ, IRREDUTÍVEL, s. àìfọn > gígàn – rigor.
RÍGIDO, SEM COMPAIXÃO, adj. láìláánú.

RÍGIDO POR ESTAR MADURO, *adj.* kó > Ilá ti kó – O quiabo já está maduro.
RÍGIDO, DURO, *s.* líle, gígàn.
RIGOR, *s.* gbígbọ̀n > ìrorò – rudeza.
RIFA, LOTERIA, *s.* tẹ́tẹ́ > Tẹ́tẹ́ títa máanfa ìmọ̀lára ti ólágbára – O jogo de azar costuma provocar emoções fortes.
RIFLE, ESPINGARDA, *s.* ìbọn gígùn.
RIJO, FRIO, *adj.* gbun.
RIM, *s.* iwe > ọta inú iwe – pedra nos rins.
RIM ARTIFICIAL, *s.* iwe àtọwọ́dá.
RINCHAR, RELINCHAR, *v.* yán hàn-hàn.
RINCHO, RELINCHO, *s.* yíyán.
RINITE, *s.* imú dídí (inflamação da mucosa do nariz).
RINOCERONTE, *s.* àgbánrere (ou qualquer animal grande).
RINOSCOPIA, *s.* ẹ̀rọ àyẹ̀wò-imú (exame das fossas nasais).
RIO, REGATO, *s.* odò > bẹ̀bẹ̀ odò – beira, borda do rio.
RIO DE ÁGUA CORRENTE, *s.* odò ṣíṣàn > ṣàn jáde – fluir.
RIO AMAZONAS, *s.* Odòo Amesíìnì (dois substantivos juntos, a vogal do primeiro é estendida).
RIO JORDÃO, *s.* Odòo Jọ́dànú.
RIO NÍGER, *s.* Odòo Ọya, Odòo Náíjà.
RIO NILO, *s.* Odòo Náílì (rio mais extenso do mundo, localizado no Egito).
RIQUEZA, OPULÊNCIA, *s.* ọrọ̀, ọlà > Ọlà ọkùnrin náà pọ́ – A riqueza daquele homem é muita; > àbáfú – fortuna, boa sorte.
RIR, *v.* rín, rẹ́rín > Ọmọ náà rẹ́rín kéèkéè – A criança riu alegremente (kéèkéè – som do riso).
RISCO, MARCA, *s.* àpá > Àpá egbò náà tóbi púpọ̀ – A marca da ferida é muito grande.
RISCO, PERIGO, *s.* ewu > Ó fi ara rẹ̀ sínú ewu – Ele incorreu num perigo; > fi_wewu – arriscar, expor-se ao perigo.
RISO, *s.* ẹ̀rín.
RITUAL, *s.* orò, ọ̀nà-ìsìn > ìlànà ìsìn – regra, procedimento religioso.

RITMO, COMPASSO – ROLO DE PAPEL

RITMO, COMPASSO, s. ìlù.
RITMADO, CADENCIADO, adj. onílù.
RIR, v. rẹ́rín > Ó rẹ́rín mi – Ela riu de mim; > rẹ́rín-akọ – rir grosseiramente.
RIVAL, s. abánidíje.
RIVALIDADE, COMPETIÇÃO, s. ìbádù.
RIVALIDADE, CONCORRÊNCIA, s. ìdíje, > aáwọ̀ – desentendimento.
RIVALIZAR, COMPETIR, v. fágagbága.
ROBUSTO, CORPULENTO, adj. lọ́pọ.
ROBUSTO, FIRME, adj. líle, sígbọ̀nlẹ̀.
ROBUSTO, PELUDO, adj. wílìkí (animal peludo).
ROCA DE FIAR, s. ìrànwú.
ROCEIRO, s. àgbàro, ìgbàro > ará-oko – rústico, sem instrução.
ROCHA, s. àpgente da roçaáta, òkúta, agbasà (parte de massa sólida).
RODA, CÍRCULO, s. òkìrìbìtì (cercado).
RODA, CIRCUNFERÊNCIA, s. àyíká-kẹ̀kẹ̀.
RODAR, VIRAR, v. yí > Ó yí bírí – Ele virou repentinamente.
RODEADO DE RAMOS, adj. lápá, lẹ́ka, lọ́mọwọ́.
RODEAR, CIRCUNDAR COM, v. fi_yíká, yí_ká, yíkáakiri.
RODOPIAR, GIRAR, v. fi, pòòyì, pòyì.
RODOPIO, s. ìpòyì.
RODOVIA, s. ọ̀nàgbangba.
ROER, v. gé_jẹ > Ó gé èékan jẹ – Ela roeu unha.
ROGAR, PEDIR, v. ẹ̀bẹ̀ > jọ̀wọ́, jọ̀ọ́ – pedir por favor.
ROGAR PRAGA, XINGAR, v. fi_sẹ̀pẹ̀, fi_bú, tàsẹ.
ROLAR, v. yí > Àga nyí – A cadeira está girando.
ROLAR COISA PESADA, v. yí_àyíká > àyíká – cercanias > Àyíká ilé yìí – Nas proximidades desta casa.
ROLAR DE LADO, v. kátì.
ROLAR NO CHÃO, v. yí_nílẹ̀ jàràkà, jàràpà > Ó njàràkà – Ele está se contorcendo com dores.
ROLHA DE GARRAFA, s. èdídí, ìṣígò.
ROLO DE PAPEL, s. ìwé kíká > yíyí – volta, curva.

ROLO DE PINTURA, s. kíká akùn.
ROMA, s. Róòmù (capital da Itália).
ROMANCE, s. ọ̀rọ̀-ìfẹ́, ọ̀rọ̀ àjọsọ > àhesọ – murmúrio.
ROMPER O DIA, v. mọ́ > Ilẹ̀ mọ́ – Alvorada, amanhecer (lit. a terra clareou); > Ó mọ́ gaara – Ele é transparente.
ROMPER, QUEBRAR, v. já, sẹ́, fọ́ > okùn yìí já – a corda partiu.
RONCAR, RESSONAR, v. hanrun < han + oorun > Ó nhanrun – Ele está roncando.
RONCO, s. ìhanrun.
ROSA, s. róòsì (do inglês *rose*), > irú òdodó kan – um tipo de flor.
ROSÁRIO, s. rósárì, tèsùbá (rosário muçulmano).
ROSTO, SEMBLANTE, s. ojú, ìṣojú (também usado para indicar a parte principal de alguma coisa) > ojú ọ̀run – firmamento.
ROTA, CAMINHO, s. ọ̀nà > ipa – trajetória, curso.
ROTAÇÃO, RODOPIO, s. ìpòyì, ìdòyà > yíyí – volta, curva.
ROTEIRO CINEMATOGRÁFICO, s. erée sinimá.
ROTEIRO, JORNADA, s. ìrìn-àjò.
ROTINA, s. àrà, ìlànà > ìlànà-iṣẹ́ – tarefa rotineira.
ROTO, RASGADO, adj. fífàya.
ROTO, SURRADO, s. àlògbó.
RÓTULA, s. eegun orúnkún (osso do joelho).
RÓTULO, ETIQUETA, s. àmì > ìwé tí a fi ṣe àmì sí ẹrù – papel que usamos e fazemos etiqueta para o pacote.
ROUBADO, adj. jíjí.
ROUBAR, v. jalè, ṣàfowọ́rá > fọ́lé – arrombar, assaltar.
ROUBAR NA ESTRADA, v. dá_nà > Ó dá mi lọ́nà – Ele me roubou na estrada.
ROUBAR UMA CASA, v. bolé < bò + ilé.
ROUBAR, SURRUPIAR, v. fowọ́rá < fi + ọwọ́ + rá > Ó fowọ́rá owó mi – Ele roubou meu dinheiro.
ROUBO, TRAPAÇA, s. hàrámù, jíjalè.
ROUBO DE UMA CASA, s. ìkólé > ìfọ́lé – violação de domicílio.
ROUBO, FURTO, s. olè, ìjalè, àfowọ́rá, olè jíjjà.

ROUPA AJUSTADA NO CORPO, s. aṣọ-ìtélẹ̀dí.
ROUPA BRANCA, s. àlà.
ROUPA COM ORNAMENTO, s. aṣọ ìṣelọ́ṣọ́.
ROUPA DE BAIXO, s. àwọ̀tẹ́lẹ̀ obìnrin > Aṣọ àwọ̀tẹ́lẹ̀ – Roupa íntima, lingerie.
ROUPA DE CAMA, s. aṣọ ìbùsùn, aṣọ ìbọra.
ROUPA DE EGÚNGÚN, s. ẹ̀kú.
ROUPA DE LUTO, TÚNICA, s. aṣọ ọ̀fọ̀.
ROUPA DE MALHA, s. aṣọ aláwọ̀n.
ROUPA DE MÁ QUALIDADE, s. ẹlẹ́gòdò.
ROUPA DE PALHA, s. aṣọ ìko (extraída da árvore igi ògòrò – *Raphia vinifera*).
ROUPA DE USO COMUM, s. aṣọ-ìwọ́lẹ̀.
ROUPA ENVOLTA DO CORPO, s. aṣọ-ìró.
ROUPA ESTAMPADA, s. aṣọ àdìrẹ.
ROUPA SOBRE O OMBRO, s. aṣọ-ìpèlé.
ROUPA, TECIDO GROSSO, s. àgìdì.
ROUPA (TIPO), s. ànkárá.
ROUPA, VESTIMENTA LARGA, s. agbádá.
ROUPA, s. aṣọ Aṣọ dúdú àwa fọ nílé – Roupa suja nós lavamos em casa; > ẹ̀wù – blusa, camisa > Ó wọ ẹ̀wù funfun – Ela vestiu uma blusa branca.
ROXO, PURPÚREO, s. ẹlẹ́sẹ̀-àlùkò (cor das penas do pássaro àlùkò).
RUA, CAMINHO, s. ọ̀nà, òde > Ìwọ wà láàrin ọ̀nà – Você está no meio do caminho; > ọ̀nà tóótó – ruela.
RUA! FORA!, interj. lọ kúrò!
RUBÉOLA, SARAMPO, s. inárun.
RUBRICA, s. àjuwe.
RUBRO, VERMELHO, adj. pọ́n.
RUDE, GROSSEIRO, adj. jàndúkú, ṣàìkúnna, àìdùn > òpè – ignorante.
RUDEMENTE, adv. jábajàba.
RUDIMENTO, s. ìpillẹ̀sẹ́.
RUDEZA, FALTA DE CORTESIA, s. àìkúnná, kíkúnu, àìkúnná > àrífín – desprezo, descaso.

RUDEZA, SEVERIDADE, s. ìrorò, ìmúná > ìṣòro – dificuldade.
RUFAR O TAMBOR, RESSOAR, v. sẹ̀lù > Ògá sẹ̀lù fún wa wọlé – O ogan tocou para nós entrarmos (sẹ + ìlù) > ìlù – tambor.
RUFIÃO, DESORDEIRO, s. oníjàádì, jàgidijàgan.
RUGIR, v. bú > Kìnìún bú ramú-ramù – O leão rugiu (ramú-ramù – som do rugido).
RUGOSO, ÁSPERO, adj. láìtèjú.
RUÍDO, BARULHO, s. ariwo.
RUÍDO DE QUEBRAR, s. ìtapàpà.
RUÍDO PROLONGADO, s. bú ramúramù (prolongado).
RUIDOSAMENTE, adv. dòrí, hàn-hàn, kàráà, tantan > Ẹlẹ́dẹ̀ yìí dún hàn-hàn – O porco grunhiu ruidosamente; > yà-yà-yà – enfatiza o ruído.
RUIDOSO, TURBULENTO, adj. jàgidijàgan > Jàgidijàgan ènìà – Pessoa turbulenta.
RUIM, MAU, s. bẹ́ẹ̀dì (do inglês *bad*).
RUÍNA, DESOLAÇÃO, s. ahoro, àlàpà > Ilé yìí dahoro – Esta casa está em ruínas, deserta.
RUÍNA, DESTRUIÇÃO, s. ìparun, ègbé.
RUINOSO, PERIGOSO, adj. níparun (que tende a desmoronar).
RUM, BEBIDA, s. ọtí ìreké.
RUMINANTE, s. ẹranko apàpòjẹ.
RUMINAR, v. jẹ àjẹpọ̀, jẹ àpòjẹ.
RUMOR, SUPOSIÇÃO, s. àbùsọ, òkíkí > Òkíkí pé ó kú – Há um rumor de que ele morreu; > agbọ́sọ – boato, rumor.
RUPTURA, s. ìrọ́, bíbù > fífọ́ – partido, quebrado.
RURAL, adj. tí igbó, tí oko > ìgbèríko – província.
RUSGA, CLAMOR, s. igbe, ariwo > Ó pariwo – Ele fez um barulho.
RÚSSIA, s. Rọ́ṣíà (o maior país do mundo em extensão, ocupando área da Ásia e da Europa).
RÚSTICO, s. ará-oko (pessoa da roça, fazenda).

SÃ, **SAUDÁVEL**, *adj.* nílera.
SÁBADO, *s.* Ọjọ́ àbámẹ́ta, Ọjọ́ Sàtìde (do inglês *saturday*).
SABÃO DA COSTA, *s.* ọṣẹ dúdú > Ó nfọ̀ orí rẹ̀ pẹ̀lú ọṣẹ dúdú – Ela está lavando a cabeça dela com sabão da costa.
SABÃO DE BARBA, *s.* ọṣẹ ìfárùgbọ̀n.
SABÃO EM PÓ, *s.* ọṣẹ ẹ̀tù.
SABÃO SEM QUALIDADE, *s.* ọ̀kọ̀tọ̀ (não faz espuma).
SABÃO, SABONETE, *s.* ọṣẹ, àwẹnù, àbùwẹ̀ > ìsù-ọṣẹ – formato redondo.
SABEDORIA, COMPREENSÃO, *s.* òye, ìmòye, àmòye > Fi òye hàn – Seja compreensivo; > Olóye – Pessoa inteligente.
SABEDORIA, BOM SENSO, *s.* ọgbọ́n, òye, ìmọ̀.
SABE-TUDO, *s.* ìmọ̀-ṣetán, àmọ̀-ṣetán.
SABER ANTES, PREVER, *v.* mọ̀télẹ̀.
SABER DIFERENCIAR, *v.* mọ̀_yàtọ̀ > A kò lè mọ̀ wọ́n yàtọ̀ – Nós não podemos distinguir um do outro.
SABER EVITAR, *s.* màmòjá.
SABER FAZER, SER EXPERIENTE, *v.* mọ̀ṣe.
SABER O CAMINHO, *v.* mọ̀nà < mọ̀ + ọ̀nà, > Ó mọ̀nà ilé mi – Ele conhece o caminho de minha casa.
SABER, COMPREENDER, *v.* mọ̀ > Mo mọ̀ pé èmi ò mọ̀ – Eu sei que nada sei; > Mo mọ̀ pé ó nbọ̀ lọ́lá – Eu sei que ela virá amanhã; N kò mọ̀ – Eu não sei (*Obs.:* n, mi, èmi, ng, mo – diferentes formas do pron.

SABER, TER CONHECIMENTO – SACERDOTISA

pess. eu – usados em frases negativas, com exceção de *mo*) > ìmọ̀ – cultura, saber.

SABER, TER CONHECIMENTO, *v.* mọ̀rán.
SABIAMENTE, *adv.* àrìrà (habilmente).
SABIDAMENTE, *adv.* lámọ̀mọ̀sẹ, mọ̀ọ̀mọ̀.
SÁBIO, INTELIGENTE, *adj.* gbọ́n, nímọ̀, ọlógbọ́n.
SABONETE, *s.* ọsẹ, ọsẹ ìwe, àwẹfín > Ọsẹ yíí dára jù yẹn lọ – Este sabonete é melhor do que aquele (jù... lọ – mais do que).
SABOR, DOÇURA, *s.* adùn, òórùn.
SABOROSAMENTE, *adv.* kánmúkánmú.
SABOROSO, GOSTOSO, *adj.* ládùn.
SABOTAR, *v.* ṣe mọ̀dàrú > oní mọ̀dàrú – sabotador.
SABRE, *s.* tánmọ́gàyì.
SACA, SACOLA, *s.* ọ̀kẹ́, àpò > Kò sí owó ní àpò – Não há dinheiro na bolsa; > ọ̀kẹ́ – bolsa usada nos mitos de Ifá como medida padrão de oferenda.
SACADA, VARANDA, *s.* òde ilé, ọ̀dẹ̀dẹ̀ ilé.
SACARINA, *s.* àgbáyun, àádùn > àádùn-rèké – sacarose.
SACA-ROLHA, *s.* ìṣí ìṣígò.
SACERDOTE DE EGÚNGÚN, *s.* ọjẹ̀, ọjẹ̀ àgbà.
SACERDOTE DE EXÚ, *s.* abéṣùmulẹ̀.
SACERDOTE DE IFÁ, *s.* bàbáláwo, olúwo, àràbà, adífá, ẹlẹ́gan, erìnmì, àgbọngbọ̀n, ajerò, akódá, alárá, aṣẹ̀dá, ojùgbọ̀nà, ọwáràngún, balẹ́sín, ẹ̀kejọ, erìnmì > apètẹ̀bí – título feminino.
SACERDOTE DE ÒRÌṢÀ, *s.* bàbálórìṣà, ìyálórìṣà < ìyá + ní + òrìṣà – a mãe que tem, que possui òrìṣà.
SACERDOTE DE UM CULTO, *s.* abọrẹ, àwòrò < wò – olhar, orò – ritual.
SACERDOTE DO CULTO A ORÒ, *s.* àwòrò < wò – olhar, orò – ritual.
SACERDOTE DE ṢÀNGÓ, *s.* mágbà, mógbà.
SACERDOTE DOS ANCESTRAIS, *s.* abọmalẹ̀, abọmọlẹ̀.
SACERDOTE MUÇULMANO, *s.* lèmọ́mù.
SACERDOTE, TÍTULO, *s.* àwòròṣàṣa, ojúgbọ̀nà.
SACERDOTISA, *s.* ìyálórìṣà, olórìṣà (culto aos òrìṣà).

SACIAR, COMER, *v.* jẹàjẹkì (fartar-se de comer).
SACO DE SAL, *s.* ọ̀gọ̀.
SACOLA, BOLSA, *s.* akalanbi, àpò > àpò nlá – saco grande > Má kàpò – Não enche o saco < kì – encher.
SACOLA A TIRA-COLO, *s.* ìkọ́làbá.
SACOLA DE CAÇADOR, *s.* Máyàmí.
SACRAMENTO, *s.* sakramẹnti (do inglês *sacrament*) > àmì-ìmulẹ̀ pẹ̀lú Krístì – promessa com Cristo.
SACRIFICAR, *v.* rúbọ < rú + ẹbọ, ṣẹbọ < ṣe + ẹbọ (fazer oferenda) > ìrúbọ – sacrifício
SACRIFÍCIO ANIMAL, *s.* ìpakan, ipankan, pípa, ẹran apajẹ > parúbọ – matar para sacrifício.
SACRIFÍCIO, OFERENDA, *s.* ẹbọ, ìrúbọ, èèsè (oferenda feita).
SACRIFÍCIO COMPLETO, *s.* ẹbọ pípe.
SACRILÉGIO, *s.* ìlòkúlò nílé Ọlọ́run – mau uso na casa de Deus.
SACRO, *s.* eegun ẹ̀hìn-ìdí (relativo ao osso sacro).
SACUDIDAMENTE, *adv.* jan > Ó sáré jan – Ela correu balançando-se.
SACUDIDO, ESVOAÇADO, *adj.* gbígbá (o que é para ser varrido).
SACUDIMENTO, *s.* nù lára ènìà (lit. limpar o corpo da pessoa).
SACUDIR A CABEÇA, *v.* mirí, gbọnrí < gbọ̀n + orí.
SACUDIR A CAUDA, *v.* yánrù.
SACUDIR A MÃO, *v.* miwọ́ < mì + ọwọ́.
SACUDIR JUNTO, BALANÇAR, *v.* mì_pọ̀ > Ó mì wọn pọ̀ – Ela os sacudiu e misturou juntos.
SACUDIR O CORPO, TREMER, *v.* gbọnra < gbọ̀n + ara.
SACUDIR O CORPO, *v.* mira < mì + ara.
SACUDIR VIOLENTAMENTE, *v.* mìtítì.
SACUDIR, ABALAR, *v.* gbọ̀n, gbọ̀n jigì jigì.
SACUDIR, BALANÇAR, *v.* fì, mì > Àgbẹ̀ mi igi náà riyẹ̀riyẹ̀ – O agricultor sacudiu a árvore; > Ó fi apá mi – Ele balançou meu braço.
SACUDIR, ABANAR, *v.* yán > Ajá nyán ìrù – O cachorro está sacudindo o rabo.
SACUDIR, ARRASTAR, *v.* yọ̀rọ̀ > Ò yọ̀rọ̀ ìrẹ́sì – Ela sacudiu o arroz.

SADIO, SAUDÁVEL, adj. èjica.
SAFIRA, s. òkúta oníyebíye.
SAGRADA COMUNHÃO, s. ìdàpọ̀ mímọ́.
SAGRADO, SACRO, adj. mímọ́, títẹ̀.
SAFAR-SE, v. yọ > Ó yo kúrò lọ́wọ́ ewu – Ela escapou do perigo.
SAGACIDADE, ESPERTEZA, s. ọgbọ́n, òye.
SAGAZ, ASTUTO, adj. mòye, lọ́gbọ́n.
SAIA, s. ìró (tecido usado abaixo da cintura), síkẹ́ẹ̀tí (do inglês *skirt*).
SAIÃO, s. ọ̀dundún (planta de caráter medicinal – *Kalanchoe Crassulaceae*).
SAÍDA, CONCLUSÃO, s. ìmújáde.
SAÍDA DA ESCOLA, s. ìjáde ilé-ìwé.
SAÍDA, PARTIDA, s. ìjáde, ìjádelọ.
SAÍDA ESTREITA, s. àjàbọ́.
SAIR DO CABRESTO, v. jálọ (escapar da corda).
SAIR PARA FORA, v. bọ́sóde < bọ́ + sí + òde.
SAIR PARA, v. gbà_yọ > Ó gbà ibẹ̀ yọ – Ela saiu para lá.
SAIR-SE BEM, v. bọ́sí > Ó nbọ́sí níṣẹ́ rẹ̀ – Ela saiu-se bem no trabalho dela.
SAIR, DESLIZAR PARA FORA, v. ṣéjáde.
SAIR, VIR PARA FORA, v. jáde, jádekúrò.
SAL EM PACOTE, s. ògọ̀.
SAL ORDINÁRIO, s. iyọ̀yìyọ̀.
SAL DE COZINHA, s. iyọ̀ > Kò jẹ nítorí pé onjẹ iyọ̀ púpọ̀ – Ela não comeu porque a comida está muito salgada.
SALA DE AULA, CLASSE, s. ilé-ìkọ́wé, kíláàsì (do inglês *school-class*).
SALA DE ESTAR, s. bàsá (um espaço aberto).
SALA DE VISITA, s. ìyàrá ìbẹ̀wò.
SALA ESPAÇOSA, s. gbàngàn (salão, saguão).
SALA, APOSENTO, s. àkódì.
SALA, QUARTO, s. ìyàrá, yàrá > ojú ìyàrá – dependência principal.
SALADA, s. ewé àdàlù (vegetais) > èso àdàlù – salada de frutas.
SALÁRIO, s. owó oṣù, owó iṣẹ́ (produto do trabalho).
SALÁRIO, ORDENADO, s. owó ọ̀yà, sálári (do inglês *salary*) > owó-ọ̀yà kẹtalá – 13º salário.

SALÁRIO, SOLDO, s. ọ̀yà.
SALEIRO, s. àwo-iyọ̀.
SALGADO, s. oníyọ̀ > ẹran oníyọ̀ – carne salgada.
SALGADA, SALOBA, s. mímúró.
SALIENTE, ACENTUADO, adj. pàtàkì.
SALINA, s. oníyọ̀, omi iyọ̀.
SALITRE, s. òbu-òtóyọ̀.
SALIVA SECA, s. lala.
SALIVA, MUCO, s. ikun.
SALIVA, s. itọ́ > Ó tu itọ́ – Ele cuspiu; > ẹṣẹ́ itọ́ – glândula salivar.
SALMO, s. sáàmù (do inglês *psalm*) > orin mímọ́ – cântico sagrado.
SALOBA, SALGADA, adj. mímúró.
SALPICAR ÁGUA, BORRIFAR, v. bomiwọ́n < bù + omi + wọ́n.
SALPICAR POEIRA, v. kérùfù (em si próprio).
SALPICAR, BORRIFAR, v. fi_wọ́n, bù_wọ́n > Ó fi omi wọ́n nílẹ̀ – Ela salpicou água no chão.
SALPICO, ESGUICHO, s. jàbú, tàbú.
SALSA, s. ọbẹ̀.
SALTAR, PULAR, v. bẹ́, ré, tọ.
SALTAR, v. ṣelákaláka (pular numa perna só).
SALTAR, v. bẹ́ > Ó bẹ́ ṣíré – Ela pula e brinca.
SALTAR POR CIMA, v. fò > Ó fo àga – Ele pulou por cima da cadeira.
SALTAR PARA A FRENTE, v. sunjáde > Omi sun jáde – A água fluiu para fora.
SALTEADOR, BANDIDO, s. ènìà gaùngaùn, akólè, olè.
SALTITANTE, adv. fúkẹ́fúkẹ́.
SALTO EM ALTURA, s. eréefífọ̀.
SALTO MORTAL, s. èkìtì, òkìtì > Ó ta òkìtì – Ele executou um salto.
SALTO, PULO, s. lákáláká, ìfọmọ́.
SALTOS CURTOS, AOS PULOS, adv. píripíri.
SALUBRE, SADIO, adj. nílera, gbádùn.
SALUTAR, ÚTIL, VANTAJOSO, adj. sànfàní.
SALVA DE TIROS, s, àjoyìnbọn.

SALVA-VIDAS, s. agbanílà, onítójú.

SALVAÇÃO, s. ìgbàlà, lílà > Ẹ̀sìn ti jẹ́ ìgbàlà mi – A religião tem sido minha salvação.

SALVADOR, s. olùgbàlà (um dos títulos de Deus).

SALVADOR, LIBERTADOR, s. agbanílá.

SALVAGUARDA, CAUTELA, s. kíkíyèsára.

SALVAMENTO, RESGATE, s. ìgbàsílẹ̀, ìgbàkúrò.

SALVAR, LIVRAR, v. gbà_sílẹ̀, gbá_là > Ó gbà ẹmí mi là – Ele salvou minha vida.

SALVAR, v. là > oògùn là mi – o remédio me salvou.

SALVAR-SE, v. forílà < fi + orí + là.

SALVE!, expres. àlàáfíà, àláfíà.

SALVO SE, EXCETO, adv. bòyẹ́nì, bóyẹ̀lí.

SALVO SE, POR OUTRO CASO, conj. àyàṣebí.

SAMAMBAIA, s. omù.

SAMARITANO, s. aláanú, olòrànlọ́wó.

SANATÓRIO, s. ìbùgbé àwọn aláìsàn (habitação de pessoas doentes).

SANDÁLIA, s. sálúbàtà.

SANDUÍCHE, s. sánwíìṣi (do inglês sandwich).

SANEAMENTO, LIMPEZA, s. ìmọ́tótó.

SANGRAMENTO, HEMORRAGIA, s. ìrobò.

SANGRAR, GOTEJAR, v. sẹ̀jẹ̀ < sẹ̀ + ẹ̀jẹ̀ > Ọgbẹ́ mi sẹ̀jẹ̀ – Minha ferida sangrou.

SANGRAR, DERRAMAR SANGUE, v. tàjẹ̀, tàjèsílẹ̀.

SANGRAR, v. ṣẹ̀jẹ̀, tújẹ́ < tú + ẹ̀jẹ̀ > ẹ̀jẹ̀ dídì – coágulo de sangue.

SANGRENTO, CRUEL, adj. níkà.

SANGUE, s. ẹ̀jẹ̀ > oríṣí ẹ̀jẹ̀ – tipo de sangue.

SANGUE ANIMAL, s. ẹ̀jẹ̀ ẹranko.

SANGUE ARTIFICIAL, s. ẹ̀jẹ̀ àtọwọ́dá.

SANGUE CONGELADO, s. ẹ̀jẹ̀ dídí.

SANGUE-FRIO, s. ẹléjètútù.

SANGUESSUGA, s. eṣuṣu.

SANGUINOLENTO, adj. ràkọ̀ràkọ̀ (avermelhado).

SANIDADE, SAÚDE, s. ìyè.
SANTA ESCRITURA, s. Bíbélì Mímọ́.
SANTIDADE, s. ìwàmímọ́.
SANTIFICAÇÃO, CONSAGRAÇÃO, s. ìyàsímímọ́.
SANTIFICAÇÃO, s. ìsọdimímọ́.
SANTIFICAR, CONSAGRAR, v. yàsímímọ́.
SANTO, adj. mímọ́ (puro, sagrado); ẹni mímọ́ – pessoa santa.
SANTUÁRIO, s. ilé mímọ́ Ọlọ́run.
SÃO PEDRO, s. Pètèrú Mímọ́.
SÃO, SAUDÁVEL, adj. péye, píye, yíyè.
SÃO E SALVO, ILESO, adj. láìfarapa (sem ferimento).
SAPATEIRO, s. oníbàtà, olùbàtà, aránbàtà < bàtà – sapato.
SAPATO, s. bàtà > Ó wọ bàtà rẹ̀ – Ela calçou os sapatos dela.
SAPO, s. ọ̀pọ̀lọ́.
SAPO-BOI, s. kọ̀nkọ̀.
SAQUE, PILHAGEM, s. iyẹ́, ìpiyẹ́, ìkógun.
SAQUEADOR, s. agánnigàn, apiyẹ́.
SAQUEAR UMA CASA, v. sọlẹ̀, rúnlẹ̀ > Ó rúnlẹ̀ – Ele cometeu um roubo.
SAQUEAR, DESPOJAR, v. kólẹ́rù, jàlólẹ̀.
SAQUEAR, PILHAR, v. piyẹ́ < pa + iyẹ́ > Àwọn ọmọ ogún piyẹ́ nílú – Os soldados saquearam a cidade.
SARAIVA, NEVASCA, s. òjò-dídì.
SARAMPO, s. èéyí.
SARCASMO, DEBOCHE, s. ègan, ọ̀rọ́ ègan.
SARCÁSTICO, MORDAZ, adj. pẹ̀gàn > Ó pẹ̀gàn mi – Ela me desprezou.
SARCOMA, TUMOR, s. akàn ìṣù-ara.
SARDINHA, s. sandíini (do inglês *sardine*) > irú ẹja kan – um tipo de peixe.
SARJETA, ALAMEDA, s. ojú-àgbàrá.
SARNA, s. èkúrú, ègbẹ̀sì (doença de pele).
SARNENTO, s. elékúrú.
SARRAFO, s. igi pẹlẹbẹ.

SATÃ, *s.* Àsètánì.
SATÉLITE, *s.* ìsògbè > ìsògbè afigbúróò – satélite de comunicação.
SATÉLITE ARTIFICIAL, *s.* ìsògbè àtowódá.
SÁTIRA, GRACEJO, *s.* àpárá, àròfò > olórofò – satirista, satírico.
SATISFAÇÃO EXTREMA, *s.* aiyé-àjejù.
SATISFAÇÃO, CONTENTAMENTO, *s.* ìtélórùn, ìténílórùn, ìtérùn.
SATISFATORIAMENTE, *adv.* àsegbádùn, térùn, térúntérùn.
SATISFATÓRIO, *adj.* wé.
SATISFAZER, *v.* té_lórùn > Isé rè té mi lórun – O trabalho dela me satisfaz; > adùn – prazer, gosto.
SATISFEITO COM A COMIDA, *adj.* jíjeyó > Mo yó – Estou satisfeito.
SATURADO, IMPREGNADO, *adj.* jibàtà-jibata, ògidì.
SATURAR, *v.* wìn, sodògidì < so + di + ògidì.
SAUDAÇÃO A PESSOA ENLUTADA, *s.* àwònù > E kú àwònù – Minhas sinceras condolências.
SAUDAÇÃO DE BOA SORTE, *interj.* àdepa o! > àrèpa o! (para uma boa caçada).
SAUDAÇÃO DE DESPEDIDA, *s.* akìlò.
SAUDAÇÃO AO ORIXÁ MASCULINO, *s.* dòbálè > yinká – saudação ao Orixá feminino.
SAUDAÇÃO INICIAL, *interj.* pélé o!, e nlé o! (formas de iniciar uma saudação ou de se apresentar); > e nlé o – olá!
SAUDAÇÃO REAL, *s.* aláiyélúwà, wóórí, kábíyèsí < kí + abí + yè + sí > Káwò ó o, kábíyèsí – (*lit.* que possamos olhar o rei; não há nenhum como você).
SAUDAÇÃO RESPEITOSA, *s.* tó tò tó, tóto > ho, o (expressão para receber as pessoas).
SAUDAÇÃO, *s.* ìkalè > E kú ìkalè, E kúu ìkalè – a uma pessoa sentada.
SAUDAÇÃO, *s.* e kú àsálé – anoitecendo > e káalé – boa noite; > Ó dàarò < ó di àárò – Eu o verei de manhã.
SAUDAÇÃO, *s.* ìkí, kíkí > kí – saudar, cumprimentar > Bá mi kí aya re – Cumprimente sua esposa por mim.
SAUDADE, LEMBRANÇA, *s.* ìrántí.

SAUDAR À DISTÂNCIA, *v.* hu > Ó hu sí mi – Ele me cumprimentou de longe.

SAUDAR, *v.* túnbá > Mo tún bá (lit. eu o encontro de novo); > Mo tún bá'ṣe (lit. eu o encontro com axé – forte, bem-disposto); > dojúbolẹ – ato de se curvar em sinal de respeito < dà + ojú + bò + ilẹ̀ (lit. tocar com o rosto no chão) > Àbúrò mi bìnrin dọ̀bálẹ̀ fún òrìṣà rẹ̀ – Minha irmã está saudando o orixá dela.

SAUDÁVEL, FORTE, *adj.* lera, péye, píye, nílera < ní + le + ara.

SAUDÁVEL, SÃO, *adj.* píye, kọ́fẹ.

SAÚDE DO CORPO, *s.* dídára.

SAÚDE, *s.* ìlera, ìyè, àyè > Kò sí ẹnikẹ́ni tí ngbádùn ìlera pípé lónìí – Ninguém tem a saúde perfeita hoje; > Wa bọ! Saúde! (quando alguém espirra).

SAUDOSO, NOSTÁLGICO, *adj.* ìrántí ilé (lembranças de casa), rírò nípa ilé – refletir sobre a casa.

SAÚVA (TIPOS), *s.* ganringando, talámọ, ta-npẹ́pẹ́.

SE FOR POSSÍVEL, *adv.* bólèṣebí, bólèṣepé.

SE NÃO FOSSE ASSIM, *conj.* ìbámáṣebẹ̀ẹ̀.

SE NÃO TIVESSE SIDO, *conj.* ìbámáṣepé.

SE NÃO, DE OUTRO MODO, *adv.* bíbẹ́ẹ̀kọ́.

SE... OU SE, *adv.* bí...bí > Bí ó kú ní, bí ó yè ní, àwa ò mọ̀ – Se ele estiver vivo, ou se ele estiver morto, nós não sabemos.

SE SOMENTE FOR, *conj.* ìbá ṣe > Ìbá ṣe obì kan – Se somente for um obì.

SE SUJAR NA LAMA, *v.* pàfọ̀ > Ẹlẹ́dẹ̀ npàfọ̀, ó ní nṣe oge – O porco se suja na lama, ele diz estar sendo elegante (*fig. ling.*).

SE TIVESSE SABIDO, *conj.* ìbámọ̀.

SE, *aux. v.* bí... bá, tí... bá (uma condição indefinida) > Bí ẹni bá tóbí, má rà á – Se a esteira for grande, não a compre; > Mo bí i bí ó bá ri owó – Eu perguntei a ele se ela encontrou o dinheiro.

SE, *conj.* ìbájẹ́pé < ìbá + jẹ́ + pé > Ìbájẹpé mo lówó lọ́wọ́, èmi bá ra ìwé – Se eu tivesse dinheiro eu compraria o livro.

SE, *conj.* tí, bí > Bì òjò rọ́, èmi kì ó lọ – Se chover, eu não irei.

SE, SE ASSIM FOSSE, *conj.* bóṣepé, bóbáṣepé, bíóṣepé.

SE, SE FOR O CASO, *conj.* bíóbájẹ́pẹ́, bóbájẹ́pẹ́.
SE NÃO, DE OUTRO MODO, *adv.* bíbẹ́ẹ̀kọ́.
SE NÃO FOSSE ASSIM, *adv.* ìbá má ṣe bẹ́ẹ̀ > Ìbámáṣe bẹ́ẹ̀ èmi ìbá lọ – Se não fosse assim, eu teria ido.
SEBO, GORDURA, *s.* ìjà, ọ̀rá.
SECA, ESTAÇÃO SECA, *s.* ọ̀gbẹ, ọ̀gbẹlẹ̀.
SECA, *s.* ọ̀gbẹ, ọ̀gbẹlẹ̀ (estação seca).
SECADO AO SOL, *s.* àbẹsá, fi, ságbẹ.
SEÇÃO, DIVISÃO, *s.* apákan, ìyapa > Fún mi ní apá kan – Dê-me uma porção; > Apá kan ìjọba – Um departamento do governo.
SECAR PEIXE SOB FOGO, *v.* yanja < yan + ẹja.
SECAR, AREJAR ROUPA, *v.* sáwú < sá + ẹ̀wù.
SECAR, DRENAR, *v.* múgbẹ.
SECAR, EVAPORAR, *v.* gbẹ > Aṣọ náà gbẹ nínú òòrùn – A roupa secou ao sol.
SECAR, *v.* yan, rọ > Òdòdó yìí rọ – Esta flor secou.
SECO, *adj.* ìyàgbẹ, àìsí omi (sem água).
SECO, ENXUTO, *adj.* gbẹ (evaporado).
SECO, SEM ÁGUA, *adj.* àìlomi, gbẹrẹfun.
SECO, SEM UMIDADE, *adj.* gbígbẹ, mẹ́gbẹ > Onjẹ yìí mẹ́gbẹ́ – Esta comida está seca.
SECREÇÃO OCULAR, REMELA, *s.* ipin.
SECREÇÃO, PUS, *s.* oyún (matéria que sai de ferimento).
SECREÇÃO, *s.* omi ara < Omi tí ò sun jáde lára – Líquido que flui fora do corpo.
SECRETAMENTE, *adv.* lábẹlẹ̀, láṣírí, níbàbà, níkọ̀kọ̀, níkọ̀kọ̀ (discretamente), nímulẹ̀, nípamọ́ (clandestinamente).
SECRETÁRIA, *s.* iṣẹ́ akọ̀wé > akọ̀wé – secretária.
SECRETÁRIO, *s.* àkọ̀wé (escritor) < a + kọ + ìwé – aquele que escreve textos.
SECRETO, FECHADO, *adj.* pípamọ́.
SECRETO, PRIVADO, *adj.* bokẹ́lẹ́, mímọ̀sínú.
SÉCULO, *s.* ọgọ́ọ̀rùn-ọdún, ọgọ́rùún ọdún, ọ̀rùn ọdún (lit. cem anos).

SECUNDÁRIO, **SUCESSOR**, *adj.* atèlé > Èyí ni atèlé mi – Esta é a minha sucessora.
SECUNDARIAMENTE, *adv.* ìkéjì, níkéjì.
SECURA, **FRIGIDEZ**, *s.* ìtútùníní.
SEDA, *s.* aṣọ sẹ́dà > sányán – seda crua, fio, tecido.
SEDAÇÃO, *s.* fífọkàn balẹ̀.
SEDATIVO, *s.* oògùn àìffọkànbalẹ̀ > ẹ̀là akunnílóorun – sonífero.
SEDE EXCESSIVA, *s.* òhàhà.
SEDE, *s.* òrùngbẹ, òngbẹ (vontade de beber) > Òngbẹ gbẹ mí – Estou com sede (lit. a sede me secou).
SEDE, **ASSOCIAÇÃO**, *s.* ẹgbẹ́, ilé olórí ẹgbẹ́.
SEDENTO, *s.* òngbẹ, òùngbẹ, kóngbẹ < kú + òngbẹ.
SEDENTÁRIO, *adj.* tí ìjókòò-jẹ́ẹ́.
SEDIÇÃO, **REBELIÃO**, *s.* ìṣọ̀tẹ̀, rúkèrúdò.
SEDICIOSO, **REBELDE**, *s.* ọlọ́tẹ̀.
SEDIMENTAÇÃO, *s.* títòrò.
SEDIMENTAR, **DAR SOLUÇÃO**, *v.* tòrò > Omi yìí tòró – Os sedimentos dessa água se assentaram.
SEDIMENTO EM LÍQUIDO, *s.* ṣakiti.
SEDIMENTO, **BORRA**, *s.* gèdègẹ́dẹ̀, ìgèdègẹ́dẹ̀.
SEDOSO, *s.* aṣíwèrè.
SEDUÇÃO, **ATRAÇÃO**, *s.* ètàn.
SEDUTORA, *s.* obìnrin ẹlétàn, alágbèrè.
SEDUTOR, *s.* olùdẹ (aquele que faz charme).
SEDUZIR, **ATRAIR**, *v.* tàn, wọ_lójú > Ète yìí wọ̀ mí lójú – Este projeto me atraiu.
SEDUZIR, **FASCINAR**, *v.* fàláiyà, rélọ > Ó fà mi – Ele me seduziu.
SEDUZIR, **PERSUADIR**, *v.* gbà_láya > Ó gba mí láya – Ele seduziu minha mulher.
SEGMENTO, *s.* àlàkún (parte de algo adicionado a outro); > awẹ́ – gomo, porção.
SEGREDO, *s.* bokẹ́lẹ́; *adj.* secreto, privado.
SEGREDO, **MISTÉRIO**, *s.* awo, aṣírí > ìkòkò – privacidade.

SEGREGAÇÃO, DIFERENCIAÇÃO, s. ìyàlótò, ìyàsótò.
SEGREGAÇÃO, SEPARAÇÃO, s. yíyàlótò, yíyàsótò.
SEGREGAR, SEPARAR, v. yà_sótò > Ó yà wón sótò – Ele os separou um do outro.
SEGUIDAMENTE, adv. yán-yàn-yán.
SEGUIDAMENTE, DEPOIS DE, adv. nígbàngba, nígbóse.
SEGUIDOR, s. omoléhìn.
SEGUINTE, SUCESSOR, s. ìtèlé, àtèlé (o que vem depois).
SEGUINTE, s. títèlé.
SEGUIR ADIANTE, IGNORAR, v. fò.
SEGUIR ADIANTE, PROSSEGUIR, v. lélo > Ó lé mi lo – Ele me seguiu; > Nwón lè jo lo – Eles podem seguir juntos.
SEGUIR DEPOIS, IR ATÉ, v. tò > Ó to ònà náà – Ele seguiu pela estrada.
SEGUIR DEPOIS, v. tè_léhìn, tó_léhìn > Ó tò mí léhìn – Ela me seguiu depois.
SEGUIR EM FRENTE, v. lé (correr atrás) > Ó lé mi – Ele me seguiu.
SEGUIR O EXEMPLO, v. farawé > Ó nfarawé wa – Ela está nos imitando.
SEGUIR OS PASSOS DE ALGUÉM, v. tèlésè.
SEGUIR UM CAMINHO, v. tònà.
SEGUIR, ACOMPANHAR, v. tèlé > E máa wí tèlé mi – Diga, repita depois de mim.
SEGUIR, INVESTIGAR, v. tosè > Ó tosè èjè náà – Ele investigou o rastro de sangue.
SEGUIR, v. tò_wá, yà_nlé > Ó tò mí wá – Ela veio a mim.
SEGUNDA CRIANÇA GÊMEA, s. kéhìndé (lit. o que chegou depois).
SEGUNDA PESSOA, s. enìkéjì (assistente, companheiro).
SEGUNDA MÃO, USADO, adj. àlòkù.
SEGUNDA VEZ, DE NOVO, adv. léèkéjì.
SEGUNDA-FEIRA, s. Ojó ajé, Ojó kéjì òsè, Ojó Móndè (do inglês Monday).
SEGUNDO ANDAR, s. ilé olókè kéjì (segunda casa no alto).
SEGUNDO DIA, s. ojó kèjì (o dia seguinte).
SEGUNDO LUGAR, s. ibìkéjì < ibi + ìkéjì (vice-diretor).

SEGUNDO TRIMESTRE, s. ìdámẹ́ta kéjì > ìdámẹ́ta kéjì gbà oyún – segundo trimestre de gravidez.
SEGUNDO, s. ìsísẹ́, ìsẹ́jú ààyá (relativo às horas).
SEGUNDO, adj. àkéjì, kéjì > ẹnikéjì – segunda pessoa, assistente, companheiro.
SEGURAMENTE, adv. gbangba, dájúdájú.
SEGURANÇA, FIADOR, s. onígbọ̀wọ́.
SEGURANÇA, GARANTIA, s. onígbọ̀wọ́ > ìbọ́lọ́wọ́ ewu – apertar as mãos sem medo; > ìsẹ̀gbọ̀wọ́ – fiança, caução.
SEGURANÇA, s. ìdógò, asẹ̀dúró > àìléwu – proteção ao perigo; ìsádi – refúgio.
SEGURAR COM FIRMEZA, v. ránmọ́.
SEGURAR COM OS BRAÇOS, v. fi apágbámú.
SEGURAR DE NOVO, PEGAR, v. tún mú > Ó tún mú ọtùn – Ela pegou a quartinha de novo (Obs.: tún – advérbio pré-verbal).
SEGURAR NA MÃO, v. mú_sọ́wọ́.
SEGURAR PELAS MÃOS, v. fà_lọ́wọ́.
SEGURAR, AGARRAR, v. dì_mú, dìmọ́ > Wọ́n dìmọ̀ mi lọ́rùn – Eles me agarraram pelo pescoço; > Ó dì mí mú – Ele me pegou.
SEGURAR, v. dá_ní (com firmeza) > Ó nmú àdá dání – Ele está segurando a espada com firmeza.
SEGURO, adj. yanjú (resolvido) > Ọ̀rọ̀ yìí yanjú – Este assunto está resolvido.
SEGURO, SEM MEDO, adj. láìfòyà, láìléwu, láìbẹ̀rù.
SEIO DE MULHER, s. oyàn, ọmú > ọmú wíwú – inflamação do seio.
SEIS VEZES, adv. ẹ̀ẹ̀mẹ́fà.
SEISCENTOS, num. ẹgbẹ̀ta.
SEITA, s. ìyapa ìsin, ẹgbẹ́ > ìyapa – cisma, divisão.
SEIVA DA PLANTA, s. oje, oje igi.
SEJA BEM-VINDO, exp. káàbọ̀ < kú + àbọ̀.
SEJA O QUE FOR, adv. èyìtíkóṣe, èyìtíwùkójẹ.
SEJA QUAL FOR, adv. èyíkéyì > Èyíkéyí tóo bá fẹ́ – Qualquer coisa que você quiser.

SELA, SELIM, s. gárì, asá (arreio).
SELEÇÃO, ESCOLHA, s. ìṣàyàn, àṣàyàn, yíyàn.
SELECIONADOR, s. aláṣàyàn.
SELECIONAR, ESCOLHER, v. ṣàyan.
SELEIRO, s. aláṣà (que faz a sela do cavalo).
SELO POSTAL, s. òòtẹ̀, èdìdì > stámpù – estampa (do inglês *stamp*).
SELO, CARIMBO, s. òòtẹ̀ẹ-lẹ́tà (prova de pagamento postal).
SELVA, FLORESTA, s. aganjù-igbó.
SELVAGEM, BAGUNCEIRO, adj. jàgidijàgan > Ọmọ yìí jágidijàgan – Esta criança é bagunceira.
SELVAGEMENTE, adv. gànì, gàn-ìn (de modo incivilizado).
SELVAGERIA, s. àìtọlójú.
SEM, prep. láì > gbẹ́kẹ̀lé – acreditar, láìgbẹ́kẹ̀lé – sem crença, incrédulo.
SEM ABRIR, adj. láìṣísílẹ̀ < láì + sí + sílẹ̀.
SEM ACRESCENTAR, adj. láìbùkún (sem exagero).
SEM AÇÚCAR, adj. láìsí ṣúgà > Mo fẹ́ kọfí láìsí ṣúgà – Eu quero café sem açúcar.
SEM ÁGUA, SECO, adj. láìlómi < láì + ní + omi.
SEM AJUDA, adj. láì nírànlọ́wọ́.
SEM ALEGRIA, adj. láìṣàríyá < láì + ṣe + àríyá.
SEM ALIMENTAÇÃO, adj. láìbọ́.
SEM ALÍVIO, INCESSANTE, adj. láìmọ́wọ́dúró < láì + mú + ọwọ́ + dúró.
SEM ALTERAÇÃO, adj. láìlèpàpadà (irrevogável).
SEM AMADURECER, CRU, adj. láìpọ́n.
SEM AMIGO, adj. láìní ọ̀rẹ́.
SEM AMOR, CARENTE, adj. láìnífẹ́ < láì + ní + fẹ́.
SEM AMOR, s. àìnífẹ́ (sem afeição).
SEM APAGAR, adj. láìlèparẹ́.
SEM AR, ABAFADO, s. àìláfẹ́ẹ́fẹ́.
SEM ARMA, s. àìdira.
SEM ARREPENDIMENTO, s. àìronúpìwàdà.
SEM ARTIFÍCIO, SIMPLES, adj. láìmọméjì.
SEM ASSENTO, INQUIETO, adj. láìtòrò.

SEM ATENÇÃO, INDIFERENTE, adj. láìṣúsí.
SEM ATENÇÃO, s. àìwòye.
SEM ATRASO, RÁPIDO, adj. láìpẹ́ > Óun ó wá láìpẹ́ – Ela virá logo.
SEM AUTORIDADE, adj. láìláṣẹ, láìníàṣẹ < láì + ní + àṣẹ.
SEM BASE, INFUNDADO, adj. láìnísàlẹ̀ < láì + ní + ìsàlẹ̀.
SEM BELEZA, FEIO, adj. ṣàìlẹ́wà.
SEM BOA MEMÓRIA, adj. aláìníyè.
SEM BOAS MANEIRAS, s. àìsíwà.
SEM BONDADE, INGRATO, adj. láìmoore < láì + mọ̀ + oore.
SEM BRAÇO, SEM MANGA, adj. láìlápá < láì + ní + apá.
SEM BRIGAS, s. àìsíjà.
SEM BURACO, PLANO, adj. àìjinnú > Ọ̀nà yìí àìjinnú – Esta rua é sem buracos.
SEM CABELO, CALVO, adj. laìnírun < láì + ní + irun.
SEM CAIR, s. àìṣubú.
SEM CAMISA, DESPIDO, adj. láìlẹ́wù < láì + ní + ẹ̀wù.
SEM CARÁTER, s. àìníwà, àìmọ̀wáàhù < àì – não, ní – ter, ìwà – caráter; > láìwà – sem caráter.
SEM CASA, SEM LAR, adj. ṣàìní ìdùgbe, láìnílé < láì + ní + ilé.
SEM CAUTELA, adj. láìṣọ́ra.
SEM CÉLULAS, s. àìnípádi (que não se compõe de células).
SEM CENSURA, IRREFUTÁVEL, adj. láìríwísí.
SEM CONTROLE, INGOVERNÁVEL, adj. láìlákóso.
SEM COMIDA, adj. aláìjẹun.
SEM COMPAIXÃO, INGRATO, adj. láìláànú < láì + ní + àánú.
SEM COMPANHIA, adj. láìsìn (que anda sozinho).
SEM COMPOSIÇÃO, adj. àìpo (sem mistura).
SEM COMPREENSÃO, s. àìníyènínú.
SEM COMPREENSÃO, TOLO, adj. láìníyè < láì + ní + iyè.
SEM CONCILIAÇÃO, adj. láìlèlànníjá (irreconciliável).
SEM CONFIANÇA, s. àìnígbẹkẹ̀lé.
SEM CONFRONTO, adj. láìdojúkọ.
SEM CONTA, INUMERÁVEL, adj. láìlèkaye < láì + lè + kà + iye.

SEM CONTAR, APESAR DE, adv. láìkà (números) > Láìkà pé òun jẹ́ ènìà òyìnbò – Sem contar que ele seja uma pessoa estrangeira.
SEM COR, INCOLOR, adj. láìàwọ̀.
SEM CORREÇÃO, adj. láìní àtúnṣe.
SEM COSTURA, adj. láìlójú.
SEM CRENÇA, INCRÉDULO, adj. láìnígbẹkẹlé < láì + ní + gbẹ́kẹ̀lé.
SEM CUIDADO, adj. láìbìkátà.
SEM CUIDAR, ABANDONADO, adj. láìtójú < láì + tọ́ + ojú.
SEM CULPA, adj. aláìbáwọ́n.
SEM CULPA, INOCENTE, adj. laìlégàn < láì + ní + ẹ̀gàn, láìléṣẹ̀ < láì + ní + ẹ̀ṣẹ̀.
SEM CULPA, JUSTO, adj. láìní-báwí.
SEM CULTURA, s. àìlẹ́kọ́, aláìmọ̀.
SEM DAR NOTÍCIAS, s. àìsòhìn (que não conta novidades).
SEM DAR SINAL, adj. láìsàpẹẹrẹ (sem vestígios).
SEM DATA, adj. láìlójọ́ < láì + ní + ojọ́.
SEM DENTES, adj. láìléhín, láìléyín < láì + ní + ehín.
SEM DESCANSO, INCANSÁVEL, adj. láìsíki.
SEM DESCANSO, s. àìsimi, àìsinmi (inquietação) > Òun wa àìsimi – Ele está inquieto.
SEM DESFORRA, adj. láìgbẹsan < láì + gbá + ẹ̀san.
SEM DESTRUIR, adj. láìlèparé.
SEM DIFICULDADE, adj. láìṣòro > Ó ṣíṣẹ́ láìṣòro – Ele fez o serviço sem dificuldade.
SEM DIFICULDADE, s. àìnira, àìṣòro.
SEM DIFICULDADES, FÁCIL, adj. laíníra < láì + níra.
SEM DIGNIDADE, IMPRÓPRIO, adj. láìyẹ, aláìlówó.
SEM DINHEIRO, s. àìlówó (pobreza, miséria) > Kò sí owó – (lit. estou duro).
SEM DIVISÃO, UNANIMIDADE, adj. láíyapa.
SEM DIZER NADA, adj. láìwí.
SEM DIZER PALAVRAS, adj. láìsọlọ́rọ̀ (indizível).
SEM DOMICÍLIO, INSEGURO, adj. láìnípò < láì + ní + ipò.
SEM DOR, adj. láìlẹ́dùn.

SEM DORMIR, ALERTA, adj. láìsùn (sem sono).
SEM DORMIR, VIGÍLIA, s. àìsùn.
SEM DÚVIDA, adj. láìsíàníàní > Láìsíàníàní àwa yíò lọ sílé – Sem dúvida, nós iremos para casa.
SEM DÚVIDA, adv, pré.v. ma, mà (usado para ênfase).
SEM DÚVIDA, DEFINITIVAMENTE, adv. mànà.
SEM EDUCAÇÃO, DESRESPEITOSO, adj. láìbuyìnfún.
SEM ELIMINAR, adj. láìparẹ́.
SEM ENCONTRAR, adj. láìbá (não encontrado).
SEMENTE, s. kóró > Kóro ọsàn – Caroço de laranja.
SEM ENTORNAR, INDERRAMÁVEL, adj. láìtasílẹ̀ < láì + ta + sílẹ̀.
SEM ESCAMAS, adj. láìnípẹ́ < láì + ní + ìpẹ́ (lit. sem ter escamas).
SEM ESCAMAS, s. àìnípẹ́ > Èmi kò jẹ eja àìnípẹ́ – Eu não como peixe sem escamas.
SEM ESCRITA, EM BRANCO, adj. láìkowé.
SEM ESPAÇO, adj. láìṣegbangba < láì + ṣe + gbangba.
SEM ESPERANÇA, adj. láìnírètí < láì + ní + ìrètí.
SEM ESPERANÇA, s. àìnírètí.
SEM ESTAR CURADO, adj. láìwòtán.
SEM ESTUDO, ILETRADO, adj. láìkọ́wé < láí + kọ́ + ìwé.
SEM EXAGERO, adj. láìṣejù < láì + ṣejù.
SEM ÊXITO, adj. Àìlóríyìn nínú yìí – Este é o meu insucesso.
SEM EXPLICAÇÃO, adj. láìní-àpẹẹrẹ.
SEM FALAR, adj. láìsọ.
SEM FALAR, MUDEZ, s. àìsọrọ̀.
SEM FALSIDADE, SINCERO, adj. láìlẹ́tàn > Òun jẹ́ láìlẹ́tna – Ela é sincera.
SEM FAVORITISMO, s. àìṣojúsajú.
SEM FAZER CONFUSÃO, adj. láìṣe dàrúdàpọ́.
SEM FAZER ESFORÇO, adj. láìdura (facilmente).
SEM FAZER PARTE DO CORPO, adj. láìṣetara.
SEM FAZER, INACABADO, adj. láìṣe > Wọ́n fi iṣẹ́ sílẹ̀ láìṣe – Eles deixaram o trabalho inacabado.

SEM FERIR, INOFENSIVO, *adj.* láìnípalára < láì + pa + ní + ara.
SEM FERMENTO, *adj.* láìwú.
SEM FERRUGEM, *s.* àìdógun.
SEM FILHOS, *adj.* aláìlọ́mọ, aláìbímọ, láìlọ́mọ, ṣaláìlọ́mọ́ < láì + ní + ọmọ – sem ter filhos.
SEM FIM, ILIMITADO, *adj.* láìlópin < láì + ní + òpin, láìnípẹ̀kun.
SEM FRAUDE, HONESTO, *adj.* láìṣẹrú < láì + ṣe + èrú.
SEM FRONTEIRAS, *adj.* láìláàlá.
SEM FRUTOS, ESTÉRIL, *adj.* aláìléso.
SEM FUNDO, *adj.* àìnísàlẹ̀ (sem base).
SEM FUNDAMENTO, *adj.* dòbu (sem importância), láìnídí < láì + ní + ìdí.
SEM FUNDAMENTO, *s.* àìlésẹ̀nlẹ̀, láìnídí > Ilé ìyẹn ni láìnídí – Aquela casa é sem fundamento.
SEM GENEROSIDADE, *s.* àìtújwọ́ká.
SEM GENTILEZA, GROSSEIRO, *adj.* láìṣeun.
SEM GLÓRIAS, INFELIZ, *adj.* láìlógo < láì + ní + ògo.
SEM GOSTO, *adj.* ṣàìládùn > tí kò ládùn – que não tem gosto.
SEM GRAVIDEZ, *s.* àìlóyún.
SEM HABILIDADE, *s.* àìnípá.
SEM HONRA, *s.* àìsọ́la.
SEM HONRA, SEM DIGNIDADE, *adj.* ṣàìlọ́lá.
SEM IGUAL, INIGUALÁVEL, *adj.* láìlẹ́gbèra.
SEM ILUSÃO, *adj.* láìlẹ̀tàn.
SEM IMPORTÂNCIA, INSIGNIFICANTE, *adj.* láìníláárí < láì + ní + láárí.
SEM INICIATIVA, *s.* àìdábá > Lágbájá ni àìdábá – Aquela pessoa é sem iniciativa.
SEM INTELIGÊNCIA, *s.* àìlóye (falta e compreensão).
SEM INTENÇÃO, POR CASUALIDADE, *adj.* láìmọ̀, láìmọ̀ọ̀mọ̀ṣe, àìpète.
SEM INTERESSE, *adj.* láìṣetara.
SEM JUÍZO, *s.* àìmèrò.
SEM JUROS, *adj.* láì èlé.

SEM LAR, *adj.* láìnílé, ṣàìní ibùgbé.
SEM LARGURA, *adj.* láìníbò (estreito).
SEM LEI, ILÍCITO, *adj.* aláìlófin, láìlófin < láì + ní + òfin.
SEM LIMITE, ILIMITADO, *adj.* láìláàlà, pakasọ.
SEM LIMITE, INDEMARCÁVEL, *s.* àìláánú, aláìlópin, àìláàl.
SEM LIMITES, *adj.* láìlèpààlà (sem fronteiras).
SEM LIMPEZA, IMPURO, *adj.* láìmọ́ > Ohun-gbogbo wà láìmọ́ – Todas as coisas estão sem limpeza.
SEM MALDADE, INOCENTE, *adj.* láìṣẹ̀ > Ó sọ̀rọ̀ láìṣẹ̀ – Ele falou sem maldade.
SEM MALÍCIA, SINCERO, *adj.* láìṣètàn.
SEM MANCHA, *adj.* aláìléérí.
SEM MANGA, *adj.* láìlápà (sem braço).
SEM MÃO, MANETA, *adj.* aláìlọ́wọ́.
SEM MARCA, SINAL, *adj.* láì àmì.
SEM MARCAS, INCÓLUME, *adj.* láìlábùkù.
SEM MARCAS, SEM CORTES, *s.* àìsílà.
SEM MATAR, *adj.* láìpa.
SEM MEDO, *adj.* aláìbẹ̀rù.
SEM MEDO, PACÍFICO, *adj.* láìníbẹ̀rù.
SEM MÉRITO, SEM VALOR, *s.* àìníláárí, àìníyèlòrí.
SEM MISTURA, BÁSICO, *adj.* àipo, ṣàipò > Ìrẹsì láipo onjẹ fún ẹnìà púpọ̀ – O arroz básico é alimento de muitas pessoas.
SEM MODERAÇÃO, *adj.* láìmọníwọ̀n (além da medida).
SEM MODÉSTIA, ATREVIDO, *adj.* láìnítìjú < láì + ní + tì + ojú.
SEM MODÉSTIA, *s.* àìnítìjú (sem vergonha).
SEM MULTA, *adj.* láìbuwólé.
SEM MURMURAR, *adj.* aláìkùn.
SEM NADA A DIZER, *s.* àìrísọ.
SEM NADA, *adv.* múlẹ̀ mófo.
SEM NOME, *adj.* láìl'órúkọ (anônimo).
SEM NOTAR, *adj.* láìsàkíyesí.
SEM NÚMERO, *adj.* láìníye.

SEM OBSERVAÇÃO, *adj.* láìlèkíyèsí < láì + kíyè + sí (imperceptível).
SEM OPORTUNIDADE, *s.* àìrójú.
SEM ORIGEM, *adj.* láìnípilẹ̀, láìnípilẹ̀sẹ̀ < láì + ní + pa + ilẹ̀ + sẹ̀.
SEM OSSOS, MOLE, *adj.* láìlégungun < láì + ní + egungun.
SEM PAGAR, *adj.* láìsanwó < láì + san + owó > A wọlé láìsanwó – Nós entramos sem pagar.
SEM PARENTES, ÓRFÃO, *s.* àìlárá.
SEM PASSAR POR CIMA, *adj.* láìrékojá < láì + ré + kojá.
SEM PAZ, *s.* àìsí-àláàfíà.
SEM PECADO, INOCENTE, *adj.* aláìlẹ́sẹ̀.
SEM PECADO, *s.* àìsẹ̀.
SEM PEDIR, SEM REFLETIR, *adj.* láíronú < láì + rò + inú.
SEM PENAS OU PLUMAS, *s.* òpìpì.
SEM PERDÃO, *s.* àìfiji.
SEM PERGUNTA, *s.* àìbèèrè.
SEM PIEDADE, *s.* àìláàlà, aláìní aanú.
SEM PLANEJAMENTO, *adj.* láìníròֹ < láì + ní + ìrò.
SEM PODER, INCAPAZ, *adj.* láìnípá < láì + ní + ipá.
SEM PRECAUÇÃO, INESPERADO, *adj.* láìròtẹ́lẹ̀ < láì + rò + tẹ́lẹ̀.
SEM PREÇO, *adj.* láìdíyelé < láì + dá + iyelé.
SEM PREÇO, *s.* àìdíyelé.
SEM PRESSA, *adv.* láìkánjú.
SEM PRINCÍPIO DE VIDA, *adj.* òbu.
SEM PROFUNDIDADE, *adj.* aláìjìn.
SEM PROPÓSITO, APENAS, *adv. pré-v.* sáà > Ó sáà sọ̀rọ̀ pẹ̀lú mi – Ela falou apenas comigo.
SEM QUERER, *adj.* láìmọ̀.
SEM RAIVA, *adj.* láìníbẹ̀rù (pacífico).
SEM RASPAR A CABEÇA, *adj.* láìfárí < láì + fá + orí > Ó ṣọrọ òrìṣà láìfárí – Ele fez o ritual sem raspar a cabeça.
SEM RASTRO, *adj.* láìnípa < láì + ní ipa.
SEM RAZÃO, SEM MOTIVO, *s.* àìnídí, láìnídí < láì + ní + ìdí, dédé > Ó dédé ṣubú lulẹ̀ – Ele caiu no chão inesperadamente.

SEM RECHEIO, PURO, adj. láìléèrí.
SEM REGULARIDADE, adj. láìsedédé.
SEM RELAXAR, CONTRAÍDO, adj. láìdẹwọ́ < láì + dè +ọwọ́.
SEM RESIDÊNCIA, ERRANTE, adj. láìníbùgbè.
SEM RESPEITO, adj. aláìlọ́wọ̀, àìyésí.
SEM RESPIRAR, INANIMADO, adj. láìlẹ́mí < láì + ní + èmí.
SEM RESPONSÁVEL, adj. láìní olùtójú.
SEM RESTOS, adj. láìkù (sem sobras).
SEM RESTRIÇÕES, adv. fàtì (livremente).
SEM RESULTADO, adj. láìléso (infrutífero).
SEM RETORNO, s. àìpádà.
SEM RIQUEZA, s, àìsọ́là.
SEM ROUPA, DESPIDO, adj. láìlásọ.
SEM RUÍDO, s. àìudún.
SEM SABOR, adj. aláìládùn.
SEM SAPATO, DESCALÇO, adj. láìníbàtá.
SEM SATISFAÇÃO, DESCONTENTE, adj. láìnítẹ́lọ́rùn < láì + ní + tẹ́ + lọ́run.
SEM SATISFAZER, INSACIÁVEL, adj. láìtẹ́lọ́rùn < láì + tẹ́ + lọ́rùn.
SEM SAÚDE, DOENTE, adj. ṣaláìlera < ṣe + aláì + ìlera.
SEM SAÚDE, FRACO, adj. láìlera < láì + lè + ara.
SEM SE CANSAR, INFATIGÁVEL, adj. láìṣàáre.
SEM SE ESTENDER, adj. láìfàgùn, láìfàgùnlọtítí (abreviadamente).
SEM SENSO CRÍTICO, adj. aláìmoyì.
SEM SENTIDO, adj. aláìnítúmọ̀ (inexpressivo).
SEM SER CHAMADO, NÃO CONVIDADO, adj. láìpè.
SEM SER CIRCUNDADO, adj. láìkọlà.
SEM SER CORDIAL, HOSTIL, adj. láìrẹ́.
SEM SER GERADO, adj. láìbí.
SEM SER NOTADO, ESQUECIDO, adj. láìnífira < láì + ní + fira.
SEM SER NOVO, VELHO, adj. láìsọtún-láìsọ̀sì.
SEM SERVENTIA, adj. àṣenù > Ó ṣe iṣẹ́ àṣenù – Ela fez um trabalho sem serventias.

SEM SINCERIDADE, FALSO, adj. láìṣòótọ́.
SEM SOBRAS, adj. láìkù.
SEM SOBRENOME, s. orúkoyórúko.
SEM SOLIDEZ, s. aláìle.
SEM SOM, adj. àìdún (silencioso) > Ìlú àìdún – Esta cidade é silenciosa.
SEM SORTE, adj. láìlóríre < láì + orí + ire.
SEM TARDAR, adj. àìpẹ́.
SEM TER FERMENTO, adj. láìníwúkàra.
SEM TER FUNDO, adj. àìnísàlè (não ter uma base).
SEM TER PAZ, INFELIZ, adj. láìní-àlàáfíà.
SEM TER PENA, INGRATO, adj. láìníyọ́nú < láì + ní + yọ́ + inú.
SEM TER, DESPROVIDO DE, adj. láìní < láì + ní.
SEM TERMINAR, INTERMINÁVEL, adj. láìpin.
SEM TÍTULO, adj. láìlóyè < láì + ní + oyè.
SEM TRABALHO, DESEMPREGADO, adj. láìníṣẹ́, àìníṣẹ́, àìríṣẹ
> Láìníṣẹ́ lọ́wọ́ – Sem ter trabalho; > Ó níṣẹ́ lọ́wọ́ – Ele está empregado.
SEM TRADUÇÃO, adj. láìtùmọ́.
SEM UMIDADE, adj. mẹ́gbẹ (seco) > Ilẹ̀ yìí mẹ́gbẹ – Esta terra está seca.
SEM USAR FORÇA, adv. láìfagbáraṣe (naturalmente).
SEM USO COMUM, adj. láìlò.
SEM USO, SEM GASTO, adj. aláìnárè, aláìlárè, àìlò.
SEM VALOR, adv. tú-tú-tú.
SEM VALOR, INUTILIDADE, s. àìlérè, òtúbántẹ́.
SEM VESTIR, DESPIDO, adj. láìwọ̀ > Ó jáde láìwọ ẹ̀wù – Ele saiu sem camisa.
SEM-VERGONHA, adj. láìnítìjú > Ènìà láìnítìjú – Pessoa que não tem vergonha.
SEM-VERGONHA, adj. láìlójútì (descarado).
SEM VIDA, INANIMADO, adj. aláìlẹ̀ẹ̀mí, òkú.
SEM VIGOR, IMPOTENTE, s. àìnímí.
SEM VISÃO, SEM MEMÓRIA, adj. láìríran.
SEM VOZ, MUDO, adj. láìlóhùn < láì + ní + ohùn.
SEM ZELO, SEM INTERESSE, adj. láìṣetara < láì + ṣe + tara.
SEM, DE FORA, adv. lẹ́hìn-òde > Ò wà lẹ́hìn òde – Ele está fora.

SEM, FALTA DE, *pref. neg.* àì, láì > Ó jáde láìwọ ẹ̀wù – Ele sai sem vestir camisa; > bẹ̀rù – medo, àìbẹ̀rù – sem medo, destemido; mọ̀ – saber, àìmọ̀ – ignorância.

SEM, NÃO, *adv.* láì, àì (usados como prefixos negativos de palavras); > fiyèsí – prestar atenção, àìfiyèsí – desatenção, láìfiyèsí – sem atenção.

SEMANA, *s.* ọ̀sẹ̀ (os dias da semana tradicionais possuem relação com costumes e conexões com suas divindades. V. Complemento) > Gbádùn ìparí ọ̀sẹ̀ – Um agradável final de semana.

SEMANA PASSADA, *s.* ọ̀sẹ̀ tó kojá > Wọ́n dé ní ọ̀sẹ̀ tó kojá – Elas chegaram na semana passada.

SEMANA QUE VEM, *s.* ọ̀sẹ̀ tó nbọ̀.

SEMANA SANTA, *s.* ọ̀sẹ̀ mímọ́ > Ọ̀sẹ̀ tí a kàn Jesu mó àgbélébu – Semana que colocamos Jesus na cruz.

SEMANALMENTE, *adv.* lọ́sẹ̀lọ́sẹ̀, lọ́sọ̀ọ̀sẹ̀ (toda semana) > Ó máa lọ lúwẹ̀ lọ́sọ̀ọ̀sẹ̀ – Ela costuma nadar semanalmente.

SEMANALMENTE, *s.* ọ̀sọ̀ọ̀sẹ̀.

SEMÂNTICA, *s.* ẹ̀kọ́ ìtúmọ̀-ọ̀rọ̀ (estudo da palavra e seus significados).

SEMBLANTE TRISTE, *s.* ojú-fífàro.

SEMBLANTE, ASPECTO, *s.* ìṣojú.

SEMBLANTE, FACE, *s.* ìwo-ojú.

SEMEADOR, *s.* afọ́nrúgbìn, afúnrúngbìn. onírugbìn, afúnrugbìn.

SEMEADURA, PLANTAÇÃO, *s.* ìgbìn.

SEMEADURA, *s.* ìfúrúgbìn (ato de semear).

SEMEAR, ESPALHAR, *v.* dá_sílẹ̀, fọ́nrúgbìn > Òun fọ́nrúgbìn kálẹ̀ – Ele semeou, espalhou as sementes.

SEMEAR AO REDOR, *v.* fúnka.

SEMEAR, *v.* sú, gbẹ̀ > àgbẹ̀ – agricultura.

SEMELHANÇA, SIMILARIDADE, *s*, àjọra, ìjọra, jíjọ, jíjọra, ìbárajọ > bárajọ – ser idêntico, similar.

SEMELHANÇA, APARÊNCIA, *s.* àwòrá-ara, ìrí.

SEMELHANÇA, SIMILITUDE, *s.* akàwé, ìkàwé (comparação).

SEMELHANTE, TAL QUAL, *pron. dem.* báwọnnì, bá + àwọn + nì – idêntico àqueles.

SÊMEM, ESPERMA, *s.* àtọ̀ > ìfun àtọ̀ – tubo do sêmen.

SEMENTE DE ALGODÃO, *s.* kéréwú, kórówú.
SEMENTE DE CACAU, *s.* kóbó.
SEMENTE DE CASTANHA, *s.* şesan (usada no jogo do ibò).
SEMENTE DE FRUTA, *s.* irúgbìn èso > irúgbá – usada como alimento.
SEMENTE DE MELÃO, *s.* edè.
SEMENTE DE MILHO, *s.* ìgbàdo, àgbàdo.
SEMENTE DO ALGODÃO, *s.* kórówú < kóró + òwú.
SEMENTE DA PALMEIRA, *s.* èkùró (caroço do dendezeiro).
SEMENTE, GRÃO, *s.* wóro > ìfúrúgbìn – ato de semear.
SEMIANUAL, *s.* léèméjì-lódún.
SEMICÍRCULO, *s.* ìdájì ẹ̀ká.
SEMINÁRIO, *s.* ilé ẹ̀kọ́ nípa Ọlọ́run – estudos sobre o Criador.
SEMIMETAL, METALOIDE, *s.* àdàmọ̀-alùrọ.
SEMPRE, *adv.* firi-firi (frequentemente).
SEMPRE, ANTES, *adv.* rí, usado no final da frase > Ṣé o ti sáré rí? – Você já correu antes?, Bẹ́ẹ̀ni, èmi máa sáré rí – Sim, eu costumo correr sempre.
SEMPRE, DEFINITIVAMENTE, *adv.* títí láé, títí láí.
SEMPRE, ETERNAMENTE, *adv.* láíláí, láéláé, láé, láyéláyé > Ó jáde lọ láíláí – Ela foi embora para sempre.
SEMPRE, FREQUENTEMENTE, *adv.* nígbàkígbà > Nígbàkígbà ló máa nbú mi – Ele costuma sempre abusar de mim.
SEMPRE, TODAS AS VEZES, *adv.* nígbàgbogbo > Nígbàgbogbo ló máa nbú mi – Constantemente ela me aborrece.
SENADO, *s.* àjọ-ìgbìmọ̀ (reunião do concílio).
SENADOR, *s.* sénétọ̀ (do inglês *senator*), mẹ́mba ìgbìmọ̀ ìlù – membro do concílio da cidade.
SENEGAL, *s.* Orílẹ̀ẹ Sẹ́négà (República do Senegal, localizado na África Ocidental).
SENHOR DA CASA, PATRIARCA, *s.* bálé, baále.
SENHOR DA ESPOSA, *s.* olóbìnrin < oní + obìnrin.
SENHOR DA FACE, *s.* olójú (usado na composição de frases para dar destaque a alguém ou alguma coisa) > Ayé ti olójú rú – O mundo à sua volta desaba.

SENHOR DA GLÓRIA, DEUS, s. ọ̀gá ògo.
SENHOR DA VIDA, DEUS, s. Ẹlẹ́mí.
SENHOR DESTE DIA, s. Ọlọ́jọ́ Òní (um dos títulos de Deus).
SENHOR, CAVALHEIRO, s. ọ̀gbẹ́ni.
SENHOR, MESTRE, s. olúwa > Olúwa ṣe mi o ohun èlò àlàáfía yín – Senhor, fazei de mim um instrumento de vossa paz; > olú – usado como prefixo para indicar um alto chefe.
SENHOR, s. sà (do inglês *sir*), àgbà – maturidade, alàgbà – ancião.
SENHORA, s. ìyá > Ìyá wa máa ránṣọ wa – Nossa mãe costuma costurar nossa roupa.
SENILIDADE, VELHICE, s. ṣíṣará.
SENIL, ANCIÃO, s. arúgbó > dídarúgbó – senilidade.
SENSAÇÃO, s. iyè, ìmọ̀ (reação para uma simulação externa).
SENSAÇÃO DE OUVIR, s. iyèègbọ́rọ̀ > iyè – reflexão, pensamento.
SENSAÇÃO, EMOÇÃO, s. ìmọ̀lára (percepção).
SENSATO, CONSCIENTE, adj. lóye, gbọ́n, ìmọ̀ > láìlóye, láìlógbọ́n lórí – inconsciente, insensato.
SENSATO, PRUDENTE, adj. amòye > olórípípé – razoável, ajuizado.
SENSIBILIDADE DE TOQUE, s. iyèèfarakàn.
SENSIBILIDADE NO CHEIRO, s. iyèòórùn.
SENSIBILIDADE NO PALADAR, s. iyètọ́wò.
SENSIBILIDADE, SENSITIVO, s. ẹ̀yà iyè-ara.
SENSIBILIDADE EM PARTES DO CORPO, s. ẹ̀yà iyè-ara.
SENSIBILIDADE VISUAL, s. iyèèríran (visão, ação de ver).
SENSITIVO, MÉDIUM, s. elégùn, olórìṣà > gùn – montar.
SENSO, s. iyè-ara, ìmọ̀ (sentido, percepção), ọgbọ́n – inteligência.
SENSÍVEL, HÁBIL, adj. nímọ̀, lóye > Ìwọ lóye púpọ̀ – Você é muito inteligente.
SENSO COMUM, s. lákàrè, lákàyè.
SENSO DE HUMOR, s. ìfira.
SENSO DE RESPONSABILIDADE, s. àdábọní.
SENSORIAL, MENTAL, adj. tiyè > ẹ̀sọ iyè – nervo sensorial.
SENSUAL, adj. nífẹ́kúfẹ́, yándí, jadùnjadùn.

SENSUALIDADE, s. àjadùn.
SENSUALMENTE, adv. yàlà.
SENTAR, v. jókó, jókòó > Ó jókó láìfẹ́hìntì – Ela sentou sem se encostar.
SENTAR-SE FOLGADAMENTE, v. gbàtẹ́, gbìtẹ́.
SENTAR-SE, v. gẹ̀ > Ó gẹ̀ kalẹ̀ – Ele sentou-se confortavelmente.
SENTENÇA, FRASE, s. àṣelé.
SENTENÇA, CONDENAÇÃO, s. ìdalẹ́bi, ọ̀rọ̀ ìdájọ́.
SENTENCIAR, CONDENAR, v. da_lẹ́bi, ṣe ìdájọ́ fún.
SENTIDAMENTE, adv. lẹ́dùn (dolorosamente).
SENTIDO, DOLORIDO, adj. níkikan.
SENTIMENTALMENTE, adv. tẹ̀dùntẹ̀dùn.
SENTIMENTO, PAIXÃO, s. èjánú, ìjanú.
SENTIMENTO, TRISTEZA, s. arò > ìrò – pensamento.
SENTINELA, PORTEIRO, s. adènà.
SENTINELA, VIGÍLIA, s. ojúfò.
SENTIR DORES, v. jẹrora > Ó jẹ́rọra – Ela sofre dores.
SENTIR FOME, v. rọ́nú (suportar) > Òun nrọ́nú – Ele está suportando a fome.
SENTIR FOME SEMPRE, v. yánnu > Ajá yìí yánnu – Esse cachorro tremeu o focinho (de fome).
SENTIR MEDO, APREENSÃO, v. jáyà.
SENTIR PENA, PIEDADE, v. káánú > Mo káànù rẹ̀ – Eu sinto pena dela.
SENTIR, CONHECER O CORPO, v. mọlára.
SENTIR, TOCAR, v. fọwọ́kàn, fọwọ́bà > Ó fọwọ́kàn mi lẹ́hìn – Ele me tocou atrás.
SENTIR-SE ABANDONADO, v. ráre < rí + are (sem cuidados).
SEPARAÇÃO, DESUNIÃO, s. àigbepọ̀, àkọ̀sílẹ̀, ìkọ̀sílẹ̀.
SEPARAÇÃO, DISTANCIAMENTO, s. ẹ̀wọ́n.
SEPARAÇÃO, DIVÓRCIO, s. ìkọ̀sílẹ̀, àkọ̀sílẹ̀.
SEPARAÇÃO, ESPAÇO, s. palaba-etí (entre a orelha da pessoa e a têmpora).
SEPARAÇÃO, COLOCAR DE LADO, s. ìyàsápákan, ìyàsọ́tọ̀.
SEPARAÇÃO, PARTILHA, s. ìpínyà (dissolução de uma parceria).

SEPARAÇÃO, *s.* ìtapín, ìyànípa.
SEPARADAMENTE, À PARTE, *adv.* sápákan, sọ̀tọ̀ > Ó gbétì sápákan – Ele colocou de lado separadamente.
SEPARADAMENTE, *adv.* gédégédé, lọ́tọ̀, lọ́tọ̀lọ́tọ̀, lọ́tọ̀ọ̀tọ̀ (um por um).
SEPARADO, *adj.* yíyà, ọ̀tọ̀.
SEPARADO, ESPAÇADO, *v.* kàtà > Ó yà kàtà – Ele sentou com as pernas abertas.
SEPARAR, APARTAR, *v.* yà_kúrò > Èmi yà ọ́ kúrò nínú wọn – Eu separei você dela.
SEPARAR, COMPARTILHAR, *v.* bù.
SEPARAR, DIVIDIR, *v.* pínníyà, pínyà.
SEPARAR, TIRAR FORA, *v.* fàtì > Ó fàtì mi – Ele manteve distância de mim.
SEPARAR, *v.* yà > Ó yà á sí apá kan – Ela separou isto do resto; > èyà – categoria, subdivisão.
SEPARAR, *v.* yàsọ̀tọ̀, ìyàsápákan (colocar, deixar de lado); > yapa – evitar.
SEPARAR-SE, *v.* fà_sílè.
SEPULTURA DE PAGÃO, *s.* orórì, ojúórì, ojú-orórì.
SEPULTURA, CEMITÉRIO, *s.* ibojì, bojì.
SEPULTURA, TÚMULO, *s.* sàréè, isà òkú.
SEQUÊNCIA, *s.* ìtòléhìn > télárà – exceder, ultrapassar.
SEQUESTRADOR, *s.* gbómọ-gbómọ, gbénígbéní, amúnilérú.
SEQUESTRAR, RAPTAR, *v.* tàn_lọ, gbé_sálọ.
SEQUESTRAR, AGARRAR, *v.* dì_mú > Ó dì mí mú – Ele me agarrou.
SEQUESTRO, *s.* ìgbésálọ.
SER A CAUSA DE, *v.* pàdí < pa + ìdí.
SER ABUNDANTE, NUMEROSO, *v.* pàpọ̀jù.
SER ACEITÁVEL, *v.* wọ̀ > Ó tútù wọ̀ lóní – O frio está aceitável hoje.
SER ACESO, *v.* gbaná < gba + iná.
SER ÁCIDO, AZEDO, *v.* pẹ̀kan.
SER AÇOITADO, FLAGELADO, *v.* jẹ_gba.
SER ACOSTUMADO, *v.* mọ́lára > Iṣẹ́ yìí tí mọ́ mi lára – Este trabalho a que eu me acostumei.

SER ADEPTO, v. ni ọmọlẹ́hìn.
SER ADEQUADO, v. kájú > Onjẹ yìí kájú wa – Esta comida é suficiente para nós.
SER ADMINISTRADOR, v. ṣàgbáwo (gerenciador).
SER ADORÁVEL, MARAVILHOSO, v. yáyì < yá + iyì.
SER ADVOGADO, DEFENSOR, v. ṣalágbàsọ.
SER AFIADO, v. mú.
SER AGRADADO, ACARINHADO, v. túnúká.
SER AGRADÁVEL A UMA PESSOA, v. bá_rádé > Ẹ̀wù yìí bá mi lára dé – Esta roupa caiu bem em mim.
SER AGRADÁVEL, v. wùn.
SER AGRADECIDO, v. ṣọpẹ́ < ṣe + ọpẹ́ > Ó ṣọpẹ́ fún mi – Ela me agradeceu.
SER AGUADO, v. ṣàn (como uma sopa).
SER ALARGADO, v. fẹníbu.
SER ALTO, v. ga > gíga – alto, elevado.
SER AMARGO, v. korò > Ó korò bí dápa – Ele é amargo como fel.
SER AMARGURADO, v. wúgbọ > Ó wúgbọ – Ela me olhou triste.
SER AMARRADO, v. takókó > Ó ta okùn yìí mí kókó – Ela deu um laço nesta corda.
SER AMÁVEL, BONDOSO, v. ṣoore < ṣe + oore.
SER AMÁVEL, v. láájò (ter simpatia).
SER AMIGO, COMPANHEIRO, v. ṣọ̀rẹ́ > Wọ́n ṣọ̀rẹ̀ – Eles são amigos; > ìṣọ̀rẹ́ – amizade.
SER APREENDIZ, v. kọṣẹ̀.
SER APROPRIADO UM ACORDO, v. yẹ àdéhùn.
SER ÁRIDO, INFRUTÍFERO, v. sépọ́n.
SER ARMADO, v. sánbẹ, sándá (com pequenas espadas).
SER ASSÍDUO, v. ṣáyan (esforçado) > Ó ṣáyan láti ṣe e – Ele é esforçado para fazer isto.
SER ASTUTO, CHEIO DE EVASIVAS, v. mọ àmọ̀já > Ó mọ àmọ̀já – Ele é esperto, cheio de evasivas.
SER ASTUTO, SÁBIO, v. gbọ́n-àgbọ́nrégé.

SER ATENTO, ZELOSO, *v.* tara > titara – zelosamente.
SER ATIVO, ÁGIL, *v.* gbérakán.
SER ATIVO, ESPERTO, *v.* takánkán.
SER ATIVO, RÁPIDO, *v.* yára < yá + ara > Ìwọ yára – Você é rápido.
SER ATIVO, SER VIVO, *v.* takèékèé.
SER ATIVO, *v.* mú_gírí, múragírí > Ó múragírí – Ele ficou pronto a tempo.
SER ATRAENTE, *v.* fà_lọ́kàn (para desejar alguém).
SER ATRAÍDO PARA, *v.* rémọ́ > Ó rémọ́ igi kéjì – Ele saltou de uma árvore para outra (lit. ele foi atraído para a segunda árvore).
SER ATREVIDO, DESAFORADO, *v.* dáṣà < dá + áṣà, gbójúgbàyà (ter coragem de fazer algo).
SER AVANÇADO, INTROMETIDO, *v.* ṣùbẹ.
SER AVARENTO, MESQUINHO, *v.* háwọ́ < há + ọwọ́, ṣahun, láhun > Ó háwọ́ – Ele é mesquinho.
SER ÁVIDO, *v.* kánjújaiyé (insaciável).
SER BAIXO, *v.* rẹlẹ̀ < rè + ilẹ̀ > Àga yìí rẹlẹ̀ – Esta cadeira é baixa.
SER BALEADO, *v.* gbọta < gbà + ọta > Òun gbọta – Ele me recebeu à bala.
SER BARATO, VULGAR, *v.* ṣọ̀pọ̀.
SER BATIZADO, *v.* ṣàmì, sàmì > Mo ti ṣàmì – Eu fui batizado.
SER BEM-NASCIDO, *v.* níbínítan.
SER BEM-SUCEDIDO, *v.* jàṣẹ́, yege, yeje (ter êxito), bọ́sí.
SER BOBO, ESTÚPIDO, *v.* yodi, yadi.
SER BOM, AGRADÁVEL, *v.* sunwọ̀n > Ó sunwọ̀n jù èyí lọ – Ela é melhor do que esta.
SER BOM, GENTIL, *v.* re > Ọkọ re = Ọkọ rere – Um bom marido; > oore – bondade.
SER BONDOSO, AMÁVEL, *v.* ṣe_lóore > Ẹ ṣe mí lóore – Você é amável para mim.
SER BRANCO, *v.* fun > funfun – branco.
SER BRILHANTE, *v.* bẹ > Ó bẹ yòyò – Ele é intensamente brilhante.
SER CALADO, *v.* yadi (ser ou estar) > Ó yadi – Ela está calada.
SER CALMO, PACIENTE, *v.* fọwọ́ranú.

SER CALVO, CARECA, v. pá, pá_lórí, yapárí, > ìpárí – careca.
SER CAPAZ DE NADAR, v. mọ̀wé.
SER CAPAZ, COMPETENTE, v. lèṣe.
SER CARENTE, v. yọ̀dẹ̀ < yà + ọ̀dẹ̀ > Ọmọ yìí yọ̀dẹ̀ – Esta criança é carente.
SER CARINHOSO, ALEGRE, v. tújúká.
SER CARO, v. wọ́n > Ìdáwò wọ́n púpọ̀, a dúpẹ̀ – Esta consulta é muito cara, obrigado.
SER CAUSADOR DE LUTA, v. dá_níjà.
SER CAUTELOSO, CONTRAIR, v. súnrakì > ìsúnrakí – contração, precaução.
SER CAUTELOSO, PRECAVIDO, v. baralẹ̀, farabalẹ̀.
SER CHAMADO, CHAMAR-SE, v. jẹ́ > Ṣàngó njẹ́ Olùfínràn – Xangô também é chamado de Olùfínràn.
SER CHATO, SEM GRAÇA, v. tẹ́ > Ó tẹ́ lọ́wọ́ mi – Ele perdeu minha estima.
SER CIRCUNCIDADO, v. dákó < dá + okó, kọlà < kọ + ilà.
SER CIUMENTO, INVEJOSO, v. jowú.
SER CIVILIZADO, v. lajú (lit. abrir os olhos de alguém) > Ó là mí lajú – Ele abriu meus olhos, me mostrou como agir.
SER CLARO, TRANSPARENTE, v. fín, ṣegaara.
SER COBERTO DE AZINHAVRE, v. yọdẹ > Irin yìí yọdẹ – Este metal está coberto de azinhavre.
SER COERENTE, v. jọjẹ́ > A jọjẹ́ ọ̀rẹ́ – Nós somos amigos um do outro.
SER COMO ENFERMEIRA, v. ṣàgbàtọ́ (atuar como atendente, cuidar).
SER COMPLETADO, TER ÊXITO, v. yọrí.
SER COMPRIDO, LONGO, v. gùn > Igi náà gún kò mọ́ sí ẹgbẹ́ kan – A árvore comprida não se curva para um lado.
SER COMPROMETIDO, v. pòpò.
SER CONFUSO, CONFUNDIR, v. dà_rú.
SER CONSAGRADO, v. yà_sọ́tọ̀ (separado).
SER CONSOLADO, v. gbàpẹ̀, gbìpẹ̀ < gbà + ìpẹ̀ (por outra pessoa).
SER CONTAGIOSO, v. jàkálẹ̀, ràn > Ikọ a máa ràn – A tosse costuma ser contagiosa.

SER CONTRA, DESPREZAR, v. kẹ̀hìn < kọ + ẹ̀hìn, kẹ̀hìnsí.
SER CONTRA, OPOR, v. sọ̀dì, sọ̀dìsí < ṣe + òdì, dẹ̀hìnkọ < dà + ẹ̀hìn + kọ.
SER CONVENCIDO, v. lẹ́nu (orgulhoso).
SER CONVENIENTE, APROPRIADO, v. mú_yẹ, bá_mu, wọ̀, yẹ > ẹyẹ – capacidade, mérito.
SER CORAJOSO, BRAVO, v. gbójú < gbó + ojú, gbóyà < gbó + àyà.
SER CORCUNDA, v. suké.
SER CORDIAL, SIMPÁTICO, v. rẹ́.
SER CORRETO, ADEQUADO, v. lẹ́tọ́, tọ́.
SER CORROÍDO, v. yìnrìn > Ilẹ̀ yìí yìnrìn – Esta terra está corroída.
SER CRUEL, OPRIMIR, v. sọ̀nrorọ̀.
SER CUIDADOSO, CAPRICHOSO, v. bìkítà.
SER CUIDADOSO, CAUTELOSO, v. nítójú, kiyèsára < kiyè + sí + ara.
SER CUIDADOSO, SENSATO, v. mọra.
SER CUIDADOSO, v. rọ̀, rọra, súnramú > Ẹ jọ̀wọ́, rọra sọ̀rọ̀ – Por favor, fale devagar (é usado como advérbio pré-verbal).
SER CUIDADOSO, ZELOSO, v. ṣápọn > wolẹ̀ < wò + ilẹ̀ (lit. olhar o chão).
SER CULPADO, v. jẹ̀bi < jẹ + ẹ̀bi.
SER CULTO, v. mọ̀wé < mọ̀ + ìwé.
SER CURIOSO, v. tòjá > Ó tòjá nípa ọ̀rọ̀ náà – Ela é curiosa sobre aquele assunto.
SER DE CONFIANÇA, v. finútán > Ò finútán mi – Ela é de minha inteira confiança.
SER DUAS CARAS, v. sọ̀túnsọ̀sí (quando usado negativamente, adquire a condição de imparcialidade) > Kò sọ̀tún, kò sọ̀sì – Ele é imparcial (lit. ele não é duas caras).
SER DE INTERESSE, v. dọwọ́ < dè + ọwọ́.
SER DEIXADO DE LADO, v. ṣẹ́kù > Ó ṣẹ́kù ẹ̀run – Ela deixou de lado as migalhas.
SER DEMAGOGO, v. dàlúrú.
SER DEMAIS, DEIXADO DE LADO, v. ṣíkù, ṣẹ́kù.
SER DESCUIDADO, v. sọranù > Ó ti sọra nù – Ele está nas últimas.
SER DESFAVORÁVEL, v. sàìgbefún.

SER DESIGNADO, v. rọyè (para ocupar um posto oficial) > Ó nrọyè alákóso ilé ẹkọ́ – Ele está sendo designado diretor da escola.
SER DESOBEDIENTE, v. ṣàìgbọ́ràn.
SER DESPERTADO, v. jígìri (repentinamente).
SER DESPREZADO, v. fajúro > ó fajúro – ele parece chateado.
SER DESTITUÍDO DE, v. ṣàìní.
SER DEVEDOR, v. jẹ, tọ́sí > Ó tọ́ sí mi – Ele é meu devedor.
SER DIFERENTE, DESIGUAL, v. yàtọ̀ > Ma ṣe ọdún titun yàtọ – Faça um ano novo diferente.
SER DIFÍCIL, ÁRDUO, v. le > iṣẹ́ ìyálórìṣà kò le – o trabalho de iyalorixá não é fácil.
SER DIFÍCIL, SER DURO, v. ṣòro > Ó ṣòro fún mi láti ṣe é – É duro para mim fazer isto.
SER DIREITO, DIGNO, v. tọ́ > ẹ̀tọ́ – direito.
SER DOCE, AGRADÁVEL, v. dùn.
SER DOCE, v. ládùn (ter um gosto agradável).
SER DOMESTICADO, v. mojúlẹ́ < mọ̀ + ojúlẹ́.
SER DONO DE SI MESMO, v. dòminira.
SER DURÁVEL, v. tọ́ > Bàtà yìí máa tọ́ – Esses sapatos costumam ser duráveis.
SER DURO, RESISTENTE, v. yi, wo.
SER DURO, DIFÍCIL, v. ṣòro, nira > Iṣẹ́ mi níra púpọ̀ – Meu trabalho é muito difícil.
SER ECONÔMICO AO GASTAR, v. ṣúnná.
SER ELÁSTICO, FLEXÍVEL, v. lẹ̀, yi.
SER ELEGANTE, VAIDOSO, v. gbáfẹ́ < gbọ́ + afẹ́.
SER ELOQUENTE, v. sọ bótó (bem-falante) > Ó nsọ̀rọ̀ sọbótó – Ela está falando com eloquência.
SER ENCRENQUEIRO, v. bayéjẹ́ (criador de caso).
SER ENGRAÇADO, v. lóyàyà.
SER EQUILIBRADO, v. yọ́nú > Ó yọ́nú – Ele é equilibrado.
SER EQUIVALENTE, ADEQUADO, v. kájú > Onjẹ yìí kájú fún wa – Esta comida é suficiente para nós.

SER ESBELTO, *v.* wẹ́.
SER ESPANCADO, *v.* jigbè.
SER ESPECIALIZADO, FORMADO, *v.* tọ́.
SER ESPERTO, ASTUTO, *s.* jáfáfá > Ọmọ mi jáfáfá – Meu filho é esperto.
SER ESQUECIDO, *v.* rá_níyè > Ìfẹ́ rẹ ra mí níyè – O amor dela me esqueceu.
SER ESTE, SER ESTA, *v.* lèyìí < ni + èyìí > Aya mi lèyìí – Esta é minha esposa.
SER ESTRANHO, SINGULAR, *v.* ṣàrà.
SER ESTREITO, JUSTO, *v.* há (roupa, sapato etc.) > Bàtà há gàdígàdí – O sapato está apertado; > Àyè há fún mi – O espaço é estreito para mim.
SER ESTUDIOSO, *v.* kọ́wé < kọ́ + ìwé.
SER ESTÚPIDO, TOLO, *v.* gọ̀ > agọ̀ – idiota.
SER ESTÚPIDO, *v.* ṣàìrẹ́, yọ̀dọ̀gọ.
SER EXATO, SER ADEQUADO, *v.* bá_dé > Ìdérí yìí bá ìgò dé – Esta tampa é adequada para a garrafa.
SER EXATO, *v.* péjú, ṣegẹ́.
SER EXCEPCIONAL, *v.* tayọ > Ó tayọ mi – Ele me ultrapassou.
SER EXPANSIVO, *v.* wọ́n.
SER FÁCIL, CONVENIENTE, *v.* rọrùn < rọ̀ + ọrùn > Ra ọkọ̀ tí ó rọrùn láti túnṣe – Compre um carro que seja de fácil conserto.
SER FÁCIL, DÓCIL, *v.* rọ̀_lójú, rọ̀_lọ́rùn.
SER FÁCIL, *v.* jú, yá.
SER FALANTE, *v.* ṣàróyé (debater um assunto).
SER FELIZ, *v.* yọ̀ (estar contente) > Ó bá mi yọ̀ – Ele se congratulou comigo; > ayọ̀ – alegria, prazer.
SER FERIDO POR INJÚRIA, *v.* farapa.
SER FERIDO À BALA, *v.* gbọta.
SER FEROZ, VIOLENTO, *v.* ṣoro < ṣe + oro > Ó ṣoro lóní – Ele está com mau temperamento, hoje.
SER FÉRTIL, *v.* rọ̀yìn.
SER FERTILIZADO, *v.* gbàrin < gbà + irin.

SER FINITO, TRANSITÓRIO, *v.* lópin.
SER FINO, ROLIÇO, *v.* ròghòdò.
SER FLÁCIDO, FROUXO, *v.* dẹra < dẹ̀ + ara > Ènìà dẹra – Pessoa frouxa.
SER FORTE, CAPAZ, *v.* le > Ara mi le – Meu corpo é forte.
SER FORTE, *v.* múralè < mú + ara + lè.
SER FORTE, VIGOROSO, *v.* taagun < ta + eegun.
SER FRACO, DÉBIL, *v.* rán > Ọmọ yìí rán – Esta criança é fraca.
SER FRANCO, *v.* ṣínúpayáfún (alertar alguém).
SER FRIO, FRIORENTO, *v.* ta.
SER FROUXO, *v.* sò (estar com folga) > Èwù mi sò mi – Minha roupa está larga em mim.
SER FUNDADOR DE ALGO, *v.* tẹ̀dú.
SER FUNDAMENTADO, *v.* fidímúlẹ̀ < fi + ìdí + múlẹ̀ (ter raízes firmes).
SER FUNDO, *v.* jìn.
SER FÚTIL, TOLO, *v.* dẹ̀.
SER GASTO, BICHADO, *v.* ju.
SER GENEROSO, *v.* yawọ́ < yà + ọwọ́ > láwọ́ – liberal, mão aberta.
SER GENTIL, AMÁVEL, *v.* ṣènìà > Ó ṣènìà – Ele é uma pessoa amável.
SER GENTIL, *v.* ṣeun > O mà ṣeun – Você é gentil.
SER GORDO, DESAJEITADO, *v.* ṣebọ.
SER GRANDE, AMPLO, *v.* gbórín.
SER GRATO, AGRADECER, *v.* moore, àìmoore – ingrato, pẹ́ > ọpẹ́ – gratidão.
SER GROSSEIRO, *v.* sọmọtá.
SER GROSSO, DENSO, *v.* ki > Èkọ yìíki – Este pudim está denso.
SER HÁBIL, ESPERTO, *v.* yáwọ́ < yá + ọwọ́.
SER HÁBIL, JEITOSO, *v.* gbówọ́ < gbó + ọwọ́.
SER HÁBIL, VERSADO, *v.* gbógi < gbó + igi > Ó gbógi nínú ìwé – Ela é versada em literatura.
SER HABILIDOSO, JEITOSO, *v.* pa.
SER HIPÓCRITA, *v.* ṣàgàbàgebè > Ìwọ ṣàgàbàgebè – Você é hipócrita.
SER HOMEM, *v.* yakọ (estranho, diferente, rude).
SER HOSTIL A, *v.* sòtá.

SER HUMANO, s. ọmọ ènìà.
SER IDÊNTICO, SIMILAR, v. bárajọ < bá + ara + jọ.
SER IDOSO, v. darúgbó < dà + arúgbó (ter a idade avançada).
SER IGUAL A, EQUIVALER, v. tó > Ó ga tó mi – Ela é alta como eu.
SER IGUAL, IDÊNTICO, v. jọ́gba, bá_ṣe dédé.
SER IGUAL, v. dọ́gba > Iká kò dọ́gba – Os dedos não são iguais; > Ó pín dọ́gba – Ela dividiu em metades iguais.
SER IMPERTINENTE, v. yájú.
SER IMPORTANTE, CRITERIOSO, v. ṣepàtàkì.
SER IMPORTANTE, v. dájì, jẹ́ pàtàkì > Ó dájì ọkùnrin – Ele é um importante homem.
SER IMPOTENTE, v. kóbó, kúra > ìkúra – impotência.
SER IMPRATICÁVEL PARA VENDA, v. kùtà < kù + ìtà.
SER INATIVO, v. gẹlẹtẹ.
SER INCAPAZ, aux. v. tì (usado como 2º componente de um verbo com sentido de não poder) > Ó lọ tì – Ela não pôde ir.
SER INCOERENTE, CADUCAR, v. ṣarán > Òun nṣarán – Ele está caducando.
SER INCÓLUME, SADIO, v. yè.
SER INCONSTANTE, v. ṣíká, ṣíkiri > àṣíká – andarilho.
SER INCRÉDULO, v. sàìgbàgbó.
SER INDIFERENTE, s. sàgunlá, dágunlá < dá + àgunlá > yìgbì – tornar--se duro de coração.
SER INDOLENTE, APÁTICO, v. sìmẹ́lẹ́, sèmẹ́lẹ́.
SER INDOLENTE, v. yọ̀lẹ < yà + ọ̀lẹ (pouco ativo) > Ó yọ̀lẹ – Ele é preguiçoso.
SER INFAME, DESONROSO, v. sàbúkù.
SER INFELIZ, MISERÁVEL, v. sọ̀sì.
SER INFLAMÁVEL, v. lè_gbaná.
SER INGRATO, v. jẹsẹ́ > àjẹsẹ́ – ingratidão > Àjẹsẹ́ ló njẹ – Ele é pessoa ingrata.
SER INICIADO, v. ṣawo < ṣe + awo > Ó ṣawo òrìṣà – Ele se iniciou nos mistérios dos orixás.

SER INICIADO – SER LIVRE

SER INICIADO, *v.* gba òṣù > Ìgbà méló ni o gba òṣù? – Há quanto tempo você é feito? (*Obs.:* gba òṣù – receber o símbolo de uma iniciação).
SER INIMIGO, HOSTIL, *v.* ṣòtá.
SER INJURIADO, *v.* farapa (sofrer uma injúria).
SER INJUSTO, *v.* ṣàìṣòótọ́.
SER INOCENTE, *v.* jàre (estar com direito).
SER INOPORTUNO, *v.* wonkoko > Ó wonkoko mọ́ mi – Ela foi inoportuna comigo.
SER INSANO, *v.* ṣewèrè.
SER INSOLENTE, DESCARADO, *v.* ṣàfojúdi, ṣàfojúdisí, bẹ, fojúdi.
SER INTELIGENTE, CULTO, *v.* mọ̀wé < mọ̀ + ìwé > É mọ̀wé – Ela é inteligente.
SER INTELIGENTE, ESPERTO, *v.* mọ̀ye < mọ̀ + òye.
SER INTELIGENTE, SÁBIO, *v.* gbọ́n > ogbọ́n – sabedoria.
SER INTELIGENTE, *v.* lóye < ní + òye > O lóye púpọ̀ – Você é muito inteligente.
SER INTÉRPRETE DE, *v.* gbúfọ̀.
SER INTROMETIDO, *v.* ṣaládásí (se meter com, participar).
SER INÚTIL, *v.* dasán > íṣọdasán – aniquilação.
SER IRRECONCILIÁVEL, *v.* tadí > Ó tadí gbogbo ohun tí mo sọ – Ela recusou todas as tentativas que eu falei para reconciliar.
SER IRRITANTE, PETULANTE, *v.* jánú.
SER LARGO, SOLTO, *v.* dẹ.
SER LENTO, DEMORADO, *v.* lọ́ra.
SER LENTO, DEVAGAR, *v.* jáfàra.
SER LEPROSO, *v.* détẹ̀ < dá + ẹ̀tẹ̀.
SER LERDO, VAGAROSO, *v.* fàṣéhìn > Ó fàṣéhìn – Ela se retirou.
SER LEVADO, *v.* gbá_lọ (pelo vento ou pelas águas).
SER LEVE, *v.* fúyẹ́ (com sentido de recuperar a saúde).
SER LIBERTINO, SENSUAL, *v.* yádí, yáàdí > Ó yádì púpọ̀ – Ela é muito sexy.
SER LIGEIRO, ÁGIL, *v.* yáṣẹ̀ < yá + ẹsẹ̀.
SER LIVRE, *v.* dòminira (ser dono de si mesmo).

SER LONGE, *v.* jìn, jìnnà > Mo ngbé jìnnà ilé rẹ̀ – Eu estou morando longe da casa dela.
SER LONGO, COMPRIDO, *v.* gùn.
SER LONGO, DEMORADO, *v.* fàpẹ́, pẹ́.
SER LONGO, *v.* jẹ́_pẹ́ > Ó jẹ́ olóyè wa pẹ́ – Ele foi nosso chefe por um longo tempo.
SER LOUCO, TOLO, *v.* ṣiwèrè.
SER MACHO, DIFERENTE, *v.* yako.
SER MACIO AO TATO, *v.* yọ́mìnì > Sílíkì yìí yọ́ mìnì – Este tecido de seda é macio.
SER MACIO, AGRADÁVEL, *v.* kúnná.
SER MACIO, MADURO, *v.* dẹ̀ > Ọsàn yìí dẹ̀ – Esta laranja é macia; > Ó dehùn – Ela se acalmou < dẹ̀ + ohùn.
SER MACIO, SUAVE, *v.* rojú < rọ̀ + ojú.
SER MACIO, TENRO, *v.* rọ̀ > Ẹran rọ̀ púpọ̀ – A carne está macia.
SER MAGRICELA, *v.* fọn.
SER MAIS NOVO, MENOR DE IDADE, *adj.* láìlọ́jọ́lórí.
SER MAL-SUCEDIDO, *v.* bákù, kùnà > Ó bákù – Ele fracassou.
SER MÁSCULO, VIRIL, *v.* ṣokùnrin.
SER MAU, *v.* burú > Ìwọ burú fún mi – Você é mau para mim; > Kò burú – Mais ou menos (lit. não é ruim, mas também não é bom).
SER MELHOR DO QUE, *v.* sànjù_lọ > O sán jù òun lọ – Você é melhor do que ela.
SER MELHOR QUE, *v.* sànsẹ́ > Ìwé rẹ̀ sànsẹ́ ìwé yìí – O livro dele é melhor que este livro.
SER MELHOR, *v.* bẹ̀tà (do inglês *better*).
SER MELINDROSO, *v.* rera < re + ara (enfadonho, tedioso).
SER MENOR, *v.* kéré jù (ser muito pequeno) > Bàtà yí kéré jù – Este sapato é pequeno demais; > Nọ́nbà wo ni ó kéré jù? – Qual é o número menor?
SER MINÚSCULO, *v.* wẹ́ > awẹ́ – gomo de fruta.
SER MISERÁVEL, AVARENTO, *v.* láhun, ṣahun.
SER MISERICORDIOSO, *v.* ṣàánú (ter piedade) > Wọn ṣàánú wa – Eles têm pena de nós.

SER MODERADO, SÓBRIO, *v.* farabalẹ̀.
SER MORNO, *v.* lọ́.
SER MUITO MADURO, *v.* pónrẹ̀rẹ̀.
SER MUITO MAIS QUE, *v.* pọ̀jù (excessivo) > Wọn pọ̀jù – Eles são numerosos.
SER MUITO SÁBIO, *v.* mọ àmọ̀tán.
SER MUITO, NUMEROSO, *v.* pọ̀ > Ìfẹ́ mi pọ̀ fún ọ – Meu amor é muito por você.
SER MULHER COMUM, *v.* ṣobìnrin (nem pior, nem melhor).
SER MURCHO, DETERIORADO, *v.* ṣá.
SER NATURAL, OBSTINADO, *v.* jingíri > Ènìà yìí jingíria – Esta pessoa é teimosa.
SER NOVO, ESTAR NOVO, *v.* ṣọ̀tún < ṣe + ọ̀tún.
SER O PRIMEIRO, *v.* kọ́, kọ́kọ́ > Ó kọ́kọ́ sọ̀rọ̀ – Ela falou primeiro; (também usado na composição de palavras: *kọkọrogun* – sovina, mesquinho).
SER OBEDIENTE, *v.* ṣẹgbọ́ràn, ṣẹgbọ́nránsí.
SER OBSCENO, INDECENTE, *v.* pọ́n > Aṣọ yìí pọ́n – A roupa está suja.
SER OBSERVADOR ATENTO, *v.* fi_ra.
SER OBSTINADO, TEIMOSO, *v.* warùnkì < wà + ọrùn + kì.
SER OBSTINADO, *v.* gbónu, ṣagídí (ter força de vontade).
SER OMISSO, OCIOSO, *v.* fàsẹ́hìn > Ó fàsẹ́hìn – Ela se retirou.
SER OPORTUNO, *v.* bọ́sẹ̀sọ̀ < bọ́ + sẹ̀sọ̀, sákókò < sá + àkókò.
SER ORGULHOSO, CONVENCIDO, *v.* lẹ́nu.
SER ORGULHOSO, ENCORAJADOR, *v.* wúlórí > Ó ṣe é láti fi wú mi lórí rẹ̀ – Ela fez isto para me sentir orgulhoso dela.
SER OU ESTAR, *v.* yà (quando precede estado incomum de uma pessoa) > Ó ya ọ̀lẹ – Ele está com preguiça.
SER OUSADO, *v.* sáré, súré (correr por todos os lados).
SER PACIENTE, *v.* fojúsílẹ̀ < fi + ojú + silẹ̀.
SER PALHAÇO, *v.* yẹran.
SER PÁLIDO, DESCORADO, *v.* sì.
SER PARCIAL, *v.* ṣojúṣájú.

SER PATROCINADOR, *v.* sègbòwófún.
SER PEQUENO, *v.* kéré > Aṣọ rẹ̀ kéré fún mi – A roupa dela é pequena para mim.
SER PERFEITO, CORRETO, *v.* pétán.
SER PERSEVERANTE, ESFORÇADO, *v.* ṣáyan.
SER PERSISTENTE, RESOLUTO, *v.* máradúró.
SER PERSISTENTE, TENAZ, *v.* mẹ́sẹ̀dúró, máradúró.
SER PERSISTENTE, *v.* ta > Ó ta kánkán – Ele é ativo, eficaz.
SER PESADO, CONSISTENTE, *v.* wúwo > Ó wúwo bí òjé – Ele é pesado como chumbo.
SER PESADO, SER MEDIDO, *v.* tẹ̀wọ̀n < tẹ́ + ìwọ̀n.
SER POSITIVO, INSISTENTE, *v.* ṣaláìyín.
SER POSSÍVEL, PROVÁVEL, *v.* ṣeéṣe > Ó ṣeéṣe kí mo dé lọ́túnla – É provável que eu chegue depois de amanhã.
SER POSSÍVEL, SER BEM-SUCEDIDO, *v.* mú_rọ́.
SER PRECIPITADO, APRESSADO, *v.* sèwára.
SER PREDOMINANTE, *v.* kúnlẹ̀ < kún + ilẹ̀ > Gbèse rẹ̀ kúnlẹ̀ jàánrẹrẹ – As dívidas dele são ilimitadas.
SER PREGUEADO, FRANZIDO, *v.* dápò.
SER PREGUIÇOSO, INDOLENTE, *v.* ṣòle < ṣe + òle.
SER PREJUDICADO, *v.* ṣèse < ṣe + èse > Ó ṣe mí lese – Ele me prejudicou < ṣe + èse.
SER PRETO, ESCURO, *v.* dú, dúdú.
SER PROCURADO, RARO, *v.* wọ́n > Ọ̀rọ̀ yìí wọ́n – Esta palavra é rara.
SER PRÓPRIO, ADEQUADO, *v.* yẹ́ṣọ.
SER PRÓXIMO, ADJACENTE, *v.* tì, kín.
SER PRUDENTE, SAGAZ, *v.* mòye > Ó mòye níṣẹ́ rẹ̀ – Ele é prudente no trabalho dele.
SER QUENTE, *v.* gbóná < gbó + iná.
SER RÁPIDO, IMEDIATO, *v.* yá > ìyára – rapidez.
SER RARO, ESCASSO, *v.* sọ̀wọ́n, wọ́n > Ṣé sùúrù èéṣe tí o fi sọ̀wọ́n tó bẹ́ẹ̀? – A paciência por que é tão rara assim?
SER REALIZÁVEL, *v.* múrọ́.

SER REATIVO, *v.* jásè < jẹ́ + àsè.
SER RECEBIDO, *v.* guà_pò (por todos, simultaneamente).
SER RECENTE, *v.* pé.
SER RECOMPENSADO, *v.* pé > Èrú kò pé – Fraude não traz recompensa.
SER REDONDO, CIRCULAR, *v.* sù > ìsù oògùn – comprimido.
SER REFINADO, CIVILIZADO, *v.* lajú (lit. abrir os olhos de alguém).
SER REJEITADO, *v.* fajúro.
SER RELACIONADO, *v.* báratan, fi arakọ́ra, jẹmọ́ (ser conectado a alguma coisa).
SER REPRESENTANTE, *v.* dáhùn fún (ser responsável por).
SER REPROVADO, *v.* gbódo < gbà + òdo (receber zero).
SER RESPEITADO, *v.* gbọmọ.
SER RESPONSÁVEL POR, *v.* rẹrù.
SER RESTRITO À ÁREA, *v.* sọjọ̀ > Ó fi mí sọjọ̀ ní ọgbà – Ela me manteve seguro no jardim.
SER RESTRITO, LIMITADO, *v.* mọ > Ó mọ lójọ́ díẹ̀ – Ela restringiu por poucos dias.
SER RETA, LISA, *v.* tọ́ > Ìlà yìí tọ́ – Esta é uma linha reta; Ọ̀nà yìí tọ́ – Esta estrada é reta.
SER RETO, ESTICADO, *v.* gún > Igi gún gbọ̀ọ̀rọ̀ – A árvore é perfeitamente reta.
SER RICO, SAUDÁVEL, *v.* lọ́rọ̀.
SER RIDÍCULO, *v.* dérinpa < dé + èrin + pa (causar risos).
SER ROBUSTO, FORTE, *v.* sángun, gbóra < gbó + ara > Ó sángun – Ele é vigoroso.
SER RUDE, GROSSEIRO, *v.* sọmọtá.
SER RUDE, INSOCIÁVEL, *v.* yasó > O yasó – Ele é malcriado.
SER SATURADO, *v.* gboyún.
SER SECRETO, SIGILOSO, *v.* fọwọ́bò < fi + ọwọ́ + bò > Ó fọwọ́bò ó – Ele o fez de forma sigilosa.
SER SEM GOSTO, INSÍPIDO, *v.* tẹ́ > àtẹ́ – de mau gosto.
SER SEMELHANTE, SIMILAR, *v.* ríbakannáà.

SER SENHOR DE SI, LIVRE, *v.* dòminira.
SER SENSATO, PRUDENTE, *v.* mú_farabalẹ̀.
SER SENSUAL, *v.* yán, yándí > Ó yándí púpọ̀ – Ela é sensual.
SER SEVERO, *v.* mú, ṣèkannú > Oòrùn mú púpọ̀ – O sol está muito forte.
SER SEXUAL EXAGERADO, *v.* yádí > Ó yádí púpọ̀ – Ela é muito sexy.
SER SINCERO, *v.* ṣòtítọ́.
SER SÓBRIO, MODERADO, *v.* farabalẹ̀ < fi + ara + bálẹ̀.
SER SÓCIO, PARCEIRO, *v.* jọní.
SER SOLÍCITO, PREOCUPADO, *v.* ṣàníyàn.
SER SÓLIDO, FORTE, *v.* le > Ara mi le – Meu corpo é forte; > ìlera – saúde.
SER SUBORDINADO, *v.* jẹ́ igbákèjì.
SER SUFICIENTE, *v.* sùn_bọ̀, kálẹ́nu kárí < ká + orí > Ó sùn mí bọ̀ – É mais que suficiente para mim.
SER SUJO, BAIXO, *v.* dọ̀tti.
SER SUJO, DESARRUMADO, *v.* yọ̀bùn.
SER SUPERIOR, *v.* lékè (estar em cima).
SER TEIMOSO, BIRRENTO, *v.* takú > Ó takú gba owó – Ela se recusou a receber o dinheiro.
SER TEIMOSO, INTRATÁVEL, *v.* ṣó.
SER TEMPERAMENTAL, *v.* dínú < dí + inú > Ó dínú – Ele é reservado.
SER TENTADO A FAZER, INDUZIR, *v.* dánwò, dán_wò > Mo dánwò láti ṣe é – Eu fui tentado a fazê-lo.
SER TOLO, ESTÚPIDO, *v.* yagọ̀ > Ó yagọ̀ – Ele é bocó.
SER TOLO, SER IDIOTA, *v.* ponú > O ponú – Você é um idiota.
SER TORTO, ESTROPIADO, *v.* lọ́kùn < lọ́ + ìkun.
SER TORTO, TORCIDO, *v.* wọ́ > Ẹsẹ̀ mi wọ́ – Minha perna é torta.
SER TRAIÇOEIRO, DESLEAL, *v.* ṣàrékerekè, ṣòdalẹ̀.
SER TRANQUILO, DÓCIL, *v.* tunú, tẹ́nu < tù + inú > O tẹ́nu – Você é uma pessoa moderada.
SER TRANSPARENTE, CLARO, *v.* ṣegaara.
SER TRISTONHO, AMARGURADO, *v.* wúgbọ.
SER UM CRIADO, SERVIDOR, *v.* ṣọmọdọ̀.

SER UM ESPIÃO, v. ṣamí > Ó nṣamí wa – Ela está nos espionando.
SER UM INQUILINO, v. ṣàgbàwọ̀.
SER UM TRAIDOR, v. ṣoníkúpani.
SER UNÂNIME, v. fohùnṣọkan (ter a mesma opinião).
SER O ÚNICO A CONHECER, v. dá_mọ̀ > Mo dá a mọ̀ – Eu sou o único que o conhece
SER UNIDO, v. ṣọkan < ṣe + ọ̀kan > Ó mú wa ṣọkan – Ela nos uniu; > ṣọkanṣoṣo – ser unânime.
SER ÚTIL, v. ṣàùnfàní, wúlọ.
SER VACINADO, IMUNIZADO, v. jẹ okí.
SER VAIDOSO, ELEGANTE, v, ṣafẹ́, gbáfẹ́ > Ó gbáfẹ́ – Ele é elegante.
SER VAIDOSO, OSTENTAR, v. ṣoge.
SER VALIOSO, v. níláárí.
SER VELHO, v. gbó (envelhecer).
SER VERDADEIRO, HONESTO, v. ṣòtítọ́, ṣòótọ́.
SER VERDADEIRO, v. ṣódodo < ṣe + òdodo > Ó ṣòdodo – Ele é pessoa justa.
SER VERMELHO, v. pọ́n, pupa (ter tom avermelhado, ruivo) > Ojú mi pọ́n wẹ̀ – Meus olhos estão vermelhos, inflamados.
SER VERSADO EM, v. mòdí < mọ̀ + ìdí > mòfin – versado em leis.
SER VIOLENTO, SEVERO, v. bàmù > Ó lù mí bàmú – Ele foi violento comigo.
SER VISÍVEL, v. hàn > fihàn – mostra.
SER VITORIOSO, v. mólú > Ó jagun mólú – Ele é um guerreiro vitorioso.
SER VIVO, ASTUTO, v. gbọ́n-àgbọ́nrégé.
SER VIZINHO, v. ṣaládùgbò.
SER VOCÊS, v. lẹ̀yin < ní + ẹ̀yin > Tani ẹ̀yin? = Talẹ̀yin? – Quem são vocês?
SER VORAZ, GULOSO, v. ṣèwọra.
SER, EXISTIR, v. mbẹ (existência absoluta) > Ọlọ́run mbẹ – Deus existe.
SER, v. jẹ́ (usado para definir características naturais e qualidades morais; forma negativa – kì íṣe) > Bàbá mi jẹ́ ọlógbọ́n – Papai é uma pessoa sábia; > Kì íṣe olùkọ́ mi – Ela não é a minha professora.
SER, v. ni > Èmi ni – Eu sou. *Obs*.: **1**. usado para ênfase; **2**. rege frases interrogativas; **3**. antes de vogal diferente de i transforma-se em L >

Kílèyí? = Ki ni eyí? – O que é isto?; **4.** forma negativa – *kọ́*; **5.** Não é usado com pron. pess. de uma sílaba; **6.** Não é usado no tempo futuro – usar *jẹ́* > Ṣàngó ni bàbá mi – Xangô é o meu pai; > Lóní kọ́ ojọ́ ìdáwò – Hoje não é dia de consulta (se *kọ́* for seguido por um verbo, *ni* é usado) > Ẹran kọ́ ni ò ndín – Não é carne que você está fritando.

SER, *v.* ṣe, rí (usado para exibir uma certa aparência, parecer e geralmente seguido de um advérbio) > Ara ajá yìí ṣe ṣáki-ṣáki – Aquele cachorro parece peludo; > Ó ṣe ènìà – Ele age como um ser humano, é amável; > Ó rí kìrìbìtì – Ele parece redondo. (Não confundir ṣe – também significa fazer; rí – verbo ver, encontrar.)

SER, *v.* yà (quando precede nomes que revela algo anormal) > Ó ya òmùgọ̀ púpọ̀ – Ele é muito estúpido; > Nwọ́n ya ọlẹ – Eles são preguiçosos.

SERÃO, HORA EXTRA, *s.* àbọ̀ṣẹ́ (tarefa excedente de trabalho) > Óun nṣe àbọ̀ṣẹ́ – Ele está fazendo serão.

SERENIDADE, *s.* bíbalẹ̀ > ìbalẹ̀-ọkàn – paz no coração, ìbalẹ̀-àyà – paz da mente.

SERENIDADE, QUIETUDE, *s.* ìdákẹ́rọ́rọ́ > ìdejú – natureza calma.

SERENO, CALMO, *adj.* dákẹ́rọ́rọ́, pípalọ́lọ́.

SERENO DA MADRUGADA, *s.* ìrì-òru.

SERENO DA MANHÃ, NÉVOA, *s.* ìrì-òwúrọ̀.

SERENO MATINAL, *s.* òjò àkọ́rọ̀.

SERENO NOTURNO, *s.* òjò àrọ̀kúrò.

SERIAMENTE, *adv.* gedegbe, pẹ̀lú ìrònú > Wọ́n dúró gédégédé – Eles ficaram de pé, separadamente.

SÉRIE, *s.* ọ̀wọ́, ìtẹ̀lé-lésẹ̀sẹ̀.

SERIEDADE, *s.* àìṣèfẹ̀, àìfiṣeré, ìrọ̀nú jìnlẹ̀.

SERINGA, *s.* abẹ́rẹ́-oògùn (usada na injeção de líquidos).

SERINGUEIRA, LÁTEX, *s.* igi iré, igi rọ́bà (do inglês *rubber*).

SERINGUEIRA, *s.* pánrọ́bà, páùnrọ́bà.

SÉRIO, RESERVADO, *adj.* nírònú > onítìjú – pessoa reservada.

SERMÃO, *s.* ìwásù > Ìwásù rẹ̀ṣọ wa jí – O sermão dele me despertou.

SERPENTE (TIPOS), *s.* ogbá, ejó.

SERRADOR, LENHADOR, *s.* lagilagi, alagi.

SERRAGEM, *s.* bulẹ̀-bulẹ̀ igi > ìyẹ̀-igi – cupim da madeira.

SERRALHEIRO, *s.* aró, aró-àgbèdẹ, alágbèdẹ kókóró.
SERRAR, *v.* yùn > Ó yun ẹka igi yẹn – Ele serrou o galho daquela árvore; > ayùn – serrote, raspador.
SERVENTE, APRENDIZ, *s.* ọmọ-iṣẹ́, ọmọ-ọ̀dọ̀.
SERVIÇAL, *adj.* wúsìn.
SERVIÇO FÚNEBRE, *s.* ìsìnkú.
SERVIÇO PÚBLICO, *s.* oníṣẹ́ ìjọba.
SERVIÇO, *s.* iṣẹ́ > ọ̀yà – pagamento por um serviço feito.
SERVIDÃO, DEPENDÊNCIA, *s.* oko-ẹrú.
SERVIDOR, ATENDENTE, *s.* ẹmẹ̀wà.
SERVIDOR, ESCRAVO, *s.* ẹrúkùnrin, ẹrúbìnrin.
SERVIL, SUBSERVIENTE, *s.* aríbanijẹ́, iṣẹ́ ẹrú > bí ẹrú – como um escravo.
SERVILISMO, ESCRAVIDÃO, *s.* ìsìnrú, ìrú.
SERVIR ALGUÉM, *v.* ṣèránṣẹ́ < ṣe ìránṣẹ́.
SERVO, SERVIÇAL, *s.* ẹrú > ọmọ̀dọ̀ – criada.
SERVO DE DEUS, *s.* Ìránṣẹ́ Ọlọ́run > Àwa ni àwọn ìránṣẹ́ Ọlọ́run – Nós somos os servos de Deus.
SESSÃO, ENCONTRO, *s.* ìpàdé.
SETA, *s.* ẹfọ́n.
SETE ANOS ATRÁS, *s.* ìdúnje < ìdún + èje (contando com o ano presente).
SETE ANOS, *num.* ọdún méje > Òun ti ṣe orò ọdún méje – Ela já fez a obrigação de sete anos. *Obs.*: èje – 7, méje – sete, kéje – sétimo.
SETE DIAS A PARTIR DE HOJE, *adv.* ìjeni.
SETE LADOS DE UMA FIGURA, *s.* oníhàméje.
SETE MIL, *num.* ẹ̀ẹ́dẹ́gbàarin (lit. mil menos oito mil).
SETE, *num.* èje, méje > èkéje – sétimo, èèméje – sete vezes.
SETEMBRO, *s.* Oṣù Ọ̀wẹ́rẹ́, Oṣù kẹsán ọdún, Oṣùu Sètẹ́mbà (do inglês *september*).
SETOR, SEÇÃO, *s.* ẹgbẹ́ > ẹgbẹ́ oníṣowó – setor de negócio.
SEU, SUA, DE VOCÊ, *pron. poss.* rẹ, ẹ (posicionado depois de subst.) Èyí ni ilé rẹ – Esta é a sua casa.

SEU, SUA, DE VOCÊ, pron. poss. tìrẹ, tìẹ > Tèmi ni yíí tàbí tìrẹ ni? – Esta é minha ou é sua?
SEUS, SUAS, DE VOCÊS, pron. poss. yín (posicionado depois de subst.).
SEUS, SUAS, DE VOCÊS, pron. poss. tẹyin.
SEVERAMENTE, adv. pàràpàrà, pẹ̀rẹ̀pẹ̀rẹ̀, pọ̀nmọ́, tagbára-tagbára > láìní aanú – sem piedade.
SEVERIDADE, FÚRIA, s. ìkannú.
SEVERO, RIGOROSO, adj. rorò, múná, lagídí > Ajá tí ó nrorò – Um cachorro que é feroz.
SEXO, COITO, s. ìbásùn > àrùn ìrin – doença sexualmente transmitida.
SEXO FEMININO, s. ìrin abo.
SEXOLOGIA, s. ẹ̀kọ́ nípa ìrin-ẹ̀dá.
SEXO MASCULINO, s. ìrin akọ > oníṣekúṣe – sexualmente desinibido.
SEXUAL, REPRODUÇÃO, s. bíbí àìgbàrin (sem a união do casal).
SEXTA-FEIRA, s. Ọjọ́ ẹtì, Ọjọ́ kẹ́fà ọ̀sẹ̀, Ọjọ́ Fúráideè (do inglês *friday*), Jìmọ̀ (do idioma hausá) > Kò dáwò ní ọjọ̀ ẹti – Ele não consulta às sextas-feiras.
SEXTO, num. ẹ̀kẹ́fà (quando o assunto é mencionado, a vogal inicial é omitida) > Èyí ni aṣọ kẹ́fà – Esta é a sexta roupa.
SIBÉRIA, s. Sàìbéríà (região da Rússia).
SHILLING, s. ṣílẹ̀ (moeda inglesa *shilling*).
SIFÃO, s. òòfà-téérẹ́ omi (tubo para transferir líquido).
SÍFILIS, s. àtọ̀sí-oníbà, rékó-rékó < ré + okó (infecção).
SIGNIFICADO, PROPÓSITO, s. ìtúmọ̀, ìdí-pàtàkì > Ó mọ ìtúmọ̀ ọ̀rọ̀ yìí – Ele conhece o significado desta palavra.
SIGNIFICANTE, MARCANTE, s. alámì, onítúmọ̀ > ẹnití ó ṣe nkan pàtàkì – aquele que fez algo importante.
SIGNIFICAR, SER, v. kúsí, fihàn > jẹ́ pàtàkì – ser importante.
SIGNIFICATIVAMENTE, adv. suun.
SIGNIFICATIVO, adj. onítúmọ̀.
SIGNOS ASTROLÓGICOS, s. àmì ìwòràwọ̀.
SIGNOS DE IFÁ, s. odù > ojú odù – signos principais.
SÍLABA, s. ọ̀rọ̀ kan, gbólóhùn ọ̀rọ̀, sílébù (do inglês *syllable*) > Sílébù ni ẹ̀gé ọ̀rọ̀ – A sílaba é a fatia da palavra.

SILENCIAR – SIMPÁTICO

SILENCIAR, v. mẹ́nunkunken (ser silencioso).
SILENCIAR, v. mú‿dákẹ́ (ficar quieto).
SILÊNCIO, exp. kéere o, kẹ́képa (lit. matar o barulho).
SILÊNCIO!, interj. atótóo! > dákẹ́ < dá + kẹ́kẹ́ – ficar em silêncio.
SILÊNCIO, MUDEZ, s. àìlahùn > ìpanumọ́ – ato de ficar em silêncio.
SILÊNCIO, QUIETUDE, s. arére, ìdákẹ́, ìdákẹ́jẹ́, ìdákẹ́rọ́rọ́.
SILÊNCIO, s. ìpalẹ́numọ́, òkúdù.
SILENCIOSAMENTE, adv. furu, rọ́rọ́, wọ́ọ́rọ́, wọ́ọ́rọ́wọ́.
SILENCIOSO, QUIETO, adj. nídákẹ́.
SILENCIOSO, SEM SOM, s. àìdún.
SILHUETA, s. òjiji.
SILICONE, s. ìṣùu sílíkà (do inglês silicon).
SILO, CELEIRO, s. abà > àká – silo de milho, àró – silo de feijão.
SIM, adv. bẹ́ẹ̀ni, hẹn, in, én, hán, hún, ún.
SIM, ASSIM É, adv. bẹ́ẹ̀ni.
SIM, MADAME, exp. bẹ́ẹ̀ni mà, yẹsi mà (do inglês yes, madame).
SIM, SENHOR, exp. bẹ́ẹ̀ni sà, yẹsá (do inglês yes, sir).
SIMBÓLICO, adj. lámì, lápẹrẹ.
SIMBOLIZAR, v. fi ṣe àpẹrẹ, fi ṣe àmì, jẹ́ àpẹrẹ.
SÍMBOLO, REPRESENTAÇÃO, s. àmì, àpẹrẹ > Àmì ìrọ̀pọ̀ – Sinal positivo.
SÍMBOLO RELIGIOSO, s. oṣé (usado no culto a Ṣàngó); > ṣàṣàrà (usado no culto ao Òrìṣà Ọmọlu).
SIMETRIA, HARMONIA, s. ìṣẹdédé, dídógbá, gígún.
SIMÉTRICO, s. agún > ẹ̀dá agúnrégé – objeto simétrico.
SIMILAR, adj. ìbárajọ > bárajọ, jọra – ser idêntico, similar; > kannáà – igual, o mesmo > Wọ́n rì kannáà – Eles são idênticos.
SIMILARIDADE, s. ìbárajọ, ìjọ, ìjọra (semelhança).
SIMILITUDE, COMPARAÇÃO, s. ìkàwé, àkàwé < kà + wé.
SÍMIO, MACACO, s. ọ̀bọ.
SIMPATIA, SOLIDARIEDADE, s. ìkẹ́dùn, ìbákẹ́dùn, àbákẹ́dùn.
SIMPATICAMENTE, adv. tẹ̀dùntẹ̀dùn.
SIMPÁTICO, adj. dára > Ènìà míràn dára – Algumas pessoas são simpáticas.

SIMPATIZANTE, s. agbọ̀nràndùn, abánidárò, olùbánidárò.
SIMPATIZAR COM, v. bá_dárò, bá_kẹ́dùn > Ó bá mi dárò – Ela simpatizou comigo.
SIMPLES, adj. láìlárékéreké (sem sofisticação) > rọrùn – ser fácil.
SIMPLESMENTE, adv. kadara, ṣákáṣáká, ṣoṣoro > ògédé – somente.
SIMPLICIDADE, s. àìṣetan, àìlárékérèkè.
SIMPLIFICAÇÃO, s. iṣèyànjú, iṣàlàyé.
SIMPLIFICAR, ESCLARECER, v. mú_yanjú > Ó mú ọ̀rọ̀ náà yanjú – Ela esclareceu o assunto; > ṣàlàyé – explicar.
SIMPLISTA, adj. aláìrojínlẹ̀ (extremamente simples).
SIMULAÇÃO, s. ìdíbọ́n, ìfarawé, ìṣàfarawé (imitação).
SIMULAR, v. ṣàfarawé > Ó ṣàfarawé mi – Ela me imitou.
SIMULTANEAMENTE, adv. gẹ́gẹ́, gẹ́ẹ́.
SIMULTÂNEO, adj. igbàkannàà, síṣepọ̀ > àjùmọ̀ṣe – ação conjunta, parceria.
SINA, INFORTÚNIO, s. àmúwá.
SINAL DA CRUZ, s. àmì àgbélébu > Orúkọ Bàbá, Orúkọ Ọmọ, Ara Ọ̀run ou Ẹ̀mí Mímọ́, Àmín – Em nome do Pai, do Filho, do Espírito Santo, amém.
SINAL LUMINOSO, s. àmi dídán > Àmi dídán orí okè fún ìkìlọ̀ ewu (lit. sinal no alto de advertência ao perigo).
SINAL MAIS, ADIÇÃO, s. àmì ìròpọ̀.
SINAL MENOS, SUBTRAÇÃO, s. àmì ìyọkúrò.
SINAL NEGATIVO, s. àmì èyọ, àmì àyọkúrò.
SINAL POSITIVO, s. àmi elérò, àmì ìròpọ̀ – sinal mais.
SINAL VERMELHO, s. àmì dídán pupa (sinal vermelho luminoso).
SINAL, INDICAÇÃO, s. òye.
SINAL, PONTO, s. àmì ìdúró (usado em frase para indicar pausa ou parágrafo).
SINAL, SÍMBOLO, s. àmì, àmi (leia àmin).
SINCERA, s. olóótọ́ (pessoa verdadeira) > Òun jé ènìà olóótọ́ – Ela é uma pessoa sincera, verdadeira < oní + òótọ́ = olóótọ́.
SINCERAMENTE, adv. láìṣètàn.

SINCERIDADE, FRANQUEZA, s. àìlẹ́tàn, àìṣetan, òdodo.
SINCERO, FIRME, adj. láìbà (que nada esconde) > ṣòótọ́ – ser verdadeiro, sincero.
SÍNCOPE, s. dídákú.
SINDICATO, s. ẹgbẹ́.
SÍNDROME, s. àwọn àmì àìsàn (sintomas que caracterizam infecção).
SINETA CÔNICA, s. ìrofá.
SINETA, s. àjà, ààjà, ìrọ́kẹ̀ > Ó ngbọ́n àjà – Ela está agitando a sineta.
SINFONIA, s. agbo eléré, ìró ohún púpọ̀ papọ̀ – qualidade de muitos sons combinados.
SINGELO, SIMPLES, adj. láìlárékéréké.
SINGULAR, ESPECIAL, adj. ìyàlẹ́nu.
SINGULAR, s. ẹyọ, ọ̀kan, ọ̀kanṣoṣo, ẹyọkan (lit. somente um).
SINGULAR E PLURAL, s. ìkanṣoṣo àti ọ̀pọ̀lọ́pọ̀ (lit. somente um e numerosos).
SINISTRO, ACIDENTE, s. àgbákò, ìjànbá.
SINO, s. aago, agogo.
SINÔNIMO, adj. jẹ́ bákannáà (ser similar).
SINÔNIMO, s. àwọn ọ̀rọ̀ púpọ̀ tí o ní ìtúmọ̀ kannáà – muitas palavras que têm a mesma tradução.
SINOPSE, RESUMO, s. akópọ̀, akorí.
SÍNTESE, s. ìdá > dá – sintetizar, criar.
SINTÉTICO, s. àtọwọ́dá (artificial).
SINTO MUITO, exp. Ó dùn mi nínú lọ́kàn (lit. me dói dentro do coração).
SINTOMA, INDÍCIO, s. àmì àrùn > àmì àìsàn – sinal de enfermidade.
SINUOSO, CURVO, adj. ṣàìtọ́.
SÍRIA, s. Orílẹ̀ẹ̀ Síríà (República Árabe da Síria localizada na Ásia Ocidental).
SISTEMA DE PENHORA, s. igbà.
SISTEMA DE VIDA, s. ètò ìgbé-àiyé.
SISTEMA CIRCULATÓRIO, s. ètò ìṣàn ẹ̀jẹ̀.
SISTEMA DECIMAL, s. ètò ìdámẹ́wàá.

SISTEMA LINFÁTICO, s. ètò ìṣàn omi-ara – sistema corrente de fluidos.
SISTEMA NERVOSO, s. ètò ẹsọ̀-ara.
SISTEMA NUMÉRICO, s. ètò èèkà.
SISTEMÁTICO, adj. lẹ́sẹsẹ, lẹ́selẹ́sẹ, létòlétò, elétò.
SÍSTOLE, s. ìgbà ìsọ́kì ọkàn (contração do coração).
SISUDEZ, MUDEZ, s. àìfọhùn.
SITIANTE, s. adóti.
SITIAR, CERCAR, v. ṣàba < ṣe + àba > Wọ́n ṣàba ti ìlú náà – Eles cercaram aquela cidade.
SITIAR, OCUPAR, v. dóti, sàgatì.
SITIOLOGIA, s. ẹ̀kọ́ nípa ijẹ (estudo sobre alimentação).
SITUAÇÃO AMENA, BRANDA, s. ọ̀jọ̀gbọ̀.
SITUAÇÃO CONFUSA, s. ọ̀nà ìrújú, ìṣújú.
SITUAÇÃO EXCELENTE, s. ìtayọ́.
SITUAÇÃO IMPREVISÍVEL, adj. àfàìmọ̀.
SITUAÇÃO INTRANQUILA, s. àìbalẹ̀-àiya.
SITUAÇÃO, POSIÇÃO, s. ipò > Ó padà sí ipò rẹ̀ – Ele voltou para o posto dele; > Kini ipò rẹ̀ nínú ẹ̀sin? – Qual o seu cargo dentro da religião?
SITUADO, POSICIONADO, adj. nípò > wà ní ibi – estar em um lugar; tẹ_dó – formar um local, uma cidade etc.
SÓ, COMPLETAMENTE SÓ, adv. gadamù, káká > Ọdẹ wà gadamù nínú igbó – O caçador está completamente só dentro da floresta.
SÓ, SOMENTE, adv. òkúrú (exclusivamente) > kanṣoṣo – somente um > Mo ra ẹní kan ṣoṣo – Eu comprei somente uma esteira; > Èmi mú ọ̀kan ṣoṣo – Eu peguei somente um.
SÓ, SOZINHO, adv. pré-v. nìkan > somente, apenas > Èmi nìkan yíò lọ – Eu irei sozinho; Ó nìkan ṣe orò rẹ̀ – Ela fez a obrigação dela sozinha.
SOAR REPETIDAMENTE, v. talétí < ta + ní + etí (incomodar os ouvidos pelo barulho).
SOAR, TOCAR, v. fọnpè, dún > Fèrè dún – O apito tocou.
SOAR, RETUMBAR, v. kùnhìhì, kùrìrì.
SOB, EMBAIXO DE, prep. lábẹ́ < ní + abẹ́ > Ó ngbé ní abẹ́ afárá – Ele está morando embaixo da ponte.

SOB CONDIÇÃO DE QUE, *adv.* níwọ̀ngbàtí > Níwọ̀ngbà tí ó mọ̀ mí, ó bẹ mí wò – Pelo fato de ele me conhecer, ele me visitou.

SOBEJAMENTE, *adv.* sọ̀ọrọ̀, sọ̀rọ̀rọ̀.

SOBERANO, *s.* ọba.

SOBRA DE ALIMENTO NO PRATO, *s.* àjẹkù.

SOBRA, RESTO, *s.* àṣíkù, ìṣẹ́kù.

SOBRANCELHA, *s.* irun-ìgbegberéjú.

SOBRANCELHAS, PÁLPEBRAS, *s.* bèbè-ojú.

SOBRAR, RESTAR, *v.* kù > Ó gé e kù – Ela cortou e sobrou.

SOBRAS DE COMIDA, *s.* ìjẹkù onjẹ > àjẹkù – sobra deixada no prato.

SOBRAS, RETALHOS, *s.* àyakù.

SOBRAS, *s.* àkókù (produtos diversos) > Àkókù onjẹ mi – Sobras de minha comida.

SOBRE, A RESPEITO DE, *prep.* nídí (concernente a).

SOBRE, ACERCA DE, *prep.* nípa < ní + ipa, nípasẹ̀ > Sọ fún mi nípa ẹbí rẹ – Fale para mim acerca de sua família; > Àwa nsọ̀rọ̀ nípa okùn ìjẹ – Estamos falando sobre alimentação.

SOBRE, ALÉM DE, *prep.* kojá > Ó kojá lórí afará –Ele atravessou sobre a ponte.

SOBRE, EM CIMA DE, *prep.* lórí, lérí, sára > Ó ndá owó ẹyọ lórí ẹní – Ele está consultando os búzios sobre a esteira; > Kọ ọ̀rọ̀ yìí sáraa pátákó dúdú – Escreve esta palavra no quadro de giz. Obs.: sára – sí + ara, dois substantivos juntos, a vogal do primeiro é estendida.

SOBRE, NO ALTO, *adv.* lókè < ní + òkè.

SOBRE ISTO, *prep.* nípa èyí > Ó sọ̀rọ̀ nípa èyí – Ela falou sobre isto.

SOBRE O CHÃO, *adv.* lélẹ̀ > Ọmọ mi fẹ́hìn lélẹ̀, ó sì sùn lọ – Meu filho deitou no chão, e foi dormir.

SOBREDITO, *v.* wítẹ̀lẹ̀ > Ó wí i tẹ́lẹ̀ – Ele predisse isto.

SOBRECARREGAR, *v.* dẹrùpa.

SOBRECARGA, *adj.* àbúlé-owó (despesa extra).

SOBREMESA, *s.* àjẹkẹ́hìn (depois da comida) > Àwọn èso tí a jẹ kẹ́hìn onjẹ – Fruta que nós comemos depois da comida.

SOBRENATURAL, *adj.* jù tí ẹdá lo (lit. mais do que uma criatura viva), > ìyàlẹ́nu – surpresa, espanto.

SOBRENOME, s. orúkọ-ẹ̀fẹ̀, orúkọ àpèlé, orúkọ ìdílé > Kíni orúkọ àpèlé? – Qual é o seu sobrenome?

SOBREPOR, v. dìpèlé (cobrir algo sobre o outro).

SOBREPUJAR, SUPERAR, v. pakọ.

SOBRESSAIR, RESSALTAR, v. yọrí, yọrí sọ́nsọ́, yọ_sókè (ter êxito).

SOBREVIVÊNCIA, s. wíwà láyè.

SOBREVIVENTE, s. aláyè (estar vivo).

SOBREVIVER, PERMANECER, v. yòókù, wíwà > wà láàyè lẹ́hìn ikú ẹlómíràn – estar vivo após a outra morte.

SOBRINHA, s. ọmọbìnrin arákùnrin (lit. filha de parente, familiar).

SOBRIEDADE, SERIEDADE, s. ìwà àrékọjá, ìwà pèsè.

SÓBRIO, SENSATO, adj. aláìmu > ìwọ̀ntúnwọ̀nsì – moderação.

SÓBRIO, DE BEBIDA MÍNIMA, v. mu ọtí láìrékọjá – beber sem exagero.

SOCAR, ESMURRAR, v. gbúnlẹ́sẹ̀.

SOCAR COM O PUNHO, v. lùlẹ́sẹ̀, kànlẹ́sẹ̀.

SOCIABILIDADE, s. ìfànímọ́ra, ìsàníyàn.

SOCIAL, adj. kíkẹ́gbẹ́ > kẹ́gbẹ́ – associar > Ó bá mi kẹ́gbẹ́ – Ele seguiu meu exemplo.

SOCIALISMO, s. ètò àjùmọ̀ní.

SOCIÁVEL, GENEROSO, adj. láníyàn.

SOCIEDADE, s. àjùmọ̀sẹ, àjọní (parceria), jànma (do idioma hausá).

SOCIEDADE, LIGA, s. ìparapọ̀. V. estar em sociedade.

SÓCIO, PARCEIRO, s. alájọpín, alábásẹpọ̀.

SOCIOLOGIA, s. ẹ̀kọ́ nípa àwùjọ-ẹ̀dá – estudo sobre grupo de pessoas.

SOCO, GOLPE, s. àlùkì.

SOCO, s. ẹ̀sẹ̀ (pancada dada com o punho).

SOCORRER, SUPORTAR, v. tì_lẹ́hìn, ràn_lọ́wọ́ > Ó ràn mí lọ́wọ́ láti gbágbé láti sọkun – Ela me ajudou a esquecer as dificuldades; > Ṣé o lè ràn mí lọ́wọ́? – Você pode me socorrer, ajudar?. Obs.: owọ́ – significa mãos, e é usada como figura de linguagem indicando segurança, proteção ou parte principal de alguma coisa – ọwọ́ agogo – ponteiro do relógio.

SOCORRO!, interj. ẹ gbà mi o! < gbà – pegar, acolher, ajudar.

SOCORRO, AJUDA, s. àrànse, irànlọ́wọ́ > gbà – ajudar, acudir, socorrer.
SÓDIO, s. sódà (do inglês *sodium*).
SOFÁ-CAMA, s. ìrògbòkú, ibirógbòkú, ìjókó gbòọrò oníbùsùn.
SOFÁ CONFORTÁVEL, s. ìjókó-gbòọrò > Ó wà jókó ní ìjókó-gbòọrò – Ela está sentada confortavelmente.
SOFÁ, DIVÃ, s. àga-ianarayá, àga nlá onífóòmù (espreguiçadeira).
SOFÁ DE BAMBU, s. pàrafà.
SOFISTICADO, s. agbáfẹ́.
SOFREDOR, s. òjìyà (pessoa oprimida); > aláìsàn – pessoa doente, inválida.
SOFRER CONTUSÃO, s. faragbá.
SOFRER PROVAÇÃO, v. mú_jẹ.
SOFRER PUNIÇÃO, TER PREJUÍZO, v. hun.
SOFRER PUNIÇÃO, v. jíyà > Ó jíyà púpọ̀ – Ela sofreu muito.
SOFRER UMA PERDA, v. pàdánù > sòfò – desperdiçar.
SOFRIMENTO, s. ìjìyà, géjítà (do idioma hausá).
SOGRA, s. ìyákọ, ìyá aya (lit. mãe do marido, mãe da esposa).
SOL, s. oòrùn > Oòrùn npa mí – O sol está me incomodando.
SOLA DOS PÉS, s. àtélẹsẹ̀, àtésẹ̀, igbásẹ̀ > igbásẹ̀ bàtà – sola de sapato.
SOLDADO, s. jagunjagun, sọ́jà (do inglês *soldier*).
SOLDAR, UNIR, v. dí > lèmọ́, mọlù – agarrar, aderir, colar.
SOLDO, SALÁRIO, s. owó-ọ̀yà.
SOLICITAÇÃO, PEDIDO, s. ìbẹ̀bẹ́, ẹ̀bẹ̀, bíbèèrè.
SOLICITANTE, REQUERENTE, s. ẹnití nbẹ̀rẹ̀ > ẹnití ntọ́rọ́ kan – aquele que requer algo; > ẹlẹ́bẹ̀ – intercessor, advogado.
SOLICITAR, PEDIR, v. bẹ̀, bẹ̀bẹ̀ > ẹ̀bẹ̀ – pedido, súplica.
SOLICITAR, REQUISITAR, s. tọrọ > Ó tọrọ gáfárà lọ́wọ́ rẹ – Ela pediu desculpas a você.
SOLICITUDE, s. ájò.
SOLIDÃO, s. ìdágbé > ìdádó, àdádó – isolado, sozinho.
SOLIDARIZAR-SE, v. bá_kẹ́dùn.
SOLIDÉU, s. kipa (do árabe *kipar*).
SOLIDEZ, s. agbára.

SOILIDIFICAÇÃO, *adj.* dídì (coagulação).
SOLIDIFICAR, *v.* dì > A ó di àdá ọdẹ – Nós soldaremos o facão do caçador.
SÓLIDO, FORTE, *adj.* bẹ̀nbẹ̀, bànbà > Ó rí bẹ̀nbẹ̀ – Ele tem uma aparência robusta.
SOLITARIAMENTE, *adv.* kéte-kète, gadamù (completamente só).
SOLITÁRIO, EREMITA, *s.* aládágbé, adágbé.
SOLITÁRIO, SOZINHO, *adj.* pọndan.
SOLITÁRIO, LOCAL, *s.* àdádó, ìdádó.
SOLO, CHÃO, *s.* ilẹ̀ > Ilẹ̀ bíbọ́ – Chão batido.
SOLO OCEÂNICO, *s.* ìsàlẹ̀-òkun.
SOLO, TERRA, *s.* etúbú, erúpẹ̀.
SOLO ARENOSO, *s.* ilẹ̀ oníyanrì.
SOLO ARGILOSO, *s.* ilẹ̀ olódo.
SOLO VIRGEM, *s.* ilẹ̀ tuntun.
SOLTAR, DESAMARRAR, *v.* tú > Ó tú okùn – Ela desamarrou a corda.
SOLTAR, LIBERTAR, *v.* dákurò (deixar ir).
SOLTAR-SE DA CORDA, *v.* jálọ.
SOLTAR MUCO, ASSOAR, *v.* funkun.
SOLTEIRO, *s.* aláìlóbìnrin, àpọ́n, báṣẹ́lọ̀ (do inglês *bachelor*).
SOLTEIRA, SOLTEIRONA, *s.* sisí > omidan – jovem, adolescente, senhorita.
SOLTO, MOLE, *adj.* títu (como inhame cozido).
SOLTO, DESORDENADO, *adj.* jábálá.
SOLTURA, RESGATE, *s.* gbígbàsílẹ̀.
SOLUÇÃO, DESCOBERTA, *s.* rírídí.
SOLUÇÃO, ELUCIDAÇÃO, *s.* ìjádí.
SOLUÇÃO PADRÃO, *s.* àpòpò apéwọ̀n.
SOLUÇÃO, *s.* atiṣe, ojútùú > wá atíṣe – procurar solução.
SOLUÇAR, *v.* súkè > Òun wa súkè – Ela está soluçando.
SOLUCIONAR ENIGMA, *v.* jálọ́.
SOLUCIONAR PROBLEMAS, *v.* bá_rojọ́ > Wọ́n bá wa rojọ́ – Elas se ocuparam de resolver nosso problema.

SOLUÇO – SOMENTE, ABSOLUTAMENTE

SOLUÇO, s. èsúkè, òsúkè, òsúkèsúkè, súkesúke.
SOLÚVEL, adj. yíyọ́ nínú omi (lit. dissolvido em água).
SOLVENTE, s. èpò.
SOM DA VOZ DO EGÚNGÚN, s. sẹ̀ẹ̀gi, màríwò.
SOM DO AR, O VENTO, s. fúú.
SOM DO SONO PROFUNDO, s. oorunnìjikà.
SOM ESTRANHO, s. pọ̀.
SOM, RUÍDO, s. iró.
SOM, s. ìdún, dídùn (barulho como uma arma de fogo).
SOMA, MONTANTE, s. ìpapọ̀, àpapọ̀.
SOMA, TOTAL, s. ìròpọ̀, àròpọ̀ (adição).
SOMAR, v. ròpọ̀ > kaye – calcular.
SOMBRA, s. bòòji, ìbòóji, ìji, òjìji, òògi.
SOMBREADO, adj. ní ìji, ṣíji.
SOMBREAMENTO, s. ìṣíjibò > ìṣíjibò òṣùpá – eclipse lunar.
SOMBRIAMENTE, adv. hífajúro.
SOMBRINHA, s. agboòrùn.
SOMBRIO, ESCURO, adj. níjì.
SOMBRIO, CONFUSO, adj. ṣújú.
SOMENTE AGORA, adv. lẹ́ẹ̀kanṣoṣo > Ó bọ̀ lẹ́ẹ̀kanṣoṣo – Ele retornou somente agora.
SOMENTE UM, ÚNICO, adj. ẹnìkan ṣoṣo (pessoa) > Ẹnìkan ṣoṣo ni kò lọ – A única pessoa que não foi.
SOMENTE UM, adv. hóró, léyọọ – Ó fún mi léyọọ – Ela me deu somente um; > Hóró ènìà – Somente uma pessoa.
SOMENTE, NADA MAIS DO QUÊ, adv. yọyọ, ẹyọ > Ẹyọ ọbẹ kan – Somente uma faca.
SOMENTE UMA VEZ, adv. lẹ́ẹ̀kannáà > Lẹ́ẹ̀kan náà ní ó rí mi – Ela me viu somente uma vez.
SOMENTE, A NÃO SER QUE, conj. àfi, àyàfi, àfibí > Kò sí ọba kan àfi Ọlọ́run – Não há outro rei, somente Deus.
SOMENTE, ABSOLUTAMENTE, adv. ògédé, òkúrú > Mo fi ògédé ṣùgá – Eu usei somente açúcar; > Òkúrú obìnrin ni mo rí – Foi somente mulher que eu vi.

SOMENTE, SÓ, APENAS, adv. pré-v. pẹ́rẹ́, nìkan. Obs.: são usados com substantivos que indicam número ou qualquer quantidade) > Ò nìkan ṣe orò rẹ̀ – Ele fez o ritual dele sozinho; > Ife méjì pẹ́rẹ́ l'o wà – Tem somente dois copos; > Ó nìkan jẹun – Ela comeu só; > Ẹ̀ta pẹ́rẹ́ ni àwa mú – Foram somente três que nós pegamos.

SOMENTE, adv. ṣoṣo (usado depois do numeral 1: ọ̀kan, ìkan, kan) > Ó mú ọ̀kan ṣoṣo – Ela pegou somente um; > Ọ̀kan ṣoṣo ni mo mú – Foi somente um que eu peguei.

SOMENTE, adv. wọ́rọ́ (usado antes de numeral) > Mo ní wọ́rọ́ ilé méjì – Eu tenho somente duas casas.

SOMENTE, EM VÃO, adv. pré-v. wulẹ̀ (sem qualquer razão) > Lákọ̀ọ́kọ́, ó wulẹ̀ di owọ́ mi mú – No começo, ele ficou segurando somente minha mão.

SOMENTE, SIMPLESMENTE, adv. pré-v. kàn > Ó kàn má sọ̀rọ̀ – Ele, simplesmente, não falou.

SOMENTE, UNICAMENTE, adv. kìkì, níkanṣoṣo > Ó jẹ́ kìkì ẹ̀jẹ̀ – É somente sangue.

SONAMBULISMO, s. àsùnrin.

SONECA, COCHILO, s. ìrẹjú.

SONEGAR, NEGAR, v. fi_dù (negar algo a alguém) > Ó fi ìrọ̀gún mi – Ele me negou apoio.

SONETO, s. orín kékeré > ẹlẹ́sẹ̀-mẹ́rìnlá – poema de catorze linhas.

SONHAR, v. lá > ó máa lá púpọ̀ – ela costuma sonhar muito.

SONHO RUIM, s. àlákála.

SONHO, s. lílá > alálá – sonhador.

SONHO, TRANSE, s. ojúran.

SONHO, VISÃO, s. àlá > Ó rọ́ àlá fún mi – Ela contou o sonho para mim.

SONO, ATO DE DORMIR, s. sísùn > Mo wá sísùn – Ela está com sono.

SONO, s. àtisùn, oorun > Oorun nkún mi – Estou com sono; > Ó sùn oorun ìjìkà – Ela dormiu profundamente.

SONOLÊNCIA, COCHILO, s. òògbé, ọ̀rẹ̀rẹ̀, ojú oorun > Òògbá gbé mi – Estou com sonolência; > sunrunsunrun – doença do sono.

SONO PROFUNDO, s. oorun ìjìkà > oorun àsùnwọra – ressonante.

SONOLENTO, adj. tòògbé, rẹ̀rẹ́ (olhos vidrados).

SONORAMENTE, RUIDOSAMENTE, *adv.* tòó > Ó kígbe tòó – Ela gritou sonoramente, do alto de sua voz; > kígbe – gritar com alguém > Ó kígbe mọ́ mi – Ela gritou contra mim; > pẹkẹpẹkẹ (com zumbidos).

SONORO, *adj.* gooro.

SONORO, AGUDO, *adj.* mú > ò fi mú sọ̀rọ̀ – ele fala com tom sonoro, com clareza.

SOPA SEM VEGETAIS, *s.* ọ̀sinsin.

SOPA, CALDO DE SOPA, *s.* omitoro-ọbẹ̀.

SOPA, MOLHO, *s.* ọbẹ̀ > Ó nbu ọbẹ̀ ẹjá – Ela tirou um pouco de ensopado de peixe.

SOPEIRA, *s.* ìṣáàsùn, ìkòkò-ọbẹ̀.

SOPORÍFERO, *s.* akunnilóorun (algo que causa o sono).

SOPRAR O FOGO, *v.* fínná < fín + iná.

SOPRAR, *v.* kù, fín, fọn > Erukú kù jáde – A poeira soprou para fora; > èèfín – fumaça.

SOPRAR, ASSOAR, *v.* fimùfá > Ó fimú fà a – Ela inalou isto.

SOPRAR, ABANAR, *v.* fẹ́lù, fẹ́ > Ó fẹ́ iná – Ela abanou o fogo.

SOPRAR, VENTAR, *v.* fun, fífẹ́ (utilizando instrumento de sopro) > Òun fun fèrè dáradára – Ele toca flauta muito bem.

SOPRO, EXPIRAÇÃO, *s.* ìmíjáde.

SOQUETE, *s.* ìtẹ́bọ̀.

SÓRDIDO, ABOMINÁVEL, *adj.* légàn > onídọ̀tí.

SORRIR CHAMANDO ATENÇÃO, *v.* fojú rẹ́rín.

SORRIR, *v.* rẹ́rín-wẹsi > Wọ́n fi ọ̀rọ̀ náà rẹ́rín – Ela riu de minha matéria; > Ó rẹ́rín mi – Ela riu de mim.

SORRISO, *s.* ẹ̀rínmúṣẹ́.

SORTE, BÊNÇÃO, *s.* rere, ire > Orí rere tàbí orí burúkú – Boa sorte ou má sorte.

SORTE, *s.* oríbándé.

SORTE, VANTAGEM, *s.* ìfà > Ó jẹ̀fà – Ele teve um golpe de sorte < jẹ + ìfà.

SORTIDO, VARIEDADE, *adj.* olórorí, oríṣíríṣí.

SORTIMENTO, *s.* àdàlù, àkópọ̀.

SORVER, LAMBER, v. lá > Ó lá oyin – Ela lambeu o mel.
SOSSEGADO, adj. dákẹ́.
SOSSEGAR, v. múrọlẹ̀.
SOSSEGO, QUIETUDE, s. ìfayabalẹ̀.
SÓTÃO, TERRAÇO, s. àjà.
SOU EU, exp. bẹ́ẹ̀ni, mo jẹ́ > Rárá, n kìí ṣe – Não, não sou eu.
SOVACO, AXILAS, s. abíyá.
SOVELA, BROCA, s. òòlu.
SOVINA, MESQUINHO, adj. kọkọrọgun.
SOZINHO, ÚNICO, adj. nìkan > Ó nìkan ṣe orò òrìṣà – Ela fez a obrigação sozinha; > ànìkànjẹ – pessoa sozinha > Ó ngbé ànìkànjẹ – Ela está morando sozinha.
SOZINHO, SÓ, adv. pré-v. dá > Ó dá njó – Ela está dançando sozinha; > Mo dá lọ jáde – Eu fui embora sozinho; > bá – junto; bájẹ – comer junto.
SUA, pron. pess. rẹ (usado depois de substantivo) > Èyí ni ọkọ̀ rẹ – Este é seu carro.
SUAR, v. gùn > Ìwọ ngùn bọ̀yọ̀ – Você está suando profusamente; > làágún – transpirar.
SUAVE, MACIO, adj. dejú, múlọ́múlọ́.
SUAVE, CALMO, adj. jẹ́jẹ́, pẹ̀lẹ́ > níwà – afável, de bom caráter.
SUAVEMENTE, adv. gan-anran, geere, gerege, kẹ́rẹ́kẹ́rẹ́ (pouco a pouco).
SUAVEMENTE, adv. pẹ̀lẹ́, pẹ̀lẹ́pẹ̀lẹ́, pẹ́pẹ́, pọ́rọ́-pọ̀rọ̀, pọ̀rọ́, ródó-ródó, rodo-rodo > Mò nrìn pẹ̀lẹ́ – Estou passeando calmamente.
SUAVIZAR, ADOCICAR, v. múdùn.
SUAVIZADO, ADOCICADO, s. aládùn.
SUB, PARTE DE BAIXO, prep. abẹ́ > ní abẹ́, lábẹ́ – parte de baixo > Ẹ wo ìwé rẹ lábẹ́ tábílì – Olhe o seu livro embaixo da mesa.
SUBCLASSE, s. òwọ́ọ̀wọ́ (divisão de classe).
SUBCOMISSÃO, s. ògbìmọ̀.
SUBCONTINENTE, s. ẹ̀ka-ilẹ̀.
SUBCUTÂNEO, s. abẹ́ ìwọ̀-ara.
SUBDIVIDIR, s. ṣe àtúnpin.
SUBESCREVER, s. ṣe ẹlẹ́ẹ̀rí sí (fazer um testemunho).

SUBESPÉCIE, s. ọ̀wọ́ (subdivisão das espécies).
SUBSCRIÇÃO, s. ìfi orúkọ sílẹ̀.
SUBESTIMAR, DESPREZAR, v. fojúká_mọ́ > Ó fojúká mi mó – Ela me olhou de cima a baixo.
SUBIDA, s. ìdìde.
SUBIR ESCADAS, ASCENDER, v. gòkè < gùn + òkè.
SUBIR, ESCALAR, v. gùn > Mo gùn òkè náà – Eu subi aquela montanha.
SUBIR, TREPAR, v. pọ́n.
SUBIR, v. rún > Ó nrún àtiba – Ela está subindo a escada.
SUBITAMENTE, adv. lójijì, àìròtẹ́lẹ̀.
SÚBITO, adj. bìrìmọ̀ (mudança inesperada).
SUBJETIVO, adj. gẹ́gẹ́bí èrò-ẹni (lit. de acordo com a ideia da pessoa).
SUBJETO, adj. sọ́bujẹ́ẹ̀tì (do inglês *subject*).
SUBJUGAÇÃO, SUJEIÇÃO, s. ìtẹ̀lóríba.
SUBJUGAR, CONQUISTAR, v. tẹlóríba, gbàláiyà > ṣẹ́gun – conquistar.
SUBLIME, EXCELENTE, adj. tí tayọ.
SUBLINGUAL, s. abẹ́-ahọ́n.
SUBMARINO, s. ọkọ̀ ìsàlẹ̀-omi, ọkọ̀ inú-omi.
SUBMERGIR, v. rì sínú omi.
SUBMERSÃO, MERGULHO, s. rírì sínú omi > ìmòòkùn – mergulho.
SUBMETER-SE, INCLINAR-SE, v. tẹríba, tẹba > Ó tẹríba fún mi – Ele abaixou a cabeça para mim > yọ̀ọ̀da – permitir.
SUBMISSÃO, s. ìtẹríba, àìdawà > ìrẹ̀sílẹ̀ – rebaixamento.
SUBMISSÃO, SUBSERVIÊNCIA, s. ìtẹríba.
SUBMISSO, OBEDIENTE, adj. nígbọ́ràn.
SUBNUTRIDO, s. gúnnugùnnu.
SUBORDINAÇÃO, s. àìdawà, ìwàlábẹ́ > ìgbàkéjì – assistente, segunda pessoa.
SUBORDINADO, adj. wà lábẹ́.
SUBORNAR, v. bẹ àbẹ́tẹ́lẹ̀, bẹ̀_lọ́wẹ̀ > Ó bẹ ó lọ́wẹ̀ láti jíwó mi – Ele subornou você para roubar meu dinheiro.
SUBORNO, s. rìbá > Ò gba rìbá – Ele aceitou suborno; > owó-ẹhìn (lit. dinheiro de trás); > àbẹ̀tẹ́lẹ̀ – propina.

SUBORNO, CORRUPÇÃO, s. owó-àbẹ̀tẹ́lẹ̀ > agbígbà owó-àbẹ̀tẹ́lẹ̀ – receber suborno.
SUBORNO, PROPINA, s. àbẹ̀tẹ́lẹ̀.
SUBORNO, s. ìjowó, àjowó – pessoa aberta à corrupção.
SUBSCREVER, v. kọ_sílẹ̀ > Ó kọ ó sílẹ̀ – Ele escreveu isto abaixo; > Ọ̀rọ̀ yìí jẹ́ kíkọ sílẹ̀ – Esta declaração é por escrito.
SUBSCRIÇÃO, CONTRIBUIÇÃO, s. owó-dídá.
SUBSCRIÇÃO, s. àkọlé < a + kọ + ilé (endereço de correspondência).
SUBSEQUENTE, SEGUINTE, adj. títèlé.
SUBSERVIENTE, s. ẹrú ìdílé > aṣebí ẹrú – servil.
SUBSERVIÊNCIA, s. ìtẹríba.
SUBSIDIAR, AUXILIAR, v. ṣe àfẹ̀hìntì fún (dar um auxílio para).
SUBSIDIÁRIO, s. ìrànlọ́wọ́, igbákéjì.
SUBSÍDIO, s. owó-ìranlọ́wọ́, ìgbọ̀wọ́.
SUBSISTÊNCIA, s. ohun jíjẹ.
SUBSISTÊNCIA, s. ìwàláàyè.
SUBSISTIR, s. wà láàyè > Àwa kò wàláyè kìkì nítorí onjẹ nìkan – Nós não vivemos somente por meio da comida.
SUBSOLO, SUBTERRÂNEO, s. abẹ́lẹ̀ < lábẹ́lẹ̀ = ní abẹ́lẹ̀.
SUBSTÂNCIA, s. ohunkóhun (lit. qualquer coisa) > Kò ti mọ ohunkóhun – Ela não sabia de nada.
SUBSTANCIAL, adj. lágbára (ter força, firmeza).
SUSTÂNCIA, INGREDIENTE, s. èròjà > Èròjá oògùn – Componente de um remédio.
SUBSTANTIVO, s. orúkọ < ẹka-ọ̀rọ̀ orúkọ – parte do idioma que nomeia, indicando um nome.
SUBSTITUIÇÃO, s. àgbàtọ́jú (tomar o lugar de outro).
SUBSTITUIÇÃO, TROCA, s. ìfipawọ́dà.
SUBSTITUIÇÃO, SUCESSÃO, s. ìrópò, ìfirópò.
SUBSTITUIR O CHEFE DA CASA, v. rólé > Ó rólé mi – Ela me sucedeu.
SUBSTITUIR ALGO POR OUTRO, v. fidi.
SUBSTITUIR, TOMAR O LUGAR, v. rọ́pò > Ìwọ rọ́pò mi – Você tomou o meu lugar.

SUBSTITUIR, MUDAR, v. fi_dà.
SUBSTITUIR, RECUPERAR, v.ràdí.
SUBSTITUIR, TROCAR, v. fi_sípò.
SUBTERRÂNEO, s. ìsàlẹ̀-ilẹ̀, adé-ilẹ̀.
SUBTÍTULO, s. àkọlé-kékeré.
SUBSTITUTO, s. agbapò, agbipò, arọ́pò.
SUBTERFÚGIO, s. ẹtàn.
SUBTERRÂNEO, s. abẹ́lẹ̀ > ìsàlẹ̀ ilẹ̀ – alicerce, base.
SUBTÍTULO, s. àkọlé-kékeré.
SUBTRAÇÃO, EXTRAÇÃO, s. fífàyọ̀kúrò, ìyọkúrò.
SUBTRAINDO, MINUENDO, s. àyọkúrò.
SUBTRAIR, v. bù_kúrò, mú_kúrò.
SUBTROPICAL, s. bèbè ita-oòrùn ayé (lit. beirada da borda solar da terra).
SUBÚRBIO, s. àgbègbè-ìlú.
SUBURBANO, adj. tí àgbègbè-ìlú.
SUBVERSIVO, s. abaiyéjẹ́ (perturbador).
SUBVERSÃO, s. ìyípò, ìbàjẹ́.
SUCÇÃO, s. ìfàmu.
SUCEDER, SUBSTITUIR, v. dípò, rọ́pò > Ó gba ipò mi – Ele aceitou o meu cargo, é o meu sucessor; > gbapò – ocupar o lugar de alguém.
SUCEDER, v. gbapò < gbà + ipò (ocupar o lugar de alguém).
SUCESSÃO, HERANÇA, s. ìjogún.
SUCESSÃO, s. rírọ́pò (ato de ocupar lugar de outro).
SUCESSÃO, SUBSTITUIÇÃO, s. ìrọ́pò < rọ́ + ipò.
SUCESSIVAMENTE, adv. àgégbà, lábálé, lábalé-lábalé.
SUCESSIVO, adj. alátẹ̀léra.
SUCESSO, BOA SORTE, s. àbáfú, aṣeyọrí, ìyege, àlàáfíà.
SUCESSOR POR HERANÇA, s. ìrólé.
SUCESSOR, s. àròlé, arọ́pò, agbapò, agbipò (aquele que sucede), atẹ̀lé.
SUCO, s. oje > omi èsokéso – suco de fruta.
SUCO DE LARANJA, s. oje ọsàn.
SUCO GÁSTRICO, s. ojera ìkùn.

SUCULENTO, *adj.* gbọ̀gọ́-gbọ̀gọ́, olóje.
SUCUMBIR, *v.* ṣubú lábẹ́.
SUDÃO, *s.* Sùdáànù (o terceiro maior país da África).
SUÉCIA, *s.* Swìdìnì (país ao norte da Europa).
SUÉTER, *s.* ẹ̀wù otútù, súwẹ́tà ou síwẹ́tà (do inglês *sweater*).
SUFICIÊNCIA, *s.* títo.
SUFICIENTE, BASTANTE, *adj.* tó, àrúdà > Owó kò tó – O dinheiro não é suficiente; > Mo ti rí tó – Eu já vi o bastante.
SUFIXO, *s.* àfikún ẹka-ọ̀rọ̀ (lit. parte da palavra).
SUFOCAÇÃO, ESTRANGULAMENTO, *s.* ìfúnpa.
SUFOCAR, ABAFAR, *v.* fún_kì, fín_pà > Ó fín èkúté pa – Ele sufucou o rato.
SUFOCAR, APERTAR, *v.* fúnlọ́rùn < fún + ní + ọrùn.
SUFOCAR, ASFIXIAR, *v.* fín_pà (sufocar animal).
SUFRÁGIO, APOIO, *s.* ìfohùnsí.
SUGAR, CHUPAR, *v.* mu > mu ọyàn – mamar.
SUGAR, *v.* fúnmu > O fúnmu orombó – Ela chupou uma laranja.
SUGERIR, ACONSELHAR, *v.* ṣèmọ̀ràn > Ó ṣèmọ̀ràn pé ó yẹ kó bẹ̀ mí wò – Ela sugeriu que é conveniente ele me visitar.
SUGERIR, PROPOR, *v.* dábá < dá + àbá, dámọ̀rán, lámọ̀rán > Ó dámọ̀rán pé àwa bẹ̀ ẹ́ wò – Ela sugeriu que nós o visitássemos.
SUGESTÃO, INSINUAÇÃO, *s.* ifẹnubá, ìyọ́wí.
SUGESTÃO, MOÇÃO, *s.* àbá, àmọ̀rán > Àbá mi ni pé kí ìwọ kò wá – Minha sugestão é que você não vá.
SUGESTÃO, PROPÓSITO, *s.* ìdámọ̀ràn, àmọ̀ràn > Àwọn ìdámọ̀ràn láti ran ọmọ eẹ – Sugestões para ajudar seu filho.
SUGESTIVO, *adj.* mú ní rò.
SUICIDAR-SE, *v.* so_pa, pa ara ẹni.
SUICÍDIO, *s.* pípa ara ẹni.
SUÍNO, *s.* ẹlẹ́dẹ̀.
SUJAR, *v.* bà_jẹ > Ó bà orúkọ mi jẹ́ – Ele sujou o meu nome.
SUJEIRA, *s.* ìdọ̀tí.
SUJEIÇÃO, DEPENDÊNCIA, *s.* àìdawà.

SUJEIRA, BAIXEZA, s. ẹ̀gbin > Ó wò mí tìka tẹ̀gbin – Ela me contemplou com desprezo.
SUJEIRA, IMUNDÍCIE, s. èérí, ìdọ̀tì (do inglês *dirt*).
SUJEIRA, adj. léérí.
SUJEIRADA, IMUNDÍCIE, s. ìwà-òbun.
SUJEITAR-SE, INCLINAR-SE, v. tẹ̀ba > Onídirun tẹ orí mi ba – O cabeleireiro baixou minha cabeça para cortar o cabelo.
SUJEITO ATREVIDO, s. ọ̀yájú.
SUJEITO INDOLENTE, s. lágànmọ́.
SUJEITO PREGUIÇOSO, s. òrayè.
SUJO, adj. rírí, ṣàìmọ́ > Omi yìí rírí – Esta água está suja.
SUJO, ESFARRAPADO, adj. jìngbìnnì, jìnwìnnì.
SUJO, IMUNDO, adj. aláìmọ́, ọ̀bùn > Ọ̀bùm ni ènìyàn tí kò wẹ̀ – É suja uma pessoa que não toma banho.
SUJO, INDECENTE, adj. dunbẹ̀, dọ̀tí (do inglês *dirty*) > Ó tẹ́ kò dunbẹ̀ – Ele se desgraçou e ficou sujo.
SUJO, NÃO SER LIMPO, adj. ṣaláìmọ̀ < ṣe + aláì + mọ́.
SUJO, NÃO TOMA BANHO, adj. ṣàìwẹ́.
SUL, s. gúsù (do idioma hausá).
SULCO, s. ihò-ìtẹ̀bọ.
SULTÃO, s. sọ̀láànù.
SULTANATO, s. àgbèègbè ilẹ̀ẹ sọ́táànù.
SUMARIAMENTE, adv. wíríwírí.
SUMÁRIO, RESUMO, s. àkóri, sẹ́ki, àìgun > àkópọ̀ – resumo, generalidade.
SUMIÇO, ENCOBRIMENTO, s. ìfarasin.
SUMIR, DESAPARECER, v. jẹbò > Ọgbẹ́ yìí jẹbò – As marcas desta ferida desapareceram.
SUMIR, DESAPARECER, v. mù (perder-se na multidão) > Ilé wa kò mù rárá – Nossa casa não é escondida; > Ọ̀ṣùpá mòòkùn – A lua se escondeu < mù + òòkùn.
SUNTUOSO, VALIOSO, adj. níyelórí, dídùndídùn.
SUOR, TRANSPIRAÇÃO, s. òógùn, àágùn, ìláágùn.

SUPER, *adj.* dídára-jùlọ (excelente, formidável).
SUPERABUNDANTE, *s.* púpọ̀ rékojá.
SUPERABUNDÂNCIA, *adj.* pò rékojá.
SUPERMERCADO, *s.* ọjà gígun.
SUPERAÇÃO DE DIFICULDADE, *s.* àyída.
SUPERAR, SUBJUGAR, *v.* gbà_láiyà > Ó gba mí láya – Ele seduziu minha mulher.
SUPERAR, ULTRAPASSAR, *v.* rékojá, pakọ > Èmi yíò pakọ àyànmọ́ mi – Eu superei o meu destino; > borí < bò + orí – ser bem-sucedido; > ṣẹ́gun – conquistar; > tayọ – ir além, exceder > Ó tayọ mi – Ela me ultrapassou.
SUPERESTIMAR, *v.* kóyeyẹ, kóyọyọ (fazer muito de alguma coisa).
SUPERFICIAL, *adj.* lóde > láìjinlẹ̀ – não profundo.
SUPERFICIALMENTE, *adv.* fẹ̀ẹ̀rẹ̀, kúsẹ́kúsé, oréfé (em suspensão).
SUPERFÍCIE ESPECÍFICA, *s.* òrò iwọnkan.
SUPERFÍCIE INTERNA, *s.* párá (lugar para guardar utensílios).
SUPERFÍCIE, PRATELEIRA, *s.* pẹpẹ.
SUPÉRFLUO, *adj.* lékè, pọ̀jù.
SUPERHUMANO, *adj.* jù tí ẹ̀dá lọ.
SUPERIOR, *adj.* dárajù, dárajùlọ > Bísí dára jù Olú lọ – Bisí é melhor do que Olú.
SUPERIORIDADE, *s.* ìjùlọ, ìlékè (ato de estar por cima), gíga jùlọ.
SUPERINTENDÊNCIA, *s.* àbójútó.
SUPERINTENDENTE, *s.* olùbójútó, alábójúto > olùtójú – supervisor.
SUPERINTENDER, *v.* fojútó (fiscalizar).
SUPERSÔNICO, DE ALTA FREQUÊNCIA, *adj.* àsárékojá iró.
SUPERSTIÇÃO, CRENDICE, *s.* ìgbàgbọ́-asán > ìsìnkúsìn – culto indiscriminado.
SUPERSTICIOSO, *adj.* tèra mọ́ ìsìnkúsìn.
SUPERVISÃO, CAUTELA, *s.* àbójútó.
SUPERVISIONAR, INSPECIONAR, *v.* ṣe àbójútó > Ó ṣe àbójútó – Ele fez uma supervisão.
SUPERVISOR, *s.* olùtọ́, olùtọ́jú (responsável pelas coisas), alábojútó, alábojúwò, olùkóso.

SUPLANTAR, TOMAR À FRENTE, *v.* gborí, jìn lẹ́sẹ̀ > borí – superar.
SUPLEMENTAR, *v.* ṣe àfikún.
SUPLEMENTAR, *adj.* fífi kún.
SUPLEMENTO, *s.* ìfikún, àbùkún.
SÚPLICA, PEDIDO, *s.* ẹ̀bẹ̀, bíbẹ̀ > Kò ẹ̀bẹ̀ mi – Ela recusou meu pedido.
SÚPLICA, *s.* ìráhùn, àdúrà (do hausá *àdduà*).
SUPLICAR COMO MENDIGO, *v.* báárà.
SUPLICAR, *v.* bẹ̀, bẹ̀bẹ̀ > Mo wá bẹ̀ ọ́ – Eu venho implorar a vocẹ̀.
SUPOR, PRESUMIR, *v.* méfò, ṣebí (ter a impressão de que) > Mo méfò pé o ò lọ – Eu suponho que você não irá; > Mo ṣebí o wá – Eu creio que ela venha.
SUPOR, *v.* tànmọ́ (do hausá *tàmmanì*).
SUPORTAR A FOME, *v.* rọ́nú (ficar sem comer) > Mò nrọnú – Estou suportando a fome.
SUPORTAR ALGUMA COISA, *v.* yànláyọ̀.
SUPORTAR, AGUENTAR, *v.* gbakámú.
SUPORTAR, CARREGAR, *v.* rù, rẹrù < rù + ẹrù > Ó nrẹrù – Ele está carregando a carga.
SUPORTAR, DAR APOIO, *v.* gbè > Ò gbè mí – Ela me deu apoio; > ẹ̀gbẹ̀ – ajuda.
SUPORTAR, RESISTIR, *v.* pa_mọ́ra > N kò lè pa omijẹ́ mi mọ́ra – Eu não pude conter as lágrimas.
SUPORTAR, SER PACIENTE, *v.* rún_mọ́ra.
SUPORTAR, SUSTENTAR, *v.* faradà, rọ > irọrí – apoio para a cabeça, travesseiro.
SUPORTAR, *v.* fàyàrán < fi + àyà + rán (resistir com força).
SUPORTAR, *v.* fi_para, bò_mọ́ra, mú_mọ́ra > Ó bo ìjìyà mọ́ra – Ele suportou o sofrimento.
SUPORTE, APOIO, *s.* gbígbè > ìrànlọ́wọ́ – auxílio, ajuda; > ìtìlẹ́hìn – apadrinhamento; > ẹ̀gbẹ̀ – apoio, ajuda.
SUPORTE, CONFIANÇA, *s.* ìfaratì.
SUPORTE, ESCORA, *s.* àfẹ́hìntì (ficar atrás).
SUPORTE, *s.* egbèe (para armação de telhados).
SUPORTE, APOIO TEMPORÁRIO, *s.* gaga.

SUPOSIÇÃO, IDEIA, s. alámọ̀, àbùsọ.
SUPOSIÇÃO, INOVAÇÃO, s. ìdásà.
SUPOSIÇÃO, PRESUNÇÃO, s. ìṣebí > ṣebí – supor.
SUPREMACIA, s. agbára nlánlá.
SUPREMO, adj. gíga jùlọ, pàtàkìjùlọ.
SUPRIMENTO, ESTOQUE, s. ìpèsè, èsè > owó-ìlélẹ̀ – provisão de capital para um negócio.
SUPRIMIR, ERRADICAR, v. parẹ́, parun.
SUPRIMIR, DISSIMULAR, v. tẹ̀rì > kìwọ̀ – reprimir.
SUPRIR COM ÁGUA, v. bùnlómi, fúnlómi.
SUPRIR PLENAMENTE, v. bùlu.
SUPURAR, ESPREMER, v. gbinníkún (estar inflamado).
SUPURAR, v. jèétú, ṣọyún (eliminar o pus).
SUPURAÇÃO, s. ijèétú, ìṣọyún.
SURDEZ DISFARÇADA, s. àgbọ́nya.
SURDEZ, s. dídi, ìdití > Ó yí etí dídi sí mi – Ele não deu ouvidos a mim (lit. ele virou a orelha surda para mim).
SURDO, adj. dití, adítí > Ẹ̀yin gbọ́ bi? Rárá o! Ṣé èyin dití? – Vocês ouviram? Não! Vocês são surdos?; > O tún sọ – Fale de novo.
SURGIMENTO DA LUA, s. ìwọ́ọ̀kùn.
SURGIMENTO, s. ìyojáde (brotar, ato de sair para fora).
SURGIR DE NOVO, REAPARECER, v. túnyọ.
SURGIR RAMOS E GALHOS, v. yẹtún < yọ + ẹtún.
SURGIR, APARECER, v. yọ, lé > Òṣùpá titun lé – A lua surgiu de novo.
SURGIR, MOSTRAR-SE, v. farahàn.
SURGIR, SAIR, v. yọjáde > Iṣu nyọ jáde – O inhame está brotando.
SURPREENDER, ADMIRAR-SE, v. yàlẹ́nu (lit. abrir a boca).
SURPREENDER, DESAFIAR, v. fò_lẹ́yẹ > Ó fò wá lẹ́yẹ – Ele nos surpreendeu.
SURPREENDER, FLAGRAR, v. sémú.
SURPRESA, ADMIRAÇÃO, interj. hà, hàá! (por desgosto ou chateação).
SURPRESA, ESPANTO, s. sáàfùlà, ìyàlẹ́nu, iyánu < Ìyàlẹ́nu ni fún mi – É uma surpresa para mim; > Bá ẹ̀nìà lójijì – Encontrar uma pessoa de repente.

SURPRESA, PESAR, *interj.* pẹ́kẹ́lẹ́kẹ́.
SURPRESA, *interj.* háwù, họ́wù > Họ́wù kíló ṣe tó o wá? – Bem, o que houve que você veio? (palavras que expressam surpresa – yépà, káàsà, àkíisà!).
SURRA, DERROTA, *s.* ìlùbọlẹ̀.
SURRADO, ROTO, *adj.* àlògbó.
SURRUPIAR, ROUBAR, *v.* fẹ́wọ́ < fẹ́ + ọwọ́ > Ó nfẹ́wọ́ – Ele está roubando.
SUSPEITA, DÚVIDA, *s.* ìfura, ìméfò > Mo méfò pé ó sálọ – Eu desconfio que ele fugiu
SUSPEITAR, DESCONFIAR, *v.* fu, fura, fi_mọ́ > Ó fi ọ̀ran náà mọ́ mi – Ele me acusou falsamente deste assunto.
SUSPEITAR, PRESUMIR, *v.* méfò, ṣetànmọ́.
SUSPEITO, DESCONFIADO, *adj.* nífura > ìwà áídájú – conduta incerta.
SUSPEITOSAMENTE, *adv.* fẹ̀fẹ́, kọ́ikọ̀ikọ́i > Ó nrìn kọ́ikọ̀ikọ́i – Ele está andando às escondidas.
SUSPENDER O ASSUNTO, *v.* fi_tì > patì – deixar de lado, ignorar.
SUSPENDER PELOS PÉS, *v.* gbé_lẹ́sẹ̀ > Ó gbé mi lẹ́sẹ̀ – Ele me levantou pelos pés.
SUSPENDER TEMPORARIAMENTE, *v.* dá_dúró, dáró, dádó > Dá iṣẹ́ dúró – Greve.
SUSPENDER, PENDURAR, *v.* sorọ̀ > Mo so ó rọ̀ mọ́ àjà – Eu suspendi isto do telhado.
SUSPENDER, *v.* gbéra < gbé + ara (suspensão de algum mal-estar) > Ó fi oògùn ìyàgbẹ́ gbéra – Ele tomou um laxante para relaxar os intestinos (suspender evacuação).
SUSPENSÃO, ELEVAÇÃO, *s.* ìsorọ̀, sìsorọ̀ < so + ìsorọ̀ > ìdáwọ́dúró, ìdáwọ́rọ́ – desistência, cessação.
SUSPENSÃO, INTERRUPÇÃO, *s.* ìfirọ̀.
SUSPENSE, EXPECTATIVA, *s.* ìṣiyéméjì.
SUSPENSÓRIO, *s.* àgbékọ́, ìgbékọ́.
SUSPICÁCIA, MALÍCIA, *s.* àránkan.
SUSPICAZ, *adj.* nífura.

SUSPIRAR, RESPIRAR LIVREMENTE, *v.* míkanlẹ̀.
SUSPIRAR POR ALGUÉM, *v.* fàlọ́kàn (desejar).
SUSPIRAR, LAMENTAR, *v.* kẹ́dùn > mú èémí pẹ̀lú agbára – respirar com força.
SUSPIRO, *s.* ìmíkanlẹ̀.
SUSPIRO DE DOR, *s.* òṣé > Ó pòṣé – Ele suspirou com muito pesar < pa + òṣé.
SUSSURRAR, MURMURAR, *v.* jẹ́ẹ́jẹ́, sọbótibòti > Ó sọ fún mi jẹ́ẹ́jẹ́ – Ela falou para mim sussurrando.
SUSSURRO, MURMÚRIO, *s.* ọ̀rọ̀ jẹ́ẹ́jẹ́, ọ̀rọ̀ kẹ́lẹkẹ́lẹ.
SUSSURRO, *s.* àkùnsínú, ìkùnsínú.
SUSSURRO, MEXERICO, *s.* àhesọ.
SUSTAR, CESSAR, *v.* dẹ́kun > Wọ́n dẹ́kun láti sọ̀rọ̀ nígbàtí mo dé – Elas pararam de falar quando eu cheguei.
SUSTENTAR, AMPARAR, *v.* mú_ró, mú_dúró > Ìmọ̀ràn rẹ̀ mú mi ró – O conselho dela me amparou; > manter – tójú; > rànlọ́wọ́ – ajudar, socorrer.
SUSTENTAR, JUSTIFICAR, *v.* dá_láre > Ó dá mi láre – Ele deu um veredicto a meu favor.
SUSTENTAR COM UMA VIGA, *v.* fiòpótì.
SUSTENTÁVEL, *adj.* mọ́ngbọ́nwa, fagbọ́nyọ > tí a lè dìmú – que nós podemos segurar.
SUSTENTO, ALIMENTO, *s.* ìbọ́ni > oúnjẹ, onjẹ – alimento, mantimento.
SUSTENTO, AJUDA, *s.* àtìléhìn > tì_lẹ́hìn – socorrer, apoiar > Ó tì mí lẹ́hìn – Ela me socorreu, apoiou.
SUSTO, MEDO, *s.* ìtagìrì > tagìrì – assustar-se, ser surpreendido > Ó ta gírì – Ela assustou-se.
SUTIÃ, *s.* kọ́sẹ̣́ẹ̀tì.
SUTIL, *adj.* aláìfura, aláìnáání.
SUTILEZA, DISSIMULAÇÃO, *s.* ogbọ́nkọ́gbọ́n.

T

TABACO FORTE, *s.* kátabá > tàbá – tabaco, cigarro; > áṣaàrà – rapé.
TABELAR, *v.* tò_lábídí (organizar em forma de tabela).
TABERNA, ESTALAGEM, *s.* ilé ọjà ọtí > ilé èrò – casa de repouso.
TABERNÁCULO, *s.* àgọ́ ilé Ọlọ́run.
TABLADO, ANDAR, *s.* àkàbà, àkàsọ̀.
TABLOIDE, *s.* ìwé ìròhìn kékeré – pequeno texto de notícias.
TABU, *s.* èèwọ̀ (algo proibido) > Èyí kò dáa, ewọ̀ ni – Isto não é bom, é quizila.
TÁBUA PARA ESCRITA, *s.* wàláà (do árabe *al-lauhu*, usada pelos muçulmanos).
TABULEIRO DE MILHO, *s.* àkàṣù (milho branco).
TABULEIRO DE VIME, *s.* àtẹ > àtẹfá – no culto a Ifá.
TABULEIRO, *s.* ìpàtẹ (para venda de mercadorias).
TACITURNO, CALADO, *s.* adakẹ́.
TACÔMETRO, *s.* òṣùwọ̀n eré, awọnré (instrumento para cálculo de velocidade linear ou angular).
TAGARELA, *adj.* lẹ́nu sá > Ó lẹ́nu sá púpọ̀ – Ela é muito tagarela; > yànu sọ̀rọ̀ – falar sem parar.
TAGARELA, FALADOR, *s.* oníregbè, olófófó, yíyínu, láròyé, yánusọ̀rọ̀, sọ ọ̀rọ̀kọ́rọ́ > Ó nsọ ọ̀rọ̀kọ́rọ́ – Ele está jogando conversa fora > ìsọkúsọ – conversa inútil.
TAGARELICE, *s.* sísọ̀sọkúsọ, ṣíṣáròyé (aquele que fala demais).

TAILÂNDIA, s. Orílẹ̀ẹ̀ Táíländì (país da Ásia).
TAL E QUAL, DE TAL MANEIRA, adj. báyìí-báyìí > Báyìí-báyìí èmió lọ – É de tal maneira que eu irei.
TAL PESSOA, s. lágbájá (fulano de tal) usado para evitar citar o nome.
TAL QUAL, A MESMA COISA, pron. e adj. ìkannáà, ọ̀kannáà > Kò si òmíràn bíkòṣe ọ̀kannáà – Não há outro, exceto o mesmo; > Ọ̀kannáà ni gbogbo wọn fún mi – Todos são os mesmos para mim.
TAL QUAL, SEMELHANTE A, pron. dem. báwọnnì < bá + àwọn + nì > Irú nkan báwọnnì – Semelhante àquele tipo.
TALA PARA FRATURA, s. igi pẹlẹbẹ tí a fi n di egungun tí ó fẹ́ – madeira fina que usamos para apertar o osso que foi quebrado.
TALÃO DE CHEQUES, s. ìwé-owó.
TALCO, s. ìyẹ̀fun ikunra, ìyẹ̀fun ìpara.
TALENTO, HABILIDADE, s. tálẹ́ntì (do inglês *talent*) > Ẹ̀bùn Ọlọ́run – Presente de Deus.
TALENTOSO, adj. lébùn.
TALHA, VASILHA, s. àmu.
TALHERES, s. àwọn èlò-ìjẹun (garfo, faca, colher etc.).
TALHO, PEDAÇO, s. ègé.
TALHO CORTANTE, s. ojú ogbẹ́.
TALISMÃ, s. ààlè (contra roubo); > oògùn ìṣọ́ra – encantamento de proteção.
TALO DE MILHO, s. pòpórò, pòropóro.
TALO DE PLANTA, s. orín, pákò (usado para mastigar).
TALVEZ, PORVENTURA, adv. kíoribẹ̀ẹ̀, kíoṣe, kóṣe, bọ́yá, bóyá > Bóyá kò ní wá – Talvez ela não venha.
TALVEZ, POR ACASO, adv. bàrafo.
TAMANDUÁ, s. akika.
TAMANHO, ÁREA, s. àyè-ara.
TÂMARA, s. àran.
TAMAREIRA, s. igi okùnkún.
TAMARINDO, s. igi ajagbọn.
TAMBÉM, adv. pẹ̀lú > Mo fẹ́ràn bàbá mi pẹ̀lú – Eu gosto do meu pai também. V. com, prep. – pẹ̀lú.

TAMBÉM, O MESMO, *adv. e conj. pré-v.* náà > Èmi náà rò bẹ́ẹ̀ – Eu também penso assim.

TAMBOR (TIPOS), *s.* yángédé, àdàmọ̀, kànnàgó, àpíntí, kìrìbótó, obó, gán-gan, kósó, sákárà, sámi, síkí.

TAMBOR DE IFÁ, *s.* ìpèsè, àràn (tocado com as mãos ou varetas).

TAMBOR FALANTE, *s.* dùndún (usado por meio de códigos).

TAMBOR HAUSÁ, *s.* bẹ̀nbẹ́.

TAMBOR PEQUENO, *s.* émélé (para acompanhamento).

TAMBOR, *s.* ìlù, ìgbìn (do culto a Ọbàtálá).

TAMBORETE, *s.* àga-ìtìsẹ̀ (para apoiar os pés).

TAMBORIM, *s,* pandérò, pantérò.

TAMPA DE CABAÇA, *s.* afíngbá.

TAMPA, COBERTURA, *s.* ìdérí, ọmọrí.

TAMPA, *s.* ọmọrí, ìdérí.

TAMPAR A GARRAFA, *v.* dígò < dé + ìgò.

TAMPAR COM TÁBUAS, *v.* kànlápákó.

TAMPAR, *v.* dé (cobrir um pote).

TANGERINA, *s.* tànjàrín, tànjárínni, ọsàn-òyìbó > Àwa kò jẹ tànjàrín àti elégédé – Nós não comemos tangerina e abóbora. Èèwọ̀ ni – São tabus.

TANQUE DE ÁGUA, *s.* ìkúdú (poço em desuso).

TANQUE DE FERRO, *s.* àmu-irin (usado para armazenar água).

TANOEIRO, *s.* akàngbá.

TANTO À DIREITA COMO À ESQUERDA, *adv.* lọ́tunlósì.

TANTO ASSIM, *exp.* tóbẹ́ẹ̀ > Inú bí i tóbẹ́ẹ̀ jáde lọ – Ele estava zangado, tanto assim que ele foi embora.

TANTO QUANTO, *comp.* bí...ti > Ó fẹ́ràn rẹ bí mo ti fẹ́ràn – Ela gosta de você tanto quanto eu gosto; > Mo fẹ́ràn òrìṣà mi kínní – Eu gosto de meu primeiro orixá bí mo ti fẹ́ràn òrìṣà mi kéjì – tanto quanto gosto do meu segundo orixá; > bí – como > Odù Ifá mi ni gẹ́gẹ́ bí odù rẹ – Meu odu é exatamente como o dela.

TANTO TEMPO, QUANTO, *adv.* bí...bá ti > Ìwọ lè dúró níhìn, bí o bá ti fẹ́ – Vocês podem permanecer aqui, o tempo que quiser.

TANZÂNIA, *s.* Onílẹ̀ẹ Tansánìà (país da África Oriental).

TAPA, AGRESSÃO – TÁTICA, MÉTODO

TAPA, AGRESSÃO, s. àbá, àbàrá > ìgbàtí – tapa com a palma da mão aberta.
TAPEAR, ILUDIR, v. ṣòjóró (enganar).
TAPEÇARIA, s. aṣọ aláràbárè, aṣọ títẹ́.
TAPETE DE GRAMA, s. sáná, kẹ̀rẹ́.
TAPETE GROSSO, s. pàkìtí.
TAPETE, s. ìnùsẹ̀, kùbúsù > àtin – um tipo de tapete; > aṣọ títẹ́ sílẹ̀ (tecido espalhado pelo chão), aṣọ ilẹ̀ ilé (tecido do chão da casa).
TAPIOCA, s. ògi gbàgúda gbígbẹ (fécula extraída da mandioca).
TAQUICARDIA, àisàn isáré-ọkàn.
TARADO, PERVERTIDO, adj. tẹ̀, asínwín.
TARÂNTULA, ARANHA, s. alántakùn.
TARDAR, DEMORAR, v. pẹ́ > Mo máa npẹ́ láti sùn – Eu costumo demorar para dormir; > àìpẹ́ – sem tardar.
TARDE, TEMPO DO DIA, s. àsán, ọsán > O dàbọ̀. Mà á ri ẹ l'ọ́sàn – Tchau. Eu o verei à tarde (mà á – uma das formas de fazer o tempo futuro).
TARDE, QUASE NOITE, s. ojọ́rọ̀ – final da tarde.
TARDIAMENTE, LENTAMENTE, adv. fà.
TARDINHA, s. ìrọ̀lẹ́.
TAREFA DIÁRIA, s. iṣẹ́ ojojúmọ́.
TAREFA EM TEMPO EXTRA, s. àbọ̀ṣẹ́.
TAREFA FEITA COM SATISFAÇÃO, s. ìfifẹ́ṣe.
TAREFA, OCUPAÇÃO, s. àigbófo.
TAREFA, TRABALHO, s. iṣẹ́ > Iṣẹ́ tí mo ṣe tán – O trabalho que eu fiz terminou > ìlà-iṣẹ́ – linha de trabalho.
TARIFA, s. owó-orí iṣòwò-lókèèrè (taxa cobrada, direitos alfandegários).
TÁRTARO NOS DENTES, s. yọ̀rọ̀, iyọ̀rọ̀.
TARTARUGA DO MAR, s. awun-òkun.
TARTARUGA, CÁGADO, s. àjàpá, ijàpá, èwì.
TARTAMUDEAR, GAGUEJAR, v. kólòlò > Ó kólòlò – Ele gaguejou.
TARTAMUDO, GAGO, s. òlòlò.
TÁTICA, MÉTODO, s. ìlànà-Iṣẹ.

TÁTICA DE GUERRA, *s.* èrọ-ogun.
TATO, DESTREZA, *s.* mẹ̀bẹ́mẹ̀yẹ̀.
TATUAGEM, LISTRAS, *s.* ilà (marcas tribais que distinguem clãs).
TATUAGEM, MARCAS TRIBAIS, *s.* èyọ̀.
TATUAGEM, *s.* bùjẹ́.
TATUAR, *v.* fínpà < fín + apà (fazer marcas no braço).
TATUAR, *v.* kọ (fazer tatuagem) > Ó kọ mẹ́ta ìbú – Ele fez três marcas.
TAUTOLOGIA, *s.* àsọtúnsọ-ọ̀rọ̀, àtúnwí (vício de linguagem ao dizer a mesma coisa em formas diferentes).
TAXA DE AVALIAÇÃO, *s.* ìyásí > ìyásí ìṣèlẹ̀ – avaliação de frequência.
TAXA DE MORTALIDADE INFANTIL, *s.* ìyásí ikú ọmọ-ọ̀wọ́.
TAXA DE NATALIDADE, *s.* ìyásí ọmọ bíbí.
TAXA, IMPOSTO DE SERVIÇO, *s.* owó-orí.
TAXAÇÃO, TRIBUTAÇÃO, *s.* ìdáwó-òde.
TAXAR IMPOSTOS, *s.* àbulé.
TÁXI, *s.* ọkọ̀ akérò, takisì (do inglês *taxi*).
TAXA POSTAL, *s.* owó ìfiwé ránṣẹ́.
TAXAS, IMPOSTOS, *s.* owó-òde, owó ọ̀yà, owó-ìlú (dinheiro público).
TAXATIVO, CATEGÓRICO, *s.* onísọkúsọ, onírégbè.
TEAR, *s.* òfi.
TECELAGEM, *s.* ìhun, ìwun, aṣọ-híhun.
TECELÃO, *s.* ahunsọ, arànwú, awunsọ, ẹgá, ìwunsọ, ọ̀wun, rànwúrànwú.
TECER TECIDOS, *v.* dáṣọ < dá + aṣọ.
TECER, TRICOTAR, *v.* hun, hunsọ > Ó hun dánídání – Ela teceu firmemente.
TECER, *v.* ran, wun > wunsọ – tecer um tecido.
TECIDO BRANCO, *s.* àrópalẹ̀ (amarrado ao redor da cintura).
TECIDO DE FIBRAS VEGETAIS, *s.* ọ̀dùn > Aṣọ ọ̀dùn náà dúdú púpọ̀ – Tecido de fibra vegetal é muito escuro.
TECIDO DE SEDA, *s.* sányán, sílíkì (do inglês *silk*).
TECIDO ESTAMPADO, *s.* àdìrẹ.
TECIDO FEITO DE LINHO, *s.* aṣọ-ọ̀gbọ̀.
TECIDO GROSSO, MANTA, *s.* pòpòkú.

TECIDO GROSSO, *s.* gọ̀gọ̀ (usado por homem em cima do ombro).
TECIDO IMPERMEÁVEL, *s.* ẹ̀wù òjò (capa de chuva).
TECIDO RÚSTICO, *s.* kíjìpá (feito por mulheres do campo).
TECIDO VERMELHO, *s.* àlàárì.
TECIDO XADREZ, *s.* báràjẹ́.
TECIDO, FAIXA, *s.* òjá, ìgbàjá (usado para diversos fins, faixa, tira) > Ó gbà òjá mọ́ ní àiya rẹ̀ – Ela amarrou o tecido no peito dele; > ìgbàjà – faixa usada para carregar criança nas costas.
TECLA, TECLADO, *s.* ìka > ìka dùrù – teclado do piano, órgão.
TECLADO DE COMPUTADOR, *s.* agbòji-kọ̀mpútá, ìka-kọ̀mpútà.
TÉCNICA, *s.* ìlànà ìṣẹ (procedimento, regra de uma tarefa).
TÉCNICO, *adj.* tí ìṣẹ́ ọnà, ìmọ̀-ẹ̀rọ (procedimento com conhecimento de causa).
TÉCNICO DE COMPUTADOR, *s.* atúnkọ̀npútàṣe.
TECNOLOGIA, *s.* nípa tí ìmọ̀-ẹ̀rọ (ciência da arte industrial).
TECNOLÓGICO, *adj.* nípa tí ìmọ̀-ẹ̀rọ (feito com tecnologia).
TÉDIO, ENFADO, *adj.* oníwàhàlà, adánílámgara.
TEDIOSAMENTE, MAÇANTE, *adv.* pòpópò.
TEIA DE ARANHA, *s.* okùn-alántakùn, owú-alántakùn.
TEIMOSAMENTE, *adv.* kùndún-kùndún > Ó di kùndú-kùndún mọ́lẹ̀ – Ele obstinadamente se sentou.
TEIMOSIA, CABEÇUDO, *s.* ìdínú.
TEIMOSIA, INSISTÊNCIA, *s.* ìlóríkunkun.
TEIMOSIA, OBSTINAÇÃO, *adj.* òdí (força de vontade).
TEIMOSIA, OBSTINAÇÃO, *s.* ìbayéjẹ́, agídí, ìsagídí, àìgbọ́ràn.
TEIMOSO, OBSTINADO, *adj.* kikun, kunkun, lagídí > Ó lagídí – Ele é teimoso.
TEÍSMO, *s.* igbọlọ́rungbọ́ (doutrina religiosa que crê na existência de Deus).
TELEFONE, *s.* ẹ̀rọ-ìṣọ̀rọ̀, fóònù, tẹlifóònù (do inglês *telephone*).
TELÉGRAFO, *s.* okùn ẹ̀rọ ìjíṣẹ́, ẹ̀rọ ìtẹwáyà.
TELEGRAMA, *s.* ìròhìn, ìròìn, wáyà > Ó lọ fún wọn ní ìròhìn – Ele foi e deu a eles as notícias.

TELEPATIA, *s.* ìfà-inú.
TELESCÓPIO, *s.* èrọ ìrijìn > awò – binóculo.
TELEVISÃO, *s.* èrọ amóhùn máwòràn, tẹlífísọ̀n, tẹlifísọ̀nnù (do inglês *television*).
TELHADO DE CASA, *s.* òòlé, òrùlé.
TELHADO, *s.* ìbolé, òrùlé (cobertura de uma casa).
TELHAR A CASA, *v.* kanlé, rólé.
TELHEIRO, CASEBRE, *s.* àgádà.
TEMA, ASSUNTO, *s.* ìpilè-ọ̀rọ̀.
TEMENTE, *adj.* lẹrù.
TEMERIDADE, *s.* ìlaíyà.
TEMER, TER MEDO, *v.* bẹ̀rù < bà + èrù, fòìyà – estar apreensivo.
TEMER, *v.* fòìyà (estar apreensivo).
TEMERIDADE, *s.* ìmójúkuku.
TEMEROSO, *adj.* níbẹ̀rù.
TEMOR, INTIMIDAÇÃO, *s.* ìdáiyàfò.
TEMPERADAMENTE, *adv.* níwọ̀ntúnwọ̀sì.
TEMPERAMENTAL, RABUGENTO, *adj.* kanra, kannú > aláìní--súúrù – sem ter paciência.
TEMPERAMENTO FORTE, *adj.* alálùgànbí > onínúfùfù – sagaz, despachado.
TEMPERAMENTO RUDE, *s.* inúṣíṣó (mau humor).
TEMPERAMENTO SENSÍVEL, *adj.* ẹkẹ́ẹ̀dẹ.
TEMPERAMENTO, *s.* ìwà inú, ìwá ẹni (caráter interior da pessoa).
TEMPERANÇA, MODERAÇÃO, *s.* àìṣejù, àìṣàṣejù.
TEMPERATURA DO CORPO, *s.* ìwọ̀n gbóna ara – medida do calor do corpo.
TEMPERATURA, *s.* ìwọ̀n òtútì tàbí ooru – temperatura fria ou quente.
TEMPESTADE, *s.* òjì, ìjì, ẹfúúfù.
TEMPESTUOSO, *adj.* léfúùfùlíle.
TEMPLO RELIGIOSO, *s.* Ilé Ọlọ́run, Ilé Òrìṣà > ṣọ́ọ̀sì – igreja (do inglês *church*).
TEMPO ANTIGO, *s.* ìgba àtíjọ́.

TEMPO ATRÁS, *adv.* àtójọ́mọ́jọ́.
TEMPO CHUVOSO, *s.* àkókò-òjò, ìgbà òjò > òjò gidigidi – tempestade de chuva.
TEMPO DE RECREAÇÃO, *s.* ìgbà eré (intervalo).
TEMPO DE VERBO, *s.* ọtẹ̀ > ọtẹ̀ ẹ̀hìn – tempo passado; ọtẹ̀ẹ láwọ́láwọ́ – tempo presente; ọtẹ̀ iwá – tempo futuro.
TEMPO DE VIDA, *s.* àiyébáiyé, ìgbà ayé, àsìkò ìwàláyè.
TEMPO ESCURO, *s.* ìdágùdẹ̀ (céu com nuvens *carregadas*).
TEMPO, ESTAÇÃO, *s.* àkókò.
TEMPO FUTURO, *s.* ìgbà iwájú, ìgboṣe.
TEMPO IMEMORIAL, *s.* àiyéráyé.
TEMPO PRIMORDIAL, *s.* ìgbà àkọ̀kọ̀.
TEMPO SECO, *s.* àkókò-ẹ̀run (estação das secas).
TEMPO, ESTAÇÃO, *s.* àkókó, àrókò > Àkókò nsúré tete – O tempo está correndo rápido.
TEMPO FEIO, *s.* ògẹnẹtẹ̀, ògẹyì.
TEMPO, INTERVALO, *s.* ìdáyí.
TEMPO, MOMENTO, *s.* lọ́tẹ̀.
TEMPO, PERÍODO, *s.* ìgbà, lásìkò, sáà > Kò si òjò ìgbà ẹ̀ẹ̀rùn – Não há chuva no tempo das secas.
TEMPO, *s.* ìda (na atualidade, neste tempo).
TÊMPORAS, *s.* ẹ̀bátí < ẹ̀ + bá + etí (lit. lado do ouvido).
TEMPORÁRIO, *adj.* tí kò pé púpọ̀ rárá (que não demore muito).
TEMPOS ATRÁS, *adv.* tipẹ́tipẹ́, tipẹ́.
TEMPOS DOURADOS, *s.* ìgbà ayé-dùn.
TENACIDADE, *s.* yíyi, ìrójú.
TENAZ, PERSISTENTE, *adj.* rójú > aforítì – perseverante.
TENAZMENTE, *adv.* gìdìgìdì.
TENCIONAR, *v.* pète > Mo npète lọ lúwẹ́ – Eu tenho a intenção de ir nadar, gbẹrọ̀ (refletir).
TENDA, ABRIGO, *s.* àgọ́.
TENDÃO, MÚSCULO, *s.* iṣan > iṣan ẹsẹ̀ – músculo da perna.
TENDÃO, *s.* pátì > ètìpàsẹ̀ – tendão de aquiles.
TENDÊNCIA A ACONTECER, *adj.* àdàmọ̀dì.

TENDÊNCIA A ENGORDAR, *adj.* mímúnísanra.
TENDÊNCIA, DISPOSIÇÃO, *s.* ìdárísí, ìdárí, ìkúndùn > àṣà – costume.
TENDER PARA *v.* fi_fún,darí_ sí > Ó darí rẹ̀ síbẹ̀ – Eu a virei para aquela direção; > Ó fi ẹ̀bùn fún mi – Ele deu um presente para mim; > Ó fifún rẹ̀ – Ele deu para ela.
TENDINITE, *s.* irìnwíwú, irìn ara wíwú.
TENENTE, *s.* bádà (título militar).
TENHA CUIDADO, *exp.* ṣe pẹ̀lẹ́pẹ̀lẹ́.
TÊNIA, *s.* arà-gbọọrọ (verme intestinal).
TÊNIS, *s.* tẹ́ńíìsì (do inglês *tennis*).
TENRO, MACIO, *adj.* jọ́lọ̀ > Iyányìí jọ́lọ̀ – Este inhame está bem liso e macio; > rọ̀ – ser macio, tenro.
TENSÃO, APREENSÃO, *s.* ìfọ̀yà > àìfọkànbalẹ̀ – ansiedade.
TENSÃO ELÁSTICA, *s.* ìfàle > fàle – puxar.
TENSÃO, INSISTÊNCIA, *s.* ìtẹnumọ́.
TENTAÇÃO, ARMADILHA, *s.* ìdẹwọ́, ẹ̀tàn > ẹlẹ́tàn – enganador, trapaceiro.
TENTÁCULO, *s.* mọ̀gálà (prolongamento em volta da cabeça de alguns animais).
TENTAR ALGO SEM CONDIÇÕES, *v.* dágbá, dáláṣà, gbìdánwò > Ó dágbá lé e – Ele tentou isto sem condições.
TENTAR DE NOVO, *v.* túbọ̀, túnbá, túnbọ̀ (esforçar em fazer algo) > Ó túbọ̀ ṣíṣẹ́ – Ele tentou de novo fazer o serviço; > Ìtúmọ̀ ọ̀rọ̀ rẹ túbọ̀ kò yé mi – O significado de sua palavra de novo não ficou claro.
TENTAR ENCONTRAR, *v.* wá_rí > Ó wá owó rí – Ela tentou encontrar algum dinheiro.
TENTAR FAZER, *v.* gbè_wò > dánwò – ser tentado a fazer, induzir.
TENTAR PARA O MAL, *v.* dẹ_wò > Ó de mí wò – Ele me tentou; > ìdẹwò – tentação.
TENTAR RECUPERAR, *s.* jẹ_rá, jẹ_gún > Mo jẹ ọ̀rẹ́ mi – Estou tentando recuperar meu amigo.
TENTAR, ATRAIR, *v.* kẹ́dẹ > Ó kẹ́dẹ mọ́ mi – Ele me enganou (lit. ele tentou contra mim).

TENTAR, SEDUZIR, *v.* tàn > Ó ntàn – Ela está me atraindo; > ẹ̀tàn – decepção, truque.
TENTAR, *v.* gbìdáwò (fazer uma tentativa).
TENTATIVA, ESFORÇO, *s.* ìgbìyànjú, ìgbìdánwò > Ìgbìyànjú láti gba ẹ̀sin wa là – Tentativa para salvar nossa religião.
TENTATIVA, EXPERIÊNCIA, *s.* ìdánwò, àgbéwò, ìgbéwò.
TÊNUE, FINO, *adj.* tínrín > té̩é̩rẹ́ – esbelto, magro.
TEOCRACIA, *s.* ìjọba àwọn òjíṣẹ́-Olọ́run (governo cujo poder está na classe sacerdotal).
TEOLOGIA, *s.* ẹ̀kó nípa Ọlọ́run (estudo sobre Deus e suas relações com o mundo).
TEOREMA, *s.* ìdámọ̀ràn, ìmọ̀ràn (ideia aceita com demonstração).
TEORIA, SUPOSIÇÃO, *s.* ìdámọ̀ràn, àlàyé, èrò otí.
TEORIZAR, ESPECULAR, *v.* dámọ̀ràn.
TÉPIDO, MORNO, *adj.* lọ́wọ́ọ́wọ́ > Ara mi lọ́wọ́wọ́ – Eu tenho uma sensação febril.
TER ABNEGAÇÃO, *v.* sẹ́ra > Ó sẹ́ra rẹ̀ – Ele exerceu a abnegação dela.
TER A CERTEZA, *v.* fojúdá, dájú < dá + ojú.
TER A INTENÇÃO, *v.* pète > Mò npète lọ lúwẹ̀ – Eu tenho a intenção de nadar.
TER A PERNA MUTILADA, *s.* àyẹ̀kún, amọ́kún, amúkún.
TER ALGO NO PESCOÇO, *v.* kọ́lọ́rún.
TER AMOR, TER AFEIÇÃO, *v.* nífẹ́ > Ó nífẹ́ fún mi – Ela tem afeição por mim.
TER AMPLO CONHECIMENTO, *v.* mọ̀lámọ̀tán.
TER APETITE, INSACIÁVEL, *v.* ṣíkó.
TER ATENÇÃO, *v.* mú_lọ́kàn > Iṣẹ́ yìí mú mi lọ́kàn – Este serviço ocupa toda a minha atenção.
TER AUDÁCIA, *v.* lẹ́nu > Ó lẹ́nu láti pè mí lórúkọ – Ele teve a audácia de me chamar pelo nome.
TER AVERSÃO, *v.* rínilára (rìnnílára).
TER BASTANTE, POUPAR, *v.* sùbọ.
TER BELEZA, *v.* lẹ́wà < ní + ẹwà; > lẹwà < ni + ẹwà – ser bonito.

TER BOA ÍNDOLE, *v.* títé, ténú (calmo e moderado).
TER BOA MEMÓRIA, *v.* níyènínú.
TER BOA SORTE, *v.* jẹ̀fà, jìfà > Ó jẹ̀fà – Ele teve um golpe de sorte.
TER BOM CORAÇÃO, *v.* rọnú (ser bondoso).
TER BONDADE, *v.* lóore.
TER BURACOS, *v.* ní ìdálu.
TER CALMA, CONFORTO, *v.* ṣèrọra.
TER CERTEZA DE, ESTAR CERTO DE, *v.* rídájú.
TER CERTEZA DE, *v.* dá_lójú, dá_nílójú > Èmi dá mi lójú pé mo lè kọ̀ èdèe yorùbá – Estou certo de poder estudar a língua yorùbá. *Obs.*: dois subst. juntos, a vogal final do primeiro é alongada se o segundo começar com consoante.
TER CHANCE, OPORTUNIDADE, *v.* ráyè, láyè < ní + àyè > Mi ò ráyè – Eu não tive oportunidade.
TER CIÚMES DE, *v.* ṣèlára, talára (atormentar, magoar).
TER CIÚMES, INVEJA, *v.* tara, lara > ìlara – inveja.
TER COMPREENSÃO, *v.* níyènínú.
TER CONSIDERAÇÃO, *v.* fi_perí > Ó fi ẹran náà perí rẹ – Ela reservou esta carne para você.
TER CONTINUIDADE, *v.* máa ṣe é lọ.
TER CONTROLE, *v.* gbé_ṣe (ter poder sobre) > Èmi kò gbé e ṣe – Eu não tenho controle sobre ele.
TER CUIDADO, *v.* páfin (para não infringir a lei).
TER CUIDADO, *v.* wò > Ó wò mí sàn – Ela tratou de mim.
TER DÉBITO, DÍVIDA, *v.* digbèsè.
TER DESEJO ARDENTE, *v.* yún > Àáyún rẹ yún mi – Eu tenho desejo por você.
TER DESEJO CARNAL, *v.* yán hàn-hàn (estar intranquilo).
TER DESPREZO POR, *v.* rífin > Ìwọ rí mi fín – Você me desconsiderou.
TER DIARREIA, *v.* ṣunú (problema intestinal).
TER DINHEIRO, *v.* lówó < ní + owó > Ẹ lówó, ẹ ò lówó, èmi yíò ṣe orò òrìṣà – Você tenha dinheiro, você não tenha dinheiro, eu farei sua obrigação de santo.

TER DIREITO, *v.* láre < ní + àre (ter justiça).
TER DISPUTA, DISCUSSÃO, *v.* ṣasọ̀ < ṣe + asọ̀ > A ṣasọ̀ – Tivemos uma discussão.
TER EM MÃOS, *v.* mọ́lọ́wọ́.
TER EM MENTE, LEMBRAR, *v.* ránlétí > Ó rán wa létí – Ela nos lembrou.
TER ENTENDIMENTO, *v.* ṣàjọmọ̀ (concordar).
TER FILHO, *v.* lọ́mọ < ní + ọmọ.
TER FOME, *v.* kébi < ké + ebi – fome.
TER FRUTOS, *v.* sèso > Igi yií sèso – Esta árvore deu frutos.
TER GOSTO FORTE, *v.* ta_ṣáí-ṣáí > Ó ta mí lẹ́nu ṣáí-ṣáí – Ela deixou um gosto bom em minha boca.
TER HABILIDADE MANUAL, *v.* pidán > Ó pidán – Ele fez um ato de mágica.
TER HÁBITO, COSTUME, *v.* Mo sábà nrin – Eu tenho o costume de caminhar.
TER HIDROCELE, *v.* sòpá < so + ìpá.
TER ÍNDOLE CALMA, *v.* ténú > Ó tẹ́nú – Ela é uma pessoa calma.
TER INICIATIVA, *v.* kẹ́_sí (de fazer ou colocar algo no lugar).
TER INTERESSE, SIMPATIZAR, *v.* gbọ̀rọ̀dùn.
TER INVEJA, CIÚMES, *v.* ṣèlara.
TER INVEJA, OLHO-GRANDE, *v.* lójú kòkòrò.
TER LIBERDADE DE ESCOLHA, *v.* làsà, làsàsà > Ó làsà rebí ìjà – Ele optou por uma jornada de luta.
TER LUGAR A, ACONTECER, *v.* débá > Ibí débá mi – A adversidade ocorreu em mim (normalmente referindo-se a uma má sorte).
TER MARCA, SINAL, *v.* lámì < ní + àmi.
TER MARCAS, *v.* kajọ́ < kà + ojọ́ > Ara rẹ nkajọ́ tí ó dáyé – Seu corpo apresenta as marcas do tempo de vida.
TER MEDO, *v.* dáyàjá > O dáyàjí mi – Ele tem medo de mim.
TER MEDO, *v.* pá (evitar disputa) > Ó pá láàyà – Ele me amedronta.
TER MEMÓRIA, MENTE FRACA, *v.* pọ̀dà > Orí rẹ pọ̀dà – Ela tem uma memória fraca.

TER MÉRITO, *v.* tóyè (ser meritório).
TER NATURALIDADE, *v.* jingíri > Èniá yìí jingíri – Esta pessoa é teimosa.
TER NOTÍCIA DE ALGUÉM, *adv.* bámọ̀pọ̀.
TER O CONTROLE, DOMINAR, *v.* kápá.
TER O PÉ TORCIDO, *v.* gbunlẹ́sẹ̀ < gbun + lẹ́sẹ̀.
TER OPINIÃO, CONCEITO, *v.* rò_pin > Ó rò mí pin – Ele tem uma opinião sobre mim.
TER OPORTUNIDADE, *v.* dádé.
TER ORIGEM, *v.* sẹ̀ (ser derivado de) > Àwa sẹ̀ láti ọ̀dọ̀ wọn – Nós somos descendentes deles.
TER PACIÊNCIA, *v.* mú_sùúrù > Ó mú sùúrù fún mi – Ele tem paciência comigo; > Sùúrù mi tán – Minha paciência terminou.
TER PARENTESCO, *v.* jobí < jọ + ẹbí.
TER PODER DE RESISTIR, *v.* rọ́rí > ìrórí – resistência.
TER PODER, FIRMEZA, *v.* lágbára.
TER POSTURA REAL, *v.* gúnwà < gún + ẹwà > Ó gúnwà jókó – Ele adotou uma postura real ao sentar.
TER POUCA FORÇA, *v.* mú_tì (para segurar algo).
TER PRAZER, ALEGRIA, *v.* láyọ̀, gbádùn > Mo fẹ́ gbádùn pẹ̀lú ẹ – Eu quero ter prazer com você.
TER PRIVILÉGIO, *v.* jọlá, jaiyé (viver em ostentação).
TER RAIVA, *v.* ru (ser movido com raiva ou aflição).
TER RANCOR, *v.* fi_sínú > Ó fi mí sínú – Ele guarda rancor contra mim.
TER RESPEITO, *v.* sàna (realizar deveres habituais).
TER RUGAS, *v.* wunjọ.
TER SABEDORIA, *v.* kọ́gbọ́n > Ó fi ìrírí kọ́gbọ́n – Ele usou de experiência para aprender.
TER SENSO DE HUMOR, *v.* fi_ra.
TER SOLUÇÃO, RESOLVER, *v.* pèètù.
TER SORTE, *v.* lóríire < ní + orí + rere (sortudo).
TER SUCESSO, ÊXITO, *v.* mókè < mú + òkè.
TER TÍTULO, *v.* lóyè < ní + oyè.

TER UM NOME, *v.* lórúkọ < ní + orúkọ > Gbogbo wa lórúkọ – Todos nós temos um nome.
TER UM SONHO, *v.* lálá.
TER UMA CHANCE, *v.* gbà_láyè (ocupar algo de outra pessoa).
TER UMA FERIDA, *v.* dégbò, bójoru < oojú + ooru.
TER UMA IDEIA CRIATIVA, *v.* dèrò < dà + èrò.
TER UMA VISÃO, *v.* ríràn < rí + ìràn > Ó fi ojú ríràn – Ele viu com seus olhos.
TER VALOR, *v.* jámọ́ (usado somente em frases negativas).
TER VISÃO GERAL, *v.* wòran (avistar).
TER VOZ EM UM ASSUNTO, *v.* sàfẹnusí.
TER, POSSUIR, *v.* ní (quando ní for seguido de palavra que começa com vogal, ní se transforma em l (exceção para a vogal i) > A ní ọ̀rẹ́ owó púpọ̀ = A lọ́rẹ́ owó púpọ̀ – Nós temos muitos amigos.
TER, *v. aux.* ti > Mo ti lọ sílé rẹ̀ – Eu tenho ido à casa dela (é geralmente seguido por outro verbo).
TERAPEUTA, *s.* olóògùn (especialista na recuperação de pessoas).
TERAPÊUTICO, *s.* ìsẹ̀gùn.
TERÇA PARTE, *s.* ìdáta, ìdámẹ́ta (porção de qualquer coisa, 1/3).
TERÇA-FEIRA, *s.* Ọjọ́ ìsẹ́gun, Ọjọ́ kẹ́ta òsè, Ọjọ́ Túsidéè (do inglês *Tuesday*) > Oní ni ọjọ́ ìsẹ́gun – Hoje é terça-feira; > Àtàlátà (no calendário maometano).
TERCEIRA VEZ, *adv.* lẹ́ẹ̀kẹ́ta.
TERCEIRO DIA ATRÁS, *adv.* ìjẹta, kíjẹta < kí + ijọ́ + ẹta (esta composição pode ser usada para os demais numerais: kíjẹ́jọ – oitavo dia atrás; kíjẹ́wàá – décimo dia atrás).
TERCEIRO FILHO GÊMEO, *s.* Ìdòwú (homem).
TERCEIRO LUGAR, *adv.* lọ́nà kẹ́ta.
TERCEIRO, *num.* ẹ̀kẹ́ta > Èyí ni ẹ̀kẹ́ta – Este é o terceiro. *Obs.*: quando o assunto for expresso, a vogal inicial do numeral será omitida > Èyí ni ijáde kẹ́ta – Esta é a terceira saída.
TERÇO, ROSÁRIO, *s.* tèsùbá (muçulmano).
TERIA, DEVERIA, *v. aux.* ìbá, ìbáà, bá (forma frases condicionais).

TERIA, TIVESSE, *v. aux.* bá. Ìbá (forma frases condicionais).
TÉRMICO, *adj.* nípá ìgbóná.
TERMINAL, FINAL, *s.* olópin > ìparí, òpin – parte final de alguma coisa.
TERMINAR A LEITURA, *v.* kàtán > Mo kà á tán – Eu terminei de ler.
TERMINAR O CASTIGO, *v.* panà < pa + inà (expressão utilizada para determinar o final de uma iniciação religiosa).
TERMINAR, ACABAR, *v.* ra > Ojú mi ra – Minha vista tem falhado.
TERMINAR UMA BRIGA, *v.* parí aáwọ̀, parí ìjà > Wọ́n parí aáwọ̀ – Eles terminaram a briga.
TERMINAR, CONCLUIR, *v.* parí, búṣe, ká_sẹ̀ > Mo ti parí fọ̀ṣọ – Eu já terminei de lavar a roupa; > Iṣẹ́ náà bùṣe – O serviço chegou ao fim; > Ó káṣẹ̀ iṣẹ́ rẹ̀ – Ele terminou o trabalho dele (káṣẹ̀ < ká + ẹsẹ̀ – lit. parar com os pés). *Obs.: parí* – pode ser usado para expressar um superlativo > Ó burú parí – Ele é o pior.
TERMINAR, FINALIZAR, *v.* mú_párí, pin > Ilẹ̀ yìí pin sin – Esta área termina aqui; > òpin – fim.
TERMINAR, ACABAR DE, *v.* tán (chegar ao fim) > Mo ti dífá tán – Eu já acabei de consultar Ifà; > Onjẹ ti ṣe tán –A comida está pronta. *Obs.: se o verbo que denota a ação não aparece, ṣe o substitui* > Mo ti ṣe tàn – Eu já terminei.
TÉRMINO DO JEJUM, *s.* ìṣínu (ritual do *ramadan*).
TÉRMINO, CONCLUSÃO, *s.* ìkẹ́hìn, ìmújáde, òkodoro, ókokoro.
TERMÔMETRO, *s.* awọ̀n-gbóná, ìgbóná wíwọ̀n.
TERMO DE ABUSO, *s.* òkúgbé.
TERNAMENTE, *adv.* dénú, dénúdénú, púképúké, pẹ̀lépẹ̀lẹ́ > Ó fẹ́ mi dẹ́núdẹ́nú – Ela me ama ternamente.
TERNÁRIO, *adj.* alápámẹ́ta, ọlọ́nàmẹ́ta (composto de três partes).
TERNURA, BRANDURA, *s.* ìkéra.
TERNO, ROUPA, *s.* aṣọ kóòtù.
TERRA IMPRODUTIVA, *s.* òkúlẹ̀, àsálẹ̀.
TERRA NUA, *s.* ilẹ̀yílẹ̀.
TERRA PRETA, ADUBO, *s.* ilẹ̀dú.

TERRA PRÓXIMA AO MAR, s. ọwọ́lẹ̀ (a uma lagoa ou riacho).
TERRA SANTA, s. Ilẹ̀ Mímọ́.
TERRA, s. ilẹ̀ > ilẹ̀ ògẹ́rẹ̀ – mãe terra.
TERRA, SOLO, s. frùpẹ̀, yẹpẹ̀.
TERRACOTA, s. odo-sísun, àsun-odo (argila modelada).
TERRAÇO, s. àjà, ọdẹ̀dẹ̀ > Àwọn ọmọdé nṣiré ní àjà – As crianças estão brincando no terraço; > ibi ìtejí ilẹ̀ – local plano.
TERREIRO, QUINTAL, s. àgbàlá.
TERREMOTO, ABALO, s. ìjì-ilẹ̀, ìmìtìtì ilẹ̀.
TERRESTRE, adj. elérùpẹ.
TERRITÓRIO, s. àgbègbè, ẹ̀kún.
TERRÍVEL, CRUEL, adj. banilẹ́rù, níbẹ̀rù > Ajá yìí banilẹ́ru – Este cachorro é terrível.
TERRIVELMENTE, adv. goorogo, tẹ̀rù-tẹ̀rù, lérù púpọ̀púpọ̀.
TERROR, MEDO, s. àrídìjì, ẹ̀rù, ẹ̀rùjẹ̀jẹ̀ > ìpáyà – pânico, pavor.
TERRORISMO, s. ìdá-nínijì, ìpánìláyà.
TER SUCESSO, v. yọrí, yege > Mo yege nínú ìdánwò ni – Eu passei em meu exame; > gbàpò – suceder, ocupar o lugar de alguém.
TESÃO, s, lílé (lit. inchação) ara kíkàn (lit. pingado, gotejado).
TESOURA, ALICATE, s. tìsórà (do inglês scissors), àlùmọ́gàjí (do hausá álmakàṣí).
TESOURARIA, s. ilé ìṣúra > àpótí ìsúra – caixa do dinheiro.
TESOUREIRO, s. afowópamọ́, akápò, àpòwómọ̀, olùtọjú owó, olùtọjú ìṣúra.
TESOURO, s. àlùmáni, àlùmọ́ni, ìfiṣúra, ìṣúra, tẹ́ṣọ́rà (do inglês treasurer).
TESTA, s. ọpọ́n orí.
TESTA, FRONTE, s. ìpọ̀njú, iwájú orí.
TESTE, EXAME, s. gbígbéwò, ìdánrawò sílẹ̀.
TESTE RÍGIDO, s. ìdánwò líle.
TESTAMENTEIRO, s. ahágún, ìwé-ìhágún.
TESTAMENTO, ACORDO, s. màjémù > ìlérí – promessa.
TESTAR MEDINDO, v. wọ̀nwò > Ó wọ̀n ọ́n wò – Ele mediu isto para testar.
TESTAR O PESO DE ALGO, v. sọwò (equilibrando na palma da mão).

TESTAR, PROVAR, v. títọ́wọ̀.
TESTAR, v. wọ̀_lọ́wọ́, tẹ́ẹ̀sì (do inglês *test*) > Ẹni tá a nwọ̀lọ́wọ́ – A pessoa procurou e nós estamos testando.
TESTE, EXAME, s. gbígbéwọ̀.
TESTEMUNHA FALSA, s. ẹlẹ́ẹ̀rí èké.
TESTEMUNHA, PROVA, s. èrí, ẹlẹ́rí.
TESTEMUNHAR EM FAVOR, v. jẹ́rígbè.
TESTEMUNHAR, v. fọwọ́sọ̀yà, jẹ́_lẹ́rí > Òun jẹ́ mi lẹ́rí – Ela testemunhou a meu favor; > jẹ́rí ní ìbúra – testemunha em juramento.
TESTEMUNHO, PROVA, s. èrí, ìjẹ́rí.
TESTÍCULO ANIMAL, s. doro ẹran.
TESTÍCULO, s. ẹpọ̀n, kóropọ̀n, wóropọ̀n.
TETA, MAMA, s. ọmú.
TÉTANO, s. àwalu-ehín, àìperí.
TETO BAIXO DE UMA CASA, s. àbẹ̀rẹ̀wọ̀.
TETO, TERRAÇO, s. àjà ilé.
TEXTO DE HUMOR, s. ìwé àròfọ́ > aláròfọ́ – humorista.
TEXTO ESCRITO, s. ọ̀rọ̀ inú-ìwé > ìwé títẹ̀ – texto digitado.
TEXTURA, ESTRUTURA, s. ara aṣọ.
TIA, s. antí (do inglês *aunty*) > Ẹ̀gbọ́n bàbá mi obìnrin – Irmã do meu pai.
TIARA, s. gèlè (ornato para a cabeça).
TIBETE, s. Orílẹ̀ẹ Tíbẹ́ẹ̀tì (região ao sul da Ásia).
TÍBIA, CANELA, s. igun, ojúgun.
TIGELA, s. dẹ́ngẹ̀ (para medir milho no mercado).
TIGELA DE LATÃO, s. ọpọ́n ide, ọpọ́nnìgẹ̀dẹ̀.
TIGELA, GAMELA, s. ọpọ́n.
TIGRE, s. amọtẹ́kun.
TIJOLO, s. jolò, tijolò, bíríkì (do inglês *brick*).
TILINTAR DE SINOS, adv. wooro, wooro-wooro.
TILINTAR, TINIR, v. dún wanranwanran > woroworo agogo – som do relógio.
TIME, GRUPO, s. ẹgbẹ́ àjọṣeré > ọmọ ẹgbẹ́ àjọṣeré – pessoa do mesmo time.

TIMIDAMENTE – TIPO DE PEIXE

TIMIDAMENTE, *adv.* tìjaiyà-tìjaiyà, tojotojo > Ó jókotìjaiyà-tìjaiyà – Ele sentou-se timidamente.
TIMIDEZ, RECEIO, *s.* ìbẹ̀rù.
TÍMIDO, ENVERGONHADO, *adj.* tijú > Má tijú – Não se envergonhe; > Ojú tì mí fún ọ – Estou envergonhado pelo que você fez (lit. meu rosto se fechou para você).
TINA, VASILHA, *s.* opọ́n.
TÍMIDO, ACANHADO, *adj.* ṣaláìlọ́kan, nítìjú > tijú – envergonhar-se.
TÍMIDO, TEMEROSO, *adj.* níbẹ̀rù.
TÍMPANO, *s.* awọ ìlù etí (membrana do pavilhão auditivo).
TINGIR TECIDOS, *v.* sèlésè.
TINGIR, ENCHARCAR, *v.* rẹ̀wù < rẹ + ẹ̀wù > Ó rẹ̀wú – Ela tingiu a roupa.
TINGIR, *v.* rẹ, rẹ_láro, pa_láró > Ó rẹ aṣọ láró – Ele tingiu a roupa.
TINTA AMARELA, *s.* èsè iyẹiyẹ.
TINTA AZUL, *s.* aró (infusão do índigo).
TINTA ESCORRIDA, *s.* èẹ̀ṣí (de roupa tingida).
TINTA NATIVA, *s.* òkiti-aró.
TINTA PÚRPURA, ROXA, *s.* èsè àlùkò.
TINTA, *s.* èsè, tàdáwà, tàdáà, ọ̀dà.
TINTO, *adj.* ẹlẹ́pa.
TINTURA DE ÍNDIGO, *s.* aró ẹlú.
TINTURA, MATIZ, *s.* àwọ̀ > Irun rẹ ní àwọ̀ iná – O cabelo dela tem a cor do fogo; > àwọ̀ọ wúrà – tintura dourada.
TINTURA VERMELHA, *s.* rẹ̀rẹ̀ osùn (da árvore ìròsùn).
TINTUREIRO, *s.* alágbàfọ̀ < àgbà – receber, fọ̀ – para lavar.
TÍPICO, CARACTERÍSTICO, *s.* àfiṣàpẹrẹ > àpẹrẹ – exemplo.
TIPO DE ESPÍRITO, *s.* àbíkú (lit. aquele que nasce e morre em períodos curtos de vida).
TIPO DE FRUTA, *s.* àwín (fruta ácida), àlàwẹ́ (tipo de fruta que pode ser dividida em gomos).
TIPO DE INSETO, *s.* agbálẹ̀.
TIPO DE PÁSSARO, *s.* àwòrròjobì.
TIPO DE PEIXE, *s.* ìgbákèré.

TIPO DE SANGUE, *s.* orísí èjè.
TIPO DE TEMPERO, *s.* èèrù (condimento feito de pequenas vagens).
TIPO, ESPÉCIE, *s.* irú, súrà, orísí > Irú iṣe wo ní o nṣe? – Qual tipo de trabalho você está fazendo?. *Obs.*: wo ni – adj. interrog. regido pelo verbo *ni* e posicionado depois de subst. que indica tipo, qualidade.
TIPÓGRAFO, IMPRESSOR, *s.* atèwé.
TIQUE-TAQUE, *s.* ègàkè, eginni, ìgàkè, kékéké > agogo ndún kékéké – o relógio está fazendo tique-taque.
TIRA, CORREIA, *s.* àwòtẹrẹ́.
TIRA, FAIXA, *s.* òbárá.
TIRANIA, *s.* ìjọba tipá-tipá.
TIRANICAMENTE, *adv.* tìkátìká.
TIRANIA, OPRESSÃO, *s.* ìwà-ìkà, ìjọba tipátipá.
TIRANO, *s.* ajẹníníyà, afipá-sẹjọba > òṣìkà – pessoa perversa.
TIRAR PELE DE FERIDA, *v.* tèépá.
TIRAR PELE DAS PATAS, *v.* bóṣẹ̀ < bo + ẹsẹ̀.
TIRAR ROUPA DE ALGUÉM, *v.* bóṣọ < bó + aṣọ, bó_láṣọ, fà_aṣọ > Mo bèrè fàṣọ – Eu comecei a tirar a roupa.
TIRAR ÁGUA DO POÇO, *v.* pọn, pọnkún, pọngbẹ.
TIRAR ÁGUA, *v.* pọnmi, fami < fà + omi.
TIRAR AS PENAS, DEPENAR, *v.* tu > Ó ntu iyẹ adìẹ – Ela está tirando as penas da galinha.
TIRAR, DESPIR, *v.* bù (descolar) > Ó bù mí lẹ́wù – Ela rasgou minha roupa.
TIRAR DO CARGO, *v.* rò_lóyè > Ó rọ ènía yìí lóyà – Ele demitiu esta pessoa do cargo.
TIRAR E PROVAR ALGO, *v.* bù_lá > Ó bù onjẹ lá a – Ele tirou um pouco de comida e provou.
TIRAR O CABELO, *v.* yọré, yòrùkèrè (da espiga de milho).
TIRAR O MILHO DA ÁGUA, *v.* wàgì (para ser moído).
TIRAR O QUE ESTÁ DENTRO, *v.* gbé_jáde.
TIRAR O RELÓGIO, *v.* yọ > Ó yọ aago ọwọ́ – Ela tirou o relógio do pulso.
TIRAR O SAPATO, *v.* bọ́ bàtà > wọ bàtà – calçar o sapato.

TIRAR OS PELOS, PELAR, *v.* yọrun, bóláwọ < bó + ní + awo.
TIRAR PENAS, ARRANCAR, *v.* tuiyẹ > Òun ntu iyẹ ara diẹ̀ > Ela está tirando um pouco das penas da galinha.
TIRAR UM POUCO DE ALGO, *v.* bù.
TIRAR UM POUCO DE COMIDA, *v.* kọkà < kọ + ọkà (comida feita de milho).
TIRAR UMA SONECA, *v.* sùnfẹ̀ẹ̀rẹ́, sùnyẹ́.
TIRAR VANTAGEM DOS OUTROS, *v.* jẹ ọ̀fẹ́.
TIRAR VANTAGEM, *v.* sọmọ (usando a tradição familiar).
TIRAR, PEGAR, *v.* ré, fà > Ẹ bá mi fà á jáde – Ajude-me a remover isto.
TIRAR, RESUMIR, *v.* fà_yọ.
TIRAR, SERVIR-SE, *v.* bú > Bù nkan tí o fẹ́ – Tire um pouco que você queira (sirva-se à vontade).
TIRAR, SUBTRAIR, *v.* bù_kórò.
TIRAR, *v.* wọ́n, wọ́n_kúró > Mo wọ́n aṣọ kúrò lára mi – Eu tirei a roupa do meu corpo.
TIRIRICA, *s.* ẹ̀wọ̀n (erva espinhosa *Cyperus rotundus L.*).
TIRO DE ARMA, *s.* àhàya, àwàyá.
TIRO, DESCARGA, *s.* àtapòyọ.
TIROTEIO, *s.* yíyìn.
TITÂNIO, *s.* tìtáníà (elemento atômico).
TITULAR, *s.* onípò, ẹràn (o cabeça de um templo) > Ó fi ọwọ́ lẹ́ran – Ele traz o templo na palma da mão.
TITULAR, *adj.* tí oyé nìka – ter apenas um titular.
TÍTULO DE PRIMEIRO-MINISTRO, *s.* Báṣọrun (Aláààfin de Ọ̀yọ́).
TÍTULO DE RESPEITO, *s.* ọ̀yọ́mìsì (conferido aos anciãos de Ọ̀yọ́).
TÍTULO DE UM MENSAGEIRO, *s.* abẹsẹ̀ (título honorífico).
TÍTULO NO CULTO DE IFÁ, *s.* apètẹbí (feminino). V. sacerdotes.
TÍTULO FEMININO, *s.* ìyágán (culto egúngún).
TÍTULO MILITAR, *s.* jagun.
TÍTULO OFICIAL, *s.* Àtìbà (na região de Ọ̀yọ́).
TÍTULO QUALQUER, *s.* oyèkóyè.
TÍTULO RECEBIDO, *s.* ìgboyè < gbà + oyè > Àríyá ìgboyè – Festa de recebimento de um título.

TÍTULO, *adj.* súnà (lei entre os muçulmanos: ler *súnọ̀n*).
TÍTULO, *s.* bẹ́rẹ̀ (de dignidade entre mulheres).
TÍTULO, *s.* oyè, okì > Ewé akòko ni a fi njẹ́ oyè – É a folha do akòko que oferecemos permitindo o título; > àkọlé – cabeçalho, tema. *Obs.*: citar o título que a pessoa possui é muito comum, ignorá-lo pode ser considerado ofensa > ọ̀gbẹ́ni – senhor, omídan – senhorita, olùkọ́ – professor, dọ́kítà – doutor, olóyè- chefe, ọ̀mọ̀wé – doutor em letras.
TÍTULO, TITULAR, *s.* ìjoyè > Ìjoyè Ògá – Título de Ogan; > fi_joyè – dar um título > Wọ́n fi mí joyè – Eles me concederam um título.
TOALHA DE MÃO, *s.* aṣọ-ìnuwọ́.
TOALHA DE MESA, *s.* aṣọ tábìlì.
TOALHA DE ROSTO, *s.* aṣọ ìnujú.
TOALHA DO CORPO, *s.* aṣọ-ìnura, táwẹ́ẹ̀lì (do inglês *towel*).
TOCADOR DE ATABAQUE BÀTÁ, *s.* alubàtà < a + lù + bàtà (lit. aquele que toca o bàtà). *Obs.*: todo verbo com acento grave, seguido de um substantivo, perde o acento.
TOCADOR DE ATABAQUE DÙNDÚN, *s.* aludùndún < alù + dùndún.
TOCADOR DE ATABAQUE ÌGBÌN, *s.* alugbìn < alù + ìgbìn.
TOCADOR DE ATABAQUE KÓSÓ, *s.* alukósó < alù + kósó.
TOCADOR DE ATABAQUE, *s.* onílù > Mo ri onílù níbẹ̀ – Eu vi o tocador de atabaque lá.
TOCADOR DE CABAÇA, *s.* alugbá < alù + igbá, alágbè < alá + agbè.
TOCADOR DE FLAUTA, *s.* afọnfèrè.
TOCADOR DE ÓRGÃO, *s.* aludùùrù, atẹdùùrù.
TOCA-FITAS, *s.* káṣẹ́tì (do inglês *cassete*).
TOCANTE, PATÉTICO, *adj.* múnilọ́kàn.
TOCANTE, EMOTIVO, *adj.* wíwùnílórí.
TOCAR A CABEÇA, *v.* kanrí, fikanrí < fi + kàn + orí (ato a ser realizado no sacrifício animal) > Ó fi ọwọ́ kanrí ní ẹran – Ele usou a mão e tocou a cabeça do animal.
TOCAR CAMPAINHA OU SINO, *v.* lagogo < lù + agogo > Ó lagogo – Ele tocou a sineta.
TOCAR COM AS MÃOS, *v.* fọwọ́tọ́ < fi + ọwọ́ + tọ́ (importunar) > Ó fọwọ́tọ́ mi – Ele me tocou para chamar minha atenção.

TOCAR COM A BOCA, PROVAR, *v.* fẹnubà > Ó fẹnubà ní onjẹ rẹ̀ – Ela tocou com a boca na comida dele.
TOCAR COM O DEDO, *v.* fìkató < fi + ìka + tó (para chamar atenção).
TOCAR EM ALGUÉM, *v.* farakàn (com a parte do corpo) > Ó farakàn mi – Ele se encostou em mim.
TOCAR GUITARRA, *v.* ta gìtá (do inglês *guitar*).
TOCAR NO CORPO, *v.* kànlára > O kàn mi lára – Você me buliu.
TOCAR O CHÃO, *v.* tólẹ̀, délẹ̀ < dé + ilẹ̀.
TOCAR O SOLO, DESCER, *s.* balẹ̀ < bà + ilẹ̀.
TOCAR ÓRGÃO, *v.* ludùùrù.
TOCAR UMA PESSOA, *v.* tọ́ (de forma hesitante) > Ó fọwọ́ tọ́ mi – Ele me tocou de forma indecisa.
TOCAR, ATINGIR, *v.* fọwọ́kàn < fi + ọwọ́ + kàn.
TOCAR, BATER TAMBOR, *v.* lù > lù ìlù > Ó nlù ìlù dára púpọ̀ – Ele está tocando atabaque muito bem; > lùlù – tocar tambor.
TOCAR, BATER, *v.* fọwọ́bà < fi + ọwọ́ + bà.
TOCAR, ENCOSTAR, *v.* kàn, fi_kàn > Ní àmí ọ̀wọ̀, àwa kàn ọwọ́ lálẹ̀ – Em sinal de respeito nós tocamos a mão no chão.
TOCAR PIANO, *v.* tẹ dùrù.
TOCAR, SOAR, *v.* dún, funpè, fọnpè > ìfọ́npè – trompete.
TOCAR, *v.* ta gòjé – tocar instrumento de corda.
TOCAR, MEXER INDEVIDAMENTE, *v.* fọwọ́kàn > tọwọ́bọ̀ – introduzir a mão em > Mo tọwọ́ bọ́ lẹ́sẹ̀ rẹ̀ – Eu toquei as pernas dela.
TOCÁVEL, *adj.* fífíbà, fífíkàn.
TOCHA, ARCHOTE, *s.* ògúṣọ̀, ìtùfù, ètùfù, òtùfù iná (tocha, material inflamável).
TOCO DE VELA, *s.* ọ̀pá fitílà.
TODA A CASA, *s.* ojojúlé.
TODA HORA, *adv.* nígbàpúpọ̀ (frequentemente).
TODA NOITE, *adv.* lóròòru.
TODAS AS COISAS, *s.* ohun-gbogbo > Wọ́n ní ohun gbogbo – Eles têm todas as coisas.
TODAS AS MANHÃS, *adv.* lóròwúrọ̀.

TODAS AS OCASIÕES, *adv.* tòjò tẹẹrùn.
TODAVIA, CONTUDO, *adv.* síbẹ̀, síbẹ̀síbẹ̀ > Mo jẹun púpọ̀ síbẹ̀síbẹ̀ mi ò yọ́ – Eu comi muito, ainda assim, eu não fiquei satisfeito.
TODO ANO, *adv.* lọ́dọọdún (anualmente).
TODO COMPRIMENTO, *adj.* gbalaja (ao comprido, esticado) > Ó sùn gbalaja – Ele dormiu todo esticado.
TODO DIA, DIARIAMENTE, *adv.* níjọ́gbogbo, lójojúmọ́ > Mo nlọ kí i lójojúmọ́ – Eu vou cumprimentá-la todos os dias.
TODO LUGAR, *adv.* níbigbogbo > Àwọn Òrìṣà wà níbìgbogbo – Os Orixás estão em toda a parte.
TODO MUNDO, *s.* oníkálùkù.
TODO O MUNDO, *pron.* tajá-tẹran.
TODO O TEMPO, *adv.* ìgbàgbogbo.
TODO, TODA, INTEIRO, *adj.* àgbá, gbogbo > Ó sọ̀rọ̀ àgbá ìlú – Ele falou para a cidade inteira.
TODO, TODOS, *adj.* olúkúlùkù, gbogbo.
TODOS DOIS, AMBOS, *adv.* méjèèjì > Wá síbí méjèèjì – Venham cá, todos os dois.
TODOS DOZE DIAS, *adv.* ọjọọ́jọ́ méjìlá, ijijọ́ méjìlá.
TODOS OS DOZE, *adj.* méjèèjìlá.
TODOS OS TRÊS DIAS, *adv.* lójọ́métamẹ́ta.
TOGO, *s.* Orílẹ̀ẹ Togo (país africano).
TOLDO, COBERTURA, *s.* àtíbàbà.
TOLERADO, *adj.* jíjẹ́wọ́.
TOLERÂNCIA EXCESSIVA, *s.* ìforítì, ìgbàkúgbà, ìgbàkígbà < ìgbà + kú + ìgbà.
TOLERANTE, PIEDOSO, *adj.* láánú.
TOLERAR ALGO, *v.* faradà, yànláyọ̀ > Ó faradà ìjìyà – Ele suportou o castigo.
TOLERAR, *v.* gbọ̀jẹ̀gẹ́, fiyèdénú < fi + iyè + dé + inú (diante de um agravo) > kò fiyè dénú – Ela não é fácil em aceitar um pedido; > bò_mọ́ra – suportar > Ó bo ìjìyà mọ́ra – Ele suportou o sofrimento.
TOLERÁVEL, ACEITÁVEL, *adj.* gbígbà, fífaradà.

TOLICE, BOBAGEM, s. mánna-mánna, réderède, wérewère.
TOLICE, ESTUPIDEZ, s. àigbón, ránun-rànun (absurdo).
TOLICE, DISPARATE, s. sísọsọkúsọ > ìsọkúsọ, ọ̀rọ̀kọ́rọ – conversa inútil.
TOLICES, s. ọ̀rọ̀kọ́rọ̀, ìsọkúsọ (jogar conversa fora).
TOLO, INGÊNUO, adj. ku.
TOLO, VAZIO, adj. wèrè, gígọ̀ > Wèré ọkùnrin – Um homem fútil.
TOLO, IDIOTA, s. aṣiwèrè, òmùgọ̀ > Ó hùwà òmùgọ̀ – Ele se comportou como uma pessoa tola.
TOM ALTO, s. ohùn òkè.
TOM MÉDIO, s. ohún dòmí, ohùn ààrin.
TOM BAIXO, s. ohùn ìsàlẹ̀.
TOMAR À FRENTE, GUIAR, v. tọ́nà.
TOMAR À FRENTE, OBSTRUIR, v. bẹ.
TOMAR A VIDA, v. gbèmi < gbà + ẹ̀mí (de qualquer coisa viva).
TOMAR À FRENTE, v. gborí < gbà + orí > Ó gborí mi pète – Ele tomou a minha frente com intenção.
TOMAR AR, v. gbatẹ́gùn (ato de caminhar e dar uma volta).
TOMAR AR FRESCO, v. gbafẹ́ẹ́fẹ́.
TOMAR ATITUDE ARBITRÁRIA, v. yọ̀rọ < yà + ọ̀rọ̀.
TOMAR BANHO DE ERVAS, v. wẹ àgbo (wẹ̀ – tomar banho) > Mà lọ wẹ̀! – Vá tomar banho!
TOMAR BANHO PRIMEIRO, v. kọ́wẹ̀ < kọ́ + ìwẹ̀ > Òun lọ kọ́wẹ̀ – Ele foi o primeiro a tomar banho; > lọwẹ̀ – ir tomar banho > Àwa lọwẹ̀ lódò – Nós fomos tomar banho no rio.
TOMAR COMO GARANTIA, v. yá_lọfà > Mo yá ọ lọfà – Eu o tomei como garantia.
TOMAR CONTA, v. tojú (ficar de olho em) > Ó wà tojú mi – Ele está de olho em mim.
TOMAR CONTA, CUIDAR, v. mójútó > Jòwọ́ bá mi mójútó ọmọ mi – Por favor, tome conta de meu filho.
TOMAR CONTA DE JARDIM, v. ṣọ́gbà < ṣọ́ + ọgbà.
TOMAR CORAGEM, v. gbìyànjú.
TOMAR CUIDADO, v. paramọ́ > Mo pa òfin mọ́ – Eu obedeci à lei.

TOMAR DE ASSALTO, *v.* kó_tì.
TOMAR DE VOLTA, *v.* tàdíséhìn.
TOMAR O LUGAR, SUBSTITUIR, *v.* rópò, dípò.
TOMAR O NOME, FAZER SURGIR, *v.* yọ > Èmi yíòyọ orúkọ ìyàwó – Eu vou tomar o nome da ìyàwó.
TOMAR O TEMPO DE ALGUÉM, *v.* fá.
TOMAR MUITO TEMPO, *v.* pẹ́ > Ó je ìgbá pẹ́ – Ele ganhou tempo.
TOMAR PARTE EM, *v.* pínnínú.
TOMAR PARTIDO, *v.* fi_gbè, gbèjà, gbìjà < gbè + ìjà (ficar do lado de).
TOMAR PELA MÃO, ACOLHER, *v.* gbè_ṣe > Èmi rí gbé e ṣe – Eu tenho controle sobre ela.
TOMAR POSSE, HERDAR, *v.* jogún.
TOMAR REMÉDIO, *v.* saàgùn < sà + oògùn.
TOMAR SOPA, *v.* lábẹ̀ < lá + ọbẹ̀ > Ó lábẹ – Ele tomou a sopa.
TOMAR, BEBER, *v.* mú, fi_mú > Ó fi ṣúgà mu tíì – Ele tomou o chá com açúcar.
TOMATE AMARGO, *s.* ìkán yanrín.
TOMATE, *s.* tòmátò, tòmátì (do inglês *tomato*).
TOMBAR, *v.* dà_lójúdé.
TOMBAR, DERRUBAR, *v.* wó > Afará yẹn lé wó – Aquela ponte pode cair.
TOMBO, QUEDA, *s.* ìṣubú > ṣubú – cair, tombar; > bìṣubú – derrubar.
TONELADA, *s.* tọ́nù (do inglês *ton*).
TÔNICO, FORTIFICANTE, *s.* oògùn-afúnnílókun.
TONTO, LENTO, *adj.* kújú > Ó rí kùju – Ele parece tonto; > mu ọtí yó – levemente bêbado.
TONTO, ZONZO, *adj.* ní òòyì lójú.
TONTURA, *s.* òòyì, òyì > Ó lóòyì – Ela teve uma vertigem; > Òòyì nkọ́ rẹ̀ pàápàá lójú fún ebi – A vertigem tomou conta dele por causa da fome.
TOPADA, *s.* ìkọsẹ̀, ìkọ́lẹ́sẹ̀.
TOPAR, ENCONTRAR, *v.* pàdé.
TOPETE, PENACHO, *s.* òṣùṣù-irun > ìdìpọ̀ irun – união dos cabelos.
TÓPICO, ASSUNTO, *s.* orí ọ̀rọ̀, àkọlé.

TOPO, CUME, s. ténté, góngó > Ténté ilé yìí – O topo desta casa.

TOPOGRAFIA, s. ìtéjú ilẹ̀, apẹrẹ ìlú (descrição de uma localidade, região).

TOQUE DE ATABAQUE, s. àatà > àlùjá, bàtá – toque de culto a Xangô.

TOQUE, CONTATO, s. àfarakàn, ìfọwọ́bà, ìfọwọ́kàn (ato de tocar em algo).

TOQUE, s. ìfọwọ́tọ́ (guiando com as mãos).

TÓQUIO, s. Tókìò (capital do Japão).

TORA DE MADEIRA, s. gẹdú.

TÓRAX, SEIO, s. igẹ̀, àyà, àìyà (peito).

TORÇÃO, CONTRAÇÃO, s. ẹlọ́, ìkákò, àkákò > wíwọ́ – torto, torcido.

TORCEDOR, DEFENSOR, s. aṣetẹni.

TORCER O CORPO, TREMER, v. rúnra < rún + ara > Ó rúnra – Ela virou o corpo.

TORCER UM FIO, v. rànwú < ràn + òwú.

TORCER, ENTRELAÇAR, v. kákòmọ́ra, lọ́pọ̀.

TORCER, DESLOCAR, v. fi_rọ́ > Ó fi ẹsẹ̀ rọ́ – Ele torceu o pé.

TORCER, ENROLAR, v. wé_pọ̀.

TORCER, ENTORTAR, v. lọ́, pọ́ > A pọ́ apá rẹ̀ – Nós torcemos o braço dele; Nwọ́n nlọ́ okùn náà – Eles estão torcendo a corda.

TORCER, ESPREMER, s. Mo fún aṣọ mi – Eu torci, espremi minha roupa.

TORÇÃO, s. ẹ̀lọ́ (ato ou efeito de torcer, torcedura do corpo).

TORCICOLO, s. ọrùn-wíwọ́, yírùn-yírùn.

TORCIDO, TRANÇADO, adj. lílọ́.

TORCIDO, CURVADO, adj. gbígbun.

TORMENTO, AFLIÇÃO, s. pípọnlójú.

TORMENTO, OPRESSÃO, s. ìdálóró > ìyọlẹ́nu – amolação, aborrecimento.

TORNADO, TUFÃO, s. afẹ́ẹ́fẹ́-líle, afẹ́ẹ́fẹ́-ìjì, ẹ̀fúùfù nlá.

TORNAR ALGUÉM TRANQUILO, v. túraká (livre e carinhoso) > Ó túraká – Ela se tornou tranquila.

TORNAR AMARGO, AMARGAR, v. múkorò.

TORNAR COMPLETO, v. pegéde.

TORNAR DOLOROSO, v. fiṣọrọ̀-ẹ̀dun.
TORNAR ESTÚPIDO, v. sọdi òmùgọ̀, sọ́ dòngọ̀ (causar estupefação).
TORNAR NULO, CANCELADO, v. sọdòfo > Ó sọ òfin yìí dòfo – Ele revogou essa lei < sọ + di + òfo.
TORNAR PRODUTIVO, FRUTIFICAR, v. mú_sèso.
TORNAR PÚBLICO, v. wí_kiri.
TORNAR RESPONSÁVEL, v. fàlélórì (pôr para cima).
TORNAR-SE AGUADO, v. domi < dà + omi > Ọkàn mi domi – Meu coração ficou aguado (lit. perdi a coragem).
TORNAR-SE CINZA, v. hewú.
TORNAR-SE CONGELADO, v. dì > Omi yìí di – Esta água está congelada.
TORNAR-SE CONHECIDO, v. sọdi mímọ̀ (ficar em evidência) > Ó sọ ara rẹ di mímọ̀ fún mi – Ele tornou-se conhecido por mim.
TORNAR-SE DOENTE, v. sọdi-olókùnrún (ficar inválido).
TORNAR-SE EM CONFUSÃO, v. dọ̀ràn < dà + ọ̀ràn.
TORNAR-SE ESTÚPIDO, v. sọdi-òmùgọ̀, sọdòngọ̀.
TORNAR-SE FAMOSO, v. ṣe_lógo > Ó ṣe mí lógo – Ele me fez famoso.
TORNAR-SE FEITICEIRA, v. gbàjẹ́ < gbà + àjẹ́.
TORNAR-SE FURIOSO, v. ya ẹhànnà.
TORNAR-SE HABITUAL, v. wọra > Olè wọra fún wọn – O roubo tornou-se um hábito para eles.
TORNAR-SE INDESEJADO, v. gbọ̀tá < gbà + ọ̀tá.
TORNAR-SE INSENSÍVEL, v. sẹ́_le (endurecer o coração).
TORNAR-SE LIVRE, v. sọdi òmìnira.
TORNAR-SE MACIO, v. joro.
TORNAR-SE OVAL, v. pọ̀gbún.
TORNAR-SE PREGUIÇOSO, v. yọlẹ < yà + ọlẹ > Ó yọlẹ – Ele tornou-se preguiçoso.
TORNAR-SE RICO, adv. dolówó < dà + olówó.
TORNAR-SE SÓBRIO, v. wálẹ̀ > Ojú rẹ wálẹ̀ – Ele recuperou a consciência.
TORNAR-SE SUFICIENTE, v. tómọ̀.

TORNAR-SE SUJO, DESONRADO, v. sọdi-èérí, sọdèérí.
TORNAR-SE UM FETO, v. dọmọ < dà + ọmọ.
TORNAR-SE UM HÁBITO, v. dẹran ara > Ó dẹran ara wa – Ela se tornou nosso hábito.
TORNAR-SE VELHO, v. dàgbà > Ó dàgbà jù èmi lọ – Ele é mais velho do que eu.
TORNAR-SE, CONSEGUIR, v. rí > Ó rí èrè lórí rẹ̀ – Ele tirou proveito dela.
TORNAR-SE, VIR A SER, v. kùní, dà > dàbí – parecer, assemelhar, di > Ó ti da bàbáláwo – Ele tornou-se babalawo.
TORNAR-SE, VIRAR-SE, v. kọ > Ó kọ ẹ̀hìn sí mi – Ela deu as costas para mim.
TORNAR-SE, VOLTAR-SE, v. yà > O ya ọmọ rere – Você se tornou um bom menino.
TORNEIO, COMPETIÇÃO, s. eré-ije.
TORNEIRA ÁGUA FRIA, s. èrọ omi tútù.
TORNEIRA ÁGUA QUENTE, s. èrọ omi gbóná.
TORNIQUETE, s. ohun tí a fi n dí ìṣàn èjè – mecanismo usado na corrente sanguínea.
TORNOZELO, s. ọrùn ẹsè.
TORPEDO, s. èrọ ìbọn.
TORPOR, ENTORPECIMENTO, s. ìkúra, ìkétí.
TORRE, FORTALEZA, s. ilé gíga, ilé èṣó gíga.
TORRE DO RELÓGIO, s. ilé agogo.
TORRENCIALMENTE, adv. wàrà-wàrà, gbùùrù.
TORRENTE, s. àgbárá òjò (corrente de água após a chuva).
TÓRRIDO, adj. gbóná.
TORSO, BUSTO, s. òkùtù-ara.
TORTO, DESAJEITADO, adj. darikọ, dọrọkọ.
TORTO, TORCIDO, adj. wíwó.
TORTUOSO, QUE DÁ VOLTAS, adj. kọ́lọkọ̀lọ > ọ̀nà kọ́lọkọ̀lọ.
TORTURA, OPRESSÃO, s. ìdálóró.
TORTURADO, ATORMENTADO, adj. nípàtì.

TORTURAR, ATORMENTAR – TRABALHAR COM MAGIA

TORTURAR, ATORMENTAR, v. dá_lóró.
TORTURAR, v. dá_ nílára (fazer sentir algo).
TOSSE CONSTANTE, ASMA, s. ikọ́fé.
TOSSE, s. ìkọ́, àhutu-ikọ́ > ikọ́ gbígbẹ – tosse seca.
TOSSIR, v. kọ́, húkọ́, wúkọ́ < wú + ikọ́ > Ikọ bá mi jà – Eu tenho tosse; > ikọ́ọfé – tosse convulsa, asma.
TOSTADO, ASSADO, s. àyangbẹ.
TOSTAR, v. dín.
TOTAL, ATO DE JUNTAR, s. àpapọ̀.
TOTAL, COMPLETA, adj. tọ̀tọ̀ > Ẹran ni mo jẹ – Eu comi a carne toda.
TOTAL, RESULTADO, s. ìrólù, àròlù.
TOTAL, SOMA, s. àròlù, àròpọ̀ (resultado de uma soma).
TOTALIDADE, s. àmótán, ọ̀tọ̀tọ̀,fífín, fín (somente em frases negativas).
TOTALMENTE, adv. gídígbí, téní-téní, láúláú, yíngínyíngín, míní-míní (completamente), mọ́ránmọ́rán, páropáro, susu, tèfètèfè, àkótán > Aṣọ náà funfun láúláú – A roupa é totalmente branca.
TOTEM, s. àgbé (denominação de um totem familiar).
TOUCA DE DORMIR, GORRO, s. filà sùn.
TOUPEIRA, s. gúlusọ, kúlusọ (formiga-leão).
TOURO, s. ẹranlá, màlúù.
TÓXICO, s. olóró (veneno).
TOXINA, s. oró (substância produzida por plantas ou animais).
TOXINA, VENENO, s. oró (substância produzida por plantas ou animais), májèlé.
TRABALHADOR DEDICADO, s. aláápọn.
TRABALHADOR EM PEDREIRA, s. afọ́kúta.
TRABALHADOR, INFATIGÁVEL, adj. láápọn.
TRABALHADOR, OPERÁRIO, s. òṣìṣẹ́, oníṣẹ́ > Òṣìṣẹ́ ìjọba ni ẹ̀gbọ́n mi – Meu irmão é funcionário do governo.
TRABALHADOR, s. aṣiṣẹ́.
TRABALHAR COM CONTRATO, v. gbàgbàṣe.
TRABALHAR COM ENERGIA, v. tẹpámọ́ < tẹ̀ + ipá + mọ́.
TRABALHAR COM MAGIA, v. fàfòṣẹṣẹ < fi + fọ̀ + ṣẹ + àṣẹ.

TRABALHAR COMO ESCRAVO, *v.* sínrú < sìn + ìrú.
TRABALHAR COMO OPERÁRIO, *v.* ṣàgbàṣe.
TRABALHAR ESFORÇADO, *v.* wọ́ọ̀rùn < wọ́ + ọọ̀rún (sob o calor do sol).
TRABALHAR INTENSAMENTE, *v.* ṣelálá, ṣíṣẹ́ rékojálà.
TRABALHAR, FAZER TAREFA, *v.* ṣeṣẹ́ < ṣe + iṣẹ́.
TRABALHAR, LABUTAR, *v.* ṣiṣẹ́ < se + iṣẹ́ > Ó ṣiṣẹ́ kára – Ele trabalhou duro, com dedicação.
TRABALHAR SEM DESCANSO, *v.* ṣiṣẹ́ láìsimi > Ó ṣiṣẹ́ láìsímí – Ele trabalhou sem parar.
TRABALHAR, *v.* singbà < sìn + ìgbà (prestar serviço para pagar dívida) Ó singbà lọ́dún kan – Ele trabalhou sem descanso por um ano.
TRABALHO ÁRDUO, *s.* iṣẹ́-ipá.
TRABALHO BRILHANTE, *s.* olúborí iṣẹ́ (obra-prima).
TRABALHO COM AGULHA, *s.* iṣẹ́-abẹ́rẹ́ (bordado).
TRABALHO COMUNITÁRIO, *s.* ọ̀wẹ̀ > Mo bẹ wọ́n ní ọ̀wẹ̀ – Eu pedi a eles ajuda.
TRABALHO CONJUNTO, *s.* àjùmọ̀ṣiṣẹ́.
TRABALHO DE PARTO, *s.* ìrọbí.
TRABALHO DE SACERDOTE, *s.* oríṣẹ́-àlùfáà.
TRABALHO EXCESSIVO, *s.* àsìnpa.
TRABALHO FINAL, *s.* àṣelọ.
TRABALHO FORÇADO, *s.* àgiraṣe iṣẹ́ (feito com relutância).
TRABALHO IMPORTANTE, *s.* olùborí iṣẹ́ (obra-prima).
TRABALHO NA FAZENDA, *s.* oko-alé (no início da noite).
TRABALHO QUALQUER, *s.* iṣẹ́kíṣẹ́ > Mo gba iṣẹ́kíṣẹ́ – Eu aceito qualquer trabalho.
TRABALHO TEMPORÁRIO, *s.* àyàbá.
TRABALHO, SERVIÇO, *s.* ojúṣẹ́ < ojú + iṣẹ́, iṣẹ́ > Iṣẹ́ tí mo ṣe tán – O trabalho que eu fiz terminou; > àgbàṣe – tarefa.
TRAÇA, *s.* òólá (que ataca as roupas).
TRAÇAR, ESBOÇAR, *v.* tọ̀já.
TRADIÇÃO, COSTUME, *s.* àṣà, àsà-ilẹ̀ > Àṣà èsìn Òrìṣà – Tradição do culto ao Orixá.

TRADIÇÃO ORAL, *s.* ìpìtàn (relação com a história).
TRADIÇÃO, *s.* òfin-àtọwọ́dọ́wọ́.
TRADICIONAL, HEREDITÁRIO, *adj.* àtọwọ́dọ́wọ́ > Àṣà àtọwọ́dọ́wọ́ – Costumes imemoriais, que passam de mão em mão.
TRADIÇÕES FAMILIARES, *s.* àtọwọ́dọ́wọ́ ìdìlé.
TRADUÇÃO, EXPLICAÇÃO, *s.* ìtúmọ̀.
TRADUTOR, *s.* onítúmọ̀, olùtúmọ̀ < túmọ̀ – traduzir.
TRADUZIR, EXPLICAR, *v.* túmọ̀ > Olùkọ́ túmọ́ ọ̀rọ̀ Ifá yìí – O professor traduziu este texto de Ifá.
TRÁFEGO, *s.* ọ̀wọ́ mọ́tò kẹ̀kẹ́ àti àwọn ènìà – grupo de carros, veículos e pessoas.
TRAFICAR SERES HUMANOS, *v.* jénìatà.
TRAGÉDIA, *s.* àbámọ̀, ìbànújẹ́.
TRÁGICO, *adj.* eléwu.
TRAIÇÃO, TRAPAÇA, *s.* èrú > Èrú kò pé – A fraude não recompensa.
TRAIÇOEIRO, *s.* olójúméjì (lit. que possui duas caras), afinuṣe-ajere.
TRAIÇOEIRO, FALSO, *s.* asọ̀rọ̀-ẹni-lẹ́hìn.
TRAIÇOEIRO, DISSIMULADO, *adj.* lárékérekè.
TRAIDOR, CONSPIRADOR, *s.* oníkúpani.
TRAIDOR, JUDAS, *s.* túlé-túlé.
TRAIDOR, FALSO, *s.* aláfihàn, afinihàn, ọdàlẹ̀, ẹlẹ́tàn, ṣoníkúpani > ọlọ́tẹ̀ – revolucionário.
TRAIÇOEIRO, DESLEAL, *adj.* ọlọ́tẹ̀, alárékérèkè.
TRAIR, DELATAR, *v.* tú > túlé < tú + ilé > Ó túlé wa – Ela traiu nossa família.
TRAIR, MENTIR, *v.* ṣòfófó > Ó ṣòfófó fún ọ̀gá mi – Ele contou mentiras para meu chefe.
TRAIR, *v.* fi_hàn, pa, dà > Ọ̀rẹ́ rẹ dà mí – Seu amigo me traiu; > Ó fi mí hàn – Ele me traiu.
TRAJE, *s.* aṣọ ẹ̀wù.
TRAJE A RIGOR, *s.* aṣọ paríyá.
TRAJES ÍNTIMOS, *s.* àwọtẹ́lẹ̀.
TRAJETÓRIA, *s.* ipa lójú-ọrun (caminho de algo no espaço).

TRAMA, CONSPIRAÇÃO, *s.* àbọ̀dẹ̀.
TRAMAR, CONSPIRAR, *v.* dìtẹ̀ < di + ọ̀tẹ̀.
TRANCA, CADEADO, *s.* àgádágodo.
TRANCA DE PORTA, *s.* kọ̀kọ̀rọgún (ferrolho), ìtìkùn, ìhákùn (barra para fechar a porta).
TRANÇADO DE CABELO, *s.* ìdirí.
TRANCADO, FECHADO, *adj.* títì > Ìlẹ̀kùn títì – A porta está trancada.
TRANCADO, IMPEDIDO, *adj.* àtìpa.
TRANCAR A PORTA, *v.* sémọ́dé.
TRANCAR, ENCURRALAR, *v.* há > ẹ̀há – reclusão, prisão.
TRANCAR, FECHAR, *v.* tì > Tìlẹ̀kùn – Fechar a porta.
TRANCAR, OBSTRUIR, *v.* dìnà.
TRANÇAR OS CABELOS, *v.* dìrí, dirun < dì + irun > dì – trançar.
TRANÇAR, ENTRELAÇAR, *v.* lọ́lù.
TRANQUILAMENTE, *adv.* bọ́sẹ́, àìgbọ̀-àìyẹ̀ (algo estável).
TRANQUILIDADE, CALMA, *s.* ìdákẹ́jẹ́, ìsinmi, àlàáfíà.
TRANQUILIZAR, *v.* múrọlẹ̀.
TRANQUILIZAR-SE, *v.* ló.
TRANQUILO, CONFORTÁVEL, *adj.* nírọra.
TRANQUILO, DESCANSADO, *adj.* afúnnínísimi.
TRANQUILO, SOSSEGADO, *adj.* dídákẹ́jẹ́, lálàáfíà > rọlẹ̀ – acalmar-se.
TRANSAÇÃO, NEGÓCIO, *s.* bíbáṣọ̀wò.
TRANSAÇÃO COMERCIAL, *s.* ìnájà < ná + ojà.
TRANSACIONAR, NEGOCIAR, *v.* báṣọ̀wọ̀pọ̀ > múṣẹ – executar, realizar.
TRANSBORDANTE, CHEIO, *adj.* àkúnwọ́sílẹ̀.
TRANSBORDAR, ENTORNAR, *v.* ya > Owó ya lù mí – Eu obtive uma alta soma de dinheiro (lit. o dinheiro transbordou em mim).
TRANSBORDAR, *v.* kún-àkúnya, ṣànbò, yalù (ter algo em quantidade).
TRANSCREVER, COPIAR, *v.* dà_kọ > Ó da ìwé yìí kọ – Ele copiou este documento.
TRANSCRIÇÃO, CÓPIA, *s.* àwòkọ, ẹ̀dà > Èdà ìwé – Cópia de um livro.
TRANSE, INCONSCIÊNCIA, *s.* ìran, ojúran < ojú + ìran.

TRANSEUNTE, CAMINHANTE, s. èrò-ọ̀nà.
TRANSFERÊNCIA, s. iyàn-sílẹ̀.
TRANSFERIDO, DESTINADO, adj. fífifún.
TRANSFERIR, v. rèpòmíràn > gbé nkan láti ibi kan lọ sí ibi kéjì – carregar uma coisa de um lugar para um segundo lugar.
TRANSFERÍVEL, adj. fífilélọ́wọ́.
TRANSFIGURAÇÃO, s. ìparadà.
TRANSFIGURAR, v. paradà > pawọ́dà – mudar de posição.
TRANSFIXAR, v. dúró ṣanṣan (fixar rigidamente).
TRANSFORMAÇÃO, s. àyípadà, ìparadà.
TRANSFORMAR, CONVERTER, v. sọ_dà, sọ_di > Ó sọ ènìà burúkú di re – Ela transformou uma pessoa má em uma pessoa boa.
TRANSFORMAR, MUDAR, v. sù, paláradà, yí_padà > Àwọn ènìà lè yípadà – As pessoas podem mudar.
TRANSFUSÃO DE SANGUE, s. gbígbà ẹ̀jẹ̀.
TRANSGREDIR, v. ré_kojá, dá_kojá (passar à frente).
TRANSGREDIR, VIOLAR, v. rúfin (infringir a lei); > dẹ́sẹ̀ – ofender, pecar.
TRANSGRESSÃO, INDIFERENÇA, s. ìrékojá > ìrúfin – omissão da lei.
TRANSGRESSOR, s. alùfin, arúfin, olùrékojá, ìtanjáde, ẹlẹ́ṣẹ̀.
TRANSIGIR, v. yí pẹ̀lú ìgbà (resolver com o tempo).
TRANSIÇÃO, MUDANÇA, s. ìyípàdà, ìpààrọ > ìpàsí pààrọ̀ – troca de algo por outro.
TRANSITÓRIO, adj. rírékojá.
TRANSMIGRAR, v. ṣí láti ibi kan lọ sí ibi míràn – movimentar-se para um lugar e ir para outro.
TRANSMISSÃO, s. ìtànjáde.
TRANSMITIR NOTÍCIAS, s. sọ ìròhìn.
TRANSMUTAÇÃO, s. ìpẹ̀yàdà, ìpẹ̀gbẹ́dà (mudança de um elemento em outro).
TRANSPARÊNCIA, TRANSLÚCIDO, s. ìmọ́gaara.
TRANSPARENTE, adj. gaara, mọ́gaara (vidros etc.).
TRANSPARENTE, CLARO, adj. fífín, afín.

TRANSPARENTE, VISÍVEL – TRAPAÇA, FRAUDE

TRANSPARENTE, VISÍVEL, *adj.* mímogaara.
TRANSPIRAÇÃO, SUOR, *s.* lílàgùn, ìlààgùn, òógùn lílà > ooru – calor, vapor.
TRANSPIRAR, *v.* làágùn.
TRANSPLANTAR, ENXERTAR, *v.* lẹ́, lọ́, sí_lọ́.
TRANSPLANTAR, *v.* tú_lọ́, tú_bín > Ó tú ẹ̀gbé gbín – Ela transplantou a mandioca.
TRANSPLANTÁVEL, *adj.* lílẹ́, lílọ́.
TRANSPLANTE, *s.* àṣílẹ́, èlọ́.
TRANSPOR, *v.* pa nípò dà > padà – alterar, trocar.
TRANSPORTADOR, *s.* oníkẹ̀kẹ́ ẹrù.
TRANSPORTÁVEL, *adj.* ìgbékojá.
TRANSPORTAR, CONDUZIR, *v.* gbé_kojá > Ọkọ̀ yìí yíò gbé wa kojá sílẹ̀ Bràsíilì – Este navio nos conduzirá para o Brasil.
TRANSPORTAR E LEVAR, *v.* rù_lọ > Ó rù ú lọ síbẹ̀ – Ela levou isto para lá; > ìwọkọ̀ – embarque.
TRANSPORTAR PASSAGEIROS, *v.* kérò.
TRANSPORTE, *s.* gbigbékojá.
TRANSPORTE DE CARGA, *s.* ọkọ̀ ẹrù (caminhão, trem etc.).
TRANSPORTE DE DINHEIRO, *s.* owó-àárú, owó-aláárù.
TRANSPORTE PÚBLICO, *s.* ọkọ̀ ìjọba.
TRANSPOSIÇÃO, TROCA, *s.* pàṣípààrọ̀ > Ṣíṣe pàṣípààrọ̀ ipò – Possível troca de posição.
TRANSTORNAR-SE, *v.* rá_níyè > Ìfẹ́ rẹ̀ ra mí níyè – O amor dela me transtornou.
TRANSVERSAL, *adj.* ní ìdábú, tí ìdábú.
TRANSVERSALMENTE, *adv.* ìdúbú, lágbàdubú, nídábú.
TRANSVIADO, *s.* akiri.
TRANSVIAR-SE, *adj.* yapa.
TRAPAÇA, ARTIFÍCIO, *s.* èrọ.
TRAPAÇA, ASTÚCIA, *s.* àgá lámọ̀sà > òjóró – malandragem.
TRAPAÇA, FALSIDADE, *s.* èrú.
TRAPAÇA, FRAUDE, *s.* ìdèjẹ ìdájẹ, ìréjẹ > hàrámù – roubo, decepção.

TRAPACEAR, v. pàdẹmọ́lọ́wọ́.

TRAPACEIRO, DESONESTO, s. ayannijẹ > oníréjẹ́, oníyànjẹ – golpista.

TRAPACEIRO, s. elérú > eléru owó – trapaceiro bilionário.

TRAPALHADA, CONFUSÃO, s. rúgúdù > Mo dá rúgúdú sílẹ̀ – Eu causei confusão.

TRAPOS, s. àkísà.

TRAQUEIA, s. irìn ọ̀fun > irìn ọ̀fun wíwú – inflamação da traqueia.

TRAQUEOTOMIA, s. irìn ọ̀fun lílu (incisão na traqueia).

TRAQUEJO, EXPERIÊNCIA, s. ìrírí, ọgbọ́n > Ó rí ìrírí – Ele aparenta experiência.

TRASEIRO DO MACACO, s. ìrapá (sem dispor de pelos).

TRATADO, PROMESSA, s. ìmùlẹ̀ > àdéhún – acórdo > Ó ṣe àdéhún pẹ̀lú mi – Ela fez um acordo comigo.

TRATAMENTO, COSTUME, s. ìlòsí.

TRATAMENTO MÉDICO, s. ìgbàwòsan > ìtọ́jú fún aláìsan – tratamento para pessoa doente.

TRATAR COM DESPREZO, v. yẹ̀gẹ̀ > Ó yẹ̀gẹ̀ sí mi – Ela me tratou com desprezo.

TRATAR MAL A PESSOA, v. fọ̀bọlọ̀ > Ìwọ fọ̀bọlọ̀ mi – Você me tomou como um idiota.

TRATAR SERIAMENTE, v. fi_ṣẹ̀ dún > Mo fi àyè rẹ̀ ṣe ẹ̀dùn – Eu tratei seriamente da vida dele.

TRATAR, CUIDAR, v. wò > Ó wò mí sàn – Ela tratou de mim.

TRATÁVEL, CONTROLÁVEL, adj. kíkóso.

TRAUMA, CONTUSÃO, s. èṣe, ogbé.

TRAVA DE ARMA, s. okó-ìbọn.

TRAVESSA, PRATO GRANDE, s. àwopọ́kọ́, àwofifẹ nlá.

TRAVESSEIRO, s. ìgbèrí, ìrọrí, tìmù-tìmù, ìrọrí ìnura > Ìrọrí yìí ó rí múlọ́múlọ́ – Este travesseiro parece macio.

TRAVESSURA, s. àlùsì, dídárà.

TRAZER À PRAIA, APORTAR, v. múgunlẹ̀.

TRAZER DE VOLTA, RESTABELECER, v. mú_padá.

TRAZER DIFICULDADE, v. ṣàfọwọ́fà (sobre si mesmo).

TRAZER NOTÍCIAS, v. múhìnwá.
TRAZER PARA CASA, v. kó_délé > Ó kó èrè oko délé – Ele trouxe o que ganhou para casa.
TRAZER, INTRODUZIR, v. mú_wọlé > Sìgá: wọ́n ti um àádọ́ta-ọ̀ké owó wọlé, sùgbọ́n wọ́n ti ṣekúpa àádọ́ta-ọ̀ké ènìá – O cigarro: eles já lucraram milhões em dinheiro, mas já mataram milhões de pessoas.
TRAZER, OCASIONAR, v. mú_dè.
TRAZER, v. gbé_kò, mú_bá > Ó gbé ire kò mí – Ela me trouxe boa sorte.
TRAZER, v. gbé_wá > Gbé àwo onjẹ wá fún mi – Traga um prato de comida para mim (o que se traz com as mãos).
TRÉGUA, DESISTÊNCIA, s. ìdáwọ́dúró, ìdáwọ́ ìjà dúró.
TREINADOR, INSTRUTOR, s. olúkọ́.
TREINAR, ORIENTAR, v. tọ́ > ìtọ́ni – instrução, tréènì (do inglês *train*).
TREINAR, ENSINAR, v. fikọ́ > Ó nfi èdèe yorùbá kọ́ wa – Ele está nos ensinando a língua yorùbá.
TREM EM MOVIMENTO, s. fákáfikì (palavra que denota o som do trem).
TREM, s. ọkọ̀ irin, rélùwéè, tréèni (do inglês *train*).
TREMENDAMENTE, adv, kìjìkìji, tìti.
TREMENDO, s. òwàrìrí > tóbi púpọ̀ – muito grande.
TREMER DE NERVOSO, v. wá, wárìrì > ìwárìrì – tremor.
TREMER DE SUSTO, v. sẹ́gìrì > Ó sẹ gìrì – Ela tremeu de susto; > sí_lára – tremer o corpo.
TREMER, ARREPIAR, v. gbọ̀n > gbọnra – arrepiar o corpo; > gbọ̀nrìrì – tremer de frio.
TREMER, ESTREMECER, v. pagìrí.
TREMER, v. gbọ̀n_sílẹ̀ (tremer a ponto de cair).
TREMER, v. mú_gbọn > Ìbẹ̀rù yìí mú kí ara mi gbọ̀n – Este medo tremeu meu corpo.
TREMER DE CHOQUE, v. mì tìtì.
TREMOR DE MEDO, FOBIA, s. ìbẹ̀ru-bojo.
TREMOR DO CORPO, s. ìgbọnra.
TREMOR, AGITAÇÃO, adj. gbígbọn (ato de estremecer).

TREMOR, ESTREMECIMENTO, *s.* ìgbọ̀nrìrì > wárìrì – tremer de nervoso.
TREMOR, TREPIDAÇÃO, *s.* ìwárìrì, apó.
TREMULAMENTE, *adv.* màjàn-màjàn, màlà-màlà, sìgàsìgà, tìtì, jẹ̀njẹ̀n > Ọparun yìí nlọ̀ màjàn-màjàn – Estes postes de bambu estão se inclinando para lá e para cá.
TREMULAR, AGITAR, *v.* lẹ́lẹ́ > Àsíá yìí nfẹ́ lẹ́lẹ́ – A bandeira está tremulando ao vento.
TRÊMULO, *adj.* jẹ̀njẹ̀n.
TREPADEIRA, *s.* ìtàkùn (raízes aéreas da planta).
TREPAR, MONTAR, *v.* gùn (copular animais); > Wọ́n ngùn – Eles estão trepando.
TREPIDAÇÃO, *s.* ìwárìrì.
TRÊS ANOS ATRÁS, *s.* ìdúnta < ìdún + ẹ̀ta.
TRÊS DOBRAS, *s.* ìṣepo mẹ́ta.
TRÊS EM UM, A TRINDADE, *s.* mẹ́talọ́kan.
TRÊS MESES, *s.* oṣù mẹ́ta > A ti nkọ́ ní ìwọ̀n oṣù mẹ́ta sẹ́hìn – Nós estávamos estudando há três meses.
TRÊS MIL, *num.* ẹgbẹ̀ẹ́dógún (lit. 200 x 15).
TRÊS MOEDAS, *s.* tọ́rọ́.
TRÊS VEZES, *adv.* ẹ̀ẹ̀méta, lẹ́ẹ̀mẹ́ta > Òun wá síbí lẹ́ẹ̀mẹ́ta – Ela veio aqui três vezes.
TRESPASSAR, PERFURAR, *v.* lu, figúnlujá > ìlujá – perfuração.
TRIANGULAR, *adj.* tí ó ní igun mẹ́ta – que ele tenha três ângulos.
TRIÂNGULO, *s.* àadó, onígunmẹ́ta, oníhàmẹ́ta > àadó oníguntítẹ̀ – triângulo oblíquo; > àadó aláìgun – sem dois lados iguais.
TRIBO, *s.* irú ènìà, agbo-ìran > ẹ̀yà – grupo, categoria.
TRIBULAÇÃO, AFLIÇÃO, *s.* ìṣẹ́, ìpọ́njú.
TRIBUNAL, CORTE, *s.* kóòtù, ilé ẹjọ́.
TRIBUNAL, *s.* ibi-ìdájọ́, kóòtù (do inglês *court*).
TRIBUTAÇÃO, *s.* ìdáwó-òde.
TRIBUTO, *s.* ìṣákọ́lẹ̀.
TRICAMPEÃO, *s.* akogun mẹ́ta.

TRICENTENÁRIO, *adj.* ọ̀ọ́dúnrún-ọdú (período de trezentos anos) > àjọ́dún ọ̀ọ́dúnrún-ọdún – aniversário de trezentos anos.
TRICÔ, *s.* abẹ́rẹ́ tí a fi wún nkan (lit. agulha que usamos para tecer algo).
TRICOTAR, *v.* hun, wun > Wun aṣọ pẹ̀lú ọwọ́ – Tecemos tecidos com as mãos.
TRIGÊMEOS, *s.* ẹtá òkò.
TRIGO (TIPO), *s.* àlìkámá.
TRIGONOMETRIA, *s.* ìṣírò igun-wíwọ̀n (resolução de um triângulo).
TRILHA, CAMINHO, *s.* àbàtà, ipasẹ̀.
TRILHÃO, *num.* ọ̀kẹ́ èèrú.
TRILOGIA, *s.* eré-mẹ́ta.
TRIMESTRAL, *s.* lóṣùmẹ́ta-mẹ́ta (período de três meses).
TRINAR A VOZ, GORJEAR, *v.* wáhùn.
TRINCAR, OBSTRUIR, *v.* dìnà < dì + ọ̀nà > Igi dínà – A árvore obstruiu a estrada. *Obs.*: dìnà – leia: dinón.
TRINCHAR A CARNE, *v.* kun ẹran (cortar em pedaços).
TRINCHEIRA, REFÚGIO, *s.* ààbò.
TRINCO, FERROLHO, *s.* ọpẹẹrẹ-ìlẹ̀kùn > ìkọ́ ìlẹ̀kùn – trinco de porta.
TRINDADE, TRÊS EM UM, *s.* mẹ́talọ́kan.
TRINTA BÚZIOS, *adj.* ogbọ̀nwó.
TRINTA, *num.* ogbọ̀n > Oṣù kẹjọ ọdún ní ojọ́ mọ́kanlélógbọ̀n – O mês de agosto tem trinta e um dias; > ogbọọgbọ̀n – trinta vezes.
TRIO, TRINCA, *s.* ibẹ́ta < ibí + ẹ̀ta.
TRIO, GRUPO DE TRÊS, *s.* àwọn ọ̀ré mẹ́ta > ìdàpọ̀ ẹni mẹ́ta – juntar três pessoas.
TRIPA, BUCHO, *s.* ṣàkì, ìfun ẹran.
TRIPÉ, *s.* ẹlẹ́sẹ̀mẹ́ta ìjókòó ẹlẹ́sẹ̀ mẹ́ta, àpótí ẹlẹ́sẹ̀ mẹ́ta.
TRIPLO, *s.* ìlọ́po-mẹ́ta, lẹ́ẹ̀mẹ́ta > onímẹ́ta, ẹlẹ́ẹ́ta – três vezes.
TRIPULAÇÃO DE NAVIO, *s.* kurumọ́, ọlọ́wà, ọ̀wà.
TRIPULAÇÃO, EQUIPE, *s.* ẹgbẹ́ atukọ̀.
TRISTE, ABATIDO, *adj.* yìnkìn (melancólico).
TRISTE, DOLOROSO, *adj.* níbìnújẹ́ > rojú – parecer triste; > Kílódé tó rojú – O que houve que você está triste?

TRISTEMENTE, *adv.* nífajúro.
TRISTEZA, COMPAIXÃO, *s.* ìkáànú, arò > Obínrin náà dá arò ọkọ rẹ̀ – A mulher causou tristeza ao marido dela.
TRISTEZA, DEPRESSÃO, *s.* soró.
TRISTEZA, MÁGOA, *s.* ìfajúro.
TRISTEZA, PESAR, *s.* àbámọ̀, àìtúraká, òkùdù, ìbànújẹ́, ìbinújẹ́ > Kí èmi mú ìrètí lọ bí níbi wa ìbànújẹ́ – Que eu leve a esperança onde houver tristeza.
TRISTEZA, MELANCOLIA, *s.* rírojú.
TRITURAR, ESFARELAR, *v.* lọ > ó lọ ata – ela moeu a pimenta.
TRITURAR, AMASSAR, *v.* gún, rún, fọlù > Ó nrún obì – Ela está mastigando obì; > fọpọ̀ – amassar e juntar > Ó fọ́ wọn pọ̀ – Ela espremeu até formar uma massa só.
TRIUNFANTE, *adj.* yíyọ̀-ayọ̀.
TRIUNFAR, REGOZIJAR, *v.* yọ̀ > Yọ̀-ayọ̀ ìṣẹ́gun – Estar feliz pela vitória.
TRIUNFO, VITÓRIA, *s.* ìborí, ìṣẹ́gun.
TRIVIAL, COMUM, *adj.* láìtó nkan > láìnílááŕi – sem importância.
TROCA, PERMUTA, *s.* pàṣipààrò, iṣẹpàṣí pààrò (recebimento de algo em troca).
TROCADILHO, IRONIA, *s.* ẹ̀dà ọ̀rọ̀ (jogo de palavras).
TROCADOR, *s.* onípàṣipààrọ́ (aquele que faz trocas).
TROCAR DE COR, *v.* pàwọ̀dà < pa + àwọ̀ + dà.
TROCAR DE LUGAR, *v.* papòdà < pa + ipò + dà (mudar de posição).
TROCAR DE POSIÇÃO, *v.* pasẹ̀dà < pa + ẹsẹ̀ + dà (mudar a posição dos pés).
TROCAR DINHEIRO, *v.* ṣẹnjì (do inglês *change*).
TROCAR MOEDAS, *v.* ṣẹ́ > ṣẹ́wó < ṣẹ́ + owó – trocar dinheiro.
TROCAR OU PERDER, *v.* re (penas, folhas, cabelos) > Igi náà re ewé – Aquela árvore perdeu as folhas.
TROCAR, ALTERAR, *v.* padà > Ó pa mí lára dà – Ela me converteu.
TROCAR, BOTAR FORA, *v.* yẹ > Eiyẹ yẹ iyẹ – O pássaro perdeu as penas.
TROCAR, MUDAR AS PENAS, *v.* pehàn.

TROCAR, MUDAR, *v.* rọ̀_lówó > Rọ̀ mí lówó yìí fún mi – Troque este dinheiro para mim.
TROCAR, PERMUTAR, *v.* pààrọ̀ < pa + ààrọ̀.
TROCAR, *v.* sú, sún, ṣẹ́ > Ó ti ṣẹ́ owó – Ele já trocou o dinheiro.
TROFÉU, *s.* pákó-èyẹ, àmì ìṣẹ́gun.
TROMBA, *s.* ọwọ́-ìjà erín (a tromba do elefante promove um sentido apurado de odor).
TROMBETA, TROMPETE, *s.* afunpè, tírọ́npẹ́ẹ̀tì (do inglês *trumpet*).
TROMPA DE FALÓPIO, *s.* ìfun eyin.
TRONCO FINO, *s.* pánkẹ́rẹ́ > kùkùté – toco.
TRONCO DE ÁRVORE, *s.* ọ̀pá igi, ìtì igi.
TRONCO DE MADEIRA, VIGA, *s.* ìtì igi.
TRONO, CADEIRA, *s.* àga.
TRONO DE REI, *s.* ìtẹ́ ọba.
TROPA, *s.* ọ̀wọ́ ọmọ-ogun (grupo de soldados).
TROPEÇÃO, *s.* kíkọsílẹ̀ (passo em falso, abandonado).
TROPEÇAR, *v.* gbúnlẹ́sẹ̀ < gbún + lẹ́sẹ̀.
TROPEÇAR, *v.* sébú, kọsẹ̀ < kọ + ẹsẹ̀ > Mo fi ẹsẹ̀ kọ òkúta – Eu bati com o pé numa pedra.
TROPEÇO, COLISÃO, *s.* ìdògbòlù > àkọsẹ̀, ìkọsẹ̀ – o fato de bater o pé em alguma coisa.
TROPEÇO, *s.* ìdìgbòlù, ìdùgbòlù (chocar-se com).
TROPICAL, *adj.* ilẹ̀ ita-oòrùn (região dos trópicos); > ipa ọ̀nà oòrùn – trajetória, caminho do sol.
TRÓPICO DE CÂNCER, *s.* òkè ita-oòrùn.
TRÓPICO DE CAPRICÓRNIO, *s.* odò ita-oòrùn.
TRÓPICO, *s.* ita-oòrùn.
TROUXA DE ROUPAS, *s.* agbọ́ndán aṣọ.
TROUXA, EMBRULHO, *s.* ìdì > Ó gbé ìdì lọ sílé – Ela carregou a trouxa e levou para casa.
TROVADOR, *s.* asunrárà.
TROVÃO, RAIO, *s.* àrá > Ṣàngó jẹ́ òrìṣà ẹdùn àra – Xangô é a divindade dos raios.

TROVEJAR, *v.* sán > Ṣàngó sán àrá – A divindade dos raios trovejou.
TRUQUE, DESTREZA, *s.* àlúpàyídà, idán.
TRUQUE, HABILIDADE, *s.* àgbélédi.
TRUQUE, MÁGICA, *s.* idán.
TUBARÃO, *s.* ekurá, ẹran-omi.
TUBÉRCULO, BULBO, *s.* ẹta.
TUBERCULOSE, *s.* jẹ̀dọ̀ jẹ̀dọ̀ < jẹ + ẹ̀dọ̀.
TUBO BILIAR, *s.* òpó òrónro.
TUBO DE ÁGUA, *s.* òpó omi.
TUBO RESPIRATÓRIO, *s.* òpó òógun.
TUDO BEM, CERTO, *exp.* ó dára, àṣẹ > ókèé (do inglês O.K.).
TUDO, TODAS AS COISAS, *s.* ohun-gbogbo.
TUFÃO, *s.* afẹ́ẹ́fẹ́-líle, afẹ́ẹ́fẹ́-ìjì.
TUFO DE CABELOS NA CABEÇA, *s.* ọ̀sẹ́, àáṣó.
TUFOS LONGOS DE CABELOS, *s.* òṣù (uma das formas de iniciação na África com tufos de cabelos deixados após a cabeça ter sido raspada – nos candomblés do Brasil é representado por uma pequena massa cônica colocada no alto da cabeça, em cima de um pequeno corte – *gbẹ̀rẹ̀*; > adóṣù – aquele que é iniciado).
TUFO, BORLA, *s.* onírù-waja (tufo redondo composto de fios, barrete).
TUMOR NA GARGANTA, *s.* lẹ́ẹ́rẹ́.
TUMOR NO CÉREBRO, *s.* akàn ọpọlọ.
TUMOR, *s.* ìṣù èèmọ̀, málúke > àlefọ́ – abscesso.
TUMOR BENIGMO, *s.* ìṣù èèmọ̀ aláìràn.
TUMOR MALIGNO, *s.* ìṣù èèmọ̀ aràn > lẹ́ẹ́rẹ́ àìléwu – tumor não maligno.
TÚMULO, SEPULTURA, *s.* isà-òkú, ojúòrí, ojú-orórì, sàréè > òkúta ibojì – pedra tumular.
TUMULTO, ALGAZARRA, *s.* ìrúkèrúdò.
TUMULTO, CONFUSÃO, *s.* rúkèrúdò < rú + òkè + rú + odò.
TUMULTO, DISTÚRBIO, *s.* ìrọ́kẹ̀kẹ̀, olóhùnyọhùn, kutupu.
TUMULTO, *s.* ariwo.
TUMULTUOSO, *adj.* líle, ariwo kíkan.

TUNEL, s. ọ̀nà àjà-ilẹ̀ (passagem subterrânea).
TÚNICA, s. aṣọ ọ̀fọ̀, èwù ìlékè, aṣọ àwọtẹ́lẹ̀ > bùbá ọkùnrin – vestuário curto e solto até a cintura.
TUNÍSIA, s. Orílẹ̀ẹ Tunísíà (país da África do Norte).
TURBANTE, PANO DE CABEÇA, s. gèlè, láwàní (do árabe *laffani*) > Ìyàwó wé gèlè – A iyawo colocou o turbante (wé – é o verbo usado para mulheres; dé – o verbo usado para homem > Ọ̀gá dé fìlà – O ogan usou o boné).
TURBULÊNCIA, s. ṣíṣe rúdurùdu > rúkèrúdò – tumulto.
TURBULENTO, adj. jàgidijàgan.
TURCO, s. tàtàmbúlù (habitante da Turquia).
TURÍBULO, INCENSÓRIO, s. àwo-tùrarí.
TURISMO, PASSEIO, s. ìwòran.
TURISTA, s. èrò > alárìnkiri – pessoa errante, passeante.
TURMA, GRUPO, s. ẹgbẹ́ > Àwọn ẹgbẹ́ wà lọ́dọ̀ mi – Meus companheiros estão juntos de mim.
TURNO, PERÍODO, s. ìgbà > Ó ṣiṣẹ́ fún ìgbà díẹ̀ – Ela trabalhou por pouco tempo; > ìgbà ikórè – tempo das colheitas. Ìgbà otútù – tempo frio; também usado para indicar tempo, período – nígbàtí, nígbàwo.
TURQUIA, s. Onílẹ̀ẹ Tọ́kì (país situado na Ásia).
TURVO, NEBULOSO, adj. lẹ́rẹ̀.
TUTANO, MIOLO, s. mùdùnmúdún.
TUTELA, PROTEÇÃO, s. àsábá, àgbàtójú > Ó ṣe àgbàtójú rẹ̀ fún mi – Ela cuidou dele para mim.
TUTOR, s. alágbàtọ́, ọlómọ (protetor de criança).

UI!, AI!, *interj.* yéè.
UGANDA, *s.* Orílẹ̀ẹ Yúgá-ndà (país africano, sem costa marítima).
ÚLCERA NA PELE, *s.* ẹsọ́.
ÚLCERA, FERIDA, *s.*egbò.
ÚLCERA GÁSTRICA, *s.* ogbẹ́ ikùn (ferida no estômago).
ÚLCERA, *s.* lóbùtúù (origem possível de feitiçaria).
ULCEROSO, INFLAMADO, *s.* kíkẹ̀.
ULTIMAMENTE, *adv.* nílówólówó, nílóólóó.
ULTIMAMENTE, PELO MENOS, *adv.* níkẹ́hìn < ní + kó + ẹ̀hìn.
ULTIMAMENTE, RECENTEMENTE, *adv.* lóólóó, lówólówó.
ULTIMATO, *adj.* iparí-ìpinnu.
ÚLTIMO, FINAL, *adj.* ìgbẹ̀hìn, ìkẹ́hìn > tẹ̀_hìn – Ó tẹ́ mí hìn – Ele me seguiu depois.
ÚLTIMOS DIAS, *s.* àtúbọ̀tán (próximo do fim).
ULTRAPASSAR, *v.* lá_bá, tẹ́_lárà, tayọ > Ó tayọ mi – Ele me ultrapassou.
UM BÚZIO, *s.* owó kan > oókan – forma reduzida.
UM CHEFE, *s.* òjoyè, ìjoyè.
UM DE CADA VEZ, *adv.* kọ̀dọ̀kan, ọkọ̀ọ́kan > Ó mú wọn ní ọ̀kọ̀ọ̀kan – Ela pegou um por um.
UM DE CADA VEZ, UM A UM, *adv.* lọ́kọ̀ọ̀kan > Ẹ jọ̀wọ́, wọlé lọ́kọ̀ọ̀kan – Por favor, entrem um de cada vez.
UM DIA, *adv.* níjọ́kan.
UM ENCONTRO, *s.* bíbá.

UM MILHÃO – UMBIGO

UM MILHÃO, *s.* òdù kan.
UM QUADRILHÃO, *s.* ìdá-òdù èèrú.
UM QUARTO DO GALÃO, *s.* ìlàrin gálọ́nù (do inglês *gallon*).
UM OUTRO, OUTRA COISA, *adj.* òmí, òmíràn, ìmí, ìmíràn > Òmíràn ni mo fẹ́ – É outro que eu quero.
UM OUTRO, *pron. indef.* ẹlò, ẹlòmíràn > Fi ọwọ̀ bà àwọn ẹlòmíràn lò – Faça uso de respeito com os outros.
UM POR UM, *adv.* léyoléyo, níkọ̀ọ̀kan, lọ́kọ̀ọ̀kan (um de cada vez).
UM POR UM, PEÇA POR PEÇA, *adv.* láwẹ́láwẹ́.
UM SOMENTE, *adv.* ọ̀kan ṣoṣo > Ó mú ọ̀kan ṣoṣo – Eu peguei somente um (usado somente depois do numeral 1: ọ̀kan, ìkan e kan.
UM, *num.* ení, oókan (ení – é abstrato e usado para contar sem usar o que seja) > ení, èjì, ẹ̀ta – um, dois, três; > oókan – para cálculo e gastos > Oókan àti eéjì jẹ́ ẹẹ́tà – Um e dois são quatro).
UM, UMA, *num. e art.* kan (forma abreviada de ọ̀kan) < Mo gba bàtà kan – Eu recebi um par de sapatos. *Obs.*: **1.** Quando o assunto não é expressado, usar ọ̀kan > Ó fún mi ní ọ̀kan – Ele me deu um; **2.** Como artigo, é usado opcionalmente.
UM, UMA, *num.* ọ̀kan, ìkan > Ọ̀kan ṣoṣo tí mo ní – É somente um que eu tenho.
UMA CENTENA, *s.* ọ̀rùn.
UMA COISA, ALGO, *pron. indef.* nkan.
UMA RELAÇÃO, *s.* yèkan (uma relação, um parente).
UMA RIVAL DA ESPOSA, *s.* orogún (polígamo).
UMA VEZ EM MUITAS, *adv.* lẹ́ẹ̀kọ̀ọ̀kan (de vez em quando).
UMA VEZ MAIS, *adv.* lọ́tun.
UMA VEZ OU OUTRA, *adv.* ẹ̀ẹ̀kọ̀ọ̀kan > Lẹ́ẹ̀kọ̀ọ̀kan ni wọ́n nṣe bẹ́ẹ̀ – É de vez em quando que eles fazem assim.
UMA VEZ SOMENTE, *exp.* ẹ̀ẹ̀kan ṣoṣo.
UMA VEZ, *adv.* lẹ́ẹ̀kan, ẹ̀ẹ̀kan > Ó wá síbí lẹ́ẹ̀kan – Ela veio aqui uma vez; > ẹ̀ẹ̀kanṣoṣo – uma vez somente.
UMA VEZ, *adv.* nígbàkanrí, nígbàkan (era uma vez) > Nígbàkan a fẹ́rẹ̀ ṣe àgbèrè – Certa vez, nós quase tivemos relação.
UMBIGO, *s.* ìwọ́, ìdodo (cordão umbilical).

UM BILHÃO, *adj.* èèrú kan.
UMEDECER O SOLO, *v.* rinlẹ̀ > òjò rin ilẹ̀ – a chuva umedeceu o solo.
UMEDECER PELA URINA, *v.* tọọlé > Ó máa ntọọlé ní ìbùsùn – Ele costuma urinar na cama.
UMEDECER, *v.* mú tútù, rin > fi omi rin – usar água e umedecer.
UMIDADE, *s.* àìgbẹ, ìrin, ìrinlẹ̀. Ìtútù, ọ̀gìnnìtìn, ọ̀rinrin.
UMIDADE RELATIVA, *s.* ìkuukuu ìfiwé.
ÚMIDO, MOLHADO, *adj.* tútù, títútù > aláìyan – alagado.
UNÂNIME, *adj.* alápapọ̀ > olóhùnkan – a voz do coração.
UNANIMIDADE, *s.* àjọhùn > àpapọ̀ – ato de unir; > ìṣọ̀kan – união, harmonia.
UNGIR, *v.* fiòróróyàn < fi + òróró + yàn, fiòróróyàsọ́tọ̀ < fi + òróró + yàsọ́tọ̀.
UNGUENTO, POMADA, *s.* ìkunra, ìpara.
UNHA, PREGO, *s.* ìṣó.
UNHA, GARRA, *s.* èékán, èékánáà, ìgà > orí-èékán – ponta da unha.
UNHA DO DEDO, *s.* èékán ọwọ́ > èékán ìka ẹsẹ̀ – unha do dedo do pé.
UNHEIRO, *s.* àtawọ́, àkàndùn.
UNICAMENTE, *adv.* kìkì, níkanṣoṣo.
UNIÃO, COERÊNCIA, *s.* ìdìpọ̀ > ìgbìmọ̀ – comissão, junta.
UNIÃO, LIGAÇÃO, *s.* ìsolù, ìsopọ̀, ìsolù, ìṣọ̀kan.
UNIÃO, *s.* ìdàpọ̀ṣọ̀kan.
UNIÃO, *s.* ìdáwọ́pọ̀, ìdiwọ́pọ̀ (ato de dar as mãos).
UNIÃO, *s.* ìkáwé, akáwé < kà + ìwé (envolver algo em torno de outro).
ÚNICO, SOZINHO, *adj.* kanṣoṣo > Mo ra ẹni kan ṣoṣo – Eu comprei somente uma esteira > Ọlọ́run kanṣoṣo tí jẹ́ ẹni gíga – Deus único que é grandioso.
UNIDADE, *s.* ṣíṣọ̀kan, ara-kan, ọ̀kan.
UNIFICAR, AGREGAR, *v.* mú_ṣọ̀kan > ṣọ̀kan – ser unido.
UNIFORME COLEGIAL, *s.* aṣọ ilé ìwé.
UNIFORME DE ASSOCIAÇÃO, CLUBE, *s.* aṣọ ẹgbẹ́.
UNIFORME DE PRISIONEIRO, *s.* aṣọ túbú.
UNIFORME, EQUILIBRADO, *adj.* níyọ́nú > Ó yọnú sí mi – Ele está contente comigo.
UNIFORME, SIMILAR, *s.* bákannáà > Nwọ́n rí bákannáà – Eles têm a mesma aparência.

UNIFORME – URUCUBACA

UNIFORME, s. àjọdá, ìjọdá.
UNIFORMEMENTE, adv. dọ́gbadọ́gba > Wọ́n gùn dọ́gbadọ́gba – Eles são longos uniformemente.
UNIFORMIZAR, v. jọdá (roupa do mesmo estilo) > ṣe déédéé – fazer exatamente um com o outro.
UNILATERAL, adj. aákan (um lado somente).
UNIR AS MÃOS, COMBINAR, v. sowọ́lù, sowọ́pọ̀ > A sowọ́pọ̀ – Nós cooperamos um com o outro.
UNIR AS VOZES, v. gbánujọ (para realizar alguma coisa).
UNIR DUAS COISAS, v. so_pọ̀, sopọ̀ṣọkan (formando uma só) > Ó so wọ́n pọ̀ – Ele os amarrou juntos.
UNIR, APERTAR, v. dè.
UNIR, APROXIMAR, v. sọ_dòkan > Òun sọ wá dòkan – Ela nos uniu.
UNIR, COMBINAR, v. pawọ́pọ̀ > A pawọ́pọ̀ lé iṣẹ́ yìí lọ́rí – Nós nos unimos para fazer este trabalho.
UNIR, JUNTAR, v. sopọ̀, dàpọ̀ṣọkan (associar-se a uma pessoa).
UNIR, CONTRAIR, v. parapọ̀, papọ̀ > dàpọ̀, dàpọ̀mọ́ – juntar, misturar.
UNIR, PEGAR, v. fowọ́kọ́ < fi + ọwọ́ + kọ́.
UNIR, JUNTAR, v. kun, lẹ̀ > Lẹ̀ ìwé yìí mọ́ – Junte este papel firmemente.
UNIR, AMARRAR JUNTO, s. àsolù, àsomọ́.
UNIR-SE, ENTRELAÇAR-SE, v. sọmọ́ > Wọ́n sọmọ́ ara wọn – Eles estão entrelaçados.
UNIR-SE, ABRAÇAR-SE, v. rọ̀mọ́ > Ó rọ̀mọ́ mi – Ela me abraçou.
UNISSEX, adj. onírínkan < oní + ìrin + kan (relativo a roupa, penteado etc. para ambos os sexos).
UNITÁRIO, adj. ẹléyọkan (somente um).
UNIVERSIDADE, s. ilé ẹ̀kọ́ gíga, yunifásítì (do inglês *university*).
UNIVERSAL, adj. gbogbo àiyé, gbogbo ènìà.
UNIVERSO, s. édùmárè, agbáiye (o mundo inteiro); > gbogbo ẹ̀dá – toda a natureza.
UNTAR COM ÓLEO, v. tòrórósí < ta + òróró.
URBANIZAR, v. sọ_dìlù > Sọ abúlé dìlù – Juntar a comunidade em casas.
URETRA, s. ọ̀nà-ìtọ̀ > ọ̀nà-ìtọ̀ wíwú – inflamação da uretra.
URUCUBACA, s. láìrere.

URGÊNCIA, *s.* ìkánjú.
URGENTE, IMEDIATO, *adj.* ní kíákíá, ní kanjúkanjú.
URGIR, *v.* rọ̀ > Ojọ́ rọ̀ – O dia urge.
URINA, *s.* ìtọ̀ > àpò-ìtọ̀.
URINAR, *v.* tọ̀ > Mo fẹ́ tọ̀ – Eu quero urinar; > Ìtọ̀ ngbọ̀n mi (lit. a urina está agitando em mim, estou apertado).
URINOL, *s.* ìkòkò igbẹ́ (penico).
UROLOGIA, *s.* ẹ̀kọ́nípa ẹ̀yàa títọ̀-ara.
URTIGA, *s.* èèsìn, èsìnsìn, wèrèpè, wèèpè (*Mucuna Pruriens – Papilonaceae*).
URTICÁRIA, *s.* inárun, nárun.
URUBU, *s.* ẹiyẹ àkàlà.
USADO, SEGUNDA MÃO, *adj.* àlòkù > Wọ́n ra ọkọ̀ àlókù – Eles compraram um carro de segunda mão.
USADO, *adj.* láìṣọ̀tùn (lit. sem estar novo).
USADO, MALTRAPILHO, *adj.* pátipàti.
USAR A FORÇA PARA, *v.* fi agbára.
USAR ALGO PARA DEFESA, *v.* dígàgá, fi_kọ̀yà > Ó fi ìbọn kọ̀yà – Ele se defendeu com um revólver.
USAR AS MÃOS, *v.* dídà ọwọ́ (na prática da divinização).
USAR BOA PRONÚNCIA, *v.* ségedehùn.
USAR COM MODERAÇÃO, *v.* ṣúnlọ̀.
USAR COM SABEDORIA, ASTÚCIA, *v.* fọgbọ́n < fi + ọgbọ́n.
USAR COMO TESTEMUNHA, *v.* fiṣẹlẹ́rí < fi + ṣe + ẹlẹ́ẹ̀rí.
USAR DE FORÇA, *s,* fagbára < fi + agbára.
USAR E COBRIR, *v.* fi_dé (colocar e cobrir algo) > Ó fi ọmọrí dé e – Ela usou uma tampa e a cobriu.
USAR EM VOLTA DE, *v.* fi_sán > Ìwọ fi ìgbánú sán ṣòkòtó – Você usa um cinto na calça.
USAR FORÇA EXCESSIVA, *v.* jẹ_pá, jẹ_nípá > Àwọn yànmù-yanmu fẹ́rẹ̀ jẹ wá pa – Os mosquitos quase nos comeram vivos.
USAR NO OMBRO, *v.* kọ́rùn < kọ́ +ọrùn.
USAR POR ALGUM TEMPO, *v.* lòpẹ́ > Ó lo aṣọ rẹ̀ pẹ́ – Ele usou as roupas dele por muito tempo.

USAR ROUPA IMPROVISADA, *v.* dígó > Ó wọ dígó – Ela vestiu uma roupa improvisada.
USAR, FAZER USO, *v.* lò, fi > Ọwọ́ òsì ni mo nlọ̀ – É a mão esquerda que eu estou usando; > ò fi ọbẹ gé bbùrẹ́dì – Eu usei a faca e cortei o pão. *V. fi* – com.
USÁVEL, *adj.* wíwọ̀ > tí a lè wọ̀ – que nós podemos usar.
USO, PRÁTICA, *s.* ìlò, lílò > Lílò aṣọ yìí nwù mí – O uso desta roupa me agrada.
USUAL, *adj.* bí àtẹ̀hìnwá (como antigamente).
USUALMENTE, *adv.* nígbàkígbà, nígbàgbogbo > Nígbàgbogbo ó sọ̀rọ̀ púpọ̀ – Todas as vezes ela fala muito.
USUALMENTE, *adv.* sábà > Àwa kò sábà jáde lálẹ́ – Nós, usualmente, não saímos à noite.
USURA, INTERESSE, *s.* owó èlé, èlé (agiota).
USURPAÇÃO, PROVOCAÇÃO, *s.* ìfínràn, àfípágbà.
USURPADOR, *s.* ẹni tí n fi ipá gbà nkan láìtọ́sí (aquele que usa de violência e carrega algo sem ser devedor).
USURPAR, *v.* fípá gbà (apoderar-se indevidamente).
UTENSÍLIO, *s.* èlò.
ÚTERO, *s.* inú.
ÚTIL, VANTAJOSO, *s.* ṣànfàní, oníláárí, àùnfàní (do hausá *àmfàni*) > Ó ṣe àùnfàní – Ele é útil; > Ó fún mi ní àùnfàní lati lọ – Ele me deu uma chance para ir; lásán – inútil.
UTILIDADE, *s.* ìlò.
UTILIZAR, *v.* mú wulò, lò > Ó lo ọbẹ láti gé bùrẹ́dì – Ela usou a faca para cortar o pão.
UTILIZAR, TIRAR PROVEITO, *v.* jẹ̀rè, gbẹ̀rẹ̀ > Ó jẹ̀rè nípa rẹ̀ – Ela se aproveitou dele.
UTILIZAÇÃO, *exp.* ṣíṣàmúlò.
UTOPIA, ILUSÃO, *s.* kése.
UVA, *s.* èso àjàrà (lit. fruto do vinhedo).
ÚVULA, CAMPAINHA, *s.* ẹṣẹ́ ọ̀nà-ọ̀fun > bèlúbèlú – úvula inchada (massa mole pendente da boca, campainha).

VÁ! *exp.* kángulẹ̀!
VÁ, PROSSIGA, *v. imperativo* nṣó, nìṣó > Ó sọ fún mi nṣó! – Ele disse para mim: vá!
VACA, BOI, *s.* màlúù > ẹgbbọ́rọ̀ abo màlúù – bezerro.
VACÂNCIA, CANCELAMENTO, *s.* yíyẹ̀sílẹ̀.
VACÂNCIA, VAGA, *s.* èyẹ (tempo de cargo vago).
VACILANTE, *adj.* láìlera.
VACILANTEMENTE, *adv.* gbẹ̀rẹ̀ > Ó rìn gbẹ̀rẹ̀ – Ele caminhou vagarosamente.
VACILAR, HESITAR, *v.* tọ̀gẹ̀gẹ́, ṣíyé méjì > Ó tọ̀ gẹ̀gẹ́ – Ele cambaleou; > kọsẹ̀ – tropeçar > Mo fi ẹsẹ̀ kọ òkúta – Eu bati com o pé numa pedra.
VACINA PREVENTINA, *s.* ìbupá.
VACINA, *s.* àjẹrun (remédio preventivo) > òkí àjẹsára – imunidade diante de uma doença.
VACINADOR, *s*, abupá, bupábupá.
VACINAÇÃO, *adj.* gbígba abẹ́rẹ́ àjẹsára – tolerável à agulha com o remédio.
VACINAR, SER VACINADO, *v.* bupá < bù + apá > Ó bupá fún mi – Ele me vacinou; > láìbupá – sem vacinar.
VACINAR, *v.* kọ̀lọ̀nti > Mo kọ kọ̀lọ̀nti fún mi – Eu me vacinei.
VÁCUO, VAZIO, *s.* òfo, ìmófo, kòròfo.
VADIA, *s.* àgbèrè > Nígbàkan a fẹ́rẹ́ ṣe àgbèrè – Certa vez, nós quase transamos.

VADIAGEM, s. àréde.
VADIAR, v. lẹ > Òun ni ènìà lẹ – Ele é uma pessoa indolente; > òrayè – preguiçoso; > láìṣíṣẹ́ – sem trabalho.
VADIO, s. òrayè, òùnrayè.
VAGA, ESPAÇO, s. àfo > Àfo yìí mi ni – Esta vaga é minha.
VAGA, ONDAS, s. ìbìlù-omi.
VAGABUNDAGEM, s. àréde (vida errante).
VAGABUNDO, s. aṣa, ajilẹ̀ (parasita) > Aṣa ọmọ náà kò bẹ̀rù ẹnikan – A criança malandra não tem medo de qualquer um.
VAGABUNDO, s. kònílékòlọ́nà > aláìnípò – sem situação.
VAGABUNDO, ERRANTE, s. alárìnká, alárìnkiri.
VAGA-LUME, PIRILAMPO, s. ìmúnmúná, tannátanná.
VAGÃO DE CARGA, s. ọkọ̀ akẹrù, kẹ̀kẹ́ ẹrù.
VAGAR, CAMINHAR, v. rìnkiri, kiri, kirikákiri, rìn kákiri > Ó nrìnkiri – Ele está dando uma caminhada.
VAGAR AO REDOR, v. taṣùṣù (cambalear).
VAGAR, ERRAR O CAMINHO, v. ṣonù, ṣínà > Ó ṣínà – Ela errou o caminho < ṣì + ọ̀nà.
VAGAR, v. fàyèsílẹ̀ < fi + àyè + sílẹ̀ (ceder lugar a).
VAGAR, v. rò (no sentido de arejar a cabeça) > Ó rò kiri – Ele foi dar uma volta; > Àgbẹ̀ ro oko rẹ̀ – O fazendeiro deu uma volta na fazenda dele; > ìgbèrò – meditação.
VAGAROSAMENTE, adv. dùgbẹ̀, pàlà, sìì, tìì, súwẹ́-súwẹ́, súẹ́-súẹ́ > Ó nrìn sìì – Ele está andando vagarosamente.
VAGAROSAMENTE, PAUSADAMENTE, adv. lẹ́sọ̀lẹ́sọ̀, lẹ́sẹ̀ẹ̀sọ̀.
VAGAROSO, adj. fifalẹ̀, gọ̀lọ̀ > Ó fà gọ̀lọ̀ – Ele é vagaroso.
VAGEM DE NOZ-DE-COLA, s. apó.
VAGINA, s. ẹ̀lẹ̀, òbò, abẹ́ > Ó fi okó kàn mí ní òbò – Ele usou o pênis e me tocou na vagina; > òbò wíwú – inflamação da vagina.
VAGO, adj. láìkún < láì + kún – sem estar cheio.
VAGUEAR, v. ṣakolọ > Ó ṣako lọ – Ele foi ao longe, ao léu.
VAIA, interj. síò!
VAIADE, ESMERO, s. pẹ́pẹ́fúúrú.
VAIDADE, ORGULHO, s. asán.

VAIDADE, *s.* ládòfo, ògo-asán.
VAIDOSAMENTE, *adv.* tìgbéraga-tigbéraga.
VAIDOSO, ELEGANTE, *adj.* afẹ́ > nígbéraga – arrogante.
VAIDOSO, CONVENCIDO, *s.* ayinrarẹ̀.
VALA, FOSSO, *s.* kòtò, ikòtò, ihò, ògbún.
VALE, PLANÍCIE, *s,* àfónífójì (baixada).
VALETE, CRIADO, *s.* ìránsẹ̀kùnrin.
VALENTÃO, FANFARRÃO, *s.* apánìláyà.
VALENTE, SOB COAÇÃO, *adj.* nípá < ní + ipá; > Ó mú mi nípá láti ṣe é – Ela me forçou a fazer isto.
VALENTE, VALOROSO, *adj.* gbóyà < gbò + àyà.
VALENTIA, CORAGEM, *s.* ìlọ́kàn, ìgbóòyà.
VALENTIA, *s.* àkìyà, ìkìyà (aquele que é bravo).
VALER NADA, *v.* sasán (ser inútil).
VALETE, CRIADO, *s.* ìránsẹ̀kùnrin, ọmọ-ọ̀dọ̀ ọkùnrin.
VALIDADE, *adj.* fàṣẹ sí.
VÁLIDO, *adj.* afẹṣẹ̀múlẹ̀ > tí ó jẹ́ òtítọ́ nípa òfin – que seja verdadeiro sobre a lei.
VALIOSO, EXCELENTE, *adj.* dánmánrán, jaga.
VALIOSO, CARO, *adj.* níyelórí.
VALIOSO, PRECIOSO, *s.* iyebíye.
VALOR EM DINHEIRO, *s.* ojúwó, iye owó.
VALOR, IMPORTÂNCIA, *s.* rírì, láárí > Kọ́ àwọn ọmọ láti mọ rírì onírúurú irú onjẹ – Ensine seus filhos a conhecerem o valor dos diferentes tipos de comida.
VALOR, MÉRITO, *s.* ìtóye, ìwà-akọni.
VALORIZAR, ESTIMAR, *v.* fisán.
VALOROSO, *adj.* gbojú (dar oportunidade).
VÁLVULA, *s.* ẹ̀kù > ẹ̀kù ọkàn – válvula do coração.
VÁLVULA ATRIOVENTRICULAR, *s.* ẹ̀kù-ọkàn ọ̀tùn, ẹ̀kù-ọkàn aláwẹ́ mẹ́ta (relação com as cavidades superiores do coração).
VAMOS, *v.* jẹ́kí (define uma ação de direção, declaração de ir, de deixar e permitir; é seguido de pron. pess. de uma sílaba, com exceção de

VAN, CARRO DE CARGA – VARAS DE SUSTENTAÇÃO

mo, substituído por *n*) > Jẹ́kálọ – Vamos!; > Jẹ́kálọ jáde < jẹ́kí + a + lọ + jáde – Vamos embora; > Jẹ́ká jẹ – Vamos comer; Jẹ́ká sílé – Vamos para casa; > Jẹ́kí wọ́n kàwé – Deixe eles estudarem; > Jẹ́kálọ sọ̀rọ̀ nípa ewé – Vamos conversar sobre folhas.

VAN, CARRO DE CARGA, *s.* mótọ̀ ẹru.

VANDALISMO, *s.* ìwà àpà – caráter perdulário.

VANGLÓRIA, *s.* ìfúnnu (ato de se vanglóriar).

VANGLORIAR-SE, GABAR-SE, *v.* yàngàn, sọ̀fún, fọ́nnú > Ó yàngàn sí mi – Ele está se gabando para mim.

VANGUARDA, *s.* ẹgbẹ́ tí ó ṣáájú ogun – posição que pode preceder uma batalha.

VANTAGEM, LUCRO, *s.* èrè > Ọlọ́run há nsan èrè bí? – Deus dá recompensas?. *Obs.*: *há* – *adv. interrog.* é usado depois do sujeito da frase; algumas vezes a partícula bí, interrogativa, é usada no final da frase.

VANTAGEM, *s.* ànfàní > Àíní ànfàní tó – Sem ter vantagem suficiente.

VANTAJOSO, ÚTIL, *adj.* sànfàní, lérè.

VAQUEIRO, *s.* darandaran, olùṣọ́ màlúù.

VAPOR, *s.* ooru > ìkúùku – névoa, cerração.

VAPOR DE ÁGUA, *s.* oyi omi, èékó omi, èérú omi.

VAPOR DE PRESSÃO, *s.* ìtì afẹ́.

VAPORIZAR, *v.* fẹ́ nkan.

VARA COM GANCHO, *s.* àrúgọ̀gọ̀, gọ̀gọ̀ (para colheita de frutos em árvores).

VARA DE MEDIÇÃO, *s.* ọ̀pá ọ̀ṣùnwọ̀n.

VARA, RIPA, *s.* patiyẹ (extraída da árvore àtòrì).

VARAL, ARMAÇÃO, *s.* àtàn.

VARANDA, SACADA, *s.* ọ̀ọ̀dẹ̀, ọ̀dẹ, ọ̀dẹ̀dẹ̀ ilé > àjà – terraço.

VARÃO, MACHO, *s.* akọ (precede o nome de animais, plantas, frutas e crianças recém-nascidas para identificar o sexo > Akọ́ màlúù – Boi; > Ó yakọ – Ele aparenta ser macho.

VARAS DE BAMBU, *s.* poòpoò.

VARAS DE SUSTENTAÇÃO, *s.* ẹ̀tun (varas de apoio para brotos de inhame).

VARETA, s. kàngọ́, gàngọ́ (para tocar atabaque).
VARETA PARA APONTAR, s. ọ̀pá ìtọ́ka.
VARIADO, MULTICOLORIDO, adj. aláràbarà.
VARIADO, DIFERENTE, adj. oríṣíríṣí > Ó máa wọsọ oríṣíríṣí – Ela costuma vestir roupas variadas.
VARIÁVEL, adj. yíyípadà > ìyípadà – virada, conversão.
VARICELA, VARÍOLA, s. ilẹ̀gbóná.
VARICOCELE, s. kúnú obìnrin (tumor formado pela dilatação de veias).
VARIEDADE, s. àmúlùmálà, ọ̀kankòjọ̀kan.
VARIEDADE, TIPO, s. súrà > Irúu súrà wo ni? – Qual é o tipo, a variedade?
VARINHA, GALHO, s. ẹ̀ka.
VARÍOLA, s. ilẹ̀gbọ́ná, ṣọ̀pọ̀na (lei: ṣọ̀pọ̀nọn).
VÁRIOS, DIFERENTES, adj. onírúurú, ọ̀pọ̀lọ́pọ̀.
VARREDOR, LIXEIRO, s. gbálẹ̀-gbálẹ̀.
VARREDOR DE RUA, s. agbáde, agbálẹ̀ ita > ẹnití n gbá títì – aquele que varre a via pública.
VARRER A CASA, v. gbálé < gbà + ilé > Obìrin náà gbá ilé rẹ̀ – A mulher varreu a casa dela.
VARRER, LIMPAR, v. gbá.
VASCULHAR, PROCURAR, v. wá > Ó wá àwo – Ela procurou o prato; > àwárí – descoberta, ìwádí – investigação.
VASILHA PARA ÁGUA, s. àgé, àmu.
VASILHA PARA FRITAR OU COZINHAR, s. agbada.
VASILHA PARA GUARDAR COQUINHOS DE IFÁ, s. àgéré.
VASILHA PARA RAPÉ, s. bátà.
VASILHA (TIPOS), s. ládugbó, tásà.
VASILHA, s. ìkémù, ìkérémù (para tirar água de pote), kòlòba (guardar ingredientes).
VASODILATAÇÃO, s. ìṣàn-ṣíṣọ̀ (aumento do tamanho dos vasos sanguíneos).
VASO DE BARRO, s. kòlòbó, kóló (guardar óleo de palmeira – àdín).
VASO SANITÁRIO, s. ṣalanga (do hausá *sálagá*).

VASO – VEÍCULO, CARRO

VASO, s. èlò, kòtòpó (usado para decoração).
VASSALO, CATIVO, s. ẹrú > Òwò ẹrú ti parun pátápátá – O comércio de escravos já se extinuiu completamente; > ọmọ-ọ̀dọ̀, ọmòdọ̀ – criada, serviçal.
VASSOURA, ESPANADOR, s. ọwọ̀.
VASSOURA, s. àálẹ̀, ọwọ̀, ìgbálẹ̀ > Ó fi ọwọ̀ gbá ilẹ̀ – Ela usou a vassoura e varreu o chão.
VASTO, VOLUMOSO, adj. gbàfu-gbafu, tóbi.
VAZAMENTO, BURACO, s. ìdálu, àdálu.
VATICANO, s. Fátíkànù (é uma cidade-Estado também conhecida como Santa Sé, localizada em Roma, Itália).
VAZAMENTO, PERDA, s. àdálu, àdálu.
VAZAMENTO, s. jíjò.
VAZAR, ESCOAR, v. jò > Ilé mi njò sùùrù – Minha casa tem um vazamento sério.
VAZIO, NULO, s. ìṣófo, òfo, òfifo.
VAZIO, VÁCUO, s. ìmófo, òfifo, òfo.
VEADO, CERVO, s. èkùlù > galà – corça.
VEDAÇÃO DOS OLHOS, s. ìdìlójú (camuflagem).
VEEMÊNCIA, FERVOR, s. ìkánilára > ìtẹnumọ́ – insistência.
VEEMENTE, adj. àfẹ́jù > lágbára – firmeza.
VEEMENTEMENTE, PLENAMENTE, adv. yaya.
VEGETAÇÃO, s. ìdàgbà ewébẹ̀ > ṣúúrú – vegetação rasteira.
VEGETAL USADO PARA SOPA, s. ọ̀óyọ́, ẹ́ẹ́yọ́ (*Corchorus Olitorius--Tiliaceae*).
VEGETAL, LEGUME, s. ewébẹ̀, ẹ̀fọ́ > ẹnití n jẹ kìkì ewébẹ̀ – aquele que come somente vegetais.
VEGETAL, PLANTA, s. ohun-ògbìn (lit. coisa do mato).
VEGETAL VISCOSO, s. ẹ̀kukù.
VEGETARIANO, adj. aláìjẹran, ajẹfọ́, ajẹ̀fọ́, ẹni àìjẹran.
VEGETATIVO, s. tí agbára àwọn ẹ̀gbìn – ter a força das plantas.
VEÍCULO DE TRANSPORTE, s. ọkọ̀ èrò (passageiros).
VEÍCULO, CARRO, s. ọkọ̀, mọ́tò (do inglês *motor*).

VEIA, NERVURA, s. iṣan, ìṣàn.
VEIA JUGULAR, s. iṣàn-àbọ̀ ọrùn.
VEJA, CONTEMPLE!, interj. sáàwòó!
VELA DE BARCO, LONA, s. aṣọ-ìgbòkun > ó nta ìgbòkun ọkọ̀.
VELA, CANDEEIRO, s. àbẹ́là, fitílà (do hausá *fitilà*).
VELAR, TOMAR CONTA, v. ṣètójú.
VELHACARIA, PATIFARIA, s. àjẹpa.
VELHACO, ENGANADOR, s. ajáko, onítanjẹ, ẹlẹ́tàn.
VELHARIA, BUGIGANGA, s. ohun-játi-jàti, ohun-játu-jàtu.
VELHICE, DECRÉPITO, s. ọ̀jọ̀kútọtọ, ṣíṣarán.
VELHO, adj. lójọ́lórí.
VELHO, ANTIGO, adj. àtaiyébáié, àtiyéráiyé.
VELHO, PASSADO, adj. kàsì, àtaiyébáiyé, àtiyéráiyé.
VELHO TESTAMENTO, s. màjémù tí ìṣájú (lit. um acordo que antecedeu).
VELHOS TEMPOS, s. ìgbà àtìjọ́, ayé àtìjọ́.
VELOCIDADE, RAPIDEZ, s. iyára > yíyá – rápido.
VELÓRIO, s. àìsùn-òkú > àwọ́kí – visita durante um velório.
VELOZ, adj. agangan (ligeiro com os pés).
VELOZMENTE, adv. kóyákóyá, pọ́nú-pọ́nú, tìyáratìyára.
VELUDO, s. àrán.
VENCEDOR, s. aṣẹ́gun, conquistador.
VENCER UM JOGO, v. pa, jẹ.
VENCER UMA LUTA, v. dáni < dá + ẹni.
VENCER, SUPERAR, v. pakọ, ṣẹ́gun > Èmi yíò pakọ, àyànmọ́ mi – Eu superei meu destino.
VENCIDO, ATRASADO, adj. kojá àkókò.
VENCIDO, DERROTADO, s. aládanù.
VENCIMENTO, CONCLUSÃO, s. ìparí > parí – terminar > Ó parí wé ẹkọ – Ela terminou de enrolar o acasá; > Gbádùn ìparí ọ̀sẹ̀ – Um agradável final de semana.
VENDA A CRÉDITO, s. ìtàwìn.
VENDA A VAREJO, s. àbutá, àgbàtà > Ó ngba ẹrù tà – Ele vende peças a varejo.

VENDA EM LEILÃO – VENDER A VAREJO

VENDA EM LEILÃO, s. gbánjo (hasta pública).
VENDA SECRETA, CONTRABANDO, s. àyọ̀tà.
VENDA POR ATACADO, s. àkótà.
VENDÁVEL, adj. títa, ṣíṣeétà (um artigo para venda).
VENDEDOR AMBULANTE, s. alágbàtà, akírí-ọjà, atajà.
VENDEDOR DE ÁGUA, s. apọnmitá, olómi.
VENDEDOR DE BEBIDA, s. alásùtà, ẹlẹ́mu (extraída da palmeira).
VENDEDOR DE BOLO, s. ọlójọ̀jọ̀.
VENDEDOR DE CORDAS, s. olókùn (vendedor e fabricante).
VENDEDOR DE ERVAS, s. atèfọ́.
VENDEDOR DE FARINHA, s. onífùfú, elélùbọ́ (farinha de inhame).
VENDEDOR DE FUMO, s. aláṣàà, aláṣarà, eléwé tàbá.
VENDEDOR DE INHAME FRITO, s. onídùndú.
VENDEDOR DE INHAME, s. onísu > oníyán – vendedor de inhame pilado.
VENDEDOR DE LIVROS, s. atàwé, ìtàwé, olùtà ìwé.
VENDEDOR DE MADEIRA, s. aṣẹ́gità, atagi < a + tà + igi.
VENDEDOR DE MILHO, s. oníbàba.
VENDEDOR DE NOZ-DE-COLA, s. olóbi.
VENDEDOR DE NOZ MOÍDA, s. ẹlẹ́pà.
VENDEDOR DE OBJETOS, s. atajà.
VENDEDOR DE ÓLEO, s. elépo.
VENDEDOR DE PAPA, s. ẹlékọ (comida de milho).
VENDEDOR DE PEIXE, s. atẹjá.
VENDEDOR DE PIMENTA, s. aláta.
VENDEDOR DE ROUPAS, s. aláṣọ, olùtà aṣọ > ìṣẹ́ aṣọ títà – venda de roupa.
VENDEDOR DE TABULEIRO, s. onísọ̀ (que só vende o original).
VENDEDOR DE TERRENOS, s. atalẹ̀.
VENDEDOR DE VEGETAIS, s. ẹlẹ́fọ́n.
VENDEDOR, s. ìtajà, olùtà > alálétà – de pequenos artigos e frutas.
VENDEDORA DE TABULEIRO, s. alátẹ.
VENDER A VAREJO, v. gbà_tà, sú_tà > Ó nsú ọtí tà – Ele vendeu aguardente.

VENDER A VAREJO, *v.* ṣàjàpá (como um camelô), sú (vender em pequena quantidade).
VENDER AOS POUCOS, *v.* yọ_tà > Ó yọ ọbẹ méjì tà – Ele vendeu duas facas a varejo.
VENDER LEGUMES, *v.* tẹ̀fọ́ < tà + ẹ̀fọ́ > Ó ntẹ̀fọ́ – Ela está vendendo legumes < tà + ẹ̀fọ́.
VENDER MERCADORIAS, *v.* tajà (utensílios) > Ìwọ tajà láwìn tàbí tajà ni dálé – Você vende esta mercadoria a prazo ou à vista?
VENDER ÓLEO, *v.* tapo < tà + epo.
VENDER PRIMEIRO, *v.* kọ́tà > Ìwé mi ni mo kọ́tà – Foi meu livro que eu vendi primeiro.
VENDER PRODUTOS, *v.* ṣàgbàtà (a varejo).
VENDER SALDOS, *v.* tutà (retalhos, coisas consertadas).
VENDER SECRETAMENTE, *v.* yọ́_tà > Ó yọ́ ọ tà – Ele o vendeu secretamente.
VENDER, EXPOR À VENDA, *v.* tà.
VENDER, *v.* figbowó < fi + gbowó (trocar por dinheiro).
VENDIDO A VAREJO, *s.* àyọtà.
VENDIDO POR PESO, *adj.* olóṣùnwọ̀n (por peso ou medida).
VENENO MORTAL, *s.* mágùn.
VENENO RÁPIDO, *s.* májèlé.
VENENO, *s.* iwọ, oró.
VENENOSO, NOCIVO, *adj.* olóró > Agbọ́n jẹ́ kòkòrò olóró – A vespa é um inseto venenoso.
VENERAR, ADORAR, *v.* tè (usado somente em alguns provérbios).
VENERAR, REVERENCIAR, *v.* foríbalẹ̀ < fi + orí + bà + ilẹ̀ (lit. bater a cabeça no chão).
VENERÁVEL, *adj.* títẹ̀ (que pode ser reverenciado), > ọlọ́wọ̀ – respeitável.
VENEZUELA, *s.* Orílẹ̀ẹ Fẹnẹsuẹ́là (país da América do Sul).
VENHA CÁ, *v.* wáníbi (formas abreviadas – wábi, n bí) > Ẹ wá níbi! – Venha cá!
VENOSO, VEIAS, *s.* ẹ̀jẹ̀ àbọ̀.
VENTA, NARINA, *s.* ihò-imú.

VENTANIA MARÍTIMA – VERBO, AÇÃO

VENTANIA MARÍTIMA, *s.* ìjì.
VENTANIA, *s.* aféẹ́fẹ́-àfẹyíká.
VENTAR, *v.* fẹ́ gẹ́gẹ́bí aféẹ́fẹ́ (lit. soprar de acordo com o vento).
VENTAROLA, LEQUE, *s.* abẹ̀bẹ̀ > Ẹ lọ abẹ̀bẹ̀ ifẹ́ná wá – Vá buscar o abano do fogo.
VENTILADOR DE FERREIRO, FOLE, *s.* afínná.
VENTO FORTE, *s.* ààjà, egbé (em forma de redemoinho) > Egbé ni fún ẹnití ó máà ṣe ibi – É a ventania forte nas pessoas que costuma fazer mal.
VENTO LESTE, *s.* ọ̀wá.
VENTO QUENTE, *s.* oyẹ́ (harmattan). V. estação harmattan.
VENTO VIOLENTO, *s.* ológè (que atinge o sudoeste africano).
VENTO, AR, *s.* aféẹ́fẹ́ > Yàrá yìí ní aféẹ́fẹ́ – Este quarto é arejado.
VENTOSAS, *s.* igò.
VENTRE, *s.* inú, ikùn.
VENTRÍCULO, *s.* ìyèwù-odò ọkàn (cavidades do coração).
VENTUROSO, AFORTUNADO, *adj.* lásìkí > láìbẹ̀rù – sem medo, corajoso.
VÊNUS, *s.* Ìràwọ̀ Āguàlà (planeta estrela da manhã), ajá ọ̀ṣùpá.
VER A RAZÃO DE ALGO, *v.* ridi (descobrir o segredo de).
VER DE NOVO, REVER, *v.* túnrí.
VER POR ALTO, *v.* ṣíkùn.
VER UM AO OUTRO, *v.* ríra < rí + ara.
VER, OBSERVAR, *v.* ṣíjúwò.
VER, VIGIAR, *v.* dójúsọ > Ó dójúsọ mi – Ele ficou atento em mim.
VER, *v.* rí > wò – olhar > Ó nwo owó-ẹyọ – Ele está olhando, consultando os búzios.
VERÃO, *s.* àkókò-oyẹ́, ìgbà ẹ̀ẹ̀rùn, ìgbà ìwọ́wé.
VERBAL, ORAL, *adj.* fífẹnusọ.
VERBALMENTE, *adv.* níkìkìọ̀rọ̀ (somente meras palavras).
VERBO, AÇÃO, *s.* iṣẹ, ọ̀rọ̀-iṣẹ – verbo; > ẹ̀ka-ọ̀rọ̀ iṣẹ > palavra que indica ação; > Ọ̀rọ̀-iṣẹ ni ọpó gbólóhùn – O verbo é o pilar de uma sentença; > ọ̀rọ̀ nípa wíwà – palavra sobre o estado de ser.

VERDADE, s. gàsíkíá, òótọ́, òtítọ́ > Ṣé òótọ́ ni? – É verdade?; > Ó lóótọ́ – Ele é verdadeiro.
VERDADE, SINCERIDADE, s. òdodo.
VERDADEIRA FACE, s. ojúyojú.
VERDADEIRAMENTE, adv. lótìtọ́, lóótọ́, nítòótọ́, tòótọ́, yòótọ́.
VERDADEIRO, adj. òtítọ́, nítòótọ́, dájúdájú > Ọ̀rẹ́ òtítọ́ kò ṣe é díyelé – Um amigo verdadeiro não tem preço.
VERDE, COR DAS FOLHAS, adj. ọbẹdọ.
VERDE, s. àwọ̀ ewé (lit. cor da folha).
VERDE, NÃO MACIO, adj. àìdẹ̀, àìpọ́n (não maduro).
VERDE, MACIO, adj. òṣéṣe (fresco).
VERDOR, VERDE DAS PLANTAS, s. àwọ̀ tútù.
VERDURA, s. ẹ̀fọ́ > Ó já ẹ̀fọ́ – Ela colheu os vegetais.
VEREADOR, s. irú adájọ́ ìlú.
VEREDA, TRILHA, s. ọ̀nà > Ìwọ wà láàrin ọ̀nà – Você está no meio do caminho.
VEREDICTO, JULGAMENTO, s. adájọ́, ìdájọ́ > Ó ṣe ìdájọ́ fún mi – Ele fez um julgamento para mim.
VERGONHA, RIDÍCULO, s. èsín > Ó fi mí ṣèsín – Ele me fez de ridículo.
VERGONHA, s. ojútì, ìtìjú, ẹ̀gàn.
VERGONHOSO, adj. ṣàbùkù, rúdurùdu, légàn.
VERÍDICO, VERDADEIRO, s. kún fún òtítọ́ > ẹnití ó n sọ òtítọ́ – aquele que fala a verdade.
VERIFICAÇÃO, TESTEMUNHO, s. ìjẹ́rísí > ìfohùnsí – aprovação.
VERIFICAR, v. dá_lẹ́kun, mọ̀_dajú, fohùn sí, jẹ́rí sí > Èyí jẹ́rí òtítọ́ rẹ̀ – Esta é uma prova da verdade dele.
VERME, LARVA, s. ìdin, kòkòrò > aràn – lombriga.
VERME, s. èkòló (de lugares úmidos), ògòngò (prolifera nos estrumes).
VERMELHÃO, s. àwọ̀ pupa > òdòdó – escarlate.
VERMELHO-SANGUE, adj. yankan.
VERMES INTESTINAIS, s. ejò inú.
VERMICIDA, s. ẹ̀là aparàn.
VERMÍFUGO, s. oògùn aràn.

VERNÁCULO, s. èdè ibílẹ̀ (forma normal da linguagem).
VERNIZ, s. òróró ìpara igi.
VERRUGA, s. kóbokòbo, tiwọntiwọn, wọ́nwọ́n.
VERRUMA, PERFURANTE, s. ìlu.
VERSADO EM ENCANTAMENTOS, s. elégèdè, ológèdè.
VERSADO, EXPERIMENTADO, adj. mímọ̀ dájú (conhecido e seguro).
VERSÃO, TRADUÇÃO, s. ìtúmọ̀ > Ìtúmọ̀ sí èdè kan – Tradução para um idioma.
VERSÁTIL, VARIÁVEL, adj. onílò-púpọ̀ (muitos usos).
VERSO, s. ẹsẹ ìwé (capítulo).
VERSO, ÀS AVESSAS, adv. gìdà (para trás).
VÉRTEBRA CERVICAL, s. eegun ọrùn.
VERTEBRADO, s. ẹranko ọlọ́pà ẹ̀hìn.
VERTER, DERRAMAR, v. sẹ́ > Ó sẹ́ epo díẹ̀ ní ọbẹ̀ – Ele derramou um pouco de óleo na sopa.
VERTICALMENTE, adv. ògùródó, wáwá.
VERTIGEM, TONTURA, s. òòyì, òyì, òòyì-ojú.
VESICULITE, s. àpò-ara kékeré (inflamação da vesícula).
VESPA, s. agbọ́n.
VESTAL, s. wúndíà (imaculada, casta ou virgem).
VESTIÁRIO, s. ìyyàrá ìwọ́sọ.
VESTÍBULO, ÁTRIO, s. ẹnu ọ̀nà ilé.
VESTIDO CURTO, s. dànṣíkí > aṣọ àwọ̀sódò bìnrin – usado da cintura para baixo.
VESTIDO LONGO, s. aṣọ gígùn, ẹ̀wù-ẹtù, ọ̀yàlà.
VESTÍGIO, s. ipasẹ̀, amì.
VESTIMENTA BRANCA, s. aṣọ tálà, aṣọ funfun.
VESTIMENTA LARGA E COMPRIDA, s. agbádá, ẹ̀wù.
VESTIMENTA, s. kaba.
VESTIR ROUPA, v. wọṣọ < wọ̀ + aṣọ > Òun wọṣọ funfun – Ela vestiu uma roupa branca.
VESTIR UMA FAIXA, v. gbàjá < gbà + ọ̀já > Ó gbàjá mọ́ ara – Ela colocou uma faixa em volta da cintura.

VESTIR UMA ROUPA, v. wọ_láṣọ > Mo wọ ọmọ náà láṣọ – Eu vesti aquela criança.

VESTIR, ABRIGAR, v. fi_wọ̀ > Ó fi míwọ̀ sílé rẹ̀ – Ele me abrigou em sua casa.

VESTIR, v. wọ̀ > Mo wọ̀ ẹ̀wù funfun – Eu vesti uma roupa branca; > wọṣọ – vestir-se.

VETERANO, s. ògbó, ògbólógbó (pessoa de longa experiência).

VETERINÁRIO, s. oníṣègùn-ẹranko.

VETO, PROIBIÇÃO, s. àìgbojú fún, ìdálẹ́kun.

VÉU, s. aṣọ-ìbojú.

VÉU, s. ìbojú, lùlùbi (pano que cobre a cabeça).

VEXAME, VERGONHA, s. ìtìjú.

VEXAMINOSO, QUE DESAPONTA, s. adánilára > Ó dá mi lára – Ele me desapontou.

VEXAR, PERTURBAR, v. yọlẹ́nu > Ìrọ̀hìn yìí yọ mí lẹ́nu – Essa notícia me preocupou; > tọ́ – importunar.

VEZ, OPORTUNIDADE, s. ọwọ́lẹ̀ > Ó fún mi ní ọwọ́lẹ̀ – Ele me deu a oportunidade.

VEZES, adj. ẹ̀rẹ̀, ẹ̀ẹ̀ (numeral que expressa o número de vezes) > ẹ̀rẹ̀ méjì – duas vezes; > Ó wá lẹ̀ẹ̀mẹ́ta – Ela veio três vezes.

VIABILIDADE, s. ìṣeéṣe.

VIA FÉRREA, s. ojú irin.

VIA PÚBLICA, RUA, s. ọ̀nà, títì (do inglês *street*); > ọ̀pópó – avenida; > ipa – trilha, curso.

VIADUTO, s. afárá > ọ̀nà tí a n lọ́ láto fi kọjá odò – caminho que usamos para atravessar o rio.

VIAGEM, JORNADA, s. ìrìn-àjò (excursão).

VIAJANTE, INTINERANTE, s. arìn-àjò, aràjò < rìn – andar, àjò – jornada.

VIAJAR, AUSENTAR-SE, v. ràjò < rè + àjò, rebi < rè + ebi > Ó ràjò Bahia – Ele viajou para a Bahia (não usa a preposição *sí* – para).

VIAJAR, v. rìn, sájò < sá + àjò.

VIÁVEL, POSSÍVEL, adj. ṣeéṣe, ṣíseéṣe > nkan tí a lè ṣe – algo que podemos fazer.

VÍBORA, COBRA, s. gùnte, pààmólè.
VIBRAÇÃO, s. ègbòn, èmímí, gbígbón (tremor, agitação).
VIBRADOR, s. agbón.
VIBRANTE, adj. lókunlára.
VIBRAR, TREMER, v. gbòn > Ó gbòn jìnnì – Ela tremeu de pavor; > Otútù nmú Olú gbòn – Olú está tremendo de frio.
VICE, pref. adelé < aṣojú – procurador, representante.
VICE-PRESIDENTE, s. awojú alákóso.
VICE-REI, s. adèlé ọba.
VICE-VERSA, RECIPROCAMENTE, adv. bèèlórí ládákéjì (às avessas).
VÍCIO, ALGO COSTUMEIRO, adj. bárakú > Ó ti dí bárakú – Ele se tornou viciado; > Ó jé bárakú tí kò ní oògùn – Ele é um viciado que não tem remédio.
VÍCIO, MAU USO, adj. ìlòkílò, ìlòkúlò > òṣikà – pessoa perversa.
VIDA ERRANTE, s. àréde.
VIDA ETERNA, s. ìyè-àìnípẹkun.
VIDA LONGA, MADURA, s. agbó.
VIDA LONGA, s. ẹmí gígùn, ṣogbóṣató, jogbojató < jẹ + ogbó + jẹ + ató (expressão usada para desejar vida longa a alguém).
VIDA, ESTILO DE VIDA, s. ìgbésí-ayé > Onjẹ jẹ apá pàtàkì kan nínú ìgbésí-ayé wa – A alimentação é parte importante dentro do nosso estilo de vida.
VIDA, EXISTÊNCIA, s. ìwàláyè > ẹmí – vida representada pela respiração > Ó pádánù ẹmí rè – Ele perdeu a vida dele.
VIDA, O FATO DE ESTAR VIVO, s. àyè, ìyè, ààyè > Àyè mi, òun yíò dùn jù ti àná lọ – Minha vida, ela será mais doce do que foi ontem; > ìyípo àyè – ciclo de vida.
VIDA, TEMPO DE VIDA, s. ìgbé-àiyé, ìgbà-àiyé.
VIDENTE, MÍSTICO, s. aríran.
VIDRACEIRO, s. onídígí < dígí – vidro, espelho > Oníṣẹ fi dígí sí nkan – Aquele que usa o vidro para alguma coisa.
VIDRO, ESPELHO, s. dígí, gíláàsì (do inglês *glass*).
VIENA, s. Orílẹ̀ẹ Fíẹ̀nà (capital da Áustria).

VIETNAM, *s.* Orílẹ̀ẹ Fíẹ́tínààmù (país do continente asiático).
VIGA, *s.* ọ̀pá ìdábu > igi – madeira.
VIGARISTA, *adj.* níréjẹ.
VIGIA CASEIRO, *s.* aṣọ́lé.
VIGIA DE ESTRADAS, *s.* aṣọ́nà.
VIGIA DOS LADRÕES, *s.* agbódegba.
VIGIA DOS ODÙ IFÁ, *s.* olórí ikin.
VIGIA, *s.* aṣóde, oníṣọ́, onítójú < ṣọ́ – vigiar, tójú – cuidar.
VIGIA, SENTINELA, *s.* adèna, alóre.
VIGIAR A CASA, *v.* ṣọ́lé < ṣọ́ + ilé.
VIGIAR A CIDADE, *v.* ṣọ́lú.
VIGIAR, CONFINAR, *v.* fi_sojọ̀ > Fi kẹ́kẹ́ mi sojọ̀ fún mi – Cuide de minha bicicleta para mim.
VIGIAR, PROTEGER, *v.* ṣọ́ > ìṣọ́nà – vigilância.
VIGIAR, *v.* ṣọ́_dè > Ó ṣọ́ o dè mí – Ele vigiou isso para mim.
VIGILÂNCIA, *s.* ìṣọ́nà, ṣíṣọra.
VIGILANTE, *s.* àrójúṣe, wíwòye, olùṣọ́ra.
VIGÍLIA, ACORDADO, *s.* ojúfò (estar atento) > láìsùn – sem dormir.
VIGOR, *s.* èkò, okun.
VIGOROSAMENTE, *adv.* bùlàbùlà, fikanfikan, geregere, gìjà, jìgìjìgì, kemọ́-kemọ́, pẹ́ta < pẹ + ẹ́ta, pìtìpìtì, pọ̀nmọ́, tipátipá > Ó nṣiṣẹ́ pọ̀nmọ́ – Ele está trabalhando vigorosamente.
VIGOROSO, *adj.* aláápọn, taagun, alágbára > láìbẹ̀rù – sem medo.
VIL, DESPREZÍVEL, *adj.* burú > láìníláárí – sem importância, insignificante.
VILA DE CASAS, ABRIGO, *s.* abúlé.
VILA, VILAREJO, *s.* ìlétò.
VILÃO, *s.* ènìà búburú, ènìàkẹ́nìà (lit. uma pessoa qualquer); > ọ̀dáràn – malfeitor.
VILEZA, DESONRA, *s.* àìníláárí (sem mérito).
VINAGRE, *s.* ọtí kíkan.
VINCO, PREGA, *s.* ìkápọ̀, àkápọ̀.
VINCO, DOBRA, *s.* ìkátì (enrugamento).

VINDA, ADVENTO, *s.* ìbòwá.
VINDICAR, JUSTIFICAR, *v.* dá_láre > Ó dá mi láre – Ele me favoreceu; > ìdáláre – justificativa.
VINGADOR, *s.* olùgbẹ̀san.
VINGANÇA, DESFORRA, *s.* ìgbẹ̀san.
VINGANÇA, RETALIAÇÃO, *s.* ọ̀wun, ẹ̀san.
VINGAR, *v.* gbẹ̀san < gbà + ẹ̀san, yaró.
VINGAR, REVIDAR, *v.* fi_dí > Mo fi ìkó dí ẹgba tó nà mí – Eu o agredi em desforra por ele ter me batido.
VINGAR-SE, *v.* bá_wá > Ó bá mi wá ọ̀ràn – Ele preparou um problema contra mim.
VINGATIVO, *adj.* adínú, gbígbẹ̀san.
VINHEDO, *s.* àjàrà, àjàrà ìtàkùn (planta trepadeira).
VINHO BRANCO, *s.* ọtí funfun.
VINHO DE MILHO DA GUINÉ, *s.* ọtí ọkà.
VINHO DE PALMEIRA, *s.* ẹmu (extraído do dendezeiro e fermentado); ògùrọ̀, ògòrọ̀ (obtido da palmeira igi ògòrọ̀).
VINHO DOCE, *s.* ọtí dídùn.
VINHO FORTE, *s.* ọ̀dá.
VINHO NÃO DILUÍDO, *s.* ẹmu àyọ̀ (palmeira do dendezeiro).
VINHO TINTO, *s.* ọtí pupa.
VINHO VELHO, *s.* ọtí ọ̀dá.
VINHO, *s.* ọtí, wáìnì (do inglês *wine*).
VINTE BÚZIOS, *s.* okòó, okòwó < okò + owó, ogún owó-ẹyọ́.
VINTE E CINCO, *num.* ẹ̀ẹ́dógbọ̀n, àrùndílógbọ̀n.
VINTE E UM BÚZIOS, *s.* bara (denominação da junção de 21 búzios em um pequeno vaso com tampa).
VINTE POR CENTO, *num.* ìdá-àpò ìdì ogún.
VINTE, *num.* ogún (os numerais inteiros a partir de 20 (vinte) são utilizados antes do assunto tratado) > ogún ọdún – vinte anos; ọ̀kanlélógun ọdún – vinte e um anos. É também usado para a formação de números pares > ogójì – 20 × 2 = 40, ọgọ́ta – 20 × 3 = 60, ogọ́rin – 20 × 4 = 80.
VIOLÃO HAUSÁ, *s.* móló, bóló.

VIOLADOR, TRANSGRESSOR, s. olùrékojá.
VIOLAÇÃO DA LEI, s. ìrúfin > ẹ̀ṣẹ̀ – crime, ofensa.
VIOLAR, TRANSGREDIR, v. rúfin > èèwọ̀ – algo proibido.
VIOLÊNCIA, s. ìwà-ipá, ìjà-ipá.
VIOLENTAMENTE, adv. hìhì, kíkìkí, pàpà, típatípa.
VIOLENTO, FURIOSO, adj. wìrì > ṣoro – ser cruel; > ìwà jàgidujàgan – caráter selvagem.
VIOLINO, s. faolíìnì.
VIR À TONA, BOIAR, v. fó > Ó fó lójú omi – Ele flutuou sobre as águas.
VIR A SER, TORNAR-SE, v. di > Ó di dọ́kítà – Ela se tornou uma doutora.
VIR CEDO, v. yá > Ó yá mi – Ela veio cedo.
VIR DE FORA, v. lọsóde < lọ + sí + òde > Ó lọ sóde – Ela veio do lado de fora.
VIR DEPOIS, v. gbẹ̀hìn (ser o resultado ou a consequência) > Ó gbẹ̀hìn dé mi – Ela veio depois de mim.
VIR EM COMPANHIA DE, v. bá_wá > Ó bá mi wá – Ela veio comigo.
VÍRGULA, s. àmi ìdádúró.
VIR DEPOIS, v. tẹ̀lé (seguir, acompanhar) > Tẹ̀lé mi – Siga-me; > Ó tẹ̀lé mi lẹ́hìn – Ela me seguiu atrás.
VIR JUNTO, v. wá lọ́dọ̀ > Ó wá lọ́dọ̀ mi – Ela veio junto de mim.
VIR PARA FORA, v. jádekúrò.
VIR POR ÚLTIMO, v. kẹ́hìn < kó + ẹ̀hìn (vir depois).
VIR PRIMEIRO, v. kọ́wá.
VIR SEM CONVITE, v. wáláìpè (sem ser convidado).
VIR, v. wá (usado em todos os tempos dos verbos, menos no tempo presente, juntamente com o verbo dé – vir, chegar. Podem ser substituídos pelo verbo bọ̀, que tem os mesmos significados e podendo ser usado em todos tempos dos verbos) > Ṣé ẹ máa wá? – Você virá?
VIRADA, CONVERSÃO, s. ìyípàdà.
VIRAR A CABEÇA, v. yírí.
VIRAR AS COSTAS, v. pẹ̀hìndà > Ó pẹ̀hìndà fún mi – Ela deu as costas para mim < pa + ẹ̀hìn + dà.

VIRAR AS MÃOS, *v.* yíwọ́ < yí + ọwọ́.
VIRAR DE REPENTE, *v.* yí bírí > Ó yí bírí – Ele deu meia-volta repentinamente.
VIRAR DISCUSSÃO, *v.* dìjà < di + ìjà > Eléyìí dìjà – Esta conversa se transformou em discussão.
VIRAR O ROSTO, *v.* yíjú < yí + ojú > Ó yíjú sí mi – Ele virou o rosto para mim.
VIRAR PARA BAIXO, *v.* yídà > Yí igbá yìí dà – Vire essa cabaça de cabeça para baixo.
VIRAR PARA, TENDER A, *v.* darí_sí < dà + orí + sí > Mo darí rẹ síbẹ̀ – Eu a virei para aquela direção.
VIRAR, GIRAR EM VOLTA, *v.* yíká, yínká (também define a forma de saudar uma divindade feminina, estendendo-se ao longo do chão, girando o corpo de um lado a outro > yíká ọ̀tún, yíká òsì).
VIRAR, MANIFESTAR, *v.* gùn > Òrìṣà gùn rẹ̀ – Ele se manifestou com a divindade dele (lit. a divindade montou nele, popularmente – ele virou com o santo); > wọ̀ – entrar > Òrìṣà wọ ara rẹ̀ – O orixá entrou no corpo dele.
VIRAR, PERVERTER, *v.* yípo (virar de cabeça para baixo).
VIRAR, RODAR, ROLAR, *v.* yí > Àga nyí – A cadeira está girando.
VIRAR, *v.* dà_dé (de cabeça para baixo) > Ó da ọkọ̀ yẹn lójú délẹ̀ – Ele emborcou aquele barco.
VIRGEM, DONZELA, *v.* wúndíá > Màríà Wúndíá – Virgem Maria.
VIRGEM, *s.* ògidì > àìlábàwọ́n – imaculado, puro.
VIRGINAL, PUREZA, *s.* àìlábùkù.
VIRGINDADE, HÍMEN, *s.* ìbálé, ipòo wundíá.
VÍRGULA, *s.* àmì ìdẹsè, àmì ìdádúró.
VIRIL, VIGOROSO, *adj.* ṣíṣọ-kùnrin.
VIRILHA, *s.* abẹ́nú (junção da coxa com o ventre).
VIRTUAL, *adj.* tí ó ní agbára, tí ó ní àṣẹ.
VIRTUDE, *s.* ìwà-ọ̀run, ìwà rere, agbára, ẹ̀tọ́, àṣẹ.
VIRTUOSO, *adj.* ẹlẹ́tọ̀, ẹnití ó ní ìwà rere (aquele que tem um bom caráter).

VIRULÊNCIA, HOSTILIDADE, s. ìrúnú.
VIRULENTO, RANCOROSO, adj. lóró, nípalára.
VÍRUS, s. ọlọ́jẹ̀ < ọ̀jẹ̀ – proteína.
VISAGEM, s. ìwò ojú (aparência, aspecto).
VISÃO DISTANTE, PERSPECTIVA, s. wíwo-òkèère.
VISÃO, APARIÇÃO, s. ìran, ìfarahàn > Mo rí ìran – Eu tive uma visão.
VISÃO, AÇÃO DE VER, s. iyèríran, wiwò, rírí > Rírí ni gbígbàgbọ́ – É vendo que se acredita.
VISÃO COMERCIAL, s. rírí owó.
VISÃO, TRANSE, s. ojúran, ifihàn > ìṣípayá – revelação.
VISCOSAMENTE, adv. bọ̀rọ́ (escorregadiamente).
VISCOSIDADE, s. ìki.
VISCOSO, PEGAJOSO, adj. fífà, kíki.
VISIBILIDADE, adj. híhàn > hàn – tornar visível.
VISITA RÁPIDA, INSPEÇÃO, s. àbẹ̀wò, ìbẹ̀wò.
VISITA, PASSEIO, s. ìwòran.
VISITA, s. ìbojúwò, ìkésí > Ẹ kú àkésí – Agradecimento pela visita.
VISITAÇÃO FREQUENTE, s. ìpara, ìpààrà.
VISITANTE, HÓSPEDE, s. àlejò, ọlọ́jọ̀ > Ó ṣe mí lálejò – Ela me fez uma visita; > akíni – aquele que é bem-vindo.
VISITAR, ACOLHER, v. kí > > Ṣé a lè kí yín? – Nós podemos visitar vocês?
VISITAR, FREQUENTAR, v. pààrà > Mo npààrà ìhín yìí – Eu frequento este lugar.
VISITAR, SAUDAR, v. késí > Ẹ kú ìkésí o! – Obrigado pela sua visita!
VISITAR, v. bẹ_wò (dar uma olhadela) > Ó bẹ mí wò – Ela me fez uma visita.
VISITAR, v. wá_wá (procurar e vir) > Ó wá mi wá – Ele me visitou (lit. ele me procurou e veio).
VISITAS CONTÍNUAS, s. àwọ́ká (durante um velório).
VISÍVEL, adj. gàdàgbà (de forma notória, com clareza).
VISÍVEL, OSTENSIVO, adj. híhàn.
VISÍVEL, PERCEPTÍVEL, adj. fífarahàn.
VISTA, VISÃO, s. àìfọjú, rírì (ato de olhar), wíwò (olhadela).

VISTO QUE, AINDA QUE – VIVÍPAROS

VISTO QUE, AINDA QUE, *adv.* níwọnbíti, bíótijẹ́pẹ́ (ainda que).
VISTO, *s.* físà (do inglês *visa*).
VITAL, *s.* àwọn àmì ìwàláyè (lit. sinais de vida).
VITALIDADE, *s.* okun ara, agbára.
VITALIZAR, *v.* sọdi àyè (transformar uma vida).
VITAMINA, *s.* ajíra.
VITELA, *s.* ọmọ-màlúù, ogogo (animais jovens em geral).
VÍTIMA, *s.* afarapa.
VITIMAR, *v.* sun_jẹ > Ó sun mí jẹ – Ela me vitimou; > jẹ́níyà – afligir, castigar.
VITÓRIA NO JOGO, *s.* ọ̀ta (jogo de ayọ̀).
VITÓRIA, CONQUISTA, *s.* ìborí, ìṣẹ́gun.
VITORIOSO, TRIUNFANTE, *adj.* àjàsẹ́.
VITORIOSO, CONQUISTADOR, *s.* olùṣẹ́tẹ̀.
VÍTREO, *s.* aríbí-ògì (relativo a vidro).
VIÚVA, *s.* opóbìnrin.
VIVACIDADE, *s.* ìmúragìrì, ara yáyá, ọ̀yàyà.
VIVAMENTE, *adv.* wéléwélé (rapidamente).
VIVAZ, VIVO, *adj.* nídarayá, ọ̀dárayá.
VIVÊNCIA, ESTADO DE SER, *s.* wíwà > Wíwà láyé rẹ̀ – A existência de vida dela.
VIVENTE, VIVO, *adj.* tìyè.
VIVER BEM, *v.* jayé, ṣayé > Ó njayé – Ele está desfrutando a vida.
VIVER EM LUXÚRIA, *s.* jadùn.
VIVER, EXISTIR, *v.* bẹ > Ọlọ́run mbẹ (indicando existência, usar a letra n para formar o gerúndio).
VIVER ISOLADO, *v.* dádó > Ó dádó – Ele é independente.
VIVER JUNTO, *v.* gbépọ̀, jọgbé > A jọ ngbé pọ̀ – Nós vivemos juntos.
VIVER MUITO TEMPO, *v.* tunlà (forma de expressar agradecimento).
VIVER SOZINHO, POR SI SÓ, *v.* dágbé, dáwà > Ọlọ́run dáwà – Deus vive por si só.
VIVIFICAR, REANIMAR, *v.* mú_yè > Oògùn yìí mú mi yè – Este remédio me reviveu.
VIVÍPAROS, *adj.* bíbímọláyè.

VIVO, ATIVO NO MUNDO, adj. láyè, láàyè < ní + àáyè.
VIVO, SÃO, adj. yíyè (ter vida, ser moralmente firme e forte).
VIVO, VIVAZ, adj. nídarayá.
VIVO, VIVENTE, adj.-tìyè.
VIZINHANÇA, LUGAR, s. àgbègbè ìlú > ìtòsí – ato de estar perto, próximo.
VIZINHANÇA, PROVÍNCIA, s. ìgbèríko.
VIZINHANÇA, PROXIMIDADE, s. sàkání, èkún, àdúgbò.
VIZINHO, ESTRANHO, s. ará ìta, aládúgbò < oní + àdúgbò > Aládúgbò wa ní omo púpò – Nosso vizinho tem muitos filhos.
VOAR ALTO, ELEVAR-SE, v. fògasóké < fò + ga + sókè.
VOAR BAIXO, v. fo àfòbalè.
VOAR COM O VENTO, v. félélé.
VOAR EM VOLTA DE, v. fòká.
VOAR PARA FORA, FUGIR, v. fòyo.
VOAR PARA LONGE, v. fòlo.
VOAR, v. fò > Ìwé mi fò lo – O vento levou o meu papel.
VOCABULÁRIO, DICIONÁRIO, s. ìtùmò-òrò, ìkójo-òrò, ìwé atùmò-èdè, ìwé awo-òrò > àsàjo òrò – aquilo que é coletado.
VOCÁBULO, s. òrò > Òrò méjì ni tí n kì í jíròrò ìsìn àti ìsèlú – São dois assuntos que eu não discuto, religião e política; > ìfohùn – discurso.
VOCAÇÃO, TRABALHO, s. isé > Isé tí a wuni – Tarefa de que nós gostamos.
VOCAL, adj. tóhùn.
VOCALISTA, s. akorin.
VOCÊ MESMO, pron. reflex. ìwotìkáláre, tìkáláraàre, arare.
VOCÊ, pron. pess. ìwo, o > Ìwo nkó – E você? Obs.: e – vocês, também usado como você, com o sentido formal de sr. ou sra. > E káalé – Boa-noite a você ou vocês, de forma respeitosa.
VOCÊ, pron. o (usado desta forma depois de verbo de uma sílaba, ou preposição) > Ó jísé fún o – Ela deu, ou lhe deu, um recado para você.
VOCÊS MESMOS, pron. reflex. tìkálárayín, arayín, èyin pàápàá > Èyin tìkálárayín lo síbè – Vocês mesmos foram lá; > Èyin pàápàá ra aso titun – Vocês mesmos compraram roupa nova.

VOCÊS, *pron. pess.* ẹ̀yin, ẹ (a forma vós não é usada no idioma yorùbá).
VOCÊS, *pron. poss.* yín > Èmi ni ọ̀rẹ́ yín – Eu sou amigo de vocês (posicionado depois de substantivo).
VOCIFERAR, EXCLAMAR, *v.* kígbe > Ó kígbe mọ́ mi – Ele gritou furiosamente contra mim; > ké – gritar > Mo ké bá Ọlórun – Eu gritei pela ajuda de Deus.
VOGA, COSTUME, *s.* àrà.
VOGAL, *s.* àbìdì alámi, fáwẹ̀lì, fáwẹ́ẹ́li (do inglês *vowel*).
VOGAL REGULAR, *s.* àbìdì alámi geere.
VOGAL NASAL, *s.* àbìdì alámi ìránmú.
VOLÁTIL, VOLÚVEL, *s.* adòyì > dòyì – volatilizar, desaparecer.
VOLATILIZAÇÃO, SUMIÇO, *s.* ìsọdòyì.
VOLTAGEM, VOLT, *s.* fólti (do inglês *volt*).
VOLTA, CURVA, *s.* yíyí.
VOLTA, RETORNO, *s.* àbọ̀, àtibọ̀ > Ẹ kú àbọ̀ – Seja bem-vindo.
VOLTA, MEIA-VOLTA, *s.* ìpẹ̀hìndà.
VOLTAR A OCORRER, *v.* padà ṣẹlẹ̀, ṣẹ́hìn ṣẹlẹ̀.
VOLTAR ATRÁS, RETROCEDER, *v.* jagọ̀, dẹhìn < dà + ẹ̀hìn > Ó dẹhìn – Ela voltou atrás.
VOLTAR ATRÁS, *v.* lápadà, padàsẹ́hìn.
VOLTAR DE NOVO, CHEGAR, *v.* túndé > Ó túndé – Ele retornou.
VOLTAR EM DIREÇÃO A, *v.* dẹgbẹ́ < dẹ + ìgbẹ́ > Ó dẹgbẹ́ sí mi – Ela virou para mim.
VOLTAR EM OUTRA DIREÇÃO, *v.* parídà < pa + orí + dà.
VOLTAR LÁ, *v.* padàlọ > Wọ́n padà lọ síbẹ̀ – Elas voltaram para lá.
VOLTAR PARA TRÁS, *s.* kẹ̀hìndà (retroceder).
VOLTAR, FAZER A VOLTA, *v.* lọ́rí.
VOLTAR, RETORNAR, *s.* padà, padàbọ̀, padàwá > Mo ti padà láti Ilé Àṣẹ – Eu já retornei para o Candomblé.
VOLTAR-SE CONTRA, *v.* gbún (agredir, empurrar) > Má fi ara gbún mi – Não me empurre com seu corpo (lit. não use seu corpo e me empurre).
VOLTAR-SE NOVAMENTE, *v.* túnyí.

VOLTAR-SE PARA, *v.* kojúsí, tẹrísí < tẹ̀ + orí + sí > Ó tẹrísí mi – Ela se voltou para mim.
VOLTAR-SE, *v.* pojúdà < pa + ojú + dà > Ó pojúdà, ó nlọ jáde – Ele se virou e está indo embora; > Ó pojúdà – Ele virou o rosto, amarrou a cara.
VOLUME AMARRADO JUNTO, *s.* àdìpọ̀, àdìlù.
VOLUME DE AR, *s.* àyè afẹ́.
VOLUME, *s.* ìwọ̀n-àyè.
VOLUMOSO, ENORME, *adj.* gbàfù-gbafu, gbórín > Ó rí gbàfù-gbàfù – Ele tem uma aparência corpulenta; > Ó gbórín – Ele é enorme.
VOLUMOSO, MUITO ALTO, *adj.* gàngànràngàn.
VOLUNTARIAMENTE, *adv.* tinútinú > tìfẹ́-tìfẹ́ – afetuosamente.
VOLUNTÁRIO, *adj.* àtọkànwá (forma de procedimento).
VOLUNTARIOSO, *s.* aṣetinúẹni (pessoa caprichosa).
VOLUPTUOSIDADE, LUXÚRIA, *s.* àjadùn, oníṣekúṣe.
VOLUPTUOSO, SENSUAL, *adj.* agbáfẹ́ (pessoa dada à sensualidade).
VOLÚVEL, FLUENTE, *s.* alásọjù.
VOMITAR, *v.* bì, pọ̀, pọ̀jáde > Ọmọ náá bì gbogbo onjẹ ti ó ti jẹ; > A criança vomitou toda a comida que tinha comido; > gùnfẹ̀ – arrotar.
VÔMITO, *s.* àjẹrá, bíbì, éébì, pípọ̀, pípọ̀ jáde.
VÔMITO DE SANGUE, *s.* ẹ̀jẹ̀ bíbì > pípọ̀ aràn – vômito e vermes intestinais.
VOMITÓRIO, *s.* ìrùyà.
VONTADE, DESEJO, *s.* ìfẹ́ > Mo fẹ́ ìfẹ́ pèlú ẹ – Eu quero fazer amor com você; > Ìfẹ́ há ni bí? – Será que é amor?; > Mo rò bẹ́ẹ̀ – Eu penso assim.
VORACIDADE, COBIÇA, *s.* wọ̀bìa.
VORACIDADE, GANÂNCIA, *s.* ìwọra, ọ̀kánjúà.
VORACIDADE, GLUTONIA, *s.* tí ó lè jẹun jù – que pode comer em excesso.
VORAZMENTE, DELIBERADAMENTE, *adv.* mọ̀mọ̀, mọ́ọ́mọ̀, pàkàpàkà > Ó jẹun mọ̀mọ̀ – Ele comeu vorazmente; > Ó mọ̀mọ̀ ṣe é ni – Ela o fez deliberadamente.
VOTAR, ESCOLHER, *v.* dìbò, yàn > Ó yàn mí – Ela me escolheu; Ìwo ni àyàn – Você é o escolhido; > dìbò < dà + ìbò > – tipo de consulta auxiliar no jogo de Ifá > yíyàn – escolha, seleção; > adìbò – eleitor.

VOTO, *s.* ìbò > iye ìbò – número de votos.

VOTO, **PROMESSA**, *s.* èjẹ́ < jẹ́ + èjẹ́ > Ó jẹ́jẹ́ fún mi pé kì ó mú sìgá mọ́ – Ele prometeu a mim que não fumará mais.

VOZ ALTA, *s.* ìsíhùn.

VOZ BAIXA, **GRAVE**, *s.* ohùn-ìsàlẹ̀.

VOZ POPULAR, *s.* ohùn ẹnìà.

VOZ, **TIMBRE**, *s.* ohùn, oùn > Ó ní ohùn gooro – Ele tem uma voz sonora, harmoniosa.

VULCÃO, *s.* òkènáyèéfín.

VULGAR, **COMUM**, *adj.* wọ́pọ̀ > ènìà lásan – pessoa comum, vulgar.

VULGARIDADE, *s.* ìwà ènìà kénìà.

VULGO, **APELIDO**, *s.* orúkọ-ẹlẹ́yà.

VULNERÁVEL, *s.* aláìmọméjì.

VULTO, **VISÃO**, *s.* ìfarahàn.

VULVA, *s.* ojú òbò (parte exterior do aparelho genital feminino).

XADREZ, PRISÃO, s. túbú, ilé èwọ̀n.
XALE, s. aṣọ-ìborùn, ìborùn > Ó fi aṣọ-ìborùn sórí èjìká rẹ̀ – Ele pôs o xale no ombro dela.
XARÁ, HOMÔNIMO, s. olórúkọ èni.
XAROPE, MELADO, s. adùnbi-oyin.
XENOFOBIA, s. ìbẹ̀rùbojó, ìbẹ̀rù àjèjì (aversão às pessoas e coisas estrangeiras).
XENOFÓBICO, s. ìbẹ̀rùbojo àjèjì.
XERETA, INTRIGANTE, s. àdìtẹ̀.
XEROX, CÓPIA, s. èdà > Ẹ̀dà ìwé – Cópia de um livro; > awòkọ – cópia, transcrição.
XÍCARA, s. kóbódú > Ṣíbí wà nínú kóbódú – A colher está dentro da xícara.
XILINDRÓ, s. ilé túbú, ilé èwọ̀n.
XILOGRAVURA, s. ère àfigigbẹ́.
XINGAMENTO, s. ègún.
XINGAR, ABUSAR, v. gégun, bí_nínú > Ó gégun fún mi – Ele me xingou.
XINGAR, OFENDER, v. ré, ṣẹ́ > Ó ṣẹ̀ mí – Ele me ofendeu.
XINGAR, PRAGUEJAR, v. fi_bú > Ó fi mí bú – Ele praguejou contra mim.
XIXI, s. ìtọ̀.
XODÓ, CARINHO, s. ìgẹ̀, ìkẹ́ > Ó ṣe ìkẹ́ mi –Ela me fez um carinho.

Z

ZÂMBIA, s. Orílẹ̀ẹ̀ Sámbía (país da África).
ZANGA, IRRITAÇÃO, s. ìwára, ìwànwára.
ZANGADAMENTE, adv. nìkannú.
ZANGAR, v. bí > Mo bí inu. Má bínú – Estou zangado. Não se zangue.
ZARPAR, PARTIR, v. ṣíkọ̀ > Ó ṣíkọ̀ – Ele desatracou o barco < ṣí + ọkọ̀.
ZEBRA, s. kẹ́tẹ́kẹ́tẹ́ onílà > abílà – aquele que possui marcas.
ZELO, CAPRICHO, s. ìtara.
ZELO, CUIDADO, s. ìnitara, àníyàn.
ZELOSAMENTE, adv. títara, tìtaratìtara > Tìtara ló fi nṣe é – É de forma zelosa que ele está fazendo a tarefa.
ZELOSO, ATIVO, adj. nítara.
ZENITH, APOGEU, s. góngó.
ZERO, num. òfo, òdo > gbòdo < gbà + òdo – ser reprovado, receber zero > Mi ò mókée ìwé kéjì. Èmi gbòdo – Eu não passei para a segunda turma. Eu recebi nota zero.
ZIGUE-ZAGUE, adv. ìlọ́nlọ́ (de um lado para outro), wọ́kọwọ̀kọ, wọ́kuwọ̀ku > Ó nrìn wọ́kọwọ̀kọ. Kílódé? – Ela está andando em zigue-zague. O que houve?
ZIMBÁBUE, s. Orílẹ̀ẹ̀ Simbábúwè (país localizado ao sul da África, antiga Rodésia do Sul).
ZIMOLOGIA, s. ẹ̀kọ́ nípa ìdíbà (estudo sobre a fermentação).
ZINCO, LATA, s. tánganran (ferro galvanizado).

ZÍPER, FECHO DE CORRER, *s.* ìdè-aṣọ eléhín (lit. prender a roupa com dentes).
ZODÍACO, *s.* ipa ọ̀nà ọ̀run.
ZOMBAR, RIDICULARIZAR, *v.* rérín ẹsin, fi_dápárá, ṣe yẹ̀yẹ́ > Ó fi wa dápárá – Ela caçoou de nós.
ZOMBAR, *v.* yọ̀ > Ọ̀rẹ́ kì í yọ àwọn ènìà – Amigos não costumam caçoar das pessoas; > ìyọṣútìsí – escárnio, zombaria.
ZONA, ÁREA, *s.* àgbègbè, ìhà
ZOOFOBIA, *s.* ìbẹrù eranko (medo de animais).
ZOOLOGIA, *s.* ẹ̀kọ́ eranko, sùọ́lọ́jì (do inglês *zoology*).
ZOOLÓGICO, ZOO, *s.* ìbùgbé ẹranko.
ZOMBAR, ESCARNECER, *v.* kẹ́gàn, fi_dápárá > Ó fi mí dápárá – Ela caçoou de mim.
ZOMBARIA, DESGRAÇA, *s.* ìfiṣẹléyà.
ZOMBARIA, ESCÁRNIO, *s.* abèrin, ẹléyà, ẹ̀sín > Ó fi wa ṣẹ̀sín – Ele nos fez de ridículo.
ZUMBIR, *v.* kùn > Inú mi nkùn – Meu estômago está roncando.
ZUNIDO, TINIDO, *s.* ìdún > dún – soar, ranger > Ẹlẹ́dẹ̀ dún – O porco grunhiu; > Agogo ndún kẹ́kẹ́kẹ́ – O relógio está fazendo tique-taque.
ZUNIR, *v.* kùn.

COMPLEMENTOS

O SISTEMA NUMÉRICO YORÙBÁ
Ètò Èèkà Yorùbá

Os números são formados mediante um sistema de operação matemática.

a) Numerais básicos 1 – 10

0	òfo, òdo
1	kan
2	èjì
3	ẹta
4	ẹrin
5	àrún

6	ẹfà
7	èje
8	ẹjọ
9	ẹsàán
10	ẹwàá

b) Numerais 11 – 90 (ao lado como eles são formados)

11	ọkanlá	(1 + 10)
12	èjìlá	(2 + 10)
13	ẹtalá	(3 + 10)
14	ẹrinlá	(4 + 10)
15	ẹẹdógun	(5 - 20)

16	ẹrìndílógún	(4 - 20)
17	ẹtadílógún	(3 - 20)
18	èjìdílógún	(2 - 20)
19	ọkandílógún	(1 - 20)
20	ogún	

DICIONÁRIO PORTUGUÊS-YORÙBÁ

21	òkanlélógún	(1 + 20)
22	èjìlélógún	(2 + 20)
23	ètalélógún	(3 + 20)
24	èrìnlélógún	(4 + 20)
25	èédógbòn	(5 - 30)
26	èrìndílógbòn	(4 - 30)
27	ètadílógbòn	(3 - 30)
28	èjìdílógbòn	(2 - 30)
29	òkandílógbòn	(1 - 30)
30	ogbòn	
31	òkanlélógbòn	(1 + 30)
32	èjìlélógbòn	(2 + 30)
33	ètalélógbòn	(3 + 30)
34	èrìnlélógbòn	(4 + 30)
35	àrúndílógójì	(5 - 40)
36	èrìndílógójì	(4 - 40)
37	ètadílógójì	(3 - 40)

38	èjìdílógójì	(2 - 40)
39	òkandílógójì	(1 - 40)
40	ogójì	(20 x 2)
41	òkanlélógójì	(1 + 40)
42	èjìlélógójì	(2 + 40)
43	ètalélógójì	(3 + 40)
44	èrìnlélógójì	(4 + 40)
45	àrúndíláádóta	(5 - 50)
46	èrìndíláádóta	(4 - 50)
47	ètadíláádóta	(3 - 50)
48	èjìdíláádóta	(2 - 50)
49	òkandíláádóta	(1 - 50)
50	àádóta	(60 - 10)
60	ogóta	(20 x 30)
70	àádórin	(80 - 10)
80	ogórin, òrin	(20 x 4)
90	àádórùn	(100 - 10)

c) Numerais 100 – 290

100	ogórùn, ogóòrùn
110	àádófà
120	ogófà
130	àádóòje
140	ogóòje
150	àádóòjo
160	ogóòjo

170	àádosàán
180	ogóòsàán
181	òkanlélógóòsàán
182	èjìlélógóòsàán
183	ètalélógóòsàán
184	èrìnlélógóòsàán
185	ogóòsàán lé márùún

186	ogóòsàán lé méfà		211	igba lé mókanlá
187	ogóòsàán lé méje'		212	igba lé méjìlá
188	ogóòsàán lé méjo		213	igba lé métalá
189	ogóòsàán lé mésàán		214	igba lé mérinlá
190	igba dín méwàá		215	okòó lée rúgba dín márùún
191	igba dín mésàán		216	okòó lée rúgba dín mérin
192	igba dín méjo		217	okòó lée rúgba dín méta
193	igba dín méje		218	okòó lée rúgba dín méjì
194	igba dín méfà		219	okòó lée rúgba dín kan
195	igba dín mérùún		220	okòó lée rúgba
196	igba dín mérin		221	okòó lée rúgba lé kan
197	Igba dín méta		222	okòó lée rúgba lé méjì
198	igba dín méjì		223	okòó lée rúgba lé méta
199	igba dín kan		224	okòó lée rúgba lé mérin
200	igba		225	okòó lée rúgba lé márùún
201	igba lé kan		226	okòó lée rúgba lé méfà
202	igba lé méjì		227	okòó lée rúgba lé méje
203	igba lé méta		228	okòó lée rúgba lé méjo
204	igba lé mérin		229	okòó lée rúgba lé mésàán
205	igba lé márùún		230	òjì lúgba dín méwàá
206	igba lé méfa		231	òjì lúgba dín mésàán
207	igba lé méje		232	òjì lúgba din méjo
208	igba lé méjo		233	òjì lúgba dín méje
209	igba lé mésàán		234	òjì lúgba dín méfà
210	igba lé méwàá		235	òjì lúgba dín márùún

DICIONÁRIO PORTUGUÊS-YORÙBÁ

236	òjì lúgba dín mẹ́rin
237	òjì lúgba dín mẹ́ta
238	òjì lúgba dín méjì
239	òjì lúgba dín kan
240	òjì lúgba, òjùlúgba
250	àádọ́ọ̀ta lé rúgba

260	ọ̀tà lúgba
270	ọ̀rìn lúgba dín mẹ́wàá, ọ̀tà lúgba lé mẹ́wàá
280	ọ̀rìn lúgba, ọ̀rìn lé lúgba
290	ọ̀rìn lúgba lé mẹ́wàá

d) Numerais 300 – 900

300	ọ̀ọ́dún, ọ̀ọ́dúnrún
301	ọ̀ọ́dúnrún lé kan
302	ọ̀ọ́dúnrún lé méjì
303	ọ̀ọ́dúnrún lé mẹ́ta
304	ọ̀ọ́dúnrún lé mẹ́rin
305	ọ̀ọ́dúnrún lé márùn
306	ọ̀ọ́dúnrún lé mẹ́fà
307	ọ̀ọ́dúnrún lé méje
308	ọ̀ọ́dúnrún lé méjọ
309	ọ̀ọ́dúnrún lé mẹ́sàán
310	ọ̀rìn dín nírínwó dín mẹ́wàá
311	ọ̀rìn dín nírínwó dín mẹ́sàán
312	ọ̀rìn dín nírínwó dín méjọ
313	ọ̀rìn dín nírínwó dín méje
314	ọ̀rìn dín nírínwó dín mẹ́fà
315	ọ̀rìn dín nírínwó dín márùn
316	ọ̀rìn dín nírínwó dín mẹ́rin

317	ọ̀rìn dín nírínwó dín mẹ́ta
318	ọ̀rìn dín nírínwó dín méjì
319	ọ̀rìn dín nírínwó dín kan
320	ọ̀rìn dín nírínwó
321	ọ̀rìn dín nírínwó lé kan
322	ọ̀rìn dín nírínwó lé méjì
323	ọ̀rìn dín nírínwó lé mẹ́ta
324	ọ̀rìn dín nírínwó lé mẹ́rin
325	ọ̀rìn dín nírínwó lé márùún
326	ọ̀rìn dín nírínwó lé mẹ́fà
327	ọ̀rìn dín nírínwó lé méje
328	ọ̀rìn dín nírínwó lé méjọ
329	ọ̀rìn dín nírínwó lé mẹ́sàán
330	ọ̀rìn dín nírínwó lé mẹ́wàá, ọ̀tà dín nírínwọ́ dín mẹ́wàá
340	ọ̀tà dín nírínwó
350	ọ̀tà dín nírínwó lé mẹ́wàá

318	ọrìn dín nírínwó dín méjì
319	ọrìn dín nírínwó dín kan
320	ọrìn dín nírínwó
321	ọrìn dín nírínwó lé kan
322	ọrìn dín nírínwó lé méjì
323	ọrìn dín nírínwó lé mẹ́ta
324	ọrìn dín nírínwó lé mẹ́rin
325	ọrìn dín nírínwó lé márùún
326	ọrìn dín nírínwó lé mẹ́fà
327	ọrìn dín nírínwó lé méje
328	ọrìn dín nírínwó lé mẹ́jọ
329	ọrìn dín nírínwó lé mẹ́sàán
330	ọrìn dín nírínwó lé mẹ́wàá, ọ̀tà dín nírínwó dín mẹ́wàá
340	ọ̀tà dín nírínwó
350	ọ̀tà dín nírínwó lé mẹ́wàá
360	òjì dín nírínwó
370	òjì dín nírínwó lé mẹ́wàá, okòó dín nírínwó dín mẹ́wàá
380	okòó dín nírínwó
390	okòó dín nírínwó lé mẹ́wàá
400	irínwó
401	irínwó lé kan
402	irínwó lé méjì
403	irínwó lé mẹ́ta
404	irínwó lé mẹ́rin
405	irínwó lé márùún
406	irínwó lé mẹ́fà
407	irínwó lé méje
408	irínwó lé mẹ́jọ
409	irínwó lé mẹ́sàán
410	irínwó lé mẹ́wàá
420	okòó lé nírínwó
430	òjì lé nírínwó dín mẹ́wàá
440	òjì lé nírínwó
450	òjì lé nírínwó lé mẹ́wàá, ọ̀tà lé nírínwó dín mẹ́wàá
460	ọ̀tà lé nírínwó
470	ọrìn lé nírínwó dín mẹ́wàá, ọ̀tà lé nírínwó lé mẹ́wàá
480	ọrìn lé nírínwó
490	ọrìn lé nírínwó lé mẹ́wàá
500	ẹẹ́dẹgbẹ̀ta
520	ọrìn dín lẹ́gbẹ̀ta
530	ọrìn dín lẹ́gbẹ̀ta lé mẹ́wàá, ọ̀tà dín lẹ́gbẹ̀ta dín mẹ́wàá
540	ọ̀tà dín lẹ́gbẹ̀ta
550	ọ̀tà dín lẹ́gbẹ̀ta lé mẹ́wàá
560	òjì dín lẹ́gbẹ̀ta
590	okòó dín lẹ́gbẹ̀ta lé mẹ́wàá, ẹgbẹ̀ta dín mẹ́wàá
600	ẹgbẹ̀ta = igba mẹ́ta

DICIONÁRIO PORTUGUÊS-YORÙBÁ

620	okòó lé légbèta
630	okòó lé légbèta lé méwàá, òjì lé légbèta dín méwàá
640	òjì lé légbèta
650	òjì lé légbèta lé méwéwàá, òtà lé légbèta dín méwàá

700	èédégbèrin
800	egbèrin
900	èédégbèrúún

e) Numerais 1.000 – 9.600

1.000	egbèrúún
1.100	èédégbèfà
1.200	egbèfà
1.300	èédégbèje
1.400	egbèje
1.500	èédégbèjo
1.600	egbèjo
1.700	èédégbèsàán
1.800	egbèsàán
1.900	èédégbèwàá
2.000	egbèwàá = egbàá
2.100	èédégbòkàn làá
2.200	egbòkàn làá
2.300	èédégbèjì làá
2.400	egbàájì làá
2.500	èédégbètà làá
2.600	egbètà làá
2.700	èédégbèrin làá
2.800	egbèrin làá

2.900	egbèrin làá ólé ogóòrúún
3.000	egbèédógún
3.100	egbèédógún ólé ogóòrúún
3.200	egbèrin dín lógún
3.300	egbèrin dín lógún ólé
3.400	egbètà dín lógún
3.500	egbàájì dín lógún dín ogóòrún
3.600	egbàájì dín lógún
4.000	egbàájì = egbèjì (egbàá méjì)
4.200	egbàájì lé lógún
4300	egbàájì lé lógún dín ogóòrún
4.400	egbàájì lé lógún
4.500	egbètà lé lógún dín ogóòrúún
4.600	egbètà lé lógún
4.800	egbèrin lé lógún
5.000	egbèédógbòn
5.200	egbèrin dín lógbòn
5.400	egbètà dín lógbòn
5.600	egbàájì dín lógbòn

COMPLEMENTOS

5.800	ẹgbọ̀kàn dín lọ́gbọ̀n
6.000	ẹgbàata
6.200	ẹgbọ̀kàn lé lọ́gbọ̀n
6.400	ẹgbàájì lé lọ́gbọ̀n
6.600	ẹgbẹ̀tà lé lọ́gbọ̀n
6.800	ẹgbẹ̀rìn lé lọ́gbọ̀n
7.000	ẹ̀ẹ́dẹ́gbàarin
7.400	ẹgbẹ̀tà dín lọ́gójì

7.600	ẹgbàájì dín lọ́gójì
7800	ẹgbọ̀kàn dín lọ́gójì
8.000	ẹgbàarin
8.400	ẹgbàájì lé lọ́gójì
8.600	ẹgbẹ̀tà lé lọ́gójì
9.000	ẹ̀ẹ́dẹgbàarùn
9.400	ẹgbẹ̀tà dín láàádọ́ọ́ta
9.600	ẹgbèjì dín láàádọ́ọ́ta

f) Numerais 10.000 – 1.000.000

10.000	ẹgbàarùún
11.000	ẹ̀ẹ́dẹ́gbàafà
12.000	ẹgbàafà
13.000	ẹ̀ẹ́dẹ́gbàaje
14.000	ẹgbàaje
15.000	ẹ̀ẹ́dẹ́gbàajọ
16.000	ẹ̀ẹ́gbàajọ
17.000	ẹ̀ẹ́dẹ́gàasàán
18.000	ẹgbàasàán
19.000	ẹ̀ẹ́dẹ́gbàawàá
20.000	ẹgbàawàá, ọ̀kẹ́ kan
30.000	ẹgbàa lọ́ọ̀nà mẹ́ẹ̀dógún, ọ̀kẹ́ kan àábọ̀
40.000	ẹgbàawàá ọ̀nà méjì, ọ̀kẹ́ méjì
50.000	ẹgbàalọ́ọ̀na mẹ́ẹ̀ddógbọ̀n, ọ̀kẹ́ méjì aàbọ̀
60.000	ẹgbàawàá ọ̀nà mẹ́ta, ọ̀kẹ́ mẹ́ta
70.000	ẹgbàa ọ̀nà márùún dín lọ́gójì, ọ̀kẹ́ mẹ́ta àábọ̀

DICIONÁRIO PORTUGUÊS-YORÙBÁ 870

80.000	ẹgbàawàá ọ̀nà mẹ́rin, ọ̀kẹ́ mẹ́rin
90.000	ẹgbàa ọ̀nà márùún dín láàádọ́ọ̀ta, ọ̀kẹ́ mẹ́rin ààbọ̀
100.000	ẹgbàawàá ọ̀nà márùún, ọ̀kẹ́ márùún
200.000	ẹgbàawàá ọ̀nà mẹ́wàá, ọ̀kẹ́ mẹ́wàá
300.000	ẹgbàawàá ọ̀nà mọ́kàndínlógún, ọ̀kẹ́ ẹ̀ẹ́dógún
400.000	ẹgbàawàá ọ̀nà ogún, ogún ọ̀kẹ́
500.000	ọ̀kẹ́ mẹ́ẹ̀dógbọ̀n
600.000	ẹgbàawàá ọ̀nà ọgbọ̀n, ọgbọ̀n ọ̀kẹ́
700.000	ọ̀kẹ́ màrùún dí lógójì
800.000	ogójì ọ̀kẹ́
900.000	ọ̀kẹ́ màrùún dí láàdọ́ọ̀ta
1.000.000	áàdọ́ta

Opções atualizadas na formação de numerais:

10	ìdì kan (1 x 10)	20.000	ìdì méjì ọ̀kẹ́
20	ìdì méjì (2 x 10)	100.000	àpò ọ̀kẹ́
60	ìdì mẹ́fà (6 x10)	300.000	àpò mẹ́ta ọ̀kẹ́
100	àpò kan (1 x 100)	1 milhão	òdù kan
700	àpò méje (7 x 100)	3 milhões	òdù mẹ́ta
800	àpò méjọ (8 x 100)	10 milhões	ìdì òdù
1.000	ọ̀kẹ́ kan (1 x 1.000)	20 milhões	ìdì òdù méjì
2.000	ọ̀kẹ́ méjì (2 x 1.000)	1 bilhão	èèrú kan
4.000	ọ̀kẹ́ mẹ́rin (4 x 1.000)	5 bilhões	èèrú márùún
5.000	ọ̀kẹ́ márùn (5 x 1.000)	10 bilhões	ìdì èèrú
8.000	ọ̀kẹ́ méjọ (8 x 1.000)	100 bilhões	àpò èèrú
9.000	ọ̀kẹ́ mẹ́sàán (9 x 1.000)	1 trilhão	ọ̀kẹ́ èèrú kan
10.000	ìdì ọ̀kẹ́	1 quadrilhão	ìdá òdù èèrú

 COMPLEMENTS

Exemplos na formação dos numerais:

11   ọ̀kanlá < ọ̀kan + lé + ẹwàá – 10 + 1 = 11
63   mẹ́ta lé ọgọ́ta < 60 + 3 = 63
170   àádọsàán < 180 – 10 = 170
2020 ẹgbẹ̀wàá ólé ogún < 2.000 + 20 = 2020
80.000 ẹgbàawàá ọ̀nà mẹ́rin, ọ̀kẹ́ mẹ́rin < 20.000 x 4 = 80.000

A partir de 20 mil, poderá ser usada a expressão ọ̀kẹ́, que possui relação com uma bolsa grande contendo 20 mil búzios, e usada nos mitos de Ifá como medida padrão de oferendas.

Nas escritas contendo os numerais, poderão ser usados os conhecidos algarismos, porém a leitura deverá ser feita no idioma yorùbá.

Diferentes usos dos numerais:

Para cálculos e gastos		Para contar		Adjetivo cardinal		Adjetivo ordinal	
oókan	1	ení	1	kan	um	kíní	1º
eéjì	2	èjì	2	méjì	dois	kéjì	2º
ẹẹ́ta	3	ẹ̀ta	3	mẹ́ta	três	kẹ́ta	3º
ẹẹ́rín	4	ẹ̀rín	4	mẹ́rín	quatro	kẹ́rín	4º
aárùn	5	àrùn	5	márùún	cinco	kárùún	5º
ẹẹ́fà	6	ẹ̀fà	6	mẹ́fà	seis	kẹ́fà	6º
eéje	7	èje	7	méje	sete	kéje	7º
ẹẹ́jọ	8	ẹ̀jọ	8	mẹ́jọ	oito	kẹ́jọ	8º
ẹẹ́sàán	9	ẹ̀sàán	9	mẹ́sàán	nove	kẹ́sàán	9º
ẹẹ́wàá	10	ẹ̀wàá	10	mẹ́wàá	dez	kẹ́wàá	10º

DICIONÁRIO PORTUGUÊS-YORÙBÁ

OPERAÇÕES MATEMÁTICAS

a) SOMA – àròpọ̀
   5 + 1 = 6   márùún pẹ̀lú ọ̀kan jẹ́ mẹ́fà
   8 + 2 = 10 méjọ pẹ̀lú méjì jẹ́ mẹ́wàá

b) SUBTRAÇÃO – àyọkúrò (sob duas formas)
   12 - 4 = 8   mẹ́rin kúrò nínú méjìlá jẹ́ méjọ
   19 - 3 = 16 yọ mẹ́ta kúrò nínú mọ́kandìnlógún jẹ́ mẹ́rindìnlógún

c) MULTIPLICAÇÃO – ìlópo
   6 x 3 = 18 mẹ́fa ni ìlópo mẹ́ta jẹ́ méjìdìnlógún
   2 x 2 = 4   méjì ni ìlópo méjì jẹ́ mẹ́rin

d) DIVISÃO – ìpín, pín-pín
   10 : 5 = 2 pín mẹ́wa sí márùún jẹ́ méjì
   16 : 4 = 4 pín mẹ́rindìnlógún sí mẹ́rin jẹ́ mẹ́rin

UM DE CADA VEZ – EM GRUPO / VEZ, VEZES

lọ́kọ̀ọ̀kan	um de cada vez	lẹ́ẹ̀kan	uma vez
ní méjìméjì	dois de cada vez	lẹ́ẹ̀méjì	duas vezes
ní mẹ́tamẹ́ta	três de cada vez	lẹ́ẹ̀mẹ́ta	três vezes
ní mẹ́rinmẹ́rin	quatro de cada vez	lẹ́ẹ̀mẹ́rin	quatro vezes
ní márùnmárùn	cinco de cada vez	lẹ́ẹ̀márùún	cinco vezes
ní mẹ́fàmẹ́fà	seis de cada vez	lẹ́ẹ̀mẹ́fà	seis vezes
ní méjeméje	sete de cada vez	lẹ́ẹ̀méje	sete vezes
ní méjọméjọ	oito de cada vez	lẹ́ẹ̀méjọ	oito vezes
ní mẹ́sàánmẹ́sàán	nove de cada vez	lẹ́ẹ̀mẹ́sàán	nove vezes
ní mẹ́wàámẹ́wàá	dez de cada vez	lẹ́ẹ̀mẹ́wàá	dez vezes

TODOS / TODOS COM ORDEM / SENTIDO DE ORDEM

òkan ṣoṣo	apenas 1	kíní-kíni	todo 1º	léèkíni	1ª vez
ní méjèèjì	todos 2	kéjì-kéjì	todo 2º	léèkéjì	2ª vez
ní métèèta	todos 3	kéta-kéta	todo 3º	léèkéta	3ª vez
ní mérèèrin	todos 4	kérin-kérin	todo 4º	léèkérìn	4ª vez
ní máràrùún	todos 5	kárùún-kárùún	todo 5º	léèkárùún	5ª vez
ní méfèèfà	todos 6	kéfà-kéfà	todo 6º	léèkéfà	6ª vez
ní méjèèje	todos 7	kéje-kéje	todo 7º	léèkéje	7ª vez
ní méjèèjọ	todos 8	kéjọ-kéjọ	todo 8º	léèkéjọ	8ª vez
ni méṣẹ̀sàán	todos 9	késàán-késàán	todo 9º	léèkésàán	9ª vez
ni méẉèẉàá	todos 10	kéẉàá-kéẉàá	todo 10º	léèkéẉàá	10ª vez

DIAS ATRÁS / ANOS PASSADOS

lóní	hoje	èṣí	ano passado
láná	ontem	ìdúnjì	2 anos atrás
ìjẹ́ta	3 dias atrás	ìdúnta	3 anos atrás
ìjẹ́rin	4 dias atrás	ìdúnrin	4 anos atrás
ijárùún	5 dias atrás	ìdúnrùún	5 anos atrás
ìjẹ́fà	6 dias atrás	ìdúnfà	6 anos atrás
ìjéje	7 dias atrás	ìdúnje	7 anos atrás
ìjéjọ	8 dias atrás	ìdúnjọ	8 anos atrás
ìjẹ́sàán	9 dias atrás	ìdúnsàán	9 anos atrás
ìjẹ́wàá	10 dias atrás	ìdúnwàá	10 anos atrás

DICIONÁRIO PORTUGUÊS-YORÙBÁ

SISTEMA DE TEMPO

ogóòta ìsísẹ́	60 segundos
ogóòta ìṣẹ́jú	60 minutos
aago ààbọ̀	meia hora
wákàtí mẹ́rìnlélógún	24 horas
ogbọ̀n ojọ́	30 dias
oṣù mẹ́ta	trimestre
oṣù méjìlá	12 meses
ọdún kan	1 ano
ogóòrùn ọdún	1 século
ojọ́ òjì dín nírínwólé marùún	365 dias

SISTEMA DE MASSA / MEDIDA DE COMPRIMENTO

òkẹ́grámù kan	1 quilograma	òkẹ́mítà kan	1 quilômetro
àpógrámù kan	1 hectograma	àpòmítà kan	1 hectômetro
ìdìgrámù kan	1 decagrama	ìdìmítà kan	1 decâmetro
ìdá ìdìgrámù kan	1 decigrama	mítà kan	1 metro
ìdá àpògrámù	1 centigrama	ìdá-ìdì mítà kan	1 decímetro
ìdá òkẹ́grámù	1 miligrama	ìdá-àpò mítà kan	1 centímetro
		ìdá-òkẹ́ mítà kan	1 milímetro

MEDIDA DE CAPACIDADE / FRAÇÕES E MEDIDAS

lítà kan	1 litro	1.000	ìdájì kan	1/2
ìdá-òkẹ́ lítà kan	1 mililitro	0,001	ìdámẹ́ta kan	1/3
ìdá-àpò lítà kan	1 centilitro	0,01	ìdámẹ́rin kan	1/4

ìdì lítà kan	1 decalitro	10
àpò lítà kan	1 hectolitro	100
òkẹ́ lítà kan	1 quilolitro	1.000

ìdámárùún kan	1/5
ìdámẹ́rin mẹ́ta	3/4
ìdámẹ́wàá mẹ́rin	4/10
ìdámẹ́wàá márùún	5/10

MESES DO ANO / OPÇÕES

Janeiro	Oṣù kíni odún	Oṣù Ṣẹ̀rẹ́	Jánúárì
Fevereiro	Oṣù kéjì odún	Oṣù Ẹ̀rẹ̀lé	Fébúárì
Março	Oṣù kẹ́ta odún	Oṣù Ẹ̀rẹ̀nà	Máàṣì
Abril	Oṣù kẹ́rin odún	Oṣù Ìgbé	Eépìrìlì
Maio	Oṣù kárún odún	Oṣù Ẹ̀bìbí	Méè
Junho	Oṣù kẹfà odún	Oṣù Òkúdu	Júùnù
Julho	Oṣù kéje odún	Oṣù Agẹmọ	Júláì
Agosto	Oṣù kẹ́jọ odùn	Oṣù Ògún	Ọ́gọ́ọ̀stì
Setembro	Oṣù kẹ́sán	Oṣù Òwẹ́rẹ́	Sétenbà
Outubro	Oṣù kẹ́wà	Oṣù Òwàrà	Òktóóbà
Novembro	Oṣù kókànlá	Oṣù Bélú	Nófẹ̀mbà
Dezembro	Oṣù kéjìlá	Oṣù Òppé	Dìsẹ́mbà

DIAS DA SEMANA / HÁBITOS TRADICIONAIS / OPÇÃO

2ª feira	Ọjọ́ ajé	Propício a iniciar negócios	Móndè
3ª feira	Ọjọ́ ìṣégun	Considerado o dia da vitória	Túsìdéè
4ª feira	Ọjọ́rú (rírú)	Confuso e não próprio a aventuras	Wẹ́sìdéè
5ª feira	Ọjọ́bọ	Novas criações, atos importantes	Tọ́sìdéè
6ª feira	Ọjọ ẹtì	Turbulento, não é bom para viagens	Fúráidéè

DICIONÁRIO PORTUGUÊS-YORÙBÁ

| Sábado | Ọjọ́ àbámẹ́ta | Impróprio devido às três resoluções | Sátídé |
| Domingo | Ọjọ́ ìsìnmí | Descanso, festas e casamento | Sọ́ndè |

QUE HORAS SÃO?
Agogo mélòó ni? Leitura até 12 horas

12:00	aago méjìlá ọsán	12h da tarde
12:30	aago méjìlá ààbọ̀ ọsán	12h e meia da tarde
08:20	aago mẹ́jọ alẹ́ kojá ogún ìsẹ́jú	8h da noite passando 20 min.
09:50	aago mẹ́sán alẹ́ kú ìsẹ́jú mẹ́wá	9h da noite faltando 10 min.
01:12	aago kan òru kojá ìsẹ́jú méjìlá	1h da madrug. passando 12 min.
23:00	aago mọ́kànlá alẹ́	11h da noite
10:02	aago mẹ́wá ààrọ̀ kojá ìsẹ́jú méjì	10h da manhã passando 2 min.
19:48	aago mẹ́jọ alẹ́ kú ìsẹ́jú méjìlá	8h da noite faltando 12 min.
00:00	aago méjìlá òru	12h da madrug., meia-noite

ODÙ IFÁ / ODÙ OWÓ-ẸYỌ
Búzios

1 - Èjì Ogbè	9 - Òdí Méjì	1 - Ọ̀kànràn	9 - Ọsá
2 - Ọ̀yẹ̀kú Méjì	10 - Ọsá Méjì	2 - Éjì Òkò	10 - Òfún
3 - Ìwòrì Méjì	11 - Ìká Méjì	3 - Ẹ́ta Ògúndá	11- Ọ̀wọ́nrín
4 - Òdí Méjì	12 - Òtúrúpọ̀n Méjì	4 - Ìròsùn	12 - Èjìlá Ṣẹbọrà
5 - Ìròsùn Méjì	13 - Otùwá Méjì	5 - Ọ̀ṣẹ́	13 - Éjì Ọlọ́gbọn
6 - Òwọnrín Méjì	14 - Ìrẹtẹ̀ Méjì	6 - Ọ̀bàrà	14 - Ìká
7 - Ọ̀bàrà Méjì	15 - Ọ̀ṣẹ́ Méjì	7 - Òdí	15 - Ogbègúndá
8 - Ọ̀kànràn Méjì	16 - Òfún Méjì	8- Èjì Onílẹ̀	16 - Àlàáfíà (Opìrà)

COMPLEMENTOS

FOLHAS LITÚRGICAS E MEDICINAIS – Ewé ìsìn àti oògùn

ABRE-CAMINHO ewé lorogún	BOLDO ewé bàbá
ACÁCIA ìgbà	BREDO ESPINHOSO tẹ̀tẹ̀ ẹlẹ́gùn
ALFAVACA efínfín	BRILHANTINA ewé mimolé
ALFAVAQUINHA orinrin	BUCHA kanyinkanyin
AKÒKO akòko	CABACEIRA igbá
ALGODÃO ewé òwú	CAIÇARA ọdẹ àkòsùn
ALTEIA ọ̀fẹ̀rẹ̀ gàmú	CAJAZEIRA ìyeyè
ARIDAN àrìdan	CAMBARÁ àbitọ́lá
AROEIRA-BRANCA jinjin	CANA-DO-BREJO tẹ̀tẹ̀rẹ̀gún
AROEIRA àjọ̀bi	CANELA-DE-MACACO tẹtẹregun
ARROZINHO sẹ̀nikawá	CÂNHAMO igbó
ARRUDA atopá kun	CANSANÇÃO ẹ̀pẹ̀
ÀTÒRI àtòri	CAPEBA ìyá
BABA-DE-BOI Itọ́	CARQUEJA kànerì
BABOSA ipolerin	CARRAPATEIRA ìpẹ̀sán
BALAINHO-DE-VELHO amúnímúyè	CARRAPICHO ọdẹ
BAMBU dankó	CASCAVELEIRA isín
BANANEIRA ọ̀gẹ̀dẹ̀	CASUARINA ewé oya
BAOBÁ osẹ̀	CATINGA-DE-MULATA makasa
BARBA-DE-VELHO irùgbọ̀n	CEBOLA àlùbọ́sà
BATATA-DOCE kúkúndùnkún	CHAPÉU-DE-COURO sẹsẹré
BATATINHA kúrúkúrú	CINCO-CHAGAS kolé orọ́bà
BELDROEGA-PEQUENA pàpàsán	CIPÓ-CHUMBO awọ́ pupa
BELDROEGA sẹ́gun sẹtẹ̀	COERANA ikèrègbè
BEM-ME-QUER bánjókó	COLÔNIA tótó
BETIS-CHEIROSO ewé boyi	CORDÃO-DE-FRADE moborò
BILREIRO ìpèsán	CORREDEIRA fálákàlà

DICIONÁRIO PORTUGUÊS-YORÙBÁ

CRINDEUVA ọfẹ̀rẹ̀	FOLHA DO FUMO ewé tábà
CRISTA-DE-GALO ogbe àkùkọ	FOLHA-DOURADA àgbalúmàn
DAMA-DA-NOITE alúkerésé, antijuí	FOLHA-PARA-AKASÁ èpàpó
DANDA-DA-COSTA akọgbẹgi	GAMELEIRA ìrókò
DENDEZEIRO imọ̀-ọ̀pẹ	GENGIBRE gbọ̀dọ̀gbọ̀dọ̀
DESATA-NÓ ewé obaya	GENIPAPO bujè
ERVA-TOSTÃO ètipọnlá	GERVÃO-ROXO ewé ìgbolé
ERVA-VINTÉM okówó. ilerím	GOIABEIRA gúrọ́bà
ERVA-CAPITÃO abẹ̀bẹ̀ ọ̀sun	GOLFO ọ̀síbàtà
ERVA-CIDREIRA ewé túni	GRAMA-DE-BURRO gbẹ̀gi
ERVA-CRAVO létèrijẹ́	GUARIXIMA ilasa
ERVA-DE-SANTA LUZIA ojú óró	GUINÉ ojúsájú
ERVA-DE-S.-DOMINGOS ilèkè ọpọ̀lọ̀	HERA ìtàkun
ERVA-DE-SÃO JOÃO iṣumiure	IMBAÚBA àgbaó
ERVA-PASSARINHO àfòmọ́(n)	INHAME iṣu
ESPADA-DE-ÒGÚN idà òrìṣà	JAMBU wèrèpè
ESPADA-DE-YANSAN idà ọya	JAQUEIRA apaọ́kà
ESPELINHA-FALSA àfọ́n	JARRINHA jókónijẹ́
ESPINHEIRA-SANTA iṣépolóbun	JASMIM-MANGA itẹ̀tẹ̀
ESPINHO-CHEIROSO ọdẹ ruja	JIBOIA ewé dan
ESPINAFRE ẹ̀fọ́ tẹ̀tẹ̀	JITIRINA àlúkerésé
FAVAQUINHA rínrín	JUIZ-DE-PAZ dágunró
FIGUEIRA àba ọdán	JURUBEBA-ROXA ìgbá igún
FEDEGOSO ewé réré	JURUBEBA ígba àjà
FOLHA-DA-FORTUNA àbamọdá	LEVANTE eré tuntun
FOLHA-DE-DEZ-RÉIS akárọ̀	LINGUA-DE-GALINHA àlùpàyídà
FOLHA-DE-FOGO ewé inán	LÍRIO-DO-BREJO balabá
FOLHA-DA-RIQUEZA ewé ajé	MÃE-BOA ìyábẹyín

COMPLEMENTOS

MAL-ME-QUER　bánjókó	PERIQUITINHA　aféfé
MALVA-BRANCA　efin funfun	PERPÉTUA　èkèlegbára
MALVA-DO-CAMPO　ajíkùtù	PINHÃO-BRANCO　olóbutujè
MAMOEIRO　ìbépé	PIMENTA　ata
MAMONA　ewé lára	PIMENTA-DA-COSTA　atare, ataýé
MANDIOCA　ègé	QUEBRA-PEDRA　bojútònà
MANGUEIRA　òró òinbó	QUIABO　ilá, ilása
MANJERICÃO　efínrín	RABUJO　àpèjebí
MANJERONA　àsunwọn	RAMA-DE-LEITE　ewéọgbó
MARGARIDINHA　orípepe	ROMANZEIRO　àgbá
MARIA-PRETA　ṣolé	SABUGUEIRO　àtòrìnà
MARIANINHA　gbòdògbódò	SAIÃO　ọdundún
MARICOTINHA　etitáré	SALSA-BRAVA　gbòròayaba
MATA-PASTO　àgbóla	SALSA PARRILHA　kansan
MELÃO-SÃO-CAETANO　ejinrin	SAMAMBAIA　ọmu
MILHO　àgbàdo	SÃO-GONÇALINHO　alékèsì
MOSTARDA　ewé làtípà	SENSITIVA, DORMIDEIRA　apéjè
NATIVO　pèrègun	SETE-SANGRIAS　àmù
NOZ-DE-COLA　obì	TAIOBA　bàlá
OLHO-DE-GATO　àyọ	TAMARINDO　àjàgbọn
OLHO-DE-POMBO　wérénjéjé	TIRIRICA　akọgbegi
OROGBÔ　orógbó	TREVO-DE-QUATRO-FOLHAS　ewé omi-ẹró
PALHA-DA-COSTA　ìko, ìkọ	UNHA-DE-GATO　ìlèkè òpòlò
PAPO-DE-PERU　tolu-tolu	URTIGA　èsìsì
PARA-RAIO　mésàn	URUCUM　osùn
PARIETÁRIA　ewé mọnán	VASSOURINHA　misìnmisìn
PATINHO-ROXO　kankanẹsin	VASSOURINHA-RELÓGIO　àsarágogo
PEGA-PINTO　ètìpọnlá	VENCE-DEMANDA　oṣè ọbá

Este livro foi composto na tipografia Cormorant Garamond,
em corpo 12/16, e impresso em
papel off-white na Gráfica Geográfica.